儒藏

【精華編　四書類論語屬】

⑨

U0372190

北京大学出版社
PEKING UNIVERSIYT PRESS

教育部哲學社會科學研究重大課題攻關項目
國家社會科學基金重大項目

北京大學儒藏編纂與研究指導委員會：

名譽主任：季羡林
主　　任：許智宏
副 主 任：吴志攀　湯一介（常務）

北京大學儒藏編纂與研究工作小組：

組　　長：湯一介　吴志攀
副 組 長：吴同瑞　程郁綴
成　　員：龐　樸　孫欽善　安平秋　張玉範　魏常海　李中華　陳　來　陳蘇鎮

北京大學儒藏出版工作小組：

組　　長：吴志攀
副 組 長：王明舟
成　　員：魏常海　楊立範　馬辛民　李暢然　商鴻業　張　濤　李成保

《儒藏》編纂出版前言

（一）

在中國歷史上，曾多次把佛教經典及其註疏等文獻編輯爲《佛藏》，同樣，也曾多次把道教的經典及文獻編輯爲《道藏》。二十世紀八十年代以來，我國又編輯了《中華大藏經》等，使佛教典籍的集成進入了一個新的階段。同時，中國道教協會也編輯出版了標點本的《道藏》，爲讀者和使用者提供了一個更爲方便的文本系統。值得注意的是，我國傳統的思想文化，歷來號稱「儒」「釋」「道」三分天下，可是千百年來，我國有《佛藏》、《道藏》，而沒有《儒藏》，始終沒有把儒家思想文化的典籍、文獻集大成地編輯爲一個體系，這不僅與儒家在中國歷史文化中的主流地位極不相稱，更不能滿足傳統文化整理與研究日益廣泛深入的需要。編纂《儒藏》的目的和編纂《佛藏》、《道藏》一樣，都是旨在把各家典籍體系經過系統整理，以便收藏和保存，爲弘揚和發展中國文化之用。有鑒於此，二〇〇二年十月，北京大學決定整合文科院系的力量，並聯合有關高等院校和學術機構，開啓編纂《儒藏》這一歷史性的學術文化建設工程。

（二）

在歷史上儒、釋、道三家並稱，但三家在中華文化中的地位是不同的，儒家思想文化是中華文化的主體。從經典體系來看，儒家所傳承的「六經」，是夏、商、周三代文明的精華；而孔子開創的儒家，與先秦其他各家的最大不同，就是儒家始終以自覺傳承「六經」爲己任，「六經」所代表的中國古代文化正是通過和依賴儒家的世代努力而傳承至今。歷代儒家學者對《尚書》、《詩經》、《易經》、《春秋》等經典的不斷整理、解釋和對其中思想文化的推衍與發展，構成了儒家典籍體系的主要內容。由此可見，就經典的根源來說，與根源於印度的佛教和後起的道教不同，儒家的典籍體系不是某一宗教的經典，而是中華文明的經典。

由於儒家具有如此深厚的文化根源，由於儒家的積極入世的實踐精神，由於儒家所具有的深厚歷史感、文化感、道德感，由於儒家在傳承歷史文化方面的自覺努力，不僅使得歷代主政者無不重視儒家的政治—文化功能，而且也使得儒家的價值觀逐漸成爲中國人的價值觀的主體。儒家「崇德貴民」的政治文化、「孝悌和親」的倫理文化、「文質彬彬」的禮樂文化、「遠神近人」的人本取向，已滲透到中國社會文化的各個方面。儒家哲學強調陰陽互補、和諧與永久變易以及天人合一的宇宙觀，成爲中國古典哲學的重要基礎。儒家的價值理念，不僅通過個體表現爲強烈的道德主義、積極的社會關懷、穩健的中庸精神、嚴肅的自我修養，而且也表現爲人道主義、理性態度、重視傳統的整體性格。這一切都深刻地影響了中華民族的文學、藝術、倫理、哲學、宗教、科技、醫藥以及政治、經濟、法律等各個方面的發展，歷史地成爲中國文化的主流。

中國古代文化是「軸心時代」幾大文明之一，而儒家是軸心期中國思想的重要成分。歷史學家早已指出，「軸心時代」的思想傳統經過兩千多年的發展，已經成爲人類文化的共同財富，人類一直靠「軸心時代」所產生的思考和創造的一切而生存，而人類歷史上每一次新的飛躍無不通過對軸心期的回顧而實現，並被它重新點燃。在踏入新千年之際，世界思想界已出現對於「新的軸心時代」的呼喚，這要求我們更加重視對古代思想智慧的溫習與發掘，以回應世界文化發展的新局面。

今天，中華民族正處於偉大的民族復興的前夜，重新回顧我們這個民族文化的根源及其不斷發展的歷史，必將對中華文化的偉大復興發揮重要的作用。爲了能夠系統深入地研究儒家思想的方方面面，把儒家經典及其在各個時期的註疏，把歷代儒家學者的著述，把體現儒家思想文化的各種文獻，編輯成一部儒家思想文化的大文庫《儒藏》，無疑對當今和後世都是十分必要的，而且有着重大的意義。

（三）

歷史上雖無儒藏，但歷代王朝都有過彙編儒家經典的舉措。如唐朝的《五經正義》，宋朝的《十三經》，明朝的《四書大全》，和清朝的《十三經註疏》及各種經解，尤其是清朝編輯的《四庫全書》，收入了不少儒家文獻。明、清兩代曾有學者提出編纂《儒藏》的建議，終因工程浩大，未能實現。八十年代以來，有關方面又編輯出版了影印本《四庫全書存目叢書》和《續修四庫全書》等等。這些都爲我們今天編輯《儒藏》打下了基礎。我們編纂《儒藏》，可以在儒家文化研究方面代替上述所有各書，使得研究和使用更爲方便；《儒藏》還將搜集未收入上述各書的儒家著述文獻，使我們擁有一部最齊備和完整的儒家思想文化著述的總匯。這不僅使我們可以更系統、更全面地瞭解儒家文化對於中華民族生存發展的重要意義，而且也是使中華文化走向世界，使全世界人文社會科學研究得以利用中國文化資源檢證人文社會科學理論的一項非常重要的基礎建設。

目前儒家典籍多以影印本形式出版，而《儒藏》將以附有簡明校勘記的繁體豎排校點排印本的形式出版，這不僅便於使用，而且可以製成電子版進行全文檢索。《儒藏》所收文獻的下限可定在清朝的結束。民國以後的儒學著作可考慮有選擇地編爲「續集」。《儒藏》將收入約五千餘部儒家典籍，其中近五百部將作爲精華編先期出版。同時著録萬餘種儒家典籍的《儒藏總目》也將包括在内。

（四）

《儒藏》的編纂已被列入「教育部二〇〇三年度哲學社會科學研究重大課題攻關項目」，並於二〇〇三年十二月三十日批準立項。在「項目的通知書」中，教育部要求北京大學「瞄準國内和世界先進水平，認真組織跨學科、跨學校、跨部門和跨地區的聯合攻關，積極開展實質性的國際合作與交流，力爭取得有重大學術價值和社會影響的標誌性成果」。該項目於二〇〇四年六月六日又被批準爲「二〇〇四年全國社會科學基金重大項目」。北京大學根據教育部和全國社會科學規劃辦公室的指示精神，聯合二十餘所高等院校和科研機構的專家，於二〇〇四年夏組成「儒藏編纂委員會」，正式啓動這一歷史性的巨大學術文化工程。

儒藏編纂委員會

二〇〇五年八月

《儒藏》樣書編纂出版説明

此册樣書所收都是有關《論語》的，而且是《論語》流傳史上有影響的代表之作。其中日本正平版《論語集解》是傳世《論語》的最早、最完整的單集解本，是漢魏古注的集成之作，有其獨特的價值； 皇侃的《論語義疏》是傳世《論語》最早的注疏本，也是南北朝《論語》注釋的集成之作； 邢昺的《論語注疏》是《論語》的唐宋注疏本的代表，收入頗有影響的《十三經注疏》； 朱熹的《論語集注》爲《四書集注》之一，是《論語》注釋的宋學代表作，對宋元明清影響很大； 康有爲的《論語注》是近代改良派思想家古爲今用的《論語》注釋之作，雖然解釋上有借題發揮之嫌，但在思想史上具有重要意義。 北京大學《儒藏》編纂中心本來還打算把劉寶楠的《論語正義》收在樣書内一次推出，因爲它是《論語》清代新疏的代表作，可憾因樣書篇幅所限，只得暫付闕如。 儘管如此，這次出版的樣書，已不是隨意湊在一起的幾種書，合起來堪稱一部叢書，構成《論語》流傳整理史的一根相當完整的鏈條，具有整體的學術價值。

《儒藏》精華編，按編纂凡例規定，都是校點排印出版。 這次推出的五種樣書，正是按凡例做的。 首先是關於底本和校本的選擇。 凡例規定應選擇精善之本作底本，選擇有代表性的版本作校本，但具體貫徹起來并不容易，需要在版本考察的基礎上仔細斟酌。 具體做法，正平版《論語集解》、《論語義疏》、《論語注疏》等書的《校點説明》可以爲證。 例如《論語集解》，國内單集解本早已失傳，而日本流傳的抄本、刻本頗多，其中以正平本最具代表性。 但正平本也很複雜，自日本南朝後村上天皇正平十九年（甲辰，相當中國元至正二十四年，公元一三六四年）刊刻以後，流傳有三種版本，即日本學者所稱的雙跋本、單跋本和無跋本。所謂雙跋本，即全書末頁有兩則刊記者：一則緊接正文之末并居卷題之前，分兩行題曰：「堺浦道佑居士重新命工鏤梓正平甲辰五月吉日謹志」；另一則在卷題之後末行居下題曰：「學古神德楷法日下逸人貫書」。很明顯，前則刊記據刊刻者道祐居士題識刻成，故字體風格與全書不盡一致；後則刊記據書字上版者日下逸人貫所記刻成，字體風格與全書一致，即「日下逸人貫」所學（模仿）「古神德楷法」（據日本學者考證，古神德爲奈良朝寫經生）。單跋本則僅存前一則刊記。無跋本則兩則刊記全無。雙跋本、單跋本和無跋本，版式行款完全一致，字體亦有影摹關系，微有差異。個別處還存在異文，當爲轉刻所致。關於三種正平版《論語集解》刊刻的先後關系，日本學者曾經存在不同意見，孰先孰後，見解甚至完全相左。但比較趨同的意見是認爲雙跋本爲祖本（參見影印大阪府立圖書館藏本《正平版論語集解》十卷後所附《正平版論語集解考》中武内義雄《正平版論語源流考》及長田富作《正平版論語之研究梗概》）。我們同意這種看法，蓋雙跋本既刻有刊刻者的題識，又刻有書字上版者的題記，恰爲初刻本的特徵。正平版《論語集解》後傳入中國，因不明「正平」係日本年號，曾經被清代學者錢曾誤認爲高麗本（見《讀書敏求記》）。錢曾之誤，雖經清人黄丕烈所糾正（見《蕘圃藏書題識》卷一），但沿襲錢曾之誤者仍不少，直到阮元《十三經注疏》仍「據海寧陳鱣《論語古訓》本所引」「高麗本」進行校勘（見《論語注疏校勘記序》後《引據各本目録》），實間接沿襲錢曾之誤，此誤甚至仍在影響今人。

另外，《四部叢刊》影印本牌記云：「上海涵芬樓借長沙葉氏觀古堂藏日本正平本影印」，葉氏即葉德輝，其對日本正平版《論語集解》雖判斷不誤，但所藏《論語集解》却非日本正平版原本。《四部叢刊》影印本《論語集解》與大阪府立圖書館所藏雙跋本影印本，字體雖有明顯摹寫迹象，但筆劃結構有所走樣，甚至存在異文和誤字。并且《四部叢刊》影印本卷八末頁左欄外下端有「朝虎風刻」四字，此四字日本三種正平版《論語集解》均無。朝虎風當爲刻工姓名，可以確證葉氏所藏乃是中國的一種新的正平版《論語集解》影刻本，并非原本。至於正平版《論語集解》與皇侃《論語義疏》所據《論語集解》和邢昺《論語注疏》（又稱《論語正義》）所據《論語集解》的關系，比較複雜。正平版正文注文多同皇疏本，而與邢疏本多異，但亦有與邢疏本相同而與皇疏本不同者。這種錯綜複雜的情況説明正平版淵源有自，是一個自成系統的單集解本，而并非出自皇疏本，更非出自邢疏本。同時還可以説明皇疏和邢疏所據《論語集解》各有所本，并不是在兩疏之間前後流傳中産生的差異。根據以上情況，《儒藏》精華編中的《論語集解》，以日本大阪府立圖書館所藏雙跋本影印本爲底本。至於校本，日本單跋本、無跋本及中國影刻本，皆源出雙跋本，屬於同一系統，無校勘價值，可以忽略；而皇疏所據《集解》及邢疏所據《集解》與單集解本屬於不同系統，且文字各有優劣，則有參校的必要，故列爲校本。因此可以説《儒藏》精華編中的正平版《論語集解》是一個底本可靠的新校定本。又如皇侃的《論語義疏》，國内也是失傳已久，清代由日本傳入。日本流傳的《論語義疏》，版本也很複雜，既有抄本，又有印本，北大《儒藏》編纂中心在底本和校本的確定上也花費了一番心思，如《論語義疏·校點説明》

説：「日本印本主要有兩種：（一）一七五〇年日本根遜志據足利學所藏舊抄本的校刻本。此本後傳入中國，除一七八一年收入《四庫全書》以外，還由鮑廷博刻入《知不足齋叢書》（一七八八年盧文弨序），此後又出現了《知不足齋叢書》本的翻刻本。（二）一九二三年日本大阪懷德堂的排印本。懷德堂本是由日本學者武內義雄根據日本國內多種古抄本合校而成，其特點是保持了抄本皇侃《義疏》原有的體式，而不像根遜志刻本那樣將皇侃《義疏》的體式完全比照中國習見注疏體式做過改動。此本儘管存在一些排印錯誤（均較明顯，不難改正），但所保存的皇侃《義疏》的文字較爲完整，非常有參考價值。此次整理即以懷德堂本爲底本，以《知不足齋叢書》本爲校本。」同時還吸收了武內義雄的校勘成果，并補充了新校所得。這樣就等於校定了一個更接近原貌的皇侃《義疏》的新版本。再如邢昺的《論語注疏》，《儒藏》精華編沒有採用習見的阮元校勘的《十三經注疏》本爲底本，因爲其用爲底本的宋本不詳何本，且改動較多。因此採用綫裝書局影印之日本宮內廳書陵部所藏宋蜀大字本爲底本，以《十三經注疏》本爲校本，同時吸收阮元校勘記的成果。事實證明，宋蜀大字本確實比阮校本好，阮校本多有脱漏。因此《儒藏》精華編的《論語注疏》校定本，明顯超過了阮校《十三經注疏》本。

至於校勘，《儒藏》凡例規定：「校勘旨在提供可靠的文本，要少而精。以版本對校爲主。出校以校正誤爲主（凡底本不誤而校本誤者原則上不出校），酌校異同（校本有重要參考價值或足以反映版本系統的異文酌情出校）。」要貫徹這一規定，首先要選好底本和校本，已如上述，這樣就打下了以簡馭繁的基礎。其次是嚴格掌握校正誤爲主、酌校異同的出校原則，即凡底本不誤校本有誤者一般不出校，而不像阮元《十三經注疏校勘記》那樣搞繁式會校。異文正誤的判斷抉擇和有價值異文的選留，直接關系到校勘的質量和科學性，必須經過嚴謹的考證才能校定。在樣稿中有幾部是在已出版書稿基礎上整理的，這次按《儒藏》凡例重新校勘，通過整理者和《儒藏》編纂中心的共同努力，糾謬補闕，質量有所提高。通過樣書的整理和刊出，我們進一步體會到，《儒藏》精華編採用校點排印的整理形式出版是正確的。這不僅避免了用影印出版的方式而造成與其他影印叢書重復的問題，而且證明如果取法乎上，認真對待，經過努力確實可以整理出具有高學術水平、信實可靠、并且直接與電子版接軌的新成果。樣書還説明，我們已開始利用流傳域外的有關版本，也爲我們進一步吸收域外有關成果積累了經驗。

樣書肯定還有不足之處，懇望專家和參與《儒藏》整理的同人給予批評指正，以便進一步修改定稿。

凡例

（一）《儒藏》編目的分類主要採用最能代表儒家學術觀的四部分類法，具體類目依據《四庫全書總目》，同時參照《中國叢書綜録》及《中國古籍善本書目》的分類，於個別處略作調整。

（二）《儒藏》收録自先秦至清朝結束這一時段中，儒家經典及其注疏、儒家學者的著述和體現儒家思想文化發展的相關文獻，包括傳世典籍和出土文獻。

（三）《儒藏》版本的使用首選精校刻之善本，若同一種書經後世儒家進行研究，有增補、附録、校勘記等，且確能反映當時研究成果，則原則上選用後者。

（四）《儒藏》的校勘和標點，總體依照一九九一年中華書局總編室擬訂的《古籍校點釋例（初稿）》的要求，略作簡化。校勘旨在提供可靠的文本，要少而精。以版本對校爲主。出校以校正誤爲主（凡底本不誤而校本誤者原則上不出校），酌校異同（校本有重要參考價值或足以反映版本系統的異文酌情出校）。標點從簡，不使用專名號，書名號採用「《》」形式。散文適當劃分段落。

儒藏精華編

四書類論語屬

論語集解（正平版）（魏）何晏 …… 一—八〇
論語義疏（梁）皇侃 …… 一—三五九
論語註疏（宋）邢昺 …… 一—三〇二
論語集注（宋）朱熹 …… 一—一三八
論語注（清）康有爲 …… 一—三一五

論語集解

〔魏〕何　晏撰
孫欽善校點

目録

校點説明……一
論語序……一
論語卷第一
論語學而第一……一
論語爲政第二……三
論語卷第二
論語八佾第三……七
論語里仁第四……一〇
論語卷第三
論語公冶長第五……一四
論語雍也第六……一八
論語卷第四
論語述而第七……二四
論語泰伯第八……二八
論語卷第五
論語子罕第九……三二
論語鄉黨第十……三六
論語卷第六
論語先進第十一……四〇
論語顔淵第十二……四四
論語卷第七
論語子路第十三……四九
論語憲問第十四……五三
論語卷第八
論語衛靈公第十五……六〇
論語季氏第十六……六四
論語卷第九
論語陽貨第十七……六八
論語微子第十八……七二
論語卷第十
論語子張第十九……七六
論語堯曰第二十……七九

校點說明

《論語集解》舊題何晏撰，實際是在何晏主持下集體編撰而成的，據《論語序》，同撰者尚有孫邕、鄭沖、曹羲、荀顗四人。序末署名何晏居最後，一般認爲，這既體現官位尊者結銜於後之古例，又表示何晏在編撰中所起的主導作用，故《論語集解》署名往往單標何晏以爲代表。何晏（一九〇—二四九），三國魏宛（今河南南陽市）人。漢何進之孫，隨母爲曹操收養，娶魏公主。魏明帝時，曹爽執政，任爲腹心，因伙同曹爽謀反遭誅，事迹見《三國志·魏志·曹真傳》附《曹爽傳》。何晏好《易》及老莊言，並援道入儒，成爲著名的玄學家。《論語集解》首創注釋之作的『集解』體，是《論語》漢魏諸家注解的集成之作，較爲集中地保存了《論語》的漢魏古注，影響很大，後世多在其基礎上作疏，如皇侃《論語義疏》、邢昺《論語注疏》（又稱《論語正義》）、劉寶楠《論語正義》等，都是如此。

完整的《論語》單集解本，在國内早已中斷流傳，而在日本流傳的鈔本、刻本頗多，其中以正平版《論語集解》最具代表性。

正平版《論語集解》，爲日本南朝後村上天皇正平十九年（甲辰，中國元至正二十四年，公元一三六四年）所刻，流傳有三種，即日本學者所稱的雙跋本、單跋本和無跋本。所謂雙跋本，即全書末頁有兩則刊記者，一則緊接正文之末並居卷題之前，分兩行題曰：『堺浦道祐居士重新命工鏤梓　正平甲辰五月吉日謹志』；另一則在卷題之後末行，居下題曰：『學古神德楷法日下逸人貫書』。很明顯，前則刊記據刊刻者道祐居士題識刻成，故字體風格與全書不盡一致；後則刊記據書字上版者日下逸人貫所記刻成，字體風格與全書一致，即『日下逸人貫』所學（模倣）『古神德楷法』（據日本學者考證，古神德爲奈良朝寫經生）。單跋本則僅存前一則刊記。無跋本則兩則刊記全無。雙跋本、單跋本和無跋本，版式行款完全一致，字體亦有影摹關係，微有差異。個別處還存在異文，當爲校刻所致。關於三種正平版《論語集解》刊刻的先後關係，日本學者曾經存在不同意見，孰先孰後，見解甚至完全相左。但比較趨同的意見是認爲雙跋本爲祖本（參見影印大阪府立圖書館藏本正平版《論語集解》十卷後所附《正平版論語集解考》中武内義雄《正平版論語源流考》及長田富作《正平版論語之研究梗概》）。我們同意這種看法，蓋雙跋本既刻有刊刻者的題識，又刻有書字上版者的題記，恰爲初刻本的特徵；單跋本既爲影摹覆刻，衹存原刊刻者題識以明其底本即可，字體既已非原本之真，原書字上版者之題記自可略去。至於無跋本，當爲輾轉影摹覆刻之本，其原始底本固可忽略，故原始底本的刊刻者亦無留存的必要；又或覆刻者欲標新立異，故意刊落原有的一切刊記，花樣翻新造出别本，亦不無可能。

正平版《論語集解》後傳入中國，因不明「正平」係日本年號，曾經被清人錢曾誤爲高麗本，如其《讀書敏求記》記述所謂「高麗本」云：「末二行云：『堺浦道祐居士重新命工鏤梓，正平甲辰五月吉辰謹志。』未知『正平』是朝鮮何時年號，俟續考之。」這裏所引「末二行」題記，已如上述，恰爲日本正平本所有，「正平」是日本南朝後村上天皇年號，而不是朝鮮年號。錢曾之誤，曾爲清人黄丕烈所糾正，如《蕘圃藏書題識》卷一云：「何晏《論語集解》十卷，有高麗本，此見諸《讀書敏求記》者也。《記》云：『此書乃遼海道蕭公諱應官監軍朝鮮時所得，甲午初夏，予以重價購之於公之仍孫。』似遵王（錢曾字）之言甚的矣，其實不然。余向於京師遇朝鮮使臣，詢以此書，並述行間所注字，答以此乃日本書，余尚未信之。頃獲交翁海村，海村著有《吾妻鏡補》，舉正平年號問之，海村云：『其年號正平，實係日本年號，並非日本國王之號，是其出吉野僭竊其國號曰南朝，見《日本年號箋》。』據此則書出日本，轉入朝鮮。遵王但就其得書之所，故誤認爲高麗本耳。」而阮元似未見黄丕烈此説，故其《十三經注疏・論語注疏校勘記》仍「據海寧陳鱣《論語古訓》本所引」「高麗本」進行校勘（見《論語注疏校勘記序》後《引據各本目録》），實間接沿襲錢曾之誤（此誤在文物出版社出版的定州漢墓竹簡《論語》及北大出版社出版的《十三經注疏》本《論語》的校勘記中仍在沿襲，未予指正）。《四部叢刊・論語集解》影印牌記云：「上海涵芬樓借長沙葉氏觀古堂藏日本正平本影印」，葉氏即葉德輝，其對日本正平版《論語集解》雖判斷不誤，但所藏《論語集解》却非日本正平版原本。筆者曾將《四部叢刊》影印本《論語集解》與大阪府立圖書館所藏雙跋本之影印本對勘，字體雖有明顯摹寫跡象，但筆畫結構有所走樣，而且有異文，甚至有誤字，詳可參筆者所撰中華書局《四部要籍注疏叢刊・論語・前言》。後來筆者又發現，《四部叢刊》影印本卷八末頁左欄外下端有「朝虎風刻」四字，此四字日本三種正平版《論語集解》均無。「朝虎風」當爲刻工姓名，可以確證葉氏所藏乃是中國的一種新的正平版《論語集解》影刻本，並非原本；且衹有刊刻者一種刊記，而又與日本單跋本字體有異，可見乃是據雙跋本影刻，略去其書字人一跋。

至於正平版《論語集解》與皇侃《論語義疏》所據《論語集解》和邢昺《論語注疏》所據《論語集解》的關係，比較複雜。正平版正文注文多同皇疏本，而與邢疏本多異，但亦有與邢疏本相同而與皇疏本不同者。這種錯綜複雜的情況説明正平版淵源有自，是一個自成系統的單集解本，而並非出自皇疏本，更非出自邢疏本。同時還可以説明皇疏和邢疏所據《論語集解》各有所本，並不是在兩疏之間前後流傳中産生的差異。

根據以上情況，此次整理《論語集解》，以正平雙跋本爲底本（據日本昭和八年（一九三三）正平版《論語》刊行會影印大阪府立圖書館藏本，此藏本第五卷《子罕》《鄉黨》、第六卷《先進》《顔淵》原缺，影印時據單跋本配補，見今井貫一《關於正平版論語的影印》）。至於校本，日本單跋本、無跋本及中國影刻本，皆源出雙跋本，屬於同一系統，無校勘價值，可以忽略；而皇疏所據《集解》及邢疏所據《集解》與單集解本屬於不同系統，文字各有優劣，則有對校的必要，故列爲校本，且不僅校是非，亦酌校异同，旨在反映各本面貌，以明其系統。校記中皇疏本（以《知不足齋叢書》本爲據）簡稱「皇本」，邢疏本（以嘉慶二十年江西南昌府學刻阮元校本爲據）簡稱「邢本」。間採阮元校勘記，標以「阮校」。

孫欽善

二〇〇四年一月

論語序

叙曰：　漢中壘校尉劉向言《魯論語》二十篇，皆孔子弟子記諸善言也。　太子太傅夏侯勝、前將軍蕭望之、丞相韋賢及子玄成等傳之。《齊論語》二十二篇，其二十篇中章句頗多於《魯論》，瑯琊王卿及膠東庸生、昌邑中尉王吉，皆以教之。❶　故有《魯論》，有《齊論》。　魯恭王時，嘗欲以孔子宅爲宫，壞，得《古文論語》。《齊論》有《問王》、《知道》，多於《魯論》二篇。《古論》亦無此二篇，分《堯曰》下章「子張問」以爲一篇，有兩《子張》，凡二十一篇。　篇次不與《齊》、《魯論》同。　安昌侯張禹本受《魯論》，兼講《齊》説，善從之，❷　號曰「《張侯論》」，爲世所貴，苞氏、周氏章句出焉。《古論》唯博士孔安國爲之訓説，而世不傳。　至順帝時，南郡太守馬融亦爲之訓説。　漢末，大司農鄭玄就《魯論》篇章，考之《齊》、《古》，以爲之註。　近故司空陳羣、太常王肅、博士周生烈皆爲《義説》。　前世傳受師説，雖有異同，不爲訓解。　中間爲之訓解，至於今多矣。　所見不同，互有得失。　今集諸家之善説，記其姓名，有不安者頗爲改易，名曰《論語集解》。　光禄大夫關内侯臣孫邕、光禄大夫臣鄭冲、散騎常侍中領軍安鄉亭侯臣曹羲、侍中臣荀顗、尚書駙馬都尉關内侯臣何晏等上。

❶「教」下，皇本有「授」字。「之」，邢本作「授」。

❷「善」下，皇本、邢本有「者」字，是。

論語學而第一　　何晏集解凡十六章

○子曰：「學而時習之，不亦悦乎？馬融曰：❶「子者，男子之通稱，謂孔子也。」王肅曰：❷「時者，學者以時誦習之。誦習以時，學無廢業，所以爲悦懌。」有朋自遠方來，不亦樂乎？苞氏曰：❸「同門曰朋也。」人不知而不愠，不亦君子乎？」愠，怒也。凡人有所不知，君子不愠也。○有子曰：孔安國曰：❹「弟子有若。」❺「其爲人也孝悌，而好犯上者，鮮矣。鮮，少也。上，謂凡在己上者。言孝悌之人必有恭順，好欲犯其上者少也。不好犯上，而好作亂者，未之有也。君子務本，本立而道生。本，基也。基立而後可大成也。孝悌也者，其仁之本與？」先能事父兄，然後可乃仁成也。○子曰：「巧言令色，鮮矣仁。」苞氏曰：「巧言，好其言語。令色，善其顔色。皆欲令人説之，少能有仁也。」○曾子曰：馬融曰：「弟子曾參也。」「吾日三省吾身：爲人謀而不忠乎？與朋友交言而不信乎？❻傳不習乎？」言凡所傳之事，得無素不講習而傳乎？○子曰：「導千乘之國，馬融曰：「導，謂爲之政教也。《司馬法》：『六尺爲步，步百爲畝，畝百爲夫，夫三爲屋，屋三爲井，井十爲通，通十爲城，❼城出革車一乘。』然則千乘之賦，其地千城也，居地方三百一十六里有奇，❽唯公侯之封乃能容之。雖大國之賦亦不是過焉。」苞氏曰：「導，治。千乘之國者，百里之國也。古者井田，方里爲井，井十爲乘，百里之國，適千乘也。」馬融依《周禮》，苞氏依《王

❶「馬融曰」，皇本同，邢本作「馬曰」。以下同此者，不再一一出校。

❷「王肅曰」，皇本同，邢本作「王曰」。以下同此者，不再一一出校。

❸「苞氏曰」，皇本同，邢本作「包曰」。以下同此者，不再一一出校。

❹「孔安國曰」，皇本同，邢本無此四字。

❺「弟子有若」，皇本同，邢本作「孔子弟子有若」。

❻「言」，皇本同，邢本無此字。

❼「城」，皇本同，邢本作「成」。下兩「城」字同此。

❽「奇」，皇本同，邢本作「畸」。

制》、《孟子》，義疑，故兩存焉之。敬事而信，苞氏曰：「爲國者，舉事必敬慎，與民必誠信也。」節用而愛人，苞氏曰：「節用，不奢侈。國以民爲本，故愛養也。」使民以時。」苞氏曰：「作使民必以其時，不妨奪農務也。」○子曰：「弟子，入則孝，出則悌，謹而信，汎愛衆而親仁，行有餘力則以學文。」馬融曰：「文者，古之遺文也。」○子夏曰：「賢賢易色，孔安國曰：❶「子夏，弟子卜商也。言以好色之心好賢則善也。」事父母能竭其力，事君能致其身，孔安國曰：「盡忠節不愛其身也。」與朋友交言而有信，雖曰未學，吾必謂之學矣。」○子曰：「君子不重則不威，學則不固。孔安國曰：「固，弊也。」一曰：「言人不敦重，既無威，學又不能堅固，識其義理也。」主忠信，無友不如己者，過則勿憚改。」鄭玄曰：❷「主，親也。憚，難也。」○曾子曰：「慎終追遠，民德歸厚矣。」孔安國曰：「慎終者，喪盡其哀也。追遠者，祭盡其敬也。人君行此二者，民化其德而皆歸於厚也。」○子禽問於子貢曰：「夫子至於是邦也，必聞其政，求之與？抑與之與？」鄭玄曰：「子禽，弟子陳亢也。子貢，弟子，姓端木，名賜，字子貢也。亢怪孔子所至之邦，必與聞其邦政，求而得邪？抑人君自願與爲治邪？」子貢曰：「夫子溫良恭儉讓以得之。夫子之求也，其諸異乎人求之與？」鄭玄曰：「言夫子行此五德而得之，與人求異，❸明人君自願與爲治也。」❹○子曰：「父在觀其志，父没觀其行，孔安國曰：「父在子不得自專，故觀其志而已。父没乃觀其行也。」三年無改於父之道，可謂孝矣。」孔安國曰：「孝子在喪，哀慕猶若父在，無所改於父之道也。」○有子曰：

---

❶ 「孔安國曰」，皇本同，邢本作「孔曰」。以下同此者，不再一一出校。

❷ 「鄭玄曰」，皇本同，邢本作「鄭曰」。以下同此者，不再一一出校。

❸ 「求」下，皇本、邢本有「之」字。

❹ 「明人君自願與爲治也」，皇本同，邢本作「明人君自與之」。

「禮之用，和爲貴，先王之道斯爲美，小大由之。有所不行，知和而和，不以禮節之，亦不可行也。」馬融曰：「人知禮貴和，而每事從和，不以禮爲節，亦不可行也。」〇有子曰：「信近於義，言可復也。復，猶覆也。義不必信，信不必義也。以其言可反覆，故曰近於義也。恭近於禮，遠恥辱也。苞氏曰：「恭不合禮，非禮也。以其能遠恥辱，故曰近於禮也。」因不失其親，亦可宗也。」孔安國曰：「因，親也。言所親不失其親，亦可宗敬也。」〇子曰：「君子食無求飽，居無求安，鄭玄曰：「學者之志，有所不暇也。」敏於事而慎於言，就有道而正焉，可謂好學也已矣。」孔安國曰：「敏，疾也。有道，有道德者也。正，謂問事是非也。」〇子貢曰：「貧而無諂，富而無驕，何如？」子曰：「可也。孔安國曰：「未足多也。」未若貧而樂道，❶富而好禮者也。」鄭玄曰：「樂，謂志於道，不以貧賤爲憂苦也。」子貢曰：「《詩》云：『如切如磋，如琢如磨』，其斯之謂與？」孔安國曰：能貧而樂道，富而好禮，能自切磋琢磨者也。」子曰：「賜也始可與言《詩》已矣，告諸往而知來者也。」孔安國曰：「諸，之也。子貢知引《詩》以成孔子義，善取類也，故然之。往告以貧而樂道，來答以切磋琢磨者。」〇子曰：「不患人之不己知，患己不知人也。」❷

論語爲政第二　何晏集解凡廿四章

〇子曰：「爲政以德，譬如北辰，居其所而衆星共之。」苞氏曰：「德者無爲，譬猶北辰之不移而衆星共之。」〇子曰：「《詩》三百，孔安國曰：「篇之大數也。」一言以蔽之，苞氏曰：「蔽，猶當也。」曰：『思無邪。』」苞氏曰：「歸於正。」〇子曰：「導之以政，孔安國曰：「政，謂法教。」

❶「道」，邢本無此字。據鄭注，其所據本亦無此字。

❷此句下皇本有「王肅曰但患己之無能知也」十一字。

齊之以刑，馬融曰：「齊整之以刑罰也。」民免而無恥。孔安國曰：「苟免罪也。」導之以德，苞氏曰：「德，謂道德。」齊之以禮，有恥且格。」格者，正也。○子曰：「吾十有五而志乎學，❶三十而立，有所成立也。四十而不惑，孔安國曰：「不疑惑也。」五十而知天命，孔安國曰：「知天命之終始也。」六十而耳順，鄭玄曰：「耳順，聞其言而知其微旨也。」七十而縱心所欲不踰矩。」❷馬融曰：「矩，法也。縱心所欲無非法也。」○孟懿子問孝。孔安國曰：「魯大夫仲孫何忌。懿，謚也。」子曰：「無違。」樊遲御，子告之曰：「孟孫問孝於我，我對曰：『無違。』」鄭玄曰：「孟孫不曉無違意，將問於樊遲，故告之。樊遲，弟子樊須也。」樊遲曰：「何謂也？」子曰：「生，事之以禮。死，葬之以禮，祭之以禮。」○孟武伯問孝。子曰：「父母唯其疾之憂。」馬融曰：『武伯，懿子之子仲孫彘也。武，謚也。言孝子不妄爲非，唯疾病然後使父母憂耳也。』○子游問孝。孔安國曰：「子游，弟子也。姓言，名偃也。」子曰：「今之孝者，是謂能養。至於犬馬，皆能有養，不敬，何以別乎？」苞氏曰：「犬以守禦，馬以代勞，能養人者。」一曰：「人之所養乃能至於犬馬，不敬則無以別。孟子曰：『養而弗愛，豕畜也。愛而弗敬也，獸畜也。』」○子夏問孝。子曰：「色難。色難，謂承望父母顔色乃爲難也。有事，弟子服其勞；有酒食，先生饌，馬融曰：「先生，謂父兄。饌，飲食也。」曾是以爲孝乎？」馬融曰：「孔子喻子夏曰：服勞先食，汝謂此爲孝乎？未足爲孝也，承順父母顔色，乃爲孝耳也。」○子曰：「吾與回言終日，不違，如愚。孔安國曰：「回，弟子也。姓顔，字子淵，魯人也。不違者，無所怪問。於孔子之言，默而識之，如愚也。」退而省其私，亦足以發，回也不愚。」孔安國曰：「察其退還與二三子説釋道義，發明大體，知其不愚也。」○子曰：「視其所以，以，用也。言視所其行用也。觀其所由，由，經也。

---

❶「乎」，皇本作「於」，邢本作「於」。

❷「縱」，皇本、邢本作「從」。

言觀其所經從也。察其所安，人焉廋哉？人焉廋哉？」孔安國曰：「廋，匿也。言觀人終始，安有所匿其情也。」〇子曰：「温故而知新，可以爲師矣。」温，尋也。尋繹故者又知新，可以爲師也。〇子曰：「君子不器。」苞氏曰：「器者各周其用，至於君子，無所不施也。」〇子貢問君子。子曰：「先行其言而後從之。」孔安國曰：「疾小人多言，而行不周也。」〇子曰：「君子周而不比。孔安國曰：「忠信爲周，阿黨爲比也。」小人比而不周。」〇子曰：「學而不思則罔，苞氏曰：「學而不尋思其義理，罔然無所得之也。」思而不學則殆。」不學而思，終卒不得，使人精神疲殆也。〇子曰：「攻乎異端，斯害也已矣。」攻，治。善道有統，故殊塗而同歸。異端不同歸也。〇子曰：「由，誨汝知之乎？孔安國曰：「由，弟子也。姓仲，名由，字子路也。」知之爲知之，不知爲不知，是知也。」〇子張學干禄。鄭玄曰：「子張，弟子。姓顓孫，名師，字子張。干，求也。禄，禄位也。」子曰：「多聞闕疑，慎言其餘，則寡尤。苞氏曰：「尤，過也。疑則闕之，其餘不疑，猶慎言之，則少過也。」多見闕殆，慎行其餘，則寡悔。苞氏曰：「殆，危也。所見危者，闕而不行，則少悔也。」言寡尤，行寡悔，禄在其中矣。」鄭玄曰：「言行如此，雖不得禄，得禄之道也。」〇哀公問曰：「何爲則民服？」苞氏曰：「哀公，魯君之謚也。」孔子對曰：「舉直錯諸枉，則民服。苞氏曰：「錯，置也。舉用正直之人，廢置邪枉之人，則民服其上也。」舉枉錯諸直，則民不服。」〇季康子問：「使民敬、忠以勸，如之何？」孔安國曰：「魯卿季孫肥也。康，謚也。」子曰：「臨之以莊，則敬。苞氏曰：「莊，嚴也。君臨民以嚴，則民敬其上也。」孝慈，則忠。苞氏曰：「君能上孝於親，下慈於民，則民忠也。」舉善而教不能，則民勸。」苞氏曰：「舉用善人，而教不能者，則民勸也。」〇或謂孔子曰：「子奚不爲政？」苞氏曰：「或人以爲居位乃是爲政也。」子曰：「《書》云：『孝乎惟孝，友于兄弟，施於有政。』是亦爲政也，奚其爲爲政也？」苞氏曰：「孝乎惟孝，美孝之辭也。友於兄弟，善於兄弟。施，行也。所行有政道，即是與爲政同也。」○子曰：「人而無信，不知其可也。」孔安國曰：「言人而無信，其餘終無可也。」大車無輗，小車無軏，其何以行之哉？」苞氏曰：「大車，牛車也。輗者，轅端横木，以縛枙者也。小車，四馬車也。軏者，轅端上曲拘衡者也。」○子張問：「十世可知也？」孔安國曰：「文質禮變也。」子曰：「殷因於夏禮，所損益可知也。周因於殷禮，所損益可知也。馬融曰：「所因，謂三綱五常也。所損益，謂文質三統也。」其或繼周者，雖百世亦可知。」馬融曰：「物類相招，勢數相生，其變有常，故可豫知也。」○子曰：「非其鬼而祭之，諂也。鄭玄曰：「人神曰鬼。非其祖考而祭之，❶是諂以求福也。」見義不爲，無勇。❷孔安國曰：「義者，所宜爲也。而不能爲，是無勇也。」

論語卷第一 經一千四百七十字，註一千五百一十三字

❶「孝」，皇本、邢本作「考」。
❷「勇」下，皇本、邢本有「也」字。

論語八佾第三　何晏集解凡廿六章

○孔子謂季氏，「八佾舞於庭，是可忍也，孰不可忍也！」馬融曰：「孰，誰也。佾，列也。天子八佾，諸侯六，卿大夫四，士二。八人爲列，八八六十四人也。魯以周公故，受王者禮樂，有八佾之舞。今季桓子僭於其家廟儛之，故孔子譏之也。」○三家者以《雍》徹。馬融曰：「三家者，謂仲孫、叔孫、季孫也。《雍》，《周頌・臣工》篇名也。天子祭於宗廟，歌之以徹祭。今三家亦作此樂者也。」子曰：「『相維辟公，天子穆穆』，奚取於三家之堂？」苞氏曰：「辟公，謂諸侯及二王之後也。穆穆，天子之容也。《雍》篇歌此者，有諸侯及二王之後來助祭故也。今三家但家臣而已，何取此義而作之於堂邪也？」○子曰：「人而不仁，如禮何？人而不仁，如樂何？」苞氏曰：「言人而不仁，必不能行禮樂也。」○林放問禮之本。鄭玄曰：「林放，魯人也。」子曰：「大哉問！禮與其奢也，寧儉；喪與其易也，寧戚。」苞氏曰：「易，和易也。言禮之本意失於奢，不如儉也；喪失於和易，不如哀戚也。」○子曰：「夷狄之有君，不如諸夏之亡也。」苞氏曰：「諸夏，中國也。亡，無也。」○季氏旅於泰山。子謂冉有曰：「汝不能救與？」馬融曰：「旅，祭名也。禮，諸侯祭山川在其封内者。今陪臣祭泰山，非禮也。冉有，弟子冉求也。時仕於季氏。救，猶止也。」對曰：「不能。」子曰：「嗚呼！曾謂泰山不如林放乎？」苞氏曰：「神不享非禮，林放尚知禮，泰山之神反不如林放邪？欲誣而祭之。」○子曰：「君子無所爭，必也射乎？孔安國曰：「言於射而後有爭也。」揖讓而升下，而飲。王肅曰：「射於堂，升及下皆揖讓而相飲也。」其爭也君子。」馬融曰：「多筭飲少筭，君子之所爭也。」○子夏問曰：「『巧笑倩兮，美目盻兮，❶素以爲絢兮。』何謂也？」馬融曰：

❶「盻」，皇本、邢本作「盼」，是。後鄭玄注亦作「盼」。

「倩，笑貌。盻，動目貌也。❶ 絢，文貌也。此上二句在《衛風・碩人》二章，其下一句逸也。」子曰：「繪事後素。」鄭玄曰：「繪，畫文也。凡畫繪，先布衆色，然後以素分其間以成其文，喻美女雖有倩盼美質，亦須禮以成之也。」曰：「禮後乎？」孔安國曰：「孔子言繪事後素，子夏聞而解知以素喻禮，故曰禮後乎。」子曰：「起予者商也！始可與言《詩》已矣。」苞氏曰：「予，我也。孔子言子夏能發明我意，可與共言《詩》已矣。」〇子曰：「夏禮吾能言之，杞不足徵；❷ 殷禮吾能言之，宋不足徵也。苞氏曰：「徵，成也。杞、宋，二國名也，夏、殷之後也。夏、殷之禮，吾能說之，杞、宋之君不足以成之也。」文獻不足故也，足則吾能徵之矣。」鄭玄曰：「獻，猶賢也。我能不以其禮成之者，以此二國之君文章賢才不足故也。」〇子曰：「禘自既灌而往者，吾不欲觀之矣。」孔安國曰：「禘、祫之禮，爲序昭穆也。故毀廟之主及群廟之主皆合食於太祖。灌者，酌鬱鬯灌於太祖以降神也。既灌之後，別尊卑，序昭穆，而魯逆祀，躋僖公，亂昭穆，故不欲觀之矣。」〇或問禘之說。子曰：「不知也。孔安國曰：「答以不知者，爲魯君諱也。」知其說者之於天下也，其如示諸斯乎？」指其掌。苞氏曰：「孔子謂或人，言知禘禮之說者，於天下之事，如指示以掌中之物，言其易了也。」〇祭如在，孔安國曰：「言事死如事生也。」祭神如神在。孔安國曰：「謂祭百神也。」子曰：「吾不與祭，如不祭。」苞氏曰：「孔子或出或病，而不自親祭，使攝者爲之，不致敬於心，與不祭同也。」〇王孫賈問曰：「與其媚於奧，寧媚於竈，何謂也？」孔安國曰：「王孫賈，衛大夫也。奧，內也。以喻近臣也。竈，以喻執政也。賈者，執政者也。欲使孔子求昵之，故微以世俗之言感動之。」子曰：「不然，獲罪於天，無所禱也。」孔安國曰：「天以喻君。孔子距之曰：如獲罪於天，無所禱於衆神也。」〇子曰：「周監於二代，郁郁乎文哉！吾從周。」孔安國曰：「監，

---

❶「盻」，皇本、邢本作「盼」，是。後鄭玄注亦作「盼」。

❷「徵」下，皇本、邢本有「也」字。

視也。言周文章備於二代，當從周也。」○子入太廟，苞氏曰：「太廟，周公廟也。孔子仕魯，魯祭周公而助祭也。」每事問。或曰：「孰謂鄹人之子知禮乎？入太廟，每事問。」孔安國曰：「鄹，孔子父叔梁紇所治邑也。時人多言孔子知禮，或人以爲知禮者不當復問也。」子聞之，曰：「是禮也。」孔安國曰：「雖知之，當復問，慎之至也。」○子曰：「射不主皮，馬融曰：「射有五善焉，一曰和志，體和也。二曰和容，有容儀也。三曰主皮，能中質也。四曰和頌，合《雅》《頌》也。五曰興僢，與舞同也。天子有三侯，以熊虎豹皮爲之。言射者不但以中皮爲善，亦兼取和容也。」爲力不同科，古之道也。」馬融曰：「爲力，爲力役之事也。亦有上中下，設三科焉，故曰不同科之也。」○子貢欲去告朔之餼羊。鄭玄曰：「牲生曰餼。禮，人君每月告朔，於廟有祭，謂之朝享也。魯自文公始不視朔。子貢見其禮廢，故欲去其羊也。」子曰：「賜也，汝愛其羊，我愛其禮。」苞氏曰：「羊在，猶所以識其禮也；羊亡，禮遂廢也。」○子曰：「事君盡禮，人以爲諂。」孔安國曰：「時事君者多無禮。故以有禮者爲諂也。」○定公問：「君使臣，臣事君，如之何？」孔安國曰：「定公，魯君謚也。時臣失禮，定公患之，故問也。」孔子對曰：「君使臣以禮，臣事君以忠。」○子曰：「《關雎》樂而不淫，哀而不傷。」孔安國曰：「樂而不至淫，哀而不至傷，言其和也。」○哀公問社於宰我。宰我對曰：「夏后氏以松，殷人以柏，周人以栗，曰使民戰栗也。」孔安國曰：「凡建邦立社，各以其土所宜之木。宰我不本其意，妄爲之説，因周用栗，便云使民戰栗之也。」子聞之，曰：「成事不説，苞氏曰：「事已成，不可復解説也。」遂事不諫，苞氏曰：「事已遂，不可復諫止也。」既往不咎。」苞氏曰：「事已往不可復追非咎也。孔子非宰我，故歷言三者，欲使慎其後也。」○子曰：「管仲之器小哉！」言其器量小也。或曰：「管仲儉乎？」苞氏曰：「或人見孔子小之，以爲謂之太儉也。」曰：「管氏有三歸，官事不攝，焉得儉乎？」苞氏曰：「三歸，取三姓女也。婦人謂嫁爲歸。攝，猶兼也。禮，國君事大，官各有人，大夫并兼。今管仲家臣備職，非爲儉也。」曰：

「然則管仲知禮乎？」苞氏曰：「或人以儉問，故答以安得儉。或人聞不儉，更謂爲得禮也。」曰：「邦君樹塞門，管氏亦樹塞門。邦君爲兩君之好，有反坫，管氏亦有反坫。鄭玄曰：「反坫，反爵之坫也，在兩楹之間。人君有别外内，於門樹屏以蔽之也。君與鄰國君爲好會，其獻酢之禮更酌，酌畢則各反爵於坫上，今管仲皆僭爲之，如是，是不知禮也。」管氏而知禮，孰不知禮？」

○子語魯大師樂，❶曰：「樂其可知已也，始作，翕如也。大師，樂官名也。五音始奏。❷翕如，盛也。從之，純如也，從讀曰縱，言五音既發，放縱盡其聲。純純，❸和諧也。皦如也，言其音節明也。繹如也，以成。」縱之以純如、皦如、繹如，言樂始於翕如，而成於三也。

○儀封人請見。鄭玄曰：「儀，蓋衛邑也。封人，官名也。」曰：「君子之至於斯者，吾未嘗不得見也。」從者見之。苞氏曰：「從者，弟子隨孔子行者也。通使得見也。」出曰：「二三子何患於喪乎？天下之無道久矣，孔安國曰：「語諸弟子，言何患於夫子聖德之將喪亡邪？天下之無道已久矣，極衰必有盛也。」天將以夫子爲木鐸。」孔安國曰：「木鐸，施政教之時所振也。言天將命孔子制法度，以號令於天下也。」

○子謂《韶》：「盡美矣，又盡善也。」孔安國曰：「《韶》，舜樂也。謂以聖德受禪，故曰盡善也。」謂《武》：「盡美矣，未盡善也。」孔安國曰：「《武》，武王樂也。以征伐取天下，故曰未盡善也。」

○子曰：「居上不寬，爲禮不敬，臨喪不哀，吾何以觀之哉！」

論語里仁第四　何晏集解凡廿六章

○子曰：「里仁爲善，❹鄭玄曰：「里者，民之

❶「大」，原作「太」，據注文、皇本、邢本改。

❷「五」上，皇本有「言」字。

❸「純純」，皇本作「純純如」。《史記·孔子世家集解》引作「純如」，當從。

❹「善」，皇本、邢本作「美」。

所居也。居於仁者之里，是爲善也。」擇不處仁，焉得智？」鄭玄曰：「求善居而不處仁者之里，不得爲有智也。」○子曰：「不仁者不可以久處約，孔安國曰：「久困則爲非也。」不可以長處樂。孔安國曰：「必驕佚也。」仁者安仁，苞氏曰：「唯性仁者自然體之，故謂安仁也。」智者利仁。」王肅曰：「知仁爲美，故利行之也。」○子曰：「唯仁者能好人，能惡人。」孔安國曰：「唯仁者能審人好惡也。」○子曰：「苟志於仁矣，無惡。❶孔安國曰：「苟，誠也。言誠能志於仁者，則其餘無惡也。」○子曰：「富與貴是人之所欲也，不以其道得之，不處也。孔安國曰：「不以其道得富貴，不處也。」貧與賤是人之所惡，❷不以其道得之，不去。❸時有否泰，故君子履道而反貧賤，此則不以其道而得之者也。雖是人之所惡，不可違而去也。君子去仁，惡乎成名？孔安國曰：「惡乎成名者，不得成名爲君子也。」君子無終食之間違仁，造次必於是，顛沛必於是。」馬融曰：「造次，急遽也。顛沛，偃仆也。雖急遽偃仆不違於仁也。」○子曰：「我未見好仁者，惡不仁者。好仁者，無以尚之。孔安國曰：「難復加也。」惡不仁者，其爲仁矣，不使不仁者加乎其身。孔安國曰：「言惡不仁者能使不仁者不加非義於己，不如好仁者無以加尚爲之優也。❹有能一日用其力於仁矣乎？我未見力不足者也。孔安國曰：「言人無能一日用其力脩仁者耳，我未見欲爲仁而力不足者也。」蓋有之乎？我未之見也。」孔安國曰：「謙不欲盡誣時人，言不能爲仁，故云爲能有耳，其我未見也。」○子曰：「民之過也，各於其黨。觀過，斯知仁矣。」孔安國曰：「黨，黨類也。小人不能爲君子之行，非小人之過也，當恕而勿責之。觀過，使賢愚各當其

❶「惡」下，皇本、邢本有「也」字。
❷「惡」下，皇本、邢本有「也」字。
❸「去」下，皇本、邢本有「也」字。
❹「無以加尚爲之優也」，皇本「爲之」二字倒乙，邢本同皇本，且無「加」「也」二字。

所，則爲仁之也。」❶○子曰：「朝聞道，夕死可矣。」言將至死不聞世之有道也。○子曰：「士志於道，而恥惡衣惡食者，未足與議也。」○子曰：「君子之於天下也，無適也，無莫也，義之與比也。」言君子於天下，無適，無莫，無所貪慕也，唯義之所在也。○子曰：「君子懷德，孔安國曰：「懷，安也。」小人懷土。孔安國曰：「重遷也。」君子懷刑，孔安國曰：「安於法也。」小人懷惠。」苞氏曰：「惠，恩惠也。」○子曰：「放於利而行，孔安國曰：「放，依也。每事依利而行也。」多怨。」孔安國曰：「取怨之道也。」○子曰：「能以禮讓爲國乎？何有？何有者，言不難之也。不能以禮讓爲國，如禮何？」苞氏曰：「如禮何者，言不能用禮也。」○子曰：「不患無位，患所以立。不患莫己知也，求爲可知也。」苞氏曰：「求善道而學行之，則人知己也。」○子曰：「參乎！吾道一以貫之哉。」曾子曰：「唯。」孔安國曰：「直曉不問，故答曰唯也。」子出，門人問曰：「何謂也？」曾子曰：「夫子之道，忠恕而已矣。」○子曰：「君子喻於義，小人喻於利。」孔安國曰：「喻，猶曉也。」○子曰：「見賢思齊焉，苞氏曰：「思與賢者等也。」見不賢者而內自省也。」○子曰：「事父母幾諫，苞氏曰：「幾，微也。當微諫納善言於父母也。」見志不從，又敬不違，勞不怨。」❷苞氏曰：「見志者，見父母志有不從己諫之色，則又當恭敬，不敢違父母意而遂己諫也。」○子曰：「父母在，子不遠遊，❸遊必有方。」鄭玄曰：「方，猶常也。」○子曰：「三年無改於父之道，可謂孝矣。」鄭玄曰：「孝子在喪，哀慼思慕，無改其父之道，非心所忍爲也。」○子曰：「父母之年，不可不知也，一則以喜，一則以懼。」孔安國曰：「見其壽考則喜，見其衰老則懼之也。」○子曰：「古者言之不出也，

❶「之」，皇本、邢本無此字。

❷「勞」下，皇本、邢本有「而」字。

❸「子」，邢本無此字。

恥躬之不逮也。」苞氏曰：「古之人言不妄出口者，爲恥其身行之將不及也。」○子曰：「以約失之者鮮矣。」孔安國曰：「俱不得中也。奢則驕，溢則招禍，儉約則無憂患也。」○子曰：「君子欲訥於言而敏於行。」苞氏曰：「訥，遲鈍也。言欲遲鈍而行欲敏也。」○子曰：「德不孤，必有鄰。」方以類聚，同志相求，故必有鄰也。是以不孤也。」○子游曰：「事君數，斯怨矣。朋友數，斯疏矣。」數，謂速數之數也。

論語卷第二經一千二百一十二字，註一千九百三十一字

論語公冶長第五　何晏集解　凡廿九章

○子謂公冶長，「可妻也，雖在縲絏之中，非其罪也。」以其子妻之。孔安國曰：「公冶長，弟子，魯人也，姓公冶，名長也。縲，黑索；絏，攣也，所以拘於罪人也。」○子謂南容，「邦有道，不廢；邦無道，免於刑戮。」以其兄之子妻之。王肅曰：「南容，弟子南宮縚也，魯人也，字子容。不廢，言見任用也。」○子謂子賤，孔安國曰：「子賤，魯人，弟子宓不齊也。」「君子哉若人！魯無君子者，斯焉取斯。」苞氏曰：「若人，若此人也。如魯無君子，子賤安得此行而學行之？」○子貢問曰：「賜也如何？」子曰：「汝，器也。」孔安國曰：「言汝器用之人也。」曰：「何器也？」曰：「瑚璉也。」苞氏曰：「瑚璉者，黍稷之器也。夏曰瑚，殷曰璉，周曰簠簋，宗廟器之貴者也。」○或曰：「雍也仁而不佞。」馬融曰：「雍，弟子仲弓名也，姓冉也。」子曰：「焉用佞也？禦人以給，❶屢憎民，❷不知其仁也，焉用佞也？」孔安國曰：「屢，數也。佞人口辭捷給，數爲民之所憎之也。」❸○子使漆彫開仕。對曰：「吾斯之未能信。」孔安國曰：「開，弟子也。漆彫，姓也，開，名也。仕進之道未能信者，未能究習也。」子說。鄭玄曰：「喜其志道之深也。」○子曰：「道不行，乘桴浮於海，從我者其由也與？」馬融曰：「桴，編竹木也，大者曰筏，小者曰桴。」子路聞之喜。孔安國曰：「喜與己俱行矣。」子曰：「由也，好勇過我，無所取材。」鄭玄曰：「子路信夫子欲行，故言好勇過我也。無所取材者，言無所取桴材也。以子路不解微言，故戲之耳也。」一曰：「子路聞孔子欲浮海便

❶「以」下，皇本、邢本有「口」字，是。

❷「憎民」，皇本、邢本作「憎於人」。

❸「數爲民之所憎之也」，皇本作「數爲人所憎也」，邢本作「數爲人所憎惡」。

喜，不復顧望，故孔子歎其勇曰過我。無所復取哉，❶言唯取於己也。古材、哉同。」❷○孟武伯問：「子路仁乎？」子曰：「不知也。」孔安國曰：「仁道至大，不可全名也。」又問。子曰：「由也，千乘之國，可使治其賦也。孔安國曰：「賦，兵賦也。」不知其仁也。」「求也何如？」子曰：「求也，千室之邑，百乘之家，可使爲之宰也。孔安國曰：「千室之邑，卿大夫之邑也。卿大夫稱家。諸侯千乘，卿大夫故曰百乘也。宰，家臣也。」不知其仁也。」「赤也何如？」子曰：「赤也，束帶立於朝，可使與賓客言也。馬融曰：「赤，弟子公西華也。有容儀，可使爲行人之也。」❸不知其仁也。」○子謂子貢曰：「女與回也孰愈？」孔安國曰：「愈，猶勝也。」對曰：「賜也何敢望回？回也聞一以知十，賜也聞一以知二。」子曰：「弗如也，吾與女弗如也。」苞氏曰：「既然子貢弗如，復云吾與女俱不如者，蓋欲以慰子貢心也。」○宰予晝寢。苞氏曰：「宰予，弟子宰我也。」子曰：「朽木不可彫也，苞氏曰：「朽，腐也。彫，彫琢刻畫也。」糞土之牆不可杇也。王肅曰：「杇，槾也。二者喻雖施功猶不成也。」於予與何誅？」孔安國曰：「誅，責也。今我當何責於汝乎？深責之辭也。」子曰：「始吾於人也，聽其言而信其行，今吾於人也，聽其言而觀其行。於予與改是。」孔安國曰：「改是，始聽言信行，今更察言觀行，發於宰我之晝寢也。」○子曰：「吾未見剛者。」或對曰：「申棖。」苞氏曰：「申棖，魯人也。」子曰：「棖也慾，焉得剛？」孔安國曰：「慾，多情慾之也。」❹○子貢曰：「我不欲人之加諸我也，吾亦欲無加諸人也。」馬融曰：「加，凌也。」子曰：「賜也，非爾所及也。」孔安國曰：「言不能止人，

❶「無所復取哉」，皇本同，邢本作「無所取材者」。

❷「古」下，皇本、邢本有「字」字。

❸「之」，皇本、邢本無此字。

❹「之也」，皇本無「之」字，邢本無此二字。

使不加非義於己之也。」❶〇子貢曰：「夫子之文章，可得而聞也。章，明也。文彩形質著見，可得以耳目脩也。❷夫子之言性與天道，不可得而聞也已矣。」性者，人之所受以生也。天道者，元亨日新之道也。深微，故不可得而聞也。〇子路有聞，未能行，唯恐有聞。孔安國曰：「前所聞未及得行，故恐後有聞不得并行也。」〇子貢問曰：「孔文子何以謂之文也？」孔安國曰：「孔文子，衛大夫孔叔圉也，文，謚也。」子曰：「敏而好學，不恥下問，是以謂之文也。」孔安國曰：「敏者，識之疾也。下問，問凡在己下者也。」〇子謂子產，「有君子之道四焉：孔安國曰：「子產，鄭大夫公孫僑也。其行己也恭，其事上也敬，其養民也惠，其使民也義。」〇子曰：「晏平仲善與人交，久而人敬之。」周生烈曰：「齊大夫。晏，姓也。平，謚也。名嬰也。」〇子曰：「臧文仲居蔡，苞氏曰：「臧文仲，魯大夫臧孫辰也。文，謚也。蔡，國君之守龜也。出蔡地，因以爲名焉。長尺有二寸。居蔡，僭也。」山節藻梲，苞氏曰：「節者，栭也，刻鏤爲山也。梲者，梁上之楹，畫爲藻文也。言其奢侈也。」何如其知也？」孔安國曰：「非時人謂以爲知之。」❸〇子張問曰：「令尹子文孔安國曰：「令尹子文，楚大夫，姓鬭，名穀，於菟也。」❹三仕爲令尹，無喜色。三已之，無慍色。舊令尹之政，必以告新令尹，何如也？」子曰：「忠矣。」曰：「仁矣乎？」曰：「未知，焉得仁？」孔安國曰：「但聞其忠事，未知其仁也。」「崔子弒齊君，陳文子有馬十乘，棄而違之。孔安國曰：「皆齊大夫也。崔杼作亂，陳文子惡之，捐四十匹馬，違而去之。」至於他邦，則又曰：『猶吾大夫崔子也。』違之。至一邦，則又曰：『猶吾大夫崔子也。』違之。何

❶「之也」，皇本無「之」字，邢本無此二字。

❷「目」下，皇本有「自」字。「脩也」，邢本作「循」。

❸「知之」，皇本作「智也」(正文「知」亦作「智」)，邢本無「之」字。

❹「於菟」上，皇本、邢本有「字」字，是。

如？」子曰：「清矣。」曰：「仁矣乎？」曰：「未知，焉得仁？」孔安國曰：「文子避惡逆無道，求有道。當春秋時，臣凌其君，皆如崔子，無有可者也。」〇季文子三思而後行。子聞之，曰：「再思斯可矣。」❶鄭玄曰：「季文子，魯大夫季孫行父也，文，謚也。文子忠而有賢行，其舉事寡過，不必及三思之也。」❷〇子曰：「甯武子，馬融曰：「衛大夫甯喻也。❸武，謚也。」邦有道則知，邦無道則愚。其知可及也，其愚不可及也。」孔安國曰：「詐愚似實，❹故曰不可及也。」〇子在陳曰：「歸與！歸與！吾黨之小子狂簡，斐然成章，不知所以裁之也。」孔安國曰：「簡，大也。孔子在陳，思歸欲去，曰：『吾黨之小子，狂者進取於大道，❺妄穿鑿以成文章，不知所以裁制，我當歸以裁制之耳。』遂歸也。」〇子曰：「伯夷、叔齊不念舊惡，怨是用希。」孔安國曰：「伯夷、叔齊，孤竹君之二子也。孤竹，國名也。」〇子曰：「孰謂微生高直，孔安國曰：「微生，姓也，名高，魯人也。」或乞醯焉，乞諸其鄰而與之。」孔安國曰：「乞之四鄰，以應求者，用意委曲，非爲直人也。」〇子曰：「巧言、令色、足恭，孔安國曰：「足恭，便僻之貌也。」左丘明恥之，丘亦恥之。孔安國曰：「左丘明，魯大夫也。」匿怨而友其人，孔安國曰：「心内相怨而外詐親也。」左丘明恥之，丘亦恥之。」〇顏淵、子路侍。子曰：「盍各曰爾志？」❻子路曰：「願車馬衣輕裘與朋友共敝之而無憾。」❼孔安國曰：「憾，恨也。」顏淵曰：「願無伐善，孔安國曰：「自無稱己之善也。」無施勞。」孔安國曰：「無以勞事置施於人也。」子路曰：「願聞子之志。」子曰：「老者安之，朋友信之，少者懷之。」〇子曰：

❶「思」皇本同，邢本無此字。
❷「之也」，皇本無「之」字。邢本無此二字。
❸「喻」，皇本、邢本作「俞」。
❹「詐」，皇本作「詳」，邢本作「佯」。「詳」與「佯」通。
❺「取」，皇本作「趨」。
❻「曰」，皇本、邢本作「言」。
❼「衣」，皇本、邢本同。當爲衍文。

「已矣乎！吾未見能見其過而內自訟者也。」苞氏曰：「訟，猶責也。言人有過莫能自責也。」

○子曰：「十室之邑，必有忠信如丘者焉，不如丘之好學者也。」❶

論語雍也第六　何晏集解　凡卅章

○子曰：「雍也可使南面也。」苞氏曰：「可使南面者，言任諸侯，可使治國也。」❷○仲弓問子桑伯子。王肅曰：「伯子，書傳無見焉。」子曰：「可也簡。」以其能簡，故曰可也。❸仲弓曰：「居敬而行簡，以臨其民，不亦可乎？孔安國曰：「居身敬肅，臨下寬略，則可也。」居簡而行簡，無乃太簡乎。」苞氏曰：「伯子之簡，大簡也。」子曰：「雍之言然。」○哀公問曰：「弟子孰爲好學？」孔子對曰：「有顏回者好學，不遷怒，不貳過，不幸短命死矣。今也則亡，未聞好學者也。」凡人任情，喜怒違理。顏淵任道，怒不過分。遷者，移也。怒當其理，不移易也。不貳過者，有不善，未嘗復行也。」○子華使於齊，冉子爲其母請粟。子曰：「與之釜。」馬融曰：「子華，弟子公西華。赤，字也。❹六斗四升曰釜也。」請益。曰：「與之庾。」苞氏曰：「十六斗爲庾也。」冉子與之粟五秉。馬融曰：「十六斛曰秉，五秉合八十斛也。」子曰：「赤之適齊也，乘肥馬，衣輕裘。吾聞之也，君子周急不繼富。」鄭玄曰：「非冉有與之太多也。」○原思爲之宰，苞氏曰：「弟子原憲也，思，字也，孔子爲魯司寇，以原憲爲家邑宰也。」與之粟九百，辭。孔安國曰：「九百，九百斗也。辭，讓不受也。」子曰：「毋，孔安

❶「者」，皇本、邢本無此字。

❷「言任」至「國也」，皇疏「國」下有「政」字，邢疏作「言任諸侯治」。

❸「以其」上，邢本有「孔曰」二字。

❹「赤字也」，邢本作「赤之字」。

國曰：「禄法所當受，毋以讓也。」以與爾鄰里鄉黨乎！」鄭玄曰：「五家爲鄰，五鄰爲里，萬二千五百家爲鄉，五百家爲黨也。」○子謂仲弓曰：「犁牛之子騂且角，雖欲勿用，山川其舍諸？」犁，雜文也。騂，赤色。角者，角周正，中犧牲也。雖欲以其所生犁而不用，山川寧肯舍之乎？言父雖不善，不害於其子之美也。❶○子曰：「回也其心三月不違仁，其餘則日月至焉而已矣。」言餘人暫有至仁時，唯回移時而不變也。○季康子問：「仲由可使從政也與？」子曰：「由也果，苞氏曰：「果謂果敢決斷也。」於從政乎何有？」曰：「賜也可使從政也與？」子曰：「賜也達，孔安國曰：「達謂通於物理也。」於從政乎何有？」曰：「求也可使從政也與？」子曰：「求也藝，孔安國曰：「藝曰多才能也。」❷於從政乎何有？」○季氏使閔子騫爲費宰。孔安國曰：「費，季氏邑也。季氏不臣，而其邑宰叛，❸聞閔子騫賢，故欲用之也。」閔子騫曰：「善爲我辭焉。孔安國曰：「不欲爲季氏宰，語使者曰：『善爲我作辭，❹説令不復召我之也。』」❺如有復我者，孔安國曰：「復我者，重來召我也。」則吾必在汶上矣。」孔安國曰：「去之汶水上，欲北如齊也。」○伯牛有疾，馬融曰：「伯牛，弟子冉耕也。」子問之，自牖執其手。苞氏曰：「有惡疾，❻不欲見人，故孔子從牖執其手也。」曰：「亡之，孔安國曰：「亡，喪也。疾甚，故持其手曰喪之也。」❼命矣夫！斯人也而有斯疾也！斯人也而有斯疾也！」苞氏曰：「再言之者，痛惜之甚也。」○子曰：「賢哉，回也！一簞食，一瓢飲，孔安國曰：「簞，

---

❶「不害於其子之美也」，邢本無「其」字及「也」字。

❷「藝曰多才能也」，皇本「曰」作「謂」，邢本「能」作「藝」，且無「也」字。

❸「叛」上，皇本、邢本有「數」字。

❹「語使」至「作辭」，邢本作「託使者善爲我辭焉。」

❺「之也」，皇本無「之」字，邢本無此二字。

❻「有」上，皇本、邢本有「牛」字。

❼「之也」，皇本無「之」字，邢本無此二字。

笥；瓢，瓠也。」❶在陋巷，人不堪其憂，回也不改其樂。賢哉，回也！」孔安國曰：「顔淵樂道。雖簞食，在陋巷，不改其所樂也。」○冉有曰：「非不説子之道也，力不足也。」子曰：「力不足者，中道而廢，今女畫。」孔安國曰：「畫，止也。力不足者，當中道而廢，今女自止耳，非力極之也。」❷○子謂子夏曰：「爲君子儒，❸毋爲小人儒。」君子爲儒，將以明道；小人爲儒，則矜其名也。❹○子游爲武城宰。苞氏曰：「武城，魯下邑也。」子曰：「女得人焉耳乎哉？」❺孔安國曰：「焉、耳、乎、哉，皆辭也。」曰：「有澹臺滅明者，行不由徑，非公事，未嘗至於偃之室也。」苞氏曰：「澹臺，姓。滅明，名也。字子羽。言其公且方也。」○子曰：「孟之反不伐，孔安國曰：「魯大夫孟之側也。與齊戰，軍大敗。不伐者，不自伐其功也。」奔而殿。將入門，策其馬，曰：『非敢後也，馬不進也。』」馬融曰：「殿，在軍後者也。前曰啓，後曰殿。孟之反賢而有勇，軍大奔，猶爲殿。❻人迎，功之，❼不欲獨有其名，故曰：『我非敢在後距敵也，馬不能進也。』」○子曰：「不有祝鮀之佞，而有宋朝之美，難乎免於今之世矣。」孔安國曰：「佞，口才也。祝鮀，衛大夫，名子魚也，時世貴之。宋朝，宋國之美人也，而善淫。言當如祝鮀佞，❽而反如宋朝之美，❾難矣免於今世之害也。」○子曰：「誰能出不由户者？❿何莫由斯

❶「簞笥」至「瓠也」，皇本「笥」下有「也」字；邢本同，且無末三字。
❷「之也」，皇本無「之」字，邢本無此二字。
❸「爲」上，皇本有「汝」字，邢本有「女」字。
❹「君子」至「名也」，皇本上有「馬融曰」，「明」下有「其」字。
❺「哉」，邢本無此字。
❻「猶」，皇本、邢本作「獨」。
❼「功」上，皇本有「爲」字。
❽「佞」上，皇本、邢本有「之」字。
❾「反」，皇本作「及」。《釋文》出「及如」，云：「一本『及』字作『反』，義亦通。」
❿「者」，邢本無此字。

道也？」言人立身成功當由道，❶譬猶人出入，❷要當從户也。〇子曰：「質勝文則野，苞氏曰：「野，如野人，言鄙略也。」文勝質則史，苞氏曰：「史者，文多而質少也。」文質彬彬，然後君子。」苞氏曰：「彬彬，文質相半之貌也。」〇子曰：「人之生也直，馬融曰：「言人之所以生於世而自終者，以其正直之道也。」❸罔之生也幸而免。」苞氏曰：「誣罔正直之道而亦生，❹是幸而免也。」〇子曰：「知者不如好之者，❺好之者不如樂之者。」苞氏曰：「學問，知之者不如好之者篤，好之者又不如樂之者深也。」❻〇子曰：「中人以上，可以語上也。中人以下，不可以語上也。」王肅曰：「上，謂上知之所知也。❼兩舉中人，以其可上可下也。」〇樊遲問知。子曰：「務民之義，王肅曰：「務所以化導民之義也。」敬鬼神而遠之，可謂知矣。」苞氏曰：「敬鬼神而不瀆也。」問仁。子曰：「仁者先難而後獲，可謂仁矣。」孔安國曰：「先勞苦乃得功，❽此所以爲仁也。」〇子曰：「知者樂水，苞氏曰：「知者樂運其才知以治世，如水流而不知已之也。」❾仁者樂山。仁者樂如山之安固，自然不動而万物生焉也。知者動，苞氏曰：「自進，❿故動也。」仁者靜。孔安國曰：「無欲，故靜也。」知者樂，鄭玄曰：「知者自役得其志，故樂之也。」仁者壽。」苞氏曰：「性靜，故壽考也。」〇子曰：「齊一變，至於魯；魯一變，至於道。」苞氏曰：「言齊魯有太公周公之餘化也。太公大賢，周公聖人也。今其政教雖衰，若有明君興之者，齊可使如魯，魯可使如

❶「言」上，皇本有「孔安國曰」，邢本有「孔曰」。「人」下，皇本有「之」字。
❷「人」，邢本無此字。
❸「之道」，邢本無此二字。
❹「生」下，邢本有「者」字。
❺「知」下，皇本、邢本有「之」字，是。
❻「又」、「也」，邢本無此二字。
❼「知之」，皇本作「智之人」。
❽「乃」，邢本作「而後」。
❾「之也」，皇本無「之」字，邢本無此二字。
❿「自」，邢本作「日」。

大道行之時之也。」❶○子曰：「觚不觚，馬融曰：「觚，禮器也。一升曰爵，二升曰觚也。」觚哉！觚哉！」觚哉觚哉，言非觚也，以喻爲政而不得其道則不成也。」❷○宰我問曰：「仁者雖告之曰：『井有仁者焉。』其從之也？」孔安國曰：「宰我以爲仁者必濟人於患難，故問有仁人墮井，將自投下而出之乎？❸否乎？欲極觀仁人憂樂之所至也。」子曰：「何爲其然也？君子可逝也，不可陷也。苞氏曰：「逝，往也。言君子可使往視之耳，不肯自投從之也。」❹可欺也，不可罔也。」馬融曰：「可欺者，可使往也。不可罔者，不可得誣罔令自投下也。」○子曰：「君子博學於文，約之以禮，亦可以弗畔矣夫。」鄭玄曰：「弗畔，不違道也。」○子見南子，子路不說。夫子矢之曰：「予所否者，天厭之！天厭之！」孔安國曰：「等以爲南子者，❺衛靈公夫人也。淫亂而靈公惑之。孔子見之者，欲因以説靈公，使行治道也。矢，誓也。子路不說，故夫子誓之曰。❻行道既非婦人之事，而弟子不說，與之呪誓，義可疑也。」○子曰：「中庸之爲德也，其至矣乎？民鮮久矣。」庸，常也。中和可常行之德也。世亂，先王之道廢，民鮮能行此道久矣。非適今也。○子貢曰：「如能博施於民而能濟衆者，❼何如？可謂仁乎？」子曰：「何事於仁！必也聖乎！堯舜其猶病諸。孔安國曰：「若能廣施恩惠，❽濟民於患難，堯舜至聖，猶病其難也。」夫仁者，己欲立而立人，己欲達而達人，能近取譬，可謂仁之方也已。」孔安國曰：「更爲子貢説仁者之行也。方，道也。但能近取譬於己，皆恕己所不欲而勿施於人

---

❶「之也」，皇本無「之」字，邢本無此二字。
❷「而」，皇本、邢本無此字。
❸「之乎」，皇本、邢本無此二字。
❹「從」，皇本作「救」。
❺「等」，邢本作「舊」。
❻「曰」，邢本無此字。
❼「能」，邢本作「有」。「者」，邢本無此字。
❽「若」，邢本作「君」。

之也。」❶

論語卷第三 經一千七百一十一字，註二千八百二十字

❶「之也」，皇本無「之」字，邢本無此二字，「施」下有「之」字。

論語述而第七　何晏集解

舊卅九章，今卅八章

○子曰：「述而不作，信而好古，竊比於我老彭。」苞氏曰：「老彭，殷賢大夫也。好述古事。我若老彭矣，但述之耳也。」❶○子曰：「默而識之，學而不厭，誨人不倦，何有於我哉？」鄭玄曰：「人無有是行。❷於我，我獨有之也。」○子曰：「德之不脩也，學之不講也，聞義不能從也，❸不善不能改也，是吾憂也。」孔安國曰：「夫子常以此四者爲憂也。」○子之燕居，申申如也，夭夭如也。馬融曰：「申申、夭夭，和舒之貌也。」○子曰：「甚矣，吾衰也！久矣，吾不復夢見周公。」孔安國曰：「孔子衰老，不復夢見周公。明盛時夢見周公也，欲行其道也。」○子曰：「志於道，志，慕也。道不可體，故志之而已矣也。❹據於德，據，杖也。德有成形，故可據也。依於仁，依，倚也。仁者功施於人，故可倚之也。遊於藝。」藝，六藝也。不足據依，故曰遊也。○子曰：「自行束脩以上，吾未嘗無誨焉。」孔安國曰：「言人能奉禮，自行束脩以上，則皆教誨之也。」○子曰：「不憤不啓，不悱不發。舉一隅而示之，❺不以三隅反，則吾不復。」❻鄭玄曰：「孔子與人言，必待其人心憤憤，口悱悱，乃後啓發爲之説也。❼如此則識思之深也。說則舉一隅以語之，其人不思其類，則不復重教之也。」○子食於有喪者之

❶「但」，皇本作「祖」。「也」，皇本、邢本無此字。

❷「人無有是行」，邢本作「無是行」。

❸「從」，邢本作「徙」。

❹「矣也」，皇本、邢本無此二字。

❺「而示之」，皇本同，邢本無此三字。阮校：「案《文選・西京賦》注引有此三字。又鼂公武《蜀石經考異》云『舉一隅』下有『而示之』三字，與李鶚本不同。」據此則古本當有此三字。

❻「則吾不復」，皇本「復」下有「也」字，邢本作「則不復也」。

❼「爲之説也」，邢本作「爲説之」。

側，未嘗飽也。子於是日也哭則不歌。❶喪者哀戚，飽食於其側，是無惻隱之心之也。❷〇子謂顔淵曰：「用之則行，舍之則藏，唯我與爾有是夫。」孔安國曰：「言可行則行，可止則止，唯我與顔淵同耳也。」❸〇子路曰：❹「子行三軍則誰與？」孔安國曰：「大國三軍。子路見孔子獨美顔淵，以爲己有勇，❺至於夫子爲三軍將，亦當唯有與己俱，❻故發此問也。」子曰：「暴虎憑河，死而無悔者，吾不與也。孔安國曰：暴虎，徒搏也。憑河，徒涉也。」必也臨事而懼，好謀而成者也。」〇子曰：「富而可求也，雖執鞭之士，吾亦爲之。鄭玄曰：「富貴不可求而得者也，當脩德以得之矣。若於道可求者，雖執鞭賤職，❼我亦爲之矣。」如不可求者，❽從吾所好。」孔安國曰：「所好者，古人之道也。」〇子之所慎：齊，戰，疾。孔安國曰：「此三者，人所不能慎，而夫子能慎之也。」〇子在齊聞《韶》樂，❾三月不知肉味，周生烈曰：「孔子在齊聞習《韶》樂之盛美，故忘於肉味也。」曰：「不圖爲樂之至於斯也。」王肅曰：「爲，作也。不圖作《韶》樂至於此。此，齊也。」〇冉有曰：「夫子爲衛君乎？」孔安國曰：「爲，猶助也。衛君者，謂輒也。衛靈公逐太子蒯聵，公薨而立孫輒也。後晉趙鞅納蒯聵於戚，❿衛石曼姑帥師圍之。故問其意助輒否乎。」子貢曰：「諾，吾將問之。」入，曰：「伯夷叔齊何人也？」子曰：「古之賢人也。」曰「怨乎？」曰：「求仁而

❶「也」，邢本無此字。

❷「之也」，皇本無「之」字。邢本無此二字，且兩句分作兩章，此條註文置於前句之下，此句下另有一條註文：「一日之中，或哭或歌，是褻於禮容。」

❸「耳也」，皇本無「也」字，邢本無此二字。

❹「子路曰」，皇本、邢本此處連上爲一章。據文意及下孔字國注，以連上爲是。

❺「有」，邢本無此字。

❻「亦當唯有與己俱」，邢本作「亦當誰與己同」。

❼「鞭」下，邢本有「之」字。

❽「者」，邢本無此字。

❾「樂」，邢本無此字。

❿「戚」下，邢本有「城」字。

得仁，又何怨乎？」孔安國曰：「夷、齊讓國遠去，終於餓死，故問怨乎。以讓爲仁，豈怨乎？」出，曰：「夫子不爲也。」鄭玄曰：「父子爭國，惡行也。孔子以伯夷叔齊爲賢且仁，故知不助衛君明也。」

○子曰：「飯蔬食，❶飲水，曲肱而枕之，樂亦在其中矣。孔安國曰：「蔬食，菜食也。肱，臂也。孔子以此爲樂也。」不義而富且貴，於我如浮雲。」鄭玄曰：「富貴而不以義者，於我如浮雲，非己之有也。」

○子曰：「加我數年，五十以學《易》，可以無大過矣。」《易》窮理盡性，以至於命。年五十而知天命，以知天命之年，讀至命之書，故可以無大過也。

○子所雅言，孔安國曰：「雅言，正言也。」《詩》、《書》、執禮，皆雅言也。鄭玄曰：「讀先王典法，必正言其音，然後義全，故不可有所諱也。禮不誦，故言執也。」

○葉公問孔子於子路，子路不對。孔安國曰：「葉公名諸梁，楚大夫也。食采於葉，僭稱公。不對者，未知所以答也。」子曰：「女奚不曰，其爲人也，發憤忘食，樂以忘憂，不知老之將至也云爾。」

○子曰：「我非生而知之者，好古敏而求之者也。」鄭玄曰：「言此者，勉人於學也。」❷

○子不語：怪，力，亂，神。孔安國曰：「怪，怪異也。力，謂若奡盪舟、烏獲舉千鈞之屬也。亂，謂臣弒君、子弒父也。神，謂鬼神之事也。或無益於教化也，或所不忍言也。」

○子曰：「我三人行，❸必得我師焉。❹擇其善者而從之，其不善者而改之。」言我三人行，本無賢愚，擇善從之，不善改之，故無常師也。

○子曰：「天生德於予，桓魋其如予何？」苞氏曰：「桓魋，宋司馬黎也。天生德於予者，謂授以聖性也，合德天地，❺吉無不利，故曰其如予何也。」

○子曰：「二三子以我爲隱子乎？❻吾無隱

---

❶「蔬」，邢本作「疏」。

❷「勉人於學也」，皇本「勉」下有「勸」字，邢本作「勸人學」。

❸「我」，邢本無此字。據註文當有。

❹「得」，邢本作「有」。

❺「合德」，邢本作「德合」。

❻「隱」下，邢本無「子」字。

乎爾。苞氏曰：「二三子，謂諸弟子也。聖人知廣道深，弟子學之不能及，以爲有所隱匿，故解之也。」吾無所行而不與二三子者，❶是丘也。」苞氏曰：「我所爲無不與爾共之者，是丘之心也。」○子以四教：文，行，忠，信。四者有形質，可舉以教也。○子曰：「聖人吾不得而見之矣，得見君子者斯可矣。」疾世無明君也。子曰：「善人吾不得而見之矣，得見有恒者斯可矣。亡而爲有，虚而爲盈，約而爲泰，難乎有恒矣。」孔安國曰：「難可名之爲有常也。」○子釣而不綱，弋不射宿。孔安國曰：「釣者，一竿釣也。綱者，爲大綱以横絶流，以繳繫釣，羅屬着綱也。弋，繳射也。宿，宿鳥也。」○子曰：「蓋有不知而作之者，我無是也。苞氏曰：「時人多有穿鑿妄作篇籍者，故云然也。」多聞擇其善者而從之，多見而識之，知次也。」❷孔安國曰：「如此次於知之者也。」○互鄉難與言，童子見，門人惑。鄭玄曰：「互鄉，鄉名也。其鄉人言語自專，不達時宜，而有童子來見，孔子門人怪孔子見也。」子曰：「與其進也，不與其退也，唯何甚！孔安國曰：「教誨之道，與其進，不與其退，怪我見此童子，惡惡何一甚也。」人潔己以進，與其潔也，不保其往也。」鄭玄曰：「往，猶去也。人虚己自潔而來，當與其進之，亦何能保其去後之行也。」○子曰：「仁遠乎哉？我欲仁，斯仁至矣。」苞氏曰：「仁道不遠，行之則是至也。」○陳司敗問：「昭公知禮乎？」孔安國曰：「司敗，官名也。陳大夫也。昭公，魯昭公也。」孔子對曰：「知禮。」孔子退，揖巫馬期而進之，曰：「吾聞君子不黨。❸君娶於吴，爲同姓，謂之吴孟子，君而知禮，孰不知禮？」孔安國曰：「巫馬期，弟子也，名施。相助匿非曰黨。魯吴俱姬姓也，禮同姓不婚，而君娶之，當稱吴姬，諱曰孟子也。」巫馬期以告。子曰：「丘也幸，苟有過，人必知之。」孔安國

❶「所」，邢本無此字。
❷「知」下，皇本、邢本有「之」字。
❸「黨」下，皇本、邢本有「君子亦黨乎」句。

曰：「以司敗言告也。諱國惡，禮也。聖人智深道弘，故受以爲過也。」○子與人歌而善，必使反之，而後和之。樂其善，故使重歌而後自和之也。○子曰：「文莫吾猶人也。莫，無也。文無者，猶俗言文不也。文不吾猶人者，言凡文皆不勝於人也。躬行君子，則吾未之有得也。」孔安國曰：「躬爲君子，己未能得之也。」○子曰：「若聖與仁，則吾豈敢？孔安國曰：「孔子謙，不敢自名仁、聖也。」抑爲之不厭，誨人不倦，則可謂云爾已矣。」公西華曰：「正唯弟子不能學也。」苞氏曰：「正如所言，弟子猶不能學也，況仁聖乎也。」○子疾病，子路請禱。苞氏曰：「禱，禱請於鬼神也。」子曰：「有諸？」周生烈曰：「言有此禱請於鬼神之事乎也？」子路對曰：「有之。《誄》曰：『禱爾於上下神祇。』」孔安國曰：「子路失指也。《誄》，禱篇名也。」子曰：「丘之禱之久矣。」孔安國曰：「孔子素行合於神明，故曰丘之禱之久矣。」○子曰：「奢則不遜，儉則固。與其不遜也，寧固。」孔安國曰：「俱失之也。奢不如儉，奢則僭上，儉則不及禮耳。固，陋也。」○子曰：「君子坦蕩蕩，小人長戚戚。」鄭玄曰：「坦蕩蕩，寬廣貌也。長戚戚，多憂懼貌也。」○子温而厲，威而不猛，恭而安。

論語泰伯第八　何晏集解凡廿一章

○子曰：「泰伯，其可謂至德也已矣。三以天下讓，民無得而稱焉。」王肅曰：「泰伯，周太王之太子也。次仲雍，❶少弟曰季歷。季歷賢，又生聖子文王昌。昌必有天下，故泰伯以天下三讓於王季。其讓隱，故無得而稱言之者，所以爲至德也。」○子曰：「恭而無禮則勞，慎而無禮則葸，葸，畏懼之貌也。言慎而不以禮節之，則常畏懼也。勇而無禮則

❶「次」下，皇本、邢本有「弟」字。

亂，直而無禮則絞。馬融曰：「絞，絞刺也。」君子篤於親，則民興於仁；故舊不遺，則民不偷。」苞氏曰：「興，起也。君能厚於親屬，不遺忘其故舊，行之美者也，則民皆化之，起爲仁厚之行，不偷薄也。」○曾子有疾，召門弟子曰：「啓予足，啓予手。鄭玄曰：「啓，開也。曾子以爲受身體於父母，不敢毀傷之，故使弟子開衾而視之也。」《詩》云：『戰戰兢兢，如臨深淵，如履薄冰。』孔安國曰：「言此《詩》者喻己常誡慎，恐有所毀傷也。」而今而後，吾知免夫。小子！」周生烈曰：「乃今日而後，我自知免於患難矣。小子，弟子也。呼者，❶欲使聽識其言也。」○曾子有疾，孟敬子問之。馬融曰：「孟敬子，魯大夫仲孫捷也。」曾子言曰：「鳥之將死，其鳴也哀；人之將死，其言也善。苞氏曰：「欲戒敬子，言我將且死，言善可用也。」君子所貴道者三：動容貌，斯遠暴慢矣；正顏色，斯近信矣；出辭氣，斯遠鄙倍矣。鄭玄曰：「此道，謂禮也。動容貌，能濟濟蹌蹌，則人不敢暴慢之也。正顏色，能矜莊嚴栗，則人不敢欺誕之也。❷出辭氣，能順而説，則無惡戾之言入於耳也。」籩豆之事，則有司存。」苞氏曰：「敬子忘大務小，故又戒之以此也。籩豆，禮器也。」○曾子曰：「以能問於不能，以多問於寡，有若無，實若虚，犯而不校，苞氏曰：「校，報也。言見侵犯而不報之也。」❸昔者吾友嘗從事於斯矣。」馬融曰：「友，謂顏淵也。」○曾子曰：「可以託六尺之孤，孔安國曰：「六尺之孤，謂幼少之君也。」可以寄百里之命，孔安國曰：「攝君之政令也。」臨大節而不可奪也，大節，安國家，定社稷也。奪者，不可傾奪之也。君子人與？君子人也。」○曾子曰：「士不可以不弘毅，任重而道遠，苞氏曰：「弘，大也。毅，强而能決斷也。士弘毅然後能負重任致遠路也。」仁以爲己任，不亦重乎？死而後已，不亦遠乎？」孔安國曰：「以仁爲己

❶「呼」下，邢本有「之」字。

❷「誕」，邢本作「詐」。

❸「報」，皇本作「校」。

任，重莫重焉。死而後已，遠莫遠焉也。」〇子曰：「興於《詩》，苞氏曰：「興，起也。言修身當先學《詩》也。」立於禮，苞氏曰：「禮者，所以立身也。」成於樂。」孔安國曰：❶「樂，所以成性也。」〇子曰：「民可使由之，不可使知之。」由，用也。可使用而不可使知者，百姓能日用而不能知也。〇子曰：「好勇疾貧，亂也。苞氏曰：「好勇之人而患疾己之貧賤者，必將爲亂也。」人而不仁，疾之已甚，亂也。」孔安國曰：「疾惡太甚，亦使其爲乱也。」〇子曰：「如有周公之才之美，使驕且悋，其餘不足觀也已矣。」孔安國曰：「周公者，周公旦也。」〇子曰：「三年學，不至於穀，不易得也已。」孔安國曰：「穀，善也。言人三歲學，不至於善，不可得。言必無及也，❷所以勸人於學也。」❸〇子曰：「篤信好學，守死善道，危邦不入，亂邦不居。天下有道則見，無道則隱。苞氏曰：「言行當常然也。危邦不入，謂始欲往也。亂邦不居，今欲去也。臣弑君，子弑父，亂也。❹危者，將亂之兆也。」邦有道，貧且賤焉，恥也。邦無道，富且貴焉，恥也。」〇子曰：「不在其位，不謀其政也。」孔安國曰：「欲各專一於其職也。」〇子曰：「師摯之始，《關雎》之亂，洋洋乎盈耳哉！」鄭玄曰：「師摯，魯大師之名。始，猶首也。周道既衰，鄭衛之音作，正樂廢而失節，魯大師摯識《關雎》之聲，而首理其亂，洋洋乎盈耳哉，❺聽而美也。」〇子曰：「狂而不直，孔安國曰：「狂者進取，宜直也。」侗而不愿，孔安國曰：「侗，未成器之人也，宜謹愿也。」悾悾而不信，苞氏曰：「悾悾，愨愨也，宜可信也。」吾不知之矣。」孔安國曰：「言皆與常度反，故我不知也。」❻〇子曰：「學如不及，猶恐失之。」學自外入，至熟乃可長久。如不及，猶恐失之耳也。〇子曰：「巍巍乎，舜禹之有天

---

❶「孔安國曰」，邢本作「包曰」。

❷「及」，邢本無此字。

❸「於」，邢本無此字。

❹「臣弑君子弑父亂也」，邢本作「亂謂臣弑君子弑父」。

❺「乎」、「哉」，邢本無此二字。

❻「故我不知也」，邢本作「我不知之」。

下也而不與焉！」美舜禹己不與求天下而得之也。巍巍者，高大之稱也。○子曰：「大哉堯之爲君也！巍巍乎！唯天爲大，唯堯則之。孔安國曰：「則，法也。美堯能法天而行化也。」蕩蕩乎，民無能名焉！苞氏曰：「蕩蕩，廣遠之稱也。言其布德廣遠，民無能識名焉。」❶巍巍乎其有成功也。功成化隆，高大巍巍也。煥乎其有文章。」煥，明也。其立文垂制，復著明也。○舜有臣五人而天下治。孔安國曰：「禹、稷、契、皋陶、伯益也。」武王曰：「予有亂臣十人。」孔安國曰：「亂，理也。理官者十人也。謂周公旦、召公奭、太公望、畢公、榮公、太顛、閎夭、散宜生、南宮适也。其餘一人，謂文母也。」孔子曰：「才難，不其然乎？唐虞之際，於斯爲盛，有婦人焉，九人而已。孔安國曰：「唐者，堯號也。虞者，舜虞也。際者，堯舜交會之間也。斯，此也。此，於周也。言堯舜交會之間，比於此周，周最盛多賢，然尚有一婦人，其餘九人而已。大才難得，豈不然乎？」三分天下有其二，以服事殷，周德其可謂至德也已矣。」苞氏曰：「殷紂淫亂，文王爲西伯，而有聖德，天下之歸周者三分有二，而猶以服事殷，故謂之至德也。」○子曰：「禹，吾無間然矣。孔安國曰：「孔子推禹功德之盛，❷言己不能復間厠其間也。」菲飲食而致孝乎鬼神，馬融曰：「菲，薄也。致孝乎鬼神，祭祀豐潔也。」惡衣服而致美乎黻冕，孔安國曰：「損其常服，以盛祭服也。」卑宮室而盡力乎溝洫。苞氏曰：「方里爲井，井間有溝，溝廣深四尺。十里爲城，❸城間有洫，洫廣深八尺也。」禹，吾無間然矣。」

論語卷第四 經一千五百十四字，註二千三百七十七字

❶「識」下，邢本有「其」字。

❷「盛」下，邢本有「美」字。

❸「城」，邢本作「成」。下「城」字同此。

論語子罕第九　何晏集解凡卅一章，皇卅章

○子罕言利，與命與仁。罕者，希也。利者，義之和也。命者，天之命也。仁者，行之盛也。寡能及之，故希言也。○達巷黨人曰：「大哉孔子！博學而無所成名。」鄭玄曰：「達巷，黨名也。五百家爲黨。此黨之人，美孔子博學道藝，不成一名而已也。」子聞之，謂門弟子曰：「吾何執？執御乎？執射乎？吾執御矣。」鄭玄曰：「聞人美之，承以謙也。吾執御者，欲名六藝之卑也。」○子曰：「麻冕，禮也。今也純，儉。吾從衆。孔安國曰：「冕，緇布冠也。古者績麻三十升布以爲之。純，絲也。絲易成，故從儉也。拜下，禮也。今拜乎上，泰。❶雖違衆，吾從下。」王肅曰：「臣之與君行禮者，下拜然後升成禮。時臣驕泰，故於上拜。今從下，禮之恭也。」○子絶四：毋意，以道爲度，故不任意也。毋必，用之則行，捨之則藏，故無專必也。毋固，無可無不可，故無固行也。毋我。述古而不自作，處群萃而不自異，唯道是從，故不自有其身也。○子畏於匡，苞氏曰：「匡人誤圍夫子，以爲陽虎。陽虎嘗暴於匡。夫子弟子顏尅，時又與虎俱往，後尅爲夫子御，至於匡。匡人相與共識尅，又夫子容貌與虎相似，故匡人以兵圍之也。」曰：「文王既没，文不在兹乎？孔安國曰：「兹，此也。言文王雖已没，其文見在此。此，自此其身也。」❷天之將喪斯文也，後死者不得與於斯文也。孔安國曰：「文王既没，故孔子自謂後死也。言天將喪此文者，本不當使我知之，今使我知，未欲喪之。」天之未喪斯文，匡人其如予何？」馬融曰：「如予何者，猶言奈我何也。天之未喪此文也，則我當傳之。匡人欲奈我何，言其不能違天而害己。」○太宰問於子貢曰：「夫子聖者與？何其多能也？」孔安國曰：「太宰，大夫官名也，或吳或宋，未可分也。疑孔子多能於小藝也。」子貢曰：「固天縱之將聖，

❶「泰」下，皇本、邢本有「也」字。

❷「此」，邢本作「謂」。

又多能也。」孔安國曰：「言天固縱之大聖之德，又使多能也。」子聞之曰：「太宰知我者乎？吾少也賤，故多能鄙事。君子多乎哉？不多也。」苞氏曰：「我少小貧賤，常自執事，故多能爲鄙人之事。君子固不當多能也。」○牢曰：「子云：『吾不試，故藝。』」鄭玄曰：「牢，弟子子牢也。試，用也。言孔子自云，我不見用，故多能伎藝也。」○子曰：「吾有知乎哉？無知也。知者，知意之知也。言知者言未必盡也。今我誠盡也。有鄙夫問於我，空空如也，我叩其兩端而竭焉。」孔安國曰：「有鄙夫來問於我，其意空空然，我則發事之終始兩端以語之，竭盡所知，不爲有愛也。」○子曰：「鳳鳥不至，河不出《圖》，吾已矣夫！」孔安國曰：「有聖人受命，則鳳鳥至，河出《圖》，今天無此瑞。吾已矣夫者，不得見也。《河圖》，八卦是也。」○子見齊衰者、冕衣裳者與瞽者，苞氏曰：「冕者，冕冠也，大夫之服也。瞽者，盲者也。」見之，雖少者必作，過之必趨。苞氏曰：「作，起也。趨，疾行也。此夫子哀有喪，尊在位，恤不成人之也。❶○顏淵喟然歎曰：喟然，歎聲也。「仰之彌高，鑽之彌堅。言不可窮盡也。瞻之在前，忽焉在後。言忽怳不可爲形像也。夫子循循然善誘人，循循，次序貌也。誘，進也。言夫子正以此道勸進人，有次序也。博我以文，約我以禮，欲罷不能。既竭吾才，如有所立卓爾，雖欲從之，末由也已。」孔安國曰：「言夫子既以文章開博我，又以禮節節約我，使我欲罷而不能。已竭我才矣，其有所立，則又卓然不可及。言已雖蒙夫子之善誘，猶不能及夫子之所立也。」○子疾病，苞氏曰：「疾甚曰病也。」子路使門人爲臣。鄭玄曰：「孔子嘗爲大夫，故子路欲使弟子行其臣之禮也。」病間，曰：「久矣哉，由之行詐也！無臣而爲有臣，吾誰欺？欺天乎！孔安國曰：「病小差曰間。言子路有是心，非唯今日也。」且予與其死於臣之手也，無寧死於二三子之手乎！馬融曰：「無寧，寧也。二三子，門人也。就使我有臣而

❶「之也」，皇本無「之」字，邢本無此二字。

死其手，我寧死弟子之手乎也。」且予縱不得大葬，孔安國曰：「君臣禮葬也。」予死於道路乎？」馬融曰：「就使之不得以君臣之禮葬，有二三子在，我寧當憂棄於道路乎？」○子貢曰：「有美玉於斯，韞匵而藏諸？求善賈而沽諸？」馬融曰：「韞，藏也。匵，匱也。藏諸匱中。沽，賣也。得善賈寧賣之耶也。」子曰：「沽之哉！沽之哉！我待賈者。」苞氏曰：「沽之哉，不衒賣之辭也。我居而待賈者也。」○子欲居九夷。馬融曰：「九夷，東方之夷有九種也。」或曰：「陋，如之何？」子曰：「君子居之，何陋之有？」馬融曰：「君子所居者皆化也。」❶○子曰：「吾自衛反於魯，然後樂正，《雅》《頌》各得其所。」鄭玄曰：「反魯，魯哀公十一年冬也。是時道衰樂廢，孔子來還，乃正之，故曰《雅》《頌》各得其所也。」○子曰：「出則事公卿，入則事父兄，喪事不敢不勉，不爲酒困，何有於我哉？」馬融曰：「困，亂也。」○子在川上曰：「逝者如斯夫！不舍晝夜。」苞氏曰：「逝，往也。言凡往者如川之流也。」○子曰：「吾未見好德如好色者也。」疾時人薄於德而厚於色也，故發此言也。○子曰：「譬如爲山，未成一簣，止，吾止也。苞氏曰：「簣，土籠也。此勸人進於道德也。爲山者，其功雖已多，未成一籠而中道止者，我不以其前功多而善之，見其志不遂，故不與也。」譬如平地，雖覆一簣，進，吾往也。」馬融曰：「平地者，將進加功，雖始覆一簣，我不以其見功少而薄之也，據其欲進而與之也。」○子曰：「語之而不惰者，其回與！」顔淵則解，故語之不惰。餘人不解，故有惰語之時也。○子謂顔淵，曰：「惜乎！吾見其進也，未見其止也。」苞氏曰：「孔子謂顔淵進益未止，痛惜之甚也。」○子曰：「苗而不秀者有矣夫！秀而不實者有矣夫！」孔安國曰：「言萬物有生而不育成者，喻人亦然也。」○子曰：「後生可畏也，焉知來者之不如今也？後生，謂年少也。四十五十而無聞焉，斯亦不足畏也已矣。」

❶「君子所居者皆化也」，邢本作「君子所居則化」。

○子曰：「法語之言，能無從乎？改之爲貴。孔安國曰：「人有過，以正道告之，口無不順從之，能必改乃爲貴也矣。」巽與之言，能無説乎？繹之爲貴。馬融曰：「巽，恭也。謂恭巽謹敬之言，聞之無不悦也，能尋繹行之，乃爲貴也。」悦而不繹，從而不改，吾末如之何也已矣。」○子曰：「主忠信，無友不如己者。過則勿憚改。」慎其所主、所友，❶有過務改，皆所以爲益也。○子曰：「三軍可奪帥也，匹夫不可奪志也。」孔安國曰：「三軍雖衆，人心非一，則其將帥可奪之而取。匹夫雖微，苟守其志，不可得而奪也。」○子曰：「衣弊緼袍與衣狐貉者立而不恥者，其由與？孔安國曰：「緼，枲著也。」『不忮不求，何用不臧？』」馬融曰：「忮，害也。臧，善也。言不忮害，不貪求，何用爲不善？疾貪惡忮害之《詩》也。」子路終身誦之。子曰：「是道也，何足以臧？」馬融曰：「臧，善也。尚復有美於是者，何足以爲善也？」○子曰：「歲寒，然後知松栢之後彫也。」大寒之歲，衆木皆死，然後知松栢不彫傷也。平歲則衆木亦有不死者，故須歲寒而後别之。喻凡人處治世亦能自修整，與君子同。在濁世，然後知君子之正不苟容也。○子曰：「知者不惑，苞氏曰：「不惑乱也。」仁者不憂，孔安國曰：「無憂患也。」勇者不懼。」○子曰：「可與共學，未可與適道。適，之也。雖學，或得異端，未必能之道也。可與適道，未可與立。雖能之道，未必能以有所成立也。可與立，未可與權。」雖能有所立，未必能權量其輕重之極也。○「唐棣之華，偏其反而。豈不爾思？室是遠而。」逸《詩》也。唐棣，移也，華反而後合。賦此《詩》以言權，道反而後至大順也。思其人而不得見者，其室遠也，以言思權而不得見者，其道遠也。子曰：「未之思也，夫何遠之有哉？」未思者，當思其反，反是不思，所以爲遠也。能思其反，何遠之有！言權可知，唯不知思耳。思之有次序，斯可知之也。

❶「慎其所主所友」，邢本作「慎其所主友」。

論語鄉黨第十　何晏集解凡一章❶

○孔子於鄉黨，恂恂如也，似不能言者。王肅曰：「恂恂，温恭之貌也。」其在宗廟朝廷，便便言，唯謹爾。鄭玄曰：「便便，辧也。❷雖辧而謹敬也。」○朝，與下大夫言，侃侃如也。孔安國曰：「侃侃，和樂之貌也。」與上大夫言，誾誾如也。孔安國曰：「誾誾，中正之貌也。」君在，踧踖如也，與與如也。馬融曰：「君在者，君視朝也。踧踖，恭敬之貌也。與與，威儀中適之貌也。」○君召使擯，鄭玄曰：「君召使擯者，有賓客使迎也。」色勃如也，孔安國曰：「必變色也。」足躩如也，苞氏曰：「盤辟貌之也。」❸揖所與立，左右其手，衣前後，襜如也。鄭玄曰：「揖左人，左其手。揖右人，右其手。一俛一仰，故衣前後則襜如也。」趨進，翼如也。孔安國曰：「言端好也。」賓退，必復命曰：「賓不顧矣。」孔安國曰：「復命，白君，賓已去也矣。」○入公門，鞠躬如也，如不容。孔安國曰：「斂身也。」立不中門，行不履閾。孔安國曰：「閾，門限也。」過位，色勃如也，足躩如也，苞氏曰：「過君之空位也。」其言似不足者。攝齊升堂，鞠躬如也，屏氣似不息者。孔安國曰：「皆重慎也。衣下曰齊，攝齊者，摳衣也。」出降一等，逞顔色，怡怡如也。孔安國曰：「先屏氣，下階舒氣，故怡怡如也。」没階趨進，翼如也。孔安國曰：「没，盡也。下盡階也。」復其位，踧踖如也。孔安國曰：「來時所過位也。」○執圭，鞠躬如也，如不勝。苞氏曰：「爲君使以聘問鄰國，執持君之圭。鞠躬者，敬慎之至也。」上如揖，下如

❶「凡一章」，皇本、邢本亦爲一章。然此本文中仍以「○」分節，姑仍之。其當分而無「○」者，亦仍之。

❷「辧」，皇本作「辨」，邢本作「辯」，三字通用。

❸「盤辟貌之也」，皇本無「之」字，邢本無「之也」二字，且「盤」上有「足躩」二字。

授。勃如戰色,足蹜蹜如有循也。鄭玄曰:「上如揖,授玉宜敬也。下如授,不敢忘禮。戰色,敬也。足蹜蹜如有循,舉前曳踵行之也。」享禮,有容色。鄭玄曰:「享,獻也。《聘禮》既聘而享,享用圭璧,有庭實也。」私覿,愉愉如也。鄭玄曰:「覿,見也。既享,乃以私禮見。愉愉,顔色之和也。」○君子不以紺緅飾,孔安國曰:「一入曰緅。飾者,不以爲領袖緣也。紺者,齊服盛色,以爲飾,似衣齊服也。緅者,三年練,以緅飾衣,爲其似衣喪服,故皆不以飾衣也。」紅紫不以爲褻服。王肅曰:「褻服,私居非公會之服者也。皆不正,褻尚不衣,正服無所施也。」當暑,縝絺綌,必表而出。❶孔安國曰:「暑則單服。絺綌,葛也。必表而出,加上衣也。」緇衣,羔裘。素衣,麑裘。黄衣,狐裘。褻裘長,短右袂。孔安國曰:「服皆中外之色相稱也。私家裘長,主温也。短右袂者,便作事也。」必有寢衣,長一身有半。孔安國曰:「今之被也。」狐貉之厚以居。鄭玄曰:「在家以接賓客之也。」去喪,無所不佩。孔安國曰:「去,除也。非喪則備佩所宜佩也。」非帷裳,必殺之。王肅曰:「衣必有殺縫,唯帷裳無殺之也。」羔裘玄冠不以弔。孔安國曰:「喪主素,吉主玄,吉凶異服,故不相弔也。」吉月,必朝服而朝。孔安國曰:「吉月,月朔也。朝服,皮弁服也。」○齋必有明衣,布也。孔安國曰:「以布爲沐浴之衣也。」齋必變食,孔安國曰:「改常食也。」居必遷坐。孔安國曰:「易常處也。」食不厭精,膾不厭細。食饐而餲。孔安國曰:「饐餲,臭味變也。」魚餒而肉敗,不食。孔安國曰:「魚敗曰餒也。」色惡,不食。臭惡,不食。失飪,不食。孔安國曰:「失飪,失生熟之節也。」不時,不食。鄭玄曰:「不時非朝、夕、日中時也。」割不正,不食。不得其醬,不食。馬融曰:「魚膾非芥醬不食也。」肉雖多,不使勝食氣。唯酒無量,不及亂。沽酒市脯不食。不撤薑食,孔安國曰:「撤,去也。齋禁薰物,薑辛不臭,故不去也。」不多食。孔安

❶「出」下,邢本有「之」字,孔注「出」下同。

國曰：「不過飽。」祭於公，不宿肉。周生烈曰：「助祭於君，所得牲體，歸則以班賜，不留神惠也。」祭肉不出三日。出三日，不食之矣。鄭玄曰：「自其家祭肉也，過三日不食也，是褻鬼神之餘也。」食不語，寢不言。雖疏食、菜羹、瓜，❶祭必齊如也。孔安國曰：「齊，嚴敬之貌也。三物雖薄，祭之必敬也。」○席不正，不坐。鄉人飲酒，杖者出，斯出矣。孔安國曰：「杖者，老人也。鄉人飲酒之禮，主於老者，老者禮畢出，孔子從而出之。」○鄉人儺，朝服而立阼階。❷孔安國曰：「儺，驅逐疫鬼也。恐驚先祖，故朝服立於廟之阼階也。」○問人於他邦，再拜送之。孔安國曰：「拜送使者，敬也。」○康子饋藥，拜而受之。苞氏曰：「遺孔子藥也。」曰：「丘未達，不敢嘗之。」孔安國曰：「未知其故，故不嘗，❸禮也。」○廄焚。子退朝，曰：「傷人乎？」不問馬。鄭玄曰：「重人賤畜也。退朝，自魯君之朝來歸。」❹○君賜食，必正席先嘗。孔安國曰：「敬君之惠也。既嘗之，乃以班賜之也。」君賜腥，必熟而薦之。孔安國曰：「薦，薦其先祖也。」君賜生，必畜之。侍食於君，君祭，先飯。鄭玄曰：「於君祭，則先飯矣。若爲先嘗食然也。」❺疾，君視之，東首，加朝服，拖紳。苞氏曰：「夫子疾也。處南牖之下，東首，加其朝服，拖紳。紳，大帶。不敢不衣朝服見君也。」君命召，不俟駕行矣。鄭玄曰：「急趨君命也。行出而車既駕從也。」❻入太廟，每事問。鄭玄曰：❼「爲君助祭也。太廟，周公廟也。」朋友死，無所歸，曰：「於我殯。」孔安國曰：「重朋友之恩也。無所歸，無親昵也。」朋友之饋，雖車馬，非祭肉，不拜。

❶「疏」，皇本、邢本作「蔬」。

❷「立」下，皇本、邢本有「於」字。

❸「不」下，邢本有「敢」字。

❹「魯君」，皇本無「君」字，邢本無「魯」字。

❺「爲」下，邢本有「君」字。

❻「行出而車既駕從也」，皇本作「出行而車既駕隨之」，邢本作「行出而車駕隨之」。

❼「鄭玄曰」，此條注文邢本脱。

孔安國曰：「不拜，有通財之義也。」寢不尸，苞氏曰：「偃卧四體，布展手足，似死人也。」居不容。孔安國曰：「爲家室之敬難久也。」子見齊衰者，雖狎必變。孔安國曰：「狎者，素親狎也。」見冕者與瞽者，雖褻必以貌。周生烈曰：「褻，謂數相見也。必當以貌禮也。」凶服者式之，式負版者。孔安國曰：「凶服者，送死之衣物也。負版者，持邦國之圖籍者也。」有盛饌，必變色而作。孔安國曰：「作，起也。敬主人之親饋也。」迅雷風烈，必變。鄭玄曰：「敬天之怒。風疾雷爲烈也。」升車，必正立執綏。周生烈曰：「必正立執綏，所以爲安也。」車中不内顧。苞氏曰：「車中不内顧者，前視不過衡枙，傍視不過輢轂之也。」不疾言，不親指。色斯舉矣，馬融曰：「見顔色不善，則去之也。」翔而後集。周生烈曰：「迴翔審觀而後下止也。」曰：「山梁雌雉，時哉時哉！」子路供之，三嗅而作。言山梁雌雉得其時，而人不得時，故歎之。子路以其時物，故供具之。非其本意，不苟食，故三嗅而起也。❶

論語卷第五 經一千四百六十二字，註二千二百九十七字

❶「故三嗅而起也」，邢本作「故三嗅而作作起也。」

論語先進第十一　何晏集解凡二十三章

○子曰：「先進於禮樂，野人也；後進於禮樂，君子也。先進、後進，❶謂士先後輩也。禮樂因世損益，後進與禮樂，俱得時之中，斯君子矣。先進有古風，斯野人也。如用之，則吾從先進。」苞氏曰：「將移風易俗，歸之純素。先進猶近古風，故從之也。」○子曰：「從我於陳蔡者，皆不及門者也。」鄭玄曰：「言弟子之從我而厄於陳蔡者，皆不及仕進之門，而失其所也。」○子曰：「德行：顏淵、閔子騫、冉伯牛、仲弓。言語：宰我、子貢。政事：冉有、季路。文學：子游、子夏。」○子曰：「回也，非助我者也，於吾言無所不説。」孔安國曰：「助，猶益也。言回聞言即解，無可發起增益於己也。」○子曰：「孝哉，閔子騫！人不間於其父母兄弟之言。」陳群曰：「言閔子騫爲人，上事父母，下順兄弟，動静盡善，故人不得有非間之言也。」○南容三復「白圭」，孔安國曰：「《詩》云：『白圭之玷，尚可磨也。斯言之玷，不可爲也。』南容讀《詩》至此，三反復之，是其心慎言也。」孔子以其兄之子妻之。○季康子問：「弟子孰爲好學？」孔子對曰：「有顏回者好學，不遷怒，不貳過，不幸短命死矣。今也則亡，未聞好學者也。」○顏淵死，顏路請子之車。孔安國曰：「顏路，顏淵之父也。家貧，故欲請孔子之車，賣以作椁。」子曰：「才不才，亦各言其子也。鯉死，有棺而無椁，吾不可徒行，以爲之椁，以吾從大夫之後，吾以不可徒行也。」孔安國曰：「鯉，孔子之子伯魚。孔子時爲大夫，故言吾從大夫之後，不可以徒行，是謙辭也。」○顏淵死。子曰：「噫，苞氏曰：「噫，痛傷之聲。」天喪予！天喪予！」天喪予者，若喪己也。再言之者，痛惜之甚也。○顏淵死，子哭之慟。馬融曰：「慟，哀過也。」從者

❶「先進」上，邢本有「孔曰」二字。

曰：「子慟矣！」子曰：「有慟乎？孔安國曰：「不自知己之悲哀之過也。」非夫人之爲慟，而誰爲慟？」○顔淵死，門人欲厚葬之。子曰：「不可。」禮，貧富各有宜。顔淵家貧，而門人欲厚葬之，故不聽也。門人厚葬之。子曰：「回也視予猶父也，予不得視猶子也。非我也，夫二三子也。」馬融曰：「言回自有父，父意欲聽門人厚葬之，我不得制止。非其厚葬，故云爾也。」○季路問事鬼神。子曰：「未能事人，焉能事鬼？」曰：「敢問事死。」❶曰：「未知生，焉知死？」陳群曰：「鬼神及死事難明，語之無益，故不答也。」○閔子騫侍側，誾誾如也。子路，行行如也。冉子、子貢，侃侃如也。子樂。鄭玄曰：「樂各盡其性也。行行，剛强之貌也。」「若由也，不得其死然。」孔安國曰：「不得以壽終也。」○魯人爲長府。閔子騫曰：「仍舊貫，如之何？何必改作？」鄭玄曰：「長府，藏名也。藏貨曰府。仍，因也。貫，事也。因舊事則可，何乃復更改作也？」子曰：「夫人不言，言必有中。」王肅曰：「言必有中，善其不欲勞民改作之也。」❷○子曰：「由之鼓瑟，奚爲於丘之門？」馬融曰：「言子路鼓瑟不合《雅》《頌》也。」門人不敬子路。子曰：「由也升堂矣，未入於室也。」馬融曰：「升我堂矣，未入室耳。門人不解，謂孔子言爲賤子路，故復解之也。」○子貢問：「師與商也孰賢乎？」子曰：「師也過，商也不及。」孔安國曰：「言俱不得中也。」曰：「然則師愈與？」子曰：「過猶不及也。」愈，猶勝也。○季氏富於周公，孔安國曰：「周公，天子之宰，卿士也。」而求也爲之聚斂而附益之。孔安國曰：「冉求爲季氏宰，爲之急賦税也。」子曰：「非吾徒也。小子鳴鼓而攻之可也。」鄭玄曰：「小子，門人也，鳴鼓聲其罪以責之。」○柴也愚，弟子高柴也，字子羔。愚，愚直之愚也。參也魯，

❶「事」，皇本、邢本無此字。

❷「改作之也」，皇本作「更改作也」，邢本作「改作」。

孔安國曰：「魯，鈍也。曾子遲鈍也。」師也僻，❶馬融曰：「子張才過人，失在邪僻文過也。」由也喭。❷鄭玄曰：「子路之行，失於昄喭也。」子曰：「回也其庶乎，屢空。賜不受命，而貨殖焉，億則屢中。」言回庶幾聖道，雖數空匱，而樂在其中矣。賜不受教命，唯財貨是殖，億度是非。蓋美回所以勵賜也。一曰屢，猶每也。空，猶虚中也。以聖人之善教，❸數子之庶幾，猶不至於知道者，各内有此害也。其於庶幾每能虚中者，唯回懷道深遠，不虚心，不能知道。子貢無數子病，❹然亦不知道者，雖不窮理而幸中，雖非天命而偶富，亦所以不虚心也。○子張問善人之道。子曰：「不踐迹，亦不入於室。」孔安國曰：「踐，循也。言善人不循追舊迹而已，❺亦多少能創業，然亦不能入於聖人之奥室也。」子曰：「論篤是與，君子者乎？色莊者乎？」論篤者，謂口無擇言也。君子者，謂身無鄙行也。色莊者，不惡而嚴，以遠小人者也。言此三者，皆可以爲善人者也。○子路問：「聞斯行諸？」苞氏曰：「賑窮救乏之事也。」子曰：「有父兄在，如之何其聞斯行之也？」孔安國曰：「當白父兄，不可得自專也。」冉有問：「聞斯行諸？」子曰：「聞斯行之。」公西華曰：「由也問：『聞斯行諸？』子曰：『有父兄在。』求也問：『聞斯行諸？』子曰：『聞斯行之。』赤也惑，敢問？」孔安國曰：「惑其問同而答異也。」子曰：「求也退，故進之。由也兼人，故退之。」鄭玄曰：「言冉有性謙退，子路務在勝尚人，各因其人之失而正也。」○子畏於匡，顔淵後。孔安國曰：「言與孔子相失，故在後也。」子曰：「吾以汝爲死矣。」曰：「子在，回何敢死？」苞氏曰：「言夫子在，己無所敢死也。」季子然問：❻「仲由、冉求可謂大臣與？」孔安國曰：「季子然，季

❶「也僻」，原作「僻也」，據上文句型及皇本、邢本改。
❷「也喭」，原作「喭也」，據上文句型及皇本、邢本改。
❸「善」下，皇本、邢本有「道」字。
❹「病」上，邢本有「之」字。
❺「不」下，皇本、邢本有「但」字。
❻「季子然問」，此處皇本、邢本另分爲一章，當從。則本篇凡二十四章，篇首所註「凡二十三章」當改。

氏之子弟。自多得臣此二子，故問之。」子曰：「吾以子爲異之問，曾由與求之問。孔安國曰：「謂子問異事耳，則此二人之問。安足爲大臣乎？」所謂大臣者，以道事君，不可則止。今由與求也，可謂具臣矣。」孔安國曰：「言備臣數而已也。」曰：「然則從之者與？」孔安國曰：「問爲臣皆當從君所欲邪？」子曰：「弑父與君，亦不從也。」孔安國曰：「二子雖從其主，亦不與爲大逆也。」○子路使子羔爲費宰。子曰：「賊夫人之子！」苞氏曰：「子羔學未熟習，而使爲政，所以賊害人也。」子路曰：「有民人焉，有社稷焉，何必讀書，然後爲學？」孔安國曰：「言治民事神，於是而習，亦學也。」子曰：「是故惡夫佞者！」孔安國曰：「疾其以口給應，遂己非，而不知窮也。」○子路、曾皙、孔安國曰：「曾皙，曾參父也，名點。」冉有、公西華侍坐。子曰：「以吾一日長乎爾，無吾以也。孔安國曰：「言我問汝，汝無以我長故難對也。」居則曰：『不吾知也。』孔安國曰：「汝常居云人不知己。」如或知爾，則何以哉？」孔安國曰：「如有用汝者，則何以爲治乎？」子路率爾而對，率爾，先三人對也。曰：「千乘之國，攝乎大國間，加之以師旅，因之以飢饉，苞氏曰：「攝，攝迫乎大國之間也。」由也爲之，比及三年，可使有勇，且知方也。」方，義方也。夫子哂之。馬融曰：「哂，笑也。」「求，爾何如？」對曰：「方六七十，如五六十，求性謙退，言欲得方六七十、如五六十里小國治之而已也。求也爲之，比及三年，可使足民也。如其禮樂，以俟君子。」孔安國曰：「求自云能足民而已，謂衣食足也。若禮樂之化，當以待君子。謙辭也。」「赤，爾何如？」對曰：「非曰能之也，願學焉。宗廟之事，如會同，端章甫，願爲小相焉。」鄭玄曰：「我非自言能也，願學爲之。宗廟之事，謂祭祀也。諸侯時見曰會，殷見曰同。端，玄端也。衣玄端，冠章甫，諸侯日視朝之服也。小相，謂相君之禮者也。」「點，爾何如？」鼓瑟希，孔安國曰：「思所以對，故音希也。」鏗爾，舍瑟而作，對曰：「異乎三子者之撰。」孔安國曰：「置瑟起對也。撰，具也，爲政之具也。鏗爾者，投瑟之聲也。」子曰：「何傷乎？亦各言其志也。」孔安國曰：「各言己志，於義無傷之。」曰：「暮春者，春服既成，得冠者五六人，❶童子六七人，浴乎沂，風乎舞雩，詠而歸。」苞氏曰：「暮春者，季春三月也。春服既成者，衣單袷之時也。我欲得冠者五六人，童子六七人，浴於沂水之上，風涼於舞雩之下，歌詠先王之道，歸夫子之門也。」夫子喟然歎曰：「吾與點也。」周生烈曰：「善點之獨知時之。」❷三子者出，曾皙後。曾皙曰：「夫三子者之言何如？」子曰：「亦各言其志也已矣。」曰：「夫子何哂由也？」子曰：「爲國以礼，其言不讓，是故哂之。」苞氏曰：「爲國以礼，礼貴讓。子路言不讓，故笑之。」「唯求則非邦也與？」「安見方六七十如五六十而非邦也者？」「唯赤則非邦也與？」「宗廟之事，如會同，非諸侯如之何？孔安國曰：「明皆諸侯之事，與子路同，徒笑子路不讓也。」赤也爲之小，孰能爲之大相？」❸孔安國曰：「赤謙言小相耳，孰能爲大相者也？」

論語顏淵第十二　何晏集解 凡廿四章

○顏淵問仁。子曰：「尅己復禮爲仁。」馬融曰：「尅己，約身也。」孔安國曰：「復，反也。身能反禮則爲仁矣。」一日尅己復禮，天下歸仁焉。馬融曰：「一日猶見歸，況終身乎？」爲仁由己，而由人乎哉？」孔安國曰：「行善在己，不在人也。」顏淵曰：「請問其目。」苞氏曰：「知其必有條目，故請問之也。」子曰：「非禮勿視，非禮勿聽，非禮勿言，非禮勿動。」鄭玄曰：「此四者，

❶「得」，邢本無此字。

❷「之」，皇本作「也」，邢本無此字。

❸「相」，邢本無此字。

尅己復禮之目。」顔淵曰：「回雖不敏，請事斯語矣。」王肅曰：「敬事此語，必行之。」〇仲弓問仁。子曰：「出門如見大賓，使民如承大祭。孔安國曰：「仁之道，莫尚乎敬也。」己所不欲，勿施於人。在邦無怨，在家無怨。」苞氏曰：「在邦爲諸侯也，在家爲鄉大夫也。」仲弓曰：「雍雖不敏，請事斯語矣。」〇司馬牛問仁。子曰：「仁者其言也訒也。」孔安國曰：「訒，難也。牛，宋人也，弟子司馬犂也。」曰：「其言也訒，斯可謂之仁已矣乎？」子曰：「爲之難，言之得無訒乎？」孔安國曰：「行仁難，言仁亦不得不難矣。」〇司馬牛問君子。子曰：「君子不憂不懼。」孔安國曰：「牛兄桓魋將爲亂，牛自宋來學，常憂懼，故孔子解之。」曰：「不憂不懼，斯可謂君子已乎？」子曰：「内省不疚，夫何憂何懼？」苞氏曰：「疚，病也。内省無罪惡，無可憂懼也。」〇司馬牛憂曰：「人皆有兄弟，我獨亡。」鄭玄曰：「牛兄桓魋行惡，死亡無日，我爲無兄弟也。」子夏曰：「商聞之矣，死生有命，富貴在天。君子敬而無失，與人恭而有禮，四海之内皆爲兄弟也。君子何患乎無兄弟也？」苞氏曰：「君子疏惡而友賢，九州之人皆可以禮親之。」〇子張問明。子曰：「浸潤之譖，膚受之愬，不行焉，可謂明也已矣。」鄭玄曰：「譖人之言，如水之浸潤，以漸成人之禍。」馬融曰：「膚受，❶皮膚外語，非其内實也。」浸潤之譖，膚受之愬，不行焉，可謂遠也已矣。」馬融曰：「無此二者，非但爲明，其德行高遠，人莫能及之。」〇子貢問政。子曰：「足食，足兵，使民信之矣。」❷子貢曰：「必不得已而去，於斯三者何先？」曰：「去兵。」曰：❸「必不得已而去，於斯二者何先？」曰：「去食。自古皆有死，民不信不立。」孔安國曰：

❶「膚受」下，皇本、邢本有「之愬」二字。
❷「使」，皇本作「令」，邢本無此字。
❸「曰」上，邢本有「子貢」二字。

「死者古今常道，人皆有之，治邦不可失信也。」〇棘子城曰：❶「君子質而已矣，何以文爲矣？」鄭玄曰：「舊説云：棘子城，衛大夫也。」子貢曰：「惜乎，夫子之説君子也，駟不及舌。」鄭玄曰：「惜乎夫子之説君子也，過言一出，駟馬追之，不及舌。」文猶質也，質猶文也。虎豹之鞹猶犬羊之鞹也。」孔安國曰：「皮去毛曰鞹，虎豹與犬羊別者，正以毛文異耳。今使文質同者，何以別虎豹與犬羊邪？」〇哀公問於有若曰：「年飢，用不足，如之何？」有若對曰：「盍徹乎？」鄭玄曰：「盍者，何不也。周法十一而税，謂之徹。徹，通也，爲天下通法也。」曰：「二，吾猶不足，如之何其徹也？」孔安國曰：❷「二謂十二而税也。」對曰：「百姓足，君孰與不足？百姓不足，君孰與足？」孔安國曰：「孰，誰也。」〇子張問崇德辨惑。苞氏曰：「辨，別也。」子曰：「主忠信，徙義，崇德也。苞氏曰：「徙義，見義則徙意從之。」❸愛之欲其生，惡之欲其死。既欲其生，又欲其死，是惑。❹苞氏曰：「愛惡當有常，一欲生之，一欲死之，是心惑也。」『誠不以富，亦祇以異。』」鄭玄曰：「此《詩·小雅》也。祇，適也。言此行誠不可以致富，適以足爲異耳。取此《詩》之異義以非之也。」〇齊景公問政於孔子。孔子對曰：「君君，臣臣，父父，子子。」孔安國曰：「當此時，陳桓制齊，君不君，臣不臣。❺故以此對也。」公曰：「善哉！信如君不君，臣不臣，父不父，子不子，雖有粟，吾豈得而食諸？」孔安國曰：「言將危也。陳氏果滅齊也。」〇子曰：「片言可以折獄者，其由也與？」孔安國曰：「片，猶偏也。聽訟必須兩辭以定是非，偏信一言以折獄者，唯子路可也。」子路無宿諾。宿，猶豫也。子路篤信恐臨時多故，故不豫諾也。〇子曰：

❶「城」，邢本作「成」。

❷「孔安國曰」，邢本作「孔曰」，阮校：「案《周禮·匠人疏》引作『鄭曰』。」

❸「意」下，邢本有「而」字。「之」下，皇本有「也」字。

❹「惑」下，皇本、邢本有「也」字。

❺「臣」下，皇本、邢本有「父不父，子不子」兩句。

「聽訟，吾猶人也。苞氏曰：「言與人等。」必也使無訟乎！」王肅曰：「化之在前也。」○子張問政。子曰：「居之無倦，行之以忠。」王肅曰：「言爲政之道，居之於身無得懈倦，行之於民必以忠信也。」○子曰：「君子博學於文，約之以禮，亦可以弗畔矣夫。」弗畔，不違道也。○子曰：「君子成人之美，不成人之惡。小人反是。」○季康子問政於孔子。孔子對曰：「政者，正也。子帥而正，孰敢不正？」鄭玄曰：「季康子，魯上卿，諸臣之帥也。」○季康子患盜，問於孔子。孔子對曰：「苟子不欲，雖賞之，不竊。」孔安國曰：「欲，情慾也。言民化於上，不從其所令，從其所好也。」○季康子問政於孔子曰：「如殺無道，以就有道，何如？」孔安國曰：「就，成也。欲多殺以止姦也。」孔子對曰：「子爲政，焉用殺？子欲善而民善矣。君子之德風也，小人之德草也，草尚之風，必偃。」孔安國曰：「亦欲令康子先自正也。偃，仆。❶加草以風，無不仆者，猶民之化於上也。」○子張問：「士何如斯可謂之達也？」子曰：「何哉爾所謂達者矣？」子張對曰：「在邦必聞，在家必聞。」鄭玄曰：「言士之所在，皆能有名譽也。」子曰：「是聞也，非達也。夫達者，質直而好義，察言而觀色。慮以下人。馬融曰：「常有謙退之志，察言語，見顔色，知其所欲，其念慮常欲以下人也。」❷在邦必達，在家必達。馬融曰：「謙尊而光，卑而不可踰也。」夫聞者，色取仁而行違，居之不疑。馬融曰：「此言佞人也。佞人假仁者之色，行之則違，安居其僞而不自疑者也。」在邦必聞，在家必聞。」馬融曰：「佞人黨多也。」○樊遲從遊於舞雩之下，苞氏曰：「舞雩之處，有壇墠樹木，故其下可遊也。」曰：「敢問崇德、脩慝、辨惑。」孔安國曰：「慝，惡也。脩，治也。治惡爲善也。」子曰：「善哉問！先事後得，非崇德與？孔安國

❶「仆」下，皇本、邢本有「也」字。

❷「念」，邢本作「志」。

曰：「先勞於事，然後得報也。」攻其惡，毋攻人之惡，非脩慝與？ 一朝之忿，忘其身以及其親，非惑與？」○樊遲問仁。 子曰：「愛人。」問知。 子曰：「知人。」樊遲未達。子曰：「舉直錯諸枉，能使枉者直。」苞氏曰：「舉正直之人用之，廢置邪枉之人，則皆化爲直也。」樊遲退，見子夏曰：「嚮也，吾見於夫子而問知，子曰：『舉直錯諸枉，能使枉者直。』何謂也？」子夏曰：「富哉是言乎！ 孔安國曰：「富，盛也。」舜有天下，選於衆，舉皋陶，不仁者遠矣。 湯有天下，選衆，❶舉伊尹，不仁者遠矣。」孔安國曰：「言舜、湯有天下，選擇於衆，舉皋陶、伊尹，則不仁者遠矣，仁者至矣。」○子貢問友。 子曰：「忠告而以善導之，❷否則止，無自辱焉。」苞氏曰：「忠告，以是非告之也。 以善導之，不見從則止。 必言之，或見辱也。」○曾子曰：「君子以文會友，孔安國曰：「友以文德合也。」以友輔仁。」孔安國曰：「友有相切磋之道，❸所以輔成己之仁也。」

論語卷第六 經二千六十二字，註一千九百四十六字

❶「選」下，皇本、邢本有「於」字，是。
❷「以」，邢本無此字。
❸「有」，邢本無此字。

論語子路第十三　何晏集解凡卅章

○子路問政。子曰：「先之，勞之。」孔安國曰：「先導之以德，使民信之，然後勞之也。《易》曰：『悦以使民，❶民忘其勞之也』。」❷請益。曰：「無倦。」孔安國曰：「子路嫌其少，故請益。曰無倦者，行此上事，無倦則可也。」○仲弓爲季氏宰，問政。子曰：「先有司，王肅曰：「言爲政當先任有司而後責其事也。」赦小過，舉賢才。」曰：「焉知賢才而舉之？」曰：「舉爾所知，爾所不知，人其舍諸？」孔安國曰：「汝所不知者，人將自舉之，各舉其所知，則賢才無遺也。」○子路曰：「衛君待子而爲政，子將奚先？」苞氏曰：「問往將何所先行也。」子曰：「必也正名乎！」馬融曰：「正百事之名也。」子路曰：「有是哉，子之迂也！奚其正？」苞氏曰：「迂，猶遠也。言孔子之言遠於事也。」子曰：「野哉，由也！孔安國曰：「野，猶不達也。」君子於其所不知，蓋闕如也。苞氏曰：「君子於其所不知，當闕而勿據，今由不知正名之義而謂之迂遠也。」名不正，則言不順；言不順，則事不成；事不成，則禮樂不興；禮樂不興，則刑罰不中；孔安國曰：❸「禮以安上，樂以移風。二者不行，則有淫刑濫罰也。」刑罰不中，則民無所措手足。故君子名之必可言也，言之必可行也。王肅曰：「所名之事，必可得而明言也。所言之事，必可得而遵行也。」君子於其言，無所苟而已矣。」○樊遲請學稼。子曰：「吾不如老農。」請學爲圃。子曰：「吾不如老圃。」馬融曰：「樹五穀曰稼，樹菜蔬曰圃也。」樊遲出。子曰：「小人

---

❶「使」，《周易・兑》作「先」，孔引當誤。

❷「之也」，皇本無「之」字。邢本無此二字，與《周易》同。

❸「孔安國曰」，皇本作「苞氏曰」。

哉，樊須也！上好禮，則民莫敢不敬；上好義，則民莫敢不服；上好信，則民莫敢不用情。孔安國曰：「情，情實也。言民化其上各以情實應也。」夫如是，則四方之民襁負其子而至矣，焉用稼？」苞氏曰：「禮義與信，足以成德，何用學稼教民乎？負者以器曰襁也。」○子曰：「誦《詩》三百，授之以政，不達；使於四方，不能專對；雖多，亦奚以爲？」專，猶獨也。○子曰：「其身正，不令而行；其身不正，雖令不從。」令，教令也。○子曰：「魯衛之政，兄弟也。」苞氏曰：「魯，周公之封；衛，康叔之封也。周公、康叔既爲兄弟，康叔睦於周公，其國之政亦如兄弟也。」○子謂衛公子荆，「善居室。王肅曰：「荆與蘧瑗、史鰌并爲君子也。」始有，曰：『苟合矣。』少有，曰：『苟完矣。』富有，曰：『苟美矣。』」○子適衛，冉子僕。❶孔安國曰：「孔子之衛，冉有御也。」子曰：「庶矣哉！」孔安國曰：「庶，衆也。言衛民衆多也。」冉有曰：「既庶矣，又何加焉？」曰：「富之。」曰：「既富矣，又何加焉？」曰：「教之。」○子曰：「苟有用我者，期月而已可也，三年有成。」孔安國曰：「言誠有用我於政事者，期月而可以行其政教，必三年乃有成功也。」○子曰：「『善人爲邦百年，亦可以勝殘去殺矣。』王肅曰：「勝殘，勝殘暴之人使不爲惡也。去殺，不用刑殺也。」誠哉是言也！」孔安國曰：「古有此言，故孔子信也。」❷○子曰：「如有王者，必世而後仁。」孔安國曰：「三十年曰世。如有受命王者，必三十年仁政乃成也。」○子曰：「苟正其身矣，於從政乎何有？不能正其身，如正人何？」○冉子退朝。周生烈曰：「謂罷朝於魯君也。」子曰：「何晏也？」對曰：「有政。」馬融曰：「政者，有所改更匡正也。」子曰：「其事也，馬融曰：「事者，凡所行常事也。」如有政，雖不

❶「冉子」，邢本作「冉有」。

❷「也」，邢本作「之」。

吾以，吾其與聞之。」馬融曰：「如有政，非常之事，我爲大夫，雖不見任用，必當與聞之。」〇定公問：「一言而可以興邦，有諸？」孔子對曰：「言不可以若是其幾也。王肅曰：「以其大要，一言不能正興國也。幾，近也。有近一言可興國也。」人之言曰：『爲君難，爲臣不易。』如知爲君之難也，不幾乎一言而興邦乎？」孔安國曰：「事不可一言而成也，知如此則可近也。」曰：「一言而可喪邦，❶有諸？」孔子對曰：「言不可以若是其幾也。人之言曰：『予無樂乎爲君，唯其言而樂莫予違也。』❷孔安國曰：「言無樂於爲君，所樂者，唯樂其言而不見違也。」如其善而莫之違也，不亦善乎？如不善而莫之違也，不幾乎一言而喪邦乎？」孔安國曰：「人君所言善，無違之者，則善也。其所言不善，而無敢違之者，則近一言而喪國也。」〇葉公問政。子曰：「近者悦，遠者來。」〇子夏爲莒父宰，問政。鄭玄曰：「舊説曰：莒父，魯下邑也。」子曰：「毋欲速，毋見小利。欲速則不達，見小利則大事不成。」孔安國曰：「事不可以速成，而欲其速則不達矣。見小利妨大事，則大事不成也。」〇葉公語孔子曰：「吾黨有直躬者，孔安國曰：「直躬，直身而行也。」其父攘羊，而子證之。」周生烈曰：「有因而盜曰攘。」孔子曰：「吾黨之直者異於是，父爲子隱，子爲父隱，直在其中矣。」〇樊遲問仁。子曰：「居處恭，執事敬，與人忠。雖之夷狄，不可棄也。」苞氏曰：「雖之夷狄無禮義之處，猶不可棄去而不行也。」〇子貢問曰：「何如斯可謂之士矣？」子曰：「行己有恥，孔安國曰：「有恥，有所不爲也。」使於四方，不辱君命，可謂士矣。」曰：「敢問其次。」曰：「宗族稱孝焉，鄉黨稱悌焉。」曰：「敢問其次。」曰：「言必信，行必果，硜硜

❶「可」，皇本作「可以」，邢本無此字。

❷「樂」，邢本無此字。

然小人也。❶抑亦可以爲次矣。」鄭玄曰：「行必果，所欲行必敢爲之。❷硜硜者，小人之貌也。抑亦其次，言可以爲次也。」曰：「今之從政者何如？」子曰：「噫！斗筲之人，何足筭也？」鄭玄曰：「噫，心不平之聲也。筲，竹器，容斗二升者也。筭，數也。」〇子曰：「不得中行而與之，必也狂狷乎！苞氏曰：「中行，行能得其中者也。言不得中行則欲得狂狷也。」狂者進取，狷者有所不爲也。」苞氏曰：「狂者進取於善道，狷者守節無爲。欲得此二人者，以時多進退，取其恒一也。」〇子曰：「南人有言曰：『人而無恒，不可以作巫醫。』孔安國曰：「南人，南國之人也。」鄭玄曰：「言巫醫不能治無常之人也。」善夫！」苞氏曰：「善南人之言也。」「不恒其德，或承之羞。」孔安國曰：「此《易·恒卦》之辭也。言德無常則羞辱承之。」子曰：「不占而已矣。」鄭玄曰：「《易》所以占吉凶也。無恒之人，《易》所不占也。」〇子曰：「君子和而不同，小人同而不和。」君子心和，然其所見各異，故曰不同。小人所嗜好者同，然各爭其利，故曰不和也。〇子貢問曰：「鄉人皆好之，何如？」子曰：「未可也。」「鄉人皆惡之，何如？」子曰：「未可也。不如鄉人之善者好之，其不善者惡之也。」孔安國曰：「善人善己，惡人惡己，是善善明、惡惡著也。」〇子曰：「君子易事而難悦也。孔安國曰：「不責備於一人，故易事也。」悦之不以道，不悦也。及其使人也，器也。孔安國曰：「度才而任官也。」小人難事而易悦也。悦之雖不以道，悦也。及其使人也，求備焉。」〇子曰：「君子泰而不驕，小人驕而不泰。」君子自縱泰，似驕而不驕。小人拘忌，而實自驕矜也。〇子曰：「剛、毅、木、訥，近仁。」王肅曰：「剛，無欲也。毅，果敢也。木，質樸也。訥，遲鈍也。有此四者，近於仁也。」〇子路問曰：「何如斯可謂之士矣？」子曰：「切切偲偲，怡怡如也，可謂士矣。朋友切

❶「也」，皇本、邢本作「哉」。

❷「必」下，邢本有「果」字。

切偲偲，兄弟怡怡如也。」馬融曰：「切切偲偲，相切責之貌也。怡怡，和順之貌也。」〇子曰：「善人教民七年，亦可以即戎矣。」苞氏曰：「即戎，❶就兵。❷可以攻戰也。」〇子曰：「以不教民戰，是謂棄之。」馬融曰：「言用不習民使之戰，必破敗，是謂棄之也。」

論語憲問第十四　何晏集解 凡廿四章❸

〇憲問恥。子曰：「邦有道，穀。孔安國曰：「穀，禄也。邦有道，當食其禄也。」邦無道穀，恥也。」孔安國曰：「君無道而在其朝，食其禄，是恥辱也。」〇「剋、伐、怨、欲不行焉，❹可以爲仁矣？」馬融曰：「剋，好勝人也。伐，自伐其功也。怨，忌小怨也。欲，貪欲也。」子曰：「可以爲難矣，仁則吾不知也。」苞氏曰：「此四者行之難者，未足以爲仁也。」〇子曰：「士而懷居，不足以爲士矣。」士當志道，不求安。而懷其居，非士也。〇子曰：「邦有道，危言危行。苞氏曰：「危，厲也。邦有道，可以厲言行也。」邦無道，危行言遜。」遜，順也。厲行不隨俗，順言以遠害也。〇子曰：「有德者必有言，德不可以憶中，故必有言也。有言者不必有德。仁者必有勇，勇者不必有仁。」〇南宮适孔安國曰：「适，南宮敬叔，魯大夫也。」問於孔子曰：「羿善射，奡盪舟，孔安國曰：「羿，有窮之君也。篡夏后相之位。其臣寒浞殺之，因其室而生奡。奡多力，能陸地行舟，爲夏后少康所殺也。」俱不得其死然。孔安國曰：「此二子者皆不得以壽終也。」禹、稷躬稼而有天下。」夫子不

❶「即戎」，邢本作「即就」。

❷「就兵」，邢本作「戎兵」。

❸「廿」，疑爲「卅」之誤。内實分四十七章。皇本、邢本分爲四十四章。

❹「剋伐怨欲不行焉」，皇本、邢本此處連上爲一章，當從。

答。馬融曰：「禹盡力於溝洫，稷播殖百穀，故曰躬稼也。禹及其身，稷及後世，皆王也。适意欲以禹稷比孔子，孔子謙故不答也。」南宫适出，子曰：「君子哉若人！尚德哉若人！」孔安國曰：「賤不義而貴有德，故曰君子也。」○子曰：「君子而不仁者有矣夫，未有小人而仁者也。」孔安國曰：「雖曰君子，猶未能備也。」○子曰：「愛之，能勿勞乎？忠焉，能勿誨乎？」孔安國曰：「言人有所愛必欲勞來之，有所忠必欲教誨之也。」○子曰：「爲命，卑諶草創之，❶孔安國曰：「卑諶，鄭大夫名也。謀於野則獲，謀於國則否。鄭國將有諸侯之事，則使乘車以適野，而謀作盟會之辭也。」世叔討論之，行人子羽脩飾，❷東里子産潤色之。」馬融曰：「世叔，鄭大夫游吉也。討，治也。卑諶既造謀，世叔復治而論之，詳而審之也。行人，掌使之官也。子羽，公孫揮也。子産居東里，因以爲號也。更此四賢而成，故鮮有敗事也。」○或問子産。子曰：「惠人也。」孔安國曰：「惠，愛也。子産，古之遺愛也。」問子西。曰：「彼哉！彼哉！」馬融曰：「子西，鄭大夫。彼哉彼哉，言無足稱也。」或曰：「楚令尹子西也。」問管仲。曰：「人也。猶《詩》言所謂伊人也。奪伯氏駢邑三百，飯蔬食，❸没齒無怨言。」孔安國曰：「伯氏，齊大夫。駢邑，地名也。齒，年也。伯氏食邑三百家，管仲奪之，使至蔬食而没齒無怨言，以當其理故也。」○子曰：「貧而無怨難，富而無驕易。」○子曰：「孟公綽爲趙魏老則優，不可以爲藤薛大夫也。」❹孔安國曰：「公綽，魯大夫也。趙魏皆晋卿也。家臣稱老。公綽性寡欲，趙魏貪賢，家老無職，故優。滕薛小國，大夫職煩，故不可爲也。」○子路問成人。曰：「若臧武仲之智，馬融曰：「魯大夫臧孫紇也。」公綽之不欲，馬融曰：「魯大夫孟公綽也。」卞莊子之勇，周生烈曰：「卞邑大夫也。」冉求之藝，文之以禮樂，孔安國曰：「加之以禮樂文成也。」亦可以

---

❶「卑」，皇本作「裨」。下注文同。

❷「飾」下，皇本、邢本有「之」字，是。

❸「蔬」邢本作「疏」，下注文同。

❹「藤」，皇本、邢本作「滕」，是。

爲成人矣。」曰：「今之成人者何必然？見利思義，馬融曰：「義然後取，不苟得也。」見危授命，久要不忘平生之言，亦可以爲成人矣。」孔安國曰：「久要，舊約也。平生，猶少時也。」○子問公叔文子於公明賈曰：「信乎，夫子不言、不笑、不取乎？」孔安國曰：「公叔文子，衛大夫公孫拔也。文，謚也。」公明賈對曰：「以告者過也。夫子時然後言，人不厭其言也；樂然後笑，人不厭其笑也；義然後取，人不厭其取也。」子曰：「其然？豈其然乎？」馬融曰：「美其得道，嫌其不能悉然也。」○子曰：「臧武仲以防求爲後於魯，雖曰不要君，吾不信也。」孔安國曰：「防，武仲故邑也。爲後，立後也。魯襄公二十三年，武仲爲孟氏所譖，出奔邾，自邾如防，使以大蔡納請曰：❶『紇非敢害也，❷智不足也。非敢私請，苟守先祀，無廢二勳，敢不避邑！』乃立臧爲。紇致防而奔齊。此所謂要君也。」○子曰：「晉文公譎而不正，鄭玄曰：「譎者，詐也。謂召於天子而使諸侯朝之。仲尼曰：『以臣召君，不可以訓。』故《書》曰：『天王狩於河陽。』是譎而不正也。」齊桓公正而不譎。」馬融曰：「伐楚以公義，責苞茅之貢不入，❸問昭王南征不還，是正而不譎也。」○子路曰：「桓公殺公子糾，召忽死之，管仲不死。」曰：「未仁乎？」孔安國曰：「齊襄公立，無常，鮑叔牙曰：「君使民慢，亂將作矣。」奉公子小白出奔莒。襄公從弟公孫無知殺襄公。管夷吾召忽奉公子糾出奔魯。齊人殺無知。魯伐齊，納子糾。小白自莒先入，是爲桓公。乃殺子糾，召忽死也。」❹子曰：「桓公九合諸侯，不以兵車，管仲之力也。如其仁，如其仁。」孔安國曰：「誰如管仲之仁矣。」○子貢曰：「管仲非仁者與？桓公殺公子糾，不能死，又相之。」子曰：「管仲相桓公，霸諸侯，一匡天下，馬融曰：「匡，正也。天子微弱，桓公率諸侯以尊周室，一正天下

❶「使」下，皇本、邢本有「爲」字。
❷「敢」，邢本作「能」。
❸「苞」，皇本作「包」。
❹「也」，邢本作「之」。

也。」民到於今受其賜。受其賜者，謂不被髮左衽之惠也。微管仲，吾其被髮左衽矣。馬融曰：「微，無也。無管仲則君不君，臣不臣，皆爲夷狄也。」豈若匹夫匹婦之爲諒也，自經於溝瀆而莫之知也？」王肅曰：「經，經死於溝瀆之中也。管仲召忽之於公子糾，君臣之義未正成，故死之未足深嘉，不死未足多非。死既難，❶亦在於過厚，故仲尼但美管仲之功，亦不言召忽不當死也。」

○公叔文子之臣大夫僎與文子同升諸公。孔安國曰：「大夫僎本文子家臣也。薦之使與己并爲大夫，同升在公朝也。」子聞之，曰：「可以爲『文』矣。」孔安國曰：「行如是可謚爲文也。」❷

○子曰：❸「衞靈公之無道也。」❹康子曰：「夫如是，奚而不喪？」孔子曰：「仲叔圉治賓客，祝鮀治宗廟，王孫賈治軍旅。夫如是，奚其喪？」孔安國曰：「言君雖無道，所任者各當其才，何爲當亡乎也？」❺

○子曰：「其言之不怍，則其爲之難也。」❻馬融曰：「怍，慙也。內有其實，則言之不慙。積其實者，爲之難也。」

○陳成子殺簡公。孔子沐浴而朝，告於哀公曰：「陳桓殺其君，請討之。」馬融曰：「陳成子，齊大夫陳桓也。將告君，故先齊，齊必沐浴也。」公曰：「告夫二三子。」孔安國曰：「謂三卿也。」孔子曰：「以吾從大夫之後，不敢不告也。君曰：『告夫二三子』者！」馬融曰：「我於禮當告君，不當告二三子。君使我往，故復往也。」之二三子告，不可。孔子曰：「以吾從大夫之後，不敢不告。」馬融曰：「孔子由君命之二三子告，不可，故復以此辭語之而止也。」

○子路問事君。子曰：「勿欺也，而犯之。」孔安國曰：「事君之道，義不可欺，當能犯顏色諫爭也。」

○子曰：「君子上達，小人下

❶「死」下，皇本、邢本有「事」字。
❷「行」上，皇本、邢本有「言」字。
❸「曰」，邢本作「言」。
❹「道」下，皇本有「久」字。
❺「乎也」，皇本無「也」字，邢本無此二字。
❻「其」，邢本無此字。「難也」，皇本無「也」字，邢本作「也難」。

達。」本爲上，末爲下也。○子曰：「古之學者爲己，今之學者爲人也。」孔安國曰：「爲己，履而行之。無爲人徒能言之也。」❶○蘧伯玉使人於孔子。孔子與人坐而問焉，孔安國曰：「伯玉，衛大夫蘧瑗也。」曰：「夫子何爲？」對曰：「夫子欲寡其過而未能也。」言夫子欲寡其過而未能無過也。使者出。子曰：「使乎！使乎！」陳群曰：「再言『使乎』，❷善之也。言使得其人也。」○子曰：「不在其位，不謀其政。」○曾子曰：❸「君子思不出其位。」○子曰：「君子恥其言之過其行也。」❹○子曰：「君子道者三，我無能焉：仁者不憂，知者不惑，勇者不懼。」子貢曰：「夫子自導也。」❺○子貢方人。孔安國曰：「比方人也。」子曰：「賜也賢乎我夫？❻我則不暇。」孔安國曰：「不暇比方人也。」○子曰：「不患人之不己知，患己無能也。」王肅曰：「徒患己之無能也。」○子曰：「不逆詐，不億不信，抑亦先覺者，是賢乎！」孔安國曰：「先覺人情者，是寧能爲賢乎，或時反怨人也。」○微生畝謂孔子曰：「丘何爲是栖栖者與？無乃爲佞乎？」苞氏曰：「微生，姓也。畝，名也。」孔子對曰：「非敢爲佞也，疾固也。」苞氏曰：「疾世固陋，欲行道以化人也。」○子曰：「驥不稱其力，稱其德也。」鄭玄曰：「德者，謂調良之德也。」○或曰：「以德報怨，何如？」子曰：「何以報德？德，恩惠之德也。以直報怨，以德報德。」○子曰：「莫我知也夫！」子貢曰：「何爲其莫知子也？」子貢怪夫子言何爲莫知己，故問也。子曰：「不怨天不尤人，馬融

❶「無」，皇本、邢本無此字。

❷「乎」下，邢本有「者」字。

❸「曾子曰」，皇本、邢本此處連上爲一章。

❹「之」，邢本作「而」。「也」，邢本無此字。

❺「導」，皇本、邢本作「道」。

❻「我」，邢本作「哉」。「夫」，皇本作「夫哉」。

曰：「孔子不用於世而不怨天，人不知己亦不尤人也。」下學而上達，孔安國曰：「下學人事，上知天命也。」知我者其天乎？」聖人與天地合其德，故曰唯天知己也。○公伯寮愬子路於季孫。馬融曰：「愬，譖也。伯寮，魯人，弟子也。」子服景伯以告。馬融曰：「魯大夫子服何忌也。告，告孔子也。」曰：「夫子固有惑志。孔安國曰：「季孫信讒，恚子路也。」於公伯寮也，吾力猶能肆諸市朝。鄭玄曰：「吾勢能辨子路之無罪於季孫，使之誅伯寮而肆之也。有罪既刑，陳其尸曰肆也。」子曰：「道之將行也，與命也，道之將廢也，與命也。公伯寮其如命何？」○子曰：「賢者避世，孔安國曰：「世主莫得而臣之也。」其次避地，馬融曰：「去亂國，適治邦也。」其次避色，孔安國曰：「色斯舉也。」其次避言。」孔安國曰：「有惡言乃去也。」○子曰：❶「作者七人矣。」苞氏曰：「作，爲也。爲之者凡七人，謂長沮、桀溺、丈人、石門、荷蕢、儀封人、楚狂接輿也。」○子路宿於石門，石門晨門曰：❷「奚自？」晨門者，閽人也。子路曰：「自孔氏。」曰：「是知其不可而爲之者與？」苞氏曰：「言孔子知世不可爲而强爲之也。」○子擊磬於衛，有荷蕢而過孔子之門者，曰：「有心哉，擊磬乎！」蕢，草器也。有心，謂契契然也。既而曰：「鄙哉，硜硜乎莫己知也，斯己而已矣。此硜硜，❸徒信己而已。言亦無益也。深則厲，淺則揭。」苞氏曰：「以衣涉水爲厲。揭，揭衣。言隨世以行己，若遇水必以濟，知其不可，則當不爲也。」子曰：「果哉，末之難矣！」未知己志而便譏己，所以爲果也。末，無也。無以難者，以其不能解己道也。○子張曰：「《書》云『高宗諒陰，三年不言。』何謂也？」孔安國曰：「高宗，殷之中興王武丁也。諒，信也。陰，猶默也。」子曰：「何必高宗，古之人皆然。君薨，百

❶「子曰」，皇本、邢本此處連上爲一章。

❷「石門」，邢本無此二字。

❸「硜硜」下，邢本有「者」字。

官總己，馬融曰：「己，己百官也。」❶以聽於冢宰三年。」孔安國曰：「冢宰，天官，❷佐王治者也。三年喪畢，然後王自聽政也。」○子曰：「上好禮，則民易使也。」民莫敢不敬，故易使之也。❸○子路問君子。子曰：「脩己以敬人。」❹孔安國曰：「敬其身也。」曰：「如斯而已乎？」曰：「脩己以安人。」孔安國曰：「人，謂朋友、九族也。」曰：「如斯而已乎？」曰：「脩己以安百姓。脩己以安百姓，堯舜其猶病諸？」孔安國曰：「病，猶難也。」○原壤夷俟，馬融曰：「原壤，魯人，孔子故舊也。夷，踞也。俟，待也。踞待孔子也。」子曰：「幼而不遜悌，長而無述焉，老而不死，是爲賊。」賊，爲賊害也。❺以杖叩其脛。孔安國曰：「叩，擊也。脛，脚脛也。」○闕黨童子將命矣。馬融曰：「闕黨之童子將命者，傳賓主之語出入之也。」❻或問之曰：「益者與？」子曰：「吾見其踞於位也，❼童子隅坐無位，成人乃有位也。見其與先生并行也。非求益者也，欲速成者也。」苞氏曰：「先生，成人也。并行，不差在後也，違禮。欲速成者也，則非求益者也。」

論語卷第七經二千三百九十四字，註二千五百五十六字

❶「己己百官也」，皇本同，邢本作「己百官」。
❷「官」下，皇本、邢本有「卿」字。
❸「之」，皇本、邢本無此字。
❹「人」，皇本、邢本無此字，是，孔注可證。
❺「爲」，皇本、邢本作「謂」。「也」，皇本、邢本無此字。
❻「之也」，皇本無「之」字，邢本無此二字。
❼「踞」，皇本、邢本作「居」。

論語衛靈公第十五　何晏集解 凡卅章❶

○衛靈公問陳於孔子。孔安國曰：「軍陳，行列之法也。」孔子對曰：「俎豆之事，則嘗聞之矣；孔安國曰：「俎豆，禮器也。」軍旅之事，未之學也。」鄭玄曰：「萬二千五百人爲軍，五百人爲旅。軍旅末事，本未立則不可教以末事也。」明日遂行。」在陳絶糧，❷從者病，莫能興。孔安國曰：「從者，弟子也。興，起也。孔子去衛如曹，曹不容。又之宋，遭匡人之難。又之陳，會吴伐陳，陳亂，故乏食也。」子路愠見曰：「君子亦窮乎？」❸子曰：「君子固窮，小人窮斯濫矣。」濫，溢也。君子固亦有窮時，但不如小人窮濫溢爲非也。❹○子曰：「賜也，汝以予爲多學而識之者與？」對曰：「然，孔安國曰：「然，謂多學而識之也。」非與？」孔安國曰：「問今不然邪也？」❺曰：「非也，予一以貫之。」善有元，事有會，天下殊塗而同歸，百慮一致，知其元則衆善舉矣。故不待多學，一以知之也。○子曰：「由，知德者鮮矣。」王肅曰：「君子固窮，而子路愠見，故謂之少於知德者也。」○子曰：「無爲而治者，其舜也與？夫何爲哉？恭己正南面而已矣。」言任官得其人，故無爲而治也。○子張問行。子曰：「言忠信，行篤敬，雖蠻貊之邦，行矣。言不忠信，行不篤敬，雖州里，行乎哉？鄭玄曰：「萬二千五百家爲州，五家爲鄰，五鄰爲里。行乎哉，言不可行也。」立則見其參然於前也，在輿則見其倚於衡也，夫然後行也。」苞氏曰：「衡，扼也。言思念忠信，立則常想見參然在前，在輿則若倚衡扼也。」子張書諸紳。孔安國曰：「紳，大帶也。」○子曰：「直哉史魚！孔安國

---

❶「凡卅章」，内實分四十一章。邢本分爲四十二章。

❷「在陳絶糧」，邢本分此下爲另一章。

❸「亦」下，皇本、邢本有「有」字。

❹「窮」下，皇本、邢本有「則」字。

❺「邪也」，皇本無「邪」字，邢本無此二字。

曰：「衛大夫史鰌也。」邦有道，如矢；邦無道，如矢。孔安國曰：「有道無道，行直如矢不曲也。」❶君子哉蘧伯玉！邦有道，則仕；邦無道，則可卷而懷也。」苞氏曰：「卷而懷，謂不與時政，柔順不忤於人也。」○子曰：「可與言而不與言，失人；不可與言而與言之，❷失言。知者不失人，亦不失言。」○子曰：「志士仁人，無求生以害仁，有殺身以成仁。」孔安國曰：「無求生而害仁，死而後成仁，則志士仁人不愛其身也。」○子貢問爲仁。子曰：「工欲善其事，必先利其器。居是邦也，事其大夫之賢者，友其士之仁者也。」孔安國曰：「言工以利器爲用，人以賢友爲助也。」○顏淵問爲邦。子曰：「行夏之時，據見萬物之生，以爲四時之始，取其易知也。乘殷之輅，馬融曰：「殷車曰大輅。《左傳》曰：『大輅越席也，昭其儉也。』」服周之冕，苞氏曰：「冕，禮冠也。周之禮文而備也。取其黈纊塞耳，不任視聽也。」樂則《韶》舞，《韶》，舜樂也。盡善盡美，故取之。放鄭聲，遠佞人。鄭聲淫，佞人殆。」孔安國曰：「鄭聲、佞人，亦俱能感人心，與雅樂、賢人同。而使人淫乱、危殆，故當放遠也。」❸○子曰：「人而無遠慮，❹必有近憂。」○子曰：「已矣乎！吾未見好德如好色者也。」○子曰：「臧文仲其竊位者與！知柳下惠之賢，而不與立也。」孔安國曰：「柳下惠，展禽也。知其賢而不舉，爲竊位也。」○子曰：「躬自厚而薄責於人，則遠怨矣。」孔安國曰：「自責己厚，❺責人薄，所以遠怨咎也。」○子曰：「不曰『如之何，孔安國曰：「不曰如之何者，猶不曰奈是何也。」如之何』者，吾末如之何也已矣。」孔安國曰：「如之何者，言禍難已成，吾亦無如之

❶「矢」下，邢本有「言」字。「也」，邢本無此字。
❷「言之」，皇本、邢本作「之言」。
❸「遠也」，皇本作「遠之也」，邢本作「遠之」。
❹「而」，邢本無此字。
❺「自」，邢本無此字。

何也。」○子曰：「群居終日，言不及義，好行小慧，難矣哉！」鄭玄曰：「小慧，謂小小才知也。難矣哉，言終無成也。」○子曰：「君子義以爲質，禮以行之，遜以出之，信以成之。君子哉！」○子曰：「君子病無能焉，不病人之不己知也。」○子曰：「君子疾没世而名不稱焉。」疾，猶病也。○子曰：「君子求諸己，小人求諸人。」君子責己，小人責人也。○子曰：「君子矜而不爭，苞氏曰：「矜，矜莊也。」群而不黨。」孔安國曰：「黨，助也。君子雖衆，不相私助，義之與比之也。」❶○子曰：「君子不以言舉人，苞氏曰：「有言者不必有德，故不可以言舉人也。」不以人廢言。」○子貢問曰：「有一言而可以終身行者乎？」子曰：「其恕乎！己所不欲，勿施於人也。」○子曰：「吾之於人也，誰毁誰譽？如有可譽者，❷其有所試矣。苞氏曰：「所譽輒試以事，不空譽而已矣。」斯民也，三代之所以直道而行也。」馬融曰：「三代，夏、殷、周也。用民如此，無所阿私，所以云直道而行也。」○子曰：「吾猶及史之闕文也。苞氏曰：「古之史於書字有疑則闕之，以待知者也。」有馬者借人乘之，今則亡矣夫。」苞氏曰：「有馬不能調良，則借人使習之。孔子自謂及見其人如此，至今無有矣。言此者，以俗多穿鑿也。」○子曰：「巧言亂德，小不忍亂大謀。」❸孔安國曰：「巧言利口則亂德義，小不忍則亂大謀也。」○子曰：「衆惡之，必察焉；衆好之，必察焉。」王肅曰：「或衆阿黨比周，或其人特立不群，故好惡不可不察也。」○子曰：「人能弘道，非道弘人也。」材大者道隨大，❹材小者道隨小，故不能弘人也。○子曰：「過而不改，是謂過矣。」○子曰：「吾嘗終日不食，終夜不寢，以思，

❶「之也」，皇本無「之」字，邢本無此二字。
❷「可」，邢本作「所」。
❸「忍」下，皇本、邢本有「則」字。
❹「材」，邢本作「才」，且上有「王曰」二字。

無益，不如學也。」〇子曰：「君子謀道不謀食。耕也，餒在其中矣；學也，祿在其中矣。君子憂道不憂貧也。」鄭玄曰：「餒，餓也。言人雖念耕而不學，❶故飢餓。學則得祿，雖不耕而不飢。❷勸人學也。」❸〇子曰：「知及之，仁不能守之，雖得之，必失之。苞氏曰：「知能及治其官，而仁不能守，雖得之，必失之也。」知及之，仁能守之，不莊以涖之，則民不敬。苞氏曰：「不嚴以臨之，則民不敬從上也。」知及之，仁能守之，莊以涖之，動之不以禮，未善也。」王肅曰：「動必以禮，然後善也。」〇子曰：「君子不可小知而可大受也，小人不可大受也而可小知也。」君子之道深遠，❹不可以小了知而可大受也。小人之道淺近，可以小了知而不可大受也。〇子曰：「民之於仁也，甚於水火。馬融曰：「水火與仁皆民所仰而生者也，❺仁最爲甚也。」水火吾見蹈而死者矣，未見蹈仁而死者也。」馬融曰：「蹈水火，或時殺人。蹈仁，未嘗殺人也。」〇子曰：「當仁不讓於師。」孔安國曰：「當行仁之事，不復讓於師。行仁急也。」❻〇子曰：「君子貞而不諒。」孔安國曰：「貞，正也。諒，信也。君子之人正其道耳，言不必信也。」❼〇子曰：「事君，敬其事而後其食。」孔安國曰：「先盡力，然後食祿也。」❽〇子曰：「有教無類。」馬融曰：「言人在見教，❾無有種類也。」〇子曰：「道不同，不相爲謀。」〇子曰：「辭達而已矣。」凡事莫過於實足

❶「而」下，皇本有「與」字。
❷「飢」，皇本作「飢餓」，邢本作「餒」。
❸「勸」上，邢本有「此」字。「也」，邢本無此字。
❹「君子」上，邢本有「王曰」二字。
❺「皆」，邢本作「故」，誤。
❻「行」上，邢本有「言」字。
❼「必」下，皇本有「有」字，邢本有「小」字。「也」，邢本無此字。
❽「然」，邢本作「而」。
❾「人」下，邢本有「所」字。

也。❶辭達則足矣，不煩文艷之辭也。○師冕見，孔安國曰：「師，樂人盲者也，名冕也。」及階，子曰：「階也。」及席也，❷子曰：「席也。」皆坐，子告之曰：「某在斯，某在斯。」孔安國曰：「歷告以坐中人姓字及所在處也。」師冕出。子張問曰：「與師言之道與？」子曰：「然，固相師之道也。」馬融曰：「相，導也。」

論語季氏第十六　何晏集解 凡十四章

○季氏將伐顓臾。冉有、季路見於孔子曰：「季氏將有事於顓臾。」孔安國曰：「顓臾，宓羲之後，風姓之國，本魯之附庸，當時臣屬魯。季氏貪其地，欲滅而有之。冉有與季路爲季氏臣，來告孔子也。」孔子曰：「求！無乃爾是過與？孔安國曰：「冉求爲季氏宰，相其室，爲之聚斂，故孔子獨疑求教也。」❸夫顓臾，昔者先王以爲東蒙主，孔安國曰：「使主祭蒙山也。」且在邦域之中矣，孔安國曰：「魯七百里之邦，顓臾爲附庸，在其域中也。」是社稷之臣也。何以爲伐也？」❹孔安國曰：「已屬魯爲社稷之臣，何用滅之爲也？」冉有曰：「夫子欲之，吾二臣者皆不欲也。」孔安國曰：「歸咎於季氏也。」孔子曰：「求！周任有言曰：『陳力就列，不能者止。』馬融曰：「周任，古之良吏也。言當陳才事，❺度己所任，以就其位，不能則當止也。」危而不持，顛而不扶，則將焉用彼相矣？苞氏曰：「言輔相人者，當持危扶顛，若不能，何用相爲也？」且爾言過矣，虎兕出於柙，龜玉毀櫝中，❻是誰之過與？」馬融

❶「凡」上，皇本有「孔安國曰」四字，邢本有「孔曰」二字。「足也」，邢本無此二字。
❷「也」，皇本、邢本無此字。
❸「也」，邢本作「之」。
❹「爲伐也」，邢本作「伐爲」。
❺「陳才事」，皇本、邢本作「陳其才力」。
❻「毀」下，邢本有「於」字。

曰：「柙，檻也。櫝，櫃也。非典守者之過邪也？」冉有曰：「今夫顓臾固而近於費，馬融曰：「固，謂城郭完堅，兵甲利也。費，季氏之邑也。」今不取，後世必爲子孫憂。」孔子曰：「求！君子疾夫孔安國曰：「疾如汝之言也。」舍曰欲之而必更爲之辭。孔安國曰：「舍其貪利之説，更作他辭，是所疾也。」丘也聞有國有家者，不患寡而患不均，孔安國曰：「國者，諸侯；家者，卿大夫也。不患土地人民之寡少，患政治之不均平。」不患貧而患不安。孔安國曰：「憂不能安民耳。民安則國富也。」蓋均無貧，和無寡，安無傾。苞氏曰：「政教均平，則不患貧矣。❶上下和同，不患寡矣。小大安寧，不傾危也矣。」夫如是，故遠人不服則修文德以來之。既來之，則安之。今由與求也相夫子，遠人不服，而不能來也；邦分崩離析，而不能守也；孔安國曰：「民有異心曰分，欲去曰崩，不可會聚曰離析也。」而謀動干戈於邦內，孔安國曰：「干，楯也。戈，戟也。」吾恐季孫之憂不在於顓臾，而在蕭牆之內也。」鄭玄曰：「蕭之言肅也。蕭牆，謂屏也。君臣相見之禮，至屏而加肅敬焉，是以謂之蕭牆。後季氏之家臣陽虎果囚季桓子也。」

○孔子曰：「天下有道，則禮樂征伐自天子出。天下無道，則禮樂征伐自諸侯出。自諸侯出，蓋十世希不失矣。孔安國曰：「希，少也。周幽王爲犬戎所殺，平王東遷，周始微弱。諸侯自作禮樂，專征伐，❷始於隱公。至昭公十世失政，死於乾侯也。」❸自大夫出，五世希不失矣；孔安國曰：「季文子初得政，至桓子五世，爲家臣陽虎所囚也。」陪臣執國命，三世希不失矣。馬融曰：「陪，重也，謂家臣也。陽氏爲季氏家臣，至虎三世，而出奔齊也。」天下有道，則政不在大夫。孔安國曰：「制之由君也。」天下有道，則庶人不議。」孔安國曰：「無所非議也。」

○孔子曰：「禄之去公室五世矣，鄭玄曰：「言此之時魯定

❶「患」，邢本無此字。
❷「專」下，皇本、邢本有「行」字。
❸「於」，皇本無此字。「也」，皇本無此字，邢本作「矣」。

公之初也，魯自東門襄仲殺文公之子赤而立宣公，於是政在大夫，爵禄不從君出，至定公爲五世也。」❶政逮大夫四世矣，鄭玄曰：「文子、武子、悼子、平子也。」故夫三桓之子孫微矣。」孔安國曰：「三桓者，謂仲孫、叔孫、季孫也。三卿皆出桓公也，故曰三桓也。仲孫氏改其氏稱孟氏。至哀公皆衰也。」○孔子曰：「益者三友，損者三友。友直，友諒，友多聞，益矣。友便僻，馬融曰：「便巧辟人所忌，❷以求容媚也。」❸友善柔，馬融曰：「面柔也。」友便佞，損矣。」鄭玄曰：「便，辨也。謂佞而辨也。」○孔子曰：「益者三樂，損者三樂。樂節禮樂，動得禮樂之節也。樂道人之善，樂多賢友，益矣。樂驕樂，孔安國曰：「恃尊貴以自恣也。」樂佚遊，王肅曰：「佚遊，出入不知節也。」樂宴樂，損矣。」孔安國曰：「宴樂，沈荒淫瀆也。三者自損之道也。」○孔子曰：「侍於君子有三愆：孔安國曰：「愆，過也。」言未及之而言謂之躁，鄭玄曰：「躁，不安静也。」言及之不言謂之隱，孔安國曰：「隱匿不盡情實也。」未見顔色而言謂之瞽。」周生烈曰：「未見君子顔色所趣向而便逆先意語者，猶瞽者也。」❹○孔子曰：「君子有三戒：少之時，血氣未定，戒之在色；及其壯也，血氣方剛，戒之在鬭；及其老也，血氣既衰，戒之在得。」孔安國曰：「得，貪得也。」○孔子曰：「君子有三畏：畏天命，順吉逆凶，天之命也。畏大人，大人，即聖人，與天地合其德者也。❺畏聖人之言。深遠不可易知則聖人之言也。❻小人不知天命而不畏也，恢疏，故不知畏也。狎大人，直而不肆，故狎之也。侮聖人之言。」不可小知，故侮之也。○孔子曰：「生而知之者，上也；學而知之者，次也；困

---

❶「也」，皇本、邢本作「矣」。

❷「便」下，皇本、邢本有「辟」字。「辟人」，皇本作「避人」。「人」下，邢本有「之」字。

❸「媚」下，皇本有「者」字。「也」，邢本無此字。

❹「者」，邢本無此字。

❺「者也」，邢本無此二字。

❻「知」，皇本無此字。「則」，邢本作「測」。

而學之，又其次也；孔安國曰：「困，謂有所不通之也。」❶困而不學，民斯爲下矣。」○孔子曰：「君子有九思：視思明，聽思聰，色思溫，貌思恭，言思忠，事思敬，疑思問，忿思難，見得思義。」○孔子曰：「見善如不及，見不善如探湯。吾見其人矣，吾聞其語。❷孔安國曰：「探湯，喻去惡疾也。」隱居以求其志，行義以達其道。吾聞其語矣，未見其人也。」○齊景公有馬千駟，死之日，民無得而稱焉。孔安國曰：「千駟，四千匹也。」伯夷叔齊餓於首陽之下，馬融曰：「首陽山在河東蒲坂，❸華山之北，河曲之中也。」民到於今稱之，其斯謂與？」❹王肅曰：「此所謂以德爲稱者也。」○陳亢問於伯魚曰：「子亦有異聞乎？」馬融曰：「以爲伯魚，孔子之子，所聞當有異也。」對曰：「未也。嘗獨立，孔安國曰：「獨立，謂孔子也。」鯉趨而過庭。曰：『學《詩》乎？』對曰：『未也。』曰：『不學《詩》，無以言也。』鯉退而學《詩》。他日，又獨立，鯉趨而過庭。曰：『學禮乎？』對曰：『未也。』『不學禮，無以立也。』鯉退而學禮。聞斯二矣。」❺陳亢退，❻喜曰：「問一得三，聞《詩》，聞禮，又聞君子之遠其子也。」

○邦君之妻，君稱之曰夫人，夫人自稱曰小童，邦人稱之曰君夫人，稱諸異邦曰寡小君。異邦人稱之亦曰君夫人也。孔安國曰：「小君，君夫人之稱也。對異邦謙，故曰寡小君。當此時，諸侯嫡妾不正，稱號不審，故孔子正言其禮也。」

論語卷第八 經一千七百七十四字，註一千九百七十字

❶「之也」，皇本無「之」字，邢本無此二字。
❷「語」下，皇本、邢本有「矣」字。
❸「坂」下，皇本、邢本有「縣」字。
❹「斯」下，皇本、邢本有「之」字。
❺「二」下，皇本、邢本有「者」字。
❻「退」下，皇本、邢本有「而」字，則連下讀。

論語陽貨第十七　何晏集解凡廿四章❶

○陽貨欲見孔子，孔子不見，孔安國曰：「陽貨，陽虎也。季氏家臣，而專魯國之政。欲見孔子，使仕也。」歸孔子豚。孔安國曰：「欲使往謝，故遺孔子豚也。」孔子時其亡也，而往拜之，遇諸塗。孔安國曰：「塗，道也。於道路與相逢也。」謂孔子曰：「來！予與爾言。」曰：「懷其寶而迷其邦，可謂仁乎？」曰：「不可。」馬融曰：「言孔子不仕，是懷寶也。知國不治而不爲政，是迷邦也。」「好從事而亟失時，可謂智乎？」曰：「不可。」孔安國曰：「言孔子栖栖好從事，而數不遇，失時，不爲有智也。」❷「日月逝矣，歲不我與！」馬融曰：「年老，歲月已往，當急仕也。」孔子曰：「諾，吾將仕矣。」孔安國曰：「以順辭免害也。」○子曰：「性相近也，習相遠也。」孔安國曰：「君子慎所習也。」○子曰：「唯上智與下愚不移。」孔安國曰：「上智不可强使爲惡，❸下愚不可使强賢也。」○子之武城，聞絃歌之聲。孔安國曰：「子游爲武城宰。」夫子莞爾而笑，莞爾，小笑貌。曰：「割鷄焉用牛刀？」孔安國曰：「言治小何須用大道。」子游對曰：「昔者偃也聞諸夫子曰：『君子學道則愛人，小人學道則易使。』」孔安國曰：「道，禮樂也。樂以和人，人和則易使也。」子曰：「二三子！孔安國曰：「從行者也。」偃之言是也。前言戲之耳。」孔安國曰：「戲以治小而用大道。」○公山不擾以費畔，召，子欲往。孔安國曰：「不擾爲季氏宰，與陽虎共執季桓子，而召孔子也。」子路不悅，曰：「末之也已，何必公山氏之之也？」孔安國曰：「之，適也。無可之則止耳，何必公山氏之

❶「凡廿四章」，内實分二十五章。
❷「不」下，邢本有「得」字。
❸「强使」，皇本作「使强」，邢本無「强」字。

適。」❶子曰：「夫召我者，而豈徒哉？如有用我者，吾其爲東周乎？」興周道於東方，故曰東周。○子張問仁於孔子。孔子對曰：「能行五者於天下爲仁矣。」「請問之。」曰：「恭、寬、信、敏、惠也。恭則不侮，孔安國曰：「不見侮慢也。」寬則得衆，信則人任焉，敏則有功，孔安國曰：「應事疾則多成功也。」惠則足以使人。」○佛肸召，子欲往。孔安國曰：「晋大夫趙簡子之邑宰。」子路曰：「昔者由也聞諸夫子曰：『親於其身爲不善者，君子不入。』❷不入其國。❸佛肸以中牟叛，子之往也，如之何？」子曰：「然，有是言。曰：❹『不曰堅乎，磨而不磷。不曰白乎，涅而不緇。』孔安國曰：「磷，薄也。涅，可以染皂者。言至堅者磨之而不薄，至白者染之涅不黑，君子雖在濁亂，❺濁亂不能污也。」吾豈匏瓜也哉？焉能繫而不食？」匏，瓠也。言瓠匏瓜得繫一處者，❻不食故也。吾自食物，當東西南北，不得如不食之物繫滯一處也。○子曰：「由也！❼汝聞六言六蔽矣乎？」六言六蔽，下六事，❽謂仁、智、信、直、勇、剛也。對曰：「未也。」「居！❾吾語汝。孔安國曰：「子路起對，故使還坐也。」好仁不好學，其蔽也愚；孔安國曰：「仁者愛物，不知所以裁之則愚。」好知不好學，其蔽也蕩；孔安國曰：「蕩，無所適守也。」好信不好學，其蔽也賊；孔安國曰：「父子不知相爲隱之輩。」好直不好學，其蔽也絞；好勇不好學，其蔽也亂；好剛不好學，其蔽也狂。」孔安國曰：「狂妄抵觸人。」

❶「適」下，皇本有「者也」二字。
❷「入」下，皇本、邢本有「也」字。
❸「不」上，皇本有「孔安國曰」四字，邢本有「孔曰」二字。
❹「曰」，邢本無此字。
❺「君」上，皇本、邢本有「喻」字。
❻「瓠匏瓜」，皇本作「匏瓜」，邢本作「瓠瓜」。
❼「也」，皇本無此字。
❽「下」上，邢本有「謂」字。
❾「居」上，皇本有「曰」字。

○子曰：「小子何莫學夫《詩》？苞氏曰：「小子，門人也。」《詩》可以興，孔安國曰：「興，引譬連類。」可以觀，鄭玄曰：「觀，觀風俗之盛衰。」可以羣，孔安國曰：「羣居相切磋也。」可以怨，孔安國曰：「怨刺上政。」邇之事父，遠之事君，孔安國曰：「邇，近也。」多識於鳥獸草木之名。」○子謂伯魚曰：「女爲《周南》《邵南》矣乎？人而不爲《周南》《邵南》，其猶正牆面而立也與？」馬融曰：「《周南》《邵南》，《國風》之始。淑女以配君子，❶三綱之首，王教之端，故人而不爲，如向牆而立。」○子曰：「禮云禮云，玉帛云乎哉？鄭玄曰：「玉，珪璋之屬。帛，束帛之屬。言禮非但崇此玉帛而已，所貴者，乃貴其安上治民也。」樂云樂云，鐘鼓云乎哉？」馬融曰：「樂之所貴者，移風易俗，非謂鐘鼓而已也。」○子曰：「色厲而內荏，孔安國曰：「荏，柔也，謂外自矜厲而內柔佞者。」譬諸小人，其猶穿窬之盜也與？」孔安國曰：「爲人如此，猶小人之有盜心。❷穿，穿壁。窬，窬牆之也。」❸○子曰：「鄉原，德之賊也。」周生烈曰：「所至之鄉，輒原其人情，而爲己意以待之，是賊亂德者也。」一曰：「鄉，向也，古字同。謂人不能剛毅，而見人輒原其趣向，容媚而合之，言此所以賊德也。」○子曰：「道聽而塗說，德之棄。」❹馬融曰：「聞之於道路，則傳而說之。」○子曰：「鄙夫可與事君哉？❺孔安國曰：「言不可與事君。」其未得之，患得之。患得之者，患不能得之，楚俗言。既得之，患失之。苟患失，❻無所不至矣。」鄭玄曰：「無所不至者，言邪媚無所不爲也。」❼○子曰：「古者民有三疾，今也或是之亡也。苞氏曰：「言古者民疾與今時異也。」古之狂也肆，苞氏曰：「肆，極意敢言也。」今之狂也蕩；孔安

❶「淑」上，皇本有「得」字，邢本有「樂得」二字。
❷「心」下，皇本有「也」字。
❸「之也」，皇本無「之」字，邢本無此二字。
❹「棄」下，皇本、邢本有「也」字。
❺「哉」上，皇本、邢本有「也與」二字。
❻「失」下，皇本、邢本有「之」字。
❼「言」下，邢本有「其」字。

國曰：「蕩，無所據。」古之矜也廉，馬融曰：「有廉隅也。」今之矜也忿戾；孔安國曰：「惡理多怒。」古之愚也直，今之愚也詐而已矣。」○子曰：「惡紫之奪朱，❶孔安國曰：「朱，正色。紫，間色之好者。惡其邪好而奪正色。」惡鄭聲之亂雅樂，苞氏曰：「鄭聲，淫聲之哀者。惡其奪雅樂也。」惡利口之覆邦家。」孔安國曰：「利口之人多言少實，苟能悦媚時君，便覆其國家也。」○子曰：「予欲無言。」子貢曰：「子如不言，則小子何述焉？」言之爲益少，故欲無言也。子曰：「天何言哉？四時行焉，百物生焉，天何言哉？」○孺悲欲見孔子，孔子辭之以疾。❷將命者出户，取瑟而歌，使之聞之。孺悲，魯人也。孔子不欲見，故辭以疾，爲其將命者不知己，故歌令將命者悟，所以令孺悲思也。○宰我問：「三年之喪，期已久矣。君子三年不爲禮，禮必壞；三年不爲樂，樂必崩。舊穀既没，新穀既升，鑽燧改火，期可已矣。」馬融曰：「《周書·月令》有更火。春取榆柳之火，夏取棗杏之火，季夏取桑柘之火，秋取柞楢之火，冬取槐檀之火。一年之中，鑽火各異木，故曰改火也。」子曰：「食夫稻也，衣夫錦也，於女安乎？」曰：「安之。」❸「女安，則爲之。夫君子之居喪，食旨不甘，聞樂不樂，居處不安，故不爲也。今女安，則爲之！」孔安國曰：「旨，美也。責其無仁於親，故再言女安則爲之。」宰我出。曰：❹「予之不仁也！子生三年，然後免於父母之懷。馬融曰：「子生未三歲，爲父母所懷抱也。」夫三年之喪，天下之通喪也，孔安國曰：「自天子達於庶人。」予也有三年之愛於其父母乎！」孔安國曰：「言子之於父母，『欲報之德，昊天罔極』，而予也有三年之愛也。」❺○子曰：「飽食終日，無

❶「朱」下，皇本、邢本有「也」字。下二句句末亦有「也」字。
❷「之」，邢本無此字。
❸「之」，皇本、邢本無此字。
❹「曰」上，皇本、邢本有「子」字。
❺「也」，皇本、邢本作「乎」。

所用心，難矣哉！不有博弈者乎？爲之，猶賢乎已。」爲其無所據樂善，生淫慾。

○子路曰：「君子尚勇乎？」子曰：「君子義以爲上，君子有勇而無義爲亂，小人有勇而無義爲盜。」○子貢問曰：「君子亦有惡乎？」子曰：「有惡。惡稱人之惡者，苞氏曰：「好稱説人惡，所以爲惡也。」惡居下流而訕上者，孔安國曰：「訕，謗毀也。」惡勇而無禮者，惡果敢而窒者。」馬融曰：「窒，窒塞也。」曰：「賜也亦有惡也？」「惡徼以爲智者，孔安國曰：「徼，抄也。抄人之意以爲己有。」惡不遜以爲勇者，惡訐以爲直者。」苞氏曰：「訐謂攻發人之陰私。」○子曰：「唯女子與小人爲難養也，近之則不遜，遠之則怨。」○子曰：「年四十而見惡焉，其終也已。」鄭玄曰：「年在不惑，而爲人所惡，終無善行也。」

論語微子第十八　何晏集解凡十一章

○微子去之，箕子爲之奴，比干諫而死。馬融曰：「微、箕，二國名，子，爵也。微子，紂之庶兄。箕子、比干，紂之諸父也。微子見紂無道，早去之。箕子詳狂爲奴。比干以諫而見殺也。」孔子曰：「殷有三仁焉。」仁者，愛人。三人行各異，而同稱仁，以其俱在憂亂寧民也。○柳下惠爲士師，孔安國曰：「士師，典獄之官。」三黜。人曰：「子未可以去乎？」曰：「直道而事人，焉往而不三黜？孔安國曰：「苟直道以事人，所至之國俱當復三黜。」枉道而事人，何必去父母之邦？」○齊景公待孔子曰：「若季氏則吾不能，以季孟之間待之。」孔安國曰：「魯三卿，季氏爲上卿，最貴；孟氏爲下卿，不用事。言待之以二者之間。」曰：「吾老矣，不能用也。」孔子行。以聖道難成，故云老矣不能用。❶◯齊人歸女樂，季桓子受之，三日不朝。孔子行。孔安國曰：「桓子，季孫斯也。使定公受齊之女樂，君臣相與觀之，廢朝禮三日也。」◯楚狂接輿歌而過孔子之門，❷孔安國曰：「接輿，楚人也。詳狂而來歌，欲以感切孔子。」曰：「鳳兮鳳兮！何德之衰也？孔安國曰：「比孔子於鳳鳥也。鳳鳥待聖君而乃見，非孔子周行求合，故曰衰之也。」❸往者不可諫也，孔安國曰：「已往所行，不可復諫止。」來者猶可追也。孔安國曰：「自今以來，可追自止，避亂隱居。」已而，已而！今之從政者殆而！」孔安國曰：「已而者，言世亂已甚，不可復治。再言之者，傷之甚也。」孔子下，欲與之言。趨而避之，不得與之言。苞氏曰：「下，下車也。」◯長沮桀溺耦而耕。孔子過之，使子路問津焉。鄭玄曰：「長沮桀溺，隱者也。耜廣五寸，二耜爲耦。津，濟渡處。」長沮曰：「夫執輿者爲誰？」子路曰：「爲孔丘。」曰：「是魯孔丘與？」對曰：「是也」。曰：「是知津矣。」馬融曰：「言數周流，自知津處也。」問於桀溺。桀溺曰：「子爲誰？」曰：「爲仲由。」曰：「是魯孔丘之徒與？」對曰：「然」。曰：「滔滔者天下皆是也，而誰以易之？孔安國曰：「滔滔者，周流之貌也。言當今天下治亂同，空舍此適彼，故曰誰以易之。」且而與其從避人之士，豈若從避世之士哉？」士有避人之法，有避世之法。長沮桀溺謂孔子爲士，從避人之法也。己爲士，則從避世之法也。」耰而不輟。鄭玄曰：「耰，覆種也。輟，止也。覆種不止，不以津告也。」子路行以告。夫子憮然爲其不達己意，而便非己也。曰：「鳥獸不可與同羣也，孔安國曰：「隱居於山林，是與鳥獸同羣。」吾非斯人之徒與而誰與？孔安國曰：「吾自當與此天下人同羣，安能去人，從鳥獸居乎？」天下有道，丘不與易也。」孔安國曰：「言凡天下有道者，

❶「老矣」，邢本作「吾老」。
❷「之門」，皇本、邢本無此二字。
❸「之也」，皇本無「之」字，邢本無此二字。

丘皆不與易之，己大而人小故也。」〇子路從而後，遇丈人以杖荷蓧。苞氏曰：「丈人，老者也。蓧，竹器名也。」子路問曰：「子見夫子乎？」丈人曰：「四體不勤，五穀不分，孰爲夫子？」苞氏曰：「丈人曰：不勤勞四體，不分殖五穀，誰爲夫子而索之耶？」植其杖而芸。孔安國曰：「植，倚也。除草曰芸。」子路拱而立。未知所以答也。止子路宿，殺雞爲黍而食之，見其二子焉。明日，子路行以告。子曰：「隱者也。」使子路反見之，至則行矣。孔安國曰：「子路反，至其家，丈人出行不在。」子路曰：「不仕無義。鄭玄曰：「留言以語丈人之二子也。」長幼之節，不可廢也；君臣之義，如之何其可廢也？❶孔安國曰：「言女知父子相養不可廢，反可廢君臣之義耶？」欲潔其身而亂大倫。苞氏曰：「倫，道也，理也。」君子之仕也，行其義也。道之不行也，已知之矣。」苞氏曰：「言君子之仕，所以行君臣之義也。不必自道得行，❷孔子道不見用，自已知之也。」〇逸民：伯夷、叔齊、虞仲、夷逸、朱張、柳下惠、少連。逸民者，節行超逸者。苞氏曰：「此七人皆逸民之賢者也。」子曰：「不降其志，不辱其身者，伯夷、叔齊與！」鄭玄曰：「言其直己之心，不入庸君之朝。」謂「柳下惠、少連，降志辱身矣，言中倫，行中慮，其斯而已矣。」孔安國曰：「但能言應倫理，行應思慮，若此而已。」謂「虞仲、夷逸，隱居放言，苞氏曰：「放，置也。置不復言世務也。」❸身中清，廢中權。馬融曰：「清，純潔也。遭世亂，身廢棄以免患，❹合於權也。」我則異於是，無可無不可。」馬融曰：「亦不必進，亦不必退，唯義所在。」〇大師摯適齊，亞飯干適楚，孔安國曰：「亞，次也。次飯，樂師也。摯、干皆名也。」三飯繚適蔡，四飯缺適秦，苞氏

❶「也」，邢本作「之」。
❷「必自」原作「自必」，據皇本、邢本改。
❸「置」，皇本、邢本無此字。
❹「身」，皇本、邢本作「自」。

曰：「三飯、四飯，樂章名也，各異師。繚、缺皆名。」鼓方叔入於河，苞氏曰：「鼓，擊鼓者。方叔，名也。入，謂居其河內也。」播鞀武入於漢，孔安國曰：「播，猶搖也。武，名也。」少師陽、擊磬襄入於海。孔安國曰：「魯哀公時，禮毁樂崩，樂人皆去。陽、襄皆名。」◯周公語魯公孔安國曰：「魯公，周公之子伯禽，封於魯。」曰：「君子不施其親，孔安國曰：「施，易也。不以他人易其親也。」不使大臣怨乎不以。孔安國曰：「以，用也。怨不見聽用。」故舊無大故，則不棄也。毋求備於一人。」孔安國曰：「大故，謂惡逆之事。」◯周有八士：伯達、伯適、仲突、仲忽、叔夜、叔夏、季隨、季騧。苞氏曰：「周時四乳，得八子，❶皆爲顯士，故記之。」

論語卷第九經一千六百五十字，註一千七百七十八字

❶「得」，邢本作「生」。

論語子張第十九　何晏集解凡廿四章 凡廿五章❶

○子張曰：「士見危致命，孔安國曰：「致命，不愛其身也。」見得思義，祭思敬，喪思哀，其可已矣。」○子張曰：「執德不弘，信道不篤，焉能爲有？焉能爲亡？」孔安國曰：「言無所輕重也。」○子夏之門人問交於子張。孔安國曰：「問，問與人交接之道也。」❷子張曰：「子夏云何？」對曰：「子夏曰：『可者與之，其不可者距之。』」子張曰：「異乎吾所聞也。君子尊賢而容衆，嘉善而矜不能。我大賢與，❸於人何所不容？我不賢與，❹人將距我，如之何其距人也？」苞氏曰：「友交當如子夏，汎交當如子張也。」○子夏曰：「雖小道，必有可觀者焉；小道，謂異端也。致遠恐泥，苞氏曰：「泥，難不通也。」是以君子不爲也。」○子夏曰：「日知其所亡，孔安國曰：「日知其所未聞也。」月無忘其所能，可謂好學也已矣。」○子夏曰：「博學而篤志，孔安國曰：「博學而厚識也。」切問而近思，切問者，切問於己所學而未寤之事也。近思者，近思己所能及之事也。汎問所未學，遠思所未達，則於所習者不精，於所思者不解之。」❺仁在其中矣。」○子夏曰：「百工居肆以成其事，君子學以致其道。」苞氏曰：「言百工處其肆則事成，猶君子學以立其道也。」❻○子夏曰：「小人之過也必文。」孔安國曰：「文，飾其過，不言其情實也。」○子夏曰：「君子有三變：望之儼然，❼即之也

❶「凡廿五章」，内實分二十五章。上「凡廿四章」誤衍。
❷「問問」，皇本、邢本作「問」，是。
❸「我」下，皇本、邢本有「之」字。
❹「我」下，皇本、邢本有「之」字。
❺「之」，皇本作「也」，邢本無此字。
❻「立」，邢本作「致」。
❼「儼」，皇本作「嚴」。

温，聽其言也厲。」鄭玄曰：「厲，嚴正也。」○子夏曰：「君子信而後勞其民，未信則以爲厲己也。王肅曰：「厲，病也。」信而後諫，未信則以爲謗己矣。」○子夏曰：「大德不踰閑，孔安國曰：「閑，猶法也。」小德出入可也。」孔安國曰：「小德不能不踰法，故曰出入可也。」○子游曰：「子夏之門人小子，當灑掃應對進退則可矣，抑末也。本之則無，如之何？」苞氏曰：「言子夏弟子於當對賓客，修威儀禮節之事則可，然此但是人之末事耳，不可無其本也，故云本之則無，如之何也？」子夏聞之，曰：「噫！孔安國曰：「噫，心不平之聲也。」言游過矣！君子之道，孰先傳焉？孰後倦焉？苞氏曰：「言先傳大業者必厭倦，故我門人先教以小事，後將教以大道也。」譬諸草木，區以別矣。馬融曰：「言大道與小道殊異，譬如草木異類區別，言學當以次也。」君子之道，焉可誣也？馬融曰：「君子之道，焉可使誣，言我門人但能灑掃而已也。」有始有卒者，其唯聖人乎！」孔安國曰：「終始如一，唯聖人耳也。」○子夏曰：「仕而優則學，馬融曰：「行有餘力，則以學文也。」學而優則仕。」○子游曰：「喪致乎哀而止。」孔安國曰：「毁不傷性也。」❶○子游曰：「吾友張也爲難能也，苞氏曰：「言子張容儀之難及也。」然而未仁。」○曾子曰：「堂堂乎張也，難與并爲仁矣。」鄭玄曰：「言子張容儀盛而於仁道薄也。」○曾子曰：「吾聞諸夫子：人未有自致也者，必也親喪乎！」馬融曰：「言人雖未能自致盡於他事，至於親喪，必自致盡也。」○曾子曰：「吾聞諸夫子：孟莊子之孝也，其他可能也；其不改父之臣與父之政，是難也。」馬融曰：「孟莊子，魯大夫仲孫速也。謂在諒闇之中，父臣及父政雖不善者，不忍改也。」○孟氏使陽膚爲士師，苞氏曰：「陽膚，曾子弟子也。士師，典獄官也。」問於曾子。曾子曰：「上失其道，民散久矣。如得其情，則哀矜而勿喜。」馬融曰：「民之離散爲輕漂犯法，

❶「傷」，皇本、邢本作「滅」。

乃上之所爲也，非民之過也。當哀矜之，勿之自喜能得其情也。」❶〇子貢曰：「紂之不善也，不如是之甚也。是以君子惡居下流，天下之惡皆歸焉。」孔安國曰：「紂爲不善以喪天下，後世憎甚之，皆以天下之惡歸之於紂也。」〇子貢曰：「君子之過也，如日月之蝕也；❷過也人皆見之，更也人皆仰之。」孔安國曰：「更，改也。」〇衛公孫朝馬融曰：「朝，衛大夫也。」問於子貢曰：「仲尼焉學？」子貢曰：「文武之道未墜於地，在人。賢者識其大者，不賢者識其小者。莫不有文武之道焉，夫子焉不學？孔安國曰：「文武之道未墜落於地，賢與不賢，各有所識。夫子無所不從學也。」而亦何常師之有？」孔安國曰：「無所不從學，故無常師也。」〇叔孫武叔語大夫於朝馬融曰：「魯大夫叔孫州仇也。武，謚也。」曰：「子貢賢於仲尼。」子服景伯以告子貢。子貢曰：「譬諸宮牆也，賜之牆也及肩，闚見室家之好；夫子之牆也數仞，不得其門而入者，不見宗廟之美，百官之富。得其門者或寡矣，苞氏曰：「七尺曰仞也。」夫子之云，不亦宜乎！」苞氏曰：「夫子，謂武叔也。」〇叔孫武叔毀仲尼。子貢曰：「無以爲也！仲尼不可毀也。他人之賢者丘陵也，猶可踰也；仲尼如日月也，❸無得而踰焉。人雖欲自絶也，其何傷於日月乎？多見其不知量也。」言人雖自欲絶棄於日月，❹其何能傷之乎？適自見不知量。〇陳子禽謂子貢曰：「子爲恭也，仲尼豈賢於子乎？」子貢曰：「君子一言以爲智，一言以爲不智，言不可不慎也。夫子之不可及，猶天之不可階而升也。夫子得邦家者，❺孔安國曰：「謂爲諸侯若卿大夫也。」所謂立

❶「之」，皇本、邢本無此字。
❷「蝕也」，邢本作「食焉」。
❸「如」，邢本無此字。
❹「欲」，皇本在「自」上，邢本無此字。
❺「子」下，皇本、邢本有「之」字。

之斯立，導之斯行，綏之斯來，動之斯和。其生也榮，其死也哀，如之何其可及也。」孔安國曰：「綏，安之。言孔子爲政，其立教則莫不立，導之則莫不興行也，安之則遠者來至，動之則莫不和穆也。故能生則見榮顯，死則見哀痛矣也。」❶

論語堯曰第二十　何晏集解凡三章

○堯曰：「咨！爾舜！天之曆數在爾躬，曆數，謂列次也。允執其中，四海困窮，天禄永終。」苞氏曰：「允，信也。困，極也。永，長也。言爲政信執其中，則能窮極四海，天禄所以長終也。」舜亦以命禹。孔安國曰：「舜亦以堯命己之辭命禹也。」曰：「予小子履敢用玄牡，敢昭告於皇皇后帝：孔安國曰：「履，殷湯名也。此伐桀告天文也，殷家尚白，未變夏禮，故用玄牡也。皇，大也。后，君也。大，大君。帝謂天帝也。《墨子》引《湯誓》，其辭若此也。」有罪不敢赦。苞氏曰：「順天奉法，有罪者不敢擅赦也。」帝臣不蔽，簡在帝心。言桀居帝臣之位也，有罪過不可隱蔽，❷已簡在天心也。❸朕躬有罪，無以萬方，萬方有罪，在朕躬。」❹孔安國曰：「無以萬方，萬方不與也。萬方有罪，我身之過也。」周有大賚，善人是富。周，周家也。賚，賜也。言周家受天大賜，富於善人也，「有亂臣十人」是也。「雖有周親，不如仁人。孔安國曰：「親而不賢不忠則誅，管蔡是也。仁人，箕子微子，❺來則用也。」百姓有過，在予一人。」謹權量，審法度，修廢官，四方之政行焉。苞氏曰：「權，稱也。量，斗斛也。」興滅國，繼絶世，舉逸民，天下之民歸心焉。所重：民、食、喪、祭。孔安國曰：

❶「見」，邢本無此字。

❷「有」，邢本無此字。

❸此句皇本作「以其簡在天心故也」。邢本除無「也」字外，餘同皇本。

❹「在」上，邢本有「罪」字。

❺「箕」上，皇本、邢本有「謂」字。

「重民，國之本也。重食，民之命也。重喪，所以盡哀也。重祭，所以致敬也。」寬則得衆，❶敏則有功，公則民説。❷孔安國曰：「言政教公平則民説矣。凡此二帝三王所以治也，故傳以示後世也。」○子張問政於孔子曰：「何如斯可以從政矣？」子曰：「尊五美，屏四惡，斯可以從政矣。」孔安國曰：「屏，除也。」子張曰：「何謂五美？」子曰：「君子惠而不費，勞而不怨，欲而不貪，泰而不驕，威而不猛。」子張曰：「何謂惠而不費？」子曰：「因民之所利而利之，斯不亦惠而不費乎？王肅曰：「利民在政，無費於財也。」擇其可勞而勞之，❸又誰怨？欲仁而得仁，又焉貪？君子無衆寡，無小大，無敢慢，孔安國曰：「言君子不以寡小而慢也。」❹斯不亦泰而不驕乎？君子正其衣冠，尊其瞻視，儼然人望而畏之，斯不亦威而不猛乎？」子張曰：「何謂四惡？」子曰：「不教而殺謂之虐，不戒視成謂之暴，馬融曰：「不宿戒而責目前成，爲視成也。」慢令致期謂之賊，孔安國曰：「與民無信而虛刻期也。」❺猶之與人也，出內之吝謂之有司。」孔安國曰：「謂財物也俱當與人，而吝嗇於出內惜難之，此有司之任耳，非人君之道也。」○孔子曰：「不知命，無以爲君子也。孔安國曰：「命，謂窮達之分也。」不知禮，無以立也。不知言，無以知人也。」馬融曰：「聽言則別其是非也。」

堺浦道祐居士重新命工鏤梓

正平甲辰五月吉日謹誌

論語卷第十 經一千二百二十三字，註一千一百七十五字

學古神德楷法日下逸人貫書

❶ 此句下，邢本有「信則民任焉」一句。

❷ 「民」，邢本無此字。

❸ 「其」，邢本無此字。

❹ 「慢」下，皇本有「之」字。

❺ 「刻」，皇本作「剋」。

論語義疏

〔梁〕皇侃撰
陳蘇鎮 李暢然
李中華 張學智 校點
王博 吴榮曾

目録

校點説明 …… 一

論語義疏懷德堂本序（西村時彦） …… 一

論語義疏懷德堂本後序（松山直藏） …… 三

論語義疏校勘記序（武内義雄） …… 四

論語義疏校勘記條例（武内義雄） …… 六

論語義疏卷第一

論語義疏自序（皇侃） …… 九

論語序（何晏） …… 一四

論語學而第一 …… 一

論語爲政第二 …… 一九

論語義疏卷第二

論語八佾第三 …… 三五

論語里仁第四 …… 五九

論語義疏卷第三

論語公冶長第五 …… 七一

論語雍也第六 …… 九〇

論語義疏卷第四

論語述而第七 …… 一〇九

論語泰伯第八 …… 一二九

論語義疏卷第五

論語子罕第九 …… 一四五

論語鄉黨第十 …… 一六四

論語義疏卷第六

論語先進第十一 …… 一八六

論語顔淵第十二 …… 二〇八

論語義疏卷第七

論語子路第十三 …… 二二四

論語憲問第十四 …… 二四二

論語義疏卷第八

論語衛靈公第十五 …… 二七二

論語季氏第十六 …… 二九〇

論語義疏卷第九

論語陽貨第十七 …… 三〇四

論語微子第十八 …… 三二五

論語義疏卷第十

論語子張第十九 …… 三三八

論語堯曰第二十 …… 三五二

校點説明

皇侃（四八八—五四五），梁吴郡人，少好學，師事賀瑒，盡通其業，尤明《三禮》、《孝經》、《論語》。梁武帝大同十一年卒，年五十八。所著《論語義》十卷，與《禮記義》並見重於世，學者相傳。《梁書》卷四八《儒林傳》有傳。其《論語義疏》（即《論語義》）在何晏等《論語集解》基礎上作疏，既疏正文，又疏注文，其中吸收了晉兖州别駕江熙《集解論語》的成果及其他通儒的解釋（詳見《論語義疏自序》），爲晉、南北朝《論語》注釋的集成之作。

皇侃《論語義疏》在中國失傳已久，在日本則長期以抄本流傳，並出現印本。日本的印本主要有兩種：（一）一七五〇年日本的根遜志據足利學所藏舊抄本的校刻本。此本後傳入中國，除一七八一年收入《四庫全書》以外，還由鮑廷博刻入《知不足齋叢書》（有一七八八年盧文弨序），此後又出現了《知不足齋叢書》本的翻刻本。（二）一九二三年日本大阪懷德堂的排印本。懷德堂本由日本學者武内義雄根據日本國内多種古抄本合校而成，其特點是保持了抄本皇侃《義疏》原有的體式，而不像根遜志刻本那樣將皇侃《義疏》的體式完全比照中國習見的注疏體式作過改動。此本儘管存在一些排印錯誤（均較明顯，不難改正），但所保存的皇侃《義疏》的文字較爲完整，非常有參考價值。

此次整理即以懷德堂本爲底本，以《知不足齋叢書》本（簡稱「鮑本」）爲校本。同時在不影響原意的原則下，對附在懷德堂本書末的武内義雄校勘記略作删節，按條分别用注碼標於正文有關各句之下，分頁用脚注方式録出（並相應將武内義雄校勘記的序和條例提至全書正文之前）。我們新作的校記一律冠以「〔今校〕」字樣，以示區别。

此書排版格式，依從底本，《論語》正文及《論語集解》注文用大字，正文頂格，《集解》注文低二格；疏文用小字，接排於正文和《集解》注文相應之處。

此書的校點主要由陳蘇鎮、李暢然（卷一、二）、李中華（卷三、四）、張學智（卷五、六）、王博（卷七、八）和吴榮曾（卷九、十）六人合作完成。北京大學儒藏編纂中心統稿，並撰寫校點説明。

論語義疏懷德堂本序

人之性受于天，而彝倫之道本于性，人人所固有，宜無待于外。然非有聖人出焉，而率性修道，以立其教，則蔽于物，而移于習，將失其所固有，而性傾道壞，人倫彫喪。是以聖人治天下，教化爲先。及孔子出，集而大成，明倫立教，以垂後來，爲生民未有之師表。而《論語》記其訓言行事，尤精且信，誠萬世不刊之寶典也。竊惟皇祖肇國，以德治民，民性正直，無爲而化，我之所固有，可謂美矣。但古無文字，口口相傳，故有君臣父子之道，而無仁義忠孝之名。暨應神朝，百濟獻《論語》，孔子之書，始入我國。尋獲五經，立于學官，列聖尊信，漢學茲興。仁義忠孝之教，與我上古神聖固有之道，融會保合。斯文既明，其理亦備。雖時有污隆，道有顯晦，然人全正直之性，世濟忠孝之美者，未嘗不由于孔子之教羽翼皇化。而維新之際，志士競興，尊王斥霸，弼成鴻業，以開郅治者，亦名教之效居多焉。顧不亦盛乎！方今國家，文教覃敷，奎運昌明，軼于前古。然學術多歧，舍本趨末，唯新是喜，漢學大衰。而邪説之行，及今殊甚，固有之美，漸蔽漸移，將不知所底止。豈非教育之方有所偏倚，孔子之書棄而不講之所致歟？謹按先皇教育勅語，示法後世，炳如日月。其所謂忠、孝、友、和、信，與智能、德器、恭儉、博愛、義勇等條目，皆符于孔子之教，而勅語以爲皇祖皇宗之道。可知皇祖皇宗之道，與孔子之教相合。則雖名曰漢學，實爲我國之學。孔子之書，棄而不講可乎？主持文教者，宜率由聖訓，振興斯學，矯偏務本，以救時弊。羣經或不能盡立于學，四書闕一不可。至《論語》，則不可不家藏人誦，以明彛倫，翼皇化也。大正十一年壬戌，正值孔子卒後二千四百年。大阪懷德堂以講明名教爲宗旨，因卜是歲十月八日行釋菜，教授松山君子方爲祭酒。又議校印梁皇侃《論語義疏》，以弘其傳，講師武内君宜卿任其事。書已成，俾時彦序之。時彦協理堂事多年，迨奉職内廷，仍列講師之末。深喜斯舉有補于名教，乃忘譾陋而爲之序。若夫皇《疏》源委，及存佚同異，則具于子方、宜卿二君《序》《例》，故不復贅。

大正十二年五月大隅西村時彦譔

論語義疏懷德堂本後序

梁皇氏《論語義疏》，彼土亡佚已久，其流傳我國者，迭經儒釋傳鈔，今猶儼存六朝舊帙面目，洵爲經籍至寶。寬延中，根本伯修校足利學校藏舊鈔本而刻之，清儒汪翼滄以乾隆間來，載一本歸。鮑以文收刻於《知不足齋叢書》中，彼土學士獲復見此書。第伯修倣邢昺《疏》例，多所臆改，清儒或疑爲贋鼎，識者憾焉。大正壬戌，正值孔子卒後二千四百歲，懷德堂記念會以十月八日設位堂上，恭修釋菜之禮，又欲校刻善本，以志教澤而裨補斯文，諮諸本會顧問狩野、内藤兩博士，二君胥勸校刻《論語義疏》。且曰：「是書足利本外，多有舊鈔善本，倘得集覽校讐，則所益必大，且因改宋疏之體，以復六朝之舊，不亦善乎？」預堂事者皆贊其議，屬講師武内誼卿以校勘之事，誼卿乃搜訪祕府野贇之儲與名家之藏，參稽對校，於皇朝鈔本之源流與六朝舊疏之體裁，多所闡發。凡九閲月成，附以校勘記一卷，從業勤而成功速，非以誼卿之才學與其精力，烏能至于此？蓋伯修所觀舊鈔本止一種，誼卿所校則踰六七種，其訂舊文之譌誤，糾章句之繆亂者，不止二三。而伯修之臆改變亂者，再復其舊。學者可莫復容疑，則豈啻皇氏忠臣，可謂爲斯文增一寶典矣。予承乏教授，與誼卿講習有年，今親睹校訂之勤勞，及書成，忘譾陋而叙緣起云爾。

大正癸亥四月懷德堂教授松山直藏譔

論語義疏校勘記序

梁皇侃《論語義疏》十卷，宋《國史志》、《中興書目》、晁公武《讀書志》、尤袤《遂初堂書目》並著録。蓋南宋初，彼土未佚，朱子與尤袤友善，則亦或見之。《中興書目》云：「侃以何晏《集解》去取，爲《疏》十卷。又列晉衛瓘、繆播、欒肇、郭象、蔡謨、袁宏、江淳、蔡系、李充、孫綽、周瓌、范寧、王眠等十三家爵里於前，❶云是江熙所集，其解釋於何集無妨者，亦引取爲説，以示廣聞。」宋《國史志》云：「侃《疏》雖時有鄙近，然博極群言，補諸書之未至，爲後學所宗。」《讀書志》云：「世謂其引事雖時有詭異，而援證精博，爲後學所宗。」皇朝邢昺等撰《正義》，因皇侃所採集諸儒之説，刊定而成書。朱子《論語要義序》又云：「邢昺等取皇侃《疏》，約而修之，以爲《正義》。」今取皇、邢、朱三家書而讀之，邢氏剪皇《疏》之詭異，稍附以義理，而朱《注》則變本加厲，義理之辨彌精，而援證之博不及於古。蓋邢《疏》出而皇《疏》廢，朱《注》行而邢《疏》又廢。皇《疏》亦以此時而亡，是以陳振孫《解題》不録此書，而乾、淳以後，學者無復稱引之矣。可見古書亡佚，賴於學術遷移，不特兵火風霜爲其厄也。清興，經學昌明，鴻儒碩匠，接踵倔起，務紹漢唐墜緒，捃摭佚書，斷爛靡遺。然而余仲林《古經解鉤沈》所獲皇《疏》僅六事，所謂「博極群言，補諸書之未至者」，不可得見矣。我國自王仁獻書，尊崇周孔，博士世業，傳經不絶。兵火之禍，亦未有如彼之慘虐者。是以古書之佚彼而

❶「王眠」，〔今校〕當作「王珉」，《晉書》有傳，《中興書目》卷一作「王珉」，不誤。

存於此者，爲類不少，而皇《疏》居其一。寛延中，根本伯脩得足利學所藏舊鈔本，校刻皇《疏》十卷。清商汪翼滄購歸一本，以獻遺書局，著録《四庫》。旋經翻刻，及鮑氏刊入《知不足齋叢書》，流布更廣。士子皆得窺漢晉諸儒《論語》之學，伯脩稽古之功偉矣。然其所刊，妄更體式，以就今本，訂譌之際，亦不免師心改竄。彼土學者，怪其與《釋文》所引皇本不合，又斥爲非六朝義疏之體，議論紛紛，後人有懷疑未釋者。頃者，懷德堂記念會欲校印此書，以存舊式。余不自揣，謬任校讎之役，乃遍觀秘府野覺之藏，周搜世家名刹之儲，參稽各本，以定是非，又條舉異同，附之卷尾。後之讀皇《疏》者，庶幾有所考信焉。大正十二年三月，懷德堂講師武内義雄記。

論語義疏校勘記條例

余所見舊鈔皇《疏》凡十種，曰寶德本，凡五册。其第一、第四二册，寶德三年西榮鈔寫。每半葉十行，行二十五字，疏双行。其第二、第三、第五三册，則後人所補。舊藏武州川越新井氏，今歸德富蘇峰君。曰文明本，凡五册。每半葉六行，行二十字，疏双行。文明九年鴈聲鈔寫。舊西本願寺寫字臺藏書，見存龍谷大學圖書館。曰延德本，舊凡十册，今佚第十。每半葉八行，行二十字，疏双行。每册首有興正寺公用長方印記。第三册末記有「延德貳年冬十二月廿九日」十一字。久原文庫所藏。曰清熙園本，凡五册。每半葉九行，行二十四字，疏双行。筆墨輕妙，首末完好，蓋現存皇《疏》中尤精善者。惜年紀無可考。尼崎大物阪本清熙園所藏。曰足利本，凡十册。每半葉九行，行二十字，疏双行。卷首佚皇侃《自序》。審其紙墨，蓋大永、天文間所鈔。每册首有足利學、校轟文庫二印記。見存足利遺跡圖書館。曰久原文庫本，舊凡十一册，今佚《子罕》、《鄉黨》二篇。每半葉九行，行二十字，疏双行。欄眉有標注，間引朱《注》。卷首又有《論語發題》及《論語圖》，與皇侃《自序》、何晏《序説》合訂爲一册。皇《序》寫作小字双行，其例與《疏》文同。考其紙墨，蓋天文中所鈔。曰圖書寮本，凡五册。每半葉九行，行二十字，疏双行。欄眉有標注，與久原本同，但闕皇侃《自序》及何晏《序説》。疑原有卷首一册，後佚之。考其書體，蓋天文中所鈔。曰桃華齋本，凡五册。舊佚第一册，今以別本補之，而仍闕皇侃《自序》及何晏《序説》。補本體式文字，與圖書寮本同，第二册以下四册，則稍不同。每半葉九行，行二十字，疏双行。欄眉有標注。考其書體，蓋室町季世之物。每册首有北固山、西源禪院、多福文庫三印記。故富岡桃華先生所藏。曰泊園書院本，凡十册。每半葉九行，行二十六字，疏双行。卷首有《論語發題》，寫作双行，其例與久原本同，而唯無標注耳。審其筆勢，蓋慶元以後所鈔。藏大阪藤澤氏泊園書院。曰久原文庫一本，凡五册。每半葉九行，行二十字，疏双行。卷首録《皇侃傳》。注文上每條必冠「注」字，方格圍之。考文字異同，其第一、二、三、八，近於文明本，第四、五、六、九、十，則與久原本相似，蓋合舊鈔本二種而爲一者。審其紙墨，亦似慶元以後所鈔。曰有不爲齋本，凡五册。

每半葉九行，行二十三字，疏双行。所舉注家，唯録姓，不録名，疑倣邢《疏》體者。其經注異同，則與文明本相似。考其書體，蓋亦慶元以後之物。舊藏伊藤氏有不爲齋，今託存大阪圖書館。以上十種外，東京大槻氏藏二種，尾張德川侯爵、加賀前田侯爵、京都帝國大學、東京木村氏、内野氏、户水氏、林氏各藏一種，而余未見。諸本首末完好，年紀可得而詳者，以文明本爲最古。今依據爲底本，取各本而校之。

《經籍訪古志》所載舊鈔皇《疏》凡五種，曰求古樓本，舊吉田篁墩所藏，後歸狩谷氏求古樓。曰容安書院本，市野迷菴所藏。曰弘前星野本，曰九折堂本，曰足利學本。除足利學本外，四種今皆不詳存佚。然據吉田篁墩《論語攷異》、市野迷菴正平板《論語札記》所引皇本，容安書院、求古樓二本經注異同，大略可攷。其足資考鏡者，今又援引。凡《校勘記》中稱「篁墩本」、「迷菴本」者即是。

我國前人所講述《論語聽塵》及《湖月抄》二書，在距今四百年前。其稱引皇《疏》，亦足訂現存諸本之譌。今因援證。

凡底本所用異字、俗字，今習用者，略存其舊。罕用者，改爲正字。不欲徒苦手民也。

凡底本脱字、誤字易於識別者，依據他本補正。有疑義，則仍其舊，表明之《校勘記》。

凡《疏》文中羼入旁記文字者，不敢删削，唯施括號，而辨證之《校勘記》。

凡《校勘記》中標經文，每條必頂格，注文則低一格，疏文則低二格。

根本伯脩所刊皇《疏》體式，全同閩、監、毛邢《疏》本，與舊鈔本迥異。今所校印，依據舊鈔本體式，不妄更改。但皇《疏》末所録邢《疏》，則後人所增，案《經籍訪古志》云：「弘前星野本皇《疏》《八佾篇》『射不主皮』章、馬注『射有五善』下，及『以熊虎豹皮作之』下，所引邢《疏》上，並冠『裏云』二字。」余所見久原文庫一本亦同。蓋諸本所録邢《疏》，在舊卷子本紙背，後人改寫爲册本之時，附之皇《疏》末也。今皆删削。凡删削邢《疏》處，每加一圈，以示舊式。

早稻田大學藏有六朝鈔《禮記子本疏義》卷子殘卷，未審撰人名氏。然書中所疏，與孔氏《正義》所引皇侃義相符，而每段疏末，往往見「灼案」、「灼謂」等語。考《陳書·儒林傳》云：「鄭灼，字茂昭，少受業于皇侃，尤明三《禮》。家貧，抄《義疏》，以夜繼日，筆毫盡，每削用之。」則知此卷是鄭灼所鈔其師《義疏》。而「灼案」諸條，灼鈔時所增也。此卷體式，每段先全舉經文而疏釋之，次空一格，以及注文，其例同於經文。經注與疏文，字大小同，而疏文亦單行，蓋六朝義疏體固如此。《論語》皇《疏》原式，想當與此卷同。現存諸本，大寫經注，而疏則小字雙行者，後人所改。惜諸本無一出于五百年前者，不能據爲實證耳。

諸本既失其原式，疏之譌踳，固不須言。而經注異同，亦難歸一。約而言之，文明本近於正平刻《集解》本，清熙園本近於古鈔《集解》本，我國現存古鈔《集解》本，以正和本爲最古。此本据仁治三年明經博士清原某手鈔本所轉鈔，今存雲村文庫。秘府又藏嘉曆鈔《集解》本，審其《跋尾》，亦與正和本同其來歷。又有舊津藩侯有造館所刻古本《論語》，蓋以其所儲古鈔本爲底本，今校以正和本，字字吻合，則知此本所出，其源亦同。凡《記》中所稱「古鈔《集解》本」，則用有造館本也。久原本與永禄鈔《集解》本相似。永禄本亦存雲村文庫，余嘗一見。然今所引則篁墩《論語攷異》所出，非據原本也。蓋前人改寫爲今式者，據流俗《集解》本所校改。此外諸本，疑亦別有所依據，唯未能質言耳。

清儒爲皇《疏》成專書者，桂子白有《考證》，吴槎客有《參訂》，惜余未得參稽也。

論語義疏卷第一❶

梁國子助教吳郡皇侃撰❷

論語義疏自序❸

《論語通》曰：「《論語》者，是孔子没後，七十弟子之門徒共所撰録也。」夫聖人應世，事跡多端，隨感而起，故爲教不一。或負扆御衆，服龍袞於廟堂之上；或南面聚徒，衣縫掖於黌校之中。但聖師孔子符應頹周，生魯長宋，遊歷諸國，以魯哀公十一年冬，從衛反魯，删《詩》定《禮》於洙泗之間。門徒三千人，達者七十有二。但聖人雖異人者神明，而同人者五情。五情既同，則朽没之期亦等。故歎發吾衰，悲因逝水，託夢兩楹，寄歌頹壞。至哀公十六年，哲人其萎，徂背之後，❹過隙叵駐。門人痛大山長毁，哀梁木永摧，隱几非昔，離索行泪，微言一絶，景行莫書。於是弟子僉陳往訓，各記舊聞，撰爲此書，成而實録，上以尊仰聖師，下則垂軌萬代。既方爲世典，不可無名。然名書之法，必據體以立稱，猶如以孝爲體者則謂之《孝經》，以莊敬爲體者則謂之爲《禮記》。然此書之體，適會多途，皆夫子平生應機作教，事無常準，或與時君抗厲，或共弟子抑揚，或自顯示物，或混跡齊凡，問

❶「卷第一」，〔今校〕底本如此，當爲卷首。

❷諸鈔本標題如此。根本本首行題云「論語義〔疏〕敘」，第二行題云「梁皇侃撰」，第三行題云「日本根本遜志校」，蓋伯脩所改，非皇《疏》舊裁。〔今校〕根本本第三行實題「日本根遜志校正」。鮑本删去此行，以下各卷同。

❸「論語義疏自序」，〔今校〕底本原無，今加。

❹「徂」，文明本作「但」，誤。今據他本改正。

同答異，言近意深，《詩》《書》互錯綜，❶《典》《誥》相紛紜，義既不定於一方，名故難求乎諸類，因題《論語》兩字，以爲此書之名也。但先儒後學解釋不同，凡通此「論」字，大判有三途：❷第一捨字制音呼之爲「倫」，一捨音依字而號曰「論」，一云「倫」、「論」二稱義無異也。第一捨字從音爲「倫」，説者乃衆。的可見者不出四家：一云：倫者，次也。言此書事義相生，首末相次也。二云：倫者，理也。❸言此書之中，藴含萬理也。三云：倫者，❹綸也。言此書經綸今古也。四云：倫者，輪也。言此書義旨周備，圓轉無窮，如車之輪也。第二捨音依字爲「論」者，言此書出自門徒，必先詳論，人人僉允，然後乃記，記必已論，❺故曰「論」也。第三云「倫」「論」無異者，蓋是楚夏音殊，南北語異耳。南人呼「倫事」爲「論事」，北士呼「論事」爲「倫事」。音字雖不同，而義趣猶一也。侃案：三途之説皆有道理，但南北語異如何，似未詳，師説不取，今亦捨之，而從音、依字二途拜録，❻以會成一義。何者？今字作「論」者，明此書之出，不專一人，妙通深遠，非論不暢。而音作「倫」者，明此書義含妙理，經綸今古，自首臻末，輪環不窮。依字則證事立文，取音則據理爲義。義文兩立，理事雙該。圓通之教，如或應示。故蔡公爲此書爲圓通之喻云：「物有大而不普，小而兼通者，譬如巨鏡百尋，所照必偏，

❶「互」，文明本無此字，恐非。今據他本補正。

❷「大」，文明本、清熙園本作「太」，誤。今據延德本、久原本改正。

❸「理」上，文明本、清熙園本衍「事」字，今據延德本、久原本削正。

❹「倫」，文明本、清熙園本作「論」，誤。今據延德本、久原本改正。

❺「已」，久原本作「先」。

❻「拜」，[今校]鮑本作「并」，是。

明珠一寸，鑒包六合。」以蔡公斯喻，故言《論語》小而圓通，有如明珠，諸典大而偏用，譬若巨鏡。誠哉，是言也！「語」者，論難答述之謂也。《毛詩傳》云：「直言曰言，論難曰語。」鄭注《周禮》云：「發端曰言，答述爲語。」今按，此書既是論難答述之事，宜以「論」爲其名，故名爲《論語》也。然此「語」是孔子在時所説，而「論」是孔子没後方論，「論」在「語」後，應曰《語論》。而今不曰《語論》而云《論語》者，其義有二。一則恐後有穿鑿之嫌，故以「語」在「論」下，急標「論」在上，示非率爾故也。二則欲現此「語」非徒然之説，萬代之繩準，所以先「論」，已備有圓周之理。❶理在於事前，故以「論」居「語」先也。又此書亦遭焚燼，❷至漢時，合壁所得，及口以傳授，遂有三本：一曰《古論》，二曰《齊論》，三曰《魯論》。既有三本，而篇章亦異。《古論》分《堯曰》下章「子張問」更爲一篇，合二十一篇。篇次以《鄉黨》爲第二篇，❸《雍也》爲第三。篇内倒錯，不可具説。《齊論》題目與《魯論》大體不殊，而長有《問王》、《知道》二篇，合二十二篇，篇内亦微有異。《魯論》有二十篇，即今日所講者是也。尋當昔撰録之時，豈有三本之別，將是編簡缺落，口傳不同耳。故劉向《別録》云：「魯人所學謂之《魯論》，齊人所學謂之《齊論》，合壁所得謂之《古論》。」而《古論》爲孔安國所注，無其傳學者。《齊論》爲瑯琊王卿等所學。《魯論》爲太子大傅夏侯勝及前將軍蕭望之、少傅夏侯建等所學，❹以此教授於侯王也。晚有安

❶「已」下，諸鈔本有「以」字，根本本亦同，唯寶德本無。按無「以」字者義長，今據削正。〔今校〕鮑本「已」下亦有「以」字。

❷「亦」，根本本脱。〔今校〕鮑本亦脱。

❸「爲」下，文明本衍「篇」字。今削正。

❹「建」，文明本、清熙園本作「逮」，誤。今改正。

昌侯張禹，就建學《魯論》，兼講《齊》說，擇善而從之，號曰《張侯論》，爲世所貴。至漢順帝時，有南郡大守扶風馬融字季長，建安中大司農北海鄭玄字康成，❶又就《魯論》篇章，考《齊》驗《古》，爲之注解。漢鴻臚卿吴郡苞咸字子良，又有周氏，不悉其名，至魏，司空潁川陳羣字長文，❷大常東海王肅字子雍，博士燉煌周生烈，皆爲義說。魏末吏部尚書南陽何晏字平叔，因《魯論》集季長等七家，又採《古論》孔《注》，又自下己意，即世所重者。今日所講，即是《魯論》，爲張侯所學，何晏所集者也。又❸

晉大保河東衛瓘字伯玉

晉中書令蘭陵繆播字宣則

晉廣陵大守高平欒肇字永初

晉黄門郎潁川郭象字子玄

晉司徒濟陽蔡謨字道明

晉江夏大守陳國袁宏字叔度

晉著作郎濟陽江淳字思俊

晉撫軍長史蔡系字子叔❹

晉中書郎江夏李充字弘度

晉廷尉太原孫綽字興公

晉散騎常侍陳留周壞字道夷❺

晉中書令潁陽范甯字武子

❶「玄」，〔今校〕鮑本皆作「元」，避清聖祖玄燁諱改。以下同，不再一一出校。

❷「潁」，〔今校〕原作「穎」，據鮑本改。下「潁川」、「潁陽」同。

❸「也又」，寶德本、久原本、泊園本並無「又」字。文明本、清熙園本「也又」二字間空二三格。〔今校〕鮑本亦無「又」字。

❹「蔡系」，文明本、清熙園本誤作「糸」。今據他本改正。按《隋志》所引《梁錄》，有「蔡系《論語釋》一卷」，亦作「系」。

❺「周壞」，〔今校〕《中興書目》卷一作「周懷」，武内義雄《序》引作「周瓌」。

晉中書令瑯琊王珉字季琰❶

右十三家，爲江熙字大和所集。侃今之講，先通何集。若江集中諸人有可採者，亦附而申之。其又别有通儒解釋，於何集無妨者，❷亦引取爲説，以示廣聞也。然《論語》之書，包於五代二帝三王，自堯至周凡一百四十人，而孔子弟子不在其數。孔子弟子有二十七人見於《論語》也，而《古史考》則云三十人，謂林放、澹臺滅明、陽虎亦是弟子數也。❸

❶「琰」，久原本作「換」，旁注異本或作「琰」，或作「瑍」或「瑛」。按，異本作「瑛」與根本本合，作「琰」與文明本、清熙園本、延德本合。攷《晉書·王珉傳》及《初學記》所引《王珉别傳》，則作「琰」者是。

❷「妨」，根本本誤作「好」，諸鈔本俱作「妨」。《玉海》四十一引《中興書目》云：「梁皇侃以何《集》去取爲《疏》十卷，又列晉衛瓘等十三人爵里於前，云此十三家是江熙所集，其解釋於何《集》無妨者引取以廣異聞。」按，《書目》所依皇《疏》亦作「妨」。

❸「澹」，文明本、清熙園本、延德本並作「簷」，久原本作「瞻」，蓋傳寫異文。根本本作「澹」，與《史記》、《家語》合。今據訂正。

論語序❶

何晏集解❷

叙曰：漢中壘東西南北四人有將軍耳，北方之夷官也。校尉者考古以奏事官也。❸ 校尉劉向言：「《魯論語》二十篇，皆孔子弟子記諸善言也。劉向者，劉德之孫，劉歆之子。❹ 前漢時爲中壘校尉之官，若今皇城使也。其人博學經史。孔子没後而弟子共論而記之也。初爲魯人所學，故謂《魯論》也。又曰：「劉者氏，向者名也。中壘，官名也。校尉者，官也。校者，數也。尉，安也。校數中壘之軍衆而安之，故曰校尉也。」漢世學者又有《魯論》、《齊論》、《古文論》三本之異也。魯人所引《論語》謂之《魯論語》，則有二十篇，如今之題目次第也。❺ 太子太傅夏侯勝、前將軍蕭望之、丞相韋賢，及子玄成等傳之。夏侯、蕭及韋賢父子凡四人，❻ 初傳《魯論》於世也。又曰：「太子者，漢武帝之太子衛也。夏侯者氏，勝者名也。太子太傅夏侯勝，常

❶「論語序」，諸鈔本標題如此。根本本作「論語集解叙」。按，《經典釋文》、《唐石經》、古鈔《集解》本標題與諸鈔本同，蓋何晏等原式如此。皇《疏》尚仍其舊，根本本則伯脩所妄改。今據訂正。又按，文明本、清熙園本、久原本標題下有「何晏集解」四字，延德本無。〔今校〕鮑本標題亦作「論語集解叙」，標題下有「魏何晏撰」及「梁皇侃義疏」九字，共占三行。

❷「何晏集解」，〔今校〕當作「何晏撰皇侃疏」。

❸「叙曰漢中壘」，諸鈔本此下注双行二十六字，根本本獨無。按，此條與下文不合，疑舊人旁記誤入《疏》中者。《湖月論語抄》引皇《疏》，每條冠以「疏曰」二字，唯此條則否，亦足以容疑。今姑仍其舊，不妄删削。〔今校〕鮑本無此二十六字。

❹「劉向者劉德之孫劉歆之子」，諸鈔本並如此。疑「孫」當作「子」，「子」當作「父」。根本本作「劉向者，辟彊之孫，劉德之子」，蓋依邢《疏》所校改，非足利本之舊。又按，「劉向」已下至「其人博學經史」三十三字，當在大字「劉向」下「言」字上。

❺「又曰」至「次第也」，何晏《序》下《疏》中稱「又曰」云云者凡十餘事，根本本皆從删略。按，「又」字上舊鈔本或空一格，或不用空格，其例與皇《疏》中採竄邢《疏》者同，伯脩删削不爲無所見。然考其所疏，義多與皇《疏・自序》吻合，且《湖月論語抄》亦稱引以爲皇《疏》，則未可遽斷爲後人竄入。今姑仍其舊。〔今校〕鮑本亦無此八十三字。

❻「侯」，〔今校〕原本無此字，據鮑本補。

山都尉龔奮也。」❶《齊論語》二十二篇，其二十篇中章句，頗多於《魯論》。猶是弟子所記，而爲齊人所學，故謂爲《齊論》也。既傳之異代，又經昏亂，遂長有二篇也。其二十篇雖與《魯》舊篇同，而篇中細章文句，亦多於《魯論》也。又曰：「《齊論》者，齊人所引《論語》謂之《齊論》。《齊論》則其中二十篇前，題目次第與《魯論》不殊，以《學而》爲《時習》也。章句者，古之解書之名也，分經文章句而説之也。」❷瑯琊王卿及膠東庸生、昌邑中尉王吉，皆以教授之。❸此三人傳《齊論》，亦用持教授於世也。❹故有《魯論》，有《齊論》。夏侯等四人傳《魯》、王等三人傳《齊》，並行於世，世故有《魯》《齊》二《論》双立也。❺又曰：「王者氏也，卿者尊之號也，不審名也。中尉者，佐於中壘校尉者也，故曰中尉也。王者亦氏，吉者名。郎耶王卿及膠東庸生、昌邑中尉王吉，以教授也。」❻魯恭王時，嘗欲以孔子宅爲宮，壞，得《古文論語》。漢景帝之子，名餘，封魯，故謂魯恭王也。好治宮室，壞孔子舊宅以廣其宮，於壁中得《古文論語》，皆科斗文字也。又曰：「古文者，則魯恭王壞孔子之宅，於屋壁所得也。」案，此《論語》似孔子撰集，便已其異本，亦爲難解，將亦遇秦焚書，學士解散，失其本經，口所授，故致此異邪？❼《齊論》有《問王》、《知道》，多於《魯論》二篇。既有三《論》，文皆不同。《齊論》長有二篇，一曰《問王》，二曰《知

❶「龔奮也」，舊鈔本「龔奮」或作「龔旧」或作「龍共旧」三字。按「龍共」，「龔」字誤爲二字者。「旧」、「舊」字省體。「舊」、「奮」形相近，故「龔奮」訛爲「龔舊」，又誤爲「龔旧」，爲「龍共旧」也。「也」字疑「之」字之訛。「奮」下「之」上恐脱「等傳」二字。〔今校〕鮑本無「又曰」至「龔奮也」三十五字。

❷「又曰」至「説之也」，〔今校〕鮑本無此五十九字。

❸「瑯琊」，邢本作「琅邪」。《釋文》出「琅」字云：「音郎，本或作『瑯』。」皇《疏》舊鈔本經皆作「瑯琊」（下文「郎耶王卿」別議：），與《釋文》所引一本及古鈔《集解》本、正平刻《集解》本同。《疏》則文明本、清熙園本並作「郎邪」，疑皇侃原本經疏並作「郎邪」。現存諸本經作「瑯琊」者，蓋據古鈔《集解》本、正平刻《集解》本所校改。經疏並作「瑯琊」者，後人就所改經文又改疏文也。

❹「用持」，〔今校〕鮑本作「以」。

❺「世」，〔今校〕鮑本無此字。

❻「又曰」至「教授也」，〔今校〕鮑本無此五十八字。

❼「又曰」至「此異邪」，〔今校〕鮑本無此六十字。

道》，是多《魯論》二篇也。又曰：「《齊論》下章有《問王》、《知道》二篇，二篇内辭句與《魯論》亦微異也。」❶《古論》亦無此二篇，《齊》非唯長《魯論》二篇，亦長於《古論》。《古論》故亦無此《問王》、《知道》二篇也。又曰：「《古文》則篇名與《魯論》略同準也。」❷分《堯曰》下章「子張問」以爲一篇，《古論》雖無《問王》、《知道》二篇，而分《堯曰》後「子張問於孔子曰如何斯可以從政矣」又別顯爲一篇也。❸有兩《子張》，一是「子張曰士見危致命」爲一篇，又一是「子張問孔子從政」爲一篇，故凡《論》中有兩《子張篇》也。凡二十一篇，《古論》既分長一《子張》，故凡成二十一篇也。又曰：「有孔安注，❹無傳學，篇次第不與《齊》《魯》同。」《古文》凡二十一篇，而次第大不同，以《鄉黨》爲第二，以《雍也》爲第三。二十篇而內，辭句亦大倒錯。其《微子篇》無「巧言」章，❺《子罕篇》無「主忠信」章，《憲問篇》無「君子恥其言」章，《述而篇》無「於是日哭則不歌不食於喪側」章，《鄉黨篇》無「色斯舉矣，山梁雌雉，時哉。❻子路供之，❼三臭而立作」文，❽其餘甚多也。❾篇次不與《齊》、《魯論》同。《古論》篇次既不同《齊》，又不同《魯》，故云不與《齊》、《魯論》同也。安昌侯張禹本受《魯論》，兼講《齊》說，善者從之，號曰《張侯論》，禹初學《魯論》，又雜講《齊論》，於二《論》之中，擇善者抄集，別爲一《論》，名之曰《張侯論》也。又曰：「侯者爵也，張者氏也，禹者名也。安昌侯張禹從建受《魯論》，兼說《齊論》，

❶「又曰」至「微異也」，〔今校〕鮑本無此二十五字。

❷「又曰」至「同準也」，〔今校〕鮑本無此十四字。

❸「顯」，〔今校〕鮑本作「題」，是。

❹「孔安」下，疑奪「國」字。

❺「其」上，文明本、清熙園本有「昔」字，延德本、足利本無。按，「昔」、「其」字形相似，故舊本「其」字或誤作「昔」，至後人校改旁記其字，而鈔手轉寫並所校改而存之，故致有此誤也。

❻「時哉」，《鄉黨篇》《釋文》出「時哉」云，本作「時哉時哉」。今所引與《釋文》合。

❼「供之」，文明本作「拱子」，清熙園本、足利本作「拱也」，延德本作「拱之」，久原本作「供之」。今據久原本改正。

❽「三臭而立作」，《鄉黨篇》無「立」字。按皇侃原本此條亦當作「三臭而作」。「立」、「作」義同，故後人「作」字之旁記「立」字以解之。鈔手無識，兩存之也。

❾「又曰」至「甚多也」，〔今校〕鮑本無此一百二十五字。

又問庸生、王吉等，擇其善者從之，號曰《張侯論》也。」❶爲世所貴，此《論》既擇《齊》《魯》之善，合以爲一《論》，故世之學者皆貴重於《張侯論》也。苞氏、周氏章句出焉。❷苞氏，苞咸也。周氏，不悉其名也。章句者注解，因爲分斷之名也。苞、周二人注《張侯魯論》，而爲之分斷章句也。《古論》唯博士孔安國爲之訓説，訓亦注也，唯孔安國一人注解於《古論》也。又曰：「孔安國者，漢武帝時之人也。訓説者，文字解之耳。」❸而世不傳。世人不傳孔注古文之《論》也。至順帝之時，南郡太守馬融亦爲之訓説。後有馬氏，❹亦注張禹《魯論》也。漢末，大司農鄭玄就《魯論》篇章考之《齊》、《古》，以爲之注。鄭康成又就《魯論》篇章，及考校《齊》、《古》二《論》，亦注於《張論》也。又曰：「注者，自前漢以前解書皆言『傳』，去聖師猶近，傳先師之義也。後漢以還解書皆言『注』，注己之意於經文之下，謙不必是之辭也。」❺近故司空陳群、太常王肅、博士周生烈，皆爲之義説。此三人共魏人也，亦爲《張論》作注説也。❻又曰：「近者，近今之世辭也。故者，古爲司空而今不爲，故曰故司空也。太常者，掌天下之書官名也。義説者，解其義。」❼前世傳受師説雖有異同，不爲之訓解。自張侯之前，乃相傳師受不同，而不爲注説也。中間爲之訓解，至于今多矣，「中間」謂苞（氏）孔周馬之徒。「至于今」謂至魏末何平叔時也。「多矣」言注者非一家也。所見不同，互有得失。既注者多門，❽故得失互不同也。

❶「又曰」至「侯論也」，〔今校〕鮑本無此四十七字。

❷「苞」，邢本作「包」。阮氏《校勘記》云：「皇本作『苞』，非也。」今按，本邦舊本皆作「苞」。《五經文字》云：「苞，經典借爲包裹字。」則「苞」、「包」二字古相通也。

❸「又曰」至「解之耳」，〔今校〕鮑本無此二十一字。

❹「後」，〔今校〕鮑本作「漢」。

❺「又曰」至「之辭也」，〔今校〕鮑本無此五十字。

❻「亦」下，〔今校〕鮑本有「皆」字。

❼「義」下，久原本、足利本有「之也」二字。按，文明本此下疑脱「也」字，久原本則衍「之」字，蓋舊本「也」字或誤作「之」，後人旁記「也」字以改。抄手兩存之，遂衍「之」字也。〔今校〕鮑本無「又曰」至「解其義」四十三字。

❽「門」，〔今校〕鮑本作「聞」。

今集諸家之善説，記其姓名，此平叔用意也。❶叔言多注解家，互有得失，而己今集取，録善者之姓名，著於集注中也。有不安者，頗爲改易，若先儒注非何意取安者，❷則何偏爲改易，下己意也。頗猶偏也。名曰《論語集解》。既集注以解此書，❸故名爲《論語集解》也。又曰：「《集解》者，魏末吏部尚書何晏又因《魯論》本文，集此七家，兼取《古文》孔安國，及下己意，名曰《集解》。」❹光禄大夫關内侯臣孫邕、光禄大夫臣鄭仲、❺散騎常侍中領軍安鄉亭侯臣曹義、❻侍中臣荀顗、尚書駙馬都尉關内侯臣何晏等上。此記孫邕等五人，❼同於何晏，共上此《集解》之《論》也。又曰：「光禄者，掌（袟）〔秩〕禄之官之名，故曰光禄大夫也。散騎者，古以四馬爲乘也，漢以來而散之爲騎也。常侍中者，掌内仕之官長也。領軍，世上書之官長也。❽駙馬，掌官馬名也。都尉，兼總諸壘中之軍衆而安之，故曰都尉。尉，安也。何晏、❾孔安國、馬融、苞氏、周氏、鄭玄、陳群、王肅、周生烈義，下己意思，❿故謂之集解也。」⓫

❶「用」，文明本誤作「同」。今據延德本、足利本改正。

❷「取」，〔今校〕鮑本作「所」，是。

❸「集」下，〔今校〕鮑本有「用諸」二字。

❹「又曰」至「曰集解」，〔今校〕鮑本無此三十八字。

❺「仲」，邢本作「沖」，古鈔《集解》本作「沖」，皇《疏》諸本並作「仲」。〔今校〕鮑本作「沖」。

❻「義」，邢本、古鈔《集解》本、正平刻《集解》本並作「羲」。〔今校〕鮑本亦作「羲」。

❼「五」，〔今校〕鮑本作「四」，是。

❽「世上」，或作「上世」。

❾「晏」下，疑脱「集」字。《釋文》云：「何晏集孔安國乃至周生烈，并下己意。」義與此文同。

❿「下」，文明本作「木」，延德本作「示」。按「示」（原作「下」，據上下文義改）字、「木」字並「下」字之訛。

⓫「又曰」至「集解也」，〔今校〕鮑本無此一百一十六字。

論語義疏卷第一　學而　爲政

梁國子助教吴郡皇侃撰❶

論語學而第一❷　**何晏集解**凡十六章❸

❶「論語」至「皇侃撰」，文明本每卷首大題下注卷中篇名，唯此卷「學而爲政」四字在小題下。今據他卷例改正。延德本每卷首有大題，小題次之。此卷獨闕大題，清熙園本則大小題俱存，而無「學而爲政」四字。「梁國子助教吴郡皇侃撰」十字，久原本、桃華齋本作「何晏集解皇侃撰」七字。延德本、清熙園本大題下無撰人氏名。按，雲邨文庫所藏正和鈔《集解》本、祕府所藏嘉曆鈔《集解》本，每卷首題「論語卷第幾」，次行題篇名篇第，篇名上冠「論語」二字。首行比次行字體稍小，而首行題下有記云：「摺本有此題目，而篇名上無『論語』兩字。」則知每卷首行者，後人依刻本所增，非卷子本原式。考舊津藩侯所藏古本《論語》，每卷首唯題篇名篇第，其例與正和本次行同。蓋卷子之制外題大名，故内則從省略也。想皇《疏》原式亦固如此。後人改寫爲册本時，取外題録之卷首，而鈔手不一，故諸本款式難歸一耳。〔今校〕鮑本首行題云「論語集解義疏卷第一」，第二行題云「魏何晏集解」，第三行題云「梁皇侃義疏」。下同此例，不再一一出校。

❷「論語學而第一」，久原本每篇名上無「論語」二字，文明本《學而》、《爲政》、《里仁》、《雍也》、《述而》、《泰伯》、《子罕》、《鄉黨》、《堯曰》十篇，皆篇名上有「論語」兩字，他篇則無。蓋皇《疏》原式卷首無大題，故每小題上冠以「論語」兩字。及後人改寫增大題而遂去之，故諸篇小題之次大題者，特無此兩字也。〔今校〕鮑本各篇小題上皆冠以「論語」二字。以下同，不再一一出校。

❸「何晏」至「十六章」，清熙園本、久原本每小（轉下頁）

疏，❶「論語」是此書總名，「學而」爲第一篇別目，中間講説，多分爲科段矣。侃昔受師業，自《學而》至《堯曰》凡二十篇，首末相次無別科重。❷而以《學而》最先者，言降聖以下，皆須學成，故《學記》云：「玉不琢不成器，人不學不知道。」是明人必須學乃成。此書既遍該衆典，以教一切，故以《學而》爲先也。而者，因仍也。第者，審諦也。一者，數之始也。既諦定篇次，以《學而》居首，故曰「學而第一」也。○

子曰： 子者，指於孔子也。子是有德之稱，古者稱師爲子也。曰者，發語之端也。許氏《説文》云：「開口吐舌，謂之爲曰。」此以下是孔子開口談説之語，故稱「子曰」爲首也。然此一書，或是弟子之言，或有時俗之語，雖非悉孔子之語，而當時皆被孔子印可也。必被印可，乃得預録，故稱此「子曰」，❸通冠一書也。**「學而時習之**，此以下，孔子言也。就此一章，分爲三段。自此至「不亦悦乎」爲第一，明學者幼少之時也。學從幼起，故以幼爲先也。又從「有朋」至「不亦樂乎」爲第二，明學業稍成，能招朋聚友之由也。既學已經時，故能招友爲次也。故《學記》云：「一年視離經辨志，三年視敬業樂群，五年視博習親師，七年視論學取友，謂之小成。」是也。又從「人不知」訖「不亦君子乎」爲第三，明學業已成，能爲師爲君之法也。先能招友，故後乃學成爲師君也。故《學記》云：「九年知類通達，强立而不反，謂之大成。」又云：「能博喻，然後能爲師；能爲師，然後能爲長；能爲長，然後能爲君。」是也。今此段明學者少時法也。謂爲學者，《白虎通》云：「學，覺也，悟也。」言用先王之道，導人情性，使自覺悟也。❹去非取是，積成君子之德也。時者，凡學有三

（接上頁）題下無「何晏集解凡何章」字。文明本每篇並有，但《先進》已下各篇録之小題下疏後，《八佾篇》則闕「何晏集解」四字，「凡二十六章」五字在大題下、撰人名之右，而每篇所注章數，全同正平刻《集解》本。疑文明本《集解》人氏名及章數，則後人依正平板所增，非皇《疏》舊式。〔今校〕鮑本各篇小題下皆無「何晏集解凡幾章」字。以下同，不再一一出校。

❶「疏」，清熙園本、久原本此字在小題下。文明本、延德本則別行跳格。按，此式後人倣邢《疏》而所改，皇《疏》原式當先題「論語學而第一義疏」八字，其下空數格，次題「梁國子助教吳郡皇侃撰」十字。

❷「重」，〔今校〕鮑本無此字。

❸「此」，〔今校〕鮑本無此字。

❹「也」，根本本作「而」。

時：一是就人身中爲時，二就年中爲時，三就日中爲時也。一就身中者，凡受學之道，擇時爲先。長則捍格，幼則迷昏。故《學記》云：「發然後禁，則捍格而不勝；時過然後學，則勤苦而難成。」是也。既必須時，故《内則》云：「六年教之數與方名，七年男女不同席，八年始教之讓，九年教之數日，十年學書計，十三年學樂，誦《詩》，舞《勺》，十五年成童，舞《象》。」並是就身中爲時也。二就年中爲時者，夫學隨時氣則受業易入，故《王制》云：「春夏學《詩》、《樂》，秋冬學《書》、《禮》。」是也。春夏是陽，陽體輕清；《詩》、《樂》是聲，聲亦輕清。輕清時學輕清之業，則爲易入也。秋冬是陰，陰體重濁；《書》、《禮》是事，事亦重濁。重濁時學重濁之業，亦易入也。三就日中爲時者，前身中、年中二時而所學，並日日修習不暫廢也。故《學記》云：「藏焉，修焉，息焉，游焉。」是也。今云「學而時習之」者，「而」猶因仍也，「時」是日中之時也，「習」是修故之稱也。言人不學則已，既學必因仍而修習，日夜無替也。「之」，之於所學之業也。不亦悦乎？亦，猶重也。悦者，懷抱欣暢之謂也。言知學已爲可欣，又能修習不廢，是日知其所亡，月無忘其所能，彌重爲可悦，故云「不亦悦乎」，如問之然也。

馬融曰：❶「子者，男子通稱，凡有德者皆得稱「子」，故曰通稱也。謂孔子也。」「子」乃是男子通稱，今所稱「子曰」不關通他，即指謂孔子也。

王肅曰：「時者，學者以時誦習也。誦習以時，學無廢業，所以爲悦懌也。」背文而讀曰「誦」也。然王此意，即日中不忘之時也。❷舉日中不忘，則前二事可知也。

有朋自遠方來，不亦樂乎？此第二段，明取友交也。同處師門曰朋，同執一志爲友。朋猶黨也，共爲黨類在師門也。友者，有也，共執一志，綢繆寒暑，契闊飢飽，相知有無也。自猶從也。《學記》云：「獨學而無友，則孤陋而寡聞。」君子出其言善，則千里之外應之；出其言不善，則千里之外違之。今由我師德高，故有朋從遠方而來，與我同門，共相講説，故可爲樂也。所以云「遠方」者，明師德洽被，雖遠必集也。招朋已自可爲欣，遠至彌

---

❶「馬融曰」，注人氏名，皇《疏》諸本皆兼舉姓名。獨有不爲齋本録姓不録名，其例與邢《疏》本同。按，何晏《序》云：「集諸家之善，記其姓名。」皇《疏》亦云：「凡孔、馬、鄭、陳、王、周諸人皆稱名，惟苞咸作苞氏，不名。」則知兼舉姓名者，確是何、皇原式，有不爲齋本則由轉寫從省而誤也。

❷「即日中不忘」，〔今校〕鮑本「即」下有「是」字，「忘」作「怠」，下句「忘」字同。

復可樂，故云「亦」也。然朋疎而友親，朋至既樂，友至故忘言。但來必先同門，故舉「朋」耳。「悦」之與「樂」，俱是懽欣，在心常等，而貌跡有殊。悦則心多貌少，樂則心貌俱多。所以然者，向得講習在我，自得於懷抱，故心多曰「悦」。今朋友講説，義味相交，德音往復，形彰在外，故心貌俱多曰「樂」也。故江熙云：「君子以朋友講習。出其言善，則千里之外應之。遠人且至，况其近者乎？道同齊味，歡然適願，所以樂也。」

苞氏曰：「同門曰朋也。」❶鄭玄注《司徒》云：「同師爲朋，同志爲友。」然何《集注》皆呼人名，唯苞獨云氏者，苞名咸，何家諱咸，故不言也。

人不知而不慍，不亦君子乎？」此第三段，明學已成者也。人，謂凡人也。慍，怒也。君子，有德之稱也。此有二釋：一言古之學者爲己，已學得先王之道，含章内映，而他人不見知，而我不怒，此是君子之德也。有德已爲可貴，❷又不怒人之不知，故曰「亦」也。又一通云：「君子易事，不求備於一人，故爲教誨之道，若人有鈍根不能知解者，君子恕之而不慍怒之也，爲君者亦然也。」❸

慍，怒也。凡人有所不知，君子不慍之也。就注乃得兩通，而於後釋爲便也。故李充云：「慍，怒也。君子忠恕，誨人不倦，何怒之有乎？」明夫學者始於時習，中於講肆，終於教授者也。凡注無姓名者，皆是何平叔語也。

有子曰：

孔安國曰：「弟子有若也。」

「其爲人也孝悌，其，其孝悌者也。善事父母曰孝，善事兄曰悌也。而好犯上者，鮮矣；❹好，謂心欲也。犯，謂諫爭也。上，謂君親也。鮮，少也。言孝悌之人，必以無違爲心，以恭從爲性。若有欲犯其君親之顔諫爭者，有此人少也。然孝悌者，實都不欲。必無其人，而云少者，欲明君親有過，若任而不諫，必陷於不義。不欲存孝子之心使都不諫，故開其少分令必諫也。故熊埋云：「孝悌之人，志在和悦，先意承旨。」君親有日月之過，不得無犯顔之諫，然雖屢納忠規，何嘗好之哉？今實都

❶「苞氏」至「朋也」，《文選·古詩十九首》注引之，以爲鄭《注》。

❷「爲」下，〔今校〕鮑本有「所」字。

❸「君」下，桃華齋本、根本本下「子」字，恐非。

❹「好犯上者鮮矣」，邱光庭《兼明書》云：「皇侃曰：『犯上，謂犯顔而諫。言孝悌之人，必不犯顔而諫。』」按，邱光庭所引義與今本合，而文則異。疑邱氏唯取其義而稍變文耳。

無好，而復云「鮮矣」者，以「好」見開，則生陵犯之慚；以「犯」見塞，則抑匡弼之心。必宜微有所許者，實在奬其志分，彌論教體也。❶

鮮，少也。上，謂凡在己上者也。言孝悌之人必有恭順，好欲犯其上者少也。故曰「而好犯上者鮮矣」。❷

不好犯上，而好作亂者，未之有也。❸熊埋曰：「孝悌之人，當不義而爭之，❹尚無意犯上，必不職爲亂階也。」侃案，熊解意是言既不好犯上，必不作亂，故云「未之有也」。然觀熊之解，乃無間然，如爲煩長。既不好犯上，理宜不亂，何煩設巧明？今案師説云：「夫孝者不好，心自是恭順；而又有不孝者，亦有不好，是願君親之敗。」故孝與不孝，同有不好，而不孝者不好，必欲作亂。此孝者不好，必無亂理。故云「未之有也」。君子務本，此亦有子語也。務，猶向也，慕也。本，謂孝悌也。孝悌者既不作亂，故君子必向慕之也。本立而道生。解所以向慕本義也。若其本成立，則諸行之道，悉滋生也。

本，基也。基立而後可大成也。以孝爲基，故諸衆德悉爲廣大也。❺

孝悌也者，其爲仁之本與？」❻此更以「孝悌」解「本」，以「仁」釋「道」也。言孝是仁之本，若以孝爲本，則仁乃生也。仁是五德之初，舉仁則餘從可知也。故《孝經》云：「夫孝，德之本也，教之所由生也。」

❶「彌」，根本本作「稱」，恐誤。

❷「好」，〔今校〕原本無此字，今據鮑本補正。

❸「也」，文明本無此字，諸本並有，今據補正。

❹「爭」，〔今校〕鮑本作「諍」。

❺「衆」，文明本旁注異本無此字，桃華齋本、久原本與文明本同，清熙園本、延德本與異本同。今按，「衆」字衍。

❻「爲」，古鈔《集解》本、正平板並無此字，皇《疏》諸本並有，永禄鈔《集解》本、邢《疏》本同。按，此下疏但云「孝是仁之本，若以孝爲本則仁乃生也」，而《泰伯篇》「君子篤於親」章下《疏》引此句，亦無「爲」字，疑皇氏原亦無「爲」字。「之」，文明本無此字，諸本並有，今據補正。

苞氏曰：❶「先能事父兄，然後仁可成也。」❷王弼曰：「自然親愛爲孝，推愛及物爲仁也。」

子曰：「巧言令色，鮮矣有仁。」巧言者，便僻其言語也。❸令色者，柔善其顏色也。鮮，少也。此人本無善言美色，而虛假爲之，則少有仁者也。然都應無仁，而云少者，舊云：「人自有非假而自然者，此則不妨有仁，但時多巧令，故云少也。」又一通云：「巧言令色之人，非都無仁，政是性不能全，故云少也。」故張憑云：「仁者，人之性也。性有厚薄，故體足者難耳。巧言令色之人，於仁性爲少，非爲都無其分也，故曰『鮮矣有仁』。」王肅曰：「巧言無實，令色無質。」❹

苞氏曰：「巧言，好其言語。令色，善其顏色。皆欲令人悅之，少能有仁也。」

曾子曰：

馬融曰：「弟子曾參也。」蓋姓曾，❺名參，字子輿。

「吾日三省吾身：省，視也。曾子言，我生平戒慎，每一日之中，三過自視察我身有過失否也。爲人謀而不忠乎？忠，中也。❻言爲他人圖謀事，當盡我中心也。豈可心而不盡忠乎？所以三省觀審，❼恐失也。

❶「苞氏曰」，延德本旁注異本無此三字。按，皇《疏》諸本並有，古鈔《集解》本、正平板則無。疑延德本旁注所謂異本，即《集解》本，非皇《疏》本。〔今校〕鮑本有此三字。

❷「仁」下，久原本、桃華齋本、篁墩本並有「道」字。〔今校〕鮑本「仁」下亦有「道」字。

❸「僻」，〔今校〕鮑本作「辟」。

❹「質」上，文明本有「色」字，恐衍。今據他本刪正。

❺「蓋」，〔今校〕鮑本無此字。

❻「中」下，根本本有「心」字，文明本無。按，《周禮·大司樂》鄭《注》：「中，猶忠也。」「中」、「忠」古相通。然皇《疏》下文云：「爲他人圖謀事，當盡我中心也。」《里仁篇》《疏》又云：「忠謂盡中心也。」則根本本有「心」字於義爲優。今姑仍其舊。〔今校〕鮑本「中」下有「心」字。

❼「觀審」，〔今校〕鮑本作「視察」。

與朋友交言而不信乎？❶朋友交合，❷本主在於信，豈可與人交而不爲信乎？　傳不習乎？」凡有所傳述，皆必先習，後乃可傳。豈可不經先習，而妄傳之乎？曾子言，我一日之中，每三過自視，況復凡人可不爲此三事乎？❸言不可也。又一通云：「曾子言，我一日之中，三過内視我身有此三行否也。」

言凡所傳事，❹得無素不講習而傳之乎？得無，猶無得也。素猶本也。言所傳之事，無得本不經講習而傳之也。故袁氏云：「常恐傳先師之言不能習也。」古人言故必稱師也。❺

子曰：「導千乘之國，此章明爲諸侯治大國法也。千乘，大國也。天子萬乘，諸侯千乘。千乘尚式，則萬乘可知也。導，猶治也，亦謂爲之政教也。其法在下，故此張本也。

馬融曰：「導者，謂爲之政教也。《司馬法》曰：『六尺爲步，此明千乘法也。《司馬法》者，齊景公時司馬蘘苴爲軍法也。❻其法中有此千乘之説也。凡人一舉足曰「跬」，❼跬，三尺也；兩舉足曰「步」，步，六尺也。步百爲畝，廣一步長百步，謂爲一畝也。畝，母也。既長百步，可種苗稼，有母養之功見也。畝百爲夫，每一畝，則廣六尺，長百步。今云「畝百爲夫」，則是方百步也。謂爲「夫」者，古者賦田，以百畝地給一農夫也。夫所養人，自隨地肥墽及其家人多少耳。故《王制》云：「制農田百畝。百畝之分，上農夫食九人。」是也。夫

❶「言」，邢本無此字，皇本有，古鈔《集解》本、正平板同。太宰春臺曰：「皇本有『言』字，與後章子夏之言同句法，是也。」今按，《疏》文云「朋友交合，本主在於信，豈可與人交而不爲信乎」，則皇侃所據經文亦當與邢本同。今本有「言」字，後人所校補。

❷「合」，文明本旁注異本作「會」。清熙園本、久原本與文明本同，延德本、桃華齋本與異本同。玩其文義，作「交合」者是。〔今校〕鮑本作「會」。

❸「不」，延德本作「無」。文明本「不」下有「故」字，旁注異本無「故」字。久原本、桃華齋本與異本同。今據刪正。〔今校〕鮑本「不」下無「故」字。

❹「傳」下，〔今校〕鮑本有「之」字。

❺「故」，文明本、久原本作「以」。根本本「以」字在「古人」上，無「故」字。今據延德本改正。

❻「蘘」，《史記》作「穰」。〔今校〕鮑本同《史記》。

❼「曰」，〔今校〕鮑本作「爲」。

三爲屋，每夫方百步，今云「夫三」，則是方百步者是三也。若並而言之，則廣一里，一里長三百步也，而猶長百步也。謂爲「屋」者，義名之也。夫一家有夫、婦、子三者具，則屋道乃成，故合三夫目爲屋也。屋三爲井，向屋廣一里，長百步，今三屋並方之，則方一里也。名爲「井」者，因夫間有遂水，縱横相通成井字也。何者？畝廣六尺，長百步。用耜耕之，耜廣五寸，方兩耜爲耦，「長沮、桀溺耦而耕」是也。是耦伐廣一尺也。畝廣六尺，以一尺耕伐地爲滀通水，水流畎畎然，❶因名曰「畎」也。而夫田首倍之，廣二尺，深二尺謂之爲「遂」。九夫爲「井」，井間廣深四尺，謂之爲「溝」。取其遂水相通如「井」字，故鄭玄曰：「似『井』字，故謂爲『井』也。」「遂」取其水始遂也，「溝」取其漸深有溝洫也。《釋名》云：「田間之水曰『溝』。溝，搆也，縱横相交搆也。」井十爲通，此十井之地並之，則廣十里，長一里也。謂爲「通」者，其地有三十屋，相通共出甲士一人，徒卒二人也。通十爲城，其城地方十里也。謂爲「城」者，兵賦法一乘成也，其地有三百屋，出革車一乘，甲士十人，徒卒二十人也。城出革車一乘。』出一乘，是賦一成，故謂「城」也。然則千乘之賦，其地千城，有地方十里者千，即是千城也，則容千乘也。居地方三百一十六里有奇。方百里者，有方十里者百。若方三百里，三三爲九，則有方百里者九，合成方十里者九百也。是方三百里，唯有九百乘也。若作千乘，猶少百乘，百乘是方百里者一也。今取方百里者一而六分破之，每分得廣十六里，長百里，引而接之，則長六百里，其廣十六里也。今半斷各長三百里，設法特埤前三百里，南西二邊，是方三百十六里也。然西南角猶缺方十六里者一。方十六里者一，有方十里者二，又方一里者五十六里也，是少方一里者二百五十六里也。然則向割方百里者爲六分，埤方三百里兩邊，猶餘方一里者四百。今以方一里者二百五十六埤西南角，猶餘方一里者一百四十四，又設法破而埤三百十六里兩邊，則每邊不復得半里，故云「方三百十六里有奇」也。唯公侯之封，乃能容之，周制，上公方五百里，侯方四百里，伯方三百里，子方二百里，男方百里。今千乘用

❶「水流」，文明本、延德本作「流流」，根本本作「水流」，「水」上衍一「流」字。今據久原本、桃華齋本刪正。〔今校〕鮑本「水」上有「流」字。

地方三百十六里有奇，故伯地不能容，所以唯公侯封乃能容也。**雖大國之賦，亦不是過焉。」**雖魯方七百里，而其地賦税亦不得過出千乘也。故《明堂位》云「賜魯革車千乘」也。**苞氏曰：「導，治也。千乘之國者，百里之國也。**此夏、殷法也。夏、殷大國百里，次國七十里，小國五十里，故方百里國中，令出千乘也。**古者井田，方里爲井，**此亦與周同也。**井十爲乘。**❶此則與周異也。周家十井爲通，通十爲城，城出一乘。❷此一通使出一乘，則一城出十乘也。**百里之國者，適千乘也。」**方百里者，有方十里者百；方十里者，有方一里者百。今制方一里者十出一乘，則方十里者出十乘，方百里者故出千乘也。**○馬融依《周禮》，**馬氏所説，是《周禮》制法也。**苞氏依《孟子》、《王制》。**❸《孟子》及《王制》之言，皆如苞氏所説也。**義疑，故兩存焉。**此何平叔自下意也。言馬及苞兩家之説並疑，未知誰是，故我今注兩録存之也。

敬事而信，此以下皆導千乘之國法也。爲人君者，事無小大悉須敬，故云「敬事」也。《曲禮》云「毋不敬」是也。又與民必信，故云「信」也。

苞氏曰：「爲國者舉事必敬慎，與民必誠信也。」

節用而愛人。❹雖富有一國之財，而不可奢侈，故云「節用」也。雖貴居民上，不可驕慢，故云「愛人」也。**使民以時。」**使民，謂治城及道路也。以時，謂出不過三日，而不妨奪民農務也。然「人」是有識之目，「愛人」則兼朝廷也。「民」是瞑闇之稱，「使」之則唯指黔黎。

苞氏曰：「作使民必以其時，不妨奪農務也。」

子曰：「弟子入則孝，出則悌，弟子，猶子弟也。言爲人子弟者，盡其孝悌之道也。父母閨門之内，❺故云

---

❶「乘」，〔今校〕原誤作「棄」，據諸本及疏文改。

❷「乘」下，諸本有「今」字，文明本無。〔今校〕鮑本「乘」下亦有「今」字。武内此條校記原誤出於下句「使出一乘」之「乘」下，今正。

❸「孟子王制」，〔今校〕鮑本作「王制孟子」。

❹「節用而愛人」下，〔今校〕鮑本有「苞氏曰節用者不奢侈也國以民爲本故愛養之也」二十字。

❺「毋」下，〔今校〕鮑本有「在」字。

「入」也；兄長比之疎外，故云「出」也。前句已決子善父母爲「孝」，善兄爲「悌」。父親，故云「入」，兄疎，故云「出」也。謹而信，向明事親，此辨接外也。接外之禮，唯謹與信也。外能如此，在親可知也。汎愛衆，汎，廣也。君子尊賢容衆，故廣愛一切也。而親仁。君子義之與比，故見有仁德者而親之也。若非仁親，則不與之親，但廣愛之而已。行有餘力，則以學文。」行者，所以行事已畢之跡也。若行前諸事畢竟，而猶有餘力，則宜學先王遺文，五經六籍是也。或問曰：「此云『行有餘力，則以學文』，後云『子以四教：文、行、忠、信』，是學文或先或後，何也？」答曰：「《論語》之體，悉是應機適會。教體多方，隨須而與，不可一例責也。」

馬融曰：「文者，古之遺文也。」既五經六籍也。○

子夏曰：「賢賢易色，姓卜，名商，字子夏。❶凡人之情，莫不好色，而不好賢。今若有人能改易好色之心以好於賢，則此人便是賢於賢者。故云「賢賢易色」也。然云「賢於賢者」，亦是奬勸之辭也。又一通云：「上『賢』字猶尊重也，下『賢』字謂賢人也。言若欲尊重此賢人，則當改易其平常之色，更起莊敬之容也。」○

孔安國曰：「子夏，弟子卜商也。言以好色之心好賢，則善。」❷此注如前通也。

事父母能竭其力，子事父母，左右就養無方，是能竭力也。事君能致其身，致，極也。士見危致命，是能致極其身也。○

孔安國曰：「盡忠節，不愛其身也。」然事君雖就養有方，亦宜竭力於君。親若患難，故宜致身。但親主家門，非患難之所，故云「竭力」；臣主捍難禦侮，故云「致身」也。

與朋友交，言而有信，入則事親，出則事君，而與朋友交接，義主不欺，故云必「有信」也。雖曰未學，吾必謂之學矣。」假令不學，而生知如前，則吾亦謂之學也。此勸人學故也。故王雍云：「言能行此四者，雖云未學，而可謂已學也。生而知者上，學而知者次。若未學而能知，則過於學矣。」蓋假言之以勸善行也。子曰：❸

❶「姓卜」至「子夏」，〔今校〕鮑本此句在注文「孔安國曰子夏弟子卜商也」之下。

❷「善」下，延德本、清熙園本、久原本、根本本並有「也」字。

❸「子曰」，〔今校〕此以下屬另一章，依底本通例當提行。鮑本提行。

「君子不重則不威，重爲輕根，靜爲躁本。君子之體，不可輕薄也。君不重則無威，無威則人不畏之也。學則不固。言君子不重，非唯無威，而學業亦不能堅固也。故孔後注云：「言人不敢重，既無威，學又不能堅固。識其義理也。」

孔安國曰：「固，弊也。❶侃案：孔謂固爲弊，❷弊猶當也，言人既不能敢重，縱學亦不能當道理也。猶「《詩》三百，一言以蔽」之「蔽」也。一曰：言人不敢重，既無威，學不能堅固。識其義理也。」

主忠信，言君子既須威重，又忠信爲心，百行之主也。無友不如己者，又明凡結交取友，必令勝己。勝己，則己有日所益之義。不得友不如己，友不如己，則己有日損。故云「無友不如己者」。或問曰：「若人皆慕勝己爲友，則勝己者豈友我耶也？」❸或通云：「擇友必以忠信者爲主，不取忠信不如己者耳，不論餘才也。」或通云：「敵則爲友，不取不敵者也。」蔡謨云：「本言同志爲友。此章所言，謂慕其志而思與之同，不謂自然同也。」夫上同乎勝己，所以進也；下同乎不如己，所以退也。閔夭四賢，上慕文王，故四友是四賢，上同心於文王，非文王下同四賢也。然則求友之道，固當見賢思齊，同志於勝己，所以進德修業，成天下之亹亹也。今言敵則爲友，此直自論才同德等而相親友耳，非夫子勸教之本旨也。若如所云，則直諒多聞之益，便辟善柔之誡，奚所施也？過則勿憚改。」勿，猶莫也。憚，難也。友主切磋，若有過失者，當更相諫諍，莫難改也。一云：「若結友過誤，不得善人，則改易之，莫難之也。」故李充云：「若友失其人，改之爲貴也。」

鄭玄曰：「主，親也。憚，難也。」鄭心則言當親於忠信之人也。

曾子曰：「慎終追遠，明人君德也。慎終，謂喪盡其哀也。喪爲人之終，人子宜窮其哀戚，是「慎終」也。追遠，謂三年之後，爲之宗廟，祭盡其敬也。三年後去親轉遠，而祭極敬，是「追遠」也。一云：「『靡不有初，鮮克有終』，終宜『慎』也。久遠之事，録而不忘，是『追遠』也。」故

❶「弊」，根本本作「蔽」，邢本同。吉田篁墩云：「本邦舊鈔《集解》諸本皆作『弊』。」今按，皇本注文、疏文並作「弊」，與舊鈔《集解》本同。〔今校〕鮑本作「蔽」。

❷「謂」，〔今校〕鮑本作「訓」。

❸「也」，〔今校〕鮑本無此字。

熊埋云：「欣新忘舊，近情之常累；信近負遠，義士之所棄。是以慎終如始，則尠有敗事；平生不忘，則久人敬之也。」民德歸厚矣。」上之化下，如風靡草。君上能行慎終追遠之事，則民下之德日歸於厚也。一云：「君能行此二事，是厚德之君也。君德既厚，則民咸歸依之也。」

孔安國曰：「慎終者，喪盡其哀也。追遠者，祭盡其敬也。人君能行此二者，民化其德而皆歸於厚也。」此是前通也。

子禽問於子貢曰：「夫子至於是邦也，必聞其政。是，此也。此邦，謂每邦，非一國也。禽問子貢，❶怪孔子每所至之國，必早逆聞其國之風政也，故問。求之與？與，語不定之辭也。問言孔子每所至國，必先逆聞其風政，爲是就其國主求而得之不乎？抑與之與？」抑，語助也。亢又問言，爲是孔子不就國主求，而國主自呼與孔子爲治而聞之不乎？

鄭玄曰：「子禽，弟子陳亢也，❷字子禽也。子貢，弟子，姓端木，名賜，字子貢也。亢怪孔子所至之邦，必與聞其國政，與，逆也。求而得之耶？❸抑人君自願與爲治耶也？」❹

子貢曰：「夫子温、良、恭、儉、讓以得之。子貢答禽，説孔子所以得逆聞之由也。夫子，即孔子也。禮，身經爲大夫者，則得稱爲夫子。孔子爲魯大夫，故弟子呼之爲夫子也。敦美潤澤謂之温，行不犯物謂之良，和從不逆謂之恭，去奢從約謂之儉，推人後己謂之讓。言夫子身有此五德之美，推己以測人，故凡所至之邦，必逆聞之也。故顧歡云：「此明非求非與，直以自得之耳。其故何也？夫五德内充，則是非自鏡也。」又一通云：「孔子入人境，觀其民之五德，則知其君所行之政也。」故梁冀云：「夫子所至之國，入其境，觀察風俗，以知其政教。其民温良，則其君政教之温良也；其民恭儉讓，則政教恭儉讓也。孔子但見其民，則知其君政教之得失也。」夫子

❶「禽」，疑當作「亢」。「子貢答禽」之「禽」字亦同。下文云「亢又問言」云云，是卽其證。

❷「陳亢也」，吉田篁墩云：「皇《疏》本、永禄鈔《集解》本『陳亢也』下有『字子禽也』四字，『名賜』下又有『字子貢也』四字。」今按，古鈔《集解》本、正平板並唯有「字子貢也」四字，無「字子禽也」四字。

❸「耶」，文明本旁注異本作「歟」，久原本與異本同。

❹「也」，〔今校〕鮑本無此字。

之求之也，其諸異乎人之求之與也。」此明夫子之求，與人之求異也。人則行就彼君求之，而孔子至境推五德以測求之，故云「其諸異乎人之求之」也。諸，猶之也。與，語助也。故顧歡云：「夫子求知乎己，而諸人訪之於聞，故曰『異』也。」梁冀又云：「凡人求聞見乃知耳，夫子觀化以知之，與凡人異也。」

鄭玄曰：「言夫子行此五得而得之，❶與人求異。❷亦會兩通也，明不就人求，故云「異」也。明人君自願求與爲治之也。」❸此云人君自與之，非謂自呼與之也。政是人君所行，見於民下，不可隱藏，故夫子知之。是人君所行自與之也。

子曰：「父在觀其志，父没觀其行，此明人子之行也。其，其於人子也。志，謂在心未行也。故《詩序》云「在心爲志」，是也。言人子父在，則己不得專行。應有善惡，但志之在心。在心而外必有趣向意氣，故可觀志也。父若已没，則子得專行無憚，故父没，則觀此子所行之行也。

孔安國曰：「父在，子不得自專，故觀其志而已也。❹志若好善，聞善事便喜，志若好惡，聞善則不喜也。父没，乃觀其行也。」得專行也。

三年無改於父之道，可謂孝矣。」謂所觀之事也。子若在父喪三年之內，不改父風政，此即是孝也。所以是孝者，其義有二也：一則哀毁之深，豈復識政之是非，故君薨，世子聽冢宰三年也；二則三年之內，哀慕心事亡如存，則所不忍改也。

孔安國曰：「孝子在喪哀慕，猶若父在，無所改於父之道也。」此如後通也。或問曰：「若父政善，則不改爲可；若父政惡，惡教傷民，寧可不改乎？」答曰：「本不論父政之善惡，自論孝子之心耳。若人君風政之惡，則冢宰自行政；若卿大夫之惡，❺則其家相、邑宰自行事，無關於孝子也。」

---

❶ 上「得」字，文明本旁注異本作「德」。久原本、桃華齋本、延德本、根本本並與異本同。〔今校〕鮑本亦作「德」。

❷ 「求」下，〔今校〕鮑本有「之」字。

❸ 「之」，〔今校〕鮑本無此字。

❹ 「也」，〔今校〕鮑本無此字。

❺ 「惡」上，文明本旁注異本有「政」字。清熙園本與文明本同，久原本、桃華齋本與異本同。根本本有「心」字，疑「正」字之譌。「正」、「政」古通。

有子曰：「禮之用，和爲貴。此以下明人君行化，必禮、樂相須。用樂和民心，以禮檢民跡。跡檢心和，故風化乃美。故云「禮之用，和爲貴」。和即樂也。變樂言和，見樂功也。樂既言和，則禮宜云敬。但樂用在内爲隱，故言其功也。○先王之道，斯爲美。先王，謂聖人爲天子者也。斯，此也。言聖天子之化行，禮亦以此用和爲美也。小大由之，有所不行。由，用也。若小大之事皆用禮而不用和，則於事有所不行也。知和而和，不以禮節之，亦不可行。」❶上明行禮須樂，此明行樂須禮也。人若知禮用和，而每事從和，不復用禮爲節者，則於事亦不得行也。所以言「亦」者，沈居士云：「上純用禮不行，今皆用和，亦不可行也。」

馬融曰：「人知禮貴和。而每事從和，不以禮爲節，亦不可行也。」此解「知和而和，不以禮爲節」義也。

有子曰：「信近於義，言可復也。❷信，不欺也。義，合宜也。復，猶驗也。夫信不必合宜，合宜不必信。若爲信近於合宜，此信之言乃可復驗也；若爲信不合宜，此雖是不欺，而其言不足復驗也。或問曰：「不合宜之信云何？」答曰：「昔有尾生，與一女子期於梁下，每期每會。後一日急暴水漲，尾生先至，而女子不來，而尾生守信不去，遂守期溺死。此是信不合宜，不足可復驗也。」

復，猶覆也。義不必信，信不必義也。以其言可反覆，故曰「近義」也。若如注意，則不得爲向者通也。❸言信不必合宜，雖不合宜，而其交是不欺，不欺則猶近於合宜，故其言可覆驗也。○

恭近於禮，遠恥辱也。恭是遜從，禮是體別。若遜從不當於體，則爲恥辱；若遜從近禮，則遠於恥辱。遜從不合禮者何？猶如遜在牀下，及不應拜而拜之屬也。❹

恭不合禮，❺非禮也。以其能遠恥辱，故

---

❶「行」下，〔今校〕鮑本有「也」字。

❷「也」，文明本無此字，諸本並有，今據補正。

❸「不」下，〔今校〕鮑本有「可」字。

❹「拜之屬」，〔今校〕鮑本作「拜之之屬」。「也」，文明本誤作「乎」，今改正。

❺「恭」上，文明本旁注異本上有「苞氏曰」三字。延德本、清熙園本與文明本同，久原本、桃華齋本、根本本與異本同。

曰「近於禮」也。此注亦不依向通也。故言恭不合禮，乃是非禮。而交得遠於恥辱，故曰「近禮」也。即是危行言遜，得免遠恥辱也。

因不失其親，亦可宗敬也。」❶因，猶親也。人能所親得其親者，則此德可宗敬也。親不失其親，若近而言之，則指於九族，宜相和睦也；若廣而言之，則是汎愛衆而親仁，乃義之與比，是親不失其親也。然云「亦可宗」者，亦猶重也，能親所親，則是重爲可宗也。

孔安國曰：「因，親也。言所親不失其親，亦可宗敬也。」亦會二通。然《喪服傳》云「繼母與因母同」，是言繼母與親母同。故孔亦謂此「因」爲親，是也。

子曰：「君子食無求飽，居無求安，此勸人學也。既所慕在形骸之内，故無暇復在形骸之外，所以不求安飽也。「一簞」、❷「一瓢」，是無求飽也。「曲肱」、「陋巷」，是無求安也。

鄭玄曰：「學者之志，有所不暇也。」

敏於事此以下三句，是不飽不安所爲之事也。敏，疾也。事，所學之行也。疾學於所學之行也。❸而慎於言，言，所學之言也。所學之言，當慎傳説之也。就有道而正焉，有道，有道德者也。若學前言之行心有疑昧，❹則往就有道德之人決正之也。可謂好學也矣已。」❺合結「食無求飽」以下之事，並是「可謂好學」者也。

孔安國曰：「敏，疾也。有道者，謂有道

---

❶「敬」，阮元云：「皇本『宗』下有『敬』字。」余所見皇《疏》諸本皆然，唯久原本旁注云：「異本無『敬』字。」按，此下孔《注》云：「所親不失其親，亦可宗敬也。」皇《疏》則云：「亦可宗者，『亦』猶『重』也，能親所親，則是重爲可宗也。」疑皇侃所據經文本無「敬」字，今本有「敬」字，蓋涉注文而竄入者。

❷「簞」，〔今校〕鮑本作「簞」，是。

❸「學」，根本本無此字，似是。然諸鈔本皆有，今姑仍其舊。

❹「若」，文明本誤作「君」，今依諸本改正。「學前言之行」，久原本同，根本本作「前學之言行」。

❺「也矣已」，篁墩本、根本本作「也已矣」，與《爲政篇》「攻乎異端，斯害也已矣」句法全同。文明本、久原本、桃華齋本並此章句末作「也矣已」，《爲政篇》則作「也已矣（原誤作『也矣已』）」。按，篁墩本與古鈔《集解》本、正平板同，文明本與永禄鈔《集解》本合。

德者也。正，謂問事是非也。」

子貢問曰：❶「貧而無諂，乏財曰貧，非分横求曰諂也。乏財者好以非分横求也。子貢問言：若有貧者能不横求，何如？故云「貧而無諂」也。范寧云：「不以正道求人爲諂也。」富而無驕，積蓄財帛曰富，陵上慢下曰驕也。富積者既得人所求，好生陵慢，故云「富而無驕」也。何如？」陳二事既畢，故問云「何如」也。子曰：「可也。答子貢也。言貧富如此乃是可耳，未足爲多也。

孔安國曰：「未足多也。」范寧云：「孔子以爲不驕不諂，於道雖可，未及臧也。」

未若貧而樂道，❷孔子更説貧行有勝於無諂者也。貧而無諂乃是爲可，然而不及於自樂也。故孫綽云：「顔氏之子，一簞一瓢，❸人不堪憂，回也不改其樂也。」富而好禮者也。」又舉富行勝於不驕者也。富能不驕乃是可嘉，而未如恭敬好禮者也。然不云「富而樂道，貧而好禮」者，亦各指事也。貧者多憂而不樂，故以樂爲勝；又貧無財以行禮，故不云禮也。富既饒足，本自有樂，又有財可行禮，故言禮也。

鄭玄曰：「樂謂志於道，不以貧賤爲憂苦之也。」❹顔原是也。❺

子貢曰：「《詩》曰❻『如切如磋，如琢如磨』，

❶「問」，邢本無此字，皇《疏》諸本並有。唯文明本旁注云：「異本無『問』字。」阮氏《校勘記》云：「按，皇《疏》云：『子貢問言，若有貧者能不横求，何如？故云「貧而無諂」也。』邢《疏》云：『若能貧無諂佞，富不驕逸，子貢以爲善，故問夫子曰：其德行何如？』據此，則古本當有『問』字。」

❷「道」，邢本無此字。按，《集解》兼採孔、鄭二注。孔《注》無「道」字，鄭《注》有「道」字。皇《疏》此下引孫綽云：「顔氏之子，一簞一瓢。人不堪憂，回也不改其樂也。」《八佾篇》「起予者商也」下，引沈居士云「孔子始云『未若貧而樂道』云云」，是六朝時《論語》「道」字或有或無。唐石經則旁添「道」字。蓋石經旁添字，宋人所加，開成刊定時無有也。今考皇、邢兩《疏》，二本當有「道」字。今本邢《疏》無之者，疑是後人依石經所校改。

❸「簞」，〔今校〕鮑本作「簞」，是。

❹「之」，〔今校〕鮑本無此字。

❺「原」，〔今校〕鮑本作「愿」。

❻「曰」，〔今校〕鮑本作「云」。

其斯之謂與也？」子貢聞孔子言貧樂富禮，並是宜自切磋之義，故引《詩》以證之也。《爾雅》云：「治骨曰切，治象曰磋，治玉曰琢，治石曰磨。」言骨象玉石四物，須切磋乃得成器，如孔子所説貧樂富禮，是自切磋成器之義。其此之謂不乎？以諮孔子也。○

孔安國曰：「能『貧而樂道，富而好禮』者，能自『切磋』『琢磨』者也。」

子曰：「賜也，始可與言《詩》已矣，子貢既知引《詩》結成孔子之義，故孔子美之云「始可與言《詩》」也。❶言「始可」者，明知之始於此也。告諸往而知來者也。」解所以「可言《詩》」也。❷諸，之也。言我往告之以貧樂富禮，而子貢來答，知引「切磋」之詩以起予也。江熙云：「古者賦《詩》見志。子貢意見，故曰『可與言《詩》矣』。夫所貴悟言者，既得其言又得其旨也。告往事而知將來，謂聞夷齊之賢可以知不爲衛君。不欲指言其語，故舉其類耳。」

孔安國曰：「諸，之也。子貢知引《詩》以成孔子義，善取類也，故然之。往告以『貧而樂道』，來答以『切磋』『琢磨』者也。」范寧云：「子貢欲躬行二者，故請問也。切磋琢磨，所以成器；訓誘學徒，義同乎兹。子貢富而猶吝，仲尼欲戒以禮中。子貢知心厲己，故引《詩》以爲喻也。」❸

子曰：「不患人之不己知也，患己不知人也。」❹世人多言己有才而不爲人所知，故孔子解抑之也。言不患人不知己，但患己不知人耳。故李充云：「凡人之情，多輕易於知人，而怨人不知己。故抑引之教，興乎此矣。」

---

❶「詩」下，〔今校〕鮑本有「義」字。

❷「詩」下，〔今校〕鮑本有「義」字。

❸「范寧」至「喻也」，〔今校〕鮑本此段解經文，接於「故舉其類耳」下。

❹「患己不知人也」，《釋文》出「患不知也」，云「本或作『患己不知人也』，俗本妄加字」。吉田篁墩云：「竊嘗考《論語》例，有同語重見者，有語小異而義同者。如此章與《里仁篇》『不患莫己知，求爲可知也』、《憲問篇》『不患人之不己知，患己無能也』、《衛靈公篇》『君子病無能焉，不病人之不己知也』章，重見疊出，意義一同，則知陸本爲正也。」今按，皇《疏》云：「不患人不知己，但患己不知人耳。」據此，則皇本當作「患己不知人也」。蓋皇侃所據經文與陸本不同也。

王肅曰：「徒患己無能知也。」❶

❶「王肅曰」至「知也」，阮元云：「此注唯皇本有之，各本並脱。」吉田篁墩云：「永禄鈔《集解》本亦有。」今按，久原本、桃華齋本並有此注，與阮氏所引皇本合。清熙園本、延德本並無。文明、足利二本雖並有王注，文明本此九字墨色與全書不同，足利本則朱以書之。今考其注義與皇解不合，疑皇本原無此注，今本有之，則後人據永禄鈔《集解》本所補。「徒」，〔今校〕鮑本作「但」。「己」下，〔今校〕鮑本有「之」字。

論語爲政第二

何晏集解凡廿四章

疏爲政者，明人君爲風俗政之法也。謂之「爲政」者，後卷云：「政者，正也。子率而正，孰敢不正。」又鄭注《周禮·司馬》云：「政，正也。政所以正不正也。」所以次前者，《學記》云：「君子如欲化民成俗，其必由學乎。」是明先學，後乃可爲政化民。故以《爲政》次於《學而》也。○

子曰：「爲政以德，此明人君爲政教之法也。德者，得也。言人君爲政，當得萬物之性，故云「以德」也。故郭象曰：「萬物皆得性謂之德。夫爲政者奚事哉？得萬物之性。故云德而已也。」譬如北辰居其所，而衆星拱之。」❶此爲「爲政以德」之君爲譬也。北辰者，北極紫微星也。所，猶地也。衆星，謂五星及二十八宿以下之星也。北辰鎮居一地而不移動，故衆星共宗之以爲主也。譬人君若無爲而御民以德，則民共尊奉之而不違背，猶如衆星之共尊北辰也。故郭象曰：「得其性則歸之，失其性則違之。」

鄭玄曰：❷「德者無爲，譬猶北辰之不移而衆星拱之也。」❸

子曰：「《詩》三百，此章舉《詩》證「爲政以德」之事也。《詩》即今之《毛詩》也。三百者，《詩》篇大數也。《詩》有三百五篇，此舉其全數也。

孔安國曰：「篇之大數也。」

一言以蔽之，一言，謂「思無邪」也。蔽，當也。《詩》雖三百篇之多，六義之廣，而唯用「思無邪」之一言，以當

❶「拱」，《釋文》出「星共之」云：「鄭作『拱』，拱手也。」清熙園本、根本本，經、注、疏並作「共」，與《釋文》同。文明本、久原本、桃華齋本、篁墩本，經、注並作「拱」，與鄭本同，疏則作「共」。今按，《微子篇》「子路拱而立」下《疏》云：「拱，沓手也。」蓋皇氏「拱」字讀與鄭氏此注同，而此條疏文特爲宗尊義，則皇本原當作「共」。文明諸本作「拱」者，蓋後人所改。〔今校〕鮑本作「共」。

❷「鄭玄」，文明本旁注異本作「苞氏」。諸本並與文明本同，唯延德本與異本同。息軒云：「德訓無爲，非鄭義。」今按，皇《疏》讀「拱」字爲「宗尊」義，亦與鄭義不合。疑皇本原當爲苞注。現存諸本爲鄭注者，蓋據古鈔《集解》本、正平刻《集解》本所改，延德本獨存其舊也。

❸「拱」，〔今校〕鮑本作「共」。

三百篇之理也。猶如爲政，其事乃多，而終歸於以德不動也。

苞氏曰：「蔽，猶當也。」

曰：『思無邪。』」此即《詩》中之一言也。言爲政之道，唯思於無邪，無邪則歸於正也。衛瓘曰：「不曰思正，而曰思無邪，明正無所思邪，邪去則合於正也。」

苞氏曰：「歸於正也。」

子曰：「導之以政，此章證「爲政以德」所以勝也。將言其勝，故先舉其劣者也。導，謂誘引也。政，謂法制也。謂誘引民用法制也。故郭象云：「政者，立常制以正民者也。」

孔安國曰：「政，謂法教也。」法教即是法制也。

齊之以刑，齊，謂齊整之也。刑，謂刑罰也。故郭象曰：「刑者，興法辟以割制物者也。」

馬融曰：「齊整之以刑罰也。」

民免而無恥；免，猶脱也。恥，恥辱也。爲政若以法制導民，以刑罰齊民，則民畏威苟且，百方巧避，求於免脱罪辟，而不復知避恥，故無恥也。故郭象云：「制有常則可矯，法辟興則可避。可避則違情而苟免，可矯則去性而從制。從制外正而心内未服，人懷苟免則無恥於物。其於化不亦薄乎？故曰『民免而無恥』也。」

孔安國曰：「苟免罪也。」

導之以德，此即舉勝者也，謂誘引民以道德之事也。郭象曰：「德者，得其性者也。」

苞氏曰：「德謂道德也。」亦得合郭象解也。

齊之以禮，以禮齊整之也。郭象曰：「禮者，體其情也。」有恥且格。」❶（加白反）

格，❷正也。既導德齊禮，故民服從而知愧恥，皆歸於正也。郭象云：「情有所恥，而性有所本。得其性則本至，體其情則知恥。知恥則無刑而自齊，本至則無制而自正。是以導之以德，齊之以禮，有恥且格。」沈居士曰：「夫立政以制物，物則矯以從之。用刑以齊物，物則巧以避之。矯則跡從而心不化，巧避則苟免而情不恥，由失其自然之性也。若導之以德，使物各得其性，則皆用心不矯其真，各體其情，則皆

---

❶「格」下，久原本、桃華齋本有「加白反」三字，恐後人所加。

❷「格」下，文明本旁注異本有「者」字。按，正平刻《集解》本、古鈔《集解》本並有「者」字。

知恥而自正也。」

子曰：「吾十有五而志於學，此章明孔子隱聖同凡，學有時節，自少迄老，皆所以勸物也。志者，在心之謂也。孔子言：我年十五志學在心也。❶十五是成童之歲，識慮堅明，故始此年而志學也矣。❷三十而立，立，謂所學經業成立也。古人三年明一經，從十五至三十，是又十五年，故通五經之業，所以成立也。

有所成立也。凡注無姓名者，皆是何平叔語也。❸

四十而不惑，惑，疑惑也。業成後已十年，故無所惑也。故孫綽云：「四十强而仕，業通十年，經明行修，德茂成於身，訓洽邦家，以之莅政，可以無疑惑也。」

孔安國曰：「疑惑也。」❹

五十而知天命，天命，謂窮通之分也。謂天爲命者，言人稟天氣而生，得此窮通，皆由天所命也。天本無言，而云有所命者，假之言也。人年未五十，則猶有横企無厓，及至五十始衰，❺則自審己分之可否也。故王弼曰：「天命廢興有期，知道終不行也。」孫綽曰：「大易之數五十，天地萬物之理究矣。以知命之年，通致命之道。窮學盡數，可以得之，不必皆生而知之也。此勉學之至言也。」熊埋曰：「既了人事之成敗，遂推天命之期運，不以可否繫其理治，不以窮通易其志也。」

孔安國曰：「知天命之終始也。」❻終始即是分限所在也。

六十而耳順，順，謂不逆也。人年六十，識智廣博，凡厥萬事，不得悉須觀見，但聞其言，即解微旨。是所聞不逆於耳，故曰「耳順」也。故王弼曰：「耳順，言心識在聞前也。」孫綽云：「耳順者，廢聽之理也。朗然自玄悟，不復役而後得。所謂『不識不知，從帝之則』也。」李充云：「耳順者，聽先王之法言，則知先王之德行，從帝之則，莫逆於心。心與耳相從，故曰耳順。」❼

鄭玄曰：「耳順，聞其言而知其微旨也。」

七十而從心所欲不踰矩。」從，猶放也。踰，越也。

---

❶「志」，〔今校〕鮑本作「而」。

❷「矣」，〔今校〕鮑本無此字。

❸「凡注」至「語也」，〔今校〕鮑本無此十三字。

❹「疑」上，〔今校〕鮑本有「不」字。

❺「至」，《聽塵》引皇《疏》無此字。

❻「也」，文明本無此字，恐脫。今據諸本補正。

❼「順」下，〔今校〕鮑本有「也」字。

矩，法也。年至七十，習與性成，猶蓬生麻中，不扶自直。故雖復放縱心意，而不踰越於法度也。所以不説八十者，孔子唯壽七十三也，説此語之時，當在七十後也。李充曰：「聖人微妙玄通，深不可識。所以接世軌物者，曷嘗不誘之以形器乎。黜獨化之跡，同盈虛之質，勉夫童蒙而志乎學。學十五載，功可與立。爰自志學迄于從心，❶善始令終，貴不踰法。示之易行，而約之以禮。爲教之例，其在茲矣。」

馬融曰：「矩，法也。從心所欲，無非法者。」❷

孟懿子問孝。孟懿子，魯大夫也。問孝，問於孔子爲孝之法也。

孔安國曰：「魯大夫仲孫何忌也。」仲孫是氏也，❸何忌是名也。然曰孟懿子而不云仲孫者，魯有三卿，至《八佾》自釋也。懿，謚也。謚者，明行之跡也。生時有百行之不同，死後至葬，隨其生時德行之跡而爲名稱，猶如經緯天地曰「文」，撥定禍亂曰「武」之屬也。

子曰：「無違。」孔子答也，言行孝者，每事須從，無所違逆也。樊遲御，樊遲，孔子弟子樊須也，字子遲。御，御車也。謂樊遲時爲孔子御車也。子告之曰：「孟孫問孝於我，我對曰：『無違。』」孟孫即懿子也。孔子前答懿子之問云「無違」，恐懿子不解。而他日樊遲爲孔子御車，孔子欲使樊遲爲孟孫解「無違」之旨，故語樊遲云「孟孫問孝於我，我對曰『無違』」也。○

鄭玄曰：「孟孫不曉『無違』之意，將問於樊遲，故告之也。樊遲，弟子樊須也。」

樊遲曰：「何謂也？」樊遲亦不曉「無違」之旨，故反問之「何謂也」。子曰：「生，事之以禮；死，葬之以禮，祭之以禮。」向樊遲釋「無違」旨也。孟孫三家，僭濫違禮，故孔子以每事須禮爲答也。此三事爲人子之大禮，故特舉之也。故衛瓘曰：「三家僭侈，皆不以禮也，故以禮答之也。」或問曰：「孔子何不即告孟孫，乃還告樊遲耶？」答曰：「欲厲於孟孫，言其人不足委曲

---

❶「爰」，〔今校〕鮑本無此字。

❷「者」，延德本、桃華齋本作「也」。

❸「是」下，〔今校〕鮑本有「其」字。下「是」字下同。

即亦示也。」❶所以獨告樊遲者，舊説云：「樊遲與孟孫親狎，必問之也。」一云：「孟孫問時，樊遲在側，孔子知孟孫不曉，後必問樊遲，故後遲御時而告遲也。」孟武伯問孝。❷孟武伯，懿子之子也，亦問孔子行孝之法也。子曰：「父母唯其疾之憂。」答也。其，其人子也。❸言人子欲常敬慎自居，不爲非法，横使父母憂也。若己身有疾，唯此一條當非人所及，❹可測尊者憂耳，唯其疾之憂也。

馬融曰：「武伯，懿子之子也，❺仲孫彘也。武，謚也。言孝子不妄爲非，唯有疾病，然後使父母之憂耳。」

子游問孝。亦問行孝法也。

孔安國曰：「子游，弟子，❻姓言名偃也。」❼

子曰：「今之孝者，是謂能養。答也。今之，謂當孔子時也。夫孝爲體，以敬爲先，以養爲後。而當時皆多不孝，縱或一人有，唯知進於飲食，不知行敬。故云「今之孝者，是謂能養」。❽至於犬馬，皆能有養。此舉能養無敬，非孝之例也。犬能爲人守禦，馬能爲人負重載人，皆是能養而不能行敬者。故云「至犬馬皆能有養」也。❾不敬，何以別乎？」言犬馬者亦養人，❿但不知爲敬耳。人若但知養而不敬，則與犬馬何以爲殊別乎？

苞氏曰：「犬以守禦，馬以代勞，能養人

---

❶「即亦示」，諸本並如此，唯延德本「即」下「亦」上有「告」字。按，延德本衍「亦示」二字，諸本「即亦示」三字當作「即告」二字。上文云：或人問孔子，何不即告孟孫，乃還告樊遲耶？故此答云：其人不委曲即告也。「即告」二字與上文相應也。蓋「告」、「亦」、「示」形相似，故舊本「告」字或誤作「亦」，或作「示」，後人對校旁記異字，而鈔手無識，併所校字而存之也。

❷「孟武伯問孝」，〔今校〕此以下爲另一章，應提行。

❸「其」下，〔今校〕鮑本有「於」字。

❹「當」，〔今校〕鮑本無此字。

❺「也」，〔今校〕鮑本無此字。

❻「子」下，〔今校〕鮑本有「也」字。

❼「也」，文明本無此字，今據諸本補正。

❽「養」下，〔今校〕鮑本有「也」字。

❾「至」下，〔今校〕鮑本有「於」字。

❿「亦」下，〔今校〕鮑本有「能」字。

者也。」唯不知敬，與人爲別耳。❶一曰：「人之所養，乃能至於犬馬，此釋與前異也。言人所養乃至養於犬馬也。不敬則無以別。」養犬馬則不須敬。若養親而不敬，則與養犬馬不殊別也。孟子曰：「養而不愛，豕畜之也；引孟子語證後通也。言人畜養豕，但以養之，❷而不愛重之也。愛而不敬，獸畜之也。」又言人養珍禽奇獸，亦愛重之，而不恭敬之也。

子夏問孝。亦問行孝法也。子曰：「色難。答也。色，謂父母顔色也。言爲孝之道，必須承奉父母顔色。此事爲難，故曰「色難」也。故顔延之云：「夫氣色和，則情志通。善養親之志者，必先和其色，故曰『難』也。」

苞氏曰：「色難，謂承望父母顔色乃爲難也。」❸

有事弟子服其勞，此以下是易，而非孝子之事也。有事，謂役使之事也。弟子，謂爲人子弟者也。服，謂執持也。勞，勞苦也。言家中有役使之事，而弟子自執持，不憚於勞苦也。有酒食先生饌，先生，謂父兄也。饌，猶飲食也。言若有酒食，則弟子不敢飲食，必以供飲食於父母也。

馬融曰：「先生，謂父兄也。饌，飲食也。」然禮唯呼師爲先生，謂資爲弟子。此言「弟子」以對「先生」，則似非「子弟」對「父兄」也。而注必謂「先生」爲「父兄」者，其有二意焉：一則既云問孝，孝是事親之目，二則既釋先生爲父兄，欲寄在三事同，師、親情等也。

曾是以爲孝乎？」曾，猶嘗也。言爲人子弟，先勞後食，此乃是人子、人弟之常事也，❹最易處耳。誰嘗謂此爲孝乎？言非孝也。故江熙稱：「或曰：勞役居前，酒食處後，❺人子之常事，未足稱孝也。」

馬融曰：「孔子喻子夏曰：服勞先食，汝謂此爲孝乎？未足爲孝也。承順父

---

❶「爲別耳」，久原本、桃華齋本作「何以爲殊別乎」，恐非。

❷「養」，〔今校〕鮑本作「食」。

❸此注古鈔《集解》本、正平刻《集解》本並爲何注，皇《疏》諸本、邢《疏》本並爲苞注。

❹「也」，〔今校〕鮑本無此字。

❺「後」下，〔今校〕鮑本有「是」字。

母顏色，乃是爲孝耳也。」❶此四人問孝是同，❷而夫子答異者，或隨疾與藥，或寄人弘教也。懿子、武伯，皆明其人有失，❸故隨其失而答之。子游、子夏，是寄二子以明教也。❹故王弼曰：「問同而答異者，或攻其短，或矯其時失，❺或成其志，或說其行。」又沈峭曰：「夫應教紛紜，常係汲引，經營流世，每存急疾。今世萬途，難以同對，互舉一事，以訓來問。來問之訓縱横異轍，❻則孝道之廣，亦以明矣。」

子曰：「吾與回言，終日不違，如愚。此章美顏淵之德也。回者，顏淵名也。愚者，不達之稱也。自形器以上，名之爲無，聖人所體也；自形器以還，名人爲有，賢人所體也。今孔子終日所言，即入於形器，故顏子聞而即解，無所諮問，故不起發我道，故言「終日不違」也。一往觀回終日默識不問，殊似於愚魯，故云「如愚」也。❼

○孔安國曰：「回，弟子也。姓顏，名回，字淵，❽魯人也。不違者，無所怪問於孔子之言，默而識之，如愚者也。」諸弟子不解，故時或諮問。而顏回默識，故不問。不問如愚者之不能問也。故繆播曰：「將言形器，形器顏生所體，莫逆於心，故若愚也。」

退而省其私，亦足以發。回也不愚也。」退，謂回聽受已竟，退還其私房時也。省，視也。其私，謂顏私與諸朋友談論也。發，發明義理也。言回就人衆講說。見回不問，如似愚人。今觀回退還私房，與諸子覆述前義，亦足發明義理之大體，故方知回之不愚也。

孔安國曰：「察其退還，與二三子說繹道義，發明大體，知其不愚也。」熊埋曰：「退察與二三子私論，❾亦足以發明聖奥，振起風訓也。回之似愚，而豈愚哉！既以美顏，又曉衆人未

❶「也」，〔今校〕鮑本無此字。
❷「此」上，〔今校〕鮑本有「然」字。
❸「明」下，〔今校〕鮑本有「以」字。
❹「以」下，〔今校〕鮑本有「俱」字。
❺「時」，此字恐衍。
❻「以訓來問來問之訓」，文明本及清熙園本旁注並云：「二『訓』字異本作『酬』。」
❼「也」，〔今校〕鮑本無此字。
❽「字」下，〔今校〕鮑本有「子」字。
❾「退察」二字，恐誤倒，根本本改作「察退」，是。

達者也。」❶

子曰：「視其所以，此章明觀知於人之法也。以，用也。其，其彼人也。若欲知彼人行，當先視其即日所行用之事也。

以，用也。言視其所行用也。

觀其所由，由者，經歷也。又次觀彼從來所經歷處之故事也。❷

由，經也。言觀其所經從也。

察其所安。察，謂心懷忖測之也。安，謂意氣歸向之也。言雖或外跡有所避，而不得行用，而心中猶趣向安定見於貌者，當審察以知之也。然在用言視，由言觀，安言察者，各有以也。視，直視也。觀，廣瞻也。察，沈吟用心忖度之也。即日所用易見，故云視；而從來經歷處，此即爲難，故言觀，情性所安，最爲深隱，故云察也。人焉廋哉？人焉廋哉？」焉，安也。廋，匿也。言用上三法，以觀驗彼人之德行，則在理必盡，故彼人安得藏匿其情邪？再言之者，深明人情不可隱也。故江熙曰：「言人誠難知，以三者取之，近可識也。」

孔安國曰：「廋，匿也。言觀人之終始，安有所匿其情也。」

子曰：「温故而知新，可以爲師矣。」此章明爲師之難也。温，温燖也。故，謂所學已得之事也。所學已得者，則温燖之不使忘失，此是月無忘其所能也。新，謂即時所學新得者也。知新，謂日知其所亡也。若學能日知所亡，月無忘所能，此乃可爲人師也。孫綽曰：「滯故則不能明新，希新則存故不篤，常人情也。唯心平秉一者，守故彌温，造新必通，斯可以爲師者也。」○

温，尋也。尋繹故者，又知新者，可以爲師也。温是尋繹之義，亦是燖煖之義也。

子曰：「君子不器。」此章明君子之人，不係守一業也。器者，給用之物也。猶如舟可汎於海，不登山，❸車可陸行，不可濟海。君子當才業周普，不得如器之守一也。故熊埋曰：「器以名可繫其用，賢以才可濟其業。業無常分，故不可守一名。❹用有定施，故舟、車殊功也。」

苞氏曰：「器者，各周其用。至於君子，無所不施也。」

❶「熊埋曰」至「者也」，〔今校〕鮑本無此四十三字。
❷「彼」下，〔今校〕鮑本有「人」字。
❸「不」下，〔今校〕鮑本有「可」字，是。
❹「可」，〔今校〕鮑本無此字。

子貢問君子。問施於何德行，而可謂爲君子乎。❶子曰：「先行其言而後從之。」答曰：「君子先有其言，❷而後必行，行以副所言，是行從言也。若言而不行，則爲辭費，君子所恥也。」

孔安國曰：「疾小人多言而行之不周也。」又一通云：「君子之言，必爲物楷。故凡有言，皆令後人從而法之也。」故王朗曰：「鄙意以爲立言之謂也。❸傳云：『太上有立德，其次立言。』明君子之道，言必可則，令後世準而從之，❹故曰『而後從之』。」

子曰：「君子周而不比，此章明君子行與小人異也。周，忠信也。比，阿黨也。君子常以忠信爲心，而無相阿黨也。

孔安國曰：「忠信爲周，阿黨爲比也。」

小人比而不周。」與君子反也。小人唯更相阿黨，而並不忠信也。然周是傳遍之法，❺故謂爲忠信。比是親狎之名，❻故謂爲阿黨耳。若互而言，周名亦有惡，比名亦有善者。故《春秋》云：❼「是謂比周。」言其爲惡周遍天下也。《易卦》有「比」，比則是輔。《論語》云：❽「君子義與比。」❾比則是親。雖非廣稱，文亦非惡。今此文既言「周」以對「比」，故以爲惡耳。孫綽云：「理備故稱周，無私故不比也。」子曰：❿「學而不思則罔，此章教學法也。夫學問之法，既得其文，又宜精思其義。若唯學舊文而不思義，則臨用行之時，罔罔然無所知也。

苞氏曰：「學而不尋思其義理，則罔然無所得也。」又一通云：「罔，誣罔也。言既不精思，至於行用乖僻，是誣罔聖人之道也。」

思而不學則殆。」又若不廣學舊文，而唯專意獨思，⓫

---

❶「問施於」至「君子乎」，諸本「施」下無「於」字，「乎」作「也」，唯文明本如此。按，文明本「於」字恐衍。

❷「有」，〔今校〕鮑本作「行」。

❸「也」，〔今校〕鮑本作「乎」。

❹「令」，〔今校〕鮑本作「合」。

❺「傳」，〔今校〕鮑本作「博」。

❻「名」，〔今校〕鮑本作「法」。

❼「春秋」下，〔今校〕鮑本有「傳」字。

❽「論語」，〔今校〕鮑本作「里仁」。

❾「義」下，〔今校〕鮑本有「之」字。

❿「子曰」，〔今校〕此以下爲另一章，應提行。

⓫「意」下，〔今校〕鮑本有「而」字。

則精神疲殆也，❶於所業無功也。❷

不學而思，終卒不得，使人精神疲殆也。

子曰：「攻乎異端，斯害也已矣。」此章禁人雜學諸子百家之書也。攻，治也。古人謂學爲治，故書史載人專經學問者，皆云治其書，治其經也。異端，謂雜書也。言人若不學六籍正典，而雜學于書史百家，❸此則爲害之深，故云「攻乎異端，斯害也已矣」。「斯害也已矣」者，爲害之深也。

攻，治也。善道者有統，❹故殊途而同歸。善道，即五經正典也。有統，統，本也，謂皆以善道爲本也。殊途，謂《詩》《書》《禮》《樂》爲教也，❺途不同也。同歸，謂雖所明各異端，❻同歸於善道也。○異端，不同歸者也。諸子百家並是虛妄，其理不善，無益教化，故是不同歸也。

子曰：「由！此章抑子路兼人也。由，子路名也。子路有兼人之性，好以不知爲知也。孔子將欲教之，故先呼其名也。誨汝知之乎！誨，教也。孔子呼子路名云：❼我欲教汝知之文事乎。❽

孔安國曰：「由，弟子，❾姓仲，名由，字子路也。」

知之爲知之，不知之爲不知，汝若心有所不知，則當云不知，不可妄云知之也。是知也。」若不知云知，此則是無知之人耳。若實知而云知，此則是有知之人也。❿又一通云：「孔子呼子路名，云：由！我從來教化於汝，汝知我教汝以不乎？汝若知我教則云知，若不知則云不知，能如此者，是有知之人也。」○子張學干

❶「也」，〔今校〕鮑本作「而」。

❷「業」下，〔今校〕鮑本有「而」字。

❸「書史」，「史」當作「子」。〔今校〕鮑本作「諸子」。

❹「者」，〔今校〕鮑本無此字。

❺「也」，〔今校〕鮑本作「之」，則連下讀。

❻「端」，〔今校〕鮑本作「而」。

❼「云」下，〔今校〕鮑本有「由」字。

❽「之文事」，「文」字恐衍。延德本原作「文事」，後朱改爲「文章」。按，「文」、「之」形相似，故舊本「之」字誤作「文」，而後人正之，鈔手無識，遂併誤字存之，「文事」義不可通，又妄改爲「文章」也。〔今校〕鮑本作「文章」。

❾「子」下，諸本有「也」字，文明本獨無。

❿「則」，〔今校〕鮑本作「乃」。

禄。❶干，求也。禄，禄位也。弟子子張就孔子學干禄位之術也。❷

鄭玄曰：「子張，弟子，❸姓顓孫，名師，字子張也。干，求也。禄，禄位也。」

子曰：「多聞闕疑，答求禄術也。疑，疑惑之事也。言人居世間，必多有所聞。所聞之事，必有疑者，有解者。解者則心録之，若疑者則廢闕而莫存録。故云「多聞闕疑」。慎言其餘，其餘，謂所心解不疑者也。已闕廢可疑者，而所餘不疑者，雖存録在心，亦何必中理，故又宜口慎言之也。則寡尤；寡，少也。尤，過也。既闕可疑，又慎言所不疑。能如此者，則生平之言少有過失也。

苞氏曰：「尤，過也。疑則闕之，其餘不疑，猶慎言之，則少過也。」

多見闕殆，殆，危也。言人若眼多所見，闕廢其危殆者，不存録之也。慎行其餘，其餘，謂自所録非危殆之事也。雖已廢危殆者，而所餘不殆者，亦何必並中其理，故又宜慎行之也。則寡悔。悔，恨也。既闕於危殆者，又慎行所不殆。能如此者，則平生所行少悔恨也。

苞氏曰：「殆，危也。所見危者，闕而不行，則少悔也。」

言寡尤，行寡悔，禄在其中矣。」其餘若能言少過失，行少悔恨，則禄位自至，故云「禄在其中」也。故范寧曰：「發言少過，履行少悔，雖不以要禄，乃致禄之道也。」仲尼何以不使都無尤悔，而言寡尤乎？有顔回猶不二過，蘧伯玉亦未能寡其過。自非聖人，何能無之？子張若能寡尤悔，便爲得禄者也。

鄭玄曰：「言行如此，雖不得禄，得禄之道也。」言當無道之世，德行如此，雖不得禄，若忽值有道之君，則必見用。故云「得禄之道也」。

哀公問曰：「何爲則民服也？」❹哀公失德，民不服從，而公患之。故問孔子，求民服之法也。

苞氏曰：「哀公，魯君之謚也。」❺

孔子對曰：「舉直錯諸枉，則民服；答哀公民服之法也。凡稱「子曰」，則是弟子所記。若稱「孔子」，則當時人，非弟子所記。後爲弟子所撰，仍舊不復改易，

---

❶「子張學干禄」，〔今校〕此以下爲另一章，應提行。
❷「干」，〔今校〕鮑本作「求」。
❸「子」下，諸本有「也」字，文明本獨無。
❹「也」，〔今校〕鮑本無此字。
❺「魯」下，久原本有「之」字，恐衍。

故依先呼「孔子」也。直，謂正直之人也。錯，置也。枉，邪委曲佞之人也。❶言若舉正直之人爲官位，爲廢置邪佞之人，則民服君德也。亦由哀公廢直用枉故也。故范寧云：「哀公捨賢任佞，故仲尼發乎此言，欲使舉賢以服民也。」

苞氏曰：「錯，置也。舉用正直之人，廢置邪枉之人，則民服其上矣。」

舉枉錯諸直，則民不服。」此舉哀公之政如此，故民不服也。江熙曰：「哀公當千載之運，而聖賢滿國，舉而用之，魯其王矣。而唯好耳目之悦，群邪秉政，民心厭棄，既而苦之，乃有此問也。」季康子問：❷「使民敬、忠以勸，如之何？」魯臣也。❸其既無道僭濫，故民不敬、不忠、不相勸奬。所以問孔子，求學使民行敬及忠及勸三事也，故云「如之何」。

孔安國曰：「魯卿大夫季孫肥也。康，謚也。」

子曰：「臨民之以莊，則民敬；答使爲三事之術也。民從上化，如草從風也。臨，謂以高視下也。莊，❹嚴也。言君居上臨下，若自能嚴整，則下民皆爲敬其上也。

苞氏曰：「莊，嚴也。君臨民以嚴，則民敬其上也。」

孝慈，則忠；又言君若上孝父母，下慈民人，則民皆盡竭忠心以奉其上也。故江熙曰：「言民法上而行也。上孝慈，則民亦孝慈。孝於其親，乃能忠於君。求忠臣必於孝子之門也。」○

苞氏曰：「君能上孝於親，下慈於民，則民忠矣。」

舉善而教不能，則民勸。」又言若民中有善者，則舉而禄位之。若民中未能善者，則教令使能。若能如此，則民競爲勸慕之行也。

苞氏曰：「舉用善人而教不能者，則民勸之也。」❺

或謂孔子曰：「子奚不爲政？」或者，或有一

---

❶「邪」，〔今校〕鮑本此字在「曲」字下，是。

❷「季康子問」，〔今校〕此以下爲另一章，應提行。

❸「魯」上，〔今校〕鮑本有「季康子」三字，是。

❹「莊」下，〔今校〕鮑本有「猶」字。當從下讀。

❺「之」，〔今校〕鮑本無此字。

人，不記其姓名也。奚，何也。政，謂居官南面也。或人見孔子栖遑，故問孔子曰：「何不爲政處官位乎？」

苞氏曰：「或人以爲，居位乃是爲政也。」

子曰：「《書》云：『孝于惟孝，友于兄弟，施於有政。』是亦爲政也。此以上並《尚書》言也。引《書》以答或人也。然此語亦與《尚書》微異，而義可一也。善父母曰孝，善兄弟爲友。于，於也。惟孝，謂惟令盡於孝也。施，行也。言人子在閨門，當極孝於父母，而極友於兄弟。若行此二事有政，即亦是爲政也。奚其爲爲政？」此是孔子正答於或人也。言施行孝友有政，家家皆正，則邦國自然得正。亦又何用爲官位乃是爲政乎？故范寧曰：「夫所謂政者，以孝友爲政耳。行孝友則是爲政，復何者爲政乎？引《尚書》所以明政也。❶或人貴官位而不存孝道，故孔子言乎此也。」❷

苞氏曰：「孝于惟孝者，美孝之辭也。惟令極行於孝，故云美孝之辭也。友于兄弟，善於兄弟也。然「友于兄弟」是善於兄弟，則「孝于惟孝」是善於父母也。父母既云「孝于惟孝」，則兄弟亦宜云「友于惟友」也，所以互見之也。施，行也。所行有政道，即是與爲政同耳也。」❸行孝友有政道，即與爲政同，更何所別復爲政乎？

子曰：「人而無信，不知其可也。此章明人不可失信也。言人若無信，雖有他才，終爲不可，故云「不知其可也」。

孔安國曰：「言人而無信，其餘終無可也。」其餘，謂他才伎也。

大車無輗，小車無軏，其何以行之哉？」此爲無信設譬也。言人以信得立，如大、小之車由輗、軏以得行也。❹若車無輗、軏，則車何以得行哉？如人而無信，則何以得立哉？故江熙稱彦叔曰：❺「車待輗、軏而行，猶人須信以立也。」

苞氏曰：「大車，牛車。牛能引重，故曰大車也。輗者，轅端橫木以縛枙者也。端，頭也。古作牛車二轅，不異即時車，但轅頭安枙與今異

❶「尚」，〔今校〕鮑本作「周」。
❷「乎」，〔今校〕鮑本作「于」。
❸「也」，〔今校〕鮑本無此字。
❹「由」下，〔今校〕鮑本有「於」字。
❺「叔」，〔今校〕鮑本作「升」。

也。即時車枙用曲木，駕於牛脰，仍縛枙兩頭著兩轅。古時則先取一横木縛著兩轅頭，又别取曲木爲枙，縛著横木，以駕牛脰也。即時一馬牽車，枙猶如此也。**小車，駟馬車也。**馬所載輕，故曰小車也。四馬共牽一車，即今龍旂車是也。**軏者，轅端上曲拘衡者也。」**衡，横也。四馬之車，唯中央有一轅，轅頭曲向上，此拘駐於横，名此曲者爲軏也。所以頭拘此横者，轅駕四馬，故先横一木於轅頭，而縛枙著此横。此横既爲四馬所載，恐其不堅，故特置曲枙軏裏，使牽之不脱也。猶即時龍旂車，轅端爲龍，置横在龍頭上曲處也。鄭玄曰：「輗，穿轅端著之。軏，因轅端著之。」

子張問：「十世可知也？」十世，謂十代也。子張見五帝三王，文質變易，世代不同，故問孔子：從今以後，方來之事，假設十代之法，可得逆知以不乎？

孔安國曰：「文質，禮變也。」禮變則制度改易也。

子曰：「殷因於夏禮，所損益可知也；孔子舉前三代禮法相因及所損益，以爲後代可知之證也。言殷代夏立，而因用夏禮及損益夏禮，事事可得而知也。**周因於殷禮，所損益可知也。**又周代殷立，亦有因殷禮及有所損益者，亦事事可知也。

馬融曰：「所因，謂三綱五常也；此是周所因於殷，殷所因於夏之事也。三綱，謂夫婦、父子、君臣也。三事爲人生之綱領，故云三綱也。五常，謂仁、義、禮、智、信也。就五行而論，則木爲仁，火爲禮，金爲義，水爲信，土爲智。人禀此五常而生，則備有仁、義、禮、智、信之性也。人有博愛之德謂之仁，有嚴斷之德爲義，有明辨尊卑敬讓之德爲禮，有言不虚妄之德爲信，有照了之德爲智。此五者是人性之恒，不可暫捨，故謂五常也。雖復時移世易，事歷今古，而三綱五常之道不可變革，故世世相因，百代仍襲也。**所損益，謂文質三統也。」**夫文質再而復，正朔三而改。質文再而復者，若一代之君以質爲教者，則次代之君必以文教也。以文之後君則復質，質之後君則復文，循環無窮。有興必有廢，廢興更遞，故有損益也。正朔三而改者，三代而一周也。夫人君爲政，所尚不同，必各有所統，統則有三也。案《大傳》云：「王者始起，改正朔，易服色。」夫正朔有三本，亦有三統，明王者受命，各統一正也。朔者，蘇也，革也，言萬物革更於是，故統焉。又《禮三正記》云：「正朔三而改，文質再而復。」《尚書大傳》云：「夏以孟春爲正，殷以季冬爲正，周以仲冬爲正。」又曰：「夏以十三月爲正，色尚黑，以平旦爲朔；殷以十二月爲正，色尚白，以鷄鳴爲朔；周以十一月爲正，色尚赤，以夜半爲朔也。」《白虎通》云：「王者受命必改正朔者，明易姓，示不相襲，明受之於天，不受之於人，所以變易民心，革其耳目以化。」❶又云：「十三月之時，萬物始達孚甲而出，皆黑，人得加功力，故夏爲人正，色尚黑也。十二月之時，萬物始芽而白，白者陰氣，故殷爲地正，色尚白也。十一月之時，陽氣始養根核，故黄泉之下萬物皆赤，赤者盛陽之氣也，故周爲天正，色尚赤也。」❷又云：「天道左旋，改正右行者，非改天道，但改日月耳。日月右行，故改正右行。日尊於月，不言正日而言正月者，積日成月，物隨月而變，據物爲正也。天質地文，周反天統何？質文再改，正朔三易，三微質文，正不相因，故正不隨質文也。三統之義如此。」❸然舊問云：「夏用建寅爲正，物初出色黑，故尚黑。今就草木初生皆青，而云黑，何也？」舊通云：「物初出乃青，遠望則黑，人功貴廣遠故也。且一日之中，天有青時，故取其黑也。」又舊問云：「三正爲正是三王，爲上代已有。」舊通有二家，一云：「正在三代。三代時相統，故須變革相示也。」又一家云：「自從有書籍而有三正也。伏犧爲人統。神農爲地統。黄帝爲天統。少昊猶天統，言是黄帝之子，故不改統也。顓頊爲人統。帝嚳爲地統。帝堯是爲嚳子，亦爲地統。帝舜爲天統。夏爲人統。殷爲地統。周爲天統。三正相承若連環也。」今依後釋。所以必從人爲始者，三才須人乃成，是故從人爲始也。而《禮》家從夏爲始者，夏是三王始，故舉之也。又不用建卯、建辰爲正者，于時萬物不齊，莫適所統也。

其或繼周者，雖百世亦可知也。」既因變有常，故從今以後，假令或有繼周而王者，王王相承，至於百世，

❶「化」，今本《白虎通》上有「助」字，下有「也」字。

❷「又云」至「赤也」，《疏》所引與今本《白虎通》稍不同。《疏》所引十三月、十二月、十一月爲次，今本則十一月、十二月、十三月爲次。「人得加功力」，今本無「力」字。「陽氣始養根核」，今本作「根株」。「色尚黑也」，「色尚白也」，「色尚赤也」，三「也」字，今本並無。

❸「又云」至「如此」，今本《白虎通》「改正右行」下有「何也」二字，「天質地文」下有「質者據質文者據文」八字，「周反天統何」作「周反統天何也」，「質文再改正朔三易」作「質文再而復正朔三而改」，「三微質文正不相因」作「三微質文數不相配」。

亦可逆知也。言「或」者，爾時周猶在，不敢指斥有代，❶故云其「或」也。

馬融曰：「物類相招，謂三綱五常各以類相招，因而不變者也。勢數相生，謂文質、三統及五行，相次各有勢數也。如太昊木德，神農火德，黄帝土德，少昊金德，顓頊水德，周而復始，其勢運相變生也。其變有常，故可豫知也。」豫，逆也。有因有變，各有其常。以此而推，故百世可逆知也。○

子曰：「非其鬼而祭之，諂也。諂，横求也。鬼神聰明正直，不歆非禮。人若非己祖考而祭之，是爲諂求福也。○

鄭玄曰：「人神曰鬼。非其祖考而祭之，是諂以求福也。」

見義不爲，無勇也。」義，謂所宜爲也。見所宜爲之事而不爲，是無勇敢也。

孔安國曰：「義者，所宜爲也。❷而不能爲，是無勇也。」

論語義疏第一❸經一千四百七十字。注一千五百十三字。

---

❶「有」，〔今校〕鮑本作「百」。

❷「義者所宜爲也」，諸鈔本此下有小字「見義不爲」四字，四字下録邢《疏》一條。按，現存皇《疏》中所録邢《疏》，蓋係卷子本背記文。凡背記之例，每條必標經注一二句以連疏文。後人改寫爲冊本時，悉刪其標語移之皇《疏》末，獨此條尚存標語，偶足以知舊本面目也。

❸「論語義疏第一」，諸鈔本卷末標題如此。獨文明本此卷末題下有「終」字，他卷並無。今據全書例削正。文明本每卷末題下記經若干字，注若干字，他本則否。按，本邦舊傳《集解》本，每卷末皆注經注文字數，而所注字數不同。今觀文明本所記，一一與正平刻《集解》同，則知此本乃据正平刻本所校改。〔今校〕鮑本各卷末題爲「論語集解義疏卷第幾」，且下有「終」字，未標經注字數。以下同，不再一一出校。

論語義疏卷第二 八佾 里仁

梁國子助教吴郡皇侃撰

論語八佾第三❶ 何晏集解凡廿六章

疏八佾者，奏樂人數行列之名也。此篇明季氏是諸侯之臣，而僭行天子之樂也。所以次前者，言政之所裁，裁於斯濫，故《八佾》次《爲政》。❷又一通云：「政既由學，學而爲政則如北辰，若不學而爲政則如季氏之惡，故次於《爲政》也。❸然此不標『季氏』而以『八佾』命篇者，深責其惡，故書其事標篇也。」❹

孔子謂季氏，謂者，評論之辭也。夫相評論者對面而言，❺有遥相稱評。若此後「子謂冉有曰：汝不能救與」，則是對面也。今此所言，是遥相評也。季氏，魯之上卿也。魯有三卿，並豪强僭濫。季氏是上卿，爲僭濫之端，故特舉謂「季氏」也。「八佾舞於庭，❻此是孔子所譏之事也。佾，猶行列也。天子制八音爲樂，以調八風。故舞人亦有八行，每八人爲行，八八六十四人，則天子儛者用六十四人也。魯有周公之故，故天子賜魯用天子八佾之樂。而季氏是魯臣，乃僭取八佾樂，於其家廟庭而舞之，故云「八佾舞於庭也」。是可忍也，是，猶此也。此，此舞八佾之事也。忍，猶容耐也。孔子曰：此僭八佾之舞，❼若可容忍者也。孰不可忍也？」孰，誰也。言若此僭可忍，則天下爲惡，誰復不可忍也？

馬融曰：「孰，誰也。佾，列也。天子八佾，天子用八，以象八風。八風者，八方之八卦之風

---

❶「論語八佾第三」，文明本此卷小題下空一格，有大字「疏」字，以連疏文，無「何晏集解」四字，而「凡廿六章」四字則在「皇侃撰」三字右旁。今據全書例改正。

❷「政」下，〔今校〕鮑本有「也」字。

❸「於」，〔今校〕鮑本無此字。

❹「事」下，〔今校〕鮑本有「以」字。

❺「者」，〔今校〕鮑本作「有」。

❻「舞」，諸本經作「舞」，注及疏則作「儛」。按，《干禄字書》出「儛舞」云：「上俗下正。」〔今校〕鮑本經、注及疏皆作「舞」。

❼「此僭」，〔今校〕鮑本作「僭此」。

也。❶北曰廣漠風，東北曰條風，東曰明庶風，東南曰清明風，南曰景風，西南曰涼風，西曰閶闔風，西北曰不周風也。諸侯六，六，禮降殺以兩。天子八佾，諸侯故六佾也。❷卿大夫四，士二。杜注《春秋》及《公羊傳》皆云：❸「諸侯六六三十六人，大夫四四十六人，士二二四人也。」❹八人爲列，八八六十四人也。據天子之佾人數也。魯以周公故，故周公有輔相成王，攝天子位，六年制禮作樂，七年致政還成王之故也。受王者禮樂，有八佾之儛。由周公之故，故受天子禮樂八佾舞也。今季桓子僭於其家廟儛之，故孔子譏之也。」桓子家之豪强起於季氏。❺文子、武子、平子、悼子，至桓子五世。故後引稱孔子曰「政逮於大夫四世矣」是也。今孔子所譏，皆譏其五世。而注獨云桓子者，是時孔子與桓子政相值，故舉值者言之。○

三家者以《雍》徹。又譏其失也。三家，即是仲孫、叔孫、季孫也。並皆僭濫，故此并言之也。季氏爲最惡，故卷初獨言季氏也。《雍》者，《詩》篇名也。徹者，禮：天子祭竟，欲徹祭饌，則先使樂人先歌《雍》詩以樂神，❻後乃徹祭器。于時三家祭竟，亦歌《雍》詩以徹祭，❼故云「三家以《雍》徹」也。❽

馬融曰：「三家者，謂仲孫、叔孫、季孫也。三孫同是魯桓公之後。桓公嫡子莊公爲君，而桓公之庶子有公子慶父、公子叔牙、公子季友也。❾仲孫是慶父之後，叔孫是叔牙之後，季孫是季友之後。後子孫皆以其先仲、叔、季爲氏，故有此三氏。並是桓公子孫，故俱稱「孫」也，亦曰「三桓子孫」也。

❶ 上「之」字，〔今校〕鮑本無此字。
❷ 「故」下，〔今校〕鮑本有「云」字。
❸ 「春秋及公羊傳」，〔今校〕鮑本作「左氏傳及何注公羊傳」。
❹ 「諸侯」至「人也」，〔今校〕鮑本作「諸侯六六三十六人大夫四四十六人士二二四人也」。
❺ 「桓」上，〔今校〕鮑本有「卑者濫用尊者之物曰僭也」十一字。
❻ 「先」，〔今校〕鮑本無此字。
❼ 「祭」下，〔今校〕鮑本有「饌」字。
❽ 「家」下，〔今校〕鮑本有「者」字。
❾ 「桓公之」，〔今校〕鮑本無此三字。「有」，〔今校〕鮑本無此字。

仲孫氏後世改「仲」曰「孟」。孟者，庶長之稱也，言已家是庶，不敢與莊公爲伯、仲、叔、季之次，故取庶長爲始，而云「孟孫氏」也。《雍》，《周頌·臣工》篇名也。天子祭於宗廟，歌之以徹祭。今三家亦作此樂者也。」天子徹祭所以歌《雍》者，《雍》詩云：「有客雍雍，至止肅肅。相維辟公，天子穆穆。」是言祭事周畢，有客甚自雍和而至，皆並肅敬。時助祭者，有諸侯及二王後，而天子威儀又自穆穆。是禮足事竟，所以宜徹，故歌之以樂神也。

子曰：「『相維辟公，天子穆穆矣。』❶奚取於三家之堂？」前是記者之言，❷此是孔子語也。孔子稱《雍》詩之曲以譏三家也。相，助。❸辟，猶諸侯也。公，二王之後。❹穆穆，敬也。奚，何也。孔子云：此詩曲言時助祭者，有諸侯及王者後，而天子容儀盡敬穆穆然。今三家之祭，但有其家臣而已，有何諸侯、二王後及天子穆穆乎？既無此事，何用空歌此曲於其家之廟堂乎？

苞氏曰：「辟公，謂諸侯及二王之後也。辟，訓君，君故是諸侯也。二王後稱公，公故是二王後也。穆穆，天子之容也。《雍》篇歌此者，❺有諸侯及二王之後來助祭故也。唯天子祭有此也。今三家但家臣而已，何取此義而作之於堂耶？」大夫稱家。今三卿之祭，但有家臣。家臣謂家相、邑宰之屬來助祭耳，有何辟公、天子之穆穆，❻而空歌此曲於堂哉！❼或問曰：「魯祭亦無諸侯及二王後，那亦歌此曲耶？」答曰：「既用天子禮樂，故歌天子詩也。」或通云：

❶「矣」，《集解》本、邢《疏》本並無此字，皇《疏》諸本並有。按，苞注云：「穆穆，天子之容也。」皇《疏》云：「穆穆，敬也。」又云：「天子容儀盡敬穆穆然。」由是觀之，苞、皇所依，亦無「矣」字。疑舊本「奚」字或誤作「矣」，後人旁記「奚」字正之，鈔手兩存之，遂衍「矣」字也。

❷「記」，〔今校〕鮑本作「祭」。

❸「助」下，久原本、桃華齋本有「也」字。〔今校〕鮑本亦有「也」字。

❹「後」下，久原本、桃華齋本有「也」字。〔今校〕鮑本亦有「也」字。

❺「此」下，〔今校〕鮑本有「曲」字。

❻「之」，〔今校〕鮑本無此字。

❼「哉」，〔今校〕鮑本作「乎」。

「既用天子禮樂，故當祭時則備設此諸官也。」或云：「魯不歌此《雍》也，季氏自僭天子禮，非僭魯也。」❶○

子曰：「人而不仁，如禮何？人而不仁，如樂何？」此章亦爲季氏出也。季氏三家僭濫王者禮樂，❷其既不仁，則柰此禮樂何乎？江熙云：「所貴禮樂者，以可安上治民，移風易俗也。然其人存則興，其人亡則廢。而不仁之人，居得興之地，而無能興之道，則仁者之屬，無所施之。故歎之而已。」

苞氏曰：「言人而不仁，必不能行禮樂也。」

林放問禮之本。問孔子，求知禮之本也。

鄭玄曰：「林放，魯人也。」

子曰：「大哉問！重林放能問禮之本，故美其問而稱之「大哉」也。故王弼云：「時人棄本崇末，故大其能尋本禮意也。」禮，與其奢也，寧儉；美之既竟，此答之也。奢，奢侈也。儉，儉約也。夫禮之本，貴在奢儉之中，❸不得中者皆爲失也。然爲失雖同，而成敗則異。奢則不遜，儉則固陋。俱是致失，奢不如儉，故云「禮與奢，❹寧儉」也。喪，與其易也，寧戚。」易，和易也。戚，哀過禮也。凡喪有五服輕重者，各宜當情，所以是本。若和易及過哀，皆是爲失。會是一失，則易不如過哀，故云「寧戚」也。或問曰：「何不答以禮本，❺而必言四失，何也？」通云：❻「舉其四失，則知不失其本也。❼其時世多失，故因舉失中之勝，以誡當時也。」

鄭玄曰：❽「易，和易也，言禮之本意失於奢，不如儉也；喪失於和易，不如哀

❶「或問曰」至「僭魯也」，〔今校〕鮑本此段解經文，接「於其家之廟堂乎」下。

❷「三家」，〔今校〕鮑本無此二字。

❸「貴」，〔今校〕鮑本作「意」。

❹「與」下，〔今校〕鮑本有「其」字。

❺「何」，此字恐衍。

❻「通」，〔今校〕鮑本作「答」。

❼「失」下，〔今校〕鮑本有「即」字。

❽「鄭玄曰」，延德本、久原本、桃華齋本並爲苞注，古鈔《集解》本、正平刻《集解》本、邢《疏》本亦同。文明本、清熙園本並爲鄭注。今按，《釋文》云：「苞云『和易』，鄭云『簡』。」則此非鄭注也。〔今校〕鮑本亦爲苞注。

戚也。」就注意即所答四失從二，❶即是禮之本也。❷

子曰：「夷狄之有君，不如諸夏之亡也。」此章重中國賤蠻夷也。諸夏，中國也。亡，無也。言夷狄雖有君主，而不及中國無君也。故孫綽云：「諸夏有時無君，道不都喪。夷狄强者爲師，理同禽獸也。」釋慧琳云：「有君無禮，不如有禮無君也。」刺時季氏有君無禮也。❸

○苞氏曰：「諸夏，中國也。亡，無也。」謂中國爲諸夏者，夏，大也，中國禮大，故謂爲夏也。諸，之也。之，❹語助也。

季氏旅於泰山。又譏季氏僭也。旅，祭名也。泰山，❺魯之大山也。❻禮：天子祭天下名山大川，諸侯止祭其封内，大夫位非專封，則不得祭山川。而季氏亦僭祭魯大山也。○子謂冉有曰：「汝不能救與？」冉有，孔子弟子也。救，猶諫止也。時冉有仕季氏家，季氏濫祀，故孔子問冉有，言汝既仕彼家，那不能諫止其濫祀乎？

馬融曰：「旅，祭名也。鄭注《周禮》云：「旅，非常祭也。今季氏祭大山，非是常祭，❼故云旅也。」❽禮：諸侯祭山川在其封内者也。大山在魯，魯君宜祭之耳。今陪臣祭大山，非禮也。陪，重也。魯是天子臣，而季氏是魯臣，於天子爲重臣。重臣而與天子俱祭名山，故爲非禮也。冉有，弟子冉求也，時仕季氏。救，猶止也。」

---

❶「卽」，文明本旁注異本無此字。

❷「之」，〔今校〕鮑本無此字。

❸「此章」至「禮也」，知不足齋本疏云：「此章爲下僭（原誤作「潛」）上者發也。諸夏，中國也。亡，無也。言中國所以尊於夷狄者，以其名分定而上下不亂也。周室既衰，諸侯放恣，禮樂征伐之權不復出自天子，反不如夷狄之國尚有尊長統屬，不至如我中國之無君也。」按，此文與舊鈔本及根本本迥異，疑是著録四庫時，儒臣所改竄。蓋因清初禁書之令甚嚴，而此章有所忌諱耳。

❹「之」，〔今校〕鮑本無此字。

❺「泰」，諸鈔本或作「太」，或作「大」。今從文明本。

❻「大山」，〔今校〕鮑本作「泰山」，下同。

❼「非是」，〔今校〕鮑本作「是非」。

❽「鄭注」至「旅也」，〔今校〕鮑本此段解經文，接「旅祭名也」下。

對曰：「不能。」冉有對孔子也。不能，謂季氏豪僭，雖諫不能止也。子曰：「嗚呼！孔子更説季氏之失，故先歎而後言也。嗚呼，歎也。曾謂泰山不如林放乎？」曾之言則也。乎，助語也。孔子曰：林放尚能問禮本，況大山之神聰明正直，而合歆此非禮之祀也乎？若遂歆此非禮之食，則此神反不如林放也。既必無歆理，豈可誣罔而祭之乎？故云：則可謂大山不如林放乎？

苞氏曰：「神不享非禮。林放尚知禮，❶大山之神反不如林放耶？欲誣而祭之也。」

子曰：「君子無所爭。此章明射之可重也。言君子恒謙卑自收，退讓明禮，故云「無所爭」也。必也射乎！言雖他事無爭，而於射有爭，故云「必也射乎」。於射所以有爭者，古者生男，必設桑弧蓬矢於門左，至三日夜，使人負子出門而射，示此子方當必有事於天地四方，故云：至年長以射進仕。禮：王者得祭，❷必擇士助祭，故四方諸侯並貢士於王。王試之於射宮，若形容合禮節，奏此樂，而中多者，則得預於祭。得預於祭者，進其君爵土。若射不合禮樂而中少者，則不預祭。不預祭者，黜其君爵土。此射事既重，非唯自辱，乃係累己君，故君子之人於射而必有爭也。故顔延之云：「射許有爭，故可以觀無爭也。」范寧亦云：「有爭。」❸〇

孔安國曰：「言於射而後有爭也。」

揖讓而升下，射儀之禮：❹初，主人揖賓而進，交讓而升堂。及射竟，勝負已決，下堂猶揖讓不忘禮。故云「揖讓而升下」也。而飲。而飲者，❺謂射不如者而飲罰爵也。射勝者黨，酌酒跪飲於不如者云：「敬養。」所以然者，君子敬讓，不以己勝爲能，不以彼負爲否。言彼所以不中者，非彼不能，政是有疾病故也。酒能養病，故酌酒飲彼，示養彼病，故云「敬養」也。所以禮云：「君使士射，不能則辭以病。」❻懸弧之義也。而不如者亦跪受酒而云：「賜灌。」灌，猶飲也。言賜飲者，服而爲敬辭也。

❶「知」下，〔今校〕鮑本有「問」字。

❷「得」，〔今校〕鮑本作「將」。

❸「范寧亦云有爭」，〔今校〕鮑本此六字解下馬融注，按「則無爭之證益明矣」下，且「有」作「無」。

❹「之」，久原本、桃華齋本作「云」，誤。〔今校〕鮑本亦作「云」。

❺「而飲者」，〔今校〕鮑本無此三字。

❻「病」，〔今校〕鮑本作「疾」。

王肅曰：「射於堂，升及下皆揖讓而相飲也。」就王注意則云「揖讓而升下」也，若餘人讀則云「揖讓而升」，「升」屬上句。又云「下而飲」，「下」屬下句。然此讀不及王意也。○

其爭也君子。」夫少人之爭，❶必攘臂厲色。今此射雖心止不忘中，而進退合禮，更相辭讓，跪授跪受，不乖君子之容。故云「其爭也君子」也。

馬融曰：「多算飲少算，君子之所爭也。」此證「其爭也君子」也。算，猶籌也。射者比結朋黨，各有算數，每中則以算表之。若中多則籌多，❷故云多算也。中少則籌少，❸故云少算也。凡情得勝則敢自爲矜貴，❹今射雖多算，當猶自酌酒以飲少算，不敢自高，是君子之所爭也。故云「君子之所爭」也。然釋此者亦云「於射無爭」，❺非今所安，聊復記之。李充曰：「君子謙卑以自收，後己先人，受勞辭逸，未始非讓，何爭之有乎？射藝競中，以明能否，而處心無措者，勝負若一。由此觀之，愈知君子之無爭也。」欒肇曰：「君子於射，講藝明訓，考德觀賢，繁揖讓以成禮，崇五善以興教。故曰：『君子無所爭，必也射乎！』言於射尤必君子之無爭。《周官》所謂『陽禮教讓，則民不爭』者也。君子於禮，所主在重，而所略在輕。若升降揖讓於射則爭，是爲輕在可讓，而重在可爭，豈所謂禮敬之道哉？且爭，無益於勝功者也。求勝在己，理之常也。雖心在中質，不可謂爭矣。故《射義》曰：❻『失諸正鵠，還求諸身。』求中以辭養，不爲爭勝以恥人也。又曰：『射，仁道也。發而不中，不怨勝己者，反求諸己而已。』因稱此言，以證無爭焉。誠以爭名施於小人，讓分定於君子也。今說者云：必於射然後有爭。此爲反《論》文，背《周官》，違《禮記》，而後有爭之言得通。考諸經傳，則無爭之證益明矣。」❼○

---

❶「少」，久原本、桃華齋本作「小」，義長。文明本、清熙園本作「少」，恐非。〔今校〕鮑本作「小」。

❷「籌」，〔今校〕鮑本作「算」。

❸「籌」，〔今校〕鮑本作「算」。

❹「敢」，諸本並無此字，文明本獨有。〔今校〕鮑本無此字。

❺「亦」，久原本、桃華齋本並無此字，恐非。〔今校〕鮑本亦無此字。

❻「義」，〔今校〕鮑本作「儀」。

❼「矣」下，〔今校〕鮑本有「范寧亦云無爭」六字。

子夏問曰：「『巧笑倩兮，❶美目盻兮，❷素以爲絢兮。』何謂也？」此是《衛風・碩人》閔莊姜之詩也。莊姜有容有禮，衛侯不好德而不答，故衛人閔之也。巧咲，咲之美者也。倩，巧咲貌也。言人可怜，則咲巧而貌倩倩然也。美目，目之美者也。盻，動目貌也。言人可怜，則目美而貌盻盻然也。素，白也。絢，文貌也。謂用白色以分間五采，使成文章也。言莊姜既有盻倩之容，❸又有禮自能約束，❹如五采得白分間，乃文章分明也。子夏讀《詩》，不達此語，故云「何謂」，以問孔子也。

馬融曰：「倩，笑貌。盻，動目貌也。❺絢，文貌也。此上二句在《衛風・碩人》之二章。巧笑及美目，即見《衛風・碩人》第二章。其下一句逸也。」「素以爲絢」之一句也。已散逸，則《衛風》所無也。◯

子曰：「繪事後素。」答子夏也。繪，畫也。言此上三句，是明美人先有其質，後須其禮，以自約束。如畫者先雖布衆采蔭映，然後必用白色以分間之，則畫文分明。故曰「繪事後素」也。

鄭玄曰：「繪，畫文也。又刺縫成文，則謂之繡；畫之成文，謂之爲繪也。凡畫繪，先布衆采，然後以素分其間，以成其文。喻美女雖有倩盻美質，亦須禮以成也。」

曰：「禮後乎？」子夏聞孔子云「繪事後素」而解，特喻人雖可怜，必後用禮，故云「禮後乎」。

孔安國曰：「孔子言『繪事後素』，子夏聞而解，知以素喻禮，故曰『禮後乎』。」

子曰：「起予者商也！始可與言《詩》已

---

❶「笑」，文明本、延德本、清熙園本經、注「笑」字，疏作「咲」。久原本注亦作「咲」。桃華齋本經、注及疏皆作「笑」。按，《干禄字書》出「咲笑」云：「上通下正。」〔今校〕鮑本經、注、疏皆作「笑」。

❷「盻」，阮氏《校勘記》云：「《説文》：『盼，《詩》曰：「美目盼兮。」從目，盼（當作「分」）聲。』『盻，恨視也，從目，兮聲。』音義迥別。作『盼』是。」今按，皇《疏》諸本皆作「盻」，古鈔《集解》本亦同。〔今校〕鮑本作「盼」。

❸「容」，〔今校〕鮑本作「貌」。

❹「約」，文明本作「結」，下「須其禮自約束」之「約」亦同。延德本、清熙園本唯此「約」字作「結」，下則作「約」。桃華齋本二處並作「約」。今依改正。〔今校〕鮑本亦唯此「約」字作「結」。

❺「也」，〔今校〕鮑本無此字。

矣。」起，發也。予，我也。孔子但言「繪事後素」，而子夏仍知以素喻禮。是達詩人之旨以起發我談，故始可與言《詩》也。

苞氏曰：「予，我也。孔子言：子夏能發明我意，可與共言《詩》已矣。」沈居士曰：「孔子始云『未若貧而樂道，富而好禮』，未見貧者所以能樂道，富所以能好禮之由。❶子貢答曰『切磋琢磨』，所以得好禮也。則是非但解孔子旨，亦是更廣引理以答也。❷故曰『告諸往而知來者』也。孔子云『繪事後素』，本政是以素喻禮。子夏答云『禮後乎』，但是解夫子語耳，理無所廣，故云『起予』，而不云『知來』也。」❸

子曰：「夏禮，吾能言之，杞不足徵；❹此章明夏、殷之後失禮也。夏禮，謂禹時禮也，即孔子往杞所得夏時之書也。杞，夏之後所封之國也。徵，成也。夏桀失國，殷封其後於杞，❺當周末而其君昏闇。❻故孔子言：夏家之禮，吾能言之，但杞君昏愚，❼不足與共成其先代之禮。故云「杞不足徵」也。殷禮，吾能言之，宋不足徵也。殷禮，殷湯之禮，即孔子往宋所得坤乾之書也。❽宋，殷之後所封之國也。紂失國，周封微子於宋也。孔子云：殷湯之禮，吾亦能言，但于時宋君昏亂，不足以與共成之也。

苞氏曰：「徵，成也。杞、宋，二國名也，夏、殷之後也。夏、殷之禮，吾能說之，杞、宋之君，❾不足以成之也。」

文獻不足故也。解所以不足成義也。文，文章也。獻，賢也。言杞、宋二君無文章賢才，故我不足與成之也。❿足，則吾能徵之矣。」若文章賢才足，則吾豈不與成之乎？故云：足，則成之矣。⓫

---

❶「富」下，〔今校〕鮑本有「者」字。

❷「理」，久原本作「詩」，恐非。

❸「沈居士」至「知來也」，〔今校〕鮑本此段解經文，接「故始可與言詩也」下。

❹「徵」下，〔今校〕鮑本有「也」字。

❺「殷」，〔今校〕鮑本作「周」。「後」下，〔今校〕鮑本有「東婁公」三字。

❻「當」下，〔今校〕鮑本有「于」字。

❼「愚」，〔今校〕鮑本作「闇」。

❽「坤乾」，〔今校〕鮑本作「乾坤」。

❾「宗」，〔今校〕鮑本作「宋」，是。

❿「也」，〔今校〕鮑本無此字。

⓫「成」，〔今校〕鮑本作「吾能徵」。

鄭玄曰：「獻，猶賢也。我能不以其禮成之者，以此二國之君文章賢才不足故也。」

子曰：「禘自既灌而往者，吾不欲觀之矣。」

此章明魯祭失禮也。禘者，大祭名也。周禮四時祭名：春曰祠，夏曰礿，秋曰嘗，冬曰烝。又四時之外，五年之中，別作二大祭，一名禘，一名祫，而先儒論之不同。今不具説，且依注梗概而談也。謂爲禘者，諦也，謂審諦昭穆也。灌者，獻也，酌鬱鬯酒獻尸，灌地以求神也。禘禮必以毀廟之主陳在太祖廟，❶未毀廟之主亦升於太祖廟，序諦昭穆，而後共合食堂上。未陳列主之前，王與祝入太祖廟室中，以酒獻尸，尸以祭灌於地以求神。求神竟而出堂，列定昭穆，備成祭禮。時魯家逆祀，尸主翻次，當於灌時，未列昭穆，猶有可觀。既灌以後，逆列已定，故孔子云「不欲觀」也。往，猶後也。不言祫，唯云禘者，隨爾時所見也。

孔安國曰：「禘、祫之禮，爲序昭穆也。

列諸主在太祖廟堂。太祖之主在西壁東向。太祖之子爲昭，在太祖之東而南向。太祖之孫爲穆，對太祖之子而北向。以次東陳，在北者曰昭，在南者曰穆，所謂父昭子穆也。昭者，明也，尊父故曰明也。穆，敬也，子宜敬於父也。〇故毀廟之主及群廟之主，皆合食於太祖。孔及先儒義云：禘、祫禮同，皆取毀廟之主及未毀廟之主，並升列昭穆，在太祖廟堂也。灌者，酌鬱鬯灌於太祖，以降神也。鬱鬯者，煮鬱金之草取汁，❷釀黑秬一秠二米者爲酒。酒成，則氣芬芳調暢，❸故呼爲「鬯」，亦曰「秬鬯」也。若又擣鬱金取汁，和莎餲於此暢，則呼爲「鬱鬯」。但先儒舊論灌法不同。一云：「於太祖室裡龕前東向，束白茅置地上，而持鬯酒灌白茅上，

---

❶「禘禮」，〔今校〕鮑本作「禮禘」。

❷「鬱鬯」至「之草」，諸本並無「者」字，文明本有。文明本旁注異本「金」下無「之」字。按《周禮・鬱人》鄭注云：「鬱，鬱金草，宜以和鬯。」《禮記・郊特牲》《正義》云：「鬱，鬱金草也。鬯，謂鬯酒，煮鬱金草和之。」「金」、「草」二字間並無「之」字。

❸「氣芬芳調暢」，《禮記・郊特牲》《正義》云：「其氣芬芳調鬯。」《周禮・鬯人》鄭《注》云：「鬯，釀秬爲酒，芬香條暢於上下也。」《詩・江漢》《箋》云：「謂之鬯者，芬香條鬯也。」按，「鬯」、「暢」相通、「調暢」、「條暢」義同。

使酒味滲入淵泉以求神也。」而鄭康成不正酌道灌地，❶或云灌尸，或云灌神。故《郊特牲》云：「周人尚臭，灌用鬯臭，鬱合鬯臭，陰達於淵泉。灌以珪璋，用玉氣也。既灌然後迎牲，致陰氣也。」鄭注云：「灌謂以圭瓚酌暢，始獻神也。」又《祭統》云：「君執圭瓚灌尸，太宗執璋瓚亞灌。」鄭注云：「天子、諸侯之祭禮，先有灌尸之事，及後迎牲。」❷案，鄭二注或神或尸，故解者或云灌神是灌地之禮，灌尸是灌人之禮。而鄭注《尚書大傳》則云：「灌是獻尸。尸乃得獻，乃祭酒以灌地也。」**既灌之後，別尊卑，序昭穆。**謂灌竟尸出堂時也。**而魯爲逆祀，躋僖公，亂昭穆，故不欲觀之矣。」**躋，升也。僖公、閔公俱是莊公之子。僖庶子而年長，閔嫡而幼。莊公薨而立閔公爲君，則僖爲臣事閔。閔薨而僖立爲君。僖後雖爲君，而昔是經閔臣。至僖薨，列主應在閔下。而魯之宗人夏父弗忌佞僖公之子文公云：「吾聞新鬼大，故鬼小。」故升僖於閔上，而逆祀亂昭穆，故孔子不欲觀之也。○

或問禘之説。或人聞孔子不欲觀禘，故問孔子，以求知禘義禮舊説也。❸**子曰：「不知也；**孔子答或人云：不知禘禮舊説也。所以然者，若依舊説而答之，則魯乖禮之事顯，若依魯而説之，則又乖正教。既爲魯諱，❹故云「不知」也。

孔安國曰：「答以不知者，爲魯君諱也。」臣爲國諱惡，則是禮也。

知其説者之於天下也，其如示諸斯乎！」孔子爲國諱，而答以「不知」。遂不更説，❺則千載之後，長言禘禮爲聖所不知，此事永絶，故更向或人陳其方便也。言若欲知禘説，其自不難，於天下之人莫不知矣。人人皆知，如示以掌中之物，無不知了者也。故云「之於天下也，❻其如示諸斯」也。斯，此也。此，此孔子掌中也。**指其掌。**此記者所言，以釋孔子語也。孔子既云易知而申掌，又以一手自指所申之掌，以示或人，云：其如示諸此也。是孔子自指其掌也。

---

❶「正酌道」，諸鈔本皆如此。按，「正」當作「云」，「道」當作「酒」。「酌」，〔今校〕鮑本作「的」。

❷「及」，〔今校〕鮑本作「乃」。

❸「禮」，〔今校〕鮑本作「之」。

❹「既」下，〔今校〕鮑本有「欲」字。

❺「不更」，〔今校〕鮑本作「更不」。

❻「云」下，疑脱「知其説者」四字。〔今校〕鮑本正有此四字。

苞氏曰：「孔子謂或人言：知禘禮之説者於天下之事，如指示以掌中之物。言其易了也。」

祭如在，此以下二句，乃非孔子之言，亦因前而發也。爲魯祭，臣處其君上，是不如在，故明宜如在也。此先説祭人鬼也。人子奉親，事死如事生，是如在。❶ ○

孔安國曰：「言事死如事生也。」所以祭之日，思親居處、咲語及所好樂、嗜欲，事事如生存時也。

祭神如神在。此謂祭天地山川百神也。神不可測，而必心期對之，❷如在此也。

孔安國曰：「謂祭百神也。」孔所以知前是祭人神鬼，❸後是祭百神者，凡且稱其在，以對不在也。前既直云「如在」，故則知是人鬼，以今之不在對於昔之在也。後既云「祭神如神在」，再稱於神，則知神無存没，期之則在也。○

子曰：「吾不與祭，如不祭。」既並須如在，故説者引孔子語證成己義也。❹ 孔子言：我或疾或行，不得自祭，使人攝之，雖使人代攝，而於我心不盡，是與不祭同也。

苞氏曰：「孔子或出或病，而不自親祭，使攝者爲之，故不致敬心，❺與不祭同也。」

王孫賈王孫賈者，周靈王之孫，名賈也，是時仕衛爲大夫也。❻ 問曰：「『與其媚於奥，寧媚於竈』，何謂也？」此世俗舊語也。媚，趣向也。奥，内也，謂室中西南角。室向東南開户，西南安牖。牖内隱奥無事，恒尊者所居之處也。竈，謂人家爲飲食之處也。賈仕在衛執政，爲一國之要，能爲人之益，欲自比如竈，雖卑外而實要，爲衆人所急也。又，侍君之近臣以喻奥也。近君之臣，雖近君爲尊，而交無事，如室之奥雖尊而無事也，並於人無益也。時孔子至衛，賈誦此舊語以感切孔子，欲令孔

---

❶「在」下，〔今校〕鮑本有「也」字。
❷「必」，〔今校〕鮑本無此字。
❸「神」，〔今校〕鮑本無此字。
❹「説」，〔今校〕鮑本作「記」。
❺「敬」下，〔今校〕鮑本有「於」字。
❻「大」上，延德本有「衛」字，恐衍。「王孫」至「大夫也」，〔今校〕鮑本此段解孔注，接「王孫賈衛大夫也」下。

子求媚於己，如人之媚竈也。故云「與其媚於奧，寧當媚竈」。問於孔子「何謂」，使孔子悟之也。

孔安國曰：「王孫賈，衛大夫也。奧，内也，以喻近臣也。竈，以喻執政也。賈者，執政者也。欲使孔子求昵之，故微以世俗之言感動之也。」昵，猶親近也。欲令孔子求親近於己，故說世俗之言，微以感動之也。○

子曰：「不然。獲罪於天，無所禱也。」孔子識賈之詐，故以此言距之也。言我不被時用，是由君命，何能細爲曲情以求於汝輩？譬如世人得罪於天，亦無所細祈禱衆邪之神也。❶○

孔安國曰：「天以喻君也。孔子距之曰：如獲罪於天，無所禱於衆神也。」若不依注則復一釋。欒肇曰：「奧尊而無事，竈卑而有求。❷時周室衰弱，權在諸侯。賈自周出仕衛，故託世俗言以自解於孔子。孔子曰『獲罪於天無所禱』者，明天神無上，王尊無二，言當事尊，卑不足媚也。」

子曰：「周監於二代，郁郁乎文哉！周，周代也。監，視也。二代，夏、殷也。郁郁，文章明著也。言以周世比視於夏、殷，則周家文章最著明大備也。吾從周。」周既極備，爲教所須，故孔子欲從周也。

孔安國曰：「監，視也。言周文章備於二代，當從周也。」

子入大廟，周公廟也。❸孔子仕魯助祭，故得入周公廟也。

苞氏曰：「大廟，周公廟也。孔子仕魯，魯祭周公而助祭焉也。」❹

每事問。大廟中事及物，孔子每事輒問於廟中令長也。

---

❶「細」，〔今校〕鮑本無此字。

❷「有」下，久原本、桃華齋本有「如」字，恐衍。

❸「周」上，〔今校〕鮑本有「大廟」二字。

❹「焉」，〔今校〕鮑本無此字。

○或曰：「孰謂鄹人之子知禮乎？❶入大廟，每事問。」孰，誰也。鄹，孔子父叔梁紇所治邑也，故謂孔子爲鄹人子也。世人皆傳孔子知禮，或人疑云：知禮者自當遍識一切，不應有問；今孔子入廟，每事輒問，則是不知禮也。故曰「誰謂鄹人之子知禮乎」。

孔安國曰：「鄹，孔子父叔梁紇所治邑也。時人多言孔子知禮，或人以爲知禮者不當復問也。」

子聞之，曰：「是禮也。」孔子聞或人譏己多問，故釋之也。所以云「是禮」者，宗廟事重，不可輕脫，愈知愈問，是敬慎之禮也。

孔安國曰：「雖知之，當復問，慎之至也。」

子曰：「射不主皮，射者，男子所有事也。射乃多種，今云不主皮者，則是將祭擇士之大射也。張布爲棚，而用獸皮帖其中央。必射之取中央，故謂主皮也。然射之爲禮，乃須中質，而又須形容兼美，必使威儀中禮，節奏比樂，然後以中皮爲美。而當周衰之時，禮崩樂壞，其有射者無復威儀，唯競取主皮之中。故孔子抑而解之云：射不必在主皮也。

馬融曰：「射有五善：❷引《周禮》卿大夫射

---

❶「鄹」，寶德本、文明本、清熙園本經作「鄹」，注及疏作「郰」。久原本、桃華齋本則經、注作「鄹」，唯疏作「鄒」。按，《說文》：「鄒，魯縣，古邾國，從邑，芻聲。郰，魯下邑，孔子鄉，從邑取。」《玉篇》：「『鄒』，俗作『郰』。」「『郰』，《論語》作『鄹』。」蓋『鄹』，『郰』之異字，『郰』，『鄒』之俗字也。徐鍇《繫傳》「鄒」下引趙岐《題辭》云：「邾國至孟子時改曰鄒。則留反。」「郰」下引《左傳》「郰人紇，則侯反」。蓋「鄒」、「郰」二字古音義逈別，無相通借。陸氏《釋文》則云：「孟子，鄹邑人。」又云：「鄹，側留反。」蓋至六朝時，「鄒」、「郰」相混。皇侃，梁人，故疏「郰」作「鄒」。疑其所依經注亦作「鄒」，今本作「郰」者，後人依据《集解》舊本所校正。

❷「射有五善」，《經籍訪古志》云：「弘前星野氏所藏《義疏》第二卷《八佾篇》『射不主皮』條，馬融注『射有五善』下，及『以熊虎豹皮爲之』下，引邢《疏》文，並冠『裏云』二字」云云。今按，諸鈔本皆無『裏云』二字，獨久原文庫所藏一本有此兩字，與《訪古志》所謂星野本相符。而「告朔餼羊」章鄭注下及「事君盡禮」章下引邢《疏》，並冠「裏云」二字，是則《訪古志》所未言。

五物之法以證之也。❶ ○一曰和志，體和也；和志，謂將射必先正志。志和則身體和韻，故云「體和」也。二曰和容，有容儀也；二則使行步舉動和柔，所以有容儀也。三曰主皮，能中質也；先和志，有容儀，後乃取中於質。質即棚也。四曰和頌，合《雅》《頌》；射時有歌樂。言雖能中質，而放捨節奏，必令與《雅》《頌》之聲和合也。天子以《騶虞》爲節，諸侯以《狸首》，❷大夫以《菜蘋》，❸士以《菜蘩》爲節。❹故孔子云何以射，何以聽，言射節以與樂聲合如一也。❺五曰興武，❻與舞同也。匪唯聲合《雅》《頌》而已，❼乃至使射容與樂儛趣興相會，進退同也。然馬注與《鄉射》五物小異，❽亦可會也，不須委曲細通。天子有三侯，侯即射棚也。謂棚爲侯者，天子中之以威服諸侯，諸侯中之則得爲諸侯。故《禮》云「謂射之爲諸侯也」，❾《尚書》云「侯以明之」，是也。以熊、虎、豹皮爲之。❿三獸之皮，各爲一侯，故有三侯也。所以用此三獸者，三獸雄猛，今取射之，示能伏服猛也。天子大射張此三侯。天子射猛虎，諸侯射熊，卿大夫射豹也。然此注先言熊者，隨語便，無别義也。○言射者不但以中皮爲善，亦兼取之和容也。」⓫

爲力不同科，爲力，謂力役之事也。科，品也。古者役使人，隨其强弱爲科品，使之有上、中、下三等。周末則

---

❶「卿」，〔今校〕鮑本作「鄉」。

❷「首」下，〔今校〕鮑本有「爲節」二字。

❸「菜」，〔今校〕鮑本作「采」。「蘋」下，〔今校〕鮑本有「爲節」二字。

❹「菜」，〔今校〕鮑本作「采」。

❺「以」，〔今校〕鮑本無此字。

❻「武」，延德本作「儛」，與古鈔《集解》本、正平刻《集解》本同。

❼「匪」，〔今校〕鮑本作「非」。

❽「小」，〔今校〕鮑本作「少」。

❾「謂射之」，〔今校〕鮑本無「謂」、「之」二字。

❿「之」，延德、清熙園、久原、桃華齋諸本，此下皇《疏》後有邢《疏》一事，久原文庫一本則録之皇《疏》前，文明本則並録於皇《疏》前後，而其文全同。則知文明本是就舊本二種寫定者。

⓫「之」，久原文庫一本旁注異本無此字。今按，諸鈔本皆有，永録鈔《集解》本同。

一概使之，無復强弱三科，與古爲異。此明與古不同科也。❶○古之道也。」射不主皮及爲力不同科二事，皆是古有道之時法也，故云「古之道」也。

馬融曰：「爲力，爲力役事也。❷亦有上、中、下，設三科焉，故曰不同科也。」

子貢欲去告朔之餼羊。告朔者，人君每月旦於廟告此月朔之至也。禮：天子每月之旦，居於明堂，告其時帝布政，讀《月令》之書畢，又還大廟，告於太祖。諸侯無明堂，但告於大廟。並用牲，天子用牛，諸侯用羊。于時魯家昏亂，自魯文公而不復告朔。❸以至子貢之時也，時君雖不告朔，而其國之舊官猶進告朔之羊。子貢見告朔之禮久廢而空有其羊，故使除去其羊也。云「餼」者，❹腥羊也。腥牲曰餼。

鄭玄曰：「牲生曰餼。鄭注《詩》云：「牛羊豕爲牲，繫養者曰牢，熟曰雍，❺腥曰餼，生曰牽。」而鄭今云「牲生曰餼」者，當「腥」與「生」是通名也。然必是「腥」也。何以知然者？猶生養，則子貢何以養愛乎？❻政是殺而腥送，故賜愛之也。○禮：人君每月告朔於廟，有祭，謂之朝享也。告朔之祭，周禮謂爲朝享也。鄭注《論語》云：「諸侯用羊，天子用牛矣。」❼侃案，魯用天子禮，告朔應用牛，而今用羊者，天子告朔時帝，事大故用牛，魯不告帝，故依諸侯用羊也。○魯自文公始不視朔。子貢見其禮廢，故欲去其羊也。」文公是僖公之子也。起文公爲始，而不視告於朔也。始文，經宣、成、襄、昭、定，至哀公。時子貢當於定，未及哀時也。然謂月旦爲朔者，朔者，蘇也，生也，言前月已死，此月復生也。

子曰：「賜也！汝愛其羊，我愛其禮。」孔子不許子貢去羊也。言子貢欲去羊之意，政言既不告朔，徒進羊爲費，故云「愛羊」也；而我不欲去羊者，君雖不告朔，而後人見有告朔之羊，猶識舊有告朔之禮；今既已不告，若又去羊，則後人無復知有告朔之禮者，是告朔禮

---

❶「與」，〔今校〕鮑本無此字。
❷「役」下，〔今校〕鮑本有「之」字。
❸「魯」，〔今校〕鮑本無此字。
❹「云」，〔今校〕鮑本無此字。
❺「雍」，〔今校〕鮑本作「饔」。
❻「養」，〔今校〕鮑本無此字。
❼「矣」，〔今校〕鮑本作「與」。

都亡已，❶我今猶欲使人見羊，知其有禮，故云「我愛其禮」也。

苞氏曰：「羊在，猶所以識其禮也；羊亡，禮遂廢也。」

子曰：「事君盡禮，人以爲諂也。」當于今時，❷臣皆佞諂阿黨，❸若見有能盡禮竭忠於君者，因共翻謂爲諂。故孔子明言，以疾當時也。○

孔安國曰：「時事君者多無禮，故以有禮者爲諂也。」

定公問：「君使臣，臣事君，如之何？」定公，哀公父也，亦失禮而臣不服。❹定公患之，故問孔子，求於君使臣、臣事君之法禮也。

孔安國曰：「定公，魯君謚也。時臣失禮，定公患之，故問也。」

孔子對曰：「君使臣以禮，臣事君以忠。」孔子答，因斥定公也。言臣之從君，如草從風。故君能使臣得禮，則臣事君必盡忠也；君若無禮，則臣亦不忠也。

子曰：❺「《關雎》樂而不婬，❻《關雎》者，即《毛詩》之初篇也。時人不知《關雎》之義，而橫生非毁，或言其婬，或言其傷，故孔子解之也。《關雎》樂得淑女以配君子，是共爲政風之美耳，非爲婬也，故云「樂而不婬」也。故江熙云：「樂在得淑女，❼疑於爲色。所樂者德，故有樂而無婬也。」又李充曰：「《關雎》之興樂得淑女以配君子，憂在進賢，不淫其色，是『樂而不淫』也。」哀而不傷。」《關雎》之詩，自是哀思窈窕，思賢才故耳，而無傷善之心，故云「哀而不傷」也。故李充曰：「哀窈窕，思賢才，而無傷善之心，是『哀耳不傷』也。」❽

孔安國曰：「樂而不至淫，哀而不至傷，言其和也。」鄭玄曰：「樂得淑女以爲君子之好

❶「已」，清熙園本、久原本、桃華齋本並無此字。〔今校〕鮑本亦無此字。

❷「今」，桃華齋本、久原本作「尒」。〔今校〕鮑本作「爾」。

❸「佞諂」，〔今校〕鮑本作「諂佞」。

❹「服」下，〔今校〕鮑本有「也」字。

❺「子曰」，〔今校〕鮑本提行，是。此以下爲另一章。

❻「婬」，「婬」字經從女，注從水，疏引江熙從女，李充、鄭玄則從水。〔今校〕鮑本作「淫」。

❼「在」，清熙園本、延德本、桃華齋本、久原本並無此字。

❽「耳」，〔今校〕鮑本作「而」。

仇，不爲淫其色也。瘖痳思之，哀世失夫婦之道，不得此人，不爲感傷其愛也。」❶

哀公問社於宰我。社，社稷也。哀公見社稷種樹之不同，故問宰我也。哀公，魯君也。宰我，孔子弟子，姓宰，名予，字子我也。鄭《論》本云「問主」也。○宰我對曰：「夏后氏以松，殷人以柏，周人以栗，宰我答，社稷樹三代所居不同，故有松、柏之異也。然夏稱「夏后氏」，❷殷、周稱「人」者，《白虎通》曰：「夏以揖讓受禪爲君，故褒之稱『后』。后，君也。又重其世，故『氏』係之也。殷、周以干戈取天下，故貶稱『人』也。」《白虎通》又云：「夏得禪授，是君與之，故稱『君』也。❸殷、周從人民之心而取之，❹是由人得之，故曰『人』也。」曰使民戰栗也。」曰者，謂也。宰我見哀公失德，民不畏服，無戰栗悚敬之心。今欲微諷哀公，使改德修行，故因於答三代木竟，而又矯周樹用栗之義也。言周人所以用栗，謂種栗而欲使民戰栗故也。今君是周人，而社既種栗，而民不戰栗，何也？然謂「曰」爲「謂」者，猶「曰者未仁」及「不曰如何」之類也。

孔安國曰：「凡建邦立社，各以其土所宜之木。出《周禮》也。然社樹必用其土所宜之木者，社主土生，土生必令得宜，故用土所宜木也。夏居河東，河東宜松；殷居亳，亳宜柏；周居酆鎬，酆鎬宜栗也。宰我不曉其本意，❺妄爲之說。木在隨土所宜，❻而宰我妄說其義，是不本其意也。因周用栗，便云使民戰栗也。」便謂周栗是使民戰栗也。❼依注意即不得如先儒言「曰使民戰栗」是哀公語也。

子聞之，孔子聞之宰我說「使民戰栗」之言也。❽曰：「成事不說，聞而說宰我也。❾言種栗是隨土所宜，此事之成箸乎三代。汝今妄說，曰「使民戰栗」，是壞於禮政，故云「成事不說」也。○

❶「感」，〔今校〕鮑本作「滅」。
❷「夏」，〔今校〕鮑本無此字。
❸「君」，〔今校〕鮑本作「后」。
❹「而」下，〔今校〕鮑本有「伐」字。
❺「不曉其本意」，〔今校〕鮑本作「不本其意」。
❻「木」，〔今校〕鮑本作「本」。
❼「周」，〔今校〕鮑本作「用」。
❽上「之」字，當在「宰我」下「說」字上。〔今校〕鮑本無此字。
❾「說」，〔今校〕鮑本作「譏」。

苞氏曰：「事已成，不復説解。」❶依注亦得爲向解也。

遂事不諫，此指哀公也。言哀公爲惡已久，而民不戰栗，其事畢遂，此豈汝之可諫止也？

苞氏曰：「事已遂，不可復諫止也。」亦得爲向解也。

既往不咎。」此斥宰我也。言汝不本樹意，而妄爲他説；若餘人爲此説，則爲可咎責；今汝好爲謬失，而此事既已往，吾不復追咎汝也。是咎之深也，猶「於予與何誅」之類也。

苞氏曰：「事既往，不可復追非咎也。」亦得爲向説也。孔子非宰我，故歷言三者，欲使慎其後也。」然此注亦得爲向者之解。❷又一家云：三語並譏宰我也。故李充曰：「成事不説，而哀釁成矣；遂事不諫，而哀謬遂矣；既往不咎，而哀政往矣。斯似譏宰我，而實以廣道消之慨，盛德衰之歎。言不咎者，咎之深也。」案李充説，是三事並誡宰我，無令後日復行也。然成、遂、往及説、諫、咎之六字，先後之次，相配之旨，未都可見。師説云：「成是其事自初成之時，遂是其事既行之日，既往指其事已過之後也。事初成不可解説，事政行不可諫止，事已過不可追咎也。先後相配，各有旨也。」

子曰：「管仲之器小哉！」管仲者，齊桓公之相管夷吾也。齊謂之仲父，故呼爲管仲也。器者，謂管仲識量也。小者，不大也。言管仲識量不可大也。

言其器量小也。孫綽曰：「功有餘而德不足。以道觀之，得不曰小乎？」❸

或曰：「管仲儉乎？」或人聞孔子云管仲器小，便謂管仲慳儉，故問云「儉乎」。

苞氏曰：「或人見孔子小之，以爲謂之大儉乎也。」❹

曰：「管氏有三歸，官事不攝，焉得儉乎？」孔子又答或人，説管仲不儉也。三歸者，管仲娶三國女爲

---

❶「不復説解」，〔今校〕鮑本「不」下有「可」字，「解」下有「也」字。

❷「然」，〔今校〕鮑本無此字。「解」下，〔今校〕鮑本有「也」字。

❸「孫綽」至「小乎」，〔今校〕鮑本此段解經文，接「識量不可大也」下。

❹「也」，清熙園本、延德本、久原本並無此字。〔今校〕鮑本亦無此字。「大」，〔今校〕鮑本作「太」。

婦也。婦人謂嫁曰歸也。禮：諸侯一娶三國九女，以一大國爲正夫人。正夫人之兄弟女一人，又夫人之妹一人，謂之姪娣，姪娣隨夫人來爲妾。❶又二小國之女來爲媵，媵亦有姪娣自隨。既每國三人，三國故九人也。大夫婚不越境，但一國娶三女也，❷以一爲正妻，二人姪娣從爲妾也。管仲是齊大夫，而一娶三國九女，❸故云「有三歸」也。又諸侯國大事多，故立官各職，每人輒爲一官。若大夫則不得官官置人，但每人輒攝領數事。❹管仲是大夫，而立官各人，不須兼攝，故云「官事不攝」也。既女多官廣，費用不少。此則非儉者所爲，故云「焉得儉」也。

苞氏曰：「三歸者，娶三姓女也。然媵與夫人與大國宜同姓。今雖三國，政應一姓。而云三姓者，當是誤也。○婦人謂嫁爲歸。攝，猶兼也。攝，並也。禮：國君事大，官各有人，大夫并兼。今管仲家臣備職，非爲儉也。」大夫稱家，大夫之臣曰家臣。家臣宜并事，今云「不攝」，是不并，不并是不儉也。家臣謂家相、邑宰之屬也。

曰：「然則管仲知禮乎？」又或人問也。或人聞孔子云不儉，故更問曰：若如此，則是管仲知禮乎？然，猶如此也。

苞氏曰：「或人以儉問，故答以安得儉。或人聞不儉，更謂爲得禮也。」❺

曰：「邦君樹塞門，管氏亦樹塞門；又答或人，云管仲不知禮也。邦國，❻謂諸侯也。樹塞門，謂立屏以障隔門，別外內。禮：天子、諸侯並有之也。臣來朝君，至屏而起敬。天子尊遠，故外屏於路門之外爲之。諸侯尊近，故內屏於內門之內爲之。今黄門閣板障是也。❼卿大夫以簾，士以帷，又並不得施之門，❽政當在庭階之處耳。管仲是大夫，亦學諸侯，於門立屏，故云「亦樹塞門」也。邦君爲兩君之好，有反坫，管氏亦有反坫。又明失禮也。禮：諸侯與鄰國君相見，共於廟

❶「姪娣」，〔今校〕鮑本無此二字。
❷「也」，〔今校〕鮑本無此字。
❸「女」，〔今校〕鮑本作「人」。
❹「每」下，〔今校〕鮑本有「一」字。
❺「得」下，久原本、桃華齋本、篁墩本有「知」字，永禄鈔《集解》本同。他本並無，古鈔《集解》本、正平刻《集解》本同。〔今校〕鮑本「得」下亦有「知」字。
❻「國」，〔今校〕鮑本作「君」，是。
❼「門」，〔今校〕鮑本無此字。
❽「之」下，〔今校〕鮑本有「於」字。

飲燕，有反坫之禮。坫者，築土爲之，形如土堆，在於兩楹之間。飲酒行獻酬之禮，更酌，酌畢則各反其酒爵於坫上，故謂此堆爲「反坫」。大夫無此禮，而管仲亦僭爲之，故云「亦有反坫」也。

鄭玄曰：「反坫，反爵之坫也，爵謂杯也。在兩楹之間。兩楹者，古者屋當棟下隔之，棟後謂之室，棟前謂之堂。假三間堂，而中央之間堂，無西、東壁，其柱盈盈而立。故謂柱爲楹，東柱爲東楹，西柱爲西楹。西楹之東，東楹之西，即謂此地爲兩楹之間也。人君有別外内，於門樹屏以敝之。❶今黄閣用板爲障。古者未必用板，或用土。今大廟中門内作屏障之也。○若與隣國君爲好會，其獻、酢之禮更酌，初主人酌酒與賓曰獻，賓飲獻畢而酌酒與主人曰酢，❷主人飲酢畢又酌與賓曰酬。古者賓、主各杯，故云「更酌」也。酌畢則各反爵於坫上。既云「各反」，則是各兩爵也。○今管氏皆僭爲之如是，❸是不知禮也。」卑者濫用尊者之物曰僭也。❹管氏而知禮，孰不知禮也？」結於答也。孰，誰也。言若謂管仲此事爲知禮，則誰復是不知禮者乎？然孔子稱管仲爲仁及匡齊不用兵車，而今謂爲小，又此二失者，❺管仲中人，寧得圓足，是故雖有仁功，猶不免此失也。今李充曰：❻「齊桓隆霸王之業，管仲成一匡之功，免生民於左衽，豈小也哉？然苟非大才者，則有偏失。好内極奢，桓公之病也。管生方恢仁大勳，❼弘振風義，遺近節於當年，期遠濟乎千載，寧謗分以要治，不潔己以求名，所謂君子行道忘其爲身者也。漏細行而全令圖，唯大德乃堪之。季末奢淫，愆違禮則。聖人明經常之訓，塞奢侈之源，故不得不貶以爲少也。」❽子謂魯大師樂

---

❶「敝」，延德本、桃華齋本作「弊」。清熙園本、久原本作「蔽」，正平板同。文明本作「敝」，古鈔《集解》本同。〔今校〕鮑本作「蔽」。又，武内校記「敝」俱誤作「敝」，今正。

❷「酒」，〔今校〕鮑本無此字。

❸「氏」，〔今校〕鮑本作「仲」。

❹「卑者濫用尊者之物曰僭也」，〔今校〕鮑本無此十一字。

❺「此二」，〔今校〕鮑本作「有此」。

❻「今」，〔今校〕鮑本無此字。

❼「生」，桃華齋本作「仲」。

❽「少」，〔今校〕鮑本作「小」。

曰：❶「樂其可知也已。魯大師，魯樂師也。魯之國禮樂崩壞，❷正音不存。故孔子見魯之樂師而語其，使知正樂之法。❸故云「樂其可知也已」。始作，翕如也；此以下並是所語可知之聲也。翕，習也。言正樂初奏，其聲翕習而盛也。

大師，樂官名也。言五音始奏，翕如盛也。

從之，純如也，從，放縱也。言正樂始奏翕習，以後又舒縱其聲，其聲則純一而和諧。言不離折散逸也。❹

從，讀曰縱也。言五音既發，放縱盡其聲，純純如和諧也。

皦如也，言雖純如而如一，其音節又明亮皎皎然也。

言其音節明也。❺

繹如也，繹，尋續也。言聲相尋續而不斷絶也。以成矣。」以成矣，❻奏樂如此，則是正聲一成也。

縱之以純如、皦如，繹如，言樂始於翕如，而成於三者也。三者，純、皦、繹也。

儀封人儀，衛邑名也。封人，守衛邑之堺吏也。周人謂守封壃之人爲封人也。請見，時孔子至衛，而封人是賢者，故謂諸弟子，❼求見於孔子也。

鄭玄曰：「儀，蓋衛下邑也。封人，官名也。」

曰：「君子之至於斯者，吾未嘗不得見也。」從者見之。此封人請見之辭也。既欲見孔子，而恐諸弟子嫌我微賤，不肯爲通聞，時故引我恒例以語諸弟子，❽使爲我通也。斯，此也。言從來若有君子來至此衛地者，我嘗未不得與之相見，❾言皆見我也。從者，即是弟子隨孔子來者也。聞其言而爲通達，使得見也。

苞氏曰：「從者，是弟子隨孔子行者也，

---

❶「子謂魯大師樂曰」，久原本、桃華齋本並提行。〔今校〕鮑本亦提行。「謂」，〔今校〕鮑本作「語」。

❷「之」，〔今校〕鮑本此字在上「魯」字下，是。

❸「其使」，〔今校〕鮑本作「使其」，是。

❹「折」，〔今校〕鮑本作「析」，是。

❺「節」下，〔今校〕鮑本有「分」字。

❻「以成矣」，〔今校〕鮑本無此三字。

❼「謂」，〔今校〕鮑本作「請」。

❽「時」，〔今校〕鮑本無此字。

❾「嘗未」，〔今校〕鮑本作「未嘗」，是。

通使得見者也。」

出曰：「二三子何患於喪乎？出，謂封人見孔子竟而出也。二三子，即是向爲封人通聞之弟子也。喪，猶亡失也。封人見竟，出而呼孔子弟子而語之也，❶云：二三子，汝何所憂患於孔子聖道亡失乎？必不亡失也。天下之無道久矣，❷此封人又説孔子聖道不亡失之由也。言事不常一，有盛必有衰，衰極必盛。當今天下亂離無道已久，久亂必應復興，興之所寄，政當在孔子聖德之將喪亡也。❸

孔安國曰：「語諸弟子，言何患於夫子聖德將喪亡耶？❹天下之無道也已久矣，極衰必有盛也。」

天將以夫子爲木鐸。」言今無道將興，❺故用孔子爲木鐸，以宣令聞也。❻

孔安國曰：「木鐸，❼施政教時所振也。言天將命孔子制作法度，以號令於天下也。」鐸用銅鐵爲之，若行武教則用銅鐵爲舌，若行文教則用木爲舌，謂之木鐸。將行號令，則執鐸振奮之，使鳴而言所教之事也。故《檀弓》云：「宰執木鐸以命于宮曰：❽舍故而諱新。」又《月令》云：「奮木鐸以令兆民曰：雷將發聲。」是其事也。孫綽曰：「達哉封人！❾栖遲賤職，自得於懷抱，一觀大聖，深明於興廢，明道内足，至言外亮。將天假斯人以發德音乎？夫高唱獨發，而無感於當時，列國之君莫救乎聾盲，所以臨文永慨者也。然玄風遐被，大雅流詠，千載之下，若瞻儀形。其人已遠，木鐸未戢，乃知

❶「也」，〔今校〕鮑本無此字。

❷「道」下，〔今校〕鮑本有「也」字。

❸「之將喪亡也」，諸鈔本「將」上有「時」字，文明本獨無。〔今校〕鮑本「將」上無「之」字，「亡」下有「之時」二字。

❹「德」下，〔今校〕鮑本有「之」字。

❺「無」，〔今校〕鮑本無此字，是。

❻「聞也」，〔今校〕鮑本作「之」。

❼「木鐸」，篁墩云：「慧琳《大般若音義》引孔注《論語》云：『木鐸，金鈴木舌，以宣文教也。』」今按，慧琳所引孔注與今本不合。陸氏《釋文》云：「木鐸，金鈴木舌，施政教之所也。」上六字與琳引孔注同，下六字與今本孔注相似。

❽「宰」下，〔今校〕鮑本有「夫」字。

❾「哉」，〔今校〕鮑本作「者」。

封人之談，信於今矣。」❶○

子謂《韶》，「盡美矣，又盡善矣也。」❷此詳虞、周二代樂之勝否也。《韶》，舜樂名也。夫聖人制樂，隨人心而爲名。韶，紹也。天下之民樂舜揖讓紹繼堯德，故舜有天下而制樂名「韶」也。美者，堪合當時之稱也。善者，理事不惡之名也。夫理事不惡，亦未必會合當時；會合當時，亦未必事理不惡。故美、善有殊也。《韶》樂所以盡美又盡善，天下萬物樂舜繼堯，從民受禪，❸是會合當時之心，故曰「盡美」也。揖讓而代，於事理無惡，故曰「盡善」也。

《韶》，舜樂名也。謂以聖德受禪，故曰「盡善」也。❹注不釋「盡美」而釋「盡善」者，釋其異也。○

謂《武》，「盡美矣，未盡善也。」《武》，武王樂也。天下之民樂武王干戈，故樂名《武》也。天下樂武，❺武王從民伐紂，❻是會合當時之心，故「盡美」也；而以臣伐君，於事理不善，故云「未盡善」也。

孔安國曰：「《武》，武王樂也。以征伐取天下之故，❼曰『未盡善』也。」注亦釋其異也。❽○

子曰：「居上不寬，爲禮不敬，臨喪不哀，吾何以觀之哉？」此說當時失德之君也。❾爲君居上者，寬以得衆，而當時居上者不寬也；又禮以敬爲主，而當時行禮者不敬也；又臨喪以哀爲主，而當時臨喪者不哀。此三條之事，並爲乖禮，故孔子所不欲觀，故云「吾何以觀之哉」。○

❶「孫綽」至「於今矣」，〔今校〕鮑本此段解經文，接「以宣令聞也」下。

❷「矣」，〔今校〕鮑本無此字。

❸「從」上，〔今校〕鮑本有「而舜」二字。

❹「韶舜」至「善也」，此注文明本、延德本、清熙園本並爲何注，久原本、久原一本、桃華齋本則爲孔注。〔今校〕鮑本亦爲孔注。

❺「武」，〔今校〕鮑本無此字。

❻「民」下，〔今校〕鮑本有「而」字。

❼「之」，〔今校〕鮑本無此字。

❽「異」下，〔今校〕鮑本有「者」字。

❾「說」，〔今校〕鮑本作「章識」。

論語里仁第四❶

何晏集解凡廿六章

疏里者，鄰里也。仁者，仁義也。此篇明凡人之性易爲染箸，❷遇善則升，逢惡則墜，❸故居處宜慎，必擇仁者之里也。所以次前者，明季氏惡由不近仁，今示避惡徙善，❹宜居仁里。故以《里仁》次於《季氏》也。○

子曰：「里仁爲美。里者，民之所居處也。周家去王城百里謂之遠郊，遠郊內有六鄉，六鄉中五家爲比，五比爲閭，五閭爲族，五族爲黨，❺五黨爲州，五州爲鄉。百里外至二百里謂之六遂，❻遂中五家爲鄰，五鄰爲里，四里爲酇，五酇爲鄙，五鄙爲縣，五縣爲遂。二百里外至王畿五百里之內，並同六遂之制也。仁者，博施濟衆也。言人居宅，必擇有仁者之里，所以爲美也。里仁既爲美，則閭仁亦美可知也。○

鄭玄曰：「里者，民之所居也。居於仁者之里，是爲善也。」文云「美」而注云「善」者，夫美未必善，故鄭深明居仁者里必是善也。

擇不處仁，焉得智？」中人易染，遇善則善，遇惡則惡。若求居而不擇仁里而處之，則是無智之人。故云「焉得智」也。

鄭玄曰：「求善居而不處仁者之里，不得爲有智之也。」❼沈居士曰：「言所居之里，尚以仁地爲美，况擇身所處而不處仁道，安得智乎？」❽

子曰：「不仁者不可以久處約，此明不仁之人居世無宜也。約，猶貧困也。夫君子處貧愈久，德行無變。若不仁之人久居約，則必斯濫爲盜，故不可久處也。

孔安國曰：「久困則爲非也。」

不可以長處樂也。❾樂，富貴也。君子富貴愈久，

---

❶「論語里仁第四」，文明本、久原文庫一本、足利本此下所引邢《疏》在皇《疏》前，他本則在後。

❷「箸」，〔今校〕鮑本作「著」。

❸「墜」，久原本、桃華齋本作「墮」。

❹「徙」，〔今校〕鮑本作「從」。

❺「族」，文明本作「旅」，誤。今改正。

❻「謂」，〔今校〕鮑本作「爲」。

❼「之」，〔今校〕鮑本無此字。

❽「沈居士」至「智乎」，〔今校〕鮑本此段解經文，接「故云焉得智也」下。

❾「也」，〔今校〕鮑本無此字。

愈好禮不倦。若不仁之人久處富貴，必爲驕溢也。

孔安國曰：「必驕佚也。」

仁者安仁，辨行仁之中有不同也。若禀性自仁者，則能安仁也。何以驗之？假令行仁獲罪，性仁人行之不悔，是「仁者安仁」也。

苞氏曰：「唯性仁者自然體之，故謂安仁也。」

智者利仁。」❶智者，謂識昭前境而非性仁者也。❷利仁者，其見行仁者，若於彼我皆利，則已行之；若於我有損，則便停止。❸是「智者利仁」也。

王肅曰：「知者仁爲美，❹故利行之也。」❺知仁爲美而性不體之，故有利乃行之也。○

子曰：「唯仁者能好人，能惡人。」夫仁人不佞，故能言人之好惡。是能好人，能惡人也。「雍也仁而不佞」，是也。

孔安國曰：「唯仁者能審人好惡之也。」❻亦得爲向釋也。又一解云：「謂極仁之人也。極仁之人，顏氏是也。既極仁昭，故能識審他人好惡也。」故繆播曰：「仁者，人之極也，能審好惡之表也，故可以定好惡。若未免好惡之境，何足以明物哉？」

子曰：「苟志於仁矣，無惡也。」苟，誠也。言人若誠能志在於仁，則爲行之勝者，❼故其餘所行皆善，無復惡行也。❽

孔安國曰：「苟，誠也。言誠能志於仁者，則其餘無惡也。」

子曰：「富與貴，是人之所欲也；富者財多，貴者位高。位高則身爲他所崇敬，❾財多則爲他所愛。

---

❶「智」，久原本、桃華齋本經、注皆作「智」。文明本、延德本、清熙園本經作「智」，注作「知」，正平板及古鈔《集解》本並同。

❷「昭」，諸鈔本作「昭」，唯文明本、久原一本作「照」。

❸「便」，〔今校〕鮑本作「使」。

❹「知者仁爲美」，〔今校〕鮑本「知」作「智」，「者」下有「知」字。

❺「利」下，〔今校〕鮑本有「而」字。

❻「之」，〔今校〕鮑本在「人」下，是。

❼「行」，清熙園本、延德本作「仁」，誤。久原本、桃華齋本「行」上衍「仁」字。

❽「復」，〔今校〕鮑本無此字。

❾「身」，〔今校〕鮑本無此字。

夫人生則莫不貪欲此二事，故云「是人所欲」也。不以其道得之，不處也。然二途雖是人所貪欲，要當取之以道，❶則爲可居；若不用道理而得，則不可處也。

孔安國曰：「不以其道得富貴，不處也。」❷「不義而富且貴，於我如浮雲」，是以君子不處也。

貧與賤，是人之所惡也；乏財曰貧，無位曰賤。賤則爲人所欺陵，貧則身困凍餒。此二事者爲人所憎惡，故云「是人之所惡」也。不以其道得之，不去也。若依道理，則有道者宜富貴，無道者宜貧賤，則是理之常道也。今若有道而身反貧賤，此是不以其道而得也。雖非我道而招此貧賤，而亦安之若命，不可除去我正道，而更作非理邀之，故云「不去」也。

時有否泰，故君子履道而反貧賤，此即「不以其道而得之」者也。❸雖是人之所惡，不可違而去之也。時有否泰，運有通塞。雖所招非己分，而不可違去我正道也。所以顏愿安貧，不更他方横求也。

君子去仁，惡乎成名？此更明不可去正道以求富貴也。惡乎，猶於何也。言人所以得他人呼我爲君子者，政由我爲有仁道故耳。若捨去仁道傍求富貴，則於何處更得成君子之名乎？

孔安國曰：「惡乎成名者，不得成名爲君子也。」

君子無終食之間違仁，終食，食間也。仁既不可去，故雖復飲食之間，亦必心無違離於仁也。造次必於是，造次，急遽也。是，是仁也。言雖復身有急遽之時，亦必心存於仁也。顛沛必於是。」顛沛，僵仆也。言雖身致僵仆，亦必心不違於仁也。

馬融曰：「造次，急遽也。顛沛，僵仆也。僵仆，猶倒踣也。雖急遽、僵仆，不違於仁也。」

子曰：「我未見好仁者，歎世衰道喪，仁道絶。❹言我未見有一人見他人行仁而好之者也。惡不仁者。又言我亦不見一人雖不能自行仁者，若見他人不仁而已

---

❶「要」，久原本、桃華齋作「必」。
❷「不」上，〔今校〕鮑本有「則仁者」三字。
❸「即」，〔今校〕鮑本作「則」。
❹「絶」下，〔今校〕鮑本有「也」字。

憎惡之者也。故范寧曰：「世衰道喪，人無廉恥，見仁者既不好之，見不仁者亦不惡之。好仁惡不仁，我未覩其人也。」好仁者，無以尚之；尚，猶加勝也。言若好仁者，則爲德之上，無復德可加勝此也。故李充曰：「所好唯仁，無物以尚之也。」

孔安國曰：「難復加也。」

惡不仁者，其爲仁矣，好仁者，故不可加善。若知惡憎於不仁者，其人亦即是仁。故云「其爲仁」也。不使不仁者加乎其身。此是惡不仁者之功也。言既能惡於不仁，而身不與親狎，則不仁者不得以非理不仁之事加陵於己身也。一云：「其，其於仁者也。言惡不仁之人雖不好仁，而能惡於不仁者，不欲使不仁之人以非理加於仁者之身也。」❶故李充曰：「不仁，仁者之賊也。奚不惡不仁哉？惡其害仁也。是以爲惜仁人之篤者，不使不仁人加乎仁者之身，然後仁道無適而不申，不仁者無往而不屈也。」○

孔安國曰：「言惡不仁者，能使不仁者不加非義於己，不如好仁者無以加尚爲之優也。」❷如前解也。

有能一日用其力於仁者矣乎？我未見力不足者也。又歎世無有一日能行仁者也。言人何意不行仁乎？若有一日行仁而力不足者，我未見有此人也。言只故不行耳，若行之則力必足也。○

孔安國曰：「言人無能一日用其力修仁者耳，我未見欲爲仁而力不足者也。」

蓋有之乎，我未之見也。」孔子既言無有，復恐爲頓誣於世，故追解之云：世中蓋亦當有一日行仁者，特是自未嘗聞見耳。

孔安國曰：「謙不欲盡誣時人言不能爲仁，故云爲仁能有耳，❸其我未見也。」誣，猶誷也。世有而我云無，是爲誷也。君子可欺不

---

❶「於」，〔今校〕鮑本作「陵」。下「之」字，文明本無此字，諸本並有。按，此下引李充説亦謂「仁者之身」，則文明本無「之」字者恐非。今據他本改正。

❷「爲之」，根本本作「之爲」，與邢《疏》本同。諸鈔本作「爲之」，與古鈔《集解》本、正平板同。〔今校〕鮑本作「之爲」。

❸「仁能」，延德本無「仁」字，古鈔《集解》本、正平板、邢《疏》本並同。清熙園本、久原本、桃華齋本、根本本，「仁」字並在「能」字下。〔今校〕鮑本作「能仁」。

可謂，故云「蓋有之」也。

子曰：「民之過也，各於其黨。過，猶失也。黨，類也。❶人之有失，各有黨類。小人不能爲君子之行，則非小人之失也。猶如耕夫不能耕乃是其失，若不能書則非耕夫之失也。若責之，當就其輩類責也。❷觀過，斯知仁矣。」若觀人之過，能隨類而責，不求備一人，則知此觀過之人有仁心人也。若非類而責，是不仁人。故云「觀過斯知仁矣」。○

孔安國曰：「黨，黨類也。小人不能爲君子之行，非小人之過也。當恕而無責之。觀過，使賢愚各當其所，則爲仁也。」殷中湛解小異於此。❸殷曰：「言人之過失各由於性類之不同。直者以改邪爲義，失在於寡恕。仁者以惻隱爲誠，過在於容非。是以與仁同過，其仁可知。『觀過』之義，將在於斯者也。」

子曰：「朝聞道，夕死可矣。」歎世無道，故言：假使朝聞世有道，❹則夕死無恨。故云「可矣」。欒肇曰：「道所以濟民。聖人存身，爲行道也。濟民以道，非爲濟身也。故云：誠令道朝聞於世，雖夕死可也。傷道不行，且明己憂世不爲身也。」

言將至死不聞世之有道也。

子曰：「士志於道而恥惡衣惡食者，未足與議也。」若欲志於道而恥惡衣惡食者，此則是無志之人，故不足與共謀議於道也。一云：「不可與其共行仁義也。」李充曰：「夫貴形骸之内者，則忘其形骸之外矣。是以昔之有道者有爲者，乃使家人忘其貧，王公忘其榮，而況於衣食也？」○子曰：❺「君子之於天下也，無適也，無莫也，義之比也。」❻范寧曰：「適、莫，猶厚、薄也。比，親也。君子與人無有偏頗厚薄，唯仁義是親也。」

言君子之於天下無適無莫，無所貪慕也，唯義之所在也。○

子曰：「君子懷德，懷，安也。君子身之所安，安於

❶「類」上，〔今校〕鮑本有「黨」字。
❷「責」下，〔今校〕鮑本有「之」字。
❸「中湛」，〔今校〕鮑本作「仲堪」，是。「小」，〔今校〕鮑本作「少」。
❹「假」，〔今校〕鮑本作「設」。
❺「子曰」，久原本提行。〔今校〕鮑本亦提行。
❻「之」下，〔今校〕鮑本有「與」字。

有德之事。

孔安國曰：「懷，安也。」

小人懷土；小人不貴於德，唯安於鄉土，不期利害，是以安不能遷也。❶

孔安國曰：「重遷也。」重，猶難也。以遷徙爲難，不慕勝而數遷也。一云：「君子者，人君也；小人者，民下也。上之化下，如風靡草。君若化民安德，則下民安其土，所以不遷也。」故李充曰：「凡言君子者，德足軌物，義兼君人，不唯獨善而已也。言小人者，向化從風，博通下民，不但反是之謂也。故曰『君子之德風，小人之德草』也。此言君導之以德，則民安其居而樂其俗，鄰國相望而不相與往來，化之至也。是以大王在岐，下輦成都，仁政感民，猛虎弗避，鍾儀懷土，而謂之君子。然則民之君子，君之小人也。斯言言例也。」❷

君子懷刑，刑，法也。言君子之人安於法則也。

孔安國曰：「安於法也。」

小人懷惠。」惠，恩惠利人也。小人不安法，唯知安利惠也。又一云：「人君若安於刑辟，則民下懷利惠也。」故李充曰：「齊之以刑，則民惠利矣。夫以刑制物者，刑勝則民離；以利望上者，利極則生叛也。」〇

苞氏曰：「惠，恩惠也。」

子曰：「放於利而行，放，依也。謂每事依財利而行者也。

孔安國曰：「放，依也。每事依利而行之者也。」

多怨。」若依利而行者則爲怨府，故云「多怨」。

孔安國曰：「取怨之道也。」

子曰：「能以禮讓爲國乎？何有？爲，猶治也。言人君能用禮讓以治國，則於國事不難。故云「何有」，言其易也。故江熙曰：「范宣子讓，其下皆讓之。人懷讓心，則治國易也。」

何有者，言不難之也。

不能以禮讓爲國，如禮何？」若昏闇之君，不爲用禮讓以治國，則如治國之禮何？故江熙曰：「不能以禮讓，則下有爭心，錐刀之末，將盡爭之。唯利是恤，何遑言禮也？」〇

❶「安」下，〔今校〕鮑本有「之」字。

❷「一云」至「例也」，〔今校〕鮑本此段解經文，接「是以安不能遷也」下。「言言」，鮑本作「言」。

苞氏曰：「『如禮何』者，言不能用禮也。」

子曰：「不患無位，患所以立。時多患無爵位，故孔子抑之也。言何患無位，但患己才闇無德以處立於位耳。不患莫己知也，求爲可知也。」又言若有才伎，則不患人不見知也，故云「不患莫己知也」。若欲得人見知，唯當先學才伎，使足人知，❶故云「求爲可知也」。

苞氏曰：「求善道而學行之，則人知己也。」

子曰：「參乎！呼曾子名，欲語之。參，曾子名也。吾道一以貫之哉。」❷所語曾子之言也。道者，孔子之道也。貫，猶統也。譬如以繩穿物，有貫統也。孔子語曾子曰：吾教化之道，唯用一道以貫統天下萬理也。故王弼曰：「貫，猶統也。夫事有歸，理有會。故得其歸，事雖殷大，可以一名舉；總其會，理雖博，可以至約窮也。譬猶以君御民，執一統衆之道也。」曾子曰：「唯。」唯，猶今應爾也。曾子曉孔子言，故直應爾而已，不諮問也。

孔安國曰：「直曉不問，故答曰『唯』也。」

子出，當是孔子往曾子處，得曾子答竟後，而孔子出户去。門人問曰：「何謂也？」門人，曾子弟子也。不解孔子之言，故問於曾子也。曾子曰：「夫子之

---

❶「足」，久原本、桃華齋本作「是」，恐非。

❷「哉」，邢《疏》本無此字，古鈔《集解》本、皇《疏》諸本並有，唯篁墩本作「矣」。按《疏》文，皇侃所見經文與邢《疏》本同。現存諸本並有「哉」字，蓋據古鈔《集解》本所改。

道，忠恕而已矣。」❶曾子答弟子也，❷釋於孔子之道也。忠，謂盡忠心也。❸恕，謂忖我以度於人也。言孔子之道，更無他法，政用忠恕之心，❹以己測物，則萬物之理皆可窮驗也。故王弼曰：「忠者，情之盡也；恕者，反情以同物者也。未有反諸其身而不得物之情，未有能全其恕而不盡理之極也。能盡理極，則無物不統。極不可二，故謂之一也。推身統物，窮類適盡，一言而可終身行者，其唯恕也。」○子曰：❺「君子喻義，❻小人喻於利。」喻，曉也。君子所曉於仁義，小人所曉於財利。故范寧曰：「棄貨利而曉仁義，則爲君子；曉貨利而棄仁義，則爲小人。」❼

孔安國曰：「喻，猶曉也。」

子曰：「見賢思齊焉，言人若見賢者，當自思修礪，願與之齊等也。❽

苞氏曰：「思與賢者等也。」

見不賢者而內自省也。」❾省，視也。若見人不賢者，則我更視我心內，❿從來所行無此事不也。故范寧

---

❶「忠恕而已矣」，余蕭客《古經解鉤沈》云：「惠棟所校相臺岳氏本，此下有何注『忠以事上恕以接下本一而已惟其人也』十六字。」陳鱣《論語古訓》依惠校本補之。唯劉寶楠《正義》則斥爲後人所增。今按，京都大學所藏清家點本旁記何注十六字。據吉田篁墩《近聞偶筆》所引永正鈔《論語》《跋尾》，清家本此注乃依唐本補入者。（唐本謂漢土刊本）而《日本訪書志》所載宋監纂圖互注《論語》實有此注，則知清家點校唐本是宋監纂圖互注本也。疑岳本此注亦出於纂圖互注本。蓋宋刊經子題「纂圖互注重言意」者，皆坊刻帖括之書，不足爲據。而我國所傳《集解》舊本及皇《疏》諸鈔本，並無此注。劉氏斥爲後人所增，似有所見。

❷「也」，〔今校〕鮑本無此字。

❸「忠」，〔今校〕鮑本作「中」。

❹「政」，〔今校〕鮑本作「故」。

❺「子曰」，久原本、桃華齋本提行。〔今校〕鮑本亦提行。

❻「喻」下，〔今校〕鮑本有「於」字。

❼「人」下，〔今校〕鮑本有「也」字。

❽「願」，〔今校〕鮑本在上句「修」字上。

❾「者」，〔今校〕鮑本無此字。

❿「更」下，〔今校〕鮑本有「自」字。

曰：「顧探諸己，謂之内省也。」子曰：❶「事父母幾諫，幾，微也。子事父母，義主恭從。❷父母若有過失，則子不獲不致極而諫。雖復致諫，猶當微微納進善言，不使額額也。此章下四章明孝。❸〇

苞氏曰：「幾，微也。言當微諫，納善言於父母也。」

見志不從，又敬而不違，雖許有諫，若見父母志不從己諫，則己仍起敬起孝，且不違距於父母之志，待父母悦，乃更諫也。故《禮記》云：「父母有過，下氣柔聲，怡色以諫。諫若不入，起敬起孝，悦則後諫。」❹是也。勞而不怨。」❺若諫又不從，或至十至百，則己不敢辭己之勞，以怨於親也。故《禮記》云：「凡雖撻之流血，❻不敢疾怨。」❼是也。

苞氏曰：「見志者，見父母志有不從己諫之色，則又當恭敬，不敢違父母意而遂己之諫也。」然夫諫之爲義，義在愛惜。既在三事同，❽君親宜一，若有不善，俱宜致諫。今就經記參差，有出没難解。案，《檀弓》云：「事親有隱無犯，事君有犯無隱。」則是隱親之失，不諫親之過，又諫君之失，不隱君之過，並爲可疑。舊通云：「君親並諫，同見《孝經》，微進善言，俱陳記傳。故此云『事父母幾諫』，而《曲禮》云『爲人臣之禮不顯諫』，鄭玄曰『合幾微諫』也，是知並宜微諫也。」又若君親爲過大甚，則亦不得不極於犯顔。故《孝經》曰：「父有爭子，君有爭臣。」又《内則》云：「子之事親也，三諫不從則號泣而隨之。」又云：「臣之事君，三諫不從則逃

---

❶「子曰」，久原本、桃華齋本提行。〔今校〕鮑本亦提行。

❷「主」，文明本作「至」，誤。今依他本改正。

❸「此章下四章明孝」，〔今校〕鮑本作「此并下四章皆明孝也」，居此段疏文之首，在「幾微也」上。

❹「後」，〔今校〕鮑本作「復」。

❺「敬而不違勞而不怨」，文明本、久原文庫一本「敬」下有「以」字，恐衍。今據他本削正。古鈔《集解》本、正平板並無兩「而」字，邢本唯「勞」下有「而」字，「敬」下無。〔今校〕底本原文「敬」下仍有「以」字，今據武内校記删。

❻「凡」，〔今校〕鮑本無此字。

❼「疾怨」，文明本二字誤倒。諸鈔本及《禮記・内則》並作「疾怨」。今據改正。

❽「三」，桃華齋本旁注云：「三者，君、父、師也。」

之。」以經就記，❶並是極犯時也。而《檀弓》所言，欲顯真假本異，故其旨不同耳。何者？父子真屬，天性莫二，豈父有罪，子向他説也？故孔子曰：「子爲父隱，父爲子隱，直在其中。」故云「有隱」也。而君臣既義合，有殊天然。若言君之過於政有益，則不得不言。如齊晏嬰與晉叔向，共言齊、晉二君之過，是也。唯值有益乃言之，示不恒爲口實。❷若言之無益，則隱也。如孔子答陳司敗，曰「昭公知禮」，是也。假使與他言父過有益，亦不得言。或問曰：「《春秋傳》：晉魏戊告於閻没女寬，言父之過。此豈不亦言乎？」答：「《春秋》之書，非復常準。苟取權宜，不得格於正理也。」又父子天性，義主恭從，所以言無犯，是其本也。而君臣假合，義主匡弼，故云有犯，亦其本也。乃其俱宜有犯，微著事同，是其俱如向釋。又在三有師，《檀弓》云：「事師無犯無隱。」所以然者，師常居明德無可隱，無可隱故亦無犯也。

子曰：「父母在，子不遠遊，遊必有方。」方，常也。《曲禮》云：「爲人子之禮，出必告，反必面，所遊必有常，所習必有業。」是「必有方」也。若行遊無常，則貽累父母之憂也。○

鄭玄曰：「方，猶常也。」

子曰：「三年無改於父之道，可謂孝矣。」○

鄭玄曰：「孝子在喪，哀戚思慕，無所改其父之道，非心之所忍爲也。」

子曰：「父母之年，不可不知也。人有年多而容少，或有年少而體老。❸此處不可爲定，❹故爲人子者，必宜知父母之年多少也。一則以喜，此宜知年之事也。知父母年高而形猶壯，此是壽考之徵，故孝子所以喜也。一則以懼。」年實未老而形容衰減，故孝子所以怖懼也。

孔安國曰：「見其壽考則喜，見其衰老則懼也。」亦得如向解。又一釋：「若父母年實高，而形亦隨而老，此子亦一喜一懼也。見年高所以喜，見形老所以懼也。」而李充之解小異，云：「孝子之事親也，養則致其樂，病則致其憂。憂樂之情深，則喜懼之心篤。然則獻樂以排憂，進歡而去戚者，其唯知父母之年乎！豈徒知年數而已哉！貴其能稱年而致養也。是以唯孝子爲能達就養之方，盡將從

❶「經就」，〔今校〕鮑本作「就經」。
❷「示」，〔今校〕鮑本作「亦」。
❸「而體」，〔今校〕鮑本作「狀」。
❹「處」，〔今校〕鮑本作「所」。

之節。年盛則常怡，年衰則消息，喜於康豫，懼於失和，孝子之道備也矣。」❶

子曰：「古之者言之不妄出也，❷恥躬之不逮也。」躬，身也。逮，及也。古人不輕出言者，恥躬行之不能及也。❸故子路不宿諾也。故李充曰：「夫輕諾者必寡信，多易者必多難。是以古人難之。」❹○

苞氏曰：「古人之言不妄出口者，爲恥其身行之將不及也。」

子曰：「以約失之者，鮮矣。」鮮，少也。言以儉約自處，雖不得中，而失國家者少也。故顏延之云：「秉小居薄，❺衆之所與；執多處豐，物之所去也。」○

孔安國曰：「俱不得中也，奢則驕，溢則招禍，❻儉約則無憂患也。」

子曰：「君子欲訥於言，而敏於行。」訥，遲鈍也。敏，疾速也。君子欲行先於言，故遲言而速行也。○

苞氏曰：「訥，遲鈍也。言欲遲鈍，而行欲敏也。」

子曰：「德不孤，❼必有隣。」言人有德者，此人非孤然，而必有善隣里。故云：❽「魯無君子者，子賤斯焉取斯乎。」又一云：「鄰，報也。言德行不孤失，❾必爲人所報也。」故殷仲湛曰：❿「推誠相與，則殊類可親。以善接物，物亦不皆忘，以善應之。是以德不孤焉，必有隣也。」○

孔安國曰：⓫「方以類聚，同志相求也，⓬故必有隣也，⓭是以不孤也。」於前解

❶「矣」，〔今校〕鮑本無此字。

❷上「之」字，延德本、清熙園本、久原文庫一本、桃華齋並無此字，古鈔《集解》本同。按，文明本有此字，恐衍。

❸「躬」，〔今校〕鮑本作「身」。

❹「之」下，〔今校〕鮑本有「也」字。

❺「秉」，桃華齋本、久原本作「康」，恐非。

❻「則」，〔今校〕鮑本無此字。

❼「孤」下，據《疏》文，皇氏所見《論語》似有「焉」字。

❽「云」，諸本作「之」，誤。今改正。〔今校〕鮑本作「也」。

❾「失」，〔今校〕鮑本作「矣」。

❿「湛」，〔今校〕鮑本作「堪」，是。

⓫「孔安國曰」，〔今校〕鮑本無此四字。

⓬「也」，〔今校〕鮑本無此字。

⓭「也」，〔今校〕鮑本無此字。

爲便也。○

子游曰：「事君數，斯辱矣；朋友數，斯疏矣。」斯，此也。禮不貴褻，故進止有儀。臣非時而見君，此必致恥辱；朋友非時而相往數，必致疏辱也。❶一云：「言數，計數也。君臣計數，必致危辱；朋友計數，必致疏絶也。」○

孔安國曰：「數，謂速數之數也。」❷速而又數，則是不節也。○

論語義疏第二經一千二百一十二字。注一千九百三十一字。

于時文明九年丁酉六月廿八日書寫畢。

❶「辱」，〔今校〕鮑本作「遠」，是。

❷「也」，久原本、桃華齋本、延德本並無此字。

論語義疏卷第三 公冶長 雍也

梁國子助教吴郡皇侃撰

論語公冶長第五❶ 何晏集解 凡廿九章

疏 公冶長者，❷孔子弟子也。此篇明時無明君，賢人獲罪者也。所以次前者，言公冶雖在枉濫縲紲，而爲聖師證明。若不近仁則曲直難辨，故《公冶》次《里仁》也。❸○

子謂公冶長：「可妻也，公冶長，弟子也。「可妻」者，孔子欲以女嫁之，故先評論云謂「可妻也」。❹雖在縲紲之中，非其罪也。」既欲妻之，故備論其由來也。縲，黑索也。紲，攣也。古者用黑索以攣係罪人也。冶長賢人，于時經枉濫，在縲紲之中，雖然，實其非罪也。以其子妻之。評之既竟，而遂次女嫁之也。❺范寧曰：「公冶行正獲罪，罪非其罪，孔子以女妻之，將以大明衰世用刑之枉濫，勸將來實守正之人也。」孔安國曰：「公冶長，弟子，魯人，姓公冶，名長。❻○范寧曰：「名芝，字子長也。」縲，黑索也。紲，攣也，所以拘罪人也。」別有一書，名之爲《論釋》，云：「公冶長從衛還魯，行至二堺上，聞鳥相呼往清溪食死人肉。須臾見一老嫗當道而哭，冶長問之，嫗曰：『兒前日出行，于今不反，當是已死亡，不知所在。』冶長曰：『向聞鳥相呼往清溪食肉，恐是嫗兒也。』嫗往看，即得其兒也，已死。即嫗告村司，村司問嫗從何得知之，嫗曰：『見冶長道如此。』村官曰：『冶長不殺人，何緣知之？』囚録冶長付獄。主問冶長何以殺人，冶長

❶「論語公冶長第五」，延德本、久原本、桃華齋本篇題上無「論語」二字。

❷「者」，文明本無此字，他本皆有，今據補正。

❸「里仁」，〔今校〕原誤作「仁里」，據鮑本改。

❹「云」，當作「之」。〔今校〕鮑本作「而」。

❺「次」，當作「以」。〔今校〕鮑本作「以」。

❻「孔安國」至「名長」，此下諸本引邢《疏》，《疏》後有「范寧曰名芝字子長也」九字。唯清熙園本有邢《疏》而無范説。按，范説九字疑後人據陸氏《釋文》所增，非皇《疏》本文。

曰：『解鳥語，不殺人。』主曰：『當試之。若必解鳥語，便相放也。若不解，當令償死。』駐冶長在獄六十日。卒日，❶有雀子緣獄柵上相呼嘖嘖嚶嚶，冶長含笑。吏啓主冶長笑雀語，是似解鳥語。主教問冶長：『雀何所道而笑之？』冶長曰：『雀鳴嘖嘖嚶嚶，白蓮水邊，有車翻，覆黍粟，牡牛折角，收斂不盡，相呼往啄。』獄主未信，遣人往看，果如其言。後又解猪及燕語屢驗，於是得放。」然此語乃出雜書，未必可信，而亦古舊相傳，云冶長解鳥語，故聊記之。

子謂南容：又評南容也。「邦有道，不廢；邦無道，免於刑戮。」明南容之德也。若遭國君有道，則出仕官，不廢己之才德也。若君無道，則危行言遜，以免於刑戮也。刑戮通語耳，亦含輕重也。以其兄之子妻之。論之既畢，孔子以己兄女妻之也。

王肅曰：「南容，弟子南宮縚也，❷魯人也，字子容。姓南宮，❸名縚也，又名閱也。○不廢，言見任用也。」然昔時講説，❹好評公冶、南容德有優劣，故女妻有己女、❺兄女之異。侃謂二人無勝負也。卷舒隨世，乃爲有智；而杜濫獲罪，聖人猶然，亦不得以公冶爲劣也。以己女妻公冶，兄女妻南容者，非謂權其輕重，政是當其年相稱，而嫁事非一時在次耳，則可無意其間也。

子謂子賤：亦評子賤也。

孔安國曰：「子賤，魯人，弟子宓不齊也。」❻○

「君子哉若人，通此所評之事也。❼「若人」，如此人也。言子賤有君子之德，故言「君子哉若此人」也。魯無君子者，斯焉取斯？」因美子賤，又美魯也。

❶「在獄」至「卒日」，久原本「卒日」上無「六十日」三字，清熙園本比久原本「獄」下唯多一「中」字。今按，「卒日」二字恐衍，蓋舊本「六十日」誤合爲「卒日」二字，後人旁記「六十日」三字以校改之，而鈔手無識，遂併誤字存之也。

❷「縚」，清熙園本、久原本、迷庵本、篁墩本並作「韜」。

❸「宮」，文明本作「容」，誤。今改正。

❹「然」，〔今校〕鮑本無此字。

❺上「女」字，〔今校〕鮑本無此字。

❻「宓」，文明本、清熙園本作「密」，足利本原作「密」，後人朱改「宓」字。《顔氏家訓・書證篇》「孔子弟子虙子賤」，「俗字亦爲宓」。《集韵》「宓」或作「密」。

❼「通此」，〔今校〕鮑本二字互倒。

焉，安也。斯，此也。言若魯無君子，子賤安得取此君子之行而學之乎？言由魯多君子，故子賤學而得之。

苞氏曰：「若人者，若此人也。如魯無君子，子賤安得取此行而學行之。」❶

子貢問曰：「賜也何如？」子貢聞孔子歷評諸弟子而不及己，己獨區區己分，❷故因諮問「何如」也。子曰：「汝，器也。」孔子答曰：汝是器用之人也。

孔安國曰：「言汝是器用之人也。」

曰：「何器也？」器有善惡，猶未知己器云何，故更問也。曰：「瑚璉也。」此答定器有善分也。瑚璉者宗廟寶器，可盛黍稷也。言汝是器中之貴者也。或云君子不器，器者用必偏，瑚璉雖貴而爲用不周，亦言汝乃是貴器，亦用偏也。故江熙云：「瑚璉置宗廟則爲貴器，然不周於民用也。汝言語之士，束修廊廟則爲豪秀，然未必能幹煩務也。器之偏用，此其貴者猶不足多，況其賤者乎？是以玉之碌碌，石之落落，君子皆不欲也。」

苞氏曰：「瑚璉者，黍稷器也。用盛黍稷之飯也。❸夏曰瑚，殷曰璉，《禮記》云：「夏之四璉，殷之六瑚。」今云夏瑚殷璉，講者皆云是誤也。故欒肇曰：「未詳也。」周曰簠簋，宗廟器之貴者也。」然夏殷各一名，而其形未測，及周則兩名，其形各異，外方內圓曰簠，內方外圓曰簋，俱容一斗二升。❹以簠盛黍稷，以簋盛稻粱。或問曰：「子貢周人，孔子何不云汝是簠簋，而遠舉夏殷器也？」或通者曰：「夫子近捨當時而遠稱二代者，亦微有旨焉。謂湯武聖德，伊呂賢才，聖德則與孔子不殊，賢才與顏閔豈異？而湯武飛龍，伊呂爲阿衡之任，而孔子布衣洙泗，顏回簞瓢陋巷，論其人則不殊，但是用捨之不同耳。❺譬此器用則一，而時有廢興者也。」○

或曰：「雍也仁而不佞。」或人云：弟子冉雍甚有仁德，而不能佞媚求會時也。○

馬融曰：「雍，弟子仲弓名也，姓冉。」

---

❶「之」下，清熙園本、桃華齋本有「也」字。

❷下「己」字，〔今校〕鮑本作「已」。

❸「用」，桃華齋本作「同」，誤。

❹「俱容一斗二升」，文明本作「但容一斗三升」，恐非，今據他本改正。

❺「但是用捨之不同耳」，文明本「但」作「俱」、「耳」作「也」，旁注異本作「但」、作「耳」。諸鈔本與異本同，今據改正。

子曰：「焉用佞？距或人也。言人生在世，備仁躬自足，❶焉作佞僞也。❷禦人以口給，屢憎於民。❸更説佞人之爲惡也。禦猶對也。給，捷也。屢，數也。言佞者口辭對人，捷給無實，則數爲人所憎惡也。不知其仁也，焉用佞也？」❹憎佞爲惡之深，故重答距於或人也。

孔安國曰：「屢，數也。佞人口辭捷給，屢爲民所憎也。」❺○

子使漆彫開仕。孔子使此弟子出仕官也。對曰：「吾斯之未能信。」彫答也。❻答師稱吾者，古人皆然也。答云：言己學業未熟，未能究習，則不爲民所信，未堪仕也。一云：「言時君未能信，則不可仕也。」故張憑曰：「夫君臣之道，信而後交者也。君不信臣，則無以授任；臣不信君，則難以委質。魯君之誠未洽於民，故曰未敢信也。」❼

孔安國曰：「開，弟子也。漆彫，姓也。開，名也。仕進之道未能信者，未能究習也。」

子悦。孔子聞開言而欣悦也。范寧曰：「開知其學未習究治道，❽以此爲政，不能使民信己。孔子悦其志道之深，不汲汲於榮祿也。」

鄭玄曰：「善其志道深也。」❾

子曰：「道不行，乘桴浮於海。桴者，編竹木也。大曰筏，小曰桴。孔子聖道不行於世，故或欲居九夷，或欲乘桴泛海。故曰「道不行，乘桴浮於海」也。○從

❶「躬」，此字恐衍。

❷「焉」下，〔今校〕鮑本有「用」字。「僞」，〔今校〕鮑本作「爲」。

❸「民」，〔今校〕鮑本作「人」。下孔安國注「民」字同。

❹「也」，文明本無此字，諸本並有，今據補正。

❺「屢」，〔今校〕鮑本作「數」。

❻「彫」，〔今校〕鮑本作「開」。

❼「敢」，〔今校〕鮑本作「能」。

❽「知」，延德本、久原文庫一本作「以」。

❾「善」，諸本作「喜」，唯文明本、延德本作「善」。《論語古訓》云：「《弟子傳》《集解》引鄭《注》亦作『善』。」〔今校〕鮑本作「喜」。

我者，其由也與？」❶由，子路也。❷言從我浮海者，當時子路俱也，❸故云「其由與」。○

馬融曰：「桴，編竹木也。大者曰筏、小者曰桴也。」○

子路聞之喜。子路聞孔子唯將己行，❹所以喜也。

孔安國曰：「喜與己俱行也。」

子曰：「由也好勇過我，然孔子本意託乘桴激時俗，而子路信之將行，既不達微旨，故孔子不復更言其實，且先云「由好勇過我」以戲之也。所以是過我者，❺我始有乘桴之言，而子路便實欲乘此，是勇過我也。無所取材。」又言：汝乃勇過勝於我，❻然我無處覓取爲桴之材也。❼○

鄭玄曰：「子路信夫子欲行，故言好勇過我也。無所取材者，言無所取桴材也。以子路不解微言，故戲之耳。」此注如向釋也。一曰：「子路聞孔子欲乘桴浮海便喜，不復顧望，故孔子歎其勇曰過我。此又一通也。此意亦與前不乖也。無所復取哉，言唯取於己也。此注則微異也。哉，送句也。言子路信我欲行，而所以不顧望者，言將我入海不復取餘人哉，言唯取己也。古字材、哉同耳。」古作材字，❽與哉字同。故今此字雖作材，而讀義應曰哉也。又一家云：「孔子爲道不行爲譬。言我道之不行，如乘小桴入於巨海，終無濟理也。非唯我獨如此，凡門徒從我者，道皆不行，亦並由我故也。子路聞我道由，便謂由是其名，故便喜

---

❶「也」，邢本無此字，皇本有。阮元曰：「皇本有『也』字，與顏師古《漢書地理志注》及《御覽》百六十七所引合。」今按，古鈔《集解》本亦有「也」字，然據《疏》文，皇侃所見《論語》則無「也」字。現存諸本有之，疑後人依古鈔《集解》本所改。

❷「路」下，〔今校〕鮑本有「名」字。

❸「當時子路俱也」，延德本朱抹「時」字，根本本無「俱」字。按，「時」字、「俱」字並衍。〔今校〕鮑本無「俱」字。

❹「唯將己行」，〔今校〕鮑本作「唯將與己俱行」。

❺「是」，〔今校〕鮑本作「云」。

❻「乃勇」，〔今校〕鮑本二字互倒。

❼「處」，〔今校〕鮑本作「所」。

❽「作」，此字恐衍。

也。孔子不欲指斥其不解微旨，故微戲曰『汝好勇過我，我無所更取桴材』也。」

孟武伯問：「子路仁乎？」❶武伯問孔子云：弟子中有子路，是仁人不乎？子曰：「不知也。」孔子答也。所以云「不知」者，范寧曰：「仁道弘遠，❷仲由未能有之，又不欲指言無仁，非奬誘之教，故託云不知也。」

孔安國曰：「仁道至大，不可全名也。」言子路未能全受此仁名，故云不知也。

又問。武伯得答「不知」，而意猶未已，故更問曰：子路定有仁不乎？故范寧曰：「武伯意有未愜，或以仲尼有隱，故再答也。」❸子曰：「由也，千乘之國，可使治其賦也，賦，兵賦也。孔子得武伯重問，答又直云不知，則武伯未已，故且言其才伎，然後更答以不知也。言子路才勇可使治大國之兵賦，任爲諸侯也。❹

孔安國曰：「賦，兵賦也。」○

不知其仁也。」言唯知其才堪，而猶不知其仁也。「求也何如？」武伯又問：孔子弟子冉求其有仁不乎？故云「何如」也。子曰：「求也，千室之邑，百乘之家，可使爲之宰也，亦不答仁，而言求之才亦堪也。千室之邑，卿大夫之邑也。百乘之家，三公采地也。言求才堪爲千室百乘之邑宰也。○

孔安國曰：「千室之邑，卿大夫之邑也。卿大夫稱家，今不復論夏殷，且作周法。周天子畿内方千里，三公采地方百里，卿地方五十里，大夫地方二十五里。畿外五等，公方五百里，侯方四百里，伯方三百里，子方二百里，男方一百里。舊說：五等之臣，其采地亦爲三等，各依其君國十分爲之。何以然？天子畿千里，既以百里爲三公采，五十里爲卿采，二十五里爲大夫采。❺故畿外準之，上公地方五百里，其臣大采方五十里，中采方二十五里，小采方十二里半。侯方四百里，其臣大采方四十里，次采方二十里，小采方十里也。伯方三百里，其臣大采方三十里，中采方十五里，小采方七

---

❶「乎」，桃華齋本作「哉」。

❷「道」，清熙園本、延德本、久原本、桃華齋本作「理」。

❸「答」，〔今校〕鮑本作「問」，是。

❹「任」，〔今校〕鮑本作「仕」。「侯」下，〔今校〕鮑本有「之臣」二字。

❺「采」下，桃華齋本、根本本、文明本有「地」字，恐衍，今據他本削正。〔今校〕鮑本有「地」字。

里半。子方二百里，其臣大采方二十里，次采方十里，小采方五里。男方百里，❶其臣大采方十里，次采方五里，小采方二里半也。凡制地方一里爲井，井有三家。若方二里半，有方一里者六，又方半里者一，則合十八家有餘，故《論語》云「十室之邑」也。❷其中大小，各隨其君，故或有三百户，是方十里者一。或有千室，是方十里者三有餘也。　諸侯千乘，謂上公也。大夫故曰百乘也。宰，家臣。」然百乘之家是三公之采。鄭《注》雜記及此，並云大夫百乘者，三公亦通有大夫之稱也。不知其仁也。」亦結答不知其仁也。「赤也何如？」武伯又問弟子公西華赤有仁不乎？❸子曰：「赤也，束帶立於朝，可使與賓客言也，亦唯答赤之才能也。束帶立於朝，謂赤有容儀，可使對賓客言語也。故范寧曰：「束帶，整朝服也。賓客，鄰國諸侯來相聘享也。」

馬融曰：「赤，弟子公西華也。有容儀，可使爲行人也。」行人，謂宜使爲君出聘鄰國，及接鄰國之使來者也。《周禮》有大小行人職也。○

不知其仁也。」亦不答有仁也。子謂子貢曰：❹「汝與回也孰愈？」孰，誰也。愈，勝也。孔子問子貢：汝與顔回二人才伎誰勝者也？所以須此問者，繆播曰：「學末尚名者多，顧其實者寡。回則崇本棄末，賜也未能忘名。存名則美着於物，精本則名損於當時。故發問以要賜對，以示優劣也。所以抑賜而進回也。」

孔安國曰：「愈，猶勝也。」

對曰：「賜也何敢望回？回也聞一以知十，賜也聞一以知二。」答孔子以審分也。王弼曰：「假數以明優劣之分，言己與顔淵十裁及二，明相去懸遠也。」張封溪曰：「一者數之始，十者數之終。顔生體有識厚，故聞始則知終。子貢識劣，故聞始裁至二也。」○子曰：「弗如也，弗，不也。孔子聞子貢之答分有懸殊，故定之云不如也。吾與汝弗如也。」

---

❶「方」，文明本、清熙園本、延德本作「者」，恐非，今改正。桃華齋本「方」上有「者」字，恐衍。

❷「十」，文明本、延德本作「千」，恐非，今據他本改正。

❸「赤」，〔今校〕鮑本無此字。

❹「子謂子貢曰」，〔今校〕鮑本此下爲另一章，是，應提行。

孔子既答子貢之不如，又恐子貢有怨，故又云吾與汝皆不如也，所以安慰子貢也。○

苞氏曰：「既然子貢弗如，釋前弗如也。復云吾與爾俱不如者，❶蓋欲以慰子貢心也。」苞意如向解，而顧歡申苞注曰：「回爲德行之俊，賜爲言語之冠，淺深雖殊，而品裁未辨，故使名實無濫，故假問孰愈。子貢既審回賜之際，又得發問之旨，故舉十與二以明懸殊、愚智之異。夫子嘉其有自見之明而無矜尅之貌，故判之以『弗如』，同之以『吾與汝』。此言我與爾雖異，而同言『弗如』，能與聖師齊見，所以爲慰也。」侃謂：顧意是言我與爾俱明汝不如也，非言我亦不如也。而秦道賓曰：「《爾雅》云：『與，許也。』仲尼許子貢之不如也。」

宰予晝寢。寢，眠也。宰予惰學而晝寢也。

苞氏曰：「宰予，弟子宰我也。」

子曰：「朽木不可彫也，孔子責宰予晝眠，故爲之作譬也。朽，敗爛也。彫，彫鏤刻畫也。夫名工巧匠所彫刻，唯在好木則其器乃成，若施工於爛朽之木則其器不成，故云「朽木不可彫」。

苞氏曰：「朽，腐也。彫，彫琢刻畫也。」

糞土之牆不可杇也。❷牆，謂牆壁也。杇，謂杇鏝之使之平泥也。夫杇鏝牆壁，若牆壁土堅實者則易平泥光餝耳。若鏝於糞土之牆，則頹壞不平，故云「不可杇」也。所以言此二者，言汝今當晝而寢，不可復教，譬如爛木與糞土牆之不可施功也。❸○

❶「爾」，〔今校〕鮑本作「汝」。

❷「杇」，《釋文》出「圬」云：「本或作杇。」文明本、延德本作「杇」，與《釋文》所引異本合，古鈔《集解》本、正平板同。清熙園本、桃華齋本、迷庵本作「圬」，與《釋文》同。按，《五經文字》「圬」、「杇」同。〔今校〕鮑本作「圬」。下同。

❸「土」，〔今校〕鮑本無此字。

王肅曰：「杇，鏝也。❶〇二者喻雖施功猶不成也。」

於予與何誅？」誅，責也。言所責者當責有知之人，而今宰予無知，則何責乎？予，宰予。與，語助也。言不足責也，言不足責即是責之深也。〇❷

孔安國曰：「誅，責也。今我當何責於汝乎？深責之辭也。」然宰我有此失者，一家云：「其是中人，豈得無失？」一家云：「與孔子爲教，故託跡受責也。」故珊琳公曰：「宰予見時後學之徒將有懈廢之心生，故假晝寢以發夫子切磋之教，所謂互爲影響者也。」范寧曰：「夫宰我者升堂四科之流也，豈不免乎晝寢之咎以貽杇糞之譏乎？時無師徒共明勸誘之教，故託夫弊跡以爲發起也。」

子曰：「始吾於人也，聽其言而信其行；始，謂孔子少年時也。孔子歎世醨薄之迹今異昔也，❸昔時猶可，故吾少時聞於人所言，便信其能有行，故云「而信其行」也。今吾於人也，聽其言而觀其行。今，謂孔子末時也。不復聽言信行，乃更聽言而必又須觀見其行也。於予與改是。」是，此也。言我所以不復聽言信行，而更爲聽言觀行者，起於宰予而改爲此。所以起宰予而改者，我當信宰予是勤學之人，謂必不懶惰。今忽正晝而寢，❹則如此之徒居然不復可信，故使我并不復信於時人也。

孔安國曰：「改是者，始聽言信行，今更察言觀行。發於宰我晝寢也。」❺

---

❶「杇鏝」，文明本、延德本、久原本、篁墩本並作「杇，墁」，清熙園本、迷庵本作「圬，墁」。按《釋文》出「圬，槾」云：「本或作『杇，鏝』。」文明本「杇」字從木，與《釋文》所載異本同，則「墁」字亦當從異本作「鏝」。《爾雅·釋宮》「鏝謂之杇」，《說文》「鏝，鐵杇也」。蓋「鏝」正字，「槾」、「墁」，借字也。又按，《疏》中「圬」，「杇」、「槾」、「墁」、「鏝」字錯出，今據久原文庫一本寫定。〔今校〕鮑本作「圬墁」。下同。

❷「言不足責」，〔今校〕鮑本無此四字。

❸「迹」，文明本旁注異本作「速」，諸鈔本多與異本同。根本本作「跡」，「迹」、「跡」字同。〔今校〕鮑本亦作「跡」。

❹「正」下，諸鈔本有「直」字，恐衍，文明本無。〔今校〕鮑本「正」下有「直」字。

❺「我」下，桃華齋本有「之」字，恐衍。

子曰：「吾未見剛者。」剛謂性無欲者也。❶孔子言：我未見世有剛性無欲之人也。○或對曰：「申棖。」或有人聞孔子說而答之云：魯有姓申名棖者，其人剛也。

苞氏曰：「申棖，魯人也。」

子曰：「棖也欲，焉得剛？」孔子語或人曰：夫剛人性無求，而申棖性多情欲，多情欲者必求人，求人則不得是剛，故云「焉得剛」。○

孔安國曰：「欲，多情欲也。」

子貢曰：「我不欲人之加諸我也，子貢自願云：❷我不願世人以非理加陵之於我也。❸吾亦欲無加諸人。」又云：「我匪唯願人不以非理加於我，而我亦願不以非理加陵於人也。」

馬融曰：「加，陵也。」

子曰：「賜也，非爾所及也。」孔子抑子貢也。言能不招人以非理見加，及不以非理加人，此理深遠，非汝分之所能及也。爾，汝也。故袁氏曰：「加，不得理之謂也。非無過者，何能不加人，人亦不加己？盡得理，賢人也，非子貢之分也。」○

孔安國曰：「言不能止人使不加非義於己也。」然不加人，人不加己，並難可能，而注偏釋不加己者，略也。

子貢曰：「夫子之文章，可得而聞也。子貢此歎，顏氏之鑽仰也。但顏既庶幾與聖道相鄰，故云鑽仰之。子貢既懸絕，不敢言其高賢，❹故自說聞於典籍而已。文章者，六籍也。六籍是聖人之筌蹄，亦無關於魚兔矣。六籍者有文字章著煥然，可修耳目，故云「夫子文章，可得而聞也」。○

章，明也。文彩形質著見，可得以耳目自修也。然典籍著見可聞可觀，今不云可見，而云可聞者，夫見之爲近，聞之爲遠，不敢言躬自近見，政欲寄於遠聞之而已。

夫子之言性與天道，不可得而聞也已矣。」夫子之言即謂文章之所言也。性，孔子所稟以生者也。

❶「欲」，久原本、桃華齋本作「求欲」。
❷「云」，〔今校〕鮑本無此字。
❸「我不願」，諸本無此三字，文明本、久原文庫一本有。〔今校〕鮑本無此三字，而作「無」字。「之」，〔今校〕鮑本無此字。
❹「賢」，〔今校〕鮑本作「堅」。

天道謂元亨日新之道也。言孔子六籍乃是人之所見，而六籍所言之旨，不可得而聞也。所以爾者，夫子之性，與天地元亨之道合其德致，此處深遠，非凡人所知，故其言不可得聞也。○

性者，人之所受以生者也。人稟天地五常之氣以生曰性。性，生也。○天道者，元亨日新之道也。元，善也。亨，通也。日新謂日日不停，新新不已也。謂天善道通利萬物，新新不停者也。言孔子所稟之性與元亨日新之道合德也。○深徵，❶故不可得而聞也。與元亨合德，故深微不可得而聞也。或云：此是孔子死後子貢之言也。故大史叔明云：「文章者，六籍是也。性與天道如何《注》。以此言之與，❷是夫子死後，七十子之徒，追思曩日聖師平生之德音難可復值。六籍即有性與天道，但垂於世者可蹤，故千載之下，可得而聞也。至於口說言吐性與天道，蘊藉之深，止乎身者難繼，故不可得而聞也。」侃案：何《注》似不如此，且死後之言，凡者亦不可聞，何獨聖乎？○

子路有聞，未能行，❸唯恐有聞。子路稟性果決，言無宿諾，故前有所聞於孔子，即欲修行。若未及能行，則不願更有所聞，恐行之不周，故「唯恐有聞」也。

孔安國曰：「前所聞，未能及得行，故恐後有聞不得並行也。」

子貢問曰：「孔文子何以謂之『文』也？」衛大夫孔叔圉以「文」爲謚，子貢疑其太高，故問孔子也。❹問其何德而謚「文」也？

孔安國曰：「孔文子，衛大夫孔叔圉也。文，謚也。」○

子曰：「敏而好學，不恥下問，是以謂之『文』也。」答所以謚「文」之由也。敏，疾速也。言孔圉之識智疾速，而所好在學，若有所不知，則不恥諮問在己下之人，有此諸行，故謂爲「文」也。

孔安國曰：「敏者，識之疾也。下問，問凡在己下者也。」

❶「徵」，〔今校〕鮑本作「微」。按《疏》文中有「故深微不可得而聞也」，故作「微」是。

❷「與」，久原文庫一本句末無「與」字，似是。

❸「未」下，〔今校〕鮑本有「之」字。

❹「問」下，〔今校〕鮑本有「於」字。

子謂子產：「有君子道四焉：❶言子產有四德，並是君子之道也。

孔安國曰：「子產，鄭大夫公孫僑也。」

○

其行己也恭，一也，言其行身己於世，❷常恭從，不逆忤人物也。 其事上也敬，❸是二也，❹人若事君親及凡在己上者，❺必皆用敬也。○其養民也惠。三也，言其養民皆用恩惠也。故孔子謂爲「古之遺愛」也。○其使民也義。」四也，義，宜也。使民不奪農務，各得所宜也。○

子曰：「晏平仲善與人交，言晏平仲與人交結有善也。❻久而人敬之。」此善交之驗也。凡人交易絕，而平仲交久而人愈敬之也。孫綽曰：「交有傾蓋如舊，亦有白首如新。隆始者易，克終者難。❼敦厚不渝，其道可久，所以難也。故仲尼表焉。」○

周生烈曰：「齊大夫也。晏，姓也。平，謚也。名嬰也。」○

子曰：「臧文仲居蔡，居猶畜也。蔡，大栱也。禮，唯諸侯以上得畜大栱，以卜國之吉凶。大夫以下不得畜之。文仲是魯大夫，而畜栱，是僭人君禮也。

苞氏曰：「臧文仲，魯大夫臧孫辰也。○文，謚也。蔡，國君之守栱也，出蔡地，因以爲名，❽國君守國之栱出蔡地，因呼栱爲蔡也。長尺有二寸。蔡地既出大栱，栱長尺二寸者，因名蔡也。居蔡，僭也。」大夫亦得卜

❶「子」下，〔今校〕鮑本有「之」字。

❷「身己」，〔今校〕鮑本二字互倒。

❸「其事上也敬」，文明本、延德本、久原文庫一本此下引邢《疏》一事，以連「是二也人若事君親及在己上者必皆用敬也」十八字。按，此十八字邢《疏》所無，且清熙園、久原、桃華齋諸本並置之邢疏前，則是皇《疏》，非邢《疏》也。但「是二也」之「是」字，參之下文，衍。〔今校〕武内校所引《疏》文「及」下少一「凡」字，應是十九字。

❹「是」，〔今校〕鮑本無此字。

❺「人」，〔今校〕鮑本作「言」。

❻「交結」，〔今校〕鮑本二字互倒。

❼「克」，諸鈔本作「尅」，文明本獨作「克」。按，《集韻》「克通作剋」，《增韻》「剋俗作尅」。

❽「名」下，〔今校〕鮑本有「焉」字。

用栱，栱小者也，❶不得畜蔡也。文仲畜之，是僭濫也。○

山節藻梲，此奢侈也。山節者，刻柱頭露節爲山，如今拱斗也。❷藻梲者，畫梁上侏儒柱爲藻文也。人君居室無此禮，而文仲爲之，故爲奢也。宮室之餝，士去首去本，大夫達稜，諸侯斲而礱之，❸天子加密石焉。出《穀梁傳》。

苞氏曰：「節者，栭也。刻鏤爲山也。言刻栭柱頭爲山也，栭是梁上柱名也。梲者，梁上楹也。梁上楹即是檽，❹檽即侏儒柱也。苞兩而言之，當是互明之也。刻檽頭爲山也，畫檽身爲藻文也。又有一本注云：「山節者，刻薄櫨爲山也。」❺○畫爲藻文。言其奢侈也。」若以《注》意則此是非僭也。正言是奢侈失禮，人君無此禮，故不僭也。梲，梁上侏儒柱也。此《注》爲便。鄭注《明堂位》亦云：「刻薄櫨爲山也。」❻

何如其智也？」時人皆謂文仲是有智之人，故孔子出其僭奢之事而譏時人也，故云「何如其智也」。

孔安國曰：「非時人謂以爲智也。」

子張問曰：「令尹子文令尹，楚官名也。子文爲楚令尹，故曰「令尹子文」也。

孔安國曰：「令尹子文，楚大夫。姓鬭，名穀，❼字於菟。」楚鬭伯比外家是䢵國，其還外家，通舅女生子，既恥之，仍遂擲於山草中。此女之父獵還，見虎乳飲小兒，因取養之。既未知其姓名，楚人謂乳爲教，謂虎爲於菟（音塗），此兒爲虎所乳，❽故名之曰教於菟也。後知其是伯比子，故

❶「栱」，〔今校〕鮑本作「之」。

❷「拱」，〔今校〕鮑本作「栱」。

❸「斲」，〔今校〕鮑本作「刻」。

❹「楹」上，清熙園本、桃華齋本、久原本有「之」字，與古鈔《集解》本合。

❺「薄」，〔今校〕鮑本作「欂」

❻「梲梁」至「山也」，〔今校〕鮑本無此二十四字。

❼「穀」，久原本、桃華齋本、迷庵本作「㝅」。〔今校〕鮑本亦作「㝅」。

❽「音塗」，根本本「塗」上有「烏」字，諸鈔本並無。按，《釋文》「於」音「烏」，「菟」音「塗」，根本本「塗」上有「烏」字，蓋據《釋文》所補。「音塗」二字疑亦先儒旁注之詞誤入《疏》中者。〔今校〕鮑本「塗」上亦有「烏」字。

呼爲鬬教於菟也。❶後長大而賢，仕楚爲令尹之官。范寧曰：「子文，是謚也。」○**三仕爲令尹，無喜色；**文子經仕楚，❷三遇爲令尹之官，❸而顔色未曾喜也。**三已之，無慍色。**已謂黜止也。文子作令尹，❹經三過被黜，而亦無慍恚之色也。**舊令尹之政，必以告新令尹。**雖三過被黜，每被黜受代之時，必以令尹舊政令告語新人，恐其不知解也。❺**何如也？」**子張問孔子：令尹行如此，是謂何人也？**子曰：「忠矣。」**孔子答言。臨代以舊，此是爲臣之忠者也。李充曰：「進無喜色，退無怨色，公家之事，知無不爲，忠臣之至也。」**曰：「仁矣乎？」**子張又問孔子：如子文之行，可得謂爲仁不乎？**曰：「未知，焉得仁？」**孔子答曰：唯聞其忠，未知其何由得爲仁乎？

孔安國曰：「但聞其忠事，未知其仁也。」李充曰：「子玉之敗，子文之舉，舉以敗國，不可謂智也。賊夫人之子，不可謂仁。」侃謂：李爲不智不及《注》也。❻

崔子弑齊君，❼崔子，齊大夫崔杼也。弑其君，莊公也。云弑者，夫上殺下曰「殺」，殺名爲早也。❽下殺上曰「弑」，弑，試也。下之害上，不得即而致殺，必先相試以漸。故《易》曰：「臣殺君，子殺父，非一朝一夕，❾其所從來久矣，❿如履霜以至堅冰也。」**陳文子有馬十乘，**

---

❶「於菟」，諸本作「烏塗」，唯久原文庫一本作「於菟」，今據改正。

❷「文子」，〔今校〕鮑本同。然《注》、《疏》中均未言「令尹子文」又名「文子」，《疏》中引范寧曰：「子文，是謚也。」又引李充曰：「子玉之敗，子文之舉。」可證「文子」恐是「子文」誤倒。

❸「遇」，〔今校〕鮑本作「過」。

❹「文子」，〔今校〕如前校，當是「子文」誤倒。

❺「恐」，諸本作「怨」，誤，今據久原文庫一本改正。〔今校〕鮑本作「怨」。

❻「李充」至「注也」，〔今校〕鮑本此段解經文，接「未知其何由得爲仁乎」下。「侃」下，鮑本有「案」字。「謂李」，鮑本二字互倒。

❼「弑」，文明本、延德本作「殺」，誤，今據他本改正。

❽「早」，〔今校〕鮑本作「卑」。

❾「臣殺」至「一夕」，〔今校〕二「殺」字，鮑本作「弑」。「夕」下，鮑本有「之故」二字。

❿「久」，〔今校〕鮑本作「漸」。

陳文子亦齊大夫也。十乘，四十四馬也。❶四馬共乘一車，故十乘有四十四也。**棄而違之。**文子見崔杼弑君，❷而己力勢不能討，故棄四十疋馬而違去此國，更往他邦。

孔安國曰：「皆齊大夫也。崔杼作亂，陳文子惡之，捐其四十疋馬，違而去之也。」捐猶棄，放也。〇

至於他邦，則又曰：❸『猶吾大夫崔子也。』于時天下並亂，國國皆惡。文子棄馬而去，復便至他邦，❹而所至之國亦亂，與齊不異，故曰「猶吾大夫崔子也」。**違之。**違，去也。文子所至新國又惡，故又去之也。**之至一邦，**❺之，往也。去所至新國，更復往一邦也。**則又曰：『猶吾大夫崔子也。』**去初所至，更往一國，一國復昏亂，又與齊不異，故又曰「猶吾大夫崔子也」。**違之。**已復更去也。**何如？」**子張更問孔子，言文子捨馬三至新邦，屢違之事如此，可謂爲何人也？**子曰：「清矣。」**清，清潔也。顔延之曰：「每適又違，潔身者也。」**曰：「仁矣乎？」**子張又問：若如此文子之行，則可謂爲仁不乎？**曰：「未知，焉得仁？」**答子張曰：其能自去，只可得清，未知所以得名爲仁也。

孔安國曰：「文子避惡逆，去無道，求有道。當春秋時，臣陵其君，皆如崔杼，無有可止者也。」孫綽曰：「大哉仁道之弘，以文子平粹之心，無借之誠；文子疾時惡之篤，棄馬而逝，三去亂邦，坐不暇寧，忠信有餘，而仁猶未足。唯顔氏之子，體仁無違，其亞聖之目乎？」李充曰：「違亂求治，不汙其身，清矣。而所之無可，驟稱其亂，不如寧子之能愚，蘧生之可卷，未可謂智也。潔身而不濟世，未可謂仁也。」李謂爲未智，亦不勝爲未知也。❻

季文子三思而後行。言文子有賢行，舉事必三過思之也。**子聞之，曰：「再思，斯可矣。」**孔子美

---

❶「馬」，〔今校〕鮑本無此字

❷「弑」，〔今校〕鮑本作「殺」。

❸「又」，〔今校〕鮑本無此字。

❹「便」，〔今校〕鮑本作「更」。

❺「一」，〔今校〕鮑本作「他」。

❻「孫綽」至「未知也」，〔今校〕鮑本此段解經文，接「未知所以得名爲仁也」下。

之言。若文子之賢，❶不假三思，唯再思此則可也。斯，此也。

鄭玄曰：「季文子，魯大夫季孫行父也。文，謚也。文子忠而有賢行，其舉事寡過，不必及三思也。」有一通云：「言再過二思而則可也。」又季彪曰：「君子之行，謀其始，思其中，慮其終，然後允合事機，舉無遺算。是以曾子三省其身，南容三復白圭，夫子稱其賢。且聖人敬慎於教訓之體，但當有重耳，固無緣有減損之理也。時人稱季孫，名過其實，故孔子矯之，言季孫行事多闕，許其再思則可矣，無緣乃至三思也。此蓋矯抑之談耳，非稱美之言也。」❷○

子曰：「寧武子，美武子德也。

馬融曰：「衛大夫寧喻也。❸武，謚也。」○

邦有道則智，言武子若值邦君有道，則肆己智識以贊明時也。邦無道則愚。若值國主無道，則卷智藏明，詐昏同愚也。❹其智可及也，是其中人識量當其肆智之目，故爲世人之可及也。其愚不可及也。」時人多衒聰明，故智識有及於武子者，而無敢詳愚隱智如武子者，故云「其愚不可及也」。

孔安國曰：「詳愚似實，❺故曰不可及也。」詳，詐也。王朗曰：「或曰：『詳愚蓋運智之所得。緣有此智，故能有此愚，豈得云同其智而闕其愚哉？』答曰：『智之爲名，止於布德尚善，動而不黜者也，愚無預焉。至於詳愚，韜光潛綵，恬然無用。支流不同，故其稱亦殊。且智非足者之目可有，雖審其顯，而未盡其愚者矣。』」孫綽曰：「人情莫不好名，咸貴智而賤愚，雖治亂異世，而矜鄙不變。唯深達之士，爲能晦智藏名以全身遠害。飾智

---

❶「若」下，〔今校〕鮑本有「如」字。

❷「有一通」至「之言也」，「言再過二思而則可也」，文明本旁注異本無「二」字、「而」字。按，異本是。〔今校〕鮑本此段解經文，接「斯此也」下。「而」，鮑本無此字。

❸「喻」，〔今校〕鮑本作「俞」。

❹「詐」，〔今校〕鮑本作「詳」。

❺「詳愚」，文明本、久原本作「詐愚」，正平板同。清熙園本、延德本作「詳愚」，古鈔《集解》本同。桃華齋本作「佯愚」，邢本同。按，皇《疏》云「詳，詐也」，則作「詳愚」者是。

以成名者易，去華以保性者難也。」

子在陳，曰：「歸與！歸與！孔子周流，❶在陳最久，將欲反魯，故發此辭。再言「歸與歸與」者，欲歸之意深也。吾黨之小子狂簡，斐然成章，不知所以裁之也。」此是欲歸之辭也。所以不直歸而必有辭者，客住既久，主人無薄，若欲去無辭，則恐主人生愧，故託爲此辭以申客去之有由也。「吾黨」者，謂我鄉黨中也。「小子」者，鄉黨中後生末學之人也。狂者，直進無避者也。簡，大也，大謂大道也。斐然，文章貌也。孔子言我所以欲歸者，爲我鄉黨中有諸末學小子，狂而無避，進取正經大道，輒妄穿鑿，斐然以成文章，皆不知其所以，輒自裁斷，此爲謬誤之甚，故我當歸爲裁正之也。○

孔安國曰：「簡，大也。孔子在陳，思歸欲去，故曰：吾黨之小子狂者，進趨於大道，妄穿鑿以成文章，不知所以裁制，我當歸以裁制之耳。遂歸。」趨，取也。大道，正經也。既狂，故取正典穿鑿之也。

子曰：「伯夷、叔齊不念舊惡，怨是用希。」此美夷、齊之德也。念猶識録也。舊惡，故憾也。希，少也。人若録於故憾，則怨恨更多，唯夷、齊豁然忘懷。若人有犯己，❷己不怨録之，所以與人怨少也。○

孔安國曰：「伯夷、叔齊，孤竹君之二子也。孤竹，國名也。」孤竹之國，是殷湯正月三日丙寅日所封，其子孫相傳至夷、齊之父也。父姓墨台，名初，字子朝。伯夷名允，字公信。叔齊名致，字公達。伯夷大而庶，叔齊小而正，父薨，兄弟相讓，不復立也。○

子曰：「孰謂微生高直？于時世人多云：微生高用性清直。而孔子譏之，故云「孰謂微生高直」也。孰，誰也。

孔安國曰：「微生，姓也。名高，魯人也。」

或人乞醯焉，❸舉微生非直之事也。醯，酢酒也。有人就微生乞醯者也。❹乞諸其鄰而與之。」諸，之也。時微生家自無醯，而爲乞者就己鄰有醯者乞之，以

❶「流」下，〔今校〕鮑本有「諸國」二字。
❷「人有」，〔今校〕鮑本二字互倒。
❸「人」，〔今校〕鮑本無此字。
❹「有」上，〔今校〕鮑本有「或」字。

與或人也。直人之行，不應委曲，今微生高用意委曲，故其譏非直也。❶

孔安國曰：「乞之四鄰以應求者，用意委曲，非爲直人也。」四鄰，四面鄰里之家也。

子曰：「巧言、令色、足恭，謂己用恭情少，而爲「巧言、令色、足恭」之者也。繆協曰：❷「恭者從物，凡人近情，莫不欲人之從己，足恭者以恭足於人意，而不合於禮度，斯皆適人之適而曲媚於物也。」○

孔安國曰：「足恭，便僻之貌也。」○

左丘明恥之，丘亦恥之。左丘明，受《春秋》於仲尼者也。其既良直，❸故凡有可恥之事，而仲尼皆從之爲恥也。「巧言、令色、足恭」，是可恥之事也。

孔安國曰：「左丘明，魯大夫也。」❹

匿怨而友其人，匿，藏也。謂心藏怨而外詐相親友者也。

孔安國曰：「心内相怨，而外詐親也。」

左丘明恥之，丘亦恥之。」亦從左丘明恥也。❺范寧曰：「藏怨於心，詐親於形外。楊子《法言》曰：『友而不心，面友也。亦丘明又所恥。』」❻顔淵、季路侍。❼季路即子路也，次第是季。侍，侍孔子，卑在尊側曰侍也。子曰：「盍各言爾志？」盍，何不也。孔子話顔、路曰：❽汝二人何不各言汝心中所思乎也？❾

❶「其譏」，〔今校〕鮑本二字互倒。

❷「繆協」，延德本作「繆播」，馬國翰曰：「繆協，不詳何人。梁《七録》、隋唐《志》、陸氏《經典敍録》皆不載，唯皇侃《義疏》引凡二十七節。」今按，《先進》篇「顔淵死子曰噫天喪予」章下皇《疏》引「繆播」，清熙園本原作「繆協」，後朱改爲「繆播」。《陽貨》篇「宰我問三年之喪」章下皇《疏》引「繆播」，邢《疏》作「繆協」。此章所引，諸本多作「繆播」，延德本則作「繆協」，疑疏中所引「繆協」皆「繆播」之訛。「播」字舊鈔本或從「十」，「番」古文作「采」，或作「丂」。蓋舊本播或作「哽」，字形與「協」相似，故「播」誤爲「協」歟？

❸「既」，延德本作「説」，恐非。

❹「夫」，〔今校〕鮑本作「史」。

❺「左」，延德本、清熙園本、久原本、桃華齋本並無此字。〔今校〕鮑本亦無此字。

❻「又」，〔今校〕鮑本作「之」。

❼「顔淵季路侍」，久原本提行。〔今校〕鮑本亦提行。

❽「話」，清熙園本、久原本、桃華齋本作「語」。

❾「也」，〔今校〕鮑本無此字。

子路曰：「願車馬衣輕裘，❶與朋友共，❷弊之而無憾。」弊，敗也。憾，恨也。子路性決，言朋友有通財，車馬衣裘共乘服，而無所憾恨也。○

孔安國曰：「憾，恨也。」一家通云：「『而無憾』也，言願我既乘服朋友衣馬而不慚憾也。」故殷仲堪曰：「施而不恨，士之近行也。若乃用人之財，不覺非己，推誠闇往，感思不生，斯乃交友之至，仲由之志與也。」❸

顔淵曰：「願無伐善，有善而自稱曰伐善也。顔淵所願，願己行善而不自稱，欲潛行而百姓日用而不知也。李充曰：「自伐者無功，自矜者不莊。」

孔安國曰：「自無稱己善也。」❹

無施勞。」又願不施勞役之事於天下也。故鑄劍戟爲農器，使子貢無施其辯，子路無厲其勇也。○

孔安國曰：「無以勞事置施於人也。」

子路曰：「願聞子之志。」二子説志既竟，而子路又云願聞孔子志也。古稱師曰「子」也。

子曰：「老者安之，朋友信之，少者懷之。」孔子答也。願己爲老人所見撫安，❺朋友必見期信，少者必見思懷也。若老人安己，己必是孝敬故也；朋友信己，己必是無欺故也；少者懷己，己必有慈惠故也。欒肇曰：「敬長故見安，善誘故可懷也。」○

孔安國曰：「懷，安也。」

子曰：「已矣乎！吾未見能見其過而内自訟者也。」已，止也。止矣乎者，歎此以下事久已無也。訟猶責也。言我未見人能自見其所行事有過失，内自責者也。❻

苞氏曰：「訟猶責也。言人有過莫能自責者也。」

---

❶「衣輕裘」，《唐石經》作「衣裘」，旁添「輕」字。按《石經》旁添字，宋人所加，非開成原有。此下皇《疏》稱「車馬衣裘共乘服而無所憾恨也」，則皇本亦無「輕」字。現存諸本有「輕」字，蓋後人據古鈔《集解》本所校增。

❷「朋」，〔今校〕底本原作「明」，誤，據鮑本改。

❸「一家」至「與也」，〔今校〕鮑本此段解經文，接「而無所憾恨也」下。「無憾也」，鮑本作「無憾者」。

❹「己」下，〔今校〕鮑本有「之」字。

❺「所」，〔今校〕鮑本作「必」。

❻「内」上，〔今校〕鮑本有「而」字。

子曰：「十室之邑，必有忠信如丘者焉，不如丘之好學者也已。」丘，孔子名也。孔子自稱名，言十室爲邑，其中必有忠信如丘者焉也，但無如丘之好學耳也。❶孫綽曰：「夫忠信之行，中人所能存全，雖聖人無以加也。學而爲人，未足稱也，好之至者必鑽仰不怠，故曰：『有顏回者好學，今也則亡。』今云十室之學不逮於己，又曰：『我非生而知之，好古敏而求耳。』此皆陳深崇於教，以盡汲引之道也。」一家云：「十室中若有忠信如丘者，則其餘焉不如丘之好學也。言今不好學，不忠信耳。」故衛瓘曰：「所以忠信不如丘者，由不能好學如丘耳。苟能好學，❷則其忠信可使如丘也。」❸○

論語雍也第六❹　何晏集解凡卅章

疏❺雍，孔子弟子也。❻明其才堪南面而時不與也。所以次前者，其雖無橫罪，亦是不遇之流。橫罪爲切，故《公冶》前明，而《雍也》爲次也。○

子曰：「雍也可使南面。」南面，謂爲諸侯也。孔子言：冉雍之德可使爲諸侯也。

苞氏曰：「可使南面者，言任諸侯可使治國故也。」❼

仲弓問子桑伯子。仲弓即冉雍也。問孔子曰：有

❶「也」，〔今校〕鮑本無此字。

❷「苟」，桃華齋本作「故」。

❸文明本此篇末題云「論語公冶長章終」，今從全書例削正。

❹「論語」，清熙園本、足利本「雍也」上無此二字。

❺「疏」，〔今校〕此字原脱，據其他各篇通例補。

❻「雍」下，清熙園本、久原本、桃華齋本、足利本有「也」字，恐衍。

❼「故」，諸本無此字，文明本有。按，「故」字衍。〔今校〕鮑本作「政」，於義爲長。

人名子桑伯子，此是何人也？

王肅曰：「伯子，書傳無見也。」言書傳不見有子桑伯子也。○

子曰：「可也簡。」可，猶可謂也。簡謂踈大無細行也。❶孔子答曰：伯子人身所行可謂踈簡也。❷以能其簡，故曰可也。言伯子能爲簡略之行，故云「可也」。

仲弓曰：「居敬而行簡，以臨其民，不亦可乎？孔子答曰：伯子所行可謂踈簡。故仲弓更諮孔子，評伯子之簡不合禮也。將説其簡不合於禮，故此先説於合禮之簡也。言人若居身有敬，而寬簡以臨下民，能如此者乃爲合禮。故云「不亦可乎」，言其可也。

孔安國曰：「居身敬肅，臨下寬略，則可也。」

居簡而行簡，無乃大簡乎？」此説伯子之簡不合禮也。而伯子身無敬，而以簡自居，又行簡對物，對物皆無敬，❸而簡如此，不乃大簡乎？言其簡過甚也。

苞氏曰：「伯子之簡，大簡也。」

子曰：「雍之言然。」雍論簡既是，故孔子然許之也。虞喜曰：「《説苑》曰：『孔子見伯子，伯子不衣冠而處，弟子曰：「夫子何爲見此人乎？」曰：「其質美而無文繁，吾欲説而文之。」❹孔子去，子桑伯子門人不説，曰：「何爲見孔子乎？」曰：「其質美而文繁，吾欲説而去其文。」』故曰：『文質修者謂之君子，有質而無文謂之易野。』子桑伯子易野，欲同人道於牛馬，故仲尼曰『大簡』也。」❺

哀公問曰：「弟子孰爲好學？」哀公問孔子：諸弟子之中誰爲好學者？孔子對曰：「有顏回者好學，答曰：弟子之中唯有顏回好學。不遷怒，此舉顏淵好學分滿所得之功也。凡夫識昧，有所瞋怒，不當道理，唯顏回學至庶幾，而行藏同於孔子，故識照以道，怒不乖中，故云「不遷」。遷猶移也，怒必是理不遷移也。不貳過。但不能照機，機非己所得，❻故於己成

---

❶「簡謂疏大」，文明本作「疏謂簡大」，誤，今改正。

❷「人」，〔今校〕鮑本作「之」。

❸「對」，〔今校〕鮑本無此字。

❹「文」，文明本、延德本作「衣」，恐非，今依他本改正。

❺「簡」下，〔今校〕鮑本有「無文繁吾欲説而文之」九字。「也」，鮑本無此字。

❻「已」，〔今校〕鮑本作「己」。

過。凡情有過必文，是爲再過。而回當機時不見己，❶乃有過，機後即知，知則不復文飾以行之，是「不貳」也。故《易》云「顏氏之子，其殆庶幾乎！有不善未嘗不知，知之未曾復行」是也。然學至庶幾，其美非一，今獨舉怒過二條者，蓋有以爲當時哀公濫怒貳過，❷欲因答寄箴者也。**不幸短命死矣。**凡應死而生曰幸，應生而死曰不幸。若顏子之德，非應死而今死，故曰「不幸」也。命者，稟天所得以生，如受天教命也。天何言哉？設言之耳。但命有短長，顏生所得短者也。不幸而死，由於短命，故曰「不幸短命死矣」。○**今也則亡，**亡，無也。言顏淵既已死，則無復好學者也。然游、夏文學著於四科，而不稱之，便謂無者，何也？游、夏非體之人，不能庶幾，尚有遷有貳，非關喪予。唯顏生鄰亞，故曰無也。**未聞好學者也。」**好學庶幾曠世唯一，此士難重得，故曰「未聞」也。

凡人任情，喜怒違理，未得坐忘，故任情不能無偏，故違理也。**顏淵任道，怒不過分。**過猶失也。顏子道同行捨，❸不自任己，故曰「任道」也。以道照物，物豈逃形？應可怒者皆得其實，故無失分也。**遷者，移也。怒當其理，不移易也。**照之故當理，當理而怒之，不移易也。**不貳過者，有不善未嘗得行也。**❹即用《易·繫》爲解也。未嘗復行，謂不文飾也。○

子華使於齊，子華，弟子，字冉也，❺姓公西，名赤。有容儀，故爲使往齊國也。但不知時爲魯君之使，爲孔子之使耳。○**冉子爲其母請粟。**冉子，冉求也。其母，子華母也。請粟，就孔子請粟也。時子華既出使，而母在家，冉有由朋友之情，故爲子華之母就孔子請粟也。**子曰：「與之釜。」**孔子得冉求之情，故命與粟一釜。釜容六斗四升也。

馬融曰：「子華，弟子公西華。赤，字也。六斗四升曰釜也。」《春秋》昭公三年冬，❻晏子曰：「齊舊四量，豆、區、釜、鍾。四升爲豆，各自加其四以登於釜，釜十則鍾。」案：如茲說，

❶「機」，文明本、清熙園本作「幾」，今依他本改正。
❷「以」下，〔今校〕鮑本有「也」字。
❸「子」下，〔今校〕鮑本有「與」字。
❹「得」，〔今校〕鮑本作「復」，是，《疏》文有「未嘗復行」可證。
❺「弟子字冉也」，〔今校〕鮑本作「弟子公西赤字也」。
❻「春秋」下，〔今校〕鮑本有「傳」字。

是四升爲豆，四豆爲甌，甌斗六升也。四甌爲釜。釜六斗四升，如馬《注》也。若鍾則六斛四斗也。○

請益。冉求嫌一釜之少，故更就孔子請益也。曰：「與之庾。」冉子既請益，故孔子令與之庾也。庾，十六斗也。然初請唯得六斗四升，請益而得十六斗，是益多於初。如爲不次，政恐益足前釜以成十六斗也。

苞氏曰：「十六斗爲庾也。」然案苞《注》十六斗爲庾，與賈氏注《國語》同，而不合《周禮》。《周禮·旊人職》云：「豆實三而成觳。」鄭云：「豆實四升，則觳實一斗二升也。」又《陶人職》云：「庾實二觳。」案：如《陶》《旊》二文，則庾二斗四升矣。而苞氏《注》曰「十六斗爲庾」，即是《聘禮》之籔也。《聘禮》十六斗曰籔，不知苞、賈當別有所出耳。

冉子與之粟五秉。十六斛曰秉，五秉八十斛也。孔子與粟既竟，故冉子又自以己粟八十斛與之也。

馬融曰：「十六斛爲秉，五秉合八十斛也。」《聘禮》云：「十斗曰斛，十六斗曰籔，十籔曰秉。」是馬《注》曰與同也。❶○

子曰：「赤之適齊也，乘肥馬，衣輕裘。孔子說我所以與少，又說冉求不應與多意也。肥馬，馬之食穀者也。輕裘，裘之皮精毛軟及新綿爲著者也。若家貧則馬不食穀而瘦，裘用麤皮毛强，而故絮爲著，縕袍是也。今子華往使於齊，去時所乘馬肥，其所衣裘輕軟，則是家富，其母不乏也。吾聞之也：君子周急不繼富。」孔子曰：吾聞舊語，夫君子施但周贍人之急者耳，不係繼足人爲富蓄也。○

鄭玄曰：「非冉求與之太多也。」非猶譏也。孔子此語，是譏冉求與子華母粟之太多也。然舊説疑之：「子華之母，爲當定乏，爲當定不乏？若實乏而子華肥輕，則爲不孝，孔子不多與，是爲不仁，若不乏而冉求與之，則爲不智。誰爲得失？」舊通者云：「三人皆得宜也。子華中人，豈容己乘肥馬衣輕裘，而令母乏？必不能然矣。且夫子明言不繼富，則知其家富也。實富而冉求爲請與多者，明朋友之親有同己親，既一人不在，則一人宜相共恤故也。今不先直以己粟與之，而先請於孔子者，己若直與，則人嫌子華母有乏，故先請孔子。孔子再與，猶不至多，明不繼富也。已故多與，欲招不繼

❶「是馬注曰與同也」，「與」字當在「是」下「馬」上。〔今校〕鮑本此句作「是馬注與聘禮之籔同也」，於義爲優。

富之責，是知華母不乏也。華母不乏而已與之，爲於朋友之義故也。不乏尚與，况乏者也？」

原思爲之宰，弟子原憲也。孔子爲魯司寇，有菜邑，❶故使原思爲邑宰也。

苞氏曰：「弟子原憲也，思，字也。孔子爲魯司寇，以原憲爲家邑宰也。」余見鄭《注》本云：「孔子初仕魯爲中都宰，從中都宰爲司空，從司空爲司寇也。」○

與之粟九百，九百，九百斗也。原憲既爲邑宰，邑宰宜得禄，故孔子以粟九百斗與之也。❷辭。原性廉讓，辭不受粟也。

孔安國曰：「九百，九百斗也。辭，讓不受也。」漫云九百，而孔必知九百斗者。孔子政當嫌九百升爲少，❸九百斛爲多，故應是斗也。宜與粟五秉亦相類也。

子曰：「毋！原辭不肯受，故孔子止之也。毋，毋辭也。

孔安國曰：「禄法所得當受，❹無以讓也。」

以與爾鄰里鄉黨乎！」又恐原憲不肯受，故又説云：汝莫辭，但受之，若無用，當還分與爾鄰里鄉黨也。此是示賢人仕官，潤澤州鄉之教也。

鄭玄曰：「五家爲鄰，五鄰爲里，萬二千五百家爲鄉，五百家爲黨也。」内外互言之耳。鄰里在百里之外，鄉黨在百里之内也。❺

○

子謂仲弓曰：此明不以父無德而廢子之賢也。仲弓父劣，當是于時爲仲弓父劣而不用仲弓，故孔子明言之也。范寧曰：「謂，非必對言也。」「犁牛之子騂且角，爲設譬也。犁，牛文也。❻雜文曰犁，（或音狸，狸，

❶「菜」，〔今校〕鮑本作「采」。

❷「斗」，〔今校〕鮑本無此字。

❸「子」，〔今校〕鮑本無此字，是。

❹「得」，〔今校〕鮑本無此字。

❺「内外」至「内也」，〔今校〕鮑本此段解經文，接「潤澤州鄉之教也」下。

❻「犁牛」，清熙園本、延德本、久原本、桃華齋本並無「牛」字，根本本「犁」作「犂」。〔今校〕鮑本「犁」作「犂」，無「牛」字。

雜文也。或音犂，犂謂耕犂也。）❶騂，赤色也，周家所貴也。角，角周正，長短尺寸合禮也。言假令犂牛而生好子，色角合禮也。○雖欲勿用，山川其舍諸？」勿猶不也。舍猶棄也。言犂牛生好子，子既色角悉正，而時人或言：此牛出不佳之母，急欲捨棄此牛而不用，特祭於鬼神，則山川百神豈薄此牛母惡而棄捨其子，遂不歆饗此祭乎？必不捨矣。譬如仲弓之賢，其父雖劣，若遭明王聖主，豈爲仲弓父劣，而捨仲弓之賢，不用爲諸侯乎？明必用也，故鯀則殛死，禹乃嗣興，是也。

犂，雜文也。騂，赤色也。角者，角周正中犧牲也。雖欲以其所生犂而不用，山川寧肯捨之乎？言父雖不善，不害於其子之美也。然《周禮·牧人職》云：「凡陽祀用騂牲毛之，陰祀以黝特毛之，望祀各以其方之色牲毛之。」鄭云：「陽祀，祭天於南郊及宗廟也。陰祀，祭地北郊及社稷也。望祀，五嶽四鎮四瀆也。然今云山川者，趣舉言之也。若南方則用赤，是有其方色也。且既云山川，則宗廟亦可知，亦互之也。」❷

子曰：「回也，其心三月不違仁，仁是行盛，非體仁則不能，不能者心必違之，能不違者唯顏回耳。既不違則應終身，而止舉三月者，三月一時，爲天氣一變，一變尚能行之，則他時能可知也。亦欲引汲，故不言多時也。故苞述云：「顏子不違仁，豈但一時？將以勗群子之志，故不絶其階耳。」其餘則日月至焉而已矣。」其餘謂他弟子也。爲仁並不能一時，或至一日，或至一月，故云「日月至焉而已」也。

---

❶「或音」至「耕犂也」，根本本「狸」作「貍」，「犂」作「犁」。諸鈔本並作「狸」及「犂」，與《釋文》所載音釋合。按，何《注》以「犁」爲雜文、「騂」爲赤色，皇《疏》則云：「犁，牛文也，雜文曰犂。或音狸，狸，雜文也。或音犂，犂謂耕犂也。騂，赤色也。」是初二句及末一句引申何義，中間「或音狸」以下十五字，則舉其異讀者。然皇《疏》之例，遇先儒說異注義者，輒先叙長短以示取捨，而此處獨否，疑此十五字後人據《釋文》注異讀，而鈔手無識，誤入《疏》中者。邢《疏》「雜文曰犁。騂，純赤色也」語，即襲皇《疏》之文，而「犁」、「騂」之間不舉異讀，蓋邢氏所見皇《疏》，猶未衍之也。〔今校〕鮑本「犂」作「犁」，「音犂」之「犂」作「梨」。

❷「然周禮」至「互之也」，〔今校〕鮑本此段解經文，接「禹乃嗣興是也」下。「然」，鮑本作「案」。「互」下，鮑本有「言」字。

言餘人暫有至仁時，唯回移時而不變也。既言三月不違，不違故知移時也。

季康子問：「仲由可使從政也與？」仲由，子路也。魯卿季康子問孔子曰：子路可使從政爲官長諸侯不也？○子曰：「由也果，答康子，説子路才行可爲政也。言子路才性果敢，能決斷也。

苞氏曰：「果，謂果敢決斷也。」

於從政乎何有？」既解決斷則必能從政也。何有，言不足有也。故衛瓘曰：「何有者，有餘力也。」○曰：「賜也可使從政也與？」又問孔子曰：子貢可使從政不也？子曰：「賜也達，亦答才能也。言賜能達於物理也。

孔安國曰：「達，謂通於物理也。」

於從政乎何有？」既達物理，故云亦「何有」也。❶曰：「求也可使從政也與？」又問孔子曰：冉求何如？曰：❷「求也藝，又答才能也。言求多才能也。

孔安國曰：「藝，謂多才能也。」

於從政乎何有？」有才能，❸故云亦「何有」也。❹

季氏使閔子騫爲費宰。❺弟子閔損也。費，邑也，❻季氏菜邑也。❼時季氏邑宰叛，聞閔子騫賢，故遣使召之爲費宰也。

孔安國曰：「費，季氏邑也。季氏不臣，强僭於魯，故曰「不臣」也。而其邑宰叛，❽其邑宰即公山不擾也，❾亦賢人也。見季氏惡，故叛也。所以後引云「公山不擾以費叛，召，子欲往」是也。○聞閔子騫賢，故欲用也。」

閔子騫曰：「善爲我辭焉！子騫賢，不願爲惡

❶「云亦」，〔今校〕鮑本二字互倒。

❷「曰」上，〔今校〕鮑本有「子」字。

❸「有」上，文明本有「何」字，恐衍，今據他本削正。

❹「云亦」，久原本、桃華齋本脱「云」字。〔今校〕鮑本二字互倒，義長。

❺「季氏」至「費宰」，久原本提行。〔今校〕鮑本亦提行。

❻「邑也」，〔今校〕鮑本無此二字。

❼「菜」，〔今校〕鮑本作「采」。

❽「叛」上，清熙園本、久原本、桃華齋本有「數」字。〔今校〕鮑本「叛」上亦有「數」字。

❾「公山不擾」，〔今校〕鮑本作「公山弗擾」，下同。

人爲宰，❶故謂季氏之使者云：汝還好爲我作辭。❷辭於季氏，道我不欲爲宰之意也。

孔安國曰：「不欲爲季氏宰，語使者曰：善爲我辭說，❸令不復召我也。」

如有復我者，復，又也。子騫曰：汝若不能爲我作善辭，而令有使人來召我者，語在下也。

孔安國曰：「復我者，重來召我也。」

則吾必在汶上矣。」汶，水名也。汶在魯北齊南。❹子騫時在魯，謂使者云：若又來召我，我當北渡汶水之上，往入齊也。

孔安國曰：「去之汶水上，欲北如齊也。」〇

伯牛有疾，伯牛，弟子冉耕字也，魯人。有疾，時其有惡疾也。❺

馬融曰：「伯牛，弟子冉耕也。」

子問之，孔子往問伯牛之疾差不也。自牖執其手，牖，南窗也。君子有疾，寐於北壁下東首。今師來，故遷出南窗下，亦東首，令師從户入於床北，得面南也。❻孔子恐其惡疾不欲見人，故不入户，但於窗上而執其手也。

苞氏曰：「牛有惡疾，不欲見人，故孔子從牖執其手也。」〇

曰：「亡之，亡，喪也。孔子執其手而曰喪之，❼言牛必死也。

孔安國曰：「亡，喪也。疾甚，故持其手曰喪也。」

命矣夫！亦是不幸之流也。言如汝才德實不應死，而今喪之，豈非稟命之得矣夫。矣夫，❽助語也。斯人也而有斯疾也！斯人也而有斯疾

❶「爲」，〔今校〕鮑本作「與」。

❷「好」，久原本作「可善」二字，又通。清熙園本、延德本作「可善好」三字，「好」字恐衍。〔今校〕鮑本與清熙園本、延德本同。

❸「我」下，〔今校〕鮑本有「作」字。

❹「汶」，〔今校〕鮑本無此字。

❺「時其」，〔今校〕鮑本無此二字。

❻「得面南」，久原本「面」下有「向」字，清熙園本無「得」字，「面」下有「向」字，並非。

❼「其」，〔今校〕鮑本作「牛」。

❽「矣」，〔今校〕鮑本無此字。

也！」❶斯，此也。言有此善人而嬰此之惡疾，疾與人反，故歎之也。再言之者，痛歎之深也。❷○

苞氏曰：「再言之者，痛惜之甚也。」

子曰：「賢哉，回也！美顏淵之賢行，故先言「賢哉回也」。一簞食，一瓢飲，簞，竹筥之屬也，用貯飯。瓢，瓠片也，匏持盛飲也。言顏淵食不重餚，及無彫鏤之器，唯有一簞食一瓢飲而已。❸

孔安國曰：「簞，笥也。以竹爲之，如箱篋之屬也。○瓢，瓠也。」

在陋巷，不顧爽塏而居處之，在窮陋之巷中也。人不堪其憂，凡人以此爲憂而不能處，故云「不堪其憂」也。回也不改其樂。顏回以此爲樂，久而不變，故云「不改其樂」也。賢哉，回也！」美其樂道情篤，故歎始末言賢也。❹

孔安國曰：「顏淵樂道，雖簞食在陋巷，不改其所樂也。」所樂則謂道也。

冉求曰：「非不悅子之道，力不足也。」冉求諮孔子曰：求之心誠非不喜悅夫子之道而欲行之，只才力不足，無如之何也。子曰：「力不足者，中道而廢。孔子抑冉求無企慕之心也。言汝但學不行之矣，若行之而力不足者，當中道而廢住耳，❺莫發初自誠不能行也。今汝畫。」畫，止也。汝今云力不足矣，是汝自欲止耳。

孔安國曰：「畫，止也。力不足者，當中道而廢，今汝自止耳，非力極也。」

子謂子夏曰：「汝爲君子儒，無爲小人儒。」儒者，濡也。夫習學事久則濡潤身中，故謂久習者爲儒也。但君子所習者道，道是君子儒也。小人所習者矜誇，矜誇是小人儒也。孔子語子夏曰：當爲君子儒，不得習爲小人儒也。

---

❶ 上「斯」字，〔今校〕，原誤作「欺」，據上句及鮑本改。

❷ 「歎」，〔今校〕鮑本作「惜」。

❸ 「已」下，〔今校〕鮑本有「也」字。

❹ 「歎」，桃華齋本、根本本無此字，義長。〔今校〕鮑本亦無此字。

❺ 「住」，文明本旁注異本作「任」，諸本皆與異本同。按，「任」、「住」以形似而誤。〔今校〕鮑本無「住」或「任」字，義長。

馬融曰：❶「君子爲儒，將以明其道。小人爲儒，則矜其名也。」

子游爲武城宰。弟子子游也，❷時爲武城邑宰也。

苞氏曰：「武城，魯下邑也。」

子曰：「汝得人焉耳乎哉」。孔子問子游，言汝作武城宰，而武城邑民有好德行之人爲汝所得者不乎？故云「汝得人焉耳乎哉」。故袁氏曰：「謂得其邦之賢才不也。」

孔安國曰：「焉、耳、乎、哉，皆辭也。」

曰：「有儋臺滅明者，❸行不由徑，答爲宰而所得邑中之人也。儋臺滅明亦孔子弟子也。言滅明每事方正，故行出皆不邪徑於小路也。一云：「滅明德行方正，不爲邪徑小路行也。」〇非公事，未嘗至偃之室也。」❹公事，其家課稅也。偃，子游名也。偃之室，謂子游所住邑之廨舍也。子游又言：滅明既方正，若非常公稅之事，❺則不嘗無事至偃住處也。❻舉其明不託狎倚勢於朋友也。

苞氏曰：「儋臺，姓，滅明，名也，字子羽。言其公且方也。」公謂非公事不至偃室。方謂不由徑。

子曰：「孟之反不伐，魯臣也。不伐謂有功不自稱也。

孔安國曰：「魯大夫孟之側也。與齊戰，軍大敗。不伐者，不自伐其功也。」此不伐之源。魯哀公十一年魯師及齊師戰郊之事也，❼見《春秋》也。❽余見鄭《注》本，姓孟，名之側，字之反也。

奔而殿，此不伐之事也。軍前曰啓，軍後曰殿。于時魯與齊戰，魯軍大敗退奔，而孟之側獨住軍後爲殿，以捍衛奔者，故曰「奔而殿」也。將入門，策其馬，門，魯

---

❶「馬融曰」，清熙園本、久原文庫一本無此三字，正平板及《史記・弟子傳》、《集解》並同。延德本「馬融」作「孔安國」，古鈔《集解》本同。文明本、久原本、桃華齋本並爲「馬注」，永祿鈔《集解》本同。

❷「弟子子游也」，〔今校〕鮑本作「子游弟子言偃字也」。

❸「儋」，〔今校〕鮑本作「澹」，下同。

❹「至」下，〔今校〕鮑本有「於」字。

❺「常」，此字恐衍。

❻「無事」，此二字恐衍。

❼「郊」上，〔今校〕鮑本有「于」字。

❽「春秋」下，〔今校〕鮑本有「傳」字。

國門也。策，杖也。初敗奔時在郊，去國門遠，孟之側在後。及還將至入國門，而孟之側杖馬令在奔者前也。然六籍唯用馬乘車，無騎馬之文，唯又《曲禮》云「前有車騎」，❶是騎馬耳。今云策其馬，不知爲馬爲乘車也。❷曰：『非敢後也，馬不進也。』」其既在後，而國人皆迎之，謂正有功。❸己不欲獨受其功，故將入門，杖馬而云：我非敢在後距敵，政是馬行不進，故在後耳。所以杖馬，示馬從來不進也。

馬融曰：「殿，在軍後者也。前曰啓，後曰殿。○孟之反賢而有勇，軍大奔，獨在後爲殿。故停軍後，爲捍敵也。人迎爲功之，在國人迎軍見其在後，而爲謂之有功，❹故云「功之」也。不欲獨有其名，故云：我非敢在後距敵也，馬不能前進耳。」前，猶進也。

子曰：「不有祝鮀之佞，而有宋朝之美，難乎免於今之世矣。」祝鮀能作佞也。宋朝，宋國之美人，善能婬欲者也。當于爾時，貴佞重婬，此二人並有其事，故曰得寵幸而免患難。❺故孔子曰：言人若不有祝鮀佞，反宜有宋朝美，若二者並無，則難免今世之患難也。故范寧曰：「祝鮀以佞諂被寵於靈公，宋朝以美色見愛於南子。無道之世，並以取容，孔子惡時民濁亂，唯佞色是尚，忠正之人不容其身，故發『難乎』之談，將以激亂俗，亦欲發明君子全身遠害也。」○

孔安國曰：「佞，口才也。祝鮀，衛大夫，名子魚也。時世貴之。貴其能佞也。○宋朝，宋國之美人也，而善婬。于時在衛，通靈公夫人南子也。○言當如祝鮀之佞，而反如宋朝之美，難矣免於今世之害也。」一本云：「反如宋朝之美也。」通者云：「佞與淫異，故云反也。」❻

子曰：「誰能出不由户者？何莫由斯道也？」道，先王之道也。人生得在世，皆由於先王道理

---

❶「又」，〔今校〕鮑本無此字。

❷「馬」上，〔今校〕鮑本有「騎」字。

❸「正」，〔今校〕鮑本作「己」。

❹「爲謂」，〔今校〕鮑本二字互倒。

❺「曰」，〔今校〕鮑本無此字。

❻「反」，「及」當作「反」。根本本作「反」，是。〔今校〕底本原文實已改作「反」。

而通，而世人多違理背道，故孔子爲譬以示解時惑也。言人之在室，出入由户而通，亦如在世由道理而生。而人皆知出室由户，而未知在世由道，故云「誰能出不由户，何莫由斯道也」。莫，無也。斯，此也。故范寧云：「人咸知由户而行也，莫知由學而成也。」

孔安國曰：「言人立身成功當由道，❶譬猶人出入要當從户也。」

子曰：「質勝文則野，謂凡行禮及言語之儀也。質，實也。勝，多也。文，華也。言實多而文飾少則如野人，❷野人，鄙略大樸也。

苞氏曰：「野如野人，言鄙略也。」

文勝質則史，史，記書史也。史書多虛華無實，妄語欺詐，言人若爲事多飾少實，則如書史也。

苞氏曰：「史者，文多而質少也。」

文質彬彬，然後君子。」彬彬，文質相半也。若文與質等半，則爲會時之君子也。

苞氏曰：「彬彬，文質相半之貌也。」○

子曰：「人生也直，言人得生居世者，❸必由直行故也。❹故李充曰：「人生之道，唯人身直乎？」❺

馬融曰：「言人之所以生於世而自終者，以其正直之道也。」自終，謂用道故不横夭殤也。

罔之生也，幸而免。」罔謂爲邪曲誣罔者也。應死而生曰幸。生即由直，若有誣罔之人亦得生世者，獲是幸而免死耳。❻故李充曰：「失平生之道者，則動之死地矣。必或免之，善由於幸耳。故君子無幸而有不幸，小人有幸而無不幸也。」

苞氏曰：「誣罔正直之道而亦生，是幸而免也。」

子曰：「知之者不如好之者，謂學者深淺也。

❶「人」下，桃華齋本有「之」字，根本本同。〔今校〕鮑本亦有「之」字。
❷「言」下，〔今校〕鮑本有「若」字。
❸「得」下，諸本有「全」字，唯久原文庫一本無，今據削正。〔今校〕鮑本「得」下有「全」字。
❹「直」，桃華齋本無此字，恐非。
❺「人」，久原本、桃華齋本作「其」。〔今校〕鮑本亦作「其」。
❻「獲是」，〔今校〕鮑本二字互倒。

知之，謂知學問有益者也。好之，謂欲學之以爲好者也。❶夫知有益而學之，則不如欲學之以爲好者也。故李充曰：「雖知學之爲益，或有計而後知學利在其中，故不如好之者篤也。」好之者不如樂之者。」樂謂歡樂之也。好有盈厭，故不如性歡而樂之，如顔淵樂在其中也。故李充曰：「好有盛衰，不如樂之者深也。」〇

苞氏曰：「學問知之者不如好之者篤，好之者又不如樂之者深也。」

子曰：「中人以上，可以語上也；中人以下，不可以語上也。」此謂爲教化法也。師説云：就人之品識大判有三，謂上中下也。細而分之則有九也，有上上、上中、上下也，又有中上、中中、中下也，又有下上、下中、下下也，凡有九品。上上則是聖人，聖人不須教也。下下則是愚人，愚人不移，亦不須教也。而可教者，❷謂上中以下，下中以上凡七品之人也。今云「中人以上，可以語上」，即以上道語於上分也。「中人以下，不可以語上」，雖不可語上，猶可語之以中，及語之以下。何者？夫教之爲法，恒導引分前也。聖人無待於教，❸故以聖人之道可以教顔，以顔之道可以教閔，斯則「中人以上，可以語上」也。又以閔道可以教中品之上，此則中人亦可語上也。又以中品之上道以教中品之中，❹又以中品之中道教中品之下，斯即中人亦有可以語之以中也。又以中品之下道教下品之上，斯即中人以下可以語中。又以下品之上道教下品之中，斯即中人以下可以語下也。此云「中人以上」、「中人以下」，大略言之耳。既有九品，則第五爲正中人也，以下即六七八也，以上即四三二也。〇

王肅曰：「上謂上知之人所知也。上知所知，謂聖人之道可教顔、閔者也。兩舉中人，以其可上可下也。」若分九品，則第五以上可以語上，第五以下不可語上。今但應云「中人以上，可以語上」，以下不可語上，而復云「中人以下」，是再舉中人也。所以爾者，明中人之大分有可上可下也。若「中人之上，可以語上；中人之下，不可語上」，故再言中人也。又一云：「中人若遇善師則可上，若遇惡人則可下，故再舉中人，明可上可下也。」

❶「學」上，諸鈔本有「好」字，文明本無。〔今校〕鮑本「學」上亦有「好」字。

❷「可」上，文明本有「不」字，恐衍，今據他本削正。

❸「待」，〔今校〕鮑本作「須」。

❹下「以」字，〔今校〕鮑本無此字。

樊遲問智。❶問孔子爲智之道也。子曰：「務民之義，答曰：若欲爲智，當務在化導民之義也。

王肅曰：「務所以化導民之義也。」

敬鬼神而遠之，鬼神不可慢，故曰「敬鬼神」也。可敬不可近，故宜「遠之」也。可謂智矣。」如上二事則可爲智也。○

苞氏曰：「敬鬼神而不瀆也。」瀆，猶數近也。

問仁。樊遲又問爲仁也。子曰：「仁者先難而後獲，可謂仁矣。」獲，得也。言臣心先歷爲難事，❷而後乃可得禄受報，則是仁也。若不先勞事而食，則爲不仁。故范寧曰：「艱難之事則爲物先，獲功之事而處物後，則爲仁矣。」○

孔安國曰：「先勞苦乃後得功，此所以爲仁也。」

子曰：「智者樂水，陸特進曰：❸「此章極弃智仁之分也，❹凡分爲三段。自『智者樂水，仁者樂山』爲第一，明智仁之性。又『智者動，仁者静』爲第二，明智仁之用。先既有性，性必有用也。又『智者樂，仁者壽』爲第三，明智仁之功。己有用，❺用宜有功也。」今第一明智仁之性，此明智性也。智者，識用之義也；樂者，貪樂之稱也；水者，流動不息之物也。智者樂運其智化物，如水流之不息，❻故「樂水」也。

苞氏曰：「智者樂運其才智以治世，如水流而不知已之也。」❼

仁者樂山。此章明仁者之性也。❽仁者，惻隱之義；山者，不動之物也。仁人之性，願四方安静如山之不動，故云「樂山」也。

仁者樂如山之安固，自然不動，而萬物生焉也。

❶「智」，清熙園本、延德本作「知」，下「可謂智矣」之「智」字同。按，「智」作「知」，與正平板及古鈔《集解》本合。文明本作「智」，與永禄鈔《集解》本同。

❷「心」，〔今校〕鮑本作「必」。

❸「陸特進」，未詳何人，疑「顔特進」之訛。

❹「弃」，〔今校〕鮑本作「辨」，是。「弃」乃「辨」字之誤（或因與「辨」之同音别字「弁」形近而誤）。

❺「己」，〔今校〕鮑本作「已」。

❻「水流」，〔今校〕鮑本二字互倒。

❼「之」，〔今校〕鮑本無此字。

❽「章」，〔今校〕鮑本作「即」。

智者動，❶此第二明用也。智者何故如水耶？政自欲動進其識，故云「智者動」也。○

苞氏曰：「自進故動也。」

仁者静。仁者何故如此耶？❷其心寧静故也。

孔安國曰：「無欲故静也。」

智者樂，第三明功也。樂，懽也。智者得運其識，故得從心而暢，故懽樂也。

鄭玄曰：「智者自役得其志，故樂之也。」❸

仁者壽。」性静如山之安固，故壽考也。❹然則仁既壽亦樂，❺而智樂不必壽，緣所役用多故也。

苞氏曰：「性静故壽考也。」

子曰：「齊一變至於魯，魯一變至於道。」大公封於營丘之地，❻爲齊國。周公封於曲阜之地，爲魯國。周公大聖，大公大賢，賢聖既有優劣，雖同致太平，而其化不得不微異，故末代二國，齊有景公之昏闇，魯有定公之寡德。然其國猶有望、旦之遺風，故《禮記》云：「孔子曰：『吾捨魯何適耶？』」明魯猶勝餘國也。今孔子歎其君之並惡，故有此言也。言若齊有明君一變，便得如魯之太平之日；魯有明君一變，便如大道時也。❼此是引汲之教耳，實理則不然矣。若明君興之，政當得各如其初，何容得還淳反本耶？

苞氏曰：「言齊、魯有大公、周公之餘化也。大公大賢，周公聖人，今其政教雖衰，若有明君興之者，齊可使如魯，魯可使如大道行之時也。」

子曰：「觚不觚，觚，禮酒器也。《禮》云：觚酌酒「一獻之禮，賓主百拜」。此則明有觚之用也。當于爾時，用觚酌酒，而沈湎無度，❽故孔子曰「觚不觚」也。故王肅曰：「當時沈湎于酒，故曰『觚不觚』，言不知禮

❶「智」，桃華齋本作「知」，下「智者樂之」之「智」字亦同。

❷「此」，〔今校〕鮑本作「山」。

❸「之」，〔今校〕鮑本無此字。

❹「故」下，諸鈔本無「固」字，文明本獨有。

❺「亦」，〔今校〕鮑本作「不」。

❻「大公」，〔今校〕鮑本作「太公」，下同。

❼「道」下，〔今校〕鮑本有「之」字。

❽「無度」，文明本作「既廢」，恐非，今據他本改正。

也。」❶蔡謨曰：「酒之亂德，自古所患，故《禮》説三爵之制，❷《尚書》著明《酒誥》之篇，《易》有濡首之戒，《詩》列《賓筵》之刺，皆可以防沈湎。❸王氏之説是也。觚失其禮，故曰『觚不觚』，猶言君臣不君臣耳。」

馬融曰：「觚，禮器也。一升曰爵，二升曰觚也。」❹○

觚哉！觚哉！」言用觚之失道也，故重曰「觚哉觚哉」。

觚哉觚哉，言非觚。何此《注》亦得同王、蔡之釋也。以喻爲政而不得其道，❺則不成也。如何此《注》，則與王、蔡小異也。何意言用觚不得其道，則非復觚德。譬如人所爲不得其道者，則事亦不成也。若欲知氣味，何説則特前「觚不觚」如王、蔡之釋，後云「觚哉觚哉」，自因前以寄後，喻事不乖王、蔡，而有兼得之美也。故褚仲都曰：「作觚而不用觚法，觚終不成，猶爲政而不用政法，豈成哉？疾世爲政不用政，❻故再言焉。」

宰我問曰：「仁者，雖告之曰『井有仁者焉』。其從之與？」宰我欲極觀仁者之懷，故假斯以問也。言有人告於仁者云：彼處有仁者墮井。而仁者常救人於急難，當自投入井救取之不耶？○

孔安國曰：「宰我以爲仁者必濟人於患難，故問有仁人墮井，將自投下從而出之乎？否乎？欲極觀仁人憂樂之所至也。」

子曰：「何爲其然也？孔子距之，故云「何爲其然也」。言仁者雖復救濟，若審有人墮井，當爲方計出之，豈容自投從之。君子可逝也，不可陷也；逝，往也。陷，没也。言聞有人墮井乃可往看之耳，不遂投井取之也。○

---

❶「知」，清熙園本、延德本作「如」，恐非。

❷「説」，桃華齋本作「設」，誤。文明本旁注異本「禮」下有「記」字。按，「記」、「説」義同，疑舊本「説」字或作「記」，後人對校旁記異字，而鈔手不察，遂並所校字存之也。

❸「可」，文明本「所」作「可」，恐非，今據他本改正。〔今校〕底本原文仍作「可」，未改正。鮑本作「所」。

❹「二」，〔今校〕鮑本作「三」。

❺「而」，〔今校〕鮑本無此字。

❻「用政」下，〔今校〕鮑本有「法」字。

苞氏曰：「逝，往也。言君子可使往視之耳，不肯自投從之耳。」❶

可欺也，不可罔也。」欺者，謂遥相語也。罔者，謂面相誣也。初彼來見告云：井中有仁人，我往視之，是可欺也。既至井實無人，不可受通而自投入井，❷是不可罔也。○

馬融曰：「可欺者，可使往也。不可罔者，不可得誣罔令自投下也。」或問曰：「仁人救物，一切無偏，何不但云井中有人者，而必云有仁人者耶？若唯救仁者，則非仁人墮井，則仁人所不救乎？」答曰：「仁者能好人，能惡人。其雖惻隱濟物，若聞惡人墮井，亦不往也。」又李充曰：「欲極言仁，設云救井爲仁，便當從不耶？故夫子答云『何爲其然也』，言何至如此。是君子之人若於道理宜爾，身猶可亡，故云『可逝』。逝，往也。若理有不可，不肯陷於不知，故云『不可誣罔令自投下也』。君子不逆詐，故可以闇昧欺。大德居正，故不可以非道罔也。」❸

子曰：「君子博學於文，❹約之以禮，亦可以弗畔矣夫。」博，廣也。約，束也。畔，違也，背也。言君子廣學六籍之文，又用禮自約束，能如此者亦可得不違背於道理也。

鄭玄曰：「弗畔，不違道也。」

子見南子，南子，衛靈公夫人也，淫亂，而孔子入衛欲與之相見也。所以欲相見者，靈公唯婦言是用，孔子欲因南子説靈公，使行正道也。故繆播曰：「應物而不擇者，道也；兼濟而不辭者，聖也。靈公無道，衆庶困窮，❺鍾救於夫子。物困不可以不救，理鍾不可以不應，應救之道必明有路，路由南子，故尼父見之。涅而不緇，則處汚不辱，無可無不可，故兼濟而不辭，以道觀之，未有可猜也。」子路不悦。子路于時隨夫子在衛，見夫子與淫亂婦人相見，故不悦也。繆播曰：「賢者守節，怪之宜也。或以亦發孔子之答，以曉衆也。」王弼曰：「案本傳孔子不得已而見南子，猶文王拘羑里，蓋天命之窮會也。子路以君子宜防患辱，是以不悦也。」○夫子矢

---

❶「從」，〔今校〕鮑本作「救」。

❷「受」，〔今校〕鮑本作「變」，是。

❸「或問」至「罔也」，〔今校〕鮑本此段解經文，接「是不可罔也」下。「井中有人」下，鮑本無「者」字。「必云有仁」下，鮑本無「人」字。

❹「於」，文明本脱此字，諸本並有，今據補正。

❺「衆」，〔今校〕鮑本作「蒸」。

之曰：「予所否，❶天壓之！❷天壓之！」矢，誓也。❸否，不也。壓，塞也。子路既不悦，而孔子與之呪誓也。言我見南子，若有不善之事者，❹則天當壓塞我道也。繆播曰：「否，不也。言體聖而不爲聖者之事，天其壓塞此道耶。」王弼曰：「否泰有命，我之所屈不用於世者，乃天命壓之，言非人事所免也。重言之者，所以誓其言也。」蔡謨曰：「矢，陳也。《尚書叙》曰『皐陶矢其謀也』，❺《春秋經》曰『公矢魚於棠』，皆是也。夫子爲子路矢陳天命，非誓也。」李充曰：「男女之別，國之大節。聖人明義，教正内外者也。而乃廢常違禮，見淫亂之婦人者，必以權道有由而然。子路不悦，固其宜也。夫道消運否，則聖人亦否，故曰：『予所否者，天壓之！天壓之！』壓亦否也，明聖人與天地同其否泰耳。豈區區自明於子路而已？」

孔安國曰：「等以爲南子者，❻衛靈公夫人也，淫亂而靈公惑之。孔子見之者，欲因以説靈公使行治道也。矢，誓也。子路不説，故夫子誓之。○曰：行道既非婦人之事，而弟子不説，與之呪誓，義可疑也。」○

子曰：「中庸之爲德也，其至矣乎！民鮮久矣。」中，中和也。庸，常也。鮮，少也。言中和可常行之德，是先王之道，其理甚至善，而民少有行此者也已久，言可歎之深也。」

庸，常也。中和可常行之德也。世亂，先王之道廢，民鮮能行此道久矣，非適今也。

子貢曰：「如能博施於民而能濟衆者，何如？可謂仁乎？」子貢問，言若有人所能廣施恩惠於民，又能救濟衆民之患難，能如此者何如？可得謂爲仁人否乎？○子曰：「何事於仁！必也聖乎！孔子答也。❼曰：若能如此者，何事是仁也，❽乃

❶「否」下，〔今校〕鮑本有「者」字。
❷「壓」，〔今校〕鮑本作「厭」，下同。「壓」、「厭」二字通。
❸「也」下，〔今校〕鮑本有「予我也」三字。
❹「者」，〔今校〕鮑本無此字。
❺「其」，〔今校〕鮑本作「厥」。
❻「等」，久原文庫一本作「舊」，與邢《疏》本同。
❼「也」，〔今校〕鮑本無此字。
❽「也」，〔今校〕鮑本作「乎」。

是聖人之行，而聖人猶病患其事之難行也。❶ 堯、舜其猶病諸！ 堯、舜，古聖天子也。病猶患也。諸，之也。又言：前所能之事，乃是聖人之行，而聖人猶病患其事之難行也。

孔安國曰：「若能廣施恩惠，濟民於患難，堯、舜至聖，猶病其難也。」

夫仁者，己欲立而立人，己欲達而達人。 既云前事不啻是仁，爲聖所難，故此更答爲仁之道也。言己若欲自立自達，則必先立達他人，則是有仁之者也。能近取譬，可謂仁之方也已。」 能近取譬於諸身，❷遠取諸物，己所不欲，勿施於人。能如此者，可謂爲仁之道也。❸ 方，猶道也。

孔安國曰：「更爲子貢説仁者之行也。方，道也。但能近取譬於己，皆恕己所不欲而勿施人也。」

論語義疏第三 經一千七百一十一字。註二千八百二十字。

❶「而聖人猶病患其事之難行」，〔今校〕鮑本無此十一字。
❷「於」，〔今校〕鮑本無此字。
❸「道」，〔今校〕鮑本作「方」。

論語義疏卷第四 述而 泰伯

梁國子助教吴郡皇侃撰

論語述而第七 何晏集解舊卅九章今卅八章

疏《述而》者，明孔子行教，但祖述堯、舜，自比老彭，而不制作也。所以次前者，時既夷嶮，聖賢地閉，非唯二賢之不遇，而聖亦失常。❶故以聖不遇證賢不遇非賢之失，所以《述而》次《雍也》。◯

子曰：「述而不作，此孔子自説也。述者，傳於舊章也。作者，新制禮樂也。❷孔子自言：我但傳述舊章，而不新制禮樂也。夫得制禮樂者，必須德位兼並，德爲聖人，尊爲天子者也。所以然者，制作禮樂必使天下行之，若有德無位，既非天下之主，而天下不畏，則禮樂不行；若有位無德，雖爲天下之主，而天下不服，則禮樂不行，故必須並兼者也。孔子是有德無位，故「述而不作」也。信而好古，又言己常存於忠信，而復好古先王之道，故曰「信而好古」也。所以《中庸》云「仲尼祖述堯、舜，憲章文、武」是也。竊比於我於老彭。」❸竊猶盗也。老彭，彭祖也，年八百歲，故曰老彭也。老彭亦有德無位，但述而不作，信而好古。孔子欲自比之，而謙不敢均然，❹故曰「竊比」也。

苞氏曰：「老彭，殷賢大夫也，好述古事。我若老彭矣，祖述之耳也。」

子曰：「默而識之，見事必識而口不言，❺謂之默識也。❻學而不厭，又學先王之道而不厭也。❼誨

---

❶「失」，桃華齋本作「喪」。

❷「制」下，桃華齋本有「作」字。〔今校〕鮑本亦有「作」字。

❸「於我於」，諸本如此，但有不爲齋本、根本本「我」下無「於」字，久原本上下均有，而朱抹「我」上「於」字。按，古鈔《集解》本「於」字在「我」下，正平板及邢《疏》本在「我」上。諸本有兩「於」字，蓋後人鈔寫此書，經文則併用《集解》本二種，是以兩存之，未敢定取捨耳。〔今校〕鮑本「我」下無「於」字。

❹「均」，〔今校〕鮑本作「灼」。

❺「必」，〔今校〕鮑本作「心」。

❻「識」下，〔今校〕鮑本有「者」字。

❼「厭」下，〔今校〕鮑本有「止」字。

人不倦，誨，教也。又教一切之人而不疲倦也。❶何有於我哉？」言人無此諸行，❷故天下貴於我耳。若世人皆有此三行，則何復貴有於我哉？故李充曰：「言人若有此三行者，復何有貴於我乎？斯勸學敦誨誘之辭也。」❸

鄭玄曰：「人無有是行，言天下人皆無此三行也。於我我獨有之也。」釋「於我哉」也。言由我獨有之，故天下貴有於我也。

子曰：「德之不修也，得理之事，宜修治在身也，而世人不修也。學之不講也，所學經業恒宜講説使決了，而世人不講也。聞義不能從也，❹聞有仁義之事，徙意從之，❺而世人不從也。❻不善不能改也，身本有不善，當自改正令善也，而世人不改也。是吾憂也。」吾，孔子自謂也。言孔子恒憂世人不爲上四事也。

孔安國曰：「夫子常以四者爲憂也。」❼

子之燕居，申申如也，夭夭如也。明孔子居處有禮也。燕居者，退朝而居也。申申者，心和也。夭夭者，貌舒也。《玉藻》云：「燕居貌温温。」❽《鄉黨》云：「居不容。」故當燕居時，所以心和而貌舒也。故孫綽曰：「燕居無事，故云心内夷和外舒暢者也。」

馬融曰：「申申、夭夭，和舒之貌也。」申

---

❶「也」上，桃華齋本有「者」字。

❷「此」上，桃華齋本、久原文庫一本有「何有於我者」五字。

❸「敦」，文明本作「孰」，恐非，今據桃華齋本改正。

❹「從」，〔今校〕鮑本作「徙」。

❺「之」，〔今校〕鮑本作「也」。

❻「從」，〔今校〕鮑本作「徙」。

❼「以」下，〔今校〕鮑本有「此」字。

❽「燕居貌温温」，清熙園本、桃華齋本「貌」並作「告」，「温温」下有「注告謂教使温温恭大」九字。根本本與清熙園本大略相同，但「使」下有「也」字，「温温」上有「詩云」兩字，「恭大」作「恭人」。按，今本《禮記》與根本本同。然此章馬《注》曰：「申申、夭夭，和舒之貌也。」皇《疏》又稱「申申者，心和也；夭夭者，貌舒也」，則皇侃意以此章爲記夫子燕居容貌，故引《玉藻》「燕居貌温温」語而證之。疑皇氏所依《禮記》作「貌温温」，後人依鄭本改「貌」爲「告」，又取其《注》竄入之《疏》中也。〔今校〕鮑本同根本本。

申，心申暢故和也。❶貌舒緩，❷故夭夭也。《詩》云：「桃之夭夭，灼灼其華。」即美舒義也。

子曰：「甚矣吾衰也！久矣吾不復夢見周公也！」夫聖人行教既須德位兼並，若不爲人主，則必爲佐相。聖而君相者，周公是也。雖不九五而得制禮作樂，道化流行。孔子乃不敢期於天位，亦猶願放乎周公，故年少之即日恒存慕發夢，❸及至年齒衰朽，非唯道教不行，抑亦不復夢見，所以知己德衰而發「衰久矣」，即歎不夢之徵也，然聖人懸照本無俟夢想，而云夢者，同物而示衰故也。故李充曰：「聖人無想，何夢之有？蓋傷周德之日衰，哀道教之不行，故寄慨於不夢，發歎於鳳鳥也。」

孔安國曰：「孔子衰老，不復夢見周公也，明盛時夢見周公，欲行其道也。」即謂攝行天子事，而復制禮作樂也。

子曰：「志於道，此章明人生處世，須道藝自輔，不得徒然而已也。志者，在心向慕之謂也。道者，通而不擁也。❹道既是通，通無形相，故人當恒存志之在心，造次不可暫捨離者也。

志，慕也。道不可體，故志之而已矣也。❺「不可體」謂無形體也。

據於德，據者，執杖之辭也。德謂行事得理者也。行事有形，有形故可據杖也。

據，杖也。德有成形，故可據也。前事有涯，故云有形也。

依於仁，依，依倚也。❻仁者，施惠之謂也。施惠於事宜急，故當倚之而行也。仁劣於德，倚減於據，故隨事而配之。

依，倚也。仁者功施於人，故可倚之也。

遊於藝。」遊者，履歷之辭也。藝，六藝，謂禮、樂、書、數、射、御也。其輕於仁，故不足依據，❼而宜遍遊歷以知之也。

藝，六藝也。不足據，故曰遊也。

---

❶「申」，桃華齋本作「中」。
❷「緩」，桃華齋本無此字。
❸「即」，〔今校〕鮑本無此字。
❹「擁」，〔今校〕鮑本作「壅者」。
❺「矣也」，〔今校〕鮑本無此二字。
❻「依」，〔今校〕鮑本作「者」。
❼「故」下，〔今校〕鮑本有「云」字。

子曰：「自行束脩以上，❶吾未嘗無誨焉。」此明孔子教化有感必應者也。束脩，十束脯也。古者相見必執物爲贄。贄，至也，表己來至也。上則人君用玉，中則卿羔，大夫雁，士雉，下則庶人鶩，❷工商執雞。其中或束脩壺酒一犬，悉不得無也。束脩最是贄之至輕者也。孔子言，人若能自施贄行束脩以上來見謁者，則我未嘗不教誨之。故江熙云：「見其翹然向善思益也。」古以贄見，脩，脯也。孔《注》雖不云脩是脯，而意亦不得離脯也。

孔安國曰：「言人能奉禮，自行束脩以上，則皆教誨之也。」

子曰：「不憤不啓，不悱不發。又明孔子教人法也。憤，謂學者之心思義未得而憤憤然也。啓，開也。悱，謂學者之口欲有所諮而未能宣，悱悱然也。發，發明也。言孔子之教，待人心憤憤，乃後爲開導之，若不憤則不爲開也。又待其口悱悱，而後乃爲發明之，若不悱則不爲發明也。所以然者，人若不悱憤而先爲啓發，則受者識録不堅，故須悱憤乃爲發啓，則聽受分明，憶之深也。舉一隅而示之，不以三隅反，則吾不復。」隅，角也。床有四角，屋有四角，皆曰隅也。孔子爲教，雖待悱憤而爲開發，開發已竟，而此人不識事類，亦不復教之也。譬如屋有四角，已示之一角，餘三角從類可知，若此人不能以類反識三角，則不復教示也。

鄭玄曰：「孔子與人言，必待其人心憤憤、口悱悱，乃後啓發爲之説也。如此則識思之深也。説則舉一隅以語之，其人不思其類，則不復重教之也。」

子食於有喪者之側，未有嘗飽也。❸謂孔子助葬時也。爲應執事故必食也，必有哀色，故不飽也，故云。❹《禮》云：「飢而廢事，非禮也；飽而忘哀，亦非禮也。」子於是日也哭，則不歌。謂孔子弔喪之日也。弔喪必哭，哭歌不可同日，故是於弔哭之日不歌也。故范寧曰：「是日，即弔赴之日也。禮，歌哭不同日也，故哭則不歌也。」

喪者哀戚，飽食其側，❺是無惻隱之心也。

❶「脩」，〔今校〕原誤作「修」，今改正，下同。
❷「人」下，〔今校〕鮑本有「執」字。
❸「有」，〔今校〕鮑本無此字。
❹「云」，〔今校〕鮑本無此字。
❺「食」下，〔今校〕鮑本有「於」字。

子謂顔淵曰：「用之則行，舍之則藏，❶唯我與爾有是夫！」此明顔、孔於事等於行藏也。用者，謂時世宜可行之事也。藏者，謂時世不宜行之事。爾，汝也。自降幾以下而賢人能得，故可行用，❷則顔、孔所同，故云「用行捨藏，唯我與爾有是夫」。孫綽曰：「聖人德合於天地，用契於四時，不自緦於盛明，不獨曜於幽夜。顔齊其度，故動止無違，所以影附日月，絶塵於游場也。」❸一云：「與，許也。唯我許汝如此也。」故江熙曰：「聖人作則賢人佐，天地閉則賢人隱，❹用則行，捨則藏也。唯我許爾有是分者，非聖無以盡賢也。」

孔安國曰：「言可行則行，可止則止，唯我與顔淵同耳也。」❺

子路曰：「子行三軍，則誰與？」❻子路聞孔子論行藏而獨美顔淵，然若行三軍必當與己，己有勇故也，故問則誰與之。

孔安國曰：「大國三軍。天子六軍，大國三軍，小國一軍，軍萬二千五百人也。❼子路見孔子獨美顔淵，以爲己有勇，至夫子爲三軍將，❽亦當唯與己俱，故發此問也。」將猶帥也。謂孔子得爲三軍帥時也。❾

❶ 「舍」，《史記・弟子傳》作「捨」，《子罕篇》「毋必」下注云：「用之則行，捨之則藏，故無專必也。」此章皇疏又云：「用行捨藏，唯我與爾有是夫？」則皇侃所據經作「捨」。《季氏篇》「舍曰欲之」之「舍」字，桃華齋本、久原本並作「捨」，卽其證。

❷ 「自降」至「故可」，根本本「幾」作「聖」，有不爲齋本「降」下有「合」字，「故」下「可」上有「凡」字並朱書，按，「自降」以下十字義未詳。〔今校〕鮑本同根本本。

❸ 「場」，〔今校〕鮑本作「塲」，考文意，疑是「賜」字之訛，作「場」字義難解。

❹ 「賢」，〔今校〕鮑本作「聖」。

❺ 「也」，〔今校〕鮑本無此字。

❻ 「與」，《釋文》云：「與，皇音餘。」翟灝云：「皇氏《義疏》曰：『子路意必當與己，己有勇故也，故問則誰與之（「之」疑「也」字之譌）。』是以『與』字解義爲『俱』。別坿沈居士一說，則解『與』爲『許』，均未嘗讀作『餘』音。《義疏》久淪海國，近方從市舶購到，其中或有被竄亦未可知。」陳澧云：「蓋皇《疏》殘闕而足利人妄補之也，今通覽《疏》文解義，無讀作『餘』音者，是知今本《釋文》必有字訛。」翟、陳諸人專據此而疑皇《疏》，非也。

❼ 「軍」下，〔今校〕鮑本有「一」字。

❽ 「至」下，〔今校〕鮑本有「於」字。

❾ 「謂」，〔今校〕鮑本無此字。

子曰：「暴虎憑河，死而無悔者，吾不與也。孔子聞子路之衒勇，故抑之也。空手搏虎爲暴虎，無舟渡河爲憑河。言挌虎須杖，渡河須舟，然後身命可全。若無杖而搏虎，無舟而涉河，❶必致傷溺，❷若爲此勇，則我行三軍，所不與也。以斥子路之勇，必不得其死然也。繆播曰：「聖教軌物，各應其求，隨長短以抑引，隨志分以誘導，使歸於會通，合乎道中。以故剛勇者屈以優柔，儉弱者勵以求及❸。由之性也，以勇爲累，常恐有失其分，覔功衒長，❹故因題目於回，舉三軍以致問，❺將以仰叩道訓，陶染情性，故夫子應以篤誨以示厥中也。」

孔安國曰：「暴虎，徒搏也。憑河，徒涉也。」徒，空也，謂空手搏也。《爾雅》云：「暴虎，徒搏也。」郭注云：「空手執也。」又云：「憑河，徒涉也。」郭云：「無舟檝也。」

必也臨事而懼，好謀而成者也。」孔子既抑子路，而又云：我所以與者，政欲須臨事而懼，又好爲謀事而必成者也。沈居士曰：「若子路不平與顔淵，而尚其勇，鄙昧也已甚，孔子以之比暴虎憑河，陷之於惡，實爲大深。余以爲子路聞孔子許顔之遠，悦而慕之，自恨己才之近，唯强而已，故問曰『子行三軍則誰與』，❻言必與許己也，言許己以麤近也。故夫子因慰而廣之，言若在三軍，如暴虎憑河，則可賤而不敢取，❼謂世之麤勇也。若懼而能謀，抑亦仁賢之次流，謂子路也。如此三軍則不獨麤近也。」

子曰：「富而可求也，雖執鞭之士，吾亦爲之。孔子意云：夫富貴貧賤皆稟天之命，不可苟且求，若可求而得者，雖假令執鞭賤職，而吾亦爲之，則不辭矣。繆協稱袁氏曰：「執鞭，君之御士，亦有禄位於朝也。」

鄭玄曰：「富貴不可求而得者也，言不可以非理求也。當修德以得之。若值明世，修德必得也。若逢亂世，雖修德不得，而是得之道也。猶如言寡尤、行寡悔，禄在其中矣。若於道可求

❶「涉」，〔今校〕鮑本作「渡」。
❷「溺」下，清熙園本、桃華齋本有「水」字，恐衍。
❸「勵」，〔今校〕鮑本作「厲」。
❹「長」，〔今校〕鮑本作「世」。
❺「致」，〔今校〕鮑本作「倒」。
❻「曰」，〔今校〕鮑本無此字。
❼「敢」，〔今校〕鮑本無此字。

者，雖執鞭賤職，我亦爲之矣。」道猶世道也。若於世道可求，則吾不辭賤職也。《周禮》有《條狼氏職》，掌執鞭以趨避，王出入則八人夾道，公則六人，侯伯四人，子男二人。鄭言「趨而避行人」，若今卒避車之爲也。

如不可求者，從吾所好。」既不可求，則當隨我性所好。我性所好者，古人之道也。

孔安國曰：「所好者，古人之道也。」

子之所慎：齊、戰、疾。❶記孔子所慎之行也。齋者，先祭之名也。將欲祭祀，則先散齋七日，致齋三日也。齋之言，齊也。人心有欲，散漫不齊，故將接神先自寧静，變食遷坐以自齊潔也。時人漫神，❷故於齋不慎，而孔子慎之也。戰者，兩刃相交，性命俄頃，身體髮膚彌宜全重，時多暴虎，不避毁傷，唯孔子慎之，故後則云「子畏於匡」，及云「善人教民七年，❸亦不即戎」，❹又云「以不教民戰，是謂棄之」，並是慎戰也。疾者，宜將養制節飲食，以時人不慎，而孔子慎之也。故云「子之所慎：齊、戰、疾」也。

孔安國曰：「此三者，人所不能慎，而夫子能慎之也。」

子在齊，聞《韶》樂，三月不知肉味，❺《韶》者，舜樂名也，盡善盡美者也。孔子至齊，聞齊君奏於《韶》樂之盛，而心爲痛傷，故口忘完味，至於一時乃止也。三月，一時也。何以然也？齊是無道之君，而濫奏聖王之樂，器存人乖，所以可傷慨也。故郭象曰：「傷器存而道廢，得有聲而無時。」江熙曰：「和璧與瓦礫齊貫，卞子所以惆悵。虞《韶》與鄭衛比響，仲尼所以永歎，彌時忘

---

❶「齊」，此下《疏》中「齊」字凡八見，根本本《經》、《疏》皆作「齊」。文明本《經》作「齊」，《疏》唯「散齋」及「於齋不慎」兩處作「齋」，餘皆作「齊」。桃華齋本《經》作「齋」，《疏》「散齋」、「致齋」、「齋之言齊也」及「於齋不慎」四處作「齋」。按，桃華齋本是。文明本《經》作「齊」，蓋依正平板所改。〔今校〕鮑本同根本本。

❷「漫」，〔今校〕鮑本作「慢」。

❸「及」，〔今校〕鮑本作「又」。

❹「不」，〔今校〕鮑本作「可」，是。

❺「肉」，諸本《經》、《注》皆作「完」，唯文明本《經》作「肉」，《注》仍作「完」。按，本邦舊鈔本《論語》「肉」字皆作「完」，敦煌鄭《注》本作「宍」，「完」疑「宍」字之訛。《干禄字書》出「宍，肉」，云「上俗下正」，是也。文明本《經》作「肉」，蓋依正平板所改。〔今校〕鮑本《經》、《注》並作「肉」。

味，❶何遠情之深也？」

周生烈曰：「孔子在齊，聞習《韶》樂之盛美，故忽於完味也。」❷忽猶忘也。范寧曰：「夫《韶》乃大虞盡善之樂，齊，諸侯也，何得有之乎？曰：陳，舜之後也。樂在陳，陳敬仲竊以奔齊，故得僭之也。」❸

曰：「不圖爲樂之至於斯也。」此孔子説所以忘味之由也。圖猶謀慮也。爲猶作奏也。樂，《韶》樂也。斯，此也，此指齊也。孔子言實不意慮奏作聖王之《韶》樂，而來至此齊侯之國也。或問曰：「樂隨人君而變，若人君心善則樂善，心淫則樂淫。今齊君無道，而《韶》音那獨不變而猶盛耶？且若其音猶盛，則齊民宜從樂化，而齊民猶惡，不隨樂化，何也？」侃答曰：「夫樂隨人君而變者，唯在時王之樂耳。何者？如周王遍奏六代之樂，當周公、成、康之日，則六代之聲悉善，亦悉以化民，若幽、厲傷周，天下大壞，則唯周樂自隨時君而變壞，其民亦隨時君而惡，所餘殷、夏以上五聖之樂則不隨時變，故《韶》樂在齊，而音猶盛美者也。何以然哉？是聖王之樂，故不隨惡君變也。而周武亦善而獨變者，❹以其君是周之子孫，子孫即變，故先祖之樂亦爲之而變也。❺又既五代音存而不能化民者，既不隨惡王而變，寧爲惡王所御乎？既不爲所御，故雖存而不化民也。」又一通云：「當其末代，其君雖惡，而其先代之樂聲亦不變也。而其君所奏淫樂，不復奏正樂，故不復化民也。」

王肅曰：「爲，作也。不圖作《韶》樂至於此。此，齊也。」

冉有曰：「夫子爲衛君乎？」爲猶助。衛君，謂輒也。衛靈公逐太子蒯聵，靈公以魯哀公二年夏四月薨，而立蒯聵之子輒爲衛君。孔子時在衛，爲輒所賓接，後蒯聵不奪輒國，❻父子相圍，時人多疑孔子應助輒拒父，故冉有傳物之疑以問子貢也。故江熙曰：「夫子在衛，受輒賓主悠悠者，或疑爲之，故問也。」

鄭玄曰：「爲猶助也。衛君者，謂輒也。衛靈公逐太子蒯聵，公薨，而立孫

❶「彌」，桃華齋本「彌」作「一」，恐非。
❷「完」，〔今校〕鮑本作「肉」，是也。如前武内所校，當據改。
❸「范寧」至「之也」，〔今校〕鮑本此段解經文，接「何遠情之深也」下。
❹「周」，〔今校〕鮑本無此字。
❺「爲」，〔今校〕鮑本作「與」。
❻「不」，〔今校〕鮑本作「還」，是。

輒也。公死後乃立輒也。後晉趙鞅納蒯聵于戚，❶後謂輒立爲君後也。蒯聵奔在戚，輒立定後，其年六月，晉臣趙鞅於戚以納蒯聵，遂入衛奪輒位也。衛石曼姑帥師圍之。至哀公三年，衛輒之臣石曼姑帥師圍蒯聵于戚也。故問其意助輒否乎。」其，其孔子也。冉有問子貢曰：孔子意助輒不也？哀公二年，孔子在衛，至十一年反魯，至十五年冬蒯聵乃勝，輒出奔魯，子路死難，使魯來報孔子也。❷至十六年正月，蒯聵從戚入衛爲君也。

子貢曰：「諾，吾將問之。」子貢答冉有也。故先應諾，言吾將入問於孔子助輒不也。入曰：「伯夷、叔齊何人也？」此子貢入問孔子之辭也。所以不問助輒不而問夷、齊者，不欲斥言衛君事，故以微理求之志也。❸伯夷、叔齊兄弟讓國，而輒父子争位，其事已反，故問夷、齊何人。若孔子答以夷、齊爲非，則知助輒，若以夷、齊爲是，❹則知不助輒也。子曰：「古之賢人也。」答子貢也。言夷、齊是古賢人也。曰：「怨乎？」怨，恨也。子貢又問夷、齊有怨恨不乎？所以問有恨不者，夷、齊兄弟讓國，隱首陽山下，❺賢人相讓而致飢，致飢應不恨也。❻曰：「求仁而得仁，又何怨乎？」孔子答曰：不怨也。言兄弟相讓，本求仁義，而萬代美其相讓之德，是求仁得仁也。求之而得，雖死有何怨。是君子殺身成仁，不安生害仁。❼

孔安國曰：「伯夷、叔齊讓國遠去，終於餓死，故問怨乎。以讓爲仁，豈怨乎？」

出曰：「夫子不爲也。」子貢既聞孔子以夷、齊之讓爲賢爲仁，❽故知輒父子爭國爲惡也，所以答冉有云夫子不爲衛君也。

鄭玄曰：「父子爭國，惡行也。孔子以

---

❶「納」下，〔今校〕鮑本有「蒯」字。
❷「魯來」，〔今校〕鮑本二字互倒。
❸「志」，〔今校〕鮑本無此字。
❹「若」，〔今校〕鮑本作「荅」。
❺「山」下，〔今校〕鮑本有「遂餓死首陽山」六字。
❻「飢」下，清熙園本有「死」字，久原文庫一本作「餓死」，桃華齋本作「死」，「死」上無「飢」字、「餓」字。〔今校〕鮑本「飢致飢」作「餓死死」。
❼「安」，桃華齋本作「求」。
❽「賢」下，〔今校〕鮑本有「且」字。

伯夷、叔齊爲賢且仁，故知不助衛君明也。」

子曰：「飯蔬食飲水，此明孔子食無求飽也。飯猶食也。蔬食，菜食也。言孔子食於菜食而飲水，無重肴方丈也。曲肱而枕之，樂亦在其中矣。此明孔子居無求安也。肘前曰臂，肘後曰肱，通亦曰臂。言孔子眠助肱而枕之❶，不錦衾角枕也。孔子麤食薄寢，而歡樂怡暢，自在麤薄之中也。

孔安國曰：「蔬食，菜食也。肱，臂也。孔子以此爲樂也。」

不義而富且貴，於我如浮雲。」富與貴是人之所欲，不以其道得之，不處也。不義而富貴，於我如天之浮雲也。所以然者，言浮雲自在天，與我何相關？如不義之富貴，與我亦不相關也。又浮雲儵聚欻散，不可爲常，如不義富貴聚散俄頃如浮雲也。

鄭玄曰：「富貴而不以義者，於我如浮雲，非己之有也。」如前釋也。

子曰：「加我數年，五十以學《易》，可以無大過矣。」此孔子重《易》，故欲令學者加功於此書也。當孔子爾時，年已四十五六，故云「加我數年，五十而學《易》」也。所以必五十而學《易》者，人年五十，是知命之年也，《易》有大演之數五十，是窮理盡命之書，故五十而學《易》也。既學得其理則極照精微，故身無過失也。云「無大過」者，小事易見，大事難明，故學照大理則得一，不復大過，則小者故不失之。❷王弼曰：「《易》以幾神爲教，顔淵庶幾有過而改，然則窮神研幾可以無過，明《易》道深妙，戒過明訓，微言精粹，熟習然後而存義也。」❸

《易》窮理盡性，以至於命。《易》明乾元亨利貞，窮測陰陽之理，遍盡萬物之性，故云「窮理盡性」也。又識窮通，故云「以至於命」也。年五十而知天命，人年五十，應大演之數，與《易》數同，故「知天命」也。以知命之年讀至命之書，其數會同也。故可以無大過也。照樂窮理，❹故無失也。而王朗又爲一通云：「鄙意以爲，《易》蓋先聖之精義，後聖無閒然者也。是以孔子即而因之，少而誦習，恒以爲務，稱五十而學者，明重

❶「助肱」，〔今校〕鮑本作「曲臂」。
❷「之」，桃華齋本無此字，文明本旁注異本作「也」。
❸「而」，〔今校〕鮑本無此字。
❹「樂」，〔今校〕鮑本作「幾」，是。

《易》之至，欲令學者專精於此書，雖老不可以廢倦也。」❶

子所雅言，子，孔子也。雅，正也。謂孔子平生讀書，皆正言之，不爲私所避諱也。

孔安國曰：「雅言，正言也。」

《詩》、《書》、執禮，皆雅言也。此是所不諱之書也。《詩》及《書》、禮皆正言之也。六籍皆正言，獨云《詩》、《書》、禮者，舉一隅餘三隅可反也。❷故顧歡曰：「夫引網尋綱，振裘提領，正言此三，則靡曲不統矣。」❸

鄭玄曰：「讀先王典法，必正言其音，然後義全，故不可有所諱也。若讀書避諱，則疑誤後生，故《禮》云『教學臨文不諱』，《詩》、《書》不諱』，是也。禮不誦，故言執也。」釋不直云《詩》、《書》、禮，而禮上長云執之義也。背文而讀曰誦，《詩》是詠歌，《書》是謨誥，故並須誦之。而禮但執文依事而行，不須背文之誦，❹故曰「執也」。

葉公問孔子於子路，葉公，楚臣也，食菜於葉。❺楚僭稱王，故臣稱公，自比諸侯也。問子路以論孔子之事也，但不知所問何事也。子路不對。所問之事，當乖孔子之德，故子路不對之也。故江熙曰：「葉公見夫子數應聘而不遇，尚以其問近故不答也。」李充曰：「凡觀諸問聖師於弟子者，諮道也，則稱而近之；誣德也，必揚而抑之，未有默然而不答者也。疑葉公問之，必將欲致之爲政，子路知夫子之不可屈，故未許其説耳。」

孔安國曰：「葉公，名諸梁，楚大夫，食菜於葉，僭稱公。不對者，未知所以答也。」

子曰：「汝奚不曰，其爲人也，發憤忘食，樂以忘憂，不知老之將至也云爾。」孔子聞子路不對，故以此言語子路也。奚，何也。其，其孔子也。謂孔子慨世道之不行，故發憤而忘於飡食也。又飲水曲肱樂在其中，忘於貧賤之憂也。又年雖耆朽而信天任命，不知老之將至也。言葉公問汝，汝何不曰我有如此之德云爾以示之也。然此諸語當是斥於葉公也。李充

---

❶「而王朗」至「倦也」，〔今校〕鮑本此段解經文，接「然後而存義也」下，且「王朗」上無「而」字。

❷「反」，〔今校〕鮑本作「及」。

❸「曲」，〔今校〕鮑本作「典」。

❹「之誦」，〔今校〕鮑本二字互倒。

❺「菜」，〔今校〕鮑本作「采」，下「菜」字同。

曰：「夫子乃抗論儒業，大明其志，使如此之徒絶望於覬覦，不亦弘而廣乎？」江熙曰：「葉公唯知執政之貴，不識天下復有勝遠，故欲令子路抗明素業，無嫌於時，得以清波濯彼穢心也。」子曰：❶「我非生而知之者，知之謂知事理也。孔子謙以同物，故曰我有所知，非生而自然知之者也。《玉藻》云：「此蓋自同常教，以身率物者也。」好古，敏而以求之者也。」我既不生知，而今有所知者，政由我所好古人之道，疾速以求知之也。敏，疾速也。

鄭玄曰：「言此者，勉勸人於學也。」

子不語怪、力、亂、神。怪，怪異也，謂妖孽之事也。力謂多力也，若烏獲舉千鈞之事也。❷亂謂臣子弑害君父之事也。神謂鬼神之事也。此四事言之無益於教訓，故孔子語不及之也。或問曰：「《易·文言》孔子所作，云臣殺君，子殺父，並亂事，而云孔子不語之，何也？」答曰：「發端曰言，答述曰語，此云不語，謂不誦答耳，非云不言也。」

王肅曰：「怪，怪異也。舊云：如山啼鬼哭之類也。力謂若奡盪舟，奡多力，能陸地推舟也。盪，推也。烏獲舉千鈞之屬也。烏獲，古時健兒也。三十斤曰鈞，烏獲能舉三萬斤重也。亂謂臣弑君子弑父也。惡逆爲亂甚者也。神謂鬼神之事也。子路問事鬼神，孔子曰：「未能事人，焉能事鬼？」是不言也。或無益教化也，❸解不言怪、力、神三事也。或所不忍言也。」解不言亂事也。或通云：「怪力是一事，亂神是一事，都不言此二事也。」故李充曰：「力不由理，斯怪力也。神不由正，斯亂神也。怪力、亂神有興於邪，無益於教，故不言也。」❹

子曰：「我三人行，必得我師焉：擇其善者而從之，其不善者而改之。」此明人生處世、則宜更相進益，雖三人同行，必推勝而引劣，故必有師也。有勝者則諮受自益，故云「擇善而從之」也。有劣者則以善引之，故云「其不善者而改之」。然善與不善，即就一人上爲語也。人不圓足，故取善改惡，亦更相師改

❶「子曰」，〔今校〕鮑本此以下爲另一章，應提行。

❷「事」，〔今校〕鮑本作「屬」。

❸「益」下，〔今校〕鮑本有「於」字。

❹「或通云」至「不言也」，〔今校〕鮑本此段解經文，接「非云不言也」下。

之義也。故王朗曰：「于時道消俗薄，鮮能宗賢尚勝，❶故託斯言以厲之。夫三人之行，猶或有師，況四海之內，何求而不應哉？縱能尚賢，而或滯於一方者，又未盡善也。故曰：『擇其善者而從之，其不善者而改之。』」

言我三人行，本無賢愚，就《注》意亦是敵者也。既俱非圓德，則遽有優劣也。❷擇善從之，不善改之，故無常師也。我師彼之長而改彼之短，彼亦師我之長而改我之短，既更相師法，故云無常師也。或問曰：「何不二人，必云三人也？」答曰：「二人則彼此自好各言我是，若有三人，則恒一人見二人之有是非明也。」❸

子曰：「天生德於予，桓魋其如予何？」予，我也。桓魋，宋司馬也，凶愚，心恒欲害孔子。孔子故明言論之，❹使其凶心止也。言天生聖德於我，我與天同軆，❺桓魋雖無道，安能違天而害我乎？故云「如予何」也。夫凶人亦宜不屢謝，而有時須以道折之。故江熙曰：「小人爲惡，以理喻之則愈凶强，晏然待之則更自處，亦猶匡人聞文王之德而兵解也。」

苞氏曰：「桓魋，宋司馬黎也。天生德於予者，謂授我以聖性也。合德天地，吉而無不利，故曰『其如予何』也。」

子曰：「二三子以我爲隱子乎？二三子，諸弟子也。孔子聖道深遠，諸弟子學所不及，而有怨者恒言，孔子於己有所隱惜，故孔子合呼而問之曰：❻汝等言我有所隱於汝乎也。❼吾無隱乎爾。爾，汝也。先呼問之，此更語之云：吾無所隱於汝也。

苞氏曰：「二三子，謂諸弟子也。聖人智廣道深，弟子學之不能及，以爲有所隱匿，故解之也。」

吾無所行而不與二三子者，是丘也。」行，猶爲也。丘，孔子名也。孔子已向云無隱，故此更自稱名而說無隱之事，使之信也。言凡我所爲之事，無不與汝共之者，是丘之心如此。

---

❶「宗」，〔今校〕鮑本作「崇」。

❷「遽」，〔今校〕鮑本作「遞」。

❸「或問」至「明也」，〔今校〕鮑本此段解經文，接「其不善者而改之」下。

❹「論」，〔今校〕鮑本作「語」。

❺「軆」，〔今校〕鮑本作「體」。

❻「合」，〔今校〕鮑本作「今」。

❼「也」，〔今校〕鮑本無此字。

苞氏曰：「我所爲，無不與爾共之者，是丘之心也。」

子以四教：文、行、忠、信。孔子爲教，恒用此四事爲首，故云「子以四教」也。李充曰：「其典籍辭義謂之文，孝悌恭睦謂之行，爲人臣則忠，與朋友交則信，此四者，教之所先也。故以文發其蒙，行以積其德，忠以立其節，信以全其終也。」

四者有形質，可舉以教也。

子曰：「聖人，吾不得而見之矣；得見君子者，斯可矣。」孔子歎世無賢聖也。言吾已不能見世有聖人，若得見有君子之行，則亦可矣。言世亦無此也。然君子之稱，上通聖人，下至片善。今此上云不見聖，下云得見君子，則知此之君子，賢人以下也。故王弼曰：「此爲聖人與君子異也。然德足君物皆稱君子，亦有德者之通稱也。」

疾世無明君也。

子曰：「善人，吾不得而見之矣。善人之稱，亦上通聖人，下通一分，而此所言指賢人以下也。吾世道流喪，❶吾復不得善人也。得見有恒者，斯可矣。有恒謂雖不能作善，而守常不爲惡者也。言爾時非唯無作片善者，亦無直置不爲惡者，故亦不得見也。亡而爲有，虛而爲盈，約而爲泰，難乎有恒矣。」此目不恒之人也。亡，無也。當時澆亂，人皆誇張，指無爲有，説虛作盈，家貧約而外詐奢泰，皆與恒反，故云「難乎有恒矣」。故江熙曰：「言世人負情反實，逐波流遷，若影無持係索，此無恒難也。」❷

孔安國曰：「難可名之爲有常也。」

子釣而不綱，周孔之教，不得無殺，是欲因殺止殺，故同物有殺也。釣者，一竿屬一鉤而取魚也。綱者，作大綱，横遮於廣水，而羅列多鉤著之，以取魚也。孔子用一竿而釣，則一一得魚，是所少也。若綱横流而取則得者多，則孔子所不爲也。故云「子釣而不綱」也。弋不射宿。弋者，繳射也。北人皆多繳射取鳥也。❸宿者，夜栖宿之鳥也。孔子亦繳射，唯白日用事，而不及夜射栖宿之鳥也。所以然者，宿鳥夜聚有群，易得多，故不射之也。又恐驚動夜宿，仁心所不忍也。故孫綽曰：「殺理

❶「吾」，〔今校〕鮑本作「言」。

❷「無」，〔今校〕鮑本作「有」，依文意，鮑本是。

❸「北」，〔今校〕鮑本作「此」。

不可頓去，故禁網而存宿也。」❶繆協曰：「將令物生有路，人殺有節，所以易其生而難其殺也。」

孔安國曰：「釣者，一竿釣也。網者，爲大綱以横絶流。以繳繫釣，羅屬著綱也。繳，繩也。以小繩係釣，而羅列屬著大繩也。弋，繳射也。解繳射者多家。一云：「古人以細繩係丸而彈，謂爲繳射也。」一云：「取一杖長一二尺計，以長繩係此杖，而横颺以取鳥，謂爲繳射也。」鄭玄注《周禮・司弓矢》云：「結繳於矢謂之矰。矰，高也。《詩》云：『弋鳧與鴈。』」❷《司弓矢》又云：「田弋，充籠箙矢，共矰矢。」《注》云：「籠，竹箙也。矰矢不在箙者，爲其相繞亂，將用乃共之也。」侃案：鄭意則繳射是細繩，係箭而射也。宿，宿鳥也。」或云：「不取老宿之鳥也。宿鳥能生伏，故不取也，此通不及夜也。」

子曰：「蓋有不知而作之者，我無是也。「不知而作」謂妄作穿鑿，爲異端也。時蓋多有爲此者，故孔子曰：我無是不知而作之事也。

苞氏曰：「時人多有穿鑿妄作篇籍者，故云然也。」

多聞，擇其善者而從之，因戒妄作之人也。言豈得妄爲穿鑿也。人居世間，若有耳多所聞，則擇善者從之者也。多見而識之，若因多所見，則識録也。多見不云擇善者，與上互文，亦從可知也。知之次也。」若多聞擇善，多見録善，此雖非生知，亦是生知之者次也。

孔安國曰：「如此，次於生知之者也。」

互鄉難與言，互鄉，鄉名也。此一鄉之人皆專愚，不可與之共言語也。童子見，童子，十九以下未冠者也。見，來見孔子也。此互鄉有一少兒，來見孔子也。琳公曰：「此八字通爲一句，言此鄉有一童子難與言耳，非一鄉皆專惡也。」門人惑。門人，孔子弟子也。惑猶嫌怪也。言彼一鄉皆惡，況復少兒乎？孔子忽然見之，故弟子皆嫌惑之也。

鄭玄曰：「互鄉，鄉名也。其鄉人言語自專，不達時宜。而有童子來見孔子，門人怪孔子見也。」

❶「宿」，〔今校〕鮑本作「釣」。

❷「鴈」，文明本作「鷹」，恐非，今改正。

子曰：「與其進也，不與其退也，孔子爲門人釋惑也。言凡教化之道，唯進是與，唯退是抑，故無來而不納，豈不本其所本耶。故云「與其進，不與其退也」。唯何甚？言教化與進，而汝等怪之，此亦一何太甚也。唯，語助也。

孔安國曰：「教誨之道，與其進，不與其退。怪我見此童子，惡惡何一甚也。」言汝等爲惡其鄉，而憎其善童，所以是惡惡之甚也。

人潔己以進，更釋教誨所以與進之義也。言人有來進師門者，非潔則不進，進則必是潔己者也。與其潔也，不保其往也。」往，謂已過之行。言是既潔己而猶進之，❶是與其潔也，而誰保其往日之所行耶？何須惡之也。顧歡曰：「往，謂前日之行也。夫人之爲行，未可一必，❷或有始無終，或先迷後得。故教誨之道，潔則與之，往日行非我所保也。」

鄭玄曰：「往猶去也。人虛己自潔而來，當與其進之，亦何能保其去後之行也。」虛謂清其心也。然鄭《注》云，去後之行亦謂今日之前，是已去之後也。

子曰：「仁遠乎哉？我欲仁，斯仁至矣。」世人不肯行仁，故孔子引之也。問言仁道遠乎也，言其不遠也。但行之由我，我行即是，此非出自遠也，故云「我欲仁，而斯仁至」也。斯，此也。江熙曰：「復禮一日，天下歸仁，是仁至近也。」

苞氏曰：「仁道不遠，行之則是至也。」

陳司敗問：「昭公知禮乎？」昭公，魯君也。陳司敗見孔子，而問魯君知禮以不也。

孔安國曰：「司敗，官名也，陳大夫也。昭公，魯昭公也。」陳有司敗之官也。

孔子對曰：「知禮。」答司敗曰：昭公知禮也。❸孔子退，答司敗竟，而退去。揖巫馬期而進也，❹揖者，古人欲相見、前進，皆先揖之也。巫馬期，孔

❶「是」，〔今校〕鮑本作「其」。

❷「未可一必」，〔今校〕鮑本作「未必可一」。

❸「公」下，久原文庫一本有「稠父」二字，根本本唯有「稠」字。〔今校〕鮑本同根本本。

❹「也」，《集解》本、邢《疏》本並作「之」。按，皇《疏》云：「揖孔子弟子進之。」則皇本亦當作「之」。文明本作「也」，蓋依正平板所校改。

子弟子也。司敗知昭公無禮，故問孔子，答曰「知禮」，而司敗心所不許，故孔子退而後，揖孔子弟子進之，欲與語也。**曰：「吾聞君子不黨，君子亦黨乎？**相助匿非曰黨。昭公不知禮，而孔子云「知禮」，所以是黨也。故司敗語巫馬期曰：吾從來聞君子之人義與比，無所私相阿黨，孔子既是君子，而今匿君之惡，故云「君子亦黨乎」。**君娶於吴，**司敗此舉昭公不知禮事。昭公是周公後，吴是太伯後，太伯是周公伯祖，昭公與吴同是姬姓。周禮百世婚姻不通，而昭公娶其吴之女，故云君娶吴也。❶**爲同姓，謂之吴孟子。**禮稱，婦人皆稱國及姓，猶如齊姜、秦嬴之屬也。魯之娶吴，當謂爲吴姬，而昭公爲吴是同姓，故諱不得言吴姬，而謂吴孟子也。**君而知禮，孰不知禮？」**孰，誰也。君娶同姓，君是知禮，則誰爲惡事者而謂爲不知禮乎？❷

孔安國曰：「巫馬期，弟子也，名施。相助匿非曰黨。魯、吴俱姬姓也，禮，同姓不婚，而君娶吴之，❸當稱吴姬，諱曰吴孟子也。」❹

巫馬期以告。巫馬期得司敗之語還，則具述之以告孔子也。**子曰：「丘也幸，苟有過，人必知之。」**孔子得巫馬期之告，而自稱名云：是己幸，受以爲過者也。故云「苟有過，人必知之」也。所以然者，昭公不知禮，而我答司敗云「知禮」者，若使司敗無譏，則千載之後遂承信我言，用昭公所行爲知禮，則禮亂之事，從我而始。今得司敗見非，而我受以爲過，則後人不謬，故我所以爲幸也。繆協曰：❺「諱則非諱，斯誠然矣。若受以爲過，則所以諱者又以明矣，亦非諱也。向司敗之問則說言以爲諱，❻今巫馬師徒將明其義，故向之言爲合

❶「娶」下，〔今校〕鮑本有「於」字。
❷「謂」，桃華齋本作「孰」。
❸「之」，〔今校〕鮑本作「女」，義長。
❹「吴」，〔今校〕鮑本無此字。
❺「繆協」，清熙園本「繆」下「協」上有「播」字，疑舊本或作「繆播」，後人校讎旁記異字，而鈔手無識，併所校字存之也。
❻「説」，〔今校〕鮑本作「詭」。

禮，❶則不爲黨矣。今以不受爲過，❷則何禮之有乎？」

孔安國曰：「以司敗之言告也。諱國惡，禮也。諱國之惡是禮之所許也。聖人智深道弘，故受以爲過也。」涅而不緇，故受之也。

子與人歌而善，必使反之，而後和之。此明孔子重於正音也。反猶重也。孔子與人共歌，若彼人歌善合於《雅》《頌》者，則孔子欲重聞其音曲，故必使重歌也。重歌既竟，欽之無已，❸故孔子又自歌以答和之也。衛瓘曰：「禮無不答，歌以和相答也。其善乃當和，音不相及，❹故今更爲歌，然後和也。」案：衛之後句不及也。

樂其善，故使重歌，而後自和之也。如前釋也。

子曰：「文莫，吾猶人也。孔子謙也。文，文章也。莫，無也，無猶不也。孔子言：我之文章不勝於人，故曰「吾猶人」也。

莫，無也。文無者，猶俗言文不也。文不吾猶人者，言凡文皆不勝於人也。何云：俗云「文不」，當是于時呼文不勝人爲「文不」也。

躬行君子，則吾未之有得也。」又嫌也。❺躬，身也。言我文既不勝人，故身自行君子之行者，則吾亦未得也。

孔安國曰：「躬爲君子，❻己未能得之也。」

子曰：「若聖與仁，則吾豈敢？亦謙也。言聖及仁則吾不敢自許有，故云「豈敢」也。不敢自名己有此二事也。

孔安國曰：「孔子謙不敢自名仁聖也。」

❶「禮」下，文明本旁注異本有「也苟曰合禮」五字。桃華齋本、根本本並與異本同。〔今校〕鮑本亦有此五字。

❷「受」，桃華齋本無此字，恐非。「以」，〔今校〕鮑本作「若」。

❸「欽」，〔今校〕鮑本作「欣」。

❹「及」，〔今校〕鮑本作「反」。

❺「嫌」，〔今校〕鮑本作「謙」，是。

❻「子」下，桃華齋本有「行」字，永祿鈔《集解》本同。〔今校〕鮑本「子」下有「行」字。

抑爲之不厭，誨人不倦，則可謂云爾已矣。」孔子雖不受仁聖之目，而以此二事自許也。抑，語助也。爲猶學也。爲之不厭，謂雖不敢云自有仁聖，而學仁聖之道不厭也。學而不厭，又教誨不倦，乃可自謂如此耳也。❶ 公西華曰：「正唯弟子不能學也。」公西華聞孔子自云學仁聖不厭，又教人不倦，故己自稱弟子以往諮也。言正如夫子所自許之事，則弟子亦不能學爲此事也。

苞氏曰：❷「正如所言，弟子猶不能學也，況仁聖乎也？」❸

子疾病，❹疾甚曰病，孔子疾甚也。 子路請禱。禱，謂祈禱鬼神以求福也。孔子病甚，❺故子路請於孔子，欲爲孔子祈求福也。

苞氏曰：「禱，禱請於鬼神也。」

子曰：「有諸?」諸，之也。孔子言：死生有命，不欲有禱。故反問子路有此祈禱之事乎，❻心不許也。

周生烈曰：「言有此禱請於鬼神之事乎也。」❼

子路對曰：「有之。《誄》曰：『禱爾于上下神祇。』」子路不達孔子意，聞孔子之問，仍引得古舊禱天地之誄辭以答孔子也。故云「有之，《誄》曰」也。天曰神，地曰祇也。

孔安國曰：「子路失旨也。《誄》，禱篇名也。」誄者，謂如今行狀也。誄之言累也，人生有德行，死而累列其行之跡爲謚也。

子曰：「丘之禱之久矣。」子路既不達孔子意，而

---

❶「也」，〔今校〕鮑本無此字。

❷「苞氏曰」，清熙園本、延德本並爲馬注，與大永鈔《集解》本及邢《疏》本同。〔今校〕鮑本作「馬融曰」。

❸「也」，〔今校〕鮑本無此字。

❹「病」，鄭本、陸本及《後漢書·方術傳》引並無「病」字，皇本、邢本並有。阮元云：「《集解》於《子罕篇》始釋『病』字，則此有『病』，非。」今按，皇《疏》云：「疾甚曰病。」邢《疏》亦云：「孔子疾病，子路告請，禱求鬼神冀其疾愈也。」則皇、邢本固有「病」字，古鈔《集解》本及《釋文》所引一本亦同。

❺「病」，〔今校〕鮑本作「疾」。

❻「祈禱」，清熙園本、桃華齋本作「禱請」。〔今校〕鮑本亦作「禱請」。

❼「也」，〔今校〕鮑本無此字。

引舊禱天地之《誄》，孔子不欲非之，❶故云我之禱已久，今則不復須也。實不禱而云久禱者，聖人德合神明，豈爲神明所禍，病而祈之乎？欒肇曰：「案説者徒謂無過可謝，故止子路之請，不謂上下神祇非所宜禱也。在禮，天子祭天地，諸侯祈山川，❷大夫奉宗廟，此禮祀典之常也。然則禱爾于上下神祇，乃天子禱天地之辭也。子路以聖人動應天命，欲假禮祈福上靈，❸孔子不許，直言絶之也。曰『丘禱久矣』，豈此欲率舊之辭也？❹自知無過可謝，而云『丘之禱久矣』，豈其辭乎？夫聖行無違，凡庸所知也，子路豈誣夫子於神明哉？以爲祈福自不主以謝過爲名也。若以行合神明無所禱請，是聖人無禱請之禮，夫知如是則禮典之言棄，《金縢》之義廢矣。」侃謂：若案何《集》，則子路自不達旨，引得舊禱天地之《誄》，是子路之失，亦復何傷？若如欒義，則猶是使門人爲臣之意也。然無臣非君，而子路欲此，亦不達之甚，乃得深於請禱之過耳。幸不須譏此而同彼，不如依何《集》爲是也。

孔安國曰：「孔子素行合於神明，故曰『丘禱之久矣』。」

子曰：「奢則不遜，儉則固。不遜者，僭濫不恭之謂也。固，陋也。人若奢華則僭濫不恭，若儉約則固陋不及禮也。與其不遜也，寧固。」二事乃俱爲失，若不遜陵物，物必害之，傾覆之期，俄頃可待。若止復固陋，誠爲不遜，❺而物所不侵，故云「與其不遜，❻寧爲固陋」也。

孔安國曰：「俱失之也。奢不如儉，奢則僭上，儉則不及禮耳。固，陋也。」

子曰：「君子坦蕩蕩，坦蕩蕩，心貌寬曠，無所憂患也。君子内省不疾故也。❼小人長戚戚。」長戚戚，恒憂懼也。小人好爲罪過，故恒懷憂懼也。江熙曰：「君子坦爾夷任，蕩然無私；小人馳競於榮利，耿介

❶「之」，〔今校〕鮑本作「也」。

❷「祈」，桃華齋本、久原文庫一本作「祭」。

❸「上」，清熙園本、桃華齋本作「二」。按，「二」，古文「上」字。〔今校〕鮑本作「二」。

❹「豈此欲率舊之辭也」，文明本此句作「此豈其辭乎欲率舊之辭也」，恐非。今據清熙園本、桃華齋本改正。

❺「遜」，〔今校〕鮑本作「逮」。

❻「云」，〔今校〕鮑本無此字。

❼「疾」，〔今校〕鮑本作「疚」。

於得失，故長爲愁府也。」

鄭玄曰：「坦蕩蕩，寬廣貌也。長戚戚，多憂懼貌也。」

子温而厲，威而不猛，❶恭而安。明孔子德也。亦有云子曰者，亦靡在也。❷温，和潤也。厲，嚴也。人温和者好不能嚴厲，孔子温而能厲也。又人作威者心事雄猛，孔子威能不猛也。又恭者好聳斂不安，❸孔子恭而能安也。故王弼曰：「温和不厲，❹厲不温；❺威者心猛，不猛者不威；❻恭則不安，安者不恭。此對反之常名也。若夫温而能厲，威而不猛，恭而能安，斯不可名之理全矣。故至和之調，五味不形，大成之樂，五聲不分，中和備質，五材無名也。」❼

論語泰伯第八　何晏集解凡廿一章

疏泰伯者，周太王長子，能推位讓國者也。所以次前者，物情見孔子栖遑，常謂實係心慮，今明太伯賢人尚能讓國，❽以證孔子大聖，雖位非九五，豈以粃糠累真。故《泰伯》次《述而》也。

子曰：「泰伯，其可謂至德也已矣。泰伯者，周太王之長子也。太王者，即古公亶甫。❾有三子，大者

❶「而」，〔今校〕鮑本無此字。
❷「靡在」，〔今校〕鮑本作「厲世」。
❸「斂」，〔今校〕鮑本作「險」。
❹「和」，〔今校〕鮑本作「者」。
❺「厲」下，〔今校〕鮑本有「者」字。
❻上「不」字，文明本、清熙園本、延德本無此字，今據桃華齋本補正。〔今校〕鮑本亦無此字，武内説是。
❼桃華齋本篇末題云「述而第七終」，與永祿鈔《集解》本體式同。
❽「太伯」，〔今校〕鮑本作「泰伯」，下同。
❾「亶甫」下，桃華齋本、根本本有「也亶甫」三字，義長。〔今校〕鮑本同根本本。

太伯，次者仲雍，小者季曆。❶ 三子並賢，而太伯有讓德深遠，雖聖不能加，故云「其可謂至德也已矣」。 其至德之事在下。 范寧曰：「太，善大之稱也。伯，長也。周太王之長子，❷故號太伯。 其德弘遠，故曰至德也。」**三以天下讓，**此至德之事也。 其讓天下之位有三跡，故云三以天下讓也。 所以有讓者，小弟季曆生子文王昌，❸昌有聖人德。 太伯知昌必有天位，但升天位者必須階漸，若從庶人而起則爲不易。❹ 太王是諸侯，已是太王長子，長子後應傳國。 今欲令昌取王位有漸，故讓國而去，令季曆傳之也。 其有三跡者，范寧曰：「有二釋，一云： 太伯少弟季曆，生子文王昌，子有聖德，❺太伯知其必有天下，故欲令傳國於季曆以及文王。 因太王病，託採藥於吳越不反。 太王薨而季曆立，一讓也； 季曆薨而文王立，二讓也； 文王薨而武王立，於此遂有天下，是爲三讓也。 又一云： 太王病而託採藥出，生不事之以禮，一讓也； 太王薨而不反，使季曆主喪，死不喪之以禮，❻二讓也； 斷髮文身示不可用，使季曆主祭祀，❼不祭之以禮，三讓也。」繆協曰：「太伯三讓之，所爲者季曆、文、武三人，而王道成，是三以讓天下也。」❽**民無得而稱焉。」**德讓跡既隱，當時人民不覺，故無能稱其讓德者也。 故范寧曰：「詭道合權，隱而不彰，故民無得而稱，乃大德也。」繆協曰：「其讓之跡詭，當時莫能知，故無以稱焉，可謂至德也。」或問曰：「太伯若堪有天下，則不應讓人，若人有天下，則太伯復無天下可讓。 今云三以天下讓，其事如何？」或通云：「太伯實應傳諸侯，今讓者，諸侯位耳。 而云讓天下者，是爲天下而讓，今卽之有階，故云天下也。 然仲雍亦隨太伯而隱，不稱仲雍者，國位在太伯，太伯讓，是導仁軌也。 仲雍隨是，揚其波也。」

王肅曰：「泰伯，周太王之太子也，次弟仲雍，少弟曰季曆。 季曆賢，又生

---

❶「小」，〔今校〕鮑本作「少」。 「季曆」，〔今校〕鮑本作「季歷」，下同。

❷「長」，根本本作「元」，恐非。〔今校〕鮑本亦作「元」。底本實作「元」，據武内校記改。「周」上，鮑本有「泰伯」二字。

❸「曆」，清熙園本、桃華齋本作「歷」，是，今姑仍文明本之舊。「小」，〔今校〕鮑本作「少」。

❹「起」，文明本、延德本作「赴」，恐非，今據他本改正。

❺「子」，桃華齋本作「昌」。〔今校〕鮑本亦作「昌」。

❻「喪」，〔今校〕鮑本作「葬」。

❼「祀」，〔今校〕鮑本作「禮」。

❽「讓天下」，〔今校〕鮑本作「天下讓」。

聖子文王昌。昌必有天下，故太伯以天下三讓於王季。其讓隱，故民家無得而稱言之者，所以爲至德也。」

子曰：「恭而無禮則勞，此章明行事悉須禮以爲節也。夫行恭遜，必宜得禮，則若恭而無禮，則遜在床下，❶所以身爲自勞苦也。❷慎而無禮則蕙，❸蕙，畏懼過甚也。若無禮，❹則畏懼之甚，於事不行也。葸，畏懼之貌也。言慎而不以禮節之，則常畏懼也。勇而無禮則亂，勇而有禮，内則擎跪於廟堂之上，外則捍難於壃場之所。若勇而無禮，則爲殺害之亂也。直而無禮則絞。絞則刺之也。❺直若有禮，則自行不邪曲，若不得禮，對面譏刺他人之非，必致怨恨也。馬融曰：「絞，絞刺也。」君子篤於親，則民興於仁；君子，人君也。篤，厚也。人君若自於親屬篤厚，則民下化之，皆競興起仁恩也。孝悌也者，其仁之本與也。故舊不遺，則民不偷。」故舊謂朋友也。偷，薄也。人君富貴而不遺忘昔舊友朋，則下民效之不爲薄行也。苞氏曰：「興，起也。君能厚於親屬，不遺忘其故舊，行之美者也，則民皆化之，起爲仁厚之行，不偷薄也。」

曾子有病，❻召門弟子曰：「啓予足！啓予手！啓，開也。予，我也。孔子昔授《孝經》於曾子，曰：「身體髮膚，受之父母，❼不敢毁傷。」曾子稟受，至死不忘，故疾病臨終日，召己門徒弟子，令開衾視我手足毁傷與不，❽亦示父母全而生己，己亦全而歸之也。先足後手，手近足遠，示急從遠而視也。

---

❶「遜」，桃華齋本、久原文庫一本作「遷」。

❷「爲自」，〔今校〕鮑本二字互倒。

❸「蕙」，〔今校〕鮑本作「葸」，是。下「蕙」字同。

❹「若無禮」，桃華齋本、久原文庫一本「若」上有「慎」字，根本本作「若慎而無禮」，義長。〔今校〕鮑本同根本本。

❺「則刺之也」，〔今校〕鮑本作「刺也」。

❻「病」，〔今校〕鮑本作「疾」。

❼「之」，文明本無此字，諸本並有，今據補正。

❽「毁」上，桃華齋本有「不」字。

鄭玄曰：「啓，開也。❶曾子以爲受身體於父母，不敢毀傷之，故使弟子開衾而視之也。」

《詩》云：『戰戰兢兢，如臨深淵，如履薄冰。』既令開衾，又引《詩》證己平生敬慎畏懼有毀傷之心也。戰戰，恐懼；兢兢，戒慎也。「如臨深淵」，恐墜也。「如履薄冰」，恐陷也。夫人於高岩之頂，俯臨萬丈之深淵，必恐懼寒心，恒畏墜落也。冰之厚者猶不可履，況跪行薄冰之上，孰不斂身戒慎恐陷乎？言我平生畏慎身體之心，如人之臨履深薄也。

孔安國曰：「言此《詩》者，喻己常誡慎，恐有所毀傷也。」

而今而後，吾知免夫！引《詩》既竟，又語諸弟子也。而今，今日也，而後，卽今日以後也。免，免毀傷也。既臨終而得不毀傷，故知自今日以後，全歸泉壤，得免毀傷之事也。小子！」小子，諸弟子也。曾子言竟而呼諸弟子，語之令識己言也。

周生烈曰：「乃今日而後，我自知免於患難矣。小子，弟子也。呼者，欲使聽識其言也。」

曾子有疾，孟敬子問之。敬子，魯大夫也。❷來參問曾子之疾也。

馬融曰：「孟敬子，魯大夫仲孫捷也。」

曾子言曰：「鳥之將死，其鳴也哀；人之將死，其言也善。曾子得敬子之問疾，因而戒之也。將欲戒之，❸故先發此言，欲明我所以相戒之意也。言鳥之臨死，唯知哀鳴，而不知出善言，此則是鳥之常。人之將死，必宜云善言，❹此則是人之常也。若人臨死而無善言，則與鳥獸不異。今我將臨死，故欲出善言以誡汝也。故李充曰：「人之所以貴於禽獸者，以其慎終始，在困不

❶ 「啓開也」下，陳鱣《論語古訓》以鄭氏此《注》爲不完，以《後漢書·崔駰傳》引「父母全而生之亦當全而歸之」十二字補益，且謂皇《疏》「父母全而生己，己亦全而歸之也」本鄭義。今按，敦煌本鄭《注》亦未見陳氏所增十三字，疑是鄭氏《孝經注》，《疏》義亦本之也。

❷ 「夫」下，桃華齋本有「中遜捷」三字，根本本亦同。〔今校〕鮑本有「仲孫捷」三字。

❸ 「欲」，〔今校〕鮑本作「敬」。

❹ 「云」，〔今校〕鮑本作「出」。

撓也。禽獸之將死，不遑擇音，唯吐窘急之聲耳。人若將死，而不思令終之言，唯哀懼而已者，何以別於禽獸乎？是以君子之將終，必正存道，不忘格言，臨死易簀，困不違禮，辨論三德，❶大加明訓，斯可謂善也。」❷

苞氏曰：「欲戒敬子，言我且將死，言善可用也。」此注亦明如向釋。又繆協曰：「曾子謙不以遠理自喻，且敬子近人，故以常言語悟之，冀其必納也。」然繆解亦得會苞注也。或問曰：「不直云曾子曰而云言曰，何也？」答曰：「欲重曾子臨終言善之可錄，故特云言也。」又一通云：「出己曰言，答述曰語，曾子臨終綿困，不堪答述也，示直出己之懷而已。」❸

君子所貴乎道者三：此以下即曾子所述善言也。道猶禮也，言君子所貴禮者有三事也。**動容貌，斯遠暴慢矣；**此所貴三之第一也。動容貌，謂成儀容舉止也。君子坐則儼然，行則蹌蹡，如此則人望而畏之，不敢有暴慢之者。故云「斯遠暴慢」也。故顏延之云：「動容則人敬其儀，故暴慢息也。」**正顏色，斯近信矣；**此所貴三之第二也。就凡人相見，先覩容儀，容儀故先也。次見顏色，顏色故爲次也。人之顏色恒欲莊正，不數變動，則人不敢欺詐之，故云「近信」也。故顏延之云：「正色則人達其誠，故信者立也。」**出辭氣，斯遠鄙倍矣。**此所貴三之第三也。辭氣，言語音聲也。既見顏色，次接言語也，出言有章，故人又敢鄙穢倍違之也。❹故顏延之云：❺「出辭則人樂其文，故鄙倍絕也。」侃謂：暴慢、鄙信同是惡事，❻故云遠。而信是善事，故云近也。

鄭玄曰：「此道，謂禮也。動容貌，能濟濟蹌蹌，則人不敢暴慢之也。正顏色，能矜莊嚴栗，則人不敢欺誕之也。誕猶詐妄也。出辭氣，能順而說，則無惡戾之言入於耳也。」惡，鄙醜也。戾，背也。《禮記》曰：「言悖而出，亦悖而入。」若出能不悖，

❶「論」，桃華齋本作「誦」。

❷「善」下，〔今校〕鮑本有「言」字。

❸「或問曰」至「而已」，〔今校〕鮑本此段解經文，接「斯可謂善也」下。

❹「又」，〔今校〕鮑本作「不」，是。

❺「顏延之」，文明本、延德本並作「顏氏之」，恐非，今據清熙園本改正。

❻「信」，〔今校〕鮑本作「倍」。

故鄙戾不入於耳也。

籩豆之事，則有司存。」籩豆，禮器也。竹曰籩，木曰豆，豆盛菹醢，籩盛菓實，並容四升，柄尺二寸，下有跗也。舊云：敬子不存大事，大事卽斥前三禮也。而好修飾籩豆，籩豆比三事爲小事，故曾子先戒此三禮，若籩豆之事付於有司，不關汝也。有司，謂典籩豆之官也。

苞氏曰：「敬子忘大務小，故又戒之以此也。籩豆，禮器也。」苞此《注》亦得如舊說也。❶若欲又爲一通，亦得云敬子好務小事，而忽略籩豆，故曾子曰：「汝不須務小，當使有司存於宗廟，籩豆之禮也。」而繆協別通曰：「籩豆，禮器，可以致敬於宗廟者。言人能如上三貴，則祝史陳信無愧辭，故有司所存，籩豆而已。」

曾子曰：「以能問於不能，此明顏淵德也。能，才能也。時多誇競，無而爲有，虛而爲盈，唯顏淵謙而反之也。顏淵實有才能，而恒如己不能，故見雖不能者猶諮問衷求也。❷以多問於寡；多，謂識性之多也。己識雖多，常不敢自言己多，故每問於寡識者也。有若無，實若虛，又處人間，未曾以己之才德爲有爲實，❸恒謙退如虛無也。犯而不校：校，報也。人有惡加犯己者，己不報之也。殷仲堪曰：「能問不能，多問於寡，或疑其負實德之跡，似乎爲教而然。❹余以爲外假謙虛黃中之道，沖而用之，每事必然。夫推情在於忘賢，❺故自處若不足。處物以賢善，故期善於不能。因斯而言，乃虛中之素懷，處物之誠心，何言於爲教哉？犯而

❶「苞」上，〔今校〕鮑本有「依」字。

❷「衷」，文明本作「哀」，旁注異本作「忠」。久原文庫一本作「衷」。按，「衷」、「忠」義同，「哀」疑「衷」字之訛，根本本作「尋」，恐非。〔今校〕鮑本同根本本，「見雖」二字互倒。

❸「曾」，〔今校〕鮑本作「嘗」。

❹「爲」讀爲「僞」，下「何言於爲教哉」之「爲」字亦同。《禮記·月令》「毋或作爲」注：「爲，詐僞。」《左氏》成公九年《傳》「爲將改立君者」，《釋文》：「爲，本作僞。」爲、僞古相通也。

❺「情」，讀爲「誠」。按《淮南·繆稱訓》「不戴其情」高誘注：「情，誠也。」《左氏》僖公廿八年《傳》「民之情僞盡知之矣」，是亦一證。

不校者，其亦不居物以非乎，❶推誠之理然也。非不爭也。❷應物之跡異矣，其爲沖虛一也。」

苞氏曰：「校，報也。言見侵犯而不校之也。」

昔者吾友嘗從事斯矣。」❸友謂顔淵也。曾子言：唯昔吾友能爲上諸行也。江熙曰：「稱吾友言己所未能也。」

馬融曰：「友謂顔淵也。」

曾子曰：「可以託六尺之孤，託謂憑託也。六尺之孤，謂童子無父而爲國君者也。年齒幼少，未能自立，故憑託大臣，如成王託周公者也。

孔安國曰：「六尺之孤，謂幼少之君也。」

可以寄百里之命，百里謂國也，言百里舉全數也。命者謂國之敎令也。幼君既未能行政，故寄冢宰攝之也，如周公攝政也。然幼孤云託，敎令云寄者，有以故也。託是長憑無反之言，寄是暫寄有反之目也。君身尊重，故云託，示長憑於阿衡者也。敎命待君年長而還，君自裁斷，是有反也。

孔安國曰：「攝君之政令也。」

臨大節而不可奪也：國有大難，臣能死之，是臨大節不可奪也。

大節，❹安國家、定社稷也。奪者，不可傾奪也。❺

君子人與？君子人也。」言爲臣能受託幼寄命，又臨大節不回，此是君子人與也。再言君子，美之深也。而繆協曰：「夫能託六尺於其臣，寄顧命於其下，而我無貳心，彼無二節，授任而不失人，受任而不可奪，故必同乎君子之道，❻審契而要終者也。❼非君子之人與君子者，孰能要其終而均其致乎？」

曾子曰：「士不可以不弘毅，士通謂丈夫也。

❶「居」，讀爲「處」。「乎」，當作「也」。

❷「非不爭也」，文明本旁注異本「爭」下有「事」字。根本本與異本同。按，異本是。久原文庫一本作「非不舉事也」，「舉」蓋「爭」字之訛。〔今校〕鮑本作「非不爭事也」。

❸「事」下，〔今校〕鮑本有「於」字。

❹「節」下，〔今校〕鮑本有「者」字。

❺「奪」下，〔今校〕鮑本有「之」字。

❻「故」下，〔今校〕鮑本有「齊」字。

❼「審」，清熙園本、久原文庫一本作「齊」。

弘，大也。毅謂能強果斷也。言丈夫居世，必使德行弘大而能果斷也。任重而道遠。釋所以宜弘毅義也。即所任者重，所行者遠，故宜德大而能斷也。

苞氏曰：「弘，大也。毅，強而能決斷也。士弘毅，然後能負重任致遠路也。」

仁以爲己任，不亦重乎？此解任重也。士既以仁爲平生之任，此任豈得不謂爲重乎。死而後已，不亦遠乎？」此釋道遠也。已，止也。言知行仁，不可小時而止，❶必至死乃後而止耳。至死乃止，此道豈不遠乎？

孔安國曰：「以仁爲己任，重莫重焉。死而後已，遠莫遠焉也。」❷

子曰：「興於《詩》，此章明人學須次第也。興，起也。言人學先從《詩》起，後乃次諸典也。所以然者，《詩》有夫婦之法，人倫之本，近之事父，遠之事君故也。又江熙曰：「覽古人之志，可起發其志也。」

苞氏曰：「興，起也。言修身當先學《詩》也。」

立於禮，學《詩》已明，次又學禮也。所以然者，人無禮則死，有禮則生，故學禮以自立身也。

苞氏曰：「禮者，所以立身也。」

成於樂。」學禮若畢，次宜學樂也。所以然者，禮之用，和爲貴，行禮必須學樂，以和成己性也。

孔安國曰：「樂所以成性也。」王弼曰：「言爲政之次序也。❸夫喜懼哀樂，民之自然，應感而動，則發乎聲歌，所以陳詩採謠，以知民志。風既見其風，則損益基焉，故因俗立制，以達其禮也。矯俗檢刑，❹民心未化，故又感以聲樂，以和神也。若不採民詩，則無以觀風；風乖俗異，則禮無所立；禮若不設，則樂無所樂；樂非禮，則功無所濟。故三體相扶，而用有先後也。」侃案：輔嗣之言可思也。且案《内則》明學次第：十三舞《勺》，❺十五舞《象》，二十始學禮，惇行孝悌，是先學樂，後乃學禮也。若欲申此《注》，則當云先學舞

❶「小」，〔今校〕鮑本作「少」。

❷「也」，〔今校〕鮑本無此字。

❸「言」下，〔今校〕鮑本有「有」字。

❹「刑」，文明本、清熙園本作「形」，桃華齋本作「刑」。按，「刑」，正字。「形」，叚字。今改正。

❺「舞」，諸鈔本作「儛」，文明本獨作「舞」。

《勺》、舞《象》，皆是舞《詩》耳，至二十學禮，後備聽八音之樂，和之以終身成性，故後云樂也。

子曰：「民可使由之，不可使知之。」此明天道深遠，非人道所知也。由，用也。元亨日新之道，百姓日用而生，故云「可使由之」也。但雖日用而不知其所以，故云「不可知之」也。❶張憑曰：「爲政以德，則各得其性，天下日用而不知，故曰『可使由之』。若爲政以刑，則防民之爲奸，民知有防而爲奸彌巧，故曰『不可使知之』。言爲政當以德，民由之而已，不可用刑，民知其術也。」

由，用也。可使用而不可使知者，百姓能日用而不能知也。

子曰：「好勇疾貧，亂也。」好勇之人，若能樂道自居，此乃爲可耳。若不能樂道，而憎疾己之貧賤，則此人必可亂也。❷故繆協曰：「好勇則剛武，疾貧則多怨，以多怨之人習於武事，是使之爲亂也。」❸

苞氏曰：「好勇之人而患疾己貧賤者，必將爲亂也。」

人而不仁，疾之已甚，亂也。」夫不仁之人，當以理將養，冀其感悟，❹若憎疾之太甚，❺則此不仁者近無所在，必爲逆亂也。故鄭康成曰：「不仁人疾之太甚，是使之爲亂也。」❻

孔安國曰：「疾惡太甚，亦使其爲亂也。」

子曰：「如有周公之才之美，設使驕且悋，❼其餘不足觀已矣。」❽其餘，謂周公之才伎

---

❶「可」下，〔今校〕鮑本有「使」字。

❷「可」，〔今校〕鮑本作「爲」。

❸「是使」，文明本誤倒此二字，今依他本改正。

❹「冀」上，文明本有「或」字，旁注異本無。按，異本是，今據削正。〔今校〕鮑本「冀」上有「或」字。

❺「若」下，〔今校〕鮑本有「復」字。

❻「不仁」至「亂也」，《後漢書·西羌傳》注引鄭《注》，「人」上有「之」字，「人」下有「當以風化之若」六字，「太甚」作「已甚」，「是」下有「又」字，「亂」下有「行」字。敦煌鄭本與《西羌傳》所引大致相同，皇侃所引蓋有刪削也。

❼「設」，清熙園本無此字。「悋」，延德本作「吝」，文明本作「悋」，《疏》文則諸本並作「恡」。按，皇本《經》原作「恡」，文明本作「悋」者，蓋後人依正平板所改。〔今校〕鮑本作「吝」。

❽「觀」下，〔今校〕鮑本有「也」字。

也。言人假令有才能如周公旦之美，而用行驕悋，則所餘如周公之才伎者，亦不足復可觀者，以驕沒才也。故王弼曰：「人之才美如周公，設使驕悋，其餘無可觀者，言才美以驕悋棄也。况驕悋者必無周公才美乎！假無設有，以其驕悋之鄙也。」

孔安國曰：「周公者，周公旦也。」

子曰：「三年學，不至於穀，不易得也已。」❶勸人學也。穀，善也。言學三年者必至於善道也。若三年學而不至善道者，必無此理也，故云「不易得已也」。❷孫綽曰：「穀，祿也。云三年學足以通業，可以得祿，雖時不得祿，❸得祿之道也。『不易得已』者，猶云不易已得也，此教勸中人已下也。」❹

孔安國曰：「穀，善也。言人三歲學，不至於善，不可得，言必無及也，所以勸人於學也。」

子曰：「篤信好學，此章教人立身法也。令篤厚於誠信，而好學先王之道也。守死善道。寧爲善而死，不爲惡而生，故云「守死善道」也。危邦不入，謂初仕時也。見彼國將危則不須入仕也。亂邦不居。謂我國已亂，則宜避之不居住也。然亂時不居，則始危時猶居也。危者不入，則亂故宜不入也。天下有道則見，天下，謂天子也。見，謂出仕也。若世王有道，則宜出仕也。無道則隱。若時王無道則隱，枕石漱流也。陳文子棄馬十乘而去，是亂邦不居也。

苞氏曰：「言行當常然也。危邦不入，謂始欲往也。亂邦不居，今欲去也。臣弒君，子弒父，亂也。危者，將亂之兆也。」

邦有道，貧且賤焉，恥也；國君有道，則宜運我才智，佐時出仕，宜始得富貴。而已獨貧賤，則是才德淺薄，不會明時，故爲可恥也。邦無道，富且貴焉，恥也。」國君無道而已出仕，招致富貴，則是己亦無道，得會惡逆之君，故亦爲可恥也。江熙曰：「不枉道而事人，何以致無道寵，寵所以恥也。夫山林之士，咲朝廷之

❶「也」，考《疏》文，皇本原無「也」字，今本有之，蓋依古鈔《集解》本所校補。

❷「已也」，〔今校〕鮑本作「也已」，與經文同，是。

❸「得」，〔今校〕鮑本無此字。

❹「此」，〔今校〕鮑本無此字。

人束帶立朝，不獲逍遙也。在朝者，亦謗山林之士褊厄，各是其所是，而非其所非，是以夫子兼知出處之義，❶明屈申貴於當時也。」子曰：❷「不在其位，不謀其政也。」

孔安國曰：「欲各專一於其職也。」

子曰：「師摯之始，《關雎》之亂，洋洋乎盈耳哉！」師，魯太師也。摯，太師名也。始，首也。《關雎》，詩篇也。洋洋，聲盛也。于時禮樂崩壞，正聲散逸，唯魯太師猶識《關雎》之聲，而首理調定，使聲盛盈於耳聽也。

鄭玄曰：「師摯，魯大師之名也。始，猶首也。周道既衰微，鄭、衛之音作，正樂廢而失節。魯大師摯識《關雎》之聲，而首理其亂者，洋洋乎盈耳哉，聽而美也。」侃謂：即前篇孔子語其樂曰「樂其可知，始作翕如」之屬，而其受孔子言而理之得正也。❸

子曰：「狂而不直，此章歎時世與古反也。狂者用行宜其直趣無廻，不佞於善惡，而當時狂者不復直也。故下卷則云：「古之狂也肆，今之狂也蕩。」

孔安國曰：「狂者進取，宜直也。」

侗而不愿，侗謂籠侗，未成器之人也。愿，謹愿也。人幼未成人者，情性宜謹愿，而當時幼者亦不謹愿也。

孔安國曰：「侗，未成器之人也，宜謹愿也。」謹愿，無情愿貌也。❹

悾悾而不信，悾悾，謂野慤也。野慤之人宜可信，而于時野慤者皆詐詭，不復宜可信也。

苞氏曰：「悾悾，慤慤也，宜可信也。」

吾不知之矣。」既與古時反，❺故孔子曰：非復我能知測也。王弼曰：「夫推誠訓俗，則民僞自化。❻求其情僞，則儉心茲應。是以聖人務使民皆歸厚，不以探幽爲明；務使姦僞不興，不以先覺爲賢。故雖明並日月，猶曰『不知』也。」

---

❶「知」，〔今校〕鮑本作「宏」。

❷「子曰」，桃華齋本提行。〔今校〕鮑本亦提行，是。

❸「侃謂」至「正也」，〔今校〕鮑本此段解經文，接「使聲盛盈於耳聽也」下。

❹「情愿」，當作「情欲」。

❺「古」，延德本、桃華齋本脫此字。

❻「僞」，〔今校〕鮑本作「俗」。

孔安國曰：「言皆與常度反，故我不知也。」

子曰：「學如不及，猶恐失之。」言學之爲法，急務取得，恒如追前人，欲取必及，故云「如不及」也。又學若有所得，則戰戰持之，猶如人執物恒恐去失，當録之爲意也。

學自外入，至熟乃可長久。如不及，猶恐失之耳也。❶如《注》意則云：如，若也。言人學宜熟，若學而不及於熟，雖得猶恐失之也。李充曰：「學有交勞而無交利，自非天然好樂者，則易爲懈矣。故如懼不及，猶恐失之，况可怠乎？」繆協稱中正曰：「學自外來，非夫内足，恒不懈惰，乃得其用。『如不及』者，已及也，『猶恐失』者，未失也。言能恐失之，則不失，『如不及』，則能及也。」❷

子曰：「巍巍乎！舜、禹之有天下也而不與焉。」此美舜、禹也。舜、禹亦古聖天子也。巍巍，高大之稱也，言舜、禹逢時遇世，❸高大可美也。舜受堯禪而有天下，禹受舜禪而有天下，此二聖得時有天下，並非身所預求，而君自禪之也。一云：「孔子歎己不預見舜、禹之時也。若逢其時，則已宜道當用也。」故王弼曰：「逢時遇世，莫如舜、禹也。」江熙曰：「舜、禹受禪，有天下之極，故樂盡其善，歎不與並時。蓋感道契在昔，而理屈當今也。」

美舜、禹，己不與求天下而得之也。❹巍巍者，高大之稱也。

子曰：「大哉堯之爲君也！此美堯也，爲禪讓之始，故孔子歎其爲君之法大也。❺巍巍乎！唯天爲大，唯堯則之。則，法也。言唯天德巍巍，既高既大，而唯堯能法而行之也。所以有則天之德者，夫天道無私，唯德是與，而堯有天位禪舜，亦唯德是與，功遂身退，則法天而行化也。

孔安國曰：「則，法也。美堯能法天而行化也。」

蕩蕩乎！民無能名焉。蕩蕩，廣遠之稱也。言

❶「也」，〔今校〕鮑本無此字。

❷「李充」至「及也」，〔今校〕鮑本此段解經文，接「當録之爲意也」下。

❸「世」，清熙園本作「主」。

❹「而」，文明本脱此字，今據他本補正。

❺「法」，〔今校〕鮑本作「德」。

堯布德廣遠，功用遍匝，故民無能識而名之者也。苞氏曰：「蕩蕩，廣遠之稱也。言其布德廣遠，民無能識名焉。」王弼曰：「聖人有則天之德，所以稱『唯堯則之』者，唯堯於時全則天之道也。蕩蕩，無形無名之稱也。夫名所名者，生於善有所章，而惠有所存，善惡相傾，❶而名分形焉。若夫大愛無私，惠將安在？至美無偏，名將何生？故則天成化，道同自然，不私其子而君其臣，凶者自罰，善者自功，功成而不立其譽，罰加而不任其刑，百姓日用而不知所以然，夫又何可名也？」❷

巍巍乎其有成功也，

功成化隆，高大巍巍也。

煥乎其有文章也！」

煥，明也。其立文垂制復著明也。

舜有臣五人而天下治。記者又美舜德也。五人者：禹一、稷二、契三、皋陶四、伯益五也。言舜有此五臣共治天下，故治也。

孔安國曰：「禹、稷、契、皋陶、伯益也。」

武王曰：「予有亂臣十人。」❸武王，周發也。予，我也。亂，理也。武王曰：我有共理天下者，有十人也。

馬融曰：❹「亂，理也。理官者十人也，謂周公旦、第一也，周公名旦，是武王弟也。召公奭、第二也，亦武王弟也。太公望、第三也，謂呂望也。呂望本姓姜，氏呂，❺名尚，釣於磻溪。文王出獵，遥見而呼之曰：「望公七年矣，今乃見光景於斯。」於是接之上車，文王自御而還，因名爲望。爲周大師，故云太公也。畢公、第四也。榮公、第五也。大顛、第六也。閎

❶「傾」，根本本作「形」，非。〔今校〕鮑本作「須」。

❷「王弼曰」至「名也」，〔今校〕鮑本此段解經文，接「識而名之者也」下。

❸「臣」，《釋文》無此字。盧文弨曰：「考《疏》文，皇本原無『臣』字。」《論語聽塵》云：「我國明經家讀此章不讀『臣』字。」

❹「馬融曰」，正平板及古鈔《集解》本皆爲孔《注》，皇《疏》諸本並爲馬《注》。

❺「呂」下，〔今校〕鮑本有「望」字。

夭、第七也，散宜生、第八也。南宮适，第九也。其餘一人謂文母也。」文母，文王之妻也，是有辛氏之女太姒也。❶ 十人有九丈夫一婦人也。

孔子曰：「才難，不其然乎？記者先列虞、周二國之臣數，而後書孔子之言於下也。孔子歎曰：良才之難得不其如此乎？言如此。唐、虞之際，於斯爲盛。有婦人焉，九人而已。此是才難之證也。唐、虞，堯、舜有天下之號也。際者，謂堯、舜交代之間也。斯，此也，此謂周也。言唐、虞二代交際共有此五臣，若比於此周，周最爲盛。雖爲盛，尚不滿十人，十人之中，有文母一婦人，爲十人之數，所以是「才難」也。季彪難曰：「舜之五臣，一聖四賢；八元、八凱，十有六人。據《左氏》明文，或稱齊聖，或云明哲，雖非聖人，抑亦其次也。周公一人可與禹爲對，太公、召公是當稷、契，自畢公以下恐不及元、凱。就復強相舉繼而數交少，❷何故唐、虞人士反不如周朝之盛也耶？彪以爲，斯，此也，蓋周也。今云『唐虞之際於此爲盛』，言唐、虞之朝盛於周室。周室雖隆，不及唐、虞，由來尚矣。故曰巍巍、蕩蕩，莫之能名。今更謂唐、虞人士不如周室，反易舊義，更生殊說，無乃攻乎異端，有害於正訓乎？」侃案：師說曰：「季氏之意極自允會《春秋》，❸合當堯、舜，但既多才勝周，而孔子唯云兩代有五人者，別有以也。欲盛美周德隆於唐、虞，賢才多乎堯、舜，而猶事殷紂，故特云唐、虞五而周代十也。又明言有婦人者，明周代之盛，匪唯丈夫之才，抑婦人之能匡弼於政化也。」

孔安國曰：「唐者，堯號也。虞者，舜號也。際者，堯舜交會之間也。斯，此也。此，斯於周也。❹言堯、舜交會之間，比於此，❺周最盛，多賢才，然尚有一婦人，其餘九人而已。大才難得，豈不然乎？」

參分天下有其二，以服事殷。參，三也。天下有九州，文王爲雍州西伯，六州化屬文王，故云「三分天下有二，猶服事於殷」也。周德其可謂至德也已

---

❶「辛」，〔今校〕鮑本作「莘」。

❷「舉」，〔今校〕鮑本作「攀」。

❸「極」，桃華齋本及《聽塵》引皇《疏》並無「極」字。「春秋」下，〔今校〕鮑本有「傳」字。

❹「斯」，〔今校〕鮑本作「此」，是。

❺「此」下，〔今校〕鮑本有「周」字。

矣。」雖聖德之盛，猶服事惡逆之君，故可謂爲德之至極者也。

苞氏曰：「殷紂淫亂，文王爲西伯而有至德，❶天下之歸周者三分有其二，❷而猶以服事殷，故謂之至德也。」殷家州牧曰伯，文王爲雍州伯，雍州在紂西，故曰「西伯」也。

子曰：「禹，吾無間然矣。此美禹也。間，猶非覸也。孔子美禹之德美盛，而我不知何以厝於非覸矣。郭象曰：「堯、舜、禹相承，❸雖三聖故一堯耳。天下化成則功美漸去，其所因修常事而已，❹故史籍無所稱，仲尼不能間，故曰『禹，吾無間然矣』。」李充曰：「夫聖德純粹，無法不備，❺故堯有則天之號耳，❻舜稱無爲而治。又曰『巍巍乎！舜禹之有天下而弗與焉』，斯則美聖之極名，窮理之高詠矣。至於此章，方復以事跡歎禹者，而豈徒哉？蓋以季世僻王，肆情縱欲，窮奢極侈，麗厚珍膳而簡僞乎享祀，盛纖靡而闕慢乎祭服，崇臺榭而不恤乎農政，是以亡國喪身，莫不由乎此矣。於有國有家者，觀夫禹之所以興也，覽三季之所以亡，可不慎與也。」❼

孔安國曰：「孔子推禹功之盛，❽言己不能復間厠其間也。」

菲飲食而致孝乎鬼神，此已下皆是禹不可間之事也。❾其有三事：一是飲食，飲食爲急，故最先也。二是衣服，衣服緩於飲食，故爲次也。三是居室，居室緩於衣服，故最後也。菲，薄也。禹自所飲食甚自麤薄，而祭祀牲牢極乎豐厚，故云「菲飲食致孝乎鬼神」也。

馬融曰：「菲，薄也。致孝乎鬼神，祭祀豐潔也。」

惡衣服而致美乎黻冕，禹又常衣服甚自麤惡，❿而祭祀之服大華美也。食飲供鬼神，故云孝。祭服供自

❶「至」，〔今校〕鮑本作「聖」。
❷「其」，〔今校〕鮑本無此字。
❸「堯」，〔今校〕鮑本無此字。
❹「修」，〔今校〕鮑本作「循」。
❺「法」，〔今校〕鮑本作「往」。
❻「耳」，〔今校〕鮑本無此字。
❼「也」，〔今校〕鮑本無此字。
❽「功」下，〔今校〕鮑本有「德」字。
❾「已」，〔今校〕鮑本作「以」。
❿「又」下，〔今校〕鮑本有「自」字。

己，❶故云美也。然去黻冕，冕是首服爲尊，黻是十二章最下爲卑。卑尊俱居，中可知也。一云：「黻非服章，政是韠黻之服也，舉此則正服可知也。」

孔安國曰：「損其常服，以盛祭服也。」

卑宫室而盡力乎溝洫。溝洫，田土通水之用也。禹自所居，土階三尺，茅茨不剪，是卑宫室也。而通達畎畝，以利田農，是盡力溝洫也。

苞氏曰：「方里爲井，井間有溝，溝廣深四尺。十里爲城，城間有洫，洫廣深八尺也。」

禹，吾無間然矣。」美禹既深，故重云「無間然」也。

論語義疏第四 經一千五百十四字。注二千三百七十七字。

旹文明九年丁酉八月十一日映朔鴈聲書寫畢

❶「供自己」，桃華齋本作「自供身」。〔今校〕鮑本「己」下有「身」字。

論語義疏卷第五 子罕 鄉黨

梁國子助教吴郡皇侃撰

論語子罕第九 何晏集解 凡卅一章 皇卅章

疏子，孔子也。罕，希也。此篇明時感者既少，故聖應亦希也。所以次前者，外遠富貴，既爲粃糠，故還反凝寂，所以希言。故《子罕》次《太伯》也。❶ ○

子罕言利，與命與仁。 子，孔子也。罕者，希也。言者，説也。利者，天道元亨，利萬物者也。與者，言語許與之也。命，天命窮通、夭壽之目也。仁者，惻隱濟衆，行之盛者也。弟子記孔子爲教化所希言及所希許與人者也。所以然者，利是元亨利貞之道也，百姓日用而不知，其理玄絶，故孔子希言也。命是人稟天而生，其道難測，又好惡不同，若逆向人説，則傷動人情，故孔子希説與人也。仁是行盛，非中人所能，故亦希説許與人也。然希者，非都絶之稱，亦有時而言與人也。《周易·文言》，是説利之時也。謂「伯牛亡之，命矣夫」。及云「若由也，不得其死然」。是説與人命也。又孟武伯問子路「冉求之屬仁乎」？子曰「不知」。及云楚令尹陳文子「焉得仁」？並是不與人仁也。而云「顏回三月不違仁」。及云管仲「如其仁」，則是説與人仁時也。故云「子罕言利，與命與仁」也。

罕者，希也。利者，義之和也。 即引《文言》也。義者，宜也。和者，無害也。凡人世之利，利彼則害此，非義和也。若天道之利，利而無害，故萬物得宜而和。故曰「義之和也」。**命者，天之命也。** 人稟天而生，故云天命也。《中庸》曰「天命之謂性」是也。**仁者，行之盛也。** 仁義禮智信五者，並是人之行，而仁居五者之首，主生，故曰「行盛」也。**寡能及之，** 天道微妙，天命深遠，仁道盛大，非人所能知及，故云「寡能及之」也。**故希言也。** 爲世人寡及，故孔子亦希言也。

達巷黨人曰：「大哉孔子，博學而無所成名。」 五百家爲黨，黨各有名。此黨名達巷。達巷黨中人美孔子道大，故曰大哉也。博，廣也。言大哉孔子，廣學

❶「太」，〔今校〕鮑本作「泰」。

道藝周遍，不可一一而稱，故云無所成名也。猶如堯德蕩蕩，民無能名也。故王弼曰：「譬猶和樂出乎八音乎，❶然八音非其名也。」江熙曰：「言其彌貫六流，❷不可以一藝取名焉，故曰大也。」

鄭玄曰：「達巷者，黨名也。五百家爲黨。此黨之人美孔子博學道藝，不成一名而已。」

子聞之，謂門弟子曰：「吾何執？孔子聞達巷人美己，故呼弟子而語之也。彼既美我之博學，而我於道藝何所持執乎？欲自謙也。執御乎？執射乎？既欲謙己之不多，故陳六藝之下者以自許也。言吾所執，執於御及射乎。御，御車者也。吾執御矣。」向欲合以射御自許，又嫌太多，故又減射而云「吾執御」者也。

鄭玄曰：「聞人美之，承以謙也。『吾執御』者，欲名六藝之卑也。」六藝，一曰五禮，二曰六樂，三曰五射，四曰五馭，五曰六書，六曰九數也。今云執御，御比禮樂射爲卑也。

子曰：「麻冕，禮也。禮，謂《周禮》也。《周禮》有六冕，以平板爲主，而用三十升麻布衣板，上玄下纁，故云「麻冕，《禮》也」。今純，儉也，❸今，謂周末，孔子時也。純，絲也。周末不復用卅升布，❹但織絲爲之，故云今也。三十升布，用功巨多，難得，難得則爲奢華。而織絲易成，易成則爲儉約，故云儉也。吾從衆。衆，謂周末時人也。時既人人從易用絲，故孔子曰吾亦從衆也。所以從之者，周末每事奢華，孔子寧欲抑奢就儉。今幸得衆共用儉，故孔子從之也。

孔安國曰：「冕，緇布冠也。冠、冕，通名也。且周家委貌，冠亦用卅升緇布也。古者績麻三十升布以爲之。純，絲也。絲易成，故從儉也。」

拜下，禮也。下，謂堂下也。《禮》：「君與臣燕，❺臣

❶ 下「乎」字，延德本無此字。〔今校〕底本原文亦無此字，據武内校記補。

❷ 「流」，文明本作「派」，恐非，今據他本改正。

❸ 「今純儉也」，諸本作「今也純儉」，文明本作「今純儉也」。此下疏文「今謂周末」以下二十九字，延德本、清熙園本、久原本均在經文「純」字下。〔今校〕鮑本同諸本。

❹ 「卅」，鮑本作「三十」，本章下同。

❺ 「燕」上，文明本衍「得」字，今據他本削正。

得君賜酒，❶皆下堂而再拜。」故云「拜下，禮也」。今拜乎上，泰也。今，謂周末，孔子時也。上，謂堂上也。泰，驕泰也。當于時周末，君臣飲燕，臣得君賜酒，不復下堂，但於堂上而拜，故云「今拜乎上，泰也」。拜不下堂，是由臣驕泰，故云泰也。雖違衆，吾從下。」當時皆違禮而拜上者衆，孔子不從拜上，故云「雖違衆」也。違衆而從舊禮拜於下，故云「吾從下」也。

王肅曰：「臣之與君行禮者，下拜，然后升，成禮。《燕義》曰：❷「君舉旅於賓，及君所賜爵，皆降，再拜稽首，升，成拜。明臣禮也。」案，《燕義》之「賓」皆是臣也。❸臣得君旅及賜爵，降下堂再拜。再拜竟，更升堂，又再拜，謂爲「成拜」。成拜者，向在堂下之拜，若禮未成然，故更升堂以成之也。時臣驕泰，故於上拜也。周末時如此也。今從下，禮之恭也。」孔子欲從下之禮，是爲恭也。❹

子絶四：絶者，無也。明孔子聖人，無此下四事，故云「絶四」也。不云無而云絶者，據世人以言之也。四事世人未能絶，而孔子絶之，故云「絶」也。故顔延之曰：❺「謂絶人四者也。」毋意，一也，此謂聖人心也。凡人有滯，故動靜委曲，自任用其意。聖人無心，泛若不係舟，豁寂同道，故無意也。

以道爲度，故不任意也。

毋必，二也，此謂聖人行化時也。物求則趣應，❻無所抑必，故互鄉進而與之是也。無所抑必由無意，故能爲化，無必也。

用之則行，捨之則藏，故無自專必也。❼

毋固，三也，此聖人已應物行化故也。固，謂執守堅固也。聖雖已應物，物若不能得行，則聖亦不追固執之，❽

---

❶「臣得」，〔今校〕鮑本無此二字。

❷「燕義」，文明本作「禮記」，其餘諸本並作「燕義」。據下文，作「燕義」者是，今改正。

❸「之」，諸本作「云」，有不爲齋本作「曰」，並非。今據《論語聽麈》所引改正。〔今校〕鮑本同諸本。

❹「是」下，〔今校〕鮑本有「禮」字。

❺「故顔延之曰」，〔今校〕鮑本作「顔延之云」。

❻「趣」，〔今校〕鮑本作「赴」。

❼「自」，〔今校〕鮑本無此字。

❽「聖亦不追」，清熙園本、桃華齋本誤倒「不追」兩字。文明本旁注「聖」異本作「聖人」。

「不反三隅，則不復」是也。亦由無意，故能無固也。❶無可無不可，故無固行也。毋我。四也，此聖人行教，功德成身退之跡也。聖人晦跡，功遂身退，恒不自異，故無我也。亦由無意，故能無我也。

述古而不自作，處群萃而不自異，唯道是從，故不自有其身也。萃，聚也。或問曰：❷「孔子或拒孺悲，或『天生德於予』，何得云無我乎？」❸答曰：「聖人作教應機，❹不可一準。今爲其跡涉茲地，爲物所嫌，恐心實如此，故正明絶此四以見本地也。」❺

子畏於匡，心服曰畏。匡，宋地名也。于時匡人誤以兵圍孔子，故孔子同物畏之也。孫綽曰：「畏匡之人，説皆衆家之言，而不釋『畏』名，解書之理爲漫。夫體神知幾，玄定安危者，雖兵圍百重，安若太山，豈有畏哉？雖然，兵事阻險，常情所畏，聖人無心，故即以物畏爲畏也。」

苞氏曰：「匡人誤圍夫子，以爲陽虎也。陽虎嘗暴於匡，夫子弟子顔尅時又與陽虎俱往，後尅爲夫子御，至於匡，匡人相與共識尅。又夫子容貌與虎相似，故匡人以兵圍之也。」釋誤圍之由者也。

曰：「文王既没，文不在茲乎？孔子得圍而自説己德，欲使匡人知己也。茲，此也。孔子自此己也。言昔文王聖德，有文章以教化天下也。文王今既已没，❻則文章宜須人傳，傳文章者非我而誰，故曰「文王既没，文不在茲乎」，言此我當傳之也。

孔安國曰：「茲，此也。言文王雖已没，其文見在此。此，自此其身也。」其身，❼夫子身也。

天之將喪斯文也，後死者不得與於斯文

---

❶「固」上，文明本、清熙園本、延德本、久原本並有「堅」字，恐衍，今削正。

❷「或」下，文明本有「人」字，諸本並無，今削正。

❸「無我」上，〔今校〕鮑本有「無必」二字。

❹「機」，〔今校〕鮑本作「幾」。

❺「或問」至「本地也」，〔今校〕鮑本此段在經「毋我」疏文「故能無我也」下。

❻「已」，〔今校〕鮑本無此字。

❼「其」，〔今校〕鮑本無此字。

也；既云傳文在我，故更説我不可殺之意也。斯文，即文王之文章也。後死，孔子自謂也。夫生必有死，文王既没，己亦當終。❶但文王已没於前，❷則己方死於後，故自謂爲後死也。言天若將欲喪棄文王之文章，則不應今使我已得預知識之也。❸

孔安國曰：「文王既没，故孔子自謂後死也。言天將喪此文者，❹本不當使我知之；今使我知之，未欲喪之。」

天之未喪斯文也，匡人其如予何！」天今使我知之，是未欲喪此文也。既未欲喪此文，使己傳之，則匡人豈能違天而害我乎？故曰「如予何」也。衛瓘曰：「若孔子自明非陽虎，必謂之詐。晏然而言若是，匡人是知非陽虎，而懼害賢，所以免也。」

馬融曰：「如予何者，猶言奈我何也。天之未喪此文，則我當傳之。匡人欲奈我何也，言不能違天而害己也。」❺江熙云：「言文王之道爲後代之軌，己未得述上天之明，❻必不使没也。」❼

太宰問於子貢曰：❽「夫子聖者與，何其多能也？」太宰聞孔子聖，又聞孔子多能，而其心疑聖人務大，不應細碎多能，故問子貢，言孔子既聖，其那復多能乎？

孔安國曰：「太宰，大夫官名也。卿大夫職有冢宰，或云太宰，故云是大夫官也。或吳，或宋，未可分也。既唯云太宰，不論名氏，故不知何人。而吳有太宰嚭，宋有太宰華督，故云「未可分也」。然此應是吳臣，何以知之？魯哀公七年，公會吳于鄫，❾吳人徵百牢，使子貢辭於太宰

❶「當」下，文明本、延德本、久原本有「然」字，恐衍，今據桃華齋本削正。

❷「已」，〔今校〕鮑本作「既」。

❸「之」，〔今校〕鮑本無此字。

❹「此」，〔今校〕鮑本作「斯」。

❺「言」下，〔今校〕鮑本有「甚」字。

❻「明」，桃華齋本作「命」。

❼「江熙云」至「必不使没也」，〔今校〕鮑本此段解經文，接「所以免也」下。

❽「太」，〔今校〕當作「大」。後正文、疏文多作「大」，鮑本亦作「大」。

❾「鄫」，〔今校〕鮑本作「鄮」，與《左傳》合。

嚭。十二年，公會吴師于橐皋，吴子使太宰嚭請莅盟，❶公不欲，使子貢對，將恐此時太宰嚭問子貢也。且宋太宰督去孔子世遠，或其至後世所不論耳。疑孔子多能於小藝也。」

子貢曰：「固天縱之將聖，又多能也。」子貢答曰：孔子大聖，是天所固縱，又使多能也。固，故也。將，大也。

孔安國曰：「言天固縱之大聖之德，又使多能也。」

子聞之曰：「太宰知我者乎！孔子聞太宰之疑而云知我，則許疑我非聖是也。繆協曰：「我信多能，故曰知我。」江熙曰：「太宰嫌多能非聖，故云知我，謙之意也。」吾少也賤，故多能鄙事。又説我非聖，而所以多能之由也。言我少小貧賤，故多能爲麤鄙之事也。君子多乎哉？不多也。」更云，若聖人君子，豈多能鄙事乎？則不多能也。繆協曰：「君子從物應務，道達則務簡，務簡則不多能也。」江熙曰：「言君子所存遠者大者，❷不應多能也。」

苞氏曰：「我少小貧賤，常自執事，故多能爲鄙人之事。君子固不當多能也。」欒肇曰：「《周禮》百工之事，皆聖人之作也。明聖人兼材，修藝過人也。❸是以太宰見其多能，固疑夫子之聖也。子貢曰『固天縱之將聖，又多能』，故承以謙也。且抑排務言不以多能爲君子也。❹謂君子不當多能也，明兼才者自然多能，❺多能者非所學。所以先道德後伎藝耳，非謂多能必不聖也。據孔子聖人而多能，斯『伐柯』之近鑒也。」❻

牢曰：「子曰：『吾不試，故藝。』」試，用也。子牢述孔子言，緣我不被時用，故得多學伎藝也。繆協曰：「此蓋所以不多能之義也。❼言我若見用，將崇本息末，歸純反素，兼愛以忘仁，❽遊藝以去藝，豈唯不多能鄙事而

---

❶「莅」，根本本作「尋」，蓋依《左傳》所校改。諸鈔本皆作「莅」。〔今校〕鮑本亦作「尋」。

❷「遠」，文明本作「達」，誤。今據他本改正。

❸「修」，〔今校〕鮑本作「備」。

❹「排」，文明本作「非」，誤，今改正。

❺「才」，〔今校〕鮑本作「材」。

❻「欒肇曰」至「斯伐柯之近鑒也」，〔今校〕鮑本此段解經文，接「不應多能也」下。

❼「不」，〔今校〕鮑本無此字。

❽「愛」，文明本、延德本作「受」，恐非，今據他本改正。

已。」

鄭玄曰：「牢，弟子子牢也。試，用也。言孔子自言：『我不見用，故多能伎藝』也。」❶

子曰：「吾有知乎哉？無知也。知，謂有私意於其間之知也。聖人體道爲度，無有用意之知，故先問弟子曰：「吾有知乎哉」也。又，❷「無知也」，明己不有知知之意也，即是「無意」也。

知者，知意之知也。知意，謂故用知爲知也。聖人忘知，故無知知意也。言知者，言未必盡也。若用知者，則用意有偏，故其言未必盡也。今我誠盡也。我以不知知，故於言誠無不盡也。

有鄙夫來問於我，空空如也。此舉無知而誠盡之事也。鄙夫，鄙劣之夫也。空空，無識也。言有鄙夫來問我，而心抱空虛如也。我叩其兩端而竭焉。」兩端，事之終始也。言雖復鄙夫，而又虛空來問於我，❸我亦無隱，不以用知處之，故即爲其發事終始，竭盡我誠也。即是「無必」也。故李充曰：「日月照臨，不爲愚智易光。聖人善誘，不爲賢鄙異教。雖復鄙夫寡識，而率其疑，誠諮於聖，❹必示之以善惡之兩端，竭己心以誨之也。」❺

孔安國曰：「有鄙夫來問於我，其意空空然。我則發事之終始兩端以語之也，而竭盡所知，❻不爲有所愛也。」❼繆協曰：「夫名由跡生，故知從事顯。無爲寂然，何知之有？唯其無也，故能無所不應。雖鄙夫，誠問必爲盡其本末也。」❽

子曰：「鳳鳥不至，河不出圖，吾已矣夫！」

❶「能伎」，桃華齋本「伎」作「技」，諸本作「伎」，敦煌鄭注本亦同，無「能」字。

❷「又」下，〔今校〕鮑本有「云」字。

❸「又」，〔今校〕鮑本作「心」。

❹「諮」下，諸本有「疑」字，恐衍。《論語聽塵》引《皇疏》無「疑」字，今據削正。

❺「竭己」，〔今校〕鮑本互倒。

❻「也而」，桃華齋本、久原本並無此二字。古鈔集解本、正平板並同。按，此二字恐衍，今姑仍文明本之舊。

❼「所」，〔今校〕鮑本無此字。

❽「繆協曰」至「誠問必爲盡其本末也」，〔今校〕鮑本此段解經文，接「竭己心以誨之也」下。

夫時人皆願孔子有人主之事，故孔子釋己不得以塞之也。言昔之聖人應王者，必有鳳鳥、河圖之瑞。今天無此瑞，故云「吾已矣夫」。已，止也。言吾已止，無此事也。故繆協曰：「夫聖人達命，不復俟此乃知也。方遺知任事，故理至乃言。所以言者，將釋衆庶之望也。」

孔安國曰：「有聖人受命，則鳳鳥至，麟鳳五靈，王者之嘉瑞也。河出圖，今天無此瑞。『吾已矣夫』者，不得見也。聖人王，則有龍馬及神枎，負應王之圖書從河而出，爲瑞也。如龍圖授伏羲，❶枎書畀姒也。❷河圖，八卦是也。」八卦則《易·乾》、《坤》等八方之卦也。龍負之出，授伏羲也。又孫綽曰：「孔子所以乃發此言者，以體大聖之德。弟子皆禀絶異之質，壘落殊才，英偉命世之才。蓋王德光于上，將相備乎下，當世之君，咸有忌難之心。故稱此以徵己之不王，絶不達者之疑望也。」❸

子見齊衰者，❹此記孔子哀人有喪者也。齊衰，五服之第二者也。言齊則斬從可知，而大功不預也。冕衣裳者，記孔子尊敬在位者也。冕衣裳者，《周禮》大夫以上之服也。大夫以上尊，則士不在列也。與瞽者，記孔子愍不成人也。瞽，盲者也。言與者，盲者卑，故加「與」字以别之也。言瞽者則聾者不預也，聾疾輕於盲也。❺

苞氏曰：「冕者，冕冠也。大夫之服也。瞽者，盲者也。」❻

見之，雖少者必作；言孔子見此三種人，雖復年少，孔子改坐而見之，必爲之起也。過之，必趨。趨，疾行也。又明孔子若行過此三種人，必爲之疾速，不敢自修容也。❼范寧曰：「趨，就之也。」

苞氏曰：「作，起也。趨，疾行也。此

---

❶「羲」，〔今校〕鮑本作「犧」，本章下同。

❷「姒」，根本本「姒」上有「禹」字，諸鈔本並無。〔今校〕鮑本「姒」下有「禹」字。又，武内校「姒」俱誤作「似」，今正。

❸「又孫綽曰」至「絶不達者之疑望也」，〔今校〕鮑本此段解經文，接「將釋衆庶之望也」下，是。

❹「齊衰」，延德本經作「齋衰」，疏作「齋衰」，桃華齋本經疏並作「齋縗」。按，桃華齋本是。文明本經作「齋衰」，蓋據正平板所改。

❺「疾」，〔今校〕鮑本無此字。

❻「盲」下，文明本衍「之」字，今削正。

❼「敢」，〔今校〕原誤「取」，據鮑本改。

夫子哀有喪，尊在位，恤不成人之也。」❶恤，憂也。

顏淵喟然歎曰：孔子至聖，顏生上賢。賢聖道絶，故顏致歎也。

喟然，歎聲也。

「仰之彌高，鑽之彌堅。此所歎之事也。夫物雖高者，若仰瞻則可覩也；物雖堅者，若鑽錐則可入也。顏於孔子道，愈瞻愈高，彌鑽彌堅，非己厝力之能得也。故孫綽曰：「夫有限之高，雖嵩岱可陵；有形之堅，雖金石可鑽。若乃彌高、彌堅，鑽仰所不逮。故知絶域之高、堅，未可以力至也。」

言不可窮盡也。

瞻之在前，忽焉在後。向明瞻仰上下之絶域，❷此明四方之無窮也。若四方而瞻，後爲遼遠，❸故怳惚非己所定，所以或前或後也。

言忽怳不可爲形像也。❹亦如向說。又一通曰：愈瞻愈遠，故云「瞻之在前」也；愈顧愈後，故云「忽焉在後」也。故孫綽曰：「馳而不及，待而不至，不行不動，孰能測其妙所哉。」❺江熙云：「慕聖之道，其殆庶幾。是以欲齊其高，而仰之愈邈；思等其深，而鑽鑿愈堅。尚並其前，而俛仰塵絶。此其所以喟然者也。」❻

夫子循循然善誘人，又歎聖道雖懸，而令人企慕也。循循，次序也，誘進也。言孔子以聖道勸進人，❼而有次序，故曰「善誘人」也。

循循，次序貌也。誘，進也。言夫子正以此道勸進人，有次序也。

博我以文，約我以禮，此說善誘之事也。博，廣也。文，文章也。言孔子廣以文章誘引於我，故云「博我以文

❶「之」，桃華齋本無此字，與邢疏本同。文明本有此字，與正平板、古鈔《集解》本同。〔今校〕鮑本無此字。

❷「瞻仰」，〔今校〕鮑本作「仰鑽」，是。

❸「後」，〔今校〕鮑本作「復」，是。

❹「忽怳」，文明本與古鈔《集解》本合。延德本、清熙園本作「怳忽」，與永祿鈔《集解》本同。桃華齋本作「惚怳」，與大永鈔《集解》本及《釋文》同。邢《疏》本作「恍惚」，與《釋文》引一本同。「像」，〔今校〕鮑本作「象」。

❺「妙所」，〔今校〕鮑本作「所妙」，是。

❻「又一通曰」至「此其所以喟然者也」，〔今校〕鮑本此段解經文，接「所以或前或後也」下。

❼「勸進」，〔今校〕鮑本互倒。

章」也。又以禮教約束我，故云「約我以禮」也。欲罷不能。文博禮束，故我雖欲罷止而不能止也。既竭吾才，竭，❶盡也。才，才力也。我不能罷，故盡竭我之才力學之也。故孫綽曰：「既以文章博我視聽，又以禮節約我以中，俯仰動止，莫不景行。才力已竭，猶不能已。」罷，猶罷息也。如有所立卓爾。此明絶地不可得言之處也。卓，高遠貌也。言雖自竭才力以學，博文約禮，而孔子更有所言述創立，則卓爾高絶也。雖欲從之，末由也已。」末，無也。言其好妙高絶，❷雖已欲從之，而無由可及也。故孫綽曰：「常事皆脩而行之，❸若有所興立，卓然出乎視聽之表，❹猶天之不可階而升，從之將何由也。此顔、孔所絶處也。」

孔安國曰：「言夫子既以文章開博我，又以禮節節約我，使我欲罷而不能已。竭我才矣，其有所立，則又卓然不可及。言己雖蒙夫子之善誘，猶不能及夫子之所立也。」

子疾病，孔子病甚也。❺

苞氏曰：「疾甚曰病也。」

子路使門人爲臣。子路以孔子聖人，宜爲人君，且嘗爲大夫，大夫亦有家臣。今疾病，恐忽終亡，故使弟子行臣禮也。故江熙曰：「子路以聖人君道足，宜有臣，猶『禱上下神祇』也。」

鄭玄曰：「孔子嘗爲大夫，故子路欲使弟子行其臣之禮也。」

病間，曰：「久矣哉，由之行詐也！孔子病少差也，小差曰間。謂小差爲間者，若病不差，則病病相續無間斷也；若小差，則病勢斷絶有間隙也。當孔子病困時，不覺子路爲立臣；至於小差，❻乃覺而歎子路行詐也。言子路有此行詐之心，非復一日，故曰「久矣哉」。❼無臣而爲有臣，「無臣而爲有」，所以是行詐也。❽

❶「竭」，文明本作「既」。按，「既」、「竭」義同。〔今校〕鮑本同文明本。
❷「絶」上，〔今校〕鮑本有「已」字。
❸「脩」，〔今校〕鮑本作「循」，是。
❹「乎」，〔今校〕鮑本無此字。
❺「病」，〔今校〕鮑本作「疾」。
❻「小差」，〔今校〕鮑本數處皆作「少差」。
❼「哉」，〔今校〕鮑本作「也」。
❽「所以是」，〔今校〕鮑本作「是所以」。

吾誰欺？欺天乎？我實無臣，今汝詐立之，持此詐欲欺誰乎？天下人皆知我無臣，則人不可欺。今日立之，此政是遠欲欺天，故云「欺天乎」。

孔安國曰：「病小差曰間也。言子路久有是心，❶非唯今日也。」夫立臣事大，非卒可定。汝今立之，是知有其心已久故也。

且予與其死於臣之手也，無寧死於二三子之手乎！又以理喻之，言在三事同，若以親密而言，❷則臣不及弟子也。予，我也。二三子，諸弟子也。無寧，寧也。言設使與我死於臣手，則我寧死弟子手也。臣禮就養有方，有方則隔；弟子無方，無方則親也。

馬融曰：「無寧，寧也。二三子，門人也。就使我有臣而死其手，我寧死弟子手乎也。」❸

且予縱不得大葬，又明在三同也。大葬，臣禮葬君也。君臣葬禮大，❹故曰大葬也。

孔安國曰：「君臣，禮葬也。」

予死於道路乎？」君縱不得君臣禮葬，❺有二三子在，我豈復被棄擲於道路乎？言亦必得葬也。

馬融曰：「就使我不得以君臣之禮葬。有二三子在，我寧當憂棄於道路乎？」

子貢曰：「有美玉於斯，子貢欲觀孔子聖德藏用何如，故託事以諮臧否也。❻美玉，譬孔子聖道也。言孔子有聖道可重，如世間有美玉而在此也。韞匵而藏諸？❼求善賈而沽諸？」諸，之也。韞，裹之也。匵，謂匣櫃之也。❽善賈，貴價也。❾沽，賣也。言孔子聖道如美玉在此，爲當韞匣而藏之，爲當得貴價而賣之不乎？❿假有人請求聖道，爲當與之不耶？⓫

---

❶「久」，〔今校〕鮑本無此字。

❷「密」，〔今校〕鮑本作「察」。

❸「手」上，〔今校〕鮑本有「之」字。「也」，〔今校〕鮑本無此字。

❹「臣」，〔今校〕鮑本無此字。

❺上「君」字，〔今校〕鮑本作「若」。

❻「臧」，〔今校〕鮑本作「衰」。

❼「藏」下，文明本衍「而」字，今削正。

❽「之也」，文明本「也」上有「處」字，諸本並無，今依削正。〔今校〕鮑本無「之」字。

❾「價」，文明本旁注異本作「賈」。根本本與異本同。〔今校〕鮑本作「賈」。

❿「價」，〔今校〕鮑本作「賈」。「不」，〔今校〕鮑本作「否」。

⓫「不」，〔今校〕鮑本作「否」。

馬融曰：「韞，藏也。匵，匵也，藏諸匵中也。沽，賣也。得善賈寧肯賣之耶也❶？

子曰：「沽之哉！沽之哉！答云：我不衒賣之者也。故重云「沽之哉」，明不衒賣之深也。我待賈者也。」❷又言，我雖不衒賣，然我亦待貴賈耳，有求者則與之也。

苞氏曰：「沽之哉，不衒賣之辭也。我居而待賈者也。」王弼曰：「重言沽之哉，賣之不疑也。故孔子乃聘諸侯以急行其道也。」❸

子欲居九夷。孔子聖道不行於中國，故託欲東往居於九夷也。亦如「欲乘桴浮海」也。

馬融曰：「九夷，❹東方之夷，有九種也。」四方，東有九夷：一玄兔，二樂浪，三高麗，四滿飾，五島臾，六索家，七東屠，八倭人，九夭鄙。南有八蠻：一天竺，二吹首，三焦堯，四跂踵，五穿胷，六儋耳，七狗邦，八虎春。西有六戎：一羌夷，二依貊，三織皮，四耆羌，五鼻息，六天岡。北有五狄：一月支，二咈貊，三匈奴，四單于，五白屋也。

或曰：「陋，如之何？」或人不達孔子意，謂之實居，故云「陋如之何」，言夷狄鄙陋，不可居也。子曰：「君子居之，何陋之有？」孔子答曰：君子所居即化，豈以鄙陋爲疑乎？不復遠申己意也。孫綽曰：「九

❶「肯」，〔今校〕鮑本無此字。「也」，〔今校〕鮑本無此字。

❷「賈」，桃華齋本作「價」，注同。

❸「王弼曰」至「以急行其道也」，〔今校〕鮑本此段解經文，接「明不衒賣之深也」下。

❹「九夷」，此注全同敦煌本鄭《注》。此下疏文所列九夷、八蠻、六戎、五狄之目，諸鈔本稍不同。根本本則皆据《爾雅》李《注》改訂，今皆仍文明本之舊而舉其異同。「玄兔」，延德本作「玄菟」，《爾雅》李《注》同。「高麗」，《爾雅注》作「高驪」。「島臾」，清熙園本作「鳧臾」，《爾雅注》作「鳧更」。「索家」，邢《疏》作「素家」。「夭鄙」，《爾雅注》作「天鄙」。「吹首」，清熙園本作「次首」，《爾雅注》作「咳首」。「焦堯」，《爾雅注》作「焦僥」。「跂踵」，清熙園本作「跛踵」，《爾雅注》作「跛踵」。「拘邦」，《爾雅注》作「狗軌」。「虎春」，清熙園本作「虎春」，《爾雅注》作「旁春」。「羌夷」，或作「僥夷」。「依貊」，《聽塵》作「依伯」。「天岡」，《爾雅注》作「天剛」。〔今校〕「拘邦」底本原文實作「狗邦」。鮑本「高驪」、「跂踵」同底本，「狗邦」作「狗軹」，「虎春」作「旁脊」，「羌夷」亦作「僥夷」，餘同《爾雅》李《注》。

夷所以爲陋者，以無禮義也。君子所居者化，則陋有泰也。」

馬融曰：「君子所居者，皆德化也。」❶

聖人所在則化，九夷變中夏也。

子曰：「吾自衛反於魯，然後樂正，《雅》、《頌》各得其所。」孔子去魯後而魯禮樂崩壞。孔子以魯哀公十一年從衛還魯，而删《詩》《書》，定《禮》《樂》，故樂音得正。樂音得正，所以《雅》、《頌》之詩各得其本所也。

鄭玄曰：「反魯，魯哀公十一年冬也。是時道衰樂廢，孔子來還，乃正之也。故曰：《雅》《頌》各得其所也。」《雅》、《頌》是《詩》義之美者。美者既正，則餘者正亦可知也。❷

子曰：「出則事公卿，公，君也。卿，長也。人子之禮，移事父孝以事於君則忠，移事兄悌以事於長則從也。故出仕朝廷，必事公卿也。入則事父兄，孝以事父，悌以事兄，還入閨門，宜盡其禮也。先言朝廷，後云閨門者，勗已仕者也。猶「仕而優則學」也。喪事不敢不勉，勉，强也。父兄天性，續莫大焉；公卿義合，厚莫重焉。若有喪事，則不敢不勉强也。不爲酒困，雖「唯酒無量，不及亂」，時多沈酗，故戒之也。衛瓘曰：「三事爲酒興也。」侃按，如衛意，言朝廷、閨門、及有喪者，並不爲酒所困，故云「三事爲酒興也」。何有於我哉？」言我何能行此三事，故云「何有於我哉」。又一云：人若能如此，則何復須我。故云「何有於我哉」也。緣人不能，故有我應世耳。

馬融曰：「困，亂也。」

子在川上曰：「逝者如斯夫！不舍晝夜。」逝，往去之辭也。孔子在川水之上，見川流迅邁，未嘗停止，故嘆人年往去，亦復如此。向我非今我，故云「逝者如斯夫」也。❸ 斯，此也。夫，語助也。日月不居，有如流水，故云「不舍晝夜」也。江熙云：「言人非南山，立德立功，

---

❶「德」，〔今校〕鮑本無此字。

❷「雅頌是詩義之美者」至「則餘者正亦可知也」，〔今校〕鮑本此段解經文，接「所以雅頌之詩各得其本所也」下。

❸「夫」下，諸本有「者」字，桃華齋本無，今據削正。〔今校〕鮑本同諸本。

俛仰時過，臨流興懷，能不慨然乎？❶聖人以百姓心爲心也。」孫綽云：「川流不舍，年逝不停，時已晏矣，而道猶不興，所以憂嘆也。」

鄭玄曰：「逝，往也。言凡往者如川之流也。」

子曰：「吾未見好德如好色者也。」時人多好色而無好德，孔子患之，故云「未見」，❷以厲之也。

疾時人薄於德而厚於色也，❸故以發此言也。本註云：❹責其心也。

子曰：「譬如爲山，未成一簣，止，吾止也。此戒人爲善垂成而止者也。簣，土籠也。言人作善垂足而止，則善事不成。如爲山垂足，唯少一籠土而止，則山不成。此是建功不篤，與不作無異，則吾亦不以其前功多爲善。如爲善不成，吾亦不美其前功多也。故云「吾止也」。

苞氏曰：「簣，土籠也。此勸人進於道德也。❺爲山者其功雖已多，未成一籠而中道止者，❻我不以其前功多而善之也。見其志不遂，故不與也。」

譬如平地，雖覆一簣，進，吾往也。」此奬人始爲善而不住者也。譬於平地作山，山乃須多土，而始覆一籠，一籠雖少，交是其有欲進之心可嘉。如人始爲善，善乃未多，交求進之志可重，吾不以其功少而不善之。善之有勝於垂成而止者，故云「吾往也」。

馬融曰：「平地者將進加功，雖始覆一簣，我不以其見功少而薄之也。據其欲進而與之也。」

子曰：「語之而不惰者，其回也與！」惰，疲懈也。❼餘人不能盡解，故聞孔子語而有疲懈。❽唯顏回體

❶「乎」，諸本無此字，今據桃華齋本補正。〔今校〕鮑本同諸本。

❷「未」上，文明本有「患」字，諸本並無，今削正。

❸「疾時人薄於德」上，篁墩本有「鄭玄曰」三字。按此注與敦煌本鄭注合，則篁墩本爲鄭注，似是。

❹「本註云」，久原本亦無此三字。清熙園本唯有「註」字。根本本則「云」上空二格。〔今校〕鮑本同根本本。

❺「此」，文明本句首脱此字，今補正。

❻「籠」，文明本旁注異本作「簣」。諸本皆與異本同。

❼「疲懈也」，文明本「疲」誤作「瘦」，今據諸本補正。

❽「故聞孔子語而有疲懈」，文明本脱「故聞」二字、「疲懈」二字，今據諸本補正。

之，故聞語即解。所以曰「語之而不惰者，❶其回也與」。顏淵解，❷故語之不惰；餘人不解，故有惰語之時也。

子謂顏淵曰：「惜乎！吾見其進也，未見其止也。」顏淵死後，孔子有此歎也。云見進未見止，惜其神識猶不長也。然顏淵分已滿至於屢空，而此云「未見其止」者，勗引之言也。❸故殷仲堪曰：「夫賢之所假，一悟而盡，❹豈有彌進之實乎？❺蓋其軌物之行日見於跡，夫子從而咨嗟以盛德之業也。」

苞氏曰：❻「孔子謂顏淵進益未止，故痛惜之甚也。」❼

子曰：「苗而不秀者有矣夫！秀而不實者有矣夫！」又爲歎顏淵爲譬也。萬物草木，有苗稼蔚茂，不經秀穗遭風霜而死者。又亦有雖能秀穗，而值沴焊氣，不能有粒實者，故並云「有是矣夫」也。❽物既有然，故人亦如此，所以顏淵摧芳蘭於早年也。❾

孔安國曰：「言萬物有生而不育成者，喻人亦然也。」

子曰：「後生可畏也，後生，謂年少在己後生者也。可畏，謂有才學可心服者也。焉知來者之不如今也？焉，安也。來者，未來之事也。❿今，謂我今師徒也。後生既可畏，亦安知未來之人，師徒教化不如我之今日乎？曰不可誣也。

後生，謂年少也。

四十、五十而無聞焉，斯亦不足畏也已矣。」又言後生雖可畏，若年四十、五十而無聲譽聞達於世者，則此人亦不足可畏也。孫綽曰：「年在知命，蔑然無聞，

---

❶「者」，〔今校〕鮑本無此字。
❷「解」，〔今校〕鮑本無此字。
❸「勗」，〔今校〕鮑本作「勸」。
❹「悟」，〔今校〕鮑本作「語」。
❺「之」，〔今校〕鮑本作「勗」。
❻「苞氏」，諸鈔本作「馬融」，永祿鈔《集解》本同，文明本爲苞注，正平板及古鈔《集解》本同。〔今校〕鮑本作「馬融」。
❼「故」，〔今校〕鮑本無此字。
❽「是」，〔今校〕鮑本無此字。
❾「也」，〔今校〕鮑本作「矣」。
❿「之」，〔今校〕鮑本無此字。

不足畏也。」子曰：❶「法語之言，能無從乎？改之爲貴。言彼人有過失，若我以法則語之，彼人聞法，當時無不口從而云止當不敢復爲者，❷故云「能無從乎」。但若口雖從而身爲失不止者，則此口從不足爲貴也。我所貴者，在於口從而行亦改者耳。故云「改之爲貴」也。

孔安國曰：「人有過，以正道告之，口無所不順從之，能必改乃爲貴也。」❸

巽與之言，能無説乎？❹繹之爲貴。巽，恭遜也。繹，尋繹也。言有彼人不遜，而我謙遜與彼恭言，故云「遜與之言」也。❺彼不遜者，得我遜言遜彼，彼必亦特遜爲悦，❻故云「能無悦乎」。然雖悦人遜己，而己不能尋繹，❼行此遜事，是雖悦不足爲貴也。我所貴者，在尋繹行遜耳，❽故云「繹之爲貴」也。

馬融曰：「巽，恭也。謂恭巽謹敬之言，聞之無不悦者也。能尋繹行之，乃爲貴也。」

悦而不繹，從而不改，吾末如之何也已矣。」不繹，不改，聖所不教，故孔子曰「末如之何」也。末，無也。孫綽曰：「疾夫形服心不化也。」子曰：❾「主忠信，無友不如己者，過則勿憚改。」此事再出也。所以然者，范寧曰：「聖人應於物作教，一事時或再言。弟子重師之訓，故又書而存焉。」

慎其所主、所友，有過務改，皆所以爲益也。❿

子曰：「三軍可奪帥也，匹夫不可奪志也。」此明人能守志，雖獨夫亦不可奪；若其心不堅，雖衆必傾。故「三軍可奪，匹夫無回」也。謂爲「匹夫」者，言其

---

❶「子曰」，諸鈔本皆提行，唯文明本否。〔今校〕鮑本提行，是。

❷「而云」，文明本誤倒，今據他本改正。

❸「必」下，〔今校〕鮑本有「自」字。

❹「説」，根本本作「悦」。據疏文，根本本是。文明本作「説」，蓋依正平板所改。

❺「遜」，〔今校〕鮑本作「巽」。

❻「特」，文明本作「將」，恐非，今改正。

❼「繹」，桃華齋本、久原本作「續」，誤。〔今校〕鮑本作「續」。

❽「繹」，〔今校〕鮑本作「續」。

❾「子曰」，〔今校〕鮑本提行。

❿「也」上，〔今校〕鮑本有「者」字。

賤，但夫婦相配匹而已也。又云：「古人質，衣服短狹，二人衣裳唯共用一匹，❶故曰『匹夫』、『匹婦』也」。

孔安國曰：「三軍雖衆，人心非一，則其將帥可奪之而取。匹夫雖微，苟守其志，不可得而奪也。」

子曰：「衣弊緼袍，與衣狐貉者立而不耻者，其由也與？衣，猶着也。弊，敗也。緼，枲着也。狐貉，輕裘也。由，子路也。當時人尚奢華，皆以惡衣爲耻，唯子路能果敢率素，雖服敗麻枲着袍裘，與服狐貉輕裘者並立，而不爲羞耻，故云「其由也與」。

孔安國曰：「緼，枲着也。」枲，麻也。以碎麻着裘也。碎麻曰緼，故絮亦曰緼。《玉藻》曰「緼爲袍」是也。顔延之曰：「狐貉緼袍，誠不足以榮耻。然自非勇於見義者，或以心戰，不能素泰也。」❷

『不忮不求，何用不臧』。」孔子更引疾貪惡之詩，證子路德美也。忮，害也。求，貪也。臧，善也。言子路之人身不害，❸物不貪求。德行如此，何用不謂之爲善乎？言其善也。

馬融曰：「忮，害也。臧，善也。言不忮害，不貪求，何用爲不善？疾貪惡、忮害之詩也。」

子路終身誦之。子路得孔子美己才以爲美，故終身長誦「不忮不求，何用不臧」之言也。子曰：「是道也，何足以爲臧。」❹孔子見子路誦之不止，故抑之也。言此「不忮不求」乃可是道，亦何足過爲善，而汝誦之不止乎？言尚復有勝於此者也。顔延之曰：「懼其伐善也。」

馬融曰：「臧，善也。尚復有美於是者，何足以爲善也。」

---

❶「共」，〔今校〕鮑本作「其」。

❷「顔延之曰」至「不能素泰也」，〔今校〕鮑本此段解經文，接「故云其由也與」下。

❸「之人身不害」，根本本「之」下有「爲」字，義長。然諸鈔本並無。疑「之」字即「爲」字之訛，非「之」下有「爲」字也。「身不害」當作「身不忮害」，邢《疏》言「不忮害不貪求」即其證。〔今校〕鮑本「之」下有「爲」字。

❹「爲」，〔今校〕鮑本無此字。

子曰：「歲寒，然後知松柏之後彫。」❶此欲明君子德性與小人異也，故以松柏匹於君子，衆木偶乎小人矣。言君子小人若同居聖世，君子性本自善，❷小人服從教化，是君子小人並不爲惡。故堯舜之民，比屋可封，如松柏與衆木同處春夏。松柏有心，故木蓊鬱；❸衆木從時，亦盡其茂美者也。若至無道之主，君子秉性無過，❹故不爲惡。而小人無復忌憚，即隨世變改。故桀紂之民，❺比屋可誅，譬如松柏衆木同在秋冬，松柏不改柯易葉，衆木枯零先盡。而此云「歲寒，然後知松柏後彫」者，就如平叔之《注》意。若如平歲之寒，衆木猶有不死，不足致别。如平世之小人，亦有修飾而不變者。唯大寒歲，則衆木皆死；大亂，則小人悉惡，故云「歲寒」也。又云「然後知松柏後彫」者，「後」非俱時之目，「彫」非枯死之名。言大寒之後，松柏形小彫衰，而心性猶存。如君子之人，遭值積惡，外逼闇世，不得不遜跡隨時，是小「彫」矣。而性猶不變，如松柏也。而琳公曰：「夫歲寒别木，遭困别士。寒麗霜降，❻知松柏之後彫。謂異凡木也。遭亂世，小人自變，君子不改其操也。」

大寒之歲，衆木皆死，然後知松柏小彫傷也。❼平歲，則衆木亦有不死者，故須歲寒而後别之。喻凡人處治世，亦能自修整，與君子同。在濁世，然後知君子之正，❽不苟容也。

子曰：「智者不惑，此章談人性分不同也。智以照了爲用，故於事無疑惑也。故孫綽曰：「智能辨物，故不惑也。」

苞氏曰：「不惑亂也。」

仁者不憂，憂，患也。仁人常救濟爲務，不嘗侵物，故不憂物之見侵患也。孫綽曰：「安於仁，不改其樂，無憂也。」❾

❶「彫」，諸本作「凋」，唯文明本作「彫」，與古鈔《集解》本同。

❷「善」，文明本作「美」，恐非，今改正。

❸「木」，〔今校〕鮑本作「本」。

❹「過」，諸本作「回」。〔今校〕鮑本同諸本。

❺「故」，〔今校〕鮑本無此字。

❻「麗」，〔今校〕鮑本作「嚴」，是。

❼「小」上，〔今校〕鮑本有「之」字。「也」，〔今校〕鮑本無此字。

❽「知」，文明本誤作「如」，今改正。

❾「無」上，〔今校〕鮑本有「故」字。

孔安國曰：「無憂患也。」❶內省不疚，故無憂患也。

勇者不懼。」勇以多力爲用，故無怯懼於前敵也。繆協曰：「見義而不爲畏强禦，❷故不懼也。」

子曰：「可與共學，未可與適道；此章明權道之難也。夫正道易行，權事難達，既欲明權，故先從正起也。❸道，謂所學之道也。言凡人乃可與同處師門共學而已。既未得彼性，則未可便與爲友，❹共適所志之道也。

適，之也。雖學，或得異端，未必能之道也。異端，非正典也。人各自有性，彼或不能寧學正道，而唯能讀史、子，故未可便與之共之於正道也。

可與適道，未可與立；立，謂謀議之立事也。亦人性各異，或能學問，而未必能建立世中正事者。故可與共適所學之道，而未便可與共立事也。

雖能之道，未必能以有所成立也。❺

可與立，未可與權。」權者，反常而合於道者也。自非通變達理，則所不能。故雖可共立於正事，而未可便與之爲權也。故王弼曰：「權者道之變。變無常體，神而明之，存乎其人，不可豫設，最至難者也。」❻

雖能有所立，未必能權量其輕重之極也。能權量輕重，即是曉權也。張憑云：「此言學者漸進階級之次耳。始志於學，求發其蒙，而未審所適也。既向道矣，❼而信道未篤，則所立未固也。又，既固，又未達變通之權也。明知反而合道者，則日勸之業，亹亹之功，其幾乎此矣。」❽

「唐棣之華，偏其反而。引明權之逸《詩》以證權也。《唐棣》，逸《詩》也。❾華，花也。夫樹木之花，皆先合而後開；唐棣之花，則先開而後合。譬如正道，則行之

---

❶「無」，〔今校〕鮑本作「不」。

❷「不爲」，根本本作「爲不」，恐非。有不爲齋本無「爲」字，又通。〔今校〕鮑本作「爲不」，與根本本同，是。

❸「先」，文明本誤作「告」，今改正。

❹「便」，桃華齋本誤作「使」。

❺「也」上，〔今校〕鮑本有「者」字。

❻「最」，〔今校〕鮑本作「尤」。

❼「道」，久原本、桃華齋本作「方」，又通。〔今校〕鮑本作「方」。

❽「張憑云」至「其幾乎此矣」，〔今校〕鮑本此段解經文，在「最至難者也」下。

❾「逸詩」，〔今校〕鮑本作「棣樹」，是。

有次，而權之爲用，先反後至於大順，❶故云「偏其反而」也。❷言偏者，明唯其道偏與常反也。豈不爾思？室是遠而。」言凡思其人而不得見者，其居室遼遠故也。人豈不思權？權道或玄邈，❸如其室奧遠故也。

逸《詩》也。唐棣，栘也，華反而後合。賦此詩以言權道反而後至大順也。❹初逆而後從也。思其人而不得見者，其室遠也。以言思權道而不得見者，❺其道遠也。如前釋。

子曰：「未之思也，夫何遠之有哉？」又引孔子言，證權可思也。言權道易思，但未有思之者耳。若反道而思之，則必可得。故云「夫何遠之有」也。

夫思者當思其反，反是不思，所以爲遠也。能思其反，何遠之有？言權可知，唯不知思耳。思之有次序，斯可知之耳。❻

論語鄉黨第十

何晏集解凡一章

疏《鄉黨》者，明孔子教訓在於鄉黨之時也。所以次前者，既朝廷感希，故退還應於鄉黨也。故《鄉黨》次於《子罕》也。○

孔子於鄉黨，此一篇至末，並記孔子平生德行也。於鄉黨，謂孔子還家教化於鄉黨中時也。天子郊內有鄉黨，郊外有遂鄙。孔子居魯，魯是諸侯。今云鄉黨，當知諸侯

---

❶「後至大順」，諸本「至」下有「於」字，與邢《疏》本同。文明本無「於」字，與正平板同。〔今校〕底本原文實作「後至於大順」，鮑本同底本原文。

❷「也」，〔今校〕鮑本無此字。

❸「或」，〔今校〕鮑本無此字。

❹「至」下，〔今校〕鮑本有「於」字。

❺「道」，〔今校〕鮑本無此字。

❻「之耳」，清熙園本、久原本作「耳之也」，與古鈔集解本同。文明本作「之耳」，與正平板同。延德本、桃華齋本「耳」作「矣」，與邢《疏》本同。〔今校〕鮑本作「矣」。

亦郊内爲鄉黨，❶郊外爲遂也。孔子家當在魯郊内，故云「於鄉黨」也。**恂恂如也，**恂恂，温恭貌。既還鄉黨，鄉黨宜須和恭以相接，故「恂恂如也」。**似不能言者。**既其温恭，則言語寡少，故一往觀之，如「似不能言者」也。

王肅曰：「恂恂，温恭之貌也。」❷

其在宗廟朝廷，便便言，唯謹爾。謂孔子助君祭，在宗廟及朝廷也。既在君朝，應須酬答。及入太廟，每事須問，並不得不言也。言須流⿰口便，❸故云「便便言」也。言雖流⿰口便，而必謹敬，故云「唯謹爾」也。

鄭玄曰：「便便，辯貌也。❹雖辯而謹敬也。」

朝，與下大夫言，侃侃如也；侃侃，和樂貌也。下大夫賤，孔子與之言，宜用將接，❺故和樂如也。❻

孔安國曰：「侃侃，和樂之貌也。」❼

與上大夫言，誾誾如也。上大夫，卿也。誾誾，中正貌也。卿貴，不敢和樂接之，宜以謹正相對，故「誾誾如也」。

孔安國曰：「誾誾，中正之貌也。」❽

君在，踧踖如也，君在，謂君出視朝時也。踧踖，恭敬貌也。《禮》：「君每日旦，❾諸臣列在路門外以朝君，君至日出而出視之。❿視之則一一揖卿大夫，而都一揖士。」當此君視朝之時，則臣皆起恭敬之貌。故孔子「踧踖如也」。**與與如也。**雖須踧踖，又不得急速，所以形容舉動每須「與與如也」。與與，猶徐徐也，所以恭而安也。

馬融曰：「君在者，君視朝也。踧踖，

❶「黨」，文明本、清熙園本無此字，非，今據他本補正。〔今校〕底本原文無「黨」字，今據武内校記補。鮑本無此字。據下文「郊外爲遂」與「郊内爲鄉」爲對文，當以無此字爲是。

❷「之」，〔今校〕鮑本無此字。

❸「⿰口便」，諸鈔本作「哽」，根本本作「⿰口便」。按，「哽」爲「⿰口便」字訛，今改正。

❹「辨」上，〔今校〕鮑本有「言」字。

❺「用」下，〔今校〕鮑本有「和樂」二字。

❻「和樂」，〔今校〕鮑本作「侃侃」。

❼「之」，〔今校〕鮑本無此字。

❽「之」，〔今校〕鮑本無此字。

❾「君」，〔今校〕鮑本無此字。

❿「而出」，文明本誤脱此二字，今依他本補正。〔今校〕底本原文和鮑本均無「出」字，據武内校記補。

恭敬之貌也。❶與與，威儀中適貌也。」❷

君召使擯，擯者，爲君接賓也。謂有賓來，君召己迎接之也。

鄭玄曰：「君召使擯者，有賓客使迎之也。」《聘禮》曰：「卿爲上擯，大夫爲承擯，士爲紹擯。」是也。

色勃如也，既召己接擯，❸故己宜變色起敬，故勃然如也。❹

孔安國曰：「必變色也。」

足躩如也。躩，盤辟貌也。既被召，不敢自容，故速行而足盤辟也。故江熙曰：「不暇閑步。躩，速貌也。」❺

苞氏曰：「盤辟之貌也。」❻盤辟即是足轉速也。❼

揖所與立，左右其手，衣前後，襜如也。此謂君出迎賓，己爲君副，列擯時也。賓副曰命介，主人副曰擯副。且作敵國而言，❽若公詣公法也，賓至，主人大門外西邊而向北，❾去門九十步而下車，面向北而倚。❿賓則九副在賓北而東向，邐迤而西北，在四十五步之中。主人出門東邊，南向而倚。主人是公，則五擯；主人是侯伯，則四擯；主人是子男，則三擯。不隨命數。主人謙，故並用強半數也。公陳擯，在公之南而西向，邐迤而東南，亦在四十五步中。使主人下擯與賓下介相對，而中間相去三丈六尺。列賓主、介擯既竟，主人語上擯，使就賓請辭，問所以來之意。於是上擯相傳，以至於下擯；下擯

❶「之」，〔今校〕鮑本無此字。

❷「貌」上，〔今校〕鮑本有「之」字。

❸「擯」，〔今校〕鮑本作「賓」。

❹「如」，〔今校〕鮑本無此字。

❺「速」上，桃華齋本有「又」字。

❻「盤辟」，文明本、清熙園本「盤辟」二字右添「足躩如」三字。篁墩云：「大永鈔集解本『盤』上有此三字。」按，古鈔集解本有「躩如」二字。「之」，〔今校〕鮑本無此字。

❼「是足」，〔今校〕鮑本無「是」字。「是」、「足」形近而重。

❽「敵國」，根本本「敵」上衍「匹」字。延德本欄外注：「敵國，匹敵也。」根本本有「匹」字，疑旁注之詞誤入疏中者。〔今校〕鮑本同根本本。

❾「而」，延德本作「南」，誤。

❿「面」，諸本皆如此。按，「面」當作「而」。《先進篇》「顔淵死」章疏「我葬鯉無槨，而不能止回無槨」，「而」字文明本亦作「面」。蓋「面」、「而」二字以形相似而誤也。

進前揖賓之下介，而傳語問之。下介傳問，而以次上至賓。賓答語，使上介傳以次而下，至下介，下介亦進揖下賓，❶下擯傳而上，以至主人。凡相傳，雖在列位，當授受言語之時，皆半轉身，戾手相揖。既並立而相揖，故曰「揖所與立」也。若揖左人，則移其手向左；若揖右人，則移其手向右，故云「左右其手」也。既半迴身，左右迴手，當使身上所著之衣，必襜襜如有容儀也。故江熙云：「揖兩手，衣裳襜如動也。」

鄭玄曰：「揖左人，左其手；揖右人，右其手。一俛一仰，故衣前後則襜如也。」

趨進，翼如也。謂擯迎賓進，在庭行時也。翼如，謂端正也。徐趨，衣裳端正，如鳥欲翔舒翼時也。

孔安國曰：「言端正也。」

賓退，必復命曰：「賓不顧矣。」謂君使己送賓時也。復命，反命也，反命謂初受君命以送賓，賓退，故反還君命，以白君道：❷「賓已去。」云「不顧」者，舊云：「主人若禮送賓，未足則賓猶迴顧；若禮足送，❸則賓直去不復迴顧。此明則送賓禮足，❹故云『不顧』也。」

鄭玄曰：❺「復命，白君：❻『賓已去也。』」言反白君道：「賓已去也。」然云「賓已去」，亦是不復來見顧也。

入公門，鞠躬如也，❼如不容。公，君也。謂孔子入君門時也。鞠，曲寖也。躬，身也。臣入君門，自曲寖身也。君門雖大，而己恒曲寖，如君門之狹，不見容受爲也。❽

孔安國曰：「寖身也。」

立不中門，謂在君門倚立時也。中門，謂棖闑之中也。門中央有闑，闑以硋門兩扉之交處也。❾門左右兩椳邊各

❶「賓」，〔今校〕鮑本作「擯」。

❷「道」，桃華齋本無此字。

❸「足」上，〔今校〕鮑本有「已」字。

❹「明則」，「則」字恐衍。蓋舊本「明」誤作「則」，後人旁記「明」字改之，而鈔手無識，併誤字存之也。

❺「鄭玄曰」，諸本皆爲孔注，唯文明本爲鄭注。按，敦煌鄭注本有此注，則文明本爲鄭注者是。〔今校〕鮑本同諸本。

❻「君」，〔今校〕鮑本無此字。

❼「也」，延德本、清熙園本兩「如」字間無此字。

❽「也」，〔今校〕鮑本無此字。

❾「扉」，〔今校〕鮑本作「扇」。

竪一木，名之爲棖。棖以禦車過，恐觸門也。❶闑東是君行之道，闑西是賓行之道也。而臣行君道，示係屬於君也。臣若倚門立時，則不得當君所行棖闑之中央，當中是不敬。故云「不中門」也。行不履閾。履，踐也。閾，限也。若出入時，則不得踐君之門限也。所以然者，其義有二：一則忽上升限，似自高矜。二則人行跨限，已若履之則污限。污限則污跨者之衣也。

孔安國曰：「閾，門限也。」

過位，色勃如也，足躩如也，謂臣入朝君時也。位，君常所在外之位也。謂在宁屏之門揖賓之處也。❷即君雖不在此位，此位可尊。故臣行入，從君位邊過，❸而「色勃然」、「足躩」爲敬也。

苞氏曰：「過君之空位也。」如前釋也。❹

其言似不足者。既入過位，漸以近君，故言語細下，不得多言，如言不足之狀也。不足，少若不能也。攝齎升堂，❺鞠躬如也。至君堂也。攝，摳也。齎，衣裳下縫也。❻既至君堂，❼當升之未升之前，而摳提裳前，使齎下去地一尺，故云「攝齎升堂」也。升堂將近君，故又自斂，鞠躬如也。必攝齎者，爲妨履躡行故也。屏氣似不息者。屏，疊除貌也。息，亦氣也。已至君前，當疊除藏其氣，如似無氣息者也。不得咆盭棖君也。❽

孔安國曰：「皆重慎也。衣下曰齎。攝齎者，摳衣也。」《曲禮》云「兩手摳衣，去齎尺」是也。

出，降一等，逞顔色，怡怡如也。降，下也。逞，申也。出降一等，謂見君已竟，而下堂至階第一級時也。初對君既屏氣，❾故出降一等而申氣。氣申則顔色亦申，故顔容怡悦也。

孔安國曰：「先屏氣，下階舒氣，故怡怡如也。」

❶「觸」上，文明本有「棖」字，恐衍，今依他本削正。
❷「門」，〔今校〕鮑本作「間」，是。
❸「君」，〔今校〕鮑本無此字。
❹「如前釋也」，〔今校〕鮑本無此四字。
❺「齎」，延德本作「齋」。按，「齎」正字，「齋」假借字。〔今校〕鮑本作「齊」，本章下四「齎」字亦同。
❻「衣」，〔今校〕鮑本無此字，是。
❼「堂」，文明本旁注異本作「室」。
❽「咆」，〔今校〕鮑本作「炰」。「棖」，〔今校〕鮑本作「振」。
❾「君」下，〔今校〕鮑本有「時」字。

没階，趨進，翼如也。没，猶盡也。盡階，謂下階級盡至平地時也。❶既去君遠，故又徐趨而翼如也。

孔安國曰：「没，盡也。下盡階也。」

復其位，踧踖如也。位，謂初入時所過君之空位也。今出至此位，而更踧踖爲敬也。❷

孔安國曰：「來時所過位也。」

執圭，鞠躬如也，如不勝。謂爲君出使聘問鄰國時也。圭，瑞玉也。《周禮》：五等諸侯各受王者之玉以爲瑞信。公，桓圭九寸；侯，信圭七寸；伯，躬圭七寸；子，穀璧五寸；❸男，蒲璧五寸。五等若自執朝王，則各如其寸數。若使其臣出聘鄰國，乃各執其君之玉，而減其君一寸也。今云執圭，魯是侯，侯執信圭，則孔子所執，執君之信圭也。初在國及至他國，執圭皆爲敬慎。圭雖輕而己執之，恒如圭重，似己不能勝，故曲身「如不勝」也。

苞氏曰：「爲君使以聘問鄰國，執持君之圭。鞠躬者，敬慎之至也。」

上如揖，謂欲授受圭時容儀也。❹上如揖，謂就下取玉上授與人時也。俯身爲敬，故如揖時也。下如授。謂奠玉置地時也。雖奠置地，亦徐徐俯僂，如授與之時也。❺勃如戰色，通謂執、受、行及授時之顏色也。❻臨陣鬭戰，❼則色必懼怖，故今重君之玉，使己顏色恒如戰時也。足蹜蹜，如有循也。謂舉玉行時容也。❽蹜蹜，猶蹴蹴也。循，猶緣循也。言舉玉行時，不敢廣步速進，恒如足前有所蹴、有所緣循也。

鄭玄曰：「上如揖，授玉宜敬也；下如授，不敢忘禮也；戰色，敬也；足蹜蹜如有循，舉前曳踵行也。」解蹜蹜有循之事也。舉足前恒使不至地，❾而踵曳成不離地，❿如車輪也。

❶「階」，〔今校〕鮑本作「諸」。
❷「而」，桃華齋本脱此字。
❸「璧」，文明本作「圭」，諸本並作「璧」，今據改正。
❹「欲」，〔今校〕鮑本作「初」，是。「時」，〔今校〕鮑本作「之」。
❺「之」，〔今校〕鮑本作「人」。
❻「受」〔今校〕鮑本無此字。
❼「鬭戰」，〔今校〕鮑本互倒。
❽「容」上，〔今校〕鮑本有「之」字。
❾「至」，桃華齋本作「去」。
❿「曳成」，〔今校〕鮑本作「或」。

享禮，有容色。享者，聘後之禮也。夫諸侯朝天子，及五等更相朝聘禮，初至皆先單執玉行禮，禮王謂之爲朝，使臣禮主國之君，謂之爲聘。聘，問也。政言久不相見，使臣來問於安否也。既是初至，其禮質敬，故無他物，唯有瑞玉，表至誠而已。行朝聘既竟，次行享禮。享者，獻物也。亦各有玉，玉不與聘玉同也。又皆有物將之，或用皮馬，❶或用〔綿〕〔錦〕綉。又獻土地所生，羅列滿庭，謂之庭實。其中差異，不復曲論。但既是次後行禮，以多爲貴，則質敬之事猶稍輕。故有容貌采章，及裼以行事。故云「有容色」也。

鄭玄曰：「享，獻也。聘禮既聘而享，享用圭璧，有庭實也。」亦有圭璧，所執不同聘時也。

私覿，愉愉如也。私，非公也。覿，見也。愉愉，顔色和也。謂行聘享，公禮已竟，別日使臣私齎己物以見於主君，故謂爲私覿也。既私見非公，故容儀轉以自若，故顔色容貌有和悦之色，無復勃戰之容也。❷

鄭玄曰：「覿，見也。既享，乃以私禮見。愉愉，顔色之和也。」私禮謂束帛、乘馬之屬也。❸

君子不以紺緅飾，君子有，❹自士以上也。士以上衣服有法，不可雜色也。紺緅者，孔意言，紺是玄色也，緅是淺絳色也。飾者，衣之領袖緣也。❺所以不用紺緅爲衣領袖飾者，玄是齋服，❻若用紺爲衣飾，是似衣齋服，故不用也。又三年之喪，練而受淺絳爲緣也。若用緅爲衣飾，是似衣喪服，故不敢用也。故云「君子不以紺緅飾」也。

孔安國曰：「一入曰緅，飾者不以爲領袖緣也。紺者，齋服盛色。以爲飾，似衣齋服也。緅者，三年練，以緅飾衣，爲其似衣喪服，故皆不以飾衣也。」然案，孔以紺爲齋服盛色，或可言紺深於玄，爲似齋服，故不用也。而《禮》家「三年練，以縓爲深衣領緣」，不云用緅。且檢《考工記》：❼「三入爲纁，五入爲緅，七入爲緇。」則緅非復淺絳明矣。故解者相

❶「馬」，文明本無此字，諸本並有，今據補正。
❷「也」上，〔今校〕鮑本有「者」字。
❸「乘」，〔今校〕底本誤作「棄」，從鮑本改。
❹「有」，〔今校〕鮑本作「者」，是。
❺「緣」，文明本作「飾」，恐非，今據他本改正。
❻「齋」，延德本作「齎」，桃華齋本、久原本作「齋」。按，作「齋」者是。
❼「考」，〔今校〕底本誤作「孝」，從鮑本改。

承，皆云孔此注誤也。

紅紫不以爲褻服。紅紫，非正色也。褻服，私褻之服，非正衣也。褻尚不衣，則正服故宜不用也。所以言此者，爲時多重紅紫，棄正色，故孔子不衣之也。故後卷云「惡紫之奪朱」也。

王肅曰：「褻服，私居非公會之服，❶皆不正。褻尚不衣，正服無所施也。」鄭玄注《論語》云：❷「紺緅，紫玄之類也，紅纁之類也。玄、纁所以爲祭服，尊其類也。❸紺緅石染，❹不可爲衣飾；紅紫草染，❺不可爲褻服而已。飾，謂純緣也。」侃案，五方正色，青、赤、白、黑、黄。五方間色，緑爲青之間，紅爲赤之間，碧爲白之間，紫爲黑之間，緇爲黄之間也。故不用紅紫，言是間色也。所以爲間者，頴子嚴云：東方木，木色青，木剋於土。土色黄，以青加黄，故爲緑。緑爲東方之間也。又南方火，火色赤，火剋金。金色白，以赤加白，故爲紅。紅爲南方間也。又西方金，金色白，金剋木。木色青，以白加青，故爲碧。碧爲西方間也。又北方水，水色黑，水剋火。火色赤，以黑加赤，故爲紫。紫爲北方間也。又中央土，土色黄，土剋水。水色黑，以黄加黑，故爲緇黄。緇黄爲中央間也。緇黄，黄黑之色也。又一注云，東，甲乙木。南，丙丁火。中央，戊己土。西，庚辛金。北，壬癸水。以木剋土，戊以妹己嫁於木甲，是黄入於青，故爲緑也。又火剋金，庚以妹辛嫁於丙，是白入於赤，故爲紅也。又金剋木，甲以妹乙嫁於庚，是青入於白，故爲碧也。又水剋火，丙以妹丁嫁於壬，是赤入於黑，故爲紫也。又土剋水，壬以妹癸嫁於戊，是黑入於黄，故爲緇黄者也。❻

當暑，縝絺綌，必表而出。暑，熱也。縝，單也。絺，細練葛也。綌，大練葛也。表，謂加上衣也。古人冬

---

❶「服」下，〔今校〕鮑本有「者也」二字。

❷「論語」，根本本無此二字。〔今校〕鮑本同根本本。

❸「尊」，根本本作「貴」，〔今校〕鮑本作「等」。

❹「石」，諸本作「木」。敦煌鄭注本及《玉燭寶典》所引鄭注作「石」。孫詒讓云：「古止有石染、草染，無木染。今本皇疏作『木染』者乃傳寫之訛。」按，孫説甚塙，今據改正。〔今校〕鮑本同諸本。

❺「草」，文明本作「山」，桃華齋本作「屮」，延德本作「草」。按，「屮」、「草」字同，文明本作「山」，蓋「屮」字之訛，今據改正。

❻「鄭玄注」至「故爲緇黄者也」，〔今校〕鮑本此段解經文，接「故後卷云惡紫之奪朱也」下。

則衣裘，夏則衣葛也。若在家，則裘葛之上，亦無別加衣。若出行、接賓，皆加上衣，當暑雖熱，絺綌可單；若出不可單，則必加上衣，故云「必表而出」也。然裘上出亦必加衣，而獨云「當暑，絺綌」者，嫌暑熱不加，故特明之也。然又衣裏之裘，必隨上衣之色，使衣裘相稱。則葛之爲衣，亦未必隨上服之色也。❶

孔安國曰：「當暑，❷則單服。絺綌，葛也。必表而出，加上衣也。」

緇衣，羔裘；裘色既隨衣，故此仍明裘上之衣也。緇，染黑七入者也。玄則六入色也。羔者，烏羊也。裘與上衣相稱，則緇衣之内，故曰羔裘也。緇衣服者，玄冠十五升緇布，衣素積裳也。❸素積者，用素爲之襞，積攝之無數，故云素積也。此是諸侯日視朝服也。諸侯視朝與群臣同服，孔子是魯臣，故亦服此服以日朝君也。素衣，麑裘；素衣，謂衣裳並用素也。麑，鹿子也。鹿子色近白，與素微相稱也。謂國有凶荒，君素服則群臣從之。故孔子魯臣，亦服之也。喪服則大鹿爲裘也。故《檀弓》云「鹿裘，横、長、袪」是也。此凶荒之服既輕，故裳用鹿子。❹鹿子文勝於大鹿也。或云：「大蜡祭百物之神，皮弁素服也。」故鄭玄注《郊特牲》云：「皮弁素服而祭，以送終也。」《注》云：「素服者，衣裳皆素也。」黄衣，狐裘。此服謂蜡祭、宗廟、五祀也。歲終大蜡報功，象物色黄落，故着黄衣黄冠也。而狐貉亦黄，故特爲裘以相稱也。❺孔子爲臣助蜡祭，亦隨君着黄衣也。❻故《禮運》云「昔者仲尼預於蜡賓」是也。鄭玄注《郊特牲》云：「黄衣、黄冠而祭。」《注》云：❼「祭，謂既蜡而臘先祖五祀也。」又云：「《論語》云：『黄衣，狐裘。』」案，鄭以《論語》「黄衣」是《郊特牲》「蜡臘祭廟」服也。❽褻裘長，短右袂。褻裘，謂家中常着裘也。❾上無加衣，故不云衣也。家居主温暖，故長爲之也。而右臂是有事之用，故短爲右袂，使作事便也。袂，謂衣袂屬身者也。手間屬袂者則名袪，❿亦

❶「之」，〔今校〕鮑本無此字。
❷「當」，〔今校〕鮑本無此字。
❸「積」，文明本作「績」，恐非，今據他本改正。
❹「裳」，〔今校〕鮑本作「裘」，是。
❺「稱」下，文明本有「禮」字，恐衍，今據他本削正。
❻「着」下，〔今校〕鮑本有「之」字。
❼「注」，文明本誤脱此字，今據他本補正。
❽「是」上，〔今校〕鮑本有「即」字。
❾「裘」上，〔今校〕鮑本有「之」字。
❿「手」上，延德本、久原本、桃華齋本有「若」字。〔今校〕鮑本亦有「若」字。

曰袖也。❶

孔安國曰：「服皆中外之色相稱也。私家裘長，主温也。短右袂者，便作事也。」❷

必有寢衣，長一身有半。寢衣，謂被也。被宜長，故長一身有半也。

孔安國曰：「今之被也。」

狐貉之厚以居。此謂在家接賓客之裘也。家居主温，故厚爲之也。既接賓客，則其上亦應有衣也。

鄭玄曰：「在家以接賓客也。」然前褻裘亦應是狐貉之厚也。

去喪，無所不佩。去喪，謂三年喪畢，喪服已除也。無所不佩，謂佩已今吉，所宜得佩者悉佩之也。嫌既經喪親，恐除服後猶宜有異，故特明之也。

孔安國曰：「去，除也。非喪則備佩所宜佩也。」備佩所宜佩者，若爲大夫而玄冕，公侯衮鷩之屬，及佩玉佩之飾也。

非帷裳，必殺之。帷裳，謂帷幔之屬也。殺，謂縫之也。若非帷幔裳，則必縫殺之，以殺縫之面置裏，不殺之面在外，而帷裳但刺連之。如今服帊不有裏外，殺縫之異也。所以然者，帷幔内外並爲人所見，必須飾，故刺連之而已也。所以《喪服》云：「凡裳内削幅，裳外不削幅。」鄭《注》云：「削，猶殺也。」而鄭此云，❸帷裳謂朝祭之服，其制正幅如帷也。非者，謂餘衣也。❹殺之者，削其幅，使縫齎倍腰也。❺

王肅曰：「衣必有殺縫，唯帷裳無殺也。」

羔裘玄冠不以弔。弔，弔喪也。喪凶主素，故羔、玄不用弔也。

---

❶「袪亦袖」，桃華齋本作「袖亦袂」。「袖」上，〔今校〕底本原文及鮑本俱有「曰」字。

❷「孔安國曰」至「便作事也」，延德、清熙園、久原、桃華齋諸本「孔安國曰」至「相稱也」十三字在經文「狐裘」下。「私家裘」云云上，更有「孔安國曰」三字。〔今校〕鮑本同延德諸本。

❸「鄭」下，〔今校〕鮑本有「注」字。

❹「非者謂餘」，《左氏》昭公元年《傳》《正義》引鄭《注》，「非」下有「帷裳」二字，「餘」作「深」，敦煌本亦有「帷裳」二字，「餘」作「染」。按，「染」即「深」字之訛。

❺「倍」，〔今校〕鮑本作「陪」。「也」上，〔今校〕鮑本有「者」字。

孔安國曰：「喪主素，吉主玄。吉凶異服，故不相弔也。」

吉月，必朝服而朝。吉月者，月朔也。朝服者，凡言朝服，唯是玄冠緇布衣素積裳。今此言朝服，謂皮弁十五升白布衣素積裳也。所以亦謂爲朝服者，天子用之以日視朝。今云朝服，是從天子受名也。諸侯用之以視朔，❶孔子魯臣，亦得與君同服，故月朔必服之也。然魯自文公不視朔，故子貢欲去告朔之餼羊。而孔子是哀公之臣，應無隨君視朔之事。❷而云必服之者，當是君雖不見朔，❸而孔子月朔必服而以朝，是「我受其禮」也。❹

孔安國曰：「吉月，月朔也。朝服，皮弁服也。」皮弁，以鹿皮爲弁，弁形如今祭酒、道士扶容冠，而無邊葉也。身著十五升白布衣素積裳，而頭著皮弁也。天子皮弁服内則著素錦衣、狐白裘，諸侯皮弁服内著狐黄裘、黄錦衣也。卿大夫不得衣錦，而皮弁服内當着麑裘青豻褎，絞衣以裼之者也。❺

齋，❻必有明衣，布也。❼謂齋浴時所着之衣也。浴竟身未燥，未堪着好衣，又不可露肉，故用布爲衣，如衫而長身也。着之以待身燥，故《玉藻》云「君衣布晞身」是也。

孔安國曰：「以布爲沐浴之衣也。」然浴時乃用布，使乎待肉燥。❽江熙曰：❾「沐者當是沐浴時，亦衣此服，置上以辟身濕也。」❿

齋必變食，方應接神，欲自潔淨，故變其常食也。

孔安國曰：「改常食也。」

---

❶「朔」，〔今校〕鮑本作「朝」。

❷「朔」，〔今校〕鮑本作「朝」。

❸「見」，〔今校〕鮑本作「視」，是。

❹「受」，〔今校〕鮑本作「愛」，是。

❺「麑裘青豻褎絞衣以裼之者也」，按，是《禮記・玉藻》之語。《玉藻》「麑」作「麛」，「麛」正字，「麑」假借字。《集解論語》作「麑」，故疏亦改「麛」爲「麑」也。皇《疏》諸鈔本「豻褎」作「犴裒」，桃華齋本「裼」作「褐」，並非。今據《玉藻》改正。〔今校〕鮑本「麑」作「麛」。

❻「齋」，〔今校〕鮑本作「齊」，借字。下同。

❼「也」，延德本、桃華齋本無此字，永禄鈔集解本同。〔今校〕鮑本亦無此字。

❽「使」，〔今校〕鮑本作「便」，是。

❾「熙曰」，〔今校〕鮑本作「長云」。

❿「上」上，〔今校〕鮑本有「衣」字。

居必遷坐。亦不坐恒居之座也。❶故於祭前先散齋於路寢門外七月，❷又致齋於路寢中三日也。故范寧曰：「齋以敬潔爲主，以期神明之享。故改常之食，遷居齋室者也。」❸

孔安國曰：「易常處也。」

食不厭精，此兼明平常禮也。食若麤，則誤人生病，❹故調和不厭精潔也。膾不厭細。細切魚及肉，皆曰膾也。既腥食之，故不厭細也。食饐而餲。饐，謂飲食經久而腐臭也。❺餲，謂經久而味惡也。如乾魚乾肉久而味惡也。

孔安國曰：「饐餲，臭味變也。」饐，臭變也。餲，味變也。《爾雅》曰：「食饐謂之餲。」李充注曰：「皆飲食壞敗之名也。」❻

魚餒而肉敗，❼不食。餒，謂肉臭壞也。❽魚敗而餒餒然也。《爾雅》云：「肉謂之敗，魚謂之餒。」李巡曰：「肉敗久則臭，魚腇肉爛也。」❾不食者，自食饐而餲以下，並不可食也。

孔安國曰：「魚敗曰餒也。」

色惡，不食。食失常色，是爲色惡。色惡則不可食也。

臭惡，不食。臭惡，謂饌臭不宜食，故不食也。失飪，不食。飪，⑩謂失生熟節也。賁食或未熟，⑪或已過熟，并不食也。

---

❶「座」，〔今校〕鮑本作「坐」。

❷「月」，〔今校〕鮑本作「日」，是。

❸「者」，〔今校〕鮑本無此字。

❹「病」，〔今校〕鮑本作「疾」。

❺「饐謂」至「腐臭也」，此十字諸本在經「饐」字下，文明本獨否。

❻「爾雅曰」至「皆飲食壞敗之名也」，〔今校〕鮑本此段解經文，接「如乾魚乾肉久而味惡也」下。

❼「餒而肉」，文明本疏引《爾雅》李巡注「餒」作「腇」。按，敦煌鄭注本經亦作「腇」，則皇侃所據經亦當作「腇」。「肉」字或作「完」，即「宍」字之訛。又按，此下疏文諸本「餒餒然也」已上十三字，在經文「魚餒」下，「肉臭壞也」（當作「爾雅曰」）已下廿八（「八」當作「四」）字在經文「肉敗」下，「不食」已下十四（「四」當作「五」）字在經文「不食」下，文明本獨否。〔今校〕鮑本同諸本。

❽「肉」，〔今校〕鮑本作「魚」，是。

❾「腇」，〔今校〕鮑本作「餒」。

❿「飪」上，〔今校〕鮑本有「失」字，是。

⓫「食」，諸本無此字，唯文明本、清熙園本有。

孔安國曰：「失飪，失生熟之節也。」

不時，不食。不時，非朝夕日中時也。非其時則不宜食，故不食也。江熙曰：「不時，謂生非其時，若冬梅李實也。」❶

鄭玄曰：「不時，非朝夕日中時也。」

割不正，不食。一云：❷「古人割肉必方正。若不方正割之，則不食也。」❸江熙曰：「殺不以道爲不正也。」不得其醬，不食。食味各有所宜。羸醢菰食，❹魚膾芥醬，並相宜也。故若食不得所宜醬，❺則不食也。

馬融曰：「魚膾非芥醬不食也。」古者醬、薺、菹三者通名也。❻芥醬，即芥薺也。

肉雖多，不使勝食氣。勝猶多也。食謂他饌也。食氣多而肉少，則肉美。若肉多他食少，則肉不美。故不使肉勝食氣也。亦因殺止多殺也。唯酒無量，不及亂。一云：❼「一酒雖多無有限量，而人宜隨己能而飲，不得及至於醉亂。」一云：「不格人爲量，而隨人所能而莫亂也。」沽酒市脯不食。酒不自作則未必清淨，脯不自作則不知何物之肉。故沽市所得，並所不食也。或問曰：「沽酒不飲，則《詩》那云『無酒沽我』乎？」答曰：「《論》所明是祭神不用，《詩》所明是人得用也。」不撤薑食，撤，除也。齊禁葷物，薑辛而不葷，嫌亦禁之。故明食時不除薑也。

孔安國曰：「撤者，去也。齊禁葷物，薑辛不臭，❽故不去也。」

不多食。多則傷廉，故不多也。

孔安國曰：「不過飽也。」江熙曰：「少所啖也。」❾

祭於公，不宿肉。祭於公，謂孔子仕時助君祭也。助

❶「也」上，桃華齋本、久原本有「此」字。

❷「一云」，〔今校〕鮑本無此二字。

❸「若不方正割之則」，延德本、桃華齋本、久原本「正」下無「割之」二字，「則」作「故」，今按，「割之」二字當在「若」下「不」上。〔今校〕鮑本「則」亦作「故」。

❹「羸」，〔今校〕鮑本作「蠃」，是。

❺「醬」上，〔今校〕鮑本有「之」字。

❻「薺」，〔今校〕鮑本作「齊」，下句「薺」字同。

❼「一云」，〔今校〕鮑本無此二字。

❽「不臭」，〔今校〕鮑本作「而不薰」。

❾「江熙曰少所啖也」，〔今校〕鮑本此段解經文，接「故不多也」下。

祭必得賜俎，得賜俎還即分賦食之，不得留置經宿，經宿是慢鬼神餘也。

周生烈曰：「助祭於君所得牲體，歸則以班賜，不留神惠也。」謂之「牲體」，❶隨臣貴賤以牲骨體爲俎賜之。《祭統》云「貴者得貴骨，賤者得賤骨」是也。

祭肉不出三日，出三日，不食之矣。謂家自祭也。自祭肉多，故許經宿，但不得出三日。出三日，是褻慢鬼神之餘。故人不得後食之也。❷

鄭玄曰：「自其家祭肉也。過三日不食也，❸是褻鬼神之餘也。」

食不語，寢不言。言是宜出己，語是答述也。食須加益，故許言而不許語。語則口可惜，亦不敬也。寢是眠臥，眠臥須静。若言則驚鬧於人，故不言之也。❹（寢，子鴆切）❺雖疏食菜羹，❻苽祭，必齋如也。❼蔬食，麤食也。菜羹苽祭，謂用麤食菜羹及苽，持此三物供祭也。三物雖薄，而必宜盡齋敬之理，鬼神饗德不饗味故也。

孔安國曰：「齋，嚴敬之貌也。三物雖薄，祭之必敬也。」

席不正，不坐。舊説云：「鋪之不周正則不坐之也。」故范寧曰：「正席，所以恭敬也。」或云：「如《禮》所言，諸侯之席三重，大夫再重，是各有其正也。」❽鄉人飲酒，杖者出，斯出矣。鄉人飲酒，謂鄉飲酒之禮也。杖者，老人也。《禮》：「五十杖於家，六十杖於鄉。」故呼老人爲杖者也。鄉人飲酒者貴齒崇年，故出入以老者爲節也。若飲酒禮畢，杖者先出，則同飲之人乃從之而出。故云「杖者出，斯出矣」也。

---

❶「謂之」，諸本無此二字，文明本有。〔今校〕鮑本亦無此二字，但「牲體」下有「謂」字。

❷「人」下，〔今校〕鮑本有「亦」字。

❸「也」，〔今校〕鮑本無此字。

❹「之」，〔今校〕鮑本無此字。

❺「寢子鴆切」，諸本並無此四字，文明本有。按，疏中音釋皆後人所增。〔今校〕鮑本同諸本。

❻「疏」，〔今校〕鮑本作「蔬」。

❼「齋」，諸本並如此，正平板亦同，唯文明本、清熙園本作「齊」。按，文明本經文悉同正平板，則此處亦當作「齋」，今改正。

❽「正」下，諸本並有「者」字，唯文明本、清熙園本無。〔今校〕鮑本同諸本。

孔安國曰：「杖者，老人也。鄉人飲酒之禮主於老者。老者禮畢出，孔子從而後出也。」

鄉人儺，儺者，逐疫鬼也。爲陰陽之氣不即時退，厲鬼隨而爲人作禍，❶故天子使方相氏黄金四目，蒙熊皮，執戈揚楯，玄衣未裳，❷口作「儺儺」之聲，以驅疫鬼也。一年三過爲之，三月、八月、十二月也。故《月令·季春》云：「命國儺。」鄭玄曰：「此儺，儺陰氣也。陰氣至此不止，❸害將及人，厲鬼隨之而出行。」至《仲秋》又云：「天子乃儺。」鄭玄曰：「此儺，儺陽氣也。陽暑至此不衰，害亦將及人，厲鬼亦隨人而出行。」❹至《季冬》又云：「命有司大儺。」鄭玄曰：「此儺，儺陰氣也。至此不止，害將及人，❺厲鬼將隨强陰出，害人也。」侃案，三儺，二是儺陰，一是儺陽。陰陽乃異，俱是天子所命。春是一年之始，彌畏災害，故命國民家家悉儺。八月儺陽，陽是君法，臣民不可儺君，故稱「天子乃儺」也。十二月儺雖是陰，既非一年之急，故民亦不得同儺也。今云「鄉人儺」，是三月也。朝服而立於阼階。阼階，東階，主人之階也。孔子聞鄉人逐鬼，恐見驚動宗廟，故着朝服而立阼階以侍先祖，❻爲孝之心也。朝服者，玄冠緇布衣素積裳，是卿大夫自祭之服也。❼《禮》：「唯孤卿爵弁自祭。」若卿大夫以下，悉玄冠以自齋祭。齋祭不異冠服也。

孔安國曰：「儺，驅逐疫鬼也。恐驚先祖，故朝服立於廟之阼階也。」

問人於他邦，再拜而送之。問者，謂更相聘問也。他邦，謂鄰國之君也。謂孔子與鄰國交遊而遣使往彼聘問時也。既敬彼君，故遣使者去，❽則再拜送之也。爲人臣禮乃無外交，而孔子聖人，應聘東西無疑也。

孔安國曰：「拜送使者，敬之也。」

康子饋藥，拜而受之，饋，餉也。魯季康子餉孔子藥也。孔子得彼餉而拜受，是禮也。

苞氏曰：「遺孔子藥也。」

❶「厲」，諸本作「疫」，唯文明本、清熙園本作「厲」。〔今校〕鮑本同諸本。

❷「未」，〔今校〕鮑本作「朱」，是。

❸「氣」，〔今校〕鮑本作「寒」。

❹「人」，〔今校〕鮑本作「之」。

❺「至此不止害將及人」，〔今校〕鮑本無此八字。

❻「立」下，〔今校〕鮑本有「於」字。

❼「自祭之」，〔今校〕鮑本作「之祭」。

❽「使」下，〔今校〕鮑本重一「使」字。

曰：「丘未達，不敢嘗之。」❶達，猶曉解也。孔子雖拜受而不遂飲，故稱名曰：丘未曉此藥治何病，❷故不敢飲嘗之也。

孔安國曰：「未知其故，故不嘗，禮也。」

廄焚，廄，養馬處也。焚，燒也。孔子家養馬處被燒也。子退朝，孔子早上朝，朝竟而退還家也。《少儀》云「朝廷曰退」也。曰：「傷人乎？」不問馬。從朝還退，見廄遭火。廄是養馬處，而孔子不問傷馬，唯問：「人之乎？」❸是重人賤馬，故云「不問馬」也。王弼曰：「孔子時爲魯司寇，自公朝退而之火處。❹不問馬者，矯時重馬者也。」

鄭玄曰：「重人賤畜也。退朝者，自魯之君之朝來歸也。」❺

君賜食，必正席先嘗之。席，猶坐也。君賜孔子食，孔子雖不嗜食，必正坐先嘗之。敬君之惠也。

孔安國曰：「敬君之惠也。既嘗之，乃以班賜之也。」❻

君賜腥，必孰而薦之。謂君賜孔子腥肉也。薦，薦宗廟也。孔子受之，煑熟而薦宗廟，重榮君賜也。賜熟食不薦者，熟爲褻也。

孔安國曰：「薦，薦先祖也。」❼

君賜生，必畜之。生，謂活物也。得所賜活物，當養畜之，待至祭祀時充牲用也。侍食於君，謂孔子侍君共食時也。君祭，先飯。祭，謂祭食之物也。❽夫禮，食必先取食，種種出片子置俎豆邊地，❾名爲祭。祭者，報昔初造此食者也。君子得惠不忘報，故將食而先出報也。當君政祭食之時，而臣先取飯食之，故云「先飯」。飯，食也。所以然者，示爲君先嘗食，先知調和之是非也。

❶「之」，〔今校〕鮑本無此字。

❷「病」，〔今校〕鮑本作「疾」。

❸「人之」，〔今校〕鮑本作「傷人」。

❹「處」，〔今校〕鮑本作「所」。

❺「之君」，清熙園本無「之」字，延德、久原、桃華齋三本則無此二字，文明本「之」字恐衍。〔今校〕鮑本無此二字。

❻「之」，桃華齋本無此字。〔今校〕鮑本無此字。

❼「先」上，諸本並有「其」字，文明本無。〔今校〕鮑本同諸本。

❽「物」，〔今校〕鮑本作「先」。

❾「片」，桃華齋本作「少」。

鄭玄曰：「於君祭，則先飯矣。❶若爲君先嘗食然也。」❷

疾，君視之，❸疾，謂孔子疾病時也。孔子病而魯君來視之也。此「君」，是哀公也。東首，病者欲生，東是生陽之氣，故眠首東也。❹故《玉藻》云「君子之居，恒當户；❺寢，恒東首」者是也。加朝服，拖紳。加，覆也。朝服，謂健時從君日視朝之服也。拖，猶牽也。紳，大帶也。孔子既病，不能復着之。❻而見君不宜私服，故加朝服覆於體上，而牽引大帶於心下至足，❼如健時着衣之爲也。

苞氏曰：「夫子疾，❽處南牖之下，病本當户在北壁下，東首。君既來而不宜北面，❾故移處南窗之下，令君入户而西轉面得南向也。故欒肇曰：「南窗下，❿欲令南面視之也。」東首，加其朝服，拖紳。紳，大帶。不敢不衣朝服見君也。」

君命召，不俟駕行矣。⓫謂君有命，召見孔子時也。君尊命重，故得召不俟駕車，而即徒趨以往也。⓬故《玉藻》曰：「君命召以三節：一節以趨，二節以走。在官不俟屨，⓭在家不俟車。」是也。

鄭玄曰：「急趨君命也。行出而車既

❶「祭」下，延德本、桃華齋本無「則」字，文明本有，敦煌鄭注本亦同。
❷「君」，〔今校〕鮑本無此字。
❸「疾君視之」，此下疏「疾謂孔子疾病時也」八字，諸鈔本並在「疾」字下，唯文明本如此。
❹「首」上，〔今校〕鮑本有「頭」字。
❺「户」上，延德本、桃華齋本有「于」字。
❻「之」，延德本、桃華齋本、久原本作「衣」，根本本亦同。〔今校〕鮑本同根本本。
❼「下」，諸本並作「中」，文明本旁注異本作「下」。按，異本是，今據改正。
❽「疾」，桃華齋本「疾」下有「之」字，延德本「疾」作「病」，「病」下有「也」字。〔今校〕鮑本「疾」下有「也」字。
❾「不」上，諸本有「君」字，文明本獨無。〔今校〕鮑本同諸本。
❿「窗」，〔今校〕鮑本作「牖」。
⓫「君命召不俟駕行矣」，此下疏「謂君有命召見孔子時也」十字，諸本在經文「召」字下。
⓬「以」，〔今校〕鮑本作「而」。
⓭「官」，〔今校〕鮑本作「宫」。

駕從之也。」❶大夫不可徒行，故後人駕車而隨之，使乘之也。

入太廟，每事問。或云：「此句煩重。」舊通云：「前是記孔子對或人之時，此是録平生常行之事，故兩出也。」

鄭玄曰：「爲君助祭也。太廟，周公廟也。」❷

朋友死，無所歸，曰：「於我殯。」殯，謂停喪於寢以待葬也。時孔子有朋友既在孔子之家死，❸而此朋友無親情來奔喪者，故云「無所歸」也。既未有所歸，故曰「於我家殯」也。❹

孔安國曰：「重朋友之恩也。無所歸，無親昵也。」

朋友之饋，雖車馬，非祭肉，不拜。謂朋友有物見餉也。❺車馬，家財之大者也。朋友有通財之義，故雖復見餉車馬，而我不拜謝也。所可拜者，若朋友見餉其家之祭肉，雖小亦拜受之，敬祭也。❻故云「雖車馬，非祭肉，不拜」也。

孔安國曰：「不拜，有通財之義也。」

寢不尸，寢，眠也。尸，謂死尸也。眠當小欹，不得直脚申布似死人也。❼

苞氏曰：「不偃臥四體布展手足似死人也。」❽偃，却眠也。❾展，舒也。《曲禮》云「寢無伏」，此云「不偃臥四體展舒手足似死人」，則不得覆却，唯當欹而小屈也。

---

❶「行出」，諸本作「出行」，文明本作「行出」，與敦煌鄭注本合。「從」，諸本作「隨」，敦煌鄭注本同。〔今校〕鮑本二處俱同諸本。

❷「鄭玄曰」至「周公廟也」，清熙園本、久原本此處原無鄭注十四字，後人記之欄眉，而文明本則原有。按，古鈔集解本、邢《疏》本並無此注，唯正平板有，則文明本有之，疑後人依正平板所補，非皇本之舊。

❸「既」，諸本無此字，文明本有。〔今校〕鮑本同諸本。

❹「家」，〔今校〕鮑本無此字。

❺「謂朋友有物見餉也」此八字諸本在大字「饋」下。〔今校〕鮑本同諸本。

❻「也」上，〔今校〕鮑本有「故」字。

❼「似」下，諸本有「於」字，唯文明本、清熙園本無。「也」上，〔今校〕鮑本有「者」字。

❽「不」，文明本無此字，恐非。今據他本補正。

❾「却」，〔今校〕鮑本此字空缺。

居不容。謂家中常居也。家主和怡，燕居貌温温，❶故不爲容自處也。❷

孔安國曰：「爲家室之敬難久也。」❸

子見齊衰者，❹雖狎，必變。狎，謂素相親狎也。衰有喪，❺故必變。必變，謂必作必趨也。

孔安國曰：「狎，素相親狎也。」

見冕者與瞽者，雖褻，必以貌。褻，謂無親而卑數者也。尊在位，恤不成人，故「必以貌」。以貌變色對之也。變重貌輕，親狎重，故言變；卑褻輕，故以貌也。

周生烈曰：「褻，謂數相見也。必當以貌禮也。」然前篇必作必趨，謂見疏者也。❻

凶服者，必式之。凶服，送死人之衣物也。孔子見他人送死之衣物，必爲敬而式之也。式者，古人乘露車，❼如今龍旂車，皆於車中倚立。倚立難久，故於車箱上安一横木，以手隱憑之，謂之爲較。《詩》曰「倚重較兮」是也。又於較之下未至車床半許，❽安一横木，名爲式。❾若在車上應爲敬時，則落手憑軾。憑軾則身俯僂，故云「式之」。式，軾也。式負板者。❿負，謂擔揭也。⓫板，謂邦國圖籍也。古未有紙，凡所書畫皆於板，故云「板」也。孔子見人擔揭國之圖板者，皆式敬之也。

孔安國曰：「凶服者，送死之衣物。此釋式凶服也。負板者，持邦國之圖籍者也。」鄭司農注《宗伯職》云：⓬「板，名籍也。以板爲之，今時鄉户籍，謂之户板。」鄭康成注《内宰》

---

❶「貌」，〔今校〕鮑本作「先」。

❷「也」上，〔今校〕鮑本有「者」字。

❸「家室」，延德本、桃華齋本作「室家」。〔今校〕鮑本亦作「室家」。

❹「齊衰」，延德本作「齋衰」，桃華齋本作「齋縗」。

❺「衰」，〔今校〕鮑本作「哀」，是。

❻「然前篇」至「者也」，〔今校〕鮑本此段解經文，接「故以貌也」下。

❼「露」，〔今校〕鮑本作「路」。

❽「許」，諸本作「計」，文明本作「許」。

❾「式」，〔今校〕鮑本作「軾」。

❿「板」，文明本經文作「版」，注及疏則作「板」，他本經、注、疏皆作「板」。按，皇本原作「板」，文明本經文作「版」，疑後人據正平板所改。〔今校〕鮑本作「版」，本章下「板」字同。

⓫「揭」，延德本、久原本作「揚」，下同。

⓬「宗」，〔今校〕鮑本作「宫」，是。

云：「版，謂宮中閽寺之屬及其子弟録籍也。❶圖，王及后、世子之宮宮中史官形象也。」❷

有盛饌，必變色而作。作，起也。孔子見主人食饌有盛平常，故變色而起也。所以然者，主人自親饋，故客起敬也。

孔安國曰：「作，起也。敬主人之親饋也。」親饋，謂主人自執食設之也。❸

迅雷風烈必變。迅，疾也。風雨雷疾急名爲烈也。❹風疾而雷，此是陰陽氣激爲天之怒，故孔子必自整變顔容以敬之也。❺故《玉藻》云：「若有疾風迅雷甚雨，❻則必變。雖夜，必興，衣服冠而坐。」是也。

鄭玄曰：「敬天之怒，❼風疾雷爲烈也。」

升車，必正立，執綏。謂孔子升車禮也。綏，牽以上車之繩也。若升車時，則正立而執綏以上，所以爲安也。

周生烈曰：「必正立，❽執綏，所以爲安也。」

車中，不内顧，内，猶後也。顧，回頭也。❾升在車上，不回頭後顧也。❿所以然者，後人從己，有不能常正，若轉顧見之，則不掩人之私不備，⓫非大德之所爲，故不爲也。衛瓘曰：⓬「不掩人之不備也。」

苞氏曰：「輿中不内顧者，前視不過衡昊也，⓭車床名輿，故云「輿中」也。衡昊，轅端也。若前視不得遠，故《曲禮》云：「立視五巂。」「五巂」，

---

❶「弟」，〔今校〕底本作「第」，從鮑本改。

❷「宫宫中史官」，《周禮注》「中」上無一「宫」字，「史官」二字作「吏官府之」四字。〔今校〕鮑本同《周禮注》。

❸「之」，延德本、久原本作「食」，恐非。

❹「雨」，〔今校〕鮑本作「而」。

❺「必」，〔今校〕鮑本無此字。

❻「有」，〔今校〕鮑本無此字。

❼「怒」下，諸本有「也」字，文明本無。按，敦煌鄭注本亦無「也」字，「怒」下「風」上有「爾雅云」三字。〔今校〕鮑本同諸本。

❽「正」上，延德本、桃華齋本無「必」字。〔今校〕鮑本亦無「必」字。

❾「回」，諸本並作「廻」，唯文明本作「回」。〔今校〕鮑本作「廻」，下句「回」字同。

❿「後」，延德本、桃華齋本無此字。

⓫「不掩人之私」，〔今校〕鮑本作「掩人私」。

⓬「衛」上，〔今校〕鮑本有「故」字。

⓭「前」上，諸本有「言」字，文明本無。

九丈九尺地也。「式視馬尾」。「馬尾」，近在車床欄間也。並是「不過衡昊」之類也。**傍視不過嬛轂也。」**❶旁，謂兩邊也。嬛，豎在車箱兩邊，三分居前之一，承較者也。轂在箱外，當人兩邊，故云「旁視不過嬛轂也」。

不疾言，疾，高急也。在車上言易高，故不疾言爲驚人也。❷故繆協曰：「車行則言傷疾也。」❸**不親指。**車上既高，亦不得乎有所親指點，❹爲惑下人也。

色斯舉矣，❺謂孔子在處覩人顔色而舉動也。❻

馬融曰：「見顔色，不善則去之也。」繆協曰：「自親指以上，鄉黨恂恂之禮，❼應事適用之跡詳矣。有其禮而無其時，蓋天運之極也。將有遠感高興，故『色斯舉矣』。」❽

翔而後集。謂孔子所至之處也，必迴翔審觀之後乃下集也。

周生烈曰：「迴翔審觀而後下止也。」

曰：「山梁雌雉，時哉時哉！」❾此記者記孔子因所見而有嘆也。山梁者，❿以木架水上，可踐渡水之處也。孔子從山梁間見有此雌雉也。⓫時哉者，言雉逍遥得時也。⓬所以有嘆者，言人遭亂世，翔集不得其所，是失時矣。而不如梁間之雉，⓭十步一啄，百步一飲，是得其時，故嘆之也。獨云「雌」者，因所見而言矣。⓮ **子路供**

---

❶「傍」，〔今校〕鮑本作「旁」。

❷「人」上，〔今校〕鮑本有「於」字。

❸「傷」，延德本、桃華齋本作「易」，恐非。

❹「乎」，〔今校〕鮑本作「手」，是。

❺「色斯舉矣」，〔今校〕鮑本提行，是。

❻「覩」，〔今校〕鮑本作「觀」。

❼「恂恂」，〔今校〕鮑本作「拘拘」。

❽「繆協曰」至「故色斯舉矣」，〔今校〕鮑本此段解經文，接「謂孔子在處覩人顔色而舉動也」下。

❾「時哉時哉」，阮元云：「《釋文》出『時哉』云：一本作『時哉時哉』。案，皇、邢兩疏文義俱不當重『時哉』。」今按，《論語序説》疏引此章亦不重此二字。疑皇本原不重，後人乃據《集解》舊本校補，以致如此。

❿「山」，〔今校〕鮑本無此字。

⓫「從山梁間見」，諸本「間」下有「過」字，「見」下更有「山梁間」三字，唯文明本如此。〔今校〕鮑本有「過」及「山梁間」諸字。

⓬「時」，諸本下有「所」字。〔今校〕鮑本亦有。

⓭「梁」上，〔今校〕鮑本有「山」字。

⓮「矣」，〔今校〕鮑本作「也」。

之，子路不達孔子「時哉時哉」之嘆，而謂嘆雌雉是時月之味，故馳逐駈拍，遂得雌雉，煑熟而進，以供養孔子。故曰「子路供之」也。三嗅而作。❶臭，謂歆翕其氣也。❷作，起也。子路不達孔子意，而供此熟雉，乖孔子本心。孔子若直爾不食者，❸則恐子路生怨；若遂而食之，則又乖我本心。故先三歆氣而後乃起，❹亦如得食不食之間也。

言山梁雌雉得其時，而人不得時，故嘆之。子路雖以其時物，❺故供具之。非其本意，不苟食，故三嗅而起也。顧歡曰：「夫栖遲一丘，雉之適也。❻不以剛武傷性，雉之德也。❼故於翔集之下，繼以斯嘆。而仲由之獻，偶與嘆諧。❽若即饗之，則事與情反；若棄而弗御，則似由之有失。❾故三嗅而起，則心事双合。」❿虞氏贊曰：「『色斯舉矣，翔而後集。』此以人事喻於雉也。雉之爲物，精儆難狎。譬人在亂世，去危就安，當如雉也。曰：『山梁雌雉，時哉！』以此解上義也。時者，是也。供，猶設也。言子路見雉在山梁，因設食物以張之。雉性明儆，知其非常。『三嗅而作』者，不食其供也。正言『雌』者，記子路所見也。」

論語義疏第五　經一千四百六十二字。注二千二百九十七字。

❶「嗅」，久原本、清熙園本作「臭」，疏同。文明本、延德本經作「嗅」，疏作「臭」。桃華齋本則經、疏並作「嗅」。按，敦煌鄭注本作「臭」，與久原本及清熙園本同。《五經文字》出「齅嗅」云：「上《說文》，下經典相承隸省。《論語》借『臭』字爲之。」〔今校〕鮑本同桃華齋本。

❷「歆」上，〔今校〕鮑本有「鼻」字，是。

❸「者」，〔今校〕鮑本無此字。

❹「歆」，〔今校〕鮑本作「嗅」。

❺「雖」，〔今校〕鮑本無此字，是。

❻「適」上，諸本有「道」字，恐衍，文明本無。〔今校〕鮑本同諸本。

❼「雉之」，文明本誤倒此二字，今據他本改正。根本本「雉」作「雌」。

❽「諧」上，〔今校〕鮑本有「不」字。

❾「之有失」，諸本「失」作「慙」，根本本亦同，「之」字作「也」。唯文明本如此。〔今校〕鮑本作「也有失」。

❿「合」，文明本作「全」，他本皆作「合」，今據改正。

論語義疏卷第六先進 顔淵

梁國子助教吴郡皇侃撰

論語先進第十一 何晏集解凡二十三章

疏《先進》者，此篇明弟子進受業者先後也。所以次前者，既還教鄉黨，則進受業者宜有先後，故《先進》次《鄉黨》也。○

子曰：「先進於禮樂，野人也；後進於禮樂，君子也。此孔子將欲還淳反素，重古賤今，❶故禮樂有君子野人之異也。❷先進、後進者，謂先後輩人也。先輩謂五帝以上也，後輩謂三王以還也。進於禮樂者，謂其時輩人進行於禮樂者也。野人，質朴之稱也。君子，會時之目也。孔子言：以今人文觀古，古質而今文。文則能隨時之中，此故爲當世之人君子也。❸質則朴素而違俗，此故爲當世之人野人也。❹

先進、後進，謂士先後輩也。❺禮樂因世損益，時淳則禮樂損，時澆則禮樂益。若以益觀損，損則爲野人。若以損行益，益則爲君子也。後進與禮樂俱得時之中，斯君子矣。此謂以益行益，俱得時中，故謂爲君子也。先進有古風，斯野人也。以今觀昔時，❻則有古風；以古比今，故爲野人也。

❶「重」上，諸鈔本有「吾」字，唯文明本、根本本無，「吾」字恐衍。

❷「故」下，〔今校〕鮑本有「稱」字。

❸「人」，〔今校〕鮑本無此字。

❹「此」，〔今校〕鮑本作「是」。上「人」字，〔今校〕鮑本無此字。

❺「先進」至「輩也」，延德本、久原本、桃華齋本此上有「孔安國曰」四字，與邢《疏》本合。文明本爲何注，與古鈔集解本及正平板合。阮元云：「釋文出『先進後進』云：『包云：謂仕也。』是陸又以此注爲包注。」今按，邢本所謂孔注訓「先進後進」爲仕前後輩，與陸氏所引包義同爲一類。皇本則「仕」作「士」，與古鈔集解本及正平板同，而其義全别，是知皇本原以爲何注，延德本作孔注者，殆後人據邢本所改。

❻「時」，〔今校〕鮑本無此字。

如用之，則吾從先進。」如猶若也。若比方先後二時而用爲教，則我從先進者也。所以然者，古爲純素，故可從式也。

苞氏曰：「將移風易俗，歸之純素。先進猶近古風，故從之。」先進比三王乃爲古，比結繩則爲今，故云近古也。

子曰：「從我於陳、蔡者，皆不及門者也。」孔子言時世亂離，非唯我道不行，只我門徒經從我在陳、蔡者，❶亦失于時，不復及仕進門也。張憑云：「道之不行，命也。唯聖人安時而處從，故不期於通塞。然從我於陳、蔡者，何能不以窮達爲心耶？故感於天地將閉，君子道消，而恨二三子不及開泰之門也。」

鄭玄曰：「言弟子之從我而厄於陳、蔡者，皆不及仕進之門而失其所也。」

德行：顔淵、閔子騫、冉伯牛、仲弓。此章初無「子曰」者，是記者所書，並從孔子印可而録在《論》之中也。孔子門徒三千，而唯有此以下十人名爲四科。四科者，德行也，言語也，政事也，文學也。德行爲人生之本，故爲第一以冠初也。而顔、閔及二冉合其名矣。王弼云：「此四科者，各舉其才長也。顔淵德行之俊，尤兼之矣。」范寧云：「德行，謂百行之美也。四子俱雖在德行之目，而顔子爲其冠也。」言語：宰我、子貢。第二科也，宰我及端木二人合其目也。范寧云：「言語，謂賓主相對之辭也。」政事：冉有、季路。第三科也，冉、仲二人合其目也。范寧云：「政事，謂治國之政也。」文學：子游、子夏。第四科也，言及卜商二人合其目也。❷范寧云：「文學，謂善先王典文。」王弼云：「弟子才不徒俱十，❸蓋舉其美者以表業分名，其餘則各以所長從四科之品也。」侃案，四科次第，立德行爲首，乃爲可解。而言語爲次者，言語，君子樞機，爲德行之急，故次德行也。而政事是人事，則比言語爲緩，❹故次言語也。文學

❶「經」，〔今校〕鮑本作「雖」。

❷「及」上，〔今校〕鮑本有「偃」字。

❸「俱」，文明本旁注異本無此字。根本本與異本同。〔今校〕鮑本亦無此字。

❹「則」，清熙園本、文明本、根本本作「別」，恐非，今據他本改正。按，「則」、「別」以形似而誤。皇《疏》上節「以今觀昔時則」之「則」，文明本訛作「別」，是其證。「則」上久原本、桃華齋本、根本本並有「之」字，延德本「之」作「也」。按，久原諸本「之」字即「也」字之訛。〔今校〕鮑本同根本本。

指是博學古文，❶故比三事爲泰，故最後也。子曰：❷「回也非助我者也，於吾言無所不悦。」聖人爲教，須賢啓發。於参之徒，❸聞言輒問，是助益於我以增曉道。❹顔淵默識，❺聞言悦解，不嘗口諮於我，教化無益，故云「非助我者，於吾言無所不悦」也。

孔安國曰：「助，猶益也。言回聞言即解，無可發起增益於己也。」孫綽云：「所以每悦吾言，理自玄同耳。非爲助我也，言此欲以曉衆且明理也。」❻

子曰：「孝哉閔子騫！人不間於其父母昆弟之言。」間，猶非也。昆，兄也。謂兄爲昆，昆，明也，尊而言之也。言子騫至孝，事父母兄弟盡於美善，故凡人物論無有非間之言於子騫者也。故顔延之云：「言之無間，謂盡美也。」

陳群曰：「言閔子騫爲人，上事父母，下順兄弟，動静盡善，故人不得有非間之言也。」

南容三復白圭，復，猶反也。《詩》云：「白圭之玷，尚可磨也；斯言之玷，不可爲也。」是白圭有所玷缺，❼尚可磨治令其全好。若人言忽有瑕玷，則駟馬不及。故云「不可爲也」。南容慎言語，讀詩至「白圭」之句，乃三過反覆，修翫無已之意也。

孔安國曰：「《詩》云：『白圭之玷，尚可磨也；斯言之玷，不可爲也。』南容讀《詩》至此，三反覆之。是其心慎言也。」

孔子以其兄之子妻之。重明南容蒙孔子之姻，其善非一，故更記之也。苞述云：「南容深味《白圭》，擬志無玷，豈與縲紲非罪同其流致。猶夫子之情實深天屬，崇義弘教，必自親始。觀二女攸歸，見夫子之讓心也。」侃已

❶「是」，〔今校〕鮑本無此字。
❷「子曰」，〔今校〕鮑本提行，是。
❸「於」，〔今校〕鮑本作「游」。
❹「道」，〔今校〕鮑本作「導」。
❺「顔」上，〔今校〕鮑本有「而」字。
❻「孫綽云」至「言此欲以曉衆且明理也」，〔今校〕鮑本此段解經文，接「於吾言無所不悦也」下。
❼「圭」，〔今校〕鮑本作「玉」。「所」，〔今校〕鮑本無此字。

有釋在《公冶長》篇中也。季康子問：❶「弟子孰爲好學？」孔子對曰：「有顔回者好學，不幸短命死矣。今也則亡，未聞好學者也。」孫綽云：「不應生而生爲幸，不應死而死曰不幸。」侃謂，此與哀公問同而答異者，舊有三通：❷一云，緣哀公有遷怒、貳過之事，故孔子因答以箴之也。康子無此事，故不煩言也。又一云，哀公是君之尊，故須具答。而康子是臣，爲卑，故略以相酬也。故江熙云：「此與哀公問同。哀公雖無以賞，要以極對。至於康子，則可量其所及而答也。」

顔淵死，顔路請子之車以爲之椁。顔路，顔淵父也。淵家貧，死無椁，故其父就孔子請車，❸賣以營椁也。

孔安國曰：「顔路，顔淵之父也。家貧，故欲請孔子之車賣以營椁。」❹繆協曰：「顔路之家貧，無以備禮；而顔淵之德美，稱於聖師。『喪予』之感，痛之愈深。二三子之徒將厚其禮，路率情而行，❺恐有未允。而未審制義之輕重，故託請車以求聖教也。」❻

子曰：「才不才，亦各言其子也。孔子將不以車與之，故先説此以拒之。才，謂顔淵也。不才，謂鯉也。言才與不才誠當有異，若各本天屬，於其父則同是其子也。鯉死，有棺而無椁。既天屬各深，昔我子死，我自有車，尚不賣之營椁。今汝子死，寧欲請我之車耶？繆協云：「子雖才，❼不可貧求備；雖不才，而豐儉亦各有禮，制之由父。故鯉死也無椁也。」❽吾不可徒行以爲之椁。又解所以不爲鯉作椁之由也。徒，猶步也。言我不賣車而步行爲子作椁也。以吾從大夫之後，吾以不可徒行。」又解不步行之意也。言大夫位爵已尊，不可步行故也。❾然實爲大夫，而云「從大夫後」者，孔子謙也。猶今人爲府國官，而云「在府末國末」也。

---

❶「季康子問」，桃華齋本、久原本提行。〔今校〕鮑本亦提行，是。

❷「三」，〔今校〕鮑本作「二」。據文義，鮑本是。

❸「故」下，桃華齋本、久原本有「欲」字，恐衍。

❹「營」，〔今校〕鮑本作「作」。

❺「率」，〔今校〕鮑本作「卒」。

❻「繆協曰」至「以求聖教也」，〔今校〕鮑本此段解經文，接「賣以營椁也」下。

❼「子」，文明本無此字，諸本並有，今據補正。

❽「死」，文明本旁注異本無此字，清熙園、久原、延德三本與異本同。「無」上，〔今校〕鮑本有「而」字。

❾「故」，桃華齋本無此字，諸本並有。

孔安國曰：「鯉，孔子之子伯魚也。孔子時爲大夫，故言『吾從大夫之後，不可以徒行。』是謙之辭也。」江熙云：「不可徒行，距之辭也。可則與，故仍脱左驂贈於舊舘。❶不可則距，故不許路請也。『鯉也無椁』，將以悟之，且塞厚葬也。」

顔淵死，子曰：「噫！噫，痛傷之聲也。淵死，遣使報孔子，孔子傷痛之，故云「噫」也。

苞氏曰：「噫，痛傷之聲也。」

天喪予！天喪予！」喪，猶亡也。予，我也。夫聖人出世也，必須賢輔，如天將降雨，必先山澤出雲。淵未死，則孔道猶可冀。縱不爲君，則亦得共爲教化。今淵既死，是孔道亦亡，故云「天喪我」也。劉歆云：「顔是亞，聖人之偶。然則顔孔自然之對物，一氣之別形。玄妙所以藏寄，道旨所由讚明。❷叙顔淵死，則夫子體缺，故曰『天喪予』。噫，諒率實之情，❸非過痛之辭。將求聖賢之域，宜自此覺之也。」繆播曰：❹「夫投竿測深，安知江海之有懸也。何者？俱不究其極也。是以西河之人疑子夏爲夫子，武叔賢子貢於仲尼，斯非其類耶？顔回盡形，形外者神。故知孔子理在回，知淵亦唯孔子也。」

「天喪予」者，若喪己也。再言之，則痛惜之甚也。❺

顔淵死，子哭之慟。謂顔淵死，孔子往顔家哭之也。慟，謂哀甚也。既如喪己，所以慟也。郭象云：「人哭亦哭，人慟亦慟，蓋無情者與物化也。」繆協曰：「聖人體無哀樂，而能以哀樂爲體，❻不失過也。」

馬融曰：「慟，哀過也。」

從者曰：「子慟矣。」子曰：「有慟乎？從者，謂諸弟子也，隨孔子往顔淵家者。❼見孔子哀甚，❽故云

---

❶「贈」，〔今校〕鮑本作「賻」。「於」，〔今校〕鮑本此字空缺。

❷「道」上，〔今校〕鮑本有「既」字。

❸「率」，〔今校〕鮑本作「卒」。

❹「繆播」，清熙園本原作「繆協」，后硃改爲「繆播」。

❺「則」，〔今校〕鮑本作「者」，屬上讀。

❻「以」下，文明本有「少」字，恐衍，今據他本削正。

❼「者」，〔今校〕鮑本無此字。

❽「見」上，〔今校〕鮑本有「有」字。

「子慟矣」。❶

孔安國曰：「不自知己之悲哀過也。」

非夫人之爲慟而誰爲慟？」初既不自知，又向諸弟子明所以慟意也。夫人，指顏淵也。言若不爲顏淵哀慟，而應爲誰耶？言慟也。❷

顏淵死，❸門人欲厚葬之。顏淵之門徒也，❹見師貧而已欲厚葬之也。一云，是孔子門人欲厚葬朋友。子曰：「不可。」孔子止門人之厚葬，故云「不可」也。王弼云：「有財，死則有禮；無財，則已止焉。❺無而備禮，❻則近厚葬矣。故云孔子不聽也。」

禮，貧富各有宜。顏淵家貧，而門人欲厚葬之，故不聽也。

門人厚葬之。不從孔子言也。范寧云：「厚葬非禮，故不許也。門人欲厚葬何也？緣回父有厚葬之意，故欲遂門人之深情也。」子曰：「回也視予猶父也，予不得視猶子也。回事我在三如一，故云「視予猶父也」。我葬鯉無槨，而不能止回無槨，❼是視回「不得猶子也」。非我也，夫二三子也。」言此貧而過禮厚葬，非是我意也，政是夫二三子意也。❽二三子則顏路亦在其中也。范寧云：「言回雖以父事我，我不得以子遇回。雖曰師徒，義輕天屬。今父欲厚葬，豈得制止。言厚葬非我之教，出乎門人之意耳。此以抑門人而救世弊也。」

馬融曰：「言回自有父。父意欲聽門人厚葬之，我不得制止也。非其厚葬，

---

❶ 「從者」至「故云子慟矣」，此疏廿五字延德木在經文「子慟矣」句下，而此處更有「孔子不自知慟故問之有慟乎也」十三字。按，諸鈔本並無此十三字，唯根本本有。〔今校〕鮑本同延德、根本二本，且無「也」字，爲十二字。

❷ 「耶言慟」，〔今校〕鮑本「耶言」二字空缺，「慟」下有「事」字。

❸ 「顏淵死」，〔今校〕此句鮑本提行，是。

❹ 「也」，〔今校〕鮑本無此字，是。

❺ 「則已止」，文明本無「則」字，恐非，今據他本補正。根本本無「止」字。按，「已」、「止」義同，疑舊本或作「已」，或作「止」，後人校訂旁記異字，而鈔手無識，遂併所校字而存之也。〔今校〕鮑本同根本本。

❻ 「無」，〔今校〕鮑本作「既」。

❼ 「而」，文明本作「面」，恐非，今據他本改正。

❽ 「政」，〔今校〕鮑本作「故」。

故云爾也。」非，猶鄙薄。❶

季路問事鬼神，❷外教無三世之義，見乎此句也。周孔之教，唯說現在，不明過去未來。而子路此問事鬼神，政言鬼神在幽冥之中，其法云何也。此是問過去也。子曰：「未能事人，焉能事鬼？」孔子言：人事易，汝尚未能，則何敢問幽冥之中乎？故云「焉能事鬼」也。曰：「敢問事死。」❸此又問當來之事也。言問今日以後死事復云何也。曰：「未知生，焉知死？」亦不答之也。言汝尚未知即見生之事難明，焉能豫問知死後也。❹

陳群曰：「鬼神及死事難明，語之無益，故不答也。」顧歡曰：「夫從生可以善死，盡人可以應神。雖幽顯路殊，而誠恒一。苟未能此，問之無益，何處問彼耶？」❺

閔子騫侍側，誾誾如也；卑者在尊者之側曰侍。此明子騫侍於孔子座側也。誾誾，中正也。子騫性中正也。子路，行行如也；亦侍孔子座側也。行行，剛强貌也。子路性剛强也。冉有、子貢，侃侃如也。此二人亦侍側也。侃侃，和樂也。二子並和樂也。子樂，孔子見四子之各極其性，無所隱情，故我亦懽樂也。

鄭玄曰：「樂各盡其性也。行行，剛强之貌也。」

曰：「若由也，不待其死然。」❻孔子見子路獨剛强，故發此言也。由，子路名也。「不得其死然」，謂必不得壽終也。後果死衛亂也。

孔安國曰：「不得以壽終也。」❼袁氏曰：道直時邪，自然速禍也。❽

❶「非猶鄙薄」，〔今校〕鮑本在上句注文「非其厚葬」下。

❷「季」，久原本、篁墩本作「子」。

❸「事」，根本本無此字，市野迷庵云：古鈔皇本有「事」字，印本無之者，從邢《疏》本所改。〔今校〕鮑本同根本本。

❹「焉」上，〔今校〕鮑本有「又」字。「後」，〔今校〕鮑本作没。

❺「顧歡曰」至「何處問彼耶」，〔今校〕鮑本此段解經文，接「焉能豫問知死後也」下。

❻「待」，〔今校〕鮑本作「得」，是。

❼「壽終也」，桃華齋本此下無疏，諸本並有。

❽「袁氏曰」至「自然速禍也」，〔今校〕鮑本此段解經文，接「後果死衛亂也」下。

魯人爲長府。魯人，魯君臣爲政者。爲，作也。長府，❶藏名也。魯人爲政，更造作長府也。閔子騫曰：「仍舊貫，如之何？何必改作。」子騫譏魯人也。仍，因也。貫，事也。言爲政之道，因舊事自足。❷「如之何」，何必須更有所改作耶？❸「如之何」猶奈何也。

鄭玄曰：「長府，藏名也。藏貨曰府。❹貨，❺錢帛也。藏錢帛曰府，藏兵甲曰庫也。仍，因也。貫，事也。因舊事則可，何乃復更改作也。」

子曰：「夫人不言，言必有中。」「夫人」，指子騫也。言子騫性少言語，言語必中於事理也。

王肅曰：「言必有中，善其不欲勞民更改作也。」

子曰：「由之鼓瑟，奚爲於丘之門？」子路性剛，其鼓琴瑟亦有壯氣。孔子知其必不得以壽終，故每抑之。言：汝鼓瑟何得在於我門？我門文雅，非用武之所也。❻故自稱名以抑之。奚，何也。侃謂，此門非謂孔子之所住之門，❼正是聖德深奥之門也。❽故子貢答武叔云：「得其門者，或寡也。」

馬融曰：「子路鼓瑟，❾不合《雅》《頌》也。」

門人不敬子路。門人見孔子譏瑟，便不復敬子路也。

子曰：「由也升堂矣，未入於室也。」孔子見門人不敬子路，故又爲解之也。古人當屋棟下隔斷窓户，❿窓户之外曰堂，窓户之内曰室。孔子言：子路爲弟子，才德已大，雖未親入我室，亦已登升我堂，未易可輕慢也。若近而言之，即以屋之堂室爲喻；若推而廣之，亦謂聖人妙處爲室，麤處爲堂。故子路得堂，顔子入室。故下章説善人，云「亦不入於室」是也。所以此前言入於門，而門人不敬；爲其不敬，故引之於堂也。

---

❶「府」，〔今校〕鮑本作「者」。
❷「足」，〔今校〕鮑本作「是」。
❸「更」，〔今校〕鮑本作「臾」。
❹「貨」上，〔今校〕鮑本有「財」字。
❺「貨」上，〔今校〕鮑本有「財」字。
❻「所」，〔今校〕鮑本作「處」。
❼上「之」字，〔今校〕鮑本無此字。
❽「正」，〔今校〕鮑本作「故」。
❾「子」上，〔今校〕鮑本有「言」字。
❿「窓户」，〔今校〕鮑本作「爲」，其下並空缺一字。

馬融曰：「升我堂矣，未入室耳。門人不解，謂孔子言爲賤子路，故復解之也。」孔子譏瑟，本非謂子路可輕，政在於「行行」耳。❶而門人不達斯意，承而慢之，故孔子解説之也。

子貢問曰：「師與商也孰賢乎？」師，子張。商，子夏也。孰，誰也。子貢問孔子，欲辨師、商誰爲賢勝也。子曰：「師也過，過，謂子張性繁冗，爲事好在僻過而不止也。商也不及。」言子夏性踈濶，行事好不及而止也。

孔安國曰：「言俱不得中也。」

曰：「然則師愈與？」愈，勝也。子貢又問：若師爲事好過，好過則爲勝耶？子曰：「過猶不及也。」答言：既俱不得中，則過與不及無異也。故云「過猶不及也」。江熙云：「聖人動爲物軌，人之勝否未易輕言。兩既俱未得中，是不明其優劣，以貽於來者也。」

愈，猶勝也。

季氏富於周公，季氏，魯臣也。周公，天子臣，食菜於周，❷爵爲公，故請爲周公也。❸蓋是公旦之後也。❹天子之臣，地廣禄大，故周公宜富。諸侯之臣，地狹禄小，季氏宜貧。而今僭濫，遂勝天子臣，故云「季氏富於周公」也。

孔安國曰：「周公，天子之宰，卿士也。」天子之宰，即謂冢宰也。冢宰是有事之職，故云卿士。士，事也。❺

而求爲之聚斂而附益也。❻求，冉求也。季氏已富，而求時仕季氏，爲季氏邑宰。又助斂聚、急賦税，以附益季氏之富也。

孔安國曰：「冉求爲季氏宰，爲之急賦税也。」❼急賦税，謂斂民下財帛也。

---

❶「行行」，〔今校〕鮑本無一「行」字。

❷「菜」，〔今校〕鮑本作「采」。

❸「請」，〔今校〕鮑本作「謂」。

❹「是」，〔今校〕鮑本作「周」，是。

❺「士事」，〔今校〕鮑本無此二字。

❻「也」，延德本、久原本、桃華齋本無此字，他本皆有。按，諸集解本及邢《疏》本「也」並作「之」，疑皇本「也」字即「之」字之譌，「之」、「也」二字以形似而誤。「求」下，〔今校〕鮑本有「也」字。

❼「也」，延德本、桃華齋本、久原本無此字。

子曰：「非吾徒也，徒，門徒也。孔子言：冉求昔雖是我門徒，而我門徒皆尚仁義。今冉求遂爲季氏急聚斂，則非復吾門徒也。故《禮》云：「孟獻子曰：『百乘之家，不畜聚斂之臣；與其畜聚斂之臣，寧有盜臣。』」言盜臣乃傷財，而聚斂之臣則傷仁義。傷財不如傷仁義。小子鳴鼓而攻之，❶可也。」小子，門徒諸弟子也。攻，治也。求既爲季氏聚斂，故孔子先云非復我門徒，又使諸弟子鳴鼓治之也。所以鳴鼓者，若直爾而治，不言其過，則聞之者局，故鳴鼓而且言之，則聞者衆也。繆協云：「季氏不能納諫，故求也莫得匡救。匡救不存，其義屈，故曰『非吾徒』也。致譏於求，所以深疾季氏。子然之問，❷明其義也。」

鄭玄曰：「小子，門人也。鳴鼓，聲其罪以責也。」

柴也愚，此以下評數子各有累也。柴，弟子也，其累在於愚也。王弼云：「愚，好仁過也。」

弟子高柴也，字子羔。愚，愚直之愚也。

參也魯，參，曾參也。魯，遲鈍也。言曾子性遲鈍也。王弼云：「魯，文勝質也。」❸

孔安國曰：「魯，鈍也。曾子遲鈍也。」

師也辟，師，子張也。子張好文其過，故云辟也。王弼云：「辟，飾過差也。」

馬融曰：❹「子張才過人，失在邪辟文過。」

由也喭。由，子路也。子路性剛，失吸喭也。❺王弼云：「喭，剛猛也。」

鄭玄曰：❻「子路之行，失於吸喭也。」

子曰：「回也其庶乎，屢空。記者上列四子病重於先，自此以下引孔子曰，更舉顔子精能於後。解此義者凡有二通：一云，庶，庶幾也。屢，每也。空，窮匱也。顔子庶慕於幾，故匱忽財利，❼所以家每空貧而簞瓢陋巷也。

---

❶「而」，〔今校〕鮑本無此字。
❷「之」，〔今校〕鮑本無此字。
❸「文勝質」，〔今校〕鮑本作「質勝文」，是。
❹「馬融曰」，桃華齋本以此注爲何注。
❺「失」下，〔今校〕鮑本有「在」字。
❻「鄭玄曰」，桃華齋本以此注爲何注。
❼「匱」，〔今校〕鮑本作「遺」，是。

故王弼云：「庶幾慕聖，忽忘財業，而屢空匱也。」❶又一通云，空，猶虛也。言聖人體寂，而心恒虛無累，故幾動即見。而賢人不能體無，故不見幾，但庶幾慕聖，而心或時而虛，故曰「屢空」。其虛非一，故「屢」名生焉。故顏特進云：「空非回所體，故庶而數得。」故顧歡云：「夫無欲於無欲者，聖人之常也；有欲於無欲者，賢人之分也。❷二欲同無，故全空以目聖；一有一無，故每虛以稱賢。賢人自有觀之，則無欲於有欲；自無觀之，則有欲於無欲。虛而未盡，非『屢』如何？」太史叔明申之云：「顏子上賢，體具而敬，❸則精也，故無進退之事，就義上以立『屢』名。按，其遺仁義，忘禮樂，❹隳支體，黜聰明，坐忘大通，❺此亡有之義也。❻忘有頓盡，非空如何？若以聖人驗之，聖人忘忘，大賢不能忘忘。不能忘忘，心復爲未盡。一未一空，故『屢』名生也焉。」**賜不受命，而貨殖焉**，此孔子又評子貢累也。亦有二通：一云，不受命者，謂子貢性動，不能信天任命，是「不受命」也。而貨殖者，財物曰貨，種藝曰殖。子貢家富，不能清素，所以爲惡也。又一通云，殷仲堪云：「不受驕君命。」❼江熙云：「賜不榮濁世之禄，亦幾庶道者也。雖然，有貨殖之業，恬愉不足，所以不敢望回耳。亦曰『不受命』者，謂子貢不受孔子教命，故云『不受命』也。」**憶則屢中。**」此亦有二通：一云，憶謂心憶度事宜也。言子貢性好憶度是非，而屢幸中，亦是失也。故君子不憶不信也。又一通云，雖不虛心如顏，而憶度事理，必亦能每中也。❽故《左傳》：「邾隱公朝魯，執玉高，其容仰。魯定公受玉卑，其容俯。子貢曰：『以禮觀之，二君皆有死亡。君爲主，其先亡乎？』是歲定公卒。仲尼曰：『賜不幸而言中。是賜多言也。』」❾此憶中之類也。王弼云：「命，爵命也。憶，憶度也。子貢雖不受爵命而能富，雖不窮理而幸中。蓋不逮顏之『庶幾』，輕四子所病，故稱『子曰』以異之也。」

❶「屢」，〔今校〕鮑本作「數」。
❷「賢」，〔今校〕鮑本作「聖」。
❸「敬」，〔今校〕鮑本作「微」，是。
❹「遺仁義忘禮樂」，文明本「遺」作「匱」，「忘」作「亡」，並非，今據他本改正。
❺「黜聰明坐忘大通」，文明本「黜」誤作「默」，「坐」誤作「生」，今改正。
❻「亡」，〔今校〕鮑本作「忘」。
❼「驕」，〔今校〕鮑本作「嬌」。
❽「必」，文明本誤脱此字，今據他本補正。「每」，〔今校〕鮑本作「屢」。
❾「是」下，〔今校〕鮑本有「使」字。「也」上，〔今校〕鮑本有「者」字。

言回庶幾聖道，雖數空匱，而樂在其中矣。賜不受教命，唯財貨是殖，億度是非。是蓋美回，所以勵賜也。此注與前通並會。一曰：屢，猶每也。空，猶虛中也。此以下並是後解也。中，猶心也，謂虛心也。《禮》曰：「虛中以治之。」以聖人之善道，謂孔子也。教數子之庶幾，柴、參之屬也。並被孔子教於「庶幾」之事也。猶不至於知道者，各內有此害也。道，謂庶幾之道也。緣其各有愚、魯、僻、喭之害，故不能至知「庶幾」之道。❶其於庶幾，每能虛中者，唯回懷道深遠。唯回一人能懷道深遠，故庶幾虛心。不虛心，不能知道。更明所以須虛心之義也。庶幾之道既深遠也，❷欲知庶幾者，虛心乃知其道也。子貢無數子病，無愚、魯、僻、喭之病也。然亦不知道者，既無病，應能庶幾。何亦不能乎？雖不窮理而幸中，説其不知之由也，❸中先解「億則屢中」也。言子貢不能虛心，心好億度，雖不能窮理如顏，而有時幸中。幸中故不能知大道也。雖非天命而偶富。此釋「不受命而貨殖焉」也。「雖非天命」者，謂雖非受當時天子之命也。「偶富」者，謂家自偶富，非禄位所得也。然雖非時禄而富之，亦非清虛之士，故亦不知大道。亦所以不虛心也。億事幸中，及家富榮心，所以並不虛心也。

子張問善人之道，此問「善人」，非聖人也，問其道云：何而可謂爲「善人」也。子曰：「不踐跡，亦善人之法也。❹踐，循也。跡，舊跡也。言善人之道亦當別宜創建善事，不得唯依循前人舊跡而已。亦不入於室。」又雖有創立，而未必使能入聖人奧室也。能入室者，顏子而已。

孔安國曰：「踐，循也。言善人不但循

---

❶ 「道」，〔今校〕鮑本作「事」。

❷ 「既」，〔今校〕鮑本無此字。

❸ 「説」，延德本、桃華齋本、久原本作「解」。〔今校〕鮑本作「解」。

❹ 「亦」，〔今校〕鮑本作「答」，是。

追舊跡而已，亦多少能創業。然亦不能入於聖人之奧室也。」創業謂創仁義之業也。「聖人之奧室」，即前云「子路升堂矣，未入於室」是也。

子曰：「論篤是與，君子者與？❶色莊者乎？」此亦答善人之道也。當是異時之問，故更稱「子曰」。俱是答善，故共在一章也。篤，厚也。言善人有所論說，必出篤厚謹敬之辭也。故云「論篤是與」也。又能行君子之行，故云「君子者乎」。又須顏色莊嚴，故云「色莊者乎」。

「論篤」者，謂口無擇言。擇者，除麤取好之謂也。論篤是言語並善，故復無可擇之言也。「君子」者，謂身無鄙行也。所行皆善，故無鄙惡也。然此注亦與上互也。「色莊」者，不惡而嚴，以遠小人者也。威而不猛是也。言此三者皆可以爲善人道也。❷三者，言、行、色也。云必備三，皆可爲善人。明若能有一，則亦可爲善人，不必備三也。殷仲堪云：「夫『善』者，淳穆之性，體之自然。雖不擬步往跡，不能入閫奧室，論篤質正，有君子之一致焉。」

子路問：「聞斯行諸？」斯，此也。此，此於振窮救乏之事也。❸諸，之也。子路問孔子，若聞有周窮救乏事，便得行之不乎？

苞氏曰：「賑窮救乏之事也。」

子曰：「有父兄在，❹人子無私假與，故若有事，必先啓告父兄也。如之何，其聞斯行之也？」既由父兄，故已如何聞而行乎？言不可也。

孔安國曰：「當白父兄，不可得自專也。」

冉有問：「聞斯行諸？」與子路問同也。子曰：「聞斯行之。」此答異也。言聞而即行之也。公西華曰：「由也問『聞斯行諸』，子曰：『有父兄在。』公西華疑二人問同而答異，故領二人之問

---

❶「與」，〔今校〕鮑本作「乎」，是。

❷「道」，〔今校〕鮑本無此字。

❸「振」，〔今校〕鮑本作「賑」。

❹「子曰有父兄在」，文明本旁注異本此下有「如之何其聞斯行之也」九字。按，皇疏諸本並無此九字，唯大永鈔集解本有。〔今校〕鮑本有此九字。

答也。❶此領子路問答也。求之問『聞斯行諸』，❷子曰：『聞斯行之。』此領冉有之問答也。求，冉有名也。赤也惑，惑，疑也。❸二人問同而孔子答異，故己生疑惑，故云「惑」。❹赤，公西華名也。敢問。」敢，果敢也。既惑其深，故果敢而問之。

孔安國曰：「惑其問同而答異也。」

子曰：「求也退，故進之；答所以答異義也。言冉求謙退，故引之令進，所以不云先白父兄也。由也兼人，故退之。」言子路性行兼人，好在率爾，故抑退之，必令白父兄也。

鄭玄曰：「言冉有性謙退，子路務在勝尚人，各因其人之失而正之也。」❺或問曰：禮若必諮父兄，則子路非抑；若必不諮，則冉求非引。今夫子云進退，請問其旨。或答曰：夫賑施之理，事有大小。大者車馬，小或一飡。若其大者必諮，小可專行，而由施無大小，悉並不諮。求大小悉諮。今故抑由之不諮，欲令其並諮。引冉之必諮，令其並不諮也。但子路性進，雖抑而不患其退；冉求性退，雖引不嫌其過也。❻

子畏於匡，猶是前被匡人誤圍。❼顏淵後。時顏淵與孔子俱爲匡圍，孔子先得出還至家，而顏淵後乃得出還至也。

孔安國曰：「言與孔子相失，故在後也。」於圍中相失也。

子曰：「吾以汝爲死矣。」淵後至，而孔子云：汝不還，我言汝當死於匡難中。曰：「子在，回何敢死。」顏淵之答，其有以也。夫聖賢影響，如天降時雨，山

---

❶「領」上，〔今校〕鮑本有「先」字。

❷「之」，文明本旁注異本作「也」。按，皇疏諸本並作「之」，古鈔集解本及正平板則作「也」。〔今校〕鮑本作「也」。

❸「疑」下，〔今校〕鮑本有「惑」字。

❹「故云惑」，〔今校〕鮑本無此三字。

❺「也」，諸本無此字，久原文庫一本旁記「也」字，文明本有「也」字，疑據旁記異文衍之也。〔今校〕鮑本無此字。

❻「或問曰」至「雖引不嫌其過也」，〔今校〕鮑本此段解經文，接「必令白父兄也」下。

❼「猶是」至「誤圍」，〔今校〕鮑本此句在經文「顏淵後」下。

澤必先爲出雲。孔子既在世，❶則顏回理不得死。死則孔道便絶。故淵死而孔云「天喪予」也。庾翼云：❷「顏子未能盡窮理之妙，妙有不盡，則不可以涉險津；理有未窮，則不可以冒屯路。故賢不遭聖，運否則必隱；聖不值賢，❸微言不顯。是以夫子因畏匡而發問，顏子體其致而仰酬。❹稱入室爲指南，啓門徒以出處。豈非聖賢之誠言互相與爲『起予』者也。」

苞氏曰：「言夫子在，己無所敢死也。」李充云：「聖無虛慮之悔，賢無失理之患。而斯言何興乎？將以世道交喪，利義相蒙，或殉名以輕死，或昧利以苟生。❺苟生非存理，輕死非明節。故發顏子之死，對以定死生之命也。」❻

季子然問：「仲由、冉求可謂大臣與？」季子然，季氏家之子弟也。時仲由、冉求仕季氏家，子然自誇己家能得此二賢爲臣，❼故問孔子，以謂此二人可謂大臣不也。

孔安國曰：「季子然，季氏之子弟也。自多得臣此二子，故問之也。」「自多」，猶言己有豪勢，能得臣此二人爲多也。

子曰：「吾以子爲異之問，此因答而拒之也。子，指子然也。言子今所尚是異事也。❽所以是異事之問者，由、求非大臣，而汝云可謂大臣，故謂汝爲異事之問也。曾由與求之問。此是舉異問也。曾，猶則也。言汝問所以是異者，則問由與求，是異問也。

孔安國曰：「謂子問異事耳。謂汝所問爲異事之問也。則此二人之問安足爲大臣乎？」如前釋也。❾（問，去聲。言則問此由、求二

❶「既在世」，文明本「既」誤「即」，今改正。

❷「庾翼」，諸本「庾」並作「康」，唯有不爲齋本作「庚」，根本本作「庚」。按，《隋志》引《梁録》有庾翼《論語釋》一卷，皇《疏》所引疑即是書。蓋「庚」字、「康」字與「庾」字形相似而誤，今改正。

❸「賢」下，有不爲齋本有「則」字。

❹「致」，根本本作「旨」。〔今校〕鮑本同根本本。

❺「昧」，桃華齋本、久原本作「暗」。今按，作「昧」者是。「昧」字讀爲「貪」，《左氏》文公廿六年《傳》注「昧猶貪冒」，義與此同。

❻「李充云」至「對以定死生之命也」，〔今校〕鮑本此段解經文，接「豈非聖賢之誠言互相與爲起予者也」下。

❼「子」上，〔今校〕鮑本有「季」字。

❽「尚」，〔今校〕鮑本作「問」。

❾「如前釋也」，〔今校〕鮑本無此四字。

人，安足爲汝家大臣乎也。」❶

所謂大臣者，以道事君，不可則止。此明大臣之事也。以道事君，謂「君有惡名必諫」也。不可則止，謂「三諫不從，則越境而去」者也。今由與求也，可謂具臣矣。」言今由、求二人亦不諫，諫若不從則亦不去，❷不可名此爲大臣，則乃可名爲備具之臣而已也。繆協稱中正曰：❸「所以假言二子之不能盡諫者，以譏季氏雖知貴其人而不能敬其言也。」❹

孔安國曰：「言備臣數而已也。」

曰：「然則從之者與？」子然聞孔子云二人不爲大臣，故更問云：既不「以道」及「不可則止」，若如此者，❺其君有惡事則二人皆從君爲之不乎？

孔安國曰：「問爲臣皆當從君所欲耶？」

子曰：「殺父與君，❻亦不從也。」答言：雖不諫、不止，若君有殺上之事，則二人亦所不從也。

孔安國曰：「二子雖從其主，亦不與爲大逆也。」孫綽云：「二子者皆政事之良也，而不出具臣之流，所免者唯殺之事。❼其罪亦豈少哉？夫抑揚之教不由乎理，將以深激子然，以重季氏之責也。」❽

子路使子羔爲費宰，費，季氏采邑也。季氏邑宰叛，

---

❶「問去聲」至「大臣乎也」，清熙園本無「問去聲」等二十（原作「十九」，今據底本原文正）字，文明本雖有之，墨色與全書不同，疑後人所增。〔今校〕鮑本亦無此二十字。

❷「若」，當作「君」。

❸「稱中正」，《論語聽塵》引皇《疏》「繆協」下無此三字。按，《泰伯篇》疏又引繆協稱中正一事，則此條「稱中正」三字必不衍。《聽塵》所引蓋從省略也。

❹「譏」，〔今校〕鮑本作「説」。「繆協稱中正曰」至「而不能敬其言也」，〔今校〕鮑本此段在章末經文「子曰殺父與君亦不從也」下，居最末。

❺「故更問曰既不以道及不可則止若」，清熙園本、久原本、桃華齋本無「問」字，恐非。「不以道」等九字義不可通，疑當作「不以道事君不可則止」。〔今校〕鮑本無「問」字。底本原文「曰」作「云」。下「以道」、「不可則止」皆省略語，無誤。「止」上，鮑本有「不」字。

❻「殺」，延德本、久原本、桃華齋本作「弑」，疏同。

❼「殺」，〔今校〕鮑本作「弑」。

❽「孫綽云」至「以重季氏之責也」，〔今校〕鮑本此段解經文，接「則二人亦所不從也」下。

而子路欲使子羔爲季氏邑宰也。子曰：「賊夫之人子。」❶賊，猶害也。夫人之子，指子羔也。孔子言子羔習學未習熟，❷若使其爲政，則爲必乖僻，❸乖僻則爲罪累所及，故云「賊夫人之子」也。

苞氏曰：「子羔學未熟習，而使爲政，所以賊害人之也。」❹張憑云：「季氏不臣，由不能正，而使子羔爲其邑宰，直道而事人，焉往不致弊；枉道而事人，不亦『賊夫人之子』乎？」❺

子路曰：「有民人焉，有社稷焉，何必讀書然後爲學？」子路云：既邑有民人、社稷，今爲其宰，則是習治民事神，此即是學。亦何必在於讀書，然後方謂爲學乎？

孔安國曰：「言治民事神，於是而習，亦學也。」

子曰：「是故惡夫佞者。」孔子以此語罵子路也。佞，口才也。我言子羔學未習熟，所以不欲使之爲政。而汝仍云有民神，亦是學，何必讀書。此是佞辯之辭，故古人所以惡之也。

孔安國曰：「疾其以口給應，遂己非而不知窮者也。」繆協云：「子路以子羔爲學藝可仕矣，而孔子猶曰不可者，欲令愈精愈究也。而于時有以佞才惑世，竊位要名，交不以道，仕不由學。以之宰牧，徒有民人社稷。比之子羔，則長短相形。子路舉兹以對者，所以深疾當時，非美之也。夫子善其來旨，故曰『是故惡夫佞者』。此乃斥時，豈識由乎也？」❻

子路、曾晳、❼

孔安國曰：「曾晳，曾參父也，名點。」

冉有、公西華侍坐。此四弟子侍孔子坐也。子曰：「以吾一日長乎爾，無吾以也。孔子將欲令四子言志，故先説此言以勸引之也。爾，汝也。言吾今

---

❶「之人」，〔今校〕鮑本互倒，是。

❷上「習」字，〔今校〕據苞氏注文，疑衍。

❸「爲」，〔今校〕鮑本無此字。

❹「之」，〔今校〕鮑本無此字。

❺「張憑云」至「不亦賊夫人之子乎」，〔今校〕鮑本此段解經文，接「故云賊夫人之子也」下。

❻「也」，〔今校〕鮑本無此字。又，「繆協云」至「豈識由乎也」，〔今校〕鮑本此段解經文，接「故古人所以惡之也」下。

❼「晳」，〔今校〕鮑本作「晳」，是。全章同，不一一出校。

一日年齒長大於汝耳，汝等無以言吾年長而不敢言己志也。

孔安國曰：「言我問汝，汝無以我長，故難對也。」

居則曰：『不吾知也。』居，謂弟子常居時也。吾，弟子自指也。❶言汝等常居之日，則皆自云「無知吾者也」。

孔安國曰：「汝常居云，人不知己也。」

如或知爾，則何以哉？」言：如或有人欲知用汝等，❷汝等則志各欲何爲治哉？

孔安國曰：「如有用汝者，則何以爲治乎也？」❸

子路卒爾而對曰：《禮》：「侍坐於君子，君子問，更端則起而對，及宜顧望而對。」而子路不起，又不顧望，故云「卒爾對」也。卒爾，謂無禮儀也。

卒爾先三人對也。

「千乘之國，攝乎大國之間，此子路言志也。千乘，大國也。攝，迫也。大國，又大於千乘者也。言己願得治於大國，而此大國又有迫近他大國間，所謂他大國挾己國於中也。加之以師旅，❹因之以飢饉；❺乏穀爲飢，乏菜爲饉。言己國既被四方大國兵陵，又自國中因大荒餓也。

苞氏曰：「攝，攝迫乎大國之間也。」

由也爲之。爲，猶治也。言己國以爲他兵所加，又荒飢日久，而由願得此國治之。❻比及三年，可使有勇，❼且知方也。」比，至也。言由治此國，至於三年，而使民人皆勇健，又皆知識義方也。

方，義方也。

夫子哂之。哂，笑也。孔子聞子路之言而笑之也。

馬融曰：「哂，笑也。」齒本曰哂。大笑口開

---

❶「指」，〔今校〕鮑本作「謂」。

❷「如」，諸本作「汝」。按，「汝」當作「如」。孔注云「如有用汝」云云，是其證。今改正。〔今校〕鮑本同諸本。

❸「也」，〔今校〕鮑本無此字。

❹「加之以師旅」下，〔今校〕鮑本有疏文「言他大國以師旅兵刃加陵於己所治之國也」十八字。

❺「飢」，〔今校〕鮑本作「饑」，是。本章「飢」字同。

❻「而」，〔今校〕鮑本無此字。

❼「使」下，桃華齋本、篁墩本有「民」字。按疏文，有「民」字者是。

則哂見，故謂哂爲笑者也。

「求，爾何如？」哂由既竟，而餘三人無言，故孔子又問冉求：汝志何如也？ 對曰：「方六七十，求答曰，❶言志也。言願得國地方六七十里者，而已治之也。如五六十，意又自嫌向所言方六七十爲大，故又退言如方五六十里者也。

求性謙退，言欲得方六七十如五六十里小國治之而已也。一云，願六七十者如五六十大者，己欲得其小也。❷

求也爲之，比及三年，可使足民也。言己願治此小國，若至三年，則能使民人足也。 如其禮樂，以俟君子。」又謙也。言己乃能使足民而已。❸ 若教民之禮樂，則己所不能，故請俟君子爲之也。

孔安國曰：「求自云能足民而已，謂衣食足也。若禮樂之化，當以待君子。謙之辭也。」

「赤，爾何如？」求答已竟，故更問公西華也。 對曰：「非曰能之，❹願學焉。赤答也。非曰，猶非謂也。答曰：己非謂自能，願從此而後學爲之也。 宗廟之事，如會同，此以下並言願所學之事也。宗廟之事，謂人君祭祀之事。如會同，謂諸侯有會同之事時也。❺端章甫，願爲小相焉。」端，玄端之服也。章甫，謂章甫之冠也。言願君有祭祀及會同之事，而已玄端服章甫之冠也。爲小相，相君之禮也。❻

鄭玄曰：「我非自言能也，願學爲之。宗廟之事，謂祭祀也。四時及禘、祫皆是也。

❶「曰」，〔今校〕鮑本無此字。

❷「一云」至「己欲得其小也」，〔今校〕鮑本此段解經文，接「故又退言如方五六十里者也」下。

❸「使」，〔今校〕鮑本無此字。

❹「能」上，延德本、久原本有「敢」字。

❺「謂」，〔今校〕鮑本無此字。

❻「而已玄端服章甫之冠也爲小相相君之禮也」，諸本並如此，唯文明本誤脱「玄端服」三字，今据他本補正。按，此十八字文不成義，疑當作「而衣玄端服章甫之冠以爲小相相君之禮也」。邢《疏》云：「如有諸侯衣玄端冠章甫日視朝之時，已願爲其小相，以相君之禮焉。」即其證。下「也」字，〔今校〕鮑本無此字。

諸侯時見曰會，殷見曰同。❶《周禮》六服，各隨服而來，是正朝有數也。而時見曰會，此無常期。諸侯有不庭服者，王將有征討之事。則因朝竟，王命爲壇於國，外合諸侯，而發禁亦隨其方。若東方不服，則命與東方諸侯共征之。此是「時見曰會」也。又王十二年一巡狩，若王有事故，則六服諸侯並來京師，朝王受法。此是「殷見曰同」也。❷而鄭玄注云：「殷覜曰同」者，《周禮》又有「時聘曰問」，「殷覜曰視」，並是諸侯遣臣來京師也。王有事故，諸侯不得自來，而遣臣來聘王，此亦無定時，是「問聘曰問」也。❸又元年六服唯侯服獨來朝，京師人少，故諸侯並遣臣來京師視王，是「殷覜曰視」也。鄭玄「殷覜曰同」者，❹廣「覜」「見」之言通也。端，玄端也。衣玄端，冠章甫，章甫，殷冠也。諸侯日視朝之服也。❺然周家諸侯日視朝之服，服緇布衣素積裳，冠委貌。此云「玄端，日視朝」者，容是周末禮亂者也。❻小相，謂相君禮者。」宗廟及會同，皆是君事，而已願相之耳。「點，爾何如？」赤答既竟，又問曾皙也。鼓瑟希。鼓，猶彈也。希，踈也。點政彈瑟，既得孔子之問，將思所以對之言，故彈瑟手遲而聲希也。孔安國曰：「思所以對，故其音希也。」鏗爾，舍瑟而作，鏗，投瑟聲也。捨，❼投也。作，起也。點思所以對之辭，❽將欲仰答，故投瑟而起對也。起對者禮也。點獨云起，則求、赤起可知也。對曰：「異乎三子者之撰。」撰，具也。點起而對云：己所志者異於路、求、赤三子之志所具。「所具」即千乘之國等是

---

❶「殷見曰同」，諸本並如此，唯有不爲齋本「見」作「覜」，與邢《疏》本同。《周禮・大宗伯》：「時見曰會，殷見曰同」，「時聘曰問，殷覜曰視」。諸本作「殷見」，與《周禮》合。然據疏文，皇本原作「殷覜」，與《周禮》不同，故疏云：「鄭玄『殷覜曰同』者，廣『覜』『見』之言通也。」現存諸本作「殷見」者，即後人據《周禮》所校改。

❷「見」，〔今校〕鮑本作「覜」。

❸上「問」字，〔今校〕鮑本作「時」，是。

❹「玄」下，〔今校〕鮑本有「曰」字。「覜」，〔今校〕鮑本作「見」。

❺「之」，〔今校〕鮑本無此字。

❻「然周家諸侯」至「容是周末禮亂者也」，〔今校〕鮑本此段解前一段經文，接「殷冠也」下。

❼「捨」，〔今校〕鮑本作「舍」。

❽「以」，〔今校〕鮑本無此字。

也。

孔安國曰：「置瑟起對也。❶撰，具也。爲政之具也。鏗爾者，投瑟之聲也。」

子曰：「何傷乎？亦各言其志也。」孔子聞點志異，故云：人生所志各異，❷亦何傷乎？汝但當言之。

孔安國曰：「各言己志，於義無傷也。」❸

曰：「暮春者，春服既成，此點言志也。暮春，謂建辰夏之三月也。年有四時，時有三月，初月爲孟，次者爲仲，後者爲季。季春是三月也。不云「季春」而云「暮春」者，近月末也。月末其時已暖也。「春服成者」，天時暖而衣服單袷者成也。得冠者五六人，已加冠成人者也。五六者，趣舉其數也。童子六七人，童子，未冠之稱也。又有未冠者六七人也。或云，「冠者五六」，冠者三十人也；❹「童子六七」，六七四十二人也。四十二就三十合爲七十二人也。孔子升堂者七十二人也。浴乎沂，沂，水名也。暮春者既暖，故與諸朋友相隨，往沂水而浴也。風乎舞雩，風，風凉也。舞雩，請雨之壇處也。請雨祭謂之雩。雩，吁也。民不得雨，故吁嗟也。祭而巫舞，故謂爲「舞雩」也。沂水之上有請雨之壇，壇上有樹木，故入沂浴出登壇，庇於樹下，逐風凉也。故王弼云「沂水近孔子宅，舞雩壇在其上，壇有樹木，遊者託焉」也。詠而歸。」浴竟凉罷，日光既稍晚，於是朋友詠歌先王之道，歸還孔子之門也。

苞氏曰：「暮春者，季春三月也。春服既成者，衣單袷之時也。我欲得冠者五六人，童子六七人，浴於沂水之上，風凉於舞雩之下，歌詠先王之道，歸夫子之門也。」

夫子喟然歎曰：「吾與點也。」孔子聞點之願，是以喟然而歎也。既歎而云「吾與點也」，言我志與點同也。所以與同者，當時道消世亂，馳競者衆，故諸弟子皆以仕進爲心，唯點獨識時變，故與之也。故李充云：「善其能樂道知時，逍遥遊詠之至也。夫人各有能，性各有尚，鮮

---

❶「瑟」上，久原本衍「琴」字。

❷「生」，〔今校〕鮑本作「性」。

❸「也」，〔今校〕鮑本作「之」。

❹「冠者」，〔今校〕鮑本作「五六」。

能舍其所長而爲其所短。彼三子者之云，誠可各言其志矣。❶然此諸賢既已漸染風流，飡服道化，親仰聖師誨之無倦，先王之門豈執政之所先乎？嗚呼！遽不能一忘鄙願，而暫同于雅好哉！諒知情從中來，不可假已。唯曾生起然，❷獨對揚德音，起予風儀。其辭精而遠，其指高而適，亹亹乎！固盛德之所同也。三子之談，於兹陋矣。」

周生烈曰：「善點之獨知時之。」❸

三子者出，子路、求、赤三人見孔子與點，故已並先出去也。曾皙後，在後未去。曾皙曰：「夫三子者之言如何？」❹皙既留後，故問孔子也。言向者三子所言者，其理如何也。子曰：「亦各言其志也已矣。」孔子答，言三子之言雖各不同，然亦各是其心所志也。曰：「吾子何哂由也？」點呼孔子爲吾子也。點又云：若各親是言志，則孔子何獨笑子路乎？❺故云「何」也。子曰：「爲國以禮，其言不讓，是故哂之。答笑子路之所由也。言我笑子路，非笑其志也，政是笑其卒爾不讓故耳。夫爲國者，必應須禮讓。而子路既願治國，而卒爾其言，無所謙讓，故笑之耳。

苞氏曰：「爲國以禮，禮道貴讓。子路言不讓，故笑之也。」

唯求則非邦也與？安見方六七十如五六十而非邦也者？孔子更證我笑非笑子路之志也。若笑子路有爲國之志，則冉求亦是志於爲國，吾何獨不笑耶也？❻既不笑求，豈獨笑子路乎？故云「唯求非邦也與」，言是邦也。「安見方六七十如五六十非邦也者」，亦云是邦也。唯赤則非邦也與？宗廟之事如會同，非諸侯如之何？又引赤證我不笑子路志也。赤云「宗廟會同」，宗廟會同即是諸侯之事，❼豈曰非邦？而我何獨不笑乎？又明笑非笑志也。

孔安國曰：「明皆諸侯之事，與子路同徒。徒，猶黨輩也。言求等所言，皆是諸侯事，與

---

❶「之云誠可」，有不爲齋本無「之」字。按，此四字當作「誠可云」三字。

❷「起」，〔今校〕鮑本作「超」，是。

❸下「之」字，〔今校〕鮑本作「也」，是。

❹「如何」，〔今校〕鮑本互倒。

❺「乎」上，〔今校〕鮑本有「也」字。

❻「也」，〔今校〕鮑本無此字。

❼「宗廟」，〔今校〕鮑本無此二字。

子路猶是一黨輩耳。❶ 笑子路不讓也。」本是笑其不讓也。❷

赤之爲之小相，❸孰能爲之大相？」又因不許赤謙也。❹ 言赤之才德之自願爲小相，❺若以亦爲小，❻誰堪大者乎？ 赤又是有，明己不笑之故，因美之也。

孔安國曰：「赤謙言小相耳，孰能爲大相者也？」

論語顏淵第十二 何晏集解凡二十四章

疏顏淵，孔子弟子也，又爲門徒之冠者也。❼ 所以次前者，進業之冠莫過顏淵，故《顏淵》次《先進》也。

○顏淵問仁，問孔子爲仁之道也。子曰：「剋己復禮爲仁。剋，猶約也。復，猶反也。言若能自約儉己身，還反於禮中，❽則爲仁也。于時爲奢泰過禮，故云「禮也。一云，身能使禮返反身中，❾則爲仁也。范寧云：

---

❶ 「徒」至「與子路猶是一黨輩耳」，〔今校〕鮑本此段在下句經文下，居首。

❷ 「本」上，〔今校〕鮑本有「笑者」二字。

❸ 上「之」字，〔今校〕鮑本作「也」，是。

❹ 「謙」，文明本作「讓」，恐非，今據他本改正。

❺ 下「之」字，〔今校〕鮑本作「云」。

❻ 「亦」，〔今校〕鮑本作「赤」，是。

❼ 「又」，諸本作「文」，恐非。唯有不爲齋本、根本本作「又」，是。今據改正。

❽ 「還」，〔今校〕鮑本作「返」。

❾ 「返反」，〔今校〕鮑本互倒。

「尅，責也。復禮，謂責尅己失禮也。非仁者則不能責己復禮，故能自責己復禮則爲仁矣。」

馬融曰：「尅己，約身也。」孔安國曰：「復，反也。身能反禮則爲仁矣。」

一日尅己復禮，❶天下歸仁焉。更解尅己復禮所以爲仁之義也。言人君若能一日尅己復禮，則天下之民咸歸於仁君也。范寧云：「亂世之主，不能一日尅己，故言『一日』也。」

馬融曰：「一日猶見歸，况終身乎？」

爲仁由己，而由人乎哉？」行仁一日，而民見歸，所以是由己不由他人也。

孔安國曰：「行善在己不在人者也。」

范寧云：「言爲仁在我，豈俟彼爲仁耶？」❷

顏淵曰：「請問其目。」淵又請求尅己復禮之條目也。

苞氏曰：「知其必有條目，故請問之也。」

子曰：「非禮勿視，非禮勿聽，非禮勿言，非禮勿動。」此舉復禮之目也。既每事用禮，所以是復禮也。

鄭玄曰：「此四者，尅己復禮之目也。」

顏淵曰：「回雖不敏，請事斯語矣。」回聞條目而敬受之也。敏，達也。斯，此也。言回雖不達仁禮之理，而請敬事此語。❸

王肅曰：「敬事此語，必行之。」

仲弓問仁，亦諮仁也。子曰：「出門如見大賓，使民如承大祭。亦答仁道也。言若行出門，恒起恭敬，如見大賓。見大賓必起敬也。又，若使民力役，亦恒用心敬之，如承事大祭。大祭，祭郊廟也。然范寧云：「大賓，君臣嘉會也。大祭，國祀也。❹仁者舉動使民

❶「尅」，諸本經文皆作「尅」，疏則或作「尅」，或作「克」。按，《集韵》「克」通作「剋」。《增韵》「剋」俗作「尅」。〔今校〕鮑本經、注作「尅」，疏文作「克」。

❷「范寧云」至「爲仁耶」，〔今校〕鮑本此段解經文，接「所以是由己不由他人也」下。

❸「語」下，〔今校〕鮑本有「事猶用也」四字。此四字底本則出現於下面經文「雍雖不敏請事斯語矣」下，且無「猶」字。

❹「祀」，延德本、久原本、桃華齋本作「祭」。〔今校〕鮑本亦作「祭」。

事如此也。《傳》稱：『臼季出門如賓，❶承事如祭，仁之則也。』」

孔安國曰：「爲仁之道，莫尚乎敬也。」

己所不欲，勿施於人。恕己及物，則爲仁也。先二事明敬，後一事明恕。恕、敬二事乃爲仁也。在邦無怨，在家無怨。」在邦爲諸侯也，在家爲卿大夫也。既出門，使民皆敬，❷又恕己及物，三事並足，故爲民人所懷，無復相怨者也。

苞氏曰：「在邦爲諸侯也，在家爲卿太夫也。」❸

仲弓曰：「雍雖不敏，請事斯語矣。」事，用也。❹司馬牛問仁，❺司馬牛是桓魋弟也，亦問仁也。子曰：「仁者其言也訒。」答之也。訒，難也。古者言之不出，恐行之不逮，故仁者必不易出言，故云「其言也訒」。一云，仁道既深，不可輕説，❻故言於人仁事，必爲難也。王弼云：「情發於言，志淺則言疎，思深則言訒也。」

孔安國曰：「訒，難也。牛，宋人，弟子司馬犂也。」名牛也。❼

曰：「其言也訒，斯可謂之仁已矣乎？」牛又疑云，言語之難，便可謂此爲仁乎？一云，不輕易言於仁事，此便可謂爲仁乎？子曰：「爲之難，言之得無訒乎？」又答也。爲，猶行也。凡行事不易，則言語豈得妄出而不難乎？又一云，行仁既難，言仁豈得易？故江熙云：「《禮記》云：『仁之爲器重，其爲道遠，舉者莫能勝，行者莫能致也。勉於仁者不亦難乎？』夫易言仁者，不行之者也。行仁，然後知勉仁爲難。故不敢輕言也。」

孔安國曰：「行仁難，言仁亦不得不難矣。」

司馬牛問君子，問行君子之道也。子曰：「君子

❶「臼季」下，〔今校〕鮑本有「言」字，是。
❷「使」上，〔今校〕鮑本有「及」字。
❸「太」，〔今校〕鮑本作「大」。
❹「事用也」，〔今校〕鮑本在上面經文「回雖不敏請事斯語」下，且「用」上有「猶」字。
❺「司馬牛問仁」，諸本並提行，文明本獨否。〔今校〕鮑本同諸本，是。
❻「可」，〔今校〕鮑本作「得」。
❼「名牛」，〔今校〕鮑本作「犂牛名」。

不憂不懼。」答也。君子坦蕩，❶故不憂懼也。孔安國曰：「牛兄桓魋將爲亂，牛自宋來學，常憂懼，故孔子解之。」言牛常愁其兄之罪過及己，故孔子釋云：君子不應憂懼者也。曰：「不憂不懼，斯可謂君子已乎？」牛嫌君子之行不啻不憂懼而已，故又諮之。子曰：「内省不疚，❷夫何憂何懼？」内省，謂反自視己心也。疚，病也。言人生若外無罪惡，内忖視己心無有皐病，則何所憂懼乎？

苞氏曰：「疚，病也。内省無罪惡，無可憂懼也。」❸

司馬牛憂，爲其兄桓魋有罪，故己恒憂也。所以孔子前答云「君子不憂」也。曰：「人皆有兄弟，我獨亡。」此所憂之事也。亡，無也。牛兄行惡，必致殘滅，不旦則夕，即今雖暫在，與無何異，故云「我獨亡」也。

鄭玄曰：「牛兄桓魋行惡，死喪無日，我獨爲無兄弟也。」無日，獨無後餘一日也。❹

子夏曰：「商聞之矣：商，子夏名也。聞牛之言，故自稱名而爲牛解之也。不敢言出己，故云「聞之」。死生有命，富貴在天。此是我所聞，爲説不須憂之事也。言死生、富貴，皆稟天所得，應至不可逆憂，亦不至不可逆求，故云「有命」、「在天」也。然同是天命，而死生云命，富貴云天者，亦互之而不可逃也。❺死生於事爲切，故云命；富貴比死生者爲泰，故云天。天比命，則天爲緩也。繆播云：「死生者，所稟之性分；富貴者，所遇之通塞。人能命養之以福，不能令所稟易分。分不可易，命也。能修道以待賈，不能遭時必泰，泰不可必，天也。天之爲言自然之勢運，不爲主人之貴賤也。」君子敬而無失，死生富貴，既理不易，故當委之天命。此處無憂，而此句以下自可人事易爲修理也。敬而無失，是廣愛衆也。君子自敬己身，則與物無失者也。與人恭而有禮。此謂恭而親仁也。人猶仁也，若彼有仁者，當恭而禮之也。四海之内，皆爲兄弟也。踈惡者無失，善者

---

❶「坦蕩」，〔今校〕鮑本作「坦蕩蕩」，是。
❷「疚」，〔今校〕鮑本經文、注文及疏文皆作「疚」，是。
❸「無」下，〔今校〕鮑本有「所」字。
❹「無日」至「日也」，〔今校〕鮑本此段在上句注文「死喪無日」下。
❺「而」，〔今校〕鮑本無此字。

恭敬。❶故四海九州，皆可親禮如兄弟也。君子何患乎無兄弟？」❷既遠近可親，故不須憂患於無兄弟也。

苞氏曰：「君子疎惡而友賢，九州之人皆可以禮親也。」「疎惡」解「敬而無失」，「友賢」釋「與人恭而有禮」也。

子張問明，問人行何事而可謂之明乎。子曰：「浸潤之譖，答也。浸潤猶漸漬也。譖，讒謗也。夫拙爲讒者則人易覺，巧爲讒者日日漸漬細進譖，當時使人受而不覺，如水之浸潤漸漬，久久必濕也。故謂能讒者爲「浸潤之譖」也。膚受之愬，膚者，人肉皮上之薄[illegible]也。愬者，相訴訟讒也。拙相訴者亦易覺也，若巧相訴害者，亦日日積漸稍進，如人皮膚之受塵垢，當時不覺，久久方覩不淨。故謂能訴害人者爲「膚受之愬」也。不行焉，可謂明也已矣。言人若覺彼浸譖、膚訴害，使二事不行，則可謂爲有明也。

鄭玄曰：「譖人之言，如水之浸潤以漸成人之禍也。」此巧譖者。馬融曰：「膚受之愬，皮膚外語，非其内實也。」巧愬者也，如馬意，則謂内實之訴可受，若皮膚外語虛妄，則謂爲膚受也。然馬此注與鄭不類也。若曲曰使相類，則當云皮膚外語非内實者，即是膚愬積漸入於皮膚，非内實也。

浸潤之譖，膚受之愬，不行焉，可謂遠也已矣。」又廣答也。言若使二事不行，非唯是明，亦是高遠之德也。孫綽云：「問明而及遠者，其有高旨乎？夫賴明察以勝讒，猶火發滅之以水，雖消災有方，亦已殆矣。若遠而絶之，則佞根玄拔，鑒巧無跡，而遠體默全。故知二辭雖同，而後喻彌深，微顯之義，其在茲乎？」顏延之云：「譖潤不行，雖由於明，明見之深，乃出於體遠。體遠不對於情僞，故功歸於明見。斥言其功故曰『明』，極言其本故曰『遠』也。」

馬融曰：「無此二者，非但爲明，其德行高遠，人莫能及之也。」

子貢問政，問爲政之法也。子曰：「足食，足兵，令民信之矣。」答之也。食爲民本，故先須足食也。時澆後須防衛，❸故次足兵也。雖有食有兵，若君無信，則民衆離背，故必使民信之也。子貢曰：「必不

❶「敬」，〔今校〕鮑本作「禮」，是。
❷「弟」下，〔今校〕鮑本有「也」字。
❸「後」，〔今校〕鮑本作「復」。

得已而去，於斯三者何先？」已，止也。子貢又諮云：已奉知治國可須食、兵、信三事。❶若假令被逼，必使除三事之一，而辭不得止，則三事先去何者耶？

曰：「去兵。」答也。兵比二者爲劣，若事不獲已，則先可去兵也。

曰：「必不得已而去，於斯二者何先？」又，❷子貢又問：雖餘食、信二事，若假令又被逼使去二事一，則先去何者也？

曰：「去食。孔子又答云，若復被逼，去二中之一，則先去食。自古皆有死，民不信不立。」孔子既答云「去食」，又恐子貢致嫌，故更此爲解之也。言人若不食，乃必致死。雖然，自古迄今，雖復皆食，❸亦未有一人不死者。是食與不食，俱是有死也。而自古迄今，未有一國無信而國安立者。今推其二事，有死，自古而有；無信國立，自古而無。今寧從其有者，故我云去食也。故李充云：「朝聞道夕死，孔子之所貴；捨生取義，孟軻之所尚。自古有不亡之道，而無有不死之人。故有殺身非喪己，苟存非不亡己也。」

孔安國曰：「死者，古今常道也，人皆有之。治邦不可失信也。」

棘子城曰：「君子質而已矣，何以文爲？」❹棘子城云：「君子所行，但須質樸而足，❺何必用於文華乎？」

鄭玄曰：「舊説云：棘子城，衛大夫也。」

子貢曰：「惜乎，夫子之説君子也！子貢聞子城之言而譏之也。夫子，謂呼子城爲夫子也。言汝所説君子用質不用文，爲過失之甚，故云「惜乎，夫子説君子」。駟不及舌。此所惜之事也。駟，四馬也。古用四馬共牽一車，故呼四馬爲駟也。人生過言一出口，則雖四馬駿足追之，亦所不及，故「駟不及舌」。❻

鄭玄曰：「惜乎夫子之説君子也。過言一出，駟馬追之，不及舌也。」

---

❶「可」，〔今校〕鮑本作「必」，是。

❷「又」，〔今校〕鮑本無此字。

❸「皆」，〔今校〕鮑本無此字。

❹「文爲」，延德本、久原本作「爲文」。按，古鈔集解本及正平板並與文明本相同，唯句末多「矣」字。大永鈔集解本與延德本合，句末亦多「矣」字。

❺「須」，〔今校〕鮑本作「備」。

❻「故」下，〔今校〕鮑本有「云」字。「舌」下，〔今校〕鮑本有「也」字。

文猶質也，質猶文也。更爲子城解汝所説君子用質不用文所以可惜之理也。將欲解之，故此先述其意也。言汝意云：文猶質，質猶文。故曰「何用文爲」者耳。虎豹之鞹，猶犬羊之鞹也。」述子城意竟，故此又譬之不可也。鞹者，皮去毛之稱也。虎豹所以貴於犬羊者，政以毛文炳蔚爲異耳。今若取虎豹及犬羊皮，俱滅其毛，唯餘皮在，則誰復識其貴賤，别於虎豹與犬羊乎？譬於君子，❶所以貴者政以文華爲别。今若遂使質而不文，❷則何以别於君子與衆人乎？

孔安國曰：「皮去毛曰鞹。虎豹與犬羊别者，正以毛文異耳。今使文質同者，何以别虎豹與犬羊耶？」

哀公問於有若曰：「年飢，❸用不足，如之何？」魯哀公愚暗，政苛賦重，故民廢其業，所以積年飢荒，國用不足。公苦此恶，故問有若，求不飢而用足之法也。有若對曰：「盍徹乎？」盍，何不也。徹，謂十而税一也。魯起宣公，而十税二。至于哀公，亦猶十二。賦税既重，民飢國乏，由於十二也。故有若答云：今依舊十一。故云「何不徹」也。

鄭玄曰：「盍者，何不也。周法十一而税，謂之徹。徹，通也。爲天下通法也。」徹字訓通，故漢武名徹，而改天下宜言徹者，一切云通也。今依《王制》云：「古者公田藉而不税。」鄭玄曰：「『藉』之言借也。借民力作公田，❹美惡取於是，❺不税民之所自治也。孟子曰：『夏后氏五十而貢，殷人七十而助，周人百畝而徹。』則所云『古』者謂殷時也。其實皆十一也。」侃案，如《記》注，夏家民人盛多，❻則一夫受田五十畝。殷承夏末，民人稍少，故一夫受田七十畝。周承於紂，人民凋盡，故一夫受田百畝。三代雖異，同十分徹一，故徹一爲通法也。夏云「貢」者，是分田與民作之，所獲隨豐儉，❼十分貢一以上於王也。夏民猶淳，少於欺詐，故云「貢」也。殷人漸澆，不復所可

❶「於」，文明本誤作「猶」，今改正。

❷「若遂」，〔今校〕鮑本互倒。

❸「飢」，〔今校〕鮑本作「饑」，是。下疏文「飢」字同。

❹「作」，根本本作「治」。〔今校〕鮑本同根本本。

❺「是」，根本本作「此」。〔今校〕鮑本同根本本。

❻「多」，清熙園本、桃華齋本、久原本並作「大」，根本本亦同。

❼「豐」，〔今校〕底本誤作「豈」，今據鮑本改，下同。

信，故分田與民，十分取一，爲君借民力以耕作，於一年豐儉，隨其所得還君，不復稅民私作者也。至周大文，而王畿內用夏之貢法。所以然者，爲去王近，爲王視聽所知，兼鄉遂公邑之吏，旦夕從民事，爲其役之以公，使不得恤其私也。若王畿外邦國諸侯，悉用殷之助法。所以然者，爲諸侯專一國之政，貪暴稅民無法故也。故《詩》有「雨我公田，遂及我私」。又宣公十五年初稅畝，《傳》曰：「非禮也，穀出不過藉，以豐財也。」按此二文說，既有公私稅，又云不過藉，則知諸侯助法也。又以《周禮·載師》篇論之，❶則畿內用夏之貢法也。其中有輕重，輕重不同，自各有意，此不復具言也。」

曰：「二，吾猶不足，如之何其徹也？」公聞有若使爲十一，故拒之也。言稅十取二，吾國家之用猶尚不足，今若爲令我十取一乎？❷故云「如之何其徹也」。

孔安國曰：「二，謂十二而稅也。」

對曰：「百姓足，君孰與不足？有若答君所以合十一之理也。言君若輕稅，則民下百姓得寬，各從其業；業從人寬，則家家豐足。民既豐足，則豈有事君而不足耶？故云「百姓足，君孰與不足」也。孰，誰也。百姓不足，君孰與足？」又云：君既重稅，一則民從公失豐，❸二則貧無糧粮，❹故家家食空竭，人人不足。既人人不足，故君豈得足？故云「君誰與足」也。故江熙云：「爲家者與一家俱足，乃可謂足，豈可足己而謂之足也？夫儉以足用，寬以愛民，日計之可不足，而歲計則有餘。十二而行，日計可有餘，歲計則不足。行十二而不足，不思損而益，是揚湯止沸，疾行遁影。有子之所以發德音者也。」

孔安國曰：「孰，誰也。」

子張問崇德辨惑，問求崇重有德，辨別疑惑之法也。

苞氏曰：「辨，別也。」

子曰：「主忠信、徙義，崇德也。此答崇德義也。言若能以忠信爲主，又若見有義之事，則徙意從之，此二條是崇德之法也。

苞氏曰：「徙義，見義則徙意從之也。」

❶「篇」，諸本並無此字，文明本獨有。按，「篇」字衍。〔今校〕鮑本同諸本。

❷「十」下，文明本、延德本、久原本衍「今」字，今據他本削正。〔今校〕鮑本「十」下有「而」字。

❸「失」，〔今校〕鮑本作「先」。

❹「糧粮」，〔今校〕鮑本無「粮」字，但「糧」上空一字。

愛之欲其生也，此答辨惑也。中人之情不能忘於愛惡，若有人從己，己則愛之。當愛此人時，必願其生活於世也。惡之欲其死也。既欲其生也，又欲其死，是惑也。猶是前所愛者而彼違己，❶己便憎惡。憎惡之既深，便願其死也。猶是一人，而愛憎生死起於我心，我心不定，故爲惑矣。

苞氏曰：「愛惡當有常。一欲生之，一欲死之，是心惑也。」

『誠不以富，亦祇以異。』」引《詩》證爲惑人也。❷言生死不定之人，誠不足以致富，而只以爲異事之行耳也。❸

鄭玄曰：「此《詩·小雅》也。祇，適也。言此行誠不可以致富，適以足爲異耳。❹取此詩之異義以非之也。」

齊景公問政於孔子，于時齊弱，爲其臣陳恒所制。景公患之，故問政方法於孔子也。孔子對曰：「君君，臣臣，父父，子子。」孔子隨其政惡而言之也。言爲風政之法，當使君行君德，故云「君君」也。君德謂惠也。臣當行臣禮，故云「臣臣」也。臣禮謂忠也。父爲父法，故云「父父」也。父法謂慈也。子爲子道，故云「子子」也。子道謂孝也。

孔安國曰：「當此時，陳恒制齊，❺君不君，臣不臣，父不父，子不子，❻故以此對也。」

公曰：「善哉！信如君不君，臣不臣，父不父，子不子，公聞孔子言而服之也。言我國信有此四事也。❼雖有粟，吾豈得而食諸？」諸，之也。公

❶「彼」下，〔今校〕鮑本有「忽」字。

❷「也」，〔今校〕鮑本作「之」。

❸「也」，〔今校〕鮑本無此字。

❹「足」，〔今校〕鮑本作「是」，是。

❺「陳恒」，諸鈔本「恒」作「桓」，與古鈔集解本及正平板同。唯文明本作「恒」，與邢本同。按，《憲問》篇「陳恒弒其君」之「恒」字，諸本多作「桓」，唯清熙園本經作「桓」，疏作「恒」，文明本則經疏並作「恒」。則知皇本原作「恒」，清熙園本經文是據古鈔集解本所校改。諸本經疏並作「桓」者，後人從所改經文而又改其疏文也。

❻「父不父子不子」，久原文庫一本旁注異本無此六字。按，古鈔集解本、正平板亦同。

❼「我」下，文明本衍「也」字，今據他本削正。

又言國既方亂，我雖有粟米俸祿，我豈得長食之乎？

孔安國曰：「言將危也。陳氏果滅齊也。」後陳恒殺齊君是也。❶江熙云：「景公喻旨，故復遠述四弊不食粟之憂，善其誠言也。」❷

子曰：「片言可以折獄者，其由也與？」片，猶偏也。折獄，謂判辨獄訟之事也。由，子路也。夫判辨獄訟，必須二家對辭。子路既能果斷，故偏聽一辭而能折獄也。一云，子路性直，情無所隱者。若聽子路之辭，亦則一辭亦足也。故孫綽云：「謂子路心高而言信，❸未嘗文過以自衛。聽訟者便宜以子路單辭爲正，不待對驗而後分明也。非謂子路聞人片言而便能斷獄也。」

孔安國曰：「片，猶偏也。聽訟必須兩辭以定是非。偏信一言以折獄者，唯子路可也。」就此注意亦得兩通也。

子路無宿諾。宿，猶逆也。諾，猶許也。子路性篤信，恐臨時多故，曉有言不得行，故不逆言許人。❹

宿，猶豫也。子路篤信，恐臨時多故，故不豫諾也。

子曰：「聽訟，吾猶人也。孔子言，若有訟而使我聽出決之，則我與人不異，故云「吾猶人」。❺

苞氏曰：「言與人等也。」

必也使無訟乎！」言我所以異於人者，當訟未起，而化之使不訟耳。故孫綽云：「夫訟之所生，先明其契，而後訟不起耳。若訟至後察，則不異於凡人也。❻此言防其本也。」

王肅曰：「化之在前也。」

子張問政，問爲政方法也。子曰：「居之無倦，行之以忠。」答云。言身居政事，則莫懈倦。又凡所行用於民者，必盡忠心也。❼

王肅曰：「言爲政之道，居之於身，無

❶「殺」，〔今校〕鮑本作「弒」。

❷「江熙云」至「善其誠言也」，〔今校〕鮑本此段解經文，接「我豈得長食之乎」下。

❸「高」，文明本作「亮」，諸本並作「高」，今改正。

❹「人」下，諸本有「也」字，文明本無，清熙園本則有「也」字而無「人」字。〔今校〕鮑本同諸本。

❺「人」下，〔今校〕鮑本有「也」字。

❻「則」，延德本誤「明」。

❼「心」，〔今校〕鮑本作「信」。

得懈倦；行之於民，必以忠信之也矣。」❶

子曰：「君子博學於文，約之以禮，能以禮約束也。亦可以弗畔矣夫。」畔，違背也。言人廣學文章，而又以禮自約束，則亦得不違背正理也。

弗畔，❷不違道也。

子曰：「君子成人之美，不成人之惡。美與己同，故成之也；惡與己異，故不成之也。小人反是。」惡與己同，故成之也；美與己背異，❸故不成之也。故與君子反。季康子問政於孔子，❹亦問爲政之法於孔子也。孔子對曰：「政者，正也。解字訓以答之也。言所以謂治官爲政者，「政」訓「中正」之「正」也。子帥而正，孰敢不正？」又解「政」所以訓「正」之義也。言民之從上，如影隨身表。若君上自率己身爲正之事，則民下誰敢不正者耶？

鄭玄曰：「季康子，魯上卿。諸臣之帥也。」帥，猶先也。既爲上卿，故爲同朝諸臣之先也。李充云：「『我好靜而民自正』也。」❺

季康子患盜，問於孔子，患國內多偷盜，故問孔子，❻問於孔子，求除盜之法也。孔子對曰：「苟子不欲，雖賞之不竊。」孔子答多盜之由也。子，指季康子也。竊，猶盜也。言民所以爲盜者，由汝貪欲不厭，故民從汝而爲盜耳。若汝心苟無欲，假令重賞於民，令民爲盜，則民亦不爲也。是從汝故也。

孔安國曰：「欲，多情欲也。言民化於上，不從其所令，從其所好也。」「雖賞不竊」，是不從其所令也。康子患之，而民爲之不止，

❶「之也矣」，根本本無「之」、「矣」二字，諸鈔本皆有。〔今校〕鮑本同根本本。

❷「弗畔」上，延德本、久原本、桃華齋本、根本本並有「鄭玄曰」三字。文明本無，古鈔集解本、正平板亦同。按，此注又見《雍也》篇，諸本於彼皆爲鄭注，此篇則或爲鄭注，或爲何注，未知孰是。〔今校〕鮑本同根本本。

❸「背」，〔今校〕鮑本無此字。

❹「季康子問政於孔子」，久原本、桃華齋本提行。〔今校〕鮑本亦提行。

❺「李充云」至「正也」，〔今校〕鮑本此十一字解經文，接「則民下誰敢不正者耶」下。

❻「問孔子」，〔今校〕鮑本無此三字，是。

是從其所好也。李充云：『「我無欲，而民自朴」者也。」❶

季康子問政於孔子曰：「如殺無道以就有道，何如？」就，成也。康子問孔子，而言爲政欲并殺無道之人，而成就爵禄有道者，其事好不？故云「何如」也。

孔安國曰：「就，成也。欲多殺以止姦也。」

孔子對曰：「子爲政，焉用殺？孔子不許其殺也。言汝自爲政，爲政由汝，焉用多殺乎？子欲善，而民善矣。民有道無道，終由於汝。汝若善，則民自善。自善豈復無道乎？令之無道，❷由汝無道之故也。君子之德風也，小人之德草也。更爲民從上之譬也。君子，人君。小人，民下也。言人君所行，其德如風也；民下所行，其事如草。❸草尚之風，必偃。」尚，猶加也。偃，卧也。言君如風，民如草，草上加風，則草必卧。東西隨風，如民從君也。

孔安國曰：「亦欲令康子先自正也。偃，仆也。仆，亦踣卧也。加草以風，無不仆者，猶民之化於上也。」

子張問：「士何如斯可謂之達？」❹士，通謂大夫也。❺達，謂身名通達也。❻子張問爲士之法，何若爲德行，而得謂爲達士耶也？❼子曰：「何哉，爾所謂者達矣？」❽孔子知子張意非，故反質問之也。言汝意謂若爲事是達而問之也。❾故云「何哉，爾所謂達者」也。子張對曰：「在邦必聞，在家必聞。」在邦，謂仕諸侯也。在家，謂仕卿大夫也。子張答云，己所

---

❶「李充云」至「者也」，〔今校〕鮑本此十二字解經文，接「是從汝故也」下。

❷「令」，〔今校〕鮑本作「今」，是。

❸「事」，〔今校〕鮑本作「德」。又，「更爲民從上之譬也」至「其事如草」，〔今校〕鮑本此段在經文「必偃」下，疏文「尚猶加也」前。

❹「達」下，〔今校〕鮑本有「矣」字。

❺「大」，〔今校〕鮑本作「丈」。

❻「名」，文明本作「命」，恐非，今據他本改正。〔今校〕鮑本作「命」。

❼「得謂」，〔今校〕鮑本互倒。

❽「者達矣」，〔今校〕鮑本作「達者」。

❾「事」，文明本作「本」，誤，今據他本改正。

謂達者，言若仕爲諸侯及卿大夫者，必並使有聲舉遠聞者，❶是爲達也。

鄭玄曰：「言士之所在，皆能有名譽也。」

子曰：「是聞也，非達也。孔子曰，汝所言者則聞耳，非是達也。繆協云：「聞者達之名，達者聞之實。而殉爲名者衆，體實者寡。故利名者飾僞，敦實者歸真。是以名分於聞，而道隔於達也。」夫達者，質直而好義，既謂子張之達是聞，故此更爲其説達也。言夫達者，質性正直，而所好者義也。察言而觀色，達者，入能察人言語，❷觀人容色者也。慮以下人。既察於言色，又須懷於謙退，思以下人也。

馬融曰：「常有謙退之志，察言語，見顔色，知其所欲。其念慮常欲以下人也。」

在邦必達，有家必達。❸此人所在，必有此諸行以達於人，故云「必達」也。

馬融曰：「《謙》，尊而光，卑而不可踰也。」引《謙》卦證「慮以下人」所以是以達之義也。❹既謙光尊不可踰，故所在必達也。

夫聞者，色取仁而行違，孔子更爲子張説聞非達也。時多佞顔色，一往亦能假顔色爲仁，而不能行之，故云「色取仁而行違」也。居之不疑。既能爲假，能爲假故居此假而能使人不疑之也。非唯不爲他所疑而已，亦自不復自疑也。❺

馬融曰：「此言佞人也。❻佞人假仁者之色，行之則違。❼安居其僞，而不自疑者也。」

在邦必聞，在家必聞。」既佞人黨多，故所在必聞也。繆協云：「世亂則佞人多，黨盛則多聞。斯所謂歎衰

---

❶「舉」，〔今校〕鮑本作「譽」，是。

❷「入」，〔今校〕鮑本作「又」，是。

❸「有」，〔今校〕鮑本作「在」。

❹「以」，〔今校〕鮑本作「必」。

❺「自不復自」，文明本旁注異本「不」下無「復自」二字。按，「不」上「自」字、「不」下「復」字並衍，「復」下「自」字則否。

❻「也」，久原本、桃華齋本無此字。

❼「違」下，久原本、桃華齋本有「也」字。

運，疾弊俗。」

馬融曰：「佞人黨多也。」沈居士云：「夫聞之與達爲理自異。達者德立行成，聞者有名而已。夫君子深淵隱默，若長沮、桀溺、石門、晨門，有德如此，始都不聞於近世。❶巍巍蕩蕩，有實如此，而人都不知。是不聞也。❷並終年顯稱名，❸則是達也。《漢書》稱：『王莽始折節下士，鄉黨稱孝，州閭稱悌。至終年豺狼跡著，❹而母死不臨。』班固云：『此所謂「在邦必聞，在家必聞，色取仁而行違」者也。』聞者達之名，達者聞之實。有實者必有名，❺有名者不必有實。實深乎本，聞浮於末也。」

樊遲從遊於舞雩之下，此舞雩之處近孔子家，故孔子往遊其壇樹之下，而弟子樊遲從也。❻

苞氏曰：「舞雩之處有壇墠樹木，故其下可遊也。」

曰：「敢問崇德、脩慝、辨惑。」既從遊而問此三事也。修，治也。慝，惡也。謂治惡爲善也。問崇德、治惡、辨惑之事也。

孔安國曰：「慝，惡也。修，治也。治惡爲善也。」

子曰：「善哉問！將欲答之，故先美其問之善也。先事後得，非崇德與？答崇德。❼先事，謂先爲勤勞之事也。後得，謂後得祿位己勞也。❽若能如此，豈非崇德與？言其是也。故范寧云：「物莫不避勞而處逸。今以勞事爲先，得事爲後，所以崇德也。」

孔安國曰：「先勞於事，然後得報也。」

攻其惡，毋攻人之惡，非修慝與？答修慝也。攻，治也。言人但自治己身之惡，改之爲善，而不須知他人惡事。若能如此，豈非修慝與？一朝之忿，忘其身，以及其親，非惑與？」答辨惑也。君子有九

---

❶「近世」，諸本作「世近世」。按，文明本唯衍「近」字，諸本衍「近世」二字。〔今校〕鮑本同諸本。

❷「也」，〔今校〕鮑本作「世」。

❸「年」，諸本作「然」。疑「然」，「年」字之訛。《子路篇》「其身不正，雖令不從」下疏「此終年不得矣」之「年」字，延德本亦作「然」，是其證。今改正。〔今校〕鮑本同諸本。

❹「年」，〔今校〕鮑本作「然」。

❺「實」，〔今校〕原誤作「家」，今據鮑本改。

❻「也」，〔今校〕鮑本作「之」。

❼「德」下，〔今校〕鮑本有「也」字。

❽「謂後得祿位己勞」，「己勞」二字當在「謂」字下。

思，忿則思難。故若人觸惑者，❶則思後有患難，不敢遂肆我忿以傷害於彼也。若遂肆忿忘我身，❷又災過及己親，❸此則已爲惑。故宜辨明，知而不爲也。 樊遲問仁，❹問爲仁之道也。 子曰：「愛人。」仁以惻隱濟衆，故曰「愛人」也。 問智，樊遲又問智也。 子曰：「知人。」孔子答曰，能知人者則爲智也。 樊遲未達。達，猶曉也。已曉愛人之言，而問曉知人之旨也。❺ 子曰：「舉直錯諸枉，能使枉者直。」錯，廢也。枉，邪也。樊遲既未曉知人之旨，故孔子又爲説之也。言若舉直正之人，❻在位用之，而廢置邪枉之人不用，則邪枉之人皆改枉爲直以求舉之。❼

苞氏曰：「舉正直之人用之，廢置邪枉之人，則皆化爲直也。」

樊遲退，見子夏，樊遲猶未曉「舉直錯諸枉」之言，故退而往見子夏，欲問之。 曰：「鄉也吾見於夫子而問智，子曰：『舉直錯諸枉，能使枉者直。』何謂也？」樊遲既見於子夏，而述夫子之言，問之何謂也。 子夏曰：「富哉是言乎！子夏得問而曉孔子語，故先美之也。富，盛也。云孔子之言甚盛。

孔安國曰：「富，盛也。」

舜有天下，選於衆，舉皋陶，不仁者遠矣。引事以答「舉直錯枉」也。言舜昔有天位，選擇諸民衆中，舉得皋陶，在位用之，則是「舉直」也。而不仁者不敢爲非，故云「遠矣」。即是「枉者直」也。 湯有天下，選於衆，舉伊尹，不仁者遠矣。」恐樊遲猶未曉，故又舉一條事也。

孔安國曰：「言舜、湯有天下，選擇於衆，舉皋陶、伊尹，則不仁者遠矣，仁者至矣。」蔡謨云：「何謂『不仁者遠』？遠者，❽去也。若孔子言『能使枉者去』，則是智也。今云『能使枉者直』，是化之也。孔子言其化，子夏謂之『去』

❶「惑」，〔今校〕鮑本作「威」。
❷「忘」下，〔今校〕鮑本有「於」字。
❸「過」，〔今校〕鮑本作「禍」。
❹「樊遲問仁」，桃華齋本、久原本提行。
❺「問」，〔今校〕鮑本作「未」，是。
❻「直正」，〔今校〕鮑本作「正直」。
❼下「之」字，〔今校〕鮑本作「也」。
❽「者」，〔今校〕鮑本無此字。

者，亦爲商之未達乃甚於樊遲也。子夏言此者，美舜、湯之知人，皐陶、伊尹之致治也，無緣説其道化之美，但言『不仁者去』。夫言『遠』者，豈必足陟遐路，身適異邦？賢愚相殊，是亦『遠』矣，故曰『性相近也，習相遠也』。不仁之人感化遷善，去邪枉，正直是與，故謂『遠』也。」案，蔡氏之通，與孔氏無異，但孔氏云「不仁者遠」少爲紆耳。若味而言之，則「遠」是遠其惡行，❶更改爲善行也。❷

子貢問友，諮求朋友之道也。子曰：「忠告而以善導之，朋友主切磋，若見有不善，當盡己忠心告語之，又以善事更相誘導也。否則止。無自辱焉。」否，謂彼不見從也。若彼苟不見從，則使止而不重告也。❸若重告不止，則彼容反見罵辱，故云「無自辱焉」。

苞氏曰：「忠告，以是非告之也。以善導之，不見從則止。必言之，或見辱也。」若必更言之，己或反見辱也。

曾子曰：「君子以文會友，言朋友相會，以文德爲本也。

孔安國曰：「友以文德合也。」

以友輔仁。」所以須友者，政持輔成己仁之道故也。❹

孔安國曰：「友有相切磋之道，所以輔成己之仁也。」講學以會友，❺則道益明；取善以輔仁，則德日進。❻

論語義疏第六　經二千六十二字。注一千九百四十六字。

❶「是遠」，桃華齋本脱此二字。「其」，〔今校〕鮑本無此字。

❷「蔡謨云」至「更改爲善行也」，〔今校〕鮑本此段解經文，接「故又舉一條事也」下。

❸「使」，桃華齋本作「便」，恐非。

❹「持」，〔今校〕鮑本作「以」，是。

❺「友」下，諸本有「矣」字，文明本無。

❻「講學」至「日進」，〔今校〕鮑本無此十八字。

論語義疏卷第七 子路　憲問

梁國子助教吴郡皇侃撰

論語子路第十三　**何晏集解**凡三十章

疏子路，孔子弟子也，武爲三千之標者也。所以次前者，武劣於文，故《子路》次《顏淵》也。○

子路問政。問爲政之法也。子曰：「先之，勞之。」答也。「先之」，謂先行德信及於民也。「勞之」，謂使勞役也。爲政之法，先行德澤，然後乃可勞役也。

孔安國曰：「先導之以德，使民信之，然後勞之。《易》曰：『説以使民，民忘其勞也。』」引《易》證上先有德澤可悦，後乃可勞民也。

請益。子路嫌爲政之法少，故就孔子更求請益也。曰：「無倦。」孔子答云：但行「先之，勞之」二事，無有懈倦，則自爲足也。

孔安國曰：「子路嫌其少，故請益。曰『無倦』者，行此上事，無倦則可也。」

仲弓爲季氏宰，問政。仲弓將往費爲季氏采邑之宰，故先諮問孔子，求爲政之法也。子曰：「先有司，「有司」，謂彼邑官職屬吏之徒也。言爲政之法，未可自逞聰明，且先委任其屬吏，責以舊事。

王肅曰：「言爲政當先任有司，而後責其事。」

赦小過，過，誤也。又當放赦民間小小過，誤犯之罪者也。舉賢才。」又當舉民中有才智者，薦之於君者也。曰：「焉知賢才而舉之？」焉，安也。仲弓又諮云，己識闇昧，豈辨得賢才而可舉之也？曰：「舉爾所知。爾所不知，人其舍諸？」仲弓既云焉知賢才，故孔子又答云，但隨所識而舉之，❶爾所不知，他人舉之。汝爲民主，汝若好舉賢才，則民心必從汝所好，亦

❶「所識」，〔今校〕鮑本作「爾所知」。

各各自舉其所知賢才，❶皆遂不見於棄捨。❷諸，之也。人其捨於之乎。范寧云：❸「仲弓以非不欲舉賢才，識闇不知人也。❹孔子以所知者則舉之，爾不知者，他人自舉之。各舉所知，則賢才豈棄乎？」

馬融曰：❺「女所不知者，❻人將自舉之。各舉其所知，則賢才無遺也。」❼

子路曰：「衛君待子而爲政，子將奚先？」子，孔子也。奚，何也。子路諮孔子云：❽衛國之君欲待子共爲政化，子若往衛與彼共爲政，則先行何事爲風化也。

苞氏曰：「問往將何所先行也。」

子曰：「必也正名乎！」孔子答曰：若必先行，正百物之名也。所以先須正名者，爲時昏禮亂，言語翻雜，名物失其本號，故爲政必以正名爲先也。所以下卷云「邦君之妻，君稱之曰夫人」之屬，是正名之類也。

馬融曰：「正百事之名也。」《韓詩外傳》曰：❾「孔子侍坐季孫，季孫之宰通曰：『君使人價馬，❿其與之不乎？』孔子曰：『君取臣謂之取，不謂之價。』季孫悟，告宰曰：⓫『今日以來，云君有取謂之取，無曰假也。』故孔子正假馬之名，而君臣之義定也。」⓬

子路曰：「有是哉，子之迂也！奚其正？」迂，遠也。子路聞孔子以正名爲先，以爲不是，故云「有是哉」，言正名非是也。又云「子之迂也」，謂孔子所言正名，於爲政之事，賒遠不近於事實。又云「奚其正」，言何須正也。

苞氏曰：「迂，猶遠也。言孔子之言

❶「亦」，〔今校〕鮑本無此字。
❷「於棄捨」，〔今校〕鮑本作「捨弃」。
❸「云」，〔今校〕鮑本作「曰」。
❹「闇」，諸本誤脫「闇」字，今據久原文庫一本補正。根本本「闇」作「昧」，又通。〔今校〕鮑本作「昧」。
❺「馬融曰」，桃華齋本、久原本此注爲孔注，正平板、古鈔集解本、邢《疏》本並同。〔今校〕鮑本爲孔注。
❻「女」，久原本作「汝」。〔今校〕鮑本作「汝」。
❼「才」，文明本作「者」，今訂正。
❽「云」，〔今校〕鮑本作「曰」。
❾「曰」，〔今校〕鮑本作「云」。
❿「價」，〔今校〕鮑本作「假」，下「價」字同。
⓫「宰」下，〔今校〕鮑本有「通」字。
⓬「韓詩外傳曰」至「而君臣之義定也」，〔今校〕鮑本此段解經文，接「是正名之類也」下。

疏遠於事也。」謂正名與事相乖遠者也。❶

子曰：「野哉，由也！野，不達也。由，子路名也。子路不曉正名之理，❷更謂孔子言遠於事實，❸故孔子責之云：「野哉，由也！」所以前卷云：「由，誨汝知之乎，不知爲不知，是知也。」

孔安國曰：「野，猶不達也。」

君子於其所不知，蓋闕如也。既先責之云「野哉」，此戒之。❹言君子之人，若事於己有所不知，則當闕而不言。今汝不知正名之義，便謂爲迂遠，何乎？

苞氏曰：「君子於其所不知，當闕而勿據。今由不知正名之義，而謂之迂遠也。」

名不正，則言不順。戒之既竟，更又爲説正名之義。言所以爲政先須正名。且夫名以召實，實以應名，名若倒錯不正，則言語紕僻，❺不得順序也。言不順，則事不成。事謂國家所行之事，若言不從順序，則政行觸事不成也。事不成，則禮樂不興。興，猶行也。若國事多失，則禮樂之教不通行也。禮樂不興，則刑罰不中。禮以安上治民，樂以移風易俗。若其不行，則君上不安，惡風不移，故有淫刑濫罰，不中於道理也。

苞氏曰：「禮以安上，樂以移風。二者不行，則有淫刑濫罰也。」

刑罰不中，則民無所錯手足。❻錯，猶置立也。刑罰既濫，故下民畏懼刑罰之濫，所以跼天蹐地，不敢自安，是無所自措立手足也。故君子名之必可言也，既民無所措手足，由於名之不正。故君子爲政者宜正其名，必使順序而可言也。言之必可行也。言既順序，則事所以可行也。

王肅曰：「所名之事，必可得而明言也。所言之事，必可得而遵行也。」

君子於其言，無所苟而已矣。」言必使可行，政

---

❶「遠」，〔今校〕鮑本作「違」。

❷「理」下，〔今校〕鮑本有「也」字。

❸「更」，〔今校〕鮑本作「便」。

❹「此」下，〔今校〕鮑本有「又」字。

❺「則」下，〔今校〕鮑本有「當」字。

❻「錯」，〔今校〕鮑本作「措」。疏亦作「措」。

於其言不得苟且而不正也。鄭注云：「正名謂正書字也。古者曰名，今世曰字。」《禮記》曰：「百名已上，則書之於策。」孔子見時教不行，故欲正其文字之誤。樊遲請學稼。❶樊須，字子遲。稼者，種穀之名。樊遲請於孔子，求學種五穀之術也。子曰：「吾不如老農。」農者，濃也。是耕田之人也，言耕田所以使國家倉廩濃厚也。樊遲既請學稼於孔子，孔子言：我門唯有先王之典籍，非耕稼之所。汝若欲學稼，當就農夫之老者學之。故云「吾不如老農」。請學爲圃。圃者，種菜之事也。既請農不許，又更就孔子求學種菜之術也。子曰：「不如老圃。」❷又答云：我不如種菜之老圃者也。

馬融曰：「樹五穀曰稼，樹，種殖也。五穀，黍、稻、稷、粱之屬。❸種之曰稼，收斂曰穡。稼猶嫁也，言種穀欲其滋長田苗，如人稼娶生於子孫也。❹穡，吝嗇也，言穀熟而斂藏之，如慳貪吝嗇之人聚物也。樹菜蔬曰圃。」蔬，猶菜也。種菜曰圃。圃之言布也，取其分布於地。若種菓實則曰園。園之言蕃也，種菓於圃外，❺爲蕃盛也。

樊遲出。既請二者不爲師所許，故出去。子曰：「小人哉，樊須也！小人是貪利者也。樊遲出後，孔子呼名罵之。君子喻於義，小人喻於利，樊遲在孔子之門，不請學仁義忠信之道，而學求利之術，故云「小人」也。上好禮，則民莫敢不敬。責之既竟，此又説學君子之道，勝學小人之事也。言上若好禮，❻則民下誰敢不敬。故云「莫敢不敬」，禮主敬故也。上好義，則民莫敢不服。君若裁斷得宜，❼則民下皆服。義者，宜也。上好信，則民莫敢不用情。君上若信，❽

---

❶ 「樊遲請學稼」，〔今校〕鮑本提行，是。

❷ 「不」上，〔今校〕鮑本有「吾」字。

❸ 「稻稷」，〔今校〕鮑本互倒。

❹ 「稼」，〔今校〕鮑本作「嫁」。

❺ 「圃」，諸本並作「園」，《論語聽塵》引作「圃」，義長，今據改正。〔今校〕鮑本正作「圃」。

❻ 「言」下，〔今校〕鮑本有「君」字。

❼ 「君」下，〔今校〕鮑本有「上」字。

❽ 「信」上，桃華齋本、久原本有「好」字。〔今校〕鮑本亦有。

則民下盡敬不復欺，❶故相與皆服於情理也。❷李充云：「用情，猶盡忠也。行禮不以求敬，而民自敬。好義不以服民，而民自服。施信不以結心，而民自盡信。❸言民之從上，猶影之隨形也。」

孔安國曰：「情，情實也。言民化其上，各以情實應也。」

夫如是，則四方之民襁負其子而至矣，夫，發語端也。是者，此也。負子以器曰襁，言上若好行上三事，❹夫得如此，四方之民大小歸化，故並器負其子而來至也。李充云：「負子以器，言化之所感，不召而自來。」焉用稼？」焉，猶何也。行此三事，而四方自歸，則何用學稼乎。李充云：「余謂樊遲雖非入室之流，然亦從遊侍側，對揚崇德辨惑之義。且聖教殷勤唯學爲先，故言『君子謀道不謀食』，又曰『耕也，餒在其中矣，學也，祿在其中矣』。而遲親稟明誨，乃諮圃稼，何頑之固甚哉！❺縱使樊遲欲舍學營生，猶足知非聖師之謀矣。將恐三千之徒，雖同學聖門，而未能皆忘榮祿。道教之益，奢惰之患切，❻簞食不改其樂者，唯顔回堪之耳。遲之斯問，將必有由，亦如宰我問喪之謂也。」

苞氏曰：「禮義與信，足以成德。何用學稼以教民乎！負者以器，曰襁也。」襁者，以竹爲之，或云以布爲之。今蠻夷猶以布帊裹兒，負之背也。

子曰：「誦《詩》三百，不用文，背文而念曰誦。亦曰口讀曰誦。《詩》有三百五篇，云「三百」，舉全數也。言人能誦《詩》之至也。❼授之以政，不達；達，猶曉也。《詩》有六義，《國風》、二《雅》並是爲政之法。今授政與此誦《詩》之人，不能曉解也。袁氏云：「《詩》有三百篇，是以爲政者也。」使於四方，不能專對。專，猶獨也。孔子語鯉云：「不學《詩》，無以言。」又云「可以群，可以怨。近之事父，遠之事君，多識於草木鳥獸之名」者。今使此誦《詩》之人聘問隣國，而不能專獨

---

❶「盡」，〔今校〕鮑本作「有」。

❷「服」，桃華齋本、延德本作「盡」。〔今校〕鮑本亦作「盡」。

❸「施信不以結心而民自盡信」，文明本「結」上有「信」字，恐衍；「而」下無「民自」二字，恐非，今據他本改正。

❹「言」下，〔今校〕鮑本有「君」字。

❺「之固」，〔今校〕鮑本互倒，是。

❻「惰」，〔今校〕鮑本作「情」，似涉形近而誤。

❼「至」上，〔今校〕鮑本有「過」字。

應對也。❶袁氏云：「古人使，賦《詩》而答對。」❷雖多，亦奚以爲？」奚，何也。誦《詩》宜曉政，而今不達。又應專對，而今不能。雖復誦《詩》之多，❸亦何所爲用哉！故云「亦奚以爲」也。

專，猶獨也。

子曰：「其身正，不令而行。如直形而影自直。范寧云：「上能正己以率物，則下不令而自從也。」其身不正，雖令不從。」如曲表而求直影，影終不直也。范寧云：「上行理僻，而制下使正，猶立邪表責直影，猶東行求郢，而此終年不得矣。」❹

令，教令也。

子曰：「魯、衛之政，兄弟。」魯是周公之封，衛是康叔之封，周公、康叔是兄弟。當周公初時，則二國風化，政亦俱能治，❺化如兄弟。至周末，二國風化俱惡，亦如兄弟。故衛瓘云：「言治亂略同也。」

苞氏曰：「魯，周公之封。衛，康叔之封也。周公、康叔既爲兄弟，康叔睦於周公，其國之政亦如兄弟也。」睦，親也。言康叔親於周公，故風政得和好也。

子謂衛公子荆，「善居室。衛公子荆，是衛家公子也。諸侯之庶子，並稱公子。居其家能治，不爲奢侈，故曰「善居室」也。

王肅曰：「荆與蘧瑗、史鰌，並爲君子也。」蘧瑗，字伯玉，後卷云：「君子哉，蘧伯玉！」亦是也。吴公子札出聘于上國，適衛，説蘧瑗、史狗、史鰌、公子荆、公子叔、公子朝，❻曰：「衛多君子，未有患已。」❼事在（《春秋》第十九卷）襄公二

---

❶「獨」下，諸本有「猶」字，恐衍。〔今校〕鮑本亦有。

❷「袁氏」，文明本旁注異本「袁氏」作「李充」，諸本多與文明本同，唯有不爲齋本與異本同。

❸「詩」，諸本作「詠」。〔今校〕鮑本亦作「詠」。

❹「終年不得矣」，文明本、清熙園本、延德本「終年」作「終然」，恐非，今據久原本、桃華齋本改正。〔今校〕鮑本「矣」作「也」。

❺「風化政」，「化」字恐衍，下文「故風政得和好也」，「風政」之間無「化」字，是其證。

❻「叔」，《論語聽塵》引皇疏作「發」，與《左傳》合。

❼「已」，〔今校〕鮑本作「也」。

十九年也。❶

始有，曰『苟合矣』； 此是善居室之事，始有，謂爲居初有財帛時也。曰，猶云也。苟，苟且也。苟且非本意也，于時人皆無而爲有，虚而爲盈，奢華過實，子荆初有財帛，不敢言己才力所招，但云是苟且遇合而已。少有，曰『苟完矣』； 少有，謂更復多少勝於始有時也。既少勝於前始有，但云苟且得自全完而已，不敢言欲爲久富貴也。富有，曰『苟美矣』。」富有，謂家道遂大富時也。亦云苟且爲美，非是性之所欲，故云「苟美矣」。

子適衛，❷冉子僕。 適，往也。僕，御車也。孔子往衛，冉有時爲孔子御車也。

孔安國曰：「孔子之衛，冉有御也。」

子曰：「庶矣哉！」庶，衆也。孔子歎衛人民之衆多也矣！

孔安國曰：「庶，衆也。言衛民衆多也。」

冉有曰：「既庶矣，又何加焉？」加，益也。冉有言其民既衆多，復何以滋之也。 曰：「富之。」孔子云，❸宜益以富。 曰：「既富矣，又何加焉？」冉有又問：既已富益，又復何以益之？ 曰：「教之。」既富而後，可以教化之。 范寧云：❹「衣食足，當訓義方也。」

子曰：❺「苟有用我者，期月而已可也，苟，誠也。期月，謂年一周也。可者，未足之辭也。言若誠能用我爲治政者，一年即可小治也。一年天氣一周變，故人情亦小改也。❻ 三年有成。」成，大成也。三年一閏，是天道一成。故爲政治，若得三年，風政亦成也。

孔安國曰：「言誠有用我於政事者，

---

❶ 「事在（春秋第十九卷）襄公二十九年也」，按古人引《左氏》皆唯稱某公幾年，皇《疏》此卷則兼舉卷第、公諡及年數，與古書例異。且《憲問》篇「晉文公譎而不正」章下，疏引《左氏》僖公廿八年及莊公八、九年傳文，文明本唯舉公諡年數，他本則其上冠「春秋第幾卷」字，疑疏中舉《左傳》卷第者皆出後人旁記之詞，非皇《疏》本文，今施括號而間隔之。〔今校〕鮑本亦有「春秋第十九卷」字樣，且「年」下有「傳」字。

❷ 「子適衛」，〔今校〕鮑本提行，是。

❸ 「云」，〔今校〕鮑本作「曰」。

❹ 「云」，〔今校〕鮑本作「曰」。

❺ 「子曰」，〔今校〕鮑本提行。

❻ 「小」，〔今校〕鮑本作「少」。

期月而可以行其政教，必三年乃有成功也。」

子曰：「『善人爲邦百年，亦可以勝殘去殺矣。』善人，謂賢人也。爲者，治也。爲邦，謂爲諸侯也。勝殘，謂政教理勝，而殘暴之人不起也。去殺，謂無復刑殺也。言賢人爲諸侯已百年，則殘暴不起，所以刑辟無用。袁氏曰：「善人，謂體善德賢人也。言化當有漸也，任善用賢，則可止刑。任惡，則殺愈生也。」

王肅曰：「勝殘者，勝殘暴之人，使不爲惡也。去殺者，不用刑殺也。」

誠哉，是言也！」誠，信也。古舊有此語，故孔子稱而美信之。

孔安國曰：「古有此言，故孔子信也。」❶

子曰：「如有王者，必世而後仁。」王者，謂聖人爲天子也。世，卅年也。❷聖人化速，故卅年而政乃大成。必須世者，舊被惡化之民已盡，新生之民得卅年，則所稟聖化易成。故顏延之云：「革命之王，必漸化物以善道。染亂之民，未能從道爲化，不得無威刑之用，則仁施未全。改物之道，必須易世，使正化德教，不行暴亂，則刑罰可措，仁功可成。」欒肇曰：「習亂俗，雖畏法刑而外必猶未能化也。必待世變人改，生習治道，然後仁化成。❸刑措成、康，化隆文、景，由亂民之世易，殷、秦之俗遠也。」❹

孔安國曰：「三十年曰世。如有受命王者，必三十年，仁政乃成也。」

子曰：「苟正其身矣，於從政乎何有？苟，誠也。言誠能自正其身，則爲政不難，故云何有。不能正身，其如正人何？」❺其身不正，雖令不從。故云「如正人何」也。故江熙云：「從政者以正人爲事也，身不正那能正人乎？」冉子退朝。❻退朝，謂旦朝竟而還家。朝廷曰退也。

---

❶「信」下，桃華齋本有「之」字。

❷「卅」，〔今校〕鮑本作「三十」，下同。

❸「成」下，〔今校〕鮑本有「也」字。

❹「殷秦」，文明本、延德本作「既泰」，恐非，今據桃華齋、久原二本改正。

❺「身其」，〔今校〕鮑本互倒，自疏文「故云如正人何也」觀之，當從鮑本。

❻「冉子退朝」，〔今校〕鮑本提行，是。

周生烈曰：「謂罷朝於魯君也。」冉子爾時仕季氏，且上朝於魯君，當是季氏，冉有從之朝魯君也。

子曰：「何晏也？」晏，晚也。冉子還晚於常朝，故孔子問之，今還何晏也？范寧云：「冉求早朝晚退，故孔子疑而問之。」❶對曰：「有政。」答所以退晚之由也。言在朝論於政事，故至晏也。

馬融曰：「政者，有所改更匡正也。」❷

子曰：「其事也。孔子謂冉有所云「有政」非之也，❸應是凡所行小事耳。故云「其事也」。

馬融曰：「事者，凡所行常事也。」

如有政，雖不吾以，吾其與聞之。」孔子更説所以知非政之由也。以，用也。言若必是有政事，雖不吾既必應用，而吾既爲卿大夫，亦當必應參預聞之。今既不聞，則知汝所論非關政也。

馬融曰：「如有政事，非常之事。我爲大夫，雖不見任用，必當與聞也。」欒肇云：「案稱政、事，冉有、季路，未有不知其名，而不能職其事者。❹斯蓋微言以譏季氏專政之辭。若以家臣無專政之理，❺則二三子爲宰而問政者多矣，未聞夫子有譏焉。」❻

定公問：「一言而可以興邦，有諸？」定公，魯君也。諸，之也。問孔子，有出一言而能興邦者不乎？孔子對曰：「言不可以若是，若是者，猶如此也。答云：豈有出言而興得邦國乎？❼言不可得頓如此也。其幾。❽幾，近也。然一言雖不可即使興，而有可近於興邦者，故云「其幾」也。

王肅曰：「以其大要，一言不能正興國也。幾，近也。❾有近一言可興國也。」

❶「之」下，〔今校〕鮑本有「也」字。
❷「正」，〔今校〕鮑本作「政」。
❸「之」，〔今校〕鮑本無此字。
❹「不」，〔今校〕鮑本無此字。
❺「專」，〔今校〕鮑本作「與」。
❻「欒肇云」至「未聞夫子有譏焉」，〔今校〕鮑本此段解經文，接「則知汝所論非關政也」下。
❼「出」下，〔今校〕鮑本有「一」字。
❽「幾」下，〔今校〕鮑本有「也」字。
❾「也」，久原本無此字。

人之言而曰：❶『爲君難，爲臣不易。』此已下是一言近興邦之言。設有人云，在上爲君，既爲人主，不可輕脱，罪歸元首，故爲「難」也。又云：爲人臣者，國家之事應知無不爲也。必致身竭命，故云「不易」也。如知爲君難也，不幾乎一言而興邦乎？」如，若也。❷若知爲君難，而云不敢作，❸此言則豈不近一言興邦乎？不云爲臣不易者，從可知也。且君道尊貴，爲人所貪，故特舉君也。

孔安國曰：「事不可以一言而成也，知如此，則可近也。」

曰：「一言而可以喪邦，有諸？」定公又問，有一言而令邦國即喪者不乎？孔子對曰：「言不可以若是，其幾也。亦如前答，亦有言近之者也。人之言曰：『予無樂乎爲君，唯其言而樂莫予違也。』此舉近喪邦之言也。設有人言，我本無樂爲人之君上。所以樂爲君者，正言我有言語而人異我，無敢違距我者，❹爲此故，所以樂爲君耳。

孔安國曰：「言無樂於爲君，所樂者，唯樂其言而不見違也。」

如其善而莫之違也，不亦善乎？將説其惡，❺故先發此句也。此若爲君而出言必善，而民不違，如此者乃可爲善耳。故云「不亦善乎」。如不善而莫之違也，不幾乎一言而喪邦乎？」又答：若爲君而言不善，使民若不違，❻則此言不近一言而喪邦乎？

孔安國曰：「人君所言善，無違之者，則善也。其所言不善，而無敢違之者，則近一言而喪國也。」

葉公問政。葉公亦問孔子爲政之道。子曰：「近者悦，遠者來。」言爲政之道，若能使近民懽悦，則遠人來至也。江熙云：「邊國之人，豪氣不除，物情不附，

---

❶「言」下，〔今校〕鮑本無「而」字。

❷「也」，諸本作「乎」，誤，今據有不爲齋本寫定。

❸「而云不敢作」，此句義未詳。疑「云」當作「事」，「作」當作「怱」。朱注「知爲君之難，則必戰戰兢兢，臨深履薄，而無一事之敢忽」，蓋本於皇《疏》，稍改其文者。〔今校〕鮑本亦作「而云不敢作」，即爲君惶恐不敢妄作之意，不必依武内氏改。

❹「距」，〔今校〕鮑本作「拒」。

❺「説」，〔今校〕鮑本作「譏」。

❻「若」，〔今校〕鮑本無此字。

故以悦近以諭之。」❶子夏爲莒父宰，❷問政。子夏欲往莒父爲宰，故先問孔子爲政之法也。

鄭玄曰：「舊説曰：『莒父，魯下邑也。』」

子曰：「無欲速，言爲政之道，每當閑緩，不得倉卒求速成也。毋見小利。政貴有恒，不得見小財利而曲法爲之。欲速則不達，解欲速之累也。若不安緩，每事而欲速成，則不通達於事理也。見小利則大事不成。」若見小利，而枉法曲教，則爲政之大事無所成就也。

孔安國曰：「事不可以速成，而欲其速，則不達矣。見小利，妨大事，則大事不成也。」

葉公語孔子曰：「吾黨有直躬者，葉公稱己鄉黨中有直躬之人，欲自矜誇於孔子也。

孔安國曰：「直躬，直身而行也。」躬，猶身也。言言無所邪曲也。❸

其父攘羊，而子證之。」此直躬者也。攘，盗也。言黨中有人行直，其父盗羊，而子與失羊之主證明，❹道父之盗也。

周生烈曰：「有因而盗，曰攘也。」謂他人物來己家而藏隱取之，謂之攘也。

孔子曰：「吾黨之直者異於是。拒於葉公，故云：吾黨中有直行者，則異於證父之盗爲直者。❺父爲子隱，子爲父隱，直在其中矣。」孔子舉所異者，言爲風政者，❻以孝悌爲主。父子天性，率由自然至情，宜應相隱。若隱惜則自不爲非，故云直在其中矣。若不知相隱，則人倫之義盡矣。樊光云：❼「父爲子隱者，欲求子孝也，父必先爲慈。家風由父，故先稱父。」范

---

❶「以」，〔今校〕鮑本無此字。

❷「子夏爲莒父宰」，〔今校〕鮑本提行，是。

❸「躬猶身也言言無所邪曲也」，〔今校〕鮑本此段解經文，接「欲自矜誇於孔子也」下。又「言言」，鮑本不重文。

❹「與失羊之主」，〔今校〕鮑本作「告失羊主」。

❺「者」，〔今校〕鮑本作「也」。

❻「爲」，文明本作「乃」，誤，今據他本改正。

❼「樊光云」，桃華齋本「光」作「充」，樊充未詳何人。樊光注《爾雅》，見《隋》、《唐志》及《釋文・敘録》。疑光又注《論語》也。

寧云：「夫子所謂直者，❶以不失其道也。若父子不相隱諱，則傷教破義，長不孝之風焉，以爲直哉？故相隱乃可爲直耳。今王法則，許期親以上得相爲隱，不問其罪，蓋合先王之典章。」江熙云：「葉公見聖人之訓，動有隱諱，故舉直躬欲以訾毁儒教，抗提行中國。❷夫子答之，辭正而義切，荆蠻之豪，喪其誇矣。」樊遲問仁。❸問孔子行仁之道也。子曰：「居處恭，答仁道。居，謂常居，恒以恭遜爲用也。燕居温温是也。執事敬，謂行禮執事時，禮主於敬也。與人忠。謂交接朋友時，宜盡忠不相欺。雖之夷狄，不可棄也。」假令之入夷狄，❹無禮義之處，亦不可捨棄於此三事，此則是仁也。江熙云：「恭、敬、忠，君子任性而行己，所以爲仁也。本不爲外物，故以夷狄不可棄而不行也。若不行於無常，則僞斯見矣。僞見則去仁邈也。」

苞氏曰：「雖之夷狄，無禮義之處，猶不可棄去而不行也。」

子貢問曰：「何如斯可謂之士矣？」謂問在朝爲士之法，是卿大夫可知也。

子曰：「行己有恥，答士行也。言自行己身，恒有可恥之事，故不爲也。李充云：「居正惜者，❺當遲退，必無者其唯有恥乎。是以當其宜行，則恥己之不及；及其宜止，則恥己之不免；爲人臣，則恥其君不如堯舜；處濁世，則恥不爲君子；❻將出言，則恥躬之不逮。是故孔子之稱丘明，亦貴其同恥義，苟孝悌之先者也。」

孔安國曰：「有恥，有所不爲也。」

使於四方，不辱君命，君號令出使於四方之國，則必使稱當，不使君命之見凌辱也。故李充云：「古之良使者，受命不受辭。事有權宜，則與時消息。排患釋難、解紛挫鋭者，❼可謂良也。」可謂士矣。」能有恥及不辱二事，並行無虧，乃可謂爲士矣。此行最高，故在先也。曰：「敢問其次？」子貢聞士之上者，故敢更

❶「子」，〔今校〕鮑本無此字。

❷「提行」，〔今校〕鮑本作「衡」，於義爲長。「提行」二字或涉小注而衍。

❸「樊遲問仁」，桃華齋本、久原本提行。〔今校〕鮑本亦提行，是。

❹「之」，桃華齋本無此字。

❺「惜」，〔今校〕鮑本作「情」，於義爲長。

❻「則」下，桃華齋本有「獨」字，久原本有「唯」字。〔今校〕鮑本有「獨」字。

❼「鋭」，文明本作「挽」，誤，今據他本改正。

問士之次者。曰：「宗族稱孝，❶鄉黨稱悌焉。」孝是事父母，爲近。悌是事兄長，爲遠。宗族爲近，近故稱孝。鄉黨爲遠，故稱悌也。繆協曰：「雖孝稱於宗族，悌及於鄉黨，而孝或爲未優。使於四方，猶未能備。故爲之次者也。」曰：「敢問其次？」子貢又問，求次於士者也。❷曰：「言必信，行必果，此答士之次也。君子達士，貞而不諒。言不期苟信，捨藏隨時，何期必遂？若小行之士，言必須信，行必須果也。硜硜然小人哉！果，必信爲譬也。硜硜，堅正難移之貌也。小人爲惡，堅執難化。今小人之士，必行信果，守志不廻，如小人也。抑亦可以爲次矣。」抑，語助也。凡事欲强使相關，亦多云「抑」也。言此小行，亦强可爲士之次也。李充云：「言可覆而行必成，雖爲小器，取其能有所立。」繆協云：「果，成也。言必合乎信，行必期諸成，君子之體，其業大矣。❸雖行硜硜小器，而能必信必果者，取其有成，❹抑亦可爲士之次也。」

鄭玄曰：「行必果，所欲行必敢爲之。硜硜者，小人之貌也。抑亦其次，言可以爲次也。」

曰：「今之從政者何如？」子貢又問云，今士之從政者復云何如？子曰：「噫！斗筲之人，何足算也？」噫，不平聲。筲，竹器也，容一斗二升，故云「斗筲」也。算，數也。子貢已聞古之是，而又問今之非，故云「噫」也。不平之聲既竟，故又云今之人也。言今之小人器量，如斗筲之器耳，何足數也。

鄭玄曰：「噫，心不平之聲也。筲，竹器，容斗二升者也。算，數也。」

子曰：「不得中行而與之，中行，行能得其中者。當時僞多實少，無復所行得中之人，故孔子歎云：不得中行而與之，謂共處於世乎。必也狂狷乎！狂，謂應直進而不退也。狷，謂應退而不進者也。二人雖不得中道，而能各任天然，而不爲欺詐。故孔子云，既不得中道者而與之，而得與此二人亦好，故云「狂狷乎」。言世

❶「孝」下，〔今校〕鮑本有「焉」字。

❷「者」，文明本、清熙園本、延德本作「之」，誤，今從桃華齋本。

❸「矣」，〔今校〕鮑本作「哉」。

❹「其」，諸本並作「共」，文明本「共」字旁添「其」字。按，「其」、「共」字以形似而誤，今改正。〔今校〕鮑本作「其」，「其」下又有「共」字。

亦無此人。江熙云：「狂者知進而不知退，知取而不知與。狷者急狹，能有所所不爲，❶皆不中道也。然率其天真，不爲僞也。季世澆薄，言與實違，背必以惡，❷時飾詐以誇物，是以録狂狷之一法也。」

苞氏曰：「中行，行能得其中者也。言不得中行，則欲得狂狷者也。」

狂者進取，狷者有所不爲也。」此説狂狷之行。言狂者不爲惡，唯直進取善，❸故云「進取」。狷者應進而不遷，❹故云「有所不爲也」。

苞氏曰：「狂者進取於善道，進而不爲惡，故云取善道也。狷者守節無爲。不進，故云守節無爲也。欲得此二人者，以時多進退，取其恒一也。」❺説時多僞，❻而狂狷天然恒一，故云取之也。

子曰：「南人有言曰：『人而無恒，不可以作巫醫。』南人，南國人也。無恒，用行無常也。巫，接事鬼神者。醫，能治人病者。南人舊有言云，人若用行不恒者，則巫醫爲治之不差，故云不可作巫醫也。

孔安國曰：「南人，南國之人也。」鄭玄曰：「言巫醫不能治無常之人也。」一云：人不可使無恒之人爲巫醫也。❼衛瓘云：「言無恒之人乃不可以爲巫醫。巫醫則疑誤人也，而況其餘乎！」❽

善夫！孔子述南人言，故先稱之，而後云「善夫」也矣。

苞氏曰：「善南人之言也。」

『不恒其德，或承之羞。』」孔子引《易·恒卦》「不恒」之辭，證無恒之惡。言人若爲德不恒，則必羞辱承之。羞辱必承，而云「或」者，或，常也，言羞辱常承之也。

---

❶「所所」，〔今校〕鮑本不重文，是。

❷「必」，〔今校〕鮑本作「心」，疑「必」與「心」形近而訛，當從鮑本。

❸「善」，文明本、清熙園本作「前」，延德本、久原本、桃華齋本作「善」。考苞注，作「善」者爲優，今改正。

❹「進」，桃華齋本、久原本誤「退」。

❺「一」下，〔今校〕鮑本有「者」字。

❻「説時多僞」，桃華齋本「説」作「譏」，又通。

❼上「人」字，〔今校〕鮑本作「言」，義長。

❽「一云」至「而況其餘乎」，〔今校〕鮑本此段解經文，接「故云不可作巫醫也」下。

何以知「或」是常？案《詩》云：❶「如松柏之茂，無不爾或承。」鄭云：❷「或，常也。」《老子》曰：「湛兮似或存。」河上公《注》云：「或，常也。」

孔安國曰：「此《易·恒卦》之辭也。言德無常，則羞辱承之也。」

子曰：「不占而已矣。」此記者又引《禮記》孔子語，來證無恒之惡也。言無恒人非唯不可作巫醫而已，亦不可爲作卜筮。❸卜筮亦不能占無恒之人，故云「不占而已矣」。《禮記》云：「南人有言曰：人而無恒，不可爲作卜筮，古之遺言與？龜與筮猶不知，❹而況於人乎。」是明南人有兩時、兩語，故孔子兩稱之。而《禮記》、《論語》亦各有所録也。

鄭玄曰：「《易》所以占吉凶也。無恒之人，《易》所不占也。」

子曰：「君子和而不同，和，謂心不爭也。不同，謂立志各異也。君子之人千萬，千萬其心和如一，而所習立之志業不同也。小人同而不和。」小人爲惡如一，故云「同」也。好鬭爭，故云「不和」也。

君子心和，然其所見各異，故曰不同。小人所嗜好者同，然各爭其利，故曰不和也。

子貢問曰：「鄉人皆好之，何如？」子貢問孔子云：設有一人，爲鄉人共所崇好之，❺則此人如何？子曰：「未可也。」孔子不許，故云「未可也」。知所以未可者，設一鄉皆惡，而此人爲惡，與物同黨，故爲衆人共見稱美，故未可信也。「鄉人皆惡之，如何？」❻既云皆好爲未可，故更問。設其鄉之人皆共憎惡此人，則何如？子曰：「未可也。孔子亦所以未許者，設一鄉皆惡，而此人獨爲善，不與衆同，故爲群惡所疾，故未可信也。不如鄉人之善者好之，其不善者惡之也。」向答既並云「未可」，故此說其可之

❶「案」，〔今校〕鮑本作「按」。

❷「鄭云」，〔今校〕鮑本作「鄭元曰」，「元」即「玄」，刻書時避玄燁諱改。

❸「不可爲作卜筮」，〔今校〕鮑本作「不可以爲卜筮」，下同。

❹「龜與筮猶不知」，〔今校〕鮑本此句作「龜筮猶不能知也」。

❺「之」，〔今校〕鮑本無此字。

❻「如何」，〔今校〕鮑本二字互倒。

事也。❶言若此人爲鄉人善者所好，又爲不善者所惡，❷如此則是善人，乃可信也。

孔安國曰：「善人善己，惡人惡己。是善善明，己善人，❸爲善人之所好，故是善善明也。❹惡惡著也。」惡人惡己，❺則非己惡，故是惡惡著也。一通云：子貢問孔子曰：與一鄉人皆親好，何如？孔子答云未可。又問曰：與一鄉人皆爲疎惡，何如？孔子又答云未可。既頻答未可，所以故更爲説云：❻不如擇鄉人善者與之親好，若不善者與之爲疎惡也。❼

子曰：「君子易事而難説也。君子忠恕，故易事也。照見物理，不可欺詐，故難悦也。（説音悦）❽

孔安國曰：「不責備於一人，故易事也。」

説之不以道，不説也。此釋難悦也。君子既照識理深，若人以非道理之事來求使之悦，己則識之，故不悦也。及其使人也，器之。此釋易事也。器，猶能也。君子既不責備於一人，故隨人之能而用之，不過分責人，故易事。

孔安國曰：「度才而任官也。」

小人難事而易説。❾小人不識道理，故難事也，可以非法欺之也。説之雖不以道，説也。此釋易悦也。既不識道理，故雖不以道之事悦之，亦既悦之。❿及其使人也，求備焉。」此解難事也。不測度他人器量，而過分責人，故難事也。子曰：⓫「君子泰

---

❶「也」，文明本作「是」，誤，今據他本改正。

❷「又」，文明本作「之」，誤。旁注異本作「人」，按，「人」當作「又」，今據清熙園、延德、久原、桃華齋諸本改正。

❸「己」下，〔今校〕鮑本有「爲」字。

❹「己善人」至「故是善善明也」，〔今校〕鮑本此段與下疏文「惡人惡己」至「故是惡惡著也」合爲一段，總解注文，在注文「惡惡著也」下，疏文「惡人惡己」上。

❺「惡人」，文明本無此二字，今據他本補正。

❻「故」，〔今校〕鮑本無此字。

❼「一通云」至「若不善者與之爲疎惡也」，〔今校〕鮑本此段解經文，接「乃可信也」下。

❽「説音悦」，〔今校〕鮑本無此三字。

❾「説」下，〔今校〕鮑本有「也」字。

❿「之」，〔今校〕鮑本作「也」。

⓫「子曰」，〔今校〕鮑本提行，是。

而不驕，君子坦蕩蕩，心貌怡平，是泰而不爲憍慢也。❶小人驕而不泰。」小人性好輕淩，而心恒戚戚自縱泰，❷是驕而不泰也。

君子自縱泰，似驕而不驕。小人拘忌，而實自驕矜也。多拘忌，是不泰也。❸

子曰：「剛、毅、木、訥，近仁。」言此四事與仁相似，故云「近仁」。剛者性無求欲，仁者静，故剛者近仁也。毅者性果敢，仁者必有勇，周窮濟急，殺身成仁，故毅者近仁也。木者質樸，仁者不尚華飾，故木者近仁也。訥者言語遲鈍，仁者慎言，故訥者近仁也。

王肅曰：「剛，無欲也。❹毅，果敢也。木，質樸也。訥，遲鈍也。有此四者，近於仁也。」

子路問曰：「何如也斯可謂士矣？」❺問爲士之行，和悦切磋之道也。子曰：「切切偲偲，怡怡如也，可謂士矣。答也。切切偲偲，相切磋之貌也。怡怡，和從之貌也。言爲士之法，必須有切磋，又須和從也。朋友切切偲偲，向答雖合云怡怡三事，❻而不可專施一人，故更分之也。若是朋友，義在相益，故須切偲也。兄弟怡怡如也。」兄弟骨肉，理在和順，故須怡怡如也。繆協云：「以爲朋友不唯切磋，亦貴和諧。兄弟非但怡怡，亦須戒厲。然友道缺，❼則面朋而匿怨。兄弟道缺，則鬩墻而外侮。何者？憂樂本殊，故重弊至於恨匿。將欲矯之，故云朋友切切偲偲，兄弟怡怡也。」❽偲偲，❾相切責之貌也。怡怡，和順之貌也。

馬融曰：「切切偲偲，相切責之貌。怡怡，和順之貌也。」

子曰：「善人教民七年，亦可以即戎矣。」善人，賢人也。即戎，謂就兵戰之事。夫教民三年一考，九歲三考，三考黜陟幽明，待具成者，❿九年則正可也。今

❶「憍」，〔今校〕鮑本作「驕」，「憍」同「驕」。
❷「自縱泰」，〔今校〕鮑本無此三字。
❸「多拘忌是不泰也」，〔今校〕鮑本無此七字。
❹「欲」下，桃華齋本有「者」字，恐衍。
❺「也」，桃華齋本句中無「也」字。〔今校〕鮑本亦無此字。
❻「云」，〔今校〕鮑本作「曰」。
❼「友」上，〔今校〕鮑本有「朋」字。
❽「也」上，〔今校〕鮑本有「如」字。
❾「偲偲」上，〔今校〕鮑本有「切切」二字。
❿「具」，〔今校〕鮑本作「其」。

云七年者，是兩考已竟，新人三考之初者也。若有可急，不假待九年，❶則七年考亦可。「亦可」者，未全好之名。繆協云：「亦可以即戎，未盡善義也。」江熙云：「子曰：『苟有用我者，期月而以可，❷三年有成。』善人之教，不逮機理，倍於聖人，❸亦可有成。六年之外，民何用也。」❹

苞氏曰：「即戎，就兵可以攻戰也。」

子曰：「以不教民戰，是謂棄之。」民命可重，故孔子慎戰。所以教至七年，猶曰「亦可」。若不經教戰而使之戰，是謂棄擲民也。江熙云：「善人教民如斯，乃可即戎。況乎不及善人，而馳駈不習之民戰，❺以肉餧虎，❻徒棄而已。」❼琳公曰：「言德教不及於民，而令就戰，民無不死也。必致破敗，故曰『棄』也。」

馬融曰：「言用不習民使之攻戰，必破敗，是謂棄之也。」

❶「假」，〔今校〕鮑本作「暇」。

❷「期月而以可」，〔今校〕鮑本「期」作「朞」，「以」作「已」，句末有「也」字。

❸「倍」上，桃華齋本、久原本有「隆」字，恐衍。

❹「何」，〔今校〕鮑本作「可」，當從。

❺「駈」，〔今校〕鮑本作「驅」。

❻「餧」，〔今校〕鮑本作「餧」，是。

❼「已」下，〔今校〕鮑本有「也」字。

論語憲問第十四

何晏集解凡卅四章

疏憲者，弟子原憲也。問者，問於孔子進仕之法也。所以次前者，顔、路既允文允武，則學優者宜仕。故《憲問》次於《子路》也。○

憲問恥。弟子原憲問孔子凡行事最爲可恥者也。子曰：「邦有道，穀。答可恥事也。將言可恥者，先舉不恥者也。穀，禄也。若有道則以可仕而食其禄也。❶

孔安國曰：「穀，禄也。邦有道，當食其禄也。」

邦無道，穀，恥也。」此可恥者。若君無道而仕食其禄，則可爲恥也。

孔安國曰：「君無道，而在其朝，食其禄，是恥辱也。」

「克、伐、怨、欲不行焉，可以爲仁矣？」克，勝也，謂性好凌人也。伐，謂有功而自稱。怨，謂小小忌怨。欲，貪欲也。原憲又問：若人能不行此四事，可以得爲仁也？

馬融曰：「尅，好勝人也。伐，自伐其功也。怨，忌小怨也。欲，貪欲也。」

子曰：「可以爲難矣，仁則吾不知也。」孔子不許。能不行前四事，則爲難耳，謂爲仁則非吾所知也。仁者必不伐，不伐必有仁。顔淵無伐善，夷、齊無怨，老子云「少私寡欲」，此皆是仁也。公綽之不欲，孟之反不伐，原憲蓬室不怨，則未及於仁。故云「不知也」。

苞氏曰：「此四者行之難者，未足以爲仁也。」

子曰：「士而懷居，不足以爲士矣。」懷居，猶居求安也。不足爲士，謂非士也。君子居無求安，士也。若懷居，非爲士也。

士當志道不求安，而懷其居，非士也。

子曰：「邦有道，危言危行。危，厲也。君若有道，必以正理處人，故民以可得嚴厲其言行也。❷

苞氏曰：「危，厲也。邦有道，可以厲言行也。」

邦無道，危行言遜。」君若無道，必以非理罪人，故

❶「以可」，〔今校〕鮑本二字互倒，當從。

❷「以可」，〔今校〕鮑本二字互倒。

民下所行乃嚴厲不同亂俗。而言不可厲，厲必獲罪，當遜順隨時也。江熙云：「仁者豈以歲寒虧貞松之高志？於言語可以免害，❶志知愈深。❷孔子曰：『諾，吾將仕矣。』此皆遜辭以遠害也。」

遜，順也。厲行，不隨俗。順言，以遠害也。

子曰：「有德者必有言，既有德，則其言語必中，故必有言也。

德不可以憶中，故必有言也。夫德之爲事，❸必先有言語教喻，然後其德成，故有德者必有言。有言，是不可憶度中事也。

有言者不必有德。人必多言，故不必有德也。殷仲堪云：修理蹈道，德之義也。由德有言，言則未矣。未可矯而本無假，❹故有德者必有言，有言者不必有德也。李充曰：「甘辭利口，似是而非者，佞巧之言也。敷陳成敗，合縱連横者，❺說客之言也。凌誇之談，多方論者，辯士之言也。德音高合，發爲明訓，聲滿天下，若出全，❻有德之言也。故有德必有言，有言不必有德也。」

仁者必有勇，殺身成仁，故必有勇也。勇者不必有仁。」暴虎馮河，❼不必有仁也。殷仲堪云：「誠愛無私，仁之理也。見危授命，若身手之相救焉。存道忘生，斯爲仁矣。若夫强以肆武，勇以勝物，陵超在於要利輕死，元非以爲仁。故云：『仁者必有勇，勇者不必仁。』」❽李充云：「陸行不避虎兕者，❾獵夫之勇也。水行不避蛟龍者，漁父之勇也。鋒刃交於前，視死若生者，烈士之勇也。知窮之有命，知通之有時，臨大難而不懼者，仁者之勇也。故『仁者必有勇，勇者不必有仁』也。」❿南宮

---

❶「於」下，〔今校〕鮑本有「其」字。

❷「志知」，〔今校〕鮑本二字互倒。

❸「事」，桃華齋本作「言」。

❹「言則」至「無假」，〔今校〕兩「未」字，鮑本俱作「末」，是。

❺「合縱連横」，文明本旁注異本作「合連縱横」，按諸本多與異本同。〔今校〕鮑本亦同異本。

❻「若出全」，清熙園本、延德本止作「若全」二字，桃華齋本作「若出言全」四字，久原本作「若出全者」四字，根本本亦同。按此句當有訛脫。〔今校〕鮑本同久原、根本本。

❼「馮」，〔今校〕鮑本作「憑」。

❽「仁」上，〔今校〕鮑本有「有」字。

❾「行」下，〔今校〕鮑本有「而」字。

❿「也」，〔今校〕鮑本無此字。

适❶姓南宫，名适，字敬叔。孔安國曰：「适，南宫敬叔，魯大夫也。」

問於孔子曰：「羿善射，奡盪舟，适問孔子之事也。云古有一人，名羿而善能射，故云「羿善射」。《淮南子》云：「堯時有十日並出，草木焦枯，❷堯命羿令射之。中其九日，日中烏皆死焉。」奡者，古時多力人也。盪，推也。舟，船也。能陸地推舟也。

孔安國曰：「羿，有窮之君也。有窮，夏時諸侯國名也，其君名羿也。篡夏后相之位，篡，奪也。夏后，禹之後。世爲天子，名相，即位爲君。有窮之君篡夏后相之位，殺奪之。❸其臣寒浞殺之，羿奪相位而自立爲君，其位號有窮之君，不修德政，好田獵，❹臣寒浞殺之，而篡其位。因其室而生奡。因，猶通也。室，妻也。浞既殺羿而通於羿妻，❺遂有孕，生奡。奡多力，能陸地行舟，奡是浞之子，多力，於陸地推舟。爲少康所殺也。」❻夏后少康，亦夏禹後世子孫，又殺奡而自立爲天子也。

俱不得其死然。言羿、奡二人雖能射及多力，俱爲人所殺，不終天壽。故云「俱不得其死然」。

孔安國曰：「此二子者，皆不得以壽終也。」

禹、稷躬稼而有天下。」禹，夏禹。禹帝姓姒，名文命，黄帝玄孫，鯀之子。《謚法》：「受禪成功曰禹。」治水九年也。稷，后稷。事舜，蒔百穀也。躬稼，播種也。有天下，謂爲天子也。言禹身治溝洫，手足時胼胝，❼勤勞九州。稷播種百穀，二人不爲篡，並有德爲民。禹即身爲天子，稷子孫爲天子。适所問孔子者，以孔子之德比於禹、稷，則孔子亦當必有王位也。夫子不答。孔子知适以禹、稷比己，故謙而不答也。

馬融曰：「禹盡力於溝洫，稷播殖百

❶「南宫适」，〔今校〕鮑本提行，是。
❷「焦」，〔今校〕鮑本作「燋」。
❸「之」，〔今校〕鮑本作「也」。
❹「田」，〔今校〕鮑本作「畋」。
❺「浞」，〔今校〕鮑本作「促」，形近而訛。
❻「爲」下，〔今校〕鮑本有「夏后」二字。
❼「時」，〔今校〕鮑本無此字。

穀，故曰躬稼也。禹及其身，禹身得天子也。稷及後世，文王、武王得天下也。❶皆王也。皆爲天子也。适意欲以禹、稷比孔子，孔子謙，故不答也。」

南宮适出，孔子不答，适自退出。子曰：「君子哉，若人！尚德哉，若人！」孔子不對面答适，是謙也。适出後而美之，欲天下皆知尚德也。若人，如此人也。言适知賤於羿、奡，貴重禹、稷，所以君子尚德，❷如此人也。

孔安國曰：「賤不義，羿、奡之不義，故适賤之。而貴有德，禹、稷有德，故貴重也。故曰『君子』也。」然就此南宮适，非周有十士之南宮适也。❸

子曰：「君子而不仁者有矣夫，此謂賢人已下，不仁之君子也。未能圓足，時有不仁。如管氏有三歸，官事不攝，後則一匡天下，九霸諸侯，❹是長也。袁氏云：「此君子無定名也。利仁慕爲仁者，不能盡體仁，時有不仁一跡也。」夫，語助也。未有小人而仁者也。」❺小人併爲惡事，未能有行民善，達於仁道，故云「未有小人而仁者也」。又袁氏曰：「小人性不及仁道，故不能及仁事者也。」

孔安國曰：「雖曰君子，猶未能備也。」王弼云：「謂假君子以甚小人之辭，❻君子無不仁也。」❼

子曰：「愛之，能勿勞乎？愛，慕也。凡人有志在心，❽見形於外也。既有心愛慕此人，學問之道，不無

---

❶「下」，〔今校〕鮑本作「子」，恐非。

❷「以」，〔今校〕鮑本作「德也」，義劣。

❸「然就」至「适也」，〔今校〕鮑本此段解經文，在「君子尚德如此人也」下。

❹「霸」，〔今校〕鮑本作「合」。

❺「未有小人而仁者也」，文明本、清熙園本、延德本此句止作「而仁者也」四字，桃華齋本作「君子而不仁者也」七字，按各本皆非，今據久原本改正。

❻「謂」，〔今校〕鮑本無此字。

❼「王弼」至「仁也」，〔今校〕鮑本此段解經文，接「故不能及仁事者也」下。

❽「有」，桃華齋本無此字。〔今校〕鮑本作「在」。

勞賴之辭也。忠焉，能勿誨乎？」忠者，盡中心也。❶誨，教也。有人盡中心來者，不無教誨之辭也。

孔安國曰：「言人有所愛，必欲勞來之。有所忠，必欲教誨之也。」李充曰：「愛志不能不勞心，盡忠不能不教誨。」❷

子曰：「爲命，爲，作也。命，君命也。此謂鄭國之事也，作盟會之書也。裨諶草創之，裨諶，鄭國大夫。性静怯弱，謂其君作盟會之辭，❸則入於草野之中，以創之獲之。

孔安國曰：「卑諶，❹鄭大夫名也。謀於野則獲，謀於國則否。此注是《春秋》十九卷）魯襄公三十一年《傳》語也。獲，得也。諶入野爲盟會之辭則成，於國中則辭不成也。鄭國將有諸侯之事，則使乘車以適野，而謀作盟會之辭也。」

世叔討論之，世叔，亦是鄭大夫也。討，治也。論者，評也。世叔有不能草創，學問寡才藻，❺盟會之辭，但能討論治正諶所造之辭。❻行人子羽脩飾之，子羽，亦鄭大夫。行人，是掌使者官名也。不能始創，又不能討治，能取前人創治者，❼更彫脩飾之。❽東里子産潤色之。」居鄭之東里，因爲氏。姓又公孫，❾僑名，亦曰國僑，字子産。才學過超前之三賢，加添潤色周旋盟會之辭也。❿有此四賢，鮮有過失。

馬融曰：「世叔，鄭大夫游吉也。討，治也。卑諶既造謀，⓫世叔復治而論

---

❶「中心」，久原本作「忠心」，下「有人盡中心來」之「中心」亦同，文明本上作「中心」，下作「忠心」，今據桃華齋本寫定。

❷「李充」至「教誨」，〔今校〕鮑本此句解經文，接「不無教誨之辭也」下。

❸「謂」，〔今校〕疑當作爲。

❹「卑」，〔今校〕鮑本作「裨」。

❺「世叔有不能草創學問寡才藻」，此句未詳，「學問寡才藻」五字，疑當在「有」字下「不」字上。

❻「諶」，諸本皆作「謀」，「謀」卽「諶」字訛，今改正。〔今校〕鮑本亦訛作「謀」。

❼「能」上，〔今校〕鮑本有「但」字。

❽「更」下，〔今校〕鮑本有「唯」字。

❾「又」，〔今校〕此字疑衍。

❿「盟會」，〔今校〕鮑本二字互倒。

⓫「卑」，〔今校〕鮑本作「裨」。

之，詳而審之也。行人，掌使之官也。子羽，公孫揮也。子産居東里，因以爲號也。更此四賢而成，故鮮有敗事也。」更，經也。鮮，少也。事經此裨諶等之四人也，故鄭國少有敗事也。

或問子産。或人問於孔子，鄭之子産德行，於民何如？ 子曰：「惠人也。」答或人也。言子産之德，於民不吝家資，拯救於民，甚有恩惠，故云「惠人也」。 孔安國曰：「惠，愛也。子産，古之遺愛也。」子産德行流於後世，有古人之遺風。子産卒，仲尼聞之出涕曰：「古之遺愛也。」事在《春秋》（第二十四卷）魯昭公二十四年冬也。❶

問子西。❷或人又問孔子，鄭之大夫子西德業如何？鄭之公孫夏，或云楚令尹子西。 曰：「彼哉！彼哉！」又答或人，言人自是彼人耳，無別行可稱也。 馬融曰：「子西，鄭大夫。『彼哉彼哉』，言無足稱也。或曰楚令尹子西也。」

問管仲。更或人問孔子，❸齊大夫管仲之德行，於民如何也矣？❹ 曰：「人也。答云：管仲是人也。 猶《詩》言「所謂伊人」也。❺《詩》云「所謂伊人，於焉逍遥」，是美此人。今云管仲「人也」，是美管仲也。 奪伯氏駢邑三百，釋所以是「人」之事也。伯氏，名偃，大夫。駢邑者，伯氏所食采邑也。時伯氏有罪，管仲相齊，削奪伯氏之地三百家也。 飯蔬食，没齒無怨言。」飯，猶食也。蔬，猶麤也。没，終；齒，年也。伯氏食邑時，家資豐足。奪邑之後，至死而貧，但食麤糲，

❶「冬」下，〔今校〕鮑本有「傳」字。

❷「問子西」，此下疏「或人」至「如何」十六字，當在經文「問」字下。〔今校〕疏文問子西德業之事，自當繫於「子西」之下。

❸「更或人」，〔今校〕鮑本「更」字在「人」下，當從。

❹「如何」，〔今校〕鮑本二字互倒。

❺「猶詩言所謂伊人也」，桃華齋本、有不爲齋本、泊園書院本、根本本此注並作「鄭玄曰」，與《考文》所引古本同。久原文庫一本爲孔注，他本皆爲何注，古鈔集解本、正平板及邢《疏》本同。吉田篁墩曰：大永鈔集解本作馬注。〔今校〕鮑本此句上有「鄭元曰」三字。

以終餘年，不敢有怨言也。所以然者，明管仲奪之當理，故不怨也。

孔安國曰：「伯氏，齊大夫。駢邑，地名也。齒，年也。伯氏食邑三百家，管仲奪之。使至蔬食而没齒無怨言，以當其理故也。」

子曰：「貧而無怨，難。貧交困於飢寒，所以有怨。若能無怨者，則爲難矣。江熙云：「顔原無怨，❶不可及也。」富而無驕，易。」富貴豐足，無所應怨，然應無驕則爲易也。江熙云：「若子貢不驕，猶可能也。」

子曰：❷「孟公綽爲趙、魏老則優，此明人生性分各有所能。趙、魏，晉卿地也。❸老者，采邑之室老也。優，猶寬閑也。公綽性静寡欲，若爲采邑之時，❹則寬緩有餘裕也矣。❺不可以爲滕、薛大夫也。」❻滕、薛，皆小國。職煩，公綽不能爲大夫也。

孔安國曰：「公綽，魯大夫也。趙、魏，皆晉卿也。家臣稱老。公綽性寡欲，趙、魏貪賢，賢人多，❼職不煩雜。故家臣無事，所以優也。家老無職，故優。滕、薛小國，大夫職煩，故不可爲也。」滕、薛二國不貪賢，賢人小，❽其職煩雜，❾故不可使公綽爲之。

子路問成人。問人何所行德可爲成人乎？曰：❿「若臧武仲之知。⓫答也。⓬若德成人者，使智如臧武仲，然武仲唯有求立後於魯，而孔子所譏，⓭此亦非智者。齊侯將與臧紇田，⓮臧孫聞之，見齊侯，與之言伐

❶「原」，〔今校〕鮑本作「愿」。
❷「子曰」，〔今校〕鮑本提行，是。
❸「卿」，〔今校〕鮑本無此字。
❹「時」，〔今校〕鮑本作「臣」。作「時」無義，當從鮑本。
❺「矣」，〔今校〕鮑本無此字。
❻「滕」，〔今校〕底本原作「藤」，今據鮑本改。下同。
❼「賢」上，〔今校〕鮑本有「趙魏」二字。
❽「小」，〔今校〕鮑本作「少」，當從。
❾「職」下，〔今校〕鮑本有「事」字。
❿「曰」上，〔今校〕鮑本有「子」字。
⓫「知」，鮑本作「智」。
⓬「也」，〔今校〕鮑本無此字。
⓭「而」下，〔今校〕鮑本有「爲」字。
⓮「與」，〔今校〕鮑本作「爲」。

晉。對曰：「多則多矣，抑君似鼠。夫鼠，晝伏夜動，不穴於寢廟，畏人故也。今君聞晉之亂而後作焉，寧將事之，非鼠如何？」乃弗與田。臧孫知齊侯將敗，不欲受其邑，故以比鼠，欲使怒而止。仲尼曰：「智之難也。有臧武仲之智，（謂能避齊禍）而不容於魯國。❶抑有由也，作不順而施不恕也夫，❷《夏書》曰『念茲在茲』，順事、恕施也。」此是智也，事在（《春秋》第十七卷）襄公廿三年也。❸

馬融曰：「魯大夫臧孫紇也。」

公綽之不欲，非唯須智如武仲，又須無欲如公綽。不欲，不貪欲。所以唯能爲趙、魏老也。范寧云：「不欲，不營財利也。」

馬融曰：「魯大夫孟公綽也。」

卞莊子之勇，又非但公綽之無欲，又須勇如卞莊子之勇。莊子能獨挌虎。一云：卞莊子與家臣卞莊壽，❹途中見兩虎共食一牛，莊子欲前以劍揮之。家臣曰：牛者虎之美食，牛盡虎未飽，❺二虎必鬭。大者傷，小者亡，然後可以揮之。信而言之，❻果如卞壽之言也。

周生烈曰：「卞邑大夫也。」

冉求之藝，又非但勇如莊子，又須有藝如求也。**文之以禮樂，**言備有上四人之才智，又須加禮樂以文飾之也。

孔安國曰：「加之以禮樂。文，成也。」

亦可以爲成人矣。」亦可，未足之辭。言才智如上四人，又加禮樂，則亦可謂爲成。明人之難也。**曰：「今之成人者何必然？**曰者，謂也。向之所答，是說古之成人耳。若今之成人，亦不必然也。**見利思**

---

❶ 「有臧武仲之智（謂能避齊禍）而不容於魯國」，久原文庫一本「謂」字上有「杜注曰」三字。桃華齋本旁注云「謂能避齊禍」五字異本爲注文。按此五字疑出後人旁注，非皇《疏》本文。

❷ 「夫」，〔今校〕鮑本無此字，與《左傳》同。

❸ 「事在（春秋第十七卷）襄公廿年也」，「春秋第十七卷」六字恐衍，攷見前，下同。〔今校〕鮑本「年」下有「傳」字。

❹ 下「莊」字，〔今校〕鮑本無此字。

❺ 「虎」下，諸本有「之」字，桃華齋本無。按無「之」字者是，今改正。〔今校〕鮑本「虎」下有「之」字。

❻ 「信而言之」，此句未詳。按卞莊子刺虎事見《秦策》及《史記・陳軫傳》，據《史記》，此句當作「信而須之。」

義，此已下說下成人之法，是今也。❶若見財利思仁義，❷合宜之財然後可取。顔特進云：「見利取思義，❸雖不及公綽之不欲，猶顧義也。」

馬融曰：「義然後取，不苟得也。」

見危授命，若見其君之危，則當授命竭身，不苟免也。《曲禮》云「臨財無苟得，臨難無苟免」是也。顔特進云：「見危授命，雖不及卞莊子之勇，猶顧義，不苟免也。」久要不忘平生之言，久要，舊約也。平生者，少年時也。言成人平生期約雖久，至今不得忘少時之言。亦以可爲成人矣！」言如見利思義，竭身致命，至老不忘平生之言，則亦可得爲今之成人也。

孔安國曰：「久要，舊約也。平生，猶少時也。」

子問公叔文子於公明賈。孔子見公明賈相訪，而問公叔文子之事。時公明賈仕公叔文子，故問之者也。曰：「信乎，夫子不言，不笑，不取乎？」此是問公叔文子之事也。夫子呼公叔文子爲「夫子」，言人傳文子平生不言、不笑、不取財利，此三事悉孔子未信，❹故見公明賈而問之也。

孔安國曰：「公叔文子，衛大夫公孫拔。❺文，謚也。」

公明賈對曰：「以告者過也。過，誤也。答孔子云：「文子有此三事，是爲誤耳。實理不然也。」夫子時然後言，人不厭其言也。先云是告者誤，後答言似實事對。❻言我夫子非時不語，語必得之中。既得之中，故世人不厭其言也。樂然後笑，人不厭其笑也。夫笑爲樂，若不樂而强笑，必爲人所厭。更云事言訖然後笑也。義然後取，人不厭其取也。」夫取利，若非義取，則爲人所厭。我夫子見得思義，義而後取，故人不厭其取也。子曰：「其然，然，如此也。

---

❶「此已下說下成人之法是今也」，此十二字疑當作「此已下是說今之成人之法也」。

❷「利」下，諸本有「是」字，唯文明本無，按「是」字衍。〔今校〕鮑本有「是」字。

❸「取」，〔今校〕鮑本無。

❹「悉」，〔今校〕鮑本無此字。

❺「拔」，文明本作「技」，誤，今依他本改正。按《集解》及邢《疏》諸本皆作「拔」，唯正平板作「技」，文明本作「技」者，蓋依正平板所校改，非皇本之舊。

❻「似」，〔今校〕鮑本作「以」。

言今汝所説者當如此也。豈其然乎？」謂人所傳三事不言、不笑、不取，豈容如此乎？一云：「其然」是驚其如此。「豈其然乎」，其不能悉如此也。袁氏云：「『其然』，然之。❶此則善之者。恐其不能，故設疑辭。」

馬融曰：「美其得道，釋「其然」也。嫌其不能悉然也。」釋「豈其然」也。❷

子曰：「臧武仲以防求爲後於魯，姓臧，名紇。武，謚也。防是武仲故食采邑也。爲後，謂立後也。武仲魯襄公二十三年爲孟氏所譖，出奔邾。後從邾還防，而使人請於魯，爲其後於防，故云以防爲後於魯。❸雖曰不要君，吾不信也。」要，謂要君也。不先盡忠，而先欺君也。武仲出奔，而猶求立後於其故邑，時人皆謂武仲此事非要。孔子據其理是要，故云「雖曰不要，吾不信也」，是不信時人不要之言也。袁氏云：「奔不越境，而據私邑求立先人之後，此正要君也。」

孔安國曰：「防，武仲故邑。武仲食邑於防，既已出奔故邑。爲後，立後也。其既自出奔，欲更立後於防也。魯襄公二十三年，武仲爲孟氏所譖，出奔邾。季武子無適子。有公子鉏，是公彌也。及紇，是悼子也。季氏愛紇，欲立之。又公子鉏年長，而臧紇謀爲立紇，季氏從之。孟孫死，又廢大立小。是依季氏家用事，故孟氏家惡臧紇。閉門譖於季孫曰：「臧氏將爲亂，不使我葬，欲爲公鉏讎臧氏。」季孫不信。後孟氏除葬道，臧孫使正夫助之除於東門，介甲從己而視之。孟氏又告季孫，怒，命攻臧氏之家。臧紇斬鹿門之關以出，奔邾。自邾如防，使爲以大蔡納請。大蔡，是大棋也。納，進也，進棋請立後。臧紇有異母兄臧賈、臧爲，二人在鑄。（在舅氏之國也）❹紇在邾，先遣使以棋告魯，求立爲後。賈聞命矣，再拜受棋，而使弟臧爲以納請。紇遣使後，乃自邾還防。曰：紇非敢害也，智不

❶「之」下，〔今校〕鮑本有「也」字。

❷「然」下，〔今校〕鮑本有「乎」字。

❸「防」下，〔今校〕鮑本有「求」字。

❹「在鑄（在舅氏之國也）」，文明本無「在鑄」二字，他本皆有。《左氏》襄公二十三年《傳》：「臧賈、臧爲出在鑄。」杜注：「還舅氏也。」是知「在舅氏之國也」六字，乃係後人旁記杜注，而鈔手無識，遂竄入疏中者。〔今校〕原本脱「之」字，今據武内校补正。鮑本有此句，唯無「之」字。

足也。紇至防，使臧爲爲使，至魯傳紇之言。初，孟氏譖紇以甲自隨，謂欲爲亂，季孫信而攻之，故紇令謝之，而言：己以介甲從己而視之，非敢欲爲害，正是智不足也。非敢私請，苟守先祀，又言今日之請，非敢私求還，❶正是欲求立後，守先人之祀，是爲先人之請。無廢二勳，是臧文仲、宣叔也。❷是紇之祖父，並於魯有功勳。今願得立祀，是不敢廢二世之勳也。敢不避邑。若二勳大勳不廢，❸得有守祀之人，則紇敢不避邑。乃立臧爲。魯得紇請，仍立臧爲爲後也。所以立者，❹臧爲于時又私自爲請求立立已也。❺紇致防而奔齊，紇得立臧爲後竟，故致防與臧爲而奔齊。此所謂要君也。」還據私邑，求爲先而立後，要望魯邑，即此是要君也。事在《春秋》第十七卷）襄公廿三年之《傳》也。❻

子曰：「晉文公譎而不正，晉文公，是晉獻公之子重耳也。初爲驪姬之難，遂出奔新城，遊歷諸國。至三十八年，受命爲侯伯，遂爲之主。此評其有失也。譎，詭詐也。文公爲霸主，行詭詐而不得爲正禮。時天子是周襄王，微弱。文公欲爲霸主，大合諸侯，而欲事天子以爲名義。自嫌强大，不敢朝天子，乃喻諸天子，令出畋狩，因此盡君臣之禮。天子遂至晉河陽之地。此是文公譎而不正禮也。事在僖公廿八年。❼

鄭玄曰：「譎者，詐也。謂召於天子而使諸侯朝之。仲尼曰：以臣召君，不可以訓。故《書》曰：『天王狩于河陽。』是『譎而不正』也。」此臣無召君之禮，而文公召之，故不爲教訓也。故《春秋》不云晉公召君，❽但云「天王狩于河陽」，言是天子自狩以至河陽也。

❶「求還」，桃華齋本「求」下「還」上更有「求」字，而「非敢私求」句，下「求」字下屬讀，又通。
❷「是」上，〔今校〕鮑本有「二勳」二字。
❸上「勳」字，〔今校〕疑衍，鮑本無此字。
❹「立」下，〔今校〕鮑本有「臧爲」二字。
❺「立立」，〔今校〕或衍一「立」字。鮑本不重「立」字。
❻「事在（春秋第十七卷）襄公廿三年之傳也」，「春秋第十七卷」六字恐衍。〔今校〕鮑本無「之」字。
❼「在」下，諸本有「春秋第七卷」五字，唯文明本及清熙園本無。〔今校〕鮑本有「春秋七卷」四字。
❽「公」，〔今校〕鮑本作「侯」。

齊桓公正而不譎。」此是齊侯爲霸主依正而行，不爲詐譎，是勝於晉文公也。江熙云：「言此二君霸跡不同，而所以翼佐天子，以綏諸侯，❶使車無異轍，書無異文也。」

馬融曰：「伐楚以公義，責苞茅之貢不入，問昭王南征不還，是正而不譎也。」魯僖公三年冬，齊侯與蔡姬乘舟于囿，蕩公。蔡姬，齊侯夫人。蕩，摇也。是摇蕩船也。公懼，變色，禁之不可，公怒歸之。未之絶也，蔡人嫁之。至明年，四年春，齊侯之師侵蔡。蔡潰散也，遂伐楚。楚子使與師言曰：「君處北海，寡人處南海，唯是風馬牛不相及也。不虞君之涉吾地也，何故？」齊侯使管仲對曰：「昔召康公命我先君太公曰：『五侯九伯，汝實征之，以夾輔周室。』賜我先君履，東至于海，西至于河，南至于穆陵，北至于無棣。爾貢包茅不入，王祭不供，無以縮酒，寡人是徵。昭王南征不還，寡人是問。」對曰：「貢之不入，寡君之罪也，敢不供給！昭王之不還，君其問諸水濱。」接《春秋》，❷齊侯伐楚，責此二事，是正不譎也。楚地出好茅，貢王祭，將縮酒。縮酒者，謂束茅而灌之以酒，謂之縮酒。楚既久不貢茅，故周王祭時，無茅以供縮酒，乃就齊徵求之。又昭王是成王之孫，南巡狩涉漢，船壞而溺死。周人諱而不赴，諸侯不知其故，故問之，所以伐楚。楚受不貢包茅之失，而不受昭王溺水之咎。于時溺水之地不屬楚境，故云「問諸水濱」也。事在《春秋》第五卷）僖四年春也。❸

子路曰：「桓公殺公子糾，❹桓公是齊公之子，名小白也，是僖公庶子。❺子糾是桓公之庶兄。桓公與子糾爭國，而殺子糾也。召忽死之，召忽是子糾之傅，子糾被殺，故召忽赴敵而同死也。管仲不死。」管仲亦是子糾輔相，召忽既死，管仲猶生，故曰「不死」。

---

❶「以」，〔今校〕鮑本無此字。

❷「接春秋」，〔今校〕鮑本「接」作「按」，「春秋」下有「傳」字，當從。

❸「事在(春秋第五卷)僖四年春也」，「春秋第五卷」五字恐衍。〔今校〕鮑本「也」上有「傳」字。原校出文「僖」下有「公」字，與疏文不符，今删去。

❹「糾」，延德本、桃華齋本、清熙園本作「糺」，注及疏亦同。

❺「桓公」至「庶子」，〔今校〕鮑本作「桓公是齊僖公之庶子名小白也」。

曰：「未仁乎？」曰者，謂也。是時人物議者，皆謂管仲不死，是不仁之人也。管仲非唯不死，亦廻復輔相桓公，故爲無仁恩也。

孔安國曰：「齊襄公立無常。此注至「召忽死之」，並是《春秋》魯莊公八年《傳》文，❶是記前時之事也。襄公者是齊僖公之適子，名諸兒，作倪字呼，❷是桓公之兄。既得立爲君，風化不恒，爲政之惡，故曰無常。鮑叔牙曰：『君使民慢，亂將作矣。』齊僖公有三子：長是襄公，是（鮑叔牙者，小白之輔）適。❸次子糾，是庶。小者是小白也，亦是庶。❹僖公薨，襄公繼父之位爲君，政不常。相見襄公風政無常，故云「亂將作矣」。奉公子小白出奔莒。叔牙見襄公危政，不居亂邦，故奉小白奔往莒國。襄公從弟公孫無知殺襄公，小白奔後，而襄公從弟公母弟夷仲年之子名無知，作亂而殺襄公，自立爲君。《禮》：「諸侯之子曰公子，公子之子曰公孫，公孫之子曰公族。」管夷吾、召忽奉公子糾出奔魯。夷吾，管仲也。襄公死後，管仲、邵忽二人，❺奉持子糾出奔魯。❻齊人殺無知，齊人是雍廩也。子糾出奔後，公孫得爲君，惡虐于雍廩，❼齊大夫也。至九年春，雍廩殺無知。魯伐齊納子糾。子糾奔魯，齊人又殺無知，而齊無君。至魯莊公九年夏四月伐齊，❽入子糾，欲擬立爲齊君。納，入也。小白自莒先入，是爲桓公。小白先奔在莒，聞魯伐齊納子糾，故先子糾而入，遂爲君，死謚爲桓公。乃殺子糾，召忽死也。」小白既入得爲君，遂殺庶兄子糾于生竇，在魯地也。故云「桓公殺公子糾，召忽死之」。

❶「八年傳文」，〔今校〕鮑本「八年」下有「九年」二字。考《春秋左氏傳》，此事記於魯莊公八年。
❷「作倪字呼」，四字恐衍。
❸「鮑叔牙者小白之輔」，〔今校〕此句恐當移至「政不常」下「相見」上，「相」字連上讀，作「鮑叔牙者小白之輔相」。
❹「亦是庶」，〔今校〕鮑本無此三字。
❺「邵」，〔今校〕鮑本作「召」。
❻「持」，桃華齋本作「將」。
❼「雍廩」下，〔今校〕鮑本重「雍廩」二字。
❽「伐」上，〔今校〕鮑本有「魯」字。

一云：召忽投河而死。事在莊公八年、九年也。❶

子曰：「桓公九合諸侯，不以兵車，孔子答子路，説管仲有仁之跡。齊桓公爲霸主，遂經九過盟會諸侯，不用兵車而能辨也。不用兵車而諸侯九會，❷管仲之力也。《史記》云：「兵車之會三，乘車之會六。」《穀梁傳》云：「衣裳之會十一。」范寧注云：「十三年會北杏，十五年又會鄄，❸十六年會幽，❹二十七年又會幽，僖元年會于檉，❺二年會于貫，三年會于陽穀，四年盟于召陵，❻五年會于首止，❼七年會于寧母，九年會于葵丘，凡十一會。（又非十一會）鄭不取北杏及陽穀，爲九會。」❽管仲之力也。如其仁，如其仁。」管仲不用民力，而天下平静，誰如管仲之智乎。再言之者，深美其仁也。

孔安國曰：「誰如管仲之仁矣。」

子貢曰：「管仲非仁者與？問孔子，嫌管仲非是仁者乎？桓公殺公子糾，不能死，又相之。」此舉管仲非仁之跡。言管仲是子糾之相，而桓公是子糾之賊。管仲既不爲子糾致命殺讎，而更相公，❾非爲仁也。子曰：「管仲相桓公，霸諸侯，一匡天下，孔子説管仲爲仁之跡也。管仲得相桓公者，管仲

---

❶「事在莊公八年九年也」，諸本「在」下有「春秋第三卷」五字，唯文明本及清熙園本無。〔今校〕鮑本有此五字，「年也」作「月傳」。

❷「九會」，諸本作「九合」，唯文明本作「九會」，據下文，文明本似優。按「會」省體作「会」，因「会」、「合」字以形相似而誤。〔今校〕鮑本作「九合」。

❸「十」上，〔今校〕鮑本有「十四年會鄄」一句五字。

❹「幽」，延德本作「齊」，誤。

❺「僖元年會于檉」，根本本「檉」上無「于」字，諸鈔本皆有，下「貫」、「首止」、「寧母」、「葵丘」上諸「于」字亦同。按《穀梁》莊公二十六年《傳》《釋文》出「于朾」云一本亦作「檉」，則陸氏所據本亦有「于」字，根本本專據今本《穀梁》削諸「于」字，非。〔今校〕鮑本各處皆無「于」字。

❻「四年盟於召陵」，〔今校〕鮑本無此六字。

❼「會於首止」，根本本作「會首戴」，與今本《穀梁》范注合。諸鈔本作「會於戴止」，與《左氏傳》合。疑是後據《左氏傳》所妄改。〔今校〕鮑本同根本本。

❽「凡十一會（又非十一會）鄭不取北杏及陽穀爲九會」，久原文庫一本旁記「又非十一會鄭」六字，疑非皇疏之文。今按鮑本所謂十一會中有兩次會鄄，而無召陵之會。

❾「公」上，〔今校〕鮑本有「桓」字。

爲子糾爭國，❶仲射桓公中鉤帶。❷子糾死，管仲奔魯。初鮑叔牙與管仲同於南陽拯相，❸敬重叔牙。叔牙後相桓公，❹而欲取管仲還。無漸，因告老辭位。❺桓公問叔牙：「誰復堪爲相者？」牙曰：「唯管仲堪之。」桓公曰：「管仲射朕鉤帶，殆近死，今日豈可相乎？」牙曰：「在君爲君，謂忠也。至君有急，當射彼人鉤帶。」桓公從之。遣使告魯，不放，欲殺管仲。❻遣使者曰：「管仲射我君鉤帶，君自斬之。」魯還之，遂得爲相。莊九年夏云：小白既先入，而魯猶輔子糾，至秋，齊與魯戰于乾時，魯師敗績。鮑叔牙志欲生管仲，乘勝進軍，來告魯曰：「（子糾親，請君討之。管、召讎也，請受而甘心焉）。❼子糾是我親也，我不忍殺，欲令魯殺之。管仲、召忽，是我欲自得而殺之。魯乃殺子糾于生竇，召忽死之，管仲請囚，鮑叔牙受之，及堂阜而脱之，遂使爲相也。霸諸侯，使輔天子，合諸侯，❽故曰霸諸侯也。一匡天下，一切皆正也。❾

馬融曰：「匡，正也。天子微弱，桓公率諸侯以尊周室，一正天下也。」

民到于今受其賜。賜，猶恩惠也。于時夷狄侵逼中華，得管仲匡霸桓公，今不爲夷狄所侵，皆由管仲之恩賜也。

受其賜者，謂不被髮左衽之惠也。王弼曰：「于時戎狄交侵，亡荆滅衛，❿管仲攘戎狄而封之。南服楚師，北伐山戎，而中國不移。故曰『受其賜』也。」

微管仲，吾被髮左衽矣。⓫此舉受賜之事也。被髮，不結也。左衽，衣前從右來向左。孔子言：若無管

---

❶「管仲爲」，〔今校〕鮑本作「桓公與」。

❷「仲」上，〔今校〕鮑本有「管」字。

❸「於」，〔今校〕鮑本作「游」。「拯」，〔今校〕鮑本作「極」，恐形近而誤。

❹「叔牙」，〔今校〕鮑本無此二字。

❺「因」上，〔今校〕鮑本有「既」字。

❻「放欲」，〔今校〕鮑本二字互倒。

❼「（子糾親」至「受而甘心焉）」，按「子糾親也」至「甘心焉」十八字，見《左氏》莊公九年《傳》，而與下「子糾是我親也」等廿字義全同，疑是前人取《左氏》文，以注明皇《疏》所從出，而鈔手不察，遂竄入疏中也。〔今校〕據武内校，原文「親」下當有「也」字。

❽「侯」，〔今校〕當爲「侯」字之誤，鮑本正作「侯」。

❾「一切」上，〔今校〕鮑本有「故天下」三字。

❿「荆」，〔今校〕鮑本作「邢」，當從。

⓫「吾」下，〔今校〕鮑本有「其」字。

仲，則今我亦爲夷狄，故被髮左衽矣也。❶

馬融曰：「微，無也。無管仲，則君不君，臣不臣，皆爲夷狄也。」

豈若匹夫匹婦之爲諒也，自經於溝瀆，而莫之知也？」孔子更語子貢，喻召忽死之不足爲多，管仲不死不足爲小也。諒，信也。匹夫匹婦無大德，而守於小信，則其宜也。自經，謂經死於溝瀆中也。溝瀆小處，非宜死之處也。君子直而不諒，事存濟時濟世，豈執守小信，自死於溝瀆，而世莫知者乎？喻管仲存於大業，不爲召忽守小信。而或云：召忽投河而死，故云溝瀆。或云：自經，自縊也。《白虎通》云：「匹夫匹婦者，謂庶人也。言其無德及遠，但夫婦相爲配匹而已。」

王肅曰：「經，經死於溝瀆之中也。管仲、召忽之於公子糾，君臣之義未正成，故死之未足深嘉，不死未足多非。二人並足爲是非也。❷死事既難，亦在於過厚。死是人生之難，而召忽於子糾未成君臣，今爲之死，亦是過厚，不及管仲不死也。故仲尼但美管仲之功，亦不言召忽不當死也。」

公叔文子之臣大夫僎，即前孔子所問公明賈之文子也。有臣名僎，亦爲大夫也。與文子同升諸公。升，朝也。諸，之也。公，衛君也。文子是衛大夫，僎本是家臣，見之有才德，❸不將爲己之臣，恐掩賢才，乃薦於衛君。衛君用之，亦爲大夫，與文子尊卑使敵，恒與文子齊列同班者也。

孔安國曰：「大夫僎，本文子家臣也，薦之使與己並爲大夫，同升在公朝也。」

子聞之，曰：「可以爲文矣。」子，孔子也。聞文子與家臣同升，而美之也。言謚爲文也。❹以其德行必大，得謚爲文矣。謚，音誌。❺

孔安國曰：「言行如是，可謚爲文也。」

❶「也」，〔今校〕鮑本無此字。

❷「足」上，〔今校〕鮑本有「不」字。

❸「德」，〔今校〕鮑本作「能」。

❹「爲」，〔今校〕鮑本無此字。

❺「謚音誌」，〔今校〕鮑本無此三字，是。乃音釋誤入疏文者。

子曰：「衛靈公之無道久也。」孔子歎衛靈無道。❶ 康子曰：「夫如是，奚而不喪？」康子，魯季康子也。夫，指衛靈公也。奚，何也。康子問孔子歎衛君無道，❷故致其言：夫無道者必須喪傾邦，靈公奚無道行意，不喪亡其邦乎？ 孔子曰：「仲叔圉治賓客，祝鮀治宗廟，王孫賈治軍旅。夫如是，奚其喪？」孔子答康子，言靈公無道，邦國不喪之由也，此三臣各掌其政也。❸喪，亡也。或問曰：靈公無道，焉得有好臣？答曰：或是先人老臣未去者也，或是靈公少時可得良臣，而後無道，故臣未去也。

孔安國曰：「言君雖無道，所任者各當其才，何爲當亡乎也？」❹

子曰：「其言之不怍，則其爲之難也。」❺怍，慙也。人內心虛詐者，外言貌必麗。若內有其實，則外貌無慙。時多虛妄，無慙怍少，❻故王弼曰：「情動於中而外形於言，情正實而後言之不怍。」

馬融曰：「怍，慙也。內有其實，則言之不慙。積其實者，爲之難也。」

陳成子殺簡公。陳恒也，❼謚成子。❽魯哀公十四年甲午，齊陳恒殺其君壬于舒州。❾ 孔子沐浴而朝，告於哀公。魯齊同盟，分災救患，故齊亂則魯宜討之。禮：臣下凡欲告君諮謀，必先沐浴。孔子是臣，故先沐浴，告於哀公。孔丘三日齊，❿而請伐齊。 曰：「陳恒殺其君，請討之。」此哀公之事也。⓫ 哀公言：「魯爲齊弱久矣。子之伐之，將若之何？」⓬對曰：「陳恒殺其君，民不與者半。以魯衆加齊之半，可克。」是孔子對曰也。

---

❶「衛靈無道」，〔今校〕鮑本「靈」作「君」，句末有「也」字。

❷「問」，〔今校〕鮑本作「聞」，可從。

❸「此」上，〔今校〕鮑本有「有」字。

❹「也」，〔今校〕鮑本無此字。

❺「也」，〔今校〕鮑本無此字。

❻「少」，當作「也」。〔今校〕鮑本正作「也」。

❼「陳」上，〔今校〕鮑本有「陳成子」三字。

❽「謚」下，文明本有「法」字，衍，今削正。

❾「壬」，延德本誤作「主」。

❿「孔丘三日齊」，〔今校〕鮑本無此五字。

⓫「此」下，〔今校〕鮑本有「告」字，依文義當從。

⓬「子之伐之將若之何」，諸本皆「子」下衍「與」字，「若」誤作「告」，今據《左傳》訂正。〔今校〕鮑本不誤。

馬融曰：「陳成子，齊大夫陳恒也。❶將告君，故先齊，齊必沐浴也。」

公曰：「告夫二三子。」二三子是三卿：❷仲孫，叔孫，季孫。公得孔子告，不敢自行，更令孔子往告三卿。❸孔子辭之而不告也。

孔安國曰：「謂三卿也。」

孔子曰：「以吾從大夫之後，不敢不告也。孔子得公令告三卿，故言此答之。言我是大夫，大夫聞事，應告于主君。❹云「從大夫之後」者，孔子謙也。君曰『告夫二三子』者。」我禮應告君，❺本不應告三子，今君使我告三子，我當往告。❻

馬融曰：「我於禮當告君，不當告二三子。君使我往，故復往也。」

之二三子之，往也。孔子從君命而往。❼告，不可。三子告孔子曰：不可討齊也。孔子曰：「以吾從大夫之後，不敢不告。」三子既告孔子云，齊不可討，故孔子復以此辭語之曰止也。❽

馬融曰：「孔子由君命，之二三子告，不可。故復以此辭語之而止之也。」❾

子路問事君。問孔子求事君之法。子曰：「勿欺也，❿而犯之。」答事君當先盡忠而不欺也。君若有過，則必犯顏而諫之也。《禮》云：「事君有犯而無隱，事親有隱而無犯。」

孔安國曰：「事君之道，義不可欺，當

❶「恒」，諸本作「桓」，非。清熙園本經及注作「桓」，疏仍作「恒」，文明本則經、注及疏並作「恒」，是。諸本作「桓」者，蓋據《集解》舊本所校改。

❷「是」下，桃華齋本、久原本有「魯有」二字。

❸「令」，桃華齋本、久原本作「命」。

❹「于」，〔今校〕鮑本作「先」，恐誤。

❺「我禮」，〔今校〕鮑本互倒，當從。

❻「告」下，〔今校〕鮑本有「之」字。

❼「之往」至「而往」，此十字疏文延德本在經文「告」字下。〔今校〕鮑本在經文「不可」下。

❽「曰」，〔今校〕鮑本作「而」，義長。

❾「止之」，〔今校〕鮑本無「之」字。

❿「勿欺也」，桃華齋本、久原本「也」作「之」，文明本、清熙園本、延德本作「也」，與古鈔《集解》本及正平板同。〔今校〕鮑本「也」作「之」。又，武内校記出文「勿」作「無」，據原文及鮑本改正。

能犯顔色諫爭也。」

子曰：「君子上達，上達者，達於仁義也。小人下達。」下達，謂達於財利。所以與君子反也。本爲上，末爲下也。明今古有異也。❶

子曰：「古之學者爲己，古人所學，己未善，故學先王之道，欲以自己行之，成己而已也。今之學者爲人。」今之世，學非以復爲補己之行闕，❷正是圖能勝人，欲爲人言己之美，非爲己行不足也。

孔安國曰：「爲己，履而行之也。❸爲人，徒能言之也。」徒，空也。爲人言之而已，❹無其行也。一云：徒則圖也，言徒爲人説也。

蘧伯玉使人於孔子。使人往孔子處。孔子與之坐而問焉，孔子與伯玉之使者坐，而問之。

孔安國曰：「伯玉，衛大夫蘧瑗也。」

曰：「夫子何爲？」此孔子所問之事。孔子指伯玉爲夫子，問使者，汝家夫子何所作爲耶？❺對曰：「夫子欲寡其過而未能也。」使者答言：我家夫子恒自修省，夙夜戒慎，欲自寡少於過失，而未能寡於過也。

言夫子欲寡其過，而未能無過也。

使者出。使者答竟而出。子曰：「使乎！使乎！」孔子美使者之爲美，故再言「使乎」者，言伯玉所使得爲其人也。❻顔子尚未能無過，況伯玉乎？而使者云「未能」，❼是得伯玉之心而不見欺也。

陳群曰：「再言『使乎』，善之也，言使得其人也。」

子曰：「不在其位，不謀其政。」誡人各專己職，不得濫謀，圖他人之政也。曾子曰：「君子思不

❶「明今古有異也」，〔今校〕此疏「末爲下也」與注文不合，乃誤置此處。鮑本此六字在下章首句疏文「古人所學」句上。
❷「以」，〔今校〕鮑本無此字。
❸「履」下，〔今校〕鮑本有「道」字。
❹「爲」上，〔今校〕鮑本有「外空」二字。
❺「作」，桃華齋本無此字。〔今校〕鮑本亦無此字。
❻「得爲」，〔今校〕鮑本二字互倒，當從。
❼「云」，〔今校〕鮑本作「曰」。

出其位。」❶君子思慮當己分内，❷不得出己之外，而思他人事。思於分外，徒勞不得。❸袁氏云：「不求分外。」

孔安國曰：「不越其職也。」

子曰：「君子恥其言之過其行也。」君子之人，顧言慎行。若空出言而不能行遍，是言過其行也。君子恥之，小人則否。子曰：❹「君子道者三，我無能焉：言君子所行之道者三。❺夫子自謙，我不能行其一也。我者，孔子自言也。仁者不憂，一，樂天知命，内省不疾，❻是無憂。智者不惑，二，智者以昭了爲用，是無疑惑。勇者不懼。」三，既有才力，是以捍難衛侮，是無懼敵也。子貢曰：「夫子自導也。」❼孔子云無，而實有也。故子貢云：孔子自道説也。江熙云：「聖人體是極於冲虚，是以忘其神武，遺其靈智，遂與衆人齊其能否。故曰『我無能焉』。子貢識其天真，故曰『夫子自道』之也。」❽子貢方人。❾方，比方人也。子貢以甲比乙，論彼此之勝劣者。

孔安國曰：「比方人也。」

子曰：「賜也賢乎我夫哉？夫人行難知，故比方人優劣之不易，且誰聞己之劣？故聖人不言。聖人不言，而子貢專輒比方之，故抑之而云「賢乎」哉。❿我則不暇。」事既爲難，故我則不暇有比方之説。

孔安國曰：「不暇比方人也。」江熙云：「比方人不得不長短相傾，聖人誨人不倦，豈當相藏否？⓫故云『我則不暇』。是以問師之賢而無毀譽，⓬長物之風

❶「曾子曰君子思不出其位」，桃華齋本、久原本提行。
❷「君子」下，桃華齋本有「之人」二字。
❸「不」下，〔今校〕鮑本有「可」字。
❹「子曰」，〔今校〕鮑本提行，是。
❺「者」，桃華齋本、久原本作「有」，又通。〔今校〕鮑本作「有」。
❻「疾」，〔今校〕鮑本作「疚」，義長。
❼「導」，〔今校〕鮑本作「道」。
❽「之」，〔今校〕鮑本無此字，可從。
❾「子貢方人」，〔今校〕鮑本提行，是。
❿「而」，〔今校〕鮑本無此字。
⓫「藏」，〔今校〕鮑本作「臧」，是。
⓬「師」，〔今校〕鮑本作「人」。

於是乎。」❶

子曰：「不患人不己知，患己無能。」言不患人之不知我之有才能也，正患無才能以與人知耳。

王肅曰：「徒患己之無能也。」

子曰：「不逆詐，逆者，返也。❷君子含弘接納，不得逆欺物以詐僞也。李充云：「物有似真而僞，亦有似僞而真者。信僭則懼及僞人，詐濫則懼及真人，寧信詐則爲教之道弘也。」不億不信，億，億必也。事必須驗，不得億必，懸期人之不信。李充云：「人而無信，不知其可也。然閑邪存誠，不在善察，❸若見失信於前，必億其無信於後，則容長之風虧，而改過之路塞矣。」（億，音憶）❹抑亦先覺者，是賢乎！」言若逆詐及憶不信者，此乃是先少覺人情者耳，寧可謂是爲賢者之行乎？李充云：❺「夫至覺忘覺，不爲覺以求覺。❻先覺雖覺，同逆詐之不覺也。」

孔安國曰：「先覺人情者，是寧能爲賢乎？或時反怨人也。」言先覺或濫，則反受怨責也。顏特進云：「能無此者，雖未窮明理，而亦先覺之次也。」❼

微生畝謂孔子曰：「丘何爲是栖栖者與？無乃爲佞乎？」微生畝見孔子東西遑遑，屢適不合，故呼孔子名而問之也。言丘何是爲此栖栖乎？將欲行詐佞之事於時世乎也？❽

苞氏曰：「微生，姓也。畝，名也。」

孔子對曰：「非敢爲佞也，疾固也。」孔子答

---

❶「乎」下，此下當有脱字。根本本「乎」下有「暢」字，義長，諸本皆無。〔今校〕鮑本有「暢」字。「江熙云」至「長物之風於是乎」，〔今校〕鮑本此段解經文，接「故我則不暇有比方之説」下。

❷「返」，〔今校〕鮑本作「迎」。

❸「閑邪存誠不在善察」，文明本脱「不在」二字，今補正。

❹「（億音憶）」，此三字疑出後人旁記之詞，非皇《疏》本文。

❺「云」，〔今校〕鮑本作「曰」。

❻「不爲覺以求覺」，諸本「求」下有「先」字，恐衍。文明本「求」下無「覺」字，義長。〔今校〕鮑本「求」下有「先」字，亦有「覺」字。

❼「顏特」至「次也」，〔今校〕鮑本此段解經文，接「同逆詐之不覺也」下，當從。又「而」下，鮑本有「抑」字。

❽「也」，〔今校〕鮑本無此字。

云：我之栖栖，非敢詐佞，政是忿疾世固陋，我欲行道以化之故耳。

苞氏曰：「疾世固陋，欲行道以化之也。」❶

子曰：「驥不稱其力，稱其德也。」驥者，馬之上善也。于時輕德重力，故孔子引譬言之也。❷言伯樂曰，❸驥非重其力，政是稱其美德耳。驥既如此，而人亦宜然。❹

鄭玄曰：「德者，謂調良之德也。」江熙云：「稱伯樂曰，驥有力而不稱，君子雖有兼能，而惟稱其德也。」❺

或曰：「以德報怨，何如？」或人問孔子曰：彼與此有怨，而此人欲行德以報彼怨，其事理何如也？

子曰：「何以報德？孔子不許也。言彼有怨，而德以報彼。設彼有德於此，則又何以報之也。

德，恩惠之德也。

以直報怨，以德報德。」既不許「以德報怨」，故更答以此也。不許「以德報怨」，言與我有怨者，我宜用直道報之。若與我有德者，我以備德報之。所以不持德報怨者，❻若行怨而德報者，則天下皆行怨以要德報之，如此者是取怨之道也。

子曰：「莫我知也夫！」❼莫，無也。孔子歎世人無知我者。子貢曰：「何爲其莫知子也？」子貢怪夫子有此言，云何謂莫知子乎？何爲，猶若爲也。

子貢怪夫子言何爲莫知己，故問也。

子曰：「不怨天，不尤人。孔子答無知我之事。尤，責也。言我不見用，而世人咸言我應怨天責人，而我實無此心也。人不見知而我不責人，天不見用我亦不怨天也。

馬融曰：「孔子不用於世，而不怨天。人不知己，亦不尤人也。」

---

❶「之」，〔今校〕鮑本作「人」。

❷「言」，〔今校〕鮑本作「抑」。

❸「曰」，〔今校〕鮑本無此字。

❹「然」下，〔今校〕鮑本有「也」字。

❺「江熙」至「德也」，〔今校〕鮑本此段解經文，接「而人亦宜然」下，當從。

❻「持」，〔今校〕鮑本作「以」。

❼「子曰莫我知也夫」，久原本提行。〔今校〕鮑本提行，是。

下學而上達，解無知我所以「不怨天，不尤人」之由也。下學，學人事。上達，達天命。我既學人事，人事有否有泰，故我不尤人。❶上達天命，天命有窮有通，故我不怨天也。

孔安國曰：「下學人事，上知天命也。」

知我者其唯天乎！」❷人不見知我，我不怨不尤者，唯天知之耳。

聖人與天地合其德，故曰唯天知己也。聖人德合天地，天地無怨責，故亦不怨責之也。❸

公伯寮愬子路於季孫。愬，譖也。子路時仕季氏，而伯寮讒季氏，令信讒譖子路也。❹

馬融曰：「愬，譖也。伯寮，魯人，弟子也。」亦是孔子弟子，其家在魯，故云「魯人，弟子也」。

子服景伯以告，子服景伯聞伯寮譖子路，❺故告孔子。

馬融曰：「魯大夫子服何忌也。告，告孔子也。」

曰：「夫子固有惑志。此景伯所告之辭。夫子者，季孫爲夫子也。惑志，謂季孫信伯寮之讒子路也。

孔安國曰：「季孫信讒，恚子路也。」

於公伯寮也，吾力猶能肆諸市朝。」景伯既告孔子云，季子猶有惑志，❻而又説此助子路，❼使子路無罪，而伯寮致死。言若於他人絯有豪勢者，❽則吾力勢不

❶「故」下，〔今校〕鮑本無「我」字。
❷「唯」，〔今校〕鮑本無此字。
❸「天地無怨責故亦不怨責之也」，延德本「無」下有「可」字，久原文庫一本「可」作「所」，久原本、桃華齋本並有「所」字、「可」字，「故」下諸本有「我」字，文明本無。根本本此句作「天地無可怨責故我亦不怨責也」，義優。〔今校〕鮑本「無」下有「可」字，「故」下有「我」字，「責」下有「之」字。
❹「讒」，〔今校〕鮑本作「譏」。
❺「聞」下，〔今校〕鮑本有「公」字。
❻「子」，〔今校〕鮑本作「氏」。
❼「説此」，〔今校〕鮑本二字互倒。
❽「絯」，〔今校〕鮑本作「該」。

能誅耳。主於伯寮者，❶則吾之力勢，❷是能使季孫審子路之無罪，而殺伯寮於市朝也。肆者，殺而陳尸也。

鄭玄曰：「吾勢能辨子路之無罪於季孫，使之誅伯寮而肆也。有罪既刑，陳其尸，曰肆也。」殷禮：殺大夫已上於朝，殺士於市，殺而猶陳曝其尸以示百姓，曰肆也。

子曰：「道之將行也與，命也。孔子答景伯，以子路無罪，言人死生有命，非伯寮之譖如何。言人之道德得行於世者歟，❸此是天之命也。道之將廢也與，命也。公伯寮其如命何！」又言人君道廢墜不用於世者，此亦是天之命也。子路之道廢興，由天之命耳。雖公伯寮之譖，其能違天命而興廢於子路耶？江熙云：「夫子使景伯辨子路，則不過季孫爲甚，❹拒之則逆其區區之誠，❺故以行廢之命期之，或有如不救而大救也。」子曰：「賢者避世，❻聖人磨而不磷，涅而不緇，無可無不可，故不以治亂爲隔。若賢者去就順時，若天地閉塞，則賢人便隱。高蹈塵外，枕石漱流。❼天子不得而臣，諸侯不得而友，此謂避世之士也。

孔安國曰：「世主莫得而臣之也。」❽

其次避地，謂中賢也。未能高栖絶世，但擇地處，去亂就治，此是避地之士也。

馬融曰：「去亂國，適治邦也。」

其次避色，此次中之賢也。不能預擇治亂，但臨時觀君之顔色。顔色惡則去，此謂避色之士也。

孔安國曰：「色斯舉也。」

其次避言。」此又次避色之賢者。不能觀色斯舉矣，唯但聽君言之是非，聞惡言則去，此謂避言之士也。❾

---

❶「主」，〔今校〕字義不可曉，鮑本作「若」，當從。

❷「之」，鮑本無此字。

❸「歟」，〔今校〕鮑本無此字。

❹「甚」，久原本作「其」，恐非。

❺「誠」，桃華齋本作「諴」，恐非。

❻「子曰賢者避世」，桃華齋本、久原本提行。〔今校〕鮑本亦提行，是。

❼「枕石漱流」，諸本作「枕流漱石」，恐非。文明本、清熙園本作「枕石漱流」，是。〔今校〕鮑本作「枕流漱石」。卷四「篤信好學」章「無道則隱」疏文有「枕石嗽流」。

❽「臣」，〔今校〕鮑本作「匡」，非。

❾「之士」，文明本無此二字，今據清熙園本、久原本補正。〔今校〕鮑本無「之」字。

孔安國曰：「有惡言，乃去也。」

子曰：「作者七人矣。」引孔子言，證能避世已下，自古已來，作此行者，唯七人而已矣。

苞氏曰：「作，爲也。爲之者凡七人，謂長沮、桀溺、丈人、石門、荷蕢、儀封人、楚狂接輿也。」❶七人，是注中有七人也。王弼云：「七人：伯夷、叔齊、虞仲、夷逸、朱張、柳下惠、少連也。」鄭康成云：「伯夷、叔齊、虞仲，避世者。荷蓧、長沮、桀溺，❷避地者。柳下惠、小連，❸避色者。荷蕢、楚狂接輿，避言者也。」七，當爲十字之誤也。

子路宿於石門。石門，地名也。子路行住石門宿也。❹云石門者，❺魯城門外也。石門晨門曰：「奚自？」晨門，守石門晨昏開閉之吏也，魯人也。自，從也。子路既在石門，守門之吏，朝早開見子路從石門行過，故問子路云：汝將從何而來耶？

晨門者，閽人也。守昏晨者也。

子路曰：「自孔氏。」子路答曰：我此行，從孔子處來也。❻曰：「是知其不可而爲之者與？」晨門聞子路云從孔子，❼故知是孔子也。言孔子知世不可教化，❽而强周流東西，是知其不可爲之，故問之。

苞氏曰：「言孔子知世不可爲，而强爲之也。」

子擊磬於衛，孔子時在衛，而自以槌擊磬而爲聲也。有荷蕢而過孔子之門者，❾荷，擔揚也。❿蕢，織草爲器，可貯物也。當孔子擊磬之時，有一人擔揚草器而過孔子之門也。⓫曰：「有心哉，擊磬乎！」

❶「簣」，根本本作「蕢」，與邢《疏》本同。吉田篁墩云：皇《疏》本及本邦舊集解本並作「簣」。〔今校〕鮑本作「蕢」，下同。

❷「蓧」，延德本、久原本、清熙園本作「篠」，誤。

❸「小」，〔今校〕鮑本作「少」。底本前文「少連」亦作「少」。

❹「住」，〔今校〕鮑本作「往」，是。二字形近而訛。

❺「云」上，〔今校〕鮑本有「一」字。

❻「子」，鮑本作「氏」。

❼下「子」字，〔今校〕鮑本作「氏」，是。

❽「子」，〔今校〕鮑本作「氏」。

❾「子」，〔今校〕鮑本作「氏」。

❿「揚」，〔今校〕鮑本作「揭」，下同。

⓫「子」，〔今校〕鮑本作「氏」。

荷蕢者聞孔子磬聲而云：非是平常之其聲乎。有別所志，故云「有心哉」。

蕢，草器也。有心，謂契契然也。契契，謂心別有所志。《詩》云：「契契寤歎。」

既而曰：「鄙哉，既而，猶既畢也。荷蕢既云「有心」而察之，察之既畢，又云「鄙哉」，言磬中之聲甚可鄙劣也。硜硜乎！莫己知也，此鄙哉之事，言聲中硜硜，有無知己之也。❶斯已而已矣。又言孔子硜硜，不肯隨世變，唯自信己而已矣。

此硜硜徒信己而已，言亦無益也。徒，空也。時既不行，而猶空信己道欲行之，是於教化無所益也。

深則厲，淺則揭。」荷蕢者又引言爲譬，❷以諫孔子也。以衣涉水爲厲，褰衣涉水曰揭。言人之行道化世，當隨世盛衰，如涉水也。若水深者，則不須揭衣，揭衣曾是無益，當合而厲之。水若淺者，❸涉當褰揭而度。譬如爲教，若世不可教，則行之如不揭也。若世可教，則行之如揭衣以涉水也。《爾雅》云：「繇膝以下爲揭，繇膝以上爲厲。」繇，猶由也。

苞氏曰：「以衣涉水爲厲。揭，揭衣。言隨世以行己，若遇水必以濟，知其不可則當不爲也。」

子曰：「果哉，末之難矣！」孔子聞荷蕢譏己，而發此言也。果者，敢也。末，無也。言彼未解我意，而便譏我，此則爲果敢之甚也，故云「果哉」。但我道之深遠，彼是中人，豈能知我？若就彼中人求無譏者，則爲難矣。玄風之攸在，賢聖相與，必有以也。❹夫相與於無相與，乃相與之至。相爲於無相爲，乃相爲之遠。苟各修本，奚其泥也？同自然之異也。雖然，未有如荷蕢之談譏甚也。❺案文索義，全近則泥矣，其將遠則通理。嘗試論之：武王從天應民，而夷齊叩馬，謂之殺君。夫子疾

❶「之」，〔今校〕鮑本無此字。

❷「言」，〔今校〕鮑本作「事」。

❸「水若」，〔今校〕鮑本互倒。

❹「以」，久原本、桃華齋本作「故」。

❺「談」，此字恐衍。上文云孔子聞荷蕢譏己而此語也，又云「若就彼中人求無譏者，則爲難矣」，參上二例，此文亦當作「未有如荷蕢之譏甚也」。下文引江熙云「隱者之談，夫子云云」，玩其文義，「談」字疑「譏」字之譌。蓋舊本「譏」或誤作「談」，後人旁記「譏」字以改之，而鈔手無識，遂並誤校字存之也。

固勤誨，而荷簣之聽以爲硜硜。❶言其未達耶，❷則彼皆賢也，達之先於衆矣。殆以聖人作而萬物都覩，❸非聖人，則無以應萬方之求，救天下之弊。然救弊之跡，弊之所緣。勤誨之累，則焚書坑儒之禍起。革命之弊，則王莽、趙高之釁成。不格擊其跡，則無振希聲之極致。故江熙云：「隱者之談夫子，各致此出處不乎。」❹

未知己志，而便譏己，所以爲果也。末，無也。無難者，以其不能解己道也。

子張曰：「《書》云：『高宗諒陰，三年不言。』何謂也？」高宗，殷中興之王也，❺名武丁。殷家卅帝，水德王，六百廿九年。高宗是第二十二帝也，前帝小乙之子也。其武丁登祚之時，殷祚已得三百四十三年。其德高而可宗，故謂爲高宗也。諒，信也。陰，默也。《尚書》云：「祚其即位，❻乃或亮陰，❼三年不言。」是武丁起其即王位，則小乙死，乃有信默，言其孝行著。子張讀《尚書》，見之不曉，嫌與世異，故發問孔子「何謂也」。

孔安國曰：「高宗，殷之中興王武丁也。諒，信也。陰，猶默也。」或呼倚廬爲諒陰，或呼爲梁闇，或呼梁庵，各隨義而言之。

子曰：「何必高宗，古之人皆然。孔子答子張古之人君也。言古之人君有喪者，皆三年不言，何必獨美高宗耶？此言亦激時人也。君薨，百官總己，說人君之喪，其子得不言之由。若君死，則群臣百官不

---

❶「聽」，有不爲齋本作「敢」，按此句與上文「彼未解我意而便譏我此則爲果敢之甚也」句相應，則作「荷簣之敢」者是。〔今校〕聞擊磬之聲，故云「聽」也，不必依武內氏之說。

❷「耶」，疑「時」字之譌。按何注「此硜硜徒信己」句下疏云：「徒，空也。時既不行，而猶空信己道欲行之」，由此證之，「耶」當作「時」。〔今校〕底本原文誤作「那」，據武內校記及鮑本改。

❸「都」，此字恐衍。《易傳》「聖人作而萬物覩」，是其證。

❹「隱者之談夫子各致此出處不乎」，「談」恐「譏」字之訛，「各致出處不乎」六字，義未詳。〔今校〕此句當於「子」下斷，大意謂隱者與夫子出處不同，故談譏孔子也。

❺「之」，〔今校〕鮑本無此字。

❻「祚」，〔今校〕鮑本作「作」。

❼「亮」，〔今校〕鮑本作「諒」。

復諮詢於君，而各總束己之事，故云「總己」也。

馬融曰：「己，己百官也。」具己於百官，❶各自束己身也。

以聽於冢宰三年冢宰，上卿也。百官皆束己職三年，聽冢宰，故嗣君三年不言也。❷

孔安國曰：「冢宰，天官卿，佐王治者也。三年喪畢，然後王自聽政之也。」❸

子曰：「上好禮，則民易使之也。」❹禮以敬爲主，君既好禮，則民莫敢不敬，故易使也。民莫敢不敬，故易使之也。❺子路問君子。❻問爲君子之法也。子曰：「脩己以敬。」身正則民從，故君子自脩己身，而自敬也。

孔安國曰：「敬其身也。」

曰：「如斯而已乎？」子路嫌其少，故重更諮問孔子如此而已乎。斯，此也。曰：「脩己以安人。」答子路，言當能先自脩敬己，而後安人也。

孔安國曰：「人，❼謂朋友九族也。」

曰：「如斯而已乎？」子路又嫌少也。曰：「脩己以安百姓。又答云：先脩敬己身，然後乃安於百姓也。脩己以安百姓，堯、舜其猶病諸！」病，難也。諸，之也。言先能内自脩己，而外安百姓，此

---

❶「具」上，〔今校〕鮑本有「己」字。

❷「君」上，〔今校〕鮑本有「王」字。

❸「之」，〔今校〕鮑本無此字。

❹「之」，清熙園本、久原本無此字，桃華齋本「之」作「夫」。〔今校〕鮑本亦無此字。

❺「民莫敢不敬故易使之也」，此十字諸本並爲大字，唯文明本爲小字。按此十字是何《注》，非《疏》文。則文明本寫作小字，違於全書體例。然見鄭灼《禮記子本疏義》卷子殘本，經、注與疏並單行，字大小又同，其體式與唐單疏本《正義》相似。但唐《正義》止標經、注起止，而灼《疏》則全舉經、注，是爲異耳。灼嘗受業皇侃，《疏義》蓋鈔録其師說，稍加己意者，則知皇《疏》原式固如灼《疏》。現存諸本經、注大字單行，疏文小字雙行者，乃後人所改。文明本此處不大寫何《注》者，仍存其舊式也。〔今校〕鮑本此段文字爲注文，非疏文也。又「使」下無「之」字。

❻「子路問君子」，〔今校〕鮑本提行，是。

❼「人」，文明本無此字，恐非，他本皆有。正平板亦同，今據補正。

事爲大難也。堯、舜之聖，❶猶患此事爲難，❷故云「病諸」也。衛瓘云：「此難事，而子路狹掠之，再云『如斯而已乎』，故云：過此則堯、舜所病也。」郭象云：「夫君子者不能索足，故脩己者索己。故脩己者僅可以内敬其身，外安同己之人耳，豈足安百姓哉？百姓百品，萬國殊風，以不治治之，乃得其極。若欲脩己以治之，雖堯、舜必病，況君子乎？今見堯、舜非脩之也，❸萬物自無爲而治，若天之自高，地之自厚，日月之明，雲行雨施而已，故能夷暢條達，曲成不遺而無病也。」

孔安國曰：「病，猶難也。」

原壤夷俟。原壤者，方外之聖人也，不拘禮教，❹與孔子爲朋友。夷，踞也。俟，待也。壤聞孔子來，而夷踞竪膝以待孔子之來也。

馬融曰：「原壤，魯人，孔子故舊也。夷，踞也。俟，待也。踞待孔子也。」

子曰：「幼而不遜悌，長而無述焉，孔子方内聖人，恒以禮教爲事。見壤之不敬，故歷數之以訓門徒也。言壤少而不以遜悌自居，至於年長猶自放恣，無所效述也。老而不死，是爲賊。」言壤年已老而未死，行不敬之事，所以賊害於德也。

賊，爲賊害也。❺

以杖叩其脛。脛，脚脛也。膝上曰股，膝下曰脛。孔子歷數言之，既竟，又以杖叩擊壤脛，令其脛而不夷踞也。

孔安國曰：「叩，擊也。脛，脚脛也。」

闕黨童子將命矣。五百家爲黨，此黨名闕，故云闕黨也。童子，未冠者之稱。將命，是傳賓主之辭，謂闕黨之中有一小兒，能傳賓主之辭出入也。

馬融曰：「闕黨之童子將命者，傳賓主之語出入之也。」❻

或問之曰：「益者與？」或見小兒傳辭，故問孔子云：此童子而傳辭，是自求進益之道也與？❼ 子

❶「聖」上，〔今校〕鮑本有「至」字。
❷「爲」，〔今校〕鮑本無此字。
❸「今」下，〔今校〕鮑本無「見」字。
❹「教」，桃華齋本作「敬」，恐非。〔今校〕鮑本亦作「敬」。
❺「爲」，〔今校〕鮑本作「謂」，是。
❻下「之」字，〔今校〕鮑本無此字。
❼「也與」，文明本句末無「與」字，桃華齋本無「也」字，並非。今據清熙園本、延德本補正。

曰：「吾見其居於位也，孔子答云：其非求益之事也。《禮》：「童子隅坐。」無有别位。❶而此童子不讓，乃與或人並居位也。❷

童子隅坐無位，成人乃有位也。隅，角也。童子不令與成人並位，❸但就席角而坐，是無位也矣。

見其與先生並行也。先生者，成人，謂先己之生也，非謂師也。《禮》：「父之齒隨行，足之齒雁行。」❹此童子行不讓於長，故云「與先生並行也」。非求益者也，欲速成者也。」孔子又云：此童子既居位並行，則非自求進益之道，正是欲速成人耳。違禮欲速成者，非是求益之道也。

苞氏曰：「先生，成人也。並行，不差在後也。違禮，欲速成者也，則非求益者之也。」

論語義疏第七 經二千三百九十四字。注二千五百五十六字。

❶「别」，〔今校〕鮑本作「列」，是。
❷「或」，〔今校〕鮑本作「成」，當從。
❸「令」，〔今校〕鮑本作「合」，義長。
❹「足」，〔今校〕鮑本作「兄」，是。

論語義疏卷第八 衛靈公　季氏

梁國子助教吴郡皇侃撰

論語衛靈公第十五　何晏集解凡卅章

疏衛靈公者，衛國無道之君也。所以次前者，憲既問仕，故舉時不可仕之君，故《衛靈公》次《憲問》也。❶○

衛靈公問陣於孔子。孔子至衛，欲行文教，而靈公不慕勝業，唯知問於軍陣之事也。

孔安國曰：「軍陣，行列之法也。」

孔子對曰：「俎豆之事，則嘗聞之矣。俎豆，禮器也。孔子武文自然兼能，今抑靈公，故唯嘗聞俎豆事也。❷

孔安國曰：「俎豆，禮器也。」

軍旅之事，未之學也。」❸拒之，故云不嘗學軍旅也。❹

鄭玄曰：「萬二千五百人爲軍，五百人爲旅也。」

---

❶「故」下，〔今校〕鮑本有「以」字。

❷「故」下，〔今校〕鮑本有「云」字。

❸「軍旅之事未之學也」，桃華齋本、久原本此下更小寫「軍旅之事未知學也」八字，以連《疏》文。《疏》文先釋《經》文，次出「鄭玄曰萬二千五百人爲軍五百人爲旅也」十七（原作「十八」，下同）字，而疏釋之。次又大寫「鄭玄曰萬二千五百人爲軍五百人爲旅也軍旅末事本未立則不可教以末事也」三十二字。《注》下止疏「軍旅末事」以下十五字，其上十七字則與上《疏》所出鄭《注》文全同。按，今本皇《疏》，後人據《集解》本所改寫，非其原式，説詳《條例》中。桃華齋本及久原本所有小字「軍旅之（「之」字原脱）事未知學也」八字，蓋皇本原經。其上大字八字，則後人據《集解》本所增。其下《疏》中所出鄭《注》十七字，是皇本原注。其下「周禮小司徒」等二（當作「三」）十二字，即其疏文。次大字鄭《注》三十二字中，唯後分十五字是皇本原注，而前分十七字則後人所增，故其下所疏不復涉前分也。蓋皇氏原兩分鄭《注》，先疏前分，後及後分，後人改寫之際，以其前分誤爲《疏》文，故後分上又增前分十七字耳。〔今校〕鮑本無小寫「軍旅之事未知學也」八字，其餘同久原等本。又武内氏校文中「未知學也」之「知」或係「之」字之誤。

❹「嘗」，〔今校〕鮑本無此字。

《周禮・小司徒職》云：「五人爲伍，五五爲兩，❶四兩爲卒，五卒爲旅，五旅爲師，五師爲軍也。」

鄭玄曰：「萬二千五百人爲軍，五百人爲旅也。軍旅，末事。本未立，則不可教以末事也。」本，謂文教也。靈公未能文，故不教之武者也。

明日遂行。孔子至衛，既爲問武，故其明日遂行，不留衛也。❷在陳絶糧，明日遂行，初往曹，曹不容。又往宋，在宋遭匡人之圍。又往陳，遇吴伐陳，陳大亂，故乏絶糧食矣。從者病，莫能興。從者，諸弟子從孔子行在陳者也。❸病，飢困也。興，起也。既絶糧，故從行弟子皆餓困，莫能起者也。

孔安國曰：「從者，弟子。興，起也。孔子去衛如曹，曹不容。如，往也。又之宋，遭匡人難。❹之，亦往也。又之陳，會吴伐陳，陳亂，故乏食也。」會，猶遇也。

子路愠見。諸子皆病，❺無能起者。唯子路剛强，獨能起也。心恨君子行道乃至如此困乏，故便愠色而見孔子也。曰：「君子亦窮乎？」❻此愠見之辭也。曾聞孔子云「學也，禄在其中」，則君子不應窮乏。今日如此，與孔子言乖，故問云：君子亦窮乎？子曰：「君子固窮，小人窮斯濫矣。」孔子言此答，❼因抑小人也。言君子之人固窮，亦有窮時耳。若不安窮而爲濫溢，❽則是小人。故云「小人窮斯濫」者矣。❾

濫，溢也。君子固亦有窮時，但不如小人窮則濫溢爲非也。

子曰：「賜也，汝以予爲多學而識之者與？」時人見孔子多學識，❿並謂孔子多學世事而識之，故孔子問子貢而釋之也。對曰：「然，然，如此

❶「五五爲兩」，〔今校〕鮑本下「五」字作「伍」，是。
❷「衛」下，〔今校〕鮑本有「國」字。
❸「諸」上，〔今校〕鮑本有「謂」字。
❹「人」下，〔今校〕鮑本有「之」字。
❺「諸」，〔今校〕鮑本作「弟」。
❻「窮」上，桃華齋本、久原本、根本本有「有」字，按疏文，無「有」字者是。
❼「言」，〔今校〕鮑本無此字。
❽「安」，〔今校〕鮑本作「守」。
❾「者」，〔今校〕鮑本無此字。
❿「學」，〔今校〕鮑本無此字，疑此字衍。

也。子貢答云：賜亦謂孔子多學，故如此多識之也。

孔安國曰：「然者，謂多學而識之也。」

非與？」子貢又嫌孔子非多而識，❶故更問定云「非與」。「非與」，「與」，不定辭也。❷

孔安國曰：「問今不然耶。」

曰：「非也，孔子又答曰：非也，言定非又多學而識之也。❸ 予一以貫之。」貫，猶穿也。既答曰「非也」，故此更答所以不多學而識之由也。言我所以多識者，我以一善之理貫穿萬事，而萬事自然可識，故得知之。故云「予一以貫之」也。

善有元，事有會。元，猶始也。會，猶終也。元者善之長，故云「善有元」也。事各有所終，故云「事有會」也。天下殊塗而同歸，解「事有會」也。事雖殊塗，而其要會皆同，有所歸也。百慮而一致。解「善有元」。致，極也。人慮乃百，其元極則同起一善也。知其元則衆善舉矣，故不待多學，一以知之也。是善長舉元，則衆善自舉，所以不須多學，而自能識之也。

子曰：「由，知德者鮮矣！」由，子路也。呼子路語之也，云夫知德之人難得，故爲少也。

王肅曰：「君子固窮，而子路慍見，故謂之少於知德者也。」按如注意，則孔子此語爲問絕糧而發之也❹。

子曰：「無爲而治者，其舜也與？舜上受堯禪於己，己又不禪於禹，❺受授得人，故孔子歎舜無爲而能治也。夫何爲哉？恭己正南面而已矣。」既授受善得人，無勞於情慮，故云「夫何爲哉」也。既垂拱而民自治，故所以自恭敬而居天位，❻正南面而已也。

言任官得其人，故無爲而治也。由授受

---

❶「多」下，〔今校〕鮑本有「學」字，當從。

❷「非與非與與不定辭也」，桃華齋本、久原本不重「與」字，「定」下有「之」字。〔今校〕鮑本不重「非與」二字，「定」下有「之」字。

❸「言定非又多學」，〔今校〕鮑本「言」下有「我」字，「非」下無「又」字。

❹「發之」，桃華齋本、久原本「發」上有「譏」字，根本本「之」作「者」，恐非。〔今校〕鮑本「發」上有「譏」字，「之」下有「者」字。

❺「不」，〔今校〕係「下」字之誤，鮑本正作「下」。

❻「故」，〔今校〕鮑本作「政」。

皆聖，舉十六相在朝，故是任官得其人也。蔡謨云：「謨昔聞過庭之訓於先君曰：堯不得無爲者，所承非聖也。禹不得無爲者，所授非聖也。今三聖相係，舜居其中，承堯授禹，又何爲乎？夫道同而治異者，時也。自古以來，承至治之世，接二聖之間，唯舜而已，故特稱之焉。」❶

子張問行。問人立身居世修善，若爲事而其道事，❷可得行於世乎？子曰：「言忠信，行篤敬，答也。❸云欲使道行於世者，出言必使忠信，立行必須篤厚恭敬也。雖蠻狛之邦，❹行矣。若身自脩前德，❺無論居處於華夏，假令居住蠻狛遠國，則己之道德無所不行也。言不忠信，行不篤敬，雖州里，行乎哉？又云：若不能脩身前德，❻而身雖居中國州里之近，而所行亦皆不行，❼故云「行乎哉」，言不行也。鄭玄曰：「萬二千五百家爲州，五家爲鄰，五鄰爲里。此王畿遠郊内外民居地名也。『行乎哉』，言不可行也。」立則見其參然於前也，參，猶森也。言若敬德之道行己，立在世間，則自想見忠信篤敬之事，森森滿亘於己前也。在輿則見其倚於衡也，❽倚，猶憑依也。衡，車衡軛也。又若在車輿之中，則亦自想見忠信篤敬之事，羅列憑依滿於衡軛之上也。夫然後行也。」若能行存想不忘，事事如前，則此人身無往而不行，故云「夫然後行也」。苞氏曰：「衡，軛也。言思念忠信，立則常想見參然在前，在輿則若倚衡軛也。」

子張書諸紳。紳，大帶也。子張聞孔子之言可重，故

---

❶「蔡謨」至「之焉」，〔今校〕鮑本此段解經文，接「正南面而已也」下。

❷「若」，疑當在前句「問」字下。

❸「也」，〔今校〕鮑本無此字。」

❹「狛」，〔今校〕鮑本作「貊」，下同。

❺「自」，〔今校〕鮑本無此字。

❻「脩身」，〔今校〕鮑本二字互倒。

❼「所行亦皆不行」，桃華齋本、久原本句末有「從」字，恐衍。

❽「也」，桃華齋本句末有「也」字。〔今校〕原校語與實際不合，或者武内校語「有」當作「無」，或者原文並無此「也」字。鮑本亦有「也」字。

書題於己衣之大帶，欲日夜在録不忘也。❶

孔安國曰：「紳，大帶也。」

民曰：❷「直哉，史魚！美史魚之行正直也。

孔安國曰：「衛大夫史鰌也。」

邦有道，如矢。邦無道，如矢。證其爲直，譬矢箭也，性唯直而不曲。言史魚之德，恒直如箭，不似國有道無道爲變曲也。❸

孔安國曰：「有道無道，行直如矢，不曲也。」

君子哉，蘧伯玉！又美蘧瑗也。進退隨時，合時之變，故曰「君子哉」也。邦有道，則仕。出其君子之事也。國若有道，則肆其聰明以佐時也。邦無道，則可卷而懷之。」國若無道，則韜光匿智，❹而懷藏以避世之害也。❺

苞氏曰：「卷而懷，謂不與時政，柔順不忤於人也。」

子曰：「可與言而不與言，失人。謂此人可與共言，而己不與之言，❻則此人不復見顧，故是失於可言之人也。不可與言而與之言，失言。言與不可言之人共言，是失我之言者也。❼智者不失人，亦不失言。」唯有智之士，則備照二途，則人及言並無所失也。

所言皆是，故無所失者也。

子曰：「志士仁人，謂心有善志之士，及能行仁之人也。無求生以害仁，既志善行仁，恒欲救物，故不自求我之生以害於仁恩之理也。生而害仁，則志士不爲也。有殺身以成仁。」若殺身而仁事可成，❽則志士仁人必殺身爲之，故云「有殺身成仁」也。殺身而成仁，

---

❶「在」，〔今校〕鮑本作「存」。

❷「民」，〔今校〕當爲「子」，鮑本正作「子」。

❸「似」，〔今校〕鮑本作「以」，是。

❹「韜」，〔今校〕原訛「韞」，據鮑本及武内校記出文改正。

❺「而」，文明本作「也」，恐非，今據桃華齋本、久原本改正。

❻「不」下，文明本有「可」字，旁注異本無，今據削正。〔今校〕鮑本有「可」字。按無「可」字義長。

❼「之言」，文明本誤倒，今據桃華齋本、久原本改正。

❽「成」下，〔今校〕鮑本有「仁也」二字，涉衍文，當刪。

則志士所不吝也。

孔安國曰：「無求生而害仁，死而後成仁，則志士仁人不愛其身也。」繆播云：「仁居理足，本無危亡。然賢而圖變，變則理窮，窮則任分，所以有殺身之義。故比干割心，孔子曰：『殷有三仁也。』」❶

子貢問爲仁。問爲仁人之法也。子曰：「工欲善其事，必先利其器。將欲答於爲仁術，❷故先爲設譬也。❸工，巧師也。器，斧斤之屬也。言巧師雖巧藝若般輸，❹而作器不利，則巧事不成。如欲其所作事善，必先磨利其器也。居是邦也，事其大夫之賢者，友其士之仁者也。」合譬成答也。是，猶此也。言人雖有賢才美質，而居住此國，若不事賢不友仁，則其行不成，如工器之不利也。必欲行成，當事此國大夫之賢者，又友此國士之仁者也。大夫貴，故云「事」。士賤，故云「友」也。大夫言賢，士云仁，互言之也。

孔安國曰：「言工欲以利器爲用，❺人以賢友爲助也。」

顔淵問爲邦。爲，猶治也。顔淵，魯人。當時魯家禮亂，故問治魯國之法也。子曰：「行夏之時，孔子此答，舉魯舊法以爲答也。行夏之時，謂用夏家時節以行事也。三王所尚正朔、服色雖異，❻而田獵祭祀播種並用夏時，夏時得天之正故也。魯家行事亦用夏時，故云「行夏之時」也。

據見萬物之生，以爲四時之始，取其易知也。解所以周用夏時之義也。❼夏之春，物出地上，和暖著見已，故易知之也。

乘殷之輅，亦魯禮也。殷輅，木輅也。周禮天子自有

---

❶「繆播」至「三仁也」，〔今校〕鮑本此段解經文，接「則志士所不吝也」下。

❷「仁」下，〔今校〕鮑本有「之」字。

❸「設」，〔今校〕鮑本作「說」。

❹「般輸」，〔今校〕鮑本二字互倒，是。

❺「欲」，〔今校〕鮑本無此字。

❻「色」下，〔今校〕鮑本有「也」字。

❼「周」，〔今校〕鮑本無此字，恐是。此言爲邦之事，與周無涉。

五輅：一曰玉，❶二曰金，三曰象，四曰革，五曰木。五輅並多文飾，用玉輅以郊祭。而殷家唯有三輅：一曰木輅，二曰先輅，三曰次輅。而木輅最質素無飾，用以郊天。魯以周公之故，雖得郊天，而不得事事同王，故用木輅以郊也。故《郊特牲》説魯郊云：「乘素車，貴其質也。旂十有二旒，旒龍章而設日月，❷以象天也。」鄭玄注云：「設日月，畫於旂上也。素車，殷輅也。魯公之郊，用殷禮也。」案如《記》《注》，則魯郊用殷之木輅也。

馬融曰：「殷車曰大輅。《左傳》曰：『大輅，越席也，昭其儉也。』」《左傳》之言，亦説魯禮也。

服周之冕，亦魯禮也。❸周禮有六冕：一曰大袞冕，❹二曰袞，三曰鷩，四曰毛毳，五曰絺，六曰玄。周王郊天以大袞而冕，魯雖郊不得用大袞，❺但用袞以郊也。《郊特牲》云：「祭之日，王被袞以象天。」鄭玄注曰：「謂有日月星辰之章也。」此魯禮也。周禮：王祀昊天上帝，則服大袞而冕，祀五帝亦如之。魯侯之服，自袞冕而下冕也。❻案此《記》《注》，即是魯郊用袞也，然魯廟亦袞。或問曰：魯既用周次冕以郊，何不用周金輅以郊耶？答曰：周郊乘玉輅以示文，服用大袞以示質，但車不對神，故亦示文。❼服以接天，故用質也。

苞氏曰：「冕禮，冠也。周之禮文而備也，取其黈纊塞耳，不任視聽也。」周既文，民人多過，君上若任己視聽，見民犯罪者多，數用刑辭過。❽若見過不治，則非謂人君之法，故冕服。前後垂旒以亂眼，左右兩邊垂瑱以塞耳，示不任視聽也。黈，黃色也。纊，新綿也。當兩耳垂黃綿，纊綿之下又係玉，❾名爲瑱也。

---

❶「玉」下，諸本有「輅」字，唯文永鈔《集解》本（此本今殘闕，唯第七卷存醍醐三寶院，第八卷則雲村文庫中物，今所據雲村文庫本也）背記所引皇《疏》無。參下文，無「輅」字者是，今據削正。〔今校〕鮑本有「輅」字。

❷「旒旒」，〔今校〕鮑本「旒」字不重，義長。

❸「禮」，〔今校〕鮑本作「郊」。

❹「曰」，〔今校〕底本誤作「日」，今從鮑本改。

❺「魯雖」，〔今校〕鮑本二字互倒。

❻「魯侯」至「下冕也」，〔今校〕鮑本「侯」作「公」，「下」下無「冕」字。按無「冕」字是。

❼「亦」，〔今校〕鮑本無此字。

❽「辭」，〔今校〕鮑本作「辟」。

❾「纊」，〔今校〕鮑本無此字。

樂則韶舞。謂魯所用樂也。韶舞，舜樂也。周用六代樂：一曰雲門，黄帝樂也；二曰咸池，堯樂也；三曰大韶，舜樂也；四曰大夏，夏禹樂也；五曰大戟，殷湯樂也；六曰大武，周樂也。若餘諸侯，則唯用時王之樂。魯既得用天子之事，故賜四代禮樂，自虞而下，故云舜樂也。❶所以《明堂位》云：「凡四代之服器官，魯兼用之。」是故魯，王禮也，而用四代，並從有虞氏爲始也。又《春秋》魯襄公二十九年《傳》：「吴公子季札聘魯，請觀周樂。乃爲之舞，自周以上，至見舞韶箾者。曰：『至矣哉，大矣！如天之無不幬，如地之無不載也。雖甚盛德，其蔑以加於此矣。觀止矣，若有他樂，吾不敢請已也。』」杜注云：「魯用四代之樂，故及韶箾，而季子知其終也。」

韶，舜樂也。盡善，盡美，故取之也。

解魯所以極韶，不取堯樂義也。❷

放鄭聲，遠佞人。亦魯禮法也。每言禮法，亦因爲後教也。鄭聲淫也，魯禮無淫樂，故言放之也。佞人，惡人也。惡人壞亂邦家，故黜遠之也。鄭聲淫，佞人殆。」出鄭聲、佞人所以宜放遠之由也。鄭地聲淫，而佞人鬭亂，使國家爲危殆也。

孔安國曰：「鄭聲，佞人，亦俱能感人心，與雅樂、賢人同。而使人淫亂危殆，故當放遠之也。」案《樂記》云：「鄭音好敖放僻，濫驕淫志。」所以是淫也。❸

子曰：「人而無遠慮，必有近憂。」人生當思漸慮遠，防於不然，❹則憂患之事不得近至。若不爲遠慮，則憂患之來，不朝則夕，故云「必有近憂」也。

王肅曰：「君子當思慮而預防也。」

子曰：「已矣！吾未見好德如好色者也。」既先云「已矣」，明久已不見也，疾時色興德廢，故起斯欲也。❺此語亦是重出，亦孔子再時行教也。子曰：❻「臧文仲其竊位者與！魯大夫也。❼

❶「舜樂」，〔今校〕鮑本作「樂韶舞」。

❷「義」上，〔今校〕鮑本有「之」字。

❸「案樂記云」，此下引《樂記》文與今本不同，根本本就今本補正，今姑仍鈔本之舊。〔今校〕鮑本同根本本。又，鮑本此段解經文，接於「使國家爲危殆也」下。

❹「不」，〔今校〕鮑本作「未」。

❺「欲」，〔今校〕鮑本作「歎」，是。

❻「子曰」，〔今校〕鮑本提行，是。

❼「魯」上，〔今校〕鮑本有「臧文仲」三字。

竊，盜也。臧文仲雖居位，居位不當，與盜位者同。故云「竊位者歟」也。❶知柳下惠之賢，而不與立也。」此臧文仲竊位之由也。凡在位者，當助君舉賢才以共匡佐。而文仲在位，知柳下惠之賢，而不薦之於君，使與己同立公朝，所以是素飡盜位也。

孔安國曰：「柳下惠，展禽也。知其賢而不舉，爲竊位也。」

子曰：「躬自厚，而薄責於人，則遠怨矣。」躬，身也。君子責己厚，小人責人厚。責人厚，則爲怨之府。責己厚，人不見怨，故云「遠怨」。

孔安國曰：「自責己厚，責人薄，所以遠怨咎也。」蔡謨云：「儒者之説，雖於義無違，而於名未安也。何者？以自厚者爲責己，文不辭矣。厚者謂厚其德也，而人又若己所未能而責物以能，故人心不服。若自厚其德，而不求多於人，則怨路塞。責己之美雖存乎中，然自厚之義不施於責也。」侃案：蔡雖欲異孔，而終不離孔辭，孔辭亦得爲蔡之釋也。❷

子曰：「不曰『如之何，不曰，猶不謂也。如之何，謂事卒至，非己力勢可奈何者也。言人生常當思慮，卒有不可如何之事，逆而防之，不使有起。若無慮而事欻起，是不曰如之何事也。李充云：「謀之於其未兆，治之於其未亂，何當至於臨難而方曰『如之何』也。」

孔安國曰：「不曰如之何者，猶言不曰奈是何也。」

如之何』者，吾末如之何也已矣。」若不先慮而如之何之事，非唯凡人不能奈何矣，雖聖人亦無如之何也。故云「吾末如之何也已矣」。

孔安國曰：「如之何者，言禍難已成，吾亦無如之何也。」

子曰：「群居終日，言不及義，三人以上爲群居。群居共聚，有所説談，❸終於日月而未曾有及義之事也。好行小惠，難矣哉！」小惠，小小才智也，若安陵調謔之屬也。❹以此處世，亦難爲成人也。

❶ 「也」，〔今校〕鮑本無此字。

❷ 「蔡謨」至「釋也」，〔今校〕鮑本此段解經文，接「故云遠怨」下。按依文意及皇侃之説，以蔡欲異孔，當以繫於孔註下爲是。

❸ 「説談」，〔今校〕鮑本二字互倒。

❹ 「之」，〔今校〕鮑本無此字。

鄭玄曰：「小惠，謂小小才智也。難矣哉，言終無成功也。」

子曰：「君子義以爲質，義，宜也。質，本也。人識性不同，各以其所宜爲本。禮以行之，雖各以所宜爲本，而行之皆須合禮也。遜以出之。行及合禮，而言出之，❶必使遜順也。信以成之。行信合禮，❷而言遜順而出塞，❸終須信以成之也。君子哉！」如上義，可謂爲君子之行之也。❹

鄭玄曰：「義以爲質，謂操行也。遜以出之，謂言語也。」

子曰：「君子病無能焉，不病人之不己知也。」病，猶患也。君子之人，常患己無才能耳，不患己有才能而人不見知之也。

君子之人，❺但病無聖人之道，不病人不知己。❻

子曰：「君子疾没世而名不稱焉。」没世，謂身没以後也。身没而名譽不稱揚，爲人所知，是君子所疾也。故江熙云：「匠終年運斧不能成器，❼匠者病之。君子終年爲善不能成名，亦君子病之也。」

疾，猶病也。

子曰：「君子求諸己，小人求諸人。」求，責也。君子自責己德行之不足，不責人也。小人不自責己，而責人之也。❽

❶「行及合禮而言出之」，諸鈔本「行」上有「行之」二字，恐衍，今據久原文庫一本削正。根本本「行」下有「之」字，「之」下無「行」字，又通。〔今校〕鮑本同根本本。

❷「信」，根本本作「之」，義長。〔今校〕鮑本亦作「之」。

❸「塞」，〔今校〕鮑本作「之」。

❹「也」上，〔今校〕鮑本無「之」字。

❺「君子之人」上，諸本有「苞氏曰」三字，古鈔集解本、邢《疏》本同。文明本、清熙園本以爲何《注》。按《里仁》篇「不患莫己知也求爲可知也」章，義與此章相同，而其下苞《注》與今文不同，則其以爲何《注》者是。〔今校〕鮑本亦有「苞氏曰」三字。

❻「己」下，〔今校〕鮑本有「也」字。

❼「斧」，〔今校〕鮑本作「斤」。

❽「之」，桃華齋本無此字。〔今校〕鮑本亦無此字。

君子責己，小人責人。❶

子曰：「君子矜而不爭，矜，矜莊也。君子自矜莊己身，而已不與人爭也。故江熙云：「君子不使其身俛焉，❷若不終日，❸自敬而已，非與人爭勝之也。」❹

苞氏曰：「矜，矜莊也。」

群而不黨。」君子乃朋群義聚，而不相阿黨爲私也。故江熙曰：「君子以道知相聚，❺聚則爲群，群則似黨，群居所以切磋成德，非於私也。」

孔安國曰：「黨，助也。君子雖衆，不相私助，義之與比也。」

子曰：「君子不以言舉人，舉人必須知其德行，不可聽言而薦舉之，故君子不爲也。

苞氏曰：「有言者不必有德，故不可以言舉人也。」

不以人廢言。」言又不可以彼人之卑賤，而廢其美言而不用也。故李充云：「詢于蒭蕘，不恥下問也。」

（王肅曰：「不可以無德而廢善言也。」）❻

子貢問曰：「有一言而可以終身行者乎也？」❼問求善事，欲以終身奉行之也。子曰：「其恕乎！此是可終身行之一言也。恕謂內忖己心，外以處物。言人在世，當終身行於恕也，故云「其恕乎」。❽己所不欲，勿施於人。」此釋恕事也。夫事非己所欲者，不可施度與人也。❾既己所不欲，亦必人所不欲也。子曰：「吾之於人，❿誰毀誰譽？孔子

❶「小人責人」，延德本、桃華齋本句末有「也」字。〔今校〕鮑本亦有「也」字。

❷「俛」，〔今校〕鮑本作「侻」。

❸「不」，〔今校〕鮑本作「非」。

❹「非」，〔今校〕鮑本作「不」。

❺「知」，〔今校〕鮑本無此字。

❻「王肅曰不可以無德而廢善言也」，清熙園本無此注，與正平板同，他本並有，與古鈔集解本及邢《疏》本同。文明本此處王注十二字在行旁，疑後人所補。〔今校〕鮑本亦無此注。

❼「也」，諸本句末無「也」字，文明本有。〔今校〕鮑本無此字。

❽「乎」，〔今校〕鮑本作「也」，作「乎」與經文同。

❾「施」下，〔今校〕鮑本無「度」字。

❿「子曰吾之於人」，〔今校〕鮑本提行，是。

曰：❶我之於世，平等如一，無有憎愛毀譽之心，故云「誰毀誰譽」之也。❷

如有可譽者，其有所試矣。既平等一心，不有毀譽，然君子掩惡揚善，善則宜揚。而我從來若有所稱譽者，皆不虛妄，必先試驗其德，而後乃譽之耳。故云「其有所試矣」。

苞氏曰：「所譽輒試以事，不空譽而已矣。」《注》意如向說。又通云：我乃無毀譽，若民人百姓有相稱譽者，則我亦不虛信而美之，其必以事試之也。❸

斯民也，三代之所以直道而行也。」斯民者，謂若此養民也。三代，夏、殷、周也。言養民如此無私毀譽者，是三代聖王治天下用直道而行之時也。郭象云：「無心而付之天下者，直道也。有心而使天下從己者，曲法者也。❹故直道而行者，毀譽不出於區區之身，善與不善，信之百姓。故曰『吾之於人，誰毀誰譽。如有所與，❺必試之斯民也』。」

馬融曰：「三代，夏、殷、周也。用民如此，無所阿私，所以云『直道而行也』。」

子曰：「吾猶及史之闕文也。孔子此歎世澆流迅速，時異一時也。史者，掌書之官也。古史爲書，若於字有不識者，則懸而闕之，❻以俟知者，不敢擅造爲者也。孔子自云己及見昔史有此時闕文也。❼

苞氏曰：「古之良史，於書字有疑，則闕之以待知者也。」❽

有馬者借人乘之，孔子又曰，亦見此時之馬難調，御者不能調，則借人乘服之也。今則亡矣夫！」亡，無也。當孔子末年時，史不識字，輒擅而不闕。有馬不調，則恥云其不能，必自乘之，以致傾覆，故云「今亡也矣夫」。

❶「曰」，〔今校〕鮑本作「言」。

❷「之」，〔今校〕鮑本無此字。

❸「又通」至「之也」，〔今校〕鮑本此段解經文，接「其有所試矣」下。

❹「曲法者也」，清熙園本、延德本作「由法德已」，恐非。〔今校〕鮑本無「者也」二字。

❺「與」，〔今校〕鮑本作「譽」，是。

❻「則」，文明本作「時」，誤，今據他本改正。

❼「此時」，當作「疑則」。「也」下，〔今校〕鮑本有「矣」字。

❽「也」，桃華齋本無此字。

苞氏曰：「有馬者不能調良，則借人使乘習之。孔子自謂及見其人如此，至今無有矣。言此者，以俗多穿鑿也。」❶

子曰：「巧言亂德。辭達而已，不須巧辯。巧辯文多，更於德爲亂之也。小不忍，則亂大謀。」人須容忍，則大事乃成。若不能忍小，則大事之謀亂也。又一通云：凡爲人法，當依事以斷，事無大小，皆便求了。若小小不忍，有所慈爲，則大謀不成也。

孔安國曰：「巧言利口，則亂德義。小不忍，則亂大謀也。」

子曰：「衆惡之，必察焉。設有一人，爲衆所憎惡者，必當察其德，不可從衆雷同而惡之也。所以然者，此人或特立不群，爲衆佞共所陷害，故必察之也。衆好之，必察焉。」又設有一人，爲衆所好愛者，亦當必察，不可隨衆而崇重之也。所以然者，或此人行惡，爲群惡之所黨愛，故亦必察也。衛瓘云：「賢人不與俗爭，則莫不好愛也。俗人與時同好，亦則見好也。凶邪害善，則莫不惡之。行高志遠，與俗違忤，俗亦惡之。皆不可不察也。」

王肅曰：「或衆阿黨比周，或其人特立不群，故好惡不可不察也。」

子曰：「人能弘道，非道弘人也。」道者，通物之妙也。通物之法，本通於可通，不通於不可通。若人才大，則道隨之而大，是人能弘道也。若人才小，則道小，不能使大，是非道弘人之也。❷

材大者，道隨大。材小者，道隨小。故不能弘人也。故蔡謨云：「道者寂然不動，行之由人，人可適道，故曰『人能弘道』。道不適人，故云『非道弘人』之也。」❸

子曰：「過而不改，是謂過矣。」人有過能改，如日食反明，人皆仰之，所以非過。遂而不改，❹則成過也。

❶「也」，桃華齋本無此字。

❷「人」下，〔今校〕鮑本無「之」字。

❸「故蔡」至「之也」，〔今校〕鮑本此段解經文，接「非道弘人之也」下。「云」皆作「曰」。又鮑本句末「也」上無「之」字。

❹「遂」，〔今校〕鮑本作「過」，是。

江熙云：❶「過容恕，❷又文則成罪也。」子曰：❸「吾嘗終日不食，終夜不寢，以思，無益。不如學也。」勸人學也。終，猶竟也。寢，眠也。言我嘗竟日終夕不食不眠，以思天下之理，唯學益人，餘事皆無益，故云「不如學也」。郭象曰：「聖人無詭教，而云不寢不食以思者何？夫思而後通，習而後能者，百姓皆然也。聖人無事，而不與百姓同事。事同則形同，是以見形以爲己，唯故謂聖人亦必勤思而力學，❹此百姓之情也，故用其情以教之。則聖人之教，因彼以教彼，安容詭哉！」

子曰：「君子謀道，不謀食。謀，猶圖也。人非道不立，故必謀道也。自古皆有死，不食亦死，死而後已，而道不可遺。故「謀道不謀食」之也。❺耕也，餒在其中矣。餒，餓也。唯知耕而不學，是無知之人也。❻雖有穀，必他人所奪，而不得自食，是餓在于其中也。學也，禄在其中矣。雖不耕而學，則昭識斯明，爲四方所重。縱不爲亂君之所禄，則門人亦共貢贍，故云「禄在其中矣」。故子路使門人爲臣，孔子曰「與其死於臣之手，無寧死二三子之手」，是也。君子憂道，不憂貧。」學道必禄在其中，所以憂己無道而已也。若必有道，禄在其中，故不憂貧也。鄭玄曰：「餒，餓也。言人雖念耕，而不學，故飢餓。學則得禄，雖不耕，而不飢餓。此勸人學也。」江熙云：「董仲舒云：『遑遑求仁義，常患不能化民者，大人之意也。遑遑求財利，常恐匱乏者，小人之意也。』此君子小人謀之不同者也。慮匱乏，故勤耕。恐道闕，故勤學。耕未必無餓，學亦未必得禄。禄在其中，恒有之勢，是未必。君子但當存大而遺細，故憂道不憂於貧也。」❼

子曰：「智及之，仁不能守之，謂人有智識能任，❽得及爲官位者，故云「智及之」也。雖謀智能及，不

---

❶「云」，〔今校〕鮑本作「曰」。
❷「過」上，〔今校〕鮑本有「一」字。
❸「子曰」，〔今校〕鮑本提行。
❹「唯」，〔今校〕鮑本作「異」。
❺「之」，〔今校〕鮑本無此字。
❻「知」，〔今校〕鮑本作「智」。
❼「江熙」至「貧也」，〔今校〕鮑本此段解經文，接「故不憂貧也」下。
❽「能任」，〔今校〕鮑本無此二字，疑衍。

能用仁守官位，❶故云「仁不能守之」也。此皆謂中人，不備德者也。雖得之，必失之。祿位雖由智而得爲之，無仁以恃守之，❷必失祿位也。

苞氏曰：「智能及治其官，而仁不能守，雖得之，必失之也。」

智及之，仁能守之，不莊以莅之，則民不敬。莅，臨也。又言若雖能智及仁守，爲臨民不用莊嚴，❸則不爲民所敬。

苞氏曰：「不嚴以臨之，則民不敬從其上也。」

智及之，仁能守之，莊以莅之，動之不以禮，未善也。」雖智及、仁守、莅莊，而動靜必須禮以將之。若動靜不用禮，則爲未盡善也。

王肅曰：「動必以禮，然後善也。」李充云：「夫智及以惠，❹其失也蕩。仁守以靜，其失也寬。莊莅以威，其失也猛。故必須禮，然後和之。以禮制智，則精而不蕩。以禮輔仁，則溫而不寬。以禮御莊，則威而不猛。故『安上治民，莫善於禮也』。」顔特進曰：「智以通其變，仁以安其性，莊以安其慢，禮以安其情。化民之善必備此四者也，❺必有大成量也。」❻

子曰：「君子不可小知，而可大受也。君子之道深遠，不與凡人可知，故云「不可小知」也。德能深潤物，物受之深，故云「而可大受也」。張憑云：「謂之君子，必有大成之量，不必能爲小善也。故宜推誠闇信，虛以將受之，不可求備，責以細行之也。」❼小人不可大受，而可小知也。」小人道淺，故曰「不可大受」。淺則易爲物所見，故可以小知也。

君子之道深遠，不可以小了知，而可大受。小人之道淺近，可以小了知，

❶「不」下，〔今校〕鮑本有「及」字。

❷「恃」，〔今校〕鮑本作「持」。

❸「爲」，〔今校〕鮑本作「若」，義長。

❹「惠」，〔今校〕鮑本作「得」。

❺「李充」至「者也」，〔今校〕鮑本此段解經文，接「則爲未盡善也」下。

❻「必備此四者也必有大成量也」，「者」下「也」字疑「而」字之訛。根本本、桃華齋本無「必有大成量也」六字，又通。〔今校〕鮑本亦無此六字。

❼「之」，〔今校〕鮑本無此字。

而不可大受也。

子曰：「民之於仁也，甚於水火。甚，猶勝也。仁、水、火三事，皆民人所仰以生者也。水火是人朝夕所須，仁是萬行之首，故非水火則無以食，非仁則無有恩義。若無恩及飲食，則必死，無以立世，三者並爲民人所急也。然就三事之中，仁最爲勝，故云「甚於水火」也。

馬融曰：「水火與仁，皆民所仰而生者也，仁最爲甚也。」

水火，吾見蹈而死者矣，未見蹈仁而死者也。」此明仁所以勝水火事也。❶水火乃能治民人，民人若誤履蹈之，則必殺人，故云「水火，吾見蹈而死者也」。仁是恩，❷愛政行之，故宜爲美，若誤履蹈，❸而則未嘗殺人。故云「未見蹈仁而死者也」。

馬融曰：「蹈水火，或時殺人。蹈仁，未嘗殺人者也。」王弼云：「民之遠於仁，甚於遠水火也。見有蹈水火者，不嘗見蹈仁者也。」❹

子曰：「當仁不讓於師。」仁者，周窮濟急之謂也。弟子每事則宜讓師，唯行仁宜急，不得讓師也。

孔安國曰：「當行仁之事，不復讓於師，行仁急也。」張憑云：「先人後己，外身愛物，履謙處卑，所以爲仁。非不好讓，此道非所以讓也。」❺

子曰：「君子貞而不諒。」貞，正也。諒，信也。君子權變無常，若爲事苟合道，得理之正，君子爲之。不必存於小信，自經於溝瀆也。

孔安國曰：「貞，正也。諒，信也。君子之人。正其道耳，言不必有信也。」

一通云：君子道無不正，不能使人信之也。❻

子曰：「事君，敬其事而後其食。」國家之事，是知無不爲，是「敬其事」也。必有纏勳績，乃受禄賞，是

❶「火」下，〔今校〕鮑本有「之」字。

❷「仁」上，〔今校〕鮑本有「而」字。

❸「蹈」下，〔今校〕鮑本有「之」字。

❹「王弼」至「者也」，〔今校〕鮑本此段解經文，接「蹈仁而死者也」下。二「者」上，鮑本有「死」字。

❺「張憑」至「讓也」，〔今校〕鮑本此段解經文，接「不得讓師也」下。

❻「一通」至「之也」，〔今校〕鮑本此句解經文，接「自經於溝瀆也」下。

「後其食」也。江熙云：「格居官次，❶以達其道，事君之意也。蓋傷時利禄以事君之也。」❷

孔安國曰：「先盡力，然後食禄也。」

子曰：「有教無類。」人乃有貴賤，同宜資教，不可以其種類庶鄙而不教之。教之則善，無本類之也。❸

馬融曰：「言人在見教，無有種類。」繆播曰：「世咸知斯言之崇教，未信斯理之諒深。生生之類，同稟一極，雖下愚不移，然化所遷者，其萬倍也。生而聞道，長而見教，處之以仁道，養之以德，與道終始，爲乃非道者，余所不能論之也。」❹

子曰：「道不同，不相爲謀。」人之爲事，必須先謀。若道同者共謀，❺則精審不誤，若道不同而與共謀，則方圓義鑿枘，事不成也。子曰：「辭達而已矣。」❻言語之法，使辭足宜達其事而已，不須美奇其言以過事實也。

孔安國曰：「凡事莫過於實也，❼辭達則足矣，不煩文艶之辭也。」

師冕見，師冕，魯之樂師也。見，來見孔子也。

孔安國曰：「師，樂人盲者也，名冕也。」

及階，及，至也。階，孔子家堂階也。師冕來見，至孔子家階也。子曰：「階也。」師冕盲，來見至階，孔子語之云，❽階也，使之知而登之也。及席也，❾冕已升階，至孔子堂上席也。子曰：「席也。」皆坐，孔子語之云「至席」，❿令其登席而坐。皆，俱也。孔子見瞽者必起，師既起，則弟子亦隨而起。⓫冕至席已坐，故孔子

❶「格」，〔今校〕鮑本作「恪」。
❷「之」，〔今校〕鮑本無此字。
❸「無本類之」，〔今校〕句義不詳，鮑本作「本無類」，可從。
❹「繆播」至「論之也」，〔今校〕鮑本此段解經文，接「無本類之也」下。「言」，鮑本作「旨」。「生而聞道」上，鮑本有「若」字。
❺「若」，文明本作「爲」，恐非，今據他本改正。
❻「子曰辭達而已矣」，〔今校〕鮑本提行，是。
❼「也」上，〔今校〕鮑本有「足」字。
❽「云」，〔今校〕鮑本作「曰」，下「云」字同。
❾「也」，〔今校〕鮑本無此字。
❿「語」上，〔今校〕鮑本有「又」字。
⓫「亦」，〔今校〕鮑本作「又」。

亦坐，弟子並坐，故云「皆坐」之也。❶ **子告之曰：「某在斯，某在斯。」**某，坐中人。❷冕無目，不識坐上人，❸故孔子歷告之以坐上人之姓名也。既多人，故再云「某在斯，某在斯」也。隨人百十，每一一告之云「子張在此，子貢在此」也。

孔安國曰：「歷告以坐中人姓字，及所在處也。」

師冕出。見孔子事畢，而出去也。**子張問曰：「與師言之道與？」**道，猶禮也。子張見孔子告之階席人姓名字，故冕出而問孔子：向與師冕言之是禮與也？❹ **子曰：「然，**答曰：是禮者也。❺ **固相師之道也。」**又云：冕既無目，故主人宜爲之導相，所以歷告也。

馬融曰：「相，導也。」

---

❶「之」，〔今校〕鮑本無此字。

❷「坐」，〔今校〕鮑本作「席」。

❸「坐」，〔今校〕鮑本作「座」。以下「坐」字同此。

❹「向與師冕言之是禮與也」，諸鈔本「向」作「而」，「言之」作「之言」。根本本「而」（此字依文義補）作「向」。按「向」字、「而」字，鈔本多相誤，今依根本本改正。「之言」二字恐誤倒，今改正。「禮」、「與」之間文明本有「不」字，恐衍，今據他本削正。〔今校〕鮑本「禮」、「與」之間有「不」字。

❺「者」，〔今校〕鮑本無此字。

論語季氏第十六

何晏集解凡四十章

疏季氏者，魯國上卿，豪強僭濫者也。所以次前者，既明君惡，故據臣凶，故以《季氏》次《衛靈公》也。○

季氏將伐顓臾。此章明季氏專征濫伐之惡也。顓臾，魯之附庸也。其地與季氏采邑相近，故季氏欲伐而并之也。故云「季氏將伐顓臾」。冉有、季路見於孔子。二人時仕季氏爲臣，見季氏欲濫伐，故來見孔子，告道之也。曰：「季氏將有事於顓臾。」此冉有告孔子之辭也。有事，謂有征伐之事也。

孔安國曰：「顓臾，宓犧之後，風姓之國。本魯之附庸，當時臣屬魯。季氏貪其土地，❶欲滅而有之，冉有與季路爲季氏臣，來告孔子也。」❷

孔子曰：「求！無乃爾是過與？求，冉有名也。爾，汝也。雖二人俱來而告，冉有獨告，嫌冉有又爲季氏有聚斂之失，故孔子獨呼其名而問云：此征伐之事，無乃是汝之罪過與？言是其教道季氏爲之也。❸

孔安國曰：「冉求爲季氏宰，相其室，爲之聚斂，故孔子獨疑求教也。」

夫顓臾，昔者先王以爲東蒙主。孔子拒冉有不聽伐之也。言顓臾是昔先王聖人之所立，以主蒙山之祭。蒙山在東，故云「東蒙主」也。既是先王所立，又爲祭祀之主，故不可伐也。

孔安國曰：「使主祭蒙山也。」

且在邦域之中矣，言且顓臾在魯七百里封内，故云「在邦域中」之也。❹

孔安國曰：「魯七百里之邦，顓臾爲附庸。在其域中也。」

是社稷之臣也。國主社稷，顓臾既屬魯國，故是社稷之臣也。何以爲伐也？」既歷陳不可伐之事，而此改問其何以用伐滅之爲也。❺

---

❶「土」，〔今校〕鮑本無此字。
❷「子」，〔今校〕鮑本作「氏」。
❸「道」，〔今校〕鮑本作「導」，通。
❹「中」下，〔今校〕鮑本無「之」字。
❺「既歷」至「爲也」，〔今校〕鮑本無此二十一字，恐脫。

孔安國曰：「已屬魯爲社稷之臣，何用滅之爲也。」鄭注《詩》云：「諸侯不臣附庸。」而此云是社稷臣者，當爾時已臣屬魯故也。❶

冉有曰：「夫子欲之。夫子，指季氏也。冉有言伐顓臾之事是季氏所欲，故云「夫子欲之」也。吾二臣者，皆不欲也。」稱「吾二臣」，是冉有自謂及子路也。言我二臣，皆不欲伐之也。冉有恐孔子不獨信己，故引子路爲儔證也。

孔安國曰：「歸咎於季氏也。」

孔子曰：「求！孔子不許冉有歸咎於季氏，故又呼「求」名語之也。❷周任有言曰：『陳力就列，不能者止。』此語之辭也。周任，古之良史也。周任有言云：人生事君，當先量後入，若計陳我才力所堪，乃後就其列次，治其職任耳。若自量才不堪，則當止而不爲也。

馬融曰：「周任，古之良史也。言當陳其才力。度己所任，以就其位，不能則當止也。」

危而不持，顛而不扶，則將焉用彼相矣？既量而就，汝今爲人之臣，臣之爲用，正至匡弼，持危扶顛。今假季氏欲爲濫伐，此是危顛之事，汝宜諫止。而汝不諫止，乃云夫子欲之，吾等不欲，則何用汝爲彼之輔相乎？若必不能，是不量而就之也。

苞氏曰：「言輔相人者，當能持危扶顛，若不能，何用相爲也。」

且爾言過矣，虎兕出柙，栱玉毁櫝中，是誰之過與？」又罵之而設譬也。兕，如牛而色青。柙，檻也，檻貯於虎兕之器也。櫝，函也，貯栱玉之匣也。❸言汝云吾二臣皆不欲也，此是汝之罪也。汝爲人輔相，當主諫君失。譬如爲人掌虎兕栱玉，若使虎兕破檻而逸出，及龜玉毁碎於函匱之中，此是誰過？則豈非守檻函者過乎？今季氏濫伐，此是誰過？則豈非汝輔相之過乎？何得言吾二臣不欲邪！

馬融曰：「柙，檻也。櫝，櫃也。失毁，非典守者之過邪也？」櫃，即函也。欒

❶「鄭注」至「故也」，〔今校〕鮑本此段解經文，接「是社稷之臣也」下。

❷「故」下，〔今校〕原衍「云」字，據鮑本删。

❸「貯」上，〔今校〕鮑本有「函」字。

肇云：「陽虎家臣而外叛，❶是出虎兕於檻也。伐顓臾於邦内，是毀栱玉於櫝中也。」張憑曰：「虎兕出柙，喻兵擅用於外也。栱玉毀於櫝中，喻仁義廢於内之也。」❷

冉有曰：「今夫顓臾，固而近於費。固，謂城郭甲兵堅利。費，季氏采邑名也。冉有既得孔子罵及譬喻，而輸誠服罪，更說顓臾宜伐之意也。言所以伐顓臾者，城郭甲兵堅利，復與季氏邑相近之也。❸

馬融曰：「固，謂城郭完堅，兵甲利也。費，季氏之邑也。」兵，刃也。甲，鎧也。

今不取，後世必爲子孫憂。」子孫，季氏之子孫也。冉有又言顓臾既城郭堅甲兵利，又與費邑相近，其勢力方豪，及其今日猶可撲滅。❹若今日不伐取，❺則其後世必伐於費，所以爲後世子孫之憂也。孔子曰：

「求！君子疾夫，孔子聞冉有言，知其虛妄，故更呼而語之也。夫，夫冉有之言也。季氏欲伐，實是貪顓臾之地。今汝不言季孫是貪顓臾，欲伐取之，而假云顓臾固而近費，恐爲子孫憂，如汝此言，是君子之所謂疾也。故云「君子疾夫」也。

孔安國曰：「疾如汝之言也。」

舍曰欲之，❻而必更爲之辭。此是君子所疾者也。捨，猶除也。❼冉有不道季氏貪欲濫伐，是捨曰欲之而假稱顓臾固近費，是是而必爲之辭。

孔安國曰：「舍其貪利之說，而更作他辭，是所疾也。」

丘也聞有國有家者，不患寡而患不均，孔子罵冉有既竟，而更自稱名，爲其說季氏子孫之憂不顓臾也。將欲言之，故先廣陳其理也。不敢云出己，故曰「聞」也。有國，謂諸侯也。有家，謂卿大夫也。言夫爲諸侯及卿大夫者，不患土地人民寡少，所患政之不能均平耳。今季氏爲政，不能均平，則何用濫伐，欲多土地人民爲也。

❶「外」，桃華齋本、久原本無此字。

❷「欒肇」至「内之也」，〔今校〕鮑本此段解經文，接「二臣不欲邪」下。「之」，鮑本無此字。

❸「之」，〔今校〕鮑本無此字。

❹「及其」，〔今校〕鮑本互倒。

❺「伐」上，〔今校〕原脱「不」字，據鮑本補。

❻「舍」，桃華齋本、久原本作「捨」，參《疏》文，作「捨」者是，文明本、清熙園本作「舍」，蓋據古鈔集解本、正平板所校改。

❼「捨」，〔今校〕鮑本作「舍」，通。

孔安國曰：「國，諸侯也。家，卿大夫也。不患土地人民之寡少，患政治之不均平也。」

不患貧而患不安。爲國家者，何患民貧乏耶，政患不能使民安。

孔安國曰：「憂不能安民耳，❶民安則國富。」「百姓足，君孰與不足」，是也。

蓋均無貧，結前事也。❷此結前不貧之事也。若爲政均平，則國家自富，故無貧乏也。和無寡，此結不寡也。言政若能和，則四方來至，故土地民人不寡少也。安無傾。若能安民，則君不傾危也。然上云「不患寡患不均，不患貧患不安」，則應云「均無寡、安無傾」。❸今云「均無貪，和無寡」，又長云「安無傾」者，並相互爲義，由均和，故「安無傾」之也。❹

苞氏曰：「政教均平，則不患貧矣。上下和同，不患寡矣。小大安寧，不傾危也。」

夫如是，故遠人不服，則修文德以來也。❺此明不患寡少之由也。如是，猶如此也。若國家之政能如此，安不傾者，若遠人猶有不服化者，則我廣修文德於朝，使彼慕德而來至也。故舜舞干羽於兩階，而苗民至。既來之，則安之。遠方既至，則又用德澤撫安之。今由與求也，相夫子，夫子，季氏也。言今汝及由二人相於季氏，無恩德也。遠人不服，而不能來也。言汝二人爲季氏相，不能修文德以來服遠人也。邦分崩離折，❻而不能守也，言汝二人相季氏，季氏治魯，既外不來遠人，而內又離折，不能守國也。

孔安國曰：「民有異心曰分，欲去曰崩，不可會聚曰離拆也。」❼

而謀動干戈於邦内。汝二人既不能來遠安近，而

❶「耳」下，桃華齋本、久原本有「也」字。

❷「結前事也」，〔今校〕鮑本無此四字。

❸「則應云均無寡安無傾」，〔今校〕鮑本「則」下有「下」字，「傾」作「貧」。

❹「之」，〔今校〕鮑本無此字。

❺「也」，〔今校〕鮑本作「之」。

❻「折」，〔今校〕乃「析」之誤，鮑本正作「析」。下「折」字同。

❼「拆」，〔今校〕鮑本作「析」，是。

唯知與動干戈，以自伐邦國內地，何也？

孔安國曰：「干，楯也。戈，戟也。」

吾恐季孫之憂，不在顓臾，冉有云：顓臾近費，恐爲後世子孫憂。孔子廣陳事理也，已竟，故此改答也。❶言我之所思，恐異於汝也。汝恐顓臾，而我恐季孫後世之憂，不在於顓臾也。而在蕭牆之內也。」此季孫所憂者也。蕭，肅也。牆，屏也。人君於門樹屏，臣來至屏而起肅敬，故謂屏爲蕭牆也。臣朝君之位，在蕭牆之內也。今云季孫憂在蕭牆內，謂季孫之臣必作亂也。然天子外屏，諸侯內屏，大夫以簾，士以帷，季氏是大夫，應無屏而云「蕭牆」者，季氏皆僭爲之也。蔡謨云：「冉有、季路並以王佐之姿，處彼家相之任，豈有不諫季孫以成其惡。所以同其謀者，將有以也。量己撥勢，不能制其悖心於外，順其意以告夫子，實欲致大聖之言以救斯弊。是以夫子發明大義，以酬來感，弘舉治體，自救時難，引喻虎兕，爲以罪相者。雖文譏二子，而旨在季孫。既示安危之理，又抑強臣擅命，二者兼著，以寧社稷，斯乃聖賢同符，相爲表裏者也。然守文者衆，達微者寡也。覩其見軌，而昧其玄致，但釋其辭，不釋所以辭，懼二子之見幽，將長淪於腐學，是以正之，以莅來旨也。」

鄭玄曰：「蕭之言肅也。蕭牆，謂屏。君臣相見之禮，至屏而加肅敬焉，是以謂之『蕭牆』。後季氏家臣陽虎，❷果囚季桓子也。」證是在蕭牆也。❸

孔子曰：「天下有道，則禮樂征伐自天子出；禮樂，先王所以飾喜。鈇鉞，先王所以飾怒。故有道世，則禮樂征伐並由天子出也。❹天下無道，則禮樂征伐自諸侯出。若天下無道，天子微弱，不得任自由，故禮樂征伐從諸侯出也。自諸侯出，蓋十世希不失矣；希，少也。若禮樂征伐從諸侯出，非其所，故僭濫之國，十世少有不失國者也。諸侯是南面之君，故至全數之年而失之也。

孔安國曰：「希，少也。周幽王爲犬戎所殺，平王東遷，周始微弱。諸侯自作禮樂，專行征伐，始於隱公，至昭公，十世失政，死乾侯。」證十世爲濫失國

❶「答」上，〔今校〕鮑本有「容」字。
❷「氏」下，〔今校〕鮑本有「之」字。
❸「是」，〔今校〕鮑本作「憂」。
❹「子」下，〔今校〕鮑本有「而」字。

之君也。周幽王無道，爲犬戎所殺，其子平王東遷雒邑，於是周始微弱，不能制諸侯。故于時魯隱公始專征濫伐，至昭公十世，而昭公爲季氏所出，死於乾侯之地也。十世者，隱一、桓二、莊三、閔四、僖五、文六、宣七、成八、襄九、昭十也。

自大夫出，五世希不失矣；若禮樂征伐從大夫而專濫，則五世此大夫少有不失政者也。其非南面之君，道從勢短，故半諸侯之年，所以五世而失之也。

孔安國曰：「季文子初得政，至桓子五世，爲家臣陽虎所囚也。」此證大夫專濫，五世而失家者。季文子始得政而專濫，至五世，桓子爲臣所囚也。五世者，文子一、武子二、悼子三、平子四、桓子五是也。

陪臣執國命，三世希不失矣。陪，重也。其爲臣之臣，故云重也。是大夫家臣僭執邦國教令也，❶此至三世必失也。既卑，故不至五也。❷則半十而五，三亦半五。大夫難傾，❸故至十。十，極數。小者易危，故轉相半，理勢使然。亡國喪家，其數皆然，未有過此而不失者也。按此但云「執國命」，不云禮樂征伐出者，其不能僭禮樂征伐也。繆播云：「大夫五世，陪臣三世者，苟得之有由，則失之有漸。大者難傾，小者易滅。近本罪輕，彌遠罪重。輕故禍遲，❹重則敗速。二理同致，自然之差也。」

馬融曰：「陪，重也，謂家臣也。陽氏爲季氏臣，❺至虎三世，而出奔齊也。」證陪臣執政，三世而失者也。

天下有道，則政不在大夫。政由於君，故不在大夫。在大夫，由天下失道故也。

孔安國曰：「制之由君也。」

天下有道，則庶人不議。」君有道則頌之聲興，載路有時雍之義，則庶人民下，無所街群巷聚，以評議天下四方之得失也。若無道，則庶人共有所非議也。

孔安國曰：「無所非議也。」非，猶鄙也。鄙議風政之不是也。

---

❶「也」，〔今校〕鮑本無此字。
❷「也」，〔今校〕鮑本作「世」。
❸「夫」，〔今校〕鮑本作「者」，是。此言「大者」，後言「小者」。
❹「輕」，文明本、桃華齋本無此字，恐非，今據他本補正。
❺「氏」下，〔今校〕鮑本有「家」字。

孔子曰：「禄之去公室五世矣。禮樂征伐自大夫出，五世希有不失。于時孔子見其數將爾，知季氏必亡，故發斯旨也。公，君也。禄去君室，謂制爵禄出於大夫，不復關君也。制爵禄不關君，于時已五世也，故云「去公室五世」也。

鄭玄曰：「言此之時，魯定公之初也。魯自東門襄仲殺文公之子赤而立宣公，于是政在大夫，爵禄不從君出，至定公爲五世矣。」襄仲既殺赤立宣公，宣公雖立，而微弱不敢自專，故爵禄不復關己也。宣公一、成二、襄三、昭四、定五也。❶

政逮於大夫四世矣。逮，及也。制禄不由君，故及大夫也。季文子初得政，至武子、悼子、平子四世，是孔子時所見，故云四世。

鄭玄曰：「文子、武子、悼子、平子也。」

故夫三桓之子孫微矣。」大夫執政，五世必失。而季氏已四世，故三桓子孫轉以弱也。謂爲三桓者，仲孫、叔孫、季孫三家，同出桓公，故云「三桓」也。初三家皆豪濫，至爾時並衰，故云「微」也。

孔安國曰：「三桓者，謂仲孫、叔孫、季孫也。三卿皆出桓公。故曰『三桓』也。仲孫氏改其氏，稱孟氏。至襄公皆衰也。」❷後改仲孫氏稱孟氏，❸故多云孟孫氏也。

孔子曰：「益者三友，明與朋友益者有三事，故云「益者三友」。損者三友。又明與朋友損者只有三事，故云「損者三友」也。友直，一益也。所友得正直之人也。友諒，二益也。所友得有信之人也。諒，信也。友多聞，益矣。三益也。所友得能多所聞解人之也。❹益矣，上所言三事，皆是有益之朋友也。友便辟，❺此一損也。謂與便辟之人爲朋友者也。

馬融曰：「便辟，巧避人之所忌，❻以

❶「公」，〔今校〕鮑本無此字。

❷「襄」，〔今校〕鮑本作「哀」，是。

❸「後改仲孫氏」，〔今校〕鮑本作「後仲孫氏改其氏」。

❹「人之」，〔今校〕鮑本互倒，是。

❺「辟」，桃華齋本作「僻」，與古鈔集解本、正平板合。

❻「之」，〔今校〕鮑本無此字。

求容媚者也。」謂語巧能辟人所忌者，爲便辟也。❶ 友善柔，二損也。謂所友者善柔者也。善柔，謂面從而背毁者也。

馬融曰：「面柔者也。」

友便佞，三損也。謂與便佞爲友也。便佞，辨而佞者也。❷ 損矣。」上三事，皆是爲損之朋友也。

鄭玄曰：「便，辨也。謂佞而辨也。」❸

孔子曰：「益者三樂，謂以心中有所受樂之事，❹三者爲益人者也。損者三樂。又謂以心中所愛樂，有三事爲損人者也。樂節禮樂，一益也。謂心中所愛樂，樂得於禮樂之節也。

動靜得於禮樂之節也。動靜樂得禮樂之節也。❺

樂道人之善，二益也。心中所愛樂，樂道説揚人之善事也。樂多賢友，三益也。心中所愛樂，樂得多賢爲朋友也。益矣。此上三樂，皆是爲益之樂也。樂驕樂，此明一損也。心中所愛樂，爲驕慠以自樂也。

孔安國曰：「恃尊貴以自恣也。」

樂佚遊，此二損也。心中所愛樂，恣於自逸悆而遨遊，❻不用節度也。

王肅曰：「佚遊，出入不知節也。」

樂宴樂，三損也，心中所愛樂，宴飲酖酤以爲樂也。❼損矣。」此上三樂，皆是爲損之樂也。

孔安國曰：「宴樂，沈荒淫瀆也。三者，自損之道也。」

孔子曰：「侍於君子有三愆。愆，過也。卑侍於尊，有三事爲過失也。

孔安國曰：「愆，過也。」

---

❶「謂語」至「辟也」，〔今校〕鮑本此段解經文，接「朋友者也」下。

❷「辨而佞者也」，〔今校〕鮑本「辨」作「辯」，「辯」上有「謂」字，「佞者」作「巧」。

❸二「辨」字，〔今校〕鮑本皆作「辯」。

❹「受」，〔今校〕鮑本作「愛」。

❺「動靜樂得禮樂之節也」，〔今校〕鮑本無此九字。

❻「悆」，文明本重「悆」字，恐非，今據清熙園本、延德本削正。〔今校〕鮑本亦重「悆」字。

❼「酤」，〔今校〕鮑本作「酟」。

言未及之而言，謂之躁；一過也。侍君子之坐，君子言語次第承之，未及其抄次而言，此是輕動將躁之者。❶

鄭玄曰：「躁，不安靜也。」

言及之而不言，謂之隱；二過也。言語次第已應及其人，忽君之不肯出言，❷此是情心不盡，有所隱匿之者也。❸

孔安國曰：「隱匿不盡情實也。」

未見顔色而言，謂之瞽。」瞽者，盲人也。盲人目不見人顔色，而只言人之是非。今若不盲侍坐，未見君子顔色趣向，而便逆言之，此是與盲者無異質，故謂之爲瞽也。

周生烈曰：「未見君子顔色所趣向，而便逆先意語者，猶瞽也。」❹

孔子曰：「君子有三戒：君子自戒，其事有三，故云「有三戒」也。少之時，血氣未定，戒之在色。一戒也。少，謂卅以前也。爾時血氣猶自薄少，不可過欲，過欲則爲自損，故戒之也。及其壯也，血氣方剛，戒之在鬬。二戒也。壯，謂三十以上也。禮：卅壯而爲室，故不復戒色也。但年齒已壯，血氣方剛，性力雄猛，有無所與讓，❺好爲鬬，❻故戒之也。及其老也，血氣既衰，戒之在得。」三戒也。老，謂年五十以上也。年五十始衰，無復鬬爭之勢，而戒之在得也。得，貪得也。老人好貪，故戒之也。老人所以好貪者，夫年少象春夏，春夏爲陽，陽法主施，故少年明怡也。年老象秋冬，秋冬爲陰，陰體歛藏，故老耆好歛聚，多貪也。

孔安國曰：「得，貪得也。」

孔子曰：「君子有三畏：心服曰畏，君子所畏，有三事也。畏天命，一畏也。天命，謂作善降百祥，作

❶「之者」，〔今校〕鮑本作「者也」。

❷「言語次第已應及其人忽君之不肯出言」，此文不可句。據邢《疏》「君子言論及己已應言而不言」語，「已」下衍「應」字，「忽君之」三字當作「應言之」。〔今校〕鮑本「之」作「子」。

❸「之」，〔今校〕鮑本無此字。

❹「也」上，桃華齋本、久原本有「者」字。〔今校〕鮑本亦有「者」字。

❺「有」，〔今校〕鮑本作「者」，連上讀。

❻「鬬」下，〔今校〕鮑本有「爭」字。

不善降百殃。從吉逆凶，是天之命。故君子畏之，不敢逆之也。

順吉逆凶，天之命也。

畏大人，二畏也。大人，聖人也。見其含容，而曰大人。見其作教正物，而曰聖人也。今云「畏大人」，謂居位爲君者也。聖人在上，含容覆幬，❶一雖不察察，而君子畏之也。

大人，即聖人，與天地合其德者也。

畏聖人之言。三畏也。聖人之言，謂五經典籍，聖人遺文也，其理深遠，故君子畏也。❷

深遠不可易知，❸則聖人之言也。理皆深遠，不可改易也。

小人不知天命而不畏也，既小人與君子反，故不畏君子之所畏者也。❹小人見天道恢疏，而不信從吉逆凶，故不畏之，而造爲惡逆之也。❺

恢疏，故不知畏也。❻天網恢恢，疏而不失。

小人見天命不切切之急，謂之不足畏也。

狎大人，見大人含容，故褻慢而不敬也。❼江熙云：「小人不懼德，故媟慢也。」

直而不肆，故狎之也。肆，猶經威毒也。大人但用行不邪，而不私威毒也。

侮聖人之言。」謂經籍爲虛妄，故輕侮之也。江熙云：「以典籍爲妄作也。」

不可小知，故侮之也。經籍深妙，非小人所知，故云「不可小知」也。

孔子曰：「生而知之者，上也；此章勸學也，故先從聖人始也。若生而自有知識者，此明是上智聖人，故云上也。學而知之者，次也；謂上賢也。上賢既不生知，資學以滿分，故次生知者也。困而學之，又其次也。謂中賢以下也。本不好學，特以己有所用，於理困憤不通，故憤而學之，只此次前上賢人也。❽

❶「幬」，〔今校〕鮑本作「燾」。
❷「也」上，〔今校〕鮑本有「之」字。
❸「知」，〔今校〕鮑本無此字，是。
❹「故」，〔今校〕鮑本作「並」。
❺「之」，〔今校〕鮑本無此字。
❻「也」上，桃華齋本有「之」字。
❼「慢」上，〔今校〕鮑本有「狎」字。
❽「只此」，〔今校〕鮑本二字互倒。

孔安國曰：「困，謂有所不通也。」困而不學，民斯爲下矣。」謂下愚也。既不好學，而困又不學，此是下愚之民也，故云「民斯爲下」也。孔子曰：「君子有九思：❶言君子所宜思之事，其條有九也。視思明，一也。若自瞻視萬事，❷不得盂浪，唯思分明也。聽思聰，二也。若耳聽萬理，不得落漠，唯思聽了也。色思溫，三也。若顔色平常，不得嚴切，唯思溫和也。李充曰：「靜容謂之和，柔暢謂之溫也。」貌思恭，四也。若容貌接物，不得違逆，唯思遜恭也。李充曰：「動容謂之貌，謙接謂之恭也。」言思忠，五也。若有所言語，不得虚僞，唯思盡於忠心也。事思敬，六也。凡行萬事，不得慠慢，唯思於敬也。故《曲禮》云「無不敬也」。❸疑思問，七也。心有所疑，不得輒自斷決，當思諮問於事有識者也。❹忿思難，八也。彼有違理之事，來觸於我，我必忿怒於彼。雖然，不得乘此忿心以報於彼，當思於忽有急難日也。一朝之忿，忘其身以及其親，是謂難也。見得思義。」九也。不義而富且貴，於我如浮雲。若見己應有所得，當思是義取也。❺江熙云：「義，然後取也。」孔子曰：「見善如不及，❻見有善者，當慕而齊之，恒恐己不能相及也。袁氏曰：「恒恐失之，故馳而及之也。」見不善如探湯。若見彼不善者，則己急宜畏避，不相染入，譬如人使己以手探於沸湯爲也。吾見其人矣，吾聞其語矣。孔子自云：此上二事，吾嘗見其人，亦嘗聞有其語也。

孔安國曰：「探湯，喻去惡疾也。」去，猶避。疾，速也，謂避惡之速。顔特進云：「好善如所慕，惡惡如所畏，合義之情，可傳之理，既見其

❶「孔子曰君子有九思」，久原本提行。〔今校〕鮑本亦提行，是。

❷「自」，〔今校〕鮑本作「目」，是。

❸「云」，〔今校〕鮑本作「曰」。

❹「事有識」，桃華齋本、久原本「識」作「誠」，恐非，「有」上「事」字，疑衍。

❺「是」，〔今校〕鮑本作「其」。

❻「孔子曰見善如不及」，久原本提行。〔今校〕鮑本亦提行，是。

人，又聞其語也。」❶

隱居以求其志，❷志達昏亂，❸故願隱居遁，❹言幽居以求其志也。行義以達其道，常願道中，❺故躬行行義，❻以達其道矣。吾聞其語矣，未見其人也。」唯聞昔有夷、齊能然，是聞其語也。❼而今世無復此人，故云未見其人也。顏特進云：「隱居所以求志於世表，行義所以達道於古人。無立之高，難能之行，徒聞其語，未見其人也。」齊景公有馬千駟，❽千駟，四千匹馬也。死之日，民無得稱焉。生時無德而多馬，一死則身與名俱消，❾故民無所稱譽也。

孔安國曰：「千駟，四千匹也。」

伯夷、叔齊餓于首陽之下，夷、齊，是孤竹君之二子也。兄弟讓國，遂入隱于首陽之山。武王伐紂，夷、齊叩武王馬諫曰：❿「爲臣伐君，豈得忠乎？橫尸不葬，豈得孝乎？」武王左右欲殺之，太公曰：「此孤竹君之子，兄弟讓國，大王不然制也。⓫隱於首陽山，合方立義，不可殺，是賢人。」即止也。夷、齊反首陽山，責周，⓬不食周粟，唯食草木而已。後遼西令支縣佑家白張石虎往蒲坂採材，謂夷、齊云：「汝不食周粟，何食周草木？」夷、齊聞言，即遂不食，七日餓死。云「首陽下」者，在山邊側者也。⓭

馬融曰：「首陽山，在河東蒲坂，⓮華山之北，河曲之中也。」

❶「顏特」至「語也」，〔今校〕鮑本此段解經文，接「有其語也」下。

❷「隱居以求其志」，此下疏十七字，桃華齋本、久原本在《經》文「行義以達其道」句下。

❸「達昏」，根本本「達」作「違」，義長。「昏」當作「世」。〔今校〕鮑本同根本本。

❹「居」，根本本無此字，考邢《疏》，無此字者是。〔今校〕鮑本同根本本。

❺「中」，諸鈔本或作「申」。〔今校〕鮑本作「申」。

❻下「行」字，〔今校〕鮑本作「仁」。

❼「其」上，〔今校〕鮑本有「有」字。

❽「齊景公有馬千駟」，〔今校〕鮑本提行，是。

❾「與」，〔今校〕鮑本無此字。

❿「叩」，〔今校〕鮑本作「扣」。

⓫「然」，〔今校〕鮑本作「能」。

⓬「周」，〔今校〕鮑本作「身」。

⓭「者」，〔今校〕鮑本無此字。

⓮「坂」下，〔今校〕鮑本有「縣」字。

民到于今稱之，雖無馬而餓死，而民至孔子之時，❶相傳揄揚愈盛也。❷ 其斯謂與？❸ 斯，此也。言多馬而無德，亦死即消。雖餓而有德，稱義無息。言有德不可不重，其此謂之也。

王肅曰：「此所謂以德爲稱者也。」

陳亢問於伯魚曰：「子亦有異聞乎？」陳亢，即子禽也。伯魚，即鯉也。亢言伯魚是孔子之子，孔子或私教伯魚，有異門徒聞，故云子亦有異聞不也。呼伯魚而爲子也。

馬融曰：「以爲伯魚孔子之子，所聞當有異也。」

對曰：「未也。伯魚對陳亢云：我未嘗有異聞也。嘗獨立，此述己生平私得孔子見語之時也。言孔子嘗獨立，左右無人也。

孔安國曰：「獨立，謂孔子也。」

鯉趨而過庭。孔子獨立在堂，而己趨從中庭過也。曰：『學《詩》乎？』孔子見伯魚從庭過，呼而問之云：汝嘗學《詩》不乎？ 對曰：『未之。』❹伯魚述己學答孔子，言未嘗學之《詩》也。❺ 曰：『不學《詩》，無以言也。』孔子聞伯魚未嘗學《詩》，故以此語之。言《詩》有比興、答對、酧酢，人若不學《詩》，則無以與人言語也。 鯉退而學《詩》。伯魚得孔子之旨，故還己舍而學《詩》之也。❻ 他日，又獨立，他日，又別日也。孔子又在堂獨立也。 鯉趨而過庭。伯魚又從中庭過也。 曰：『學禮乎？』孔子又問伯魚：學禮不乎？❼ 對曰：『未也。』亦答云：未學禮之

❶「至」，〔今校〕鮑本作「到」。

❷「揄揚」，寶德本「揄揚」作「猶揚」，文永鈔《集解》本背記引皇《疏》作「稱揚」。按「稱」、「猶」字與「揄」字以形相似而誤，文明本作「揄揚」，「揄」上衍「猶」字，今削正。〔今校〕鮑本「揄」上有「猶」字。

❸「斯」下，〔今校〕鮑本有「之」字。

❹「之」，鮑本作「也」。

❺「伯魚述己學答孔子言未嘗學之詩也」，諸鈔本「學」作「舉」，「也」作「乎」，並非。今據有不爲齋本改正。「詩」上「之」字疑衍，然諸鈔本皆有，今姑仍其舊。〔今校〕鮑本上「學」字作「舉」，與「己」字倒。「詩」上無「之」字。

❻「故」下，〔今校〕鮑本有「退」字。「之」，〔今校〕鮑本無此字。

❼「學」上，〔今校〕鮑本有「汝」字。

也。『不學禮，無以立。』孔子又語伯魚云：禮是恭儉莊敬，立身之本，人有禮則安，無禮則危，若不學禮，則無以自立身也。鯉退而學禮。鯉從旨，❶退而學禮也。聞斯二者矣。」又答陳亢言，己爲孔子之子，唯私聞「學詩」「學禮」二事也。陳亢退而喜曰：「問一得三，陳亢得伯魚答己二事，故退而歡喜也。言我問異聞之一事，而今得聞三事也。聞《詩》，聞禮，又聞君子之遠其子也。」伯魚二也，又君子遠其子，三也。伯魚是孔子之子，一生之中唯聞二事，❷即是君子不獨親子，故相疏遠，是陳亢今得聞君子遠於其子也。范寧曰：「孟子云：『君子不教子何也？勢不行也。教者必以正，以正不行，繼之以怒。❸繼之以怒，則反夷矣，父子相夷，惡也。』」邦君之妻，君稱之曰夫人，❹當時禮亂，稱謂不明，故此正之也。邦君自呼其妻，曰夫人也。夫人自稱曰小童，此夫人向夫自稱，則曰小童。小童，幼少之目也，謙不敢自以比於成人也。邦人稱之曰君夫人，邦人，其國民人也。若其國之民呼君妻，則曰君夫人也。君自稱云，❺單曰夫人，故夫人民人稱，❻帶君言之也。稱諸異邦曰寡小君，自我國臣民，向他邦人，稱我君妻，則曰寡小君也。君自稱曰寡人，故臣民稱君爲寡君，稱君妻爲寡小君也。異邦人稱之，亦曰君夫人也。若異邦臣來，即稱主國君之妻，則亦同曰君夫人也。

孔安國曰：「小君，君夫人之稱也。對異邦謙，故曰『寡小君』。當此之時，諸侯嫡妾不正，稱號不審，故孔子正言其禮也。」

論語義疏第八　經一千七百七十四字。注一千九百七十字。

❶「從」下，〔今校〕鮑本有「孔子」二字。
❷「聞」，〔今校〕鮑本無此字。
❸「怒」，〔今校〕鮑本作「忿」。下「怒」字同。
❹「邦君之妻君稱之曰夫人」，久原文庫一本提行，桃華齋本句末有「也」字。〔今校〕鮑本亦提行，是。
❺「云」，〔今校〕鮑本作「則」。
❻「故夫人民人稱」，「夫人民人稱」五字，當作「民人稱夫人」，邢《疏》云「國中之臣民言，則繫君而稱之」，是其證。〔今校〕鮑本無「夫人」二字。

論語義疏卷第九陽貨　微子

梁國子助教吳郡皇侃撰

論語陽貨第十七　何晏集解凡廿四章

疏陽貨者，季氏家臣，凶惡者也。❶所以次前者，明於時凶亂，非唯國臣無道，至於陪臣賤，亦並凶愚，❷故《陽貨》次《季氏》也。○

陽貨欲見孔子，陽貨者，季氏家臣陽虎也。于時季氏稍微，陽貨爲季氏宰，❸專魯國政，欲使孔子仕己，故使人召孔子，欲與孔子相見也。孔子不見，孔子惡其專濫，故不與之相見也。

孔安國曰：「陽貨，陽虎也。季氏家臣而專魯國之政，欲見孔子使仕也。」

歸孔子豚。歸，猶餉也。既召孔子，孔子不與相見，故又遣人餉孔子豚也。所以召不來而餉豚者，禮，得敵己以下餉，但於己家拜餉而已。勝己以上見餉，先既拜於己家，明日又往餉者之室也，陽虎乃不勝孔子。然己交專魯政，期度孔子必來拜謝，己因得與相見也，得相見而勸之欲仕也。

孔安國曰：「欲使往謝，故遺孔子豚也。」

孔子時其亡也，而往拜之，亡，無也。謂虎不在家之時也。❹孔子曉虎見餉之意，故往拜謝也。若往謝，必與相見，相見於家，事或盤桓，故敢伺虎不在家時，❺而往拜於其家也矣。❻遇諸塗。塗，道路也。既伺其不在而往拜，拜竟而還，與之相逢遇於路中也。❼孔子聖人，所以不計避之而在路與相逢者，其有所以也。若遂不相見，則陽虎求召不已，既得相見，期其意畢耳，❽但不欲久與相

❶「凶」上，〔今校〕鮑本無此字。
❷「愚」，〔今校〕鮑本作「惡」。
❸「貨」，文明本作「氏」，恐非。今據他本改正。
❹「謂」上，〔今校〕鮑本有「無」字。「之」，〔今校〕鮑本無此字。
❺「敢伺」，〔今校〕鮑本作「伺取」。
❻「矣」，〔今校〕鮑本無此字。
❼「遇」，〔今校〕鮑本無此字。
❽「期」，〔今校〕鮑本作「則」。

對，故造次在塗路也。所以知是已拜室還與相逢者，既先云「時亡也」，後云「遇塗」，故知已至其家也。其若未至室，則於禮未畢，或有更隨其至己家之理，故先伺不在而往，往畢還而相逢也。

孔安國曰：「塗，道也。於道路與相逢也。」一家通云，餉豚之時，孔子不在，故往謝之也。然於《玉藻》中爲便，而不勝此《集解》通也。❶

謂孔子曰：「來！貨於道見孔子，❷而呼孔子令來，孔子趍就己也。❸予與爾言。」予，我也。爾，汝也。貨先呼孔子來，而又云我與汝言也。曰：「懷其寶而迷其邦，可謂仁乎？」此陽貨與孔子所言之辭也。❹既欲令仕己，故先發此言也。此罵孔子不仕也。❺寶，猶道也。言仁人之行，當惻隱救世以安天下，而汝懷藏佐時之道，不肯出仕，使邦國迷亂，爲此之事，豈可謂爲仁乎？曰：「不可。」孔子曉虎之言，故遜辭求免，而答己不可也，❻言不可謂此爲仁人也。

馬融曰：「言孔子不仕，是懷寶也。知國不治而不爲政，是迷邦也。」

「好從事而亟失時，可謂智乎？」此亦罵孔子不智也。好從事，謂好周流東西，從於世事也。亟，數也。言智者以照了爲用，動無失時，而孔子數栖栖遑遑，東西從事，而數失時，不爲時用，如此豈可謂汝爲聖人乎矣？❼曰：「不可。」又遜辭云「不可」也。

孔安國曰：「言孔子栖栖好從事，而數不遇失時，不爲有智也。」

「日月逝矣，歲不我與。」罵孔子。孔子辭既畢，故貨又以此辭勸孔子出仕也。逝，速也，言日月不停，速不待人，豈得懷寶至老而不仕乎？我，我孔子也。

馬融曰：「年老，歲月已往，當急仕也。」

孔子曰：「諾。吾將仕矣。」孔子得勸，故遜辭答之云：「諾。吾將仕也。」郭象云：「聖人無心，仕與不仕

❶「一家通云」至「而不勝此集解通也」，〔今校〕鮑本此段解經文，接「往畢還而相逢也」下。
❷「道」，〔今校〕鮑本作「路」。
❸「孔子」，〔今校〕鮑本無此二字。
❹「陽」，〔今校〕鮑本作「是」。
❺「仕」，〔今校〕鮑本作「仁」。
❻「己」，〔今校〕鮑本作「云」。
❼「聖」，〔今校〕鮑本作「智」。「矣」，〔今校〕鮑本無此字。

隨世耳。陽虎勸仕，理無不諾，不能用我，則我無自用。❶此直道而應者也，然免遜之理亦在其中也。」

孔安國曰：「以順辭免害也。」

子曰：「性相近也，習相遠也。」❷性者，人所稟以生也。習者，謂生而後有儀，❸常所行習之事也。人俱稟天地之氣以生，雖復厚薄有殊，而同是稟氣，故曰相近也。及至識，若值善友，則相效爲善；若逢惡友，則相效爲惡。惡善既殊，故云「相遠也」。故范寧云：「人生而靜，天之性也。感於物而動，性之欲也。斯相近也。習洙泗之教爲君子，習申、商之術爲小人，斯相遠矣也。」❹

孔安國曰：「君子慎所習也。」然性情之義，❺說者不同，且依一家舊釋云：性者，生也。情者，成也。性是生而有之，故曰生也。情是起欲動彰事，故曰成也。然性無善惡，而有濃薄，情是有欲之心，而有邪正。性既是全生，而有未涉乎用，非唯不可名爲惡，亦不可目爲善，故性無善惡也。所以知然者，夫善惡之名，恒就事而顯，故老子曰：「天下以知美之爲美，斯惡已。以知善之爲善，斯不善已。」此皆據事而談。情有邪正者，情既是事，若逐欲流遷，其事則邪，若欲當於理，其事則正，故情不得不有邪有正也。故《易》曰：「利貞者，性情也。」王弼曰：「不性其情，焉能久行其正？」此是情之正也，若心好流蕩失真，此是情之邪也。若以情近性，故云性其情。情近性者，何妨是有欲，若逐欲遷，故云「遠」也。若欲而不遷，故曰「近」。但近性者正，而即性非正，雖即性非正，而能使之正。譬如近火者熱，而即火非熱，雖即火非熱，而能使之熱。能使之熱者何？氣也，熱也。能使之正者何？儀也，靜也。又知其有濃薄者。孔子曰「性相近也」，若全同也，相近之辭不生；若全異也，相近之辭亦不得立。今云「近」者，有同有異，取其共是無善無惡則同也，有濃有薄則異也，雖異而未相遠，故曰「近也」。❻

子曰：「唯上智與下愚不移。」前既云性近習遠，而又有異，此則明之也。夫降聖以還，賢愚萬品。若大而言之，且分爲三，上分是聖，下分是愚。愚人以上，聖人以

❶「我」，〔今校〕鮑本無此字。

❷「也」，文明本無此字，他本並有，今補正。

❸「而後有儀」，〔今校〕鮑本作「後有百儀」。

❹「矣」，〔今校〕鮑本無此字。

❺「性情」，〔今校〕鮑本二字互倒。

❻「然性情之義」至「故曰近也」，〔今校〕鮑本此段解經文接「斯相遠矣也」下。

下，其中階品不同而共爲一。此之共一，則有推移。今云「上智」，謂聖人，「下愚」，愚人也。夫人不生則已，若有生之始，便稟天地陰陽氛氳之氣。氣有清濁，若稟得淳清者，則爲聖人；若得淳濁者，則爲愚人。愚人淳濁，雖澄亦不清，聖人淳清，攪之不濁。故上聖遇昏亂之世，不能撓其真，下愚值重堯疊舜，不能變其惡。故云「唯上智與下愚不移」也。而上智以下，下愚以上，二者中間，顏、閔以下，一善以上，其中亦多清少濁。或多濁少清，或半清半濁，澄之則清，攪之則濁。如此之徒，以隨世變改，若遇善則清升，逢惡則滓淪，所以別云「性相近，習相遠」也。

孔安國曰：「上智不可使强爲惡，下愚不可使强賢也。」

子之武城，聞弦歌之聲。之，往也。于時子游爲武城宰，而孔子往焉。既入其邑，聞弦歌之聲也。但解聞弦歌之聲，其則有二：一云，孔子入武城堺，聞邑中人家，家有弦歌之響，由子游正化和樂故也。❶繆播云：「子游宰小邑，能使民得其可弦歌以樂也。」❷又一云：謂孔子入城，❸聞子游身自弦歌以教民也。故江熙云：「小邑但當令足衣食教敬而已，反教歌詠先王之道也。」

孔安國曰：「子游爲武城宰也。」

夫子莞爾而咲，❹孔子聞弦歌聲而咲之也。莞爾，小笑貌也。

曰：「割鷄焉用牛刀？」孔子説可咲之意也。牛刀，大刀也。割鷄宜用鷄刀，割牛宜用牛刀，若割鷄而用牛刀，刀大而鷄小，所用之過也。譬如武城小邑之政，可用小才而已，用子游之大才，是才大而用小也。故繆播云：「惜不得導千乘之國，❺如牛刀割鷄，不盡其才也。」江熙云：「如牛刀割鷄，非其宜也。」

孔安國曰：「言治小何須用大道也。」

子游對曰：「昔者偃也聞諸夫子曰：『君子學道則愛人，小人學道則易使也。』」子游得孔子咲已，故對所以弦歌之意也。先據聞之於孔子言云：若君子學禮樂，則必以愛人爲用，小人學道，則易使爲樂業，而偃今日所以有此弦歌之化也。一云：子游既學道於孔子，今日之化，政是小人易使。故繆播云：「夫博學

❶「正」，〔今校〕鮑本作「政」。

❷「使」，〔今校〕鮑本作「令」。

❸「城」上，〔今校〕鮑本有「武」字。

❹「咲」，或作「笑」，據疏文，皇本原當作「咲」。〔今校〕鮑本作「笑」，下同。

❺「不」上，〔今校〕鮑本有「其」字。

之言，亦可進退也。夫子聞鄉黨之人言，便引得射御，子游聞牛刀之喻，且取非宜，故曰：小人學道則易使也。其不知之者，以爲戲也，其知之者，以爲賢聖之謙意也。」

孔安國曰：「道，謂禮樂也。樂以和人，人和則易使也。」就如注意，言子游對所以弦歌化民者，欲使邑中君子學之則愛人，邑中小人學之則易使也。

子曰：「二三子！二三子，從孔子行者也。孔子將欲美言偃之是，❶故先呼從行之二三子也。

孔安國曰：「從行者也。」

偃之言是也。言子游之言所以用弦歌之化是也。前言戲之耳！」言我前云：「割鷄焉用牛刀？」是戲是治小而才大也。❷

孔安國曰：「戲以治小而用大道也。」

公山不擾姓公山，名不擾也。以費畔，費，季氏采邑也。畔，背叛也。不擾當時爲季氏邑宰而作亂，與陽虎共執季氏，是背畔於季氏也。召，子欲往。既背畔，使人召孔子，孔子欲往應召也。

孔安國曰：「不擾爲季氏宰，與陽虎共執季桓子而召孔子也。」

子路不悅，子路見孔子欲往，故已不欣悅也。曰：「未之也已，❸何必公山氏之之也？」子路不悅而後說此辭也。❹未，❺無也。之，適也。已，止也。中「之」，語助也。下「之」，亦適也。子路云：雖時不我用，若無所適往，則乃當止耳，何必公山氏之適也。

孔安國曰：「之，適也。無可之，則止耳，何必公山氏之適也？」❻

子曰：「夫召我者，而豈徒哉？孔子答子路所以欲往之意也。徒，空也。言夫欲召我者，豈容無事空然而召我乎？必有以也。如有用我者，❼吾其爲東周乎？」若必不空然而用我時，則我當爲興周道也。魯在東，周在西，云「東周」者，欲於魯而興周道，故云「吾其

---

❶「言」，〔今校〕鮑本無此字。
❷下「是」字，〔今校〕鮑本無此字，是。
❸「未」，〔今校〕鮑本作「末」。「也」，清熙園本、桃華齋本無此字。
❹「後」，〔今校〕鮑本作「復」。
❺「未」，〔今校〕鮑本作「末」。
❻「也」上，〔今校〕鮑本有「者」字。
❼「有」下，〔今校〕鮑本有「復」字。

爲東周」也。一云：周室東遷洛邑，故曰東周。王弼云：「言如能用我者，不擇地而興周室道。」❶

興周道於東方，故曰東周也。

子張問仁於孔子。孔子對曰：❷「能行五者於天下爲仁矣。」言若能行五事於天下，則可謂之爲仁人也矣。❸ 請問之。子張不曉五者之事，故反請問其目也。曰：「恭，寬，信，敏，惠。答五者之目也。恭則不侮，又爲歷解五事所以爲仁之義也。❹ 言人君行己能恭，則人以敬己，不敢見輕侮也。故江熙云：「自敬者，人亦敬己也。」

孔安國曰：「不見侮慢也。」

寬則得衆，人君所行寬弘，則衆附歸之，是故得衆也。信則人任焉，人君立言必信，則爲人物所見委任也。❺ 一云：人思任其事，故不見冥也。❻ 敏則有功，敏，疾也。人君行事不懈而能進疾也，則事以成而多功也。

孔安國曰：「應事疾則多成功也。」

惠則足以使人。」人君有恩惠加民，民則以不憚勞役也。故江熙云：「有恩惠則民忘勞也。」

昲盻召，❼昲盻使人召於孔子。子欲往。孔子欲應召使而往也。

孔安國曰：「晉大夫趙簡子之邑宰也。」

子路曰：「昔者由也聞諸夫子曰：『親於其身爲不善者，君子不入。』子路見孔子欲應昲盻之召，故據昔聞孔子之言而諫止之也。子路云：由昔親聞孔子之言云：❽若有人自親行不善之事者，則君子不入其家也。

孔安國曰：「不入其國也。」

昲盻以中牟畔，據昲盻身自爲不善之事也。昲盻經

❶「王弼云」至「室道」，延德本、桃華齋本此條並在何注下。〔今校〕鮑本句末有「也」字。

❷「對」，〔今校〕鮑本無此字。

❸「矣」，〔今校〕鮑本無此字。

❹「事」，桃華齋本作「者」。

❺「見」，〔今校〕鮑本無此字。

❻「冥」，延德本、桃華齋本、久原本作「瞑」。〔今校〕鮑本亦作「瞑」。

❼「昲盻」，〔今校〕鮑本作「胇肹」，下同。

❽「孔」，〔今校〕鮑本作「夫」。

爲中牟邑宰，而遂背畔，此是不善之事也。**子之往也，如之何？」**佛肸身爲不善，而今夫子若爲往之，故云「如之何」也。**子曰：「然，有是言也。**然，如此也。孔子答曰：有如此所説也，我昔者有此君子不入於不善之國之言。**不曰堅乎，❶磨不磷；❷不曰白乎，涅而不緇。**孔子既然之，而更廣述我從來所言非一。或云「君子不入不善之國」，亦云「君子入不善之國而不爲害」。❸經爲之説二譬，❹譬天下至堅之物，磨之不薄；至白之物，染之不黑。是我昔亦有此二言，汝今那唯憶不入而不憶亦入乎？故曰「不曰堅乎？磨而不磷；不曰白乎？涅而不緇」。言我昔亦經有曰也，故云「不曰白乎」以問之也。❺

孔安國曰：「磷，薄也。涅，可以染皂者。言至堅者磨之而不薄，至白者染之涅不黑。喻君子雖在濁亂，濁亂不能污。」❻然孔子所以有此二説不同者，或其不入是爲賢人，賢人以下易染，故不許入也；若許入者是聖人，聖人不爲世俗染黑，❼如至堅至白之物也。子路不欲往，孔子欲往，故其告也。❽

吾豈匏瓜也哉？焉能繫而不食？」孔子亦爲説我所以一應召之意也。言人非匏瓜，匏瓜係滯一處，不須飲食而自然生長，乃得不用，何通乎？而我是須食之人，自應東西求覓，豈得如匏瓜係而不食耶？一通云：匏瓜，星名也。言人有才智，宜佐時理務，爲人所用，豈得如匏瓜係天而不可食邪？王弼云：「孔子機發後應，事形乃視，擇地以處身，資教以全度者也，故不入亂人之邦。

❶「不」上，〔今校〕鮑本有「曰」字。

❷「不」上，〔今校〕鮑本有「而」字。

❸「而」上，〔今校〕鮑本有「故君子入不善之國」八字。

❹「經」，桃華齋本、久原本、延德本作「徑」。下文「我昔（「昔」字原脱）亦經有曰也」之「經」字亦同。〔今校〕鮑本作「經」。底本原文實作「徑」，據武内校記改。

「説」，〔今校〕鮑本作「設」。

❺「白」，〔今校〕鮑本無此字。

❻「染皂者」至「不能污」，延德本、桃華齋本「染皂者」下、「污」下並有「也」字，「涅」上有「於」字，與古鈔《集解》本同。文明本並無，與正平板同。〔今校〕鮑本「涅」上有「於」字，下有「而」字。「污」下有「也」字。

❼「黑」，〔今校〕鮑本作「累」。

❽「其」，〔今校〕鮑本作「具」。「然孔子所以有此二説不同者」至「故其告也」，〔今校〕鮑本此段解經文，接「以問之也」下。

聖人通遠慮微，應變神化，濁亂不能污其潔，凶惡不能害其性，所以避難不藏身，絕物不以形也。有是言者，言各有所施也，苟不得係而不食，舍此適彼，相去何若也。」

匏，瓠也。言匏瓜得繫一處者，不食故也。吾自食物，當東西南北，不得如不食之物繫滯一處也。江熙云：「夫子豈實之公山、弗肸乎？❶故欲往之意耶？汎爾無係，❷以觀門人之情，如欲居九夷，乘桴浮於海耳。子路見形而不及道，故聞乘桴而喜，聞之公山而不悦，升堂而未入室，安測聖人之趣哉？」❸

子曰：「由！呼子路名而問之也。汝聞六言六弊矣乎？」❹夫所欲問子路，汝曾聞六言而每言以有弊塞之事乎？言既有六，故弊亦有六，故云「六言六弊」之，❺事在下文。王弼云：「不自見其過也。」

六言六弊，❻下六事，謂仁、智、信、直、勇、剛也。

對曰：「未也。」子路對曰：未曾聞之。曰：「居！吾語汝。居，猶復坐也。子路得孔子問，避席而對云：「未也。」故孔子呼之使復坐也，❼吾當語汝也。

孔安國曰：「子路起對，故使還坐也。」

好仁不好學，其弊也愚；一也。然此以下六事，以謂中人也。❽夫事得中適，莫不資學，若不學而行事，猶無燭夜行也。仁者博施周急，是德之盛也。唯學者能裁其中，若不學而施，施必失所，是與愚人同，故其弊塞在於愚也。江熙云：❾「好仁者，謂聞其風而悦之者也。不學不能深源乎其道，❿知其一而未識其二，所以弊也。自非聖人，必有所偏，偏才雖美，必有所弊，學者假教以節其

---

❶「弗肸」，〔今校〕鮑本作「胇肸」。

❷「爾」，〔今校〕鮑本作「示」。

❸「江熙云」至「安測聖人之趣哉」，〔今校〕鮑本此段解經文，接「相去何若也」下。

❹「弊」，清熙園本此章諸「弊」字皆作「蔽」，古鈔《集解》本、正平板及邢《疏》本並同。桃華齋本皆作「弊」，文明本則「弊」、「蔽」互見。據《疏》文，桃華齋本是，今據改正。〔今校〕鮑本皆作「蔽」。

❺「之」，〔今校〕鮑本作「也」。

❻「弊」下，〔今校〕鮑本有「者」字。

❼「坐」，〔今校〕鮑本作「座」。

❽「以」，〔今校〕鮑本無此字。

❾「云」，〔今校〕鮑本作「曰」。

❿「源」，〔今校〕鮑本作「原」。

性，觀教知變，則見所遇也。」❶

孔安國曰：「仁者愛物，不知所以裁之，則愚也。」

好智不好學，其弊也蕩；　二也。智以運動爲用，若學而裁之，則智動會理，若不學而運動，則弊塞在於蕩，無所的守也。

孔安國曰：「蕩，無所適守也。」

好信不好學，其弊也賊；　三也。信者不欺爲用，若學而爲信，信則合宜，不學而信，信不合宜，不合宜則弊塞在於賊害其身也。江熙云：「尾生與女子期，死於梁下；宋襄與楚人期，傷泓。不度信之害也。」

孔安國曰：「父子不知相爲隱之輩也。」

好直不好學，其弊也絞；　四也。直者不曲爲用，若學而行之，得中適，❷若不學而直，則弊塞在於絞。絞，猶刺也。好譏刺人之非，成己之直也。❸好勇不好學，其弊也亂；　五也。勇是多力，多力若學，則能用勇，敬拜於廟廊，捍難於邊壃，若勇不學，則必弊塞在於作亂也。❹好剛不好學，其弊也狂。」六也。剛者無欲，不爲曲求也。若復學而剛，則中適爲美，❺若剛而不學，則必弊在於狂。狂，謂抵觸於人，無廻避者也。

孔安國曰：「狂，妄抵觸於人也。」❻

子曰：「小子！　呼諸弟子，欲語之也。何莫學夫《詩》？　莫，無也。夫，語助也。門弟子，汝等何無學夫《詩》者也？

苞氏曰：「小子，門人也。」

《詩》，可以興，又爲説所以宜學之由也。興，謂譬喻也。言若能學《詩》，《詩》可令人能爲譬喻也。

孔安國曰：「興，引譬連類也。」

可以觀，《詩》有諸國之風，風俗盛衰，可以觀覽以知之也。❼

鄭玄曰：「觀，觀風俗之盛衰也。」

---

❶「遇」，〔今校〕鮑本作「過」。

❷「適」，〔今校〕鮑本作「道」。

❸「成」上，清熙園本、桃華齋本、久原本有「以」字，根本本亦同。〔今校〕鮑本亦有。

❹「弊」，〔今校〕鮑本作「蔽」。

❺「適」，桃華齋本作「道」，誤。

❻「於」，〔今校〕鮑本無此字。

❼下「以」字，〔今校〕鮑本作「而」。

可以群，《詩》有「如切如磋，如琢如磨」，是朋友之道，可以群居也。

孔安國曰：「群居相切磋也。」

可以怨。《詩》可以怨刺諷諫之法，言之者無罪，聞之者足以戒，故可以怨也。

孔安國曰：「怨，刺上政也。」

邇之事父，遠之事君；邇，近也。《詩》有《凱風》、《白華》，相戒以養，是近有事父之道也。❶又《雅》、《頌》，君臣之法，是有遠事君之道者也。❷江熙云：「言事父與事君，以有其道也。」

孔安國曰：「邇，近也。」

多識於鳥獸草木之名。」《關雎》、《鵲巢》，是有鳥也。《騶虞》、《狼跋》，是有獸也。《采蘩》、《葛覃》，是有草也。《甘棠》、《棫樸》，是有木也。《詩》並載其名，學《詩》者則多識之也。子謂伯魚曰：「汝爲《周南》、《邵南》矣乎？❸伯魚，孔子之子也。爲，猶學也。《周南》、《關雎》以下詩也。《召南》❹、《鵲巢》以下詩也。孔子見伯魚而謂之云，汝已曾學《周》、《召》二《南》之詩乎？然此問即是伯魚趍過庭，孔子問之學《詩》乎時也。人而不爲《周南》、《邵南》，其猶正牆面而立也與？」先問之，而更爲説《周》、《召》二《南》所以宜學之意也。牆面，面向牆也。言《周》、《召》二《南》既多所含載，❺讀之則多識草木鳥獸，及可事君親，故若不學《詩》者，則如人面正向牆而倚立，終無所瞻見也。然此語亦是伯魚過庭時，對曰「未學《詩》」，而孔子云「不學《詩》，無以言」也。

馬融曰：「《周南》、《邵南》，國風之始。得淑女以配君子，三綱之首，王教之端。故人而不爲，如向牆而立也。」

子曰：「禮云禮云，玉帛云乎哉？此章辨禮樂之本也。夫禮所貴，在安上治民，但安上治民不因於玉帛而不達，故行禮必用玉帛耳。當乎周季末之君，唯知崇尚玉帛，而不能安上治民，故孔子歎之云也。故重言「禮云

❶「近有」，〔今校〕鮑本二字互倒。

❷「者」，〔今校〕鮑本無此字。

❸「邵南」，諸鈔本經文作「邵南」，疏文則作「召南」。按皇本原作「召南」，與邢《疏》本同。現存諸本作「邵南」者，蓋依古鈔《集解》本及正平板所校改。

❹「召」，〔今校〕鮑本作「邵」。下疏文同。

❺「舍」，〔今校〕鮑本作「含」。

禮云，玉帛云乎哉」，明禮之所云不玉帛也。

鄭玄曰：「玉，珪璋之屬。❶帛，束帛之屬。言禮非但崇此玉帛而已，所貴者乃貴其安上治民也。」

樂云樂云，鐘鼓云乎哉？」樂之所貴，在移風易俗，因於鐘鼓而宣，故行樂必假鐘鼓耳。當澆季之主，唯知崇尚鐘鼓，而不能移風易俗，孔子重言「樂云樂云，鐘鼓云乎哉」，明樂之所云，不在鐘鼓也。

馬融曰：「樂之所貴者，移風易俗也，非謂鐘鼓而已也。」王弼云：「禮以敬爲主，玉帛者，敬之用飾。樂主於和，鐘鼓者，樂之器也。于時所謂禮樂者，厚贄幣而所簡於敬，盛鐘鼓而不合《雅》《頌》，故正言其義也。」繆播曰：「玉帛，禮之用，非禮之本。鐘鼓者，樂之器，非樂之主。假玉帛以達禮，禮達則玉帛可忘。借鐘鼓以顯樂，樂顯則鐘鼓可遺。以禮假玉帛於求禮，非深乎禮者也。以樂託鐘鼓於求樂，非通乎樂者也。苟能禮正，則無持於玉帛，而上安民治矣。苟能暢和，則無借於鐘鼓，而移風易俗也。」❷

子曰：「色厲而内荏，厲，矜正也。荏，柔佞也。言人有顔色矜正於外，而心柔佞於内者也。

孔安國曰：「荏，柔也。謂外自矜厲而内柔佞者也。」

譬諸小人，其猶穿窬之盗也與？」此爲色厲内莊作譬也，❸言其譬如小人爲偷盗之時也。小人爲盗，或穿人屋壁，或踰人垣牆。當此之時，外形恒欲進爲取物，而心恒畏人，常懷退走之路，是形進心退，内外相乖，如色外矜正而心内柔佞者也。

孔安國曰：「爲人如此，猶小人之有盗心。穿，穿壁。窬，窬牆也。」江熙云：「田文之客，能爲狗盗，穿壁如踰而入，盗之密也；外爲矜厲而實柔，佞之密也。峻其牆宇，謂之免盗，而狗盗者往焉；高其抗厲，謂之免佞，而色厲者入

❶「屬」下，延德本、桃華齋本、久原本有「也」字，下文「束帛之屬」下亦同，文明本無，與正平板同。〔今校〕鮑本有「也」字，下「束帛之屬」下亦有「也」字。「珪璋」，〔今校〕鮑本二字互倒。

❷「王弼云」至「而移風易俗也」，〔今校〕鮑本此段解經文，接「不在鐘鼓也」下。

❸「莊」，〔今校〕鮑本作「荏」，是。

焉。古聖難於在人，今夫子又苦爲之喻，❶明免者鮮矣。《傳》云：『篳門珪窬也』。」❷

子曰：「鄉原，德之賊。」❸鄉，鄉里也。原，源本也。❹言人若凡往所至之鄉，輒憶度逆用意，源本其人情而待之者，❺此是德之賊也，言賊害其德也。又一云：鄉，向也。謂人不能剛毅，而好面從，見人輒媚向而原趣求合，此是賊德也。

周生烈曰：「所至之鄉，輒原其人情而爲己意以待之，是賊亂德者也。」一曰：鄉，向也，古字同。謂人不能剛毅，而見人輒原其趣向，容媚而合之，言此所以賊德也。如前二釋也。❻張憑云：「鄉原，原壤也。孔子鄉人，故曰鄉原也。彼遊方之外也，而行不應規矩，❼不可以訓，故每抑其跡，所

❶「今夫子又苦」，清熙園本「今」作「令」，「苦」作「若」，恐非。

❷「傳云篳門珪窬也」，根本本「窬」下「也」上有「窬竇」二字，諸鈔本並無。按，《左氏》襄公十年「篳門閨竇」杜注：「閨竇，小戶，穿壁爲戶，上鋭下方，狀如圭也。」《禮記・儒行》「篳門圭窬」鄭注：「圭窬，門旁窬也，穿牆作之，如圭矣。」是「閨竇」、「圭窬」義同。並爲穿牆小戶。《論語》孔注「穿窬」爲「穿壁窬牆」，與《孟子・盡心》章「穿踰之心」趙注爲「穿牆踰屋姦利之心」者義同。是「窬」字讀爲「踰」，與「圭窬」之「窬」不同。今據《疏》文「小人爲盜，或穿人屋壁，或踰人垣牆」語，皇氏亦讀「窬」爲「踰」，而此處引「篳門圭窬」，義實不可解。疑「傳云」以下數字是後人旁記之詞，誤入疏中者，非皇《疏》本文。「窬」下，〔今校〕鮑本有「窬竇」二字。「江熙云」至「篳門珪窬也」，〔今校〕鮑本此段解經文，接「如色外矜正而心内柔佞者也」下。

❸「賊」下，延德本、桃華齋本、久原本有「也」字。〔今校〕鮑本亦有「也」字。

❹「源」，〔今校〕鮑本作「原」。

❺「源」，〔今校〕鮑本作「原」。

❻「如前二釋也」，〔今校〕鮑本無此五字。

❼「而」，〔今校〕鮑本無此字。

以弘德也。」❶

子曰：「道聽而塗説，德之棄。」道，道路也。塗，亦道路也。記問之學，不足以爲人師，人師必當温故而知新，❷研精久習，然後乃可爲人傳説耳！若聽之於道路，道路仍即爲人傳説，必多謬妄，所以爲有德者所棄也，亦自棄其德也。江熙云：「今之學者不爲己者也，況乎道聽者乎？❸逐末愈甚，棄德彌深也。」

馬融曰：「聞之於道路，則傳而説之也。」

子曰：「鄙夫可與事君哉？❹言凡鄙之人，不可與之事君，故云「可與事君哉」。

孔安國曰：「言不可與事君也。」

其未得之，❺患得之。此以下明鄙夫不可與事君之由也。「患得之」，謂患不能得也，言初未得事君之時，恒懃懃患己不能得事君也。

患得之者，患不能得之。楚俗言。❻楚之風俗，其言語如此也，呼患不得爲患得之也。

既得之，患失之。患失之，患不失之也。既得事君而生厭心，故患己不遺失之也。苟患失之，無所不至矣！」既患得失在於不定，則此鄙心迴邪，無所不至，或爲亂也。

鄭玄曰：「無所不至者，言邪媚無所不爲也。」

子曰：「古者民有三疾，古，謂淳時也。疾，謂病也。其事有三條，在下文也矣。❼今也或是之亡也。今，謂澆時也。亡，無也。言今之澆民無復三疾之事也。

苞氏曰：「言古者民疾與今時異也。」江

---

❶「張憑云」至「所以弘德也」，〔今校〕鮑本此段解經文，接「此是賊德也」下。

❷「人師」，〔今校〕鮑本互倒。

❸「乎」，〔今校〕鮑本作「哉」。

❹「君」下，〔今校〕鮑本有「也與」二字。

❺「之」下，桃華齋本有「也」字。〔今校〕鮑本同桃華齋本。

❻「言」下，諸本有「也」字，文明本、清熙園本無。〔今校〕鮑本有「也」字。

❼「矣」，〔今校〕鮑本無此字。

熙云：「今之民無古者之疾，而病過之也矣。」❶

古之狂也肆，一也。古之狂者恒肆意，所爲好在抵觸，以此爲疾者也。

苞氏曰：「肆，極意敢言也。」❷

今之狂也蕩；蕩，無所據也。蕩，猶動也。今之狂不復肆直，而皆用意澆競流動也，復無得據仗也。❸

孔安國曰：「蕩，無所據也。」

古之矜也廉，二也。矜，莊也。廉，隅也。古人自矜莊者，好大有廉隅，以此爲病也。❹李充曰：「矜厲其行，向廉潔也。」

馬融曰：「有廉隅也。」

今之矜也忿戾；❺今世之人自矜莊者，不能廉隅，而因之爲忿戾怒物也。

孔安國曰：「惡理多怒也。」言今人既惡，則理自多怒物也。李充曰：「矜善上人，物所以不與，則復之者至矣，❻故怒以戾與忿激也。」❼

古之愚也直，三也。古之愚者，不用其智，不知俯仰，病在直情徑行，故云直也。今之愚也詐而已矣。」今之世愚，不識可否，唯欲欺詐自利者也。又通云：❽古之狂者唯肆情，而病於蕩；今之狂則不復病蕩，故蕩不肆也。又古之矜者唯廉隅，而病於忿戾；今之矜者則不復病忿戾，而不廉也。又古之愚者唯直，而病詐；今之愚者則不復病詐，故云詐而不直也。子曰：「惡紫之奪朱也。❾紫是間色，朱是正色，正色宜行，間色宜除，

---

❶「矣」，〔今校〕鮑本無此字。「江熙云」至「而病過之也矣」，〔今校〕鮑本此段解經文，接「言今之澆民無復三疾之事也」下。

❷「言」下，延德本、桃華齋本有「之」字。〔今校〕鮑本亦有「之」字。

❸「仗」，〔今校〕鮑本作「杖」。

❹「病」，〔今校〕鮑本作「疾」。

❺「戾」下，延德本、桃華齋本有「也」字。

❻「復」，桃華齋本作「反」。〔今校〕鮑本亦作「反」。

❼「李充曰」至「故怒以戾與忿激也」，〔今校〕鮑本此段解經文，接「而因之爲忿戾怒物也」下。

❽「又」下，〔今校〕鮑本有「一」字。

❾「子曰惡紫之奪朱」，桃華齋本提行。清熙園本此處欄眉記「巧言令色鮮矣仁」七字，及「王肅曰巧言無實令色無質」十一字，久原文庫一本則置之欄內，按，此經注十八字，據古鈔《集解》本所補，非皇本之舊。〔今校〕鮑本亦提行，是。

不得用間色之物，以妨奪正色之用也。言此者，爲時多以邪人奪正人，❶故孔子託云惡之者也。

孔安國曰：「朱，正色。紫，間色之好者。惡其邪好而奪正色也。」

惡鄭聲之亂雅樂，❷鄭聲者，鄭國之音也，其音淫也。雅樂者，其聲正也。時人多淫聲以廢雅樂，故孔子惡之者也。

苞氏曰：「鄭聲，淫之哀者。❸惡其奪雅樂也。」

惡利口之覆邦家也。」利口，辯佞之口也。邦，諸侯也。家，卿大夫也。君子辭達而已，不用辯佞無實而傾覆國家，故爲孔子所惡也。

孔安國曰：「利口之人，多言少實，苟能悦媚時君，覆傾其國家也。」

子曰：「予欲無言。」孔子忿世不用其言，其言爲益之少，故欲無所復言也。子貢曰：「子如不言，則小子何述焉？」小子，弟子也。子貢聞孔子欲不復言，故疑而問之也，言夫子若遂不復言，則弟子等輩何所復傳述也？

言之爲益少，故欲無言也。

子曰：「天何言哉？四時行焉，百物生焉，天何言哉？」孔子既以有言無益，遂欲不言，而子貢怨若遂不言，則門徒無述，故孔子遂曰：天亦不言，而四時遞行，百物互生，此豈是天之有言使之然乎？故云「天何言哉」也。天既不言而事行，故我亦欲不言而教行，是欲則天以行化也。王弼云：「子欲無言，蓋欲明本，舉本統末，而示物於極者也。夫立言垂教，將以通性，而弊至於淫；❹寄旨傳辭，將以正邪，而勢至於繁。既求道中，不可勝御，是以修本廢言，則天而行化。以淳而觀，則天地之心見於不言；寒暑代序，則不言之令行乎四時。天豈諄諄者乎？」❺孺悲欲見孔子，❻使人召孔子，欲與孔

❶ 上「人」字，文明本、清熙園本無此字，恐非。今據他本補正。

❷ 「樂」下，延德本、桃華齋本有「也」字。〔今校〕鮑本同延德本。

❸ 「淫」下，〔今校〕鮑本有「聲」字。

❹ 「淫」，〔今校〕鮑本作「湮」。

❺ 「乎」，〔今校〕鮑本作「哉」。

❻ 「孺悲欲見孔子」，桃華齋本、久原本提行。〔今校〕鮑本同桃華齋本，是。

子相見也。孺悲，魯人也。❶**孔子辭之以疾。**孔子不欲應孺悲之召，故辭云有疾不堪往也。**將命者出户，**將命者，謂孺悲所使之人也。出户，謂受孔子疾辭畢，而出孔子之户以去也。**取瑟而歌，使之聞之。**孺悲使者去，裁出户，而孔子取瑟以歌，欲使孺悲使者聞之也。所以然者，辭唯有疾而不往，❷恐孺悲問疾差，❸又召己不止也。故取瑟而歌，使使者聞之，知孔子辭疾非實，❹以還白孺悲，令孺悲知故不來耳，非爲疾不來也。

孺悲，魯人也。孔子不欲見，故辭以疾。爲其將命者不知己，故歌，令將命者悟，所以令孺悲思也。李充云：「孔子曰：『人潔己以進，與其潔，不保其往，所以不逆乎互鄉也。』今不見孺悲者何？明非崇道歸聖，發其蒙矣。苟不崇道，必有舛寫之心，則非教之所崇，言之所喻，將欲化之，未若不見也。聖人不顯物短，使無日新之塗，故辭之以疾，猶未足以誘之，故絃歌以表旨，使抑之而不彰，挫之而不絶，則矜鄙之心頹，而思善之路長也。」❺

宰我問：「三年之喪，期已久矣。禮，爲至親之服至三年，宰我嫌其爲重，故問至期則久，不假三年也。**君子三年不爲禮，禮必壞；三年不爲樂，樂必崩。**宰我又説喪不宜三年之義也。君子，人君也。人君化物，必資禮樂，若有喪三年，則廢於禮樂，禮樂崩壞，則無以化民。爲此之故，云宜期而不三年。禮云壞，樂云崩者，禮是形化，形化故云壞，壞是漸敗之名；樂是氣化，氣化無形，故云崩，崩是墜失之稱也。**舊穀既没，新穀既升，**宰予又説一期爲足意也。言夫人情之變，本依天道，天道一期，則萬物莫不悉易。舊穀既没

---

❶「孺悲魯人也」，桃華齋本無此五字。〔今校〕鮑本此五字在上文「使人召孔子」之前。

❷「辭」上，延德本、久原本有「若」字，根本本同。〔今校〕鮑本亦有「若」字。

❸「問」，清熙園本作「伺」，恐非。

❹「實」下，延德本、桃華齋本有「疾」字。〔今校〕鮑本亦有「疾」字。

❺「李充云」至「而思善之路長也」，〔今校〕鮑本此段解經文，接「非爲疾不來也」下。

盡，❶又新穀已熟，則人情亦宜法之而奪也。鑽燧改火，❷鑽燧者，鑽木取火之名也。《内則》云「小觿，木燧」，❸是也。改火者，年有四時，四時所鑽之木不同。若一年，則鑽之一周，變改已遍也。期可已矣。」宰我斷之也，穀没又升，火鑽已遍，故有喪者一期亦爲可矣。

馬融曰：「《周書·月令》有更火之文，❹春取榆柳之火，夏取棗杏之火，季夏取桑柘之火，秋取柞楢之火，冬取槐檀之火。一年之中，鑽火各異木，故曰改火也。」引《周書》中《月令》之語有改火之事來爲證也。更，猶改也。改火之木，隨五行之色而變也。榆柳色青，春是木，木色青，故春用榆柳也。棗杏色赤，夏是火，火色赤，故夏用棗杏也。桑柘色黄，季夏是土，土色黄，故季夏用桑柘也。柞楢色白，秋是金，金色白，故秋用柞楢也。槐檀色黑，冬是水，水色黑，故冬用槐檀也。所以一年必改火者，人若依時而食其火，則得氣又宜，令人無災厲也。

子曰：「食夫稻也，衣夫錦也，於汝安乎？」孔子聞宰予云，一期爲足，故舉問之也。夫，語助也。稻是穀之美者，錦是衣中之文華者。若一期除喪，除喪畢便食美衣華，在三年之内爲此事，於汝之心以此爲安不乎也？❺曰：「安。」宰我答孔子也。云期而食稻衣錦以爲安也。曰：「汝安，則爲之。」孔子聞宰我之答云安，故孔子云：❻「汝言此爲安，則汝自爲之也。」夫君

❶「舊」上，〔今校〕鮑本有「故」字。

❷「鑽燧改火」，《弘決外典鈔》引此下疏文云：「鑽燧者，鑽木取火之名也。改火者，年有四時，四時所鑽之木不同。改火之木隨五行之色而變也。榆柳色青春，是木色青，故春用榆柳也。棗杏色赤，故夏用之。桑柘（章夜反）色黄，故季夏用之。柞（子各反）楢（羊久反，又音由）色白，故秋用之。槐檀（徒幹反）色黑，故冬用之。若依時而食其火，則得氣宜，人無災厲也。」按，此文比本疏甚略，想《外典鈔》所引有删節也。但其内所注音釋四事，則本疏所無。參之陸氏《釋文》，大略相同，疑是後人依《釋文》所補，非皇本原有也。

❸「小」，〔今校〕鮑本作「大」。

❹「之文」，桃華齋本、久原本無此二字，與古鈔《集解》本及正平板同。他本有此二字，與邢《疏》本同，〔今校〕鮑本無此二字。

❺「也」，〔今校〕鮑本無此字。

❻「孔子」，〔今校〕鮑本無此二字。

子之居喪，食旨不甘，聞樂不樂，居處不安，故不爲也。孔子又爲宰我説三年内不可安於食稻衣錦也。言夫君子之人居親喪者，心如斬截，故無食美衣錦之理。假令食於美食，亦不覺以爲甘，聞於《韶》《武》，❶亦不爲雅樂，設居處華麗，亦非身所安。故聖人依人情而制苴麤之禮，不設美樂之具，故云「不爲」也。（上樂音岳）❷今汝安，則爲之！」陳舊事既竟，又更語之也。昔君子之所不爲，今汝若以一期猶此爲安，則自爲之，再言之者，責之深也。

孔安國曰：「旨，美也。責其無仁恩於親，故再言女安則爲之。」或問曰：《喪服傳》曰：「既練，及素食。」❸鄭玄云：「謂復平生時食也。」若如彼傳及注，則期外食稻非嫌，孔子何以怪耶？答曰：北人重稻，稻爲嘉食，唯盛饍乃食之耳，平常所食，食黍稷之屬也。云「反素食」，則謂此也。❹

宰我出。宰我得孔子之罵竟而出去也。子曰：「予之不仁也！仁，猶恩也，言宰我無恩愛之心，故曰「予之不仁也」。予，謂宰我之名也。❺子生三年，然後免於父母之懷。又解所以不仁之事也。案聖人爲禮制以三年，❻有二義：一是抑賢，一是引愚。抑賢者，言夫人子於父母，有終身之恩、昊天罔極之報，但聖人爲三才宜理，人倫超絶，故因而裁之，以爲限節者也。所以者何？❼夫人是三才之一，天地資人而成，人之生世，誰無父母？父母若喪，必使人子滅性及身服長凶，人人以爾，則二儀便廢，爲是不可。故斷以年月，使送死有已，復生有節。尋制服致節，本應斷期，斷期是天道一變。人情亦宜隨人而易，但故改火促期，不可權終天之性，鑽燧過隙，無消創鉅文。❽故隆倍以再變，再變是二十五月，始末三年之中，此是抑也。一是引愚者，言子生三年之前，未有

---

❶「武」，〔今校〕鮑本作「樂」。

❷「上樂音岳」，文明本旁注異本無此四字，延德本、桃華齋本與異本同，疑四字出後人旁詞，非皇《疏》本文。〔今校〕武内校記出文「岳」作「屋」。又鮑本亦無此四字。

❸「及」，〔今校〕鮑本作「反」。

❹「或問曰」至「則謂此也」，〔今校〕鮑本解經文，接「責之深也」下。

❺「謂」，〔今校〕鮑本無此字。

❻「禮制」，〔今校〕鮑本作「制禮」。

❼「者」上，〔今校〕鮑本有「然」字。

❽「鉅」下，〔今校〕鮑本有「之」字。

知儀，❶父母養之，最鍾懷抱。及至三年以後，與人相關，飢渴痛癢，有須能言，則父母之懷，稍得寬免。今既終身難遂，故報以極時，故必至三年，此是引也。而宰予既爲其父母所生，亦必爲其父母所懷矣。將欲罵之，故先發此言引之也。

馬融曰：「子生未三歲，爲父母所懷抱也。」

夫三年之喪，天下通喪也，❷人雖貴賤不同，以爲父母懷抱，故制喪服不以尊卑致殊，因以三年爲極，上自天子，下至庶人。故云「天下通喪也」。且汝是四科之限，豈宜不及無儀之庶人乎？故言通喪引之也。

孔安國曰：「自天子達於庶人也。」

予也有三年之愛於其父母乎？」予，宰我名也。爲父母愛己，故限三年。今宰我欲不服三年，是其誰有三年之愛於其父母不乎？一云：愛，吝惜也。言宰我何忽愛惜三年於其父母也？

孔安國曰：「言子之於父母，欲報之德，昊天罔極，而予也有三年之愛乎？」依注亦不得爲前兩通也。繆播曰：❸「爾時禮壞樂崩，而三年不行，宰我大懼其往，以爲聖人無微旨以戒將來，故假時人之謂，啟憤於夫子，❹義在屈己以明道也。『予之不仁』者何？答曰：時人失禮，人失禮而予謂爲然，是不仁矣。言不仁於萬物。又仁者施與之名，非奉上之稱，若予安稻錦，廢此三年，乃不孝之甚，不得直云不仁。」李充曰：「子之於親，終身莫已。而今不過三年者，示民有終也。而予也何愛三年，而云久乎？余謂孔子目四科，則宰我冠言語之先，安有知言之人而發違情犯禮之問乎？將以喪禮漸衰，孝道彌薄，故起斯問，以發其責，則所益者弘多也。」❺

子曰：「飽食終日，無所用心，難矣哉！夫人若飢寒不足，則心情所期期於衣食，❻期於衣食，❼則無暇思慮他事。若無事而飽食終日，則必思計爲非法之事，

---

❶「儀」，〔今校〕鮑本作「識」。

❷「下」下，〔今校〕鮑本有「之」字。

❸「繆播」，邢《疏》引作「繆協」。

❹「啟」，〔今校〕鮑本作「咎」。

❺「繆播曰」至「則所益者弘多也」，〔今校〕鮑本此段解經文，接「言宰我何忽愛惜三年於其父母也」下。

❻「期期」，〔今校〕鮑本不重「期」字。

❼「期」上，〔今校〕鮑本有「所」字。

故云「難矣哉」，言難以爲處也。不有博奕者乎？爲之，猶賢乎已。」博者，十二棊對而擲采者也。奕，圍棊也。賢，猶勝也。已，止也。言若飽食而無事，則必思爲非法，若會是無業，❶而能有棊奕以消食采日，❷則猶勝乎無事而止住者也。❸

　爲其無所據樂，❹善生淫欲也。

子路曰：「君子尚勇乎？」子路既有勇，常言勇可崇尚，故問於孔子：君子之人，常尚勇乎？袁氏曰：「見世尚須勇，故謂可尚乎？」子曰：「君子義以爲上，孔子答云，君子唯所尚於義以爲上也。君子有勇而無義爲亂，君子既尚義，若無義，必作亂也。李充曰：「既稱君子，又謂職爲亂階也。若遇君親失道，國家昏亂，其於赴患致命而不知居正顧義者，則亦畏蹈平爲亂，❺而受不義之責也。」小人有勇而無義爲盜。」畏於君子不敢作亂，❻乃爲盜竊而已。

子貢問曰：「君子亦有惡乎？」惡，謂憎疾也。舊説子貢問孔子曰：天下君子之道，有所憎疾以不乎？❼江熙云：「君子即夫子也。《禮記》云：『昔者仲尼與於蜡賓，事畢出，喟然而歎，言偃曰：「君子何歎乎？」』」子曰：「有惡。孔子答言，君子亦有所憎惡也。惡稱人之惡者，此以下並是君子所憎惡之事也。君子掩惡揚善，故憎人稱揚他人之惡事者也。

　苞氏曰：「好稱説人惡，❽所以爲安也。」❾

惡居下流而訕上者，訕，猶謗毁也。又憎惡爲人臣下而毁謗其君上者也。《禮記》云：❿「君臣之禮，有諫而無訕。」是也。

　孔安國曰：「訕，謗毁也。」

---

❶「會是無業」，清熙園本「會」作「曾」，「業」作「事」。〔今校〕鮑本「會」亦作「曾」。

❷「棊」，桃華齋本作「碁」。「采」，〔今校〕鮑本作「終」。

❸「乎」，〔今校〕鮑本無此字。「止」上，〔今校〕鮑本有「直」字。

❹「爲其無所據樂」，文明本、清熙園本此注爲何注，與正平板及古鈔《集解》本同，他本爲馬注，與邢《疏》本同。〔今校〕鮑本此上有「馬融曰」三字。

❺「蹈平」，〔今校〕鮑本作「陷乎」。

❻「畏」，〔今校〕鮑本作「異」。

❼「疾」，延德本、桃華齋本、久原本作「惡」。

❽「人」下，〔今校〕鮑本有「之」字。

❾「安」，〔今校〕鮑本作「惡」。

❿「禮」上，〔今校〕鮑本有「故」字。

惡勇而無禮者，勇而無禮則亂，故君子亦憎惡之也。惡果敢而窒者。」窒，塞也。❶又憎好爲果敢而塞人道理者也。❷若果敢不塞人道理者，則亦所不惡也。

馬融曰：「窒，窒塞也。」

曰：「賜也亦有惡也：子貢聞孔子説有惡已竟，故云「賜亦有所憎惡也」。故江熙云：「己亦有所賤惡也。」惡儌以爲智者，❸此子貢説己所憎惡之事也。儌，抄也。言人生發謀出計，必當出己心儀，❹乃得爲善。若抄他人之意以爲己有，則子貢所憎惡也。

孔安國曰：「儌，抄也。抄人之意以爲己有之。」❺

惡不遜以爲勇者，勇須遜從，若不遜而勇者，子貢所憎惡也。然孔子云「惡不遜爲勇者」，二事又相似。但孔子所明，明體先自有勇而後行之無禮者。子貢所言，本自無勇，故假於孔子不遜以爲勇也。惡訐以爲直者。」訐，謂面發人之陰私也。人生爲直，當自己不犯觸他人，則乃是善，若對面發人陰私欲成己直者，亦子貢所憎惡也。然孔子所惡者有四，❻子貢有三，亦示減師也。

苞氏曰：「訐，謂攻發人之陰私也。」

子曰：「唯女子與小人爲難養也，女子、小人，並稟陰閉氣多，故其意淺促，所以難可養立也。近之則不遜，此難養之事也。君子之人，人愈近愈敬，而女子、小人，近之則其承狎而爲不遜從也。遠之則有怨。」君子之交如水，亦相忘江湖，而女子、小人，人若遠之，則生怨恨，言人不接己也。子曰：❼「年四十而見惡焉，其終也已。」人年未四十，則德行猶進，當時雖未能善，猶望可改。若年四十，已在不惑之時，猶爲衆人共所見憎惡者，則當終其一生無復有善理，故云其終也已。

鄭玄曰：「年在不惑而爲人所惡，終無善行也。」

❶「塞」上，〔今校〕鮑本多一「窒」字。
❷「塞」，〔今校〕鮑本作「窒」。
❸「儌」，〔今校〕鮑本作「徼」，下同。
❹「儀」，〔今校〕鮑本作「義」。
❺「抄」上，〔今校〕鮑本有「惡」字。下「之」字，〔今校〕鮑本作「也」。
❻「有」，清熙園本、延德本、桃華齋本無此字。
❼「子曰」，〔今校〕鮑本提行，是。

論語微子第十八

何晏集解凡十一章

疏微子者，殷紂庶兄也。明其覩紂凶惡必喪天位，故先拂衣歸周，以存宗祀也。所以次前者，明天下並惡，則賢宜遠避，故以《微子》次《陽貨》也。○

微子去之，微子名啓，❶是殷王帝乙之元子，紂之庶兄也。❷殷紂暴虐，殘酷百姓，日月滋甚，不從諫爭。微子都國必亡，❸社稷顛殞，己身元長，❹宜存係嗣，故先去殷投周，早爲宗廟之計，故云「去之」。**箕子爲之奴，**箕子者，紂之諸父也。時爲父師，是三公之職。屢諫不從，知國必殞，己身非長，不能輒去，職任寄重，又不可死，故佯狂而受囚爲奴，故云「爲之奴」也。鄭注《尚書》云：「父師者，三公也。」時箕子爲之奴也。**比干諫而死。**比干亦紂之諸父也，時爲小師，小師是三孤之職也。進非長適，無存宗之去。退非台輔，不俟佯狂之留。且生難死易，故正言極諫，以至割心而死，❺故云「諫而死」也。鄭注《尚書》云：「少師者，大師之佐，孤卿也。」時比干爲之死也。

馬融曰：「微、箕，二國名也，是殷家畿内菜地名也。❻**子，爵也。**殷家畿外三等之爵，公、侯、伯也。畿内唯子爵，而箕、微二人並食箕、微之地而子爵也。**微子，紂之庶兄。**鄭玄注《尚書》云：「微子與紂同母，當生微子，母猶未正，及生紂時，已得正爲妻也，故微子大而庶，紂小而嫡也。」**箕子、比干，紂之諸父也。**二人皆是帝乙之弟也。**微子見紂無道，早去之。**故《尚書》云，微子乃告父師、小師曰：❼「王子弗出，我乃顛隮。」是遂去敢歸周，後封微子於宋，以爲殷後也。**箕子佯狂爲奴，比干以諫而見殺也。」**故武王勝紂，釋箕子囚，以箕子歸作《洪範》，而「彝倫攸敘」，封比干墓，天下悅服也。

孔子曰：「殷有三仁焉。」孔子評微子、箕子、比

---

❶「子」下，〔今校〕鮑本有「者」字。
❷「兄」下，延德本、桃華齋本有「也」字。〔今校〕底本原文「兄」下有「也」字。
❸「都」，〔今校〕鮑本作「覩」。
❹「身」下，〔今校〕鮑本有「是」字。
❺「割」，〔今校〕鮑本作「剖」。
❻「菜」，〔今校〕鮑本作「采」。
❼「小卿」，〔今校〕鮑本作「少師」。

干，其跡雖異而同爲仁，故云「有三仁焉」。所以然者，仁以憂世忘己身爲用，而此三人事跡雖異，俱是爲憂世民也，然若易地而處，則三人共互能耳。❶ 但若不有去者，則誰保宗祀耶？不有佯狂者，則誰爲親寄耶？不有死者，則誰爲高臣節耶？❷ 各盡其所宜，俱爲臣法，於教有益，故稱仁也。

仁者愛人。❸ 三人行各異而同稱仁，以其俱在憂亂寧民也。❹

柳下惠爲士師，柳下惠，典禽也。❺ 士師，獄官也。惠時爲獄官也。

孔安國曰：「士師，典獄之官也。」

三黜。黜，退也。惠爲獄官，無罪而三過被黜退也。人曰：「子未可以去乎？」人，或人也。去，謂更出國往他邦也。或人見惠無罪而三被退逐，故問之云，子爲何事而未可以去此乎？欲令其去也。曰：「直道而事人，焉往而不三黜？柳答或人，云己所以不去之意也。言時人世皆邪曲，而我獨用直道，直道事曲，故無罪而三黜耳。若用直事不正，非唯我國見黜，假令至彼，彼國復曲，則亦當必復見黜，故云「焉往而不三黜」也。禽是三黜，故不假去也。故李充曰：「舉世喪亂，不容正直，以國觀國，何往不黜也。」

孔安國曰：「苟直道以事人，所至之國，❻俱當復三黜也。」

枉道而事人，何必去父母之邦？」枉，曲也。❼ 又對或人也。父母邦，謂今舊居桑梓之國也。❽ 言我若能捨直爲曲，曲則是地皆合，既往必皆合，亦何必遠離我之舊邦而更他適耶？故曲直並不須去也。孫綽云：「言以不枉道而求留也。若道而可枉，雖九生不足以易一死，柳下惠之無此心明矣。故每仕必直，直必不用，所以三黜

❶「共」，〔今校〕鮑本作「皆」。
❷「高」，〔今校〕鮑本作「亮」。
❸「仁者愛人」，延德、久原、桃華齋、篁墩、根本諸本，此上有「馬融曰」三字。〔今校〕鮑本此上有「馬融曰」。
❹「三人」至「民也」，《筆解》引此二句爲孔注。
❺「典」，〔今校〕鮑本作「展」。
❻「所」上，〔今校〕鮑本有「於」字。
❼「枉曲也」，延德本、桃華齋本、久原本「枉曲也」三字在下「又對或人也」句下。〔今校〕鮑本同延德本。
❽「今」，〔今校〕鮑本作「禽」。

也。」齊景公待孔子❶孔子往齊，而景公初欲處待孔子，共爲政化也。曰：「若季氏，則吾不能，景公慕聖不篤，初雖欲待，而末又生悔，發此言也。季氏者，魯之上卿也，惣知魯政，❷專任一國。今景公云：若使我以國政委任孔子，如魯之任季氏，則可不能也。以季、孟之間待之。」孟者，魯之下卿也，不被任用者也。景公言：我不能用孔子，如魯處季氏，又不容令之無事，如魯之處孟氏也。我當以有事無事之間處之，故云「以孟、季之間待之」也。❸

孔安國曰：「魯三卿，季氏爲上卿，最貴。孟氏爲下卿，不用事。言待之以二者之間也。」

曰：「吾老矣，❹不能用也。」景公初雖云待之於季、孟之間，而末又悔，故自託我老，❺不能復用孔子也。孔子行。孔子聞不能用己，故行去也。江熙云：「麟不能爲豺步，鳳不能爲隼擊，夫子所陳，必正道也。❻景公不能用，故託吾老，可合則往，於離則去，聖人無常者也。」

以聖道難成，故云：「老矣，不能用也。」

齊人歸女樂，歸猶餉也，女樂，女伎也。齊餉魯定公女伎，致時孔子在魯，齊畏魯強，故餉魯於女樂，欲使孔子去也。季桓子受之，季氏使定公受齊之餉也。❼三日不朝，桓子既受之，仍與定公奏之，三日廢於朝禮者也。孔子行。既君臣淫樂，故孔子遂行也。江熙云：「夫子色斯舉矣，無禮之朝，安可以處乎？」

孔安國曰：「桓子，季孫斯也，使定公受齊之女樂，君臣相與觀之，廢朝禮三日也。」

楚狂接輿歌而過孔子之門，❽接輿，楚人也，姓陸，名通，字接輿。昭王時，政令無常，乃被髮佯狂不仕，

---

❶「齊景公待孔子」，桃華齋本、久原本提行。〔今校〕鮑本亦提行，是。

❷「惣」，〔今校〕鮑本作「總」。

❸「孟季」，〔今校〕鮑本二字互倒。

❹「吾」，〔今校〕鮑本作「我」。

❺「我」，〔今校〕鮑本作「吾」。

❻「正道也」，〔今校〕鮑本作「也正道」。

❼「氏」，〔今校〕鮑本作「子」。

❽「之門」，〔今校〕鮑本無此二字。

時人謂之爲楚狂也。時孔子過楚，❶而接輿行歌從孔子邊過，欲感切孔子也。

孔安國曰：「接輿，楚人也。佯狂而來歌，欲以感切孔子也。」❷

曰：「鳳兮鳳兮，何德之衰也？此接輿歌曲也。知孔子有聖德，故以鳳比，❸但鳳鳥待聖君乃見，今孔子周行，屢適不合，所以是鳳德之衰也。

孔安國曰：「比孔子於鳳鳥也，鳳鳥待聖君而乃見，非孔子周行求合，故曰衰之也。」❹

往者不可諫也，言屢適不合，是已示往事不復可諫，❺是既往不咎也。

孔安國曰：「已往所行，不可復諫止也。」

來者猶可追也。來者，謂未至之事也。未至事猶可追止，❻而使莫復周流天下也。

孔安國曰：「自今以來，可追自止，避亂隱居也。」

已而，已而，今之從政者殆而！」已而者，言今世亂已甚也。殆而者，言今從政者皆危殆，不可復救治之者也。

孔安國曰：「已而者，世亂已甚，❼不可復治。再言之者，傷之甚也。」

孔子下，欲與之言。下，下車也。孔子初在車上，聞接輿之歌感切於己，己故下車欲與之共語也。江熙云：「言下車，明在道聞其言也。」趨而避之，不得與之言也。趨，疾走也。接輿見孔子下車欲與己言，己故急趨避之，所以令孔子不得與之言也。江熙云：「若接輿與夫子對共清言，則非狂也。達其懷於議者，❽修其狂跡，故疾

❶「過」，〔今校〕鮑本作「適」。

❷「欲以」，〔今校〕鮑本二字互倒。

❸「鳳比」，〔今校〕鮑本二字互倒。

❹「之」，延德本、久原本、桃華齋本無此字。〔今校〕鮑本亦無「之」字。

❺「已示」，〔今校〕鮑本作「示已」。

❻「至」下，〔今校〕鮑本有「之」字。

❼「世」上，〔今校〕鮑本有「言」字。

❽「對共清言則非狂也達其懷於議者」，延德、桃華齋、久原、根本四本「清」作「情」，桃華齋本「懷」作「憶」，按，此文未詳。〔今校〕鮑本「清」亦作「情」。

行而去也。」

苞氏曰：「下，下車也。」

長沮、桀溺二人皆隱士也。❶耦而耕，二人既隱山野，故耦而共耕也。孔子過之，孔子行從沮、溺二人所耕之處過也。❷使子路問津焉。津，渡水處也。時子路從孔子行，故孔子使子路訪問於沮、溺，覓渡水津之處也。宛叔曰：❸「欲顯之，故使問也。」

鄭玄曰：「長沮、桀溺，隱者也。耜廣五寸，二耜爲耦。耕用耒，是今之鉤鎛，❹耜是今之鐸，❺廣五寸。五寸則不成伐，故二人並耕，兩耜並得廣一尺，一尺則成伐也。故云「二耜爲耦」也。津，濟渡處。」

長沮曰：「夫執輿者爲誰乎？」子路行問津，❻先問長沮，長沮不答津處，而先反問子路也。執輿，猶執轡也。子路初在車上，即爲御，御者執轡。今即下車而往問津渡，❼則廢轡與孔子，孔子時執轡，故長沮問子路云：夫在車中執轡者是爲誰子乎？子路曰：「爲孔丘。」子路答云：車中執轡者是孔丘也。然子路問長沮稱師名者，聖師欲令天下而知之也。曰：「是魯孔丘與？」長沮更定之也，此是魯國孔丘不乎？對曰：「是也。」答曰：是魯孔丘也。曰：「是知津矣。」沮聞魯孔丘，故不語津處也。言若是魯之孔子，❽此人數周流天下，無所不至，必知津處也，無俟我今復告也。

馬融曰：「言數周流，自知津處也。」

問於桀溺。長沮不答，子路又問桀溺。桀溺曰：「子爲誰？」又問子路：汝是誰也？曰：「爲仲由。」子路答言：我是姓仲名由也。曰：「是魯孔

❶「二人皆隱士也」，〔今校〕鮑本此句在「耦而耕」下，「二人既隱山野」上。

❷「也」，〔今校〕鮑本作「之」。

❸「宛叔」，諸鈔本或作「宛升」。根本本作「范升」。按，《後漢書·范升傳》范升字辯卿，代郡人。九歲通《論語》、《孝經》。《疏》文所引疑是人。〔今校〕鮑本作「范升」。

❹「鉤鎛」，文明本作「鉤轉」，延德本、久原本作「耨鎛」。按，「轉」即「鎛」之訛。鎛，田器也。

❺「鐸」，當作「鏵」，《說文》云：「耜，臿也。」「臿」、「鏵」通。〔今校〕鮑本作「釋」。

❻「行」，〔今校〕鮑本作「往」。

❼「即」，〔今校〕鮑本作「既」。

❽「子」，〔今校〕鮑本作「丘」。

丘之徒與？」又問言：汝名由，是孔丘之門徒不乎？對曰：「然。」子路答云：是也。曰：「滔滔者天下皆是也，而誰以易之？滔滔者，猶周流也。天下皆是，謂一切皆惡也。桀溺又云：孔子何事周流者乎？❶當今天下治亂如一，捨此適彼，定誰可易之者乎？言皆惡也。

孔安國曰：「滔滔者，周流之貌也。言當今天下治亂同，空舍此適彼，故曰『誰以易之』也。」

且而與其從避人之士也，豈若從避世之士哉？」桀溺又微以此言招子路，使從己隱也，故謂孔子爲避人之士，其自謂己爲避世之士也。言汝今從於避人之士，則豈如從於避世之士也。❷

士有避人法，❸有避世之法。長沮、桀溺謂孔子爲士，從避人之法也。己之爲士，則從避世之法者也。若如注意，則非但令子路從己，亦謂孔子從己也。

耰而不輟。耰，覆種也。輟，止也。二人與子路且語且耕，覆種不止也。覆種者，植穀之法，先散後覆。

鄭玄曰：「耰，覆種也。輟，止也。覆種不止，不以津處告也。」❹

子路行以告。子路問二人，二人皆不告，及於借問而覆種不止，故子路備以此事還車上以告孔子也。夫子憮然，憮然，猶驚愕也。孔子聞子路告，故愕怪彼不達己意而譏己也。

爲其不達己意而便非己也。

曰：「鳥獸不可與同群也，孔子既憮然，而又云，隱山林者則鳥獸同群，出世者則與世人爲徒旅。我今應出世，自不得居於山林，故云「鳥獸不可與同群也」。

孔安國曰：「隱居於山林，是與鳥獸同群也。」❺

吾非斯人之徒與而誰與？言必與人爲徒也。❻

---

❶「事」，延德本、桃華齋本作「是」。〔今校〕鮑本作「是」。
❷「也」，〔今校〕鮑本作「乎」。
❸「人」下，〔今校〕鮑本有「之」字。
❹「處」，〔今校〕鮑本無此字。
❺「孔安國曰」云云，桃華齋本無此注。
❻「言必與人爲徒也」，〔今校〕鮑本無此七字。

亦云我既出世，❶應與人爲徒旅，故云「吾非斯人徒與而誰與」，❷言必與人爲徒也。

孔安國曰：「吾自當與此天下人同群，安能去人徒鳥獸居乎？」❸

天下有道，丘不與易也。」言凡我道雖不行於天下，天下有道者，而我道皆不至與彼易之，是我道大彼道小故也。

孔安國曰：「言凡天下有道者，丘皆不與易之，❹己道大而人小故也。」❺江熙云：「《易》稱『天下同歸而殊塗，一致而百慮』。君子之道，或出或處，或默或語，所以爲歸致者，期於内順生徒，外惙教旨也。惟此而已乎？凡教，或即我以導物，或報彼以明節，以救急疾於當年，而發逸操於沮、溺，排披抗言於子路，知非問津之求也。于時風政日昏，彼此無以相易，良所以猶然，斯可已矣。彼故不屑去就，不輟其業，不酬棲棲之問，所以遂節於世而有惙於聖教者存矣。道喪于兹，感以事反，是以夫子憮然曰：『鳥獸不可與同群也。』明夫理有大師，❻吾所不獲已也，若欲潔其身，韜其蹤，同群鳥獸，不可與斯民，則所以居大倫者廢矣。此即我以致言，不可以乘彼者也。丘不與易，蓋物之有道，故大湯武亦稱夷齊，美管仲而無譏邵忽。❼今彼有其道，我有其道，不執我以求彼，不係彼以易我，夫可滯哉！」沈居士曰：「世亂，賢者宜隱而全生，聖人宜出以弘物，故自明我道以救大倫。彼之絕跡隱世，實由世亂，我之蒙塵棲遑，亦以道喪，此即彼與我同患世也。彼實中賢，無道宜隱，不達教者也。我則至德，宜理大倫，不得已者也。我既不失，彼亦無違，無非可相非。且沮溺是規子路，亦不規夫子，謂子路宜從己，不言仲尼也。自我道不可復與鳥獸同群，宜與人徒，本非言彼也。彼居林野，居然不得不群鳥獸，群鳥獸避世外以爲高行，初不爲鄙也。但我自得耳，以體大居正，宜弘世也。下云『天下有道，丘不與易也』，言天下人自各有道，我不以我道易彼，亦不使彼易我，自各處其宜也。如

---

❶「我」，〔今校〕鮑本作「吾」。
❷「徒」上，〔今校〕鮑本有「之」字。
❸「徒」，〔今校〕鮑本作「從」。
❹「之」，〔今校〕鮑本作「也」。
❺「道」，〔今校〕鮑本無此字。
❻「師」，〔今校〕鮑本作「倫」。
❼「美」，〔今校〕鮑本作「由」。

江熙所云：『大湯武而亦賢夷齊，美管仲亦不譏召忽也。』」❶

子路從而後。孔子與子路同行，孔子先發，子路在後隨之，未得相及，故云「從而後」也。遇丈人，以杖荷篠。遇者，不期而會之也。丈人者，長宿之稱也。荷，擔揚也。篠，竹器名。子路在孔子後，未及孔子，而與此丈人相遇。見此丈人以杖擔一器籮簾之屬，故云「以杖荷篠」也。

苞氏曰：「丈人，老者也。篠，竹器名也。」

子路問曰：「子見夫子乎？」子路既見在後，故借問丈人見夫子不乎？丈人曰：「四體不勤，五穀不分，孰爲夫子？」四體，手足也。❷勤，勤勞也。五穀，黍稷之屬也。分，播種也。孰，誰也。子路既借問丈人，丈人故答子路也，言當今亂世，汝不勤勞四體以播五穀，而周流遠走，問誰爲汝之夫子，而問我索之乎？袁氏云：「其人已委曲識孔子，故譏之。四體不勤，不能如禹稷躬植五穀，誰爲夫子而索耶？」

苞氏曰：「丈人曰：不勤勞四體，不分殖五穀，誰爲夫子而索之耶？」

植其杖而芸。植，竪也。芸，除草也。丈人答子路竟，至草田而竪其所荷篠之杖，當掛篠於杖頭而植竪之，竟而芸除田中穢草也。

孔安國曰：「植，倚也。除草曰芸。」杖以爲力，以一手芸草，故云植其杖而芸也。❸

子路拱而立。拱，沓手也。子路未知所以答，故沓手而倚立，以觀丈人之芸也。

未知所答。❹

止子路宿，子路住倚當久，已至日暮，故丈人留止子路，使停住就己宿也。殺鷄爲黍而食之，子路停宿，故丈人家殺鷄爲臛，作黍飯而食子路也。見其二子焉。丈人知子路是賢，故又以丈人二兒見於子路也。

---

❶「召」，〔今校〕鮑本作「邵」。「江熙云」至「美管仲亦不譏召忽也」，〔今校〕鮑本此段解經文，接「是我道大彼道小故也」下。

❷「手足」，〔今校〕鮑本二字互倒。

❸「杖以爲力」至「故云植其杖而芸也」，〔今校〕鮑本此段解經文，前有「一通云」三字，接「竟而芸除田中穢草也」下。

❹「所答」，〔今校〕鮑本作「所以答也」。

明日，子路行至明日之旦，子路得行逐孔子也。以告。行及孔子，而具以昨丈人所言及雞黍見子之事，告於孔子道之也。❶子曰：「隱者也。」孔子聞子路告丈人之事，故云此丈人是隱處之士也。使子路反見之。孔子既云丈人是「隱者」，而又使子路反還丈人家，須與丈人相見，以己事說之也，其事在下文。至，則行矣。子路反至丈人家，而丈人已復出行，不在也。

孔安國曰：「子路反至其家，丈人出行不在也。」

子路曰：「不仕無義。丈人既不在，而子路留此語以與丈人之二子，令其父還述之也。此以下之言，悉是孔子使子路語丈人之言也。言人不生則已，既生便有三之義，❷父母之恩，君臣之義，人若仕則職於義，故云「不仕無義」也。

鄭玄曰：「留言以語丈人之二子也。」

長幼之節，不可廢也；君臣之義，如之何其可廢也？既有長幼之恩，又有君臣之義，汝知見汝二子，是識長幼之節不可廢闕，而如何廢於君臣之義而不仕乎？

孔安國曰：「言女知父子相養不可廢，反可廢君臣之義耶？」

欲潔其身，而亂大倫。大倫，謂君臣之道理也。又言汝不仕濁世，乃是欲自清潔汝身耳，如亂君臣之大倫何也？❸

苞氏曰：「倫，道也，理也。」

君子之仕也，行其義也。又言君子所以仕者，非貪榮祿富貴，政是欲行大義故也。道之不行也，已知之矣。」爲行義故仕耳，濁世不用我道，而我亦反自知之也。

苞氏曰：「言君子之仕，所以行君臣之義也，不自必道得行。❹孔子道不見用，自已知之也。」

逸民：逸民者，謂民中節行超逸不拘於世者也，其人在下。伯夷、一人也。叔齊、二人也。虞仲、三人也。

❶「於」，〔今校〕鮑本無此字。
❷「三」上，〔今校〕鮑本有「在」字。
❸「如」下，〔今校〕鮑本有「爲」字。
❹「自必」，篁墩本作「必自」。〔今校〕鮑本同篁墩本。

夷逸、四人也。朱長、五人也。❶柳下惠、六人也。小連。❷七人也。

逸民者，節行超逸者也。苞氏曰：「此七人皆逸民之賢者也。」

子曰：「不降其志，不辱其身者，❸伯夷、叔齊與！」逸民雖同，而其行事有異，故孔子評之也。夷齊隱居餓死，是不降志也。不仕亂朝，是不辱身也，是心跡俱超逸也。

鄭玄曰：「言其直己之心，不入庸君之朝。」直己之心，是不降志也。不入庸君之朝，是不辱身也。

謂「柳下惠、少連，降志辱身矣。此二人心逸而跡不逸也，並仕魯朝。而柳下惠三黜，則是降志辱身也。言中倫，行中慮，其斯而已矣」。雖降志辱身，而言行必中於倫慮，故云「其斯已矣」。❹

孔安國曰：「但能言應倫理，行應思慮，若此而已。」❺張憑云：「彼被祿仕者乎，其處朝也，唯言不廢大倫，行不犯色，思慮而已。豈以世務蹔嬰其心哉！❻所以爲逸民。」❼

謂「虞仲、夷逸，隱居放言，放，置也。隱居幽處，廢置世務，世務不須及言之者也矣。❽

苞氏曰：「放，置也，置不復言世務也。」❾

身中清，廢中權。身不仕亂朝，是中清潔也。廢事免於世患，是合於權智也。故江熙云：「超然出於埃塵之表，身中清也。晦明以遠害，發動中權也。」

❶「朱長」，諸本作「朱張」，唯文明本、清熙園本作「朱長」。按《疏》引王弼說，諸本皆作「朱張」，則作「朱長」者非。《堯曰篇》子張問政之「張」字，清熙園本亦誤作「長」。〔今校〕鮑本作「朱張」。

❷「小」，〔今校〕鮑本作「少」。

❸「者」，清熙園本、桃華齋本無此字。

❹「斯」下，〔今校〕鮑本有「而」字。

❺「若此而已」，桃華齋、久原、延德三本，「若」作「如」，句末有「矣」字。〔今校〕鮑本同此三本。

❻「蹔」，〔今校〕鮑本作「暫」。

❼「張憑云」至「所以爲逸民」，〔今校〕鮑本此段解經文，接「故云其斯已矣」下。

❽「矣」，〔今校〕鮑本無此字。

❾「置」，〔今校〕鮑本無此字。

馬融曰：「清，潔也。❶遭世亂，自廢棄以免患，合於權也。」

我則異於是，無可無不可」。我則退不拘於世，故與物無異，所以是無可無不可也。江熙云：「夫跡有相明，教有相資，若數子者，事既不同，而我亦有以異矣。然聖賢致訓，相爲内外，彼協契於往載，我拯溺於此世，不以我異而抑物，不以彼異而通滯，此吾所謂無可無不可者耳，豈以此自目己之所以異哉？❷我跡之異，蓋著于當時，彼數子者，亦不宜各滯於所執矣。故舉其往行而存其會通，將以導夫方類所挹仰乎！」

馬融曰：「亦不必進，亦不必退，唯義所在也。」或問曰：前七人，而此唯評於六人，不見朱張何乎？答曰：王弼云：「朱張，字子弓，荀卿以比孔子。」今序六而闕朱張者，❸明趣舍與己合同也。❹

大師摯適齊，自此以下，皆魯之樂人名也。魯君無道，禮樂崩壞，樂人散走所不同也。大師，樂師也，名摯，其散逸適往於齊國也。亞飯干適楚，亞，次也。飯，飡也。干，其名也。古天子諸侯飡，必奏樂，❺每食各有樂人。亞飯干是第二飡奏樂人也，其奔逸適於楚國。然《周禮·大司樂》王朔望食乃奏樂，日食不奏也，夏殷則日奏也，故《王制》及《玉藻》皆云然也。❻

苞氏曰：❼「亞，次也。次飯，樂師也。摯、干，皆名也。」❽

三飯繚適蔡，繚，名也。第三飡奏樂人，散逸入蔡國也。

四飯缺適秦，缺，名也。第四飡奏樂人，奔散入秦國也。

苞氏曰：❾「《三飯》、《四飯》，樂章名也，各異師。繚、缺，皆名也。」

---

❶「潔」上，〔今校〕鮑本有「純」字。

❷「自目己之」，諸鈔本作「目目也已」。今據根本本改正。

❸「六」下，〔今校〕鮑本有「人」字。

❹「趣」，〔今校〕鮑本作「取」。「或問曰」至「明趣舍與己合同也」，〔今校〕鮑本此段解經文，接「將以導夫方類所挹仰乎」下。

❺「必」下，〔今校〕鮑本有「共」字。

❻「然周禮大司樂」至「皆云然也」，此卅四字，延德、久原、桃華齋三本皆在苞注下。

❼「苞氏」，〔今校〕鮑本作「孔安國」。

❽「皆」，〔今校〕鮑本作「共」。

❾「苞氏」，延德、久原、桃華齋三本作「孔安國」。

鼓方叔入于河，鼓，能擊鼓者也。方叔，名也，亦散逸入河内之地居也。

苞氏曰：「鼓，擊鼓者。方叔，名也。入謂居其河内也。」

播鞀武入于漢，❶播，猶搖也。鞀，鞀鼓也。其人能搖鞉鼓者也，名武，亦散奔入漢水内之地居也。

孔安國曰：「播，猶搖。武，名也。」

少師陽、擊磬襄入于海。小師名陽，❷又擊磬人名襄，二人俱散奔入海内居也。

孔安國曰：「魯哀公時，禮毀樂崩，樂人皆去。陽、襄，皆名也。」

周公語魯公❸周公旦也。魯公，周公之子伯禽也。周公欲教之，故云謂魯公也。孫綽云：「此是周公顧命魯公所以之辭也。」❹

孔安國曰：「魯公，周公之子伯禽，封於魯也。」

曰：「君子不施其親，此周公所命之辭也。施，猶易也，言君子之人，不以他人易己之親，是固不失其親也。

孔安國曰：「施，易也。不以他人親易其親也。」孫綽云：「不施，猶不偏也。謂不惠偏所親，❺使魯公崇至公也。」張憑云：「君子於人義之與比，無偏施於親親，然後九族與庸勳並隆，仁心與至公俱著也。」❻

不使大臣怨乎不以。以，用也。爲君之道，當委用大臣，大臣若怨君不用，則是君之失也。

❶「播鞀武」，文明本經文「鞀」，疏文則「鞀」、「鞉」互見，有不爲齋本經、疏並作「鼗」。阮元云：《說文》「鞀」或从「兆」作「鞉」，或从「鼓」从「兆」作「鼗」，「鼗」乃「鼗」之變體。今按，《釋文》出「鼗」云：「亦作鞉。」有不爲齋本與《釋文》及邢《疏》同。文明本經作「鞀」，與正平板同；疏或作「鞉」，與陸氏引一本同。

❷「小」，〔今校〕鮑本作「少」。

❸「語」，諸本作「謂」，唯文明本及清熙園本作「語」，與正平板同。〔今校〕鮑本作「謂」。

❹「周公顧命魯公所以之辭」，「所以」二字當在「周公」下「顧命」上。

❺「謂不惠偏」，〔今校〕鮑本「謂」下有「人以」二字，「惠偏」作「偏惠」。

❻「孫綽云」至「仁心與至公俱著也」，〔今校〕鮑本此段解經文，接「是固不失其親也」下。

孔安國曰：「以，用也。怨不見聽用也。」

故舊無大故，則不棄也。故舊，朋友也。大故，謂惡逆也。朋友之道，若無大惡逆之事，則不得相速棄也。❶ 無求備於一人。」無具足，不得責必備，是君子易事之德也。

孔安國曰：「大故，謂惡逆之事也。」

周有八士：舊云：周世有一母，身四乳而生於此八子。八子並賢，故記録之也。伯達、伯适、仲突、仲忽、叔夜、叔夏、季隨、季橅。侃案，師說云：「非謂一人四乳。乳，猶俱生也。有一母四過生，生輒双二子，四生故八子也。何以知其然？就其名兩兩相隨，似是双生者也。」

苞氏曰：「周時四乳得八子，皆爲顯士，故記之耳。」

論語義疏第九 經一千六百五十字。注一千七百七十八字。

❶ 「速」，〔今校〕鮑本作「遺」，是。

論語義疏卷第十子張　堯曰

梁國子助教吴郡皇侃撰

論語子張第十九

何晏集解凡廿四章凡廿五章❶

疏子張者，弟子也。明其君若有難，臣必致死也。所以次前者，既明君惡臣，宜拂衣而即去，若人人皆去，則誰爲匡輔？故此次明若未得去者，必宜致身，故以《子張》次《微子》也。○

子張曰：「士見危致命，此是第一，❷此一篇皆是弟子語，無孔子語也。士者知義理之名，是謂升朝之士也。並若見國有危難，❸必不愛其身，當以死救之，❹是見危致命也。士既如此，則大夫以上可知也。

孔安國曰：「致命，不愛其身也。」

見得思義，此以下並是士行也。得，得禄也。必不素飡，義然後取，是見得思義也。祭思敬，士始得立廟，守其祭祀。祭神如神在，是祭思敬也。喪思哀，方喪三年，爲君如父母，必窮苴斬，是喪思哀也。其可已矣。」

❶「何晏」至「廿五章」，文明本「何晏集解」下双注章數八字，與正平板合。桃華齋本作「凡廿五章，疏廿四章」，古鈔《集解》本同，古鈔《集解》本双注所謂「疏」即皇《疏》。

❷「此是第一」，根本本此上有「此篇凡二十四章，大分爲五段，總明弟子禀仰記言行，皆可軌則。第一先述子張語，第二子夏語，第三子游語，第四曾參語，第五子貢語」五十三字。「此是第一」下有「子張語」三字，與下「二章訖此是子張語，是第一」，及「此下是第二，是子夏語，自有十一章」等諸條相應。今按全書例，《微子》以上十八篇，皆唯疏釋其義而不分章段，《子張》、《堯曰》二篇則每篇先分别章段而後疏釋之，其體與佛書講疏相類，疑二篇内立段分章之詞，皆出五山僧徒講此書者之手，非皇《疏》本文，文明本此處無五十餘字者，獨仍其舊，下諸條則否。〔今校〕鮑本同根本本，唯「此篇」上有「就」字，「凡」下有「有」字，「子張語」下尚有「自有二章也」五字。

❸「並」，〔今校〕鮑本無此字。

❹「救」，文明本旁注異本作「致」，按作「致」者非。

如上四事，❶爲士如此，則爲可也。江熙云：「但言若是則可也。」❷

子張曰：「執德不弘，❸信道不篤，焉能爲有？焉能爲亡？」弘，大也。篤，厚也。亡，無也。人執德能至弘大，信道必使篤厚，❹此人於世乃爲可重。若雖執德而不弘，雖信道而不厚，此人於世不足可重，如有如無，故云「焉能爲有，焉能爲亡」也。江熙云：「有德不能弘大，信道不務厚至，雖有其懷，道德蔑然，不能爲損益也。」

孔安國曰：「言無所輕重也。」世無此人，則不足爲輕；世有此人，亦不足爲重，故云「無所輕重之也」。❺二章訖此，❻是子張語，是第一。

子夏之門人問交於子張，此下是第二，是子夏語，自有十一章。子夏弟子問子張求交友之道也。

孔安國曰：「問，問與人交接之道也。」❼

子張曰：「子夏云何？」子張反問子夏之門人，云：汝師何所道？故曰「云何」也。對曰：「子夏曰：『可者與之，其不可者距之。』」❽子夏弟子對子張述子夏言也。言子夏云：結交之道，若彼人可者，則與之交。若彼人不可者，則距而不交也。子張曰：「異乎吾所聞：子張聞子夏之交與己異，故云「異乎吾所聞」也。君子尊賢而容衆，嘉善而矜不能。彼既異我，我故更說我所聞也，言君子取交之法。若見賢者則尊重之，衆來歸我，我則容之，容之中有善者，則嘉而美之。有不善不能者，則務而不責，❾不得可者與不可者距之。我之大賢與，於人何所不容？更說不宜不可者距之也，設他人欲與我交，我若是大賢，則他人必與我，故云「於人何所不容」也。我之不賢與，人將

❶「如上四事」，桃華齋本、久原本作「四事如上」，按此四字，與下「爲士如此」四字文義繁重。疑後人旁注誤入《疏》中者。

❷「則」，〔今校〕鮑本作「自」。

❸「子張曰執德不弘」，桃華齋本、久原本提行。〔今校〕鮑本亦提行，是。

❹「使」，〔今校〕鮑本作「便」。

❺「之」，〔今校〕鮑本無此字。

❻「訖」，文明本、清熙園本誤作「說」，今據他本改正。

❼「問問」，諸鈔本不重「問」字，與古鈔集解本及邢《疏》本同，文明本重之，與正平板同。

❽「距」，桃華齋本作「拒」，與邢《疏》本同。

❾「務」，〔今校〕鮑本作「矜」。

距我。又云：若我設不賢，而他人必亦距我而不矜也。❶ 如之何其距人也？」我若矜人，人必矜我。我若距人，人必距我。故云「如之何其距人也」。

苞氏曰：「友交當如子夏，既欲與爲友，故宜可者與之，不可者距也。汎交當如子張。」若德悠悠汎交，則嘉善矜不能也，明二子各一是也。鄭玄曰：「子夏所云，倫黨之交也。子張所云，尊卑之交也。」王肅曰：「子夏所云，敵體交，❷子張所云，覆蓋交也。」欒肇曰：「聖人體備，賢者或偏，以偏師備，學不能同也，故準其所資而立業焉。猶《易》云：『仁者見其仁，智者見其智。』寬則得衆而遇濫，偏則寡合而身孤。明各出二子之偏性，亦未能兼弘夫子度也。」

子夏曰：「雖小道，必有可觀者焉；小道，謂諸子百家之書也。一往看覽，亦微有片理，故云「必有可觀者焉」也。

小道，謂異端也。

致遠恐泥，致，至也。遠，久也。泥，謂泥難也。小道雖一往可觀，若持行事，至遠經久，則恐泥難不能通也。

苞氏曰：「泥難不通也。」

是以君子不爲也。」❸爲，猶學也。既致遠，必恐泥，故君子之人秉持正典，不學百家也。江熙云：「聖人所以訓世軌物者，遠有體趣，故文質可改，❹而此處無反也。❺至夫百家競說，非無其理，然家人之規謨，❻不及於經國，慮止於爲身，『無貽厥孫謀』。❼是以君子舍彼取此也。」

子夏曰：「日知其所亡，此勸人學也。❽亡，無也。

---

❶「又云」至「而不矜也」，〔今校〕鮑本此段居於下句經文「如之何其距人也」下，疏文「我若矜人」上。

❷「交」，桃華齋本、久原本誤脱此字。

❸「也」，文明本無此字，諸本皆有，正平板亦同，今據補正。

❹「故」下，〔今校〕鮑本有「又」字。

❺「此」，〔今校〕鮑本無此字。

❻「謨」，〔今校〕鮑本作「模」。

❼「無貽厥孫謀」，文明本旁注異本「謀」作「謨」，諸本皆與文明本同。按此五字本《詩·大雅·文王有聲》語，《毛詩》「貽」作「詒」，《列女傳》引《詩》作「貽」，與皇《疏》同。〔今校〕武内校記出文「無」作「不」。

❽「此勸人學也」，〔今校〕鮑本此五字在上經文「子夏曰」下。

謂從來未經所識者也。❶令人日新其德，日知所未識者，❷令識録也。❸

孔安國曰：「日知所未聞也。」❹

月無忘其所能，所能，謂己識在心者也。既日日識所未知，❺又月月無忘其所能，故云識也。❻可謂好學也已矣。」能如上事，故可謂好學者也，然此即是溫故而知新也。日知其所亡，是知新也，月無忘所能，是溫故也，可謂好學，是謂爲師也。子夏曰：「博學而篤志，❼亦勸學也。❽博，好也。❾篤，厚也。志，識也。言人當廣學經典，而深厚識録之不忘也。

孔安國曰：「廣學而厚識之也。」

切問而近思，切，猶急也，若有所未達之事，宜急諮問取解，故云「切問」也。「近思」者，若有所思，則宜思己所已學者，故曰「近思」也。

「切問」者，切問於己所學而未悟之事也。❿「近思」者，近思於己所能及之事也。汎問所未學，⓫遠思所未達，則於所學者不精，⓬於所思者不解也。

仁在其中矣。」能如上事，雖未是仁，而方可能爲仁，故曰「仁在其中矣」。子夏曰：「百工居肆，⓭以成其事，亦勸學也。先爲設譬，百工者，巧師也。言百舉全數也。⓮居肆者，其居者常所作物器之處也。⓯言百

---

❶「謂」上，〔今校〕鮑本有「無」字。

❷「日」下，〔今校〕鮑本重一「日」字。

❸「録」下，〔今校〕鮑本有「之」字。

❹「知」下，桃華齋本、久原本有「其」字。〔今校〕鮑本「知」下亦有「其」字。

❺「既」下，〔今校〕鮑本有「自」字。

❻「識」下，〔今校〕鮑本有「之」字。

❼「子夏曰博學而篤志」，桃華齋本、久原本提行。〔今校〕鮑本亦提行，是。又，武内校記出文「志」作「行」。

❽「亦勸學也」，〔今校〕鮑本此四字在上經文「子夏曰」下。

❾「好」，〔今校〕鮑本作「廣」。

❿「而」，桃華齋本無此字，與邢《疏》本同。

⓫「汎」上，〔今校〕鮑本有「若」字。

⓬「學」，篁墩本作「習」，與邢《疏》本同。

⓭「子夏曰百工居肆」，桃華齋本、久原本提行。〔今校〕鮑本亦提行，是。

⓮「百」下，〔今校〕鮑本有「者」字。

⓯「者」，〔今校〕鮑本無此字。

工由日日居其常業之處，則其業乃成也。君子學以致其道。」致，至也，君子由學以至於道，如工居肆以成事也。

苞氏曰：「言百工處其肆則事成，猶君子學以立其道也。」江熙云：「亦非生巧也，居肆則是見廣，❶見廣而巧成。君子未能體足也，學以廣其思，思廣而道成也。」❷

子夏曰：「小人之過也必則文。」❸君子有過，是己誤行，非故爲也，故知之則改。而小人有過，是知而故爲，故愈文飾之，不肯言己非也。故繆播云：「君子過由不及，不及而失，非心之病，務在改行，故無吝也。其失之理明，然後能之理著，❹得失既辨，故過可復改也。小人之過生於情僞，故不能不飾，飾則彌張，乃是謂過也。」

孔安國曰：「文飾其過，不言其情實也。」

子夏曰：「君子有三變：變者有三，其事但在一時也。望之儼然，一也。君子正其衣冠儼然，人望而畏之也。即之也溫，二也。即，就也。就近而視，則其體溫，溫，潤也。而人不憎之也，袁氏注曰：「溫，和潤也。」聽其言也厲。」三也。厲，嚴正也。雖見其和潤，而出言其嚴正也，所以前卷云「君子溫而厲」，是也。

鄭玄曰：「厲，嚴正也。」李充曰：「厲，清正之謂也。君子敬以直內，義以方外，辭正體直，而德容自然發。人謂之變耳，君子無變也。」❺

子夏曰：「君子信而後勞其民，君子，謂國君也。國君若能行信素著，則民知其非私，故勞役不憚，故云「信而後勞其民」也。未信，則以爲厲己也。厲，病也。君若信未素著，而動役使民，民則怨君行私，而橫見病役

❶「是」，桃華齋本無此字。

❷「江熙云」至「思廣而道成也」，〔今校〕鮑本此段解經文，接「如工居肆以成事也」下。

❸「必則文」，桃華齋本無「則」字，與邢《疏》本同，文明本、久原本、篁墩本、根本本並有。阮元云：『必則文』，義頗難通。《攷文》所載古本作『必則文』。古本與皇本悉合，皇本亦疑作『則必』。今按，據《疏》文，桃華齋本無「則」字者是。文明諸本有「則」字，蓋舊據《集解》異本「必」旁添「則」字，而鈔手無識，遂誤置「必」字下也。

❹「能」，〔今校〕鮑本作「得」。

❺「李充曰」至「君子無變也」，〔今校〕鮑本此段解經文，接「是也」下。

於己也。江熙云：「君子克厲德也，故民素信之服勞役，故知非私。信不素立，民動以爲病己而奉其私也。」

王肅曰：「厲，病也。」

信而後諫，此謂臣下也。臣下信若素著，則可諫君，君乃知其措我非虛，❶故從之也。未信，則以爲謗己也。」臣若信未素立，而忽諫君，君則不信其言，其言其所諫之事，❷是謗於己也。江熙云：「人非忠誠相與，未能諫也。然投人夜光，鮮不案劍。《易》『貴乎在道』，❸明無素信，不可輕致諫之也。」❹子夏曰：「大德不踰閑，❺大德，上賢以上也。閑，猶法也。上德之人，常不踰越於法則也。

孔安國曰：「閑，猶法也。」

小德出入可也。」小德，中賢以下也。其立德不能恒全，有時蹔至，有時不及，故曰出入也。不素其備，❻故曰可也。

孔安國曰：❼「小德不能不踰法，故曰：『出入可也。』」子夏語十一章訖此也。❽

子游曰：「子夏之門人小子，當洒掃應對進退，可矣。❾此下第三子游語，自有二章。❿門人小子，謂子夏之弟子也。子游言子夏諸弟子不能廣學先王之道，唯可洒掃堂宇，當對賓客，進退威儀之少禮，⓫於此乃則爲可也耳矣。⓬抑末也，本之則無，如之何？」抑，助語也。洒掃以下之事，抑但是末事耳。若本事則無如之何也。本，謂先王之道。

❶「措」，〔今校〕鮑本作「惜」。

❷「其言其言」，諸鈔本並如此，根本本下「其言」二字改作「以爲」，今按「其言」當作「且言」，「且」「其」以形相似而誤。〔今校〕鮑本同根本本。

❸「易」下，桃華齋本、久原本、根本本有「曰」字。〔今校〕鮑本同根本本。

❹「之」，〔今校〕鮑本無此字。

❺「子夏曰大德不踰閑」，桃華齋本、久原本提行。〔今校〕鮑本亦提行，是。

❻「素」，〔今校〕鮑本作「責」。

❼「孔安國曰」，清熙園本無此四字，他本皆有。桃華齋本、久原本此下《疏》文九字在孔注前。

❽「子夏」至「此也」，〔今校〕鮑本無此九字。

❾「可」上，〔今校〕鮑本有「則」字。

❿「此下」至「二章」，〔今校〕鮑本無此十一字。

⓫「少」，〔今校〕鮑本作「小」。

⓬「則爲」，〔今校〕鮑本二字互倒。「耳矣」，〔今校〕鮑本無此二字。

苞氏曰：「言子夏弟子但於當對賓客修威儀禮節之事則可，然此但是人之末事耳，不可無其本也，故云『本之則無，如之何』也。」

子夏聞之曰：「噫！ 噫，不平之聲也。子夏聞子游鄙己門人，故爲不平之聲也。

孔安國曰：「噫，心不平之聲也。」❶

言游過矣！ 既不平之，而又云「言游之説實爲過矣」也。❷ 君子之道，孰先傳？❸ 孰後倦焉？ 既云子游之説是過，故更説我所以先教以小事之由也。君子之道，謂先王之道也。孰，誰也。言先王大道卽既深且遠，而我知誰先能傳而後能倦懈者耶？故云孰先傳焉，孰後倦焉，既不知誰，故先歷試小事，然後乃教以大道也。張憑云：「人性不同也，先習者或早懈，晚學者或後倦，當要功於歲終，不可以一限也。」

苞氏曰：「言先傳大業者必厭倦，❹故我門人先教以小事，後將教以大道也。」熊埋云：「凡童蒙初學，固宜聞漸日進，階麄入妙，故先且啓之以小事，後將教之以大道也。」❺

譬諸草木，區以別矣。 言大道與小道殊異，譬如草木，異類區別，學者當以次，不可一往學，致生厭倦也。

馬融曰：「言大道與小道殊異，譬如草木異類區別，言學當以次也。」

君子之道，焉可誣也？ 君子大道既深，故傳學有次，豈可發初使誣罔其儀而并學之乎？

馬融曰：「君子之道，焉可使誣？言我門人但能洒掃而已也。」

有始有終者，❻其唯聖人乎！」唯聖人有始有終，學能不倦，故可先學大道耳。自非聖人，則不可不先從小

---

❶「心」，文明本旁注異本無此字，與《攷文》所載古本同。諸鈔本並有，古鈔集解本、正平板及邢《疏》本同。玩《疏》文，皇本原無此字，現存諸本有之，疑後人所校補。

❷「矣」，〔今校〕鮑本作「失」。

❸「傳」下，〔今校〕鮑本有「焉」字。

❹「必」下，〔今校〕鮑本有「先」字。

❺「熊埋云」至「以大道也」，〔今校〕鮑本此段解經文，接「不可以一限也」下。

❻「終」，〔今校〕鮑本作「卒」。

起也。張憑云：「譬諸草木，或春花而風落，❶或秋榮而早實。君子道亦有遲速，❷焉可誣也，唯聖人始終如一，可謂永無先後之異也。」

孔安國曰：「始終如一，❸唯聖人耳也。」❹

子夏曰：「仕而優則學，亦勸學也。❺優，謂行有餘力也。若仕官，治官，官法而已。力有優餘，則更可研學先王典訓也。

馬融曰：「行有餘力，則可以學文也。」

學而優則仕。」學既無當於立官，立官不得不治，故學業優足則必進仕也。❻

子游曰：「喪致乎哀而止。」❼致，❽猶至也。雖喪禮主哀，然孝子不得過哀以滅性，故使各至極哀而止也。

孔安國曰：「毀不滅性也。」❾

子游曰：「吾友張也爲難能也，張，子張也。子游言：吾同志之友有於子張，❿容貌堂偉，難爲人所能及。故云「爲難能也」。

苞氏曰：「言子張之容儀之難及者也。」

然而未仁。」袁氏云：「子張容貌難及，但未能體仁也。」

曾子曰：「堂堂乎張也，⓫此以下是第四。⓬

---

❶「風」，〔今校〕鮑本作「夙」。

❷「道」上，〔今校〕鮑本有「之」字。

❸「始終」，〔今校〕鮑本二字互倒。

❹「也」，〔今校〕鮑本無此字。

❺「亦勸學也」，〔今校〕鮑本此四字在上經文「子夏曰」下。

❻「也」下，〔今校〕鮑本有「子夏語十一章迄此也」九字。

❼「子游曰喪致乎哀而止」，桃華齋本、久原本提行。〔今校〕鮑本亦提行，是。

❽「致」上，〔今校〕鮑本有「此下第三子游語自有二章」十一字。

❾「毀不滅性也」，文明本旁注異本「滅」作「傷」，吉田篁墩曰：「『毀不滅性』，《孝經》文。然『滅性』以猶煩解，易以『傷』字，兼寓訓釋之義。先儒注中間有此例，此注蓋此類。」今按，據皇《疏》「孝子不得過哀以滅性」語，則皇本原不作「傷性」，異本作「傷性」者，蓋據古鈔《集解》本所校改。

❿「有於」，〔今校〕鮑本無此二字。

⓫「曾子曰堂堂乎張也」，桃華齋本、久原本提行。〔今校〕鮑本亦提行，是。

⓬「是」，〔今校〕鮑本作「自」。

曾參語自有四章。堂堂，儀容可怜也❶。**難與並爲仁矣。」**言子張雖容貌堂堂，而仁行淺薄，故云「難並爲仁」。並，並也。

鄭玄曰：「言子張容儀盛，而於仁道薄也。」江熙云：「堂堂，德宇廣也，仁行之極也，難與並仁蔭人上也。」然江熙之意，是子張仁勝於人，故難與並也。❷

曾子曰：「吾聞諸夫子：據有所聞仁孔子也，❸其事在下。❹**人未有自致者也，必也親喪乎！」**此所聞於孔子之事也。致，極也。言人於他行，了可有時不得自極，❺然及君親喪，❻則必宜自極其哀，故云「必也親喪乎」也。❼

馬融曰：「言人雖未能自致盡於他事，至於親喪，必自致盡也。」

曾子曰：「吾聞諸夫子：孟莊子之孝也，其他可能也。人子爲孝，皆以愛敬而爲體，而孟莊子爲孝，非唯愛敬，愛敬之外別又有事，故云「其他可能也」。**其不改父之臣與父之政，是難也」。**❽此是其他可能之事也。時人有喪，三年之内，皆改易其父平生時臣及於政事，❾而莊子居喪，父臣、父政雖有不善者，而莊子猶不忍改之，❿能如此者，所以是難也。

馬融曰：「孟莊子，魯大夫仲孫速也。謂在諒陰之中，⓫父臣及父政，雖不善者不忍改之也。」

孟氏使陽膚爲士師，孟氏，魯下卿也。陽膚，曾子之

---

❶「怜」，〔今校〕鮑本作「憐」。
❷「江熙云」至「故難與並也」，〔今校〕鮑本此段解經文，接「並也」下。
❸「仁」，〔今校〕鮑本作「於」。
❹「下」下，桃華齋本、久原本有「文也」二字。
❺「了」，〔今校〕鮑本作「方」。
❻「君」，〔今校〕鮑本作「若」。
❼「也」，〔今校〕鮑本無此字。
❽「難」，文明本旁添「能」字，疑依邢《疏》本所校補。
❾「於」，〔今校〕鮑本無此字。
❿「改」下，久原本有「追」字，恐衍。
⓫「陰」，桃華齋本、久原本作「闇」，與古鈔《集解》本及正平板合。文明本、清熙園本作「陰」，與邢《疏》本同。〔今校〕鮑本作「闇」。

弟子也。士師，典獄官也。❶孟子使陽膚爲己家獄官也。

苞氏曰：「陽膚，曾子弟子也。士師，典獄官也。」

問於曾子。曾子，曾參也。陽膚將爲獄官，而還問師求其法術也。曾子曰：「上失其道，民散久矣。曾子答之使爲法也。言君上若善，則民下不犯罪，故堯、舜之民比屋可封，君上若惡，則民下多犯罪，故桀、紂之民比屋可誅。當于爾時，❷君上失道既久，故民下犯罪離散者衆，故云久也。如得其情，則哀矜而勿喜。」如，猶若也。若得其情，謂責覈得其罪狀也。❸言汝爲獄官，職之所司，不得不辨覈，雖然，若得罪狀，則當哀矜愍念之，慎勿自喜言汝能得人之罪也。所以必須哀矜者，民之犯罪，非其本懷，政是由從君上故耳。罪既非本，所以宜哀矜也。

馬融曰：「民之離散爲輕漂犯法，乃上之所爲也，非民之過也。當哀矜之，勿自喜能得其情也。」

子貢曰：「紂之不善也，不如是之甚也。此以下是第五子貢語，自有五章。紂者殷家無道君也。無道失國，而後世經是惡事，皆云是紂昔所爲。然紂昔者爲惡，實不應頓如此之甚，故云「不如是之甚也」。是以君臣惡居下流，❹天下之惡皆歸焉。」下流，謂爲惡行而處人下者也。言紂不遍爲衆惡，而天下之惡事皆云是紂所爲。故君子立身，惡爲居人下流，若一居下流，則天下之罪并歸之也。

孔安國曰：「紂爲不善，以喪天下。後世憎甚之，皆以天下之惡歸之於紂也。」蔡謨云：「聖人之化，由群賢之輔。闇主之亂，由衆惡之黨。是以有君無臣，❺宋襄以敗，衛靈無道，夫奚其喪，言一紂之不善，其亂不得如是之甚，身居下流，天下惡人皆歸之，是故亡也。」若如蔡謨意，❻是天下惡人皆助紂爲惡，故失天下耳，若直

---

❶「典」，〔今校〕鮑本無此字。「官」上，篁墩本有「之」字，與邢《疏》本合。他本並無，與古鈔《集解》本及正平板同。按，据《疏》文，皇本原無「之」字。

❷「爾」，桃華齋本、久原本作「其」。

❸「覈」，〔今校〕鮑本作「徼」。下同。

❹「臣」，〔今校〕鮑本作「子」。

❺「君」，文明本重「君」字，恐非。今據他本削正。

❻「意」下，文明本衍「若」字，今據他本削正。

置一紂，則不能如甚也。❶

子貢曰：「君子之過也，如日月之蝕也。日月之食，非日月故爲。君子之過，非君子故爲。故云「如日月之蝕也」。過也，人皆見之，日月之食，人並見之。如君子有過不隱，人亦見之也。更也，人皆仰之。」更，改也。日月食罷，改闇更明，則天下皆並瞻仰，君子之德亦不以先過爲累也。

孔安國曰：「更，改也。」

衛公孫朝

馬融曰：「朝，衛大夫也。」

問於子貢曰：「仲尼焉學？」公孫問意故嫌孔子無師，❷故問云「仲尼焉學」也。子貢曰：「文武之道，未墜於地，子貢答稱仲尼必學也，將答道學，故先廣引道理也。文武之道，謂先王之道也。未墜於地，謂未廢落在於地也。在人。既未廢落墜地，❸而在於人所行也。賢者識其大者，不賢者識其小者，既猶在人所行，人有賢否。若大賢者，則學識文武之道大者也；❹不賢者，則學識文武之道小者也。❺莫不有文武之道焉。雖大小有異，而人皆有之。故曰「莫不有文武之道」也。夫子焉不學？大人，學識大者。孔子是人之大者，豈得獨不學識之乎？

孔安國曰：「文武之道未墜落於地，賢與不賢各有所識，夫子無所不從學也。」❻

而亦何常師之有？」言孔子識大，所學者多端。多端，故無常師也。

孔安國曰：「無所不從學，❼故無常師

---

❶「如」下，〔今校〕鮑本有「此」字。又，「蔡謨云」至「則不能如甚也」，〔今校〕鮑本此段解經文，接「則天下之罪并歸之也」下。

❷「故」，桃華齋本、久原本作「政」，根本本亦同。〔今校〕鮑本同根本本。

❸「未」上，〔今校〕鮑本有「猶」字。「墜」，〔今校〕鮑本作「於」。

❹「者也」，〔今校〕鮑本無此二字。

❺「不賢者則學識文武之道小者也」，桃華齋本「不」上有「若」字，「小」下無「者」字。上文「大者也」之「者」字亦同。〔今校〕鮑本「不」上有「若」字。

❻「學」上，〔今校〕鮑本有「其」字。

❼「從」下，久原本、篁墩本有「其」字，恐衍。

也。」

叔孫武叔語大夫於朝，武叔身是大夫，又語他大夫於朝廷，以説孔子也。❶

馬融曰：「魯大夫叔孫州仇也。武，謚也。」

曰：「子貢賢於仲尼。」此所語之事也，言子貢人身識量賢於孔子也。❷ 子服景伯以告子貢，景伯亦魯大夫，當是于時在朝，聞叔孫之語，故來告子貢道之也。子貢曰：「譬諸宮牆，子貢聞景伯之告，亦不驚距，仍爲之設譬也。言人之器量各有深淺，深者難見，淺者易覩。譬如居家之有宮牆，牆高則非闚闞所測，牆下，闚闞易了，故云「譬之宮牆」也。❸ 賜之牆也及肩，賜，子貢名也。子貢自言：賜之識量短淺，如及肩之牆也。闚見室家之好。牆既及肩，故他人從牆外行，得闚見牆内室家之好也。夫子之牆數仞，❹七尺曰仞。言孔子聖量之深，如數仞之高牆也。不得其門而入者，不見宗廟之美，百官之富。牆既高峻，不可闚闞，唯從門入者乃得見内。若不入門，則不見其所内之美也，然牆短下者，其内止有室家，牆高深者，故廣有容宗廟百官也。得其門者或寡矣。富貴之門，非賤者輕入，入者唯富貴人耳！孔子聖人器量之門，非凡鄙可至，至者唯顏子耳！故云「得門或寡」。寡，少也。

苞氏曰：「七尺曰仞也。」

夫子云，不亦宜乎！」子貢呼武叔爲夫子也。賤者不得入富貴之門，愚人不得入聖人之奧室。武叔凡愚，云賜賢於孔子，是其不入聖門而有此言，故是其宜也。袁氏云：「武叔凡人，應不達聖也。」

苞氏曰：「夫子，謂武叔也。」

叔孫武叔毀仲尼。❺猶是前之武叔，又訾毀孔子也。子貢曰：「無以爲也！子貢聞武叔之言，故抑止之，使無以爲訾毀。仲尼不可毀也。又明言語之云，仲尼聖人，不可輕毀也。他人之賢者，丘陵也，猶可踰也。更喻之，設仲尼不可毀之譬也。❻言他人賢

❶「説」，〔今校〕鮑本作「譏」。
❷「身」，〔今校〕鮑本作「才」。
❸「之」，〔今校〕鮑本作「諸」。
❹「夫」上，〔今校〕鮑本重一「夫」字。
❺「叔孫武叔毀仲尼」，〔今校〕鮑本未提行。
❻「設」，〔今校〕鮑本作「説」。

者，雖有才智，才智之高，止如丘陵，丘陵雖高，而人猶得踰越其上，既猶可踰，故不可毀也。❶ 仲尼如日月也，無得而踰焉。言仲尼聖知，❷高如日月，日月麗天，豈有人得踰踐者乎？ 既不可踰，故亦不可毀也。 人雖欲自絶也，其何傷於日月乎？ 世人踰丘陵而望下，便謂丘陵爲高，未曾踰踐日月，不覺日月之高。既不覺高，故訾毀日月，謂便不勝丘陵，❸是自絶日月也。日月雖得人之見絶，而未曾傷滅其明，❹故言「何傷於日月」也。 譬凡人見小才智便謂之高，而不識聖人之奧，故毀絶之，雖復毀絶，亦何傷聖人德乎？ 多見其不知量也。」不測聖人德之深而毀絶之，如不知日月之明而棄絶之。 若有識之士視覩於汝，❺則多見汝愚闇不知聖人之度量也。

言人雖欲自絶棄於日月，其何能傷乎？ 適自見其不知量也。❻

陳子禽謂子貢曰：「子爲恭也，仲尼豈賢於子乎？」此子禽必非陳亢，當是同姓名之子禽也。 其見子貢每事稱師，故謂子貢云：汝何每事事崇述仲尼乎？❼ 故政當是汝爲人性多恭敬故爾耳！❽ 而仲尼才德豈賢勝於汝乎？ 呼子貢以爲子也。 子貢曰：「君子一言以爲智，一言以爲不智，子貢聞子禽之言，故方便答距之也。言智與不智由於一言耳，今汝出此言，是不智也。 言不可不慎也。 智否既寄由一言，故宜慎之耳！ 夫子之不可及也，猶天之不可階而升也。 此出子禽不知之事也。❾ 夫物之高者，莫峻嵩嶽，嵩嶽雖峻，而人猶得爲階梯以升上之也。 今孔子聖德，其高

---

❶「不」，〔今校〕鮑本無此字，是。

❷「知」，〔今校〕鮑本作「智」。

❸「謂便」，〔今校〕鮑本二字互倒。

❹「滅」，〔今校〕鮑本作「減」。

❺「覩於」，文明本「覩」誤作「都」，今依他本改正。 桃華齋本無「於」字。

❻「適」，文明本旁注異本無「適」字，異本恐非。〔今校〕鮑本「適」下有「足」字。

❼「每事事」，文明本、桃華齋本、久原本「每」作「忽」，根本本作「爲」，並非。 今據清熙園本改正。「每事」下，諸本并衍一「事」字，邢《疏》云「子貢每事稱譽其師」云云，即其證（原誤作「即證其」）。〔今校〕鮑本「每」作「爲」。

❽上「故」字，〔今校〕鮑本無此字。

❾「知」，〔今校〕鮑本作「智」。

如天，天之懸絶，既非人可得階升，而孔子聖德，豈可謂我之賢勝之乎！汝謂不勝爲勝，即是一言爲不智，故不可不慎也。夫子之得邦家者，子禽當是見孔子栖遑不被時用，故發此不智之言。子貢抑之既竟，故此更廣爲陳孔子聖德不與世人同也。邦，謂作諸侯也。家，謂作卿大夫也。言孔子若爲時所用，得爲諸侯及卿大夫之日，則其風化與堯舜無殊，故先張本云「夫子之得邦家者」也。

孔安國曰：「謂爲諸侯若卿大夫也。」

所謂立之斯立，言夫子若得爲政，則立教無不立，故云「所謂立之斯立」也。導之斯行，又若導民以德，則民莫不興行也，故云「導之斯行」也。❶綏之斯來，綏，安也。遠人不服，修文德安之，遠者莫不繦負而來也。動之斯和。動，謂勞役之也。悦以使民，民忘其勞，故役使莫不和穆也。❷其生也榮，❸孔子生時，則物皆賴之得性。尊崇於孔子，是其生也榮也。其死也哀，如之何其可及也？」孔子之死，則四海遏密，如喪考妣，是其死也哀也。袁氏云：「生則時物皆榮，死則時物咸哀也。」❹

孔安國曰：「綏，安也。言孔子爲政，其立教則無不立，導之則莫不興行。安之則遠者至，❺動之則莫不和穆。故能生則見榮顯，死則見哀痛也。」

❶「導之」，文明本脱此二字。今据久原本、桃華齋本補正。

❷「使」下，〔今校〕鮑本有「之」字。

❸「榮」下，桃華齋本、篁墩本有「也」字。

❹「咸哀」，久原本作「哀慼」。

❺「至」上，〔今校〕鮑本有「來」字。

論語堯曰第二十

何晏集解凡三章

疏《堯曰》者，古聖天子所言也。其言天下太平，禪位與舜之事也。所以次前者，事君之道，若宜去者拂衣，宜留者致命。去留當理，事跡無虧，則太平可覩。揖讓如堯，故《堯曰》最後次《子張》也。○

堯曰：云「堯曰」者，❶稱堯之言教也。此篇凡有三章，雖初稱「堯曰」而寛通衆聖，故其章内并陳二帝三王之道也。就此一章中凡有五重，自篇首至「天禄永終」爲第一，是堯命授舜之辭。又下云「舜亦以命禹」爲第二，是記者序舜之命禹，亦同堯命舜之辭也。又自「予小子履」至「萬方有罪在朕躬」爲第三，是湯伐桀告天之辭。又自「周有大賚」，至「在予一人」爲第四，是明周武伐紂之文也。又自謹權量至章末爲第五。明二帝三王雖有揖讓與干戈之異，而安民取治之法則同也。❷又下次子張問孔子章，明孔子之德同於堯、舜諸聖也。上章諸聖所以能安民者，不出尊五美，屏四惡，而孔子非不能爲之，而時不值耳，故師資殷勤往反論之也。下又一章不知命無以爲君子也。此章以明孔子非不能爲，而不爲者，知天命故也。

「咨！爾舜！自此以下，堯命舜以天位之辭也。咨，咨嗟也。爾，汝也。汝於舜也。❸舜者，謚也。堯名放勳，謚云堯也。舜名重華，謚云舜也。《謚法》云：「翼善傳聖曰堯，仁盛聖明曰舜也。」堯將命舜，故先咨嗟歎而命之，故云「咨汝舜」也。所以歎而命之者，言舜之德美兼合用我命也。❹**天之歷數在爾躬，**❺天，天位也。歷數，謂天位列次也。爾，汝也。躬，身也。堯命舜云：「天位列次，次在汝身，故我今命授與汝也。」

歷數，謂列次也。列次者，謂五行金、木、水、火、土更王之次也。

允執其中。允，信也。執，持也。中謂中正之道也。言天位運次既在汝身，❻則汝宜信執持中正之道也。**四海困窮，**四海，謂四方蠻夷戎狄之國也。困，極也。窮，盡也。若内執中正之道，則德教外被四海，一切服化，莫不極盡。**天禄永終。」**永，長也。終，猶卒竟也。若内

❶「云堯曰者」，〔今校〕鮑本無此四字。
❷「法」上，文明本衍「目」字，今據清熙園本削正。
❸「汝」上，〔今校〕鮑本有「汝」字。
❹「合」，文明本作「令」，旁注異本作「合」，今從異本。
❺「歷」，〔今校〕鮑本作「曆」，通。
❻「位」，〔今校〕鮑本作「信」。

正中國，外被四海，則天祚禄位長卒竟汝身也。執其中則能窮極四海，天禄所以長終也。

苞氏曰：「允，信也。困，極也。永，長也。言爲政信執其中，則能窮極四海，天禄所以長終也。」

舜亦以命禹。此二重，❶明舜讓禹也。舜受堯禪在位，年老而讓與禹，亦用堯命己之辭以命於禹也，故云舜亦以命禹也，所以不别爲辭者，明同是揖讓而授也。當云「舜曰咨爾禹」，天之歷數以下之言也。

孔安國曰：「舜亦以堯命己之辭命禹也。」

曰：「予小子履，此第三重，明湯伐桀也。伐與授異，故不因前揖讓之辭也。澆淳既異，揖讓之道不行，禹受人禪而不禪人，乃傳位與其子孫。至末孫桀無道，爲天下苦患。湯有聖德，應天從民，❷告天而伐之。此以下是其辭也。予，我也。小子，湯自稱，謙也。履，湯名。將告天，故自稱我小子而又稱名也。敢用玄牡，敢，果也。玄，黑也。牡，雄也。夏尚黑，爾時湯猶未改夏色，故猶用點削以告天，故云果敢用於玄牡也。敢昭告于皇皇后帝：昭，明也。皇，大也。后，君也。帝，天帝也。用玄牡告天，而云敢明告于大大君天帝也。

孔安國曰：「履，殷湯名也。此伐桀告天文也。❸殷家尚白，未變夏禮，故用玄牡也。皇，大也。后，君也。大大君帝，謂天帝也。《墨子》引《湯誓》，其辭若此也。」此伐桀告天辭，是墨子之書所言也。然《易説》云「湯名乙」，而此言名「履」者，《白虎通》云：「本湯名履。」尅夏以後，❹欲從殷家生子以日爲名，故改履名乙，❺以爲殷家法也。

有罪不敢赦。湯既應天，天不赦罪，故凡有罪者，❻則湯亦不敢擅赦也。

苞氏曰：「從天奉法，有罪者不敢擅赦

❶「此」下，〔今校〕鮑本有「第」字。

❷「從」，文明本作「導」，今據諸本改正。

❸「文也」，桃華齋本無「也」字。久原本作「也文」，按慈眼刊《集解》本作「之文」，則久原本「也」字即「之」字之訛。

❹「尅」，〔今校〕鮑本作「克」。

❺「乙」下，〔今校〕底本原衍一「乙」字，今從鮑本删。

❻「故」，〔今校〕鮑本作「依」。

也。」

帝臣不蔽，簡在帝心。此明有罪之人也。帝臣，謂桀也。桀是天子，天子事天，猶臣事君，故謂桀爲帝臣也。不蔽者，言桀罪顯著，天地共知，不可陰蔽也。❶

言桀居帝臣之位也，有罪過不可隱蔽，已簡在天心也。❷

朕躬有罪，無以萬方；朕，我也。萬方，猶天下也。湯言我自有罪，❸則我自在當之，❹不敢關預天下萬方也。❺萬方有罪，在朕躬。」若萬方百姓有罪，則由我身也。我爲民主，我欲善而民善，故有罪則歸責於我也。

孔安國曰：「無以萬方，萬方不不預也，❻萬方有罪，我過也。」❼

周有大賚，善人是富。此第四重，明周家法也。此以下是周伐紂，誓民之辭也。舜與堯同是揖讓，謙共用一辭。武與湯同是干戈，故不爲別告天之文，卽用湯之告天文也。❽而此述周誓民之文，而不述湯誓民文者，《尚書》亦有《湯誓》也。今記者欲互以相明，故下舉周誓，則湯其可知也。周，周家也。賚，賜也。言周家受天大賜，❾故富足於善人也。或云「周家大賜財帛於天下之善人，善人故是富也」。

周，周家也。賚，賜也。言周家受天大賜，富於善人也，有亂臣十人是也。此如前通也。

❶「陰」，文明本作「鄣」，今從他本。〔今校〕鮑本作「隱」。

❷「已」，〔今校〕鮑本作「以其」。「心」下，〔今校〕鮑本有「故」字。

❸「我自有罪」，久原本、桃華齋本、根本本「我」下有「身若」二字。按文明本「自」字疑「身」字之僞。「身」下有「若」字，又通。〔今校〕鮑本同根本本。

❹「在」，〔今校〕鮑本作「有」。

❺「預」下，〔今校〕鮑本有「於」字。

❻「不不」，〔今校〕鮑本不重文。

❼「我」下，〔今校〕鮑本有「身」字。

❽「卽」上，〔今校〕鮑本有「而」字。

❾「大」，桃華齋本無此字。

「雖有周親，不如仁人。❶言雖與周有親，而不爲善，則被罪黜，不如雖無親而仁者必有禄爵也。❷

孔安國曰：「親而不賢不忠則誅之，管、蔡是也。仁人箕子、❸微子，來則用之也。」管、蔡謂周公之弟管叔、蔡叔也。流言作亂，周公誅之，是有親而不仁，所以被誅也。箕子是紂叔父，爲紂囚奴。武王誅紂，而釋箕子囚，用爲官爵，使之行商容。❹微子是紂庶兄也，見紂惡而先投周，武王用之爲殷後於宋。並是仁人，於周無親，而周用之也。

百姓有過，在予一人。」此武王引咎自責辭也。江熙云：「自此以上至『大賚』，周告天之文也。自此以下，所脩之政也。禪者有命無告，舜之命禹，一準於堯。周告天文少異於殷，❺所異者如此，存其體不録備也。」❻侃案：湯伐桀辭皆云「天」，故知是告天也。周伐紂文，句句稱人，故知是誓人也。謹權量，此以下第五重，明二帝三王所脩之政同也。不爲國則已，既爲便當然也。謹，猶慎也。權，稱也。量，斗斛也。當謹慎於稱、尺、斗斛也。審法度，審，猶諦也。法度，謂可治國之制典也，宜審諦分明之也。脩廢官，治故曰脩，若舊官有廢者，則更脩立之也。四方之政行矣。自謹權若皆得法，❼則四方風政並服行也。

苞氏曰：「權，稱也。❽量，斗斛也。」

興滅國，若有國爲前人非理而滅之者，新王當更爲興起

❶「雖有周親不如仁人」，此下諸本有小字「已上尚書第六泰誓中文」十字，文明本添之行旁。按此下經「百姓有過，在予一人」二句，亦僞《泰誓》篇中之文，而此二句特稱爲《泰誓》文，義不可通，疑是後人旁注誤入《疏》中，非皇《疏》本文。

❷「爵」，桃華齋本作「位」。

❸「人」下，〔今校〕鮑本有「謂」字。

❹「容」，桃華齋本旁注異本作「體」。

❺「異」上，諸本有「其」字，恐衍。今據清熙園本削正。〔今校〕鮑本有「其」字。

❻「備」，文明本作「修」，根本本亦同。今據他本改正。〔今校〕鮑本作「修」。

❼「謹權」下，〔今校〕鮑本有「以下」二字。

❽「稱」，久原本、桃華齋本作「秤」，《疏》同，《廣韵》：「秤」，「稱」之俗字。〔今校〕鮑本作「秤」。

之也。繼絕世，若賢人之世被絕不祀者，❶當爲立後係之，使得仍享祀也。❷舉逸民，若民中有才行超逸不仕者，則躬舉之於朝廷爲官爵也。天下之民歸心焉。既能興繼舉逸，故爲天下之民皆歸心，繦負而至也。所重：民、食、喪、祭。此四事並又治天下所宜重者也。國以民爲本，故重民爲先也。民以食爲活，故次重食也。有生必有死，故次重於喪也。喪畢爲之宗廟，以鬼享之，故次重祭也。

孔安國曰：「重民，國之本也。重食，民之命也。重喪，所以盡哀。❸重祭，所以致敬也。」

寬則得衆，爲君上若能寬，則衆所共歸，故云「得衆」也。敏則有功，君行事若儀用敏疾，則功大易成，故云「有功」也。公則民悅。❹君若爲事公平，則百姓皆歡悅也。❺

孔安國曰：「言政教公平，則民悅矣。凡此二帝三王所以治也，故傳以示後世也。」

子張問政於孔子，❻曰：「何如斯可以從政矣？」此章第二，明孔子同於堯、舜諸聖之尊也。❼子張問於孔子，求爲政之法也。子曰：「尊五美，尊，崇重也。孔子答曰：若欲從政，當崇尊於五事之美者也。❽屏四惡，屏，除也。又除於四事之惡者也。斯可以從政矣。」若尊五除四，則此可以從政也。

孔安國曰：「屏，除也。」

---

❶「世」，文明本、清熙園本作「次」，恐非。今據他本改正。

❷「使得仍」，文明本「使」作「便」，「仍」作「皈」，並非。

❸「盡」下，諸本有「其」字，文明本無。按，文明本無「其」字，與古鈔《集解》本及正平板同。〔今校〕鮑本有「其」字。

❹「公則民悅」，文明本旁注異本此上有「信則民任焉」五字，按皇《疏》本皆無此五字，《疏》亦不訓釋之，則文明本所引異本即《集解》本，非皇《疏》本。

❺「悅」，文明本旁注異本作「欣」。

❻「張」，清熙園本作「長」，恐非。

❼「尊」，桃華齋本作「事」，根本本作「義」。〔今校〕鮑本同根本本。

❽「崇尊」，〔今校〕鮑本二字互倒。

子張曰：「何謂五美也？」❶子張曰：何謂五美也？❷子張并不曉五美四惡，未敢并問，今且分諮五美，故云「何謂五美也」。子曰：「君子惠而不費，歷答於五，此其一也。言爲政之道，能令民下荷於潤惠而我無所費損，故云「惠而不費」也。勞而不怨，二也。君使民勞苦，而民甘心無怨，❸故云「勞而不怨」也。欲而不貪，三也。君能遂己所欲，而非貪吝也。泰而不驕，四也。君能恒寬泰而不驕傲也。威而不猛。」五也。君能有威嚴，而不猛厲傷物也。子張曰：「何謂惠而不費？」子張亦并未曉五事，故且先從第一而更諮也。子曰：「因民之所利而利之，斯不亦惠而不費乎？答之也。因民所利而利之，謂民水居者利在魚、壚、蜃、蛤，山居者利於果實材木。明君爲政卽而安之，不使水者居山，渚者居中原，是因民所利而利之，而於君無所損費也。

王肅曰：「利民在政，無費於財也。」

擇其可勞而勞之，又誰怨？孔子知子張並疑，故并歷答也。言凡使民之法，各有等差，擇其可應勞役者而勞役之，則民各服其勞而不敢怨也。欲仁而得仁，又焉貪？欲有多塗，有欲財色之欲，有欲仁義之欲。欲仁義者爲廉，欲財色者爲貪。言人君當欲於仁義，使仁義事顯，不爲欲財色之貪。故云「欲仁而得仁，又焉貪」也。江熙云：「我欲仁，則仁至，非貪也。」君子無衆寡，言不以我富財之衆而陵彼之寡少也。❹無小大，又不得以我貴勢之大加彼之小也。無敢慢，我雖衆大而愈敬寡少，❺故無所敢慢也。

孔安國曰：「言君子不以寡少而慢之也。」❻

斯不亦泰而不驕乎？能衆能大，是我之泰。不敢

❶「也」，〔今校〕鮑本無此字。

❷「子張曰何謂五美也」，〔今校〕鮑本無此八字。

❸「甘」，諸本作「其」，恐非。今據清熙園本改正。〔今校〕鮑本作「其」。

❹「陵」，文明本作「張」，桃華齋本作「凌」，他本並作「陵」。

❺「敬」上，諸本有「我」字，恐衍，今削正。「少」，〔今校〕鮑本作「小」。下「少」字同。

❻「之」，桃華齋本旁注異本作「人」，與慈眼刊《集解》本同。

慢於寡少，是不驕也。故云「泰而不驕」也。殷仲堪云：「君子處心以虛，接物以爲敬，不以衆寡異情，大小改意，無所敢慢，斯不驕也。」君子正其衣冠，衣無撥，冠無免也。尊其瞻視，視瞻無回也。❶ 儼然若思以爲容也。❷ 人望而畏之，望之儼然，即之也溫，聽其言也厲，故服而畏之也。 斯不亦威而不猛乎？」望而畏之，是其威也，即之也溫，是不猛也。 子張曰：「何謂四惡？」己聞五美，❸故次更諮四惡也。 子曰：「不教而殺謂之虐，一惡也。爲政之道必先施教，教若不從，然後乃殺。若不先行教而即用殺，則是酷虐之君也。不戒視成謂之暴，二惡也。爲君上見民不善，當宿戒語之，戒若不從，然後可責。若不先戒勗，而急卒就責目前，視之取成，此是風化無漸，故爲暴卒之君也，暴淺於虐也。

馬融曰：「不宿戒而責目前成，爲視成也。」責目前之成，故謂之視成也。

慢令致期謂之賊，三惡也。與民無信而虛期，期不申勑丁寧，❹是慢令致期也。期若不至而行誅罰，此賊害之君也。❺ 袁氏云：「令之不明而急期之也。」

孔安國曰：「與民無信而虛尅期也。」❻

猶之與人也，四惡也。猶之與人謂以物獻與彼人，必不得止者也。出内之吝，吝，難惜之也，猶會應與人而其吝惜於出入也。❼故云「出内之吝」也。謂之有司。」有司，謂主典物者也。猶庫吏之屬也，庫吏雖有官物而不得自由，故物應出入者，必有所諮問，不敢擅易，人君若物與人而吝，即與庫吏無異，故云「謂之有司」也。

孔安國曰：「謂財物也，俱當與人，而吝嗇於出内，惜難之。此有司之任耳，」

---

❶ 「視瞻無回」，文明本旁注異本「回」下有「邪」字。〔今校〕鮑本「視瞻」作「瞻視」，「回」下有「邪」字。

❷ 「若思以爲容」，諸鈔本「爲」作「若」，根本本作「爲」，按「爲」「若」二字鈔本多相誤，根本本作「爲」義長。「若思」上亦疑脱「儼」字。皇氏此解，蓋本《曲禮》「儼若思」句。

❸ 「己」，〔今校〕鮑本作「已」，是。

❹ 「勑」，根本本、久原本作「勗」。〔今校〕鮑本作「勅」。「勑」、「勅」二字同。

❺ 「此」下，〔今校〕鮑本有「是」字。

❻ 「民」下，文明本旁注有「先」字，恐非。「尅」，〔今校〕鮑本作「剋」。

❼ 「也」，〔今校〕鮑本作「之屬」。

非人君之道也。」

孔子曰：「不知命，無以爲君子也；此章第三，明若「不知命，無以爲君子」。所以更明孔子知命，故不爲政也。命，謂窮通夭壽也。人生而有命，受之由天，故不可不知也。若不知而強求，則不成爲君子之德，故云「無以爲君子」也。

孔安國曰：「命，謂窮達之分也。」窮，謂貧賤。達，謂富貴。並稟之於天，如天之見命爲之者也。

不知禮，無以立也；禮主恭儉莊敬，爲立身之本。人若不知禮者，無以得立其身於世也。故《禮運》云：「得之者生，失之者死。」《詩》云：「人而無禮，不死何俟。」是也。不知言，無以知人也。」江熙云：「不知言則不能賞言，不能賞言則不能量彼。猶短綆不可測於深井，故無以知人。」

馬融曰：「聽言則別其是非也。」

論語義疏第十經一千二百二十三字。注一千一百七十五字。

吉田銳雄校字

論語註疏

〔宋〕邢昺 撰
陳新 校勘
沙志利 標點

目錄

校點說明……一
論語序……一
論語註疏卷第一……九
學而第一……九
爲政第二……二一
論語註疏卷第二……三六
八佾第三……三六
里仁第四……五七
論語註疏卷第三……六五
公冶長第五……六五
雍也第六……八二
論語註疏卷第四……九七
述而第七……九七
泰伯第八……一一四
論語註疏卷第五……一二七
子罕第九……一二七
鄉黨第十……一四一
論語註疏卷第六……一五九
先進第十一……一五九
顔淵第十二……一七七
論語註疏卷第七……一九二
子路第十三……一九二
憲問第十四……二〇五
論語註疏卷第八……二三一
衛靈公第十五……二三一
季氏第十六……二四五
論語註疏卷第九……二五九
陽貨第十七……二五九
微子第十八……二七五
論語註疏卷第十……二八六
子張第十九……二八六
堯曰第二十……二九五

校點説明

唐賈公彦撰有《論語疏》，見兩《唐志》著録，但早已失傳。北宋邢昺重新作《論語註疏》，流傳至今。邢昺（九三二—一〇一〇），字叔明，曹州濟陰（今山東定陶）人。受詔與杜鎬、舒雅、孫奭、李慕清、崔偓佺等校訂《周禮》、《儀禮》、《公羊傳》、《穀梁傳》、《孝經》、《論語》、《爾雅》義疏，及成，並加勳階。官至禮部尚書。真宗大中祥符三年卒，年七十九。《宋史·儒林傳》有傳。

蜀大字本《論語註疏》十卷，半頁八行，行十六字，註、疏、釋文雙行，行二十五字。藏日本宫内廳書陵部，綫裝書局二〇〇一年影印。書中缺筆避宋諱匡、貞、弘、恒、慎、桓等字，日本島田翰氏認爲其書刻於寧宗朝，傅增湘《藏園羣書經眼録》卷二以爲是光宗朝刻本，總之刻於南宋，是無疑的。書名無「解經」二字，與傳世各本皆不同；且釐爲十卷，每二篇爲一卷，與單疏本、魏何晏集解本相同，見出其成書甚早；並附有《經典釋文》，爲元明以來諸本所無，因此彌足珍貴。

這次整理，即以影印蜀大字本《論語註疏》爲底本，校以日本南朝後村上天皇正平二年（一三六四）刻《論語集解》本（簡稱正平本），此本爲清錢曾誤會爲高麗本，阮元據陳鱣《論語古訓》所引因之。正平本的經文和集解，與底本有較大差異，且僅有何晏集解。並校以阮元校《十三經註疏》本（簡稱阮本）。阮本文字與底本無大出入，但第二、第五、第九、第十等卷中，多有奪漏。同時參考有關典籍，少數各本均誤之字，酌採阮元校勘記（簡稱阮校）予以訂正。釋文部分，參校宋元遞修本《經典釋文》（簡稱元本）。底本每篇接排，根據疏文及正平本予以分章。

整理時，爲力求見出底本與校本相互間的差異，所以不避煩瑣。但底本因避諱造成的缺筆字，則都改爲正字。另外，爲節省校記，凡無關宏旨的異體字及除經文外註疏中的語尾辭「也」字，一律不校。

陳新

二〇〇五年四月

論語序[1]

翰林侍講學士朝請大夫守國子祭酒
上柱國賜紫金魚袋邢昺疏[2]
唐國子博士兼太子中允贈齊州刺史
吳縣開國男陸德明釋

序解

【疏】正義曰：案《漢書·藝文志》云：「《論語》者，孔子應答弟子、時人及弟子相與言而接聞於夫子之語也。當時弟子各有所記。夫子既卒，門人相與輯而論纂，故謂之《論語》。」然則夫子既終，微言已絶。弟子恐離居已後，各生異見，而聖言永滅。故相與論撰，因採時賢及古明王之語合成一法，謂之《論語》也。鄭玄云：「仲弓、子游、子夏等撰定。」論者，綸也，輪也，理也，次也，撰也。以此書可以經綸世務，故曰綸也；圓轉無窮，故曰輪也；藴含萬理，故曰理也；篇章有序，故曰次也；羣賢集定，故曰撰也。鄭玄《周禮注》云：「答述曰語。」以此書所載皆仲尼應答弟子及時人之辭，故曰語。而在「論」下者，必經論撰然後載之，以示非妄謬也。以其口相傳授，故經焚書而獨存也。漢興，傳者則有三家。《魯論語》者，魯人所傳，即今所行篇次是也。常山都尉龔奮、長信少府夏侯勝、丞相韋賢及子玄成、魯扶卿、太子太傅夏侯建、前將軍蕭望之並傳之，各自名家。《齊論》者，齊人所傳，別有《問王》、《知道》二篇，凡二十二篇。[3]其二十篇中章句頗多於《魯論》。昌邑中尉王吉、少府宋畸、[4]琅邪王卿、御史大夫貢禹、尚書令五鹿充宗、膠東庸生並傳之。唯王吉名家。《古論語》者，出自孔氏壁中，凡二十一篇。有兩《子張》，篇次不與《齊》、《魯論》同。孔安國爲傳，後漢馬融亦注之。安昌侯張禹受《魯論》于夏侯建，又從庸生、王吉受《齊論》，擇善而從，號曰《張侯論》。最後而行於漢世。禹以《論》授成帝。後漢

---

[1]「論語序」，阮本作「論語註疏解經序」。

[2]「翰林侍講」「唐國子博士」二行，正平本無，且無下「序解」二字。「邢昺疏」，阮本作「臣邢昺等奉敕校定」，無「唐國子博士」一行，且正文不載釋文。

[3]「二十二篇」，阮本作「二十一篇」。

[4]「宋」，阮本作「朱」，《漢書·藝文志》亦作「宋」。

包咸、周氏並爲章句，列於學官。鄭玄就《魯論》張、包、周之篇章考之《齊》、《古》，爲之注焉。魏吏部尚書何晏集孔安國、包咸、周氏、馬融、鄭玄、陳羣、王肅、周生烈之説，并下己意，爲《集解》。正始中上之，盛行於世。今以爲主焉。序者，何晏次序傳授訓説之人乃己《集解》之意。序爲《論語》而作，故曰《論語序》。

敘曰：漢中壘校尉劉向言《魯論語》二十篇，皆孔子弟子記諸善言也。太子太傅夏侯勝、前將軍蕭望之、丞相韋賢及子玄成等傳之。

【疏】「敘曰」至「傳之」 〔正〕義曰：❶此敘《魯論》之作及傳授之人也。「敘」與「序」音義同。「曰」者，發語辭也。案《漢書·百官公卿表》云：「中壘校尉掌北軍壘門內，外掌西域。」顏師古曰：「掌北軍壘門之內，而又外掌西域。」劉向者，高祖少弟楚元王之後，辟彊之孫，德之子。字子政，本名更生。成帝即位，更名向。數上疏言得失，以向爲中壘校尉。向爲人簡易，專精思於經術。❷成帝詔校經傳、諸子、詩賦，每一書已，向輒條其篇目，撮其旨意，録而奏之。著《別録》、《新序》。此言「《魯論語》二十篇皆孔子弟子記諸善言也」，蓋出於彼，故何晏引之。對文則直言曰言，答述曰語。散則「言」「語」可通。故此論夫子之語而謂之善言也。《表》又云：「太子太傅，古官，秩二千石。」《傳》云：「夏侯勝，字長公，東平人。少能好學，❸爲學精熟，善説《禮服》，徵爲博士。宣帝立，太后省政。勝以《尚書》授太后，遷長信少府。坐議廟樂事下獄，繫再更冬，會赦，出爲諫大夫。上知勝素直，復爲長信少府，遷太子太傅。受詔撰《尚書》、《論語説》，賜黃金百斤。年九十卒官，賜冢塋，葬平陵。太后賜錢三百萬，❹爲勝素服五日，以報師傅之恩，儒者以爲榮。始，勝每講授，常謂諸生曰：「士病不明經術，經術苟明，其取青紫如俯拾地芥耳。學經不明，不如歸耕。❺」《表》又云：「前後左右將軍，皆周末官，秦因之，位上卿，金印紫綬。漢不常置，或有前後，或有左右，皆掌兵及四夷。」《傳》云：「蕭望之，字長倩，東海蘭陵人

❶「正」字原缺，據阮本補。
❷「精」，《漢書·劉向傳》作「積」。
❸「能」字，阮本無。
❹「三」，《漢書·夏侯勝傳》作「二」。
❺「歸」，阮本作「親」，《漢書·夏侯勝傳》作「歸」。

也。好學，治《齊詩》，❶事同縣后倉。又從夏侯勝問《論語》、《禮服》。❷以射策甲科爲郎，累遷諫大夫。後代丙吉爲御史大夫，左遷爲太子太傅。及宣帝廢疾，❸選大臣可屬者引至禁中，拜望之爲前將軍。元帝即位，爲弘恭、石顯等所害，飲鴆自殺。天子聞之，驚撫手，❹爲之却食，涕泣，哀慟左右。長子伋嗣爲關内侯。」《表》又云：「相國，丞相，皆秦官，金印紫綬，掌丞天子助理萬機。」應劭曰：「丞，承也。相，助也。」「秦有左右，高帝即位，置一丞相，十一年更名相國，緑綬。孝惠、高后置左右丞相，文帝二年一丞相。哀帝元壽二年更名大司徒。」《傳》曰：「韋賢，字長孺，魯國鄒人也。賢爲人質朴少欲，篤志於學，兼通《禮》、《尚書》，以《詩》教授，號稱鄒魯大儒。徵爲博士、給事中，進授昭帝《詩》，稍遷光禄大夫。及宣帝即位，以先帝師，甚見尊重。本始三年，代蔡義爲丞相，封扶陽侯。年七十餘，爲相五歲，至地節三年以老病乞骸骨，❺賜黄金百斤，罷歸，加賜第一區。丞相致仕自賢始，年八十二薨，謚曰節侯。少子玄成，字少翁，復以明經歷位至丞相。鄒魯諺曰：『遺子黄金滿籯，❻不如一經。』玄成爲相七年，建昭三年薨，謚曰共侯。」此四人皆傳《魯論語》。【釋】壘，力軌反。校，户教反。向，舒尚反。大音太。夏，户雅反。勝音升，或外證反。相，息亮反。傳，直專反。下同。

《齊論語》二十二篇，其二十篇中章句頗多於《魯論》。琅邪王卿及膠東庸生、昌邑中尉王吉皆以教授。❼

【疏】「齊論」至「教授」 正義曰：此叙《齊論語》之興及傳授之人也。《齊論語》凡二十二篇，其二十篇篇名與《魯論》正同，其篇中章句則頗多於《魯論》。篇者，積章而成篇，偏也，言出情鋪事明而偏者也。積句以成章。章者，明也，揔義包體所以明情者也。句必聯字而言。句者，局也，聯字分疆所以局言者也。琅邪、膠東，郡國名。王卿，天漢元年，由濟南太守爲御史大夫。庸生名譚，生盖古謂有德者也。昌邑中尉者，《表》云：「諸侯王，高帝初置，金璽盭綬，掌治其國。有太傅輔王，内史治國民，中尉掌武職，丞

---

❶「治」，阮本無此字，《漢書・蕭望之傳》有。
❷「又」，原作「文」，據阮本改。
❸「廢」，阮本作「寢」。
❹「撫」，阮本作「拊」。
❺「至」字，阮本無。
❻「籯」，阮本作「籝」。
❼「授」，正平本作「之」。

相統衆官。景帝中五年，改丞相曰相。成帝綏和元年，省内史，更名相治民，❶如郡太守，中尉如郡都尉。」《傳》云：「王吉字子陽，琅邪臯虞人也。少好學明經，以郡吏舉孝廉爲郎，補若盧右丞，遷滎陽令。❷舉賢良爲昌邑中尉。」此三人皆以《齊論語》教授於人也。【釋】頗，破可反。琅音郎，本或作瑯。邪，似嗟反，❸又也差反。膠音交。琅邪、膠東，皆郡名。

故有《魯論》，有《齊論》。【疏】「故有《魯論》，有《齊論》」 正義曰：既叙《魯論》、《齊論》之作及傳述之人，乃以此言結之也。

魯共王時嘗欲以孔子宅爲宫，❹壞，得《古文論語》。【疏】「魯共」至「論語」 正義曰：此叙得《古論》之所由也。嘗，曾也。壞，毁也。言魯共王時曾欲以孔子宅爲宫，乃毁之，於壁中得此《古文論語》也。❺《傳》曰：「魯共王餘，景帝子，程姬所生，以孝景前二年立爲淮陽王。前三年徙王魯。二十八年薨，謚曰恭王。❻初，好治宫室，壞孔子舊宅以廣其宫，聞鐘磬琴瑟之聲，❼遂不敢復壞，於其壁中得古文經傳。」即謂此《論語》及《孝經》爲傳也。故漢武帝謂東方朔云：「《傳》曰『時然後言，人不厭其言。』」又成帝賜翟方進策書云：「《傳》曰『高而不危，所以長守貴也。』」是漢世通謂《論語》、《孝經》爲傳。以《論語》、《孝經》非先王之書，是孔子所傳説，故謂之傳，所以異於先王之書也。言古文者，科斗書也，所謂蒼頡本體，❽周所用之。以今所不識，是古人所爲，故名古文。形多頭麤尾細，狀復團圓，似水蟲之利，❾故曰科斗也。【释】壞音怪。

《齊論》有《問王》、《知道》，多於《魯論》二篇。《古論》亦無此二篇，分《堯曰》下章「子張問」以爲一篇，有兩《子張》，凡二十一篇。篇次不與《齊》、《魯論》同。【疏】「齊論」至「魯論同」 正義曰：此辨三《論》篇章之異也。「《齊論》有《問王》、《知道》，多於《魯論》二篇」，

❶「名」，《漢書·百官公卿表》作「令」。
❷「滎」，阮本作「熒」。
❸「似」，元本作「以」。
❹「共」，正平本作「恭」。
❺「中」下，阮本有「故」字。
❻「恭」，阮本作「共」，與前一致。
❼「聲」，阮本作「音」。
❽「蒼」，阮本作「倉」。
❾「利」，阮本作「科斗」。

所謂《齊論語》二十二篇也。《古論》亦無此《問王》、《知道》二篇，非但《魯論》無之，《古論》亦無也。《古論》雖無此二篇，❶而分《堯曰》下章「子張問」以爲一篇，有兩《子張》，凡二十一篇。如淳曰：「分《堯曰》篇後『子張[問]何如可以從政』以下爲篇，❷名曰《從政》。其篇次又不與《齊》、《魯論》同。」《新論》云：「文異者四百餘字。」

安昌侯張禹本受《魯論》，兼講《齊》說，善者從之，❸號曰《張侯論》，爲世所貴。包氏、周氏章句出焉。❹

【疏】「安昌侯」至「出焉」 正義曰：此言張禹擇《齊》、《魯》之善者從之，❺爲世所重，包、周二氏爲章句訓說此《張侯論語》也。《傳》曰：「張禹字子文，河內軹人也。從沛郡施讎受《易》，王陽、庸生問《論語》，既皆明習，舉爲郡文學。久之試爲博士。初元中，立皇太子，令禹授太子《論語》，由是遷光禄大夫。數歲出爲東平內史。成帝即位，徵禹以師，賜爵關內侯，給事中，領尚書事。河平四年，代王商爲丞相，封安昌侯。爲相六歲，乞骸就第。❻建平二年薨，謚曰節侯。」禹本受《魯論》於夏侯建，又從庸生、王吉受《齊論》，故兼講《齊》說也。《傳》又云：「始魯扶卿及夏侯勝、王陽、蕭望之、韋玄成皆說《論語》，篇第或異。禹先事王陽，後從庸生，采獲所安，最後出而尊貴。諸儒爲之語曰：『欲不爲《論》，念張文。』由是學者多從張氏，餘家寖微。」是其「善者從之，號曰《張侯論》，爲世所貴」之事。《後漢·儒林傳》云：「包咸，字子良，會稽曲阿人也。少爲諸生，習《魯詩》、《論語》，❼舉孝廉，除郎中。建武中，入授皇太子《論語》，又爲其章句，拜諫議大夫。永平五年遷大鴻臚。」周氏，不詳何人。章句者，訓解科段之名。包氏、周氏就《張侯論》爲之章句訓解，以出其義理焉。不言名而言氏者，蓋爲章句之時，義在謙退，❽不欲顯題其名，但欲傳之私族，故直云氏而已。若杜元凱集解《春秋》謂之杜氏也。❾或曰：以何氏諱咸，故没其名，但言包氏，連言周氏耳。

❶「雖」，阮本作「亦」。
❷「問」字原缺，據阮本補。
❸「者」字，正平本奪。
❹「包」，正平本作「苞」。
❺「魯」下，阮本有「論」字。
❻「骸」下，《漢書·張禹傳》有「骨」字。
❼「習」，阮本作「昌」。
❽「謙」，原作「講」，據阮本改。
❾「若」，原作「謂」，據阮本改。

《古論》唯博士孔安國爲之訓解，❶而世不傳，至順帝時，南郡太守馬融亦爲之訓說。

【疏】「古論」至「訓説」　正義曰：此叙訓説《古文論語》之人也。《史記·世家》：安國，孔子十一世孫，爲武帝博士。時魯共王（時）壞孔子舊宅，❷壁中得古文虞夏商周之《書》，及傳《論語》、《孝經》，悉還孔氏，故安國承詔作《書傳》，又作《古文孝經傳》，亦作《論語訓解》。《釋詁》云：「訓，道也。」然則道其義、釋其理謂之訓解。以傳述言之曰傳，以釋理言之曰訓解，其實一也。以武帝末年遭巫蠱事，經籍道息，故世不傳。自此安國之後，至後漢順帝時，有南郡太守馬融亦爲《古文論語訓説》。案，《後漢紀》：「孝順皇帝諱保，安帝之子也。」《地理志》云：「南郡，秦置，高帝元年更爲臨江郡，五年復故。景帝二年復爲臨江郡，中二年復故，屬荆州。」《表》云：「郡守，秦官，掌治其郡，秩二千石。景帝中二年更名太守。」《傳》云：「馬融，字季長，扶風茂陵人也。爲人美辭貌，有俊才，博通經籍，永初中爲校書郎。陽嘉二年，拜議郎，梁商表爲從事中郎，轉武都太守，三遷爲南郡太守。注《孝經》、《論語》、《詩》、《易》、《尚書》、《三禮》。年八十八，延熹九年卒於家。」❸

漢末，大司農鄭玄就《魯論》篇章，考之《齊》、《古》，爲之註。❹

【疏】「漢末」至「之註」　正義曰：言鄭玄亦爲《論語》之註也。鄭玄，字康成，北海高密縣人，師事馬融。大司農徵不起，居家教授，當後漢桓、靈時，故云「漢末」。注《易》、《尚書》、《三禮》、《論語》、《尚書大傳》、五經緯候，箋《毛詩》，作《毛詩譜》。破許慎《五經異義》，針何休《左氏膏肓》，發《公羊墨守》，起《穀梁廢疾》，可謂大儒。作注之時，就《魯論》篇章，謂二十篇也，復考校之以《齊論》、《古論》，擇其善者而爲之注。注與註音義同。【释】註，本又作「注」，之戍反，又张注反。

近故司空陳羣、太常王肅、博士周生烈皆爲義説。

【疏】「近故」至「義説」　正義曰：此叙魏時注説《論語》之人也。年世未遠，人已殁故，是近故也。司空，古官，三公也。《表》云：「奉常，秦官，掌宗廟禮儀。景帝中六年更名太常。」「博士，秦官，掌通古今。」《魏志》云：「陳羣，字長文，潁川許昌人也。

❶「解」，正平本作「説」。
❷「時」字原衍，據阮本删。
❸「熹」，阮本誤「壽」。
❹「爲」上，正平本有「以」字。

太祖辟羣爲司空西曹屬，❶文帝即位，遷尚書僕射。明帝即位，進封潁陰侯，頃之爲司空。青龍四年薨。」「王肅，字子邕，東海蘭陵人，魏衛將軍、太常、蘭陵景侯，甘露元年薨。注《尚書》、《禮・喪服》、《論語》、《孔子家語》，述《毛詩注》。作《聖證論》難鄭玄。」周生烈，燉煌人。《七録》云：「字文逸，本姓唐，魏博士、侍中。」此三人皆爲《論語》義說，❷謂作注而說其義，故云義說也。

前世傳受師說，❸雖有異同，不爲訓解。中間爲之訓解，至于今多矣。所見不同，互有得失。

【疏】「前世」至「得失」 正義曰：將作《論語集解》，故須言先儒有得失不同之說也。據今而道往古，謂之前世。上教下曰傳，下承上曰受。謂張禹以上至夏侯勝以來，但師資誦說而已，雖說有異者同者，皆不著篇簡以爲傳注訓解。「中間爲之訓解」，謂自古至今中間，包氏、周氏等爲此《論語訓解》，有二十餘家，故云至于今多矣。以其趣舍各異，故得失互有也。

今集諸家之善，❹記其姓名，有不安者頗爲改易，名曰《論語集解》。

【疏】「今集」至「集解」 正義曰：此叙《集解》之體例也。今謂何晏時，諸家謂孔安國、包咸、周氏、馬融、鄭玄、陳羣、王肅、周生烈也。集此諸家所說善者而存之，示無勦說，故各記其姓名。注言「包曰」、「馬曰」之類是也。注但記其姓而此連言名者，曰著其姓所以名其人，❺非謂「名字」之名也。「有不安者」，謂諸家之說於義有不安者也。「頗爲改易」者，言諸家之善則存而不改，其不善者頗多爲改易之。注首不言「包曰」、「馬曰」及諸家說下言「一曰」者，皆是何氏自下己意，❻改易先儒者也。「名曰《論語集解》」者，何氏注解既畢，乃自題之也。杜氏注《春秋左氏傳》謂之「集解」者，謂聚集經傳爲之作解也。此乃聚集諸家義理以解《論語》，言同而意異也。

【釋】頗爲，于僞反。論如字，綸也，輪也，理也，次也，撰也。答述曰語，撰次孔子答弟子及時人之語也。鄭玄云：「仲弓、子游、子夏等撰。」解，佳買反。何晏集孔安國、馬融、包氏、周氏、鄭玄、陳羣、王肅、周生烈義，並下己意，故謂之

❶「曹」下，《魏志・陳群傳》有「掾」字。
❷「三」，阮本誤「二」。
❸「受」，阮本作「授」。
❹「善」下，正平本有「說」字。
❺「曰」，阮本作「以」。
❻「意」，阮本作「言」。

「集解」。

光禄大夫關内侯臣孫邕、光禄大夫臣鄭沖、散騎常侍中領軍安鄉亭侯臣曹羲、侍中臣荀顗、尚書駙馬都尉關内侯臣何晏等上。

【疏】「光禄」至「等上」　正義曰：此叙同集解之人也。《表》云：「大夫，掌論議，有太中大夫、中大夫、諫大夫，皆無員，多至數十人。太初元年，更名中大夫爲光禄大夫，秩比二千石。」無印綬。爵級，十九曰關内侯，顔師古曰：「言有侯號而居京畿，無國邑。」孫邕字宗儒，樂安青州人也。《晋書》：「鄭沖，字文和，滎陽開封人也。❶起自寒微，卓尔立操。魏文帝爲太子，命爲文學，累遷尚書郎，出補陳留太守，曹爽引爲從事中郎，轉散騎常侍光禄勳。」《表》又云：「侍中、散騎、中常侍皆加官。」應劭曰：「入侍天子，故曰侍中。」晋灼曰：「魏文帝合散騎、中常侍爲散騎常侍也。」又曰：「所加或列侯、將軍、卿大夫、❷將、都尉、尚書、太醫、太官令至郎中，❸亡員，多至數十人。」如淳曰：「將謂都郎將以下也。自列侯下至郎中，皆得有散騎及中常侍也。」又曰：「侍中、中常侍得入禁中，散騎並乘輿車。」顔師古曰：「並音步浪切。❹騎而散從，無常職也。」此言「中領軍」者，《表》無文。「安鄉亭侯」者，不在爵級二十之數，盖漢末及魏置亭侯、列侯之論也。❺曹羲，沛國譙人，魏宗室曹爽之弟。荀顗，字景倩，荀彧之子，詵之弟也，咸熙中爲司空。《表》又云：「少府，秦官，屬官有尚書。成帝建始四年初置尚書，員五人。」「駙馬都尉，掌駙馬，武帝初置，秩比二千石。」顔師古曰：「駙，副也，非正駕車，皆爲副馬。一曰駙，近也，疾也。」何晏，字平叔，南陽宛人也。何進之孫，咸之子。曹爽秉政，以晏爲尚書，又尚公主。著述凡數十篇。正始中，此五人共上此《論語集解》也。

---

❶「滎」，阮本作「熒」。
❷「卿」，原作「鄉」，據阮本改。
❸「官」，阮本作「宫」。
❹「切」，阮本作「反」。
❺「論」，阮本作「倫」。

論語註疏卷第一❶

何晏集解　邢昺疏

學而第一

【疏】正義曰：自此至《堯曰》是《魯論語》二十篇之名及第次也。當弟子論撰之時，以《論語》爲此書之大名，《學而》以下爲當篇之小目。其篇中所載，各記舊聞，意及則言，不爲義例，或亦以類相從。此篇論君子、孝悌、❷仁人、忠信，道國之法，主友之規，聞政在乎行德，由禮貴於用和，無求安飽以好學，能自切磋而樂道，皆人行之大者，故爲諸篇之先。既以學爲章首，遂以名篇，言人必須學也。《爲政》以下，諸篇所次，先儒不無意焉，當篇各言其指，此不煩說。第，訓次也；❸一，數之始也，言此篇於次當一也。

子曰：「學而時习之，不亦說乎？馬曰：❹「子者，男子之通稱，謂孔子也。」王曰：❺「時者，學者以時誦習之。誦習以時，學無廢業，所以爲說懌。」【釋】說音悅。稱，尺證切。懌音亦。有朋自遠方來，不亦樂乎？包曰：❻「同門曰朋。」【釋】有朋，蒲弘切。有或作友，非。樂音洛。譙周云：「悅深而樂淺。」一云：「自內曰悅，自外曰樂。」人不知而不慍，不亦君子乎？」慍，怒也。凡人有所不知，君子不怒。❼【疏】「子曰學而」至「君子乎」　正義曰：此章勸人學爲君子也。「子」者，古人稱師曰子。子，男子之通稱。此言「子」者，謂孔子也。「曰」者，《說文》云：「詞也。從口乙聲，亦象口炁

❶「論語註疏卷第一」，「疏下」，阮本有「解經」二字，下各卷同。又原作十卷，阮本分二十卷。正平本逕作「論語學而第一」，下爲「何晏集解，凡十六章」。

❷「悌」，阮本作「弟」。

❸「訓」，阮本作「順」。

❹「馬曰」，正平本作「馬融曰」，下同。

❺「王曰」，正平本作「王肅曰」，下同。

❻「包曰」，正平本作「苞氏曰」，下同。

❼「怒」，正平本作「慍」。

出也。」然則「曰」者，發語詞也。以此下是孔子之語，故以「子曰」冠之。或言「孔子曰」者，以記非一人，各以意載，無義例也。《白虎通》云：「學者，覺也，覺悟所未知也。」孔子曰：「學者而能以時誦習其經業，使無廢落，不亦說懌乎？學業稍成，能招朋友，有同門之朋從遠方而來，與己講習，不亦樂乎？既有成德，凡人不知而不怒之，不亦君子乎？」言誠君子也。君子之行非一，此其一行耳，故云「亦」也。　注「馬曰子者」至「悅懌」　正義曰：云「子者，男子之通稱」者，經傳凡敵者相謂，皆言「吾子」，或直言「子」，稱師亦曰「子」，是「子」者，男子有德之通稱也。云「謂孔子」者，嫌爲他師，故辨之。《公羊傳》曰「子沈子曰」，何休云：「沈子稱『子』冠氏上者，著其爲師也。不但言『子曰』者，辟孔子也。其不冠『子』者，他師也。」然則書傳直言「子曰」者，皆指孔子，以其聖德著聞，師範來世，不須言其氏，人盡知之故也。若其他傳受師說，後人稱其先師之言，則以「子」冠氏上，所以明其爲師也，「子公羊子」、「子沈子」之類是也。若非己師而稱他有德者，則不以「子」冠氏上，直言某子，若「高子」、「孟子」之類是也。云「時者，學者以時誦習之」者，皇氏以爲，凡學有三時：一，身中時。《學記》云：「發然後禁，則扞格而不勝。時過然後學，則勤苦而難成。」故《內則》云：「十年，出就外傅，居宿於外，學書計。十有三年，學《樂》誦《詩》舞《勺》。十五成童，舞《象》。」是也。二，年中時。《王制》云：「春秋教以《禮》《樂》，冬夏教以《詩》《書》。」鄭玄云：「春夏，陽也。《詩》《樂》者聲，聲亦陽也。秋冬，陰也。《書》《禮》者事，事亦陰也。互言之者，皆以其術相成。」又《文王世子》云：「春誦，夏弦，秋學禮，冬讀書。」鄭玄云：「誦謂歌樂也，弦謂以絲播《詩》。❶陽用事則學之以聲，陰用事則學之以事。因時順炁，於功易也。」❷三，日中時。《學記》云：「故君子之於學也，藏焉脩焉，息焉游焉，是日日所習也。」言學者以此時誦習所學簡篇之文及禮樂之容，❸日知其所亡，月無忘其所能，所以爲說懌也。譙周云：「悅深而樂淺也。」一曰：「在內曰說，❹在外曰樂。」言「亦」者，凡外境適心，則人心說樂，可說可樂之事，其類非一，此「學而時習」、「有朋自遠方來」，亦說樂

❶「詩」，阮本誤「時」。
❷「易」下，《禮記》注有「成」字。
❸「簡篇」，阮本作「篇簡」。
❹「內」，阮本誤「丙」。

之二事耳，❶故云「亦」，猶《易》云「亦可醜也」、「亦可喜也」。　注「包曰同門曰朋」　正義曰：鄭玄注《大司徒》云：「同師曰朋，同志曰友。」然則「同門」者，同在師門以授學者也。朋即群黨之謂，故子夏曰「吾離群而索居」，鄭玄注云「群謂同門朋友也」。此言「有朋自遠方來」者，即《學記》云「三年，視敬業樂群也」。「同志」謂同其心意所趣嚮也。朋疏而友親，朋來既樂，友即可知，故略不言也。　注「愠怒」至「不怒」　正義曰：云「凡人有所不知，君子不怒」者，其説有二：一云古之學者爲己，已得先王之道，含章内映，而他人不見不知，而我不怒也；一云君子易事，不求備於一人，故爲教誨之道，若有人鈍根不能知解者，君子恕之而不愠怒也。　【釋】愠，紆問反，鄭云「怨也」。

有子曰：　孔曰：❷「弟子有若。」「其爲人也孝弟，而好犯上者，鮮矣。　鮮，少也。上謂凡在己上者。言孝弟之人必恭順，❸好欲犯其上者少也。　【釋】弟，大計反，本或作「悌」，下同。好，呼報反，下及注同。鮮，仙善反，鄭云「寡也」，下同。不好犯上而好作亂者，未之有也。君子務本，本立而道生。　本，基也。基立而後可大成。孝弟也者，其爲仁之本與？」❹先能事父兄，然後仁道可大成。❺　【疏】「有子曰」至「本與」　正義曰：此章言孝弟之行也。弟子有若曰：「其爲人也孝於父母、順於兄長，而好陵犯凡在己上者，少矣。」言孝弟之人性必恭順，故好欲犯其上者少也。既不好犯上，而好欲作亂爲悖逆之行者必無，故云「未之有也」。是故君子務脩孝弟以爲道之基本，基本既立而後道德生焉。恐人未知其本何謂，故又言「孝弟也者，其爲仁道之本與」。❻禮尚謙退，不敢質言，故云「與」也。　注「孔曰弟子有若」❼　正義曰：《史記·弟子傳》云「有若少孔子四十三歲」。鄭玄曰「魯人」。　注「鮮少」至「少也」❽　正義曰：《釋詁》云「鮮，罕也」，故得爲少。皇氏、熊氏以爲「上」

---

❶「二」字，阮本無。
❷「孔曰」，原作「孔子」，據正平本作「孔安國曰」改。
❸「必」下，正平本有「有」字。
❹「爲」字，正平本無。
❺「仁道可大成」，正平本作「可大成仁也」。
❻「道」字，阮本無。
❼「曰」，阮本誤「子」。
❽「少也」二字，阮本奪。

謂君親，「犯」謂犯顔諫爭。今案，注云「謂凡在己上者」，❶則皇氏、熊氏違背注意，其義恐非也。【釋】與音餘。

子曰：「巧言令色，鮮矣仁。」包曰：「巧言，好其言語。令色，善其顔色。皆欲令人說之，少能有仁。」【疏】「子曰巧言令色鮮矣仁」 正義曰：此章論仁者必直言正色。其若巧好其言語，令善其顔色，欲令人說愛之者，少能有仁也。【釋】欲令，力呈反。說音悦。

曾子曰：馬曰：「弟子曾參。」【釋】參，所金反，又七南反。「吾日三省吾身，爲人謀而不忠乎？與朋友交而不信乎？❷傳不習乎？」言凡所傳之事，得無素不講習而傳也。❸【疏】「曾子曰」至「習乎」 正義曰：此章論曾子省身慎行之事。弟子曾參嘗曰：「吾每日三自省察己身，爲人謀事而得無不盡忠心乎？與朋友結交而得無不誠信乎？凡所傳授之事得無素不講習而妄傳乎？」以謀貴盡忠，朋友主信，傳惡穿鑿，故曾子省慎之。 注「馬曰弟子曾參」 正義曰：《史記·弟子傳》云：「曾參，南武成人，❹字子輿，少孔子四十六歲。孔子以爲能通孝道，故授之業。作《孝經》。死於魯。」【釋】三，息暫反，又如字。省，悉井反，視也。鄭云：「思察己之所行也。」爲，于僞反，又如字。傳，直專反，注同。鄭注云「《魯》讀『傳』爲『專』，今從《古》。」案，鄭校周之本以《齊》、《古》讀，正凡五十事。鄭本或無此注者，然《皇覽》引《魯》讀六事，則無者非也。後皆放此。

子曰：「道千乘之國，❺馬曰：「道，謂爲之政教。《司馬法》『六尺爲步，步百爲畝，畝百爲夫，夫三爲屋，屋三爲井，井十爲通，通十爲成。❻成出革車一乘。』然則千乘之賦，其地千成，居地方三百一十六里有畸。❼唯公侯之封乃能容之。雖大國之賦亦不是過焉。」包曰：「道，治也。千乘之國者，百里之國也。古者井田，方里爲井，十井爲乘，百里之國適千乘也。」融依《周禮》，包依《王制》、《孟子》。義疑，故兩存焉。【釋】道音導，本或作導，注及下

❶「謂」上，阮本有「上」字。
❷「交」下，正平本有「言」字。
❸「也」，正平本作「乎」，阮本作「之」。
❹「成」，阮本作「城」。
❺「道」，正平本作「導」，注同。
❻「成」，正平本作「城」，下同。
❼「畸」，正平本作「奇」。

同。乘，繩證反，注同。《司馬法》，齊景公時有司馬田穰苴，善用兵。《周禮》司馬掌征伐。六國時，齊威王使大夫追論古者兵法，附穰苴於其中，凡一百五十篇，号曰《司馬法》。畸，居宜反，田之殘也。封，甫用反，又如字。「雖大國之賦」，一本或云「雖大賦」。「包依《王制》、《孟子》」，《王制》及《孟子》皆以百里爲大國。❶ **敬事而信，**包曰：「爲國者舉事必敬慎，與民必誠信。」**節用而愛人，**包曰：「節用，不奢侈。國以民爲本，故愛養之。」【釋】侈，尺紙反，又尺氐反。❷ **使民以時。**包曰：「作使民必以其時，不妨奪農務。」❸【疏】「子曰道」至「以時」　正義曰：此章論治大國之法也。馬融以爲「道謂爲之政教」，「千乘之國」謂公、侯之國方五百里、四百里者也。言爲政教以治公侯之國者，舉事必敬慎，與民必誠信，省節財用，不奢侈而愛養人民，以爲國本，作事使民必以其時，不妨奪農務。此其爲政治國之要也。包氏以爲「道，治也。千乘之國，百里之國也。」夏即公侯，殷、周惟上公也。餘同。

注「馬曰道」至「存焉」　正義曰：以下篇「子曰道之以政」，故云「道，謂爲之政教」。《史記》「齊景公時有司馬田穰苴善用兵。《周禮》司馬掌征伐。六国時，齊威王使大夫追論古者兵法，附穰苴於其中，凡一百五十篇，號曰《司馬法》」。此「六尺曰步」至「成出革車一乘」皆彼文也。引之者，以證千乘之國爲公侯之大國也。云「然則千乘之賦，其地千成」者，以成出一乘，千乘故千成。云「居地方三百一十六里有畸」者，以方百里者一，爲方十里者百。方三百里者，三三而九，則爲方百里者九，合成方十里者九百，得九百乘也。計千乘猶少百乘，方百里者一也。又以此方百里者一六分破之，每分得廣十六里，長百里。引而接之，則長六百里，廣十六里也。半折之，各長三百里。將埤前三百里南西兩邊，是方三百一十六里也。然西南角猶缺方十六里者一也。方十六里者一，爲方一里者二百五十六。然曏割方百里者爲六分，餘方一里者四百，今方一里者二百五十六埤西南角，猶餘方一里者一百四十四。又復破而埤三百一十六里兩邊，則每邊不復得半里，故云「三百一十六里有畸」也。云「雖公侯之封乃能容之」者，案，《周禮·大司徒》云：「諸公之地，封疆方五百里。諸侯之地，封疆方四百

❶「孟子」，原作「孔子」，據元本改。
❷「氐」，原作「氏」，據元本改。
❸「作使民」，下文引作「作事使民」，是。

里。諸伯之地，封疆方三百里。諸子之地，封疆方二百里。諸男之地，封疆方百里。」此千乘之國居地方三百一十六里有畸，伯、子、男自方三百而下則莫能容之，故云「唯公侯之封乃能容之。」云「雖大國之賦亦不是過焉」者，《坊記》云：「制國不過千乘。」然則地雖廣大，以千乘爲限，故云「雖大國之賦亦不是過焉」。《司馬法》「兵車一乘，甲士三人，步卒七十二人」，計千乘有七萬五千人，則是六軍矣。《周禮・大司馬・序官》「凡制軍，萬有二千五百人爲軍。王六軍，大國三軍，次國二軍，小國一軍。」《魯頌・閟宮》云「公車千乘」，《明堂位》云「封周公於曲阜，地方七百里，革車千乘」及《坊記》與此文，皆與《周禮》不合者，禮，天子六軍，出自六鄉，萬二千五百家爲鄉，萬二千五百人爲軍。《地官・小司徒》云：「凡起徒役，無過家一人。」是家出一人，鄉爲一軍，此則出軍之常也。天子六軍，既出六鄉，則諸侯三軍，出自三鄉。《閟宮》云「公徒三萬」者，謂鄉之所出，非千乘之衆也。千乘者，自謂計地出兵，非彼三軍之車也。二者不同，故數不相合。所以必有二法者，聖王治國，安不忘危，故令所在皆有出軍之制。若從王伯之命，則依國之大小，出三軍、二軍、一軍也。若其前敵不服，用兵未已，則盡其境内皆使從軍，故復有此計地出軍之法。但鄉之出軍是正，故家出一人；計地所出則非常，故成出一車。以其非常，故優之也。「包曰道，治也」者，以治國之法，不惟政教而已。下云「道之以德」，謂道德，故易之，但云「道，治也」。云「千乘之國，百里之國也」者，謂夏之公侯，殷、周上公之國也。云「古者井田，方里爲井」者，《孟子》云「方里而井，井九百畝」是也。云「十井爲乘，百里之國適千乘也」者，此包以古之大國不過百里，以百里賦千乘，故計之每十井爲一乘，是方一里者十爲一乘，則方一里者百爲十乘。開方之法，方百里者一爲方十里者百。每方十里者一爲方一里者百，其賦十乘。方十里者百，則其賦千乘。地与乘数適相當，故曰「適千乘也」。云「融依《周禮》，包依《王制》、《孟子》」者，馬融依《周禮・大司徒》文，以爲諸公之地方五百里，侯四百里以下也。包氏依《王制》，云凡四海之内九州，州方千里，州建百里之國三十，七十里之國六十，五十里之國百有二十，❶凡二百一十國也。又《孟子》云：「天子之制地方千里，公侯之制皆方百里，伯七十里，子、男五十里。」包氏據此以爲大國不過百里，不信《周禮》有方五百里、四

❶「之」字，阮本奪。

百里之封也。馬氏言名，包氏不言名者，何氏避其父名也。❶云「義疑，故兩存焉」者，以《周禮》者，周公致太平之書，爲一代大典；《王制》者，漢文帝令博士所作；孟子者，鄒人也，名軻，師孔子之孫子思，治儒術之道，著書七篇，亦命世亞聖之大才也。今馬氏、包氏各以爲據，難以質其是非，莫敢去取，於義有疑，故兩存其說也。　「包曰作使」至「農務」　正義曰：云「作使民必以其時」者，謂築都邑城郭也。以都邑者，人之聚也，國家之藩衛，百姓之保鄣，不固則敗，不修則壞，故雖不臨寇，必於農隙備其守禦，無妨農務。《春秋》莊二十九年《左氏傳》曰：「凡土功，龍見而畢務，戒事也。」注云：「謂今九月，周十一月。龍星，角、亢，晨見東方，三務始畢，戒民以土功事。」「火見而致用」，注云：「大火，心星，次角、亢見者，致築作之物。」「水昏正而栽」，❷注云：「謂今十月，定星昏而中，於是樹板幹而興作。」「日至而畢」，注云：「日南至，微陽始動，故土功息。」若其門戶道橋城郭牆塹有所損壞，則特隨壞時脩之，故僖二十年《左傳》曰「凡啟塞從時」是也。《王制》云：「用民之力，歲不過三日。」《周禮·均人職》云：「凡均力政，以歲上下。豐年則公旬用三日焉，中年則公旬用二日焉，無年則公旬用一日焉。」是皆重民之力而不妨奪農務也。

子曰：「弟子入則孝，出則弟，謹而信，汎愛衆而親仁。行有餘力，則以學文。」馬曰：「文者，古之遺文。」【疏】「子曰弟子」至「學文」　正義曰：此章明人以德爲本，學爲末。男子後生爲弟。言爲人弟與子者，入事父兄則當孝與弟也，出事公卿則當忠與順也。弟，順也。入不言弟，出不言忠者，互文可知也。下孔子云「出則事公卿，入則事父兄」，《孝經》云「事父孝，故忠可移於君；事兄弟，故順可移於長」是也。「謹而信」者，理兼出入，言恭謹而誠信也。「汎愛衆」者，汎者，寬博之語。君子尊賢而容衆，故博愛衆人也。❸「而親仁」者，有仁德者則親而友之。能行已上諸事，仍有閒暇餘力，則可以學先王之遺文。若徒學其文而不能行上事，則爲言非行僞也。注言「古之遺文」者，則《詩》、《書》、《禮》、《樂》、《易》、《春秋》六經是也。【釋】弟，本亦作悌。汎，敷劍反。❹行，下孟反，下云「觀其行」並注同。鄭云：「文，道

❶「何」，阮本誤「包」。
❷「栽」，原作「裁」，據阮本改。
❸「故」，阮本作「或」。
❹「敷」，元本作「孚」。

藝也。」

子夏曰：「賢賢易色，孔曰：「子夏，弟子卜商也。言以好色之心好賢，則善。」【釋】夏，戶雅反。好，呼報反，下「至好學」同。事父母，能竭其力；事君，能致其身；孔曰：「盡忠節，不愛其身。」【釋】盡，津忍反，下注同。與朋友交，言而有信。雖曰未學，吾必謂之學矣。」【疏】「子夏曰」至「學矣」 正義曰：此章論生知美行之事。「賢賢易色」者，上「賢」謂好尚之也，下「賢」謂有德之人。易，改也。色，女人也。女有美色，❶男子悦之，故經傳之文通謂女人爲色。人多好色不好賢，若能改易好色之心以好賢，❷則善矣，故曰「賢賢易色」也。「事父母，能竭其力」者，謂小孝也。言爲子事父，雖未能不匱，但竭盡其力，服其勤勞也。「事君，能致其身」者，言爲臣事君，雖未能將順其美、匡救其惡，但欲盡忠節，❸不愛其身，若童汪踦也。「與朋友交，言而有信」者，謂與朋友結交，雖不能切磋琢磨，但言約而每有信也。「雖曰未學，吾必謂之學矣」者，人生知行此四事，❹雖曰未嘗從師伏膺學問，然此爲人行之美者，❺雖學亦不是過，故吾必謂之學矣。注「孔曰子夏，弟子卜商」 正義曰：案《史記·仲尼弟子傳》云：「卜商，字子夏，衛人也，少孔子四十四歲。孔子既没，居西河教授，爲魏文侯師。」

子曰：「君子不重則不威，學則不固。孔曰：「固，蔽也。」❻一曰：「言人不能敦重，既無威嚴，❼學又不能堅固，識其義理。」主忠信，無友不如己者，過則勿憚改。」鄭曰：❽「主，親也。憚，難也。」【疏】「子曰」至「憚改」 正義曰：此章勉人爲君子也。「君子不重則不威，學則不固」者，其說有二：孔安國曰：「固，蔽也。」言君子當須敦重。若不敦重，則無威嚴。又當

❶「美」，阮本作「姿」。
❷「若」，阮本作「者」，從上句。
❸「欲」，阮本作「致」。
❹「人」上，阮本有「言」字。
❺「者」，阮本作「矣」。
❻「蔽」，正平本作「弊」。
❼「嚴」字，正平本無。
❽「鄭曰」，正平本作「鄭玄曰」，下同。

學先王之道，以致博聞强識，則不固蔽也。一曰：「固謂堅固。言人不能敦重，既無威嚴，學又不能堅固，識其道理也。」明須敦重也。「主忠信」者，主猶親也。言凡所親狎，皆須有忠信者也。「無友不如己者」，言無得以忠信不如己者爲友也。「過則勿憚改」者，勿，無也。憚猶難也。言人誰無過，過而不改，是謂過矣；過而能改，善莫大焉。故苟有過，無得難於改也。【釋】無，本亦作毋，音無，下同。憚，徒旦反。難，乃旦反。

曾子曰：「慎終追遠，民德歸厚矣。」孔曰：「慎終者，喪盡其哀。追遠者，祭盡其敬。君能行此二者，❶民化其德，皆歸於厚也。」【疏】「曾子曰」至「厚矣」正義曰：此章言民化君德也。「慎終」者，終謂父母之喪也。以死者人之終，故謂之終。執親之喪禮須慎謹，❷盡其哀也。「追遠」者，遠謂親終既葬，日月已遠也。孝子感時念親，追而祭之，盡其敬也。「民德歸厚矣」，言君能行此慎終、追遠二者，民化其德，皆歸厚矣。言不偷薄也。

子禽問於子貢曰：「夫子至於是邦也，必聞其政。求之與，抑與之與？」鄭曰：「子禽，弟子陳亢也。子貢，弟子姓端木名賜。❸亢怪孔子所至之邦必與聞其國政，❹求而得之邪，抑人君自願與之爲治？」❺【釋】貢，本亦作贛，音同。之與，音餘，下「之與」同。抑，於力反。亢音剛，又苦浪反。必與，音預。治，直吏反。子貢曰：「夫子溫、良、恭、儉、讓以得之。夫子之求之也，❻其諸異乎人之求之與？」❼鄭曰：「言夫子行此五德而得之，與人求之異，明人君自與之。」❽【疏】「子禽」至「求之與」❾正義曰：此章明夫子由其有德與聞國政之事。「子禽問於子貢曰夫子至於是邦也，必聞其政。求之與，抑與之與」者，子禽疑怪孔子所至之邦必與聞其國之政事，故問子貢曰：「此是孔

❶「君」上，正平本有「人」字。
❷「慎謹」，阮本作「謹慎」。
❸「賜」下，正平本有「字子貢也」四字。
❹「國」，正平本作「邦」。
❺二「之」字，正平本無。
❻下「之」字，正平本無。
❼上「之」字，正平本無。
❽「明人君」句，正平本作「明人君自願與爲治也」。
❾「與」字，阮本奪。

子求於時君而得之與，抑人君自願與孔子爲治與？」「抑」、「與」皆語辭。「子貢曰夫子溫、良、恭、儉、讓以得之。夫子之求之也，其諸異乎人之求之與」者，此子貢答辭也。敦柔潤澤謂之溫，行不犯物謂之良，和從不逆謂之恭，去奢從約謂之儉，先人後己謂之讓。言夫子行此五德而得與聞國政。他人則就君求之，夫子則脩德，人君自願與之爲治，故曰：「夫子之求之也，其諸異乎人之求之與。」「諸」、「與」皆語辭。　注「鄭曰」至「爲治」　正義曰：云「子禽，弟子陳亢。子貢，弟子姓端木名賜」者，《家語·七十二弟子篇》云：「陳亢，陳人，字子禽，少孔子四十歲。」《史記·弟子傳》云：「端木賜，字子貢，少孔子三十一歲。」云「求而得之邪」者，邪，未定之辭。

子曰：「父在觀其志，父没觀其行，孔曰：「父在，子不得自專，故觀其志而已。父没乃觀其行。」三年無改於父之道，可謂孝矣。」孔曰：「孝子在喪，哀慕猶若父存，❶無所改於父之道。」【疏】「子曰」至「孝矣」　正義曰：此章論孝子之行。「父在觀其志」者，在心爲志。父存，❷子不得自專，故觀其志而已。「父没觀其行」者，父没，可以自專，乃觀其行也。「三年無改於父之道，可謂孝矣」者，言孝子在喪三年，哀慕猶若父存，無所改於父之道，可謂爲孝矣。❸

有子曰：「禮之用，和爲貴。先王之道，斯爲美。小大由之，有所不行。知和而和，不以禮節之，亦不可行也。」馬曰：「人知禮貴和，而每事從和，不以禮爲節，亦不可行。」【疏】「有子」至「行也」　正義曰：此章言禮樂爲用，相須乃美。「禮之用，和爲貴」者，和，謂樂也。樂主和同，故謂樂爲和。夫禮勝則離，謂析居不和也，❹故禮貴用和，使不至於離也。「先王之道，斯爲美」者，斯，此也。言先王治民之道，以此禮貴和美，禮節民心，樂和民聲。樂至則無怨，禮至則不争，揖讓而治天下者，禮樂之謂也，是先王之美道也。「小大由之，有所不行」者，由，用也。言每事小大皆用禮，而不以樂和之，則其政有所不行也。「知和而和，不以禮節之，亦不可行也」者，言人知禮貴和，而每事從和，不以禮爲節，亦不

❶「存」，正平本作「在」。
❷「存」，阮本作「在」。
❸「矣」，阮本作「也」。
❹「析」，阮本作「所」。

可行也。

有子曰：「信近於義，言可復也。復猶覆也。義不必信，信非義也。❶以其言可反覆，故曰近義。❷【釋】近，「附近」之近，下及注同，又如字。覆，芳服反，下同。恭近於禮，遠耻辱也。恭不合禮，❸非禮也。以其能遠耻辱，故曰近禮。❹因不失其親，亦可宗也。」孔曰：「因，親也。言所親不失其親，亦可宗敬。」【疏】「有子曰」至「宗也」　正義曰：此章明信與義、恭與禮不同，及人行可宗之事。「信近於義，言可復也」者，復猶覆也。人言不欺爲信，於事合宜爲義。若爲義事，不必守信，而信亦有非義者也。信雖非義，❺以其言可反覆不欺，故曰近義。「恭近於禮，遠耻辱也」者，恭惟卑巽，禮貴會時，若巽在牀下，是恭不合禮，則非禮也。恭雖非禮，以其能遠耻辱，故曰近禮。「因不失其親，亦可宗也」者，因，親也。所親不失其親，言義之與比也。既能親仁比義，不有所失，❻則有知人之鑒，故可宗敬也。言「亦」者，人之善行可宗敬者非一，於其善行可宗之中，此爲一行耳，故曰「亦」也。注「義不必信，信非義也」　正義曰：云「義不必信」者，若《春秋》晉士匄帥師侵齊，聞齊侯卒，乃還。《春秋》善之。是合宜不必守信也。云「信非義也」者，《史記》尾生與女子期於梁下，女子不來，水至不去，抱柱而死。是雖守信而非義也。

子曰：「君子食無求飽，居無求安，鄭曰：「學者之志，有所不暇。」敏於事而慎於言，就有道而正焉，可謂好學也已。」❼孔曰：「敏，疾也。有道，有道德者。正謂問事是非。」❽【疏】「子曰君子」至「也已」　正義曰：此章述好學之事。「君子食無求飽，居無求安」者，言學者之志樂道忘飢，故不暇求其安飽也。「敏於事而慎於言」者，敏，疾也。言當敏疾於所學事業，則有成功。《說命》曰「敬孫務時敏，厥修乃來」是也。學有所

❶「非」，正平本作「不必」。
❷「近義」，正平本作「近於義也」。
❸「恭」上，正平本有「苞氏曰」三字。
❹「近禮」，正平本作「近於禮也」。
❺「信」，阮本作「言」。
❻「失」，原作「先」，據阮本改。
❼「已」下，正平本有「矣」字。
❽「事」，下引作「其」，是。

得，又當慎言説之。「就有道而正焉」者，有道謂有道德。❶正謂問其是非。言學業有所未曉，當就有道德之人正定其是之與非。《易·文言》曰「問以辨之」是也。「可謂好學也已」者，揔結之也。言能行在上諸事，則可謂之爲好學也。

子貢曰：「貧而無諂，❷富而無驕，何如？」子曰：「可也。孔曰：「未足多。」【釋】諂，勑檢反。未若貧而樂，❸富而好禮者也。」鄭曰：「樂謂志於道，不以貧爲憂苦。」❹【釋】樂音洛。好，呼報反，下同。子貢曰：「《詩》云『如切如磋，如琢如磨』，其斯之謂與？」孔曰：「能貧而樂道，富而好禮者，能自切磋琢磨。」❺【釋】治骨曰切，治象曰磋。磋，七多反。治玉曰琢，治石曰磨。❻磨，木多反，❼一本作「摩」。與音餘。子曰：「賜也，始可與言《詩》已矣，告諸往而知來者。」❽孔曰：「諸，之也。子貢知引《詩》以成孔子義，善取類，故然之。往告之以貧而樂道，來答以切磋琢磨。」❾【疏】「子貢」至「來者」。❿正義曰：此章言貧之與富皆當樂道自脩也。「貧而無諂，富而無驕，何如」者，乏財曰貧。佞説爲諂。多財曰富。傲逸爲驕。言人貧多佞説，富多傲逸。若能貧無諂佞，富不驕逸，子貢以爲善，故問夫子曰：「其德行何如？」「子曰可也」者，此夫子答子貢也。時子貢富，志怠於學，故發此問，意謂不驕已爲美德，⓫故孔子抑之，云「可也」，言未足多。「未若貧而樂，富而好禮者也」，⓬樂謂志於善道，不以貧爲憂苦。好謂閑習禮容，不以富而倦略。此則勝於無諂、無驕，故云「未若」，言不如也。「子貢曰《詩》云『如切如磋，如琢如磨』，其斯之謂與」者，子貢知師勵己，故引

❶「德」下，阮本有「者」字，與上文合。
❷「諂」，原作「謟」，據阮本、正平本改。
❸「樂」下，正平本有「道」字。
❹「貧」下，正平本有「賤」字。
❺「磨」下，正平本有「者也」二字。
❻「石」，原作「古」，據元本改。
❼「木」，元本作「末」。
❽「者」下，正平本有「也」字。
❾「磨」下，正平本有「者」字。
❿「貢」，阮本誤「日」。
⓫「已」，阮本作「而」。
⓬「也」下，阮本有「者」字。

《詩》以成之。此《衛風・淇奧》之篇，美武公之德也。治骨曰切，象曰磋，玉曰琢，石曰磨，道其學而成也。聽其規諫以自修，如玉石之見琢磨。子貢言貧而樂道，富而好禮，其此能切磋琢磨之謂與。「子曰賜也，始可與言《詩》已矣」者，子貢知引《詩》以成孔子義，善取類，故呼其名而然之。「告諸往而知來者」，❶此言可與言《詩》之意。諸，之也。謂告之往以貧而樂道富而好禮，則知來者切磋琢磨，所以可與言《詩》也。

子曰：「不患人之不己知，患不知人也。」王曰：「徒患己之無能。」❷【疏】「子曰」至「人也」

正義曰：此章言人當責己而不責人。凡人之情，多輕易於知人，而怨人不知己，❸故孔子訓之，❹云：「我則不耳。不患人之不己知，但患己不能知人也。」【釋】「患不知人也」，本或作「患己不知人也」，俗本妄加字，今本「患不知人也」。

爲政第二

【疏】正義曰：《左傳》曰「學而後入政」，故次前篇也。此篇所論孝敬信勇，爲政之德也，聖賢君子，爲政之人也，故以「爲政」冠於章首，遂以名篇。

子曰：「爲政以德，譬如北辰，居其所而衆星共之。」包曰：「德者無爲，猶北辰之不移而衆星共之。」❺【疏】「子曰」至「共之」　正義曰：此章言爲政之要。「爲政以德」者，言爲政之善，莫若以德。德者，得也。物得以生，謂之德。淳德不散，無爲化清，則政善矣。「譬如北辰，居其所而衆星共之」者，譬，況也。北極謂之北辰。北辰常居其所而不移，故衆星共尊之，以況人君爲政以德，無爲清靜，亦衆人共尊之也。注「包曰」至「共之」　正義曰：案《爾雅・釋天》云：「北極謂之北辰。」郭璞曰：「北極，天之中，以正四時。」然則極，中也。辰，時也。以其居天之中，故曰北極。以正四時，故曰北辰。《漢書・天文

❶「者」下，阮本重「者」字。
❷「王曰」至「無能」，阮本無。
❸「怨」，阮本作「患」。
❹「訓」，阮本作「抑」。
❺「猶」上，正平本有「譬」字。

志》云：❶「中宮天極星。其一明者，泰一之常居也。旁三星，三公，環之匡衛十二星，❷藩臣。皆曰紫宮。北斗七星，所謂『璇璣玉衡，以齊七政』。斗爲帝車，運於中央，臨制四海。分陰陽，建四時，均五行，移節度，定諸紀，皆繫於斗。」是衆星共之也。【釋】共，求用反，鄭作「拱」，居勇反，❸拱手也。本或作「譬猶北辰之不移」。

子曰：「《詩》三百，孔曰：「篇之大數。」一言以蔽之，包曰：「蔽，猶當也。」【釋】蔽，必世反，鄭云「塞也」。當，丁浪反，又如字。曰『思無邪』。」包曰：「歸於正。」

【疏】「子曰」至「無邪」　正義曰：此章言爲政之道在於去邪歸正，故舉《詩》要當一句以言之。「《詩》三百」者，言《詩》篇之大數也。「一言以蔽之」者，蔽猶當也。古者謂一句爲一言，《詩》雖有三百篇之多，可舉一句當盡其理也。「曰思無邪」者，此《詩》之一言，《魯頌·駉》篇文也。《詩》之爲體，論功頌德，止僻防邪，大抵皆歸於正，故此一句可以當之也。　注「孔曰篇之大數」　正義曰：案，今《毛詩序》凡三百一十一篇，内六篇亡，今其存者有三百五篇。今但言三百篇，故曰「篇之大數」。

【釋】邪，似嗟反。

子曰：「道之以政，❹孔曰：「政謂法教。」【釋】道音導，下同。齊之以刑，馬曰：「齊整之以刑罰。」民免而無耻。孔曰：「免，苟免。」❺道之以德，包曰：「德謂道德。」【釋】鄭云：「六德謂智、仁、聖、義、忠、和。」齊之以禮，有耻且格。」格，正也。❻

【疏】「子曰」至「且格」　正義曰：此章言爲政以德之效也。「道之以政」者，政謂法教。道謂化誘。言化誘於民，以法制教民也。❼「齊之以刑」者，齊謂齊整。刑謂刑罰。言道之以政而民不服者，則齊整之以刑罰也。「民免而無耻」者，免，苟免也。言君上化民不以德，而以法制刑罰，則民皆巧詐苟免而心無愧耻也。「道之以德，齊之以禮，有耻且格」者，德謂道德。格，正也。言君上化民以道德，❽民或未從化，

❶「云」，阮本作「曰」，「天」阮本誤「太」。
❷「衛」，原作「衡」，據阮本改。
❸「居」，元本作「俱」。
❹「道」，正平本作「導」。
❺「免苟免」，正平本作「苟免罪也」。
❻「正」，正平本、阮本作「止」。
❼「民」，阮本誤「命」。
❽「以」上，阮本有「必」字。

則制禮以齊整，使民知有禮則安，失禮則恥，如此則民有愧恥而不犯禮，且能自脩而歸正也。

子曰：「吾十有五而志于學，❶三十而立，有所成立。❷四十而不惑，孔曰：「不疑惑。」五十而知天命，孔曰：「知天命之終始。」六十而耳順，鄭曰：「耳聞其言，❸而知其微旨。」七十而從心所欲不踰矩。」馬曰：「矩，法也。從心所欲無非法。」【疏】「子曰」至「踰矩」　正義曰：此章明夫子隱聖同凡，所以勸人也。「吾十有五而志于學」者，言成童之歲，識慮方明，於是乃志於學也。❹「三十而立」者，有所成立也。「四十而不惑」者，志强學廣，不疑惑也。「五十而知天命」者，命，天之所稟受度也。❺孔子四十七學《易》，至五十窮理盡性，知天命之終始也。「六十而耳順」者，順，不逆也。耳聞其言，則知其微旨而不逆也。「七十而從心所欲不踰矩」者，矩，法也。言雖從心所欲而不踰越法度也。孔子輒言此者，蓋所以欲勉人志學而善始全終者也。❻

孟懿子問孝。孔曰：「魯大夫仲孫何忌。懿，謚也。」子曰：「無違。」樊遲御，子告之曰：「孟孫問孝於我，我對曰『無違。』」鄭曰：「恐孟孫不曉無違之意，❼將問於樊遲，故告之。樊遲，弟子樊須。」樊遲曰：「何謂也？」子曰：「生，事之以禮；死，葬之以禮，祭之以禮。」【疏】「孟懿」至「以禮」　正義曰：此章明孝必以禮。「孟懿子問孝」者，魯大夫仲孫何忌問孝道於孔子也。「子曰無違」者，此夫子答辭也。言行孝之道，無得違禮也。「樊遲御」者，弟子樊須爲夫子御車也。「子告之曰孟孫問孝於我，我對曰無違」者，孟孫即懿子也。孔子恐孟孫不曉「無違」之意，而懿子與樊遲友善，必將問於樊遲，故夫子告之。「樊遲曰何謂也」者，樊遲

---

❶「于」，正平本作「乎」。

❷「立」，阮本作「也」。

❸「耳」下，正平本有「順」字。

❹「志」，原作「至」，據阮本改。

❺「度」，阮本作「者」。

❻「蓋所以」至「終者也」，阮本作「欲以勉人去學而善始令終也」。

❼「恐」字，正平本奪。

亦未達「無違」之旨，故復問曰：「何謂也？」「子曰生事之以禮，死葬之以禮，❶祭之以禮」者，此夫子爲說無違之事也。❷「生事之以禮」，謂冬溫夏凊、昏定晨省之屬也。❸「死葬之以禮」，謂爲之棺槨衣衾而擧之、卜其宅兆而安厝之之屬也。❹「祭之以禮」謂春秋祭祀以時思之、陳其簠簋而哀感之之屬也。不違此禮，是「無違」之理也。不即告孟孫者，初時意在簡要，❺欲使思而得之也。必告樊遲者，恐孟孫以爲從父之令是無違，故既與別後，告於樊遲，將使復告孟孫也。　注「孔曰」至「謚也」❻　正義曰：《春秋》定六年《經》書「仲孫何忌如晉」，《傳》曰「孟懿子往」，是知孟懿子即仲孫何忌也。《謚法》曰：「溫柔賢善曰懿。」　注「鄭曰恐孟孫不曉」至「樊須」❼　正義曰：案，《史記·弟子傳》云：「樊須，字子遲，齊人，少孔子三十六歲。」

孟武伯問孝。子曰：「父母唯其疾之憂。」馬曰：「武伯，懿子之子仲孫彘。武，謚也。言孝子不妄爲非，唯疾病然後使父母憂。」❽【疏】「孟武伯」至「之憂」　正義曰：此章言孝子不妄爲非也。武伯，懿子之子仲孫彘也。❾問於夫子爲孝之道。夫子答之曰：「子事父母，唯其疾病，然後可使父母憂之。疾病之外，不得妄爲非法，貽憂於父母也。」　注「馬曰」至「父母憂」　正義曰：案，《春秋》，懿子以哀十四年卒，而武伯嗣。哀公十七年《左傳》曰：「公會齊侯于蒙，孟武伯相。武伯問於高柴曰：『諸侯盟，誰執牛耳？』季羔曰：『鄫衍之役，吳公子姑曹。發陽之役，衛石魋。』武伯曰：『然則彘也。』」是武伯爲懿子之子仲孫彘也。《謚法》：「剛强直理曰武。」　【釋】彘，直例反。妄，亡尚反。

子游問孝。孔曰：「子游，弟子，姓言名偃。」子曰：「今之孝者，是謂能養。至於犬

❶「葬」，原作「喪」，據阮本改。
❷「說」，阮本作「言」。
❸「凊」，原作「清」，據文義改。
❹「厝」，阮本作「措」。
❺「要」，阮本作「略」。
❻「孔」下，阮本衍「子」字。
❼「恐孟孫不曉」五字，阮本無，類此引語，兩本互有出入，以下不校；「至」，原作「無」，據阮本改。
❽「憂」下，正平本有「耳」字。
❾「之」字，阮本奪。

馬，皆能有養。不敬，何以別乎？」包曰：「犬以守禦，馬以代勞，皆養人者。」❶一曰：「人之所養，乃至於犬馬，❷不敬則無以別。」《孟子》曰：「食而不愛，❸豕畜之；愛而不敬獸畜之。」【疏】「子游」至「別乎」　正義曰：此章言爲孝必敬。「子游問孝」者，弟子子游問行孝之道於孔子也。「子曰今之孝者，是謂能養」者，此下孔子爲子游說須敬之事。今之人所謂孝者，是唯謂能以飲食供養者也。言皆無敬心。「至於犬馬，皆能有養，不敬，何以別乎」者，此爲不敬之人作譬也。其說有二。一曰：「犬以守禦，馬以代勞，皆能有以養人者，但畜獸無知，不能生敬於人，若人唯能供養於父母而不敬，則何以別於犬馬乎？」一曰：「人之所養，乃至於犬馬，伺其飢渴，飲之食之，皆能有以養之也。但人養犬馬，資其爲人用耳，而不敬此犬馬也。人若養其父母而不敬，則何以別於養犬馬乎？」❹言無以別，明孝必須敬也。　注「孔曰」至「名偃」　正義曰：《史記·弟子傳》曰：「言偃，吳人，字子游，少孔子四十五歲。」　注「包曰」至「畜之」　正義曰：云「《孟子》曰」者，案，《孟子·盡心篇》：「孟子曰：『食而不愛，豕交之也。愛而不敬，獸畜之也。』」趙岐注云：❺「人之交接，但食之而不愛，若養豕也。愛而不敬，若人畜禽獸，但愛而不能敬也。」引之以證孝必須敬。彼言「豕交之」，此作「豕畜之」者，所見本異，或傳寫誤。【釋】養，羊尚反，下及注「養人」同。別，彼列反，注同。食音嗣。

子夏問孝。子曰：「色難。包曰：「色難者，謂承順父母顏色乃爲難。」❻**有事，弟子服其勞；有酒食，先生饌，**馬曰：「先生，謂父兄。饌，飲食也。」【釋】饌，士眷反，❼鄭作「餕」，音俊，食餘曰餕。**曾是以爲孝乎？」**馬曰：「孔子喻子夏：❽服勞先食，

---

❶「皆」，正平本作「能」。
❷「乃」下，正平本衍「能」字。
❸「食」正平本作「養」；「不」，正平本作「弗」，下同。
❹「養」字，阮本無。
❺「岐」，原作「歧」，據阮本改。
❻「順」，正平本作「望」。
❼「士」，元本作「上」。
❽「夏」下，正平本有「曰」字。

汝謂此爲孝乎？未孝也。❶承順父母顏色乃爲孝也。」❷【疏】「子夏問」至「孝乎」　正義曰：此章言爲孝必須承順父母顏色也。「子夏問孝」者，弟子子夏問於孔子爲孝之道也。「子曰色難」者，答之也。言承順父母顏色乃爲難也。「有事，弟子服其勞；有酒食，先生饌，曾是以爲孝乎」者，孔子又喻子夏：服勞先食，不爲孝也。先生謂父兄。饌，飲食也。曾猶則也。言家有勞辱之事，❸或弟或子服其勤勞；有酒有食，進與父兄飲食，汝則謂是以爲孝乎。言此未孝也。必須承順父母顏色，乃爲孝也。【釋】曾音增，馬云作皇。

子曰：「吾與回言終日，不違，如愚。孔曰：「回，弟子，姓顏名回，字子淵，魯人也。不違者，無所怪問。於孔子之言，默而識之如愚。」退而省其私，亦足以發，回也不愚。」孔曰：「察其退還與二三子說釋道義，發明大體，知其不愚。」【疏】「子曰」至「不愚」❹　正義曰：此章美顏回之德。❺「子曰吾與回言終日，不違，如愚」者，回，弟子顏淵也。違猶怪問也。愚，無智之稱。孔子言：「我與顏回言，❻終竟一日，亦無怪問。❼於我之言，默而識之，如無知之愚人也。」「退而省其私，亦足以發，回也不愚」者，言回既退還，而省察其在私室與二三子說釋道義，亦足以發明大體，乃知其回也不愚。　注「孔曰」至「如愚」❽　正義曰：《史記·弟子傳》云：「顏回者，魯人也，字子淵。少孔子三十歲，年二十九，髮盡白，蚤死。」

子曰：「視其所以，以，用也。言視其所行用。觀其所由，由，經也。言觀其所經從。察其所安，人焉廋哉？人焉廋哉？」孔曰：「廋，匿也。言觀人終始，安所匿其情。」❾【疏】「子曰」至「廋哉」　正義曰：此章言知人之法也。「視其所以」

❶「未」下，正平本有「足爲」二字。
❷「孝」下，正平本有「耳」字。
❸「言」下，阮本有「若」字。
❹「不」字，阮本奪。
❺「回」，阮本作「淵」。
❻「顏」字，阮本無。
❼「無」下，阮本有「所」字。
❽「如」字，阮本奪。
❾「安」下，正平本有「有」字。

者，以，用也。言視其所行用。❶「觀其所由」者，由，經也。言觀其所經從。「察其所安」者，言察其所安處也。「人焉廋哉？人焉廋哉」者，廋，匿也。焉，安也。言知人之法，但觀察其終始，則人安所隱匿其情哉。再言之者，深明情不可隱也。【釋】焉，於虔反，下同。廋，所留反。匿，女力反。

子曰：「溫故而知新，可以爲師矣。」溫，尋也。尋繹故者，又知新者，可以爲師矣。❷【疏】「子曰」至「師矣」　正義曰：此章言爲師之法。溫，尋也。言舊所學得者，溫尋使不忘，是溫故也。素所未知者，❸學使知之，是知新也。既溫尋故者，又知新者，則可以爲人師矣。注「溫，尋也」　正義曰：案，《中庸》云「溫故而知新」，鄭注云：❹「溫讀如『燖溫』之『溫』，謂故學之熟矣，後時習之謂之溫。」案，《左傳》哀十二年：「公會吳於橐皋。太宰嚭請尋盟。子貢對曰：『盟可尋也，亦可寒也。』」賈逵注云：「尋，溫也。」又《有司徹》云「乃爇尸俎」，❺是燖爲溫也。❻言人舊學已精熟，在後更習之，猶若溫尋故食也。❼【釋】溫，於門反。❽繹音亦。

子曰：「君子不器。」包曰：「器者，各周其用。至於君子，無所不施。」【疏】「子曰君子不器」　正義曰：此章明君子之德也。「器」者，物象之名。形器既成，各周其用，若舟楫以濟川，車輿以行陸，反之則不能。君子之德則不如器物各守一用，言見幾而作，無所不施也。

子貢問君子。子曰：「先行其言而後從之。」孔曰：「疾小人多言而行之不周。」【疏】「子貢」至「從之」　正義曰：此章疾小人多言而行之不周也。子貢問於夫子曰：「君子之德行何如？」夫子答之曰：「君子先行其言，而後以行從之。❾言行相副，是君子也。」

子曰：「君子周而不比，孔曰：「忠信爲周，

---

❶「所」下，阮本有「以」字。
❷「爲」下，阮本有「人」字。
❸「者」字，阮本無。
❹「注」，原作「汪」，據阮本改。
❺「徹」，原作「育」，據阮本改。「爇」，阮本作「熱」。
❻「燖」，阮本作「尋」。
❼「尋」，阮本作「燖」。
❽「於」，元本作「烏」。
❾「行」，阮本作「言」。

阿黨爲比。」【釋】比，毗志反，下同。小人比而不周。」【疏】「子曰」至「不周」 正義曰：此章明君子小人德行不同之事。忠信爲周，阿黨爲比。言君子常行忠信而不私相阿黨，小人則反是。 注「忠信爲周」❶ 正義曰：《魯語》文也。

子曰：「學而不思則罔，包曰：「學不尋思其義，❷則罔然無所得。」❸【釋】罔，本又作冈。思而不學則殆。」不學而思，終卒不得，徒使人精神疲殆。❹【疏】「子曰」至「則殆」 正義曰：此章言教學法也。「學而不思則罔」者，言爲學之法。既從師學，則自思其餘蘊，若雖從師學而不尋思其義，則罔然無所得也。「思而不學則殆」者，言但自尋思而不從師學，❺終卒不得其義，則徒使人精神疲勞倦怠也。❻【釋】殆音待，依義當作「怠」。

子曰：「攻乎異端，斯害也已。」❼攻，治也。善道有統，故殊塗而同歸，異端不同歸。【疏】「子曰攻乎」至「也已」 正義曰：此章禁人雜學。攻，治也。異端謂諸子百家之書也。言人若不學正經善道，而治乎異端之書，斯則爲害之深也已。❽以其善道有統，故殊塗而同歸，異端則不同歸也。 注「攻治」至「同歸」❾ 正義曰：云「善道有統，故殊塗而同歸，異端不同歸」者，❿五經是善道也，⓫皆以忠孝仁義爲本，是有統也。四術爲教，是殊塗也。皆是去邪歸正，⓬是同歸也。異端之書則或粃糠堯舜，戕毁仁義，是不同歸也。「殊塗同歸」，《易·下繫辭》文也。⓭

❶「注」下，阮本有「曰」字。
❷「學」下，正平本有「而」字，「義」下，正平本有「理」字。
❸「得」下，正平本有「之也」二字。
❹「徒」字，正平本無。
❺「不」下，阮本有「往」字。
❻「怠也」，阮本作「殆」。
❼「已」下，正平本有「矣」字。
❽「已」字，阮本無。
❾「攻」，原作「故」，據阮本改。
❿「異端不同歸」五字，阮本無。
⓫「五」，阮本作「正」。
⓬「是」，阮本作「以」。
⓭「易」上，阮本有「是」字。

子曰：「由，誨女知之乎。孔曰：「弟子，❶姓仲名由，字子路。」【釋】女音汝，後可以意求之。知之爲知之，不知爲不知，是知也。」【疏】「子曰」至「知也」 正義曰：此章明知也。「由，誨女知之乎」者，孔子以子路性剛，好以不知爲知，故此抑之。呼其名曰：「由，我今教誨女爲知之乎。」此皆語辭。「知之爲知之，不知爲不知，是知也」者，此誨辭也。言女實知之事，則爲知之，實不知之事，則爲不知，此是真知也。若其知之反隱曰不知，及不知妄言我知，皆非知也。 注「孔曰」至「子路」 正義曰：《史記·弟子傳》云：「仲由，字子路，卞人也，少孔子九歲。子路性鄙，好勇力，志伉直，冠雄雞，佩豭豚，陵暴孔子。孔子設禮稍誘子路，子路後儒服委質，因門人請爲弟子。」

子張學干祿。鄭曰：「弟子，❷姓顓孫名師，字子張。干，求也。祿，祿位也。」【釋】知也，如字，又音智。顓音專。子曰：「多聞闕疑，慎言其餘，則寡尤。包曰：「尤，過也。疑則闕之，其餘不疑，猶慎言之，則少過。」【釋】尤，于求反。❸ 多見闕殆，慎行其餘，則寡悔。包曰：「殆，危也。所見危者，闕而不行，則少悔。」言寡尤，行寡悔，祿在其中矣。」鄭曰：「言行如此，雖不得祿，亦同得祿之道。」❹【疏】「子張」至「中矣」 正義曰：此章言求祿之法。「子張學干祿」者，干，求也。弟子子張師事孔子，學求祿位之法。「子曰多聞闕疑，慎言其餘，則寡尤」者，此夫子教子張求祿之法也。尤，過也。寡，少也。言雖博學多聞，疑則闕之，猶須慎言其餘不疑者，❺則少過也。「多見闕殆，慎行其餘，則寡悔」者，殆，危也。言雖廣覽多見，所見危者，闕而不行，猶須慎行其餘不危者，則少悔恨也。「言寡尤，行寡悔，祿在其中矣」者，言若少過，行又少悔，必得祿位。設若言行如此，雖偶不得祿，亦同得祿之道。 注「鄭曰」至「位也」 正義曰：《史記·弟子傳》云：「顓孫師，陳人，字子

❶「弟」上，正平本有「由」字。
❷「弟」上，正平本有「子張」二字。
❸「于」，元本作「下」。
❹「亦同」二字，正平本無。
❺「猶」，阮本作「尤」，下「猶須慎行」之「猶」同。

張，少孔子四十八歲。」【釋】行，下孟反，注同。

哀公問曰：「何爲則民服？」包曰：「哀公，魯君謚。」❶孔子對曰：「舉直錯諸枉，則民服。包曰：「錯，置也。舉正直之人用之，廢置邪枉之人，則民服其上。」【釋】錯，七路反，鄭本作「措」，投也。枉，紆往反。邪，似嗟反。舉枉錯諸直，則民不服。」【疏】「哀公」至「不服」　正義曰：此章言治國使民服之法。「哀公問曰何爲則民服」者，哀公，魯君也。問於孔子曰：「何所云爲，則萬民服從也？」時哀公失德，民不服從，哀公患之，故有此問。「孔子對曰舉直錯諸枉，則民服」者，此孔子對以民服之法也。錯，置也。舉正直之人用之，廢置諸邪枉之人，則民服其上也。「舉枉錯諸直，則民不服」者，舉邪枉之人用之，廢置諸正直之人，則民不服上也。於時羣邪秉政，民心厭棄，故以此對之也。　注「包曰哀公，魯君謚」

正義曰：《魯世家》云：哀公名蔣，❷定公之子，周敬王二十六年即位。《謚法》：❸「恭仁短折曰哀。」

季康子問：「使民敬、忠以勸，如之何？」孔曰：「魯卿季孫肥。康，謚。」子曰：「臨之以莊則敬，包曰：「莊，嚴也。君臨民以嚴，則民敬其上。」孝慈則忠，包曰：「君能上孝於親，下慈於民，則民忠矣。」舉善而教不能則勸。」❹包曰：「舉用善人而教不能者，則民勸勉。」❺【疏】「季康」至「則勸」　正義曰：此章明使民敬忠勸善之法。「季康子問使民敬忠以勸，如之何」者，季康子，魯執政之上卿也。時已僭濫，❻故民不敬忠勸勉，故問於孔子曰：「欲使民人敬上盡忠，勸勉爲善，其法如之何？」「子曰臨之以莊則敬」者，此答之也。自上涖下曰臨。莊，嚴也。言君臨民以嚴，則民敬其上。「孝慈則忠」者，言君能上孝於親，下慈於民，則民作忠。「舉善而教不能則勸」者，❼言君能舉用善人，置之禄位，教誨不能之人，使之材能，如此則民相勸勉爲善也。於時魯君蠶食深宮，季氏專執國政，則如君矣，故此答皆以人君

❶「君」下，正平本有「之」字。
❷「蔣」，《史記・魯世家》作「將」。
❸「法」下，阮本有「云」字。
❹「則」下，正平本有「民」字。
❺「勉」，正平本作「也」。
❻「已」，阮本作「以」。
❼「善」，原作「敬」，據阮本改。

之事言之也。注「魯卿季孫肥。康，謚」 正義曰：康者，❶據《左傳》及《世家》文也。《謚法》云：「安樂撫民曰康。」

或謂孔子曰：「子奚不爲政？」包曰：「或人以爲居位乃是爲政。」子曰：「《書》云：『孝乎惟孝，友于兄弟，施于有政。』是亦爲政，❷奚其爲爲政？」包曰：「『孝乎惟孝』，美大孝之辭。❸『友于兄弟』，善於兄弟。施，行也。所行有政道，即與爲政同。」❹

【疏】「或謂」至「爲政」 正義曰：此章言孝友與爲政同。「或謂孔子曰子奚不爲政」者，奚，何也。或有一人，亡其姓名，謂孔子曰：「子既多才多藝，何不居官爲政？」或人以爲居位乃是爲政也。「子曰《書》云：孝乎惟孝，友于兄弟，施于有政」者，此《周書·君陳》篇文。引之以答或人爲政之事。彼云：「王若曰：『君陳，惟尔令德，孝恭惟孝，友于兄弟，克施有政。』」孔安國云：「言其有令德，善事父母，行己以恭。言善事父母者，必友于兄弟，能施有政。」今其言與此少異。❺此云「孝乎惟孝」者，美大孝之辭也。「友于兄弟」者，言善於兄弟也。施，行也。行於此二者，即其爲政之道也。❻「是亦爲政，奚其爲爲政」者，此孔子語也。是，此也。言此孝友亦爲政之道，此外何事其爲爲政乎。言所行有政道即與爲政同，不必居位乃是爲政。【釋】「孝乎」，一本作「孝于」。「奚其爲爲政」，一本作「奚其爲政」。

子曰：「人而無信，不知其可也。孔曰：「言人而無信，其餘終無可。」大車無輗，小車無軏，其何以行之哉。」包曰：「大車，牛車。輗者，轅端橫木，以縛軛。❼小車，駟馬車。軏者，轅端上曲鉤衡。

【疏】「子曰」至「之哉」 正義曰：此章明信不可無也。「人而無信，不知其可也」者，言人而無信，其餘雖有他才，終無可也。「大車無輗，小車無軏，其何以行之哉」者，此爲無信之人作譬也。大車，牛車。輗，轅端橫木，以縛軛駕牛領者

---

❶「康」，阮本作「知」。
❷「政」下，正平本有「也」字。
❸「大」字，正平本無。
❹「即」下，正平本有「是」字。阮本無「即」字。
❺「今」，原作「令」，據阮本改。「少」，阮本作「小」。
❻「其」，阮本作「有」。
❼「軛」下，正平本有「者也」二字，下「鉤衡」下亦有。

也。小車，駟馬車。軏者，轅端上曲鉤衡，以駕兩服馬領者也。大車無輗則不能駕牛，小車無軏則不能駕馬，其車何以得行之哉。言必不能行也，以喻人而無信，亦不可行也。

注「包曰」至「鉤衡」　正義曰：云「大車，牛車」者，《冬官・考工記》：「車人爲車，大車崇九尺。」❶鄭注云：「大車，平地載任之車，轂長半柯者也。」其車駕牛，故《酒誥》曰「肇牽車牛，遠服賈用」。故曰「大車，牛車也」。《說文》云：「輗，大車轅端持衡者，軛，❷轅前也。」是輗者，轅端橫木以縛軛者也。云「小車，駟馬車」者，《考工記》兵車、田車、乘車也，❸皆駕四馬，故曰駟馬車也。《說文》云：「軏者，車轅端持衡者。」《考工記》云：「國馬之輈，深四尺有七寸。」注云：「馬高八尺。兵車、乘車軹崇三尺有三寸，加軫與轐七寸，又并此輈深，則衡高八尺七寸也。除馬之高，則餘七寸，爲衡頸之間。」是輈在衡上也。轅從軫以前稍曲而上至衡，則居衡之上而嚮下鈎之，衡則橫居輈下，是轅端上曲鈎衡者名軏也。【釋】車音居。輗，五兮反，《字林》五支反。軏，五忽反，又音月。軛音厄，又作「枙」。

子張問：「十世可知也？」孔曰：「文質禮變。」【釋】「可知也」，一本作「可知乎」，鄭本作「可知」。

子曰：「殷因於夏禮，所損益，可知也。周因於殷禮，所損益，可知也。馬曰：「所因謂三綱五常，所損益謂文質三統。」【釋】夏，户雅反，餘以意求之。三綱謂父子、夫婦、君臣是也。五常謂仁、義、禮、智、信。三統謂天、地、人三也。❹其或繼周者，雖百世，可知也。」❺物類相召，❻勢數相生，❼其變有常，故可預知。

【疏】「子張」至「知也」　正義曰：此章明創制革命，因沿損益之禮。「子張問十世可知也」者，弟子子張問於孔子：「夫國家文質禮變，設若相承，至於十世，世數既遠，可得知其禮乎？」「子曰殷因於夏禮，所損益，可知也。周因於殷

❶「九尺」，《考工記》作「三柯」。
❷「軛」，原作「輗」，據阮本改。
❸「田」，原作「甲」，據阮本改。
❹「也」，元本作「正」。
❺「可知也」，正平本作「亦可知」。
❻「召」，阮本作「招」。
❼「勢」，阮本作「世」，下同。

禮，所損益，可知也」者，此夫子答以可知之事。言殷承夏後，❶因用夏禮，謂三綱五常不可變革，故因之也。所須損益者，❷謂文質三統，夏尚文，殷則損文而益質。夏以十三月爲正，爲人統，色尚黑，殷則損益之，❸以十二月爲正，爲地統，色尚白也。其事易曉，故曰可知也。「周因於殷禮，所損益，可知也」者，言周代殷立，而因用殷禮，及所損益事，事亦可知也。「其或繼周者，雖百世，可知也」者，言非但順知既往，兼亦預知將來。時周尚存，不敢斥言，故曰「其或」。言設或有繼周而王者，雖多至百世，以其物類相召，勢数相生，其變有常，故皆可預知也。　注「馬曰」至「三統」　正義曰：云「三綱五常」者，《白虎通》云：「三綱者何？謂君臣、父子、夫婦也。❹君爲臣綱，父爲子綱，夫爲妻綱。大者爲綱，小者爲紀，所以張理上下，整齊人道也。人皆懷五常之性，有親愛之心，是以綱紀爲化，若羅網有紀綱之而百目張也。所以稱三綱何？一陰一陽之謂道。陽得陰而成，陰得陽而序，剛柔相配，故人爲三綱，法天地人。君臣法天，取象日月屈信歸功也。父子法地，取法五行轉相生也。夫婦，取象人合，❺陰陽有施。君，羣也，羣下之所歸心。臣，牽也，事君也，象屈服之形也。父者，矩也，以度教子。子者，孳也，孳孳無已也。夫者，扶也，以道扶接。婦者，服也，以禮屈服也。」云「五常」者，仁、義、禮、智、信也。《白虎通》云：「五性者何？❻謂仁、義、禮、智、信也。仁者不忍，好生愛人。義者宜也，斷決得中也。禮者履也，履道成文。智者知也，或於事見微知著。❼信者誠也，專一不移。故人生而應八卦之體，得五氣以爲常，仁、義、禮、智、信是也。」云「損益謂文質三統」者，《白虎通》云：「王者必一質一文者何？所以承天地，順陰陽。陽道極則陰道受，陰道極則陽道受，明一陽二陰不能繼也。質法天，文法地而已，故天爲質，地受而化之，養而成之，故爲文。《尚書大傳》曰：『王者一質一文，據天地之道。』」《禮三正記》曰：『質法天，文法地。帝王始起，先質後文者，順天地之道，本末之義，先後之序也。』事莫不先其質性，乃後有

❶「後」，阮本誤「后」。
❷「須」字，阮本無。
❸「益之」，原作「之益」，據阮本正。
❹「謂」下，原空一格，阮本補「謂」字。《白虎通》作「三綱者何謂也，謂……」
❺「人」，《白虎通》作「六」。
❻「性」，阮本作「常」。
❼「或」，《白虎通》作「不惑」。

其文章也。夏尚黑，殷尚白，周尚赤，此之謂三統，故《書傳略說》云：『天有三統，物有三變，故正色有三。天有三生三死，故土有三王，❶王特一生死。』」又《春秋緯·元命包》及《樂緯·稽耀嘉》云：「夏以十三月爲正，息卦受泰。」注云：「物之始，其色尚黑，以寅爲朔。」「殷以十二月爲正，息卦受臨。」注云：「物之牙，其色尚白，以雞鳴爲朔。」「周以十一月爲正，息卦受復，其色尚赤，以夜半爲朔。」又《三正記》云：「正朔三而改，文質再而復。」以此推之，自夏以上，皆正朔三而改也。鄭注《尚書》「三帛」：「高陽之後用赤繒，❷高辛氏之後用黑繒，其餘諸侯用白繒。」如鄭此意，卻而推之，舜以十一月爲正，尚赤；堯以十二月爲正，尚白，故曰其餘諸侯用白繒。高辛氏以十三月爲正，尚黑，故云高辛氏之後用黑繒。高陽氏以十一月爲正，尚赤，故云高陽氏之後用赤繒。有少皞自以十二月爲正，尚白；黃帝以十三月爲正，尚黑；神農以十一月爲正，尚赤；女媧以十二月爲正，尚白；伏犧以上未有聞焉。《易·說卦》云「帝出乎震」，則伏犧也，建寅之月，又木之始。其三正當從伏犧以下文質再而復者，文質法天地，文法天，質法地。❸周文法地而爲天正，殷質法天而爲地正者，❹正朔、文質不相須，正朔以三而改，文質以二而復，各自爲義，不相須也。建子之月爲正者，謂之天統，以天之陽氣始生，爲下物得陽氣微，❺稍動變，故爲天統。建丑之月爲地統者，❻以其物已吐牙，不爲天氣始動，物又未出，不得爲人所施功，唯其地中含養萌牙，故爲地統。建寅之月爲人統者，❼以其物出於地，❽人功當須修理，故謂之人統。統者，本也，謂天地人之本。然王者必以此三月爲正者，以其此月物生微細，❾又是歲之始生，王者繼天理物，含養微細，又取其歲初爲正朔之始。既天地人之三者所繼不同，故各改正朔，❿不相襲也。所尚既異，符命亦隨所尚而來，故《禮緯·稽命徵》

❶「土」，阮本作「士」。
❷「陽」下，阮本有「氏」字。
❸「文法天，質法地」，據上下文當作「文法地，質法天」。
❹「天」字，阮本奪。
❺「下」，阮本作「百」。
❻「地」字，阮本奪。
❼「人」字，阮本奪。
❽「其」，阮本作「人」。
❾「微細」，阮本作「細微」。
❿「各」，原作「名」，據阮本改。

云：❶「其天命以黑，故夏有玄圭；天命以赤，故周有赤雀銜書；天命以白，故殷有白狼銜鉤。」是天之所命，亦各隨人所尚。符命雖逐所尚，不必皆然，故天命禹觀河，見白面長人。《洛予命》云：❷「湯觀於洛，沈璧而黑龜與之書，黄魚雙躍。」《泰誓》言「武王伐紂，而白魚入於王舟。」是符命不皆逐正色也。鄭康成之義，自古以來皆改正朔。若孔安國則改正朔殷、周二代，故注《尚書》：「湯承堯、舜禪代之後，革命創制，改正易服。」是從湯始改正朔也。　注「物類」至「預知」　正義曰：「物類相召」者，謂三綱五常各以類相召，因而不變也。云「勢數相生」者，謂文質、三統及五行相次，周而復始，其勢運有數，❸而相生變革也。

子曰：「非其鬼而祭之，諂也。鄭曰：「人神曰鬼。非其祖考而祭之者，是諂求福。」❹【釋】諂，勑檢反。見義不爲，無勇也。」孔曰：「義所宜爲，❺而不能爲，是無勇。」【疏】「子曰」至「勇也」　正義曰：此章言祭必己親，勇必爲義也。「非其鬼而祭之（者），諂也」者，❻人神曰鬼。言若非己祖考而輒祭他鬼者，是諂媚求福也。「見（其）義不爲，❼無勇也」者，義，宜也。言義所宜爲，而不能爲者，是無勇之人也。　注「鄭曰」至「求福」　正義曰：云「人神曰鬼」者，《周禮・大宗伯》之職，「掌建邦之天神、人鬼、地示之禮。」是人神曰鬼也。《左傳》曰：「神不歆非類，民不祀非族。」故非其祖考而祭之者，是諂求福也。　注「孔曰」至「無勇」❽　正義曰：若齊之田氏弒君，夫子請討之，是義所宜爲也。而魯君不能爲討，是無勇也。

論語註疏卷第一

❶「徵」，原作「微」，據阮本改。
❷「予」，阮本作「子」。
❸「其勢」，阮本作「而其世」。
❹「諂」下，正平本有「以」字。
❺「義」下，正平本有「者」字。
❻「者」字原衍，據阮本刪。
❼「其」字原衍，據阮校刪。
❽「孔」下，阮本衍「子」字。

論語註疏卷第三

八佾第三

【疏】正義曰：前篇論爲政。爲政之善，莫善禮樂，禮以安上治民，樂以移風易俗，得之則安，失之則危，故此篇論禮樂得失也。

孔子謂季氏：「八佾舞於庭，是可忍也，孰不可忍也？」馬曰：「孰，誰也。佾，列也。天子八佾，諸侯六，卿大夫四，士二。八人爲列，八八六十四人。魯以周公故，受王者禮樂，有八佾之舞。季桓子僭，❶於其家廟舞之，故孔子譏之。」【疏】「孔子」至「忍也」　正義曰：此章論魯卿季氏僭用禮樂之事。「孔子謂季氏八佾舞於庭」者，謂者，評論之稱。季氏，魯卿，於時當桓子也。佾，列也。舞者八人爲列，八八六十四人，桓子用此八佾舞於家廟之庭，故孔子評論而譏之。「是可忍也，孰不可忍也」者，此孔子所譏之語也。孰，誰也。人之僭禮皆當罪責，不可容忍。季氏以陪臣而僭天子，最難容忍，故曰：「若是可容忍，他人更誰不可忍也？」

注「馬曰」至「譏之」　正義曰：「孰，誰」，《釋詁》文。「佾，列」，書傳通訓也。云「天子八佾，諸侯六，大夫四，士二」者，隱五年《左傳》文也。云「八人爲列，八八六十四人」者，杜預、何休說如此。其諸侯用六者，六六三十六人。大夫四，四四十六人。士二，二二四人。服虔以用六爲六八四十八人。大夫四，爲四八三十二人。士二，爲二八十六人。今以舞勢宜方，行列既減，即每行人數亦宜減，故同何、杜之說。天子所以八佾者，按隱五年《左傳》：「考仲子之宮將萬焉。公問羽數於衆仲，對曰：『天子用八，諸侯用六，大夫四，士二。』夫舞所以節八音而行八風，故自八以下。」杜預云：「唯天子得盡物數，故以八爲列，諸侯則不敢用八。」所謂「八音」者，金、石、土、革、絲、木、匏、竹也。鄭玄云：「金，鐘鎛也。石，磬也。土，塤也。革，鼓鼗也。絲，琴瑟也。木，柷敔也。匏，笙也。竹，管簫也。」所謂「八風」者，服虔以爲八卦之風：「乾

❶「季」上，正平本有「今」字。

音石，其風不周。坎音革，其風廣莫。艮音匏，其風融。震音竹，其風明庶。巽音木，其風清明。離音絲，其風景。坤音土，其風涼。兑音金，其風閶闔。」又《易緯·通卦驗》云：「立春調風至，春分明庶風至，夏清明風至，❶夏至景風至，立秋涼風至，秋分閶闔風至，立冬不周風至，冬至廣莫風至。」是則天子之舞，所以節八音而行八風，故八佾也。云「魯以周公之故受王者禮樂，有八佾之舞」者，此釋季氏所以得僭之由，由魯得用之也。案《禮記·祭統》云：「昔者，周公旦有勳勞於天下，成王、康王賜之以重祭，朱干玉戚以舞《大武》，八佾以舞《大夏》。此天子之樂也，重周公，❷故以賜魯。」又《明堂位》曰：「命魯公世世祀周公以天子之禮樂。」是受王者禮樂也。然王者禮樂唯得於文王、周公廟用之，若用之他廟，亦爲僭也，故昭二十五年《公羊傳》稱昭公謂子家駒曰：「吾何僭哉？」答曰：「朱干玉戚以舞《大夏》，八佾以舞《大武》，❸此皆天子之禮也。」是昭公之時，僭用他廟也。云「季桓子僭，於家廟舞之，故孔子譏之」者，案《經》但云季氏，知是桓子者，以孔子與桓子同時，親見其事而譏之，故知桓子也。何休云：「僭，齊也，下效上之辭。」季氏，陪臣也，而效君於上，故云僭也。大夫稱家。《祭法》：「大夫三廟。」此《經》又言「於庭」。魯之用樂，見於經傳者，皆據廟中祭祀時，知此亦僭於其家廟舞之，故孔子譏之也。【釋】佾音逸。僭，子念反。

三家者以《雍》徹。馬曰：「三家，❹謂仲孫、叔孫、季孫。《雍》，《周頌·臣工》篇名。天子祭於宗廟，歌之以徹祭。今三家亦作此樂。」❺【釋】雍，於容反。徹，直列反，本亦作「撤」。子曰：「『相維辟公，天子穆穆』，奚取於三家之堂？」包曰：「辟公，謂諸侯及二王之後。穆穆，天子之容貌。《雍》篇歌此者，有諸侯及二王之後來助祭故也。今三家但家臣而已，何取此義而作之於堂邪？」【疏】「三家」至「之堂」 正義曰：此章譏三家之僭也。「三家者以《雍》徹」者，此弟子之言，將論夫子所譏之語，故先設此文以爲首引。三家謂仲孫、叔孫、季孫。《雍》，《周頌·臣工》篇名。天子祭於宗廟，歌之以徹祭。今三家亦作此樂以徹祭，故夫子譏之。「子曰相維辟

❶「夏」上，阮本有「立」字。
❷「重」，今本《祭統》作「康」。
❸「大夏」「大武」，《祭統》作「大武」「大夏」。
❹「家」下，正平本有「者」字。
❺「樂」下，正平本有「者也」二字。

公，天子穆穆，奚取於三家之堂」者，此夫子所譏之語也。先引《詩》文，後言其不可取之理也。「相維辟公，天子穆穆」者，此《雍》詩之文也。相，助也。維，辭也。辟公謂諸侯及二王之後。穆穆，天子之容貌。《雍》篇歌此者，有諸侯及二王之後來助祭故也。今三家但家臣而已，何取此義而作之於堂乎？　注「馬曰」至「此樂」　正義曰：三孫同是魯桓公之後。桓公適子莊公爲君，庶子公子慶父、公子叔牙、公子季友。仲孫是慶父之後，叔孫是叔牙之後，季孫是季友之後。其後子孫皆以其仲、叔、季爲氏，故有此氏。並是桓公子孫，故俱稱孫也。至仲孫氏後世改仲曰孟。孟者，庶長之稱也。言己是庶，不敢與莊公爲伯仲叔季之次，故取庶長爲始也。云「《雍》，《周頌·臣工》篇名」者，即《周頌·臣工之什》第七篇也。云「天子祭於宗廟，歌之以徹祭」者，❶按，《周禮·樂師》云：「及徹，帥學士而歌徹。」鄭玄云：「徹者歌《雍》。」又《小師》云「徹歌」，鄭云：「於有司徹而歌《雍》。」是知天子祭於宗廟，歌之以徹祭也。今三家亦作此樂，故夫子譏之也。　注「包曰」至「堂邪」　正義曰：云「辟公謂諸侯及二王之後」者，此與《毛傳》同。鄭玄以「辟爲卿士，公謂諸侯」爲異，餘亦同也。云「穆穆，天子之容貌」者，《曲禮》云「天子穆穆」。《爾雅·釋詁》云「穆穆，美也」。是天子之容貌穆穆然美也。云「《雍》篇歌此者，有諸侯及二王之後來助祭故也」者，將言無諸侯及二王之後助祭則不可歌也。云「今三家但家臣而已，何取此義而作之於堂邪」者，卿大夫稱家。家臣謂家相邑宰之屬來助祭耳，何取此《雍》詩之義而奏作於堂邪？邪，語辭。魯用天子禮樂而以《雍》徹，❷由是三家僭之也。【釋】相，息亮反。辟，必亦反，君也，注同。

子曰：「人而不仁，如禮何？人而不仁，如樂何？」包曰：「言人而不仁，必不能行禮樂。」【疏】「子曰」至「樂何」　正義曰：此章言禮樂資仁而行也。「人而不仁，如禮何？人而不仁，如樂何」者，如，奈也。言人而不仁，奈此禮樂何，謂必不能行禮樂也。

林放問禮之本。鄭曰：「林放，魯人。」子曰：「大哉問。禮，與其奢也，寧儉。喪，與其易也，寧戚。」包曰：「易，和易也。言禮之本意，失於奢，不如儉。喪失於和易，不如哀戚。」【疏】「林放」至

❶「云」字，阮本無。
❷「而」字，阮本無。

「寧戚」 正義曰：此章明禮之本意也。「林放問禮之本」者，林放，魯人也。問於夫子：「禮之本意如何？」「子曰大哉問」者，夫子將答禮本，先嘆美之也。禮之末節，人尚不知，林放能問其本，其意非小，故曰大哉問也。「禮，與其奢也，寧儉。喪，與其易也，寧戚」，❶此夫子所答禮本也。奢，汰侈也。儉，約省也。易，和易也。戚，哀戚也。與猶等也。奢與儉、易與戚等，俱不合禮，但禮不欲失於奢，寧失於儉；喪不欲失於易，寧失於戚。言禮之本意，禮失於奢，不如儉，喪失於和易，不如哀戚。【釋】易，以豉反，注同。鄭云：「簡。」戚，千歷反。

子曰：「夷狄之有君，不如諸夏之亡也。」包曰：「諸夏，中國。亡，無也。」【疏】「子曰」至「亡也」 正義曰：此章言中國禮義之盛而夷狄無也。舉夷狄則戎蠻可知。諸夏，中國也。亡，無也。言夷狄雖有君長而無禮義，中國雖偶無君，若周召共和之年，而禮義不廢，故曰「夷狄之有君，不如諸夏之亡也」。 注「包曰諸夏，中國」 正義曰：此及閔元年《左氏傳》皆言諸夏。襄四年《左傳》：「魏絳云：『諸華必叛。』」❷華、夏皆謂中國也。中國而謂之華夏者，❸夏，大也，言有禮義之大，❹有文章之華也。

季氏旅於太山。❺子謂冉有曰：「女弗能救與？」❻馬曰：「旅，祭名也。禮，諸侯祭山川在其封内者。今陪臣祭泰山，非禮也。冉有，弟子冉求，時仕於季氏。救猶止也。」【釋】旅音呂。與音餘。對曰：「不能。」子曰：「嗚呼。曾謂泰山不如林放乎？」包曰：「神不享非禮。林放尚知問禮，❼泰山之神反不如林放邪？欲誣而祭之。」【疏】「季氏」至「放乎」 正義曰：此章譏季氏非禮祭泰山也。「季氏旅於泰山」者，旅，祭名也。禮，諸侯祭山川在其封内者。今陪臣祭泰山，非禮也。「子謂冉有曰女弗能救與」者，冉有，弟子冉求，時仕於季氏。救猶止也。夫子見季氏非禮而祭泰山，

❶「戚」下，阮本有「者」字。
❷「華」，阮本誤「夷」。
❸「中國」二字，阮本無。
❹「義」，阮本作「儀」。
❺「太」，正平本、阮本作「泰」，註文亦作「泰」。
❻「弗」，正平本作「不」，疏文亦作「弗」。
❼「問」字，阮本無。

故以言。謂弟子冉有曰：「汝既臣於季氏，知其非禮，即合諫止，汝豈不能諫止與？」與，語辭。「對曰不能」者，言季氏僭濫，已不能諫止也。「子曰嗚呼。曾謂泰山不如林放乎」者，孔子歎其失禮，故曰「嗚呼」。「曾」之言「則」也。夫神不享非禮，林放尚知問禮，況泰山之神豈反不如林放乎？而季氏欲誣罔而祭之也。言泰山之神必不享季氏之祭。若其享之，則是不如林放也。　注「馬曰」至「止也」

正義曰：云「旅，祭名」者，《周禮·大宗伯職》云：「國有大故，則旅上帝及四望。」鄭注云：「故，謂凶烖。旅，陳也，陳其祭事以祈焉，禮不如祀之備也。」故知「旅，祭名」也。云「禮，諸侯祭山川在其封内者，」《王制》云「諸侯祭名山大川之在其地者」是也。云「今陪臣祭泰山，非禮也」者，陪，重也，諸侯既爲天子之臣，故謂諸侯之臣爲陪臣。泰山在魯封内，故魯得祭之。今季氏亦祭，故云非禮。云「冉有，弟子冉求」者，《史記·弟子傳》云：「冉求，字子有，少孔子二十九歲。」鄭玄曰：「魯人。」【釋】「嗚呼」，本或作「烏乎」，音同。曾，則登反，則也。享，許丈反。

子曰：「君子無所爭，必也射乎。孔曰：「言於射而後有爭。」【釋】爭，責行反，❶注同，絕句。鄭讀以「必也」絕句。**揖讓而升，下而飲，**王曰：「射於堂，升及下皆揖讓而相飲。」【釋】「揖讓而升下」絕句，鄭注《詩·賓之初筵》引此則云：「下而飲。」飲，王於鴆反，注同，又如字。**其爭也君子。」**馬曰：「多筭飲少筭，君子之所爭。」【疏】「子曰」至「君子」　正義曰：此章言射禮有君子之風也。「君子無所爭」者，言君子之人謙卑自牧，無所競爭也。「必也射乎」者，君子雖於他事無爭，其或有爭，必也於射禮乎。言於射而後有爭也。「揖讓而升，下而飲」者，射禮於堂，將射升堂，及射畢而下，勝飲不勝，其耦皆以禮相揖讓也。「其爭也君子」者，射者爭中正鵠而已，不同小人厲色攘臂，❷故曰「其爭也君子」。　注「孔曰言於射而後有爭」　正義曰：鄭注《射義》云：「飲射爵者亦揖讓而升降。勝者袒決遂，❸執張弓。不勝者襲，說決拾，卻左手，右加弛弓於其上而升飲。君子恥之，是以射則爭中。」是於射而後有爭。　注「王曰」至「相飲」　正義曰：云「射於堂，升及下皆揖讓而相飲」者，《儀禮·大射》云：

---

❶「行」，元本作「衡」。
❷「攘」，阮本作「援」。
❸「决」，原作「袂」，據阮本改。

「耦進，上射在左，並行，當階北面揖，及階揖，升堂揖，皆當其物，北面揖，及物揖。射畢，北面揖，揖如升射。」是射時升降揖讓也。《大射》又云：「飲射爵之時，勝者皆袒、決、遂，執張弓，不勝者皆襲，說決、拾，卻左手，右加弛弓於其上，遂以執弣，揖如始升射。及階，勝者先升，升堂少右，不勝者進，北面坐取豐上之觶，立卒觶，坐奠於豐下。興，揖。不勝者先降。」是飲射爵之時揖讓升降也。　注「馬曰多」至「所爭」　正義曰：云「多筭飲少筭」者，筭，籌也。《鄉射記》曰：「箭籌八十，長尺有握，握素。」是也。多筭謂勝者，少筭謂不勝者。勝飲不勝，而相揖讓，故曰「君子之所爭」也。

【釋】筭，悉亂反，籌也，本亦作「笇」。

子夏問曰：「『巧笑倩兮，美目盼兮，❶素以爲絢兮』，何謂也？」馬曰：「倩，笑貌。盼，動目貌。絢，文貌。此上二句在《衛風·碩人》之二章，其下一句逸也。」【釋】倩，七練反。盼，普莧反，《字林》云「美目也」，又疋簡反，又匹莧反。絢，呼縣反，鄭云：「文成章曰絢。」子曰：「繪事後素。」鄭曰：「繪，畫文也。凡繪畫，❷先布衆色，然後以素分布其間，❸以成其文。喻美女雖有倩盼美質，亦須禮以成之也。」【釋】繪，胡對反，本又作「繢」，同。喻如字，又夷住反。曰：「禮後乎？」孔曰：「孔子言『繪事後素』，子夏聞而解，知以素喻禮，故曰『禮後乎』。」【釋】解音蟹。子曰：「起予者商也，始可與言《詩》已矣。」包曰：「予，我也。孔子言子夏能發明我意，可與共言《詩》。」❹【疏】「子夏」至「詩已矣」　正義曰：此章言成人須禮也。「子夏問曰：巧笑倩兮，美目盼兮，素以爲絢兮，何謂也」者，倩，笑貌。盼，動目貌。絢，文貌。此《衛風·碩人》之篇，閔莊姜美而不見答之詩也。言莊姜既有巧笑美目倩盼之容，又能以禮成文絢然。素喻禮也。子夏讀《詩》至此三句，不達其旨，故問夫子：「何謂也？」「子曰繪事後素」者，孔子舉喻以答子夏也。繪，畫文也。凡繪畫，先布衆色，然後以素分布其間，以成其文，喻美女雖有倩盼美質，亦須禮以成之也。「曰禮後乎」者，此子夏語。子夏聞孔子言「繪事後素」，即解其旨，知以素喻禮，故曰「禮後乎」。「子曰起予者商也，始可

❶ 「盼」，阮本作「盻」，後注與疏同。
❷ 「繪畫」，正平本作「畫繪」。
❸ 「布」字，正平本無。
❹ 「詩」下，正平本有「已矣」二字。

與言《詩》已矣」者，起，發也。予，我也。商，子夏名。孔子言能發明我意者，是子夏也，始可與共言《詩》也。　注「馬曰」至「逸也」　正義曰：云「此上二句在《衛風·碩人》之二章」者，案，今《毛詩·碩人》四章，章七句。其二章曰「手如柔荑，膚如凝脂，領如蝤蠐，齒如瓠犀，螓首蛾眉。巧笑倩兮，美目盼兮」是也。云「其下一句逸」者，今《毛詩》無此一句，故曰「逸」，言亡逸也。　注「鄭曰」至「成之」　正義曰：案，《考工記》云：「畫繢之事，雜五色。」下云「畫繢之事，後素功」，是知凡繪畫先布衆色，然後以素分布其間，以成其文章也。

子曰：「夏禮，吾能言之，杞不足徵也。❶殷禮，吾能言之，宋不足徵也。包曰：「徵，成也。杞、宋，二國名，夏、殷之後。夏、殷之禮，吾能說之，杞、宋之君不足以成也。」❷文獻不足故也。足，則吾能徵之矣。」鄭曰：「獻猶賢也。我不以禮成之者，❸以此二國之君文章賢才不足故也。」【疏】「子曰」至「徵之矣」

正義曰：此章言夏、商之後不能行先王之禮也。「夏禮，吾能言之，杞不足徵也。殷禮，吾能言之，❹宋不足徵也」者，徵，成也。杞、宋，二國名，❺夏、殷之後也。孔子言夏、殷之禮，吾能說之，但以杞、宋之君闇弱，不足以成之也。「文獻不足故也。足，則吾能徵之矣」者，此又言不足徵之意。獻，賢也。孔子言我不以禮成之者，以此二國之君文章賢才不足故也。　注「包曰」至「成也」　正義曰：「徵，成」，《釋詁》文。❻云「杞、宋，二國名，夏殷之後」者，《樂記》云「武王克殷，下車而封夏后氏之後於杞，封殷之後於宋」是也。❼

子曰：「禘自既灌而往者，吾不欲觀之矣。」孔曰：「禘、祫之禮，爲序昭穆，故毁廟之主及群廟之主皆合食於太祖。灌者，酌鬱鬯灌於太祖，以降神也。既灌之後，列尊卑，❽序昭穆。而魯逆祀，躋僖公，亂昭穆，故

❶「也」字，正平本無。
❷「成」下，正平本有「之」字。
❸「我」下，正平本有「能」字，「以」下，正平本有「其」字。
❹「吾能」二字，阮本奪。
❺「名」，阮本誤「言」。
❻「徵成釋詁文」，今本《釋詁》無此文。
❼「封」，今本《樂记》作「投」。
❽「列」，正平本作「別」。

不欲觀之矣。」　【疏】「子曰禘」至「觀之矣」　正義曰：此章言魯禘祭非禮之事。　禘者，三年大祭之名。❶　灌者，將祭，酌鬱鬯於太祖，以降神也。　既灌之後，列尊卑，序昭穆，而魯逆祀，躋僖公，亂昭穆，故孔子曰：「禘祭自既灌已往，吾則不欲觀之也。」　注「孔曰」至「觀之」　正義曰：云「禘、祫之禮，爲序昭穆，故毁廟之主及群廟之主皆合食於太祖」者，❷鄭玄曰：「魯禮，三年喪畢，而祫於太祖。　明年春，禘於群廟。　自尔之後，五年而再殷祭，以遠主初始。　入祧，新死之主又當與先君相接，故禮因是而爲大祭，以審序昭穆，故謂之禘。　禘者，諦也，言使昭穆之次審諦而不亂也。」祫者，合也。　文二年《公羊傳》曰「大祫者何？　合祭也。　其合祭奈何？　毁廟之主陳于太祖，未毁廟之主皆升合食於太祖」是也。　云「灌者，酌鬱鬯灌於太祖以降神」者，《郊特牲》云：「周人尚臭，灌用鬯臭，鬱合鬯，臭陰達於淵泉，灌以圭璋，用玉氣也。　既灌，然後迎牲，致陰氣也。」鄭注云：「灌謂以圭瓚酌鬯，始獻神也。」　鬱，鬱金草，釀秬爲酒，煮鬱金草和之，其氣芬芳調暢，故曰鬱鬯。　言未殺牲，先酌鬱鬯酒灌地，以求神於太祖廟也。　云「既灌之後，列尊卑，序昭穆」者，言既灌地降神之後，始列木主，以尊卑陳列太祖前。　太祖東鄉，昭南鄉，穆北鄉。　其餘孫從王父，父曰昭，子曰穆。　昭取其鄉明，穆取其北面尚敬。　三年一祫，五年一禘，禘所以異於祫者，毁廟之主陳於太祖，與祫同；未毁廟之主，則各就其廟而祭也。　云「而魯逆祀，躋僖公，亂昭穆，故不欲觀之」者，《春秋》：「文二年秋八月丁卯，大事于太廟，躋僖公。」《公羊傳》曰：「躋者何？　升也。　何言乎升僖公？　譏。　何譏爾？　逆祀也。」何休云：「升謂西上。　禮，昭穆，指父子。　近取法《春秋》，惠公與莊公當同南面西上，隱、桓與閔、僖亦當同北面西上，繼閔者在下。　文公緣僖公於閔公爲庶兄，置僖公於閔公上，失先後之義，故譏之。」是知當閔在僖上。　今升僖先閔，故云逆祀。　二公位次之逆，非昭穆亂也。　此注云「亂昭穆」，及《魯語》云「將躋僖公，宗有司曰：『非昭穆也。』弗忌曰：『我爲宗伯，明者爲昭，其次爲穆，何常之有？』」如彼所言，又似閔、僖異昭穆者，位次之逆，如昭穆之亂，假昭穆以言之，非謂異昭穆也。　若兄弟相代，即異昭穆，設令兄弟四人皆立爲君，❸則祖父之廟即

❶ 「三」，阮本作「五」，疏亦作「五」。

❷ 「祖」，原作「廟」，據阮本改。

❸ 「令」，阮本作「今」。

已從毀，知其理必不然，故先儒無作此說。以此逆祀失禮，故孔子不欲觀之矣。❶【釋】禘，大計反，又祭也。灌，古亂反。祫，戶夾反。爲，于僞反，注同。昭，常遥反，《說文》作「佋」，下同。鬯，勑亮反，本亦作「鬯」。❷躋，子兮反。

或問禘之說。子曰：「不知也。孔曰：「答以不知者，爲魯諱。」❸知其說者之於天下也，其如示諸斯乎。」指其掌。包曰：「孔子謂或人，言知禘禮之說者，於天下之事，如指示掌中之物，❹言其易了。」

【疏】「或問」至「其掌」　正義曰：此章言諱國惡之禮也。「或問禘之說」者，或人問孔子：「禘祭之禮，其說如何？」❺「子曰不知也」者，孔子答，言不知禘禮之說。答以不知者，爲魯諱。諱國惡，禮也。若其說之，當云「禘之禮，序昭穆」。時魯躋僖公，亂昭穆，說之則彰國之惡，故但言不知也。「知其說者之於天下也，其如示諸斯乎也」者，❻諸，於也。斯，此也。孔子既答或人以不知禘禮之說，若不更說，恐或人以己爲實不知，❼無以明其諱國惡，且恐後世以爲，禘祭之禮，聖人不知，而致廢絶，故更爲或人言此也。❽言我知禘禮之說者，❾於天下之事中，❿其如指示於此掌中之物。言其易了也。「指其掌」者，此句弟子作《論語》時言也。當時孔子舉一手伸掌，以一手指之，以示或人，曰：「其如示諸斯乎。」弟子等恐人不知示諸斯謂指示何等物，故着此一句，言是時夫子指其掌也。【釋】易，以豉反。

祭如在，孔曰：「言事死如事生。」祭神如神在。孔曰：「謂祭百神。」子曰：「吾不與祭，如不祭。」包曰：「孔子或出或病，而不自親祭，使攝者爲之，不致肅敬於心，⓫與不祭同。」

【疏】「祭如在」至「不祭」　正義曰：此章言孔子重祭禮。「祭如在」者，謂祭宗廟必致其敬，如其親存，言事死如事生也。「祭神如神在」者，謂祭百

---

❶「矣」，阮本作「也」。
❷兩「鬯」字重複，必有誤。
❸「魯」下，正平本有「君」字。
❹「掌」上，正平本有「以」字。
❺「如何」，阮本作「何如」。
❻「也」字，阮本云衍，是。
❼「己爲」，阮本作「爲己」。
❽「故」字，阮本無。
❾「我」，阮校疑「若」。
❿「中」，阮校疑衍。
⓫「肅」字，正平本無。

神亦如神之存在而致敬也。「子曰吾不與祭，如不祭」者，孔子言我若親行祭事，則必致其恭敬。我或出或病而不自親祭，使人攝代己爲之，不致肅敬於心，與不祭同。 注「謂祭百神」 正義曰：百神謂宗廟之外皆是。言百神，舉成數。【釋】不與，音預。

王孫賈問曰：「與其媚於奧，寧媚於竈，何謂也？」孔曰：「王孫賈，衛大夫。奧，内也，奧以喻近臣。❶竈以喻執政。賈，❷執政者，欲使孔子求昵之，微以世俗之言感動之。❸【釋】媚，美記反。奧，烏報反。鄭云：「西南隅。」昵，女乙反，亦作「暱」。 子曰：「不然。獲罪於天，無所禱也。」孔曰：「天以喻君。孔子拒之曰：『如獲罪於天，無所禱於衆神也。』」【疏】「王孫」至「禱也」 正義曰：此章言夫子守禮，不求媚於人也。「王孫賈」者，衛執政大夫也。「問曰與其媚於奧，寧媚於竈，何謂也」者，媚，趨向也。奧，内也，謂室内西南隅也，以其隱奧，故尊者居之。其處雖尊，而閒靜無事，以喻近臣雖尊，不執政柄，無益於人也。竈者，飯食之所由，雖處卑褻，爲家之急用，以喻國之執政者，位雖卑下，而執賞罰之柄，有益於人也。此二句，世俗之言也。言與其趨於閒靜之奧，❹寧若趨於急用之竈，以喻與其求於無事之近臣，❺寧若求於用權之執政。王孫賈時執國政，舉此二句，❻佯若不達其理，問於孔子曰：「何謂也？」欲使孔子求媚親昵於己，故微以世俗之言感動之也。「子曰不然。獲罪於天，無所禱也」者，孔子拒賈之辭也。然，如此也。言我則不如世俗之言也。天以喻君。獲猶得也。我道之行否，由於時君，無求於衆臣，如得罪於天，無所禱於衆神。【釋】禱，丁老反，音都報反。

子曰：「周監於二代，郁郁乎文哉。吾從周。」孔曰：「監，視也。言周文章備於二代，當從之。」❼【疏】「子曰」至「從周」 正義曰：此章言周之禮文

❶「奧」字，正平本、阮本無。
❷「賈」下，正平本有「者」字。
❸「微」上，正平本有「欲」字。
❹「奧」，阮本誤「處」。
❺「與」字，阮本無。
❻「此」，阮本誤「於」。
❼「之」，正平本作「周也」。

獨備也。❶「周監於二代，郁郁乎文哉」者，監，視也。二代謂夏、商。郁郁，文章貌。言以今周代之禮法文章，迴視夏、商二代，則周代郁郁乎有文章哉。「吾從周」者，言周之文章備於二代，故從而行之也。【釋】監，古暫反，觀也。郁，於六反。

子入太廟，包曰：「太廟，周公廟。孔子仕魯，魯祭周公而助祭也。」每事問。或曰：「孰謂鄹人之子知禮乎？入太廟，每事問。」孔曰：「鄹，孔子父叔梁紇所治邑。時人多言孔子知禮，或人以爲知禮者不當復問也。」【釋】鄹，側留反。紇，恨没反，又恨發反。復，扶又反。子聞之，曰：「是禮也。」孔曰：「雖知之，當復問，慎之至也。」【疏】「子入」至「禮也」 正義曰：此章言夫子慎禮也。「子入太廟」者，子謂孔子。太廟，周公廟。孔子仕魯，魯祭周公而助祭，故得入之也。「每事問」者，言太廟之中禮器之屬，每事輒問於令長也。「或曰孰謂鄹人之子知禮乎？入太廟，每事問」者，孰，誰也。鄹人，魯鄹邑大夫，孔子父叔梁紇也。或有人曰：「誰謂鄹大夫之子知禮者？」以時人多言孔子知禮，❷或人以爲知禮者不當復問，何爲入太廟而每事問乎？意以爲孔子不知禮。「子聞之，曰是禮也」者，孔子聞或人之譏，乃言其問之意。以宗廟之禮，當須重慎，不可輕言，雖已知之，當更復問，慎之至也。注「包曰」至「助祭也」 正義曰：云「太廟，周公廟」者，文十三年《公羊傳》曰：「周公稱太廟，魯公稱世室，群公稱宫。」故知「太廟，周公廟」也。云「孔子仕魯」者，《史記·孔子世家》云：「孔子貧且賤。及長，嘗爲季氏吏，料量平。嘗爲司職吏而畜蕃息。由是爲司空。其後定公以孔子爲中都宰，一年，四方皆則之。由中都宰爲司空，由司空爲大司寇，攝相事。」是仕魯，由是故得與助祭也。注「孔曰」至「復問」 正義曰：云「鄹，孔子父叔梁紇所治邑」者，古謂大夫守邑者，以邑冠之，呼爲某人。孔子父，鄹邑大夫，《左傳》稱「鄹人紇」，故此謂孔子爲鄹人之子也。《左傳》成二年云：「新築人仲叔于奚。」杜注云：「于奚，守新築大夫。」即此類也。

子曰：「射不主皮，馬曰：「射有五善焉、一曰和，志體和。二曰和容，有容儀。三曰主皮，能中質。四曰

❶「獨」，阮本作「猶」。

❷「以」，阮本作「也」，從上句。

和頌，合《雅》、《頌》。五曰興武，❶與舞同。天子三侯，❷以熊、虎、豹皮爲之。言射者不但以中皮爲善，亦兼取和容也。」【釋】中，丁仲反，下及注同。爲力不同科，古之道也。」馬曰：「爲力，力役之事。❸亦有上中下，設三科焉，故曰不同科。」【疏】「子曰」至「道也」 正義曰：此章明古禮也。「射不主皮」者，言古者射禮，張布爲侯，而棲熊虎豹之皮於節而射之。❹射有五善焉，不但以中皮爲善，亦兼取禮樂容節也。周衰禮廢，射者無復禮容，但以主皮爲善，故孔子抑之，云：「古之射者不主皮也。」「爲力不同科」者，言古者爲力役之事，亦有上中下，設三科焉。周衰政失，力役之事，貧富兼并，强弱無別，而同爲一科，故孔子非之，云：「古之爲力役，不如今同科也。」「古之道也」者，結上二事，皆前古所行之事也。❺ 注「馬曰」至「和容也」 正義曰：云「射有五善焉」者，言射禮有五種之善，下所引是也。云「一曰和」至「五曰興舞」，皆《周禮·鄉大夫職》文也。云「志體和」至「與舞同」，皆馬融解義語。案，彼云「退而以鄉射之禮五物詢衆庶：一曰和，二曰容，三曰主皮，四曰和容，五曰興舞。」注云「以，用也。行鄉射之禮，而以五物詢於衆民。鄭司農云：『詢，謀也。問於衆庶，寧復有賢能者。和，謂閨門之内行也。容，謂容貌也。主皮，謂善射。射所以觀士也。故書「舞」爲「無」。』杜子春讀『和容』爲『和頌』，謂能爲樂也。『無』讀为『舞』，謂能爲六舞。玄謂和載六德，容包六行也。庶民無射禮，因田獵分禽則有主皮。主皮者，❻張皮射之，無侯也。主皮、和容、興舞，則六藝之射與禮樂興」是也。❼今此注「二曰和容」，衍「和」字。「五曰興武」，「武」當爲「舞」，聲之誤也。云「天子三侯，以熊、虎、豹皮爲之」者，《周禮·天官·司裘職》云：「王大射，則共虎侯、熊侯、豹侯，設其鵠。諸侯則共熊侯、豹侯，卿、大夫則共麋侯，皆設其鵠。」注云：「大射者，爲祭祀射。王將有郊廟之事，❽以射擇諸侯及群臣與邦國所貢之士可以與祭者。射者可以觀德行，其容體比於禮，其節

❶「武」，正平本作「儛」。
❷「三」上，正平本有「有」字。
❸「力」上，正平本有「爲」字。
❹「節」，阮本作「中」。
❺「事」，阮本作「道」。
❻「主皮」二字，阮本奪。
❼「禮樂興」，阮本作「禮與樂」。
❽「王」，阮本作「主」。

比於樂，而中多者得與於祭。諸侯，謂三公及王子弟封於畿内者。卿、大夫亦皆有采地焉。其将祀其先祖，亦與群臣射以擇之。凡大射各於其射宫。侯者，其所射也，以虎、熊、豹、麋之皮飾其側，又方制之以爲章，謂之鵠，著於侯中，所謂皮侯。王之大射，虎侯，王所自射也；熊侯，諸侯所射；豹侯，卿、大夫以下所射。諸侯之大射，熊侯，諸侯所自射；豹侯，群臣所射。卿、大夫之大射，麋侯，君臣共射焉。凡此侯道，虎九十弓，熊七十弓，豹麋五十弓。列國之諸侯大射，大侯亦九十，參七十，干五十，遠尊得伸可同耳。所射正謂之侯者，天子中之則能伏諸侯，❶諸侯以下中之則得爲諸侯。鄭司農云：『鵠，鵠毛也。方十尺曰侯，四尺曰鵠，二尺曰正，四寸曰質。』玄謂侯中之大小，取數於侯道。《鄉射記》曰：『弓二寸以爲侯中。』則九十弓者，侯中廣丈八尺；七十弓者，侯中廣丈四尺；五十弓者，侯中廣一丈。尊卑異等，此數明矣。《考工記》曰：『梓人爲侯，廣與崇方，參分其廣而鵠居一焉。』然則侯中丈八尺者鵠方六尺，侯中丈四尺者鵠方四尺六寸大半寸，侯中一丈者鵠方三尺三寸少半寸。謂之鵠者，取名於鳱鵠，鳱鵠小鳥而難中，是以中之爲雋。亦取鵠之言較，較者，直也。射所以直己志。用虎、熊、豹、麋之皮，示服猛討迷惑者。❷射者大禮，故取義衆也。士不大射，❸士無臣，祭無所擇也。」

子貢欲去告朔之餼羊。鄭曰：「牲生曰餼。禮，人君每月告朔於廟，有祭，謂之朝享。魯自文公始不視朔。❹子貢見其禮廢，故欲去其羊。」【釋】去，起呂反，注同。告，古篤反。餼，許氣反。朝，直遥反，又張遙反。 子曰：「賜也，爾愛其羊，❺我愛其禮。」包曰：「羊存猶以識其禮，❻羊亡禮遂廢。」

【疏】「子貢」至「其禮」 正義曰：此章言孔子不欲廢禮也。「子貢欲去告朔之餼羊」者，牲生曰餼。禮，人君每月告朔於廟，因有祭，謂之朝享。魯自文公怠於政禮，始不視朔，廢朝享之祭。有司仍供備其羊。子貢見其禮廢，故欲並去其羊也。「子曰賜也，爾愛其羊，我愛其禮」者，此孔子不許子貢之欲去羊，故呼其名而謂之

❶「伏」，阮本作「服」。
❷「惑」上，阮本有「士」字。
❸「士」字，阮本無。
❹「朔」，原作「用」，據阮本改。
❺「爾」，正平本作「汝」。
❻「以」上，正平本有「所」字。

曰：「賜也，爾以爲既廢其禮，虛費其羊，故欲去之，是愛其羊也。我以爲羊存猶以識其禮，羊亡禮遂廢，所以不去其羊，欲使後世見此告朔之羊，知有告朔之禮，庶幾復行之，❶是愛其禮也。」　注「鄭曰」至「其羊」　正義曰：云「牲生曰餼」者，僖三十三年《左傳》曰：「餼牽竭矣。」「餼」與「牽」相對，「牽」是牲，可牽行，則「餼」是已殺，殺又非熟，故解者以爲「腥曰餼」謂生肉未煮者也。其實「餼」亦是生。哀二十四年《左傳》云：「晉師乃還。餼臧石牛。」是以生牛賜之也。此及《聘禮》注皆云「牲生曰餼」，由不與「牽」相對，故爲生也。云「禮，每月告朔於廟，❷有祭，謂之朝享」者，案，《周禮》：「太史頒告朔于邦國。」鄭玄云：「天子頒朔于諸侯，諸侯藏之祖廟，至朔朝于廟，告而受行之。」此云子貢欲去告朔之餼羊，是用牲羊告於廟，❸謂之告朔，人君即以此日聽視此朔之政，謂之視朔。文十六年「公四不視朔」，僖五年《傳》曰「公既視朔」是也。視朔者，聽治此月之政，亦謂之聽朔。《玉藻》云「天子聽朔於南門之外」是也。其日又以禮祭於宗廟，謂之朝廟，《周禮》謂之朝享。《司尊彝》云「追享朝享」是也。其歲首爲之，則謂之朝正。襄二十九年正月，公在楚，《傳》曰「釋不朝正于廟」是也。告朔、視朔、聽朔，朝廟、朝享、朝正，❹二禮各有三名。同日而爲之也。必於月朔爲此告朔、聽朔之禮者，杜預《春秋釋例》曰：「人君者，設官分職，以爲民極，遠細事以全委任之責，縱諸下以盡知力之用，揔成敗以效能否，執八柄以明誅賞，故自非機事，皆委任焉。❺誠信足以相感，事實盡而不擁，故受位居職者思效忠善，日夜自進而無所顧忌也。天下之細事無數，一日二日萬端，人君之明有所不照，人君之力有所不堪，則不得不借問近習，有時而用之。如此，則六鄉六遂之長，雖躬履此事，躬造此官，當皆移聽於內宮，❻廻心於左右。❼政之粃纇，❽常必由此。聖人知其不可，故簡其節，敬其事，因月朔朝廟，遷坐正位，會群吏而聽大政，考其所行而

---

❶「幾」，阮本作「或」。
❷「每」上，據上注文脫「人君」二字。
❸「牲」，阮本作「生」。
❹「享」上，阮本奪「朝」字。
❺「任」，原作「心」，據阮本改。
❻「宮」，阮本作「官」。
❼「廻」，阮本作「同」。
❽「纇」，阮本作「亂」。

決其煩疑，非徒議將然也。乃所以考已然，又惡其密聽之亂公也，❶故顯衆以斷之。是以上下交泰，官人以理，萬民以察，天下以治也。每月之朔，必朝於廟，因聽政事。事敬而禮成，故告以特羊。❷然則朝廟、朝正、告朔、視朔皆同日之事，所從言異耳。」是言聽朔朝廟之義也。《玉藻》說天子朝廟之禮云：「聽朔於南門之外。諸侯皮弁，聽朔於太廟。」鄭玄以爲明堂在國之陽。南門之外，謂明堂也。諸侯告朔以特羊，則天子以特牛與？天子用特牛告其帝及其神，配以文王、武王。諸侯用特羊告太祖而已。杜預以明堂與祖廟爲一，但明堂是祭天之處。天子告朔，雖杜之義，亦應告上帝。❸朝享即月祭是也。《祭法》云：「王立七廟，❹曰考廟、王考廟、皇考廟，顯考廟、祖考廟，❺皆月祭之；二祧，享嘗乃止。諸侯立五廟，曰考廟、王考廟、皇考廟，皆月祭之；顯考廟、祖考廟，享嘗乃止。」然則天子告朔於明堂，朝享於五廟；諸侯告朔於太廟，朝享自皇考以下三廟耳。皆先告朔，後朝廟，朝廟小於告朔。文公廢其大而行其小，故《春秋》文公六年《經》云「閏月不告朔，猶朝于廟」。《公羊傳》曰：「猶者，可止之辭也。」天子玄冕以視朔，皮弁以日視朝；諸侯皮弁以聽朔，朝服以日視朝。其閏月則聽朔於明堂，闔門左扉，立於其中，聽政於路寢門，終月。故於文，王在門爲閏。云「魯自文公始不視朔」者，即文公六年「閏月不告朔」是也。

子曰：「事君盡禮，人以爲諂也。」孔曰：「時事君者多無禮，故以有禮者爲諂。」【疏】「子曰」至「諂也」正義曰：此章疾時臣事君多無禮也。言若有人事君盡其臣禮，謂「將順其美」及「善則稱君」之類，而無禮之人反以爲諂佞也。【釋】盡，津忍反。諂，勑亮反。❻

定公問：「君使臣，臣事君，如之何？」孔曰：「定公，魯君謚。時臣失禮，定公患之，故問之。」❼

孔子對曰：「君使臣以禮，臣事君以忠。」

【疏】「定公問」至「君以忠」正義曰：此章明君臣之禮也。

❶「密」，阮本作「審」。
❷「故告以」，阮本作「以故告」。
❸「上」，阮本誤「人」。
❹「廟」下，阮本衍「祖廟」二字。
❺「祖考廟」三字，阮本奪。
❻「亮」，元本作「撿」。
❼「之」，正平本作「也」。

「定公問君使臣，臣事君，如之何」者，定公，魯君也。時臣失禮，君不能使，定公患之，故問於孔子曰：「君之使臣，及臣之事君，當如之何也？」「孔子對曰君使臣以禮，臣事君以忠」者，言禮可以安國家定社稷，止由君不用禮，則臣不竭忠，故對曰：「君之使臣以禮，則臣必事君以忠也。」　注「孔曰」至「問之」　正義曰：云「定公，魯君謚」者，《魯世家》云：　定公名宋，襄公之子，昭公之弟，以敬王十一年即位。《謚法》：「安民大慮曰定。」

子曰：「《關雎》樂而不淫，哀而不傷。」孔曰：「樂不至淫，哀不至傷，❶言其和也。」　【疏】「子曰」至「不傷」　正義曰：此章言正樂之和也。「《關雎》」者，《詩·國風·周南》首篇名，興后妃之德也。《詩序》云：「樂得淑女以配君子，憂在進賢，不淫其色。」是樂而不淫也。「哀窈窕，思賢才，而無傷善之心焉。」是哀而不傷也。樂不至淫，哀不至傷，言其正樂之和也。　【釋】雎，七餘反。哀如字，《毛詩箋》改「哀」爲「衷」。

哀公問社於宰我。宰我對曰：「夏后氏以松，殷人以柏，周人以栗，曰使民戰栗。」❷孔曰：「凡建邦立社，各以其土所宜之木。宰我不本其意，妄爲之說，因周用栗，便云使民戰栗。」【釋】問社，如字，鄭本作「主」，云：「主，田主，謂社。」子聞之，曰：「成事不說，包曰：「事已成，不可復解說。」【釋】復，扶又反，下同。遂事不諫，包曰：「事已遂，不可復諫止。」既往不咎。」包曰：「事已往，不可復追咎。❸孔子非宰我，故歷言此三者，❹欲使慎其後。」【疏】「哀公」至「不咎」　正義曰：此章明立社所用木也。「哀公問社於宰我」者，哀公，魯君也。社，五土之神也。凡建邦立社，各以其土所宜木。哀公未知其禮，故問於弟子宰我也。「宰我對曰夏后氏以松，殷人以柏，周人以栗，曰使民戰栗」者，三代立社各以其土所宜木，故宰我舉之以對哀公也。但宰我不本其土宜之意，因周用栗，便妄爲之說，曰：「周人以栗者，欲使其民戰栗故也。」「子聞之曰成事不說，遂事不諫，既往不咎」者，孔子聞宰我對哀公「使民戰栗」，知其虛妄，無如之

❶ 「樂」「哀」下，正平本均有「而」字。
❷ 「栗」下，正平本有「也」字。
❸ 「追」下，正平本有「非」字。
❹ 「此」字，正平本無。

何，故曰：「事已成，不可復解說也；事已遂，不可復諫止也；事已往，不可復追咎也。」歷言此三者以非之，欲使慎其後也。　注「孔曰」至「戰栗」　正義曰：云「凡建邦立社，各以其土所宜之木」者，以社者，五土之摠神，故凡建邦立國，必立社也。夏都安邑，宜松；殷都亳，宜柏；周都豐鎬，宜栗。是各以其土所宜木也。謂用其木以爲社主。張、包、周本以爲哀公問主於宰我，先儒或以爲宗廟主者，杜元凱、何休用之以解《春秋》，亦爲宗廟主，❶今所不取。

子曰：「管仲之器小哉。」言其器量小也。

或曰：「管仲儉乎？」包曰：「或人見孔子小之，以爲謂之大儉。」【釋】量音亮。大音泰，一音他贺反。曰：「管氏有三歸，官事不攝，焉得儉？」❷包曰：「三歸，娶三姓女。婦人謂嫁曰歸。❸攝猶兼也。禮，國君事大，官各有人，大夫兼并。❹今管仲家臣備職，非爲儉。」【釋】焉，於虔反。娶，本或作「取」，如字，又七喻反。「謂嫁曰歸」，一本作「爲歸」。「然則管仲知禮乎？」❺包曰：「或人以儉問，故答以安得儉。或人聞不儉，便謂爲得禮。」❻曰：「邦君樹塞門，管氏亦樹塞門。邦君爲兩君之好，有反坫，❼管氏亦有反坫。鄭曰：「反坫，反爵之坫，在兩楹之間。人君別內外，❽於門樹屏以蔽之。若與鄰國爲好會，❾其獻酢之禮更酌，酌畢則各反爵於坫上。今管仲皆僭爲之，如是，是不知禮。」【釋】爲，于僞反，又如字。好，呼報反，注同。坫，丁念反。別，彼列反。酢，才洛反，一本作「酬」。更音庚。管氏而知禮，孰不知禮？」【疏】「子曰」至「知禮」

正義曰：此章言管仲僭禮也。「子曰管仲之器小哉」者，管仲，齊大夫管夷吾也。孔子言其器量小也。「或曰管仲儉乎」者，或人見孔子言管仲器小，以爲謂其大儉，故問

❶「亦」，阮本作「以」。
❷「儉」下，正平本有「乎」字。
❸「曰」，正平本作「爲」。
❹「兼并」，正平本作「并兼」。
❺「然」上，正平本有「曰」字。
❻「便」，正平本作「更」。
❼「坫」，正平本作「玷」，注同。
❽「君」下，正平本有「有」字，「內外」，正平本作「外內」。
❾「若」，正平本作「君」。

曰：「管仲儉乎？」「曰管氏有三歸，官事不攝，焉得儉」者，孔子答或人以管仲不儉之事也。婦人謂嫁曰歸。攝猶兼也。焉猶安也。禮，大夫雖有妾媵嫡妻，唯娶一姓。今管仲娶三姓之女，故曰有三歸。禮，國君事大，官各有人，大夫雖得有家臣，不得每事立官，當使一官兼攝餘事。今管仲家臣備職，奢豪若此，安得爲儉也？「然則管仲知禮乎」者，或人聞孔子言管仲不儉，便謂爲得禮，故又問曰：「然則管仲是知禮之人乎？」「曰邦君樹塞門，管氏亦樹塞門。邦君爲兩君之好，有反坫，管氏亦有反坫」者，此孔子又爲或人説管仲不知禮之事也。邦君，諸侯也。屏謂之樹。人君別内外，於門樹屏以蔽塞之。大夫當以簾蔽其位耳。今管氏亦如人君，❶樹屏以塞門也。反坫，反爵之坫，在兩楹之間。人君與鄰國爲好會，其獻酢之禮更酌，酌畢則各反爵於坫上。大夫則無之。今管仲亦有反爵之坫。僭濫如此，是不知禮也。「管氏而知禮，孰不知禮」者，孔子舉其僭禮於上，而以此言非之。孰，誰也。言若謂管氏而爲知禮，更誰爲不知禮，言唯管氏不知禮也。　注「包曰」至「爲儉」

正義曰：云「婦人謂嫁曰歸」者，隱二年《公羊傳》文。何休曰：「婦人生以父母爲家，嫁以夫爲家，故謂嫁曰歸，明有三歸之道也。」　注「鄭曰」至「知禮」　正義曰：云「反坫，反爵之坫，在兩楹之間」者，以鄉飲酒是鄉大夫之禮，尊於房户間。❷燕禮是燕己之臣子，故尊於東楹之西。若兩君相敵，則尊於兩楹間，故其坫在兩楹間也。云「人君別内外，於門樹屏以蔽之」者，《釋宫》云「屏謂之樹」，郭璞曰：「小墻當門中。」《郊特牲》云：「臺門而旅樹。」鄭玄云：「此皆諸侯之禮也。旅，道也。屏謂之樹，樹所以蔽行道。管氏樹塞門，塞猶蔽也。禮，『天子外屏，諸侯内屏，大夫以簾，士以帷』」是也。云「若與鄰國爲好會，其獻酢之禮更酌，酌畢則各反爵於坫上」者，熊氏云：「主君獻賓。賓筵前受爵，飲畢，反此虚爵於坫上，❸於西階上拜。主人於阼階上答拜，賓於坫取爵，洗爵，酌，以酢主人。主人受爵，飲畢，反此虚爵於坫上。主人阼階上拜，賓答拜。」是賓主飲畢，反爵於坫上也。而云「酌畢，各反爵於坫上」者，文不具耳，其實當飲畢。

子語魯大師樂。曰：「樂其可知也。❹

❶「氏」，阮本作「仲」。
❷「尊」字，阮本奪。
❸「此」字，阮本誤「坫」。
❹「知」下，正平本有「已」字。

始作，翕如也；大師，樂官名。五音始奏，翕如盛。【釋】語，魚據反。大音泰，注同。翕，許及反，鄭云「變動貌」。從之，純如也，從讀曰縱，言五音既發，放縱，盡其音聲。❶純純，❷和諧也。【釋】從，何子用反，鄭云「八音皆作」。皦如也，言其音節明也。【釋】皦，古了反，鄭云「清别之貌」。繹如也，以成。」縱之以純如、皦如、繹如。言樂始作翕如，❸而成於三者。❹【疏】「子語」至「以成」 正義曰：此章明樂。「子語魯大師樂」者，大師，樂官名，猶《周禮》之大司樂也。於時魯國禮樂崩壞，故孔子以正樂之法語之，使知也。「曰樂其可知也」者，言作正樂之法可得而知也，謂如下文。「始作翕如也」者，言正樂始作，則五音翕然盛也。❺翕，盛貌。「如」皆語辭。「從之，純如也」者，從讀曰縱，謂放縱也。純，和也。言五音既發，放縱，盡其音聲，純純和諧也。「皦如也」者，皦，❻明也，言其音節分明也。「繹如也」者，言其音落繹然，相續不绝也。「以成」者，言樂始作翕如，又縱之以纯如、皦如、繹如，則正樂以之而成也。 【釋】繹如亦，鄭云：「志志條達之貌。」❼

儀封人請見。鄭曰：「儀，盖衛邑。封人，官名。」【釋】見，賢遍反。曰：「君子之至於斯也，❽吾未嘗不得見也。」從者見之。包曰：「從者，弟子隨孔子行者。通使得見。」【釋】從，才用反。出，曰：「二三子何患於喪乎？天下之無道也久矣，❾孔曰：「語諸弟子。言何患於夫子聖德之將喪亡邪，天下之無道已久矣，極衰必盛。」❿【釋】喪，息浪反，注同。語，魚據反。天將以夫子爲木鐸。」孔曰：「木

❶「音」字，正平本無。
❷「純純」，據正文當作「純如」。
❸「作」，正平本作「於」。
❹「者」，阮本無，正平本作「也」。
❺「作正樂」至「始作則」二十六字，阮本奪。
❻「者皦」，原作「諸樂」，據阮本改。
❼「如」，元本作「音」。「志志」，元本作「志意」。
❽「也」，正平本作「者」。
❾「也」字，正平本無。
❿「必」下，正平本有「有」字。

鐸，施政教時所振也。❶ 言天將命孔子制作法度，❷以號令於天下。」【疏】「儀封」至「木鐸」 正義曰：此章明夫子之德，天將命之使定禮樂也。❸「儀封人請見」者，❹衛國儀邑典封疆之人請告於孔子從者，欲見孔子也。「曰君子之至於斯也，吾未嘗不得見也」者，此所請辭也。嘗，曾也。言往者有德之君子至於我斯地也，吾常得見之，❺未曾有不得見也。❻「從者見之」者，從者謂弟子隨孔子行者。既見其請，故爲之紹介通使得見也。「出曰二三子何患於喪乎」者，儀封人既見夫子，❼出門，乃語諸弟子曰：「二三子何須憂患於夫子聖德之將喪亡乎？」「天下之無道也久矣」者，此封人又説孔子聖德不喪之由也。言事不常一，盛必有衰，衰極必盛。今天下之衰亂無道亦已久矣，言拯弱興衰屬在夫子。「天將以夫子爲木鐸」者，木鐸，金鈴木舌，施政教時所振也。言天將命孔子制作法度，以號令於天下，如木鐸以振文教也。 注「鄭曰儀蓋」至「官名」 正義曰：云「儀蓋衛邑」者，以《左傳》「衛侯入於夷儀」，疑與此是一，故云「蓋衛邑」也。云「封人，官名」者，《周禮》：「封人掌爲畿封而樹之。」鄭玄云：「畿上有封，若今時界也。」天子封人職典封疆，則知諸侯封人亦然也。《左傳》言潁谷封人，祭仲足爲祭封人，宋高哀爲蕭封人，❽皆以地名。❾ 封人蓋職典封疆，居在邊邑，潁谷、儀、祭皆是國之邊邑也。 注「包曰」至「得見」 正義曰：云「通使得見」者，見謂之紹介使之見也。❿ 若《左傳》云「乃見鱄設諸焉」，「齊豹見宗魯於公孟」亦然。 注「孔曰」至「天下」 正義曰：云「木鐸，施政教時所振也」者，禮有金鐸、木鐸，鐸是鈴也，其體以金爲之，明舌有金、木之異，知木鐸是木舌也。《周禮》教鼓人「以金鐸通鼓」，《大司馬》「教振旅，兩司馬執鐸」，《明堂位》云「振木鐸於朝」，是武事振金鐸，文事振木鐸。此云「木鐸，施政教時所振」者，所以振文教是也。【釋】鐸，直洛反。木鐸，金鈴木舌。

---

❶「教」下，正平本有「之」字。
❷「作」字，正平本無。
❸「使」下，阮本有「其」字。
❹「者」字，阮本奪。
❺「常」，阮本作「嘗」。
❻「見」下，阮本有「者」字。
❼「既」上，阮本有「請」字。
❽「哀」，原作「衰」，據阮本改。
❾「皆」上，阮本有「此云儀封人」五字。
❿「謂」下，阮本有「爲」字。

子謂《韶》：「盡美矣，又盡善也。」孔曰：「《韶》，舜樂名，❶謂以聖德受禪，故盡善。」❷【釋】韶，常遥反。盡，津忍反，注同。 謂《武》：「盡美矣，未盡善也。」孔曰：「《武》，武王樂也。以征伐取天下，故未盡善。」❸【疏】「子謂」至「善也」 正義曰：此章論《韶》、《武》之樂。「子謂韶：盡美矣，又盡善也」者，《韶》，舜樂名。韶，紹也，德能紹堯，故樂名《韶》。言《韶》樂，其聲及舞極盡其美，揖讓受禪，其聖德又盡善也。「謂《武》：盡美矣，未盡善也」者，《武》，周武王樂，以武得民心，故名樂曰《武》。言《武》樂音曲及舞容則盡美矣，❹然以征伐取天下，不若揖讓而得，故其德未盡善也。 注「孔曰」至「盡善」 正義曰：云「《韶》，舜樂名」者，《樂記》云：「韶，繼也。」注云：「韶，紹也，言舜之道德繼紹於堯也。」《元命包》曰：「舜之時，民樂紹堯。」❺案《虞書・益稷》云：❻「《簫韶》九成，鳳皇來儀。」是《韶》爲舜樂名也。云「謂以聖德受禪，故盡善」者，《書序》云：「昔在帝堯，聰明文思，光宅天下，將遜于位，讓于虞舜。」孔安國云：「老使攝，❼遂禪之。」禪即讓也。是以聖德受禪也。 注「孔曰」至「未盡善」 正義曰：云「《武》，武王樂也」者，《禮器》云：「樂也者，樂其所自成。」注云：「作樂者緣民所樂於己之功。」然則以武王用武除暴，爲天下所樂，故謂其樂爲《武》樂。《武》樂爲一代大事，故歷代皆稱「大」也。云「以征伐取天下，故未盡善」者，以臣伐君，雖曰應天順人，不若揖讓而受，故未盡善也。

子曰：「居上不寬，爲禮不敬，臨喪不哀，吾何以觀之哉？」【疏】「子曰居上」至「觀之哉」 正義曰：此章揔言禮意。居上位者寬則得衆，不寬則失於苛刻。凡爲禮事在於莊敬，不敬則失於傲惰。親臨死喪，當致其哀，不哀則失於和易。凡此三失，皆非禮意。人或若此，不足可觀，故曰：「吾何以觀之哉？」

❶「名」，正平本作「也」。
❷「盡」上，正平本有「曰」字。
❸「未」上，正平本有「曰」字。
❹「盡」下，阮本有「極」字。
❺「堯」下，阮本有「業」字。
❻「案虞」，阮本作「其」字。
❼「老」，阮本作「若」。

里仁第四

【疏】正義曰：此篇明仁。仁者，善行之大名也。君子體仁，必能行禮樂，故以次前也。

子曰：「里仁爲美。❶鄭曰：「里者，仁之所居。❷居於仁者之里，是爲美。」擇不處仁，焉得知？」❸鄭曰：「求居而不處仁者之里，❹不得爲有知。」【疏】「子曰」至「得知」　正義曰：此章言居必擇仁也。「里仁爲美」者，里，居也。仁者之所居處，謂之里仁。凡人之擇居，居於仁者之里，是爲美也。「擇不處仁，焉得知」者，焉猶安也。擇求居處，而不處仁者之里，安得爲有知也？

【釋】處，昌呂反，後不音者及注同。焉，於虔反。知音智，注及下同。

子曰：「不仁者不可以久處約，孔曰：「久困則爲非。」不可以長處樂。孔曰：「必驕佚。」【釋】樂音洛。佚音逸。❺仁者安仁，包曰：「唯性仁者自然體之，故謂安仁。」知者利仁。」王曰：「知仁爲美，故利而行之。」❻【疏】「子曰不」至「利仁」　正義曰：此章明仁性也。「不仁者不可以久處約」者，言不仁之人不可令久長處貧約，若久困則爲非也。「不可以長處樂」者，言亦不可令久長處於富貴逸樂，若久長處樂則必驕佚。「仁者安仁」者，謂天性仁者，自然安而行之也。「知者利仁」者，知能照識前事，知仁爲美，故利而行之也。　注「包曰」至「安仁」　正義曰：此經「仁者安仁，知者利仁」與《表記》正同，理亦不異。云「唯性仁者自然體之」者，言天性仁者，非關利害，自然汎愛施生，體包仁道。《易・文言》曰「君子體仁，足以長人」是也。　注「王曰」至「行之」　正義曰：云「知仁爲美，故利而行之」者，言有知謀者貪利而行仁，有利則行，無利則止，非本情也。

---

❶「美」，正平本作「善」，注同。
❷「仁」，正平本作「民」，注同。
❸「知」，正平本作「智」，注同。
❹「求」下，正平本有「善」字。
❺「佚」，原作「泆」，據元本改。
❻「而」字，正平本無。

子曰：「唯仁者能好人，能惡人。」孔曰：「唯仁者能審人之好惡。」❶ 【疏】「子曰唯仁者」至「惡人」 正義曰：此章言唯有仁德者無私於物，故能審人之好惡也。 【釋】好，呼報反，注同。惡，烏路反，下同。

子曰：「苟志於仁矣，無惡也。」❷孔曰：「苟，誠也。言誠能志於仁❸，則其餘終無惡。」❹ 【疏】「子曰苟志於仁矣，無惡也」 正義曰：苟，誠也。此章言誠能志在於仁，則其餘行終無惡也。 【釋】惡如字，又烏路反，注同。

子曰：「富與貴，是人之所欲也，不以其道得之，不處也。孔曰：❺「不以其道得富貴，則仁者不處。」❻貧與賤，是人之所惡也，不以其道得之，不去也。❼時有否泰，故君子履道而反貧賤，此則不以其道而得之，❽雖是人之所惡，不可違而去之。❾ 【釋】否，備鄙反。 君子去仁，惡乎成名？ 孔曰：「『惡乎成名』者，不得成名爲君子。」 【釋】惡音烏，注同。 君子無終食之間違仁，造次必於是，顛沛必於是。」馬曰：「造次，急遽。顛沛，偃仆。雖急遽偃仆，❿不違仁。」 【疏】「子曰富」至「於是」 正義曰：此章廣明仁行也。「富與貴，是人之所欲，⓫不以其道得之，不處也」者，富者財多，貴者位高。此之二者，⓬是人之所貪欲也，若不以其道而得之，雖是人之所欲，而仁者不處也。「貧與賤，是人之所惡也，不以其道得之，不去也」者，乏財曰貧，無位曰賤。此之二者，是人之所嫌惡也，時有否泰，故君子履道而反貧賤，此則不以其道而得之，雖是人之所惡，而仁者不違而去之也。「君子去仁，惡乎成名」者，「惡乎」猶「於

❶「之」字，正平本無，阮本作「之所」。
❷「也」字，正平本無。
❸「仁」下，正平本有「者」字。
❹「終」上，阮本有「行」字，正平本無「終行」二字。
❺「曰」，原作「子」，據正平本、阮本改。
❻「仁者」二字，正平本無。
❼「所惡也」、「不去也」，正平本均無「也」字。
❽「而」字，阮本無，「之」下，正平本有「者也」二字。
❾「之」字，正平本作「也」。
❿二「偃仆」，正平本均作「僵仆」。
⓫「欲」下，阮本有「也」字。
⓬「之」字，阮本無，下同。

何」也。言人欲爲君子，唯行仁道，乃得君子之名。若違去仁道，則於何得成名爲君子乎？言去仁則不得成名爲君子也。「君子無終食之間違仁」者，言仁不可斯須去身，故君子無食頃違去仁道也。「造次必於是，顛沛必於是」者，造次，急遽也。顛沛，偃仆也。言君子之人，雖身有急遽偃仆之時，而必守於是仁道而不違去也。注「馬曰」至「違仁」正義曰：云「造次，急遽」者，造次猶言草木次。❶鄭玄云「倉卒也」，皆迫促不暇之意，故云急遽。云「顛沛，偃仆」者，《説文》云：「偃，僵也。」「仆，傾也。」❷則偃是仰卧也，❸仆是蹐倒也。雖遇此顛躓之時，亦不違仁也。【釋】造，七報反。造次，鄭云：「倉卒也。」沛音貝。偃，本或作僵，居良反。仆音赴，又蒲逼反。

子曰：「我未見好仁者，惡不仁者。好仁者，無以尚之。孔曰：「難復加也。」【釋】好，呼報反。惡，烏路反。復，扶又反，注及下同。惡不仁者，其爲仁矣，不使不仁者加乎其身。孔曰：「言惡不仁者，能使不仁者不加非義於己，不如好仁者無以尚之爲優。」❹有能一日用其力於仁矣乎？我未見力不足者。❺孔曰：「言人無能一日用其力脩仁者耳。我未見欲爲仁而力不足者。」蓋有之矣，❻我未之見也。」孔曰：「謙不欲盡誣時人，言不能爲仁。故云『爲能有爾，❼我未之見』。」【疏】「子曰」至「見也」正義曰：此章疾時無仁也。「我未見好仁者，惡不仁者」，孔子言我未見性好仁者，亦未見能疾惡不仁者也。「好仁者無以尚之」者，此覆説上好仁者也。尚，上也。言性好仁者，爲德之最上，他行無以更上之，言難復加也。「惡不仁者，其爲仁矣，不使不仁者加乎其身」，此覆[説]上惡不仁者也。❽言能疾惡不仁者亦得爲仁，但其行少劣，故曰「其所爲仁矣也，唯能不使不仁者加乎非義於己身也」，不如好仁者「無以尚之」爲優也。「有能一日用其力於仁矣乎」者，言世不脩仁

❶「木」字，阮本無。
❷「傾」，阮本作「頓」。
❸「卧」，阮本作「倒」。
❹「以」下，正平本有「加」字。
❺「者」下，正平本有「也」字。
❻「矣」字，正平本作「乎」。
❼「爾」，正平本作「耳其」。
❽「説」字原奪，據阮本補。

也，故曰「有人能一日之間用其力於仁道矣乎」，言人無能一日用其力脩仁者耳。❶「我未見力不足者」，言德輶如毛，行仁甚易，我欲仁，斯仁至矣，何須用力，故曰「我未見欲爲仁而力不足者」也。「蓋有之矣，我未之見也」者，此孔子謙，不欲盡誣時人，言不能爲仁，故曰「蓋有能爲之者矣，但我未之見也」。

子曰：「人之過也，❷各於其黨。觀過，斯知仁矣。」孔曰：「黨，黨類。小人不能爲君子之行，非小人之過，當恕而勿責之。觀過，使賢愚各當其所，則爲仁矣。」❸【疏】「子曰」至「仁矣」　正義曰：此章言仁恕也。「人之過也，各於其黨」者，黨，黨類也。言人之爲過也，君子小人各於其類也。「觀過，斯知仁矣」者，言觀人之過，使賢愚各當其所。若小人不能爲君子之行，非小人之過，當恕而勿責之，斯知仁者之用心矣。【釋】行，下孟反。當，丁浪反。

子曰：「朝聞道，夕死可矣。」言將至死不聞世之有道。【疏】「子曰朝聞道，夕死可矣」　正義曰：此章疾世無道也。設若早朝聞世有道，暮夕而死，可無恨矣。言將至死不聞世之有道也。

子曰：「士志於道，而恥惡衣惡食者，未足與議也。」【疏】「子曰」至「議也」　正義曰：此章言人當樂道固窮也。士者，人之有士行者也。言士雖志在善道，而衣服飲食好其華美，耻其麤惡者，則是志道不篤，故未足與言議於道也。

子曰：「君子之於天下也，無適也，無莫也，義之與比。」❹【疏】「子曰」至「與比」　正義曰：此章貴義也。適，厚也。莫，薄也。比，親也。言君子於天下之人，無擇於富厚與窮薄者，但有義者，則與之相親也。❺【釋】適，丁歷反，鄭本作「敵」。莫，武博反。范甯云：「適莫猶厚薄也。」鄭音慕，「無所貪慕也」。比，毗志反。

子曰：「君子懷德，孔曰：「懷，安也。」小人懷土，孔曰：「重遷。」君子懷刑，孔曰：「安於法。」小

❶「無」，阮本作「誠」。
❷「人」，正平本作「民」。
❸「矣」，正平本作「之也」。
❹「比」下，正平本有「也」字。
❺「之」字，阮本無。

人懷惠。」包曰：「惠，恩惠。」【疏】「子曰」至「懷惠」正義曰：此章言君子小人所安不同也。「君子懷德，小人懷土」者，懷，安也。君子執德不移，是安於德也。小人安安而不能遷，重難於遷徙，❶是安於土也。「君子懷刑，小人懷惠」者，刑，法也。❷惠，恩惠也。君子樂於法制齊明，❸是懷刑也。小人唯利是視，❹安於恩惠，是懷惠也。

子曰：「放於利而行，孔曰：「放，依也。每事依利而行。」【釋】放，方往反，下同。多怨。」孔曰：「取怨之道。」【疏】「子曰放於利而行，多怨」正義曰：此章輕利也。❺放，依也。言人每事依於財利而行，則是取怨之道也，故多爲人所怨恨也。

子曰：「能以禮讓爲國乎，何有？「何有」者，言不難。❻不能以禮讓爲國，如禮何？」包曰：「『如禮何』者，言不能用禮。」【疏】「子曰」至「禮何」正義曰：此章言治國者必須禮讓也。「能以禮讓爲國乎」者，❼爲猶治也。禮節民心，讓則不爭。言人君能以禮讓爲教治其國乎。云「何有」者，謂以禮讓治國，何有其難，言不難也。「不能以禮讓爲國」者，言人君不能明禮讓以治民也。「如禮何」者，言有禮而不能用，如此禮何。

子曰：「不患無位，患所以立。不患莫己知，❽求爲可知也。」包曰：「求善道而學行之，則人知己。」【疏】「子曰」至「知也」正義曰：此章勸學也。「不患無位」者，言不憂無爵位也。❾「患所以立」者，言但憂其無立身之才學耳。「不患莫己知」者，言不憂無人見知於己也。「求爲可知也」者，言求善道而學行之，使己才學有可知重，則人知己也。

子曰：「參乎，吾道一以貫之。」❿曾子

❶「重」，阮本作「者」，從上句。
❷「也」，阮本作「制」。
❸「明」，阮本作「民」。
❹「視」，阮本作「親」。
❺「輕」，阮本作「惡」。
❻「難」下，正平本有「之也」二字。
❼「讓」，原作「議」，據阮本改。
❽「知」下，正平本有「也」字。
❾「無」字，阮本無。
❿「之」下，正平本有「哉」字。

曰：「唯。」孔曰：「直曉不問，故答曰『唯』。」【釋】參，所金反。貫，古亂反。唯，維癸反，注同。子出。門人問曰：「何謂也？」曾子曰：「夫子之道，忠恕而已矣。」【疏】「子曰參」至「已矣」 正義曰：此章明忠恕也。「子曰參乎」者，呼曾子名，欲語之也。「吾道一以貫之」者，貫，統也。孔子語曾子，言我所行之道唯用一理以統天下萬事之理也。「曾子曰唯」者，曾子直曉其理，更不須問，故答曰「唯」。「子出」者，孔子出去也。「門人問曰何謂也」者，門人，曾子弟子也。不曉夫子之言，故問於曾子也。「曾子曰夫子之道，忠恕而已矣」者，答門人也。忠謂盡中心也。恕謂忖己度物也。言夫子之道唯以忠恕一理以統天下萬事之理，更無他法，故云「而已矣」。

【釋】恕音庶。

子曰：「君子喻於義，小人喻於利。」孔曰：「喻猶曉也。」【疏】「子曰君子」至「於利」 正義曰：此章明君子小人所曉不同也。喻，曉也。君子則曉於仁義，小人則曉於財利。

子曰：「見賢思齊焉，包曰：「思與賢者等。」見不賢而內自省也。」❶【疏】「子曰」至「省也」 正義曰：此章勉人爲高行也。見彼賢，則思與之齊等，見彼不賢，則內自省察，得無如彼人乎。

子曰：「事父母幾諫，包曰：「幾者，❷微也。當微諫，納善言於父母。」見志不從，又敬不違，勞而不怨。」❸包曰：「見志，❹見父母志有不從己諫之色。則又當恭敬，不敢違父母意而遂己之諫。」【疏】「子曰」至「不怨」 正義曰：此并下四章皆明孝。「事父母幾諫」者，幾，微也。父母有過，當微納善言以諫於父母也。「見志不從，又敬不違」者，見父母志有不從己諫之色，則又當恭敬，而不敢違父母意，❺而遂己之諫也。「勞而不怨」者，父母使己以勞辱之事，己當盡力服其勤，不得怨父母也。

子曰：「父母在，不遠遊，❻遊必有方。」

❶「賢」下，正平本有「者」字。
❷「者」字，正平本無。
❸「而」字，正平本無。
❹「志」下，正平本有「者」字。
❺「而」字，阮本無。
❻「不」上，正平本有「子」字。

鄭曰：「方猶常也。」【疏】「子曰父」至「有方」　正義曰：方猶常也。父母既存，或時思欲見己，故不遠遊。遊必有常所，欲使父母呼己，得即知其處也。設若告云詣甲，則不得更詣乙，恐父母呼己於甲處不見，則使父母憂者也。❶

子曰：「三年無改於父之道，可謂孝矣。」鄭曰：「孝子在喪，哀戚思慕，無所改於父之道，❷非心所忍爲。」【疏】「子曰三年」至「孝矣」　正義曰：言孝子在父喪三年之中，❸哀戚思慕，無所改爲父之道，❹非心所忍爲故也。此章與《學而篇》同，當是重出。《學而篇》是孔注，此是鄭注，本或二處皆有。【釋】此章與《學而篇》同，當是重出。《學而》是孔注，今此是鄭注，本或二處皆有，集解或有無者。

子曰：「父母之年，不可不知也，一則以喜，一則以懼。」孔曰：「見其壽考則喜，見其衰老則懼。」❺【疏】「子曰父母」至「以懼」　正義曰：言孝子當知父母之年也。其意有二：❻一則以父母年多，見其壽考，則喜也；一則以父母年老，形必衰弱，見其衰老，則憂懼也。【釋】此章注或云孔注，或云包氏，又作鄭玄語辭，未知孰是。

子曰：「古者言之不出，❼恥躬之不逮也。」包曰：「古人之言不妄出口，❽爲身行之將不及。」❾【疏】「子曰」至「逮也。」　正義曰：此章明慎言。躬，身也。逮，及也。言古人之言不妄出口，爲身行之將不及故也。【釋】逮音代，又大計反。爲，于僞反。

子曰：「以約失之者鮮矣。」孔曰：「俱不得中，奢則驕佚招禍，❿儉約無憂患。」⓫【疏】「子曰」至「鮮矣」　正義曰：此章貴儉。鮮，少也。得中合禮，爲事乃善。設若奢儉俱不得中，奢則驕佚招禍，儉約無憂患，是以

---

❶「者」字，阮本無。
❷「所」字，正平本無。「於」，正平本作「其」。
❸「父」下，阮本有「母」字。
❹「爲」，阮校作「於」。
❺「懼」下，正平本有「之也」二字。
❻「二」，原作「一」，據阮本改。
❼「出」下，正平本有「也」字。
❽「人之」，正平本作「之人」。「口」下，正平本有「者」字。
❾「爲」下，正平本有「恥其」二字。
❿「佚」，正平本作「溢」。
⓫「約」下，正平本有「則」字。

約致失者少也。【釋】鮮，仙善反，少也。中，丁仲反。

子曰：「君子欲訥於言而敏於行。」包曰：「訥，遲鈍也。言欲遲而行欲疾。」❶【疏】「子曰」至「於行」　正義曰：此章慎言貴行也。訥，遲鈍也。敏，疾也。言君子但欲遲鈍於言，敏疾於行，惡時人行不副言也。【釋】訥，奴忽反，鄭言「欲難」。行，下孟反。鈍，徒頓反，下同。

子曰：「德不孤，必有鄰。」方以類聚，同志相求，故必有鄰，是以不孤。【疏】「子曰德不孤，必有鄰」　正義曰：此章勉人脩德也。有德則人所慕仰，居不孤特，必有同志相求，與之爲鄰也。　注「方以」至「不孤」　正義曰：云「方以類聚」者，《周易·上繫辭》文也。方謂法術性行，各以類相聚也。云「同志相求」者，《周易·乾卦·文言》文也。❷言志同者相求爲朋友也。「故必有鄰，是以不孤」者，案，《坤卦·文言》曰：「君子敬以直內，義以方外，敬義立而德不孤。」言身必有敬義以接於人，❸則人亦敬義以應之，是亦德不孤也。

子游曰：「事君數，斯辱矣。❹朋友數，斯疏矣。」數，謂「速數」之「數」。【疏】「子游曰」至「疏矣」　正義曰：此章明爲臣結交，當以禮漸進也。數謂速數。數則瀆而不敬，故事君數，斯至罪辱矣。❺朋友數，斯見疏薄矣。　注「數謂速數之數」　正義曰：嫌讀爲上聲、去聲，故辨之。【釋】數，何云色角反，下同；鄭世主反，謂「數己之功勞也」；梁武帝音色具反，注同。

論語註疏卷第二

❶「遲」下，正平本有「鈍」字，「疾」作「敏」。
❷下「文」字，阮本無。
❸「必」字，阮本無。
❹「辱」，正平本作「怨」。
❺「至」，阮本作「致」。

論語註疏卷第三

公冶長第五

【疏】正義曰：此篇大指明賢人君子，仁知剛直，以前篇擇仁者之里而居，❶故得學爲君子，即下云「魯無君子，斯焉取斯」是也，故次《里仁》。

子謂公冶長：「可妻也，雖在縲絏之中，非其罪也。」以其子妻之。孔曰：「冶長，❷弟子，魯人也。姓公冶，名長。縲，黑索。絏，攣也。所以拘罪人。」❸【疏】「子謂」至「妻之」　正義曰：此章明弟子公冶長之賢也。「子謂公冶長可妻也」者，納女於人曰妻。孔子評論弟子公冶長德行純備，可納女與之爲妻也。「雖在縲絏之中，非其罪也」者，縲，黑索。絏，攣也。古獄以黑索拘攣罪人。於時冶長以枉濫被繫，故孔子論之曰：「雖在縲絏之中，實非其冶長之罪也。」「以其子妻之」者，論竟，遂以其女子妻之也。　注「孔曰」至「罪人」　正義曰：云「冶長，弟子，魯人也」者，案，《家語·弟子篇》云：「公冶長，魯人，字子長。爲人能忍恥，孔子以女妻之。」又案，《史記·弟子傳》云：「公冶長，齊人。」而此云「魯人」，用《家語》爲說也。張華云：「公冶長墓在陽城姑幕城東南五里所，墓極高。」❹舊說冶長解禽語，故繫之縲紲。以其不經，今不取也。【釋】冶音也。長如字。《家語》「字子張」，范甯云「名芝，字子長」，《史記》亦「字子長」。妻，七細反，下同。縲，力追反。絏，息列反，本今作「紲」。攣，力專反。拘音俱。

子謂南容：「邦有道，不廢；邦無道，免於刑戮。」以其兄之子妻之。王曰：「南容，弟子南宮縚，魯人也，字子容。不廢，言見用。」❺【疏】「子謂南

❶「擇」，原作「釋」，據正平本、阮本改。
❷「冶」上，正平本有「公」字。
❸「拘」下，正平本有「於」字。
❹「墓」，阮本作「基」。
❺「見」下，正平本有「任」字。

容」至「妻之」 正義曰：此章孔子評論弟子南容之賢行也。「邦有道，不廢；邦無道，免於刑戮」者，此南容之德也。若遇邦國有道，則常得見用，在官不被廢棄；若遇邦國無道，則必危行言遜，以脱免於刑罰戮辱也。「以其兄之子妻之」者，言德行如此，故以其兄之女與之爲妻也。 注「王曰」至「見用」 正義曰：云「南容，弟子南宮縚，魯人也，字子容」者，此《家語·弟子篇》文也。案，《史記·弟子傳》云：「南宮括，字子容。」鄭注《檀弓》云：「南宮縚，孟僖子之子南宮閱。」以昭七年《左氏傳》云：孟僖子將卒，召其大夫云「屬説與何忌於夫子」，以事仲尼，以南宮爲氏，故《世本》云「仲孫貜生南宮縚」是也。❶然則名縚，名括，又名閱，字子容，氏南宮，本孟氏之後也。【釋】戮音六。縚，本又作「韜」，同吐刀反。南宮閱，一名縚，孟僖子之子。

子謂子賤：孔曰：「子賤，魯人，弟子宓不齊。」「君子哉若人。魯無君子者，斯焉取斯？」包曰：「若人者，若此人也。如魯無君子，子賤安得此行而學行之。」【疏】「子謂子賤」至「取斯」 正義曰：此章論子賤之德也。「君子哉若人。魯無君子，❷斯焉取斯」者，此評論之辭也。因美魯多君子，故曰：「有君子之德哉，若此人也。魯國若更無君子者，斯子賤安得取斯君子之德行而學行之乎？」明魯多君子，故子賤得學爲君子也。 注「孔曰」至「不齊」 正義曰：案，《家語·弟子篇》云：「宓不齊，魯人，字子賤，少孔子四十九歲。爲單父宰，有才知，仁愛百姓，不忍欺之，故孔子大之也。」【釋】焉，於虔反。此行，下孟反。

子貢問曰：「賜也何如？」❸子曰：「女，❹器也。」孔曰：「言女器用之人。」曰：「何器也？」曰：「瑚璉也。」包曰：「瑚璉，黍稷之器。夏曰瑚，殷曰璉，周曰簠簋，宗廟之器貴者。」❺【疏】「子貢」至「瑚璉也」 正義曰：此章明弟子子貢之德也。「子貢曰賜也何如」者，子貢見夫子歷説諸弟子，不及於己，故問之曰：「賜也己自不知其行何如也。」「子曰女器也」者，❻夫子

❶「仲」，阮本作「中」。
❷「子」下，阮本有「者」字。
❸「何如」，正平本作「如何」。
❹「女」，正平本作「汝」，注同。
❺「之器」，正平本作「器之」。
❻「者」字，阮本奪。

答之，言女器用之人也。「曰何器也」者，子貢雖得夫子言己爲器用之人，但器有善惡，猶未知己器云何，故復問之也。「曰瑚璉也」者，此夫子又爲指其定分。瑚璉，黍稷之器，宗廟之器[貴]者也。❶言女是貴器也。　注「包曰」至「貴者」　正義曰：云「瑚璉，黍稷之器。夏曰瑚，殷曰璉，周曰簠簋」者，案《明堂位》說四代之器云：❷「有虞氏兩敦，❸夏后氏之四璉，殷之六瑚，周之八簋。」注云：「皆黍稷器，制之異同未聞。」鄭注《周禮·舍人》云：「方曰簠，圓曰簋。」如《記》文，則夏器名璉，殷器名瑚。而包咸、鄭玄等注此《論語》，賈、服、杜等注《左傳》，皆云「夏曰瑚」，或別有所據，❹或相從而誤也。

或曰：「雍也仁而不佞。」馬曰：「雍，弟子仲弓名，姓冉。」**子曰：「焉用佞？❺禦人以口給，❻屢憎於人。❼不知其仁，焉用佞？」**❽孔曰：「屢，數也。佞人口辭捷給，數爲人所憎惡。」❾【疏】「或曰」至「用佞」　正義曰：此章明仁不須佞也。「或曰雍也仁而不佞」者，佞，口才也。或有一人言於夫子曰：「弟子冉雍，雖身有仁德，而口無才辯。」或人嫌其德未備也。「子曰焉用佞」者，夫子語或人，言仁人安用其佞也。「禦人以口給，屢憎於人」者，夫子更爲或人說佞人之短。屢，數也。言佞人禦當於人以口才捷給，屢憎惡於人，❿謂數爲人所憎惡也。「不知其仁，焉用佞」者，言佞人既數爲人所憎惡，則不知其有仁德之人，復安用其佞邪。　注「馬曰雍，弟子仲弓名，姓冉」　正義曰：案《史記·弟子傳》「冉雍，字仲弓」。鄭玄曰：「魯人也。」　注「孔曰」至「憎惡」　正義曰：「屢，數也」者，《釋言》云：「屢，亟也。」郭璞云：「亟亦數也。」云「佞人口辭捷給，數爲人所憎惡」者，⓫案，《左傳》云「寡人不佞」，服虔云：「佞，才也。不才者，自謙之

❶「貴」字原奪，據阮本補。
❷「云」，原作「公」，據阮本改。
❸「氏」下，阮本有「之」字。
❹「別」，阮本誤「引」。
❺「佞」下，正平本有「也」字，下同。
❻「口」字，正平本無。
❼「於人」，正平本作「民」。
❽「佞」下，正平本有「也」字，下同。
❾「人」，正平本作「民之」。
❿「屢」下，阮本有「致」字。
⓫「爲」，阮本誤「謂」。

辭也。」❶而此云「焉用佞？禦人以口給，屢憎於人」，則佞非善事。而以不佞爲謙者，佞是口才捷利之名，本非善惡之稱，但爲佞有善有惡耳。❷爲善捷敏是善佞，祝鮀是也。爲惡捷敏是惡佞，即「遠佞人」是也。但君子欲訥於言而敏於行，言之雖多，情或不信，故云「焉用佞」耳。【釋】焉，於虔反，下同。禦，魚呂反。數，色角反，下同。

子使漆雕開仕。對曰：「吾斯之未能信。」孔曰：「開，弟子。漆雕，姓；開，名。仕進之道未能信者，未能究習。」**子說。**鄭曰：「善其志道深。」❸【疏】「子使」至「子說」 正義曰：此章明弟子漆雕開之仕。❹「子使漆雕開仕」者，弟子，姓漆雕名開，孔子使之仕進也。「對曰吾斯之未能信」者，開意志於學道，不欲仕進，故對曰：「吾於斯仕進之道未能信。」言未能究習也。「子說」者，孔子見其不汲汲於榮祿，知其志道深，故喜說也。 注「孔曰」至「究習」 正義曰：案，《史記·弟子傳》：「漆雕開，字子開。」鄭玄云：「魯人也。」【釋】說音悅。

子曰：「道不行，乘桴浮于海。從我者，其由與？」❺馬曰：「桴，編竹木，大者曰栰，❻小者曰桴。」【釋】桴，芳符反。與音餘。編，必緜反，又蒲典反。栰音伐。**子路聞之喜。**孔曰：「喜與己俱行。」**子曰：「由也好勇過我，無所取材。」**鄭曰：「子路信夫子欲行，故言『好勇過我』。『無所取材』者，無所取於桴材。❼以子路不解微言，故戲之耳。」一曰：「子路聞孔子欲浮海便喜，不復顧望，故孔子歎其勇。曰『過我無所取哉』，❽言唯取於己。古字材、哉同。」❾【疏】「子曰」至「取材」 正義曰：此章仲尼患中國不能行己之道也。「道不行，乘桴浮于海」者，桴，竹木所編小栰也。言我之善道中國既不能行，即欲乘其桴栰浮渡于海而居九夷，庶幾能行己道也。「從我者，其由與」者，由，子路名。❿以子路果敢

---

❶ 「謙」，原作「嫌」，據阮本改。
❷ 下「有」字，阮本無。
❸ 「善」，正平本作「喜」。「道」下，正平本有「之」字。
❹ 「仕」，阮本作「行」。
❺ 「由」下，正平本有「也」字。
❻ 「栰」，原作「秡」，據阮本改，正平本作「筏」。
❼ 「於」字，正平本無。
❽ 「所」下，正平本有「復」字。
❾ 「字」字，正平本無。
❿ 「名」，原作「多」，據阮本改。

有勇，故孔子欲令從己。意未決定，故云「與」以疑之。「子路聞之喜」者，喜夫子欲與己俱行也。「子曰由也好勇過我，無所取材」者，孔子以子路不解微言，故以此戲之耳。其說有二。鄭以爲：材，桴材也。子路信夫子欲行，故言「好勇過我」。「無所取材」者，無所取於桴材也。示子路令知己但歎世無道耳，非實即欲浮海也。一曰：「材」讀曰「哉」，子路聞孔子欲浮海便喜，不復顧望孔子之微意，故孔子歎其勇。曰「過我無所取哉」者，言唯取於己，無所取於他人哉。注「馬曰」至「曰桴」正義曰：云「桴，編竹木大者曰栰，小者曰桴」者，《爾雅》曰：「舫，泭也。」郭璞云：「水中簰筏。」孫炎云：「舫，水中爲泭筏也。」《方言》云：「泭謂之簰，簰謂之筏。筏，秦晉之通語也。」方、舫、泭、浮，❶音義同也。【釋】好，呼報反，下同。「過我」絕句，一讀「過」字絕句。材，才、哉二音。解音蟹。復，扶又反，下同。

孟武伯問：「子路仁乎？」子曰：「不知也。」孔曰：「仁道至大，不可全名。」又問。子曰：「由也，千乘之國，可使治其賦也，孔曰：「賦，兵賦。」【釋】乘，繩證反，下注同。賦，鄭云「軍賦」，梁武云「《魯論》作『傅』」。不知其仁也。」「求也何如？」子曰：「求也，千室之邑，百乘之家，可使爲之宰也。孔曰：「千室之邑，卿大夫之邑。卿大夫稱家。諸侯千乘，大夫百乘。❷宰，家臣。」不知其仁也。」「赤也何如？」子曰：「赤也，束帶立於朝，可使與賓客言也，馬曰：「赤，弟子公西華，有容儀，可使爲行人。」❸【釋】朝，直遥反。不知其仁也。」【疏】「孟武」至「仁也」正義曰：此章明仁之難也。「孟武伯問子路仁乎？子曰不知也」者，魯大夫孟武伯問於夫子曰：「弟子子路有仁德否乎？」夫子以爲仁道至大，不可全名，故答曰「不知也」。「又問」者，武伯意其子路有仁，故夫子雖答以不知，又復問之也。「子曰由也，千乘之國，可使治其賦也，不知其仁也」者，此夫子更爲武伯說子路之能。言由也有勇，千乘之大國，可使治其兵賦也，不知其仁也。言仁道則不全也。「求也何如」者，此句又武伯問辭。言弟子

❶「浮」，阮本作「桴」。
❷「大夫」，正平本作「卿大夫故曰」。
❸「人」下，正平本有「之也」二字。

冉求仁道何如。「子曰求也，千室之邑，百乘之家，可使爲之宰也，不知其仁也」者，此孔子又答武伯以冉求之能也。言求也，若卿大夫千室之邑，百乘卿大夫之家，可使爲之邑宰也，仁則不知也。「赤也何如」者，此句又武伯問辭。言弟子公西赤仁道何如。「子曰赤也，束帶立於朝，可使與賓客言也，不知其仁也」者，此孔子又答以公西赤之才也。言赤也有容儀，可使爲行人之官，盛服束帶立於朝廷，可使與鄰國之大賓小客言語應對也，仁則不知。　注「孔曰賦，兵賦」　正義曰：案，隱四年《左傳》云：「敝邑以賦，與陳、蔡從。」服虔云：「賦，兵也。以田賦出兵，故謂之兵賦。」正謂以兵從也。其賦法依《周禮》「九夫爲井，四井爲邑，四邑爲丘。丘十六井，出戎馬一匹，牛二頭。❶四丘爲甸，甸六十四井，出長轂一乘，戎馬四匹，牛十二頭，甲士三人，步卒七十二人」是也。　注「孔曰」至「家臣」　正義曰：云「千室之邑，卿大夫之邑」者，《大學》云：「百乘之家，不畜聚斂之臣。」鄭注云：「百乘之家，有采地者也。」又鄭注此云：❷「采地，一同之廣輪也。」然則此云「千室之邑，百乘之家」者，謂卿大夫采邑，地有一同，民有千家者也。《左傳》曰：「雖卿備百邑。」《司馬法》：「成方十里，出革車一乘。」故知百乘之家，地一同也。　注「馬曰」至「行人」　正義曰：云「赤，弟子公西華」者，案，《史記·弟子傳》云：「公西赤，字子華。」鄭玄云：❸「魯人，少孔子四十二歲。」云「有容儀，可使爲行人」者，案《周禮》有大行人、小行人之職，掌賓客之禮儀及朝覲聘問之事。言公西華任此官也。

子謂子貢曰：「女與回也孰愈？」孔曰：「愈猶勝也。」對曰：「賜也何敢望回。回也聞一以知十，賜也聞一以知二。」子曰：「弗如也，吾與女弗如也。」包曰：「既然子貢不如，❹復云吾與女俱不如者，蓋欲以慰子貢。」❺【疏】「子謂」至「如也」　正義曰：此章美顏回之德。「子謂子貢曰女與回也孰愈」者，愈猶勝也。孔子乘間問弟子子貢曰：「女之才能與顏回誰勝？」「對曰賜也何敢望回」者，望謂比視。子貢稱名，言賜也才劣，何敢比視顏回也。「回也聞一以知十，賜也聞一以知二」者，子貢更言不敢望回之事。假設數名以明優

❶「二」，阮本作「三」，下「牛十二頭」，阮本亦作「十三頭」。
❷「此」字，阮本無。
❸「云」，阮本作「曰」。
❹「不」，正平本作「弗」。
❺「貢」下，正平本有「心也」二字。

劣。一者，數之始。十者，數之終。顔回亞聖，故聞始知終，子貢識淺，故聞一纔知二，以明己與回十分及二，是其懸殊也。「子曰弗如也，吾與女弗如也」者，夫子見子貢之答識有懸殊，故云不如也。弗者，不之深也。既然答子貢不如，又恐子貢慚愧，故復云「吾與女俱不如」，欲以安慰子貢之心，使無慚也。【釋】聞如字，或作「問」字，非。女音汝，本作「爾」。

宰予晝寢。包曰：❶「宰予，弟子宰我。」【釋】予，羊汝反，或音餘。晝，竹救反。寢，七荏反。子曰：「朽木不可彫也，包曰：「朽，❷腐也。彫，彫琢刻畫。」【釋】朽，香久反。彫，丁條反。腐，房甫反。琢，陟角反。畫，乎卦反。糞土之牆不可杇也。王曰：「杇，鏝也。❸此二者，❹喻雖施功，❺猶不成也。」【釋】糞，弗問反，本或作「蕢」，同。圬音烏，❻本或作「杇」。鏝，或作「槾」，末旦反，又末丹反，塗工之器。於予與何誅？」孔曰：「誅，責也。『今我當何責於女乎？』深責之。」❼【釋】於予，宰我之名。與音餘，語辭也，下同。子曰：「始吾於人也，聽其言而信其行；今吾於人也，聽其言而觀其行。於予與改是。」孔曰：「改是聽言信行，❽更察言觀行。❾發於宰我之晝寢。」【疏】「宰予」至「改是」❿ 正義曰：此章勉人學也。「宰予晝寢」者，弟子宰我晝日寢寐也。「子曰朽木不可彫也，糞土之牆不可杇也」者，此孔子責宰我之辭也。朽，腐也。彫，彫琢刻畫也。杇，鏝也。言腐爛之木不可彫琢刻畫，以成器物，糞土之牆易爲垝壞，不可杇鏝塗墁，以成華美。此二者以喻人之學道，當輕尺璧而重寸陰，⓫今乃廢惰，晝寢，雖欲施功教之，亦終無成也。「於予與何誅」者，誅，責也。與，語辭。言於

❶「包」，阮本作「孔」。
❷「朽」，阮本誤「杇」。
❸「鏝」，正平本作「槾」。
❹「此」字，正平本無。
❺「喻」上，阮本有「以」字。
❻「圬」，原作「杇」，據元本改。
❼「之」下，正平本有「辭也」二字。
❽「是」下，正平本有「始」字。
❾「更」上，正平本有「今」字。
❿「予」，原作「我」，據阮本改。
⓫「璧」，原作「壁」，據阮本改。

宰予何足責乎，❶謂不足可責，乃是責之深也。然宰我處四科，而孔子深責者，託之以設教耳。❷宰我非實情學之人也。「子曰始吾於人也，聽其言而信其行，今吾於人也，聽其言而觀其行。於予與改是」者，與亦語辭。以宰予嘗謂夫子，言己勤學。今乃晝寢，是言與行違。故孔子感之，❸曰：「始前吾於人也，聽其所言，即信其行，以爲人皆言行相副，今後吾於人也，雖聽其言，更觀其行，待其相副，然後信之。因發於宰予晝寢言行相違，改是聽言信行，更察言觀行也。」注「包曰宰予，弟子宰我」正義曰：案《史記·弟子傳》云：「宰予，字子我。」鄭玄曰：「魯人也。」注「王曰杇，鏝也」正義曰：《釋宮》云：「鏝謂之杇。」郭璞云：「泥鏝也。」❹李巡曰：「鏝，一名杇，塗工之作具也。」❺然則杇是塗之所用，因謂泥牆爲杇。❻【釋】行，下孟反。

子曰：「吾未見剛者。」或對曰：「申棖。」包曰：「申棖，魯人。」【釋】棖，直庚反。鄭云「蓋孔子弟子申續，《史記》云「申棠，字周」，《家語》云「申續，字周」也。子曰：「棖也慾，焉得剛？」孔曰：「慾，多情慾。」❼【疏】「子曰」至「得剛」正義曰：此章明剛。「子曰吾未見剛者」，剛謂質直而理者也。夫子以時皆柔佞，故云「吾未見剛者」。「或對曰申棖」者，或人聞孔子之言，乃對曰「申棖性剛」。「子曰棖也慾，焉得剛」者，夫子謂或人言：剛者，質直寡欲。今棖也多情慾，情慾既多，或私佞媚，安得剛乎？注「包曰申棖，魯人」正義曰：鄭云「蓋孔子弟子申續」，《史記》云「申棠，字周」，《家語》云「申續，字周」。【釋】慾音欲，或羊住反。焉，於虔反。

子貢曰：「我不欲人之加諸我也，吾亦欲無加諸人。」❽馬曰：「加，陵也。」子曰：「賜也，非爾所及也。」孔曰：「言不能止人使不加非義於

---

❶「予」，阮本作「我」。
❷「耳」，阮本誤「卑」。
❸「感」，阮本作「責」。
❹「鏝」，阮本誤「塗」，下同。
❺「工」，阮本作「土」。
❻「牆」，阮本作「塗」。
❼「慾」下，正平本有「之也」二字。
❽「人」下，正平本有「也」字。

己。」❶【疏】「子貢」至「及也」　正義曰：此章明子貢之志。「子貢曰我不欲人之加諸我也，吾亦欲無加諸人」者，加，陵也。諸，於也。子貢言，我不欲他人以非義加陵於己，吾亦欲無以非義加陵於人也。「子曰賜也，非爾所及也」者，爾，汝也。❷夫子言，使人不加非義於己，亦爲難事。故曰：「賜也，此事非女所能及。」言不能止人使不加非義於己也。

子貢曰：「夫子之文章，可得而聞也。章，明也。文彩形質著見，可以耳目循。❸【釋】著，知慮反。見，賢遍反。循音巡。夫子之言性與天道，不可得而聞也。」❹性者，人之所受以生也。天道者，元亨日新之道深微，故不可得而聞也。【疏】「子貢曰」至「夫子之言性與天道，不可得而聞也」　正義曰：此章言夫子之道深微難知也。「子貢曰夫子之文章，可得而聞也」者，章，明也。子貢言夫子之述作威儀禮法有文彩，形質著明，可以耳聽目視，依循學習，故可得而聞也。「夫子之言性與天道，不可得而聞也」者，天之所命，人所受以生，是性也。自然化育，元亨日新，是天道也。與，及也。子貢言，若夫子言天命之性及元亨日新之道，其理深微，故不可得而聞也。　注「性者」至「聞也」　正義曰：云「性者，人之所受以生也」者，《中庸》云：「天命之謂性。」注云：「天命，謂天所命生人者也，是謂性命。木神則仁，金神則義，火神則禮，水神則知，土神則信。」❺《孝經說》曰：「性者，生之質，❻命之所稟受度也。」❼言人感自然而生，有賢愚吉凶，或仁或義，若天之付命遣使之然，其實自然天性，故云「性者，人之所受以生也」。云「天道者，元亨日新之道」者，案《易·乾卦》云：「乾，元亨利貞。」《文言》曰：「元者，善之長也。亨者，嘉之會也。利者，義之和也。貞者，事之幹也。」謂天之體性，生養萬物，善之大者，莫善施生，元爲施生之宗，故言「元者，善之長也」。嘉，美也。言天能通暢萬物，使物嘉美而會聚，故曰「嘉之會

❶「己」下，正平本有「之也」二字。
❷「汝」，阮本作「女」。
❸「循」，正平本作「脩」。
❹「也」下，正平本有「已矣」二字。
❺「水神則知，土神則信」，阮本作「水神則信，土神則知」，《中庸》注同。
❻「生」，阮本作「天」。
❼「之」，阮本作「人」，則宜斷作「生之質命，人之所稟受度也」。

也」。「利者，義之和也」者，言天能利益庶物，使物各得其宜而和同也。「貞者，事之幹」者，言天能以中正之氣成就萬物，使物皆得幹濟。此明天之德也。天本無心，❶豈造「元亨利貞」之名也？但聖人以人事託之，謂此自然之功，爲天之四德也。此但言「元亨」者，略言之也。天之爲道，生生相續，新新不停，故曰「日新」也。以其自然而然，故謂之道。云「深微，故不可得而聞也」者，言人稟自然之性及天之自然之道，皆不知所以然而然，是其理深微，故不可得而聞也。【釋】亨，音許庚反。天道，鄭云「七政變通之占」。

子路有聞，未之能行，❷唯恐有聞。孔曰：「前所聞未及行，❸故恐後有聞不得並行。」【疏】「子路有聞，未之能行，唯恐有聞」 正義曰：此章言子路之志也。子路於夫子之道前有所聞，未及能行，❹唯恐後有聞不得並行也。

子貢問曰：「孔文子何以謂之『文』也？」孔曰：「孔文子，衛大夫孔圉。❺文，謚也。」【釋】圉，魚呂反。子曰：「敏而好學，不恥下問，是以謂之『文』也。」孔曰：「敏者，識之疾也。下問，謂凡在己下者。」【疏】「子貢」至「文也」 正義曰：此章言「文」爲美謚也。「子貢問曰孔文子何以謂之『文』也」者，言文是謚之美者，故問衛大夫孔圉有何善行，而得謂之文也。「子曰敏而好學，不恥下問，是以謂之『文』也」者，此夫子爲子貢說文子之美行也。敏者，疾也。下問，問凡在己下者。言文子知識敏疾而又好學，有所未辨，不羞恥於問己下之人，有此美行，是以謚謂之文也。注「孔曰」至「謚也」❻ 正義曰：云「孔文子，衛大夫孔圉」者，《左傳》文也。云「文，謚也」者，案《謚法》云：「勤學好問曰文。」【釋】好，呼報反。

子謂子產：「有君子之道四焉：孔曰：「子產，鄭大夫公孫僑。」【釋】僑，其驕反。其行己也恭，其事上也敬，其養民也惠，其使民也義。」【疏】「子謂」至「也義」 正義曰：此章美子產之德。「子謂子產有君子之道四焉」者，孔子評論鄭大夫子產事上使

❶「天」上，阮本有「天本無心，豈造元亨利貞之德也」二句。
❷「之」字，正平本無。
❸「及」上，正平本有「得」字。
❹「及能」，阮本作「能及」。
❺「孔」下，正平本有「叔」字。
❻「曰」，原作「文」，據阮本改。

下，有君子之道四焉，下文是也。「其行己也恭」者，一也。言己之所行，常能恭順，不違忤於物也。「其事上也敬」者，二也。言承事在己上之人及君親，則忠心復加謹敬也。「其養民也惠」者，三也。言愛養於民，振乏賙無，以恩惠也。「其使民也義」者，四也。義，宜也。言役使下民，皆於禮法得宜，不妨農也。　注「孔曰」至「孫僑」　正義曰：案《左傳》：子産，穆公之孫，公子發之子，名僑。公子之子稱公孫。襄三十年執鄭國之政，故云「鄭大夫公孫僑」也。公子發，字子國，❶公孫之子以王父字爲氏，據後而言，故或謂之國僑。❷

子曰：「晏平仲善與人交，久而敬之。」周曰：❸「齊大夫。晏，姓；平，謚。名嬰。」【疏】「子曰晏平仲善與人交，久而敬之」　正義曰：此章言齊大夫晏平仲之德。凡人輕交易絶，平仲則久而愈敬，所以爲善。

注「周曰」至「名嬰」　正義曰：云「齊大夫。晏，姓；平，謚。名嬰」者，案《左傳》文知之，是晏桓子之子也。《謚法》：「治而清省曰平。」

子曰：「臧文仲居蔡，包曰：「臧文仲，魯大夫臧孫辰。文，謚也。蔡，國君之守龜，出蔡地，因以爲名焉，長尺有二寸。居蔡，僭也。」【釋】臧，子郎反。守，手又反。僭，子念反。山節藻棁，包曰：「節者，栭也，刻鏤爲山。棁者，梁上楹，❹畫爲藻文。言其奢侈。」【釋】藻音早，水草有文者也。棁本又作「掇」，章悦反。梁上短柱也。栭音而。楹音盈。侈，昌氏反，又式氏反。何如其知也？」孔曰：「非時人謂之爲知。」❺【疏】「子曰」至「知也」　正義曰：此章明臧文仲不知也。「子曰臧文仲居蔡」者，蔡，國君之守龜名也，而魯大夫臧文仲居守之，言其僭也。「山節」者，節，栭也，刻鏤爲山形，故云「山節」也。「藻棁」者，藻，水草有文者也。棁，梁上短柱也。畫爲藻文，故云「藻棁」。此言其奢侈也。「何如其知也」者，言僭侈若此，❻是不知也。所以非時人謂之爲「知」。　注「包曰」至

---

❶「字」，原作「公」，據阮本改。
❷「故」下，阮本有「後」字。
❸「周曰」，正平本作「周生烈曰」，下同。
❹「上」下，正平本有「之」字。
❺「之爲知」，正平本作「以爲知之」。
❻「侈」，阮本作「奢」。

「僭也」 正義曰：云「臧文仲，❶魯大夫臧孫辰」者，案《世本》「孝公生僖伯彄，彄生哀伯達，達生伯氏瓶，瓶生文仲辰。」則辰是公子彄曾孫也。彄字子臧，公孫之子以王父字爲氏，故氏曰臧也。❷云「文，謚也」者，《謚法》云：「道德博厚曰文。」云「蔡，國君之守龜，出蔡地，因以爲名焉，長尺有二寸。居蔡，僭也」者，《漢書·食貨志》云：「元龜爲蔡。」《家語》稱「漆雕平對孔子云：『臧氏有守龜，其名曰蔡。文仲三年而爲一兆，武仲三年而爲二兆。』」是大蔡爲大龜，蔡是龜之名耳。鄭玄、包咸皆云出蔡地，因以爲名，未知孰是。《食貨志》云：「龜不盈尺，❸不得爲寶。」故知此龜長尺二寸，此國君之守龜。臧氏爲大夫而居之，故曰僭也。❹

注「包曰」至「奢侈」 正義曰：云「節者，栭也」者，《釋宮》文。云「刻鏤爲山。棁者，梁上楹，畫爲藻文」者，《釋宮》云：「宲廇謂之梁，❺其上楹謂之棁，栭謂之楶。」郭璞曰：「棁，侏儒柱也。❻楶即櫨也。」此言「山節」者，謂刻鏤柱頭爲斗拱，形如山也。「藻棁」者，謂畫梁上短柱爲藻文也。此是天子廟飾，而文仲僭爲之，故言其奢侈。文二年《左傳》仲尼謂之「作虛器」，言有其器而無其位，故曰「虛」也。

【釋】知音智，下同。

子張問曰：「令尹子文，孔曰：「令尹子文，楚「大夫」，❼姓鬬，名穀，❽字於菟。」【釋】㝅，❾奴斗反。本又作「穀」。於音烏。菟音塗。三仕爲令尹，無喜色。三已之，無慍色。舊令尹之政，必以告新令尹。何如？」❿子曰：「忠矣。」曰：「仁矣乎？」曰：「未知。焉得仁？」但聞其忠事，⓫未知其仁也。【釋】慍，紆問反。知如字，鄭音「智」，注及下同。焉，音於虔反。「崔子弑齊君，陳文子有馬

❶「云」，原作「白」，據阮本改。

❷「氏」，阮本作「姓」。

❸「不盈尺」，《漢書·食貨志》作「盈五寸」。

❹「曰」，阮本作「云」。

❺「宲廇」，原作「宲廇」，阮本作「宲瘤」，據《爾雅·釋宮》改。

❻「柱」，原作「杜」，據阮本改。

❼「大夫」二字，原奪，據正平本、阮本補。

❽「穀」，正平本作「㝅」。

❾「㝅」，原作「穀」，據元本改。

❿「如」下，正平本有「也」字。

⓫「但」上，正平本有「孔安國曰」四字。

十乘，棄而違之。孔曰：「皆齊大夫。崔杼作亂，陳文子惡之，捐其四十匹馬，違而去之。」【釋】崔，鄭注云：「《魯》讀『崔』爲『高』，今從《古》。」弒，施志反，本又作「殺」，同。乘，繩證反。杼，直呂反。惡，烏路反。捐，悦全反。至於他邦，則曰『猶吾大夫崔子也』，❶違之。之一邦，則又曰『猶吾大夫崔子也』，違之。何如？」子曰：「清矣。」曰：「仁矣乎？」曰：「未知。焉得仁？」孔曰：「文子辟惡逆，❷去無道，❸求有道，當春秋時，臣陵其君，皆如崔子，無有可止者。」【疏】「子張」至「得仁」　正義曰：此章明仁之難成也。「子張問曰令尹子文，三仕爲令尹，無喜色。三已之，無慍色。❹舊令尹之政，必以告新令尹。何如」者，弟子子張問於孔子，曰楚大夫令尹子文，三被任用，仕爲令尹之官，而無喜見於顔色。三被已退，無慍懟之色。舊令尹之政令規矩，必以告新令尹，慮其未曉也。子文有此美行，子張疑可謂仁，故問曰「何如」。「子曰忠矣」者，孔子答之。爲行如此，是忠臣也。「曰仁矣乎」者，子張復問「子文此德可謂仁矣乎。」「曰未知。焉得仁」者，孔子答。言如其所説，但聞其忠事，未知其仁也。「崔子弒齊君，陳文子有馬十乘，棄而違之。至於他邦，則曰猶吾大夫崔子也，違之。之一邦，則又曰猶吾大夫崔子也。「違之」何如」者，❺此子張又舉齊大夫陳文子之行而問孔子也。崔子，崔杼也，爲齊大夫，作亂，弒其君光。陳文子惡之，故家雖富，有馬十乘，謂四十匹也，而輒捐棄違去之。至於他國，亦遇其亂，陳文子則曰「猶吾齊大夫崔子也」而違去之。復往一他邦，則又曰「猶吾齊大夫崔子也」而違去之。爲行若此，其人何如。「子曰清矣」者，孔子答。言文子辟惡逆，去無道，求有道，當春秋時，臣陵其君，皆如崔子，無可止者，可謂清絜矣。「曰仁矣乎」者，子張意其爲仁，故復問之，曰「可以爲仁矣乎。」「曰未知。焉得仁」者，孔子答。言據其所聞，但是清耳，未知他行，安得仁乎。　注「孔曰」至「於菟」　正義曰：案宣四年《左傳》云「初，若敖娶於䢵，生鬬伯比。若敖卒，從其母畜於䢵，淫於䢵子之女，生子文焉。䢵夫人使棄諸夢中。

❶「則」下，正平本有「又」字。
❷「辟」，正平本作「避」。
❸「去」字，正平本無。
❹「慍」，阮本誤「溫」。
❺「違之」二字，原奪，據阮本補。

虎乳之。邧子田，❶見之，懼而歸。夫人以告，遂使收之。楚人謂乳穀，謂虎於菟，故命之曰鬬穀於菟。實爲令尹子文」是也。令尹，宰也。《周禮》云卿，❷太宰爲長，遂以宰爲上卿之號。楚臣令尹爲長，從他國之言，或亦謂之宰。宣十二年《左傳》云「蔿敖爲宰」是也。令，善也。尹，正也。言用善人正此官也。楚官多以尹爲名，皆取其正直者也。❸注「孔曰」至「去之」　正義曰：云「皆齊大夫」者，並見《春秋》，故知之。云「崔杼作亂」者，在襄二十五年。❹云「四十匹馬」者，古以四馬共駕一車，因謂四匹爲乘。經言十乘，故知四十匹也。【釋】辟音避，本亦作「避」。

季文子三思而後行。子聞之，曰：「再，❺斯可矣。」鄭曰：「季文子，魯大夫季孫行父。文，謚也。文子忠而有賢行，其舉事寡過，不必乃三思。❻

【疏】「季文子三思而後行。子聞之，曰再，斯可矣」　正義曰：此章美魯大夫季文子之德。文子忠而有賢行，其舉事皆三思之然後乃行，常寡過咎。孔子聞之，曰：「不必乃三思，但再思之，斯亦可矣。」　注「鄭曰」至「三思」　正義曰：案，《春秋》文六年《經》書「秋，季孫行父如晉」。《左傳》曰：「季文子將聘於晉，使求遭喪之禮以行。其人曰：『將焉用之？』文子曰：『備豫不虞，古之善教也。』求而無之，實難。❼過求，何害？」杜預云：「所謂文子三思。」故知「文子，魯大夫季孫行父」也。《謚法》云：「道德博厚曰文。」【釋】三，息暫反，又如字。父音甫。賢行，下孟反。

子曰：「甯武子，馬曰：「衛大夫甯俞。❽武，謚也。」【釋】甯，乃定反。俞，羊朱反。邦有道則知，邦無道則愚。其知可及也，其愚不可及也。」孔曰：「佯愚似實，❾故曰『不可及也』。」【疏】「子曰」至「及也」　正義曰：此章美衛大夫甯武子之德也。「邦有道則知，邦無道則愚」者，此其德也。若遇邦國有道，則顯其知

---

❶「田」，原作「由」，據《左傳》改。
❷「云」，阮本作「六」。
❸「者」字，阮本無。
❹「在」，阮本作「左」。
❺「再」下，正平本有「思」字。
❻「乃」，正平本作「及」。「思」下，正平本有「之也」二字。
❼「實」，阮本誤「賓」。
❽「俞」，正平本作「喻」。
❾「佯」，正平本作「詐」。

謀，若遇無道，則韜藏其知而佯愚。「其知可及，❶其愚不可及也」者，言有道則知，人或可及；佯愚似實，不可及也。注「馬曰衛大夫甯俞。武，謚也」 正義曰：案，《春秋》文四年「衛侯使甯俞來聘。」《左傳》曰：「衛甯武子來聘，公與之宴，爲賦《湛露》及《彤弓》。不辭，又不答賦。使行人私焉。對曰：『臣以爲肄業及之也。』」杜元凱注云：「此其愚不可及也。」是甯武子即甯俞也。《謚法》云：「剛彊直理曰武。」

【釋】知音智，下同。

子在陳。曰：「歸與。歸與。吾黨之小子狂簡，斐然成章，不知所以裁之。」❷孔曰：「簡，大也。孔子在陳，思歸欲去，故曰：『吾黨之小子狂者進取於大道，❸妄作穿鑿，❹以成文章，不知所以裁制，我當歸以裁之耳。』❺遂歸。」【疏】「子在」至「裁之」 正義曰：此章孔子在陳既久，言其欲歸之意也。與，語辭。再言「歸與」者，思歸之深也。狂者，進取也。簡，大也。斐然，文章貌。言我所以歸者，以吾鄉黨之中未學之小子等，進取大道，妄作穿鑿，斐然而成文章，不知所以裁制，故我當歸以裁之耳。遂歸也。不即歸而言此者，恐人怪己，故託此爲辭耳。【釋】與，並音餘。「吾黨之小子狂簡」絕句。斐，芳匪反。穿音川。鑿，在洛反。此章孔注與《孟子》同，與鄭解異。

子曰：「伯夷、叔齊不念舊惡，怨是用希。」孔曰：「伯夷、叔齊，孤竹君之二子。孤竹，國名。」

【疏】「子曰伯夷、叔齊，不念舊惡，怨是用希」 正義曰：此章美伯夷、叔齊二人之行，不念舊時之惡而欲報復，故希爲人所怨恨也。 注「伯夷、叔齊，孤竹君之二子。孤竹，國名」 正義曰：案，《春秋少陽篇》：「伯夷姓墨，名允，字公信。伯，長也。夷，謚。叔齊名智，字公達，伯夷之弟。齊亦謚也。」太史公曰「伯夷、叔齊，孤竹君之二子也。父欲立叔齊，及父卒，叔齊讓伯夷。伯夷曰：『父命也。』遂逃去。叔齊亦不肯立而逃之。國人立其中子。於是伯夷、叔齊聞西伯昌善養老，盍往歸焉？及至，西伯卒，武王載木主，號爲文王，東伐紂。伯夷、叔齊叩馬而諫曰：『父死不葬，爰及干戈，可謂孝乎？以臣弒君，可謂仁乎？』左右欲兵之。

---

❶「及」下，阮本有「也」字。
❷「之」下，正平本有「也」字。
❸「狂」下，正平本有「簡」字。
❹「作」字，正平本無。
❺「裁」下，正平本有「制」字。

太公曰：『此義人也。』扶而去之。武王已平殷亂，天下宗周，而伯夷、叔齊恥之，義不食周粟，隱於首陽山，采薇而食之。及餓且死」者是也。孤竹，北方之遠國名。《地理志》：❶「遼西令支有孤竹城。」應劭曰：「故伯夷國。」【釋】伯夷姓墨，名允，字公信。伯，長也。夷，謚。一本名元。叔齊名智，字公達，伯夷之弟。齊，亦謚也。夷、齊名。見《春秋少陽篇》。

子曰：「孰謂微生高直？孔曰：「微生，姓，名高，魯人也。」或乞醯焉，乞諸其鄰而與之。」孔曰：「乞之四鄰以應求者，用意委曲，非爲直人。」【疏】「子曰」至「與之」 正義曰：此章明直者不應委曲也。「孰謂微生高直」者，孰，誰也。孔子曰：「誰言魯人微生高性行正直？」「或乞醯焉，乞諸其鄰而與之」者，此孔子言其不直之事。醯，醋也。諸，之也。或有一人就微生高乞醯，時自無之，即可答云「無」。高乃乞之其四鄰，以應求者，用意委曲，非爲直人。【釋】醯，呼西反，亦作「醓」。

子曰：「巧言、令色、足恭，孔曰：「足恭，便僻貌。」❷【釋】足，將樹反，又如字。一本此章有「子曰」字，恐非。僻，婢亦反。左丘明恥之，丘亦恥之。孔曰：「左丘明，魯太史。」❸【釋】大音泰。匿怨而友其人，孔曰：「心内相怨而外詐親。」【釋】匿，女力反。左丘明恥之，丘亦恥之。」【疏】「子曰」至「恥之」

正義曰：此章言魯太史左丘明與聖同恥之事。「巧言、令色、足恭」者，孔以爲：巧好言語，令善顔色，便僻其足以爲恭，謂前卻俯仰以足爲恭也。一曰：足，將樹切，足，成也。謂巧言令色以成其恭也，❹媚於人也。「左丘明恥之，丘亦恥之」者，左丘明，魯太史，受《春秋經》於仲尼者也。恥此諸事不爲，適合孔子之意，故云「丘亦恥之」。「匿怨而友其人」者，友，親也。匿，隱也。言心内隱其相怨而外貌詐相親友也。「左丘明恥之，丘亦恥之」者，亦俱恥而不爲也。 注「孔曰足恭，便辟貌」❺ 正義曰：此讀足如字，便僻謂便習盤僻其足以爲恭也。 注「左丘明，魯太

❶「理」，阮本作「里」。
❷「僻」下，正平本有「之」字。
❸「太史」，正平本作「大夫」。
❹「也」，阮本作「取」，從下句。
❺「辟」，阮本作「僻」。

史」 正義曰：《漢書・藝文志》文也。❶

顔淵、季路侍。子曰：「盍各言爾志？」❷子路曰：「願車馬衣輕裘與朋友共，敝之而無憾。」孔曰：「憾，恨也。」【釋】盍，戶臘反。憾，戶闇反。 顔淵曰：「願無伐善，孔曰：「不自稱己之善。」❸無施勞。」孔曰：「不以勞事置施於人。」❹子路曰：「願聞子之志。」子曰：「老者安之，朋友信之，少者懷之。」孔曰：「懷，歸也。」❺【疏】「顔淵」至「懷之」 正義曰：此章仲尼、顔淵、季路各言其志也。「顔淵、季路侍」者，二弟子侍孔子也。❻卑在尊旁曰侍。「子曰盍各言爾志」者，爾，女也。盍，何不也。夫子謂二弟子曰：「何不各言女心中之所志也？」「子路曰願車馬衣輕裘與朋友共，敝之而無憾」者，憾，恨也。衣裘以輕者爲美。言願以己之車馬衣裘與朋友共乘服，而破敝之而無恨也，此重義輕財之志也。「顔淵曰願無伐善，無施勞」者，夸功曰伐。言願不自稱伐己之善，不置施勞役之事於人也，此仁人之志也。「子路曰願聞子之志」者，二子各言其志畢，子路復問夫子曰：「願聞子之志。」古者稱師曰子。「子曰老者安之，朋友信之，少者懷之」者，此夫子之志也。懷，歸也。言己願老者安己，事之以孝敬也。朋友信己，待之以不欺也。少者歸己，施之以恩惠也。【釋】少，詩照反。

子曰：「已矣乎，吾未見能見其過而内自訟者也。」包曰：「訟猶責也。言人有過，莫能自責。」【疏】「子曰」至「者也」 正義曰：此章疾時人有過莫能自責也。訟猶責也。已，終也。吾未見有人能自見其己過而内自責者也，言將終不復見，故云「已矣乎」。【釋】訟，自用反。

子曰：「十室之邑，必有忠信如丘者焉，不如丘之好學也。」❼【疏】「子曰十室之邑，

❶「文」下，阮本衍「者」字。
❷「言」，正平本作「曰」。
❸「不自」，正平本作「自無」。
❹「不」，正平本作「無」。
❺「孔曰懷歸也」五字，正平本無。
❻「二」字，阮本無。
❼「也」上，正平本有「者」字。

必有忠信如丘者焉，不如丘之好學也」 正義曰：此章夫子言己勤學也。十室之邑，邑之小者也。其邑雖小，亦不誣之，必有忠信如我者焉，但不如我之好學不厭也。衛瓘讀「焉」於虔切，爲下句首，焉猶安也。言十室之邑雖小，必有忠信如我者也，安不如我之好學也，言亦有如我之好學者也。❶義並得通，故具存焉。【釋】焉如字，衛瓘於虔反，爲下句首。

雍也第六

【疏】正義曰：此篇亦論賢人君子，及仁知中庸之德，大抵與前相類，故以次之。

子曰：「雍也，可使南面。」❷包曰：「可使南面者，言任諸侯治。」❸【疏】「子曰雍也，可使南面」 正義曰：此章稱弟子冉雍之德行。南面謂諸侯也。言冉雍有德行，堪任爲諸侯，治理一國也。❹【釋】任音壬，又而鴆反。❺治，直吏反。一本無「治」字。一本作「言任諸侯治國也」。

仲弓問子桑伯子。王曰：「伯子，書傳無見焉。」【釋】桑，子郎反。鄭云：「秦大夫。」見，賢遍反。子曰：「可也。簡。」孔曰：❻「以其能簡，故曰可也。」仲弓曰：「居敬而行簡，以臨其民，不亦可乎？孔曰：「居身敬肅，臨下寬略，則可。」【釋】行如字，❼下同。居簡而行簡，無乃太簡乎？」❽包曰：「伯子之簡太簡。」【釋】大音泰。子曰：「雍之言然。」【疏】「仲弓」至「言然」 正義曰：此章明行簡之法。「仲弓問子桑伯子」者，仲弓，冉雍字也。問子桑伯子其人德行何如。「子曰可也。簡」者，孔子爲仲弓述子桑伯子之德行也。簡，略也。言其人可也，以其行能寬略故也。「仲弓曰居敬而行簡，以臨其民，不亦可乎」者，此仲弓

---

❶「有」，阮本作「不」，下「學」下無「者」字。
❷「面」下，正平本有「也」字。
❸「治」，正平本作「可使治國也」。
❹「國」下，阮本有「者」字。
❺「鴆」，元本作「鳩」。
❻「孔曰」二字，正平本無。
❼「行如字」，元本作「行下孟反又如字」。
❽「太」，阮本作「大」，注、疏同。

因辨簡之可否。❶言若居身敬肅而行寬略，以臨其下民，不亦可乎，言其可也。「居簡而行簡，無乃太簡乎」者，言居身寬略而行又寬略，乃太簡也，則子桑伯子之簡是太簡也。「子曰雍之言然」者，然猶是也。夫子許仲弓之言是，故曰「然」。　注「王曰伯子，書傳無見焉」　正義曰：「書傳無見」，不知何人也。子桑伯子當是一人，故此注及下包氏皆唯言伯子而已。鄭以《左傳》秦有公孫枝，字子桑，則以此爲秦大夫，恐非。

哀公問：❷「弟子孰爲好學？」孔子對曰：「有顏回者好學，不遷怒，不貳過。不幸短命死矣。今也則亡，未聞好學者也。」

凡人任情，喜怒違理。顏回任道，❸怒不過分。遷者，移也。怒當其理，不移易也。「不貳過」者，有不善，未嘗復行。【疏】「哀公」至「者也」　正義曰：此章稱顏回之德。「哀公問弟子孰爲好學」者，魯君哀公問於孔子曰：「弟子之中，誰爲好樂於學者？」❹「孔子對曰有顏回者好學，不幸短命死矣。今也則亡，未聞好學者也」者，孔子對哀公。曰有弟子顏回者，其人好學。遷，移也。凡人任情，喜怒違理。顏回任道，怒不過分而當其理，不移易，不遷怒也。人皆聞過憚改。❺顏回有不善，未嘗不知；知之，未嘗復行，不貳過也。凡事應失而得曰幸，應得而失曰不幸。惡人横夭則惟其常，顏回以德行著名，應得壽考，而反二十九髮盡白，三十二而卒，故曰「不幸短命死矣」。亡，無也。言今則無好學者矣，未聞更有好學者也。　注「凡人」至「復行」　正義曰：云「凡人任情，喜怒違理」者，言凡常之人信任邪情，恣其喜怒，違於分理也。云「顏回任道，怒不過分」者，言顏回好學既深，信用至道，故怒不過其分理也。云「有不善未嘗復行」者，《周易·下繫辭》文。彼云：「子曰：顏氏之子，其殆庶幾乎。有不善未嘗不知，知之未嘗復行也。」韓康伯注云：「在理則昧，造形而悟，顏子之分也。失之於幾，故有不善；得之於二，不遠而復，故知之未嘗復行也。」引之以證「不貳過」也。此稱其好學，而言不遷怒、貳過者，以不

❶「此」字，阮本無。
❷「問」下，正平本有「曰」字。
❸「回」，正平本作「淵」。
❹「好樂於」，阮本作「樂於好」。
❺「聞」，阮本作「有」。

遷怒、貳過由於學問既篤，任道而行，故舉以言焉，以明好學之深也。一曰：以哀公遷怒、貳過，而孔子因以諷諫。【釋】好，呼報反。「今也則亡」，本或無「亡」字，即連下句讀。分，符問反。當，丁浪反。復，扶又反。

子華使於齊，冉子爲其母請粟。子曰：「與之釜。」馬曰：「子華，弟子公西華，赤之字。❶六斗四升曰釜。」【釋】使，所吏反。爲，于僞反。釜音父。請益。曰：「與之庾。」包曰：「十六斗曰庾。」❷【釋】庾，俞甫反。冉子與之粟五秉。馬曰：「十六斛曰秉。五秉合爲八十斛。」❸【釋】秉音丙。子曰：「赤之適齊也，乘肥馬，衣輕裘。吾聞之也：『君子周急不繼富。』」鄭曰：「非冉有與之太多。」【疏】「子華」至「繼富」。正義曰：此章論君子當振窮周急。「子華使於齊」者，弟子公西赤，字子華，時仕魯，爲魯使適於齊也。「冉子爲其母請粟」者，冉子即冉有也，爲其子華之母請粟於夫子。言其子出使而家貧也。「子曰與之釜」者，夫子令與粟六斗四升也。「請益」者，冉有嫌其粟少，故更請益之。「曰與之庾」者，夫子令益與十六斗也。「冉子與之粟五秉」者，冉有終以爲少，故自與粟八十斛也。「子曰赤之適齊也，乘肥馬，衣輕裘。吾聞之也：君子周急不繼富」者，此孔子非冉有與之太多也。赤，子華名。適，往也。言子華使往齊國，乘駕肥馬，衣著輕裘，則是富也。富則毋不闕粟。吾嘗聞之：「君子當周救人之窮急，不繼接於富有。」今子華家富而多與之粟，則是繼富，故非之也。注「馬曰」至「曰釜」。正義曰：《史記·弟子傳》云：「公西赤，字子華。」鄭玄曰：「魯人，少孔子四十三歲。」❹云「六斗四升曰釜」者，昭三年《左傳》「晏子曰：『齊舊四量，豆、區、釜、鍾。四升爲豆，各自其四，以登於釜。』」杜注云「四豆爲區，區斗六升。❺四區爲釜，釜六斗四升」是也。注「包曰十六斗曰庾」，「馬曰十六斛曰秉」。正義曰：案《聘禮記》云：「十斗曰斛。十六斗曰籔。十籔曰秉。」鄭注云：「秉

❶「之字」，正平本作「字也」。
❷「曰」，正平本作「爲」。
❸「爲」字，正平本無。
❹「三」，阮本作「二」。
❺「斗」，阮本作「十」。

十六斛，今江淮之間量名有爲籔者。❶今文籔爲逾。」是庾、逾、籔，其數同，故知然也。
【釋】大音泰，或吐賀反。
原思爲之宰，包曰：「弟子原憲。思，字也。孔子爲魯司寇，以原憲爲家邑宰。」與之粟九百，辭。孔曰：「九百，九百斗。辭，辭讓不受。」❷子曰：「毋。❸孔曰：「祿法所得，當受無讓。」❹以與爾鄰里鄉黨乎。」鄭曰：「五家爲鄰，五鄰爲里，萬二千五百家爲鄉，五百家爲黨。」【疏】「原思」至「黨乎」 正義曰：此章明受祿之法。❺原思，弟子原憲也。孔子爲魯司寇，以原憲爲家邑宰也。「與之粟九百，辭」者，孔子與之粟九百斗，原思辭讓不受也。「子曰毋」者，毋，禁辭也。孔子禁止其讓，言祿法所得，❻當受無讓也。「以與爾鄰里鄉黨乎」者，言於己有餘，可分與爾鄰里鄉黨之人，亦不可辭也。 注「包曰」至「邑宰」 正義曰：《史記·弟子傳》曰：「原憲，字子思。」鄭玄曰：「魯人。」云「孔子爲〔魯〕司寇，❼以原憲爲家邑宰」者，《世家》云：「孔子由中都宰爲司空，由司空爲司寇。」魯司寇，大夫也。必有采邑。大夫稱家，故以原憲爲家采邑之宰也。 注「鄭曰」至「爲黨」 正義曰：云「五家爲鄰，五鄰爲里」者，《地官·遂人職》文。案，《大司徒職》云：「五家爲比，五比爲閭，四閭爲族，五族爲黨，五黨爲州，五州爲鄉。」故知萬二千五百家爲鄉，五百家爲黨也。

子謂仲弓，曰：「犂牛之子騂且角，雖欲勿用，山川其舍諸？」犂，雜文。騂，赤也。❽角者，角周正中犧牲。雖欲以其所生犂而不用，山川寧肯舍之乎？言父雖不善，不害於子之美。❾【疏】「子謂」至「舍諸」 正義曰：此章復評冉雍之德也。❿「子謂仲弓，曰犂牛之子騂且角，雖欲勿用，山川其舍諸」者，雜文曰犂。騂，純赤色也。角者，角周正也。舍，棄也。諸，之也。仲弓父賤人而行不善，故孔子稱謂仲弓，曰：「譬若雜文之犂牛生純赤且角周正之子，中祭祀之犧牲，雖欲以其所生犂而不

❶「有」，阮本作「以」。
❷「辭」字，正平本不重。
❸「毋」，原作「母」，據正平本、阮本改，疏同。
❹「祿法所得當受無讓」，正平本作「祿法所當受毋以讓也」。
❺「明」下，正平本有「爲仕」二字，阮本僅有「爲」字。
❻「得」字，原空缺，據阮本補。
❼「魯」字，原無，據上疏文補。
❽「也」，正平本作「色」。
❾「於」下，正平本有「其」字。
❿「評」，阮本作「謂」。

用，山川寧肯舍棄之乎？」言仲弓父雖不善，不害於子之美也矣。❶【釋】犂，利之反，又力之反，色如狸也；又力兮反，耕犂之牛。騂，息營反。舍音捨，棄也；一音赦，置也。中音丁仲反。犧音許宜反。

子曰：「回也，其心三月不違仁，其餘則日月至焉而已矣。」餘人暫有至仁時，❷唯回移時而不變。【疏】「子曰回也，其心三月不違仁，其餘則日月至焉而已矣」　正義曰：此章稱顏回之仁。三月爲一時，天氣一變。人心行善，亦多隨時移變。唯回也，其心雖經一時復一時，而不變移違去仁道也。其餘則暫有至仁時，或一日或一月而已矣。

季康子問：「仲由可使從政也與？」[子]曰：❸「由也果，包曰：「果謂果敢決斷。」【釋】與音餘，下同。斷，丁亂反。於從政乎何有？」曰：「賜也可使從政也與？」曰：「賜也達，孔曰：「達謂通於物理。」於從政乎何有？」曰：「求也可使從政也與？」曰：「求也藝，孔曰：「藝謂多才藝。」❹於從政乎何有？」【疏】「季康」至「何有」　正義曰：此章明子路、子貢、冉有之才也。「季康子問仲由可使從政也與」者，康子，魯卿季孫肥也。問於孔子曰：「仲由之才，可使從一官而爲政治也與？」「子曰由也果，於從政乎何有」者，果謂果敢決斷。「何有」言不難也。孔子言仲由之才果敢決斷，其於從政何有難乎，言仲由可使從政也。「曰賜也可使從政也與」者，季康子又問子貢也。「曰賜也達，於從政乎何有」者，達謂通於物理。孔子答，言子貢之才通達物理，亦言可從政也。「曰求也可使從政也與」者，康子又問冉有也。「曰求也藝，於從政乎何有」者，藝謂多才藝，孔子答，言冉求多才藝，亦可從政也。

季氏使閔子騫爲費宰。孔曰：「費，季氏邑。季氏不臣，而其邑宰數畔，❺聞子騫賢，❻故欲用之。」

❶「矣」字，阮本無。
❷「餘」上，正平本有「言」字。
❸「子」字原缺，據正平本補，下第三、第五「曰」上，正平本亦有「子」字。
❹下「藝」字，正平本作「能」。
❺「數」字，正平本無。
❻「聞」下，正平本有「閔」字。

【釋】騫，起虔反。費音秘。**閔子騫曰：「善爲我辭焉。**孔曰：「不欲爲季氏宰，語使者：❶『善爲我作辭說，❷令不復召我也。』」【釋】善爲，于僞反，注同。語，魚據反。使，所吏反。令，力呈反。復，扶又反。**如有復我者，**孔曰：「復我者，重來召我。」【釋】重，直用反。**則吾必在汶上矣。」**孔曰：「去之汶水上，欲北如齊。」

【疏】「季氏」至「上矣」 正義曰：此章明閔損之賢也。·「季氏使閔子騫爲費宰」者，費，季氏邑。季氏不臣，而其邑宰數畔，聞子騫賢，故欲使之也。「閔子騫曰善爲我辭焉」者，子騫不欲爲季氏宰，❸故語使者曰：「善爲我作辭說，令不復召我也。」「如有復我者，則吾必在汶上矣」者，復，重也。言如有重來召我者，則吾必去之在汶水上，欲北如齊也。 注「孔曰」至「用之」 正義曰：云「費，季氏邑」者，《左傳》文也。云「季氏不臣，而其邑宰數畔」者，僭禮樂，逐昭公，是不臣也。昭十三年南蒯以費畔，❹又公山弗擾以費畔，是數畔也。 注「去之汶水上，欲北如齊」 正義曰：《地理志》云：「汶水出泰山萊蕪，西南入濟。」在齊南魯北，故曰「欲北如齊」也。 【釋】「則吾必在」，一本無「吾」字，鄭本無「則吾」二字。汶音問。

伯牛有疾。馬曰：「伯牛，弟子冉耕。」**子問之，自牖執其手，**包曰：「牛有惡疾，❺不欲見人，故孔子從牖執其手。」【釋】牖，由久反。**曰：「亡之，**孔曰：「亡，喪也。疾甚，故持其手曰『喪之』。」【釋】喪，息浪反，又如字，下同。**命矣夫。斯人也而有斯疾也。斯人也而有斯疾也。」**包曰：「再言之者，痛惜之甚。」【疏】「伯牛」至「疾也」 正義曰：此章孔子痛惜弟子冉耕有德行而遇惡疾也。伯牛，冉耕字也。有疾，有惡疾也。「子問之，自牖執其手」者，自，從也。伯牛惡疾，不欲見人，故孔子問之，從牖執其手也。「曰亡之」者，亡，喪也。疾甚，故持其手曰「喪之」。「命矣夫。斯人也而有斯疾也」者，行善遇凶，非人所召，故歸之於命。言天命矣夫。斯，此也。此善人也而有此惡疾也。是孔子痛惜之甚。

---

❶「語使者」，正平本作「語使者曰」，阮本「語」作「託」。
❷「作」字，阮本無，「辭」下，阮本衍「焉」字。
❸「宰」，原作「字」，據阮本改。
❹「三」，阮本作「二」，是。
❺「牛」字，正平本無。

注「馬曰伯牛，弟子冉耕」　正義曰：《史記・弟子傳》曰：「冉耕，字伯牛。」鄭玄曰：「魯人。」　注「包曰伯牛有惡疾」　正義曰：惡疾，疾之惡者也。《淮南子》云：「伯牛癩。」【釋】夫音符。

子曰：「賢哉，回也。一簞食，一瓢飲，孔曰：「簞，笥也。」❶【釋】簞音丹。食音嗣，下同。瓢，婢遥反，瓠也。笥，息嗣反。在陋巷，人不堪其憂，回也不改其樂。賢哉，回也。」孔曰：❷「顔淵樂道，雖簞食、在陋巷，不改其所樂。」【疏】「子曰」至「回也」　正義曰：此章歎美顔回之賢，❸故曰「賢哉回也」。云「一簞食，一瓢飲」者，簞，竹器。食，飯也。瓢，瓠也。言回家貧，唯有一簞飯、一瓠瓢飲也。「在陋巷，人不堪其憂，回也不改其樂」者，言回居處又在隘陋之巷，他人見之，不任其憂，唯回也不改其樂道之志，不以貧爲憂苦也。歎美之甚，故又曰「賢哉回也」。　注「孔曰簞，笥也」　正義曰：案鄭注《曲禮》云：「圓曰簞，方曰笥。」然則簞與笥方圓異，而此云「簞，笥」者，以其俱用竹爲之，舉類以曉人也。【釋】巷，戶降反。樂音洛，注同。

冉求曰：❹「非不説子之道，❺力不足也。」子曰：「力不足者，中道而廢。今女畫。」孔曰：「畫，止也。力不足者，當中道而廢。今女自止耳，非力極也。」❻【疏】「冉求曰」至「女畫」　正義曰：此章勉人學也。「冉求曰非不説子之道，力不足也」者，弟子冉求言己非不説樂子之道而勤學之，但以力不足故也。「子曰力不足者，中道而廢。今女畫」者，畫，止也。此孔子責冉求之不説學也。言力不足者，當中道而廢。今女自止耳，非力極也。【釋】説音悦。中如字，一音丁仲反。女音汝。畫音獲，止也。

子謂子夏曰：「女爲君子儒，❼無爲小人

---

❶「也」下，正平本有「瓢瓠也」三字。
❷「曰」字，原作「子」，據正平本、阮本改。
❸「美」字，阮本無。
❹「求」，正平本作「有」。
❺「道」下，正平本有「也」字。
❻「極」下，正平本有「之」字。
❼「女」字，正平本無。

儒。」❶孔曰：❷「君子爲儒，將以明道。小人爲儒，則矜其名。」【疏】「子謂子夏曰女爲君子儒，無爲小人儒」　正義曰：此章戒子夏爲君子也。言人博學先王之道以潤其身者，皆謂之儒。但君子則將以明道，小人則矜其才名。言女當明道，無得矜名也。

子游爲武城宰。包曰：「武城，魯下邑。」子曰：「女得人焉耳乎？」❸孔曰：「焉、耳、乎，皆辭。」【釋】女音汝。曰：「有澹臺滅明者，行不由徑，非公事，未嘗至於偃之室也。」包曰：「澹臺，姓，滅明，名，字子羽。言其公且方。」【疏】「子游」至「室也」　正義曰：此章明子羽公方也。「子游爲武城宰」者，武城，魯下邑。子游時爲之宰也。「子曰女得人焉耳乎」者，孔子問子游。言女在武城，得其有德之人乎。焉、耳、乎，皆語助辭。「曰有澹臺滅明者」，此子游對孔子。言己所得之人也，姓澹臺，名滅明。「行不由徑，非公事，未嘗至於偃之室也」者，此言其人之德也。行遵大道，不由小徑，是方也。若非公事，未嘗至於偃之室，是公也。既公且方，故以爲得人。注「包曰」至「且方」　正義曰：《史記·弟子傳》云「澹臺滅明，武城人，字子羽，少孔子三十九歲。狀貌甚惡。欲事孔子，孔子以爲材薄。既已受業，退而修行，名施乎諸侯。孔子聞之，曰：『吾以貌取人，失之子羽。』」是亦弟子也。此注不言弟子者，❹從可知也。云「言其公且方」者，公，無私也。方，正直也。

子曰：「孟之反不伐。孔曰：「魯大夫孟之側，與齊戰，軍大敗。不伐者，不自伐其功。」奔而殿，將入門，策其馬，曰：『非敢後也，馬不進也。』」馬曰：「殿，在軍後。❺前曰啓，後曰殿。孟之反賢而有勇，軍大奔，獨在後爲殿。❻人迎功之，不欲獨有其名，曰：❼『我非敢在後拒敵，馬不能前進。』」❽【疏】「子曰」至「進也」　正義曰：此章言功以不伐爲善也。「孟之反不伐」

❶「無」，正平本作「毋」。
❷「孔曰」，正平本無，阮校：皇本作「馬融曰」。
❸「乎」下，正平本有「哉」字，注同。
❹「此」，阮本作「故」。
❺「後」下，正平本有「者也」二字。
❻「獨在後」，正平本作「猶」。
❼「曰」上，正平本有「故」字。
❽「前」字，正平本無。

者，誇功曰伐。孟之反，魯大夫孟之側也。有軍功而不誇伐也。「奔而殿，將入門，策其馬曰：非敢後也，馬不進也」者，此其不伐之事也。在軍後曰殿。策，捶也。魯與齊戰，魯師敗而奔，孟之反賢而有勇，獨在後爲殿。人迎功之。不欲獨有其名，故將入國門，乃捶其馬，欲先奔者入城也。且曰：「我非敢在後爲殿以拒敵，馬不能前進故也。」

注「孔曰魯大夫孟之側」 正義曰：杜預曰「之側，孟氏族，字反」是也。 注「馬曰」至「前進」 正義曰：云「殿，在軍後。前曰啓，後曰殿」者，案，《司馬法·謀帥篇》曰：「大前驅啓，❶乘車大震，倅車屬焉。」大震即大殿也，音相似。襄二十三年《左傳》曰：「齊侯伐衛。大殿，商子游御夏之御寇。」《詩》曰：「元戎十乘，以先啓行。」是殿在軍後，前曰啓也。案，哀十一年《左傳》說此事，云：齊師伐我，❷及清。孟孺子洩帥右師，冉求帥左師。師及齊師戰于郊。右師奔，齊人從之。孟之側後入以爲殿，抽矢策其馬，曰：「馬不進也。」文不同者，各據所聞而記之也。

子曰：「不有祝鮀之佞，而有宋朝之美，難乎免於今之世矣。」孔曰：「佞，口才也。祝鮀，衛大夫子魚也，❸時世貴之。宋朝，宋之美人而善淫。❹言當如祝鮀之佞，而反如宋朝之美，難乎免於今之世害也。」❺

【疏】「子曰不有祝鮀之佞，而有宋朝之美，難乎免於今之世矣」 正義曰：此章言世尚口才也。佞，口才也。祝鮀，衛大夫子魚也，有口才，時世貴之。宋朝，宋之美人，善淫，時世疾之。言人當如祝鮀之有口才，則見貴重，若無祝鮀之佞，而反有宋朝之美，難乎免於今之世害也。 注「孔曰」至「害也」❻ 正義曰：云「祝鮀衛大夫子魚也，時世貴之」者，《春秋》定四年：「會于召陵，盟于皋鼬。」《左傳》曰：「將會，衛子行敬子言於靈公曰：『會同難，嘖有煩言，莫之治也。其使祝鮀從。』公曰：『善。』乃使子魚。」是祝鮀即子魚也。《傳》又曰：「及皋鼬，將盟，將長蔡於衛。衛侯使祝鮀私於萇弘(文多不載)。萇弘說，告劉子，與范獻子謀之，乃長衛侯於盟。」是「時世貴之」也。云「宋朝，宋之美人而

---

❶「大」，阮本作「夫」。
❷「師」字，阮本無。
❸「夫」下，正平本有「名」字。
❹「宋」下，正平本有「國」字。
❺「乎」，正平本作「矣」，「之世」，正平本作「世之」。
❻「害」，阮本誤「善」。

善淫」者，案，定十四年《左傳》曰：「衛侯爲夫人南子召宋朝。」杜注云：「南子，宋女也。朝，宋公子，舊通于南子，❶在宋呼之。」是朝爲宋之美人而善淫也。【釋】鮀，徒多反。朝，張遥反。及如，一本「及」字作「反」，義亦通。

子曰：「誰能出不由戶，❷何莫由斯道也？」孔曰：❸「言人立身成功當由道，譬猶出入要當從戶。」❹【疏】「子曰誰能出不由戶，何莫由斯道也」　正義曰：此章言道爲立身之要也。故曰誰人能出入不由門戶，以譬何人立身不由於此道也。言人立身成功當由道，譬猶出入要當從戶。

子曰：「質勝文則野，包曰：「野，如野人，言鄙略也。」文勝質則史。包曰：「史者，文多而質少。」文質彬彬，然後君子。」包曰：「彬彬，文質相半之貌。」【疏】「子曰」至「君子」　正義曰：此章明君子也。「質勝文則野」者，謂人若質多，勝於文，則如野人，言鄙略也。「文勝質則史」者，言文多，勝於質，則如史官也。「文質彬彬，然後君子」者，彬彬，文質相半之貌。言文華質朴相半，彬彬然，然後可爲君子也。【釋】彬，彼貧反，《說文》作「粉」，❺文質備。

子曰：「人之生也直，馬曰：「言人所生於世而自終者，❻以其正直也。」❼罔之生也幸而免。」包曰：「誣罔正直之道而亦生者，❽是幸而免。」【疏】「子曰人之生也直，罔之生也幸而免」　正義曰：此章明人以正直爲德。言人之所以生於世而自壽終不横夭者，以其正直故也。罔，誣罔也。言人有誣罔正直之道而亦生者，是幸而獲免也。

子曰：「知之者不如好之者，❾好之者不如樂之者。」包曰：「學問，知之者不如好之者篤，好之者不如樂之者深。」❿【疏】「子曰」至「之者」　正義曰：此

❶「于」，原作「子」，據阮本改。
❷「戶」下，正平本有「者」字。
❸「孔曰」二字，正平本無。
❹「猶」下，正平本有「人」字。
❺「粉」，元本作「份」。
❻「所」，正平本作「之所以」。
❼「直」下，正平本有「之道」二字。
❽「者」字，正平本無。
❾上「之」字，正平本無。
❿上「者」字下，正平本有「又」字。

章言人之學道用心深淺之異也。言學問，知之者不如好之者篤厚也，好之者又不如悦樂之者深也。【釋】好，呼報反，下注同。樂音洛。

子曰：「中人以上，可以語上也。中人以下，不可以語上也。」王曰：❶「上謂上知之所知也。兩舉中人，以其可上可下。」【疏】「子曰」至「上也」正義曰：此章言授學之法當稱其才識也。語謂告語。上謂上知之所知也。人之才識凡有九等，謂上上、上中、上下、中上、中中、中下、下上、下中、下下也。上上則聖人也，下下則愚人也，皆不可移也。其上中以下，下中以上，是可教之人也。中人謂第五中中之人也。以上謂上中、上下、中上之人也，以其才識優長，故可以告語上知之所知也。中人以下謂中下，下上、下中之人也，以其才識暗劣，故不可以告語上知之所知也。此應云「中人以上可以語上，以下不可以語上」，而繁文兩舉「中人」者，以其中人可上可下故也。言此中人若才性稍優，則可以語上，才性稍劣，則不可以語上，是其可上可下也。【釋】上，時掌反，注「可上」同。語，魚據反，下同。上知，音智。

樊遲問知。子曰：「務民之義，王曰：「務所以化道民之義。」【釋】知音智，下章及注同。道音導。敬鬼神而遠之，可謂知矣。」包曰：「敬鬼神而不黷。」【釋】遠，于萬反。黷，徒木反，本今作「瀆」。問仁。曰：❷「仁者先難而後獲，可謂仁矣。」孔曰：「先勞苦，乃後得功，❸此所以爲仁。」【疏】「樊遲」至「仁矣」正義曰：此章明仁知之用也。「樊遲問知」者，弟子樊須問於孔子：「何爲可謂之知？」「子曰務民之義，敬鬼神而遠之，可謂知矣」者，孔子答其爲知也。言當務所以化道民之義，恭敬鬼神而疏遠之，不褻黷，能行如此，可謂爲知矣。「問仁」者，樊遲又問：「何爲可謂之仁？」「子曰仁者先難而後獲，可謂仁矣」者，此答其爲仁也。獲猶得也。言爲仁者先受勞苦之難，而後乃得功，此所以爲仁也。❹

子曰：「知者樂水，包曰：「知者樂運其才知以治世，如水流而不知已。」【釋】樂音岳，又五孝反，注及下同。

---

❶「王」，原作「子」，據正平本、阮本改。

❷「曰」上，正平本有「子」字。

❸「乃」，阮本作「而」，「後」字，正平本無。

❹「也」下，正平本有「已」字。

仁者樂山。仁者樂如山之安固，自然不動而萬物生焉。知者動，包曰：「日進故動。」❶仁者靜。孔曰：「無欲故靜。」知者樂，鄭曰：「知者自役得其志，故樂。」❷仁者壽。」包曰：「性靜者多壽考。」❸【疏】「子曰知者樂水，仁者樂山。知者動」至「仁者壽」 正義曰：此章初明知、仁之性，次明知、仁之用，三明知、仁之功也。「知者樂水」者，樂謂愛好。言知者性好運其才知以治世，如水流而不知已止也。「仁者樂山」者，言仁者之性好樂如山之安固，自然不動而萬物生焉。「知者動」者，言知者常務進，故動。「仁者靜」者，言仁者本無貪欲，故靜。「知者樂」者，言知者役用才知，成功得志，故歡樂也。「仁者壽」者，言仁者少思寡欲，性常安靜，故多壽考也。

子曰：「齊一變至於魯，魯一變至於道。」包曰：「言齊、魯有太公、周公之餘化。太公大賢，周公聖人。今其政教雖衰，若有明君興之，❹齊可使如魯，魯可使如大道行之時。」❺【疏】「子曰」至「於道」 正義曰：此章言齊、魯有太公、周公之餘化。太公大賢，周公聖人。今其政教雖衰，若有明君興之，齊可一變使如於魯，魯可一變使如於大道行之時也。【釋】大音泰。

子曰：「觚不觚，馬曰：「觚，禮器。一升曰爵，二升曰觚。」【釋】觚音孤。觚哉。觚哉。」「觚哉。觚哉」，言非觚也，以喻爲政不得其道則不成。【疏】「子曰」至「觚哉」 正義曰：此章言爲政須遵禮道也。觚者，禮器，所以盛酒。二升曰觚。言觚者用之當以禮，若用之失禮，則不成爲觚也。故孔子歎之。「觚哉。觚哉」，言非觚也。以喻人君爲政當以道，若不得其道，則不成爲政也。注「馬曰觚，禮器。一升曰爵，二升曰觚」 正義曰：案《特牲禮》「用二爵、二觚、四觶、一角、一散」，❻是觚爲禮器也。異義《韓詩說》：❼「一升曰爵。爵，盡也，足也。二升曰觚。觚，寡也，飲當寡少。三升曰觶。觶，適也，飲當自適也。

❶「日」，正平本作「自」。
❷「樂」下，正平本有「之也」二字。
❸「者多」，正平本作「故」字。
❹「之」下，正平本有「者」字。
❺「時」下，正平本有「之也」二字。
❻「用二爵二觚四觶一角一散」，阮本「用」誤「刑」，兩「二」字誤「三」，「一散」誤「三散」。
❼「說」，阮本誤「爲」。

四升曰角。角，觸也，不能自適，觸罪過也。五升曰散。散，訕也，飲不自節，❶爲人謗訕。揔名曰爵。其實曰觴。觴者，餉也。觥亦五升所以罰不敬。觥，廓也，所以著明之貌，君子有過廓然著明，非所以餉，不得名觴。」此唯言爵、觚者，略得之也。❷

宰我問曰：「仁者，雖告之曰『井有仁焉』，❸其從之也？」孔曰：「宰我以仁者必齊人於患難，❹故問『有仁人墮井，將自投下，從而出之不乎？』」❺欲極觀仁者憂樂之所至。」❻【釋】難，乃旦反。墮，待果反。❼ 子曰：「何爲其然也？君子可逝也，不可陷也。包曰：❽「逝，往也。言君子可使往視之耳，不肯自投從之。」可欺也，不可罔也。」馬曰：「可欺者，可使往也。不可罔者，不可得誣罔，令自投下。」【疏】「宰我」至「罔也」 正義曰：此章明仁者之心也。「宰我問曰仁者，雖告之曰井有仁焉，其從之也」者，宰我以仁者必齊人於患難，故問曰：「仁者之人，設有來告曰『井中有仁人焉』，言仁人墮井也，此承告之仁人將自投下從而出之不乎？」意欲極觀仁者憂人樂生之所至也。「子曰何爲其然也，君子可逝也，不可陷也」者，此孔子怪拒之辭。逝，往也。然，如是也。言何爲能使仁者如是自投井乎。夫仁人君子，但可使往視之耳，不可陷入於井，言不肯自投從之也。❾「可欺也，不可罔也」者，言唯可欺之使往視，❿不可得誣罔，令自投下也。【釋】令，力呈反。

子曰：「君子博學於文，約之以禮，亦可以弗畔矣夫。」鄭曰：「弗畔，不違道。」【疏】「子曰」至「矣夫」 正義曰：畔，違也。此章言君子若博學於先王之遺文，復用禮以自檢約，則不違道也。【釋】「君子博學於文」，一本無「君子」字，兩字。⓫ 夫音符。

---

❶「自」，阮本作「省」。
❷「得」，阮本作「言」。
❸「仁」下，正平本有「者」字。
❹「以」下，正平本有「爲」字；「齊」作「濟」，疏同。
❺「從而出之不乎」，正平本作「而出之乎否乎」。
❻「者」，正平本作「人」。
❼「墮」，原作「隋」，據上文改。
❽「包曰」，阮本作「孔曰」。
❾「肯」，阮本作「可」。
❿「言」字，阮本無。
⓫「字」，元本作「得」。

子見南子，子路不說。夫子矢之曰：❶「予所否者，天厭之。天厭之。」孔曰：「舊以南子者，❷衛靈公夫人，淫亂，而靈公惑之。孔子見之者，欲因以說靈公，使行治道。矢，誓也。子路不說，故夫子誓之。❸行道既非婦人之事，而弟子不說，與之呪誓，義可疑焉。」【疏】「子見」至「厭之」　正義曰：此章孔子屈己，求行治道也。「子見南子」者，南子，衛靈公夫人，淫亂，而靈公惑之。孔子至衛，見此南子，意欲因以說靈公，使行治道故也。「子路不說」者，子路性剛直，未達孔子之意，以爲君子當義之與比，而孔子乃見淫亂婦人，故不說樂。「夫子矢之」者，矢，誓也。以子路不說，故夫子告誓之。「曰予所否者，天厭之。天厭之」者，此誓辭也。予，我也。否，不也。厭，棄也。言我見南子，所不爲求行治道者，願天厭棄我。再言之者，重其誓，欲使信之也。　注「孔曰」至「疑焉」　正義曰：云「孔(子)曰❹舊以南子者，衛靈公夫人，淫亂，而靈公惑之。孔子見之者，欲因以說靈公，使行治道。矢，誓也。子路不說，故夫子誓之」者，先儒舊有此解也。云「行道既非婦人之事，而弟子不說，與之呪誓，義可疑焉」者，安國以爲先儒舊說不近人情，故疑其義也。《史記·世家》：孔子至衛，「靈公夫人有南子者，使人謂孔子曰：『四方之君子不辱欲與寡君爲兄弟者，必見寡小君。寡小君願見。』孔子辭謝，不得已而見之。夫人在絺帷中。孔子入門，北面稽首。夫人自帷中再拜，環珮玉聲璆然。孔子曰：『吾鄉爲弗見，見之禮答焉。』子路不說。孔子矢之曰：『天厭之。天厭之。』」是子見南子之事也。欒肇曰：「見南子者，時不獲已，猶文王之拘羑里也。『天厭之』者，言我之否屈，乃天命所厭也。」蔡謨云：「矢，陳也。夫子爲子路陳天命也。」【釋】不說，音悅。矢，蔡謨云：「矢，陳也。」否，鄭、繆方有反，不也；王弼、李充備鄙反。厭，於琰反，塞也；又於豔反。「等以爲南子者」，《集解》本皆爾，或不達其義，妄去「等」字，非也。今注云「舊以南子者」。以說，始銳反。治，直吏反。故夫子，一本作「孔子」。祝，州又反，本今作「呪」。

子曰：「中庸之爲德也，其至矣乎。民鮮久矣。」庸，常也。中和，可常行之德。世亂，先王之道廢，民鮮能行此道久矣，非適今。【疏】「子曰」至「久

❶「曰」，原作「口」，據正平本、阮本改。
❷「舊以」，正平本作「等以爲」。
❸「之」下，正平本衍「曰」字。
❹「子」字衍，據阮本刪。

矣」正義曰：此章言世亂，人不能行中庸之德也。中謂中和。庸，常也。鮮，罕也。❶言中和可常行之德也，其至極矣乎。以世亂，先王之道廢，故民罕能行此道久多時矣，非適而今也。【釋】鮮，仙善反。

子貢曰：「如有博施於民而能濟衆，❷何如？可謂仁乎？」子曰：「何事於仁，必也聖乎。堯、舜其猶病諸。孔曰：「君能廣施恩惠，❸濟民於患難，堯、舜至聖，猶病其難。【釋】施，始豉反。夫仁者，己欲立而立人，己欲達而達人。能近取譬，可謂仁之方也已。」孔曰：「更爲子貢說仁者之行。方，道也。但能近取譬於己，皆恕，己所欲而施之於人。」❹【疏】「子貢」至「也已」 正義曰：此章明仁道也。「子貢曰如有博施於民而能濟衆，何如？可謂仁乎」者，子貢問夫子。曰：「設如人君能廣施恩惠於民，而能振濟衆民於憂難者，❺此德行何如？可以謂之仁人之君乎？」「子曰何事於仁，必也聖乎。堯、舜其猶病諸」者，❻此孔子答子貢之語也。❼言君能博施濟衆，何止事於仁，謂不啻於仁，必也爲聖人乎。然行此事甚難，堯、舜至聖，猶病之以爲難也。「夫仁者，己欲立而立人，己欲達而達人。能近取譬，可謂仁之方也已」者，此孔子更爲子貢說仁者之行也。方猶道也。言夫仁者，己欲立身進達，而先立達他人。又能近取譬於己，皆恕，己所欲而施之於人，己所不欲，勿施於人，❽可謂仁道也。

論語註疏卷第三

❶「罕」，原作「穿」，據阮本改，下同。
❷「有」，正平本作「能」，「衆」下，正平本有「者」字。
❸「君」，正平本作「若」。
❹「欲而」，正平本作「不欲而勿」。
❺「憂」，阮本作「患」。
❻「者」，原作「難」，據阮本改。
❼「之語」，原作「諸之」，據阮本改。
❽「勿」，阮本作「弗」。

論語註疏卷第四

述而第七

【疏】正義曰：此篇皆明孔子之志行也，以前篇論賢人君子及仁者之德行，成德有漸，故以聖人次之。

子曰：「述而不作，信而好古，竊比於我老彭。」包曰：「老彭，殷之賢大夫，❶好述古事。我若老彭，❷但述之耳。」【疏】「子曰述而不作，信而好古，竊比於我老彭」 正義曰：此章記仲尼著述之謙也。作者之謂聖，述者之謂明。老彭，殷賢大夫也。老彭於時但述修先王之道而不自制作，篤信而好古事。孔子言今我亦尔，故云「比老彭」，猶不敢顯言，故云「竊」。 注「包曰」至「之耳」 正義曰：云「老彭，殷賢大夫」者，老彭即《莊子》所謂彭祖也。李云：「名鏗，堯臣，封於彭城。歷虞、夏至商，年七百歲，故以久壽見聞。」《世本》云：「姓籛名鏗，在商爲守藏史，在周爲柱下史，年八百歲。籛音翦。一云即老子也。」崔云：「堯臣，仕殷世。其人甫壽八百年。」❸王弼云：「老是老聃，彭是彭祖。老子者，楚苦縣厲鄉曲仁里人也，姓李氏，名耳，字伯陽，謚曰聃，周守藏室之吏也。」❹云「好述古事。我若老彭，但述之耳」❺，言老彭不自制作，好述古事。仲尼言我亦若老彭，但述之耳。【釋】好，呼報反，注同。老彭，包云：「案，《大戴禮》云『商老彭』是也。」鄭云：「老，老聃。彭，彭祖。」

子曰：「默而識之，學而不厭，誨人不倦，何有於我哉？」鄭曰：「人無是行於我，❻我獨有之。」【疏】「子曰默而」至「我哉」 正義曰：此章仲尼言

---

❶「之」字，正平本、阮本無。
❷「彭」下，正平本有「矣」字。
❸「八」，阮本作「七」。
❹「吏」，阮本作「史」。
❺「耳」下，阮本有「者」字。
❻「無」上，阮本無「人」字；「無」下，正平本有「有」字。

已不言而記識之，學古而心不厭，教誨於人不有倦怠。❶他人無是行於我，我獨有之，故曰「何有於我哉」。【釋】默作「嘿」，亡北反。厭，於豔反。倦，其卷反。行，下孟反。

子曰：「德之不脩，學之不講，聞義不能徙，不善不能改，❷是吾憂也。」孔曰：「夫子常以此四者爲憂。」【疏】「子曰德之」至「憂也」　正義曰：此章言孔子憂在脩身也。德在脩行，學須講習，聞義事當徙意從之，有不善當追悔改之。夫子常以此四者爲憂，憂已恐有不脩、不講、不徙、不改之事，故云「是吾憂也」。【釋】徙音思爾反。

子之燕居，申申如也，夭夭如也。馬曰：「申申、夭夭，和舒之貌。」【疏】「子之」至「如也」　正義曰：此章言孔子燕居之時躰貌也。申申、夭夭，和舒之貌。如者，如此之義也。❸謂躰貌和舒，如似申申、夭夭也。故《玉藻》云「受一爵而色洒如也」，及《鄉黨》每云「如也」者，皆謂容色如此。【釋】燕，於見反，鄭本作「宴」。夭，於驕反。

子曰：「甚矣，吾衰也。久矣，吾不復夢見周公。」孔曰：「孔子衰老，不復夢見周公。明盛時夢見周公，欲行其道。」【疏】「子曰甚矣」至「周公」　正義曰：此章孔子歎其衰老，言我盛時嘗夢見周公，欲行其道，今則久多時矣，吾更不復夢見周公，知是吾衰老甚也。❹【釋】復，扶又反，下同，本或無「復」字，非。

子曰：「志於道，志，慕也。道不可體，故志之而已。❺據於德，據，仗也。❻德有成形，故可據。【釋】仗，直亮反。依於仁，依，倚也。仁者功施於人，故可倚。❼【釋】倚，於綺反。遊於藝。」藝，六藝也。不足據依，故曰遊。【疏】「子曰志於」至「遊於藝」　正義曰：此章孔子言已志慕、據杖、依倚、游習者，道、德、仁、藝也。　注「志，慕也。道不可躰，故志之而已」　正義曰：

❶「怠」，阮本作「息」。
❷「不脩」至「能改」，正平本每句下有「也」字。「徙」，正平本作「從」。
❸「之」字，阮本無。
❹「也」，阮本作「矣」。
❺「已」下，正平本有「矣也」二字。
❻「仗」，阮本作「杖」，下釋文同。
❼「倚」下，正平本有「之也」二字。

道者，虛通無爲，❶自然之謂也。王弼曰：「道者，無之稱也，無不通也，無不由也。況之曰道，寂然無體，不可爲象。」是道不可體，故但志慕而已。　注「據，杖也。德有成形故可據」　正義曰：德者，得也。物得其所謂之德，寂然至無則謂之道，離無入有而成形器，是爲德業。❷《少儀》云：「士依於德，游於藝。」文與此類。鄭注云：「德，三德也，一曰至德，二曰敏德，三曰孝德。」《周禮·師氏》：「掌以三德教國子，一曰至德，以爲道本，二曰敏德，以爲行本，❸三曰孝德，以知逆惡。」注云：「德行，內外之稱，在心爲德，施之爲行。至德，中和之德，覆燾持載，❹含容者也。孔子曰：『中庸之爲德，其至矣乎。』敏德，仁義順時者也。《說命》曰：『敬孫務時敏，厥修乃來。』孝德，尊祖愛親，守其所以生者也。孔子曰：『武王、周公，其達孝矣乎。』夫孝者，善繼人之志，善述人之事者也。」是德有成形也。❺夫立身行道，惟仗於德，❻故可據也。　注「依，倚也。仁者功施於人，故可倚」　正義曰：博施於民而能濟衆，乃謂之仁。恩被於物，物亦應之，故可倚賴。　注「藝，六藝也，不足據依，故曰游」　正義曰：六藝謂禮、樂、射、御、書、數也。❼《周禮·保氏》云：「掌養國子，教之六藝，一曰五禮，二曰六樂，三曰五射，四曰五御，五曰六書，六曰九數。」注云：「五禮，吉、凶、賓、軍、嘉也。❽六樂，《雲門》、《大咸》、《大韶》、《大夏》、《大濩》、《大武》也。五射，白矢、參連、剡注、襄尺、井儀也。五御，鳴和鸞、逐水曲、過君表、舞交衢、逐禽左也。六書，象形、會意、轉注、處事、❾假借、諧聲也。九數，方田、粟米、差分、少廣、商功、均輸、方程、贏不足、旁要也。」此六者，所以飾身耳，劣於道德與仁，故不足依據，故但曰游。

子曰：「自行束脩以上，吾未嘗無誨焉。」孔曰：「言人能奉禮，自行束脩以上，則皆教誨之。」

【疏】「子曰自行」至「誨焉」　正義曰：此章言己誨人不

---

❶「爲」，阮本作「擁」。
❷「爲」，阮本作「謂」。
❸「以爲道本」「以爲行本」，阮本誤作「以道爲本」「以行爲本」。
❹「燾」，阮本作「幬」。
❺「形」下，阮本有「者」字。
❻「仗」，阮本作「杖」。
❼「御」，阮本作「馭」，下「五御」亦作「五馭」。
❽「賓軍」，阮本作「軍賓」。
❾「處事」，阮本作「指事」。

倦也。束脩，禮之薄者。言人能奉禮，自行束脩以上而來學者，則吾未曾不誨焉，皆教誨之也。注「孔曰」至「誨之」❶ 正義曰：云「言人能奉禮，自行束脩以上」者，案，書傳言束脩者多矣，皆謂十脡脯也。《檀弓》曰：「古之大夫，束脩之問不出竟。」《少儀》曰「其以乘壺酒束脩一犬賜人。」《穀梁傳》曰：「束脩之問不行竟中。」是知古者持束脩以爲禮。然此是禮之薄者，其厚則有玉帛之屬，故云以上以包之也。❷ 【釋】上，時掌反，注同。誨，《魯》讀爲「悔」字，今從《古》。

子曰：「不憤不啓，不悱不發，舉一隅不以三隅反，❸則不復也。」❹鄭曰：「孔子與人言，必待其人心憤憤，口悱悱，乃後啓發爲說之，❺如此則識思之深也。說則舉一隅以語之，其人不思其類，則不復重教之。」【疏】「子曰不憤」至「復也」 正義曰：此章言誨人之法。啓，開也。言人若不心憤憤，則孔子不爲開說；若不口悱悱，則孔子不爲發明。必待其人心憤憤、口悱悱，乃後啓發爲說之，如此則識思之深也。其說之也，略舉一隅以語之，凡物有四隅者，❻舉一則三隅從可知，學者當以三隅反類一隅以思之。其人若不以三隅反思其類，❼則不復重教之也。❽ 【釋】憤，房粉反。悱，芳匪反。爲，于僞反。語，魚據反。重，直用反。

子食於有喪者之側，未嘗飽也。喪者哀戚，飽食於其側，是無惻隱之心。【疏】「子食」至「飽也」 正義曰：此章言孔子助喪家執事時，故得有食，飢而廢事，非禮也；飽而忘哀，亦非禮，故食而不飽。以喪者哀戚，若飽食於其側，是無惻愴隱痛之心也。【釋】惻音初力反。

子於是日哭，❾則不歌。一日之中或哭或歌，是褻於禮容。❿【疏】「子於是日哭，則不歌」 正義曰：

❶「曰」，原作「子」，據阮本改。
❷「以」，原作「其」，據阮本改。
❸ 上「隅」下，正平本有「而示之」三字。
❹「不復也」，正平本作「吾不復」。
❺「說之」，正平本作「之說也」。
❻「凡」，原作「几」，據阮本改。
❼「其」上，阮本有「而」字。
❽「也」，阮本作「矣」。
❾「日」下，正平本有「也」字。
❿「一日」至「禮容」，正平本奪。

此章言孔子於是日聞喪或弔人而哭，則終是日不歌也。若一日之中或哭或歌，是褻瀆於禮容，故不爲也。《檀弓》曰「弔於人，是日不樂」，注引此文是也。　【釋】「子於是日哭，則不歌」，舊以爲別章，今宜合前章。

子謂顔淵曰：「用之則行，舍之則藏，唯我與爾有是夫。」孔曰：「言可行則行，可止則止，唯我與顔淵同。」❶　【釋】舍音赦，一音捨，放也。「與爾」，或云「與謀」。與，及也。❷　夫音符。　子路曰：❸「子行三軍則誰與？」孔曰：「大國三軍。子路見孔子獨美顔淵，以爲己勇，❹至於夫子爲三軍將，亦當誰與己同，❺故發此問。」　【釋】與如字，皇音餘也。將，子匠反。　子曰：「暴虎馮河，❻死而無悔者，吾不與也。孔曰：「暴虎，徒搏。馮河，徒涉。」　【釋】馮字，亦作「憑」，皮冰反。搏音博。　必也，臨事而懼，好謀而成者也。」【疏】「子謂」至「者也」　正義曰：此章孔子言己行藏與顔回同也。「子謂顔淵曰用之則行，舍之則藏，唯我與爾有是夫」者，言時用之則行，時舍之則藏，❼用舍隨時，行藏不忤於物，唯我與汝同有是行夫。「子路曰子行三軍則誰與」者，大國三軍。子路見孔子獨美顔淵，以己有勇，故發此問。曰：「若子行三軍之事，爲三軍之將，則當誰與同？」子路意其與己也。「子曰暴虎馮河，死而無悔者，吾不與也」者，空手搏虎爲暴虎。無舟渡河爲馮河。言人若暴虎馮河，輕死而不追悔者，吾不與之同也。子路之勇若此，故孔子抑之也。「必也臨事而懼，好謀而成者也」者，此又言行三軍所與之人，必須臨事而能戒懼，好謀而成功者，❽吾則與之行三軍之事也。所以誘子路，使慎其勇也。

注「孔曰大國三軍」　正義曰：此《司馬・序官》文也。

注「孔曰暴虎，徒搏。馮河，徒涉」　正義曰：《釋訓》文也。舍人曰：「無兵空手搏之。」郭璞曰：「空手執也。」李巡曰：「無舟而渡水曰徒涉。」郭璞曰：「無舟楫。」《詩傳》

---

❶「同」下，正平本有「耳也」二字。

❷「及也」下，元本有「或之與謀也」五字。

❸「子路曰」，正平本另作一章。

❹「己」下，正平本有「有」字。

❺「誰與己同」，正平本作「唯有與己俱」。

❻「馮」，正平本作「憑」，注同。

❼「時」字，阮本無。

❽「而」下，阮本有「有」字。

云：「馮，陵也。」然則空涉水陵波而渡，故訓馮爲陵也。

子曰：「富而可求也，雖執鞭之士，吾亦爲之。鄭曰：「富貴不可求而得之，❶當修德以得之。❷若於道可求者，雖執鞭賤職，❸我亦爲之。」【釋】好，呼報反。鞭，必緜反，或作「硬」，音吾孟反，非也。「吾亦爲之」，一本作「吾爲之矣」。如不可求，❹從吾所好。」孔曰：「所好者，古人之道。」【疏】「子曰富而」至「所好」正義曰：此章孔子言己修德好道，不諂求富貴也。言富貴不可求而得之，當修德以得之。若富貴而於道可求者，雖執鞭賤職，我亦爲之。如不可求，則當從吾所好者古人之道也。注「雖執鞭賤職」正義曰：案，《周禮·秋官·滌狼氏》：❺「掌執鞭以趨辟。王出入，則八人夾道。公則六人。侯伯則四人。子男則二人。」注云：「趨辟，趨而辟行人，若今卒辟車之爲也。」《序官》云「滌狼氏，下士」，故云「執鞭賤職」也。【釋】好，呼報反。

子之所慎：齊，❻戰，疾。孔曰：「此三者，人所不能慎，而夫子慎之。」❼【疏】「子之所慎齊，戰，疾」正義曰：此一章記孔子所慎之行也。將祭，散齊七日，致齊三日。齊之爲言齊也，所以齊不齊也，故戒慎之。《左傳》曰「皆陳曰戰」。夫兵凶戰危，不必其勝，重其民命，固當慎之。君子敬身安躰，若偶嬰疾病，則慎其藥齊以治之。此三者，凡人所不能慎，而夫子能慎之也。【釋】齊，側皆反，本或作「齋」，同。戰，之彥反。

子在齊聞《韶》，❽三月不知肉味。周曰：「孔子在齊，聞習《韶》樂之盛美，故忽忘於肉味。」【釋】韶，音士昭反。曰：「不圖爲樂之至於斯也。」王曰：「爲，作也。不圖作《韶》樂至於此。此，齊。」【疏】「子在」至「斯也」正義曰：此章孔子美《韶》樂也。「子在齊聞《韶》，三月不知肉味」者，《韶》，舜樂名。孔子在齊，聞習《韶》樂之盛美，故三月忽忘於肉味而不知也。「曰不圖

❶「之」下，正平本有「者也」二字。
❷「之」下，正平本有「矣」字。
❸「鞭」下，阮本有「之」字。
❹「求」下，正平本有「者」字。
❺「滌」，阮本作「條」，下同。
❻「齊」，阮本作「齋」，注同。
❼「子」下，正平本有「能」字，阮本有「獨能」二字。
❽「韶」下，正平本有「樂」字。

爲樂之至於斯也」者，圖，謀度也。爲，作也。斯，此也，謂此齊也。言我不意度作《韶》樂乃至於此齊也。　注「王曰」至「此齊」❶　正義曰：云「爲，作也」者，《釋言》云：「作、造，爲也。」互相訓，故云：「爲，作也。」云「不圖作《韶》樂至於此。此，齊」者，言不意作此《韶》樂至於齊也。《韶》是舜樂而齊得作之者，案，《禮樂志》云：「夫樂本情性，浹肌膚而藏骨髓。雖經乎千載，其遺風餘烈尚猶不絶。至春秋時，陳公子完奔齊。陳，舜之後，《韶》樂在焉，❷故孔子適齊聞《韶》，三月不知肉味，曰：『不圖爲樂之至於斯。』美之甚也。」　【釋】爲、樂，並如字，本或作「嫣」，音居危反，非。

冉有曰：「夫子爲衛君乎？」鄭曰：❸「爲猶助也。衛君者，謂輒也。衛靈公逐太子蒯聵，公薨而立孫輒。後晉趙鞅納蒯聵於戚城，❹衛石曼姑帥師圍之，故問其意助輒不乎。」❺　【釋】爲，于僞反，注及下同。大音泰。蒯，苦恠反。聵，五恠反。鞅，於丈反。戚，千曆反。曼音萬。　子貢曰：「諾，吾將問之。」入，曰：「伯夷、叔齊何人也？」曰：❻「古之賢人也。」曰：「怨乎？」曰：「求仁而得仁，又何怨？」❼孔曰：「夷、齊讓國遠去，終於餓死，故問怨邪。❽以讓爲仁，豈有怨乎？」❾　【釋】「吾將問之」，一本無「將」字。　出，曰：「夫子不爲也。」鄭曰：「父子爭國，惡行。孔子以伯夷、叔齊爲賢且仁，故知不助衛君明矣。」❿

【疏】「冉有」至「爲也」　正義曰：此章記孔子崇仁讓也。「冉有曰夫子爲衛君乎」者，爲猶助也。衛君謂出公輒也。衛靈公逐太子蒯聵，公薨而立孫輒，輒即蒯聵之子也。後晉趙鞅納蒯聵於戚城，衛石曼姑帥師圍之。子而拒父，惡行之甚。時孔子在衛，爲輒所賓禮，人疑孔子助輒，故冉有言問其友曰：「夫子之意助輒不乎？」「子貢曰諾，吾將問

❶「曰」，原作「者」，據阮本改。
❷「在」，阮本作「存」。
❸「鄭曰」，正平本作「孔安國曰」。
❹「城」字，正平本無。
❺「不」，正平本作「否」。
❻「曰」上，正平本有「子」字，是。
❼「怨」下，正平本有「乎」字。
❽「邪」，正平本作「乎」。
❾「有」字，正平本無。
❿「矣」，正平本作「也」。

之」者，子貢承冉有之問，其意亦未決，故諾其言，我將入問夫子，庶知其助不也。「入曰伯夷、叔齊何人也」者，此子貢問孔子辭也。伯夷、叔齊，孤竹君之二子，兄弟讓國遠去，終於餓死。今衛乃父子爭國，爭讓正反。所以舉夷、齊爲問者，子貢意言夫子若不助衛君，應言夷、齊爲是；夫子若助衛君，應言夷、齊爲非。故入問曰：「伯夷、叔齊何人也？」「曰古之賢人也」者，此孔子答。❶言是古之讓國之賢人也。「曰怨乎」者，此子貢復問。曰：「夷、齊初雖有讓國之賢，而終於餓死，得無怨恨邪？」所以復問此者，子貢意言若夫子不助衛君，應言不怨，若助衛君，則應言有怨也。「曰求仁而得仁，又何怨」者，此孔子答言不怨也。初心讓國，求爲仁也。君子殺身以成仁。夷、齊雖終於餓死，得成於仁，豈有怨乎，故曰「又何怨」。「出，曰夫子不爲也」者，子貢既問而出。見冉有而告之曰：「夫子不助衛君也。」知昔父子爭國，❷惡行也。孔子以伯夷、叔齊爲賢且仁，故知不助衛君明矣。　注「鄭曰」至「不乎」　正義曰：云「衛靈公逐太子蒯聵」者，案，《左傳》定十四年，蒯聵謀殺靈公夫人南子，不能，而出奔宋是也。云「公薨而立孫輒」者，哀二年《左傳》曰：「夏，衛靈公卒。夫人曰：『命公子郢爲太子，君命也。』對曰：『郢異於他子，且君没於吾手，若有之，郢必聞之。且亡人之子輒在。』乃立輒」是也。云「後晉趙鞅納蒯聵於戚城」者，亦哀二年《春秋》文也。云「衛石曼姑帥師圍之」者，《春秋》「哀三年春，齊國夏、衛石曼姑帥師圍戚」是也。【釋】行，下孟反。

子曰：「飯疏食飲水，❸曲肱而枕之，樂亦在其中矣。孔曰：「疏食，菜食。肱，臂也。孔子以此爲樂。」【釋】飯，符晚反。疏，本或作「蔬」，所居反。食如字，一音嗣，飯也。肱，國弘反。枕，之鴆反。樂音洛，注同。不義而富且貴，於我如浮雲。」鄭曰：「富貴而不以義者，於我如浮雲，非己之有。」【疏】「子曰」至「浮雲」　正義曰：此章記孔子樂道而賤不義也。「子曰飯疏食飲水，曲肱而枕之，樂亦在其中矣」者，疏食，菜食也。肱，臂也。言己飯菜食飲水，寢則曲肱而枕之，以此爲樂。「不義而富且貴，於我如浮雲」者，富與貴雖人之所欲，若富貴而不以義者，於我如浮雲，言非己之有也。

❶「此」字，阮本無。
❷「昔」，阮本作「其」。
❸「疏」，正平本作「蔬」，注同。

子曰：「加我數年，五十以學《易》，可以無大過矣。」《易》窮理盡性，以至於命。年五十而知天命，以知命之年讀至命之書，❶故可以無大過。【疏】「子曰加我」至「過矣」 正義曰：此章孔子言其學《易》年也。加我數年，方至五十，謂四十七時也。《易》之爲書，窮理盡性，以至於命，吉凶悔吝，豫以告人，使人從吉，不從凶，故孔子言己四十七學《易》可以無過咎矣。 注「《易》窮」至「大過」 正義曰：云「窮理盡性以至於命」者，《說卦》文也。命者，生之極。窮理則盡其極也。云「五十而知天命」者，《爲政》篇文。云「以知命之年讀至命之書，故可以無大過矣」者，《漢書·儒林傳》云孔子「蓋晚而好《易》，讀之韋編三絕，而爲之傳」，是孔子讀《易》之事也。言孔子以知天命終始之年讀窮理盡性以至於命之書，則能避凶之吉而無過咎。謙不敢自言盡無其過，故但言「可以無大過矣」。【釋】數，色主反。易如字，《魯》讀「易」爲「亦」，今從《古》。盡，津忍反。

子所雅言，孔曰：「雅言，正言也。」《詩》、《書》、執《禮》，皆雅言也。鄭曰：「讀先王典法，必正言其音，然後義全，故不可有所諱。《禮》不誦，故言執。」【疏】「子所」至「言也」 正義曰：此章記孔子正言其音，無所諱避之事。雅，正也。子所正言者，《詩》、《書》、《禮》也。此三者，先王典法，臨文教學讀之，必正言其音，然後義全，故不可有所諱。《禮》不皆文誦，❷但記其揖讓周旋，執而行之，故言「執」也。舉此三者，則六藝可知。

葉公問孔子於子路，子路不對。孔曰：「葉公名諸梁，楚大夫，食菜於葉，❸僭稱公。不對者，未知所以答。」【釋】葉，舒涉反。子曰：「女奚不曰『其爲人也，發憤忘食，樂以忘憂，不知老之將至』云爾？」❹【疏】「葉公」至「云爾」 正義曰：此章記孔子之爲人也。「葉公問孔子於子路，子路不對」者，葉公名諸梁，楚大夫，食菜於葉，僭稱公。問孔子爲人志行於子路，子路未知所以答，故不對。「子曰女奚不曰其爲人也，發憤忘食，樂以忘憂，不知老之將至云爾」者，孔子聞子

❶「知」下，正平本有「天」字。
❷「皆」，阮本作「背」。
❸「菜」，正平本作「寀」，疏同。
❹「至」下，正平本有「也」字。

路不能答，故教之。奚，何也。言女何不曰，其孔子之爲人也，發憤嗜學而忘食，樂道以忘憂，不覺老之將至云爾乎。

注「孔曰」至「以答」 正義曰：云「葉公名諸梁，楚大夫，食菜於葉，僭稱公」者，據《左傳》、《世本》文也。名諸梁，字子高，爲葉縣尹。楚子僭稱王，故縣尹皆僭稱公也。

子曰：「我非生而知之者，好古敏以求之者也。」❶鄭曰：「言此者，勸人學。」❷ 【疏】「子曰我非」至「者也」 正義曰：此章勸人學也。恐人以己爲生知而不可學，故告之。曰我非生而知之者，但愛好古道，敏疾求學而知之也。 【釋】憤，符粉反。樂音洛。好，呼報反。

子不語怪、力、亂、神。王曰：❸「怪，怪異也。力謂若奡盪舟，烏獲舉千鈞之屬。亂謂臣弒君，子弒父。神謂鬼神之事。或無益於教化，或所不忍言。」 【疏】「子不語怪、力、亂、神」 正義曰：此章記夫子爲教不道無益之事。怪，怪異也。力謂若奡盪舟，烏獲舉千鈞之屬也。亂謂臣弒君，子弒父也。神謂鬼神之事。或無益於教化，或所不忍言也。李充曰：「力不由理，斯怪力也；神不由正，斯亂神也。怪力、亂神，有與於邪，無益於教，故不言也。」 注「烏獲舉千鈞」 正義曰：烏獲，古之有力人。三十斤爲鈞。❹言能舉三萬斤之重也。 【釋】奡，五報反。盪，吐浪反。弒音試，下同。

子曰：「三人行，❺必得我師焉。❻擇其善者而從之，其不善者而改之。」言我三人行，本無賢愚，擇善從之，不善改之，故無常師。 【疏】「子曰三人」至「改之」 正義曰：此章言學無常師也。言我三人行，本無賢愚相懸，但敵體耳。然彼二人言行，必有一人善，一人不善。我則擇其善者而從之，不善者而改之。有善可從，是爲師矣，故無常師也。 【釋】「我三人行」，一本無「我」字。「必得我師焉」，本或作「必有」。

子曰：「天生德於予，桓魋其如予何？」

❶「以」，正平本作「而」。
❷「勸人學」，正平本作「勉人於學也」。
❸「王曰」，正平本作「孔安國曰」。
❹「十」，原作「千」，據阮本改。
❺「三」上，正平本有「我」字。
❻「得」，阮本作「有」。

包曰：「桓魋，宋司馬。❶『天生德』者，❷謂授我以聖性，德合天地，❸吉無不利，故曰『其如予何』。」【疏】「子曰天生」至「予何」　正義曰：此章言孔子無憂懼也。案，《世家》：「孔子適宋，與弟子習禮大樹下。宋司馬桓魋欲殺孔子，拔其樹。孔子去。弟子曰：『可速矣。』」故孔子發此語。言「天生德於予」者，謂天授我以聖性，德合天地，吉無不利，桓魋必不能害我，故曰「其如予何」。【釋】魋，徒雷反。

子曰：「二三子以我爲隱乎？❹吾無隱乎爾。包曰：「二三子謂諸弟子。聖人知廣道深，弟子學之不能及，以爲有所隱匿，故解之。」【釋】知音智。匿，女力反，後章注同。吾無行而不與二三子者，❺是丘也。」包曰：「我所爲無不與爾共之者，是丘之心。」【疏】「子曰」至「丘也」　正義曰：此章言孔子教人無所隱惜也。「子曰二三子以我爲隱乎？　吾無隱乎爾」者，二三子謂諸弟子也。聖人知廣道深，弟子學之不能及，常以爲夫子有所隱匿，故以此言解之。言女以我爲隱，我實無隱也。「吾無行而不與二三子者，是丘也」者，言我所行所爲，無不與爾等共之者，是丘之心也。言「心」者，使信其言也。

子以四教：文、行、忠、信。四者有形質，可舉以教也。【疏】「子以四教文、行、忠、信」　正義曰：此章記孔子行教以此四事爲先也。文謂先王之遺文。行謂德行，在心爲德，施之爲行。中心無隱謂之忠。人言不欺謂之信。此四者有形質，故可舉以教。【釋】行，下孟反。忠，李云「臣事君也」。信，李云「與朋友交」。

子曰：「聖人，吾不得而見之矣。得見君子者，斯可矣。」疾世無明君也。子曰：「善人，吾不得而見之矣。得見有恒者，斯可矣。亡而爲有，虛而爲盈，約而爲泰，難乎有恒矣。」孔曰：「難可名之爲有常。」【疏】「子曰聖人」至「恒矣」　正義曰：此章疾世無明君也。「子曰聖人，吾不得而見之矣，得見君子者，斯可矣」者，聖人謂上聖之人，若堯、舜、禹、湯也。君子謂行善無怠之君也。言當時非但無聖

❶ 「馬」下，正平本有「黎也」二字。
❷ 「德」下，正平本有「於予」二字。
❸ 「德合」，正平本作「令德」。
❹ 「隱」下，正平本有「子」字。
❺ 「無」下，正平本有「所」字。

人，亦無君子也。「子曰善人，吾不得而見之矣，得見有恒者，斯可矣」者，善人即君子也。恒，常也。又言善人之君，吾不得見之，❶得見有常德之君，斯亦可矣。「亡而爲有，虚而爲盈，約而爲泰，難乎有恒矣」者，此明時無常德也。亡，無也。時既澆薄，率皆虚矯，以無爲有，將虚作盈，内實窮約，而外爲奢泰。行既如此，難可名之爲有常也。【釋】「亡而爲有」，亡如字，一音無。此舊爲別章，今宜與前章合。

子釣而不綱，弋不射宿。孔曰：「釣者，一竿釣。綱者，爲大綱以横絶流。以繳繫釣，羅屬著綱。弋，繳射也。宿，宿鳥。」【疏】「子釣」至「射宿」　正義曰：此章言孔子仁心也。釣者，以繳繫一竿而釣取魚也。綱者，爲大綱，❷羅屬著綱，以横絶流而取魚也。釣則得魚少，綱則得魚多。孔子但釣而不綱，是其仁也。弋，繳射也。宿，宿鳥也。夫子雖爲弋射，但晝日爲之，不夜射栖鳥也。爲其欺暗必中，且驚衆也。　注「孔曰」至「宿鳥」　正義曰：云「釣者，一竿釣。綱者，爲大綱以横絶流。以繳繫釣，羅屬著綱」者，此注文句交互，故少難解耳。若其次序，應云：「釣者，一竿釣，以繳繫釣，綱者，爲大綱以横絶流，羅屬著綱也。」繳即繳也。❸釣謂釣也。❹謂以一竹竿用繳繫釣而取魚也。❺羅，細綱也，謂以繩爲大綱，用綱以屬著此綱，施之水中，横絶流以取魚。舉綱則提其綱也。❻云「弋，繳射也」者，《夏官・司弓矢》云：「矰矢、茀[矢]用諸弋射。」❼注云：「結繳於矢謂之矰。矰，高也。茀矢象焉，茀之言刜也。二者皆可以弋飛鳥，刜，羅之也。」然則繳射謂以繩繫矢而射也。《説文》云：「繳，謂生絲爲繩也。」【釋】釣音弔。綱音剛。鄭本同。弋，羊職反。射，食亦反。宿，息六反。竿音干。繳，章略反，下同，一本作「綸」。屬音燭。著，直略反。

子曰：「蓋有不知而作之者，我無是也。包曰：「時人有穿鑿妄作篇籍者，❽故云然。」多聞，擇其

❶「見之」，阮本作「而見之矣」四字。
❷「綱」，阮本作「網」，下「綱則得魚多」，阮本亦作「網」，下文亦全爲「網」。
❸下「繳」字，阮本作「線」。
❹下「釣」字，阮本作「鉤」。
❺「繳系釣」，阮本作「線系鉤」。
❻上「綱」字，阮本作「網」。
❼「矢」字原無，據《周禮・司弓矢》補。
❽「人」下，正平本有「多」字。

善者而從之；多見而識之，知之次也。」❶孔曰：「如此者，次於天生知之。」❷【疏】「子曰」至「次也」正義曰：此章言無穿鑿也。「子曰蓋有不知而作之者，我無是也」者，言時人蓋有不知理道，穿鑿妄作篇籍者，我即無此事也。「多聞，擇其善者而從之；多見而識之，知之次也」者，言人若多聞，擇善而從之；多見，擇善而志之，能如此者，比天生知之可以爲次也。❸言此者，所以戒人不爲穿鑿。

互鄉難與言，童子見，門人惑。鄭曰：「互鄉，鄉名也。其鄉人言語自專，不達時宜，而有童子來見孔子，門人怪孔子見之。」【釋】互，戶故反。❹「難與言」絕句。見，賢遍反。**子曰：「與其進也，不與其退也，唯何甚？**孔曰：「教誨之道，與其進，不與其退。怪我見此童子，惡惡一何甚。」❺**人潔己以進，與其潔也，不保其往也。」**鄭曰：「往猶去也。人虛己自潔而來，當與之進，❻亦何能保其去後之行。」【疏】「互鄉」至「往也」　正義曰：此章言教誨之道也。「互鄉難與言，童子見，門人惑」者，互鄉，鄉名也。其鄉人言語自專，不達時宜，而有童子來見孔子，門人怪孔子見之。琳公云：「此『互鄉難與言童子見』八字通爲一句，言此鄉有一童子難與言，非是一鄉皆難與言也。」「子曰與其進也，不與其退也，唯何甚」者，孔子以門人怪己，故以此言語之。❼言教誨之道，與其進不與其退，怪我見此童子，惡惡一何甚乎。「人潔己以進，與其潔也，不保其往也」者，往猶去也。言人若虛己自潔而來，當與之進，亦何能保其去後之行。去後之行者，謂往前之行，今已過去。顧觀云：❽「往謂前日之行。夫人之爲行，未必可一，或有始無終，先迷後得。教誨之道，潔則與之，往日之行，非我所保也已。」❾【釋】行，下孟反。

---

❶「之」字，正平本無。

❷「如此」下、「知之」下，正平本有「者」字。阮本僅「如此」下有。

❸「比」，原作「此」，據阮本改。

❹「尸」，元本作「户」。

❺「一何」，正平本作「何一」。

❻「之進」，正平本作「其進之」。

❼「此」字，阮本無。

❽「觀」，阮本作「懽」。

❾「已」字，阮本無。

子曰：「仁遠乎哉？我欲仁，斯仁至矣。」包曰：「仁道不遠，行之即是。」❶【疏】「子曰」至「至矣」　正義曰：此章言仁道不遠，行之即是。故曰：「仁道豈遠乎哉？我欲行仁，即斯仁至矣。」是不遠也。

陳司敗問：「昭公知禮乎？」孔曰：「司敗，官名。陳大夫。昭公，魯昭公也。」【釋】「陳司敗」，如字，鄭以「司敗」爲人名，齊大夫。孔子曰：❷「知禮。」孔子退。揖巫馬期而進之，曰：「吾聞君子不黨，君子亦黨乎？❸君取於吳，❹爲同姓，謂之吳孟子。君而知禮，孰不知禮？」孔曰：「巫馬期，弟子，名施。相助匿非曰黨。魯、吳俱姬姓，禮，同姓不昏，而君取之，當稱吳姬，諱曰孟子。」【釋】揖，伊入反，《說文》云「攘也」，一云「手著胷曰揖」。巫音無。取，七住反，本今作「娶」。爲，于僞反。巫馬期以告。子曰：「丘也幸。苟有過，人必知之。」孔曰：「以司敗之言告也。諱國惡，禮也。聖人道弘，❺故受以爲過。」

【疏】「陳司」至「知之」　正義曰：此章記孔子諱國惡之禮也。「陳司敗問昭公知禮乎」者，陳大夫，爲司敗之官。❻舊聞魯昭公有違禮之事，故問孔子：「昭公知禮乎？」「孔子曰知禮」者，答。言昭公知禮也。「孔子退。揖巫馬期而進之，曰吾聞君子不黨，君子亦黨乎」者，相助匿非曰黨。孔子既答司敗而退去。司敗復揖弟子巫馬期而進之，問曰：「我聞君子不阿黨，今孔子言昭公知禮，乃是君子亦有黨乎？」「君取於吳，爲同姓，謂之吳孟子。君而知禮，孰不知禮」者，孰，誰也。魯、吳俱姬姓。同姓不婚，❼而君取之，當稱吳姬，爲是同姓，諱之，故稱之吳孟子。若以魯君昭公而爲知禮，又誰不知禮也。「巫馬期以告。子曰丘也幸。苟有過，人必知之」者，巫馬期以司敗之言告孔子也。孔子初言昭公知禮，是諱國惡也。諱國惡，禮也。但聖人道弘，故受以爲過。言丘也幸。苟有過，人必知之也。　注「司

❶「即是」，正平本作「則是至也」。
❷「子」下，正平本有「對」字。
❸「君子亦黨乎」五字，正平本無。
❹「取」，正平本作「娶」。
❺「弘」下，正平本有「智深」二字。
❻「敗」，阮本作「寇」。
❼「同」上，阮本有「禮」字。

敗，官名。陳大夫」　正義曰：文十一年《左傳》云：❶楚子西曰：「臣歸死於司敗也。」杜注云「陳、楚名司寇爲司敗」也。《傳》言歸死於司敗，知司敗主刑之官，司寇是也。此云陳司敗，楚子西亦云司敗，知陳、楚同此名也。　注「孔曰」至「孟子」　正義曰：云「巫馬期，弟子，名施」者，《史記・弟子傳》云：「巫馬施，字子祺，❷少孔子三十歲。」鄭玄云：「魯人也。」「魯、吳俱姬姓」者，魯，周公之後；吳，泰伯之後，故云「俱姬姓」也。云「禮，同姓不昏」者，《曲禮》云：「取妻不取同姓，故買妾不知其姓則卜之。」又《大傳》曰：「系之以姓而弗別，綴之以食而弗殊，雖百世而昏則不通者，❸周道然也。」云「而君取之，當稱吳姬，諱曰孟子」者，❹案《春秋》哀十二年：「夏，五月甲辰，孟子卒。」《左氏傳》曰：「昭公娶於吳，故不書姓。」此云「君娶於吳，爲同姓，謂之吳孟子」，是魯人常言稱孟子也。《坊記》云：「《魯春秋》去夫人之姓曰吳，其死曰孟子卒。」是舊史書爲「孟子卒」。及仲尼修《春秋》，以魯人已知其非，諱而不稱姬氏。諱國惡，禮也，因而不改，所以順時世也。《魯春秋》去夫人之姓曰吳，《春秋》無此文。《坊記》云然者，禮，夫人初至必書於策。❺若娶齊女，則云「夫人姜氏至自齊」。此孟子初至之時，亦當書曰「夫人姬氏至自吳」，同姓不得稱姬，舊史所書，蓋直云「夫人至自吳」。是去夫人之姓，直書曰吳而已。仲尼修《春秋》，以犯禮明著，全去其文，故經無其事也。　注「孔曰」至「爲過」　正義曰：云「諱國惡，禮也」者，僖元年《左傳》文也。案，《坊記》云：「善則稱君，過則稱己，則民作忠。」「善則稱親，過則稱己，則民作孝。」是君親之惡，務欲掩之，❻是故聖賢作法，通有諱例。杜預云：❼「有時而聽之則可也，正以爲後法則不經，故不奪其所諱，亦不爲之定制。」言若正爲後法，每事皆諱，則爲惡者無復忌憚，居上者不知所懲，不可盡令諱也。人之所極，唯君與親，纔有小惡，即發其短，非復臣子之心，全無愛敬之義。是故不抑不勸，有時聽之，以爲諱惡者，禮也，無隱者，直也。二者俱通，以爲世教也。云「聖人道弘，故受以爲過」者，孔子所言雖是諱國惡之禮，聖人之道弘大，故受以

❶「十一年」，《左傳》作「十年」。
❷「祺」，阮本作「旗」，《史記》亦作「旗」。
❸「則」，阮本作「姻」。
❹「諱」上，阮本有「而」字。
❺「策」，阮本作「册」。
❻「務」下，阮本有「於」字。
❼「云」，阮本作「曰」。

爲過也。皇侃云：❶「孔子得巫馬期之言，稱己名，云是己幸，受以爲過。故云：苟有過，人必知之。所以然者，昭公不知禮，我答云知禮。若使司敗不譏我，則千載之後，遂永信我言，用昭公所行爲知禮，則亂禮之事，從我而始。今得司敗見非而受以爲過，則後人不謬，故我所以爲幸也。繆協云：『諱則非諱。若受而爲過，則所諱者又以明矣，亦非諱也。曏司敗之問，則詭言以爲諱，今苟將明其義，故曏之言爲合禮也。苟曰合禮，則不爲黨矣。若不受過，則何禮之有乎？』」

子與人歌而善，必使反之，而後和之。樂其善，故使重歌而後和之。❷ 【疏】「子與」至「和之」 正義曰：此章明孔子重於正音也。反猶重也。孔子共人歌，彼人歌善，合於雅頌者，樂其善，故使重歌之，審其歌意，然後自和而合之。❸ 【釋】和，戶卧反。重，直用反。

子曰：「文莫，吾猶人也。莫，無也。文無者，猶俗言「文不」也。「文不，吾猶人」者，言凡文皆不勝於人。❹ 躬行君子，則吾未之有得。」❺孔曰：「身爲君子，❻己未能也。」❼ 【疏】「子曰」至「有得」 正義曰：此章記夫子之謙德也。莫，無也。「文無」者，猶俗言，「文不」也。「文不，吾猶人」者，言凡文皆不勝於人，但猶如常人也。躬，身也。言身爲君子，己未能也。

子曰：「若聖與仁，則吾豈敢？孔曰：「孔子謙，不敢自名仁聖。」抑爲之不厭，誨人不倦，則可謂云爾已矣。」公西華曰：「正唯弟子不能學也。」馬曰：「正如所言，弟子猶不能學，況仁聖乎？」❽ 【疏】「子曰」至「學也」 正義曰：此章亦記孔子之謙德也。「子曰若聖與仁，則吾豈敢」者，惟聖與仁，人行之大者也。孔子謙，不敢自名仁聖也。「抑爲之不厭，誨人不倦，則可謂云爾已矣」者，抑，語辭。爲猶學也。孔子言己學先王之道不厭，教誨於人不倦，但可謂如此而已矣。

---

❶「皇侃云」，阮本誤作「我答云」。
❷「後」下，正平本有「自」字，阮本「後」作「自」。
❸「合」，阮本作「答」。
❹「言凡」，阮本作「凡言」。
❺「得」下，正平本有「也」字。
❻「身」，正平本作「躬」。
❼「能」下，正平本有「得之」二字。
❽「況」，阮本誤「泥」。

「公西華曰正唯弟子不能學也」者，公西華聞孔子云「學之不厭，誨人不倦」，故咨於孔子曰：❶「正如所言不厭、不倦之二事，弟子猶不能學，況仁聖乎？」【釋】抑，於力反。厭，於豔反。正，《魯》讀「正」爲「誠」，今從《古》。

子疾病，子路請禱。包曰：「禱，禱請於鬼神。」【釋】「子疾」，一本云「子疾病」，皇本同，鄭本無「病」字。案，《集解》於《子罕》篇始釋「病」，則此有「病」字非。子曰：「有諸？」周曰：「言有此禱請於鬼神之事。」❷子路對曰：「有之。《誄》曰：『禱爾于上下神祇。』」孔曰：「子路失指。《誄》，禱篇名。」【釋】誄，力軌反，《說文》作「讄」，孔云作「譟」，禱累功德以求福也，以誄爲諡也。祇音祈之反。子曰：「丘之禱久矣。」❸孔曰：「孔子素行合於神明，故曰『丘之禱久矣』。」

【疏】「子疾」至「久矣」　正義曰：此章記孔子不諂求於鬼神也。「子疾病，子路請禱」者，孔子疾病，子路告請禱求鬼神，冀其疾愈也。「子曰有諸」者，諸，之也。孔子以死生有命，不欲禱祈，故反問子路，曰：「有此禱請於鬼神之事乎？」「子路對曰有之。《誄》曰：禱爾於上下神祇」者，《誄》，禱篇名。誄，累也，累功德以求福。子路失孔子之指，故曰「有之」，又引《禱》篇之文以對也。「子曰丘之禱久矣」者，孔子不許子路，故以此言拒之。若人之履行違忤神明，罹其咎殃，則可禱請。孔子素行合於神明，故曰「丘之禱久矣」。

【釋】行，下孟反。

子曰：「奢則不孫，❹儉則固。與其不孫也，寧固。」孔曰：「俱失之，奢不如儉。奢則僭上，儉不及禮。❺固，陋也。」【疏】「子曰」至「寧固」　正義曰：此章戒人奢僭也。孫，順也。固，陋也。言奢則僭上而不順，儉則偪下而窶陋。二者俱失之，與其不孫也，❻寧爲窶陋，是奢不如儉也。以其奢則僭上，儉但不及禮耳。【釋】孫音遜。僭，子念反。

子曰：「君子坦蕩蕩，小人長戚戚。」鄭

❶「咨」，阮本作「答」。
❷「事」下，正平本有「乎」字。
❸「禱」下，正平本有「之」字，注同。
❹「孫」，正平本作「遜」，下「孫」字同。
❺「儉不及禮」，正平本作「儉則不及禮耳」。
❻「孫」，阮本作「順」。

曰：「坦蕩蕩，寬廣貌。長戚戚，多憂懼。」❶【疏】「子曰」至「戚戚」正義曰：此章言君子小人心貌不同也。坦蕩蕩，寬廣貌。長戚戚，多憂懼也。君子内省不疚，故心貌坦蕩蕩然寬廣也。小人好爲咎過，故多憂懼。【釋】坦，吐但反。蕩，徒黨反。《魯》讀「坦蕩」爲「坦湯」，今從「坦」。戚，千歷反。

子溫而厲，威而不猛，恭而安。【疏】「子溫」至「而安」正義曰：此章説孔子體貌也。言孔子體貌溫和而能嚴正，儼然人望而畏之而無剛暴，雖爲恭孫而能安泰，此皆與常度相反。若《皋陶謨》之「九德」也。他人不能，唯孔子能然，故記之也。【釋】「子溫而厲」，一本作「子曰」，「厲」作「例」，皇本作「君子」。案，此章説孔子德行，依此文爲是也。

泰伯第八

【疏】正義曰：此篇論禮讓仁孝之德，賢人君子之風，勸學立身，守道爲政，歎美正樂，鄙薄小人，遂稱堯、舜及禹、文王、武王。以前篇論孔子之行，此篇首末載賢聖之德，故以爲次也。

子曰：「泰伯，其可謂至德也已矣。三以天下讓，民無得而稱焉。」王曰：「泰伯，周大王之長子。❷次弟仲雍，❸少弟季歷。季歷賢，又生聖子文王昌，昌必有天下，故泰伯以天下三讓於王季。其讓隱，故無得而稱言之者，所以爲至德也。」【疏】「子曰」至「稱焉」正義曰：此章論泰伯讓位之德也。泰伯，周太王之長子。次弟仲雍，少弟季歷。季歷賢，又生聖子文王昌，昌必有天下，故泰伯三以天下讓於王季。其讓隱，故民無得而稱言之者，故所以爲至德，而孔子美之也。鄭玄注：❹「大伯，❺周大王之長子。次子仲雍，次子季歷。大王見季歷賢，又生文王，有聖人表，故欲立之而未有命。大王疾，大伯因適吳、越採藥，大王歿而不返。季歷爲喪主，一讓也；季歷赴之，不來奔喪，二讓也；免喪之後，遂斷髮文身，三讓也。

❶「懼」下，正平本有「貌也」二字。
❷「大王」，正平本、阮本作「太王」，下同。「長」，正平本作「太」。
❸「弟」字，正平本無。
❹「注」下，阮本有「云」字。
❺「大伯」，阮本作「泰伯」，但下文亦作「太伯」。

三讓之美，皆隱蔽不著，故人無得而稱焉。」　注「王曰」至「至德」　正義云：❶「泰伯，周大王之長子」云云者，《史記・吳世家》云：「泰伯弟仲雍，皆周大王之子，而王季歷之兄也。季歷賢，而有聖子昌，大王欲立季歷以及昌，於是泰伯、仲雍二人乃奔荊蠻，文身斷髮，示不可用，以辟季歷。季歷果立，是爲王季，而昌爲文王。泰伯之犇荊蠻，自號勾吳。荊蠻義之，從而歸之千餘家，立爲吳泰伯。泰伯卒，無子，弟仲雍立，是爲吳仲雍。仲雍卒，子季簡立。季簡卒，子叔達立。叔達卒，子周章立。是時周武王克殷，求泰伯、仲雍之後，得周章。周章已君吳，因而封之。乃封周章弟虞仲於周之北故夏墟，是爲虞仲，列爲諸侯。」是泰伯讓位之事也。【釋】「民無得」，本亦作「德」。大王音泰，下同。少，詩照反。

子曰：「恭而無禮則勞，慎而無禮則葸，葸，畏懼之貌。言慎而不以禮節之，則常畏懼。【釋】葸，絲里反，鄭云「慤質貌」。勇而無禮則亂，直而無禮則絞。馬曰：「絞，絞刺也。」【釋】絞，古卯反，鄭云「急也」。刺，七肆反。君子篤於親，則民興於仁，故舊不遺，則民不偷。」包曰：「興，起也。君能厚於親屬，不遺忘其故舊，行之美者，則民皆化之，起爲仁厚之行，不偷薄。」【疏】「子曰」至「不偷」　正義曰：此章貴禮也。「子曰恭而無禮則勞」者，勞謂困苦，言人爲恭孫而無禮以節之，則自困苦。「慎而無禮則葸」者，葸，畏懼之貌。言慎而不以禮節之，則常畏懼也。「勇而無禮則亂」者，亂謂逆惡。言人勇而不以禮節之，則爲亂矣。「直而無禮則絞」者，正曲爲直。絞謂絞刺也。言人而爲直不以禮節，則絞刺人之非也。「君子篤於親則民興於仁，故舊不遺則民不偷」者，君子，人君也。篤，厚也。興，起也。偷，薄也。言君能厚於親屬，則民化之，起爲仁行，相親友也。君不遺忘其故舊，故民德歸厚，不偷薄也。【釋】偷，他侯反。行，下孟反，注下同。

曾子有疾，召門弟子曰：「啓予足，啓予手。鄭曰：「啟，開也。曾子以爲受身躰於父母，不敢毀傷，❷故使弟子開衾而視之。」【釋】衾，苦今反。《詩》云：『戰戰兢兢，如臨深淵，如履薄冰。』孔

❶「云」，阮本作「曰」。
❷「傷」下，正平本有「之」字。

曰：「言此詩者，喻己常戒慎，恐有所毀傷。」【釋】兢，居陵反。而今而後，吾知免夫。小子。」周曰：「乃今日後，❶我自知免於患難矣。小子，弟子也。呼之者，❷欲使聽識其言。」【疏】「曾子」至「小子」 正義曰：此章言曾子之孝，不敢毀傷也。「曾子有疾。召門弟子曰啓予足，啓予手」者，啓，開也。曾子以爲受身躰於父母，不敢毀傷，故有疾恐死，召其門弟子，使開衾而視之，以明無毀傷也。「《詩》云戰戰兢兢，如臨深淵，如履薄冰」者，《小雅·小旻篇》文也。戰戰，恐懼。兢兢，戒慎。臨深恐墜，履薄恐陷。曾子言此詩者，喻己常戒慎，恐有所毀傷也。「而今而後，吾知免夫。小子」者，小子，弟子也。言乃今日後，自知免於患難矣。呼弟子者，欲使聽識其言也。【釋】夫音符。難，乃旦反。

曾子有疾，孟敬子問之。馬曰：「孟敬子，魯大夫仲孫捷。」❸【釋】捷，在接反，本又作「婕」，同。曾子言曰：「鳥之將死，其鳴也哀。人之將死，其言也善。包曰：「欲戒敬子，言我將死，❹言善可用。」君子所貴乎道者三：❺動容貌，斯遠暴慢矣；正顏色，斯近信矣；出辭氣，斯遠鄙倍矣。鄭曰：「此道謂禮也。動容貌，能濟濟蹌蹌，則人不敢暴慢之。正顏色，能矜莊嚴栗，則人不敢欺誕之。❻出辭氣，能順而說之，❼則無惡戾之言入於耳。」【釋】遠，于萬反。近，「附近」之「近」。倍，蒲悔反。濟，子禮反。蹌，七良反，本或作「鏘」，同。戾，力計反。籩豆之事，則有司存。」包曰：「敬子忽大務小，❽故又戒之以此。籩豆，禮器。」【疏】「曾子」至「司存」 正義曰：此章貴禮也。「曾子有疾，孟敬子問之」者，來問疾也。「曾子言曰鳥之將死，其鳴也哀。人之將死，其言也善」者，曾子因敬子來問己疾，將欲戒之，先以此言告之。言我將死，言善可用也。

❶「日」下，正平本有「而」字。
❷「之」字，正平本無。
❸「捷」，正平本作「踕」，釋文「婕」，元本作「踕」。
❹「將」下，正平本有「且」字。
❺「乎」字，正平本無。
❻「誕」，阮本作「詐」。
❼「之」字，正平本無。
❽「忽」，正平本作「忘」。

「君子所貴乎道者三：動容貌，斯遠暴慢矣；正顏色，斯近信矣；出辭氣，斯遠鄙倍矣」者，此其所戒之辭也。道謂禮也。言君子所崇貴乎禮者有三事也。動容貌，能濟濟蹌蹌，則人不敢暴慢之。正顏色，能矜莊嚴栗，則人不敢欺誕之。出辭氣，能順而說之，則無鄙惡倍戾之言入於耳也。人之相接，先見容貌，次觀顏色，次交言語，故三者相次而言也。暴慢、鄙倍，同是惡事，故俱云遠。信是善事，故云近也。「籩豆之事，則有司存」者，敬子輕忽大事，務行小事，故又戒之以此。籩豆，禮器也。言執籩豆行禮之事，則有所主者在焉。❶此乃事之小者，無用親之。注「孟敬子，魯大夫仲孫捷」　正義曰：鄭玄注《檀弓》云「敬子，武伯之子，名捷」是也。注「包曰欲戒敬子，言我將死，言善可用」　正義曰：案《春秋·左氏傳》魏顆父病困，命使殺妾以殉。又晉趙孟、孝伯並將死，其語偷。又晉程鄭問降階之道，鄭然明以將交而有感疾。❷此等並是將死之時其言皆變常。而曾子云「人之將死，其言也善」者，但人之疾患有深有淺，淺則神正，深則神亂。故魏顆父初欲嫁妾，是其神正之時。曾子云「其言也善」，是其未困之日。此曾子賢人，❸至困猶善。其中庸已下未有疾病，天奪之魄，苟欲偷生，則趙孟、孝伯、程鄭之徒不足怪也。注「籩豆禮器」　正義曰：《周禮·天官》「籩人掌四籩之實」，「醢人掌四豆之實」，鄭注云：「籩，竹器如豆者，其容實皆四升。」《釋器》云：「木豆謂之豆，竹豆謂之籩。」豆盛葅醢，籩盛棗栗，以供祭祀享燕，故云禮器。

曾子曰：「以能問於不能，以多問於寡，有若無，實若虛，犯而不校，包曰：「校，報也。言見侵犯不報。」❹昔者吾友嘗從事於斯矣。」馬曰：「友謂顏淵。」

【疏】「曾子」至「斯矣」　正義曰：此章稱顏淵之德行也。「曾子曰以能問於不能，以多問於寡，有若無，實若虛，犯而不校」者，校，報也。言其好學持謙，見侵犯而不報也。「昔者吾友嘗從事於斯矣」者，曾子云「昔時我同志之友顏淵曾從事於斯矣」。❺言能行此上之事也。

曾子曰：「可以託六尺之孤，孔曰：「六尺

❶「在」，阮本作「存」。
❷「交」「感」，阮本作「死」「惑」。
❸「此」，阮本作「且」。
❹「不報」，正平本作「而不報之也」。
❺「曾」，阮本作「嘗」。

之孤，幼少之君。」❶ 【釋】少，詩照反。 可以寄百里之命，孔曰：「攝君之政令。」臨大節而不可奪也，大節，安國家，定社稷。奪，不可傾奪。❷ 君子人與？君子人也。」重稱「君子」者，乃可名爲君子也。❸

【疏】「曾子」至「人也」 正義曰：此章論君子德行也。「曾子曰可以託六尺之孤」者，謂可委託以幼少之君也，若周公、霍光也。「可以寄百里之命」者，謂君在亮陰，可當國攝君之政令也。「臨大節而不可奪也」者，奪謂傾奪。大節謂安國家，定社稷。言事有可以安國家，定社稷，臨時固守，羣衆不可傾奪也。「君子人與？君子人也」者，言能此已上之事可以謂之君子人與。與者，疑而未定之辭。審而察之，能此上事者，可謂君子，無復疑也。故又云君子人也。

注「孔曰六尺之孤，幼少之君」 正義曰：鄭玄注此云：「六尺之孤，年十五已下。」言「已下」者，正謂十四已下亦可寄託，非謂六尺可通十四已下。鄭知六尺年十五者，以《周禮·鄉大夫職》云「國中自七尺以及六十，野自六尺以及六十有五，皆征之」，以其國中七尺爲二十，對六十，野云六尺對六十五，晚校五年，明知六尺與七尺早校五年，故以六尺爲十五也。 【釋】與音餘。

曾子曰：「士不可以不弘毅，任重而道遠。包曰：「弘，大也。毅，强而能斷也。❹ 士弘毅，然後能負重任，致遠路。」【釋】毅，魚氣反。斷，丁亂反。 仁以爲己任，不亦重乎？ 死而後已，不亦遠乎？」孔曰：「以仁爲己任，重莫重焉。死而後已，遠莫遠焉。」

【疏】「曾子」至「遠乎」 正義曰：此章明士行也。「曾子曰士不可以不弘毅，任重而道遠」者，弘，大也。毅，强而能斷也。言士能弘毅，然後能負重任，致遠路也。「仁以爲己任，不亦重乎？死而後已，不亦遠乎」者，復明任重道遠之事也。言士以仁爲己任，❺人鮮克舉之也，是他物之重莫重於此焉。他人行仁，則日月至焉而已矣，士則死而後已，是遠莫遠焉。

❶「幼少之君」，正平本作「謂幼少之君也」。

❷ 前一「奪」字下，正平本有「者」字，後一「奪」字下，正平本有「之也」二字。

❸「重稱」至「子也」，正平本、阮本無。

❹「能」下，正平本有「决」字。

❺「士以仁」，阮本作「仁以」。

子曰：「興於《詩》，包曰：「興，起也。言修身當先學《詩》。」立於禮，包曰：「禮者，所以立身。」成於樂。」包曰：❶「樂所以成性。」【疏】「子曰」至「於樂」　正義曰：此章記人立身成德之法也。興，起也。言人修身當先學起於《詩》也，❷立身必須學禮，成性在於學樂。不學《詩》，無以言，不學禮，無以立。既學《詩》禮，然後樂以成之也。

子曰：「民可使由之，不可使知之。」由，用也。可使用而不可使知者，百姓能日用而不能知。【疏】「子曰」至「知之」　正義曰：此章言聖人之道深遠，人不易知也。由，用也。民可使用之而不可使知之者，以百姓能日用而不能知故也。

子曰：「好勇疾貧，亂也。包曰：「好勇之人而患疾己貧賤者，❸必將爲亂。」【釋】好，呼報反。人而不仁，疾之已甚，亂也。」包曰：❹「疾惡大甚，亦使其爲亂。」【疏】「子曰」至「亂也」　正義曰：此章說小人之行也。言好勇之人患疾己貧者，必將爲逆亂也。人若本性不仁，則當以禮孫接，不可深疾之，若疾惡太甚，亦使爲亂也。【釋】大音太，下「大師」、「大公」並同。

子曰：「如有周公之才之美，使驕且吝，其餘不足觀也已。」❺孔曰：「周公者，周公旦。」【疏】「子曰」至「也已」　正義曰：此章戒人驕吝也。周公，周公旦也，大聖之人也，才美兼備。設人有周公之才美，使爲驕矜且鄙吝，其餘雖有善行，不足可觀也。❻言爲鄙吝所捐棄也。❼　注「周公者，周公旦」　正義曰：以春秋之世別有周公，此孔子極言其才美而云周公，恐與彼相嫌，故注者明之。【釋】吝，力刃反，又力慎反，本亦作「悋」。

子曰：「三年學，不至於穀，不易得也。」❽孔曰：「穀，善也。言人三歲學，不至於善，不可

❶「包曰」，正平本作「孔安國曰」。
❷「學」字，阮本無。
❸「己」下，正平本有「之」字。
❹「包曰」，正平本作「孔安國曰」。
❺「已」下，正平本有「矣」字。
❻「可」字，阮本無。
❼「捐」，阮本作「拚」。
❽「也」下，正平本有「已」字。

得，言必無也，❶所以勸人學。」❷【疏】「子曰」至「得也」正義曰：此章勸學也。穀，善也。言人勤學三歲，必至於善。若三歲學，不至於善不可得，言必無也，所以勸人學也。【釋】穀，公豆反，鄭及孫綽「祿也」。易，孫音「亦」，鄭音以豉反。

子曰：「篤信好學，守死善道，危邦不入，亂邦不居，天下有道則見，無道則隱。包曰：「言行當常然。危邦不入，始欲往，❸亂邦不居，今欲去。亂謂臣弑君、子弑父。❹危者，將亂之兆。」【釋】見，賢遍反，又音現。行，下孟反。𢘑，❺植隣反，古「臣」字，本今作「臣」。弑音試。 邦有道，貧且賤焉，恥也。邦無道，富且貴焉，恥也。」【疏】「子曰」至「恥也」

正義曰：此章勸人守道也。「子曰篤信好學」者，言厚於誠信而好樂問也。❻「守死善道」者，守節至死，不離善道也。「危邦不入，亂邦不居」者，亂謂臣弑君、子弑父。危者，將亂之兆也。「不入」謂始欲往，見其亂兆，不復入也。「不居」謂今欲去，❼見其已亂則遂去之也。「天下有道則見，無道則隱」者，言值明君則當出仕，遇闇主則當隱遁。「邦有道，貧且賤焉，恥也」者，恥其不得明君之祿也。「邦無道，富且貴焉，恥也」者，恥食汙君之祿，以致富貴也。言人之爲行，當常如此。

子曰：「不在其位，不謀其政。」❽孔曰：「欲各專一於其職。」【疏】「子曰」至「其政」 正義曰：此章戒人侵官也。言不在此位則不得謀此位之政，欲使各專一，守於其本職也。

子曰：「師摯之始，《關雎》之亂，洋洋乎盈耳哉。」鄭曰：「師摯，魯大師之名。始猶首也。周道衰微，❾鄭衛之音作，正樂廢而失節。魯大師摯識《關雎》之

❶「無」下，正平本有「及」字。
❷「人」下，正平本有「於」字。
❸「始」上，正平本有「謂」字。
❹「亂謂」二字，正平本無；「父」下，正平本有「亂也」二字。
❺「𢘑」，原作「忠」，據元本改。
❻「樂」，阮本作「學」。
❼「去」字，阮本奪。
❽「政」下，正平本有「也」字。
❾「衰微」，正平本作「既衰」。

聲而首理其亂者。❶『洋洋盈耳』，❷聽而美之。」❸ 【疏】「子曰」至「耳哉」 正義曰：此章美正樂之音也。師摯，魯大師之名也。始猶首也。《關雎》、《周南》篇名，正樂之首章也。周道衰微，鄭衛之音作，正樂廢而失節。魯大師摯識《關雎》之聲而首理其亂者。「洋洋盈耳」，聽而美之。

【釋】摯音至。雎，七餘反。洋音羊。

子曰：「狂而不直，孔曰：「狂者進取，宜直。」【釋】狂，求匡反。侗而不愿，孔曰：「侗，未成器之人，宜謹愿。」【釋】侗音通，又勑動反，《玉篇》音「同」。愿音願，鄭云「善也」。悾悾而不信，包曰：「悾悾，慤也。❹ 宜可信。」【釋】悾音空。慤，苦角反。吾不知之矣。」孔曰：「言皆與常度反，我不知之。」❺ 【疏】「子曰」至「之矣」

正義曰：此章孔子疾小人之性與常度反也。狂者進取，宜直而乃不直。侗，未成器之人，宜謹愿而乃不愿。悾悾，慤也。質慤之人，❻宜信而乃不信。此等之人皆與常度反，我不知之也。

子曰：「學如不及，猶恐失之。」學自外入，至孰乃可長久。❼如不及，猶恐失之。❽ 【疏】「子曰」至「失之」 正義曰：此章勸學也。言學自外入，至孰乃可長久，故勸學汲汲。如不及，猶恐失之也。何況怠惰而不汲汲者乎？❾

子曰：「巍巍乎，舜、禹之有天下也，而不與焉。」美舜、禹也。言己不與求天下而得之。❿ 巍巍，⓫高大之稱。【疏】「子曰」至「與焉」 正義曰：此章美[舜]禹也。⓬ 巍巍，高大之稱。言舜、禹之有天下，自以功德受禪，不與求而得之，所以其德巍巍然高大也。

【釋】巍，魚威反。與音預。稱，尺證反，下注同。

❶「者」字，正平本無。
❷「洋洋盈耳」，正平本作「洋洋乎盈耳哉」。
❸「之」，正平本作「也」。
❹「慤」，正平本重一「慤」字。
❺「我不知之」，正平本作「故我不知也」。
❻「質」，阮本作「謹」。
❼「孰」，正平本、阮本作「熟」，疏同。
❽「之」下，正平本有「耳也」二字。
❾「惰」，原作「情」，據阮本改。
❿「也言」二字，正平本無。
⓫「巍巍」下，正平本有「者」字。
⓬「舜」字原缺，據阮本補。

子曰：「大哉，堯之爲君也。巍巍乎，唯天爲大，唯堯則之。孔曰：「則，法也。美堯能法天而行化也。」蕩蕩乎，民無能名焉。包曰：「蕩蕩，廣遠之稱。言其布德廣遠，民無能識其名焉。」❶巍巍乎，其有成功也。功成化隆。功大巍巍。❷煥乎，其有文章。」煥，明也。其立文垂制又著明。❸【疏】「子曰」至「文章」 正義曰：此章歎美堯也。「子曰大哉，堯之爲君也。巍巍乎，唯天爲大，唯堯則之」者，則，法也。言大矣哉堯之爲君也，聰明文思，其德高大巍巍然。有形之中，唯天爲大，萬物資始，四時行焉，唯堯能法此天道而行其化焉。「蕩蕩乎，民無能名焉」者，蕩蕩，廣遠之稱。言其布德廣遠，民無能識其名者焉。「巍巍乎，其有成功也」者，言其治民，功成化隆，高大巍巍然。「煥乎，其有文章」者，煥，明也。言其立文垂制又著明也。【釋】煥音喚。

舜有臣五人而天下治。孔曰：「禹、稷、契、皋陶、伯益。」【釋】治，直吏反。契，息列反。陶音遙。武王曰：「予有亂臣十人。」馬曰：「亂，治也。❹治官者十人。謂周公旦、召公奭、太公望、畢公、榮公、太顛、閎夭、散宜生、南宮适，其一人謂文母。」❺【釋】「予有亂十人」，本或作「亂臣十人」，非。召，士照反。奭音釋。閎音宏。夭，於表反，又於遙反。散，息但反。适，古活反。孔子曰：「才難，不其然乎？唐虞之際，於斯爲盛。有婦人焉，九人而已。孔曰：「唐者，堯號。虞者，舜號。❻際者，堯舜交會之間。斯，此也。❼言堯舜交會之間，比於周，❽周最盛，❾多賢才，❿然尚有婦人，⓫其餘九人而已。大才難得，豈不然乎？」三分天下有其二，以服事

---

❶「其」字，正平本無。
❷「功」，正平本、阮本作「高」。
❸「又」，正平本作「復」。
❹「治」，正平本作「理」，避唐諱改。
❺「其」下，正平本有「餘」字。
❻「號」，正平本作「虞」。
❼「也」下，正平本有「此於周也」四字。
❽「於」下，正平本有「此」字。
❾「最」下，阮本有「爲」字。
❿「才」字，正平本無。
⓫「有」下，正平本有「一」字。

殷。周之德，❶其可謂至德也已矣。」❷包曰：「殷紂淫亂，文王爲西伯而有聖德，天下歸周者三分有二，❸而猶以服事殷，故謂之至德。」【疏】「舜有」至「已矣」　正義曰：　此章論大才難得也。「舜有臣五人而天下治」者，言帝舜時有大才之臣五人而天下大治。五人者，禹也，稷也，契也，皋陶也，伯益也。「武王曰予有亂臣十人」者，亂，治也。周武王曰「我有治官之臣十人」者，謂周公旦也，召公奭也，太公望也，畢公也，榮公也，大顛也，❹閎夭也，散宜生也，南宫适也，其一人謂文母也。「孔子曰才難，不其然乎？唐虞之際，於斯爲盛，有婦人焉，九人而已」者，記者舉舜及武王之時大才之人於上，遂載孔子之言於下。唐者，堯號。虞者，舜號。際者，堯舜交會之間也。斯，此也。言堯舜交會之間比於此周，❺周最爲盛，多賢才也。然尚有一婦人，其餘九人而已。大才難得，豈不然乎。「三分天下有其二，以服事殷。周之德，其可謂至德也已矣」者，此孔子因美周文王有至聖之德也。言殷紂淫亂，文王爲西伯而有聖德，天下歸周者三分有二，而猶以服事殷，故謂之至德也。　注「孔曰禹、稷、契、皋陶、伯益」　正義曰：案《史記》及《舜典》，禹名文命，鯀之子也，舜命作司空，平水土之官也。稷名棄，帝嚳之子也，舜命爲后稷，布種百穀之官也。契亦帝嚳子也，❻佐禹治水有功，舜命作司徒，布五教之官也。皋陶字庭堅，❼顓頊之後，舜命作士，理官也。伯益，皋陶之子，舜命作虞官，掌山澤之官也。　注「馬曰」至「文母」　正義曰：云「亂，治也」，《釋詁》文。云「十人謂周公旦」已下者，❽先儒相傳爲此說也。案《史記・世家》云：周公名旦，武王弟也，❾封於魯，食菜於周，謂之周公。召公名奭，與周同姓，封於燕，食邑於召，謂之召公。太公望，呂尚也，東海上人。其先祖嘗爲四嶽，佐禹平水土，甚有功，虞夏之際，封於呂。本姓姜氏，從其封姓，故曰呂尚。呂尚蓋嘗窮困，年老矣，以魚釣干周西

❶「周」下，正平本無「之」字。
❷「其」字，阮本無。
❸「下」下，正平本有「之」字。
❹「大」，阮本作「太」，下同。
❺「比」，原作「此」，據阮本改。
❻「子」上，阮本有「之」字。
❼「庭」，阮本作「廷」。
❽「已」，阮本作「以」，下同。
❾「王」下，阮本有「之」字。

伯。❶西伯將獵，卜之，曰「所獲非龍非彲勑知，❷非虎非熊，所獲霸王之輔」，於是周西伯獵，果遇太公於渭之陽，與語大說，曰「自吾先君太公曰：『當有聖人適周，周以興』。子真是邪？吾太公望子久矣。」故號之曰太公望，載與俱歸，立爲大師。劉向《別錄》曰：「師之，尚之，父之，故曰師尚父。」父亦男子之美號。《孫子兵法》曰：「周之興也，吕牙在殷。」則牙又是其名字。武王已平商而王天下，封師尚父於齊。畢、榮皆國名，入爲天子公卿。畢公，文王庶子。大閎、散、南宫皆氏。顛、夭、宜生、适皆名也。文母，文王之后大姒也，從夫之謚，武王之母，謂之文母。《周南》、《召南》言后妃夫人者，皆是也。　注「孔曰」至「然乎」　正義曰：云「唐者，堯號。虞者，舜號」者，《史記》諸書皆言：堯，帝嚳之子，帝摯之弟。嚳崩，摯立。摯崩，乃傳位於堯。《書傳》云：「堯年十六，以唐侯升爲天子。」遂以爲號，或謂之陶唐氏。《書》曰：「惟彼陶唐。」《世本》云：「帝堯爲陶唐氏。」韋昭云：❸「陶唐皆國名，猶湯稱殷商也。」案經傳，契居商，故湯以商爲國號。後盤庚遷殷，故殷商雙舉。歷檢書傳，未聞帝堯居陶而以陶冠唐。蓋以二字爲名，所稱或單或複也。舜之爲虞，猶禹之爲夏。《外傳》稱禹氏曰有夏，則如舜氏曰有虞。顓頊已來，地爲國號，而舜有天下，號曰有虞氏，是地名也。王肅云：「虞，地也。」皇甫謐云：「堯以二女妻舜，封之於虞，今河東大陽山西虞地是也。」然則舜居虞地，以虞爲氏。堯封之虞，爲諸侯。及王天下，遂爲天子之號。故從微至著，常稱虞氏。　注「包曰」至「至德」　正義曰：云「殷紂淫亂」者，紂爲淫亂，書傳備言，若《泰誓》云「沈湎冒色，❹敢行暴虐」之類是也。云「文王爲西伯而有聖德」者，鄭玄《詩譜》云：「周之先公曰大王者，辟狄難，自豳始遷焉，而修德建王業。商王帝乙之初，命其子王季爲西伯。至紂，又命文王典治南國江漢汝旁之諸侯，❺是謂文王繼父之業爲西伯也。」殷之州長曰伯，謂爲雍州伯也。《周禮》「八命作牧」，殷之州牧，蓋亦八命。如《旱麓》傳云：「九命然後錫以秬鬯圭瓚。」《孔叢》云：「羊容問於子思曰：❻『古之帝王中分天下而二公治之，謂之二伯。周自后稷封爲王者之後，大王、王季皆爲諸侯，奚得

❶「干」，阮本作「奸」。
❷「勑知」下，阮本有「切」字。
❸「昭」，原作「玿」，據阮本改。
❹「泰」，原作「秦」，據阮本改。
❺「旁」，阮本作「墳」，下同。
❻「容」，原作「客」，據阮本改。

爲西伯乎？』子思曰：『吾聞諸子夏云，殷王帝乙之時，王季以九命作伯於西，受圭瓚秬鬯之賜，❶故文王因之，得專征伐。』」此諸侯爲伯，猶周、召分陝。皇甫謐亦云：「王季於帝乙殷王之時，賜九命爲西長，始受圭瓚秬鬯。」皆以爲王季受九命作東西大伯。鄭不見《孔叢》之書，《旱麓》之箋不言九命，則以王季爲州伯也。文王亦爲州伯，故《西伯戡黎》注云：「文王爲雍州之伯，南兼梁、荊，在西，故曰西伯。」文王之德長於王季，❷文王尚爲州伯，明王季亦爲州伯也。《楚辭·天問》曰：「伯昌號衰，秉鞭作牧。」王逸注云：「伯謂文王也。鞭以喻政，言紂號令既衰，文王執鞭持政爲雍州牧。」《天問》，屈原所作，去聖未遠，謂文王爲牧，明非大伯也，所以不從毛說。言「至紂又命文王」者，既已繼父爲伯，❸又命之使兼治南國江漢汝旁之諸侯。《周本紀》云：「季歷娶大任，生昌，有聖瑞。古公曰：『我世當有興者，其在昌乎？』」後果受命爲文王也。云「天下歸周者三分有二，而猶服事殷」者，鄭玄又云：「於時三分天下有其二，以服事殷，故雍、梁、荊、豫、徐、楊之人咸被其德而從之。」鄭既引《論語》三分有二，故據《禹貢》州名指而言之，雍、梁、荊、豫、徐、楊歸文王，其餘冀、青、兖屬紂，九州而有其六，是爲三分有其二也。《書傳》云：「文王率諸侯以事紂。」是猶服事殷也。紂惡貫盈，文王不忍誅伐，猶服事之，故謂之至德也。【釋】參，七南反，一音三，本今作「三」。紂，直久反。

子曰：「禹，吾無間然矣。孔曰：「孔子推禹功德之盛美，❹言己不能復間厠其間。」【釋】復，扶又反。菲飲食而致孝乎鬼神，馬曰：「菲，薄也。致孝鬼神，祭祀豐絜。」【釋】菲音匪。惡衣服而致美乎黻冕，孔曰：「損其常服，以盛祭服。」【釋】黻音弗。冕音免。卑宮室而盡力乎溝洫。包曰：「方里爲井，井間有溝，溝廣深四尺。十里爲成，成間有洫，洫廣深八尺。」【釋】盡，津忍反。洫，呼域反。廣，光曠反。深，尸鴆反。禹，吾無間然矣。」【疏】「子曰」至「然矣」　正義曰：此章美夏禹之功德也。「子曰禹，吾無間然矣」者，間謂間厠。孔子推禹功德之盛美，言己不能復間厠其間也。「菲飲食而致孝乎鬼神」者，此下言其無間之三事也。菲，

❶「賜」，阮本作「錫」。
❷「長」，阮本作「優」。
❸「已」，阮本作「以」，下同。
❹「美」字，正平本無。

薄也。薄己飲食，致孝鬼神，令祭祀之物豐多絜淨也。「惡衣服而致美乎黻冕」者，黻冕皆祭服也。言禹降損其常服，以盛美其祭服也。「卑宮室而盡力乎溝洫」者，溝洫，田間通水之道也。言禹卑下所居之宮室，而盡力以治田間之溝洫也。以常人之情，飲食務於肥濃，禹則淡薄之，衣服好其華美，禹則麤惡之；宮室多尚高廣，禹則卑下之。飲食，鬼神所享，故云致孝；祭服，備其采章，故云致美；溝洫，人功所爲，故云盡力也。「禹，吾無間然矣」者，美之深，故再言之。　注「孔曰損其常服，以成祭服」　正義曰：鄭玄注此云：「黻是祭服之衣。冕，其冠也。」《左傳》「晉侯以黻冕命士會」，亦當然也。黻，蔽膝也。祭服謂之黻，其他服謂之韠，❶俱以韋爲之，制同而色異。韠，各從裳色。黻，其色皆赤，尊卑以深淺爲異：天子純朱，諸侯黄朱，大夫赤而已。大夫已上，冕服悉皆有黻，故禹言黻冕。《左傳》亦言黻冕，但冕服自有尊卑耳。《周禮·司服》云：「王之服，祀昊天上帝則服大衮而冕，❷祀五帝亦如之，享先王則衮冕，享先公饗射則鷩冕，祀四望山川則毳冕，祭社稷五祀則希冕，祭羣小祀則玄冕。」「孤之服，自希冕而下。」《左傳》士會黻冕，當是希冕也。此禹之黻冕，則玄冕皆是也。❸　注「包曰」至「八尺」　正義曰：「方里爲井，井間有溝，溝廣深四尺。十里爲成，成間有洫，洫廣深八尺」者，案《考工記》「匠人爲溝洫。耜廣五寸，二耜爲耦。一耦之伐，❹廣尺深尺謂之畎。田首倍之，廣二尺深二尺謂之遂。九夫爲井，井間廣四尺深四尺謂之溝。方十里爲成，成間廣八尺深八尺謂之洫。方百里爲同，同間廣二尋深二仞謂之澮。」鄭注云：「此畿内采地之制，九夫爲井。井者，方一里，九夫所治之田也。采地制井田，異於鄉遂及公邑。三夫爲屋。屋，具也。一井之中，三屋九夫，三三相具以出賦稅。其治溝也，方十里爲成，成中爲一甸，❺甸方八里出田稅，緣邊一里治洫。方百里爲同，同中容四都六十四成，方八十里出田稅，緣邊十里治澮。」是溝洫之法也。

論語註疏卷第四

❶「服」字，阮本無。
❷「衮」，阮本作「裘」，同《周禮·司服》。
❸「玄」，阮本作「六」。
❹「伐」，原作「代」，據阮本改。
❺「爲」，阮本作「容」。

論語註疏卷第五

子罕第九

【疏】正義曰：此篇皆論孔子之德行也，故以次泰伯、堯、禹之至德。

子罕言利與命與仁。罕者，希也。利者，義之和也。命者，天之命也。仁者，行之盛也。寡能及之，故希言也。【疏】「子罕言利與命與仁」　正義曰：此章論孔子希言難及之事也。❶罕，希也。與，及也。利者，義之和也。命者，天之命也。仁者，行之盛也。孔子以其利命仁三者常人寡能及之，故希言也。注「罕者」至「言也」　正義曰：《釋詁》云：「希，罕也。」轉互相訓，故罕得爲希也。云「利者，義之和也」者，《易・乾卦・文言》文也。❷言天能利益庶物，使物各得其宜而和同也。此云利者，謂君子利益萬物，使物各得其宜，足以和合於義，法天之利也。云「命者，天之命也」者，謂天所命生人者也。天本無體，亦無言語之命，但人感自然而生，有賢愚、吉凶、窮通、夭壽，若天之付命遣使之然，故云「天之命也」。云「仁者，行之盛也」者，仁者愛人以及物，是善行之中最盛者也。以此三者，中知以下寡能及之，❸故孔子希言也。【釋】罕，呼旱反。行，下孟反。

達巷黨人曰：「大哉孔子。博學而無所成名。」鄭曰：「達巷者，黨名也。五百家爲黨。此黨之人美孔子博學道藝，不成一名而已。」子聞之。謂門弟子曰：「吾何執？執御乎？執射乎？吾執御矣。」鄭曰：「聞人美之，承之以謙。❹吾執御者，❺欲名六藝之卑。」【疏】「達巷」至「御矣」　正義曰：此章論

---

❶「及」，阮本作「攷」。

❷「易」字，阮本無。

❸「之」，阮本作「知」。

❹「承之以謙」，正平本作「承以謙也」。

❺「者」字，阮本無。

孔子道藝該博也。「達巷黨人曰大哉孔子。博學而無所成名」者，達巷者，黨名也。五百家爲黨。此黨之人美孔子博學道藝，不成一名而已。「子聞之。謂門弟子曰：吾何執？執御乎？執射乎？吾執御矣」者，孔子聞人美之，承之以謙，故告謂門弟子曰：「我於六藝之中何所執守乎？但能執御乎？執射乎？」乎者，疑而未定之辭。又復謙損，❶云：「吾執御矣。」以爲人僕御，是六藝之卑者，孔子欲名六藝之卑，故云「吾執御矣」，謙之甚也。

子曰：「麻冕，禮也。今也純，儉。吾從衆。孔曰：「冕，緇布冠也，古者績麻三十升布以爲之。純，絲也。絲易成，故從儉。」【釋】純，順倫反，鄭作側基反，黑繒也。易，以豉反。拜下，禮也。今拜乎上，泰也。❷雖違衆，吾從下。」王曰：「臣之與君行禮者，下拜然後升成禮。❸時臣驕泰，故於上拜。今從下，禮之恭也。」【疏】「子曰」至「從下」 正義曰：此章記孔子從恭儉也。❹「子曰麻冕，禮也。今也純，儉。❺吾從衆」者，冕，緇布冠也，古者績麻三十升布以爲之。故云「麻冕，禮也。」「今也」謂當孔子時。純，絲也。絲易成，故云純，儉。用絲雖不合禮，以其儉易，故孔子從之也。「拜下，禮也。今拜乎上，泰也。雖違衆，吾從下」者，禮，臣之與君行禮者，下拜然後升成拜，是禮也。今時之臣皆拜於上，是驕泰也。❻孔子以其驕泰則不孫，故違衆而從下拜之禮也。下拜，禮之恭故也。 注「孔曰」至「從儉」 正義曰：云「冕，緇布冠也」者，冠者，首服之大名。冕者，冠中之別號，故冕得爲緇布冠也。《士冠禮》曰：「陳服，緇布冠，頍項，❼青組纓屬于頍。」《記》曰：「始冠，緇布之冠也。大古冠布，齊則緇之。其緌也，孔子曰：『吾未之聞也。冠而敝之可也。』」云「古者績麻三十升布以爲之」者，鄭注《喪服》云：「布八十縷爲升。」 注「王曰」至「恭也」 正義曰：云「臣之與君行禮者，下拜然後升成禮」者，案《燕禮》，君燕卿大夫之禮也。其禮云：「公坐，取大夫所媵觶，興以酬賓。賓降西階下，再拜稽首。公命小臣辭，賓升成拜。」鄭注：「升

❶「損」，阮本作「指」。
❷「也」字，正平本無。
❸「升」字，阮本無。
❹「記」，阮本誤「作」。
❺「子曰」至「純儉」，阮本奪。
❻「是」阮本作「長」。
❼「頍」，原作「頗」，據阮本改，下同。

成拜，復再拜稽首也。先時君辭之，於禮若未成然。」又《覲禮》：「天子賜侯氏以車服。諸公奉篋服，加命書于其上。❶升自西階，東面，太史氏右。❷侯氏升，西面立。太史述命。侯氏降。兩階之間北面再拜稽首，升成拜。」皆是臣之與君行禮，下拜然後升成禮也。

子絕四：毋意，❸以道爲度，故不任意。【釋】毋音無，下同。意如字，或於力反，非。毋必，用之則行，舍之則藏，故無專必。毋固，無可無不可，故無固行。毋我。述古而不自作，處群萃而不自異，惟道是從，故不有其身。❹【疏】「子絕四：毋意，毋必，毋固，毋我」

正義曰：此章論孔子絕去四事，與常人異也。毋，不也。我，身也。常人師心徇惑，自任己意。孔子以道爲度，故不任意。常人行藏不能隨時，用舍好自專必。惟孔子用之則行，舍之則藏，不專必也。常人之情可者與之，不可者拒之，好堅固其所行也。孔子則無可無不可，不固行也。人多制作，自異以擅其身。孔子則述古而不自作，處羣衆萃聚，和光同塵而不自異，故不有其身也。

子畏於匡。包曰：「匡人誤圍夫子，以爲陽虎。陽虎曾暴於匡，❺夫子弟子顏剋時又與虎俱行，❻後剋爲夫子御，至於匡。匡人相與共識剋，又夫子容貌與虎相似，故匡人以兵圍之。」【釋】嘗如字，本或作「曾」，才能反。「顏剋」，諸書或作「顏亥」。爲，于僞反，又如字。曰：「文王既没，文不在兹乎？孔曰：「兹，此也。言文王雖已死，其文見在此。此，自此其身。」❼【釋】見，賢遍反。天之將喪斯文也，後死者不得與於斯文也。孔曰：「文王既没，故孔子自謂後死。言天將喪此文者，本不當使我知之。今使我知之，未欲喪也。」❽【釋】喪，息浪反，下及注同。與音預。天之未喪斯文也，❾匡人

❶「加」，阮本誤「如」。
❷「氏」，《儀禮・覲禮》作「是」。
❸「毋」，原作「母」，據正平本、阮本改，下同。
❹「不」下，正平本有「自」字。
❺「曾」，正平本作「嘗」。
❻「行」，正平本作「往」。
❼「此」，阮本作「謂」。
❽「也」，正平本作「之」。
❾「也」字，正平本無。

其如予何？」馬曰：「『其如予何』者，❶猶言奈我何也。天之未喪此文，則我當傳之，匡人欲奈我何，言其不能違天以害己。」❷【疏】「子畏」至「予何」　正義曰：此章記孔子知天命也。「子畏於匡」者，謂匡人以兵圍孔子，記者以衆情言之，故云「子畏於匡」，其實孔子無所畏也。「曰文王既没，文不在兹乎」者，孔子以弟子等畏懼，故以此言諭之。兹，此也。言文王雖已死，其文豈不見在我此身乎。言其文見在我此身也。「天之將喪斯文也，後死者不得與於斯文也」者，後死者，孔子自謂也。以文王既没，故孔子自謂己爲後死者。言天將喪此文者，本不當使我與知之。今既使我知之，是天未欲喪此文也。「天之未喪斯文也，匡人其如予何」者，「如予何」猶言奈我何也。天之未喪此文，則我當傳之，匡人其欲奈我何。言匡人不能違天以害己也。注「包曰」至「圍之」　正義曰：此注皆約《世家》，述其畏匡之由也。案，《世家》云：「孔子去衛。將適陳，過匡。顔刻爲僕，以其策指之曰：❸『昔日吾入此，由彼缺也。』匡人聞之，以爲魯之陽虎。陽虎嘗暴匡人，匡人於是遂止孔子。孔子狀類陽虎，❹拘焉五日。匡人拘孔子益急，弟子懼。孔子曰：『文王既没，文不在兹乎？』」已下文與此正同，是其事也。【釋】傳，直專反。

大宰問於子貢曰：「夫子聖者與？何其多能也？」孔曰：「大宰，大夫官名，或吴或宋，未可分也。疑孔子多能於小藝。」【釋】大宰音太，鄭云「是吴太宰嚭」。與音餘。子貢曰：「固天縱之將聖，又多能也。」孔曰：「言天固縱大聖之德，❺又使多能。」【釋】縱，子用反。子聞之，曰：「大宰知我乎。❻吾少也賤，故多能鄙事。君子多乎哉？不多也。」包曰：「我少小貧賤，常自執事，故多能爲鄙人之事。君子固不當多能。」【疏】「大宰」至「多也」　正義曰：此章論孔子多小藝也。「大宰問於子貢曰夫子聖者與？何其多能也」者，太宰，大夫官名。太宰之意以爲聖人當務大忽小，今夫子既曰聖者與，又何其多能小藝乎。以爲疑，故問

❶「其」字，正平本無。
❷「以」，正平本作「而」。
❸「其」字，阮本無。
❹「狀」，阮本作「貌」。
❺「縱」下，正平本有「之」字。
❻「我」下，正平本有「者」字。

於子貢也。「子貢曰固天縱之將聖，又多能也」者，將，大也。言天固縱大聖之德，又使多能也。「子聞之，曰太宰知我乎」者，孔子聞太宰疑己多能非聖，故云「知我乎」？謙謙之意也。「吾少也賤，故多能鄙事」者，又說己多能之由也。❶言我自小貧賤，常自執事，故多能爲鄙人之事也。「君子多乎哉？不多也」者，又言聖人君子當多能乎哉？言君子固不當多能也。今己多能，則爲非聖，所以爲謙謙也。　注「孔曰」至「小藝」　正義曰：云「大宰，大夫官名」者，案《周禮》，大宰，六卿之長，卿即上大夫也，故云「大夫官名」也。云「或吳或宋，未可分也」者，以當時惟吳、宋二國上大夫稱太宰，諸國雖有太宰，非上大夫，故云「或吳或宋，未可分也」。鄭云「是吳太宰嚭」也，以《左傳》哀十二年「公會吳于橐皋，吳子使太宰嚭請尋盟，公不欲，使子貢對」，又子貢嘗適吳，故鄭以爲是吳太宰嚭也。　【釋】少，詩照反，下同。

牢曰：「子云：『吾不試，故藝。』」鄭曰：「牢，弟子子牢也。試，用也。言孔子自云：『我不見用，故多技藝。』」❷【疏】「牢曰子云：吾不試，故藝」　正義曰：此章論孔子多技藝之由。且與前章異時而語，❸故分之。牢，弟子琴牢也。試，用也。言孔子自云「我不見用於時，故多能技藝」。　注「牢，弟子子牢也」　正義曰：《家語·弟子篇》云：「琴牢，衛人也，字子開，一字張。」此云「弟子子牢」，當是耳。　【釋】牢，力刀反。《家語》有琴牢，子開，❹一字子張，《史記》無文。技，其綺反。

子曰：「吾有知乎哉？無知也。知者，知意之知也。知者言未必盡，❺今我誠盡。有鄙夫問於我，空空如也。我叩其兩端而竭焉。」孔曰：「有鄙夫來問於我，其意空空然，我則發事之終始兩端以語之，竭盡所知，不爲有愛。」【疏】「子曰」至「竭焉」　正義曰：此章言孔子教人必盡其誠也。「子曰吾有知乎哉？無知也」者，知者，意之所知也。孔子言我有意之所知，不盡以教人乎哉。無知也，❻常人知者言未必盡，今我誠盡也。「有鄙夫問於我，空空如也。我叩其兩端而竭焉」者，

❶「己」，阮本作「以」。
❷「多」下，正平本有「能」字。
❸「且」，阮本作「但」。
❹「子」上，元本有「字」字。
❺「知」上，正平本有「言」字。
❻「知」，阮本作「之」。

此舉無知而誠盡之事也。空空，虛心也。叩，發動也。兩端，終始也。言設有鄙賤之夫來問於我，其意空空然，我則發事之終始兩端以告語之，竭盡所知，不爲有愛。言我教鄙夫尚竭盡所知，況知禮義之弟子乎。明無愛惜乎其意之所知也。　注「知者」至「誠盡」　正義曰：云「知者，知意之知也」者，知意之知，猶言意之所知也。❶云「知者言未必盡」者，言他人之知者言之以教人，❷未必竭盡所知，謂多所愛惜也。云「今我誠盡」者，謂孔子言今我教人，實盡其意之所知，無愛惜也，故云「無知也」。【釋】空，如字，鄭或作「倥倥」，❸同音控。叩音口，發動也。兩端，如字，鄭云「未也」。❹語，魚據反。爲，于僞反。

子曰：「鳳鳥不至，河不出《圖》，吾已矣夫。」孔曰：「聖人受命則鳳鳥至，❺河出《圖》。今天無此瑞。『吾已矣夫』者，傷不得見也。❻《河圖》，八卦是也。」

【疏】「子曰鳳鳥不至，河不出《圖》，吾已矣夫」　正義曰：此章言孔子傷時無明君也。聖人受命則鳳鳥至、河出《圖》，今天無此瑞，則時無聖人也。故歎曰「吾已矣夫」，傷不得見也。　注「孔曰」至「是也」　正義曰：云「聖人受命則鳳鳥至、❼河出《圖》」者，《禮器》云：「升中於天而鳳皇降。」《援神契》云：「德至鳥獸則鳳皇來。」天老曰：「鳳象：麟前鹿後，蛇頸魚尾，龍文龜背，燕頷雞喙，❽五色備舉。出於東方君子之國，翱翔四海之外，過崐崙，飲砥柱，濯羽弱水，莫宿丹穴，見則天下大安寧。」鄭玄以爲《河圖》、《洛書》，龜龍銜負而出，如《中候》所說「龍馬銜甲，赤文綠色，甲似龜背，袤廣九尺，❾上有列宿斗正之度，帝王錄紀興亡之數」是也。孔安國以爲《河圖》即八卦是也。【釋】出如字，舊尺遂反，注同。夫音扶。❿瑞，時惠反。⓫

子見齊衰者、冕衣裳者與瞽者，包曰：「冕

❶「猶」下，阮本衍「意」字。
❷「知」，阮本誤「短」。
❸「倥倥」，元本作「悾悾」。
❹「未」，元本作「末」。
❺「聖」上，正平本有「有」字。
❻「傷」字，正平本無。
❼「云」字，阮本奪。
❽「頷」，阮本作「含」。
❾「尺」，原作「天」，據阮本改。
❿「扶」，元本作「符」。
⓫「惠」，元本作「恚」。

者，冠也，❶大夫之服。瞽，盲也。」❷見之，雖少必作；❸過之，必趨。包曰：「作，起也。趨，疾行也。此夫子哀有喪，尊在位，恤不成人。」【疏】「子見」至「必趨」正義曰：此章言孔子哀有喪，尊在位，恤不成人也。「子見齊衰者、冕衣裳者與瞽者」者，❹齊衰，周親之喪服也。言齊衰，則斬衰從可知也。冕，冠也，大夫之服也。瞽，盲也。「見之，雖少必作；過之，必趨」者，作，起也。趨，疾行也。言夫子見此三種之人，雖少，坐則必起，行則必趨。【釋】齊音咨。衰，七雷反。冕音免，鄭本作「弁」，云「《魯》讀『弁』爲『絻』」，今從《古》，《鄉黨》篇亦然。瞽音古。

顔淵喟然歎曰：喟，❺歎聲。【釋】喟，古位反，❻又苦恠反。「仰之彌高，鑽之彌堅。言不可窮盡。【釋】鑽，子官反。瞻之在前，忽焉在後。言恍惚不可爲形象。❼【釋】惚怳，況住反，❽今作「恍惚」。夫子循循然善誘人。循循，次序貌。誘，進也。言夫子正以此道進勸人，❾有次序。❿【釋】循音巡。博我以文，約我以禮，欲罷不能。既竭吾才，如有所立卓爾，雖欲從之，末由也已。」孔曰：「言夫子既以文章開博我，又以禮節節約我，使我欲罷而不能。已竭我才矣，其有所立，則又卓然不可及。言己雖蒙夫子之善誘，猶不能及夫子之所立。」【疏】「顔淵」至「也已」正義曰：此章美夫子之道也。「顔淵喟然歎曰仰之彌高，鑽之彌堅。瞻之在前，忽焉在後」者，喟，歎聲也。彌，益也。顔淵喟然發歎，言夫子之道高堅不可窮盡，恍惚不可爲形象，故仰而求之則益高，鑽研求之則益堅，瞻之似若在前，忽然又復在後也。「夫子循循然善誘人」者，循循，次序貌。誘，進也。言夫子以此道教人，循循然有次序。誘謂

❶「冠」上，正平本有「冕」字。
❷「盲」下，正平本有「者」字。
❸「少」下，正平本有「者」字。
❹「者」字，阮本奪。
❺「喟」下，正平本有「然」字。
❻「古」，元本作「苦」。
❼「恍惚」，正平本作「忽恍」。
❽「住」，元本作「往」。
❾「進勸」，正平本作「勸進」。
❿「次」，阮本作「所」。

善進勸人也。❶「博我以文，約我以禮，欲罷不能。既竭吾才，如有所立卓爾，雖欲從之，末由也已」者，末，無也。言夫子既開博我以文章，又節約我以禮節，使我欲罷止而不能。已竭盡我才矣，其夫子更有所創立，則又卓然絶異，己雖欲從之，無由得及。言己雖蒙夫子之善誘，猶不能及夫子之所立也。【釋】罷，皮買反，又皮巴反，又音皮。卓，陟角反，鄭云「絶望之辭」。

子疾病，包曰：「疾甚曰病。」子路使門人爲臣。鄭曰：「孔子嘗爲大夫，故子路欲使弟子行其臣之禮。」病間，曰：「久矣哉，由之行詐也。無臣而爲有臣。吾誰欺？欺天乎。孔曰：「少差曰間。❷言子路久有是心，❸非今日也。」❹【釋】間如字。差，初買反。詐，側嫁反。且予與其死於臣之手也，無寧死於二三子之手乎。馬曰：「無寧，寧也。二三子，門人也。就使我有臣而死其手，我寧死於弟子之手乎。」❺且予縱不得大葬，孔曰：「君臣禮葬。」予死於道路乎？」馬曰：「就使我不得以君臣禮葬，❻有二三子在，我寧當憂棄於道路乎。」【疏】「子疾」至「路乎」正義曰：此章言孔子不欺也。「子疾病」者，疾甚曰病。「子路使門人爲臣」者，以孔子嘗爲魯大夫，故子路欲使弟子行其家臣之禮，以夫子爲大夫君也。「病間，曰久矣哉，由之行詐也」者，少差曰間。當其疾甚時，子路以門人爲臣，夫子不知。及病少差，知之，乃責之。言子路久有是詐欺之心，非今日也，故云「久矣哉，由之行詐也」。「無臣而爲有臣。吾誰欺？欺天乎」者，言我既去大夫，是無臣也，女使門人爲臣，是無臣而爲有臣。如此行詐，人盡知之，❼是人不可欺，故云：「吾誰欺？」既人不可欺，乃欲遠欺天乎？「且予與其死於臣之手也，無寧死於二三子之手乎」，❽無寧，寧也。二三子，門人也。言就使我有臣，且我等其死於臣之手，寧如死於其弟子之手乎。「且予縱不得

❶「誘」，阮本作「可」。
❷「少」上，正平本有「病」字。
❸「久」字，正平本無。
❹「非」下，正平本有「唯」字。
❺「於」字，正平本無。
❻「我」，正平本作「之」。「臣」下，正平本有「之」字。
❼「盡」，阮本作「蓋」。
❽「乎」下，阮本有「者」字。

大葬，予死於道路乎」者，大葬謂君臣禮葬。言且就使我縱不得以君臣禮葬，有二三子在，我寧當憂棄於道路乎。言必不至死於道路也。

子貢曰：「有美玉於斯，韞匵而藏諸，求善賈而沽諸？」馬曰：「韞，藏也。匵，匱也。謂藏諸匱中。❶沽，賣也。❷得善賈，寧肯賣之邪。」❸子曰：「沽之哉。沽之哉。我待賈者也。」❹包曰：「沽之哉，不衒賣之辭。我居而待賈。」❺【疏】「子貢」至「者也」 正義曰：此章言孔子藏德待用也。「子貢曰有美玉於斯，韞匵而藏諸，求善賈而沽諸」者，子貢欲觀孔子聖德藏用何如，故託事以諮問也。❻韞，藏也。匵，匱也。諸，之也。沽，賣也。言人有美玉於此，藏在匱中而藏之，❼若求得善貴之賈，寧肯賣之邪。君子於玉比德，子貢之意言夫子有美德而懷藏之，若人虛心盡禮求之，夫子肯與之乎。「子曰沽之哉。沽之哉。我待賈者也」者，孔子答。言我賣之哉，不衒賣之辭。雖不衒賣，我居而待賈。言有人虛心盡禮以求我道，我即與之而不吝也。【釋】沽音姑。衒，古「縣」字，一音玄遍反。

子欲居九夷。馬曰：「九夷，東方之夷有九種。」【釋】種，章勇反。或曰：「陋，如之何？」子曰：「君子居之，何陋之有？」馬曰：「君子所居則化。」❽【疏】「子欲」至「之有」 正義曰：此章論孔子疾中國無明君也。「子欲居九夷」者，東方之夷有九種。孔子以時無明君，故欲居東夷。「或曰陋，如之何」者，或人謂孔子，言東夷僻陋無禮，如何可居。「子曰君子居之，何陋之有」者，孔子答或人。言君子所居則化，使有禮義，故云「何陋之有」。 注「馬曰九夷，東方之夷有九種」 正義曰：案，《東夷傳》云：「夷有九種，曰妖夷、❾于夷、方夷、黃夷、白夷、赤夷、玄夷、風夷、陽夷。」又一曰玄菟，二曰樂

❶「謂」字，正平本無。
❷「賣」，原作「賈」，據阮本改。
❸「肯」字，正平本無。
❹「也」字，正平本無。
❺「賈」下，正平本有「者也」二字。
❻「事」，阮本作「玉」。
❼「匵」，阮本作「匱」。
❽「則化」，正平本作「者皆化也」。
❾「妖」，阮本作「畎」。

浪，三曰高驪，❶四曰滿飾，五曰鳧臾，六曰索家，七曰東屠，八曰倭人，九曰天鄙。

子曰：「吾自衛反魯，❷然後樂正，《雅》、《頌》各得其所。」鄭曰：「反魯，魯哀公十一年冬，❸是時道衰樂廢，孔子來還，乃正之，故《雅》、《頌》各得其所。」❹

【疏】「子曰吾自衛反魯，然後樂正，《雅》、《頌》各得其所」　正義曰：此章記孔子言正廢樂之事也。孔子以定十四年去魯，應聘諸國。魯哀公十一年，自衛反魯。是時道衰樂廢，孔子來還，乃正之，故《雅》、《頌》各得其所也。注「反魯，魯哀公十一年冬」　正義曰：案《左傳》哀十一年冬，「衛孔文子之將攻大叔也，訪於仲尼。仲尼曰：『胡簋之事則嘗學之矣，甲兵之事未之聞也。』退，命駕而行，曰：『鳥則擇木，❺木豈能擇鳥哉？』❻文子遽止之，曰：『圉豈敢度其私，訪衛國之難也。』將止，魯人以幣召之，乃歸。」杜注云「於是自衛反魯，樂正，《雅》、《頌》各得其所」是也。

子曰：「出則事公卿，入則事父兄，喪事不敢不勉，不爲酒困，何有於我哉？」馬曰：「困，亂也。」【疏】「子曰出則事公卿，入則事父兄，喪事不敢不勉，不爲酒困，何有於我哉」　正義曰：此章記孔子言忠順、孝悌、哀喪、慎酒之事也。困，亂也。言出仕朝廷則盡其忠順以事公卿也，入居私門則盡其孝悌以事父兄也，若有喪事則不敢不勉力以從禮也，未嘗爲酒亂其性也。他人無是行於我，我獨有之，故曰「何有於我哉」。

子在川上曰：「逝者如斯夫。不舍晝夜。」包曰：「逝，往也。言凡往也者如川之流。」❼【疏】「子在川上曰逝者如斯夫。不舍晝夜」　正義曰：此章記孔子感歎時事既往，不可追復也。逝，往也。夫子因在川水之上，見川水之流迅速，且不可追復，故感之而興歎。言凡時事往者如此川之流夫，不以晝夜而有舍止也。【釋】夫音符，下章「有矣夫」同。舍音捨。

---

❶「驪」，阮本作「麗」。
❷「反」下，正平本有「於」字。
❸「魯」字，阮本奪。
❹「故」下，正平本有「曰」字。
❺「木」，原作「大」，據阮本改。
❻「哉」字，阮本無。
❼「也」字，正平本無。

子曰：「吾未見好德如好色者也。」疾時人薄於德而厚於色，故發此言。【疏】「子曰吾未見好德如好色者也」正義曰：此章孔子疾時人薄於德而厚於色也。【釋】好，呼報反，下同。

子曰：「譬如爲山，未成一簣，止，吾止也。包曰：「簣，土籠也。此勸人進於道德。爲山者，其功雖已多，未成一籠而中道止者，我不以其前功多而善之，見其志不遂，故不與也。」【釋】簣，求位反。籠，魯東反。中，丁仲反，又如字。譬如平地，雖覆一簣，進，吾往也。」馬曰：「平地者，將進加功，雖始覆一簣，我不以其功少而薄之，❶據其欲進而與之。」【疏】「子曰」至「往也」正義曰：此章孔子勸人進於道德也。「子曰譬如爲山，❷未成一簣，止，吾止也」者，簣，土籠也。言人之學道，垂成而止，前功雖多，吾不與也。譬如爲山者，其功雖已多，未成一籠而中道止者，我不以其前功多而善之，見其志不遂，故吾止而不與也。「譬如平地，雖覆一簣，進，吾往也」者，言人進德修業，功雖未多而强學不息，則吾與之也。譬如平地者將進加功，雖始覆一簣，我不以其功少而薄之，據其欲進，故吾則往而與之也。【釋】覆，芳服反。

子曰：「語之而不惰者，其回也與。」❸顔淵解，❹故語之而不惰。❺餘人不解，故有惰語之辭。❻【疏】「子曰語之而不惰者，其回也與」正義曰：此章美顔回也。惰謂解惰也。❼言餘人不能盡解，故有解惰於夫子之語時。其語之而不解惰者，其唯顔回也與，顔淵解故也。【釋】語，魚據反。惰，徒卧反。與音餘。解音蟹，下同。

子謂顔淵，曰：「惜乎。吾見其進也，未見其止也。」包曰：「孔子謂顔淵進益未止，❽痛惜之甚。」【疏】「子謂顔淵，曰惜乎。吾見其進也，未見其止也」正義曰：此章以顔回早死，孔子於後歎惜之也。孔子謂顔淵進益未止，痛惜之甚也。

---

❶「其」下，正平本有「見」字。
❷「子曰」二字，阮本奪。
❸「也」字，正平本無。
❹「淵」下，正平本有「則」字。
❺「而」字，正平本無。
❻「辭」，正平本作「時」。
❼「解」，阮本作「懈」，下同。
❽「止」，原作「正」，據阮本改。

子曰：「苗而不秀者有矣夫。秀而不實者有矣夫。」孔曰：「言萬物有生而不育成者，喻人亦然。」【疏】「子曰苗而不秀者有矣夫。秀而不實者有矣夫」 正義曰：此章亦以顔回早卒，孔子痛惜之，爲之作譬也。言萬物有生而不育成者，喻人亦然也。

子曰：「後生可畏，❶焉知來者之不如今也？後生謂年少。 【釋】焉，於虔反。「年少」，本今作「少年」，詩照反。 四十五十而無聞焉，斯亦不足畏也已。」❷ 【疏】「子曰」至「也已」 正義曰：此章勸學也。「子曰後生可畏，焉知來者之不如今也」者，後生謂年少也。言年少之人足以積學成德，誠可畏也，安知將來者之道德不如我今日也。「四十五十而無聞焉，斯亦不足畏也已」者，言年少時不能積學成德，至於四十五十而令名無聞，雖欲强學，終無成德，故不足畏也。

子曰：「法語之言，能無從乎？改之爲貴。孔曰：「人有過，以正道告之，口無不順從之，能必自改之乃爲貴。」❸ 【釋】語，魚據反。 巽與之言，能無說乎？ 繹之爲貴。馬曰：「巽，恭也。謂恭孫謹敬之言，聞之無不說者，❹能尋繹行之乃爲貴。」【釋】巽音遜。 說音悦，注及下同。 繹音亦，鄭云「陳也」。 說而不繹，從而不改，吾末如之何也已矣。」【疏】「子曰」至「已矣」 正義曰：此章貴行也。「子曰法語之言，能無從乎？改之爲貴」者，謂人有過，以禮法正道之言告語之，當時口無不順從之者，口雖服從，未足可貴，能必自改之，乃爲貴耳。「巽與之言，能無說乎？繹之爲貴」者，巽，恭也。繹，尋繹也。謂以恭孫謹敬之言教與之，當時聞之無不喜說者，雖聞之喜說，未足可貴，必能尋繹其言，行之，乃爲貴也。「說而不繹，從而不改，吾末如之何也已矣」者，謂口雖說從而行不尋繹追改，疾夫形服而心不化，故云「末如之何」，猶言不可奈何也。

子曰：「主忠信，毋友不如己者，過則勿憚改。」慎所主、友，❺有過務改，皆所以爲益。【疏】「子

---

❶「畏」下，正平本有「也」字。

❷「已」下，正平本、阮本有「矣」字。

❸「能必自改之乃爲貴」，正平本作「能必改乃爲貴也矣」。

❹「者」，正平本作「也」。

❺「慎所主友」，正平本作「慎其所主所友」。

曰主忠信，毋友不如己者，過則勿憚改」 正義曰：此章戒人忠信改過也。主猶親也。憚猶難也。言凡所親狎皆須有忠信者也，無得以忠信不如己者爲友也，苟有其過，無難於改也。《學而》篇已有此文，記者異人，重出之。❶ 【釋】毋音無。憚，徒旦反。

子曰：「三軍可奪帥也，匹夫不可奪志也。」孔曰：「三軍雖衆，人心不一，❷則其將帥可奪而取之。❸匹夫雖微，苟守其志，不可得而奪也。」 【疏】「子曰三軍可奪帥也，匹夫不可奪志也」 正義曰：此章言人守志不移也。萬二千五百人爲軍。帥謂將軍也。❹匹夫謂庶人也。三軍雖衆，人心不一，則其將帥可奪而取之。匹夫雖微，苟守其志，不可得而奪也。士大夫已上有妾媵，庶人賤，但夫婦相匹配而已，故云匹夫。 【釋】帥，色類反。將，子匠反。

子曰：「衣敝緼袍，❺與衣狐貉者立而不恥者，其由也與。❻孔曰：「緼，枲著。」 【釋】衣，於既反。弊，本今作「敝」。緼，紆粉反。袍，蒲刀反。貉，戶洛反。依字作「貈」。也與，音餘。枲，絲里反。著，竹呂反。『不忮不求，何用不臧？』」馬曰：「忮，害也。臧，善也。言不忮害，不貪求，何用爲不善。疾貪惡忮害之詩。」子路終身誦之。子曰：「是道也，何足以臧？」馬曰：「臧，善也。尚復有美於是者，何足以爲善。」 【疏】「子曰」至「以臧」 正義曰：此章善仲由也。「子曰衣敝緼袍，與衣狐貉者立而不恥者，其由也與」者，緼，枲著也。緼袍，衣之賤者。狐貉，裘之貴者。常人之情，著破敗之緼袍，與著狐貉之裘者並立，則皆慙恥。而能不恥者，其惟仲由也與。❼「不忮不求，何用不臧」者，忮，害也。臧，善也。言不忮害，不貪求，何用爲不善。言仲由不忮害，不貪求，何用爲不善。此詩《邶風·雄雉》之篇，疾貪惡忮害之詩也。孔子言之以善子路也。「子路終身誦之」者，子路以夫子善己，故常稱誦之。「子曰是道也，何足以

---

❶「重」上，阮本有「故」字。

❷「不」，正平本作「非」。

❸「而取之」，正平本作「之而取」。

❹「軍」字，阮本無。

❺「敝」，正平本作「弊」。

❻「也」字，正平本無。

❼「其惟」，阮本作「唯其」。

臧」者，孔子見子路誦之不止，懼其伐善，故抑之。言人行尚復有美於是者，此何足以爲善。 注「孔曰緼，枲著」 正義曰：《玉藻》云：「纊爲繭，緼爲袍。」鄭玄云：「衣有著之異名也。纊謂今之新緜，緼謂今纊及舊絮也。」然則今云枲著者，雜用枲麻以著袍也。【釋】復，扶又反。

子曰：「歲寒然後知松柏之後凋也。」大寒之歲，衆木皆死，然後知松柏小凋傷。❶平歲則衆木亦有不死者，故須歲寒而後別之。喻凡人處治世，亦能自脩整，與君子同。在濁世，然後知君子之正不苟容。【疏】「子曰歲寒然後知松柏之後凋也」 正義曰：此章喻君子也。大寒之歲，衆木皆死，然後知松柏小凋傷。若平歲則衆木亦有不死者，故須歲寒而後別之。喻凡人處治世，亦能自脩整，與君子同。在濁世，然後知君子之正不苟容也。【釋】彫，丁條反，依字當作「凋」。別，彼列反。治，直吏反。

子曰：「知者不惑，包曰：「不惑亂。」【釋】知音智。仁者不憂，孔曰：「無憂患。」勇者不懼。」【疏】「子曰知者不惑，仁者不憂，勇者不懼」 正義曰：此章言知者明於事，故不惑亂，仁者知命，故無憂患，勇者果敢，故不恐懼。

子曰：「可與共學，未可與適道；適，之也。雖學，或得異端，未必能之道。可與適道，未可與立；雖能之道，未必能有所立。❷可與立，未可與權。」雖能有所立，未必能權量其輕重之極。『唐棣之華，偏其反而。豈不爾思？室是遠而』。」逸詩也。唐棣，栘也，❸華反而後合。賦此詩者，❹以言權道反而後至於大順。思其人而不得見者，其室遠也。以言思權而不得見者，其道遠也。【釋】棣，大計反，《字林》大内反。偏音篇。子曰：「未之思也，夫何遠之有？」❺夫思者，當思其反。反是不思，所以爲遠。能思其反，何遠之有？言權可知，唯不知思耳，思之有次序，斯可知矣。❻【疏】「子曰」至「之有」 正義曰：此章論權道

---

❶「小」，正平本作「不」。
❷「有所立」，正平本作「有所成立也」。
❸「栘」，原作「移」，據阮本改。
❹「者」字，正平本無。
❺「有」下，正平本有「哉」字。
❻「知」下，正平本有「之」字。

也。「子曰可與共學，未可與適道」者，適，之也。言人雖可與共學，所學或得異端，未必能之正道，故未可與也。「可與適道，未可與立」者，言人雖能之道，未必能有所立，故未可與立。❶「可與立，未可與權」者，言人雖能有所立，未必能隨時變通，權量其輕重之極也。「唐棣之華，偏其反而。豈不爾思？室是遠而」者，此逸詩也。唐棣，栘也。言其華偏反而後合。❷賦此詩者，以言權道亦先反常而後至於大順也。「豈不爾思」者，言誠思爾也。誠思其人而不得見者，其室遠也。以喻思權而不得見者，其道遠也。「子曰未之思也，夫何遠之有」者，言夫思者當思其反常，若不思是反，所以爲遠，能思其反，何遠之有。言權可知，唯不知思爾。儻能思之有次第，❸斯可知矣。記者嫌與詩言相亂，故重言「子曰」也。　注「唐棣，栘也」　正義曰：《釋木》文也。舍人曰：「唐棣，一名栘。」郭璞曰：「似白楊，江東呼夫栘。」《詩·召南》云：「唐棣之華。」陸機云：「奧李也。一名雀梅，亦曰車下李。所在山皆有，其華或白或赤。六月中熟，大如李子，可食。」【釋】未音味，或作「末」者，❹非。夫音符，注同。一讀以「夫」字屬上句。

鄉黨第十

【疏】正義曰：此篇唯記孔子在魯國鄉黨中言行，故分之以次前篇也。此篇雖曰一章，❺其間事義亦以類相從，今各依文解之。

孔子於鄉黨，恂恂如也，似不能言者。王曰：「恂恂，溫恭之貌。」【釋】恂音荀，又音旬。其在宗廟朝廷，便便言，唯謹爾。鄭曰：「便便，辯也。❻雖辯而謹敬。」【釋】朝，直遙反，篇內不出者同。廷，徒寧反，又徒佞反。便，婢綿反。朝，與下大夫

❶「立」，阮本作「也」。
❷「言」字，阮本無；「偏」下，阮本有「然」字。
❸「第」，阮本作「序」。
❹「末」，原作「未」，據文意改。
❺「此篇雖曰一章」，正平本亦曰「凡一章」，然仍以大圈分章，茲從正平本。
❻「辯」，正平本誤「辮」，下同。

言，侃侃如也；孔曰：「侃侃，和樂之貌。」【釋】侃，苦旦反。樂音洛。與上大夫言，誾誾如也。孔曰：「誾誾，中正之貌。」君在，踧踖如也，與與如也。馬曰：「君在，視朝也。❶踧踖，恭敬貌。❷與與，威儀中適之貌。」【疏】「孔子」至「與與如也」❸ 正義曰：此一節記言語及趨朝之禮容也。「孔子於鄉黨，恂恂如也，似不能言」者，恂恂，溫恭之貌。言孔子在於鄉黨中，與故舊相接，常溫和恭敬，恂恂然如似不能言語者，道其謙恭之甚也。凡言「如也」者，皆謂「如此」義也。「其在宗廟朝廷，便便言，唯謹爾」者，便便，辯也。宗廟，行禮之處。朝廷，布政之所。當詳問極言，故辯治也，雖辯而唯謹敬。「朝，與下大夫言，侃侃如也；與上大夫言，誾誾如也」者，侃侃，和樂之貌。誾誾，中正之貌。下大夫稍卑，故與之言可以和樂。上大夫，卿也，爵位既尊，故與之言常執中正，不敢和樂也。「君在，踧踖如也，與與如也」者，君在謂視朝時也。踧踖，恭敬之貌。與與，威儀中適之貌。既當君在之所，故恭敬，使威儀中適，不敢解惰也。【釋】踧，子六反。踖，子亦反。與音餘。中，丁仲反。

君召使擯，鄭曰：「君召使擯者，有賓客，使迎之。」❹【釋】擯，必刃反，本又作「儐」，❺亦作「賓」，皆同。色勃如也，孔曰：「必變色。」【釋】勃，步忽反。足躩如也。包曰：「足躩盤僻貌。」❻【釋】躩，駒若反，❼注皆同。盤，步干反，字又作「磐」。辟，婢亦反。揖所與立，左右手，❽衣前後，襜如也。鄭曰：「揖左人，左其手；揖右人，右其手。一俛一仰，衣前後襜如也。」❾趨進，翼如也。孔曰：「言端好。」賓退，必復命

❶「在」下，正平本有「者君」二字。
❷「敬」下，正平本、阮本有「之」字。
❸「疏」，原作「釋」，據阮本改。
❹「之」，正平本作「也」。
❺「儐」，原作「擯」，據文義改。
❻「足躩盤僻貌」，正平本作「盤辟貌之也」，「僻」，阮本均作「辟」。
❼「駒若」，元本作「駈碧」。
❽「右」下，正平本有「其」字。
❾「衣」上，正平本有「故」字。「後」下，正平本有「則」字。

曰：「賓不顧矣。」鄭曰：❶「復命，白君，賓已去矣。」❷【疏】「君召使擯」至「顧矣」　正義曰：此一節言君召孔子使爲擯之禮也。擯謂主國之君所使出接賓者也。「色勃如也，足躩如也」者，勃然變色也。足躩，盤辟貌。既傳君命以接賓，故必變色而加肅敬也，足容盤辟躩然，不敢懈慢也。「揖所與立，左右手，衣前後，襜如也」者，謂交擯傳命時，揖左人，左其手；揖右人，右其手。一俛一仰，衣前後襜如也。「趨進，翼如也」者，謂疾趨而進，張拱端好，如鳥之張翼也。❸「賓退，必復命曰：賓不顧矣」者，❹謂賓禮畢，上擯送賓出，反告白君，「賓已去矣，不反顧也」。

注「鄭曰」至「如也」　正義曰：云「揖左人，左其手；揖右人，右其手」者，謂傳擯時也。案，諸侯自相爲賓之禮，凡賓主各有副，賓副曰介，主副曰擯及行人。若諸侯自行，則介各從其命數。至主國大門外，王人及擯出門相接。❺若主君是公，則擯者五人，侯伯則擯者四人，子男則擯者三人。❻所以不隨命數者，謙也，故並用强半之數也。賓若是公，來至門外，直當闑西，去門九十步而下車，當軹北嚮而立。鄭注《考工記》云：「軹，轂末也。」其侯伯立當前疾胡下，❼子男立當衡。注：「衡謂車軛。」其君當軫，而九介立在君之北，邐迤西北，並東嚮而列。主公出，直闑東，南西嚮立，擯在主人之南，邐迤東南立，並西嚮也。使末擯與末介相對，中間傍相去三丈六尺。列擯、介既竟，則主君就擯求辭。所以須求辭者，不敢自許人求詣己，恐爲他事而至，故就求辭，自謙之道也。求辭之法，主人先傳求辭之言與上擯，上擯以至次擯，次擯繼傳以至末擯，末擯傳與賓末介，末介以次繼傳上至於賓。賓答辭，隨其來意，又從上介而傳下至末介，末介又傳與末擯。末擯傳相次而上，至於主人。傳辭既竟，而後進迎賓至門。知擯介朝位如此者，《大行人職》文。又知傳辭拜迎賓前至門者，《司儀職》文。其傳辭，《司儀》之交擯也。其列擯、介，傳辭委曲，約《聘禮》文。若諸侯使卿大夫相聘，其介與主位，則《大行人》云：「卿大夫之禮，各下其君二等。」鄭注云「介與朝位」是也。主君待之，擯數如待其君。其有異者，主君至大門而

❶「鄭曰」，正平本作「孔安國曰」。
❷「去」下，正平本有「也」字。
❸「如」，阮本誤「爲」。
❹「者」字，阮本奪。
❺「王」，阮本作「主」。
❻「三」，阮本作「二」。
❼「疾」，阮本作「侯」。

不出限，南面而立也。若公使之，❶亦直闑西北嚮，七介，而去門七十步。侯伯之使列五介，而去門五十步。子男之使，三介，而去門三十步。上擯出閾外闑東南，西嚮，陳介西北，東面邐迤，如君自相見也。而末介、末擯相對亦相去三丈六尺。陳擯、介竟，則不傳命，而上擯進至末擯間，南揖賓，賓亦進至末介間，上擯與賓相去亦三丈六尺，而上擯揖而請事，入告君。❷君在限内，後乃相與入也。知者，約《聘禮》文。不傳辭，《司儀》及《聘禮》謂之旅擯。君自來，所以必傳命者，《聘義》云：「君子於其所尊弗敢質，敬之至也。」又若天子春夏受朝宗則無迎法，受享則有之，故《大行人》云：「廟中將幣三享。」鄭云：「朝先享，不言朝者，朝正禮，不嫌有等也。」若秋冬覲遇一受之於廟，則亦無迎法，故《郊特牲》云：「覲禮，天子不下堂而見諸侯。」明冬遇依秋也。以爲擯之禮，依次傳命，故揖左人左其手，揖右人右其手，一俛一仰，使衣前後襜如也。　注「鄭曰復命白君，賓已去矣」　正義曰：案《聘禮》行聘享、私覿禮畢，賓出，公再拜送，賓不顧。❸鄭注云：「公既拜，客趨辟。君命上擯送賓出，反告『賓不顧矣』。」於此，君可以反路寢矣。

入公門，鞠躬如也，如不容。孔曰：「斂身。」【釋】鞠，九六反。立不中門，行不履閾。孔曰：「閾，門限。」【釋】閾，于逼反，一音況逼反。過位，色勃如也，足躩如也，包曰：「過君之空位。」其言似不足者。攝齊升堂，鞠躬如也，屏氣似不息者。孔曰：「皆重慎也。衣下曰齊。攝齊者，摳衣也。」【釋】齊音咨，篇末皆同。摳，苦侯反。出，降一等，逞顔色，怡怡如也。孔曰：「先屏氣，下階舒氣，故怡怡如也。」【釋】逞，勑井反。怡，以之反。没階，趨進，翼如也。孔曰：「没，盡也。下盡階。」【釋】「没階趨」，一本作「没階趨進」，誤也。復其位，踧踖如也。孔曰：「來時所過位。」【疏】「入公門」至「踧踖如也」　正義曰：此一節記孔子趨朝之禮容也。「入公門，鞠躬如也，如不容」者，公，君也。鞠，曲斂也。躬，身也。君門雖大，斂身，如狹小不容受其身也。「立不中門」者，中

❶「使之」，阮本作「之使」。
❷「入」，阮本誤「人」。
❸「顧」，阮本作「復」。

門謂棖闑之中央。君門中央有闑，兩旁有棖，棖謂之門梐，棖闑之中是尊者所立處，故人臣不得當之而立也。「行不履閾」者，履，踐也。閾，門限也。出入不得踐履門限，所以爾者，一則自高，二則不淨，並爲不敬。「過位，色勃如也，足躩如也」者，過位，過君之空位者也，❶謂門屏之間，人君宁立之處。君雖不在此位，人臣過之宜敬，故勃然變色、足盤辟而爲敬也。「其言似不足」者，下氣怡聲，如似不足者也。「攝齊升堂，鞠躬如也，屏氣似不息者」，❷皆重慎也。衣下曰齊。攝齊者，摳衣也。將升堂時，以兩手當裳前，提挈裳使起，恐衣長，轉足躡履之。仍復曲斂其身，以至君所，則屏藏其氣，似無氣息者也。「出，降一等，逞顔色，怡怡如也」者，以先時屏氣，出，下階一級，則舒氣，故解其顔色，怡怡然和說也。「没階，趨進，翼如也」，没，盡也。下盡階，則疾趨而出，張拱端好，如鳥之舒翼也。「復其位，踧踖如也」者，復至其來時所過之位，則又踧踖恭敬也。　注「閾，門限」　正義曰：《釋宫》云：「柣謂之閾。」❸孫炎云：「閾，門限也。」經傳諸注皆以閾爲門限，爲内外之限約也。

注「衣下曰齊。攝齊者，摳衣也」　正義曰：《曲禮》云：「兩手摳衣，去齊尺。」鄭注云：「齊謂裳下緝也。」然則衣謂裳也。對文則上曰衣，下曰裳。散則可通。故此云摳衣。摳，提挈也，謂提挈裳前，使去地一尺也。

執圭，鞠躬如也，如不勝。包曰：「爲君使，聘問鄰國，❹執持君之圭。鞠躬者，敬慎之至。」【釋】勝音升。爲，于僞反。使，所吏反。**上如揖，下如授。勃如戰色，足蹜蹜如有循。**鄭曰：「上如揖，授玉宜敬。下如授，不敢忘禮。戰色，敬也。足蹜蹜如有循，舉前曳踵行。」❺【釋】上，時掌反，又如字。「下如」，《魯》讀「下」爲「趨」，今從《古》。蹜，色六反。「授玉」，一本作「受玉」。踵，章勇反。**享禮，有容色。**鄭曰：「享，獻也。《聘禮》：既聘而享，用圭璧，有庭實。」【釋】享，許丈反。**私覿，愉愉如也。**鄭曰：「覿，見也。既享，乃以私禮見。愉愉，顔色和。」❻【疏】「執圭」至「愉愉如也」　正義曰：此一節記爲君使，聘問鄰國之禮容也。「執圭，鞠躬如

❶「者」字，阮本無。
❷「息」，原作「足」，據阮本改。
❸「柣」，阮本作「柣」，是。
❹「聘」上，正平本有「以」字。
❺「行」下，正平本有「之也」二字。
❻「和」，正平本作「之和也」。

也，如不勝」者，言執持君之圭以聘鄰國，而鞠躬如不能勝舉，慎之至也。「上如揖，下如授」者，上謂授玉時，宜敬，故如揖也。下謂既授玉而降，雖不執玉，猶如授時，不敢忘禮也。「勃如戰色，足蹜蹜如有循」者，亦謂執圭行聘時，戰栗其顏色，敬也。足則舉前曳踵而行，蹜蹜如有所循也。「享禮，有容色」者，享，獻也。《聘禮》：既聘而享，用圭璧，有庭實。聘時執圭致命，故勃如戰色。至行享時則稍許有容色，不復戰栗。「私覿，愉愉如也」者，覿，見也。愉愉，顏色和也。謂既享，乃以私禮見，故顏色愉愉然和說也。　注「包曰」至「之至」　正義曰：云「爲君使，聘問鄰國，執持君之圭」者，案《聘禮》云「賓襲，執圭，致命。公側襲，受玉于中堂與東楹之間」，是其事也。凡執玉之禮，《大宗伯》云「公執桓圭」，注云「雙植謂之桓。❶桓，宮室之象，所以安其上也。圭長九寸。」故《玉人》云「命圭九寸，公守之」是也。《宗伯》又云：「侯執信圭，伯執躬圭。」注云：「蓋皆象以人形爲瑑飾，文有麤縟耳，欲其慎行以保身。圭皆長七寸。」故《玉人》云：「命圭七寸謂之信圭，侯守之。命圭七寸謂之躬圭，伯守之。」江南儒者解云：「直者爲信，其文縟細。曲者爲躬，其文麤略。」義或然也。《宗伯》又云：「子執穀璧，男執蒲璧。」注云：「穀所以養人。蒲爲席，所以安人。不執圭者，未成國也。」蓋瑑爲穀稼及蒲葦之文，蓋皆徑五寸，故《大行人》云「子執穀璧，男執蒲璧五寸」是也。凡圭廣三寸，厚半寸，剡上左右各寸半，知者，《聘禮記》文。其璧則內有孔，外有玉。❷其孔謂之好，故《爾雅・釋器》云：「肉倍好謂之璧，好倍肉謂之瑗，肉好若一謂之環。」此謂諸侯所執圭璧，皆朝於王及相朝所用也，故《典瑞》前既陳玉，則云「朝覲宗遇會同於王，諸侯相見亦如之」是也。其公、侯、伯朝后皆用璋，知者，以《聘禮》聘君用圭、聘夫人以璋，則知於天子及后亦然也。其子、男既朝王用璧，朝后宜用琮，以璧琮相對故也。鄭注《小行人》云：「其上公及二王之後，享天子圭以馬，享后璋以皮。其侯、伯、子、男，享天子璧以帛，享后琮以錦。其玉大小各如其命數。」知者，《玉人》云「璧琮九寸，諸侯以享天子」是也。其諸侯相朝，所執之玉與朝天子同。其享玉，皆以璧享君，以琮享夫人，明相朝禮亦當然。子、男相享，則降用琥以繡、璜以黼，故鄭注《小行人》云「其於諸侯亦用璧琮耳。子、男於諸侯則享用琥璜，下其瑞」是也。其諸侯之臣聘天子及聘諸侯，其聘玉

❶「植」，原作「桓」，據阮本改。

❷「玉」，阮本作「肉」，是。

及享玉降其君瑞一等，故《玉人》云「瑑圭璋八寸，璧琮八寸，以覜聘」是也。　注「足蹜蹜如有循，舉前曳踵行」　正義曰：案，《玉藻》云：「執龜玉舉前曳踵，蹜蹜如也。」踵謂足之後跟也。❶謂將行之時，初舉足前，後曳足跟，行不離地，蹜蹜如也，言舉足狹數，蹜蹜如也。《玉藻》又云：「圈豚行，不舉足，齊如流。」鄭注云：「圈，轉也。豚之言若有所循，不舉足，曳踵，則衣之齊如水之流矣，孔子執圭則然，此徐趨也。」　注「鄭曰」至「庭實」　正義曰：「享，獻也」，《釋詁》文也。云「《聘禮》：既聘而享，用圭璧，有庭實」者，案《覲禮》侯氏既見王，乃云：「四享皆束帛加璧，庭實唯國所有。」鄭玄云：「四當爲三。《大行人職》曰諸侯廟中將幣，皆三享。其禮差又無取於四也。初享或用馬，或用虎豹之皮。其次享三牲、魚、腊。籩豆之實，龜也、金也、丹漆、絲纊、竹箭也，其餘無常貨。此物非一國所能有，唯國所有，分爲三享，皆以璧帛致之。」《禮器》云：「大享，❷其王事與。三牲、魚、腊，四海九州之美味也。籩豆之薦，四時之和氣也。內金，示和也。束帛加璧，尊德也。龜爲前列，先知也。金次之，見情也。丹漆、絲纊、竹箭，與衆共財也。其餘無常貨，各以其國之所有，❸則致遠物也。」《郊特牲》曰：「旅幣無方，所以別土地之宜而節遠邇之期也。龜爲前列，先知也。以鍾次之，以和居參之也。虎豹之皮，示服猛也。束帛加璧，旌德也。」❹鄭玄《覲禮》之注所言出於彼也。諸侯相朝聘，其禮亦然。案《聘禮》「賓裼，奉束帛加璧享」。《記》曰：「凡庭實，隨入，左先，皮馬相間可也。」《小行人職》云：「合六幣，圭以馬，璋以皮，璧以帛，琮以錦，琥以繡，璜以黼。此六物者，以和諸侯之好故。」鄭注云：「合，同也。六幣所以享也。五等諸侯享天子用璧，享后用琮。其大各如其瑞，皆有庭實，以馬若皮。皮，虎豹皮也。用圭璋者，二王之後也。二王後尊，故享用圭璋而特之。《禮器》曰『圭璋特』是也。其於諸侯亦用璧琮耳。子、男於諸侯則享用虎璜，❺下其瑞也。凡二王後諸侯相享之玉，大小各降其瑞一等。及使卿大夫覜聘亦如之。」是用圭璧有庭實也。　注「既享，乃以私禮見」　正義曰：案，《聘禮》「擯者出請事，賓告事畢，賓奉束帛以請覿」，注云「覿，見

❶「之」字，阮本無。
❷「享」，阮本作「饗」。
❸「各」，原作「名」，據阮本改。
❹「旌」，阮本作「往」。
❺「虎」，阮本作「琥」，是。

也。卿將公事，❶是欲交其歡敬也。不用羔，因使而見，非特來」是也。【釋】覿，直歷反。愉，羊朱反。見，賢遍反，下同。

君子不以紺緅飾，孔曰：「一入曰緅。飾者，不以爲領袖緣也。紺者，齊服盛色以爲飾衣，❷似衣齊服。緅者，三年練。以緅飾衣，爲其似衣喪服，故皆不以爲飾衣。」【釋】紺，古暗反。緅，莊田反，❸《考工記》云「五入曰緅」，《字林》云「帛青色，子勾反」。褏，詳又反，字亦作「袖」。緣，悦絹反。齊，側皆反，下同，本又作「齋」。衣，於既反，下「不衣」同。紅紫不以爲褻服。王曰：「褻服，私居服，非公會之服。❹皆不正。褻尚不衣，正服無所施。」【釋】褻，息列反。當暑，袗絺綌，❺必表而出之。❻孔曰：「暑則單服。絺，綌，葛也。必表而出之，加上衣。」【釋】紾，之忍反，本又作「袗」。絺，勑之反，細葛。綌，去逆反，麤葛。緇衣，羔裘。素衣，麑裘。黄衣，狐裘。褻裘長，短右袂。孔曰：「服皆中外之色相稱也。私家裘長，主溫。短右袂，❼便作事。」【釋】緇，側基反。麑，研奚反，❽鹿子也。袂，面世反。稱，尺證反。便，婢面反。必有寢衣，長一身有半。孔曰：「今之被也。」【釋】長，直亮反。狐貉之厚以居。鄭曰：「在家以接賓客。」❾【釋】貉，戶各反。去喪，無所不佩。孔曰：「去，除也。非喪則備佩所宜佩也。」【釋】去，起呂反。不佩，字或從玉旁，非。非帷裳，必殺之。王曰：「衣必有殺縫，唯帷裳無殺也。」❿【釋】帷，位悲反。殺，色界反。羔裘玄冠不以弔。孔曰：「喪主素，吉主玄。吉凶異服。」吉月，必朝服而朝。

❶「卿」，《儀禮・聘禮》注作「鄉」。
❷「衣」字，正平本無。
❸「田」，元本作「由」。
❹上「服」字，正平本無，下「服」字下，正平本有「者也」二字。
❺「袗」，正平本作「縝」。
❻「之」字，正平本無，注同。
❼「袂」下，正平本有「者」字。
❽「研奚」，元本作「米低」。
❾「客」下，正平本有「之也」二字。
❿「殺」下，正平本有「之」字。

孔曰：「吉月，月朔也。朝服，皮弁服。」齊，必有明衣，布。❶孔曰：「以布爲沐浴衣。」❷【疏】「君子」至「明衣布」 正義曰：此一節記孔子衣服之禮也。「君子不以紺緅飾」者，君子謂孔子也。紺，玄色。緅，淺絳色。飾者，領緣也。紺者，齊服盛色，以爲飾衣，似衣齊服。緅者，三年練以緅飾衣，爲其似衣喪服，故皆不以爲飾衣。「紅紫不以爲褻服」者，紅，南方間色。紫，北方間色。褻服，私居服，非公會之服。以其紅紫二色皆不正，故不以爲褻服。褻服尚不用，則正服無所施可知也。但言紅紫，則五方間色皆不用也。「當暑，袗絺綌，必表而出之」者，袗，單也。絺、綌，葛也。精曰絺，麤曰綌。暑則單服，必加上表衣，❸然後出之，爲其形褻故也。「緇衣，羔裘。素衣，麑裘。黄衣，狐裘」者，凡祭服，先加明衣，次加中衣，冬則次加袍繭，夏則不袍繭，用葛也，次加祭服。若朝服布衣，亦先以明衣親身，次加中衣，冬則次加裘，裘上加裼衣，裼衣之上加朝服，夏則中衣之上不用裘而加葛，葛上加朝服。凡服，必中外之色相稱。羔裘，羔羊裘也，❹故用緇衣以裼之。麑裘，鹿子皮以爲裘也，故用素衣以裼之。狐裘黄，故用黄衣以裼之。「褻裘長，短右袂」者，此裘，私家所著之裘也。長之者，主溫也。袂是裘之袖，「短右袂」者，作事便也。「必有寢衣，長一身有半」者，今之被也。「狐貉之厚以居」者，謂在家接賓客之裘也。❺居家主溫，故厚爲之。「去喪，無所不佩」者，去，除也。居喪無飾，故不佩。除喪則備佩所宜佩也。「非帷裳，必殺」者，❻殺謂殺縫。凡衣必有殺縫，唯帷裳無也。「羔裘玄冠不以弔」者，凶主素，吉主玄，故羔裘玄冠不以弔喪也。「吉月，必朝服而朝」者，吉月，月朔也。朝服，皮弁服。言每朔日，必服皮弁之服以朝於君也。「齊，必有明衣，布」者，將祭而齊，則必沐浴，浴竟而著明衣，所以明潔其體也。明衣以布爲之，故曰「齊，必有明衣，布」也。 注「孔曰」至「飾衣」 正義曰：云「一入曰緅。飾者不以爲領袖緣也」者，案，《考工記》云：「三入爲纁，五入爲緅，七入爲緇。」注云：「染纁者三入而成。又再染以

❶「齊必有明衣」，正平本與下文「齊必變食」云云另作一章。「布」下，正平本有「也」字。
❷「衣」，正平本作「之衣也」。
❸「上」，阮本作「尚」。
❹「羔」，阮本作「黑」。
❺「也」，阮本作「者」。
❻「殺」下，阮本有「之」字。

黑則爲緅。緅，今禮俗文作『爵』，言如爵頭色也。又復再染以黑乃成緇矣。鄭司農說以《論語》曰『君子不以紺緅飾』，又曰『緇衣，羔裘』。《爾雅》曰：『一染謂之縓，再染謂之竀，三染謂之纁』。《詩》云：『緇衣之宜兮。』玄謂此同色耳。染布帛者，染人掌之。凡玄色者，在緅緇之間，其六入者與。」今孔氏云「一入曰緅」者，未知出何書。又云：「緅者，三年練以緅飾衣」，則似讀「緅」爲「縓」。案《檀弓》云：「練，練衣黃裏縓緣。」注云：「小祥，練冠練中衣，以黃爲內，縓爲飾。黃之色卑於纁，縓纁之類明外除。」故曰「爲其似衣喪服，故皆不以爲飾衣」。云「紺者，齊服盛色以爲飾衣，似衣齊服」者，《說文》云：「紺，帛深青揚赤色。」是紺爲青赤色也，故爲齊服盛色。若以爲領袖緣飾，則似衣齊服也。　注「服皆中外之色相稱也」　正義曰：謂中衣外裘其色皆相稱也。此經云「緇衣，羔裘」者，謂朝服也。知者，案《玉藻》云：「諸侯朝服以日視朝於內朝。」《士冠禮》云：「主人玄冠朝服，緇帶素韠。」❶注云：「玄冠，委貌。朝服者十五升布衣。而素裳不言色者，衣與冠同色。」是朝衣色玄，玄即緇色之小別。此說孔子之服云「緇衣，羔裘」，《玉藻》亦云「羔裘緇衣以裼之」，是羔裘裼用緇衣，明其上正服亦緇色也。下文又曰「羔裘玄冠不以弔」，是羔裘所用配玄冠，羔裘之上必用緇布衣爲裼，裼衣之上正服亦是緇色，又與玄冠相配，❷故知緇衣羔裘是諸侯君臣日視朝之服也。其素衣麑裘，則在國視朔之服也。卿大夫士亦皆然。故鄭玄注此云「素衣麑裘，視朔之服」是也。其受外國聘享，亦素衣麛裘，故《聘禮》「公裼降立」，❸注引《玉藻》云「麛裘青豻褎。❹絞衣，以裼之」，又引此云「素衣麛裘」，皮弁時或素衣。如鄭此言，則裼衣或絞或素不定也。熊氏云：❺「臣用絞，君用素。」皇氏云：「素衣爲正，記者亂言絞耳。」其「黃衣，狐裘」，謂大蜡息民之祭服也。人君以歲事成熟，搜索群神而報祭之，謂之大蜡。又臘祭先祖五祀，因令民得大飲，農事休息，謂之息民。於大蜡之後，作息民之祭，其時則有黃衣狐裘。大蜡之祭與息民異也。息民用黃衣狐裘，大蜡則皮弁素服，二者不同矣。以其大蜡之後，始作息民之祭，息民大蜡同月，其事相次，故連言之耳。知者，

❶「韠」，阮本作「鞸」。
❷「又」，阮本作「文」。
❸「公」，阮本作「云」。
❹「褎」，原作「褏」，據阮本改。
❺「熊」，原作「能」，據阮本改。

《郊特牲》云：「蜡也者，索也，歲十二月，合聚萬物而索饗之也。皮弁素服而祭。素服以送終。葛帶榛杖，喪殺也。」是大蜡之祭用素服也。《郊特牲》既說蜡祭，其下又云：「黄衣黄冠而祭，息田夫也。」注云：「祭謂既蜡臘先祖五祀也，於是勞農以休息之。」是息民之祭用黄衣也。此說孔子之服云「黄衣，狐裘」，《玉藻》云「狐裘黄衣以裼之」，以此知大蜡息民則有黄衣狐裘也。是此三者之服，中衣與外裘其色皆相稱也。　注「孔曰」至「佩也」　正義曰：云「非喪則備佩所宜佩也」者，案《玉藻》云「古之君子必佩玉，右徵角，左宫羽。凡帶必有佩玉，唯喪則否。佩玉有衝牙，君子無故，玉不去身。君子於玉比德焉。天子佩白玉而玄組綬，世子佩瑜玉而綦組綬，士佩瓀玟而緼組綬，孔子佩象環五寸而綦組綬。」是非居喪則備佩此所宜佩也。　注「王曰衣必有殺縫，唯帷裳無殺也」　正義曰：謂朝祭之服，上衣必有殺縫，在下之裳，其制正幅如帷，名曰帷裳，則無殺縫。其餘服之裳，則亦有殺縫，故深衣之制，「要在縫半下」，「縫齊倍要」。喪服之制，「裳内削幅」，注云：「削猶殺也。」　注「孔曰喪主素，吉主玄，吉凶異服」　正義曰：《檀弓》云：「奠以素器，以生者有哀素之心。」注：「哀素，言哀痛無飾。凡物無飾曰素。」又禮，祭服皆玄衣服，是「喪主素，吉主玄」也。　注「孔曰」至「弁服」　正義曰：云「吉月，月朔也」者，以《詩》云「二月初吉」，《周禮》云「正月之吉」，皆謂朔日，故知此吉月謂朔日也。云「朝服，皮弁服」者，《士冠禮》云：「皮弁服，素積，緇帶，素韠。」注云：「此與君視朝之服也。❶皮弁者，以白鹿皮爲冠，象上古也。積猶辟也。以素爲裳，❷辟蹙其要中。皮弁之衣用布，亦十五升，其色象焉。」魯自文公不行視朔之禮，孔子恐其禮廢，故每於月朔，必衣此視朝之服而朝於君，❸所謂「我愛其禮」也。

【釋】齊，本或作「齋」，同，側皆反。

齊必變食，孔曰：「改常饌。」❹**居必遷坐。**孔曰：「易常處。」【釋】坐如字，范甯「才卧反」。處，昌慮反。**食不厭精，膾不厭細。食饐而餲，**孔曰：「饐、餲，臭味變。」【釋】食音嗣，飯也。厭，於豔反，注及下同。膾，古外反，又作「鱠」。饐，於冀反，《字林》云「飯傷熱溼也」。央莅、央冀二反。餲，烏邁反，一音遏，《字林》

❶「朝」，阮本作「朔」。
❷「裳」，阮本作「常」。
❸「朝」，阮本作「朔」。
❹「饌」，正平本作「食」。

「乙例反」。魚餒而肉敗，不食。魚敗曰餒。❶【釋】餒，奴罪反，本又作「鮾」，《字書》同。色惡，不食。臭惡，不食。失飪，不食。孔曰：「失飪，失生熟之節。」【釋】飪，而甚反。不時，不食。鄭曰：「不時，非朝、夕、日中時。」【釋】朝，如字。割不正，不食。不得其醬，不食。馬曰：「魚膾非芥醬不食。」肉雖多，不使勝食氣。唯酒無量，不及亂。沽酒市脯不食。不撤薑食。孔曰：「撤，去也。齊禁薰物，薑辛而不臭，❷故不去。」【釋】食氣，如字，説文作「既」，云「小食也」。量音亮。沽音姑，買也。去，起吕反，下同。焄，香云反，本或作「葷」，同，本今作「薰」。不多食。孔曰：「不過飽。」祭於公，不宿肉。周曰：「助祭於君所，得牲體，歸則班賜，❸不留神惠。」祭肉不出三日。出三日，不食之矣。鄭曰：「自其家祭肉，過三日不食，是褻鬼神之餘。」食不語，寢不言。雖蔬食菜羹瓜，❹祭，必齊如也。孔曰：「齊，嚴敬貌。❺三物雖薄，祭之必敬。」【疏】「齊必」至「如也」 正義曰：此一節論齊祭飲食居處之事也。「齊必變食」者，謂將欲接事鬼神，宜自絜靜，故改其常饌也。「居必遷坐」者，謂改易常處也。「食不厭精，膾不厭細」者，食，飯也。牛與羊魚之腥，聶而切之爲膾。飯與膾，所尚精細也。「食饐而餲，魚餒而肉敗不食」者，饐、餲，臭味變也。魚敗曰餒。言飯之氣味變及魚肉敗壞，皆不食之。「色惡，不食。臭惡，不食」者，謂飯食及肉顔色香臭變惡者，皆不食之。「失飪，不食」者，謂饌失生熟之節也。「不時，不食」者，謂非朝、夕、日中時也。「割不正，不食」者，謂折解牲體，脊、脅、臂、臑之屬，禮有正數，若解割不得其正，則不食也。「不得其醬，不食」者，謂魚膾非得芥醬則不食也。「肉雖多，不使勝食氣」者，氣，小食也。言有肉雖多，食之不可使過食氣也。「唯酒無量，不及亂」者，唯人飲酒無有限量，但不得多以至

❶「魚」上，正平本有「孔安國曰」四字。
❷「而」字，正平本無。
❸「則」下，正平本有「以」字。
❹「蔬」，正平本作「疏」。
❺「敬」下，正平本有「之」字。

困亂也。「沽酒市脯不食」者，沽，買也。❶酒不自作，未必精絜，脯不自作，不知何物之肉，故不食也。酒當言飲而亦云「不食」者，因脯而並言之耳。經傳之文，此類多矣：《易·繫辭》云「潤之以風雨」，《左傳》曰「馬牛皆百匹」，《玉藻》云「大夫不得造車馬」，皆從一而省文也。「不撤薑食」者，撤，去也。齊禁薰物，薑辛而不臭，故不去也。「不多食」者，不可過飽也。自此已上，皆蒙「齊」文，凡言不食者，皆爲不利人，以齊者，❷孔子所慎。齊必嚴敬，若必食之，或致困病，則失嚴敬心，故不食也。其凡常不必然。「祭於公，不宿肉」者，謂助祭於君所，得牲體，歸則班賜，不留神惠經宿也。「祭肉不出三日。出三日，不食之矣」者，謂自其家之祭肉，❸過三日不食，是褻慢鬼神之餘也。「食不語，寢不言」者，直言曰言，答述曰語。方食不可語，語則口中可憎。寢息宜靜，故不言也。「雖蔬食菜羹瓜，祭，必齊如也」者，祭謂祭先。齊，嚴敬貌。言疏食也、❹菜羹也、瓜也，三物雖薄，將食祭先之時，亦必嚴敬。　注「孔曰饐、餲，臭味變」　正義曰：《釋器》云：「食饐謂之餲。」郭璞曰：「飯穢臭。」❺《說文》云：「穢，飯傷熱也。」《蒼頡篇》云：「食臭敗也。」《字林》云「饐，飯傷熱濕也。」　注「魚敗曰餒」　正義曰：《釋器》云：「肉謂之敗，魚謂之餒。」郭璞云：「敗，臭壞也。餒，肉爛也。」　注「孔曰」至「必敬」　正義曰：云「三物雖薄，祭之必敬」者，祭謂祭先也。案《玉藻》云「唯水漿不祭」，又云「瓜祭上環」，知此三者雖薄，亦祭先也。若祭之，亦必齊敬也。

席不正，不坐。鄉人飲酒，杖者出，斯出矣。孔曰：「杖者，老人也。鄉人飲酒之禮，主於老者，老者禮畢出，孔子從而後出。」❻【疏】「席不正，不坐。鄉人飲酒，杖者出，斯出矣」　正義曰：此明坐席及飲酒之禮也。凡爲席之禮，天子之席五重，諸侯之席三重，大夫再重席。南鄉、北鄉以西方爲上，東鄉、西鄉以南方爲上。如此之類，是禮之正也。若不正，則孔子不坐也。杖者，老人也。鄉人飲酒之禮，主於老者，老者禮畢出，孔子則從而後出者也。❼

❶「買」，阮本作「賣」。
❷「以」，阮本誤「亦」。
❸「之」字，阮本無。
❹「疏」，阮本作「蔬」。
❺「穢」，阮本作「饖」，下同。
❻「後出」，正平本作「出之」。
❼「者也」二字，阮本無。

鄉人儺，朝服而立於阼階。孔曰：「儺，驅逐疫鬼。恐驚先祖，故朝服而立於廟之阼階。」【疏】「鄉人儺，朝服而立於阼階」 正義曰：此明孔子存室神之禮也。儺，索室驅逐疫鬼也。恐驚先祖，故孔子朝服而立於廟之阼階。鬼神依人，庶其依己而安也。所以朝服者，大夫朝服以祭，故用祭服以依神也。【釋】「於阼」本或作「於阼階」。阼，才故反。

問人於他邦，再拜而送之。孔曰：「拜送使者，敬也。」【疏】「問人於他邦，再拜而送之」 正義曰：此記孔子遺人之禮也。問猶遺也，謂因問有物遺之也。問者或自有事問人，或聞彼有事而問之，悉有物表其意，故《曲禮》云：「凡以弓劍、苞苴、簞笥問人者，操以受命，如使之容。」此孔子凡以物遺人於他邦，❶必再拜而送其使者，所以示其敬者也。❷ 【釋】使，所吏反。

康子饋藥，拜而受之。包曰：「饋孔子藥。」❸ 【釋】饋，其愧反。「拜而受之」，一本或無「而」、「之」二字。

曰：「丘未達，不敢嘗。」孔曰：「未知其故，故不敢嘗，❹禮也。」【疏】「康子饋藥，拜而受之。曰丘未達，不敢嘗」 正義曰：此明孔子受饋之禮也。魯卿季康子饋孔子藥，孔子拜而受之。凡受人饋遺，可食之物必先嘗而謝之。孔子未達其藥之故，不敢先嘗，故曰「丘未達，不敢嘗」，亦其禮也。

廄焚。子退朝，曰：「傷人乎？」不問馬。鄭曰：「重人賤畜。退朝，自君之朝來歸。」❺【疏】「廄焚。子退朝，曰傷人乎？不問馬」 正義曰：此明孔子重人賤畜也。廄焚謂孔子家廄被火也。孔子罷朝退歸，承告而問曰：「廄焚之時得無傷人乎？」不問傷馬與否，是其重人賤畜之意。「不問馬」一句，記者之言也。【釋】廄，久又反，天子家廄也，❻王弼云「公廄也。」焚，扶云反。「曰傷人乎」絕句，一讀至「不」字絕句。畜，許六反。❼

---

❶「物」下，阮本有「問」字，「邦」下，阮本有「者」字。
❷「其」字，阮本無。
❸「饋」，正平本作「遺」。
❹「敢」字，正平本無。
❺「自」下，正平本有「魯」字。
❻「天」，當作「夫」。
❼「六」，元本作「又」。

君賜食，必正席先嘗之。❶孔曰：「敬君惠也。❷既嘗之，乃以班賜。」❸君賜腥，必熟而薦之。孔曰：「薦其先祖。」【釋】腥音星，《說文》、《字林》並作「胜」，云「不孰也」。君賜生，必畜之。侍食於君，君祭，先飯。鄭曰：「於君祭則先飯矣，若爲君嘗食然。」❹【疏】「君賜」至「先飯」　正義曰：此明孔子受君賜食及侍食之禮也。「君賜食，必正席先嘗之」者，謂君以熟食賜己，必正席而坐，先品嘗之，敬君之惠也。君賜必多，不可留君之惠，既嘗，當以班賜。「君賜腥，必熟而薦之」者，謂君賜己生肉，必烹熟而薦其先祖，榮君賜也。熟食不薦者，褻也。「君賜生，必畜之」者，謂君賜己牲之未殺者，必畜養之以待祭祀之用也。「侍食於君，君祭，先飯」者，謂君召己共食時也。於君祭時，則先飯矣，若爲君嘗食然。注「鄭曰」至「食然」　正義曰：云「於君祭則先飯矣」者，《曲禮》云「主人延客，祭」，注云：「祭，祭先也，君子有事不忘本也。」君子不忘本者，有德必酬之，故得食而種種出少許置在豆間之地，以報先代造食之人也。若敵客則得先自祭，降等之客則後祭，若臣侍君而賜之食，則不祭，若賜食而君以客禮待之，則得祭，雖得祭，又先須君命之祭，後乃敢祭也。此言「君祭，先飯」，則是非客之也，❺故不祭而先飯，若爲君嘗食然也。【釋】賜生，《魯》讀「生」爲「牲」，今從《古》。飯，扶晚反。「若爲嘗食然」，一本作「若爲君嘗食然」。爲，于僞反。疾，君視之，東首，加朝服，拕紳。❻包曰：「夫子疾，處南牖之下東首，加其朝服，拕紳。紳，大帶。不敢不衣朝服見君。」【疏】「疾，君視之，東首，加朝服，拕紳」　正義曰：此明孔子有疾，君來視之時也。拕，加也。紳，大帶也。病者常居北牖下，爲君來視，則暫時遷嚮南牖下。❼東首，令君得南面而視之。以病卧不能衣朝服及大帶，又不敢不衣朝服見君，故但加朝服於身，又加大帶於上，是禮也。【釋】首，手又反。拕，本或作

❶「之」字，正平本無。
❷「君」下，正平本有「之」字。
❸「賜」下，正平本有「之也」二字。
❹「君」，正平本作「先」。
❺「之」下，阮本有「禮」字。
❻「拕」，正平本、阮本作「拖」，下注同。
❼「嚮」，阮本作「鄉」。

「拖」，徒我反，又勑佐反。紳音紳。❶牖，由久反。衣，於既反。君命召，不俟駕行矣。鄭曰：「急趨君命。行出而車駕隨之。」❷【疏】「君命召，不俟駕行矣」 正義曰：此明孔子急趨君命也。俟猶待也。謂君命召己，不待駕車而即行出，車當駕而隨之也。入大廟，每事問。❸【疏】「入大廟，每事問」 正義曰：此明孔子因助祭入太廟，廟中禮儀祭器，雖知之，猶每事復問，慎之至也。朋友死，無所歸。曰：「於我殯。」孔曰：「重朋友之恩。無所歸，言無親暱。」❹【疏】「朋友死，無所歸。曰於我殯」 正義曰：此明孔子重朋友之恩也。言朋友若死，更無親暱可歸。孔子則曰「於我殯，與之爲喪主也」。【釋】大音泰。殯，必刃反。暱，女力反。朋友之饋，雖車馬，非祭肉不拜。孔曰：「不拜者，❺有通財之義。」【疏】「朋友之饋，雖車馬，非祭肉不拜」 正義曰：此言孔子輕財重祭之禮也。朋友有通財之義，故其饋遺之物，雖是車馬，若非祭肉，❻不拜謝之。言其祭肉，則拜之，尊神惠也。寢不尸，包曰：「偃卧四體，布展手足，似死人。」居不容。孔曰：「爲室家之敬難久。」【疏】「寢不尸，居不容」 正義曰：此言孔子寢息居家之禮也。尸，死人也。言人偃卧四體，布展手足，似死人，孔子則當欹屈也。其居家之時，則不爲容儀，爲室家之敬難久。當和舒也。【釋】容，羊凶反，本或作「客」，苦百反。爲，于僞反。見齊衰者，❼雖狎，必變。孔曰：「狎者，素親狎。」【釋】衰，七雷反。狎，户甲反。見冕者與瞽者，雖褻，必以貌。周曰：「褻謂數相見。必當以貌禮之。」【釋】冕，鄭本作「弁」。數，色角反。凶服者，式之。式負版者。孔曰：「凶服，❽送死之衣物。負版者，持邦國之

❶ 下「紳」字，元本作「申」。
❷ 「駕隨之」，正平本作「既駕從也」。
❸ 「問」下，正平本有注「鄭玄曰：爲君助祭也。太廟，周公廟也」。
❹ 「言」字，正平本無。
❺ 「者」字，正平本無。
❻ 「若」字，阮本無。
❼ 「見齊衰者」云云，正平本不分章。「見」上，正平本有「子」字。
❽ 「凶服」下，正平本有「者」字。

圖籍。」❶有盛饌，必變色而作。孔曰：「作，起也。敬主人之親饋。」迅雷風烈必變。鄭曰：「敬天之怒。風疾雷爲烈。」【疏】「見齊」至「必變」 正義曰：此一節言孔子見所哀恤及敬重之事爲之變容也。「見齊衰者，雖狎，必變」者，狎謂素相親狎。言見衣齊衰喪服者，雖素親狎，亦必爲變容，此即哀有喪也。「見冕者與瞽者，雖褻，必以貌」者，冕，大夫冠也。瞽，盲也。褻謂數相見也。言孔子見大夫與盲者，雖數相見，必當以貌禮之，此即尊在位，恤不成人也。「凶服者，式之。式負版者」者，凶服，送死之衣物也。負版者，是持邦國之圖籍者也。式者，車上之横木。男子立乘，有所敬，則俯而憑式，❷遂以「式」爲敬名。言孔子乘車之時，見送死之衣物，見持邦國之圖籍者，皆憑式而敬之也。「有盛饌，必變色而作」者，作，起也。謂人設盛饌待己，己必改容而起，敬主人之親饋也。「迅雷風烈必變」者，迅，急疾也。風疾雷爲烈。此陰陽氣激，爲天之怒，故孔子必變容以敬之也。注「孔曰狎者，素親狎」 正義曰：案，《左傳》「宋華弱均樂轡少相狎」，❸《曲禮》云「賢者狎而敬之」，狎是相褻慢、相慣習之名也，❹故爲素相親狎也。注「負版者，持邦國之圖籍」 正義曰：案《周禮·小宰職》曰「聽閭里以版圖」，注云「版是戸籍，圖地圖也。❺ 聽人訟地者，以版圖決之。《司書職》曰：『邦中之版，土地之圖。』」以圖籍相將之物，故知負版者是持邦國之圖籍也。【釋】迅音信，又音峻。

升車，必正立執綏。周曰：「必正立執綏，所以爲安。」車中不内顧，包曰：「『車中不内顧』者，前視不過衡軛，❻傍視不過輢轂。」【釋】「車中不内顧」，《魯》讀「車中内顧」，今從《古》。顧音故。「輿中」，音餘，一本作「車中」。軛，於革反，本今作「扼」。輢，於倚反，又居綺反。轂，古木反。不疾言，不親指。【疏】「升車」至「親指」 正義曰：此記孔子乘車之禮也。「升車，必正立執綏」者，綏者，挽以上車之索也。❼ 言孔子升車之時，必正立執綏，所以爲安也。「車中不内顧」者，顧謂迴視也。言孔子在車中不鄉内迴顧，掩人之私也。「不疾言，不親指」者，亦謂在車中時也。疾，急也。以

❶「圖籍」下，正平本有「者也」二字。
❷「憑」，阮本作「馮」。
❸「均樂轡」，阮本作「與樂輿」。
❹「慣」，阮本作「貫」。
❺上一「圖」字下，阮本無「地圖」二字，《周禮·小宰》注有。
❻「軛」，正平本作「扼」。
❼「索」，原作「素」，據阮本改。

車中既高，故不疾言，不親有所指，皆爲惑人也。　注「包曰車中不内顧者，前視不過衡軛，傍視不過輢轂」　正義曰：衡軛是轅端横木駕馬領者。《輿人》注云：「較，兩輢上出軾者。」則輢轂俱在車之兩傍。言孔子在車中，前視則不過衡軛之前，傍視則不過輢轂之後。案《曲禮》云：「立視五巂，式視馬尾，顧不過轂。」注云：「立，平視也。巂猶規也，謂輪轉之度。」案，車輪一周爲一規。乘車之輪高六尺六寸，徑一圍三，三六十八，得一丈八尺，又六寸爲一尺八寸，揔一規爲一丈九尺八寸，五規爲九十九尺。六尺爲步，揔爲十六步半。則在車上得視前十六步半也。而此注云「前視不過衡軛」者，禮言中人之制，此記聖人之行，故前視但不過衡軛耳。

色斯舉矣，馬曰：「見顔色不善，則去之。」翔而後集。周曰：「迴翔審觀而後下止。」【疏】「色斯舉矣，翔而後集」　正義曰：此言孔子審去就也。謂孔子所處，見顔色不善，則於斯舉動而去之。將所依就，則必迴翔審觀而後下止。此「翔而後集」一句以飛鳥喻也。

曰：「山梁雌雉，時哉時哉。」子路共之，❶三嗅而作。言山梁雌雉得其時而人不得其時，故嘆之。子路以其時物，故共具之。❷非本意，不苟食，故三臭而作。作，起也。❸【疏】「曰山梁雌雉，時哉時哉。子路共之，三嗅而作」　正義曰：此記孔子感物而歎也。梁，橋也。共，具也。嗅謂鼻歆其氣也。作，起也。孔子行於山梁，見雌雉飲啄得所，故嘆曰「此山梁雌雉得其時哉」，而人不得其時也。子路失指，以爲夫子云「時哉」者，言是時物也，故取而共具之。孔子以非己本意，義不苟食，又不可逆子路之情，故但三嗅其氣而起也。

【釋】梁音良。鄭云：「孔子山行見雉食梁粟也。」「時哉」，一本作「時哉時哉」。共，本又作「供」，九用反，又音恭。三，息暫反，又如字。嗅，許又反。

論語註疏卷第五

❶「共」，正平本作「拱」，下注同。

❷「具」，原作「臭」，據正平本、阮本改，下同。

❸「作作」二字，正平本無。

論語註疏卷第六

先進第十一

【疏】正義曰：前篇論夫子在鄉黨，聖人之行也。蓋此篇論弟子賢人之行，❶聖賢相次，亦其宜也。

子曰：「先進於禮樂，野人也。後進於禮樂，君子也。孔曰：❷「先進、後進，謂仕先後輩也。❸禮樂因世損益，後進與禮樂俱得時之中，斯君子矣。先進有古人，❹斯野人也。」【釋】先進，鄭云「謂學也」。輩，必內反。中，丁仲反。如用之，則吾從先進。」將移風易俗，❺歸之淳素，❻先進猶近古風，故從之。【疏】「子曰」至「吾從先進」 正義曰：此章孔子評其弟子之中仕進先後之輩也。「先進於禮樂，野人也」者，先進謂先輩仕進之人，準於禮樂，不能因世損益而有古風，故曰朴野之人也。「後進於禮樂，君子也」者，後進謂後輩仕進之人也。準於禮樂，能因時損益，與禮樂俱得時之中，故曰君子之人也。「如用之，則吾從先進」者，言如其用之以爲治，則吾從先輩朴野之人。夫子之意將移風易俗，歸之淳素，先進猶近古風，故從之也。 注「孔曰」至「人也」 正義曰：云「先進、後進，謂仕先後輩也」者，下章言「從我於陳、蔡者，❼皆不及門也」，謂不及仕進之門，則此謂不從於陳、蔡得仕進者也。蓋先進者當襄、昭之世，後進者當定、哀之世。云「禮樂因世損益」者，《爲政》篇云「殷因於夏禮，所損益可知也；周因於殷禮，所損益可知也」，又周初則禮樂盛，周衰則禮樂壞，❽是禮樂因世損益也。云「後進與禮樂俱得時之中，斯君子矣」者，言禮樂隨世盛衰，後進與時消息，皆中當於時，

❶「蓋」字，阮本無。
❷「孔曰」二字，正平本無。
❸「仕」，正平本作「士」。
❹「人」，正平本、阮本作「風」。
❺「將」上，正平本有「苞氏曰」三字。
❻「淳」，正平本作「純」。
❼「言」，阮本作「云」。
❽「壞」，阮本作「衰」。

故爲君子也。云「先進有古風斯野人也」者，言先進仕進之人，❶比乎則尚淳素，❷故云「斯野人也」。【釋】近，附之近。

子曰：「從我於陳、蔡者，皆不及門也。」❸鄭曰：「言弟子從我而厄於陳、蔡者，❹皆不及仕進之門而失其所。」【疏】「子曰從我於陳、蔡者，皆不及門也」正義曰：此章孔子閔弟子之失所。言弟子從我而厄於陳、蔡者，皆不及仕進之門而失其所也。【釋】從，才用反。

德行：❺顔淵，閔子騫，冉伯牛，仲弓。言語：宰我，子貢。政事：冉有，季路。文學：子游，子夏。【疏】「德行：顔淵，閔子騫，冉伯牛，仲弓。言語：宰我，子貢。❻政事：冉有，季路。文學：子游，子夏」正義曰：此章因前章言弟子失所，不及仕進，遂舉弟子之中才德尤高可仕進之人。鄭氏以合前章，皇氏別爲一章。言若任用德行，則有顔淵、閔子騫、冉伯牛、仲弓四人。若用其言語辯說以爲行人，❼使適四方，則有宰我、子貢二人。若治理政事，決斷不疑，則有冉有、季路二人。若文章博學，則有子游、子夏二人也。然夫子門徒三千，達者七十有二，而此四科唯舉十人者，但言其翹楚者耳。或時在陳言之，唯舉從者，（但言其翹楚者耳或時在陳言之唯舉從者）❽其不從者，雖有才德亦言不及也。

子曰：「回也，非助我者也，於吾言無所不說。」孔曰：「助，益也。❾言回聞言即解，無所發起增益於己。」❿【疏】「子曰回也，非助我者也，於吾言無所不說」正義曰：此章稱顔回之賢也。助，益也。說，解也。凡師資問答，以相發起。若與子夏論《詩》，子曰「起予者商也」，⓫如此是有益於己也。今回也非增益於己者也，以其

❶ 上「進」字，阮本作「輩」。
❷ 「乎」，阮本作「今」。「則」下，阮本有「猶」字。
❸ 「門」下，正平本有「者」字。
❹ 「子」下，正平本有「之」字。
❺ 「德行」上，正平本有「子曰」二字。
❻ 「貢」，原作「夏」，據阮本改。
❼ 「辯」，阮本作「辨」。
❽ 「但言」至「從者」十七字，與上文重複，據阮本删。
❾ 「助」下，正平本有「猶」字。
❿ 「所」，正平本作「可」，阮本無「所」字。
⓫ 「予」，原作「子」，據阮本改。

於吾之所言皆默而識之，無所不解，言回聞言即解，無所發起增益於己也。【釋】行，下孟反。鄭云「以合前章」，皇別爲一章。說音悦。解音蟹。

子曰：「孝哉閔子騫。人不間於其父母昆弟之言。」❶陳曰：❷「言子騫上事父母，❸下順兄弟，動静盡善，故人不得有非間之言。」【疏】「子曰孝哉閔子騫。人不間於其父母昆弟之言」正義曰：此章歎美閔子騫之孝行也。昆，兄也。間，謂非毁間廁。言子騫上事父母，下事兄弟，❹動静盡善，故人不得有非間之言。

南容三復白圭，孔曰：「《詩》云：『白圭之玷，尚可磨也。斯言之玷，不可爲也。』南容讀《詩》至此，三反覆之，是其心慎言也。」【釋】三，息暫反。玷，丁簟反。孔子以其兄之子妻之。【疏】「南容三復白圭，孔子以其兄之子妻之」正義曰：此章美南容慎言也。復，覆也。《詩》云：「白圭之玷，尚可磨也。斯言之玷，不可爲也。」南容讀《詩》至此，三反覆之，是其心慎言也。孔子知其賢，故以其兄之女子妻之。此即「邦有道不廢，邦無道免於刑戮」者也。弟子各記所聞，故又載之。注「《詩》云白圭之玷，尚可磨也。斯言之玷，不可爲也」正義曰：此《大雅·抑》篇刺厲王之詩也。毛《傳》云：「玷，缺也。」《箋》云：「斯，此也。玉之缺尚可磨鑢而平，人君政教一失，誰能反覆之？」意言教令尤須謹慎。白玉爲圭，圭有損缺，猶尚可更磨鑢而平。若此政教言語之有缺失，則遂往而不可改。爲王者安危在於出令，故特宜慎之，是詩人戒其慎言。南容心亦欲慎言，❺故三覆讀此也。

季康子問：「弟子孰爲好學？」孔子對曰：「有顔回者好學，❻不幸短命死矣。今也則亡。」❼【疏】「季康子問弟子孰爲好學？孔子對曰有顔回者好學，不幸短命死矣。今也則亡」正義曰：此章稱顔回之好學也。季康子，魯執政大夫，故言氏稱對。此

❶「昆」，正平本作「兄」。
❷「陳曰」，正平本作「陳群曰」，下同。
❸「子騫」下，正平本有「爲人」二字。
❹「事」，阮本作「順」。
❺「容」下，阮本有「之」字。
❻「學」，正平本有「不遷怒，不貳過」六字。
❼「亡」下，正平本有「未聞好學者也」六字。按連上十二字與《雍也》篇「哀公問」複，不宜有。

與哀公問同而答異者，以哀公遷怒貳過，故因答以諫之，康子無之，故不云也。

顔淵死，顔路請子之車以爲之椁。❶孔曰：「路，淵父也。❷家貧，欲請孔子之車，❸賣以作椁。」【釋】康子，一本作「季康子」，鄭本同。好，呼報反。顔路名無由，❹字子路。車音居。椁，古廓反。妻，七細反。子曰：「才不才，亦各言其子也。鯉也死，❺有棺而無椁。吾不徒行以爲之椁。❻以吾從大夫之後，不可徒行也。」❼孔曰：「鯉，孔子之子伯魚也。孔子時爲大夫，言『從大夫之後，❽不可以徒行』。」謙辭也。❾【疏】「顔淵死」至「徒行也」 正義曰：此並下三章記顔淵死時孔子之語也。❿「顔淵死，顔路請子之車以爲之椁」者，路，顔淵父也。家貧，欲請孔子之車，賣以作椁也。「子曰才不才，亦各言其子也。鯉也死，有棺而無椁。吾不徒行以爲之椁」者，此舉親喻疏也。言淵才鯉不才雖異，亦各言其子則同。我子鯉也死時，但有棺，以家貧而無椁，吾不賣車以作椁。今女子死，安得賣我車以作椁乎。「以吾從大夫之後，不可徒行也」者，此言不可賣車作椁之由。徒行，步行也。以吾爲大夫，不可步行故也。孔子時爲大夫，言「從大夫之後」者，謙辭也。注「孔曰」至「辭也」 正義曰：云「鯉，孔子之子伯魚也」者，《世家》文也。云「孔子時爲大夫，言從大夫之後，不可以徒行，謙辭也」者，案，《孔子世家》：「定公十四年，孔子年五十六，由大司寇攝行相事。」魯受齊女樂，不聽政三日，孔子遂適衛。歷至宋、鄭、陳、蔡、晉、楚，去魯几十四歲而反乎魯，⓫然魯終不能用孔子。⓬孔子亦不求仕，以哀公十六，⓭年七十三。今案：顔回少孔子三十歲，三十二而卒，則顔回卒時，孔子年六十

❶「以爲之椁」四字，正平本無。
❷「路，淵父也」，正平本作「顔路，顔淵之父也。」
❸「欲」上，正平本有「故」字。
❹「無」字，元本無。
❺「也」字，正平本無。
❻「不」下，正平本有「可」字。
❼「不」上，正平本有「吾以」二字。
❽「言」上，正平本有「故」字。
❾「謙」上，正平本有「是」字。
❿「下」字，阮本無；「淵」，阮本作「回」。
⓫「几」，阮本作「凡」。
⓬「孔子」二字，阮本無。
⓭「六」下，阮本有「年卒」二字。

一，方在陳、蔡矣；伯魚年五十，先孔子死，則鯉也死時，孔子蓋年七十左右，皆非在大夫位時。而此注云「時爲大夫」，未知有何所據也。杜預曰：「嘗爲大夫而去，故言『後』也。」據其年，則顏回先伯魚卒，而此云「顏回死，顏路請子之車以爲之椁。子曰：『鯉也死，有棺而無椁』」，又似伯魚先死者。王肅《家語》注云：「此書久遠，年數錯誤，未可詳也。」或以爲假設之辭也。徒猶空也，謂無車空行也，是步行謂之徒行，故《左傳》襄元年「敗鄭徒兵於洧上」，杜注云「徒兵，步兵」。

顏淵死。子曰：「噫。包曰：「噫，痛傷之聲。」【釋】噫，於其反。天喪予。天喪予。」「天喪予」者，若喪己也。再言之者，痛惜之甚。【疏】「顏淵死。子曰噫。天喪予。天喪予」正義曰：噫，痛傷之聲。「天喪予」者，孔子痛惜顏淵死，言若天喪己也。再言之者，痛惜之甚。

【釋】喪，亡也，如字，舊息浪反，下及注同。

顏淵死，子哭之慟。馬曰：「慟，哀過也。」【釋】慟，徒送反，鄭云「變動容貌」。從者曰：「子慟矣。」曰：❶「有慟乎？孔曰：「不自知己之悲哀過。」❷【釋】從，才用反。非夫人之爲慟而誰爲？」❸【疏】「顏淵死」至「誰爲」正義曰：「子哭之慟」者，慟，過哀也。言夫子哭顏淵，其悲哀過甚。「從者曰子慟矣」者，從者，衆弟子。見夫子哀過，故告曰：「子慟矣。」「曰有慟乎」者，時夫子不自知己之悲哀過，故答曰：「有慟乎邪？」「非夫人之爲慟而誰爲」者，因弟子言己悲哀過甚，遂說己之過哀亦當於理。非，不也。❹夫人謂顏淵，言不於顏淵哭之爲慟，而更於誰人爲慟乎。

顏淵死，門人欲厚葬之。子曰：「不可。」禮，貧富有宜。❺顏淵貧，❻而門人欲厚葬之，故不聽。【釋】夫音符，下章「夫人」同。爲，于僞反。門人厚葬之。子曰：「回也視予猶父也，予不得視猶子也。非我也，夫二三子也。」馬曰：「言

❶「曰」上，正平本有「子」字。
❷「過」，正平本作「之過也」。
❸下「爲」下，正平本有「慟」字。
❹「不」，阮本作「失」。
❺「富」下，正平本有「各」字。
❻「淵」下，正平本有「家」字。

回自有父，父意欲聽門人厚葬，❶我不得割止。❷非其厚葬，故云耳。」❸【疏】「顏淵」至「二三子也」 正義曰：「顏淵死，門人欲厚葬之」者，門人，顏淵之弟子，以其師有賢行，故欲豐厚其禮以葬之也。「子曰不可」者，禮，貧富有宜。顏淵貧，而門人欲厚葬，故不聽之，曰「不可」也。「門人厚葬之」者，初咨孔子，孔子不聽，門人故違孔子而卒厚葬之也。「子曰回也視予猶父也」者，此下孔子非其厚葬之語也。言回也師事於己，視己猶如其父也。「予不得視猶子也」者，言回自有父存，父意欲聽門人厚葬，我不得割止之，故曰「予不得視猶子也」。「非我也，夫二三子也」者，言厚葬之事非我所爲，夫門人二三子爲之也。非其厚葬，故云耳。

季路問事鬼神。子曰：「未能事人，焉能事鬼？」曰：「敢問死？」❹曰：「未知生，焉知死？」陳曰：「鬼神及死事難明，語之無益，故不答。」【疏】「季路」至「知死」 正義曰：此章明孔子不道無益之語也。「子路問事鬼神」者，對則天曰神，人曰鬼，散則雖人亦曰神，故下文獨以鬼答之。子路問承事鬼神，❺其理何如。「子曰未能事人，焉能事鬼」者，言生人尚未能事之，況死者之鬼神，安能事之乎。「曰敢問死」者，子路又曰：「敢問人之若死，其事何如？」「曰未知生，焉知死」者，孔子言女尚未知生時之事，則安知死後乎。皆所以抑止子路也。以鬼神及死事難明，又語之無益，故不答也。【釋】焉，於虔反。語，魚據反。

閔子侍側，❻誾誾如也；子路，行行如也；冉有、❼子貢，侃侃如也。子樂。鄭曰：「樂各盡其性。行行，剛强之貌。」【釋】誾，魚巾反。行，胡浪反，或戶郎反。侃，苦旦反。樂音洛，注同。「若由也，不得其死然。」孔曰：「不得以壽終。」【疏】「閔子」至「死然」 正義曰：此章孔子喜四弟子任其真性也。❽

❶「葬」下，正平本有「之」字。
❷「割」，正平本作「制」。
❸「耳」，正平本作「爾也」。
❹「問」下，正平本有「事」字。
❺「神」下，阮本有「者」字。
❻「子」下，正平本有「騫」字。
❼「有」，正平本作「子」。
❽「真」，阮本作「直」。

「閔子侍側，誾誾如也」者，卑在尊側曰侍。「誾誾」，中正之貌。「如也」者，言其貌如此也。「子路，行行如也」者，行行，剛强之貌。「冉有、子貢，侃侃如也」者，「侃侃」，和樂之貌。「子樂」者，以四子各盡其自然之性，故喜樂也。「若由也，不得其死然」者，然猶焉也。言子路以剛，必不得其以壽終。❶【釋】壽音授。

魯人爲長府。閔子騫曰：「仍舊貫，如之何？何必改作？」鄭曰：「長府，藏名也。藏財貨曰府。❷仍，因也。貫，事也。因舊事則可，何乃復更改作。」【釋】仍舊，《魯》讀「仍」爲「仁」，今從《古》。貫，古亂反。藏，才浪反。子曰：「夫人不言，言必有中。」王曰：「『言必有中』者，❸善其不欲勞民改作。」

【疏】「魯人」至「有中」 正義曰：此章重於勞民也。「魯人爲長府」者，藏財貨曰府。長，藏名也。❹爲，作也。言魯人新改作之也。「閔子騫曰仍舊貫，如之何？何必改作」者，子騫見魯人勞民，改作長府，而爲此辭。仍，因也。貫，事也。言因舊事則亦可矣，何必乃復更改作也。「子曰夫人不言，言必有中」者，孔子聞子騫之言而善之也。「夫人」謂子騫。言夫此人其唯不言則已，若其發言，必有中於理。此言「何必改作」是中理之言也。善其不欲勞民，故以爲中。 注「鄭曰」至「改作」 正義曰：云「長府，藏名」者，言魯藏財貨之府，名長府也。云「藏財貨曰府」者，布帛曰財，金玉曰貨。《周禮·天官》有大府，爲王后藏之長；❺玉府，掌王之金玉玩好；内府，主良貨賄藏在内者；外府，主泉藏在外者。是藏財貨曰府，府猶聚也，言財貨之所聚也。「仍，因；貫，事」，皆《釋詁》文。【釋】中，丁仲反，注同。

子曰：「由之瑟，❻奚爲於丘之門？」馬曰：「子路鼓瑟，❼不合《雅》《頌》。」門人不敬子路。子曰：「由也升堂矣，未入於室也。」馬曰：「升我堂矣，未入於室耳。❽門人不解，謂孔子言爲賤子路，故

❶「終」下，阮本有「焉」字。
❷「財」字，正平本無。
❸「者」字，正平本奪。
❹「藏」上，阮本有「其」字。
❺「后」，阮本作「治」。
❻「之」下，正平本有「鼓」字。
❼「子」上，正平本有「言」字。
❽「於」字，正平本無。

復解之。」【疏】「子曰」至「室也」　正義曰：此章言子路之才學分限也。「子曰由之瑟，奚爲於丘之門」者，由，子路名。奚，何也。子路性剛，鼓瑟不合《雅》《頌》，故孔子非之。云由之鼓瑟，何爲於丘之門乎，所以抑其剛也。「門人不敬子路」者，門人不解孔子之意，謂孔子言爲賤子路，故不敬之也。子曰：❶「由也升堂矣，未入於室也」者，以門人不解，故孔子復解之。言子路之學識深淺譬如自外入內，得其門者，入室爲深，顔淵是也，升堂次之，子路是也。今子路既升我堂矣，但未入於室耳，豈可不敬也？【釋】解音蟹。復，扶又反。

子貢問：「師與商也孰賢？」❷子曰：「師也過，商也不及。」孔曰：「言俱不得中。」【釋】中，丁仲反。曰：「然則師愈與？」子曰：「過猶不及。」❸愈猶勝也。【疏】「子貢」至「猶不及」　正義曰：此章明子張、子夏才性優劣。「子貢問師與商也孰賢」者，師，子張名。商，子夏名。孰，誰也。子貢問孔子曰：「子張與子夏二人，誰爲賢才？」「子曰師也過，商也不及」者，孔子答。言子張所爲過當而不已，子夏則不及而止。言俱不得中也。「曰然則師愈與」者，愈猶勝也。子貢未明夫子之旨，以爲「師也過」則是賢才過於子夏，故復問。曰：「然則子張勝於子夏與？」與爲疑辭。「子曰過猶不及」者，以子貢不解，故復解之。曰過當猶如不及，俱不中理也。

【釋】愈，以王反。❹與音餘。

季氏富於周公，孔曰：「周公，天子之宰，卿士。」而求也爲之聚斂而附益之。孔曰：「冉求爲季氏宰，爲之急賦稅。」【釋】爲之，于僞反，又如字，注同。稅，始銳反。子曰：「非吾徒也。小子鳴鼓而攻之可也。」鄭曰：「小子，門人也。鳴鼓，聲其罪以責之。」【疏】「季氏」至「可也」　正義曰：此章夫子責冉求重賦稅也。「季氏富於周公」者，季氏，魯臣，諸侯之卿也。周公，天子之宰，卿士，魯其後也。孔子之時，季氏專執魯政，盡征其民，其君蠶食深宮，賦稅皆非己有，故季氏富於周公也。「而求也爲之聚斂而附益之」者，時冉求爲季氏家

❶「子」，原作「孔」，據阮本改。
❷「賢」下，正平本有「乎」字。
❸「及」下，正平本有「也」字。
❹「王」，元本作「主」。

宰，❶又爲之急賦稅，聚斂財物，而陪附助益季氏也。「子曰非吾徒也，小子鳴鼓而攻之可也」者，小子，門人也。冉求亦夫子門徒，當尚仁義。今爲季氏聚斂，害於仁義，故夫子責之。曰非我門徒也，使其門人鳴鼓以聲其罪而攻責之可也。注「孔曰周公，天子之宰，卿士」 正義曰：何休云：「宰猶治也，三公之職號尊名也。」杜預注《左傳》曰：「卿士，王之執政者也。」

柴也愚，弟子高柴，字子羔。愚，「愚直」之「愚」。【釋】柴，仕皆、巢諧二反。❷羔音高。《左傳》作「子羔」，《家語》作「子高」，《禮記》作「子皋」，三字不同。參也魯，孔曰：「魯，鈍也。曾子性遲鈍。」❸【釋】鈍，徒遜反。師也辟，❹馬曰：「子張才過人，失在邪辟文過。」【釋】辟，匹亦反。邪，似嗟反。由也喭。鄭曰：「子路之行，失於畔喭。」❺【釋】喭，五旦反。行，下孟反。畔，普半反，本又作「⿰口反」。❻子曰：「回也，其庶乎。屢空。賜不受命，而貨殖焉，億則屢中。」❼言回庶幾聖道，雖數空匱，而樂在其中。❽賜不受教命，唯財貨是殖，億度是非。蓋美回所以勵賜也。一曰：「屢猶每也。空猶虛中也。以聖人之善道，❾教數子之庶幾，猶不至於知道者，各内有此害。其於庶幾每能虛中者，唯回。懷道深遠，不虛心不能知道，子貢雖無數子之病，❿然亦不知道者，雖不窮理而幸中，雖非天命而偶富，亦所以不虛心也。」【疏】「柴也愚」至「屢中」 正義曰：此章孔子歷評六弟子之德行中失也。「柴也愚」者，高柴性愚直也。「參也魯」者，曾參性遲鈍也。「師也辟」者，子張才過人，失在邪辟文過也。「由也喭」者，子路之行，失於畔喭也。「子曰回也，其庶乎。屢空。賜不受命，而貨殖焉，億則屢中」者，此蓋孔子美顏

❶「冢」，阮本作「家」。
❷「皆」，元本作「佳」。
❸「性」字，正平本無。
❹「辟」，正平本作「僻」。注同。
❺「畔」，正平本作「⿰口反」。
❻「畔普半反本又作⿰口反」，元本作「叛普半反本合作畔」。
❼「億」，正平本作「憶」。
❽「中」下，正平本有「矣」字。
❾「道」字，正平本無。
❿「雖」「之」二字，正平本無。

回所以勵賜也。其說有二。一云：❶「屢，數也。空，匱也。億，度也。言回庶幾聖道，雖數空匱貧寠而樂在其中，是美回也。賜不受教命，❷唯貨財是殖，若億度是非，則數中，言此所以勉勵賜也。」一曰：「屢猶每也。空猶虛中也。言孔子以聖人之善道教數子之庶幾，猶不至於知道者，各內有此害故也。其於庶幾每能虛中者，唯有顏回。懷道深遠，若不虛心，不能知道也。子貢雖無數子之病，然亦不知道者，雖不窮理而幸中，雖非天命而偶富，有此二累，亦所以不虛心也。」注「弟子高柴，字子羔。」正義曰：《史記·弟子傳》云：「高柴，字子羔。」鄭玄曰：「衛人，少孔子三十歲。」《左傳》亦作「子羔」，《家語》作「子高」，《禮記》作「子皋」，三字不同其實一也。注「鄭曰子路之行，失於畔喭」正義曰：舊注作「吸喭」，《字書》「吸喭，失容也」。言子路性行剛强，常吸喭失於禮容也。今本「吸」作「畔」，王弼云：「剛猛也」。注「言回」至「心也」正義曰：云「言回庶幾聖道」者，《易·下繫辭》云：「顏氏之子，其殆庶幾乎。」是回庶慕幾微之聖道。云「雖數空匱，而樂在其中」者，即「簞食瓢飲，不改其樂」是也。云「賜不受教命」者，言不受夫子禮教之命。云「唯財貨是殖」者，言唯務使貨財生殖蕃息也。云「億度是非」者，言又用心億度人事之是非也。云「蓋美回所以勵賜也」者，言孔子之意美顏回貧而樂道，所以勸勵子貢。言汝既富矣，又能億則屢中，何得不受教命乎。云「一曰」以下者，何晏又爲一說也。云「以聖人之善道教數子之庶幾」者，言孔子以聖人庶幾之善道並教六子也。云「猶不至於知道者，各內有此害」者，言聖人不倦，並教誨之，而猶尚不能至於知幾微善道者，以其各自內有愚、魯、辟、喭之病害故也。云「其於庶幾每能虛中，唯回」者，言唯顏回每能虛其中心，知於庶幾之道也。云「懷道深遠，不虛心不能知道」者，此解虛中之由。由其至道深遠，若不虛其中心，則不能知道也。云「子貢雖無數子之病」者，謂無愚、魯、辟、喭之病也。「然亦不知道」者，謂亦如四子不知聖道也。云「雖不窮理而幸中，雖非天命而偶富，亦所以不虛心也」者，此解子貢不知道，由於有此二累也。「雖不窮理而幸中」，釋經「億則屢中」，言雖不窮理盡性，但億度之，幸中其言也。《左傳》：「定十五年春，邾隱公來朝。子貢觀焉。邾子執玉高，其容仰，公受玉卑，其容俯。子貢曰：『以禮觀之，二君者皆有死亡焉。』夏五月壬

❶「云」，阮本作「曰」。

❷「教」字，阮本無。

申，公薨。仲尼曰：『賜不幸言而中。』」哀七年，「以邾子益來」，是其屢中也。「雖非天命而偶富」，釋經「不受命而貨殖」也，言致富之道，當由天命與之爵禄。今子貢不因天命爵禄而能自致富，故曰偶富。言有億度之勞，富有經營之累，以此二事，何暇虛心以知道，故云「亦所以不虛心也」。【釋】「子曰回也其庶乎」，或分爲別章，今所不用。屢空，力住反。殖，市力反。億，於力反。屢中，丁仲反。數音朔。匱，其位反。樂音洛。度，❶待洛反，又徒洛反。數子，色主反，下同。

子張問善人之道。子曰：「不踐迹，亦不入於室。」孔曰：「踐，循也。言善人不但循追舊迹而已，❷亦少能創業，❸然亦不能入於聖人之奥室。」❹【釋】迹，本亦作「跡」，子亦反。子曰：「論篤是與？君子者乎？色莊者乎？」「論篤」者，謂口無擇言。「君子」者，謂身無鄙行。「色莊」者，不惡而嚴，以遠小人。❺言此三者，皆可以爲善人。❻【疏】「子張」至「者乎」　正義曰：此章論善人所行之道也。「子張問善人之道」者，問行何道可謂善人。「子曰不踐迹，亦不入於室」者，孔子答其善人之道也。踐，循也。迹，已行舊事也。❼言善人不但循追舊迹而已，當自立功立事也，而善人好謙，亦少能創業，故亦不能入於聖人之奥室也。「子曰論篤是與？君子者乎？色莊者乎」者，此亦善人之道也，故用爲一章。❽當是異時之語，故別言「子曰」也。「論篤是與」者，篤，厚也。謂口無擇言，所論說皆重厚，是善人與。「君子者乎」者，言身無鄙行之君子，亦是善人乎。「色莊者乎」，言能顔色莊嚴，使小人畏威者，亦是善人乎。孔子謙，不正言，故云「與」、「乎」以疑之也。　注「論篤」至「善人」　正義曰：云「口無擇言」，《孝經》文也。所言皆善，故無可擇也。云「身無鄙行」者，所行並美❾，無鄙惡也。「以遠小人」、「不惡而嚴」者，《周易·遯卦·象辭》也。【釋】與音餘。行，下孟

❶「度」，原作「慶」，據元本改。
❷「但」字，正平本無。
❸「亦」下，正平本有「多」字。
❹「能」字，阮本無。
❺「人」下，正平本有「者也」二字。
❻「人」下，正平本有「者也」二字。
❼「也」，阮本作「之言」。
❽「用」，阮本作「同」。
❾「行」，阮本作「以」。

反。遠，于萬反。

子路問：「聞斯行諸？」包曰：「賑窮救乏之事。」子曰：「有父兄在，如之何其聞斯行之？」孔曰：「當白父兄，不得自專。」❶冉有問：「聞斯行諸？」子曰：「聞斯行之。」公西華曰：「由也問『聞斯行諸』，子曰『有父兄在』，求也問『聞斯行諸』，子曰『聞斯行之』。赤也惑，敢問。」孔曰：「惑其問同而答異。」子曰：「求也退，故進之；由也兼人，故退之。」鄭曰：「言冉有性謙退，子路務在勝尚人，各因其人之失而正之。」❷

【疏】「子路」至「退之」　正義曰：此章論施予之禮，並孔子問同答異之意也。「子路問聞斯行諸」者，諸，之也。子路問於孔子曰：「若聞人窮乏當賑救之事於斯，即得行之乎？」「子曰有父兄在，如之何其聞斯行之也」者，言當先白父兄，不得自專也。「冉有問聞斯行諸？子曰聞斯行之」者，此問與子路同，而所答異也。「公西華曰由也問聞斯行諸，子曰有父兄在；求也問聞斯行諸，子曰聞斯行之。赤也惑，敢問」者，赤，公西華名也。見其問同而答異，故疑惑而問於孔子也。「子曰求也退，故進之；由也兼人，故退之」者，此孔子言其答異之意也。冉有性謙退，子路務在勝尚人，各因其人之失而正之，❸故答異也。

子畏於匡，顏淵後。孔曰：「言與孔子相失，故在後。」子曰：「吾以女爲死矣。」❹曰：「子在，回何敢死？」包曰：「言夫子在，己無所敢死。」

【疏】「子畏」至「敢死」　正義曰：此章言仁者必有勇也。「子畏於匡，顏淵後」者，言孔子畏於匡時，與顏回相失，既免，而回在後方至也。「子曰吾以女爲死矣」者，孔子謂顏淵曰：「吾以女爲致死與匡人鬭也。」「曰子在，回何敢死」❺者，言夫子若陷於危亡，❻則回必致死。今夫子在，己則無所敢死。言不敢致死也。

季子然問：「仲由、冉求可謂大臣與？」

---

❶「不」下，正平本有「可」字。
❷下「之」，正平本作「也」。
❸上「之」，阮本無。
❹「女」，正平本作「汝」。
❺「曰」字，阮本無。
❻「亡」，阮本作「難」。

孔曰：「子然，季氏子弟。❶自多得臣此二子，故問之。」【釋】𢘑，❷古文「臣」字，本今作「臣」。與音餘，下同。子曰：「吾以子爲異之問，曾由與求之問。孔曰：「謂子問異事耳，則此二人之問，安足大乎？」❸所謂大臣者，以道事君，不可則止。今由與求也，可謂具臣矣。」孔曰：「言備臣數而已。」曰：「然則從之者與？」孔曰：「問爲臣皆當從君所欲邪。」子曰：「弑父與君，亦不從也。」孔曰：「言二子雖從其主，❹亦不與爲大逆。」【疏】「季子」至「從也」正義曰：此章明爲臣事君之道。「季子然問仲由冉求可謂大臣與」者，季子然，季氏之子弟也。自多得臣此二子，故問於夫子曰：「仲由、冉求，才能爲政，可以謂大臣與？」❺疑而未定，故云「與」也。「子曰吾以子爲異之問，曾由與求之問」者，此孔子抑其自多也。曾，則也。吾以子爲問異事耳，則此二人之問，安足多大乎？言所問小也。「所謂大臣者，以道事君，不可則止」者，此孔子更爲子然陳說大臣之體也。言所可謂之大臣者，以正道事君，君若不用己道，則當退止也。「今由與求也，可謂具臣矣」者，既陳大臣之體，乃言二子非大臣也。具，備也。今二子臣於季氏，季氏不道而不能匡救，又不退止，唯可謂備臣數而已，不可謂之大臣也。「曰然則從之者與」者，子然既聞孔子言二子非大臣，故又問曰：「然則二子爲臣，皆當從君所欲邪？」「子曰弑父與君，亦不從也」者，孔子更爲說二子之行。言二子雖從其主，若其主弑父與君，爲此大逆，亦不與也。

子路使子羔爲費宰。子曰：「賊夫人之子。」包曰：「子羔學未熟習而使爲政，所以爲賊害。」❻【釋】費，悲位反。夫音符。子路曰：「有民人焉，有社稷焉，何必讀書，然後爲學？」孔曰：「言治民事神，於是而習之，❼亦學也。」子曰：「是故惡夫佞者。」孔曰：「疾其以口給應，遂己非而不知窮。」

❶「子然季氏子弟」，正平本作「季子然季氏之子弟」。
❷「𢘑」，原作「忠」，据元本改。
❸「大乎」，正平本作「爲大臣乎」。
❹「言」字，正平本無，「主」，阮本誤「王」。
❺「謂」下，阮本有「之」字。
❻「爲賊害」，正平本作「賊害人也」。
❼「之」字，正平本無。

【疏】「子路」至「佞者」 正義曰：此章勉人學也。「子路使子羔爲費宰」者，子路臣季氏，故任舉子羔，使爲季氏費邑宰也。「子曰賊夫人之子」者，賊，害也。「夫人之子」，指子羔也。孔子之意以爲，子羔學未孰習而使爲政，必累其身，所以爲賊害也。「子路曰有民人焉，有社稷焉，何必讀書，然後爲學」者，子路辯答孔子。言費邑有人民焉而治之，❶有社稷之神焉而事之，治民事神，於是而習之，是亦學也，何必須讀書然後乃謂爲學也。「子曰是故惡夫佞者」，言人所以憎惡夫佞者，祇爲口才捷給，文過飾非故也。今子路以口給應，遂已非而不知窮已，是故致人惡夫佞者也。

子路、曾皙、孔曰：「皙，❷曾參父，名點。」【釋】皙，星歷反。《史記》云：「曾蒧子皙。」❸冉有、公西華侍坐。子曰：「以吾一日長乎爾，毋吾以也。❹孔曰：「言我問女，女無以我長故難對。」【釋】長，丁丈反。 難音乃旦反。 居則曰『不吾知也』，孔曰：「女常居云人不知己。」如或知爾，則何以哉？」孔曰：「如有用女者，則何以爲治？」❺子路率爾而對，率爾，先三人對。 【釋】先，悉薦反。 曰：「千乘之國，攝乎大國之間，加之以師旅，因之以饑饉。❻包曰：「攝，迫也。迫於大國之間。」❼【釋】乘，繩證反。 饑音機，鄭本作「飢」，同。 饉，其靳反。 由也爲之，比及三年，可使有勇，且知方也。」方，義方。【釋】比，必利反。 方，鄭云「方，禮法也」。 夫子哂之。馬曰：「哂，笑也。」 【釋】哂，詩忍反。 「求，爾何如？」對曰：「方六七十，如五六十，求性謙退，言欲得方六七十，如五六十里小國治之而已。 求也为之，比及三年，可使足民。❽如其禮樂，以俟君子。」孔曰：「求自云能足民而已，謂衣食足也。 若禮

❶「人民」，阮本作「民人」。
❷「皙」上，正平本有「曾」字。
❸「蒧」，原作「箴」，據盧文弨說改。
❹「毋」，原作「母」，據文義改，正平本、阮本作「無」。
❺「治」下，正平本有「乎」字。
❻「饑」，正平本作「飢」。
❼「迫」上，正平本有「攝」字。「於」，正平本作「乎」。
❽「民」下，正平本有「也」字。

樂之化，當以待君子。謙也。」❶「赤，爾何如？」對曰：「非曰能之，❷願學焉。宗廟之事，如會同，端章甫，願爲小相焉。」鄭曰：「我非自言能，願學爲之。宗廟之事謂祭祀也。諸侯時見曰會，殷覜曰同。❸端，玄端也。衣玄端，冠章甫，諸侯日視朝之服。❹小相謂相君之禮。」【釋】非曰，音越。相，息亮反，下皆同。見，賢遍反。覜，吐弔反，或本作「見」。衣，於既反。冠，古亂反。朝，直遙反。「點，爾何如？」鼓瑟希，孔曰：「思所以對，故音希。」鏗爾，舍瑟而作，對曰：「異乎三子者之撰。」孔曰：「置瑟起對。撰，具也，爲政之具。鏗者，❺投瑟之聲。」【釋】鏗，苦耕反。「投琴聲」，本今作「瑟聲」。舍音捨。撰，士免反，鄭作「僎」，讀曰「詮」，詮之言善也。子曰：「何傷乎？亦各言其志也。」孔曰：「各言己志，於義無傷。」❻【釋】一本作「亦各言其志」。曰：「莫春者，❼春服既成，冠者五六人，❽童子六七人，浴乎沂，風乎舞雩，詠而歸。」包曰：「『莫春』者，季春三月也。『春服既成』，❾衣單袷之時。我欲得冠者五六人，童子六七人，浴乎沂水之上，❿風涼於舞雩之下，歌詠先王之道，而歸夫子之門。」⓫【釋】莫音暮，又亦作「暮」。⓬冠，古亂反。浴音欲。沂，魚依反。雩音于。「而歸」，如字，鄭本作「饋」，饋酒食也，《魯》讀「饋」爲「歸」，今從《古》。衣，於既反。單音丹。袷，古洽反。夫子喟然歎曰：「吾與點也。」周曰：「善點獨知時。」⓭【釋】喟，起愧反，又苦怪反。三子者出，曾皙後。曾皙曰：「夫三子者之言

❶「謙」下，正平本有「辭」字。
❷「之」下，正平本有「也」字。
❸「殷覜」，阮本作「衆頫」，正平本作「殷見」。
❹「日」，原作「曰」，據阮本改。
❺「鏗」下，正平本有「爾」字。
❻「傷」下，正平本有「之」字。
❼「莫」，正平本作「暮」。
❽「冠」上，正平本有「得」字。
❾「成」下，正平本有「者」字。
❿「乎」，正平本作「於」。
⓫「而」字，正平本無。
⓬「又」，元本作「本」。
⓭「點」下，「時」下，正平本有二「之」字。

何如？」子曰：「亦各言其志也已矣。」曰：「夫子何哂由也？」曰：❶「爲國以禮，其言不讓，是故哂之。」包曰：「爲國以禮，禮貴讓，子路言不讓，故笑之。」【釋】夫三，音符。「唯求則非邦也與？安見方六七十如五六十而非邦也者。唯赤則非邦也與？宗廟會同，❷非諸侯而何。❸孔曰：「明皆諸侯之事，與子路同。」徒笑子路不讓。」【釋】也與，音餘。焉，於虔反，本今無此字。「宗廟會同」，本或作「宗廟之事如會同」。「非諸侯而何」，一本作「非諸侯如之何」。赤也爲之小，孰能爲之大？」❹孔曰：「赤讓言小相耳，❺誰能爲大相？」❻

【疏】「子路」至篇末　正義曰：此章孔子乘間四弟子侍坐，因使各言其志，以觀其器能也。「子路、曾皙、冉有、公西華侍坐」者，時孔子坐，四子侍側，亦皆坐也。「子曰以吾一日長乎爾，毋吾以也」者，孔子將發問，先以此言誘掖之也。言女等侍吾，以吾年長於女，謙而少言，故云「一日」。今我問女，女等毋以吾長而憚難其對也。「居則曰吾不知也，❼如或知爾，則何以哉」者，此問辭也。言女常居則云：「己有才能，人不我知。」設如有人知女，將欲用之，則女將何以爲治。「子路率爾而對」者，子路性剛，故率爾先三人而對也。「曰千乘之國，❽攝乎大國之間，加之以師旅，因之以饑饉。由也爲之，比及三年，可使有勇，且知方也」者，此子路所志也。千乘之國，公侯之大國也。攝，迫也。穀不熟爲饑，蔬不孰爲饉。❾方，義方也。言若有公侯之國迫於大國之間，又加之以師旅侵伐，復因之以饑饉民困。而由也治之，比至三年以來，可使其民有勇敢，且知義方也。「夫子哂之」者，哂，笑也。夫子笑之也。「求，爾何如」者，子路既對，三子無言，故孔子復歷問之。冉求，爾志何如？「對曰

❶「曰」上，正平本有「子」字。
❷「廟」下，正平本有「之事如」三字。
❸「而」，正平本作「如之」。
❹「大」下，正平本有「相」字。
❺「讓」，正平本、阮本作「謙」，下同。
❻「誰」，正平本作「孰」。「相」下，正平本有「者」字。
❼「吾不」，阮本作「不吾」。
❽「曰」字，阮本無。
❾「饑」「蔬」「孰」，阮本作「飢」「疏」「熟」。下「饑饉」「饑」字同。

方六七十，如五六十，求也爲之，比及三年，可使足民。如其禮樂，以俟君子」者，此冉求之志也。俟，待也。求性謙退，言欲得方六七十，如五六十里小國治之而已，❶求也治此小國，比至三年以來，使足民衣食。若禮樂之化，當以待君子，此謙辭也。「赤，爾何如」者，又問公西華也。「對曰非曰能之，願學焉。宗廟之事，如會同，端章甫，願爲小相焉」者，此赤也之志也。曰，言也。我非自言能之，願學爲焉。宗廟祭祀之事，如有諸侯會同，及諸侯衣玄端、冠章甫，日視朝之時，己願爲其小相，以相君之禮焉。❷「點，爾何如」者，又問曾晳也。「鼓瑟希」者，時曾晳方鼓瑟，承師之問，思所以對，故音希也。「鏗爾，舍瑟而作」者，作，起也。舍，置也。鏗，投瑟聲也。思得其對，故置瑟起對，投置其瑟而聲鏗然也。「對曰異乎三子者之撰」者，撰，具也。未敢言其志，先對此辭。言己之所志，異乎三子者所陳爲政之具也。「子曰何傷乎？亦各言其志也」者，孔子見曾晳持謙，難其對，故以此言誘之。曰：「於義何傷乎？亦各言其志也」。欲令任其所志而言也。「曰莫春者，春服既成，冠者五六人，童子六七人，浴乎沂，風乎舞雩，詠而歸」者，此曾晳所志也。❸莫春，季春也。春服既成，衣單袷之時也。我欲得與二十以上冠者五六人，十九以下童子六七人，浴乎沂水之上，風涼於舞雩之下，歌詠先王之道，而歸夫子之門也。「夫子喟然歎曰吾與點也」者，喟然，歎之貌。夫子聞其樂道，故喟然而歎曰：「吾與點之志。」善其獨知時而不求爲政也。「三子者出，曾晳後」者，子路、冉有、公西華三子先出，曾晳後，猶侍坐於夫子也。「曾晳曰夫三子者之言何如」者，曾晳在後，問於夫子曰：「夫三子者適各言其志，其言是非何如也？」「子曰亦各言其志也已矣」者，言三子亦各言其所志而已，無他別是非也。「曰夫子何哂由也」者，曾晳又問夫子。曰：「既三子各言其志，何獨笑仲由也？」「曰爲國以禮，其言不讓，是故哂之」者，此夫子爲說哂之意。言爲國以禮，禮貴謙讓，子路言不讓，故笑之也。「惟求也則非邦也與？安見方六七十如五六十而非邦也者。唯赤則非邦也與？宗廟會同，非諸侯而何」者，此夫子又言不哂其子路欲爲諸侯之事，故舉二子所言，明皆諸侯之事，與子路同。其言讓，故不笑之，徒笑其子路不讓耳。「赤也爲之小，孰能爲之大」者，此夫子又言公西華之

❶「六」字，阮本奪。
❷「以相」二字，阮本奪。
❸「晳」，阮本作「點」。

才堪爲大相，今赤謙言小相耳。若赤也爲之小相，更誰能爲大相。　注「孔曰❶晳，曾參父，名點」　正義曰：《史記・弟子傳》曰「曾蒧（音點），字晳」是也。　注「方，義方」❷　正義曰：義，宜也。方，道也。言能教之使知合宜之道也。《左傳》曰：「愛子，教之以義方。」　注「鄭曰」至「之禮」　正義曰：云「宗廟之事，謂祭祀也」者，謂禴祠、烝、嘗及追享、朝享、禘、祫之類皆是也。云「諸侯時見曰會，殷覜曰同」者，❸《周禮・春官・大宗伯職》文。但彼作「殷見」，此作「殷覜」，覜即見也。❹鄭玄注云：「此禮以諸侯見王爲文。時見者，言無常期。諸侯有不順服者，王將有征討之事，則既朝覲，王爲壇於國外，合諸侯而命事焉。《春秋傳》曰『有事而會，不協而盟』是也。殷猶衆也。十二歲，王如不巡守，❺則六服盡朝，朝禮既畢，王亦爲壇，合諸侯以命政焉。所命之政，如王巡守。殷見，四方四時分來，終歲則徧」是也。云「端，玄端也。衣玄端，冠章甫，諸侯日視朝之服」者，其衣正幅，深之玄色，❻故曰玄端。案，《王制》云：「周人玄衣而養老。」注云：「玄衣，素裳。」天子之燕服爲諸侯朝服。彼云「玄衣」，則此「玄端」也。若以素爲裳，即是朝服。此朝服素裳皆得謂之玄端，故此注云「端，玄端，諸侯朝服」。若上士以玄爲裳，中士以黃爲裳，下士以雜色爲裳，天子、諸侯以朱爲裳，則皆爲之玄端，❼得以名爲朝服也。❽云「小相，謂相君之禮」者，案《周禮・秋官・司儀職》云：「掌九儀之賓客擯相之禮，以詔儀容辭令揖讓之節。」注云：「出接賓曰擯，入贊禮曰相。」又曰：「凡諸云相爲賓。❾及將幣交擯，三辭，車逆拜辱，賓車進答拜，三揖三讓，每門止一相。」注云：❿「相謂主君擯者及賓之介也。⓫謂之相者，於外傳辭耳，入門當以禮詔侑也。介紹而傳命者，君子於其所尊不敢

❶「孔」下，阮本衍「子」字。
❷「注」，阮本誤「往」。
❸「覜」，阮本誤「頫」，下同。
❹「即」，阮本誤「則」。
❺「如」，阮本誤「始」。
❻「深」，阮本作「染」。
❼「爲」，阮本作「謂」。
❽「得以」，阮本作「不得」。
❾「云」，阮本作「公」。
❿「云」，阮本作「曰」。
⓫「謂」，阮本作「爲」。

質，敬之至也。每門止一相，❶彌相親也。」是相謂相君之禮也。《聘禮》云：「卿爲上擯，大夫爲承擯，士爲紹擯。」《玉藻》曰：「君入門，介拂闑，大夫中棖與闑之間，士介拂棖。」則卿爲上介，大夫爲次介，士爲末介也。此云「願爲小相」者，謙，不敢爲上擯上介之卿，願爲承擯、紹擯、次介之大夫士耳。❷　注「包曰」至「之門」　正義曰：云「我欲得冠者五六人，童子六七人」者，意在取其朋友十餘人耳。云「浴于沂水之上，風涼于舞雩之下」者，杜預云「魯城南自有沂水」，此是也。大沂水出蓋縣，❸南至下邳入泗。雩者，祈雨之祭名。《左傳》曰：「龍見而雩」是也。鄭玄曰：「雩者，吁也，吁嗟而請雨也。」杜預曰：「雩之言遠也，遠爲百穀祈膏雨也。使童男女舞之。」《春官・女巫職》曰：「旱暵則舞雩。」因謂其處爲舞雩。舞雩之處有壇墠樹木，可以休息，故云「風涼於舞雩之下」也。　注「周曰善點獨知時」　正義曰：仲尼祖述堯舜，憲章文武，生值亂時而君不用。三子不能相時，志在爲政，唯曾晳獨能知時，志在澡身浴德，詠懷樂道，故夫子與之也。

顏淵第十二

【疏】正義曰：此篇論仁政明達，君臣父子，辨惑折獄，君子文爲，皆聖賢之格言，仕進之階路，故次《先進》也。

顏淵問仁。子曰：「克己復禮爲仁。馬曰：「克己，約身。」孔曰：「復，反也。身能反禮，則爲仁矣。」一日克己復禮，天下歸仁焉。馬曰：「一日猶見歸，況終身乎？」爲仁由己，而由人乎哉？」孔曰：「行善在己，不在人也。」顏淵曰：「請問其目。」包曰：「知其必有條目，故請問之。」子曰：「非禮勿視，非禮勿聽，非禮勿言，非禮勿動。」鄭曰：「此四者，克己復禮之目。」顏淵曰：「回雖不敏，請

❶「止」，阮本作「上」。

❷「次介」下，阮本有「末介」二字。

❸「大」，阮本作「夫」。

事斯語矣。」王曰：「敬事此語，必行之。」【疏】「顏淵」至「語矣」 正義曰：此並下三章皆明仁也。「子曰克己復禮爲仁」者，克，約也。己，身也。復，反也。言能約身反禮，則爲仁矣。「一日克己復禮，天下歸仁焉」者，言人君若能一日行克己復禮，則天下歸此仁德之君也。❶一日猶見歸，况終身行仁乎？「爲仁由己，而由人乎哉」者，言行善由己，豈由他人乎哉。言不在人也。「顏淵曰請問其目」者，淵意知其爲仁必有條目，故請問之。「子曰非禮勿視，非禮勿聽，非禮勿言，非禮勿動」者，此四者，克己復禮之目也。《曲禮》曰「視瞻毋回」「立視五巂」「式視馬尾」之類是禮也，非此則勿視。《曲禮》云「毋側聽」，側聽則非禮也。言無非禮，則口無擇言也。動無非禮，則身無擇行也。四者皆所以爲仁。「顏淵曰回雖不敏，請事斯語矣」者，此顏淵領謝師言也。❷言回雖不敏達，請敬事此語，必行之也。

注「馬曰克己，約身」 正義曰：此注克訓爲約，劉炫云：「克訓勝也，己謂身也。身有嗜慾，當以禮義齊之。嗜慾與禮義戰，使禮義勝其嗜慾，身得歸復於禮，如是乃爲仁也。復，反也。言情爲嗜慾所逼，已離禮，而更歸復之。」今刊定云：「克訓勝也，己謂身也，謂身能勝去嗜慾，❸反復於禮也。」

仲弓問仁。子曰：「出門如見大賓，使民如承大祭。孔曰：「爲仁之道，莫尚乎敬。」己所不欲，勿施於人。在邦無怨，在家無怨。」包曰：「在邦，爲諸侯。在家，爲卿大夫。」仲弓曰：「雍雖不敏，請事斯語矣。」【疏】「仲弓問仁」❹至「語矣」 正義曰：此章明仁在敬恕也。「子曰出門如見大賓，使民如承大祭」者，此言爲仁之道莫尚乎敬也。大賓，公侯之賓也。大祭，禘郊之屬也。人之出門，失在倨傲，故戒之出門如見公侯之賓。使民失於驕易，故戒之如承奉禘郊之祭。「己所不欲，勿施於人」者，此言仁者必恕也。己所不欲，無施之於人，以他人亦不欲也。「在邦無怨，在家無怨」者，言既敬且恕，若在邦爲諸侯，必無人怨；在家爲卿大夫，亦無怨也。「仲弓曰雍雖不敏，請事斯語矣」者，亦承謝之語也。

❶「下」下，阮本有「皆」字。
❷「領」，阮本作「預」。
❸「身」，字阮本無。
❹「問」，原作「門」，據阮本改。

司馬牛問仁。子曰：「仁者，其言也訒。」❶孔曰：「訒，難也。牛，宋人，弟子司馬犂。」【釋】訒音刃，鄭云「不忍言也」，字或作「仞」。犂，力兮反，《史記》作「矜」，❷並云「字牛」。曰：「其言也訒，斯謂之仁已乎？」❸子曰：「爲之難，言之得無訒乎？」孔曰：❹「行仁難，言仁亦不得不難。」❺【疏】「司馬牛問仁」至「訒乎」 正義曰：此章言仁之難也。「子曰仁者，其言也訒」者，訒，難也。言仁道至大，非但行之難，其言之亦難。「曰其言也訒，斯謂之仁已乎」者，牛意嫌孔子所言未盡其理，故復問曰：「祇此其言也訒，便謂之仁已乎？」❻「子曰爲之難，言之得無訒乎」者，此孔子又爲牛說言訒之意。行仁既難，言仁亦不得不難。 注「孔曰」至「馬犂」❼ 正義曰：《史記·弟子傳》云：「司馬耕，字牛。❽牛多言而躁，問仁於孔子，孔子曰：『仁者，其言也訒』」是也。

司馬牛問君子。子曰：「君子不憂不懼。」孔曰：「牛兄桓魋將爲亂，牛自宋來學，常憂懼，故孔子解之。」【釋】魋，徒回反。曰：「不憂不懼，斯謂之君子已乎？」❾子曰：「內省不疚，夫何憂何懼？」包曰：「疚，病也。自省無罪惡，❿無可憂懼。」【疏】「司馬」至「何懼」 正義曰：此章明君子也。「司馬牛問君子」者，問於孔子，言君子之行何如也。「子曰君子不憂不懼」者，言君子之人不憂愁，不恐懼，時牛兄桓魋將爲亂，牛自宋來學，常憂懼，故孔子解之也。「曰不憂不懼，斯謂之君子已乎」者，亦意少其言，故復問之。「子曰內省不疚，夫何憂何懼」者，此孔子更爲牛說不憂懼之理。疚，病也。自省無罪惡，則無可憂懼。【釋】疚，久又反。夫音符。

---

❶ 「訒」下，正平本有「也」字。
❷ 「矜」，原作「科」，據元本改。
❸ 「已」下，正平本有「矣」字。
❹ 「孔」，阮本誤「子」。
❺ 「難」下，正平本有「矣」字。
❻ 「之」字，阮本無。
❼ 「孔」下，阮本衍「子」字。
❽ 「字」下，阮本有「子」字，並不重「牛」字。
❾ 「斯謂之」，正平本作「可謂」。
❿ 「自」，正平本作「內」。

司馬牛憂，曰：「人皆有兄弟，我獨亡。」鄭曰：「牛兄桓魋行惡，死亡無日，我爲無兄弟也。」子夏曰：「商聞之矣：死生有命，富貴在天。君子敬而無失，與人恭而有禮，四海之内皆兄弟也。❶君子何患乎無兄弟也？」包曰：「君子疏惡而友賢，九州之人皆可以禮親。」【疏】「司馬」至「弟也」　正義曰：此章言人當任命友賢也。「司馬牛憂曰人皆有兄弟，我獨亡」者，亡，無也。牛兄桓魋行惡，死亡無日，故牛常憂而告人曰：「他人皆有兄弟，若桓魋死亡之後，我爲獨無兄弟也。」「子夏曰商聞之矣：死生有命，富貴在天。君子敬而無失，與人恭而有禮，四海之内皆兄弟也。君子何患乎無兄弟也」者，子夏見牛憂無兄弟，以此言解之也。商，子夏名。謙，故云「商聞之矣」，示非妄謬也。言人死生短長則有所稟之命，❷財富位貴則在天之所予，君子但當敬慎而無過失，與人結交恭敬而有禮。❸能此疏惡而友賢，則東夷、西戎、南蠻、北狄，四海之内，九州之人，皆可以禮親之，爲兄弟也。君子何須憂患於無兄弟也。　注「鄭曰」至「兄弟」　正義曰：云「牛兄桓魋行惡，死亡無日」者，案，哀十四年《左傳》云：「宋桓魋之寵害於公，公將討之。未及，魋先謀公。公知之，召皇司馬子仲及左師向巢，以命其徒攻桓氏。向魋遂入於曹以叛。民叛之，而奔衛，遂奔齊。」是其行惡死亡之事也。桓氏即向魋也，又謂之桓司馬，即此桓魋也。

子張問明。子曰：「浸潤之譖，膚受之愬，不行焉，可謂明也已矣。鄭曰：「譖人之言如水之浸潤，漸以成之。」❹馬曰：「膚受之愬，❺皮膚外語，非其内實。」【釋】浸，子鴆反。譖，則鴆反。膚音方于反。愬，蘇路反。　浸潤之譖，膚受之愬，不行焉，可謂遠也已矣。」馬曰：「無此二者，非但爲明，其德行高遠，人莫能及。」❻【疏】「子張」至「已矣」　正義曰：此章論人之明德。「子張問明」者，問於孔子，何如可謂之明德也。「子曰浸潤之譖，膚受之愬，不行焉，可謂明也已矣」

❶「皆」下，正平本有「爲」字。
❷「則」，阮本作「各」。
❸「敬」，阮本作「謹」。
❹「漸以成之」，正平本作「以漸成人之禍」。
❺「之愬」二字，正平本無。
❻「及」下，正平本有「之」字。

者，此答爲明也。大水之浸潤，❶漸以壞物，皮膚受塵，漸成垢穢。譖人之言，如水之浸潤、皮膚受塵，亦漸以成之，使人不覺知也。若能辨其情僞，使譖愬之言不行，可謂明德也。「浸潤之譖，膚受之愬，不行焉，可謂遠也已矣」者，言人若無此二者，非但爲明，其德行可謂高遠矣，人莫能及之也。 注「馬曰膚受之愬，皮膚外語，非其內實」 正義曰：愬亦譖也，變其文耳。皮膚受塵，垢穢其外，不能入內也。以喻譖毀之語，但在外萋斐，構成其過惡，非其人內實有罪也。

子貢問政。子曰：「足食足兵，民信之矣。」❷子貢曰：「必不得已而去，於斯三者何先？」曰：「去兵。」子貢曰：「必不得已而去，於斯二者何先？」曰：「去食。自古皆有死，民無信不立。」❸孔曰：「死者，古今常道，人皆有之，治邦不可失信。」 【疏】「子貢問政」至「不立」 正義曰：此章貴信也。「子曰足食足兵，民信之矣」者，此答爲政之事也。足食則人知禮節，足兵則不軌畏威，民信之則服命從化。「子貢曰必不得已而去，於斯三者何先」者，子貢復問。曰若不獲已而除去，於此三者之中何者爲先。「曰去兵」者，孔子答。言先去兵，以兵者凶器，民之殘也，財用之蠹也，故先去之。「子貢曰必不得已而去，於斯二者何先」者，子貢復問。設若事不獲已，須要去之，於此食與信二者之中，先去何者？「曰去食。自古皆有死，民無信不立」者，孔子答。言二者之中先去食。夫食者，人命所須，去之則人死，而去食不去信者，言死者，古今常道，人皆有之，治國不可失信，失信則國不立也。 【釋】去，起呂反，下同。「於斯三者」，一讀，「而去於斯」爲絕句。

棘子成曰：❹「君子質而已矣，何以文爲？」❺鄭曰：「舊說云：棘子成，衛大夫。」 【釋】棘，紀力反。子貢曰：「惜乎，夫子之說君子也，駟不及舌。鄭曰：「惜乎。夫子之說君子也，過言一出，駟馬追之不及。」❻ 【釋】駟音四。文猶質也，質

❶「大」，阮本作「夫」。
❷「民」上，正平本有「使」字。
❸「無」，正平本作「不」。
❹「成」，正平本作「城」，注同。
❺「爲」下，正平本有「矣」字。
❻「及」下，正平本有「舌」字。

猶文也。虎豹之鞟，猶犬羊之鞟。」❶孔曰：「皮去毛曰鞟，虎豹與犬羊别者，❷正以毛文異耳。今使文質同者，何以别虎豹與犬羊邪？」【疏】「棘子」至「之鞟」 正義曰：此章貴尚文章也。「棘子成曰君子質而已矣，何以文爲」者，衛大夫陳成子言，❸曰君子之人淳質而已則可矣，何用文章乃爲君子，意疾時多文華。❹「子貢曰惜乎，夫子之説君子也，駟不及舌」者，夫子指成子也。子貢聞成子言，君子不以文爲，其言過謬，故歎曰：「可惜乎，棘成子之説君子也，過言一出於舌，駟馬追之不及。」「文猶質也，質猶文也，虎豹之鞟，猶犬羊之鞟」者，此子貢舉喻言文章不可去也。皮去毛曰鞟。言君子、野人異者，質文不同故也。虎豹與犬羊别者，正以毛文異耳。今若文猶質，質猶文，使文質同者，則君子與鄙夫何以别乎。如虎豹之皮去其毛文以爲之鞟，與犬羊之鞟同處，何以别虎豹與犬羊也。【釋】鞟，古郭反，鄭云「革也」。去，起呂反。别，彼列反。

哀公問於有若曰：「年饑，❺用不足，如之何？」有若對曰：「盍徹乎？」鄭曰：「盍，❻何不也。周法什一而税，❼謂之徹。徹，通也，爲天下之通法。」❽【釋】饑，居其反，鄭本作「飢」。盍，胡臘反。徹，直列反。税，舒鋭反。曰：「二，吾猶不足，如之何其徹也？」孔曰：「二謂什二而税。」對曰：「百姓足，君孰與不足？百姓不足，君孰與足？」孔曰：「孰，誰也。」【疏】「哀公」至「與足」❾ 正義曰：此章明税法也。「哀公問於有若曰年饑，❿用不足，如之何」者，魯君哀公問於孔子弟子有若曰：「年穀不熟，國用不足，如之何使國用得足也？」「有若對曰盍徹乎」者，盍猶何不也。周法什一而税，謂之徹。徹，通也，爲天下之通法。有若意譏哀公重斂，故對曰：「既國用不足，何不依通法而税取

❶「鞟」下，正平本有「也」字。
❷「者」字，阮本無。
❸「陳成子」，阮本作「棘子成」，下三「成之」，阮本均作「子成」。
❹「華」，阮本作「章」。
❺「饑」，正平本作「飢」。
❻「盍」下，正平本有「者」字。
❼「什」，正平本作「十」，下同。
❽「之通法」，正平本作「通法也」。
❾「與」，阮本誤「舉」。
❿「饑」，阮本作「飢」。

乎？」「曰二吾猶不足，如之何其徹也」者，二謂什二而稅。哀公不覺其譏，故又曰：「什而稅二，吾之國用猶尚不足，如之何其依徹法什而稅一乎？」「對曰百姓足，君孰與不足？百姓不足，君孰與足」者，孰，誰也。哀公既言重斂之實，故有若又對以盍徹足用之理。言若依通法而稅，則百姓家給人足，百姓既足，上命有求則供，故曰「君誰與不足」也。❶今君重斂，民則困窮，上命所須無以供給，故曰「百姓不足，君孰與足」也。

注「鄭曰」至「通法」　正義曰：云「周法什一而稅，謂之徹」者，《公羊傳》曰：「古者什一而藉。古者曷爲什一而藉？什一者，天下之中正也。多乎什一，大桀小桀。寡乎什一，大貉小貉。什一者，天下之中正也。什一行而頌聲作矣。」何休云：「多取於民，比於桀。蠻貉無百官制度之費，稅薄。」《穀梁傳》亦云：「古者什一而藉。」《孟子》云：「夏后氏五十而貢，殷人七十而助，周人百畝而徹，其實皆什一也。」趙歧注云：❷「民耕五十畝者貢上五畝，耕七十畝者以七畝助公家，耕百畝者徹取十畝以爲賦，雖異名而多少同，❸故云皆什一也。」書傳云十一者多矣，故杜預云：「古者公田之法，❹十取其一，謂十畝内取一。」舊法既已十畝取一矣，《春秋》魯宣公十五年初稅畝，又履其餘畝，更復十收其一，乃是十取其二，故此哀公曰「二，吾猶不足」，謂十内稅二猶尚不足，則從宣公之後，遂以十二爲常，故曰初。言初稅十二，自宣公始也。諸書皆言十一而稅，而《周禮・載師》云「凡任地，近郊十一，遠郊二十而三，甸稍縣都皆無過十二，漆林之征二十而五」者，彼謂王畿之内所供多，故賦稅重。《詩》《書》所言十一，❺皆謂畿外之國，故此鄭玄云「什一而稅謂之徹。徹，通也，爲天下之通法」，言天下皆十一耳，不言畿内亦十一也。《孟子》又曰：「方里爲井，井九百畝。其中爲公田，八家皆私百畝，同養公田。公事畢，然後敢治私事。」《漢書・食貨志》取彼意而爲之文，云：「井田方一里，是爲九夫。八家共之，各受私田百畝，公田十畝，是爲八百八十畝，餘二十畝爲廬舍。」諸儒多用彼爲義。如彼所言，則家别一百一十畝，是爲十外稅一也。鄭玄《詩箋》云：「井稅一夫，其田百畝。」則九而稅一，其意異於《漢書》，不以《志》爲說也。又

❶「誰」，阮本作「孰」。
❷「歧」，阮本作「岐」，下同。
❸「而」，阮本誤「二」。
❹「法」，原作「去」，據阮本改。
❺「詩」，阮本作「諸」，「十」，阮本作「什」，下同。

孟子對滕文公云：「請野九一而助，國中什一使自賦。」鄭玄《周禮・匠人》注引《孟子》此言乃云：「是邦國亦異外内之法。」則鄭玄以爲，諸侯郊外郊内其法不同，郊内十一使自賦其一，郊外九而助一，是爲二十而稅二。故鄭玄又云：「諸侯謂之徹者，通其率以十一爲正。」言郊内郊外相通其率爲十稅一也。杜預直云「十取其一」，則又異於鄭，唯謂一夫百畝，以十畝歸公。趙岐不解夏五十、殷七十之意，蓋古者人多田少，一夫唯得五十、七十畝耳。五十而貢，貢五畝；七十而助，助七畝，好惡取於此。鄭注《考工記》云：「周人畿内用夏之貢法，邦國用殷之助法。」

子張問崇德辨惑。包曰：❶「辨，別也。」

【釋】惑，本亦作「或」。別，彼列反。子曰：「主忠信，徙義，崇德也。包曰：「徙義，見義則徙意而從之。」❷愛之欲其生，惡之欲其死。❸既欲其生，又欲其死，是惑也。❹包曰：「愛惡當有常，一欲生之，一欲死之，是心惑也。」【釋】惡，烏路反。誠不以富，亦祇以異。」鄭曰：「此《詩・小雅》也。祇，適也。言此行誠不可以致富，適足以爲異耳。❺取此《詩》之異義以非之也。」【疏】「子張」至「以異」。正義曰：此章言人當有常德也。「子張問崇德辨惑」者，崇，充也。辨，別也。言欲充盛道德，祛別疑惑，何爲而可也。「子曰主忠信，徙義，崇德也」者，主，親也。徙，遷也。言人有忠信者則親友之，見義事則遷意而從之，此所以充盛其德也。「愛之欲其生，惡之欲其死，既欲其生，又欲其死，是惑也」者，言人心愛惡當須有常，若人有順己，己即愛之，便欲其生，此人忽逆於己，己即惡之，則願其死，一欲生之，一欲死之，用心無常，是惑也。既能別此是惑，則當祛之。「誠不以富，亦祇以異」者，此《詩・小雅・我行其野》篇文也。祇，適也。言此行誠不足以致富，適足以爲異耳。取此《詩》之異義以非人之惑也。　注「鄭曰」至「非之」　正義曰：案，詩刺淫昏之俗，不思舊姻而求新昏也。彼「誠」作「成」。《鄭箋》云：「女不以禮爲室家，成事不足以得富也，女亦適以此自異於人道，

❶「包曰」，阮本作「孔曰」。
❷「而」字，正平本無。
❸「生」「死」下，正平本有「也」字。
❹「也」字，正平本無。
❺「足以」，正平本作「以足」。

言可惡也。」此引《詩》斷章，故不與本義同也。

齊景公問政於孔子。孔子對曰：「君君，臣臣，父父，子子。」孔曰：「當此之時，❶陳恒制齊，❷君不君，臣不臣，父不父，子不子，❸故以對。」❹公曰：「善哉。信如君不君，臣不臣，父不父，子不子，雖有粟，吾得而食諸？」❺孔曰：「言將危也。陳氏果滅齊。」【疏】「齊景」至「食諸」　正義曰：此章明治國之政也。「齊景公問政於孔子」者，齊君景公問爲國之政於夫子也。「孔子對曰君君，臣臣，父父，子子」者，言政者，正也。若君不失君道，乃至子不失子道，尊卑有序，上下不失，而後國家正也。當此之時，陳恒爲齊大夫，以制齊國，君不君，臣不臣，父不父，子不子，故孔子以此對之。「公曰善哉。信如君不君，臣不臣，父不父，子不子，雖有粟，吾得而食諸」者，諸，之也。景公聞孔子之言而信服之，故嘆曰：「善哉，信如夫子之言。而今齊國君不君，以至子不子，雖有其粟，吾得而食之乎？」言將見危亡，必不得食之也。　注「陳氏果滅齊」　正義曰：《史記·田完世家》：完卒，謚爲敬仲，仲生穉孟夷，夷生湣孟莊，莊生文子須無，文子生桓子無宇，桓子生武子啟及僖子乞，乞卒，子常代之，❻是爲田成子。成子弒簡公，專齊政。成子生襄子盤，盤生莊子白，白生太公和，❼和遷齊康公於海上。和立爲齊侯，和孫威王稱王，四世而秦滅之。是陳氏滅齊也。《世家》云敬仲之知齊，❽以陳子爲田氏，《左傳》終始稱陳，則田必非敬仲所改，未知何時改耳。

子曰：「片言可以折獄者，其由也與？」孔曰：「片猶偏也。聽訟必須兩辭以定是非，偏信一言以折獄者，唯子路可。」子路無宿諾。宿猶豫也。子路篤信，恐臨時多故，故不豫諾。【疏】「子曰」至「宿諾」　正義曰：此章言子路有明斷篤信之德也。「子曰片言可以折獄者，其由也與」者，片猶偏也。折猶決斷也。凡聽訟必須

❶「之」字，正平本無。
❷「恆」，正平本作「桓」。
❸「父不父子不子」六字，正平本無。
❹「以」下，正平本有「此」字。
❺「吾」下，正平本有「豈」字。
❻「常」，阮本誤「當」；「之」，《史記》作「立」。
❼「和」，阮本誤「利」。
❽「知」，據阮校當作「如」。

兩辭以定是非，偏信一言以決斷獄訟者，唯子路可，故云「其由也與」。「子路無宿諾」者，宿猶豫也。子路篤信，恐臨時多故，故不豫諾，或分此別爲一章，今合之。　注「孔曰」至「路可」　正義曰：云「聽訟必須兩辭以定是非」者，《周禮·秋官·大司寇職》云：❶「以兩造禁民訟，以兩劑禁民獄。」注云：「訟謂以財貨相告者。獄謂相告以罪名者。造，至也。劑，今券書也。使訟者兩至，獄者各齎券書，既兩至、兩券書，乃治之。不至及不券書，則是自服不直者也。」故知聽訟必須兩辭方定是非，偏信一言，則是非難決。唯子路才性明辨，能聽偏言決斷獄訟，故云「唯子路可」。

【釋】或分此爲別章。

子曰：「聽訟，吾猶人也。包曰：「與人等。」❷必也使無訟乎。」王曰：「化之在前。」【疏】「子曰聽訟，吾猶人也。必也使無訟乎」　正義曰：此章孔子言己至誠也。言聽斷獄訟之時，備兩造，吾亦猶如常人，無以異也。言與常人同。必也在前以道化之，使無爭訟乃善。　注「王曰化之在前」　正義曰：案《周易·訟卦·象》曰：「天與水違行，訟。君子以作事謀始。」王弼云：「聽訟，吾猶人也，必也使無訟乎。無訟在於謀始，謀始在於作制。契之不明，訟之所以生也。物有其分，職不相濫，爭何由興？訟之所以起，契之過也。故有德司契而不責於人。」是化之在前也。又案《大學》云：「子曰：❸『聽訟，吾猶人也。必也使無訟乎。』無情者不得盡其辭，大畏民志。」鄭注云：「情猶實也。無實者多虛誕之辭，聖人之聽訟與人同耳。必使民無實者不敢盡其辭，大畏其心志，使誠其意，不敢訟。」然則「聽訟，吾猶人也，必也使無訟乎」是夫子辭。「無情者不得盡其辭，大畏民志」是記者釋夫子無訟之事，意與此注及王弼不同，未知誰是，故具載之。

子張問政。子曰：「居之無倦，行之以忠。」王曰：「言爲政之道。居之於身，無得懈倦，❹行之於民，必以忠信。」【疏】「子張問政。子曰居之無倦，行之以忠」　正義曰：此章言爲政之道。若居之於身，無懈倦，行之於民，必以忠信也。　【釋】倦，其卷反，亦作「卷」。懈，古賣反。

❶「職」，阮本誤作「聽」。
❷「與」上，正平本有「言」字。
❸「子」，原作「予」，據阮本改。
❹「懈」，阮本作「解」，下同。

子曰：「博學於文，❶約之以禮，亦可以弗畔矣夫。」鄭曰：「弗畔，不違道。」【疏】「子曰」至「弗畔矣夫」 正義曰：此章及注與《雍也》篇同，當是弟子各記所聞，故重載之。或本亦有作「君子博學於文」。【釋】「博學於文」，一本作「君子博學於文」。矣夫，音符。

子曰：「君子成人之美，不成人之惡。小人反是。」【疏】「子曰君子成人之美，不成人之惡。小人反是」 正義曰：此章言君子之於人，嘉善而矜不能，又復仁恕，故成人之美，不成人之惡也。小人則嫉賢樂禍，而成人之惡，不成人之美，故曰反是。

季康子問政於孔子。孔子對曰：「政者，正也。子帥以正，❷孰敢不正？」鄭曰：「康子，❸魯上卿，諸臣之帥也。」【疏】「季康子問政」至「不正」 正義曰：此章言爲政在乎脩己。「對曰政者，正也」者，言政教者在於齊正也。「子帥以正，孰敢不正」者，言康子爲魯上卿，諸臣之帥也。若己能每事以正，則己下之臣民誰敢不正也。【釋】帥，所類反，又所律反，字從巾𠂤。❹訓並與「率」同。

季康子患盜，問於孔子。孔子對曰：「苟子之不欲，❺雖賞之不竊。」孔曰：「欲，多情欲。❻言民化於上，不從其令，❼從其所好。」【疏】「季康子」至「不竊」 正義曰：此章言民從上化也。「季康子患盜，問於孔子」者，時魯多盜賊，康子患之，問於孔子，欲以除去也。❽「孔子對曰苟子之不欲，雖賞之不竊」者，孔子言民化於上，不從其令，從其所好。苟，誠也。誠如子之不貪欲，則民亦不爲盜，❾非特不爲，❿假令賞之，民亦知恥而不竊也。今多盜賊者，正由子之貪欲故耳。注「孔曰」至「所好」 正義曰：云「民化於上，不從其令，從其所好」者，

❶「博」上，正平本有「君子」二字。
❷「以」，正平本作「而」。
❸「康」上，正平本有「季」字。
❹「𠂤」，原作「同」，據《說文》改。
❺「之」字，正平本無。
❻「多情欲」，正平本作「情慾也」。
❼「其」下，正平本有「所」字。
❽「除」，阮本作「謀」。
❾「爲」，阮本作「竊」。
❿「特」，阮本作「但」。

《大學》曰：「堯舜率天下以仁而民從之，桀紂率天下以暴而民從之。其所令反其所好，而民不從。」注云：「言民化君行也。君若好貨，而禁民淫於財利，不能止也。」❶【釋】慾音欲，又羊住反，本今作「欲」。好，呼報反。

季康子問政於孔子，曰：「如殺無道以就有道，何如？」孔曰：「就，成也。欲多殺以止姦。」孔子對曰：「子爲政，焉用殺？子欲善而民善矣。君子之德風，小人之德草。❷草上之風，❸必偃。」孔曰：「亦欲令康子先自正。偃，仆也。加草以風，無不仆者，猶民之化於上。」【疏】「季康子」至「必偃」　正義曰：此章言爲政不須刑殺，但在上自正，則民化之也。「季康子問政於孔子曰：如殺無道以就有道，何如」者，就，成也。康子之意欲多殺止姦，以成爲有道也。「孔子對曰子爲政，焉用殺」者，言子爲執政，安用刑殺也。「子欲善而民善矣」者，言子若爲善，則民亦化之爲善矣。「君子之德風，小人之德草。草上之風，必偃」者，此爲康子設譬也。偃，仆也。在上君子爲政之德若風，在下小人從化之德如草，加草以風，無不仆者。猶化民以正，無不從者。亦欲令康子先自正也。【釋】焉，於虔反。仆，蒲北反。尚，尚加也，本或作「上」。

子張問：「士何如斯可謂之達矣？」❹子曰：「何哉，爾所謂達者？」❺子張對曰：「在邦必聞，在家必聞。」鄭曰：「言士之所在，皆能有名譽。」子曰：「是聞也，非達也。夫達也者，❻質直而好義，察言而觀色，慮以下人。馬曰：「常有謙退之志，察言語，觀顔色，❼知其所欲，其念慮常欲以下人。」❽【釋】夫音符，下同。好，呼報反。下，遐嫁反，注同。在邦必達，在家必

---

❶「止」，阮本作「正」。
❷「風」「草」下，正平本都有「也」字。
❸「上」，正平本作「尚」。
❹「矣」，正平本作「也」。
❺「者」下，正平本有「矣」字。
❻「也」字，正平本無。
❼「觀」，正平本作「見」。
❽「念」，阮本作「志」。

達。馬曰：「謙，尊而光，卑而不可踰。」夫聞也者，❶色取仁而行違，居之不疑。馬曰：「此言佞人假仁者之色，❷行之則違，安居其僞而不自疑。」❸【釋】行，下孟反。在邦必聞，在家必聞。」馬曰：「佞人黨多。」【疏】「子張」至「必聞」。正義曰：此章論士行。「子張問士何如斯可謂之達矣」者，士，有德之稱。問士行何如可謂通達也。「子曰何哉，爾所謂達」者，夫子復問子張，何者是汝意所謂達者，❹欲使試言之也。「子張對曰在邦必聞，在家必聞」者，聞謂有名譽，使人呼之也。❺言士有隱行，❻在邦臣於諸侯，必有名聞；在家臣於卿大夫，亦必有名聞。言士之所在皆有名譽，意謂此爲達也。「子曰是聞也，非達也」者，言汝所陳正是名聞之士，非是通達之士也。「夫達也者，質直而好義。察言而觀色，慮以下人」者，此孔子又說達士之行也。❼質，正也。❽爲性正直，所好義事，察人言語，觀人顔色，知其所欲，其念慮常欲以下人，言常有謙退之志也。「在邦必達，在家必達」者，以其謙退，故所在通達也。「夫聞也者，色取仁而行違，居之不疑」者，此言佞人色則假取仁者之色，而行則違之，安居其僞而不自疑也。「在邦必聞，在家必聞」者，言佞人黨多，妄相稱譽，故所在皆有名聞也。注「馬曰謙，尊而光，卑而不可踰」正義曰：此《周易・謙卦・彖辭》也。言尊者有謙而更光明盛大，卑者有謙而不可踰越。引證士有謙德則所在必達也。

樊遲從遊於舞雩之下，包曰：「舞雩之處有壇墠樹木，故下可遊焉。」❾【釋】從，才用反。壇，徒丹反。墠音善。曰：「敢問崇德、脩慝、辨惑。」孔曰：「慝，惡也。脩，治也。治惡爲善。」【釋】慝，他得反。❿子曰：「善哉問。先事後得，非崇德與？孔

❶「也」字，正平本無。
❷「言」下，正平本有「佞人也」三字。
❸「疑」下，正平本有「者也」二字。
❹「汝」，原作「行」，據阮本改。
❺「呼」，阮本作「聞」。
❻「隱」，阮本作「德」。
❼「又」，原作「文」，據阮本改。
❽「質正也」三字，阮本無。
❾「故」下，正平本有「其」字；「焉」作「也」。
❿「他」，元本作「吐」。

曰：「先勞於事，然後得報。」【釋】與音余。攻其惡，無攻人之惡，❶非脩慝與？一朝之忿，亡其身，❷以及其親，非惑與？」【疏】「樊遲」至「惑與」 正義曰：此章言脩身之事也。「樊遲從遊於舞雩之下」者，❸舞雩之處有壇墠樹木，故弟子樊遲隨從孔子遊於其下也。「曰敢問崇德、修慝、辨惑」者，脩，治也。慝，惡也。此樊遲因從行而問孔子。曰：「敢問欲充盛其德、治惡爲善、袪別疑惑，何爲而可也？」「子曰善哉問」者，其問皆脩身之要，故善之。「先事後得，非崇德與」者，言先勞於事，然後得報，是崇德也。「攻其惡，無攻人之惡，非脩慝與」者，攻，治也。言治其己過，無治人之過，是治惡也。「一朝之忿，亡其身，以及其親，非惑與」者，言君子忿則思難，若人有犯己，一朝忿之，不思其難，則忘身也，辱其身則羞其親，❹故曰「以及其親」也。「非惑與」，言是惑也。 注「壇墠」 正義曰：封土爲壇，除地爲墠。言雩壇在所除地中，故連言壇墠。

樊遲問仁。子曰：「愛人。」問知。子曰：「知人。」樊遲未達。子曰：「舉直錯諸枉，能使枉者直。」包曰：「舉正直之人用之，廢置邪枉之人，則皆化爲直。」【釋】錯或作「措」，同，七故反，下同。枉，紆往反。邪，似嗟反。 樊遲退，見子夏。曰：「鄉也吾見於夫子而問知，❺子曰：『舉直錯諸枉，能使枉者直。』何謂也？」子夏曰：「富哉言乎。❻孔曰：「富，盛也。」【釋】鄉，許亮反，又作「曏」，同。見，賢遍反。 舜有天下，選於衆，舉臯陶，不仁者遠矣。湯有天下，選於衆，❼舉伊尹，不仁者遠矣。」孔曰：「言舜、湯有天下，選擇於衆，舉臯陶、伊尹，則不仁者遠矣，仁者至矣。」【疏】「樊遲」至「遠矣」 正義曰：此章明仁知也。「樊遲問仁。子曰愛人」者，言汎愛濟衆

❶「無」，正平本作「毋」。
❷「亡」，阮本作「忘」。
❸「舞雩之下者」五字，阮本無。
❹「羞」，原作「善」，據阮本改。
❺「鄉」，正平本作「嚮」。
❻「哉」下，正平本有「是」字。
❼「於」字，正平本奪。

是仁道也。「問知。子曰知人」者，言知人賢才而舉之，是知也。「樊遲未達。子曰舉直錯諸枉，能使枉者直」者，樊遲未曉達知人之意，故孔子復解之。言舉正直之人而用之，廢置邪枉之人，則皆化爲直，故曰能使枉者直也。「樊遲退，見子夏。曰鄉也吾見於夫子而問知，子曰舉直錯諸枉，能使枉者直。何謂也」者，樊遲雖聞「舉直錯枉」之語。❶猶自未喻，故復問子夏也。「子夏曰富哉言乎」者，子夏聞言即解，故嘆美之。曰：「富盛哉，此言乎。」「舜有天下，選於衆，舉皋陶，不仁者遠矣。湯有天下，選於衆，舉伊尹，不仁者遠矣」者，此子夏爲樊遲說舉直錯枉之事也。言舜湯有天下，選擇於衆，舉用皋陶、伊尹，則不仁者遠矣，仁者至矣，是其能使邪枉者亦化之直也。❷ 【釋】選，息縣反，❸又息轉反，下同。陶音遙。遠如字，又于萬反，下同。

子貢問友。子曰：「忠告而善道之，❹不可則止，❺毋自辱焉。」❻包曰：「忠告，以是非告之，以善道導之，❼不見從則止，必言之，或見辱。」【疏】「子貢問友。子曰忠告而善道之，不可則止，毋自辱焉」 正義曰：此章論友也。言盡其忠，以是非告之，又以善道導之，若不從己則止，而不告不導也。毋得强告導之，以自取困辱焉，以其必言之，或時見辱。【釋】告，古毒反。道，導也。毋音無。

曾子曰：「君子以文會友，孔曰：「友以文德合。」以友輔仁。」孔曰：「友相切磋之道，❽所以輔成己之仁。」【疏】「曾子曰君子以文會友，以友輔仁」 正義曰：此章亦論友。❾言君子之人以文德會合朋友，朋友有相切磋琢磨之道，所以輔成己之仁德也。【釋】磋，七何反。有，今作「友」。道如字。

論語註疏卷第六❿

❶「聞」，阮本誤「問」。
❷「之」，阮本作「爲」。
❸「縣」，元本作「戀」。
❹「而」下，正平本有「以」字，「道」作「導」。
❺「不可」，正平本作「否」。
❻「毋」，正平本作「無」。
❼「道」字，正平本無。
❽「友」下，正平本有「有」字。
❾「亦」，阮本誤「以」。
❿「第」原作「之」，今據全書例改。

論語註疏卷第七

子路第十三

【疏】正義曰：此篇論善人君子爲邦教民，仁政孝弟，中行常德，皆治國修身之要，大意與前篇相類，且回也入室，由也升堂，故以爲次也。

子路問政。子曰：「先之，勞之。」孔曰：「先導之以德，使民信之，然後勞之。《易》曰：『說以使民，民忘其勞。』」❶【釋】勞之，孔如字，鄭力報反。導，本亦作道。說音悦。請益。曰：「無倦。」孔曰：「子路嫌其少，故請益。曰『無倦』者，行此上事無倦則可。」【疏】「子路問政」至「無倦」 正義曰：此章言政先德澤也。「子曰先之勞之」者，言爲政者，先導之以德，使民信之，然後可以政役之事勞之，則民從其令也。「請益」者，子路嫌其少，故更請益之。「曰無倦」者，夫子言行此上事無倦怠則可也。 注「《易》曰：說以使民，民忘其勞。」 正義曰：此《周易·兑卦·彖辭》文也。言先以悦豫撫民，然後使之從事，則民皆竭力，忘其勞苦也。引之以證先之勞之之義也。【釋】無，本亦作毋，音無。倦，其卷反。

仲弓爲季氏宰，問政。子曰：「先有司，王曰：「言爲政當先任有司而後責其事。」赦小過，舉賢才。」曰：「焉知賢才而舉之？」曰：「舉爾所知，爾所不知，人其舍諸？」孔曰：「女所不知者，人將自舉之，各舉其所知，❷則賢才無遺。」【疏】「仲弓」至「舍諸」 正義曰：此章言政在舉賢也。「仲弓爲季氏宰，問政」者，冉雍爲季氏家宰，而問政於夫子也。「子曰先有司，赦小過，舉賢才」者，有司，屬吏也。言爲政當先委任屬吏，各有所司，而後責其成事。赦放小過，寬則得衆也。舉用賢才，使官得其人，野無遺逸，是政之善者也。❸

❶「勞」下，正平本有「之也」二字。
❷「之各舉」三字，阮本無。
❸「者」字，阮本無。

「焉知賢才而舉之」者，❶仲弓聞使舉賢，意言賢才難可偏知，❷故復問曰：「安知其賢才而得舉用之也？」「曰舉爾所知，爾所不知，人其舍諸」者，舍，置也。諸，之也。夫子教之曰：「但舉女之所知，女所不知，人將自舉之，其肯置之而不舉乎？」既各舉其所知，則舉賢才無遺。【釋】焉，於虔反。舍如字，置也。

子路曰：「衛君待子而爲政，子將奚先？」包曰：「問往將何所先行。」子曰：「必也正名乎。」馬曰：「正百事之名。」子路曰：「有是哉，子之迂也。奚其正？」包曰：「迂猶遠也。言孔子之言遠於事。」【釋】迂音于，鄭本作「于」，❸于，往也。子曰：「野哉，由也。孔曰：「野猶不達。」君子於其所不知，蓋闕如也。包曰：「君子於其所不知，當闕而勿據。今由不知正名之義，而謂之迂遠。」名不正則言不順，言不順則事不成，事不成則禮樂不興，禮樂不興則刑罰不中，孔曰：「禮以安上，樂以移風。二者不行，則有淫刑濫罰。」【釋】中，丁仲反，下同。濫，力暫反。刑罰不中則民無所錯手足。❹故君子名之必可言也，言之必可行也。王曰：「所名之事必可得而明言，所言之事必可得而遵行。」【釋】錯，七故反，本又作措。君子於其言，無所苟而已矣。」【疏】「子路」至「已矣」　正義曰：此章論政在正名也。「子路曰衛君待子而爲政，❺子將奚先」者，奚，何也。案《世家》：孔子自楚反乎衛，是時衛君輒父不得立，在外，諸侯數以爲讓，而孔子弟子多仕於衛，衛君欲得孔子爲政，故子路問之曰：「往將何所先行？」❻「子曰必也正名乎」者，言將先正百事之名也。「子路曰有是哉，子之迂也，奚其正」者，迂猶遠也。子路言：「豈有若是哉，夫子之言遠於事也。❼何其正名乎？」「子曰野哉，由也」者，野猶不達也。夫子見子路言迂，故曰：「不達理哉，此仲由

❶「焉」上，阮本有「曰」字。
❷「偏」，阮本誤「徧」。
❸「于」，原作「子」，據元本改。
❹「錯」，正平本作「措」。
❺「政」，阮本誤「正」。
❻「所」，阮本誤「以」。
❼「事」，阮本誤「士」。

也。」「君子於其所不知，蓋闕如也」者，此責子路不知正名之義而便言迂遠也。言君子於其所不知，蓋當闕而勿據。今由不知正名之義，而便謂之迂遠，不亦野哉？「名不正則言不順，言不順則事不成，事不成則禮樂不興，禮樂不興則刑罰不中，刑罰不中則民無所錯手足」者，此孔子更陳正名之理也。夫事以順成，名由言舉。名若不正則言不順序，言不順序則政事不成，政事不成則君不安於上，風不移於下，是禮樂不興行也。禮樂不行則有淫刑濫罰，故不中也。刑罰枉濫，民則蹐地局天，動罹刑網，故無所錯其手足也。「故君子名之必可言也，言之必可行也。君子於其言，無所苟而已矣」者，此又言正名之事非爲苟且也。君子名此事，必使可明言，言此事，必使可遵行。❶君子於其所言無苟且也。若名之不可言，言之不可行，是苟且而言也。

注「孔曰」至「濫罰」　正義曰：云「禮以安上，樂以移風」者，《孝經・廣要道章》文。言禮所以正君臣父子之別，明男女長幼之序，故可以安上化下，風俗移易。❷先入樂聲，變隨人心，正由君德，正之與變，因樂而彰，故可以移風易俗也。云「二者不行，則有淫刑濫罰」者，《禮運》云：「禮者，所以治政安君也。政不正則君位危，君位危則大臣倍、小臣竊。刑肅而俗敝，則法無常。」又《樂記》曰：「五刑不用，百姓無患，天子不怒，如此則樂達矣。」故禮樂二者不行，則刑罰淫濫而不中也。

注「王曰」至「遵行」　正義曰：「所名之事必可得而明言」者，❸若禮，人名不以國，以國則廢名，是不可明言也。云「所言之事必可得而遵行」者，《緇衣》曰：「可言也，不可行，君子弗言也。可行也，不可言，君子弗行也。」熊氏云：「君子賢人可行，不可言作凡人法。若曾子有母之喪，水漿不入於口七日，不可言說以爲法，是不可遵行也。」是以可明言，可遵行，而後君子名言之也。

樊遲請學稼。子曰：「吾不如老農。」請學爲圃。曰：❹「吾不如老圃。」馬曰：「樹五穀曰稼，樹菜蔬曰圃。」樊遲出。子曰：「小人哉，樊須也。上好禮，則民莫敢不敬。上好義，則

❶「使」字，阮本無。
❷「風俗移易」，阮本作「風移俗易」。
❸「所」上，阮本有「云」字，「事」，阮本誤「士」，下「所言之事」同。
❹「曰」上，正平本有「子」字。

民莫敢不服。上好信，則民莫敢不用情。孔曰：「情，情實也。言民化於上，❶各以情應。」❷夫如是，則四方之民襁負其子而至矣，焉用稼。」包曰：「禮義與信足以成德，何用學稼以教民乎？❸負者以器曰襁。」【疏】「樊遲」至「用稼」　正義曰：此章言禮義忠信爲治民之要。「樊遲請學稼」者，樹五穀曰稼。弟子樊須請於夫子，❹學播種之法，欲以教民也。「子曰吾不如老農」者，孔子怒其不學禮義而學稼種，故拒之曰：「稼種之事，吾不如久老之農夫也。」「請學爲圃」者，樹菜蔬曰圃。樊遲又請於夫子學樹蓺菜蔬之法。「曰吾不如老圃」者，亦拒其請也。言樹蓺菜蔬之法，吾不如久老爲圃者。「樊遲出。子曰小人哉，樊須也」者，樊遲既請而出。夫子與諸弟子言曰：「小人哉，此樊須也。」謂其不學禮義而學農圃，故曰小人也。「上好禮則民莫敢不敬，上好義則民莫敢不服，上好信則民莫敢不用情」者，孔子遂言禮義與信可以教民也。禮毋不敬，故上好行禮則民化之，莫敢不敬也。人聞義則服，故上好行義則民莫敢不服也。以信待物，物亦以實應之。故上若好信，則民莫不用其情。情猶情實也。言民於上各以實應也。「夫如是，則四方之民襁負其子而至矣，焉用稼」者，此又言夫禮義與信足以成德化民。如是則四方之民感化自來，❺皆以襁器背負其子而至矣，何用學稼以教民乎？　注「樹五穀曰稼，樹菜蔬曰圃」　正義曰：樹者，種殖之名。五穀者，黍稷麻麥豆也。《周禮注》云「種穀曰稼，如嫁女以有所生也。」《周禮・太宰職》云：「園圃，毓草木。」注云：「樹果蓏曰圃。園，其樊也。」然則園者，外畔藩籬之名。其内之地，種樹菜果則謂之圃。疏則菜也。❻鄭玄《周禮注》云：「百草根實可食者。」《釋文》云：❼「蔬不熟爲饉。」郭璞曰：「凡草菜可食者通名爲蔬。」　注「負者以器曰襁」　正義曰：《博物志》云：「織縷爲之，❽廣八寸，❾長丈二，以約小兒於背。」【釋】夫音符。襁，居丈反，

❶「於」，正平本作「其」。
❷「情」，正平本作「情實」，阮本作「實」。
❸「以」字，正平本無。
❹「請」，阮本誤「謂」。
❺「自」，阮本誤「白」。
❻「疏」，阮本作「蔬」。
❼「釋文」，此乃引《爾雅・釋天》文。
❽「爲」字，阮本無。
❾「寸」，阮本作「尺」。

又作緜，同。《博物志》云「織縷爲之，廣八寸，長丈二，以約小兒於背。」

子曰：「誦《詩》三百，授之以政，不達；使於四方，不能專對。雖多，亦奚以爲？」專猶獨也。【疏】「子曰」至「以爲」　正義曰：此章言人之才學貴於適用，若多學而不能用，則如不學也。誦謂諷誦。《周禮注》云：「倍文曰諷，以聲節之曰誦。」《詩》有《國風》、《雅》、《頌》，凡三百五篇，皆言天子諸侯之政也。古者使適四方，有會同之事，皆賦《詩》以見意。今有人能諷誦《詩》文三百篇之多，若授之以政，使居位治民，而不能通達；使於四方，不能獨對，諷誦雖多，亦何以爲？言無所益也。

【釋】使，所吏反。

子曰：「其身正，不令而行。其身不正，雖令不從。」令，教令也。【疏】「子曰」至「不從」　正義曰：此章言爲政者當以身先也。言上之人，其身若正，不在教令，民自觀化而行之。其身若不正，雖教令滋章，民亦不從也。

子曰：「魯、衛之政，兄弟也。」包曰：「魯，周公之封。衛，康叔之封。周公、康叔既爲兄弟，康叔穆於周公，❶其國之政亦如兄弟。」【疏】「子曰魯、衛之政兄弟也」　正義曰：此章孔子評論魯、衛二國之政相似，如周公、康叔之爲兄弟也。魯，周公之封。衛，康叔之封。周公、康叔既爲兄弟，康叔睦於周公，其國之政亦如兄弟也。

子謂衛公子荆，「善居室，王曰：「荆與蘧瑗、史鰌並爲君子。」【釋】蘧，其居反。瑗，于眷反。鰌音秋。始有，曰『苟合矣』；少有，曰『苟完矣』；富有，曰『苟美矣』。」【疏】「子謂」至「美矣」　正義曰：此章孔子稱謂衛公子荆有君子之德也。「善居室」者，言居家理也。「始有，曰苟合矣」者，家始富有，不言己才能所致，但曰苟且聚合也。「少有，曰苟完矣」者，又少有增多，但曰苟且完全矣。「富有，曰苟美矣」者，富有大備，但曰苟且有此富美耳。終無泰侈之心也。注「王曰荆與蘧瑗、史鰌並爲君子」　正義曰：案，《左傳・襄十九年》：❷「吳公子札來聘。遂適衛，說蘧瑗、史狗、史鰌、公子荆、公叔發、公子朝，曰『衛多君子，未有患也。』」是與蘧瑗、史鰌

---

❶「穆」，阮本作「睦」。

❷「襄十九年」，此乃引《左傳・襄二十九年》文。

並爲君子也。」

子適衛，冉有僕。❶孔曰：「孔子之衛，冉有御。」子曰：「庶矣哉。」孔曰：「庶，衆也。言衛人衆多。」❷冉有曰：「既庶矣，又何加焉？」曰：「富之。」曰：「既富矣，又何加焉？」曰：「教之。」【疏】「子適」至「教之」 正義曰：此章言治民之法也。「子適衛，冉有僕」者，適，之也。孔子之衛，冉有爲僕，以御車也。「子曰庶矣哉」者，庶，衆也。至衛境，見衛人衆多，故孔子嘆美之。「冉有曰既庶矣，又何加焉」者，言民既衆多，復何加益也。「曰富之」者，孔子言當施舍薄斂，使衣食足也。❸「曰既富矣，又何加焉」者，冉有言民既饒足，復何加益之。「曰教之」者，孔子言當教以義方，使知禮節也。

子曰：「苟有用我者，期月而已可也，三年有成。」孔曰：「言誠有用我於政事者，期月而可以行其政教，必三年乃有成功。」【疏】「子曰」至「有成」 正義曰：此章孔子自言爲政之道也。苟，誠也。期月，周月也，謂周一年之十二月也。孔子言誠有用我於政事者，期月而可以行其政教，必滿三年乃有成功也。【釋】期音基。

子曰：「『善人爲邦百年，亦可以勝殘去殺矣。』王曰：「勝殘，殘暴之人使不爲惡也。❹去殺，不用刑殺也。」【釋】勝音升。誠哉是言也。」孔曰：「古有此言，孔子信之。」❺【疏】「子曰」至「言也」 正義曰：此章言善人君子治國，至於百年以來，亦可以勝殘暴之人，使不爲惡，去刑殺而不用矣。「誠哉是言」者，古有此言，孔子信之，故曰「誠哉是言」也。

子曰：「如有王者，必世而後仁。」孔曰：「三十年曰世。如有受命王者，必三十年，仁政乃成。」【疏】「子曰」至「後仁」 正義曰：三十年曰世。此章言如有受天命而王天下者，必三十年，仁政乃成也。【釋】王，于況反，又如字。

子曰：「苟正其身矣，於從政乎何有？

---

❶「有」，正平本作「子」。
❷「人」，正平本作「民」。
❸「使」下，阮本有「之」字。
❹「殘暴」上，正平本有「勝」字。
❺「孔子信之」，正平本作「故孔子信也」。

不能正其身，如正人何？」【疏】「子曰」至「人何」 正義曰：此章言政者，正也。欲正於人，❶在先正其身也。苟，誠也。誠能自正其身，則於從政乎何有？言不難也。若自不能正其身，則雖令不從，如正人何？言必不能正人也。

冉子退朝。周曰：「謂罷朝於魯君。」【釋】朝，直遙反。鄭云「季氏朝」。子曰：「何晏也？」對曰：「有政。」馬曰：「政者，有所改更匡正。」【釋】晏，於諫反。子曰：「其事也。馬曰：「事者，凡行常事。」❷如有政，雖不吾以，吾其與聞之。」馬曰：「如有政，非常之事，我爲大夫，雖不見任用，必當與聞之。」【疏】「冉子」至「聞之」 正義曰：此章明政、事之別也。「冉子退朝」者，時冉有臣於季氏。朝廷曰退，謂罷朝於魯君也。「子曰何晏也」者，晏，晚也。孔子訝其退朝晚，故問之。「對曰有政」者，冉子言有所改更匡正之政，故退晚也。「子曰其事也。如有政，雖不吾以，吾其與聞之」者，孔子言女之所謂政者，但凡行常事耳。設如有大政，非常之事，我爲大夫，雖不見任用，必當與聞之也。 注「周曰謂罷朝於魯君」 正義曰：周氏以爲夫子云「雖不吾以，吾其與聞」皆論君朝之事，❸故云「罷朝於魯君」。鄭玄以冉有臣於季氏，故以朝爲季氏之朝。《少儀》云「朝廷曰退」，謂於朝廷之中，若欲散還則稱曰退。以近君爲進，還私遠君稱退，故此退朝謂罷朝也。❹ 注「馬曰事者，凡行常事」 正義曰：案，昭二十五年《左傳》曰：「爲政事、庸力、行務以從四時。」杜預曰：「在君爲政，在臣爲事。」杜意據此文，時冉子仕於季氏，稱季氏有政，孔子謂之爲事。是在君爲政，在臣爲事也。何晏以爲，❺仲尼稱孝友是亦爲政，明其政、事通言，但隨事大小異其名耳。故不同鄭、杜之說，而取周、馬之言，以朝爲魯君之朝，以事爲君之凡行常事也。

【釋】與音預。

定公問：「一言而可以興邦，有諸？」孔子對曰：「言不可以若是，其幾也。王曰：「以

❶「於」，阮本作「他」。
❷「凡行常事」，正平本作「凡所行常事也」。
❸「君」，阮本誤「若」。
❹「稱退故」，阮本作「爲退朝」。
❺「以」，阮本誤「曰」。

其大要，一言不能正興國。幾，近也。有近一言可以興國。」❶人之言曰『爲君難，爲臣不易』，如知爲君之難也，不幾乎一言而興邦乎？」孔曰：「事不可以一言而成，❷如知此則可近也。」【釋】易，以豉反。曰：「一言而喪邦，❸有諸？」孔子對曰：「言不可以若是，其幾也。人之言曰『予無樂乎爲君，唯其言而莫予違也』❹，孔曰：「言無樂於爲君，所樂者唯樂其言而不見違。」【釋】喪，息浪反。樂音洛。如其善而莫之違也，不亦善乎？如不善而莫之違也，不幾乎一言而喪邦乎？」孔曰：「人君所言善，無違之者，則善也。所言不善，❺而無敢違之者，則近一言而喪國。」【疏】「定公」至「邦乎」　正義曰：此章言爲君之道也。「定公問一言而可以興邦，有諸」者，魯君定公問於孔子爲君之道，有一言善而可以興其國，有之乎？「孔子對曰言不可以若是，其幾也」者，幾，近也。孔子以其大要一言不能正興國，故云「言不可以若是」。有近一言可以興國者，故云「其幾也」。「人之言曰，爲君難，爲臣不易，如知爲君之難也，不幾乎一言而興邦乎」者，此孔子稱其近興國之一言也。事不可以一言而成，如人君知此爲君難，此則可近也。「曰一言而喪邦，有諸」者，定公又問曰：「人君一言不善而致亡國，有之乎？」「孔子對曰言不可以若是，其幾也」者，亦言有近一言可以亡國也。「人之言曰，予無樂乎爲君，唯其言而莫予違也」者，此舉近亡國之一言也。言我無樂於爲君，所樂者唯樂其言而不見違也。「如其善而莫之違也，不亦善乎？如不善而莫之違也，不幾乎一言而喪邦乎」者，此孔子又評其理。言人君所言善，❻無違之者，則善也。所言不善，而無敢違之者，則近一言而亡國也。

葉公問政。子曰：「近者說，遠者來。」

【疏】「葉公」至「者來」　正義曰：此章楚葉縣公問爲政之法於孔子也。子曰：「當施惠於近者，使之喜說，則遠者

❶「以」字，正平本無。
❷「以」字，正平本無。
❸「而」下，正平本有「可」字。
❹「而」下，正平本有「樂」字。
❺「所」上，正平本有「其」字。
❻「人」，阮本誤「入」。

當慕化而來也。」

子夏爲莒父宰，問政。鄭曰：「舊說云：❶莒父，魯下邑。」子曰：「無欲速，無見小利。❷欲速則不達，見小利則大事不成。」孔曰：「事不可以速成，而欲其速則不達矣。小利妨大，❸則大事不成。」【疏】「子夏」至「不成」 正義曰：此章弟子子夏爲魯下邑莒父之宰，問爲政之法於夫子也。「子曰無欲速，無見小利」者，言事有程期，無欲速成，當存大體，無見小利也。「欲速則不達，見小利則大事不成」者，此又言其欲速、見小利害政之意。若事不可以速成者而欲其速，則其事不達矣。務見小利而行之，則妨大政，故大事不成也。

葉公語孔子曰：「吾黨有直躬者，孔曰：「直躬，直身而行。」【釋】語，魚據反。躬，鄭本作「弓」，云「直人名弓」。其父攘羊而子證之。」周曰：「有因而盜曰攘。」【釋】攘，如羊反。孔子曰：「吾黨之直者異於是。父爲子隱，子爲父隱，直在其中矣。」【疏】「葉公」至「中矣」 正義曰：此章明爲直之禮也。「葉公語孔子曰吾黨有直躬者」，躬，身也。言吾鄉黨中有直身而行者。「其父攘羊而子證之」者，此所直行之事也。有因而盜曰攘。言因羊來入己家，父即取之，而子言於失羊之主，證父之盜。葉公以此子爲直行而誇於孔子也。「孔子曰吾黨之直者異於是。父爲子隱，子爲父隱，直在其中矣」者，孔子言此以拒葉公也。言吾黨之直者異於此證父之直也。子苟有過，父爲隱之，則慈也。父苟有過，子爲隱之，則孝也。孝慈則忠，忠則直也。故曰「直在其中矣」。今《律》大功以上得相容隱，告言父祖者入十惡，則典禮亦爾。而葉公以證父爲直者，江熙云：「葉公見聖人之訓，動有隱諱，故舉直躬，欲以此言毁訾儒教，抗衡中國。夫子答之，辭正而義切，荊蠻之豪喪其誇矣。」【釋】爲，于僞反。

樊遲問仁。子曰：「居處恭，執事敬，與人忠。雖之夷狄，不可棄也。」包曰：「雖之夷狄無禮義之處，猶不可棄去而不行。」【疏】「樊遲」至「棄也」 正義曰：此章明仁者之行也。弟子樊遲問仁於孔子。

❶「云」，正平本作「曰」。
❷二「無」字，正平本均作「毋」。
❸「小利妨大」，正平本作「見小利妨大事」。

「子曰居處恭，執事敬，與人忠，雖之夷狄，不可棄也」者，言凡人居處多放恣，執事則懈惰，與人交則不盡忠。在仁者，居處恭謹，❶執事敬慎，忠以與人也。此恭敬及忠，雖之適夷狄無禮義之處，亦不可棄而不行也。

子貢問曰：「何如斯可謂之士矣？」子曰：「行己有恥，孔曰：「有恥者，❷有所不爲。」使於四方，不辱君命，可謂士矣。」曰：「敢問其次。」曰：「宗族稱孝焉，鄉黨稱弟焉。」❸曰：「敢問其次。」曰：「言必信，行必果，硜硜然小人哉。❹抑亦可以爲次矣。」鄭曰：「行必果，所欲行必果敢爲之。❺硜硜者，小人之貌也。抑亦其次，言可以爲次。」【釋】使，所吏反。弟，亦作悌，同，大計反。行，下孟反，注同。硜，苦耕反。曰：「今之從政者何如？」子曰：「噫！斗筲之人，何足算也？」鄭曰：「噫，心不平之聲。筲，竹器，容斗二升。❻算，數也。」【疏】「子貢」至「算也」❼正義曰：此章明士行也。「子貢問曰何如斯可謂之士矣」者，士，有德之稱。故子貢問於孔子曰：「其行何如此可謂之士也？」❽「子曰行己有恥，使於四方，不辱君命，可謂士矣」者，此答士之高行也。言行己之道，若有不善，恥而不爲；爲臣奉命出使，能遭時制宜，不辱君命。有此二行，可謂士矣。「曰敢問其次」者，子貢復問士之爲行次於此二者云何。❾「曰宗族稱孝焉，鄉黨稱弟焉」者，❿此孔子復爲言其士行之次也。宗族，同宗族屬也。善父母爲孝，⓫宗族内親，見其孝而稱之。善事長上爲弟，鄉黨差遠，見其弟而稱之也。「曰敢問其次」者，子貢又問更有何行可次於此也。「曰言必信，行必果，硜硜然小人哉。抑亦可以爲次矣」者，孔子又爲言其次也。若人

❶「在」，阮本作「唯」。
❷「者」字，正平本無。
❸「弟」，正平本作「悌」。
❹「哉」，正平本作「也」。
❺「果」字，正平本無。
❻「升」下，正平本有「者也」二字。
❼「貢」，原作「曰」，據阮本改。
❽「此可謂之士也」，阮本作「斯可謂之士矣」。
❾「次於」，阮本誤「於次」。
❿「者」字，阮本奪。
⓫「善」下，阮本有「事」字。

不能信以行義，而言必執信。行不能相時度宜，所欲行者，必果敢爲之。硜硜者，❶小人之貌也。言此二行雖非君子所爲，乃硜硜然小人耳。抑，辭也。抑亦其次，言可以爲次也。「曰今之從政者何如」者，子貢復問今之從政之士其行何如也。「子曰噫！斗筲之人，何足算也」者，噫，心不平之聲。斗，量名，容十升。筲，竹器，容斗二升。算，數也。孔子見時從政者皆無士行，唯小器耳，故心不平之，而曰：「噫！今斗筲小器之人，何足數也？」言不足數，故不述其行。【釋】噫，於其反。筲，所交反。算，悉亂反，本或作筭。數，色主反。

子曰：「不得中行而與之，必也狂狷乎。包曰：「中行，行能得其中者。言不得中行，則欲得狂狷者。」❷【釋】狷音絹。狂者進取，狷者有所不爲也。」包曰：「狂者進取於善道，狷者守節無爲。欲得此二人者，以時多進退，取其常一。」❸【疏】「子曰」至「爲也」 正義曰：此章孔子疾時人不純一也。「子曰不得中行而與之，必也狂狷乎」者，中行，行能得其中者也。言既不得中行之人而與之同處，必也得狂狷之人可也。「狂者進取，狷者有所不爲」者，此說狂狷之行也。狂者進取於善道，知進而不知退。狷者守節無爲，應進而退也。二者俱不得中而性常一，欲得此二人者，以時多進退，取其常一也。

子曰：「南人有言曰：『人而無恆，不可以作巫醫。』孔曰：「南人，南國之人。」鄭曰：「言巫醫不能治無恆之人。」【釋】醫，於其反。善夫。」包曰：「善南人之言也。」【釋】夫音符。「不恆其德，或承之羞。」孔曰：「此《易·恆卦》之辭。言德無常則羞辱承之。」子曰：「不占而已矣。」鄭曰：「《易》所以占吉凶。無常之人，《易》所不占。」【疏】「子曰」至「已矣」 正義曰：此章疾性行無常之人也。「子曰南人有言曰人而無恆，不可以作巫醫」者，南人，南國之人也。巫主接神除邪，醫主療病。南國之人嘗有言曰：「人而性行無常，不可以爲巫醫。」言巫醫不能治無常之人也。「善夫」者，孔子善南人之言有徵也。「不恆其德，或承之羞」者，此《易·恆卦》之辭。孔子引之，言德無常則羞辱承之也。「子曰不占而

❶「硜硜」下，阮本有「然」字。
❷「者」，正平本作「也」。
❸「常一」，正平本、阮本作「恒一」，下同。

已」者，孔子既引《易》文，❶又言夫《易》所以占吉凶，無恒之人，《易》所不占也。　注「孔曰」至「承之」　正義曰：云「此《易·恒卦》之辭」者，謂此經所言是《易·恒卦》九三爻辭也。王弼云：「處三陽之中，居下體之上，處上體之下。上不全尊，下不全卑，中不在體，體在乎恒，而分無所定，無恒者也。德行無恒，自相違錯，不可致詰，故或承之羞也。」

子曰：「君子和而不同，小人同而不和。」君子心和，然其所見各異，故曰不同。小人所嗜好者同，然各爭利，❷故曰不和。　【疏】「子曰」至「不和」　正義曰：此章别君子小人志行不同之事也。君子心和，然其所見各異，故曰不同。小人所嗜好者則同，然各爭利，故曰不和。【釋】嗜，常志反。好，呼報反。

子貢問曰：「鄉人皆好之，何如？」子曰：「未可也。」「鄉人皆惡之，何如？」子曰：「未可也。不如鄉人之善者好之，其不善者惡之。」❸孔曰：「善人善己，惡人惡己，是善善明，是惡惡著。」❹【疏】「子貢」至「惡之」　正義曰：此章别好惡。「子貢問曰鄉人皆好之，何如」者，言有一人爲一鄉之所愛好，此人何如，可謂善人乎？「子曰未可也」者，言未可爲善。或一鄉皆惡，此人與之同黨，故爲衆所稱，是以未可。「鄉人皆惡之，何如」者，此子貢又問夫子，説鄉人皆好未可爲善，❺若鄉人衆共憎惡此人，何如，可謂善人乎？「子曰未可也」者，言亦未可爲善。或一鄉皆善，此人獨惡，故爲衆所疾，❻是以未可。「不如鄉人之善者好之，其不善者惡之」者，孔子既皆不可其問，自爲說其善人也。言鄉之善人善之，惡人惡之，真善人也。　注「孔曰」至「惡著」　正義曰：言鄉人皆好之，是善善不明；鄉人皆惡之，是惡惡不著；若鄉人之善者善之，惡者惡之，則是善善分明、惡惡顯著也。【釋】惡，烏路反，注及下同。

子曰：「君子易事而難說也。孔曰：「不責備於一人，故易事。」【釋】易，以豉反，下同。說音悦，下

---

❶「引」，阮本作「言」。
❷「爭」下，正平本有「其」字。
❸「之」下，正平本有「也」字。
❹「是」字，阮本無。
❺「説」，阮本作「既」。
❻「疾」，阮本作「嫉」。

同。說之不以道，不說也。及其使人也，器之。❶孔曰：「度才而官之。」❷【釋】度，徒洛反。小人難事而易說也。說之雖不以道，說也。及其使人也，求備焉。」【疏】「子曰」至「備焉」 正義曰：此章論君子小人不同之事也。「子曰君子易事而難說也」者，言君子不責備於一人，故易事。不受妄說，故難說也。「說之不以道，不說也。及其使人也，器之」者，此覆明難說易事之理。言君子有正德，若人說己不以道而妄說，則不喜說也，是以難說。度人才器而官之，不責備，故易事。「小人難事而易說也」者，小人反君子故也。「說之雖不以道，說也。及其使人也，求備焉」者，此覆明易說難事之理。以小人爲人說媚，雖不以道而妄說之，亦喜說，故易說也。及其使人也，責備於一人焉，故難事也。

子曰：「君子泰而不驕，小人驕而不泰。」君子自縱泰，似驕而不驕。小人拘忌，而實自驕矜。【疏】「子曰」至「不泰」 正義曰：此章論君子小人禮貌不同之事也。君子自縱泰，似驕而實不驕。小人實自驕矜，而强自拘忌，不能寬泰也。

子曰：「剛、毅、木、訥近仁。」王曰：「剛，無欲；毅，果敢；木，質樸；訥，遲鈍。有斯四者，❸近於仁。」【疏】「子曰剛毅木訥近仁」 正義曰：此章言有此四者之性行近於仁道也。仁者靜，剛無欲亦靜，故剛近仁也。仁者必有勇，毅者果敢，故毅近仁也。仁者不尚華飾，木者質樸，故木近仁也。仁者其言也訒，訥者遲鈍，故訥近仁也。【釋】毅，魚既反。訥，奴忽反。樸，普剝反。鈍，徒頓反。

子路問曰：「何如斯可謂之士矣？」子曰：「切切偲偲，怡怡如也，可謂士矣。朋友切切偲偲，兄弟怡怡。」❹馬曰：「切切偲偲，相切責之貌。怡怡，和順之貌。」【疏】「子路」至「怡怡」 正義曰：此章明士行也。❺「子路問曰何如斯可謂之士矣」者，問士之行何如也。「子曰切切偲偲，怡怡如也，可謂士矣」者，此答士行也。「朋友切切偲偲，兄弟怡怡」者，此覆明其

❶「之」，正平本作「也」。
❷「官之」，正平本作「任官也」。
❸「斯」，正平本作「此」。
❹「怡怡」下，正平本有「如也」二字。
❺「明」，阮本誤「問」。

所施也。切切偲偲，相切責之貌。朋友以道義切瑳琢磨，故施於朋友也。怡怡，和順之貌。兄弟天倫，當相友恭，故怡怡施於兄弟也。【釋】偲音絲，本又作愢。怡，以之反。

子曰：「善人教民七年，亦可以即戎矣。」包曰：「即，就也。戎，兵也。❶可以攻戰。」❷【疏】「子曰」至「戎矣」　正義曰：此章言善人爲政之法也。善人謂君子也。即，就也。戎，兵也。言君子爲政教民，至於七年，使民知禮義與信，亦可以就兵戎攻戰之事也。言七年者，夫子以意言之耳。

子曰：「以不教民戰，是謂棄之。」馬曰：「言用不習之民，使之攻戰，❸必破敗，是謂棄之。」【疏】「子曰」至「棄之」　正義曰：此章言用不習之民，使之攻戰，必致破敗，是謂棄之，若棄擲也。

憲問第十四

【疏】正義曰：此篇論三王二霸之跡，諸侯大夫之行，爲仁知恥，脩己安民，皆政之大節也，故以類相聚，次於問政也。

憲問恥。子曰：「邦有道，穀。孔曰：「穀，禄也。邦有道，當食禄。」❹邦無道，穀，恥也。」孔曰：「君無道而在其朝，食其禄，是恥辱。」【釋】朝，直遥反，本亦作「在朝」。「克、伐、怨、欲不行焉，❺可以爲仁矣？」馬曰：「克，好勝人。伐，自伐其功。怨，忌小怨。欲，貪欲也。」【釋】好，呼報反。子曰：「可以爲難矣，仁則吾不知也。」包曰：「四者行之難，❻未足以爲仁。」【疏】「憲問恥」至「知也」　正義曰：此章明恥辱及仁德也。憲謂弟子原憲，問於夫子曰：「人之行何爲可恥辱也？」「子曰邦有道，穀。邦無道，穀，恥

❶「即就也戎兵也」，正平本作「即戎就兵」。
❷「可」，阮本作「言」。
❸「攻」字，正平本無。
❹「食」下，正平本有「其」字。
❺「克伐」至「知也」，正平本另爲一章；「克」，正平本作「剋」，注同。
❻「四」上，正平本有「此」字。「難」下，正平本有「者」字。

也」者，穀，祿也。孔子答，言「邦有道，當食祿。君無道而在其朝，食其祿，是恥辱也。」「克伐怨欲不行焉，可以爲仁矣」者，克，好勝人也。伐，自伐其功也。怨，忌小怨也。欲，貪欲也。原憲復問，曰「若此四者不行焉，可以爲仁人矣乎？」「子曰可以爲難矣，仁則吾不知也」者，孔子答，言「不行四者，可以爲難，未足以爲仁也」。注「馬曰」至「欲也」正義曰：云「克，好勝人」者，克訓勝也。《左傳》僖九年，秦伯將納晉惠公，謂其大夫公孫枝曰：「夷吾其定乎？」對曰：「言多忌克，難哉。」公曰：「忌則多怨，又焉能克。」杜預曰：「其言雖多忌，適足以自害，不能勝人也。」是克爲好勝人也。云「伐，自伐其功」者，《書》曰「汝惟不伐，天下莫與汝爭功」，《老子》曰「自伐者無功」，言人有功，誇示之，則人不與，乃無功也。是伐去其功，若伐去樹木然，故經傳謂誇功爲伐，謂自伐其功也。【釋】行，下孟反，一如字。

子曰：「士而懷居，不足以爲士矣。」士當志道，不求安，而懷其居，非士也。【疏】「子曰」至「士矣」正義曰：此章言士當志於道，不求安居，而懷安其居，則非士也。

子曰：「邦有道，危言危行；包曰：「危，厲也。邦有道，可以厲言行。」邦無道，危行言孫。」❶孫，順也。厲行不隨俗，順言以遠害。【疏】「子曰」至「言孫」正義曰：此章教人言行之法也。危，厲也。孫，順也。言邦有道可以厲言行，邦無道則厲其行，不隨汙俗，順言辭，以避當時之害也。【釋】孫音遜。遠，于萬反。

子曰：「有德者必有言，德不可以億中，❷故必有言。有言者不必有德。仁者必有勇，勇者不必有仁。」【疏】「子曰」至「有仁」正義曰：此章論有德有仁者之行也。❸「子曰有德者必有言」者，德不可以無言億中，故必有言也。「有言者不必有德」者，辯佞口給，不必有德也。「仁者必有勇」者，見危授命，殺身以成仁，是必有勇也。「勇者不必有仁」者，若暴虎馮河之勇，不必有仁也。

南宮适孔曰：「适，南宮敬叔，魯大夫。」【釋】适，

❶「孫」，正平本作「遜」，注同。
❷「億」，正平本作「憶」。
❸「論」，阮本作「言」。

古活反，本又作「括」。問於孔子曰：「羿善射，奡盪舟，孔曰：「羿，有窮國之君，❶篡夏后相之位，其臣寒浞殺之，因其室而生奡。奡多力，能陸地行舟，爲夏后少康所殺。」【釋】羿音詣。奡，五報反。盪，吐浪反。篡，初患反。相，息亮反。浞，仕捉反。少，詩照反。俱不得其死然。孔曰：「此二子者，皆不得以壽終。」禹、稷躬稼而有天下。」夫子不答。馬曰：「禹盡力於溝洫，稷播百穀，❷故曰『躬稼』。禹及其身，稷及後世，皆王。适意欲以禹、稷比孔子。孔子謙，故不答也。」【釋】盡，津忍反。洫，呼域反。❸王，于況反。南宮适出。子曰：「君子哉若人。尚德哉若人。」孔曰：「賤不義而貴有德，故曰君子。」【疏】「南宮适」至「若人」 正義曰：此章賤不義而貴有德也。南宮适者，魯大夫南宮敬叔也。「問於孔子曰羿善射，奡盪舟，俱不得其死然。禹、稷躬稼而有天下」者，羿，有窮國之君，以其善射，篡夏后相之位，其臣寒浞殺之。奡，寒浞之子，多力。盪，推也，能陸地推舟而行，爲夏后少康所殺。「然」猶「焉」也。此二子者，皆不得其壽終而死焉。禹盡力於溝洫，洪水既除，烝民乃粒；稷，后稷也，名棄，周之始祖，播種百穀，皆以身親稼穡，故曰「禹、稷躬稼」也。禹受舜社，❹稷及後世，❺至文、武皆王天下，故曰「而有天下」也。「夫子不答」者，适意欲以禹、稷比孔子。孔子謙，故不答也。「南宮适出」者，既問而退也。「子曰君子哉若人，尚德哉若人」者，以其賤奡、羿之不義，貴禹、稷之有德，故美之。曰「君子哉若此人也，尚德哉若此人也。」 注「孔曰适，南宮敬叔，魯大夫」 正義曰：此即南宮縚也，字子容。鄭注《檀弓》云「敬叔，魯孟僖子之子仲孫閲」是也。 注「孔曰」至「所殺」 正義曰：云「羿，有窮國之君」者，羿居窮石之地，故以「窮」爲國號，以「有」配之，猶言「有周」、「有夏」也。窮國之君曰羿，羿是有窮君之名號也。孔注《尚書》云「羿，諸侯名」，杜注《左傳》云「羿，有窮君之號」，則與孔不同也。《說文》云：「羿，帝嚳射官也。」賈逵云：「羿之先祖世爲先王射官，故帝嚳賜

❶「國」字，正平本無。

❷「播」下，正平本有「殖」字。

❸「呼」，元本作「况」。

❹「社」，阮本作「禪」。

❺「後」，阮本作「后」。

羿弓矢，使司射。」《淮南子》云：「堯時十日並生，堯使羿射九日而落之。」《楚辭・天問》云：「羿焉彈日，烏解羽。」《歸藏易》亦云「羿彈十日」。《說文》云：「彈者，射也。」此三者言雖不經，難以取信，要言帝嚳時有羿，堯時亦有羿，則羿是善射之號，非復人之名字。信如彼言，則不知此羿名爲何也。云「簒夏后相之位」者，襄四年《左傳》曰：「昔有夏之方衰也，后羿自鉏遷於窮石，因夏民以代夏政。」杜注云「禹孫太康淫放失國，夏人立其弟仲康。仲康亦微弱。仲康卒，子相立。羿遂代相，號曰有窮」是也。云「其臣寒浞殺之，因其室而生奡」者，《傳》又曰「寒浞，伯明氏之讒子弟也。伯明后寒棄之，夷羿收之，信而使之，以爲己相。浞行媚于内而施賂于外，愚弄其民而虞羿于田，樹之詐慝，以取其國家，内外咸服。羿猶不悛，將歸自田，家衆殺而享之。❶浞因羿室，生澆及豷」是也。澆即奡也，聲轉字異，故彼此不同。云「奡多力，能陸地行舟」者，以此文云「奡盪舟」，盪訓推也，故知多力，能陸地推舟而行也。云「爲夏后少康所殺」者，哀元年《左傳》曰「昔有過澆，殺斟灌以伐斟鄩，滅夏后相。后緡方娠，逃出自竇，歸于有仍，生少康焉。爲仍牧正，惎澆能戒之。❷澆使椒求之，逃奔有虞，爲之庖正，❸以除其害。虞思於是妻之以二姚，而邑諸綸，有田一成，有衆一旅。能布其德，而兆其謀，以收夏衆，撫其官職，使女艾諜澆，使季杼誘豷，遂滅過、戈，復禹之績」是也。過，澆國。戈，❹豷國。如彼《傳》文，當是羿逐出后相，乃自立爲天子，相依斟灌、斟鄩，夏祚權尚未滅，❺蓋與羿並稱之也。❻及寒浞殺羿，因羿室而生澆，澆已長大，自能用師，始滅后相。相死之後，始生少康，少康生杼，杼又年長，已堪誘豷，方始滅浞而立少康。計太康失邦及少康紹國，向有百載，乃滅有窮，而《夏本紀》云「仲康崩，子相立。相崩，子少康立」，都不言羿、浞之事，是馬遷之踈也。注「馬曰」至「答也」　正義曰：云「禹盡力於溝洫」者，《泰伯》篇文。云「稷播百穀」者，《舜典》文也。又《益稷》云「暨稷播，奏庶艱食鮮食，懋遷有無化居，烝民乃粒」，故揔曰「躬稼」。云「禹及其身，稷及後世，皆王」者，禹受舜禪，是及身也；稷

❶「享」，阮本作「亨」。
❷「惎」，阮本誤作「其心」。
❸「庖」，阮本誤作「苞」。
❹「戈」，原作「戊」，據阮本改。
❺「權」，阮本作「猶」。
❻「之」，阮本作「王」。

後十五世，❶至文王受命，武王誅紂，❷是及後世也，皆王有天下而爲王也。云「适意欲以禹、稷比孔子」者，言孔子勤行道德，亦當王有天下也。孔子持謙，不敢以己比於禹、稷，故不答其言也。

子曰：「君子而不仁者有矣夫，未有小人而仁者也。」孔曰：「雖曰君子，猶未能備。」【疏】「子曰」至「者也」 正義曰：此章言仁道難備也。雖曰君子，猶未能備，而有時不仁也。若管仲九合諸侯，不以兵車，可謂仁矣，而鏤簋朱紘，山節藻棁，是不仁也。小人性不及仁道，故未有仁者。【釋】夫音符。

子曰：「愛之，能勿勞乎？忠焉，能勿誨乎？」孔曰：「言人有所愛，必欲勞來之。有所忠，必欲教誨之。」【疏】「子曰」至「誨乎」 正義曰：此章論忠愛之心也。言人有所愛，必欲勞來之。有所忠，必欲教誨之也。【釋】勞，力報反，注同。來，力代反。

子曰：「爲命，裨諶草創之，❸孔曰：「裨諶，鄭大夫氏名也。❹謀於野則獲，於國則否。❺鄭國將有諸侯之事，❻則使乘車以適野，而謀作盟會之辭。」【釋】裨，婢支反。❼諶，時針反。創，初向反，制也。依《說文》此是「創瘍」字，「創制」之字當作「刱」。乘，繩證反。「乘以」，本今作「乘車以」。世叔討論之，行人子羽修飾之，❽東里子產潤色之。」馬曰：「世叔，鄭大夫游吉也。討，治也。裨諶既造謀，世叔復治而論之，詳而審之。行人，掌使之官。子羽，公孫揮。子產居東里，因以爲號。更此四賢而成，故鮮有敗事。」【疏】「子曰」至「色之」 正義曰：此章迹鄭國大夫之善也。❾「子曰爲命，裨諶草創之」者，裨諶，鄭大夫也。命謂政命，盟會之辭也。言鄭國將有諸侯之事，作盟會政命之辭，則使裨諶適草野以創制之。「世叔討論之」者，世叔即子大叔，鄭大夫游吉也。討，治也。裨諶既造謀，世叔復治而論之，詳而審之也。「行人

❶「後」，阮本作「后」。
❷「紂」，阮本誤「討」。
❸「裨」，正平本作「卑」，注同。
❹「氏」字，正平本無。
❺「於」上，正平本有「謀」字。
❻「事」，阮本作「辭」。
❼「支」，元本作「之」。
❽「之」字，正平本無。
❾「迹」，阮校作「述」。

子羽修飾之」者，行人，掌使之官。子羽，公孫揮，亦鄭大夫也。世叔既討論，復令公孫揮修飾之也。「東里子產潤色之」者，東里，鄭城中里名。子產居東里，因以爲號。修飾潤色，皆謂增修，使華美也。既更此四賢而成，故鮮有敗事也。　注「孔曰」至「之辭」　正義曰：云「謀於野則獲，於國則否」者，襄三十一年《左傳》云，此下注皆出於彼。❶案彼《傳》云「子產之從政也，擇能而使之。馮簡子能斷大事，子大叔美秀而文，公孫揮知四國之爲，❷而辯於其大夫之族姓、班位、貴賤、能否，❸而又善爲辭令，裨諶能謀，謀於野則獲，謀於邑則否。鄭國將有諸侯之事，子產問四國之爲於子羽，且使多爲辭令，與裨諶乘以適野，使謀可否，而告馮簡子使斷之。事成，乃授子太叔，使行之，以應對賓客，是以鮮有敗事」是也。　注「馬曰」至「敗事」　正義曰：云「行人，掌使之官」者，❹《周禮·秋官》有大行人、小行人，皆大夫也，掌諸侯朝覲、宗廟、會同之禮儀及時聘問問之事。❺則諸侯之行人亦然，故云「掌使之官」，謂掌其爲使之官也。

【釋】復，扶又反。使，所吏反。揮，許歸反。更，古衡反。鮮，仙善反。

或問子產。子曰：「惠人也。」孔曰：「惠，愛也。子產，古之遺愛。」問子西。曰：「彼哉。彼哉。」馬曰：「子西，鄭大夫。彼哉彼哉，言無足稱。」或曰「楚令尹子西」。問管仲。曰：「人也。猶《詩》言「所謂伊人」。奪伯氏駢邑三百，飯疏食，❻沒齒無怨言。」孔曰：「伯氏，齊大夫。駢邑，地名。齒，年也。伯氏食邑三百家，管仲奪之，使至疏食，而沒齒無怨言，以其當理故。」❼【疏】「或問」至「怨言」　正義曰：此章歷評子產、子西、管仲之爲人也。「或問子產」者，或人問於夫子曰：「鄭大夫子產何如人也？」「子曰惠人也」者，惠，愛也。言子產仁恩被物，愛人之人也。「問子西」者，或人又問鄭大夫子西之行。「曰彼哉彼哉」者，彼指子西也。言「如彼人哉，如彼人哉」，無足可稱也。「問管仲」者，或人

❶「云」，阮本作「文」，「此」下有「及」字，「彼」作「此」。
❷「揮」下，阮本有「能」字。
❸「辯」，阮本作「辨」，無「其」字。
❹「者」，原作「皆」，據阮本改。
❺「廟」，原作「遇」，据阮本改。
❻「疏」，正平本作「蔬」，注同。
❼「故」，阮本作「也」。

又問齊大夫管夷吾也。「曰人也。奪伯氏駢邑三百，飯疏食，没齒無怨言」者，此答言管仲是當理之人也。指管仲，❶猶云此人也。伯氏，齊大夫。❷駢邑，地名。没謂終没。❸齒，年也。伯氏食邑於駢，凡三百家，❹管仲奪之，使貧，但飯疏食，至於終年，亦無怨言，以其管仲當理故也。　注「孔曰」至「遺愛」　正義曰：「惠，愛」，《釋詁》文。云「子產，古之遺愛」也，❺昭二十年《左傳》曰：「子產卒。仲尼聞之，出涕。曰『古之遺愛也』。」杜注云：「子產見愛，有古人之遺風。」　注「馬曰」至「子西」❻　正義曰：云「子西，鄭大夫」者，案，《左傳》子駟之子公孫夏也。「或曰楚令尹子西」者，案，《左傳》公子申也，代囊瓦爲令尹，爲白公勝所殺者也。　注「猶《詩》言『所謂伊人』」　正義曰：《詩・秦風・蒹葭》文也。❼毛《傳》云：「伊，維也。」鄭《箋》云：「『伊』當作『繄』，『繄』猶『是』也，『伊人』若言『是人』也。」【釋】駢，薄田反，又薄亭反。飯，扶晚反。疏，本又作「蔬」，所居反。食如字，又音嗣，注疏食同。當，丁浪反。

子曰：「貧而無怨難，富而無驕易。」

【疏】「子曰」至「驕易」　正義曰：此章言人之貧乏多所怨恨，而無怨爲難。江熙云：「顔原無怨，❽不可及也。」人若豐富，好生驕逸，而無驕爲易。江熙云：「子貢不驕，猶可能也。」

子曰：「孟公綽爲趙、魏老則優，不可以爲滕、薛大夫。」❾孔曰：「公綽，魯大夫。趙、魏皆晉卿。家臣稱老。公綽性寡欲，趙、魏貪賢，家老無職故優。滕、薛小國，大夫職煩，故不可爲。」

【疏】「子曰」至「大夫」　正義曰：此章評魯大夫孟公綽之才性也。趙、魏皆晉卿所食采邑名也。家臣稱老。公綽性寡欲，趙、魏貪賢，家老無職，若公綽爲之，則優游有餘裕也。滕、薛乃小國，而大夫職煩，則不可爲也。【釋】難，乃旦反。易，以豉反。綽，昌略反，本又作焯。滕，徒登反。薛，息列反。

❶「指」上，阮本重「人也」二字。
❷「齊」，阮本誤「鄭」。
❸「没」下，阮本衍「齒」字。
❹「凡」，阮本作「邑」。
❺「也」，阮本作「者」。
❻「馬曰」，阮本誤作「爲曰」。
❼「蒹」，原作「兼」，據阮本改。
❽「原」，阮本作「淵」。
❾「夫」下，正平本有「也」字。

子路問成人。子曰：❶「若臧武仲之知，❷馬曰：「魯大夫臧孫紇。」【釋】知音智。紇，恨發反。公綽之不欲，馬曰：「孟公綽。」❸卞莊子之勇，周曰：「卞邑大夫。」【釋】卞，皮彦反，鄭云：「秦大夫。」冉求之藝，文之以禮樂，孔曰：「加之以禮樂文成。」亦可以爲成人矣。」曰：「今之成人者何必然？見利思義，馬曰：「義然後取，不苟得。」見危授命，久要不忘平生之言，亦可以爲成人矣。」孔曰：「久要，舊約也。平生猶少時。」【疏】「子路」至「成人矣」　正義曰：此章論成人之行也。「子路問成人」者，問於夫子「行何德行謂之成人」。「子曰若臧武仲之知，公綽之不欲，卞莊子之勇，冉求之藝，文之以禮樂，亦可以爲成人矣」者，此答成人之行也。必也知如武仲，廉如公綽，勇如卞莊子，藝如冉求，既有知、廉、勇、藝，復以禮樂文成之，雖未足多，亦可以爲成人矣。「曰今之成人者何必然」者，夫子鄉言成人者，是古之人也。又言今之成人不必能備如此也。「見利思義，見危授命，久要不忘平生之言，亦可以爲成人矣」者，此今之成人行也。見財利，思合義然後取之。見君親有危難，❹當致命以救之。久要，舊約也。平生猶少時。言與人少時有舊約，雖年長貴達，不忘其言。能此三事，亦可以爲成人也。　注「馬曰魯大夫臧孫紇」　正義曰：案，《春秋》襄二十三年《左氏傳》，以阿順季氏出奔邾，又以防求爲後於魯，致防而奔齊。齊侯將爲臧紇田，❺臧孫聞之，見齊侯。與之言伐晉，對曰：「多則多矣，抑君似鼠。夫鼠，晝伏夜動，不穴於寢廟，畏人故也。今君聞晉之亂而後作焉，寧將事之，非鼠如何？」乃弗與田。仲尼曰：「知之難也。有臧武仲之知。」杜注云：「謂能避齊禍，是武仲之知也。」【釋】少，詩照反。

子問公叔文子於公明賈曰：「信乎，夫子不言不笑不取乎？」孔曰：「公叔文子，衛大夫公孫拔。文，謚。」【釋】拔，皮八反。公明賈對曰：「以告者過也。夫子時然後言，人不厭其言。

❶「子」字，正平本無。
❷「知」，正平本作「智」。
❸「孟」上，正平本有「魯大夫」三字。
❹「難」，原作「以」，據阮本改。
❺「田」，原作「曰」，據阮本改。

樂然後笑，人不厭其笑。義然後取，人不厭其取。」❶子曰：「其然。豈其然乎？」馬曰：「美其得道，嫌不能悉然。」❷【疏】「子問」至「然乎」 正義曰：此章言衛大夫公孫拔之德行也。「子問公叔文子於公明賈曰：信乎，夫子不言不笑不取乎」者，夫子指文子也。孔子舊聞文子有此三行，疑而未信，故問於公明賈曰：「信實乎？」「公明賈對曰以告者過也」者，過，誤也。賈對孔子，言以告者誤云不言不笑不取耳。「夫子時然後言，人不厭其言。樂然後笑，人不厭其笑。義然後取，人不厭其取」者，賈言文子亦有言、笑及取，但中時然後言，無游言也，故人不厭棄其言；可樂然後笑，❸不苟笑也，故人不厭惡其笑也；見得思義合宜，然後取之，不貪取也，故人不厭倦其取也。「子曰其然。豈其然乎」者，然，如此也。孔子聞賈之言，驚而美之也。美其得道，故曰「其如是」，又嫌不能悉然，故曰「豈可盡能如此者乎」。注「孔曰公叔文子，衛大夫公孫拔。文，❹謚」 正義曰：案《世本》云：「獻公生成子當，當生文子拔，拔生朱，爲公叔氏。」《謚法》：「慈惠愛民曰文。」【釋】厭，於豔反。樂音洛。

子曰：「臧武仲以防求爲後於魯，雖曰不要君，吾不信也。」孔曰：「防，武仲故邑。❺爲後，立後也。魯襄公二十三年，武仲爲孟氏所譖，出奔邾。自邾如防，使爲以大蔡納請，❻曰：『紇非敢害也，❼知不足也，❽非敢私請，苟守先祀，無廢二勳，敢不辟邑。』❾乃立臧爲，紇致防而奔齊。此所謂要君。」【疏】「子曰」至「信也」 正義曰：此章論臧孫紇要君之事。防，武仲故邑。爲後，猶立後也。武仲據防邑，求立後於魯。他人雖曰武仲不是要君，吾不信也，言實是要君。注「孔曰」至「要君」 正義曰：云「魯襄公二十三年，武仲爲孟氏所譖，出奔邾」者，此及下至「致防而奔齊」皆《左氏傳》文也。案彼《傳》云「季武子無適子，公彌長，而愛悼子，欲立之。訪於

❶「其言」「其笑」「其取」下，正平本都有「也」字。
❷「嫌」下，正平本有「其」字。
❸「然」，阮本作「而」。
❹「文」，原作「之」，據阮本改。
❺「故」，原作「放」，據正平本、阮本改。
❻「爲」字，正平本奪。
❼「敢」，阮本作「能」。
❽「知」，正平本作「智」。
❾「辟」，正平本作「避」。

臧紇，紇爲立之。」公彌即公鉏也。「孟孫惡臧孫，季孫氏愛之。孟氏之御騶豐點，好羯也。孟莊子疾，豐點謂公鉏：『苟立羯，請讎臧氏。』孟孫卒，遂立羯。孟氏閉門，告於季孫曰：『臧氏將爲亂，不使我葬。』季孫不信。臧孫聞之，戒。冬十月，孟氏將辟，藉除於臧氏。臧孫使正夫助之，除於東門，甲從己而視之。孟氏又告季孫。季孫怒，命攻臧氏。乙亥，臧紇斬鹿門之關以出奔邾」是也。云「自邾如防，使爲以大蔡納請」者，《傳》又曰「初，臧宣叔娶於鑄，生賈及蔿而死。❶繼室以其姪，穆姜之姨子也。生紇，長於公宮。姜氏愛之，故立之。臧賈、臧蔿出在鑄。臧武仲自邾使告臧賈，且致大蔡焉，曰：『紇不佞，失守宗祧，敢告不弔。紇之罪不及不祀，子以大蔡納請，其可。』賈曰：『君家之禍也，❷非子之過也。賈聞命矣。』再拜受龜，使爲以納請，遂自爲也。❸臧孫如防，使來告」是也。杜預曰：「大蔡，大龜。」云「紇非敢害也，知不足也」者，此下皆彼《傳》文。言使甲從己，但慮事淺耳。云「非敢私請」者，言爲其先人請也。云「苟守先祀，無廢二勳」者，二勳，文仲、宣叔。云「敢不辟邑。乃立臧爲。紇致防而奔齊。此所謂要君」者，據邑請後，故孔子以爲要君。【釋】防音房。要，一遙反。譖，莊鴆反。知音智。辟音避。

子曰：「晉文公譎而不正，鄭曰：「譎者，詐也，謂召天子而使諸侯朝之。❹仲尼曰：『以臣召君，不可以訓。』故《書》曰：『天王狩於河陽。』是譎而不正也。」【釋】譎，古穴反。朝，直遙反。狩，本亦作「守」，手又反。

齊桓公正而不譎。」馬曰：「伐楚以公義，責包茅之貢不入，❺問昭王南征不還。是正而不譎也。」【疏】「子曰」至「不譎」 正義曰：此章論二霸之事也。譎，詐也，謂晉文公召天子而使諸侯朝之。是詐而不正也。齊桓公伐楚，實因侵蔡而遂伐楚，乃以公義責包茅之貢不入，問昭王南征不還。是正而不詐也。 注「鄭曰」至「正也」 正義曰：云「謂召天子而使諸侯朝之」者，案《左傳》僖二十八年「冬，會于溫。是會也，晉侯召王，以諸侯見，且使王狩」是也。云「仲尼曰以臣召君，不可以訓。故《書》曰：天王狩於河陽」者，亦彼《傳》文也。云「是譎而不正也」者，晉侯

❶「蔿」，阮本作「爲」，下同。
❷「君」，阮本作「是」。
❸「自」，阮本作「立」。
❹「召」下，正平本有「於」字。
❺「包」，阮本作「苞」，下同。

本意，欲大合諸侯之師，共尊事天子，以爲臣之名義，實無覬覦之心。但於時周室既衰，天子微弱，忽然帥九國之師，將數十萬衆，❶入京師以臨天子，似有簒奪之謀。❷恐爲天子拒逆，或復天子怖懼，棄位出奔，則晉侯心實盡誠，❸無辭可解，故自嫌彊大，不敢朝王，故召諸侯來會于溫。溫去京師路近，因加諷諭，❹令王就命受朝。❺天子不可以受朝爲辭，故令假稱出狩，諸侯因會遇王，遂共朝王，得盡君臣之禮。皆孔子所謂譎而不正之事。聖人作法，所以貽訓後世。以臣召君，不可以爲教訓，故改正舊史。舊史當依實而書，言晉侯召王，且使王狩。仲尼書曰「天王狩於河陽」，❻言天王自來狩獵於河陽之地。使若獵失其地，故書之以譏王然。

注「馬曰」至「譎也」 正義曰：云「伐楚以公義，責包茅之貢不入，問昭王南征不還」者，案《左傳》「僖四年春，齊侯以諸侯之師侵蔡。蔡潰，遂伐楚。楚子使與師言曰：『君處北海，寡人處南海，唯是風馬牛不相及也。不虞君之涉吾地，何故？』管仲對曰：『昔召康公命我先君太公曰：「五侯九伯，女實征之，❼以夾輔周室。」賜我先君履，東至於海，西至於河，南至於穆陵，❽北至於無棣。爾貢包茅不入，王祭不共，❾無以縮酒，寡人是徵。昭王南征而不復，寡人是問』」是也。杜注云：「包，裹束也。茅，菁茅也。束而灌之以酒，爲縮酒。《尚書》『包匭菁茅』，茅之爲異，未審。」「昭王，成王之孫，南巡守，❿涉漢，舡壞而溺。周人諱而不赴，諸侯不知其故，故問之。」案《禹貢》「荊州包匭菁茅」，孔安國云：「其所包裹而致者。匭，匣也。菁以爲菹，茅以縮酒。」《郊特牲》云「縮酌用茅」，鄭玄云：「使之以茅，⓫縮去滓也。」《周禮·甸師》「祭祀，共蕭茅」，鄭興云：「蕭字或爲莤，莤讀爲縮。束茅立之，祭前沃酒其上，酒滲下去，若神飲之，故謂之縮。縮，滲也。」故齊桓公責楚不貢包茅，王祭不共，無以縮酒。」杜預用鄭興之說。

❶「十」，阮本作「千」。
❷「謀」，阮本作「說」。
❸「晉」，阮本作「諸」。
❹「諷」，阮本誤「謂」。
❺「命」，阮本作「會」。
❻「狩」下，阮本有「獵」字。
❼「女」，阮本作「汝」。
❽「陵」，原作「陸」，據阮本改。
❾「王」，阮本誤「主」。
❿「守」，阮本作「狩」。
⓫「使」，阮本作「泲」。

孔安國以菁與茅別。杜云「茅，菁茅」，則以菁、茅爲一，時令荊州貢茅，❶必當異於餘處，杜更無傳說，❷故云「茅之爲異，未審」也。沈氏云：「太史公《封禪書》云：『江淮之間，一茅三脊。』杜云『未審』者，以三脊之茅、比目之魚、比翼之鳥，皆是靈物，不可常貢，故杜云『未審』也。」舊說皆言漢濱之人以膠膠舡，故得水而壞，昭王溺焉，❸不知本出何書。

子路曰：「桓公殺公子糾，召忽死之，管仲不死。」曰：「未仁乎」？孔曰：「齊襄公立無常，鮑叔牙曰：『君使民慢，亂將作矣。』奉公子小白出奔莒。襄公從弟公孫無知殺襄公，管夷吾、召忽奉公子糾出奔魯。齊人殺無知。魯伐齊，納子糾。小白自莒先入，是爲桓公，乃殺子糾。召忽死之。」【釋】糾，居黝反。召音邵。慢，武諫反。從，才用反。弑，申志反，本亦作殺。子曰：「桓公九合諸侯，不以兵車，管仲之力也。如其仁，如其仁。」孔曰：「誰如管仲之仁。」❹【疏】「子路」至「其仁」　正義曰：此章論齊大夫管仲之行也。「子路曰桓公殺公子糾，召忽死之，管仲不死。曰未仁乎」者，召忽、管仲皆事子糾，及桓公殺公子糾，召忽致死而管仲獨不死，復臣桓公，故子路言「管仲未得爲仁乎」？「子曰桓公九合諸侯，不以兵車，管仲之力也。如其仁，如其仁」者，孔子聞子路言管仲未仁，故爲說其行仁之事。言齊桓公九合諸侯，❺不以兵車，謂衣裳之會也。存亡繼絕，諸夏乂安，❻皆管仲之力也。足得爲仁，餘更有誰如其管仲之仁。再言之者，所以拒子路，美管仲之深也。言「九合」者，《史記》云：「兵車之會三，乘車之會六。」《穀梁傳》云：「衣裳之會十有一。」范甯注云：「十二年會北杏，❼十四年會鄄，十五年又會鄄，十六年會幽，二十七年又會幽，僖元年會檉，二年會貫，三年會陽穀，五年會首戴，七年會甯母，九年會葵丘。」凡十一會。不取北杏及陽穀爲九也。　注「孔曰」至「死之」　正義曰：云「襄公立無常」至「出奔莒」，皆莊八年《左傳》文也。杜注云：「政令無常。鮑叔牙，

❶「時」，阮本作「特」。
❷「杜」，阮本作「但」。
❸「溺」，原作「弱」，據阮本改。
❹「仁」下，正平本有「矣」字。
❺「合」，阮本作「會」。
❻「乂」，阮本誤「義」。
❼「二」，阮本作「三」。

小白傅。❶ 小白，僖公庶子。」云「襄公從弟公孫無知殺襄公」者，《春秋》莊八年「冬十有一月癸未，齊無知弑其君諸兒」是也。云「管夷吾、召忽奉公子糾出奔魯」者，亦莊八年《左傳》文。云「齊人殺無知。魯伐齊，納子糾」者，莊九年《經》文也。云「小白自莒先入，是爲桓公」者，九年《傳》文也。云「殺子糾，召忽死之」者，案莊九年《傳》云「夏，公伐齊，納子糾。桓公自莒先入。秋，師及齊師戰于乾時，我師敗績。鮑叔帥師來言曰：『子糾，親也，請君討之。❷ 管、召，讎也，請受而甘心焉。』乃殺子糾于生竇。召忽死之。管仲請囚，鮑叔受之，及堂阜而稅之。❸ 歸而以告曰：『管夷吾治於高傒，❹使相可也。』公從之」是也。

子貢曰：「管仲非仁者與？桓公殺公子糾，不能死，又相之。」子曰：「管仲相桓公，霸諸侯，一匡天下，馬曰：「匡，正也。天子微弱，桓公帥諸侯以尊周室，❺一正天下。」【釋】與音餘。相，息亮反，下同。 民到于今受其賜。受其賜者，謂不被髮左衽之惠。❻ 微管仲，吾其被髮左衽矣。馬曰：「微，無也。無管仲，則君不君，臣不臣，皆爲夷狄。」 【釋】被，皮寄反。衽，而審反，一音而鴆反。 豈若匹夫匹婦之爲諒也，自經於溝瀆而莫之知也？」王曰：「經，經死於溝瀆中也。❼ 管仲、召忽之於公子糾，君臣之義未正成，故死之未足深嘉，不死未足多非。死事既難，❽亦在於過厚，故仲尼但美管仲之功，亦不言召忽不當死也。」

【疏】「子貢」至「知也」 正義曰：此章亦論管仲之行。「子貢曰管仲非仁者與」者，子貢言齊大夫管仲不仁，疑而未定，故云「與」。「桓公殺公子糾，不能死，又相之」者，子貢既言非仁，遂言非仁之事。管仲與召忽同事公子糾，則有君臣之義，理當授命致死。而齊桓公使魯殺公子糾，召忽則死，管仲不能致死，復爲桓公之相，是無仁心於子糾，故

❶「傅」，原作「傳」，據阮校改。
❷「討」，原作「計」，據阮本改。
❸「稅」，阮本作「脫」。
❹「徯」，阮本作「傒」。
❺「帥」，正平本作「率」。
❻「謂」，阮本作「爲」。
❼「瀆」下，正平本有「之」字。
❽「事」字，正平本無。

子貢非之也。「子曰管仲相桓公，霸諸侯，一匡天下」者，此下孔子爲子貢說管仲之仁也。匡，正也。霸，把也，諸侯把天子之政也。言時周天子微弱，管仲相桓公，帥諸侯以尊周室，一正天下也。❶「民到於今受其賜」者，謂受不被髮左衽之惠賜也。「微管仲，吾其被髮左衽矣」者，微，無也。衽謂衣衿，衣衿向左謂之左衽。夷狄之人，被髮左衽。言無管仲，則君不君，臣不臣，中國皆爲夷狄，故云「吾其被髮左衽」也。「豈若匹夫匹婦之爲諒也，自經於溝瀆而莫之知也」者，自經謂經死於溝瀆中也。諒，信也。匹夫匹婦謂庶人也，無別妾媵，唯夫婦相匹而已。言管仲志在立功創業，豈肯若庶人之爲小信，自經死於溝瀆中，而使人莫知其名也。且管仲、召忽之於公子糾，❷君臣之義未正成，故召忽死之未足深嘉，管仲不死未足多非。死事既難，亦在於過厚，故仲尼但美管仲之功，亦不言召忽不當死。　注「馬曰」至「天下」　正義曰：云「匡，正也」，《釋言》文。云「天子微弱，桓公帥諸侯以尊周室，一正天下」者，成二年《左傳》云「五伯之霸也」，杜預云：「夏伯昆吾，商伯大彭、豕韋，周伯齊桓、晉文」。是三代有五伯矣。伯者，長也，言爲諸侯之長也。鄭玄云：「天子衰，諸侯興，故曰霸。霸者，把也，言把持王者之政教，故其字或作『伯』，或作『霸』也。」是天子微弱，桓公帥諸侯以尊周室，一正天下，故曰「霸諸侯」也。

公叔文子之臣大夫僎與文子同升諸公。孔曰：「大夫僎本文子家臣，薦之使與己並爲大夫，同升在公朝。」【釋】僎，本又作「撰」。同，士免反。朝，直遥反。

子聞之，曰：「可以爲文矣。」孔曰：「言行如是，❸可謚爲文。」【疏】「公叔」至「文矣」　正義曰：此章論衛大夫公孫拔之行也。「公叔文子之臣大夫僎與文子同升諸公」者，諸，於也。大夫僎本文子家臣，文子薦之，使與己並爲大夫，同升在於公朝也。「子聞之，曰可以爲文矣」者，孔子聞其行如是，故稱之曰「可以謚爲文矣」，以《謚法》「錫民爵位曰文」故也。【釋】行，下孟反。

子言衛靈公之無道也。❹康子曰：「夫如是，奚而不喪？」孔子曰：「仲叔圉治賓

❶「正」，阮本作「匡」。
❷「公」，原作「臣」，據阮本改。
❸「言」字，正平本無。
❹「言」，正平本作「曰」。

客，祝鮀治宗廟，王孫賈治軍旅。夫如是，奚其喪？」孔曰：「言雖無道，❶所任者各當其才，何爲當亡。」❷【疏】「子言」至「其喪」 正義曰：此章言治國在於任材也。「子言衛靈公之無道也」。康子曰夫如是，奚而不喪」者，喪，亡也。奚，何也。夫子因言衛靈公之無道，季康子乃問之曰：「夫靈公無道如是，何爲而國不亡乎？」「孔子曰仲叔圉治賓客，祝鮀治宗廟，王孫賈治軍旅。夫如是，奚其喪」者，言君雖無道，有此三人，所任者各當其才，何爲當亡。【釋】夫音符，下同。喪，息浪反，下同，又如字。圉，魚呂反。鮀，徒何反。各當，丁浪反。

子曰：「其言之不怍，則爲之也難。」❸馬曰：「怍，慙也。內有其實則言之不慙。積其實者，爲之難。」【疏】「子曰」至「也難」 正義曰：此章疾時人內無其實而辭多慙怍。怍，慙也。人若內有其實，則其言之不慙。然則內積其實者，爲之也甚難。【釋】怍，才洛反。

陳成子弒簡公。❹孔子沐浴而朝，告於哀公曰：「陳恒弒其君，❺請討之。」馬曰：「成子，❻齊大夫陳恒也。將告君，故先齊，齊必沐浴。」❼【釋】弒，本亦作「殺」，同，音試，下同。朝，直遙反。齊，側皆反，亦作「齋」字。公曰：「告夫三子。」❽孔曰：「謂三卿也。」【釋】夫音符，下同。孔子曰：「以吾從大夫之後，不敢不告也。君曰『告夫三子』者。」馬曰：「我禮當告君，❾不當告三子。君使我往，故復往。」【釋】復，扶又反，下同。之三子告，不可。孔子曰：「以吾從大夫之後，不敢不告也。」❿馬曰：「孔子由君命之三子告，不可，故復以此辭語之而止。」【疏】「陳成」至「告也」 正義曰：此章記孔子惡無道之事也。「陳成子弒簡公」者，《春秋》哀十四年「齊人弒

❶「言」下，正平本有「君」字。
❷「亡」下，正平本有「乎也」二字。
❸「則」下，正平本有「其」字，「也難」，作「難也」。
❹「弒」，正平本作「殺」。
❺「恒」，正平本作「桓」，注同。
❻「成」上，正平本有「陳」字。
❼二「齊」字，阮本作「齋」。
❽「夫」下，正平本有「二」字，下同。
❾「我」下，正平本有「於」字。
❿「也」字，正平本無。

其君壬」是也。「孔子沐浴而朝，告於哀公曰：陳恆弑其君，請討之」者，孔子在魯，聞齊弑君，❶故齊戒沐浴而朝，告於魯君哀公曰：「齊大夫陳恆弑其君，請往討伐之。」「公曰告夫三子」者，哀公使孔子告夫季孫、孟孫、叔孫三卿也。「孔子曰以吾從大夫之後，不敢不告也」者，嘗爲大夫而去，故云「從大夫之後」。聞夫不義，禮當告君，故云「不敢不告」。「君曰告夫三子者」，❷言我禮當告君，不當告三子。君使我往，故復往也。「之三子告，不可」者，之，往也。往三子所，告之，三子不肯討齊也。「孔[子]曰以吾從大夫之後，❸不敢不告也」者，孔子以君命往告三子，三子不可其請，故孔子復以此辭語之而止。案《左傳》録此事，與此小異。此云「沐浴而朝」，彼云「齊而請」，此云「公曰告夫三子」，彼云「公曰子告季孫。」❹禮，齊必沐浴。三子，季孫爲長，各記其一，故不同耳。此又云「之三子告」，彼無文者，《傳》是史官所錄，記其與君言耳。退後別告三子，唯弟子知之，史官不見其告，故《傳》無文也。【釋】「之三子告」，本或作「二三子告」，非也。語，魚據反。

子路問事君。子曰：「勿欺也，而犯之。」孔曰：「事君之道，義不可欺，當能犯顔諫爭。」❺

【疏】「子路」至「犯之」　正義曰：此章言事君之道，義不可欺，而當能犯顔諫爭之。【釋】爭，作去聲。

子曰：「君子上達，小人下達。」本爲上，末爲下。【疏】「子曰」至「下達」　正義曰：此章言君子小人所曉達不同也。本爲上，謂德義也。末爲下，謂財利也。言君子達於德義，小人達於財利。

子曰：「古之學者爲己，今之學者爲人。」❻孔曰：「爲己，履而行之；爲人，❼徒能言之。」

【疏】「子曰」至「爲人」　正義曰：此章言古今學者不同也。古人之學，則履而行之，是爲己也。今人之學，空能爲人言說之，己不能行，是爲人也。范曄云：「爲人者憑譽以顯物，爲己者因心以會道也。」【釋】爲，于僞反，下及注同。

---

❶「弑」下，阮本有「其」字。
❷「者」下，阮本重「者」字。
❸「子」字原奪，據阮本補。
❹「子」，阮本作「予」。
❺「顔」下，正平本有「色」字。
❻「人」下，正平本有「也」字。
❼「爲」上，正平本有「無」字。

蘧伯玉使人於孔子。孔子與之坐而問焉，孔曰：「伯玉，衛大夫蘧瑗。」【釋】蘧，其居反。曰：「夫子何爲？」對曰：「夫子欲寡其過而未能也。」言夫子欲寡其過而未能無過。使者出。子曰：「使乎。使乎。」陳曰：「再言『使乎』者，❶善之也。言使得其人。」【疏】「蘧伯」至「使乎」　正義曰：此章論衛大夫蘧瑗之德。「蘧伯玉使人於孔子。孔子與之坐而問焉，曰夫子何爲」者，夫子指蘧伯玉也。蘧伯玉有君子之名，故孔子問其使人曰：「夫子何所云爲而得此君子之名譽乎？」「對曰夫子欲寡其過而未能也」者，言夫子常自修省，欲寡少其過而未能無過也。「使者出，子曰使乎。使乎」者，孔子善其使得其人，故言「使乎」。所以善之者，顏回尚未能無過，況伯玉乎？而使者云「未能」，是伯玉之心不見欺也。【釋】使，所吏反，下同。

子曰：「不在其位，不謀其政。」曾子曰：❷「君子思不出其位。」孔曰：「不越其職。」❸【疏】「子曰」至「其位」　正義曰：此章戒人之僭濫侵官也。言若己不在此位，則不得謀議此位之政事也。曾子遂曰：「君子思謀當不出己位。」言思慮所及，不越其職也。

子曰：「君子恥其言而過其行。」❹【疏】「子曰」至「其行」　正義曰：此章勉人使言行相副也。君子言行相顧，若言過其行，謂有言而行不副，君子所恥也。【釋】行，下孟反，又如字。

子曰：「君子道者三，我無能焉：仁者不憂，知者不惑，勇者不懼。」子貢曰：「夫子自道也。」❺【疏】「子曰」至「道也」　正義曰：此章論君子之道。「子曰君子道者三，我無能焉」者，言君子之道有三，我皆不能也。「仁者不憂，知者不惑，勇者不懼」者，此其三也。仁者樂天知命，內省不疚，故不憂也。知者明於事，故不惑。勇者折衝禦侮，故不懼。夫子言我皆不能此三者。「子貢曰夫子自道也」者，子貢言夫子實有仁、知及勇，而謙稱「我無」，故曰夫子自道說也，所謂謙尊而光。

❶ 「者」字，正平本無。
❷ 「曾子曰」，正平本另爲一章。
❸ 「孔曰不越其職」六字，正平本無。
❹ 「行」下，正平本有「也」字。
❺ 「道」，正平本作「導」。

子貢方人。孔曰：「比方人也。」【釋】知音智。惑音惑。❶方如字，鄭本作「謗」，謂言人之過惡。子曰：「賜也賢乎哉？❷夫我則不暇。」孔曰：「不暇比方人也。」【疏】「子貢」至「不暇」　正義曰：此章抑子貢也。「子貢方人」者，謂比方人也。子貢多言，嘗舉其人倫以相比方。「子曰賜也賢乎哉？夫我則不暇」者，夫知人則哲，堯舜猶病，而子貢輒比方人，❸怒其輕易，故曰「賜也賢乎哉」，所以抑之也。夫我則不暇比方人也。

【釋】夫音符。暇，行訝反。

子曰：「不患人之不己知，患其不能也。」❹王曰：「徒患己之無能。」【疏】「子曰」至「能也」　正義曰：此章勉人修德也。言不患人不知己，但患己之無能。

子曰：「不逆詐，不億不信，❺抑亦先覺者，是賢乎。」孔曰：「先覺人情者，是寧能爲賢乎，或時反怨人。」【疏】「子曰」至「賢乎」　正義曰：此章戒人不可逆知人之詐，❻不可億度人之不信也。抑，語辭也。言先覺人者是寧能爲賢乎，言非賢也。❼所以非賢者，以詐僞不信之人爲人億度逆知，❽反怨恨人，故先覺者非爲賢也。

【釋】億，於力反。怨，紆萬反，又於袁反，本或作「冤」。

微生畝謂孔子曰：「丘何爲是栖栖者與，無乃爲佞乎？」包曰：「微生，姓。畝，名。」

【釋】「丘何」，或作「兵何」，鄭作「丘何是」，本今作「丘何爲是」。

孔子曰：❾「非敢爲佞也，疾固也。」包曰：「疾世固陋，欲行道以化之。」❿【疏】「微生」至「疾固也」　正義曰：此章記孔子疾世固陋之事也。「微生畝謂孔子曰丘何爲是栖栖者與，無乃爲佞乎」者，栖栖，猶皇皇也。微生畝，隱士之姓名也。以言謂孔子，曰丘，呼孔子名

❶下「惑」字，元本作「或」，是。
❷「哉」，正平本作「我」，則「我夫」絶句。
❸「輒」，阮本誤「輔」。
❹「其不」，正平本作「己無」。
❺「億」，正平本作「憶」。
❻「知」，阮本作「料」。
❼「是」下九字，阮本空缺。
❽「爲人」，阮本作「爲之」，「度」下五字，阮本空缺。
❾「子」下，正平本有「對」字。
❿「之」，正平本作「人也」。

也，何爲如是東西南北而栖栖皇皇者與，乃爲佞說之事於世乎。❶「孔子曰非敢爲佞也，疾固也」者，孔子答。言不敢爲佞，但疾世固陋，欲行道以化之。

子曰：「驥不稱其力，稱其德也。」鄭曰：「德者，調良之謂。」❷【疏】「子曰」至「德也」 正義曰：此章疾時尚力取勝而不貴德。❸驥是古之善馬名，人不稱其任重致遠之力，但稱其調良之德也。馬既如是，❹人亦宜然。【釋】驥音冀，古之善馬也。

或曰：「以德報怨，何如？」子曰：「何以報德？德，恩惠之德。以直報怨，以德報德。」【疏】「或曰」至「報德」 正義曰：此章論酬恩報怨之法也。「或曰以德報怨，何如」者，或人之意，欲人犯而不校，故問孔子，曰：「以恩德報讎怨，何如？」「子曰何以報德」者，孔子答。言若報怨既用其德，若受人恩惠之德，不知何以報之也。「以直報怨，以德報德」者，既不許或人以德報怨，故陳其正法。言當以直道報讎怨，以恩德報德也。

注「德，恩惠之德」 正義曰：謂德加於彼，彼荷其恩，故謂荷恩爲德。《左傳》云「然則德我乎」，又曰「王德狄人」，皆是也。

子曰：「莫我知也夫。」子貢曰：「何爲其莫知子也？」子貢怪夫子言，何爲莫知己，故問。【釋】也夫，音符。子曰：「不怨天，不尤人，馬曰：「孔子不用於世而不怨天，人不知己，亦不尤人。」【釋】怨，於袁反，又於願反，注同。尤，鄭云「尤，非也」。下學而上達。孔曰：「下學人事，上知天命。」知我者其天乎。」聖人與天地合其德，故曰唯天知己。【疏】「子曰」至「天乎」 正義曰：此章孔子自明其志也。「子曰莫我知也夫」者，言無人知我志者也。「子貢曰何爲其莫知子也」者，子貢怪夫子言，故問何爲莫知己。「子曰不怨天，不尤人」者，尤，非也。孔子言己不用於世而不怨天，人不知己，亦不非人也。「下學而上達」者，言己下學人事，上知天命，時有否泰，故用有行藏，是以不怨天尤人也。「知我者其天乎」者，言唯天知己志也。 注「聖人與天地合其德」

❶「乃」上，阮本有「無」字。
❷「調良之謂」，正平本作「謂調良之德也」。
❸「貴」，阮本作「重」。
❹「既」，阮本作「尚」。

正義曰：此《易·乾卦·文言》文也。「合其德」者，謂覆載也。引之者，以證天知夫子者，以夫子聖人，與天地合德故也。

公伯寮愬子路於季孫。馬曰：「愬，譖也。伯寮，魯人，弟子也。」子服景伯以告，孔曰：❶「魯大夫子服何忌也。告，告孔子。」曰：「夫子固有惑志，孔曰：「季孫信讒，恚子路。」【釋】恚，一睡反。於公伯寮，❷吾力猶能肆諸市朝。」鄭曰：「吾勢力猶能辨子路之無罪於季孫，❸使之誅寮而肆之。❹有罪既刑，陳其尸曰肆。」【釋】朝，直遙反。子曰：「道之將行也與，命也。道之將廢也與，命也。公伯寮其如命何。」【疏】「公伯」至「命何」 正義曰：此章言道之廢行皆由天命也。「公伯寮愬子路於季孫」者，愬，譖也。伯寮、子路皆臣於季孫，伯寮誣子路以罪而譖於季孫也。「子服景伯以告」者，以其事告孔子也。「曰夫子固有惑志」者，夫子謂季孫。言季孫堅固，已有疑惑之志，謂信讒，恚子路也。「於公伯寮，吾力猶能肆諸市朝」者，有罪既刑，陳其尸曰肆。景伯言吾勢力猶能辨子路之無罪於季孫，使之誅寮而肆之。「子曰道之將行也與，命也。道之將廢也與，命也。公伯寮其如命何」者，孔子不許其告，故言道之廢行皆由天命，雖公伯寮之譖，其能違天而興廢子路乎。注「伯寮，魯人，弟子也」 正義曰：《史記·弟子傳》云：「公伯寮，字子周，魯人，愬子路於季孫者。」注「孔曰魯大夫子服何忌也」 正義曰：案《左傳》哀十二年：❺「吳人將以公見晉侯，子服景伯對使者，吳人乃止。既而悔之，將囚景伯。景伯曰：『何也立後於魯矣。』」杜注云：「何，景伯名。」然則景伯單名何，而此注云何忌，誤也。注「有罪既刑，陳其尸曰肆」 正義曰：《秋官·鄉士職》云：❻「協日刑殺，❼肆之三日。」鄭玄曰：「肆猶申也，陳也。」是言有罪既殺，陳其尸曰肆也。言「市朝」者，應劭曰：「大夫已上於朝，士已下於市。」

❶「孔曰」，正平本作「馬融曰」。
❷「寮」下，正平本有「也」字。
❸「力猶」二字，正平本無。
❹「誅」下，阮本有「伯」字。
❺所引乃《左傳》哀十三年文。
❻「鄉」，原作「卿」，據阮本改。
❼「日」，原作「曰」，據阮本改。

子曰：「賢者辟世，❶孔曰：「世主莫得而臣。」❷【釋】與音餘。辟音避，下同。其次辟地，馬曰：「去亂國，適治邦。」其次辟色，孔曰：「色斯舉矣。」❸其次辟言。」孔曰：「有惡言乃去。」子曰：「作者七人矣。」包曰：「作，爲也。爲之者凡七人，謂長沮、桀溺、丈人、石門、荷蕢、儀封人、楚狂接輿。」【疏】「子曰」至「人矣」　正義曰：此章言自古隱逸賢者之行也。「子曰賢者辟世」者，謂天地閉則賢人隱，高蹈塵外，枕流漱石，天子諸侯莫得而臣也。「其次辟地」者，未能高栖絶世，但擇地而處，去亂國，適治邦者也。「其次辟色」者，不能豫擇治亂，但覲君之顔色，❹若有厭己之色，於斯舉而去之也。「其次辟言」者，不能覲色斯舉，❺有惡言乃去之也。「子曰作者七人矣」者，作，爲也。言爲此行者凡有七人。　注「孔曰色斯舉矣」　正義曰：此《鄉黨》篇文也。　注「包曰」至「接輿」　正義曰：「作，爲」，《釋言》文。云「爲之者凡七人，謂長沮、桀溺、丈人、石門、荷蕢、儀封人、楚狂接輿」者，謂長沮一，桀溺二，荷蓧丈人三，石門晨門四，荷蕢五，儀封人六，楚狂接輿七也。王弼云：「七人，伯夷、叔齊、虞仲、夷逸、朱張、柳下惠、少連。」鄭康成云：「伯夷、叔齊、虞仲，辟世者；荷蓧、長沮、桀溺，辟地者；柳下惠、少連，辟色者；荷蕢、楚狂接輿，辟言者。「七」當爲「十」字之誤也。【釋】沮，七余反。荷，胡我反，本又作「何」，音同。蕢，其位反，下皆同。與音餘。❻

子路宿於石門。晨門曰：❼「奚自？」晨門者，閽人也。【釋】閽音昏，本或作「昏」，同。子路曰：「自孔氏。」曰：「是知其不可而爲之者與？」包曰：「言孔子知世不可爲而强爲之。」【疏】「子路」至「者與」　正義曰：此章記隱者晨門之言也。「子路宿於石門。晨門曰奚自」者，石門，地名也。晨門，掌晨昏開閉門者，謂閽人也。自，從也。奚，何也。時子路宿於石

❶「辟」，正平本作「避」，下同。
❷「臣」下，正平本有「之也」二字。
❸「矣」，正平本作「也」。
❹「覲」，阮本作「觀」。
❺「覲」，阮本作「觀」，「舉」下有「矣」字。
❻「與」，元本作「輿」。
❼「晨」上，正平本重「石門」二字。

門，夙興，爲門人所問。❶曰：「汝何從來乎？」「子路曰自孔氏」者，子路答閽人，言自孔氏處來也。「曰是知其不可而爲之者與」者，晨門聞子路云從孔氏，未審孔氏爲誰，又舊知孔子之行，❷故問曰：「是知其世不可爲，而周流東西，彊爲之者，此孔氏與？」意非孔子不能隱遯避世也。

【釋】與音餘。

子擊磬於衛。有荷蕢而過孔氏之門者，❸曰：「有心哉，擊磬乎。」蕢，草器也。有心，謂契契然。【釋】契，苦計反，一音苦結反。既而，曰：「鄙哉，硜硜乎，莫己知也，斯已而已矣。此硜硜者，❹徒信己而已，言亦無益。【釋】硜，苦耕反。莫己知，音紀，下「斯己」同。深則厲，淺則揭。」包曰：「以衣涉水爲厲。揭，揭衣也。言隨世以行己，若過水，❺必以濟，知其不可，則當不爲。」【釋】則揭，起例反。揭揭，上起例反，下起列反，又皆起例反。子曰：「果哉，末之難矣。」未知己志而便譏己，所以爲果。末，無也。無難者，❻以其不能解己之道。❼【疏】「子擊」至「難矣」正義曰：此章記隱者荷蕢之言也。「子擊磬於衛」者，時孔子在衛而自擊磬爲聲也。「有荷蕢而過孔氏之門者，曰有心哉，擊磬乎」者，荷，檐揭也。❽蕢，草器也。有心謂契契然。當孔子擊磬之時，有檐揭草器之人經過孔氏之門，聞其磬聲，乃言曰：「有心契契然憂苦哉，此擊磬之聲乎。」「既而曰鄙哉，硜硜乎，莫己知也，斯已而已矣」者，既，已也。硜硜，鄙賤貌。莫，無也。斯，此也。荷蕢者既言「有心哉，擊磬乎」，又察其磬聲，已而言曰「可鄙賤哉，硜硜乎無人知己，此硜硜者徒信己而已」，言無益也。「深則厲，淺則揭」者，此《衛風·匏有苦葉》之詩。❾以衣涉水爲厲。揭，揭衣也。荷蕢者引之，欲令孔子隨世以行己。若過水，深則當厲不當揭，淺則當揭而不當厲，以喻行己，知其不可

❶「門」，阮本作「閽」。
❷「知」，原作「如」，據阮本改。
❸「氏」，正平本作「子」。
❹「者」字，正平本無。
❺「過」，正平本作「遇」。
❻「無」下，正平本有「以」字。
❼「之道」，正平本作「道也」。
❽「檐」，阮本作「擔」，下同。
❾「之」字，阮本無。

則不當爲也。「子曰果哉，末之難矣」者，孔子聞荷蕢者譏己，故發此言。果謂果敢。末，無也。言未知己志而便譏己，所以爲果敢。「無難」者，以其不能解己之道，不以爲難，故云「無難」也。　注「蕢，草器也。有心謂契契然」　正義曰：「蕢，草器」，見《說文》。《小雅·大東》云「契契寤嘆」，《毛傳》云「契契，憂苦也。」❶　注「包曰」至「不爲」　正義曰：云「以衣涉水爲厲。揭，揭衣也」者，《爾雅·釋水》文也。孫炎曰：「揭衣，褰裳也。」衣涉濡褌也。　【釋】難如字，或乃旦反。解音蟹。

子張曰：「《書》云『高宗諒陰，三年不言』，何謂也？」孔曰：「高宗，殷之中興王武丁也。諒，信也。陰，猶默也。」【釋】諒音亮。陰如字，鄭讀《禮》爲「梁領」，❷杜預解古《傳》爲「諒闇貌也」。中，丁仲反。子曰：「何必高宗，古之人皆然。君薨，百官總己，馬曰：「己，百官。」❸以聽於冢宰三年。」孔曰：「冢宰，天官卿，❹佐王治者。三年喪畢，然後王自聽政。」【疏】「子張」至「三年」　正義曰：此章論天子諸侯居喪之禮也。「子張曰《書》云高宗諒陰，三年不言，何謂也」者，「高宗諒陰，三年不言」，《周書·無逸》篇文也。高宗，殷王武丁也。諒，信也。陰，默也。言武丁居父憂，信任冢宰，默而不言三年矣。子張未達其理而問於夫子也。「子曰何必高宗，古之人皆然。君薨，百官總己，以聽於冢宰三年」者，孔子答。言何必獨高宗，古之人皆如是。諸侯死曰薨。言君既薨，新君即位，使百官各總己職，以聽決於冢宰，❺三年喪畢，然後王自聽政。　注「孔曰」至「默也」　正義曰：云「高宗，殷之中興王武丁也」者，孔安國云：「盤庚弟小乙子名武丁，德高可尊，故號高宗。」《喪服四制》引《書》云『高宗諒陰，三年不言』，善之也。王者莫不行此禮，何以獨善之也？曰：高宗者，武丁。武丁者，殷之賢王也。繼世即位，而慈良於喪。當此之時，殷衰而復興，禮廢而復起，故載之於《書》中而高之，故謂之高宗。三年之喪，君不言」也，是說不言之意也。云「諒，信也，陰，默也」

❶「契契」，阮本不重「契」字。
❷「領」，元本作「鴿」：盧文弨據鄭注《禮記·喪服四制》改「鴿」。
❸「己」下，正平本重「己」字。
❹「卿」字，正平本無。
❺「决」，阮本作「使」。

者，謂信任冢宰，默而不言也。《禮記》作「諒闇」，鄭玄以爲凶廬，非孔義也。今所不取。注「孔曰」至「聽政」正義曰：云「冢宰，天官卿，佐王治者」者，案《周禮・天官》：「太宰之職，掌建邦之六典，以佐王治邦國。」《敘官》云：「乃立天官冢宰，使帥其屬而掌邦治，以佐王均邦國。治官之屬，太宰卿一人。」鄭注引此文云：「君薨，百官總己以聽於冢宰。言冢宰於百官無所不主。《爾雅》曰：『冢，大也。』冢宰，太宰也。」「變冢言大，進退異名也。百官總焉則謂之冢，列職於王則稱大。冢，大之上也。山頂曰冢。」❶故云「冢宰，天官卿，佐王治者也」。云「三年喪畢，然後王自聽政」者，謂卒哭除服之後，三年心喪已畢，然後王自聽政也。知非衰麻三年者，《晉書・杜預傳》云：大始十年，元皇后崩，依漢、魏舊制，既葬，帝及群臣皆除服。疑皇太子亦應除否，詔諸尚書會僕射盧欽論之。唯預以爲，古者天子諸侯三年之喪始服齊斬。既葬，除喪服，諒闇以居，心喪終制，不與士庶同禮。於是盧欽、魏舒問預證據。預曰：「《春秋》，晉侯享諸侯，子產相鄭伯，時簡公未葬，請免喪以聽命，君子謂之得禮。宰咺歸惠公、仲子之賵，《傳》曰弔生不及哀，此皆既葬除服諒陰之證也。書傳之說既多，學者未之思耳。《喪服》，諸侯爲天子亦斬衰，豈可謂終服三年也？」預又作議曰：「周景王有后、世子之喪，既葬，除喪而宴樂。晉叔向譏之曰：❷『三年之喪，雖貴遂服，禮也。王雖不遂，宴樂以早。』此亦天子喪事見於古也。❸稱高宗不言喪服三年，而云諒陰三年，此釋服心喪之文也。譏景王，不譏其除喪，而譏其宴樂早，則既葬應除而違諒闇之節也。❹堯喪，舜諒闇三年，故稱遏密八音。由此言之，天子居喪，齊斬之制，菲杖經帶，當遂其服。既葬而除，諒闇以終之，三年無改於父之道，故曰：百官總己以聽冢宰。喪服既除，故更稱不言之美，明不復寢苫枕塊，❺以荒大政也。《禮記》云：『三年之喪，自天子達。』又云：『父母之喪，無貴賤，一也。』又云：『端衰喪車皆無等。』此通謂天子居喪，衣服之制同於凡人，心喪之禮終於三年，亦無服喪三年之文。天子之位至尊，萬機之政至大，群臣之衆至廣，不得同

❶「頂」，阮本誤「預」。
❷「譏」，原作「幾」，據阮本改。
❸「此亦」，阮本誤作「比亦」，《晉書・禮志中》作「此皆」。
❹「早則」，《晉志》作「已早明」。
❺「苫」，原作「苦」，據阮校改。

之於凡人。故大行既葬，祔祭於廟，❶則因疏而除之。己不除則群臣莫敢除，故屈己以除之，而諒闇以終制，天下之人皆曰我王之仁也。屈己以從宜，皆曰我王之孝也。既除而心喪，我王猶若此之篤也。凡我臣子，亦安得不自勉以崇禮。此乃聖制移風易俗之本也。」議奏，皇太子遂除衰麻而諒闇終喪。是知三年喪畢謂心喪畢，然後王自聽政也。【釋】「治者」，本亦作「治也」，直吏反。

子曰：「上好禮，則民易使也。」民莫敢不敬，故易使。【疏】「子曰」至「使也」 正義曰：此章言君上好禮，則民莫敢不敬，故易使也。【釋】好，呼報反。易，以豉反。

子路問君子。子曰：「脩己以敬。」❷孔曰：「敬其身。」曰：「如斯而已乎？」曰：「脩己以安人。」孔曰：「人，謂朋友九族。」曰：「如斯而已乎？」曰：「脩己以安百姓。脩己以安百姓，堯舜其猶病諸。」孔曰：「病猶難也。」【疏】「子路」至「病諸」 正義曰：此章論君子之道也。子路問於孔子，爲行何如可謂之君子也。「子曰脩己以敬」者，言君子當敬其身也。「曰如斯而已乎」者，子路嫌其少，故曰：「君子之道，豈如此而已？」「曰修己以安人」者，人謂朋友九族。孔子更爲廣之，言當修己，又以恩惠安於親族也。「曰如斯而已乎」者，子路猶嫌其少，故又言此。「曰修己以安百姓」者，百姓謂衆人也。言當修己，以安天下之衆人也。「脩己以安百姓，堯舜其猶病諸」者，病猶難也。諸，之也。孔子恐其未已，故又說此言。❸言此修己以安百姓之事，雖堯舜之聖，其猶難之，況君子乎。【釋】難，乃旦反。

原壤夷俟。馬曰：「原壤，魯人，孔子故舊。夷，踞。俟，待也。踞待孔子。」【釋】壤，而丈反。踞音據。子曰：「幼而不孫弟，❹長而無述焉，老而不死，是爲賊。」賊謂賊害。【釋】孫音遜。弟，大計反。長，丁丈反。以杖叩其脛。孔曰：「叩，擊也。脛，腳脛。」【疏】「原壤夷俟」至「其脛」 正義曰：此章記孔子

❶「祔」，阮本誤「拊」。
❷「敬」下，正平本有「人」字。
❸「又」，原作「人」，據阮本改。
❹「孫弟」，正平本作「遜悌」。

責原壤之辭。原壤，魯人，孔子故舊。夷，踞也。俟，待也。原壤聞孔子來，乃申兩足，箕踞以待孔子也。「子曰幼而不孫弟，長而無述焉，老而不死，是爲賊」者，孔子見其無禮，故以此言責之。孫，順也。言原壤幼少不順弟於長上，及長無德行可稱述，❶今老而不死，不修禮敬，❷是爲賊害。❸「以杖叩其脛」者，叩，擊也。脛，腳脛。既數責之，復以杖擊其腳脛，令不踞也。　注「馬曰」至「孔子」　正義曰：「原壤，魯人，孔子故舊」者，《檀弓》云「孔子之故人曰原壤」是也。云「夷，踞。俟，待也。踞待孔子」者，《說文》云：「踞，蹲也。」蹲即坐也。禮，揖人必違其位。今原壤坐待孔子，故孔子責之也。

闕黨童子將命。❹馬曰：「『闕黨之童子將命』者，傳賓主之語出入。」❺【釋】傳，直專反。或問之曰「益者與？」子曰：「吾見其居於位也。❻童子隅坐無位，成人乃有位。【釋】與音餘。見其與先生並行也。非求益者也，欲速成者也。」包曰：「先生，成人也。並行，不差在後，違禮。欲速成人者，❼則非求益也。」❽【疏】「闕黨」至「者也」　正義曰：此章戒人當行少長之禮也。「闕黨童子將命」者，闕黨，黨名。童子，未冠者之稱。將命謂傳賓主之語出入。時闕黨之童子能傳賓主之命也。「或問之曰益者與」者，或人見其童子能將命，故問孔子曰：「此童子是自求進益之道也與？」「子曰吾見其居於位也，見其與先生並行也。非求益者也，欲速成者也」者，孔子答或人。言此童子非求進益者也，乃是欲速成人者也。知者，禮，童子隅坐無位，成人乃有位，今吾見此童子其居於成人之位。禮，父之齒，隨行；兄之齒，鴈行，今吾見此童子其與先生成人者並行，不差在後，違謙越禮，故知欲速成人者，非求益也。【釋】差，初佳反，一音初賣反。

論語註疏卷第七

❶「可」，阮本作「不」。
❷「敬」，阮本作「教」。
❸「是」，阮本作「則」。
❹「命」下，正平本有「矣」字。
❺「入」下，正平本有「之也」二字。
❻「居」，正平本作「踞」。
❼「人」字，正平本無。
❽「益」下，正平本有「者」字。

論語註疏卷第八

衛靈公第十五

【疏】正義曰：此篇記孔子先禮後兵，去亂就治，並明忠信仁知，勸學爲邦，無所毁譽，必察好惡。志士君子之道，事君相師之儀，皆有恥且格之事，故次前篇也。

衛靈公問陳於孔子。孔曰：「軍陳行列之法。」【釋】陳，直刃反，注同，本亦作「陣」。行，戶剛反。孔子對曰：「俎豆之事，則嘗聞之矣。孔曰：「俎豆，禮器。」【釋】俎，側呂反。軍旅之事，未之學也。」鄭曰：「萬二千五百人爲軍。五百人爲旅。軍旅末事，本未立，不可教以末事。」❶【疏】「衛靈」至「學也」　正義曰：此章記孔子先禮後兵之事也。「衛靈公問陳於孔子」者，問軍陳行列之法於孔子也。「孔子對曰俎豆之事，則嘗聞之矣。軍旅之事，未之學也」者，俎豆，禮器。萬二千五百人爲軍。五百人爲旅。孔子之意，治國以禮義爲本，軍旅爲末，本未立，則不可教以末事。今靈公但問軍陳，故對曰：「俎豆行禮之事，則嘗聞之。軍旅用兵之事，未之學也。」《左傳》哀十一年，「孔文子之將攻太叔也，訪於仲尼。仲尼曰：『胡簋之事，則嘗學之矣。甲兵之事，未之聞也。』」其意亦與此同。軍旅甲兵，亦治國之具也，彼以文子非禮，欲國内用兵；此以靈公空問軍陳，故並不答，非輕甲兵也。　注「俎豆，禮器」　正義曰：案《明堂位》云：「俎，有虞氏以梡，夏后氏以嶡，殷以椇，周以房俎。」鄭注云：「梡，斷木爲四足而已。嶡之言蹷也，謂中足爲橫距之象，《周禮》謂之距。椇之言枳椇也，謂曲橈之也。房謂足下跗也，上下兩間，有似於堂房。《魯頌》曰：『籩豆大房。』」又曰：「夏后氏以揭豆，殷玉豆，周獻豆。」鄭注云：「揭，無異物之飾也。獻，疏刻之。齊人謂無髮爲禿揭。」其委曲制度備在禮圖。　注「鄭曰萬二千五百人爲軍，五百

❶「不」上，正平本有「則」字。

人爲旅」 正義曰：皆《司馬・序官》文也。

明日遂行。❶在陳絕糧，從者病，莫能興。孔曰：「從者，弟子。興，起也。孔子去衛如曹，曹不容，又之宋。宋遭匡人之難，❷又之陳。會吳伐陳，陳亂，故乏食。」【釋】糧音粮，鄭本作「粻」，音張。從，才用反。難，乃旦反。 子路慍見曰：「君子亦有窮乎？」❸子曰：「君子固窮，小人窮，斯濫矣。」濫，溢也。君子固亦有窮時，但不如小人窮則濫溢爲非。❹

【疏】「明日」至「濫矣」 正義曰：此章記孔子困於陳也。❺「明日遂行」者，既答靈公之明日也，遂去衛國而之於他邦也。「在陳絕糧，從者病，莫能興」者，從者，弟子也。興，起也。孔子適在陳，值吳伐陳，❻陳亂，故乏絕糧食。弟子從者困病，莫能興起也。「子路慍見曰君子亦有窮乎」者，慍，怒也。子路以爲君子學則祿在其中，不當有窮困。今乃窮困，故慍怒而見，問於夫子曰：「君子豈亦如常人有窮困邪？」「子曰君子固窮，小人窮，斯濫矣」者，濫，溢也。言君子固亦有窮困時，但不如小人窮則濫溢爲非。 注「孔曰」至「乏食」 正義曰：云「孔子去衛如曹，曹不容，又之宋。宋遭匡人之難，又之陳。會吳伐陳」者，皆以《孔子世家》文而知也。「如」、「之」皆訓往。【釋】慍，紆問反，下同。見，賢遍反，下同。濫，力暫反，鄭云「竊也」。

子曰：「賜也，女以予爲多學而識之者與？」對曰：「然。孔曰：「然謂多學而識之。」【釋】與音餘，下「非與」、「也與」同。非與？」孔曰：「問今不然。」❼曰：「非也。予一以貫之。」善有元，事有會，天下殊塗而同歸，百慮而一致。❽知其元則眾善舉矣，故不待多學而一知之。❾【疏】「子曰」至「貫之」 正義曰：此章言善道有統也。「子曰賜也，女以予爲多學而識之者與」者，孔子問子貢，女意以我爲多其學問、記識之

---

❶「明日遂行」，正平本合前爲一章。
❷「宋」字，正平本無。
❸「有」字，正平本無。
❹「則」字，正平本無。
❺「困」，阮本作「阨」。
❻「值」，阮本作「會」。
❼「然」下，正平本有「邪也」二字。
❽「而」字，正平本無。
❾「而一」，正平本作「一以」。

者與。與，語辭。「對曰然」者，子貢意以爲然，是夫子多學而識之也。「非與」者，子貢又言，今乃非多學而識之者與。「曰非也。予一以貫之」者，孔子答，言己之善道非多學而識之也。我但用一理以通貫之。以其善有元，事有會，知其元則衆善舉矣，故不待多學，一以知之。　注「天下殊塗而同歸，百慮而一致」　正義曰：《周易·下繫辭》文也。

【釋】貫，古亂反。

子曰：「由，知德者鮮矣。」王曰：「君子固窮而子路愠見，故謂之少於知德。」❶【疏】「子曰由，知德者鮮矣」　正義曰：此一章言子路鮮於知德。鮮，少也。由，子路名。言君子固窮而子路愠見，故謂之少於知德也。

【釋】鮮，仙善反。

子曰：「無爲而治者，其舜也與。夫何爲哉？恭己正南面而已矣。」言任官得其人，故無爲而治。【疏】「子曰無爲而治者，其舜也與。夫何爲哉？恭己正南面而已矣」　正義曰：此一章美帝舜也。帝王之道，貴在無爲清靜而民化之，然後之王者，亦罕能及，❷故孔子曰「無爲而天下治者，其舜也與」。所以無爲者，以其任官得人。夫舜何必有爲哉，但恭敬己身，正南面嚮明而已。　注「言任官得其人，故無爲而治」　正義曰：案《舜典》命禹宅百揆，棄、后稷，契作司徒，皋陶作士，垂、共工，益作朕虞，伯夷作秩宗，夔典樂，教胄子，龍作納言，并四岳十二牧，凡二十二人，皆得其人，故舜無爲而治也。

【釋】治，直吏反。夫音符。

子張問行。子曰：「言忠信，行篤敬，雖蠻貊之邦，行矣。言不忠信，行不篤敬，雖州里，行乎哉？鄭曰：「萬二千五百家爲州，五家爲鄰，五鄰爲里。『行乎哉』，言不可行。」【釋】行篤，下孟反，下「行不篤敬」亦同。貊，亡白反，《說文》作「貌」，❸云「北方人也」。立則見其參於前也，❹在輿則見其倚於衡也，夫然後行。」❺包曰：「衡，軛也。言思念忠信，

❶「德」下，正平本有「者也」二字。
❷「亦」，阮本誤「以」。
❸「貊」，元本作「貌」。
❹「參」下，正平本有「然」字。
❺「行」下，正平本有「也」字。

立則常想見參然在目前，❶在輿則若倚車軛。」❷【釋】參，所金反，注同。輿音餘。倚，於綺反，注同。夫音符。❸軛音厄，本亦作「枙」。子張書諸紳。孔曰：「紳，大帶。」

【疏】「子張」至「諸紳」　正義曰：此一章言可常行之行也。「子張問行」者，問於夫子何如則可常行。「子曰言忠信，行篤敬，雖蠻貊之邦，行矣。言不忠信，行不篤敬，雖州里，行乎哉」，❹孔子答，言必當言盡忠誠，不欺於物，行唯敦厚，而常謹敬，則雖蠻貊遠國，其道行矣。反此，雖州里近處，而行乎哉，言不可行也。「立則見其參於前也，在輿則見其倚於衡也，夫然後行」者，輿是車輿也。衡，軛也。言常思念忠信篤敬，立則想見參然在目前，在輿則若倚車軛，夫能如是而後可行。「子張書諸紳」者，紳，大帶也。子張以孔子之言書之紳帶，意其佩服，無忽忘也。　注「鄭曰」至「爲里」　正義曰：《周禮・大司徒職》云：「五家爲比，五比爲閭，四閭爲族，五族爲黨，五黨爲州。」是二千五百家爲州也。今云萬二千五百家爲州，誤也。云「五家爲鄰，五鄰爲里」，《遂人職》文也。　注「紳，大帶」　正義曰：以帶束腰，垂其餘以爲飾，謂之紳。《玉藻》說帶云「大夫大帶」，是一名大帶也。《玉藻》稱「天子素帶朱裏，終辟。諸侯素帶不朱裏而終辟。大夫素帶，辟垂。士練帶，率下辟。居士錦帶，弟子縞帶，並紐約用組。」❺「三寸，長齊於帶。紳長，制，士三尺，有司二尺有五寸。子游曰：『參分帶下，紳居二焉。紳韠結三齊。』大夫大帶四寸，❻雜帶。君朱綠，大夫玄帶，❼士緇辟，二寸，再繚四寸。凡帶，有率，無箴功。」此紳帶之制也。【釋】紳音申。大帶，如字。

子曰：「直哉，史魚。孔曰：「衛大夫史鰌。」【釋】鰌音秋。邦有道，如矢。邦無道，如矢。孔曰：「有道無道，行直如矢，言不曲。」❽【釋】行，下孟反。君子哉，蘧伯玉。邦有道，則仕。邦無道，則可卷而懷之。」❾包曰：「卷而懷，謂不與時政，

❶「目」字，正平本無。
❷「車」，正平本作「衡」。
❸「符」，元本作「扶」。
❹「哉」下，阮本有「者」字。
❺「紐」，阮本誤「紉」。
❻「寸」，原作「十」，據阮本改。
❼「帶」，阮本誤「華」。
❽「言」字，正平本無。
❾「之」，正平本作「也」。

柔順不忤於人。」【疏】「子曰」至「懷之」 正義曰：此章美衛大夫史鰌、蘧瑗之行也。「直哉，史魚」者，美史魚之行正直也。「邦有道，如矢。邦無道，如矢」者，此其直之行也。矢，箭也。史鰌之德，其性惟直。國之有道無道，行直如箭。言不隨世變曲也。「君子哉，蘧伯玉」者，美伯玉有君子之德也。「邦有道，則仕。邦無道，則可卷而懷之」者，此其君子之行也。國若有道，則肆其聰明而在位也。❶國若無道，則韜光晦知，不與時政，亦常柔順不忤逆於人，❷是以謂之君子也。【釋】卷，眷勉反，注同。與音預。忤，五故反。

子曰：「可與言而不與言，失人。不可與言而與之言，❸失言。知者不失人，亦不失言。」【疏】「子曰」至「失言」 正義曰：此章戒其知人也。若中人以上，可以語上，是可與言而不與言，是失於彼人也。若中人以下，不可以語上，而已與之言，則失於己言也。惟知者明於事，二者俱不失。

子曰：「志士仁人，無求生以害仁，有殺身以成仁。」孔曰：「無求生而害仁，❹死而後成仁，則志士仁人不愛其身也。」【疏】「子曰志士仁人，無求生以害仁，有殺身以成仁」 正義曰：此章言志善之士，仁愛之人，無求生而害仁，若身死而後成仁，則志士仁人不愛其身，有殺其身以成其仁者也。若伯夷、叔齊及比干是也。【釋】知音智。

子貢問爲仁。子曰：「工欲善其事，必先利其器。居是邦也，事其大夫之賢者，友其士之仁者。」❺孔曰：「言工以利器爲用，人以賢友爲助。」【疏】「子貢」至「仁者」 正義曰：此章明爲仁之法也。「子貢問爲仁」者，子貢欲爲仁，未知其法，故問之。「子曰工欲善其事，必先利其器」者，將答爲仁，先爲設譬也。若百工欲善其所爲之事，當先脩利所用之器。「居是邦也，事其大夫之賢者，友其士之仁者」，此設譬也。❻言工以利器爲用，人以賢友爲助。大夫尊，故言「事」；士卑，故

❶「位」，阮本作「仕」。
❷「於」，阮本作「校」。
❸「之言」，正平本作「言之」。
❹「而」，阮本作「以」。
❺「者」下，正平本有「也」字。
❻「設」，阮本誤「答」。

言「友」。大夫言「賢」，士言「仁」，互文也。

顏淵問爲邦。子曰：「行夏之時，據見萬物之生，以爲四時之始，取其易知。【釋】易，以豉反。乘殷之輅，馬曰：「殷車曰大輅。《左傳》曰：『大輅越席，❶昭其儉也。』」【釋】輅音路，本亦作「路」。越，户括反。服周之冕，包曰：「冕，禮冠。周之禮文而備，取其黈纊塞耳，不任視聽。」【釋】黈，吐口反。纊音曠。樂則《韶》舞，《韶》，舜樂也。盡善盡美，故取之。【釋】盡，津忍反，下同。放鄭聲，遠佞人。鄭聲淫，佞人殆。」孔曰：「鄭聲、佞人，亦俱能感人心，❷與雅樂、賢人同，而使人淫亂、危殆，故當放遠之。」❸【疏】「顏淵」至「人殆」。正義曰：此章言治國之法也。「顏淵問爲邦」者，爲猶治也。❹問治國之禮法於孔子也。「子曰行夏之時」者，此下孔子答以爲邦所行用之禮樂車服也。夏之時，謂以建寅之月爲正也。據見萬物之生，以爲四時之始，取其易知，故使行之。「乘殷之輅」者，殷車曰大輅，謂木輅也，取其儉素，故使乘之。「服周之冕」者，冕，禮冠也。周之禮文而備，取其黈纊塞耳，不任視聽，故使服之。「樂則《韶》舞」者，《韶》，舜樂名也。以其盡善盡美，故使取之。「放鄭聲，遠佞人。鄭聲淫，佞人殆」者，又當放棄鄭衛之聲，遠離便佞之人，❺以鄭聲、佞人亦俱能感人心，❻與雅樂、賢人同，然而使人淫亂、危殆，故使放遠之。注「馬曰」至「儉也」。正義曰：云「殷車曰大輅」者，《明堂位》曰：「大路，❼殷輅也。」鄭注云「大路，木路也。漢祭天乘殷之路，今謂之桑根車」者是也。路訓大也。君之所在，以大爲號，門曰路門，寢曰路寢，車曰路車，故人君之車，通以路爲名。《周禮·巾車》「掌王之五路」，❽鄭玄云：「王在路焉曰路。」❾彼解天子之車，故云「王在」耳。其實諸侯之車亦稱爲路。云「《左傳》曰：大輅越席，昭其儉也」者，桓二年文也。越

❶「席」下，正平本衍「也」字。
❷「感」，阮本作「惑」。
❸「之」，正平本作「也」。
❹「治也」，阮本作「之治」。
❺「便」，阮本作「辨」。
❻「感」，阮本作「惑」。
❼「路」，阮本作「輅」。
❽「五」，阮本誤「四」。
❾上「路」字，阮本無。

席，結蒲爲席，置於路中以茵藉，示其儉也。服虔云：「大路，木路。」引之者，以證殷路一名大路也。杜元凱以大路爲玉路，今所不取。　注「包曰」至「視聽」　正義曰：云「冕，禮冠。周之禮文而備」者，冠者，首服之大名。冕者，冠中之別號。故云「冕，禮冠」也。《世本》云：「黄帝作冕。」宋仲子云：「冕，冠之有旒者，禮文殘缺，形制難詳。」《周禮・弁師》「掌王之五冕，皆玄冕朱裏」，止言玄朱而已，不言所用之物。《子罕篇》云：「麻冕，禮也。」蓋以木爲幹，而用布衣之。上玄下朱，取天地之色，其長短廣狹，則經傳無文。阮諶《三禮圖・漢禮器制度》云：「冕制皆長尺六寸，廣八寸，天子以下皆同。」沈引董巴《輿服志》云：「廣七寸，長尺二寸。」應劭《漢官儀》云：「廣七寸，長八寸。」沈又云：「廣八寸，長尺六寸者，天子之冕。廣七寸，長尺二寸者，諸侯之冕。廣七寸，長八寸者，大夫之冕。」但古禮殘缺，未知孰是，故備載焉。司馬彪《漢書・輿服志》云：「孝明帝永平二年，初詔有司采《周官》、《禮記》、《尚書》之文制冕，皆前圓後方，朱裏玄上，前垂四寸，後垂三寸，天子白玉珠十二旒，三公諸侯青玉珠七旒，卿大夫黑玉珠五旒，皆有前無後。」此則漢法耳。其古禮，鄭玄注《弁師》云天子衮冕，以五采繅，前後各十二斿，❶斿有五采玉十有二。鷩冕，前後九斿。毳冕，前後七斿。希冕，前後五斿。玄冕，前後三斿。斿皆五采玉十有二。上公衮冕，三采繅，前後九斿，斿有三采玉九。侯伯鷩冕，三采繅，前後七斿，斿有三采玉七。子男毳冕，三采繅，前后五斿，斿有三采玉五。孤卿以下，皆二采繅，二采玉，其斿及玉各依命數耳。❷謂之冕者，冕，俛也，以其後高前下，有俛俯之形，故因名焉。蓋以在上位者失於驕矜，❸欲令位彌高而志彌下，故制此服，令貴者下賤也。云「取其黈纊塞耳，不任視聽」者，黈纊，黄緜也。案今禮圖，衮冕以下皆有充耳，天子以黈纊，諸侯以青纊，以其冕旒垂目，黈纊塞耳，欲使無爲清靜，以化其民，故不任視聽也。【釋】遠，於萬反。佞，乃定反。

子曰：「人無遠慮，❹必有近憂。」王曰：「君子當思患而預防之。」❺【疏】「子曰人無遠慮，必有近

❶「各」字，阮本無。

❷「二采玉其斿及玉各」，阮本作「二采玉焉蓋以繅采玉其斿又玉名」。

❸「失」，阮本誤「先」。

❹「人」下，正平本有「而」字。

❺「王曰」云云，正平本無此注。

憂」　正義曰：此章戒人備豫不虞也。　注「王曰君子當思患而預防之」　正義曰：此《周易・既濟・象辭》也。　王弼云：「存不忘亡，既濟不忘未濟也。」❶

子曰：「已矣乎，吾未見好德如好色者也。」【疏】「子曰」至「者也」　正義曰：此章疾時人好色而不好德也。

子曰：「臧文仲其竊位者與，知柳下惠之賢而不與立也。」孔曰：「柳下惠，展禽也。知賢而不舉，是爲竊位。」❷【疏】「子曰」至「立也」　正義曰：此章勉人舉賢也。竊，偷也。❸魯大夫臧文仲知賢不舉，偷安於位，故曰竊位。以其知柳下惠之賢，而不稱舉，❹與立於朝廷也。　注「柳下惠，展禽也」　正義曰：案《魯語》：「展禽對臧文仲云：　獲聞之。」是其人氏展，名獲，字禽。柳下是其所食之邑名，❺謚曰惠。《列女传》：「柳下惠死，门人將謚之。妻曰：『夫子之謚，宜爲惠乎？』門人從，以爲謚。」《莊子》云「柳下季」者，季是五十字，禽是二十字。

【釋】好，並呼報反，下「好行」同。者與，音餘。

子曰：「躬自厚，而薄責於人，則遠怨矣。」孔曰：「責己厚，❻責人薄，所以遠怨咎。」【疏】「子曰」至「怨矣」　正義曰：此章戒人責己也。躬，身也。言凡事自責厚，薄責於人，則所以遠怨咎也。【釋】遠，于萬反，注同。咎，其九反。

子曰：「不曰『如之何』，孔曰：「『不曰如之何』者，猶言不曰柰是何也。」❼如之何者，吾末如之何也[已]矣。」❽孔曰：「『如之何者』，言禍難已成，吾亦無如之何。」【疏】「子曰」至「已矣」　正義曰：此章戒人豫防禍難也。如，柰也。「不曰如之何」，猶言不曰柰是何。末，無也。若曰柰是何者，則是禍難已成，不可救藥，吾亦無柰之何。

子曰：「群居終日，言不及義，好行小

---

❶「忘」，原作「志」，據阮本改。
❷「是」字，正平本無。
❸「偷」，阮本作「盜」。
❹「而」字，阮本無。
❺「下」下，阮本衍「惠」字。
❻「責」上，正平本有「自」字。
❼「言」字，正平本無。
❽「已」字原奪，據阮本補。

慧，難矣哉。」鄭曰：「小慧謂小小之才知。❶『難矣哉』，言終無成。」【疏】「子曰」至「矣哉」　正義曰：此章貴義。小慧謂小小才知。言人群朋共居，❷終竟一日，所言不及義事，❸但好小小才知以陵誇於人，❹難有所成矣哉。言終無成者也。❺【釋】慧音惠，《魯》讀《慧》为「惠」，今從《古》。知音智。

子曰：「君子義以爲質，禮以行之，孫以出之，❻信以成之。君子哉。」鄭曰：「『義以爲質』謂操行。『孫以出之』謂言語。」❼【疏】「子曰」至「子哉」　正義曰：此章論君子之行也。「義以爲質」，謂操執以行者當以義爲體質，文之以禮，然後行之，孫順其言語以出之，守信以成之，能此四者，可謂君子哉。【釋】孫音遜。

子曰：「君子病無能焉，不病人之不己知也。」包曰：「君子之人，但病無聖人之道，不病人之不知己。」❽【疏】「子曰」至「知也」　正義曰：此章戒人脩己也。病猶患也。言君子之人，但患己無聖人之道，不患人之不知己也。

子曰：「君子疾没世而名不稱焉。」疾猶病也。【疏】「子曰君子疾没世而名不稱焉」　正義曰：此章勸人脩德也。疾猶病也。言君子病其終世而善名不稱也。

子曰：「君子求諸己，小人求諸人。」君子責己，小人責人。【疏】「子曰君子求諸己，小人求諸人」　正義曰：此章言君子責於己，小人責於人也。求，責也。諸，於也。

子曰：「君子矜而不爭，包曰：「矜，矜莊也。」【釋】爭，「爭訟」之「爭」。群而不黨。」孔曰：「黨，助也。君子雖衆，不相私助，義之與比。」❾【疏】「子曰」至「不黨」　正義曰：此章言君子貌雖矜莊，而不爭鬪，

❶「之」字，正平本無。
❷「共」，阮本誤「其」。
❸「所」，阮本誤「聽」。
❹「好」下，阮本有「行」字。
❺「者」字，阮本無。
❻「孫」，正平本作「遜」。
❼「鄭曰」云云，正平本無此注。
❽「包曰」云云，正平本無此注。「知己」，阮本作「己知」。
❾「比」下，正平本有「之也」二字。

君子雖衆，而不私相黨助，義之與比也。【釋】比，毗志反。

子曰：「君子不以言舉人，包曰：「有言者不必有德，故不可以言舉人。」不以人廢言。」王曰：「不可以無德而廢善言。」❶【疏】「子曰」至「廢言」　正義曰：此章言君子用人，取其善節也。有言者不必有德，故不可以言舉人。當察言觀行，然後舉之。夫婦之愚可以與知，故不可以無德而廢善言也。

子貢問曰：「有一言而可以終身行之者乎？」❷子曰：「其恕乎。己所不欲，勿施於人。」❸言己之所惡，勿加施於人。❹【疏】「子貢」至「於人」　正義曰：此章言人當恕己以及物也。❺「子貢問曰有一言而可以終身行之者乎」者，問於孔子，求脩身之要道也。「子曰其恕乎。己所不欲，勿施於人」者，孔子答，言唯仁恕之一言可終身行之也。己之所惡，勿加施於人，❻即是恕也。

子曰：「吾之於人也，誰毀誰譽？如有所譽者，❼其有所試矣。包曰：「所譽者輒試以事，❽不虛譽而已。」❾【釋】譽音餘，及注同。斯民也，三代之所以直道而行也。」馬曰：「三代，夏殷周。用民如此，無所阿私，所以云直道而行。」【疏】「子曰」至「行也」　正義曰：此章論正直之道也。「子曰吾之於人也，誰毀誰譽」者，毀謂譖害。譽謂稱揚。言我之於人，於誰毀，於誰譽，無私毀譽也。「如有所譽者，其有所試矣」者，言所稱譽者輒試以事，不虛譽而已也。「斯民也，三代之所以直道而行也」者，斯，此也。三代，夏殷周也。言如此用民無所阿私，❿夏殷周三代之令王所以得稱直道而行也。

❶「王曰」云云，正平本無此注。
❷「之」字，正平本無。
❸「人」下，正平本有「也」字。
❹「言己」云云，正平本無此注。
❺「以」，阮本作「不」。
❻「加」，阮本作「欲」。
❼「所」，正平本作「可」。
❽「者」字，正平本無。
❾「虛」，正平本作「空」，「已」下有「矣」字。
❿「用」，原作「周」，據阮本改。

子曰：「吾猶及史之闕文也。包曰：「古之良史於書字有疑，❶則闕之，以待知者。」有馬者借人乘之，今亡矣夫。」❷包曰：「有馬不能調良，則借人乘習之。❸孔子自謂及見其人如此，至今無有矣。言此者，以俗多穿鑿。」【疏】「子曰」至「矣夫」　正義曰：此章疾時人多穿鑿也。「子曰吾猶及史之闕文也」者，史是掌書之官也。文，字也。古之良史於書字有疑，則闕之，以待能者，不敢穿鑿。孔子言我尚及見此古史闕疑之文。「有馬者借人乘之」者，此舉喻也。喻己有馬不能調良，當借人乘習之也。「今亡矣夫」者，亡，無也。孔子自謂及見其人如此闕疑，至今則無有矣。言此者，以俗多穿鑿。【釋】借，子夜反，注同。夫音符。

子曰：「巧言亂德，小不忍則亂大謀。」❹孔曰：「巧言利口則亂德義，小不忍則亂大謀。」【疏】「子曰巧言亂德，小不忍則亂大謀」　正義曰：此章戒人慎口忍事也。有言者不必有德，故巧言利口則亂德義。山藪藏疾，國君含垢，故小事不忍則亂大謀。

子曰：「衆惡之，必察焉。衆好之，必察焉。」王曰：「或衆阿黨比周，或其人特立不群，故好惡不可不察也。」【疏】「子曰」至「察焉」　正義曰：此章論知人之事也。夫知人未易，設有一人，爲衆所惡，不可即從雷同而惡之。或其人特立不群，故必察焉。又設有一人，爲衆所好，亦不可即從衆而好之。或此人行惡，衆乃阿黨比周，故不可不察　注「王曰衆或阿黨比周」❺　正義曰：此解衆好之也，謂衆多惡人，私相阿曲朋黨，比，近；周，密也。文十八年《左傳》言渾敦之惡云：「頑嚚不友，❻是與比周。」杜注云：「比，近也。周，密也。」言比是相近也，周是親密也。唯是親愛之義，非爲善惡之名。《爲政》篇「子曰君子周而不比，小人比而不周」，孔曰：「忠信爲周，阿黨爲比。」以君子小人相對，故觀文爲說也。【釋】惡，烏路反。好，呼報反，注同。比，毗志反。

❶「良」字，正平本無。
❷「今」下，正平本有「則」字。
❸「乘」，正平本作「使」。
❹「則」字，正平本無。
❺「衆或」，阮本正作「或衆」。
❻「嚚」，阮本作「嚣」。

子曰：「人能弘道，非道弘人。」❶王曰：❷「才大者道隨大，才小者道隨小，故不能弘人。」【疏】「子曰人能弘道，非道弘人」　正義曰：此章論道也。弘，大也。道者，通物之名，虛無妙用，不可須臾離，但仁者見之謂之仁，知者見之謂之知。是人才大者，道隨之大也，故曰「人能弘道」。百姓則日用而不知，是人才小者，道亦隨小，而道不能大其人也，故曰「非道弘人」。

子曰：「過而不改，是謂過矣。」【疏】「子曰過而不改，是謂過矣」　正義曰：此章戒人改過也。人誰無過，過而能改，善莫大焉，過而不改，是謂過矣。

子曰：「吾嘗終日不食，終夜不寢，以思，無益，不如學也。」【疏】「子曰」至「學也」　正義曰：此章勸人學也。

子曰：「君子謀道不謀食。耕也，餒在其中矣。學也，祿在其中矣。君子憂道不憂貧。」❸鄭曰：「餒，餓也。言人雖念耕而不學，故饑餓；❹學則得祿，雖不耕而不餒。❺此勸人學。」❻【疏】「子曰」至「憂貧」　正義曰：此章亦勸人學也。人非道不立，故必先謀於道。道高則祿求，❼故不假謀於食。餒，餓也。言人雖念耕而不學，則無知，歲有凶荒，故饑餓。學則得祿，雖不耕而不餒，是以君子但憂道德不成，不憂貧乏也。然耕也未必皆餓，學也未必皆得祿，大判而言，故云耳。【釋】餒，奴罪反。

子曰：「知及之，仁不能守之，雖得之，必失之。包曰：「知能及治其官，而仁不能守，雖得之，必失之。」【釋】知音智，注及下同。知及之，仁能守之，不莊以涖之，則民不敬。包曰：「不嚴以臨之，則民不敬從其上。」❽【釋】涖音利，又音類。知及之，仁能守之，莊以涖之，動之不以禮，未善

❶「人」下，正平本有「也」字。
❷「王曰」二字，正平本無。
❸「貧」下，正平本有「也」字。
❹「饑」，正平本作「飢」。
❺「餒」，正平本作「飢」。
❻「此勸人學」，正平本作「勸人學也」。
❼「求」，阮本作「來」。
❽「其」字，正平本無。

也。」王曰：「動必以禮，然後善。」【疏】「子曰」至「善也」

正義曰：此章論居官臨民之法也。「子曰知及之，仁不能守之，雖得之，必失之」者，得位由知，守位在仁，若人知能及治其官，而仁不能守，雖得禄位，必將失之。「知及之，仁能守之，不莊以涖之，則民不敬」者，莊，嚴也。涖，臨也。言雖知及其官，仁能守位，不嚴以臨之，則民不敬從其上。「知及之，仁能守之，莊以涖之，動之不以禮，未善也」者，言動必以禮，然後善。李充云：「夫知及以得，其失也蕩。仁守以靜，其失也寬。莊涖以威，其失也猛。故必須禮，然後和之。以禮制知，則精而不蕩。以禮輔仁，則溫而不寬。以禮御莊，則威而不猛。故安上治民，莫善於禮。」顏特進云：「知以通其變，仁以安其性，莊以安其慢，禮以安其情，化民之善，必備此四者。」

子曰：「君子不可小知，而可大受也；小人不可大受，❶而可小知也。」王曰：❷「君子之道深遠，不可小了知而可大受；❸小人之道淺近，可小了知而不可大受也。」❹【疏】「子曰」至「知也」 正義曰：此章言君子小人道德深淺不同之事也。言君子之道深遠，仰之彌高，鑽之彌堅，故不可小了知也，使人饜飫而已，是可大受也。小人之道淺近，易爲窮竭，故不可大受，而可小了知也。

子曰：「民之於仁也，甚於水火。馬曰：「水火及仁，❺皆民所仰而生者，❻仁最爲甚。」水火，吾見蹈而死者矣，未見蹈仁而死者也。」馬曰：「蹈水火，或時殺人。蹈仁，未嘗殺人。」【疏】「子曰」至「者也」 正義曰：此章勸人行仁道也。「子曰民之於仁也，甚於水火」者，言水火，飲食所由，仁者，善行之長，皆民所仰而生者也。若較其三者所用，則仁最爲甚也。「水火，吾見蹈而死者矣，未見蹈仁而死者也」，❼此明仁甚於水火之事也。蹈猶履也。水火雖所以養人，若履踐之，❽或時殺

❶「受」下，正平本有「也」字。
❷「王曰」二字，正平本無。
❸上「可」字下，正平本有「以」字。
❹上「可」字下，正平本有「以」字。
❺「及」，正平本作「與」。
❻「皆」，阮本作「故」。
❼「也」下，阮本有「者」字。
❽「踐」，阮本作「蹈」。

人。若履行仁道，未嘗殺人也。王弼云：「民之遠於仁，甚於水火。見有蹈水火者，未嘗見蹈仁者也。」雖與馬意不同，亦得爲一義。【釋】蹈，徒報反。

子曰：「當仁不讓於師。」孔曰：「當行仁之事，不復讓於師。言行仁急。」【疏】「子曰當仁不讓於師」正義曰：此章言行仁之急也。弟子之法，爲事雖當讓於師，若當行仁之事，不復讓於師也。【釋】復，扶又反。

子曰：「君子貞而不諒。」孔曰：「貞，正。諒，信也。君子之人，正其道耳，言不必小信。」❶【疏】「子曰君子貞而不諒」正義曰：此章貴正道而輕小信也。貞，正也。諒，信也。君子之人，正其道耳，言不必不信。❷案，昭七年《左傳》云：「子產爲豐施歸州田於韓宣子，曰：『日君以夫公孫段爲能任其事，❸而賜之州田。今無祿早世，不獲久享君德。其子弗敢有，不敢以聞於君，私致諸子。』宣子辭。子產曰：『古人有言曰：其父析薪，其子弗克負荷。施將懼不能任其先人之祿，其況能任大國之賜？縱吾子爲政而可，後之人若屬有疆埸之言，敝邑獲戾，而豐氏受其討。❹吾子取州，是免敝邑於戾，而建置豐氏也。敢以爲請。』」杜注曰：「《傳》言子產貞而不諒。」言段受晉邑，本而歸之，❺是正也。知宣子欲之，而言畏懼後禍，是不信，故杜氏引此文爲注也。

子曰：「事君，敬其事而後其食。」孔曰：「先盡力而後食祿。」❻【疏】「子曰」至「其食」正義曰：此章言爲臣事君之法也。❼言當先盡力敬其職事，必有勳績，而後食祿者也。❽

子曰：「有教無類。」馬曰：「言人所在見教，❾無有種類。」【疏】「子曰有教無類」正義曰：此章言教人之法也。類謂種類。言人所在見教，無有貴賤種類也。

子曰：「道不同，不相爲謀。」【疏】「子曰」

---

❶「小」字，正平本無。
❷「不」，阮本作「小」。
❸「段」，原作「叚」，據阮本改，下同。
❹「其」下，阮本有「大」字。
❺「本」，阮本作「卒」。
❻「而」，正平本作「然」。
❼「言」下，阮本有「其」字。
❽「者」字，阮本無。
❾「所」字，正平本無。

至「爲謀」　正義曰：此章言人之爲事，必須先謀。若道同者共謀，則精審不誤；❶若道不同而相爲謀，則事不成也。

子曰：「辭達而已矣。」孔曰：❷「凡事莫過於實，❸辭達則足矣，不煩文豔之辭。」【疏】「子曰辭達而已矣」　正義曰：此章明言語之法也。凡事莫過於實，辭達則足矣，不煩文豔也。【釋】爲，于僞反。豔，以驗反。

師冕見。孔曰：「師，樂人盲者。名冕。」【釋】見，賢遍反。及階，子曰：「階也。」及席，❹子曰：「席也。」皆坐，子告之曰：「某在斯，某在斯。」孔曰：「歷告以坐中人姓字、所在處。」❺【釋】處，昌慮反。師冕出。子張問曰：「與師言之道與？」子曰：「然，固相師之道也。」馬曰：「相，導也。」【疏】「師冕見」至「道也」　正義曰：❻此章論相師之禮也。「師冕見」者，師，樂人盲者。名冕。見謂來見孔子也。「及階，子曰階也。及席，子曰席也」者，師冕及階、及席，孔子並告之，使師冕知而升階、登席也。「皆坐，子告之曰某在斯，某在斯」者，孔子見瞽者必起，弟子亦起，冕既登席而坐，孔子及弟子亦皆坐。孔子歷以坐中人姓字、所在處告師冕，使知也。「師冕出。子張問曰與師言之道與」者，道謂禮也。子張見孔子歷告之，未嘗知此禮，既師冕出去，而問孔子曰：「此是與師言之禮與？」「子曰然，固相師之道也」者，相猶導也。孔子然答子張，言此固是相導樂師之禮也。

季氏第十六

【疏】正義曰：此篇論天下無道，政在大夫，故孔子陳其正道，揚其衰失，稱損益以教人，舉《詩》《禮》以訓子，明君子之行，正夫人之名，以前篇首章記衛君靈公失禮，此篇首章言魯臣季氏專恣，故以次之也。

---

❶「精」，阮本作「情」。
❷「孔曰」二字，正平本無。
❸「實」下，正平本有「足也」二字。
❹「席」下，正平本有「也」字。
❺「字」下，正平本有「及」字。
❻「正義」，原作「王善」，據阮本改。

季氏將伐顓臾。冉有、季路見於孔子，曰：「季氏將有事於顓臾。」孔曰：「顓臾，伏羲之後，❶風姓之國，本魯之附庸，當時臣屬魯。季氏貪其土地，❷欲滅而取之。❸冉有與季路爲季氏臣，來告孔子。」【釋】顓音專。臾音瑜。見，賢遍反。伏，本亦作「宓」，音密，又音伏。羲，許宜反。孔子曰：「求，無乃爾是過與？孔曰：「冉求爲季氏宰，相其室，爲之聚斂，故孔子獨疑求教之。」❹【釋】與音餘，下同。相，息亮反。爲之，于僞反。夫顓臾，昔者先王以爲東蒙主，孔曰：「使主祭蒙山。」【釋】夫音符，下「今夫」「疾夫」，「夫如是」，並同。且在邦域之中矣，孔曰：「魯七百里之封，❺顓臾爲附庸，在其域中。」【釋】邦，或作封。是社稷之臣也，何以伐爲？」❻孔曰：「臣屬魯，❼爲社稷之臣，何用滅之爲？」冉有曰：「夫子欲之，吾二臣者，皆不欲也。」孔曰：「歸咎於季氏。」孔子曰：「求，周任有言曰：『陳力就列，不能者止。』馬曰：「周任，古之良史。言當陳其才力，❽度己所任，以就其位，不能則當止。」【釋】任音壬，注同。度，待路反。❾危而不持，顛而不扶，則將焉用彼相矣？包曰：「言輔相人者當能持危扶顛，若不能，何用相爲。」【釋】焉，於虔反。相，息亮反，注同，下「相夫子」同。且爾言過矣，虎兕出於柙，龜玉毀於櫝中，❿是誰之過與？」馬曰：「柙，檻也。櫝，匱也。失虎毀玉，豈非典守之過邪？」⓫【釋】兕，徐履反。柙，戶甲反，本亦作「匣」。櫝音獨，下同。檻，戶覽反。匱，其位反。

❶「伏」，正平本作「宓」。
❷「土」字，正平本無。
❸「取」，正平本作「有」。
❹「之」，正平本作「也」。
❺「封」，正平本作「邦」。
❻「伐爲」，正平本作「爲伐也」。
❼「臣」，正平本作「己」。
❽「其才力」，正平本作「才事」。
❾「路」，元本作「洛」。
❿「於」字，正平本無。
⓫「豈」字，正平本無。「守」下，正平本有「者」字。

冉有曰：「今夫顓臾，固而近於費。馬曰：「固謂城郭完堅，兵甲利也。費，季氏邑。」❶【釋】費，悲位反，注同。今不取，後世必爲子孫憂。」孔子曰：「求，君子疾夫，孔曰：「疾如汝之言。」❷【釋】「後世必爲子孫憂」，本或作「必爲子孫憂」。舍曰欲之，而必爲之辭。❸孔曰：「舍其貪利之説，而更作他辭，❹是所疾也。」【釋】舍音捨。丘也聞有國有家者，不患寡而患不均，孔曰：「國，諸侯。家，卿大夫。❺不患土地人民之寡少，患政理之不均平。」❻【釋】理，本作治，直吏反。不患貧而患不安，孔曰：「憂不能安民耳，民安則國富。」蓋均無貧，和無寡，安無傾。包曰：「政教均平，則不貧矣。❼上下和同，不患寡矣。小大安寧，❽不傾危矣。」夫如是，故遠人不服，則修文德以來之。既來之，則安之。今由與求也，相夫子，遠人不服，而不能來也，邦分崩離析，而不能守也；孔曰：「民有異心曰分，❾欲去曰崩，不可會聚曰離析。」【釋】析，星歷反。而謀動干戈於邦内，孔曰：「干，楯也。戈，戟也。」【釋】邦内，鄭本作「封内」。楯，又作盾，並食允反。吾恐季孫之憂不在顓臾，❿而在蕭牆之内也。」鄭曰：「蕭之言肅也。牆謂屏也。⓫君臣相見之禮，至屏而加肅敬焉，是以謂之蕭牆。後季氏家臣陽虎果囚季桓子。」⓬【疏】「季氏」至「内也」　正義曰：此章論魯卿季氏專恣征伐之事也。「季氏將伐顓臾」者，顓臾，伏羲之後，風姓之國，本魯之附庸，當時臣屬於魯。而季氏貪其土地，欲滅而取之也。

❶「氏」下，正平本有「之」字。
❷「汝」，正平本作「女」。
❸「必」下，正平本有「更」字。
❹「而」字，正平本無。
❺「國」「家」下，正平本都有「者」字。
❻「理」，正平本作「治」。
❼「不」下，正平本有「患」字。
❽「小大」，阮本作「大小」。
❾「異」，阮本誤「畏」。
❿「在」下，正平本有「於」字。
⓫「牆」上，正平本有「蕭」字。
⓬「氏」下，正平本有「之」字。

「冉有、季路見於孔子，❶曰季氏將有事於顓臾」者，冉有、季路爲季氏臣，來告孔子，言季氏將有征伐之事於顓臾也。「孔子曰求，無乃爾是過與」者，無乃，乃也。爾，女也。雖二子同來告，以冉求爲季氏宰，相其室，爲之聚斂，故孔子獨疑求教之。言將伐顓臾乃女是罪過與。與，疑辭也。「夫顓臾，昔者先王以爲東蒙主」者，言昔者先王始封顓臾爲附庸之君，使主祭蒙山。蒙山在東，故曰東蒙。「且在邦域之中矣」者，魯之封域方七百里，顓臾爲附庸，在其域中也。「是社稷之臣也，何以伐爲」者，言顓臾已屬魯，爲社稷之臣，何用伐滅之爲。「冉有曰夫子欲之，吾二臣者，皆不欲也」者，夫子謂季氏也。冉有歸其咎惡於季氏也。故言季氏欲伐，我二人皆不欲也。「孔子曰求，周任有言曰：陳力就列，不能者止」，❷周任，古之良史也。夫子見冉有歸咎於季氏，故呼其名，引周任之言以責之。言爲人臣者，當陳其才力，度己所任，以就其列位，不能則當自止退也。「危而不持，顛而不扶，則將焉用彼相矣」者，相謂輔相。焉，何也。言輔相人者，當持其主之傾危，扶其主之顛躓，若其不能，何用彼相爲。「且爾言過矣」者，爾，汝也。汝爲季氏輔相而歸咎於季氏，且是汝之言罪過矣。❸「虎兕出於柙，龜玉毀於櫝中，是誰之過與」者，此又爲輔相之人作譬也。柙，檻也。櫝，匱也。虎兕皆猛獸，故設檻以制之。龜玉皆大寶，故設匱以藏之。若虎兕失出於檻，龜玉損毀於匱中，是誰之過與，言是典守者之過也。以喻主君有闕，是輔相者之過也。「冉有曰今夫顓臾固而近於費，今不取，後世必爲子孫憂」者，此冉有乃自言欲伐顓臾之意也。固謂城郭完堅，兵甲利也。費，季氏邑。言今夫顓臾城郭甲兵堅固，而又近於費邑，若今不伐而取之，後世必爲季氏子孫之憂也。「孔子曰求，君子疾夫，舍曰欲之，而必爲之辭」者，孔子見冉有言將伐顓臾之意，故又呼冉有名而責之，如汝之言，君子所憎疾夫，以舍其貪利之說，❹而更作他辭，是所疾也。「丘也聞有國有家者，不患寡而患不均」者，此下孔子又爲言其正治之法，以示非臆說，故云「丘也聞」。國謂諸侯。家謂卿大夫。言爲諸侯卿大夫者，不患土地人民之寡少，但患政理之不均平也。「不患貧而患不安」者，言不憂國家貧，但憂不能安民耳，民安則國富也。「蓋均無

❶「路」，阮本誤「氏」。
❷「止」下，阮本有「者」字。
❸「且」，阮本作「自」。
❹「貪」，阮本誤「探」。

貧，和無寡，安無傾」者，孔子既陳其所聞，更爲言其理。蓋言政教均平則不貧矣；上下和同，不患寡矣；小大安寧，不傾危矣。如上所聞，此應云「均無寡，安無貧」，而此乃云「均無貧，❶和無寡，安無傾」者，欲見政教均平又須上下和睦，然後國富民多而社稷不傾危也，故衍其文耳。「夫如是，故遠人不服，則修文德以來之，既來之，則安之」者，言夫政教能均平和安如此，故遠方之人有不服者，則當修文德，使遠人慕其德化而來。遠人既來，當以恩惠安存之。「今由與求也，相夫子」者，謂冉有、季路輔相季氏也。「遠人不服而不能來也」者，謂不修文德也。「邦分崩離析而不能守也」者，民有異心曰分，欲去曰崩，不可會聚曰離析。言國內之民又不能以恩惠安撫，致有異心，不可會聚，莫能固守也。「而謀動干戈於邦內」者，謂將伐顓臾也。「吾恐季孫之憂，不在顓臾，而在蕭牆之內也」，❷蕭牆謂屏也。蕭之言肅也，君臣相見之禮，至屏而加肅敬焉，是以謂之蕭牆。孔子聖人，有先見之明，見季氏家臣擅命，必知將爲季氏之禍。因冉有言顓臾後世必爲子孫憂，故言吾恐季孫之憂不遠在顓臾，而近在蕭牆之內。後季氏家臣陽虎果囚季桓子。　注「孔曰」至「孔子」　正義曰：云「顓臾，伏羲之後，風姓之國」者，僖二十二年《左傳》云：「任、宿、須句、顓臾，風姓也，實司太皞與有濟之祀。」杜注云「太皞，伏羲。四國伏羲之後，故主其祀。顓臾在泰山南武陽縣東北」是也。云「本魯之附庸，當時臣屬魯」者，《王制》云「公侯田方百里，伯七十里，子男五十里。不能五十里者，不合於天子，附於諸侯，曰附庸。」鄭注云：「不合謂不朝會也。小城曰附庸。附庸者，以國事附於大國，未能以其名通也。」言此顓臾始封爲附庸之君，以國事附於魯耳，猶不爲魯臣，故曰魯之附庸。春秋之世，彊陵弱，衆暴寡，故當此季氏之時，而顓臾已屬魯爲臣，故曰「當時臣屬魯」也。　注「使主祭蒙山」　正義曰：《禹貢》徐州云「蒙羽其藝」。《地理志》云泰山蒙陰縣，「蒙山在西南，有祠。顓臾國在蒙山下。」　注「孔曰魯七百里之封，❸顓臾爲附庸，在其域中」　正義曰：《明堂位》曰：「成王以周公爲有勳勞於天下，❹是以封周公於曲阜，地方七百里，革車千乘。」鄭注云：「曲阜，魯地，上公之封，地方五百里，加魯以四等之附庸，方百里者

❶「貧」，原作「平」，據阮本改。
❷「也」下，阮本有「者」字。
❸「孔曰」二字，阮本奪。
❹「勳」，原作「動」，據阮本改。

二十四，井，五五二十五，積四十九，開方之，得七百里。」言其顓臾爲附庸，在此七百里封域之中也。　注「周任，古之良史」　正義曰：周大夫也，與史佚、臧文仲並古人立言之賢者也。❶　注「馬曰」至「過邪」❷　正義曰：云「柙，檻也」者，《說文》云：「柙，檻也。」「檻，櫳也，一曰圈，以藏虎兕。」《爾雅》云：「兕，似牛。」❸郭璞云：「一角，青色，重千斤。」《說文》云：「兕如野牛，青毛，❹其皮堅厚，可制鎧。」《交州記》曰「兕出九德，有一角，角長三尺餘，形如馬鞭柄」是也。云「櫝，匱也」者，亦《說文》云也。　注「孔曰干，楯也。戈，戟也」　正義曰：干，一名楯，今謂之旁牌。《方言》云：「楯，自關而東或謂之楯，或謂之干。關西謂之楯。」是干、楯爲一也，施紛以持之。孔注《尚書·費誓》云：「施乃楯紛。」紛如綬而小，繫於楯以持之，且以爲飾也。干，杆也，❺並之以杆蔽，❻故《牧誓》云「比爾干」也。戈者，《考工記》云：「戈，柲六尺有六寸，❼其刃廣二寸，内倍之，胡三之，援四之。」鄭玄注云：「戈，今勾子戟也，❽或謂之雞鳴，或謂之擁頸。内謂胡以内接柲者也，長四寸。胡六寸。援八寸。鄭司農云：『援，直刃也。胡，其子。』」

【釋】「不在顓臾」，或作「不在於顓臾」。❾

孔子曰：「天下有道，則禮樂征伐自天子出。天下無道，則禮樂征伐自諸侯出。自諸侯出，蓋十世希不失矣。孔曰：「希，少也。周幽王爲犬戎所殺，❿平王東遷，周始微弱。諸侯自作禮樂，專行征伐，⓫始於隱公，至昭公十世，失政，死於乾侯也。」⓬【釋】乾音干。自大夫出，五世希不失矣。孔曰：「季文子初得政，至桓子五世，爲家臣陽虎所囚也。」陪臣執國命，三世希不失矣。馬曰：「陪，重也，

❶「佚」，阮本作「侯」。
❷「注」字，阮本奪。
❸「似」，阮本作「野」。
❹「毛」，阮本作「色」。
❺「杆」，阮本作「扞」。
❻「杆蔽」，阮本作「扞敵」。
❼「柲」，原作「祕」，據阮本改，下同。
❽「子」，阮本作「孑」，下「胡其子」同。
❾「於顓臾」三字，原空缺，據元本補。
❿「犬」，原作「大」，據正平本、阮本改。
⓫「行」字，正平本無。
⓬「也」字，阮本作「矣」。

謂家臣。陽虎爲季氏家臣，❶至虎三世而出奔齊。」【釋】陪，蒲回反。重，直龍切。天下有道，則政不在大夫。孔曰：「制之由君。」天下有道，則庶人不議。」孔曰：「無所非議。」【疏】「孔子」至「不議」❷　正義曰：此一章論天下有道、無道，禮樂征伐所出不同，及言衰失之世數也。「孔子曰天下有道，則禮樂征伐自天子出」者，王者功成制禮，治定作樂，立司馬之官，掌九伐之法，諸侯不得制作禮樂，賜弓矢然後專征伐。是天下有道之時，禮樂征伐自天子出也。「天下無道，則禮樂征伐自諸侯出」者，謂天子微弱，諸侯上僭，自作禮樂，專行征伐也。「自諸侯出，蓋十世希不失矣」者，希，少也。言政出諸侯，不過十世必失其位，不失者少也。若魯昭公出奔齊是也。「自大夫出，五世希不失矣」者，言政在大夫，不過五世必失其位，不失者少矣。若魯大夫季桓子爲陽虎所囚是也。「陪臣執國命，三世希不失矣」者，陪，重也，謂家臣也。大夫已爲臣，故謂家臣爲重臣。❸言陪臣擅權，執國之政命，不過三世必失其位，不失者少矣。若陽虎三世而出奔齊是也。「天下有道，則政不在大夫」者，凡爲政命，❹制之由君也。「天下有道，則庶人不議」者，議謂謗議。❺言天下有道，則上酌民言以爲政教，所行皆是，則庶人無有非毀謗議也。

注「孔曰」至「乾侯」　正義曰：云「周幽王爲犬戎所殺，平王東遷」者，案《周本紀》云：「幽王三年，嬖褒姒，生伯服，幽王欲廢大子。大子母，申侯女，而爲后。幽王得褒姒，愛之，欲廢申后，❻並去大子，用褒姒爲后，以其子伯服爲大子。幽王之廢后去大子也，申侯怒，乃與繒、西夷、犬戎共攻幽王。幽王舉烽火徵兵，兵莫至。遂殺幽王驪山下，虜褒姒，盡取周賂而去。」隱六年《左傳》稱「周桓公言於王曰：『我周之東遷，晉鄭焉依。』」《周本紀》又云：「於是諸侯乃即申侯，而共立故幽王太子宜咎，❼是爲平王也。」云「周始微弱」者，《地理志》云：「幽王淫褒姒，滅宗周，子平王東居洛邑。」於是王室之尊與諸侯無異，其詩不能復雅，故其詩謂之王國風，是周始微弱也。云「諸侯自作禮樂」

❶「虎」，正平本作「氏」。
❷「子」，阮本誤「曰」。
❸「重」，阮本作「洛」。
❹「凡」，阮本誤「元」。
❺「議」，阮本作「訕」。
❻「欲」，阮本作「使」。
❼「咎」，阮本作「臼」。

者，謂僭爲天子之禮樂，若魯昭公之比也。案，昭二十五年《公羊傳》云「子家駒曰：『諸侯僭於天子，大夫僭於諸侯，久矣。』昭公曰：『吾何僭矣哉？』子家駒曰：『設兩觀，乘大路，❶朱干玉戚以舞《大夏》，八佾以舞《大武》』」是也。云「專行征伐」者，❷謂不由王命，專擅行其征伐。春秋之時，諸侯皆是也。云「始於隱公，至昭公十世，失政，死於乾侯」者，隱公名息姑，伯禽七世孫，惠公弗皇子，聲子所生，平王四十九年即位。❸是王室微弱，政在諸侯，始於隱公。隱公卒，弟桓公允立。卒，子莊公同立。卒，子閔公開立。卒，兄僖公申立。卒，子文公興立。卒，子宣公倭立。卒，子成公黑肱立。卒，子襄公午立。卒，子昭公裯立。是爲十世也。《春秋》昭公二十五年，公孫於齊。三十二年，卒於乾侯是也。　注「孔曰」至「所囚」　正義曰：「季文子初得政，至桓子五世」者，謂文子、武子、悼子、平子、桓子爲五世也。云「爲家臣陽虎所囚」者，定五年《左傳》云「九月乙亥，陽虎囚季桓子及公父文伯」是也。　注「陽虎」至「奔齊」　正義曰：魯伐陽虎，陽虎出奔齊，在定九年。

孔子曰：「禄之去公室五世矣，鄭曰：「言此之時，魯定公之初。魯自東門襄仲殺文公之子赤而立宣公，於是政在大夫，爵禄不從君出，至定公爲五世矣。」❹政逮於大夫四世矣，孔曰：❺「文子、武子、悼子、平子。」【釋】逮音代，一音弟。故夫三桓之子孫微矣。」孔曰：「三桓謂仲孫、叔孫、季孫，❻三卿皆出桓公，故曰三桓也。仲孫氏改其氏稱孟氏，至哀公皆衰。」【疏】「孔子曰」至「微矣」　正義曰：此章言魯公室微弱，政在大夫也。「孔子曰禄之去公室五世矣」者，謂政在大夫，爵禄不從君出，始於宣公。言此之時，在魯定公之初，故爲五世矣。「政逮於大夫四世矣」者，逮，及也。言君之政令及於大夫，至今四世矣。謂季文子、武子、悼子、平子也。「故夫三桓之子孫微矣」者，三桓謂仲孫、叔孫、季孫，三卿皆出桓公，故曰三桓也。仲孫氏改其氏稱孟氏。以禮樂征伐自大夫出，五世希不失，故夫三桓子孫至哀公時皆衰微也。

❶「路」，阮本作「輅」。
❷「行」字，阮本無。
❸「王」，原作「生」，據阮本改。
❹「矣」，正平本作「也」。
❺「孔曰」，正平本作「鄭玄曰」。
❻「三桓」下，正平本有「者」字。

注「鄭曰」至「世矣」　正義曰：「魯自東門襄仲殺文公之子赤而立宣公」者，文十八年《左傳》云「文公二妃敬嬴生宣公。❶敬嬴嬖，而私事襄仲。宣公長，而屬諸襄仲。襄仲欲立之，❷叔仲不可。仲見于齊侯而請之。齊侯新立，而欲親魯，許之。冬十月，仲殺惡及視，而立宣公」是也。《公羊傳》作「子赤襄仲居東門，故曰東門襄仲」。云「至定公爲五世矣」者，謂宣公、成公、襄公、昭公、定公也。　注「孔曰文子、武子、悼子、平子」　正義曰：此據《左氏》及《世家》文也。❸【釋】夫音符。

孔子曰：「益者三友，損者三友。友直，友諒，友多聞，益矣。友便辟，❹馬曰：「便辟，巧辟人之所忌，❺以求容媚。」【釋】便，婢綿反。辟，婢亦反，下皆同。友善柔，馬曰：「面柔也。」友便佞，損矣。」鄭曰：「便，辯也，謂佞而辯。」❻【疏】「孔子」至「損矣」　正義曰：此章戒人擇友也。「益者三友，損者三友」者，以人爲友，損益於己，其類各三也。「友直、友諒，友多聞，益矣」者，直謂正直。諒謂誠信。多聞謂博學。以此三種之人爲友，則有益於己也。「友便辟，友善柔，友便佞，損矣」者，佞辟，❼巧辟人之所忌，以求容媚者也。善柔謂面柔，和顔說色以誘人者也。便，辯也，謂佞而復辯。以此三種之人爲友，則有損於己也。【釋】佞，乃定反。

孔子曰：「益者三樂，損者三樂。樂節禮樂，動得禮樂之節。【釋】三樂，五教反，下不出者同。禮樂，音岳。樂道人之善，樂多賢友，益矣。樂驕樂，孔曰：「恃尊貴以自恣。」❽【釋】驕樂，音洛，下「宴樂」同。樂佚遊，王曰：「佚遊，出入不節。」❾【釋】佚，本亦作「逸」，音同。樂宴樂，損矣。」孔曰：「宴樂，沈荒淫瀆。三者自損之道也。」【疏】「孔子」至「損矣」　正義曰：此章言人心樂好損益之事，各有三種也。

❶「二」，阮本誤「子」。
❷「襄仲」二字，阮本不重。
❸「氏」，阮本作「傳」。
❹「辟」，正平本作「僻」。
❺「便辟」，正平本無「辟」字。
❻二「辯」字，正平本均作「辨」，阮本下「辯」作「辨」。
❼「佞」，阮本作「便」。
❽「自」，正平本作「即」。
❾「不」下，正平本有「知」字。

「樂節禮樂」者，謂凡所動作皆得禮樂之節也。「樂道人之善」者，謂好稱人之美也。「樂多賢友」者，謂好多得賢人以爲朋友也。言好此三者，於身有益矣也。❶「樂驕樂」者，謂侍尊貴以自恣也。「樂佚遊」者，謂好出入不節也。「樂宴樂」者，謂好沈荒淫瀆也。❷言好此三者，自損之道也。注「沈荒淫瀆」 正義曰：云「沈」者，《書·微子》云「沈酗於酒」，言人以酒亂，若沈没於水，故以耽酒爲沈也。「荒」者，廢也，謂有所好樂而廢所掌之職事也。《書》云「酒荒於厥邑」，「内作色荒，外作禽荒」，皆是。「淫」，訓過也。言耽酒爲過差也。「瀆」者，嬻慢也，❸言無復禮節也。

孔子曰：「侍於君子有三愆：孔曰：「愆，過也。」【釋】愆，起虔反。言未及之而言謂之躁，鄭曰：「躁，不安静。」【釋】躁，早報反，《魯》讀「躁」爲「傲」，今從《古》。言及之而不言謂之隱，❹孔曰：「隱匿不盡情實。」【釋】匿，女力反。未見顔色而言謂之瞽。」周曰：「未見君子顔色所趣向，而便逆先意語者，猶瞽也。」❺【疏】「孔子」至「之瞽」 正義曰：此章戒卑侍於尊，審慎言語之法也。「侍於君子有三愆」者，愆，過也。言卑侍於尊有三種過失之事。「言未及之而言謂之躁」者，謂君子言事，未及於己，而輒先言，是謂躁動不安静也。「言及之而不言謂之隱」者，謂君子言論及己，己應言而不言，是謂隱匿不盡情實也。「未見顔色而言謂之瞽」者，瞽謂無目之人也。言未見君子顔色所趣向，而便逆先意語者，猶若無目人也。【釋】瞽音古。向，今又作「鄉」，許亮反。

孔子曰：「君子有三戒：少之時，血氣未定，戒之在色。及其壯也，血氣方剛，戒之在鬭。及其老也，血氣既衰，戒之在得。」孔曰：「得，貪得。」【疏】「孔子」至「在得」 正義曰：此章言君子之人自少及老有三種戒慎之事也。「少之時，血氣未定，戒之在色」者，少謂人年二十九以下。血氣猶弱，筋骨未定，貪色則自損，故戒之。「及其壯也，血氣方剛，戒之在鬭」者，壯謂氣力方當剛强，憙於爭鬭，故戒之。「及其老

❶「矣」字，阮本無。
❷「瀆」，阮本作「溢」。
❸「嬻」，阮校作「媟」。
❹「而」字，正平本無。
❺「瞽」下，正平本有「者」字。

也，血氣既衰，戒之在得」者，老謂五十以上。得謂貪得。血氣既衰，多好聚斂，故戒之。【釋】少，詩照反。鬬，丁豆反。得，或作「德」，非。

孔子曰：「君子有三畏：畏天命，順吉逆凶，天之命也。畏大人，大人即聖人，與天地合其德。❶畏聖人之言。深遠，不可易知測聖人之言也。❷【釋】易，以豉反。小人不知天命而不畏也，恢疏，故不知畏。【釋】恢，苦回反。狎大人，直而不肆，故狎之。【釋】狎，戶甲反。侮聖人之言。」不可小知，故侮之。【疏】「孔子」至「之言」 正義曰：此章言君子、小人敬慢不同也。「君子有三畏」者，心服曰畏。言君子心所畏服有三種之事也。「畏天命」者，謂作善降之百祥，作不善降之百殃，順吉逆凶，天之命也，故君子畏之。「畏大人」者，大人即聖人也，與天地合其德，故君子畏之。「畏聖人之言」者，聖人之言，深遠不可易知測，故君子畏之也。「小人不知天命而不畏也」者，言小人與君子相反，天道恢疏，故小人不知畏也。「狎大人」者，狎謂慣忽。聖人直而不肆，故小人忽之。「侮聖人之言」者，侮謂輕慢。聖人之言，不可小知，故小人輕慢之而不行也。 注「順吉逆凶，天之命也」 正義曰：《虞書·大禹謨》云「惠迪吉，從逆凶，惟影響」。孔安國云：「順道吉，從逆凶，吉凶之報，若影之隨形，響之應聲，言不虛。」道即天命也。天命無不報，故可畏之。 注「大人即聖人，與天地合其德」 正義曰：《易》云「利見大人」，即聖人也。《乾卦·文言》云「夫大人者，與天地合其德」，莊氏云「謂覆載也」。「與日月合其明」，「謂照臨也」。「與四時合其序」，「若賞以春夏，刑以秋冬之類也」。「與鬼神合其吉凶」，「若福善禍淫也」。此獨舉「天地合其德」者，舉一隅也。 注「恢疏，故不知畏」 正義曰：案，《老子道德經》云：❸「天網恢恢，踈而不失。」言天之網羅恢恢踈遠，刑淫賞善，不失毫分也。 注「直而不肆，❹故狎之」 正義曰：肆謂放肆。言大人質直而不放肆，故小人輕狎之也。【釋】侮，亡甫反。

孔子曰：「生而知之者，上也；學而知之者，次也；困而學之，又其次也；孔曰：「困

❶「德」下，正平本有「者也」二字。
❷「測」，正平本作「則」。
❸「道」字，阮本無。
❹「肆」，原作「疎」，據阮本改。

謂有所不通。」❶困而不學，民斯爲下矣。」【疏】「孔子」至「下矣」　正義曰：此章勸人學也。「生而知之者，上也」者，謂聖人也。「學而知之者，次也」者，言由學而知道，次於聖人，謂賢人也。「困而學之，又其次也」者，人本不好學，因其行事有所困憒不通，❷發憤而學之者，復次於賢人也。「困而不學，民斯爲下矣」者，謂知困而不能學，此爲下愚之民也。　注「孔曰困謂有所不通」　正義曰：言於事不能通達者也。❸《左傳》昭七年：「公如楚。孟僖子爲介，不能相儀。及楚，不能答郊勞。九月，公至自楚。孟僖子病不能相禮，乃講學之。」是其困而學之者也。

孔子曰：「君子有九思：視思明，聽思聰，色思溫，貌思恭，言思忠，事思敬，疑思問，忿思難，見得思義。」【疏】「孔子」至「思義」❹　正義曰：此章言君子有九種之事，當用心思慮，使合禮義也。「視思明」者，目睹爲視。見微爲明。言君子睹視當思見微，若離婁也。「聽思聰」者，耳聞爲聽。聽遠爲聰。言君子耳聽當思聞遠，若師曠也。「色思溫」者，顏色不可儼猛，❺當思溫和也。❻「貌思恭」者，體貌接物，不可驕亢，常思恭遜也。❼「言思忠」者，凡所言論不可隱欺，常思盡其忠心也。「事思敬」者，凡人執事多惰窳，君子常思謹敬也。「疑思問」者，己有疑事，不使在躬，當思問以辨之也。「忿思難」者，謂人以非理忤己，己必忿怒，心雖忿怒，不可輕易，當思其後得無患難乎。若一朝之忿，忘其身以及其親，是不思難者也。「見得思義」者，言若有所得，當思義，然後取，不可苟也。【釋】忿，芳粉反。❽難，乃旦反。

孔子曰：「見善如不及，見不善如探湯。吾見其人矣，吾聞其語矣。❾孔曰：「探湯，喻去惡疾。」【釋】探，土南反。　隱居以求其志，行義以

❶「通」下，正平本有「之也」二字。
❷「憒」，阮本作「禮」。
❸「於」，阮本作「爲」。
❹「義」，阮本誤「天」。
❺「顏」上，阮本有「言」字。「儼」，阮本作「嚴」。
❻「和」字，阮本無。
❼「常」，阮本作「當」，下「常思盡其忠心」、「常思謹敬」，亦均作「當」。
❽「粉」，元本作「吻」。
❾「矣」字，正平本無。

達其道。吾聞其語矣，未見其人也。」【疏】「孔子」至「人也」❶ 正義曰：此章言善人難得也。「見善如不及」者，言爲善常汲汲也。「見不善如探湯」者，人之探試熱湯，其去之必速，以喻見惡事去之疾也。「吾見其人矣，吾聞其語矣」者，言今人與古人皆有能若此者也。「隱居以求其志」者，謂隱遯幽居以求遂其己志也。「行義以達其道」者，謂好行義事以達其仁道也。「吾聞其語矣，未見其人也」者，言但聞其語，說古有此行之人也，今則無有，故未見其人也。

齊景公有馬千駟，死之日，民無德而稱焉。❷孔曰：「千駟，四千匹。」伯夷、叔齊餓于首陽之下，馬曰：「首陽山在河東蒲坂縣，❸華山之北，河曲之中。」【釋】坂音反。華如字，又戶化反。民到于今稱之，其斯之謂與？」王曰：「此所謂以德爲稱。」❹【疏】「齊景公」至「謂與」 正義曰：此章貴德也。「齊景公有馬千駟，死之日，民無得而稱焉」者，❺景公，齊君。景，謚也。馬四匹爲駟。千駟，四千匹也。言齊君景公雖富有千駟，及其死也，無德可稱。「伯夷、叔齊餓于首陽之下，民到于今稱之，其斯之謂與」者，夷、齊，孤竹君之二子，讓位適周，遇武王伐紂，諫之不入，及武王既誅紂，義不食周粟，故于河東郡蒲坂縣首陽山下采薇而食，終於餓死。❻雖然窮餓，民到于今稱之，以爲古之賢人，其此所謂以德爲稱者與？【釋】與音餘。

陳亢問於伯魚曰：「子亦有異聞乎？」馬曰：「以爲伯魚孔子之子，所聞當有異。」【釋】亢音剛，又苦浪反。對曰：「未也。嘗獨立，孔曰：「獨立，謂孔子。」鯉趨而過庭。曰：『學《詩》乎？』對曰：『未也。』『不學《詩》，無以言。』❼鯉退而學《詩》。他日，又獨立，鯉趨而過庭。曰：『學禮乎？』對曰：『未也。』『不學禮，無以

❶「子」，阮本誤「曰」。
❷「德」，正平本作「得」。
❸「縣」字，正平本無。
❹「稱」下，正平本有「者也」二字。
❺「得」，阮本作「德」。
❻「於」字，阮本無。
❼「言」下，正平本有「也」字。

立。』❶鯉退而學禮。聞斯二者。」❷陳亢退而喜，❸曰：「問一得三：聞《詩》，聞禮，又聞君子之遠其子也。」【疏】「陳亢」至「子也」　正義曰：此章勉人爲《詩》爲禮也。「陳亢問於伯魚曰子亦有異聞乎」者，伯魚，孔子之子鯉也。弟子陳亢以爲伯魚是孔子之子，所聞當有異於餘人，故問之。「對曰未也」者，答言未有異聞也。「嘗獨立，鯉趨而過庭。曰學《詩》乎？對曰未也。不學《詩》，無以言。鯉退而學《詩》」者，伯魚對陳亢。言雖未有異聞，有時夫子曾獨立於堂，鯉疾趨而過其中庭。夫子謂己曰：「學《詩》乎？」己即對曰：「未也。」夫子又言：「不學《詩》，無以言。」以古者會同皆賦《詩》見意，若不學《詩》，❹何以爲言也。鯉於是退而遂學通於《詩》也。「他日，又獨立，鯉趨而過庭。曰學禮乎？對曰未也。不學禮，無以立。鯉退而學禮」者，謂異日，夫子又嘗獨立，而伯魚趨過。夫子訓之曰：「學禮乎？」答言：「未也。」夫子又言：「若不學禮，無以立身。」以禮者恭儉莊敬，人有禮則安，無禮則危，故不學之則無以立其身也。鯉於是退而學通於禮。「聞斯二者」，言別無異聞，❺但聞此《詩》、禮二者也。「陳亢退而喜」者，既問伯魚，退而喜悅也。「曰問一得三：聞《詩》，聞禮，又聞君子之遠其子也」者，亢言始但問異聞，是問一也。今乃聞《詩》可以言，禮可以立，且鯉也過庭方始受訓，則知不常嘻嘻褻慢，是又聞君子之踈遠其子也，故爲得三，所以喜也。

邦君之妻，君稱之曰夫人，夫人自稱曰小童，邦人稱之曰君夫人，稱諸異邦曰寡小君，異邦人稱之亦曰君夫人。❻孔曰：「小君，君夫人之稱。對異邦謙，故曰寡小君。當此之時，❼諸侯嫡妾不正，稱號不審，故孔子正言其禮也。」【疏】「邦君」至「夫人」　正義曰：此章正夫人之名稱也。「邦君之妻」者，諸侯之夫人也。妻者，齊也，言與夫齊體，上下之通稱，故曰邦君之妻也。「君稱之曰夫人」者，夫之言扶也，能扶成人

❶「立」下，正平本有「也」字。
❷「者」，正平本作「矣」。
❸「而」字，正平本無。
❹「詩」，阮本作「之」。
❺「言」上，阮本有「蓋」字。
❻下「人」下，正平本有「也」字。
❼「之」字，正平本無。

君之德也。邦君自稱其妻則曰夫人也。「夫人自稱曰小童」者，自稱謙，言己小弱之童稚也。「邦人稱之曰君夫人」者，謂國中之臣民言則繫君而稱之，言是君之夫人，故曰君夫人也。「稱諸異邦曰寡小君」者，諸，於也。謂己國臣民稱己君之夫人於他國之人，則曰寡小君，對異邦謙也。以對異邦稱君曰寡君，謙言寡德之君。夫人對君爲小，故曰寡小君也。「異邦人稱之亦曰君夫人」者，謂稱他國君妻亦曰君夫人也。以當此之時，諸侯嫡妾不正，稱號不審，故孔子正言其禮也。

論語註疏卷第八

論語註疏卷第九

陽貨第十七

【疏】正義曰：此篇論陪臣專恣，因明性習智愚，❶禮樂本末，六蔽之惡，二《南》之美，君子小人爲行各異，今之與古其疾不同。以前篇首章言大夫之惡，此篇首章記家臣之亂，尊卑之差，故以相次也。

陽貨欲見孔子，孔子不見。孔曰：「陽貨，陽虎也，季氏家臣而專魯國之政，欲見孔子，使仕。」歸孔子豚。孔曰：「欲使往謝，故遺孔子豚。」【釋】歸如字，鄭本作「饋」，《魯》讀爲「歸」，今從《古》。豚，徒門反。遺，

❶「智」，阮本作「知」。

唯季反。孔子時其亡也，而往拜之。遇諸塗。孔曰：「塗，道也。於道路與相逢。」【釋】塗字當作「途」，音徒。謂孔子曰：「來，予與爾言。」曰：「懷其寶而迷其邦，可謂仁乎？」曰：「不可。」馬曰：「言孔子不仕，是懷寶也。知國不治而不爲政，是迷邦也。」【釋】治，直吏反。「好從事而亟失時，可謂知乎？」曰：「不可。」孔曰：「言孔子栖栖好從事，而數不遇，失時，不得爲有知。」❶【釋】好，呼報反。亟，去冀反。知音智。數，色角反。「日月逝矣，歲不我與。」馬曰：「年老，歲月已往，當急仕。」孔子曰：「諾，吾將仕矣。」孔曰：「以順辭免。」❷【疏】「陽貨」至「仕矣」 正義曰：此章論家臣專恣，孔子孫辭遠害之事也。❸「陽貨欲見孔子」者，陽貨，陽虎也。蓋名虎，字貨，爲季氏家臣，而專魯國之政，欲見孔子，將使之仕也。「孔子不見」者，疾其家臣專政，故不與相見也。「歸孔子豚」者，歸，遺也。豚，豕之小者。陽貨欲使孔子往謝，因得從容見之，故遺孔子豚也。「孔子時其亡，而往拜之」者，謂伺虎不在家時而往謝之也。「遇諸塗」者，塗，道也。孔子既至貨家而反，於道路與相逢也。「謂孔子曰來，予與爾言」者，貨呼孔子，使來就己，言我與汝有所言也。「曰懷其寶而迷其邦，可謂仁乎」者，此陽貨謂孔子之言也。寶以喻道德。言孔子不仕，是懷藏其道德也。知國不治而不爲政，是使迷亂其國也。仁者當拯弱興衰，❹使功被當世，今汝乃懷寶迷邦，可以謂之仁乎？「曰不可」者，此孔子遜辭。言如此者，不可謂之仁也。「好從事而亟失時，可謂知乎」者，此亦陽貨謂孔子辭。亟，數也。言孔子棲棲好從事，而數不遇，失時，可謂有知者乎，不得爲有知也。「曰不可」者，此亦孔子遜辭。言如此者，不可謂之知也。「日月逝矣，歲不我與」者，此陽貨勸孔子求仕之辭。逝，往也。言孔子年老，❺歲月已往，不復留待我也，當急求仕。「孔子曰諾，吾將仕矣」者，諾，應辭也。孔子知其勸仕，故應答之。言我將求仕，以順辭免去也。

❶「得」字，正平本無。「知」，正平本作「智」。
❷「免」下，正平本有「害也」二字。
❸「孫」，阮本作「遜」。
❹「仁」，阮本作「仕」。
❺「老」，阮本作「者」。

子曰：「性相近也，習相遠也。」孔曰：「君子慎所習。」子曰：「唯上知與下愚不移。」❶孔曰：「上知不可使爲惡，下愚不可使强賢。」【疏】「子曰性相近也，習相遠也。子曰唯上知與下愚不移」 正義曰：此章言君子當慎其所習也。性謂人所稟受，以生而静者也。未爲外物所感，❷則人皆相似，是近也。既爲外物所感，則習以性成，若習於善則爲君子，若習於惡則爲小人，是相遠也。故君子慎所習。然此乃是中人耳，其性可上可下，故遇善則升，逢惡則墜也。孔子又嘗曰：唯上知聖人不可移之使爲惡，下愚之人不可移之使强賢。此則非如中人性習相近遠也。【釋】强，其丈反。

子之武城，聞弦歌之聲。孔曰：「子游爲武城宰。」夫子莞爾而笑，莞爾，小笑貌。【釋】莞，華板反，本亦作「莧」。曰：「割雞焉用牛刀？」孔曰：「言治小何須用大道。」【釋】焉，於虔反。子游對曰：「昔者，偃也聞諸夫子曰：『君子學道則愛人，小人學道則易使也。』」❸孔曰：「道謂禮樂也。❹樂以和人，人和則易使。」【釋】易，以豉反。子曰：「二三子，孔曰：「從行者。」【釋】從，才用反。偃之言是也，前言戲之耳。」孔曰：「戲以治小而用大道。」【疏】「子之」至「之耳」 正義曰：此章論治民之道也。「子之武城，聞弦歌之聲」者，之，適也。武城，魯邑名。時子游爲武城宰，意欲以禮樂化導於民，故弦歌。孔子因適武城而聞其聲也。「夫子莞爾而笑，曰割雞焉用牛刀」者，莞爾，小笑皃。言雞乃小牲，割之當用小刀，何用解牛之大刀，以喻治小何須用大道。今子游治小用大，故笑之。「子游對曰昔者，偃也聞諸夫子曰：君子學道則愛人，小人學道則易使也」者，子游見孔子笑其治小用大，故稱名而引舊聞於夫子之言以對之。❺道謂禮樂也。禮節人心，樂和人聲。言若在位君子學禮樂，則愛養下人也。若在下小人學禮樂，則人和而易使也。「子曰二三子」者，呼其弟子從行者也。「偃之言是也，前言戲之耳」者，孔子語

---

❶ 「子曰」至「不移」，正平本另爲一章。
❷ 「未」，原作「夫」，據阮本改。
❸ 「也」字，正平本無。
❹ 「謂」字，正平本無。
❺ 「舊」，阮本作「昔」。

其從者。言子游之說是，我前言戲之以治小而用大道，其實用大道是也。❶

公山弗擾以費畔，❷召，子欲往。孔曰：「弗擾爲季氏宰，與陽虎共執季桓子而召孔子。」【釋】擾，而小反。費，悲位反。子路不說，❸曰：「末之也已，何必公山氏之之也？」孔曰：「之，適也。無可之則止，❹何必公山氏之適？」【釋】說音悅。子曰：「夫召我者，而豈徒哉？如有用我者，吾其爲東周乎？」興周道於東方，故曰東周。【疏】「公山」至「周乎」 正義曰：此章論孔子欲不避亂而興周道也。「公山弗擾以費畔，召，子欲往」者，弗擾即《左傳》公山不狃也，字子洩，爲季氏費邑宰，與陽虎共執季桓子，據邑以畔，來召孔子，孔子欲往從之也。「子路不說，曰末之也已，何必公山氏之之也」者，上下二「之」俱訓爲適。末，無也。已，止也。子路以爲，君子當去亂就治，今孔子乃欲就亂，故不喜說，且曰：「無可適也則止之，何必公山氏之適也？」「子曰夫召我者，而豈徒哉？如有用我者，吾其爲東周乎」者，孔子答其欲往之意也。徒，空也。言夫人召我者，豈空然哉，必將用我道也。如有用我道者，我則興周道於東方，其使魯爲東周乎，❺吾是以不擇地而欲往也。注「弗擾爲季氏宰，與陽虎共執季桓子」 正義曰：案定五年《左傳》曰：「六月，季平子行東野。還，未至，丙申，❻卒于房。陽虎將以璵璠斂，仲梁懷弗與，曰：『改步改玉。』陽虎欲逐之，告公山不狃。不狃曰：『彼爲君也，子何怨焉？』既葬，桓子行東野，及費。子洩爲費宰，逆勞於郊。桓子敬之。勞仲梁懷，仲梁懷弗敬。子洩怒，謂陽虎：『子行之乎？』九月乙亥，陽虎困季桓子。」❼是其事也。至八年，又與陽虎謀殺桓子，陽虎敗而出。至十二年，「季氏將墮費，公山不狃、叔孫輒率費人以襲魯。國人敗諸姑蔑，二子奔齊」也。【釋】夫音符。

子張問仁於孔子。孔子曰：❽「能行五

❶「道」字，阮本奪。
❷「弗」，正平本作「不」，注同。
❸「說」，正平本作「悅」。
❹「止」下，正平本有「耳」字。
❺「東」字，阮本無。
❻「申」，阮本誤「甲」。
❼「困」，阮本作「囚」。
❽「子」下，正平本有「對」字。

者於天下，爲仁矣。」請問之。曰：「恭，寬，信，敏，惠。❶恭則不侮，孔曰：「不見侮慢。」寬則得衆，信則人任焉，敏則有功，孔曰：「應事疾則多成功。」惠則足以使人。」【疏】「子張」至「使人」

正義曰：此章明仁也。「子張問仁於孔子」者，問何如斯可謂之仁也。「孔子曰能行五者於天下，爲仁矣」者，言爲仁之道有五也。「請問之」者，子張復請問五者之目也。「曰恭，寬，信，敏，惠」者，此孔子略言爲仁五者之名也。「恭則不侮」者，此下孔子又歷說五者之事也。言己若恭以接人，人亦恭以待己，故不見侮慢。「寬則得衆」者，言行能寬簡，則爲衆所歸也。「信則人任焉」者，言而有信則人所委任也。「敏則有功」者，敏，疾也。應事敏疾，則多成功也。「惠則足以使人」者，有恩惠則人忘其勞也。

佛肸召，子欲往。孔曰：「晉大夫趙簡子之邑宰。」【釋】佛音弼。肸，許密反。子路曰：「昔者，由也聞諸夫子曰：『親於其身爲不善者，君子不入也。』❷孔曰：❸「不入其國。」佛肸以中牟畔，子之往也，如之何？」子曰：「然，有是言也。❹不曰堅乎，磨而不磷。不曰白乎，涅而不緇。孔曰：「磷，薄也。涅，可以染皂。❺言至堅者磨之而不薄，至白者染之於涅而不黑，❻喻君子雖在濁亂，❼濁亂不能汚。」【釋】磨，末多反。磷，力刃反。涅，乃結反。《說文》云：「謂黑土在水中者也。」緇，則其反。❽皂，才早反。汚，「汚辱」之「汚」，音烏，又烏故反。吾豈匏瓜也哉？焉能繫而不食？」匏，瓠也。言瓠瓜得繫一處者，❾不食故也。吾自食物，當東西南北，不得如不食之物，繫滯一處。【疏】「佛肸召，子欲往。子路曰昔者，由也聞諸夫子曰：親於其身」至「能繫而不食」 正義

❶「惠」下，正平本有「也」字。
❷「也」字，正平本無。
❸「孔曰」二字，正平本無。
❹「也」，正平本作「曰」，從下句。
❺「皂」下，正平本有「者」字。
❻「於」字，正平本無。
❼「喻」字，正平本無。
❽「則」，元本作「側」。
❾「瓠」下，正平本有「匏」字。

曰：此章亦言孔子欲不擇地而治也。「佛肸召，子欲往」者，佛肸爲晉大夫趙簡子之中牟邑宰，以中牟畔，來召孔子，孔子欲往從之也。「子路曰昔者，由也聞諸夫子曰：親於其身爲不善者，君子不入也」者，言君子不入不善之國也。「佛肸以中牟畔，子之往也，如之何」者，言今佛肸以中牟畔，則是身爲不善，而子欲往，如前言何。「子曰然，有是言也」者，孔子答，云雖有此不入不善之言也。「不曰堅乎，磨而不磷。不曰白乎，涅而不緇」者，孔子之意，雖言不入不善，緣君子見幾而作，亦有可入之理，故謂之作譬。磷，薄也。涅，水中黑土，可以染皂。緇，黑色也。人豈不曰，至堅者磨之而不薄，至白者染之於涅而不黑？以喻君子雖居濁亂，濁亂不能汚也。「吾豈匏瓜也哉？焉能繫而不食」者，孔子又爲言其欲往之意也。匏，瓠也。匏瓜得繫一處者，❶不食故也，吾自食物，當東西南北，不得如不食之物繫滯一處。江熙云：「夫子豈實之公山、佛肸乎？欲往之意，以示無係，以觀門人之意。如欲居九夷，乘桴浮于海耳。子路見形而不及道，故聞乘桴而喜，聞之公山而不說，升堂而未入室，安得聖人之趣也？」【釋】匏，薄交反。瓜，古花反。焉，於虔反。瓠，戶故反。處，昌慮反，下同。

子曰：「由也，女聞六言六蔽矣乎？」六言六蔽者，謂下六事，仁、知、信、直、勇、剛也。❷【釋】蔽，必世反。對曰：「未也。」「居，吾語女。孔曰：「子路起對，故使還坐。」【釋】語，魚據反。好仁不好學，其蔽也愚。孔曰：「仁者愛物，不知所以裁之則愚。」【釋】好，呼報反，下同。好知不好學，其蔽也蕩。孔曰：「蕩，無所適守。」【釋】知音智。適，丁歷反。好信不好學，其蔽也賊。孔曰：「父子不知相爲隱之輩。」【釋】爲，于僞反。好直不好學，其蔽也絞。好勇不好學，其蔽也亂。好剛不好學，其蔽也狂。」孔曰：「狂，妄抵觸人。」【疏】「子曰」至「也狂」正義曰：此章勸學也。「子曰由也，女聞六言六蔽矣乎」者，蔽謂蔽塞，不自見其過也。孔子呼子路而問之，曰：「汝嘗聞六言不學而皆蔽塞者乎？」「對曰未也」者，子路對，言未曾聞也。「居，吾語女」者，居猶坐也。❸

❶「匏」，阮本作「瓠」。

❷「謂」字，正平本在「仁」字上。「知」，正平本作「智」。

❸「猶」，阮本誤「由」。

禮，君子問更端，則起。子路起對，故使還坐，吾將語女也。「好仁不好學，其蔽也愚」者，此下歷說六言六蔽之事也。學者，覺也，所以覺寤未知也。人之爲行，❶學則不固，是以愛物好與曰仁。若但好仁，不知所以裁之，所施不當，則如愚人也。「好知不好學，其蔽也蕩」者，明照於事曰知。若不學以裁之，則其蔽在於蕩逸，無所適守也。「好信不好學，其蔽也賊」者，人言不欺爲信，則當信義。若但好信而不學以裁之，其蔽在於賊害，父子不知相爲隱之輩也。「好直不好學，其蔽也絞」者，絞，切也。正人之曲曰直，若好直不好學，則失於譏刺大切。「好勇不好學，其蔽也亂」者，勇謂果敢。當學以知義，若好勇而不好學，則是有勇而無義，則爲賊亂。「好剛不好學，其蔽也狂」者，狂猶妄也。剛者無欲，不爲曲求。若好恃其剛，不學以制之，則其蔽也妄抵觸人。【釋】絞，交卯反。抵，丁禮反。

子曰：「小子何莫學夫《詩》？包曰：「小子，門人也。」【釋】夫音符。《詩》可以興，孔曰：「興，引譬連類。」【釋】興，許應反，注同。可以觀，鄭曰：「觀風俗之盛衰。」❷【釋】觀如字。可以群，孔曰：「群居相切磋。」【釋】磋，七何反。可以怨。孔曰：「怨刺上政。」【釋】刺，七賜反。邇之事父，遠之事君，孔曰：「邇，近也。」【釋】邇音爾。多識於鳥獸草木之名。」子謂伯魚曰：❸「女爲《周南》、《召南》矣乎？❹人而不爲《周南》、《召南》，其猶正牆面而立也與。」馬曰：「《周南》、《召南》，《國風》之始，樂得淑女以配君子，❺三綱之首，王教之端，故人而不爲，如向牆而立。」【疏】「子曰」至「也與」

正義曰：此章勸人學《詩》也。「子曰小子何莫學夫《詩》」者，小子，門人也。莫，不也。孔子呼門人，曰何不學夫《詩》也。「《詩》可以興」者，又爲說其學《詩》有益之理也。若能學《詩》，《詩》可以令人能引譬連類，以爲比興也。「可以觀」者，《詩》有諸國之風俗盛衰，可以觀覽知之也。「可以群」者，《詩》有「如切如磋」，可以群居相切磋也。「可以

---

❶「人」，阮本作「仁」。
❷「觀」下，正平本重「觀」字。
❸「子謂伯魚曰」云云，正平本另作一章。
❹「召」，正平本作「邵」，下同，注同。
❺「樂得」二字，正平本無。

怨」者，《詩》有「君政不善則風刺之」，「言之者無罪，聞之者足以戒」，故可以怨刺上政。「邇之事父，遠之事君」者，邇，近也。《詩》有《凱風》、《白華》，相戒以養，是有近之事父之養也。❶又有《雅》、《頌》，君臣之法，是有遠之事君之道也。言事父與君皆有其道也。「多識於鳥獸草木之名」者，言詩人多託鳥獸草木之名以爲比興，❷則因又多識於此鳥獸草木之名也。「子謂伯魚曰女爲《周南》《召南》矣乎」者，爲猶學也。孔子謂其子伯魚曰：「女爲《周南》、《召南》之詩矣乎？」❸「人而不爲《周南》、《召南》，其猶正牆面而立也與」者，又爲說宜學《周南》、《召南》之意也。牆面，面向牆也。《周南》、《召南》、《國風》之始，三綱之首，王教之端，故人若學之，則可以觀興，人而不爲，則如面正向牆而立，無所觀見也。　注「周南」至「而立」　正義曰：云「《周南》、《召南》，《國風》之始」者，《詩序》云：「然則《關雎》、《麟趾》之化，王者之風，故繫之周公。南，言化自北而南也。《鵲巢》、《騶虞》之德，諸侯之風也，先王之所以教，故繫之召公。《周南》、《召南》，正始之道，王化之基。」是以《周南》、《召南》二十五篇謂之正國風，爲十五國風之始也。云「樂得淑女以配君子」者，亦《詩·關雎·序》文也。言二《南》皆是正始之道，先美家內之化，是以《關雎》之篇，說后妃心之所樂，樂得此賢善之女，以配己之君子也。云「三綱之首，王教之端」者，❹《白虎通》云：「三綱者何謂？君臣、父子、夫婦也。❺君爲臣綱，父爲子綱，夫爲妻綱。」有夫婦然後有父子，有父子然後有君臣。二《南》之詩，首論夫婦。文王刑于寡妻，至于兄弟，以御于家邦，是故二國之詩以后妃夫人之德爲首，終以《麟趾》、《騶虞》，言后妃夫人有斯德，興助其君子，皆可以成功，至于致嘉瑞，故爲三綱之首，王教之端也。【釋】召，上照反，下及注同。與音餘。淑，受六反，下如字。向，又作鄉，同，許亮反。

子曰：「禮云禮云，玉帛云乎哉？鄭曰：「玉，❻圭璋之屬。帛，束帛之屬。言禮非但崇此玉帛而已，所貴者乃貴乎安上治民。」❼樂云樂云，鍾鼓云

❶「養」，阮本作「道」。
❷「託」，阮本作「記」。
❸「爲」，阮本作「學」。
❹「教」，阮本作「化」。
❺「君」上，阮本重「謂」字。
❻「玉」，阮本误作「王」。
❼「乎」，阮本作「其」。

乎哉？」馬曰：「樂之所貴者，移風易俗，非謂鍾鼓而已。」【疏】「子曰」至「乎哉」　正義曰：此章辨禮樂之本也。「子曰禮云禮云，玉帛云乎哉」者，玉，圭璋之屬。帛，束帛之屬。皆行禮之物也。言禮之所云，豈在此玉帛。云乎者哉，❶言非但崇此玉帛而已，所貴者在於安上治民。「樂云樂云，鍾鼓云乎哉」者，鍾鼓，樂之器也。樂之所貴者，貴其移風易俗，非謂貴此鍾鼓鏗鏘而已，故孔子歎之。重言之者，深明禮樂之本不在鍾鼓玉帛也。❷

子曰：「色厲而内荏，孔曰：「荏，柔也。爲外自矜厲，而内柔佞。」❸【釋】荏，而審反。譬諸小人，其猶穿窬之盗也與？」孔曰：「爲人如此，猶小人之有盗心。❹穿，穿壁。窬，窬牆。」❺【疏】「子曰色厲而内荏，譬諸小人，其猶穿窬之盗也與」　正義曰：此章疾時人體與情反也。厲，矜莊也。荏，柔佞也。穿，穿壁。窬，窬牆也。言外自矜厲，而内柔佞，爲人如此，譬之猶小人，外雖持正，内常有穿壁窬牆竊盗之心也與。【釋】窬音瑜，本又作「踰」，音同。《説文》作「穿窬木戶」，郭璞云「門邊小竇」，音臾，一音豆。與音餘。

子曰：「鄉原，德之賊也。」周曰：「所至之鄉，輒原其人情，而爲意以待之，❻是賊亂德也。」❼一曰：「鄉，向也。古字同。謂人不能剛毅，而見人輒原其趣向，容媚而合之，言此所以賊德。」【疏】「子曰鄉原，德之賊也」　正義曰：此章疾時人之詭隨也。舊解有二：周曰：「所至之鄉，輒原其人情，而爲意以待之，是賊亂德也。」何晏云：「一曰：鄉，向也，古字同。謂人不能剛毅，而見人輒原其趣向，容媚而合之，言此所以賊德也。」【釋】鄉如字，又許亮反。「賊亂」，或作「敗亂」。「趣向」本作「鄉」，許亮反。

子曰：「道聽而塗説，德之棄也。」❽馬曰：「聞之於道路，則傳而説之。」【疏】「子曰道聽而塗説，德之棄也」　正義曰：此章疾時人不習而傳之也。塗

❶「者哉」，阮本作「哉者」。
❷「禮」字，阮本奪。「鍾鼓玉帛」，阮本作「玉帛鍾鼓」。
❸「佞」下，正平本有「者」字。
❹「有」下，阮本衍「之」字。
❺「牆」下，正平本有「之也」二字。
❻「爲」下，正平本有「已」字。
❼「德」下，正平本有「者」字。
❽「也」字，正平本無。

亦道也。言聞之於道路，則於道路傳而說之，必多謬妄，爲有德者所棄也。【釋】傳，直專切。說音悅。

子曰：「鄙夫可與事君也與哉？❶孔曰：「言不可與事君。」【釋】與哉，音餘，本或作「無哉」。其未得之也，❷患得之。「患得之」者，患不能得之，楚俗言。既得之，患失之。苟患失之，❸無所不至矣。」鄭曰：「『無所不至』者，言其邪媚，❹無所不爲。」【疏】「子曰鄙夫」至「至矣」　正義曰：此章論鄙夫之行也。「子曰鄙夫可與事君也與哉」者，言凡鄙之人，不可與之事君也。「其未得之也，患得之」者，此下明鄙夫不可與事君之由也。「患得之」者，患不能得也。言其初未得事君之時，❺常患己不能得事君也。「既得之，患失之」者，言不能任直守道，常憂患失其祿位也。「苟患失之，無所不至矣」者，苟，誠也。若誠憂失之，則用心固惜，❻竊位偷安，言其邪媚，無所不爲也。以此，故不可與事君也。【釋】邪，似嗟反。媚，或冀反。

子曰：「古者民有三疾，今也或是之亡也。包曰：「言古者民疾與今時異。」古之狂也肆，包曰：「肆，極意敢言。」今之狂也蕩。孔曰：「蕩，無所據。」古之矜也廉，馬曰：「有廉隅。」【釋】《魯》讀廉爲「貶」，今從《古》。今之矜也忿戾。孔曰：「惡理多怒。」【釋】戾，力計反。古之愚也直，今之愚也詐而已矣。」【疏】「子曰」至「已矣」　正義曰：此章論今人澆薄，不如古人也。「子曰古者民有三疾，今也或是之亡也」者，亡，無也。言古者淳朴之時，民之行有三疾，今也澆薄，或是亦無也。言古者民疾與今時異。「古之狂也肆」者，此下歷言三疾也。肆謂極意敢言，多抵觸人也。「今之狂也蕩」者，謂曠蕩無所依據。「古之矜也廉」者，謂有廉隅。「今之矜也忿戾」者，❼謂忿怒而多咈戾，惡理多怒。「古之愚也直」者，謂心直而無邪曲。「今之愚也詐而已矣」

❶「與」字，正平本無。
❷「也」字，正平本無。
❸「之」字，正平本無。
❹「其」字，正平本無。
❺「之」，阮本誤「也」。
❻「固」，阮本作「顧」。
❼「謂曠蕩」至「忿戾者」二十四字，阮本奪。

者，謂多行欺詐自利也。

子曰：「巧言令色，鮮矣仁。」❶王曰：「巧言無實，令色無質。」【疏】「子曰巧言令色，鮮矣仁」 正義曰：此章與《學而篇》同，弟子各記所聞，故重出之。

子曰：「惡紫之奪朱也，❷孔曰：「朱，正色。紫，間色之好者。惡其邪好而奪正色。」【釋】惡，烏路反，下同。間，「間厠」之「間」。邪，似嗟反。 惡鄭聲之亂雅樂也，❸包曰：「鄭聲，淫聲之哀者。惡其亂雅樂。」❹惡利口之覆邦家者。」❺孔曰：「利口之人，多言少實，苟能悦媚時君，傾覆國家也。」❻【疏】「子曰」至「家者」 正義曰：此章記孔子惡邪奪正也。「惡紫之奪朱也」者，朱，正色。紫，間色之好者。惡其邪好而奪正色也。「惡鄭聲之亂雅樂也」者，鄭聲，淫聲之哀者。惡其淫聲亂正樂也。「惡利口之覆邦家者」，利口之人，多言少實，苟能悦媚時君，傾覆國家也。 注「孔曰」至「正色」 正義曰：云「朱，正色。紫，間色」者，皇氏云：「正謂青、朱、黄、白、黑，❼五方正色也。不正謂五方間色，緑、紅、碧、紫、駵黄色是也。青是東方正，緑是東方間。東爲木，木色青。木刻土，❽土色黄，並以所刻爲間，故緑青黄也。❾朱是南方正，紅是南方間。南爲火，火色赤。火刻金，金色白，故紅色，赤白也。白是西方正，碧是西方間。西爲金，金色白。金刻木，故碧色，青白也。黑是北方正，紫是北方間。北方水，❿水色黑。水刻火，火色赤，故紫色，赤黑也。黄是中央正，駵黄是中央間。中央土，土色黄。土刻水，⓫水色黑，故駵黄色，黄黑也。」【釋】覆，方服反，⓬注同。悦，本亦作「説」，音悦。

子曰：「予欲無言。」子貢曰：「子如不

❶「子曰巧言令色鮮矣仁」，這一章及注疏，正平本無。
❷「也」字，正平本無。
❸「也」字，正平本無。
❹「亂」，正平本作「奪」。
❺「者」字，正平本無。
❻「傾覆」下，正平本作「便覆其」三字。
❼「正」字，阮本奪，「朱黄」，阮本誤作「赤田」。
❽「刻」，阮本作「克」，下同。
❾「緑」下，阮本有「色」字。
❿「方」，阮本作「爲」。
⓫「土」，阮本誤「士」。
⓬「方」，元本作「芳」。

言，則小子何述焉？」言之爲益少，故欲無言。子曰：「天何言哉？四時行焉，百物生焉，天何言哉？」【疏】「子曰」至「言哉」 正義曰：此章戒人慎言也。「子曰予欲無言」者，君子訥於言而敏於行，以言之爲益少，故欲無言。「子貢曰子如不言，則小子何述焉」者，小子，弟子也。子貢聞孔子不欲言，故告曰：「夫子若不言，則弟子等何所傳述？」「子曰天何言哉？四時行焉，百物生焉，天何言哉」者，此孔子舉天亦不言而令行以爲譬也。「天何嘗有言語哉？而四時之令遽行焉，❶百物皆依時而生焉，天何嘗有言語教命哉？」以喻人若無言，但有其行，不亦可乎。

孺悲欲見孔子，孔子辭以疾。❷將命者出戶，取瑟而歌，使之聞之。孺悲，魯人也。孔子不欲見，故辭之以疾。爲其將命者不已，❸故歌，令將命者悟，所以令孺悲思之。❹【疏】「孺悲」至「聞之」 正義曰：此章蓋言孔子疾惡也。「孺悲欲見孔子，孔子辭以疾」者，孺悲，魯人也，來欲見孔子。孔子不欲見，故辭之以疾也。「將命者出戶，取瑟而歌，使之聞之」者，將猶奉也。奉命者，主人傳辭出入人也。初，將命者來入戶，言孺悲求見，夫子辭之以疾，又爲將命者不已，故取瑟而歌，令將命者聞之而悟己無疾，但不欲見之，所以令孺悲思之。【釋】「天何言哉」，《魯》讀「天」爲「夫」，今從《古》。孺，而樹反，字亦作「擩」。爲，于僞反。令，力呈反。

宰我問：「三年之喪，期已久矣。君子三年不爲禮，禮必壞；三年不爲樂，樂必崩。舊穀既没，新穀既升，鑽燧改火，期可已矣。」馬曰：「《周書·月令》有更火之文。❺春取榆柳之火，夏取棗杏之火，季夏取桑柘之火，秋取柞楢之火，冬取槐檀之火。一年之中，鑽火各異木，故曰改火也。」【釋】期音基，下同，一本作「其」。鑽，子官反。燧音遂。期，居宜反切。❻更，古衡反，一音古孟反。柘，章夜反。柞，子各反。楢，羊

❶「遽」，阮本作「遞」。
❷「辭」下，正平本有「之」字。
❸「已」，正平本作「知已」。
❹「之」，正平本作「也」。
❺「之文」二字，正平本無。
❻「切」字，元本無。

久反，又音由。槐音懷。子曰：「食夫稻，衣夫錦，❶於女安乎？」曰：「安。」❷「女安，則爲之。夫君子之居喪，食旨不甘，聞樂不樂，居處不安，故不爲也。今女安，則爲之。」孔曰：「旨，美也。責其無仁恩於親，❸故再言『女安，則爲之』。」

【釋】食夫，食音嗣，夫音符，下同。衣，於既反。不樂，音洛。

宰我出。子曰：❹「予之不仁也。子生三年，然後免於父母之懷。馬曰：「子生未三歲，❺爲父母所懷抱。」夫三年之喪，天下之通喪也。孔曰：「自天子達於庶人。」予也有三年之愛於其父母乎？」孔曰：「言子之於父母，『欲報之恩，❻昊天罔極』，而予也，有三年之愛乎？」❼

【疏】「宰我」至「母乎」 正義曰：此章論三年喪禮也。「宰我問三年之喪，期已久矣」者，《禮·喪服》爲至親者三年。宰我嫌其期日大遠，❽故問於夫子曰：「三年之喪，期已久矣乎？」「君子三年不爲禮，禮必壞；三年不爲樂，樂必崩」者，此宰我又說喪不可三年之義也。言禮檢人迹，樂和人心，君子不可斯須去身。惟在喪，❾則皆不爲也。不爲既久，故禮壞而樂崩也。「舊穀既没，新穀既升，鑽燧改火，期可已矣」者，宰我又言三年之喪一期爲足之意也。夫人之變遷本依天道，一期之間，❿則舊穀已没，新穀已成。鑽木出火謂之燧。言鑽燧者又已改偏出火之木。⓫天道萬物既已改新，則人情亦宜徙舊，⓬故喪禮但一期而除，亦可已矣。「子曰食夫稻，衣夫錦，於女安乎」者，孔子見宰我言至親之喪，欲以期斷，故問之。言禮，爲父母之喪，既殯食粥，居倚廬，斬衰三年。期而小祥，食菜果，居堊室，練冠縓緣，要經不除。今女既

---

❶「稻」「錦」下，正平本各有「也」字。
❷「安」下，正平本有「之」字。
❸「恩」字，正平本無。
❹「子」字，正平本無。
❺「未三」，阮本誤「於二」。
❻「恩」，正平本作「德」。
❼「乎」，正平本作「也」。
❽「日」，阮本作「月」。
❾「惟」，阮本誤「推」。
❿「間」，原作「聞」，據阮本改。
⓫「偏」，阮本作「變」。
⓬「徙」，阮本誤「從」。

期之後，食稻衣錦，於女之心，得安否乎。「曰安」者，宰我言既期除喪，即食稻衣錦，其心安也。「女安，則爲之」者，孔子言女心安，則自爲之。「夫君子之居喪，食旨不甘，聞樂不樂，居處不安，故不爲也。今女安，則爲之」者，孔子又爲說不可安之禮。旨，美也。言君子之居喪也疾，即飲酒食肉，雖食美味，不以爲甘；雖聞樂聲，不以爲樂。寢苫枕塊，居處不求安也。故不爲食稻衣錦之事。今女既心安，則任自爲之。❶責其無仁恩於親，故再言「女安，則爲之」。「宰我出。子曰予之不仁也。子生三年，然後免於父母之懷」者，予，宰我名。宰我方當愚執，夫子不欲面斥其過，故宰我既問而出去，孔子對二三子言，曰：「夫宰予不仁於父母也。凡人子生未三歲，常爲父母所懷抱，既三年，然後免離父母之懷。」是以聖人制喪禮，爲父母三年。「夫三年之喪，天下之通喪也」者，通，達也。謂上自天子，下達庶人，皆爲父母三年，故曰通喪也。「予也有三年之愛於其父母乎」者，爲父母愛己，故喪三年。今予也不欲行三年之服，是有三年之恩愛於父母乎？　注「馬曰」至「火也」　正義曰：云「《周書·月令》有更火之文」云云者，❷《周書》，孔子所刪《尚書》百篇之餘也。晉太康中，❸得之汲冢，有《月令篇》，其辭今亡。案《周禮·司爟》：「掌行火之政令，四時變國火，以救時疾。」鄭玄注云：「行猶用也。變猶易也。鄭司農說以《鄹子》曰：『春取榆柳之火，夏取棗杏之火，季夏取桑柘之火，秋取柞楢之火，冬取槐檀之火。』」其文與此正同。釋者云：「榆柳青，故春用之。棗杏赤，故夏用之。桑柘黃，故季夏用之。柞楢白，故秋用之。槐檀黑，故冬用之。」　注「孔曰自天子達於庶人」　正義曰：《禮記·三年問》云：「夫三年之喪，天下之通喪也。」鄭玄云：「達，謂自天子至於庶人。」《喪服四制》曰：「此喪之所以三年，賢者不得過，不肖者不得不及。」《檀弓》曰：「先王制禮也，過之者俯而就之，不至焉者跂而及之也。」❹聖人雖以三年爲文，其實二十五月而畢，若駒之過隙，❺然而遂之，則是無窮也。故先王焉，❻爲之立中制節，壹使足以成文理則釋之矣。《喪服四制》曰：「始死，三日不怠，三月不解，期悲哀。

❶「任」，阮本誤「在」。
❷「書」，阮本誤「禮」。「云云」二字，阮本無。
❸「太」，阮本誤「成」。
❹「焉」字，阮本無。
❺「駒」，阮本作「騆」。
❻「焉」字，阮本無。

三年憂，恩之殺也。」故孔子云：「子生三年，然後免於父母之懷。夫三年之喪，天下之通喪也。」❶所以喪必三年爲制也。　注「孔（子）曰」至「愛乎」❷　正義曰：云「欲報之德，昊天罔極」者，《小雅・蓼莪》文。鄭箋云：「之猶是也。我欲報父母是德，昊天乎，我心無極。」云「予也有三年之愛乎」者，言宰予不欲服喪三年，是無三年之愛也。繆協云：「爾時禮壞樂崩，三年不行。宰我大懼其往，以爲聖人無微旨以戒將來，故假時人之謂，啓憤於夫子，義在屈己以明道也。」【釋】昊，胡老反。

子曰：「飽食終日，無所用心，難矣哉。不有博弈者乎？爲之，猶賢乎已。」馬曰：❸「爲其無所據樂，善生淫欲。」【疏】「子曰」至「乎已」　正義曰：此章疾人之不學也。「子曰飽食終日，無所用心，難矣哉」者，言人飽食終日，於善道無所用心，則難以爲處矣哉。「不有博弈者乎？爲之，猶賢乎已」者，賢，勝也。已，止也。博，《説文》作「簙」，局戲也，六著十二基也。❹古者烏胄作簙。❺圍棊謂之弈。《説文》弈從廾，言竦兩手而執之。棋者，所執之子，以子圍而相殺，故謂之圍棋。圍棋稱弈者，又取其落弈之義也。夫子爲其飽食之人，❻無所據樂，善生淫欲，故教之曰：「不有博弈之戲者乎？若其爲之，猶勝乎止也。」欲令據此爲樂，則不生淫欲也。【釋】弈音亦。爲其，于僞反。樂，五教反，又音落。慾音欲，又羊住反，本今作「欲」。

子路曰：「君子尚勇乎？」子曰：「君子義以爲上，君子有勇而無義爲亂，小人有勇而無義爲盜。」【疏】「子路」至「爲盜」　正義曰：此章抑子路也。「子路曰君子尚勇乎」者，子路有勇，意謂勇可崇尚，故問於夫子，曰：「君子當尚勇乎？」「子曰君子義以爲上」者，言君子不尚勇而上義也。上即尚也。❼「君子有勇而無義爲亂，小人有勇而無義爲盜」者，君子指在位者，合宜爲義。言在位之人，有勇而無義，則爲亂逆。在下

❶「通」，阮本作「達」。
❷「子」字衍，據阮本删。
❸「馬曰」二字，正平本無。
❹「著」，阮本作「箸」。「基」，阮本作「棊」。
❺「烏胄」，阮本誤作「烏曾」。
❻「之人」，阮本作「之之」。
❼「即」，原作「則」，據阮本改。

小人，有勇而無義，必爲盜賊。

子貢曰：❶「君子亦有惡乎？」子曰：「有惡。惡稱人之惡者，包曰：「好稱說人之惡，❷所以爲惡。」【釋】惡，烏路反。除「稱人之惡」、注「爲惡」三字，餘皆同音。好，呼報反。惡居下流而訕上者，孔曰：「訕，謗毁。」【釋】訕，所諫反。惡勇而無禮者，惡果敢而窒者。」馬曰：「窒，窒塞也。」【釋】窒，珍栗反，《魯》讀「窒」爲「室」，今從古。曰：「賜也亦有惡乎？」❸「惡徼以爲知者，孔曰：「徼，抄也。抄人之意以爲己有。」【釋】徼，古堯反，鄭本作「絞」，古卯反。知音智。抄，初交反。惡不孫以爲勇者，❹惡訐以爲直者。」包曰：「訐謂攻發人之陰也。」❺

【疏】「子貢」至「直者」 正義曰：此章論人有惡行可憎惡也。「子貢曰君子亦有惡乎」者，君子謂夫子也。子貢問，夫子之意，亦有憎惡者乎。「子曰有惡」者，答，言有所憎惡也。「惡稱人之惡者」，謂好稱說人之惡，所以惡之。「惡居下流而訕上者」，訕，謗毁也。謂人居下位而謗毁在上，所以惡之也。「惡勇而無禮者」，勇而無禮義爲亂，所以惡之也。「惡果敢而窒者」，窒謂窒塞。謂好爲果敢，窒塞人之善道，所以惡之也。「曰賜也亦有惡乎」者，子貢言賜也亦有所憎惡也。「惡徼以爲知者」，徼，抄也。禮，毋抄說，❻若抄爲之意，❼以爲己有，所以惡之。「惡不孫以爲勇者」，孫，順也。君子義以爲勇，若以不順爲勇者，亦可惡也。「惡訐以爲直者」，訐謂攻發人之陰私也。❽人之爲直，當自直己，若攻發他人陰私之事，以成己之直者，亦可惡也。【釋】孫音遜，下同。訐，居謁反，《說文》云「面相斥。」字訏，❾紀列反。

子曰：「唯女子與小人爲難養也。近之

❶「貢」下，正平本有「問」字。
❷「之」字，正平本無。
❸「乎」，正平本作「也」，則此句及下三句同爲子貢之言。
❹「孫」，正平本作「遜」。
❺「也」，正平本、阮本作「私」。
❻「毋」，原作「母」，據阮本改。
❼「爲」，阮本作「人」。
❽「訐」，阮本誤「許」。
❾「訏」，元本作「林」，是，係書名。

則不孫，❶遠之則怨。」【疏】「子曰唯」至「則怨」正義曰：此章言女子與小人皆無正性，難畜養。所以難養者，以其親近之則多不孫順，疏遠之則好生怨恨。此言女子，舉其大率耳，若其稟性賢明，若文母之類，則非所論也。

子曰：「年四十而見惡焉，其終也已。」鄭曰：「年在不惑而爲人所惡，終無善行。」【疏】「子曰」至「也已」正義曰：此章言人年四十猶爲惡行而見憎惡於人者，則是其終無善行也已。以其年在不惑而猶爲人所惡，必不能追改故也。

微子第十八

【疏】正義曰：此篇論天下無道，禮壞樂崩，君子仁人或去或死，否則隱淪嵓野，周流四方。因記周公戒魯公之語，四乳生八士之名。以前篇言羣小在位，則必致仁人失所，故以此篇次之。

微子去之，箕子爲之奴，比干諫而死。馬曰：「微、箕，二國名。子，爵也。微子，紂之庶兄。箕子、比干，紂之諸父。微子見紂無道，早去之。箕子佯狂爲奴，❷比干以諫見殺。」【釋】紂，直又反。孔子曰：「殷有三仁焉。」仁者愛人。三人行異而同稱仁，以其俱在憂亂寧民。【疏】「微子」至「仁焉」正義曰：此章論殷有三仁，志同行異也。「微子去之，箕子爲之奴，比干諫而死」者，微子，紂之庶兄。箕子、比干，紂之諸父。見紂無道，微子去之，箕子佯狂爲奴，比干以諫見殺。「孔子曰殷有三仁焉」者，愛人謂之仁。三人所行異而同稱仁，以其俱在憂亂寧民也。注「馬曰」至「見殺」正義曰：云「微、箕，二國名。子，爵也」者，孔安國云：「微，圻內國名，子爵，爲紂卿士，去無道。」鄭玄以爲微與箕俱在圻內，孔雖不言箕，亦當在圻內。王肅云：「微，國名，子爵，入爲王卿士。」肅意蓋以微爲圻外，故言入也。微子名啓，《世家》作「開」，辟漢景帝名也。「微子，紂之庶兄。箕子、比干，紂之諸父」者，啓與其弟仲衍皆紂之同母庶兄也。《呂

❶「孫」，正平本作「遜」。
❷「佯」，正平本作「詳」。

氏春秋·仲冬紀》云：「紂之母生微子啓與仲衍，其時猶尚爲妾。❶改而爲妻，❷後生紂。紂之父欲立微子啓爲太子，大史據法而爭曰：❸『有妻之子，不可立妾之子。』故立紂爲後。」徧檢書傳，不見箕子之名。惟司馬彪注《莊子》云「箕子名胥余」，❹不知出何書也。《家語》云「比干是紂之親，則諸父」，知比干是紂之諸父耳。箕子則無文。《宋世家》云：「箕子者，紂之親戚也。」止言親戚，❺不知爲父爲兄也。鄭玄、王肅皆以箕子爲紂之諸父，服虔、杜預以爲紂之庶兄，既無正文，各以意言之耳。云「微子見紂無道，早去之。箕子佯狂爲奴，比干以諫見殺」者，《尚書·微子篇》備有去殷之事。《本紀》云「西伯既卒，周武王之東伐，至盟津。諸侯叛殷，會周者八百。諸侯皆曰：『紂可伐矣。』武王曰：『爾未知天命。』乃復歸。紂愈淫亂不止。微子數諫不聽，乃與太師謀，遂去。比干曰：『爲人臣者，不得不以死爭。』乃强諫紂。紂怒，曰：『吾聞聖人心有七竅。』剖比干，觀其心。箕子懼，乃佯狂爲奴，紂又囚之」是也。

【釋】行，下孟反。

柳下惠爲士師，孔曰：「士師，典獄之官」。**三黜。人曰：「子未可以去乎？」曰：「直道而事人，焉往而不三黜？**孔曰：「苟直道以事人，所至之國，俱當復三黜。」【釋】三，息暫反，又如字。黜，敕律反。焉，於虔反。復，扶又反。**枉道而事人，何必去父母之邦？」**【疏】「柳下」至「之邦」　正義曰：此一章論柳下惠之行也。「柳下惠爲士師」者，士師，典獄之官也。「三黜」者，時柳下惠爲魯典獄之官，任其直道，羣邪醜直，故三被黜退。「人曰子未可以去乎」者，或人謂柳下惠曰：「吾子數被黜辱，未可以去離魯乎？」「曰直道而事人，焉往而不三黜？枉道而事人，何必去父母之邦」者，荅或人不去之意也。焉，何也。枉，曲也。時世皆邪，己用直道以事於人，則何往而不三黜乎？言苟直道以事人，所至之國，俱當復三黜。若舍其直道而曲以事人，則在魯亦不見黜，何必去父母所居之國也？注「士師，典獄之官」　正義曰：士師即《周禮》司寇之屬，有士師、卿士，皆以士爲官

---

❶「猶」，阮本誤「尤」。
❷「改」，阮本作「已」。
❸「大」，阮本作「太」。
❹「云」阮本作「曰」。「余」，阮本作「餘」。
❺「止」字，阮本無。

名。鄭玄云：「士，察也，主察獄訟之事。」是士師爲典獄之官也。

齊景公待孔子，曰：「若季氏，則吾不能，以季、孟之間待之。」孔曰：「魯三卿，季氏爲上卿，最貴；孟氏爲下卿，不用事。言待之以二者之間。」【釋】枉，紆生反。❶ 曰：「吾老矣，不能用也。」孔子行。以聖道難成，故云「吾老」，❷不能用。」【疏】「齊景」至「子行」 正義曰：此章言孔子失所也。「齊景公待孔子」者，待，遇也，謂以禄位接遇孔子也。「曰若季氏，則吾不能，以季、孟之間待之」者，魯三卿，季氏爲上卿，最貴；孟氏爲下卿，不用事。景公言我待孔子以上卿之位，若魯季氏，則不能，以其有田氏專政故也。又不可使其位卑，若魯孟氏，故欲待之以季、孟二者之間。「曰吾老矣，不能用也」者，時景公爲臣下所制，雖說孔子之道，而終不能用，故託云聖道難成，吾老，不能用也。「孔子行」者，去齊而歸魯也。注「以聖道難成，故云吾老，不能用」 正義曰：案《世家》云：「魯昭公奔齊。頃之，魯亂。孔子適齊。景公數問政。景公說，將以尼谿田封孔子。晏嬰諫而止之。異日，景公止孔子，曰：『奉子以季氏，吾不能以季、孟之間待之。』齊大夫欲害孔子，孔子聞之。景公曰：『吾老矣，弗能用也。』孔子遂行，反乎魯。」是其事也。

齊人歸女樂，季桓子受之，三日不朝，孔子行。孔曰：「桓子，季孫斯也。使定公受齊之女樂，君臣相與觀之，廢朝禮三日。」【疏】「齊人歸女樂，季桓子受之，三日不朝，孔子行」 正義曰：此章言孔子去無道也。桓子，季孫斯也。使定公受齊之女樂，君臣相與觀之，廢朝禮三日，孔子遂行也。案，《世家》：「定公十四年，孔子年五十六，❸由大司寇行攝相事。於是誅魯大夫亂政者少正卯。與聞國政三月，粥羔豚者弗飾賈，男女行者別於塗，塗不拾遺，四方之客至乎邑者不求有司，皆予之以歸。齊人聞之而懼，曰：『孔子爲政必霸，霸則吾地近焉，我之爲先并矣，盍致地？』犂鉏謂：❹『先嘗沮之，沮之而不可則致地，庸遲乎。』於是選齊國中女子好者八十人，皆衣文衣而

❶「生」，元本作「往」。
❷「吾老」，正平本作「老矣」。
❸「六」，阮本誤「八」。
❹「謂」，阮本作「請」。

舞《康樂》，文馬三十駟，遺魯君。陳女樂馬於魯城南高門外。❶季桓子微服往觀再三，將受，乃語魯君爲周道遊，往觀終日，怠於政事。子路曰：『夫子可以行矣。』孔子曰：『魯今且郊，如致膰乎大夫，則吾猶可以止。』❷桓子卒受齊女樂，三日不聽政。郊，又不致膰俎於大夫。孔子遂行，宿乎屯，而師己送。曰：『夫子則非罪。』孔子曰：『吾歌可夫？』歌曰：『彼婦人之口，可以出走；彼婦人之謁，❸可以死敗。蓋優哉游哉，維以卒歲。』師己反，桓子曰：『孔子亦何言？』師己以實告。桓子喟然歎曰：❹『夫子罪我以羣婢故也。』孔子遂適衛。」❺【釋】歸如字，鄭作「饋」，其貴反。女樂，並如字，注同。朝，直遙反，注同。

楚狂接輿歌而過孔子，❻孔曰：「接輿，楚人，佯狂而來歌，❼欲以感切孔子。」【釋】與音餘，下同。**曰：「鳳兮鳳兮，何德之衰。**❽孔曰：「比孔子於鳳鳥。鳳鳥待聖君乃見。❾非孔子周行求合，故曰衰。」❿【釋】見，賢遍反。**往者不可諫，**孔曰：「已往所行，不可復諫止。」【釋】復，扶又反，下同。**來者猶可追。**孔曰：「自今已來可追自止，辟亂隱居。」⓫【釋】辟音避，下同。**已而已而，今之從政者殆而。」**孔曰：「『已而已而』者，⓬言世亂已甚，不可復治也。再言之者，傷之深。」⓭【釋】《魯》讀「期斯已矣，今之從政者殆」，今從《古》。**孔子下，欲與之言。趨而辟之，不得與之言。**包曰：「下，下車。」【疏】「楚狂」至「之言」 正義曰：此章記接輿佯狂，感切孔子也。「楚狂接輿歌而過孔子」者，接輿，楚人，姓陸，名通，字接輿也。昭王時，政令

---

❶「馬」，阮本誤「焉」。
❷「猶」，阮本誤「尤」。
❸「謁」，阮本作「謂」。
❹「桓」，阮本誤「相」。
❺「衛」下，阮本有「矣」字。
❻「子」下，正平本有「之門」二字。
❼「佯」，正平本作「詳」。
❽「衰」下，正平本有「也」字，下「不可諫」、「猶可追」下亦有「也」字。
❾「君」下，正平本有「而」字。
❿「衰」下，正平本有「之也」二字。
⓫「辟」，正平本作「避」，下「辟之」同。
⓬「已而已而」，正平本不重「已而」。
⓭「深」，正平本作「甚也」。

無常，乃被髮佯狂，不仕，時人謂之楚狂也。時孔子適楚，與接輿相遇，而接輿行歌，從孔子邊過，欲感切孔子也。「曰鳳兮鳳兮，何德之衰。往者不可諫，來者猶可追。❶已而已而，今之從政者殆而」者，此其歌辭也。知孔子有聖德，故比孔子於鳳鳥。❷但鳳鳥待聖君乃見，❸今孔子周行，求合諸國，而每不合，是鳳德之衰也。諫，止也。言已往所行者，不可復諫止也。自今已來，猶可追而自止，欲勸孔子辟亂隱居也。「已而已而」者，言世亂已甚，不可復治也。再言之者，傷之深也。殆，危也。言今之從政者皆無德，自將危亡無日，故曰「殆而」。而，皆語辭也。「孔子下，欲與之言」者，下，謂下車，孔子感其言，故下車欲與語。「趨而辟之，不得與之言」者，趨謂疾行也。疾行以辟孔子，故孔子不得與之言也。【釋】鄭云：「下堂出門也。」

長沮、桀溺耦而耕，孔子過之，使子路問津焉。鄭曰：「長沮，桀溺，隱者也。耜廣五寸，二耜爲耦。津，濟渡處。」【釋】沮，七余反。溺，乃歷反。耦，五口反。❹廣，古曠反。長沮曰：「夫執輿者爲誰？」子路曰：「爲孔丘。」曰：「是魯孔丘與？」曰：❺「是也。」曰：「是知津矣。」馬曰：「言數周流，自知津處。」【釋】夫音符。與音餘。數，所角反。處，昌慮反，下同，本亦作「處也」。問於桀溺。桀溺曰：「子爲誰？」曰：「爲仲由。」曰：「是魯孔丘之徒與？」對曰：「然。」曰：「滔滔者天下皆是也，而誰以易之？孔曰：「滔滔，❻周流之貌。言當今天下治亂同，空舍此適彼，故曰『誰以易之』。」【釋】「孔子之徒與」，一本作「子」，是，本今作「孔丘之徒與」。與音餘。滔滔，鄭本作「悠悠」。滔，吐刀反。治，直吏反。舍音捨。且而與其從辟人之士也，❼豈若從辟世之士哉？」士有辟人之法，有辟

❶「猶」，阮本誤「尤」，下「猶可追而自止」同。
❷「鳥」字，阮本無。
❸「待」，原作「侍」，據阮本改。
❹「五」，元本作「吾」。
❺「曰」上，正平本有「對」字。
❻「滔滔」下，正平本有「者」字。
❼「辟」，正平本作「避」，下同，注同。

世之法。長沮、桀溺謂孔子爲士，從辟人之法，己之爲士，❶則從辟世之法。【釋】辟音避。**耰而不輟。**鄭曰：「耰，覆種也。輟，止也。覆種不止，不以津告。」【釋】耰音憂。輟，章劣反。❷種，章勇反，下字同。**子路行，以告，夫子憮然。**爲其不達己意，而便非己也。【釋】憮音呼，又音武。**曰：「鳥獸不可與同羣，**❸孔曰：「隱於山林，是同羣。」❹**吾非斯人之徒與，而誰與？**孔曰：「吾自當與此天下人同羣，安能去人從鳥獸居乎？」【釋】與，並如字，又並音餘。**天下有道，丘不與易也。」**言凡天下有道者，❺丘皆不與易也，❻己大而人小故。【疏】「長沮」至「易也」　正義曰：此章記孔子周流，爲隱者所譏也。「長沮、桀溺耦而耕，孔子過之，使子路問津焉」者，長沮、桀溺，隱者也。耜，耕器也。二耜爲耦。津，濟渡之處也。長沮、桀溺並二耜而耕，孔子道行，於旁過之，使子路往問濟渡之處也。「長沮曰夫執輿者爲誰」者，執輿謂執轡在車也。時子路爲御，既使問津，孔子代之而執轡，故長沮見而問子路，曰：「夫執轡者爲誰人？」「子路曰爲孔丘」者，子路以其師名聞於天下，故舉師之姓名以答長沮也。「曰是魯孔丘與」者，長沮舊聞夫子之名，見子路之答，又恐非是，故復問之，曰：「是魯國之孔丘與？」「與」是疑而未定之辭。「曰是也」者，子路言是魯孔丘也。「曰是知津矣」者，長沮言既是魯孔丘，是人數周流天下，自知津處，故乃不告。「問於桀溺」者，長沮不告津處，故子路復問桀溺。「桀溺曰子爲誰」者，不識子路，故問之。「曰爲仲由」者，子路稱姓名以答也。「曰是魯孔丘之徒與」者，桀溺舊聞魯孔丘之門徒有仲由，又恐是非，❼故復問之，曰「是與」。「曰然」者，然猶是也。❽子路言己是魯孔丘之徒也。「曰滔滔者天下皆是也，而誰以易之」者，此譏孔子周流天下也。滔滔，周流之皃。言孔子何事滔滔然周流者乎，當今天下治亂同，皆是無道也，空舍此適彼，誰以

❶「之」字，正平本無。
❷「章」，元本作「张」。
❸「羣」下，正平本有「也」字。
❹「是」下，正平本有「與鳥獸」三字。
❺「言」上，正平本有「孔安國曰」四字。
❻「也」，正平本作「之」。
❼「是非」，阮本作「非是」。
❽「猶」，阮本誤「尤」。

易之爲有道者也。「且而與其從辟人之士也，豈若從辟世之士哉」者，士有辟人辟世之法，謂孔子從辟人之法，長沮、桀溺自謂從辟世之法。「且」、「而」皆語辭。與猶等也。既言天下皆亂，無以易之，則賢者皆合隱辟。且等其隱辟，從辟人之法則有周流之勞，從辟世之法則有安逸之樂，意令孔子如己也。「耰而不輟」者，耰，覆種也。輟，止也。覆種不止，不以津告。「子路行，以告」者，子路以長沮、桀溺之言告夫子。「夫子憮然」者，❶憮，失意皃。爲其不達己意，❷而便非己也。「曰鳥獸不可與同羣」者，孔子言其不可隱居辟世之意也。山林多鳥獸，不可與同羣，若隱於山林，是同羣也。「吾非斯人之徒與，而誰與」者，與謂相親與。我非天下人之徒衆相親與，而更誰親與？言吾自當與此天下人同羣，安能去人從鳥獸居乎。「天下有道，丘不與易」者，❸言凡天下有道者，我皆不與易也，爲其己大而人小故也。　注「耜廣五寸，二耜爲耦」　正義曰：此《周禮·考工記》文也。鄭注云：「古者耜一金，兩人並發之。今之耜岐須兩金，❹象古之耦也。」《月令》云：「脩耒耜。」❺鄭注云：「耜者，耒之金。」

子路從而後，遇丈人以杖荷蓧。包曰：「丈人，老人也。❻蓧，竹器。」❼【釋】從，才用反。荷，何可反，又音何。蓧，徒弟反，本又作「條」，又音蓧。❽**子路問曰：「子見夫子乎？」丈人曰：「四體不勤，五穀不分，孰爲夫子？」**包曰：「丈人云：『不勤勞四體，不分殖五穀，誰爲夫子，而索之邪？』」【釋】分，包云「如字」，鄭扶問反，云「猶理」。索，所白反。**植其杖而芸。**孔曰：「植，倚也。除草曰芸。」【釋】植音值，又市力反。芸音云，多作「秐」字。芸，香草也。倚。其綺反。**子路拱而立。**未知所以答。【釋】拱，居勇反。**止子路宿，殺雞爲黍而食之，見其二子焉。明日，子路行，以告。子曰：「隱者也。」**

❶「憮」，阮本誤「撫」，下同。
❷「爲」，阮本作「謂」。
❸「易」下，阮本有「也」字。
❹「須」，阮本作「頭」。
❺「耒」，原作「未」，據阮本改。
❻「人」，正平本作「者」。
❼「器」下，正平本有「名也」二字。
❽「蓧」，元本作「莜」。

使子路反見之。至，則行矣。孔曰：「子路反至其家，丈人出行不在。」【釋】食音嗣。見其，賢遍反。子路曰：「不仕無義。鄭曰：「留言以語丈人之二子。」【釋】語，魚據反。長幼之節，不可廢也；君臣之義，如之何其廢之？❶孔曰：「言女知父子相養不可廢，反可廢君臣之義邪。」【釋】長，丁丈反。欲絜其身而亂大倫。包曰：「倫，道理也。」君子之仕也，行其義也。道之不行，❷已知之矣。」包曰：「言君子之仕，所以行君臣之義，不必自己道得行。❸孔子道不見用，自已知之。」【疏】「子路」至「之矣」 正義曰：此章記隱者與子路相識之語也。「子路從而後，遇丈人以杖荷蓧」者，子路隨從夫子，行不相及而獨在後，逢老人以杖檐荷竹器。「子路問曰子見夫子乎」者，夫子，孔子也。「丈人曰四體不勤，五穀不分，孰爲夫子」者，丈人責子路，云：「不勤勞四體，不分殖五穀，誰爲夫子，而來問我求索之邪？」「植其杖而芸」者，植，倚立也。芸，除草也。丈人既責子路，至於田中，倚其荷蓧之杖，而芸其苗。「子路拱而立」者，子路未知所以答，故隨至田中，拱手而立也。「止子路宿，殺雞爲黍而食之，見其二子焉」者，丈人留子路宿，殺雞爲黍以食之，❹丈人知子路賢，故又以二子見於子路也。「明日，子路行，以告」者，既宿之明日，子路行去，逐及夫子，❺以丈人所言及雞黍、見子之事告之也。「子曰隱者也。使子路反見之。至，則行矣」者，❻夫子言此丈人必賢人之隱者也。使子路反求見之，欲語以己道。子路反至其家，❼則丈人出行不在也。「子路曰不仕無義」者，丈人既不在，留言以語丈人之二子，令其父還則述之。此下之言皆孔子之意。言父子之道，天性也。君臣之義也，人生則皆當有之。❽若其不仕，是無君臣之義也。「長幼之節，不可廢也。君臣之義，如之何其廢之」者，言女知父子相養，是知長幼之節不可廢也。反可廢君臣之義而不仕乎。「欲

---

❶「之」下，正平本有「也」字。
❷「行」下，正平本有「也」字。
❸「己」字，正平本無。
❹「以」，阮本作「而」。
❺「逐」，阮本作「遂」。
❻「者」字，阮本無。
❼「反」下，阮本有「而」字。
❽「生」，阮本作「性」。

絜其身而亂大倫」者，倫，道理也。言女不仕濁世，❶欲清絜其身，則亂於君臣之義大道理也。「君子之仕也，行其義也。道之不行，已知之矣」者，言君子之仕，非苟利祿而已，所以行君臣之義。亦不必自己道謂行，❷孔子道不見用，自己知之也。注「蓧，竹器」 正義曰：《說文》作「莜」，云「田器」也。❸ **【釋】**已音紀，一音以。

逸民：伯夷、叔齊、虞仲、夷逸、朱張、柳下惠、少連。逸民者，節行超逸也。❹包曰：「此七人，皆逸民之賢者。」**【釋】**朱張，並如字。衆家亦爲人姓名。王弼注：「朱張，字子弓，荀卿以比孔子。」鄭作「侏張」，云「音陟留反」。少，詩照反，下同。**子曰：「不降其志，不辱其身，**❺**伯夷、叔齊與。」**鄭曰：「言其直己之心，不入庸君之朝。」**【釋】**與音餘。朝，直遥反。**謂柳下惠、少連，「降志辱身矣，言中倫，行中慮，其斯而已矣。」**孔曰：「但能言應倫理，行應思慮，如此而已。」❻**【釋】**中，丁仲反，下同。應，「應對」之「應」，下同。思，息嗣反，又如字。**謂虞仲、夷逸，「隱居放言，**包曰：「放，置也。不復言世務。」❼**【釋】**復，扶又反。**身中清，廢中權。**馬曰：「清，純絜也。遭世亂，自廢棄以免患，❽合於權。」**【釋】**廢，方肺反，鄭作「發」，動貌。**我則異於是，無可無不可。」**馬曰：「亦不必進，亦不必退，唯義所在。」

【疏】「逸民」至「不可」 正義曰：此章論逸民賢者之行也。「逸民伯夷、叔齊、虞仲、夷逸、朱張、柳下惠、少連」者，逸民謂民之節行超逸者也。此七人皆逸民之賢者也。「子曰不降其志，不辱其身，伯夷、叔齊與」者，此下孔子論其逸民之行也。言其直己之心，不降志也，不入庸君之朝，不辱身也，惟伯夷、叔齊有此行也。「謂柳下惠、少連，降志辱身矣，❾言中倫，行中慮，其斯而已矣」者，又論此二人食祿亂朝，是降志辱身也。倫，理也。

---

❶「乎欲」至「不仕」十八字，阮本奪。
❷「謂」，阮本作「得」。
❸「云」，阮本誤「芸」。
❹「也」，正平本作「者」。
❺「身」下，正平本有「者」字。
❻「如」，正平本作「若」。
❼「不」上，正平本有「置」字。
❽「自」，正平本作「身」。
❾「矣」下，阮本衍「者」字。

中慮也，❶但能言應倫理，行應思慮，如此而已。不以世務嬰心，故亦謂之逸民。「謂虞仲、夷逸，隱居放言，身中清，廢中權」者，放，置也。清，純絜也。權，反常合道也。孔子又論此二人，隱遯退居，放置言語，不復言其世務。其身不仕濁世，應於純絜。遭世亂，自廢棄以免患，應於權也。「我則異於是，無可無不可」者，孔子言我之所行，則與此逸民異，亦不必進，亦不必退，唯義所在，故曰「無可無不可」也。不論朱張之行者，王弼云：「朱張，字子弓，荀卿以比孔子。」言其行與孔子同，故不論也。

大師摯適齊，亞飯干適楚，孔曰：「亞，次也。次飯，樂師也。摯、干，皆名。」【釋】大音太。亞，於嫁反。摯音至。飯，扶晚反，下同。**三飯繚適蔡，四飯缺適秦，**包曰：「三飯、四飯，樂章名，各異師。繚、缺，皆名也。」【釋】繚音了。缺，窺悦反。**鼓方叔入於河，**包曰：「鼓，擊鼓者。方叔，名。入謂居其河内。」**播鼗武入於漢，**❷孔曰：「播，搖也。❸武，名也。」【釋】播，彼佐反。鼗，徒刀反，❹亦作鞉。**少師陽、擊磬襄入於海。**孔曰：「魯哀公時，禮壞樂崩，❺樂人皆去。陽、襄，皆名。」【疏】「大師」至「於海」　正義曰：此章記魯哀公時，禮壞樂崩，樂人皆去也。「大師摯適齊」者，大師，樂官之長，名摯，去魯而適齊也。「亞飯干適楚」者，亞，次也。天子諸侯，每食奏樂，樂章各異，各有樂師。次飯，樂師，名干，往楚。三飯，樂師，名繚，往蔡。四飯，樂師，名缺，往秦。「鼓方叔入於河」者，擊鼓者，名方叔，入於河内也。「播鼗武入於漢」者，播，搖也。鼗如鼓而小，有兩耳，持其柄搖之，旁耳還自擊。搖鼗鼓者，名武，入居於漢中也。「少師陽、擊磬襄入於海」者，陽、襄，皆名。二人入居於海内也。【釋】少，詩照反。

周公謂魯公，❻孔曰：「魯公，周公之子伯禽，封於魯。」**曰：「君子不施其親，**孔曰：「施，易也。不

---

❶「中慮也」，阮校「此三字是『中倫中慮』之誤」。
❷「鼗」，正平本作「鞀」。
❸「搖」上，正平本有「猶」字。
❹「徒」，元本作「徙」。
❺「壞」，正平本作「毀」。
❻「謂」，正平本作「語」。

以他人之親易己之親。」❶【釋】弛，舊音絁，又詩紙反，又詩豉反，孔云「以支反」，一音尺紙反，❷落也，並不及舊音，本今作「施」。易音亦，下同。不使大臣怨乎不以。孔曰：「以，用也。怨不見聽用。」故舊無大故，則不棄也。無求備於一人。」孔曰：「大故，謂惡逆之事。」【疏】「周公」至「一人」 正義曰：此一章記周公戒魯公之語也。「周公謂魯公」曰，❸魯公，周公之子伯禽，封於魯，將之國，周公戒之也。「曰君子不施其親」者，施猶易也。❹言君子爲國，不以他人之親易己之親，當行博愛廣敬也。「不使大臣怨乎不以」者，以，用也。既任爲大臣，❺則當聽用之，不得令大臣怨不見聽用也。「故舊無大故，則不棄」者，大故謂惡逆之事。言故舊朋友，❻無此惡逆之事，則不可遺棄也。「無求備於一人」者，求，責也。任人當隨其才，無得責備於一人也。

周有八士：伯達、伯适、仲突、仲忽、叔夜、叔夏、季隨、季騧。包曰：「周時四乳生八子，❼皆爲顯士，故記之耳。」❽【疏】「周有八士： 伯達、伯适、仲突、仲忽、叔夜、叔夏、季隨、季騧」 正義曰：此章記異也。周時有人四偏生子而乳之，❾每乳皆二子，凡八子，皆爲顯士，故記之耳。鄭玄以爲成王時，劉向、馬融皆以爲宣王時。

論語註疏卷第九

❶「之親易己之」，正平本作「易其親」。
❷「尺」，元本作「敕」。
❸「曰」，阮本作「者」。
❹「猶」字，阮本無。
❺「任」，阮本作「仕」。
❻「言」字，阮本無。
❼「生」，正平本作「得」。
❽「耳」字，正平本無，阮本作「爾」。
❾「徧」原作「偏」，據阮校改。

論語註疏卷第十

子張第十九

【疏】正義曰：此篇記士行交情，仁人勉學，或接聞夫子之語，或辨揚聖師之德，以其皆弟子所言，故差次諸篇之後也。❶

子張曰：「士見危致命，孔曰：「致命，不愛其身。」見得思義，祭思敬，喪思哀，其可已矣。」【疏】「子張曰」至「已矣」 正義曰：此章言士行也。士者，有德之稱，自卿大夫已下皆是。致命，謂不愛其身。子張言，爲士者見君有危難，不愛其身，致命以救之；見得利禄，思義然後取；有祭事，思盡其敬；有喪事，當盡其哀。有此行者，其可以爲士已矣。

子張曰：「執德不弘，信道不篤，焉能爲有？焉能爲亡？」孔曰：「言無所輕重。」【疏】「子張」至「爲亡」 正義曰：此章言人行之不備者。弘，大也。篤，厚也。亡，無也。言人執守其德，不能弘大，雖信善道，不能篤厚，人之若此，雖存於世，何能爲有而重。雖没於世，何能爲無而輕。言於世無所輕重也。【釋】焉，於虔反，下同。亡如字，無也。

子夏之門人問交於子張。孔曰：「問與人交接之道。」❷子張曰：「子夏云何？」對曰：「子夏曰：『可者與之，其不可者拒之。』」子張曰：「異乎吾所聞。❸君子尊賢而容衆，嘉善而矜不能。我之大賢與，❹於人何所不容？我之不賢與，人將拒我，如之何其拒人也？」包曰：「友交當如子夏，汎交當如子張。」【疏】「子夏」至「人也」 正義曰：此章論與人結交之道。「子夏之門人問

❶「差」，阮本誤「善」。
❷「問」上，正平本重「問」字。
❸「聞」下，正平本有「也」字。
❹「之」字，正平本無，下「我之不賢與」同。

交於子張」者，門人謂弟子。問交，問與人交接之道。「子張曰子夏云何」者，子張反問子夏之門人，女師嘗說結交之道云何乎。❶「對曰子夏曰：可者與之，其不可者拒之」者，❷子夏弟子對子張述子夏之言也。子夏言結交之道，若彼人賢可與交者，則與之交；若彼人不賢，不可與之交者，則拒之而不交。「子張曰異乎吾所聞」者，言己之所聞結交之道與子夏所說異也。「君子尊賢而容衆，嘉善而矜不能」者，此所聞之異者也。言君子之人，見彼賢則尊重之，雖衆多亦容納之；人有善行者則嘉美之，不能者則哀矜之。「我之大賢與，於人何所不容？我之不賢與，人將拒我，如之何其拒人也」者，既陳其所聞，又論其不可拒人之事。誠如子夏所說，可者與之，不可者拒之，設若我之大賢，則所在見容也；我若不賢，則人將拒我，不與己交，又何暇拒他人乎？然二子所言，各是其見。論交之道，不可相非。友交當如子夏，汎交當如子張。【釋】矜，居陵反。賢與，音餘，下同。拒，本亦作「距」，具呂反。汎，芳劍反。

子夏曰：「雖小道，必有可觀者焉，小道謂異端。致遠恐泥，包曰：「泥，難不通。」是以君子不爲也。」【疏】「子夏」至「不爲也」 正義曰：此章勉人學爲大道正典也。小道謂異端之說，百家語也。雖曰小道，亦必有少理可觀覽者焉，❸然致遠經久，則恐泥難不通，是以君子不學也。

子夏曰：「日知其所亡，孔曰：「日知其所未聞。」月無忘其所能，可謂好學也已矣。」【疏】「子夏曰」至「已矣」 正義曰：此章勸學也。亡，無也。舊無聞者當學之，使日知其所未聞；舊已能者，當温尋之，使月無忘也。能如此者，可以謂之好學。

子夏曰：「博學而篤志，孔曰：「廣學而厚識之。」❹切問而近思，切問者，切問於己所學未悟之事。近思者，思己所未能及之事。❺汎問所未學，遠思所未達，則其所習者不精，所思者不解。❻【釋】解音蟹。仁在

❶「女」，阮本作「汝」。
❷「其」字，阮本無。
❸「少」，阮本作「小」。
❹「廣」，正平本作「博」。
❺「思」上，阮本有「近」字。「未」字，阮本無。
❻「所」上，正平本有「於」字。「解」下，正平本有「之」字。

其中矣。」【疏】「子夏」至「中矣」　正義曰：此章論好學近於仁也。博，廣也。篤，厚也。志，識也。言廣學而厚識之，使不忘。切問者，親切問於己所學未悟之事，不汎濫問之也。近思者，思己所未能及之事，不遠思也。若汎問所未學，遠思所未達，則於所習者不精，所思者不解。仁者之性純篤，今學者既能篤志近思，故曰「仁在其中矣」。

子夏曰：「百工居肆以成其事，君子學以致其道。」包曰：「言百工處其肆則事成，猶君子學以致其道。」❶【疏】「子夏」至「其道」　正義曰：此章亦勉人學，舉百工以爲喻也。審曲面勢以飭五材，以辨民器，謂之百工。五材各有工，言百，衆言之也。肆謂官府造作之處也。致，至也。言百工處其肆，則能成其事，猶君子勤於學，則能至於道也。

子夏曰：「小人之過也必文。」孔曰：「文飾其過，不言情實。」❷【疏】「子夏曰小人之過也必文」　正義曰：此章言小人不能改過也。小人之有過也，❸必文飾其過，强爲辭理，不言情實也。

子夏曰：「君子有三變：望之儼然，即之也溫，聽其言也厲。」鄭曰：「厲，嚴正。」【疏】「子夏」至「也厲」　正義曰：此章論君子之德也。望之、即之及聽其言也，有此三者，變易常人之事也。厲，嚴正也。常人，遠望之則多懈惰，即近之則顏色猛厲，聽其言則多佞邪。惟君子則不然，人遠望之則正其衣冠，尊其瞻視，常儼然也；就近之則顏色溫和，及聽其言辭，則嚴正而無佞邪也。【釋】儼，魚檢反，本或作「嚴」，音同。厲如字，下「厲己」同。

子夏曰：「君子信而後勞其民，未信則以爲厲己也。」王曰：「厲猶病也。」❹【釋】厲，鄭讀爲賴，「恃賴也」。己，居止反，下同。信而後諫，未信則以爲謗己也。」❺【疏】「子夏」至「己也」　正義曰：此章論君子使下事上之法也。厲猶病也。言君子若在上位，當先示信於民，然後勞役其民，則民忘其苦也。若未嘗施信而便勞役之，則民以爲從欲崇侈，妄加困病於己也。若

❶「致」，正平本、阮本作「立」。
❷「言」下，正平本有「其」字。
❸「小」上，阮本有「言」字。
❹「猶」字，正平本無。
❺「也」，正平本作「矣」。

爲人臣，當先盡忠於君，待君信己，而後可諫君之失。❶若君未信己，而便稱君過失，以諫諍之，則君以爲謗讟於己也。【釋】謗，布浪反。

子夏曰：「大德不踰閑，孔曰：「閑猶法也。」小德出入可也。」孔曰：「小德不能不踰法，故曰出入可。」【疏】「子夏」至「可也」 正義曰：此章論人之德有小大，而行亦不同也。閑猶法也。大德之人謂上賢也，所行皆不越法則也。小有德者，謂次賢之人，不能不踰法，有時踰法而出，旋能入守其法，不責其備，故曰可也。

子游曰：「子夏之門人小子，當洒埽應對進退，則可矣，抑末也。本之則無，如之何？」包曰：「言子夏弟子但當對賓客、❷修威儀，禮節之事則可，然此但是人之末事耳。不可無其本，故云『本之則無，如之何』。」【釋】洒，色買反，又所綺反，正作「灑」，經典。掃，素報反，本今作「埽」。應，抑證反。末，「本末」之「末」字，或作「味」，❸非也。子夏聞之，曰：「噫，孔曰：「噫，心不平之聲。」【釋】噫，於其反。言游過矣。君子之道，孰先傳焉？孰後倦焉？包曰：「言先傳業者必先厭倦，❹故我門人，先教以小事，後將教以大道。」【釋】傳，直專反。倦，其眷反。厭，於豔反。譬諸草木，區以別矣。馬曰：「言大道與小道殊異，譬如草木異類區別，言學當以次。」【釋】區，羌于反。別，彼列反。君子之道，焉可誣也？馬曰：「君子之道，焉可使誣言我門人但能洒埽而已？」【釋】焉，於虔反。誣音無。有始有卒者，其唯聖人乎。」孔曰：「終始如一，唯聖人耳。」【疏】「子游」至「人乎」 正義曰：此章論人學業有先後之法也。「子游曰子夏之門人小子，當洒埽應對進退則可矣，抑末也。本之則無，如之何」者，子游，言偃也。門人小子，謂弟子也。應，當也。抑，語辭也。本謂先王之道。言偃有時評論子夏之弟子，但當對賓客、修威儀，禮節之事則可，然此但是人之末事耳，不可無其本。今子夏弟子於其本先王之道則無有，不可奈何，故云

❶「於君待君信己而後可諫」十字，阮本奪。
❷「但」，正平本作「於」。
❸「味」，元本作「未」。
❹「傳」下，正平本有「大」字。

「如之何」也。「子夏聞之，曰噫」者，噫，心不平之聲。子夏既聞子游之言，中心不平之，故曰「噫」。「言游過矣」者，謂言偃所説爲過失也。「君子之道，孰先傳焉？孰後倦焉」者，言君子教人之道，先傳業者必先厭倦，誰有先傳而後倦者乎。子夏言我之意，恐門人聞大道而厭倦，故先教以小事，後將教以大道也。「譬諸草木，區以別矣」者，諸，之也。言大道與小道殊異，譬之草木異類區別，言學當以次也。「君子之道，焉可誣也」者，言君子之道，當知學業以次，安可便誣罔言我門人但能洒埽而已。「有始有卒者，其惟聖人乎」者，卒猶終也。言人之學道，靡不有初，鮮克有終，能終始如一，不厭倦者，其唯聖人耳。【釋】卒，子恤反。

子夏曰：「仕而優則學，馬曰：「行有餘力，則以學文。」【釋】優音憂。行，下孟反。學而優則仕。」【疏】「子夏」至「則仕」 正義曰：此章勸學也。言人之仕官行己職，而優閑有餘力，則以學先王之遺文也。若學而德業優長者，則當仕進以行君臣之義也。

子游曰：「喪致乎哀而止。」孔曰：「毁不滅性。」【疏】「子游曰喪致乎哀而止」 正義曰：此章言居喪之禮也。言人有父母之喪，當致極哀戚，不得過毁，以至滅性，滅性則非孝。注「毁不滅性」 正義曰：此《孝經》文也。注云：「不食三日，哀毁過情，滅性而死，皆虧孝道，故聖人制禮施教，不令至於隕滅。」

子游曰：「吾友張也爲難能也，包曰：「言子張容儀之難及。」然而未仁。」【疏】「子游」至「未仁」 正義曰：此章論子張材德也。子游言吾同志之友子張，其容儀爲難能及也，然而其德未仁。

曾子曰：「堂堂乎張也，難與並爲仁矣。」鄭曰：「言子張容儀盛，而於仁道薄也。」【疏】「曾子」至「仁矣」 正義曰：此章亦論子張材德也。堂堂，容儀盛貌。曾子言子張容儀堂堂然盛，於仁道則薄，故難並爲仁矣。

曾子曰：「吾聞諸夫子：人未有自致者也，❶必也親喪乎。」馬曰：「言人雖未能自致盡於他事，至於親喪，必自致盡。」【疏】「曾子」至「喪乎」 正義曰：此章論人致誠之事也。諸，之也。曾子言，我聞之

---

❶「者也」，正平本作「也者」。

夫子，言人雖未能自致盡其誠於他事，至於親喪，必自致盡也。

曾子曰：「吾聞諸夫子：孟莊子之孝也，其他可能也；其不改父之臣與父之政，是難能也。」❶馬曰：「孟莊子，魯大夫仲孫速也。❷謂在諒陰之中，❸父臣及父政雖有不善者，不忍改也。」【疏】「曾子」至「能也」　正義曰：此章論魯大夫仲孫速之孝行也。言其他哭泣之哀，齊斬之情，饘粥之食也，❹人可能及之也，其在諒陰之中，父臣及父政雖有不善者，不忍改之也，是他人難能也。

孟氏使陽膚爲士師，包曰：「陽膚，曾子弟子。士師，典獄之官。」❺【釋】膚，方於反。問於曾子。曾子曰：「上失其道，民散久矣。如得其情，則哀矜而勿喜。」馬曰：「民之離散爲輕漂犯法，乃上之所爲，非民之過，當哀矜之，勿自喜能得其情。」【疏】「孟氏使陽膚爲士師」至「勿喜」　正義曰：此章論典獄之法也。❻「孟氏使陽膚爲士師」者，陽膚，曾子弟子。士師，典獄之官。「問於曾子」者，問其師，求典獄之法也。「曾子曰上失其道，民散久矣。如得其情，則哀矜而勿喜」者，言上失爲君之道，民人離散，爲輕易漂掠，犯於刑法，亦已久矣，乃上之失政所爲，非民之過。女若求得其情，當哀矜之，勿自喜也。【釋】漂，匹照反。

子貢曰：「紂之不善，❼不如是之甚也。是以君子惡居下流，天下之惡皆歸焉。」孔曰：「紂爲不善，以喪天下，後世憎甚之，皆以天下之惡歸之於紂。」【疏】「子貢曰」至「歸焉」　正義曰：此章戒人爲惡也。紂名辛，字受德，商末世之主也。❽爲惡不道，周武王所殺，《謚法》：「殘義損善曰紂。」言商紂雖爲不善，以喪天下，亦不如此之甚也。乃後人憎甚之耳。下流者，謂

❶「能」字，正平本無。
❷「速」，阮本誤「連」。
❸「陰」，正平本作「闇」。
❹「也」，阮本作「他」，從下。
❺「之」字，正平本無。
❻「章」，原作「意」，據阮本改。
❼「善」下，正平本有「也」字。
❽「主」，阮本作「王」。

爲惡行而處人下，若地形卑下，❶則衆流所歸。人之爲惡，處下，衆惡所歸。是以君子常爲善，不爲惡，惡居下流故也。紂爲惡行，惡居下流，❷則人皆以天下之惡歸之於紂也。【釋】惡居，烏路反。喪，息浪反。

子貢曰：「君子之過也，如日月之食焉。❸過也，人皆見之；更也，人皆仰之。」孔曰：「更，改也。」【疏】「子貢」至「仰之」 正義曰：此章論君子之過似日月之食也。更，改也。言君子苟有過也，則爲衆所知，如日月正當食時，則萬物皆覩也；❹及其改過之時，則人皆復仰其德，如日月明生之後，則萬物亦皆仰其明。

衛公孫朝馬曰：「公孫朝，衛大夫。」問於子貢曰：「仲尼焉學？」子貢曰：「文武之道，未墜於地，在人。賢者識其大者，不賢者識其小者，莫不有文武之道焉。夫子焉不學？孔曰：「文武之道，未墜落於地，賢與不賢，各有所識，夫子無所不從學。」【釋】焉學，於虔反，下「焉不學」同。墜，直類反。而亦何常師之有？」孔曰：「無所不從學，故無常師。」【疏】「衛公」至「之有」 正義曰：此章論仲尼之德也。「衛公孫朝」者，衛大夫也。「問於子貢曰仲尼焉學」者，問子貢仲尼何所從學，而得成此聖也。意謂孔子生知，無師所從學也。「子貢曰文武之道，未墜於地，在人。賢者識其大者，不賢者識其小者，莫不有文武之道焉。夫子焉不學」者，焉猶安也。言文武之道，未墜落於地，行之在人。賢與不賢各有所識，夫子皆從而學，安得不學乎。「而亦何常師之有」者，言夫子無所不從學，故無常師。

叔孫武叔語大夫於朝，馬曰：「魯大夫叔孫州仇。武，謚。」【釋】語，魚據反。朝，直遙反。仇音求。曰：「子貢賢於仲尼。」子服景伯以告子貢。子貢曰：「譬之宮牆，❺賜之牆也及肩，闚見

❶「形」，原作「刑」，據阮本改。
❷「惡」字，阮本無。
❸「食」，正平本作「蝕」。
❹「覩」，阮本誤「觀」。
❺「之」，正平本作「諸」，「牆」下正平本有「也」字。

室家之好。夫子之牆數仞，❶不得其門而入，❷不見宗廟之美，百官之富。得其門者或寡矣。包曰：「七尺曰仞。」【釋】闚，棄規反。好如字，舊呼報反。數，色主反。仞，又作「刃」，音同。夫子之云，不亦宜乎？」包曰：「夫子謂武叔。」【疏】「叔孫」至「宜乎」　正義曰：此章亦明仲尼之德也。「叔孫武叔語大夫於朝，曰子貢賢於仲尼」者，叔孫武叔，魯大夫。有時告語諸大夫於朝中，曰：「子貢賢才過於仲尼。」「子服景伯以告子貢」者，景伯亦魯大夫，子服何也。以武叔之言告之子貢也。「子貢曰譬之宮牆，賜之牆也及肩，闚見室家之好。夫子之牆數仞，不得其門而入，不見宗廟之美，百官之富」者，子貢聞武叔之言己賢於仲尼，此由君子之道不可小知，故致武叔有此言，乃爲之舉喻。曰譬如人居之宮，四面各有牆，❸牆卑則可闚見其在內之美，猶小人之道可以小知也；牆高則不可闚見在內之美，猶君子之道不可小知也。今賜之牆也，纔及人肩，則人闚見宮內室家之美好；❹夫子之牆高乃數仞，七尺曰仞，若不得其門而入，❺則不見宗廟之美備，百官之富盛也。「得其門者或寡矣」者，言夫聖闕非凡可及，故得其門而入者或少矣。「夫子之云，不亦宜乎」者，夫子謂武叔。以此論之，即武叔云「子貢賢於仲尼」，亦其宜也，不足怪焉。注「馬曰魯大夫叔孫州仇。武，謚」　正義曰：案，《世本》，州仇，公子叔牙六世孫，❻叔孫不敢子也。《春秋》定十年「秋，叔孫州仇、仲孫何忌帥師圍郈。」《左傳》曰：「武叔、懿子圍郈。」是知叔孫武叔即州仇也。《謚法》云：「剛彊直理曰武。」

叔孫武叔毁仲尼。子貢曰：「無以爲也。仲尼不可毁也。他人之賢者，丘陵也，猶可踰也；仲尼，日月也，❼無得而踰焉。人雖欲自絕，❽其何傷於日月乎？多見其不知

❶「牆」下，正平本有「也」字。
❷「入」下，正平本有「者」字。
❸「面」，阮本作「圍」。
❹「宮」，阮本作「牆」。
❺「若」上，阮本有「人」字。
❻「牙」，阮本誤「此」。
❼「日」上，正平本有「如」字。
❽「绝」下，正平本有「也」字。

量也。」言人雖自絶棄於日月，❶其何能傷之乎？ 適足自見其不知量也。❷ 【疏】「叔孫」至「量也」 正義曰：此章亦明仲尼也。「叔孫武叔毁仲尼」者，訾毁孔子之德也。「子貢曰無以爲也。仲尼不可毁也」者，言無用爲此毁訾，夫仲尼之德不可毁也。「他人之賢者，丘陵也，猶可踰也；仲尼，日月也，無得而踰焉」者，子貢又爲設譬也。言他人之賢，譬如丘陵，雖曰高顯，❸猶可踰越，至於仲尼之賢，則如日月貞明麗天，❹不可得而踰也。「人雖欲自絶，其何傷於日月乎」者，言人毁仲尼，猶毁日月，雖欲絶棄於日月，其何能傷之乎。 猶雖欲絶毁仲尼，亦不能傷其賢也。❺「多見其不知量也」，多猶適也。言非但不能毁仲尼，❻又適足自見其不知量也。 注「言人」至「量也」 正義曰：云「適足自見其不知量也」者，案此注意似訓「多」爲「適」，❼所以「多」得爲「適」者，古人「多」、「衹」同音，❽「多見其不知量」，猶襄二十九年《左傳》云「多見疏」也。服虔本作「衹見疏」，解云：「衹，適也」。晉宋杜本皆作「多」。張衡《西京賦》云：「炙炮夥，清酤多，❾皇恩溥，洪德施。」「施」與「多」爲韻。此類衆矣，故以「多」爲「適」也。 【釋】量音亮。

陳子禽謂子貢曰：「子爲恭也，仲尼豈賢於子乎？」子貢曰：「君子一言以爲知，❿一言以爲不知，言不可不慎也。夫子之不可及也，⓫猶天之不可階而升也。夫子之得邦家者，⓬孔曰：「謂爲諸侯若卿大夫。」 【釋】知音智，下同。 所謂立之斯立，道之斯行，⓭綏之斯來，

❶「自」下，正平本有「欲」字。
❷「足」字、「其」字，正平本無。
❸「高」，阮本作「廣」。
❹「貞明麗天」上，阮本作「之至高，人」。
❺「言人」至「贤也」三十六字，阮本作「言人雖欲毁訾夫日月，特自绝弃，於日月其何能傷之乎。故人雖欲毁仲尼，亦不能傷仲尼也」。
❻「言非」，阮本誤「皆化」。
❼「案」，阮本作「據」。
❽「衹」，阮本作「祇」，下同。
❾「酤」，阮本作「酟」。
❿「知」，正平本作「智」，下同。
⓫「也」字，正平本無。
⓬「之」字，正平本無。
⓭「道」，正平本作「導」，注同。

動之斯和。其生也榮，其死也哀。如之何其可及也？」孔曰：「綏，安也。❶言孔子爲政，其立教則無不立，道之則莫不興行，安之則遠者來至，動之則莫不和睦，❷故能生則榮顯，❸死則哀痛。」❹【疏】「陳子」至「及也」 正義曰：此章亦明仲尼之德也。「陳子禽謂子貢曰子爲恭也，仲尼豈賢於子乎」者，此子禽必非陳亢，❺當是同其姓字耳。見其子貢每事稱譽其師，故謂子貢云：「當是子爲恭孫故也，其實仲尼才德，豈賢於子乎？」「子貢曰君子一言以爲知，一言以爲不知，言不可不慎也」者，子貢聞子禽之言，以此言拒而非之也。言君子出一言是，則人以爲有知；出一言非，則人以爲不知。知與不知既由一言，則其言不可不慎也。今乃云「仲尼豈賢於子乎」，則是女不慎其言，且爲不知也。❻「夫子之不可及也，如天之不可階而升也」者，又爲設譬，言夫子之德不可及也。他人之賢猶他物之高者，可設階梯而升上之；至於仲尼之德，猶天之高，不可以階梯而升上之。「夫子之得邦家者，所謂立之斯立，道之斯行，綏之斯來，動之斯和。其生也榮，其死也哀。如之何其可及也」者，又爲廣言仲尼爲政之德也。得邦謂爲諸侯，得家謂爲卿大夫。綏，安也。言孔子爲政，其立教則無不立，道之則莫不興行，安之則遠者來至，動之則莫不和睦，❼故能生則榮顯，死則哀痛，故如之何其可及也。

【釋】道音導。綏音雖。

堯曰第二十

【疏】正義曰：此篇記二帝三王及孔子之語，明天命政化之美，皆是聖人之道，可以垂訓將來，故以殿諸篇，❽非所次也。

堯曰：「咨，爾舜，天之曆數在爾躬，

❶「也」，正平本作「之」。
❷「睦」，正平本作「穆」。
❸「則」下，正平本有「見」字。
❹「則」下，正平本有「見」字。「痛」下，正平本有「矣也」二字。
❺「非」，阮本誤「作」。
❻「且」，阮本作「是」。
❼「則」下，阮本有「民」字。
❽「以」字，阮本無。

曆數謂列次也。允執其中。四海困窮，天禄永終。」包曰：「允，信也。困，極也。永，長也。言爲政信執其中，則能窮極四海，天禄所以長終。」舜亦以命禹。孔曰：「舜亦以堯命己之辭命禹。」曰：「予小子履，敢用玄牡，敢昭告於皇皇后帝：孔曰：「履，殷湯名。此伐桀告天之文。❶殷家尚白，❷未變夏禮，故用玄牡。皇，大。后，君也。大大君帝謂天帝也。《墨子》引《湯誓》，其辭若此。」有罪不敢赦。包曰：「順天奉法，有罪者不敢擅赦。」【釋】擅，市戰反。帝臣不蔽，簡在帝心。言桀居帝臣之位，罪過不可隱蔽。❸以其簡在天心故。❹【釋】蔽，必袂反。❺朕躬有罪，無以萬方；萬方有罪，罪在朕躬。」❻孔曰：「無以萬方，萬方不與也。萬方有罪，我身之過。」【釋】與音預。周有大賚，善人是富。周，周家。賚，賜也。言周家受天大賜，富於善人，有亂臣十人是也。【釋】賚，力代反。「雖有周親，不如仁人。孔曰：「親而不賢不忠則誅之，❼管、蔡是也。仁人，謂箕子、微子。❽來則用之。」❾百姓有過，在予一人。」謹權量，審法度，修廢官，四方之政行焉。包曰：「權，秤也。❿量，斗斛。」【釋】量音亮，注同。秤，尺證反。興滅國，繼絶世，舉逸民，天下之民歸心焉。所重：民，食，喪，祭。孔曰：「重民，國之本也。重食，民之命也。重喪，所以盡哀。重祭，所以致敬。」寬則得衆，信則民任焉，⓫敏則

❶「之」字，正平本無。
❷「家」，阮本誤「冢」。
❸「罪」上，正平本有「有」字。
❹「以其」，正平本作「已」。「故」，正平本作「也」。
❺「袂」，原作「世」，據元本改。
❻「罪」字，正平本無。
❼「之」字，正平本無。
❽「謂」字，正平本無。
❾「之」字，正平本無。
❿「秤」，正平本作「稱」。
⓫「信則民任也」五字，正平本無。

有功，公則説。❶孔曰：「言政教公平則民説矣。凡此，二帝三王所以治也，故傳以示後世。」【疏】「堯曰」至「則説」 正義曰：此章明二帝三王之道，凡有五節，初自「堯曰」至「天禄永終」，記堯命舜之辭也；二「舜亦以命禹」一句，❷舜亦以堯命己之辭命禹也；三自「曰予小子」至「罪在朕躬」，記湯伐桀告天之辭也；四自「周有大賚」至「在予一人」，言周家受天命及伐紂告天之辭也；五自「謹權量」至「公則説」摠明二帝三王政化之法也。❸「堯曰咨，爾舜，天之曆數在爾躬」者，此是堯命舜以天命之辭也。咨，咨嗟也。爾，汝也。曆數謂列次也。堯姓伊祁，名放勛。舜姓姚，名重華。《謚法》云：「翼善傳聖曰堯。仁義盛明曰舜。」堯子丹朱不肖，不堪嗣位。虞舜側微，堯聞之聰明，將使嗣位，故先咨嗟歎而命之，欲使重其事。言天位之列次當在女身，故我今命授於女也。「允執其中，四海困窮，天禄永終」者，此堯戒舜以爲君之法於女也。❹允，信也。困，極也。永，長也。言爲政信執其中，則能窮極四海，天之禄籍所以長終汝身。「舜亦以命禹」者，舜有子商均，亦不肖。禹有治水大功，故舜禪位與禹，故亦以堯命已之辭命禹也。「曰予小子履，敢用玄牡，敢昭告于皇皇后帝」者，此下湯伐桀告天辭也。禹受舜禪，傳位子孫，至桀無道，湯有聖德，應天順人，舉干戈而伐之，遂放桀於南巢，自立爲天子，而以此辭告天也。履，殷湯名。稱小子，謙也。玄牡，黑牲也。殷尚白而用黑牲者，未變夏禮故也。昭，明也。皇，大也。后，君也。天大君帝謂天帝也。❺謂殺牲明告天帝以伐桀之意。「有罪不敢赦」者，言己順天奉法，有罪者不敢擅放赦也。「帝臣不蔽，簡在帝心」者，帝，天也。帝臣謂桀也。桀是天子，天子事天猶臣事君，故謂桀爲帝臣也。言桀居帝臣之位，罪過不可隱蔽，以其簡閲在天心故也。「朕躬有罪，無以萬方；萬方有罪，罪在朕躬」者，言我身有罪，無用汝萬方，萬方不與也；萬方有罪，過在我身，自責化不至也。「周有大賚，善人是富」者，周，周家也。文王武

❶「説」上，正平本有「民」字。
❷「二」下，阮本有「自」字。「亦」，阮本無。
❸「摠」，阮本作「此」。
❹「於女」二字，阮本無。
❺「天」，阮本作「大」。

王居歧周而王天下，❶故曰周家。賚，賜也。周家受天大賜，富於善人，有亂臣十人是也。「雖有周親，不如仁人。百姓有過，在予一人」者，此武王誅紂誓衆之辭。湯亦傳位子孫，至末孫帝紂無道。周武王伐而滅之，而以此辭誓衆。言雖有周親，不賢不忠，則誅之，若管、蔡是也。不如有仁德之人，賢而且忠，若箕子、微子，來則用之也。百姓，謂天下衆民也。言若不教百姓，使有罪過，當在我一人之化不至也。「謹權量，審法度，修廢官，四方之政行焉」者，此下揔言二帝三王所以行政法也。權，秤也。量，斗斛也。謹飭之使鈞平。法度，謂車服旌旗之禮儀也。審察之，使貴賤有別，無僭偪也。官有廢闕，復修治之，使無曠也。如此，則四方之政化興行焉。「興滅國，繼絶世，舉逸民，天下之民歸心焉」者，諸侯之國，爲人非理滅之者，復興立之；賢者當世祀，爲人非理絶之者，則求其子孫，使復繼之；節行超逸之民，隱居未仕者，則舉用之。政化若此，則天下之民歸心焉，而不離析也。「所重：民，食，喪，祭」者，言帝王所重有此四事：重民，國之本也；重食，民之命也；重喪，所以盡哀；重祭，所以致敬。「寬則得衆，信則民任焉，敏則有功，公則説」者，又言帝王之德務在寬簡，示信、敏速、公平也。寬則人所歸附，故得衆。信則民聽不惑，皆爲己任用焉。敏則事無不成，故有功政教。公平則民説。凡此上事，二帝三王所以治也，故傳之以示後世。此章有二帝三王之事，銀者採合以成章。檢《大禹謨》、《湯誥》與《泰誓》、《武成》，則此章其文略矣。

注「曆數謂列次也」 正義曰：孔注《尚書》云「謂天道」，謂天曆數之運，❷帝王易姓而興，故言曆數謂天道。鄭玄以曆數在汝身，謂有圖録之名，何云列次，義得兩通。

注「孔曰」至「若此」 正義曰：云「履，殷湯名」者，案《世本》湯名天乙者，安國意蓋以湯受命之王，依殷法，以乙日生，名天乙；至將爲王，故名履，❸故二名也，亦可。安國不信《世本》，無天乙之名。皇甫謐巧欲傅會，❹云：「以乙日生，故名履，字天乙。」又云：「祖乙亦云乙日生，復名乙。」引《易緯》孔子所謂天之錫

❶「歧」，阮本作「岐」。
❷「數之運」，阮本作「運之數」。
❸「故」，阮本作「改」。
❹「傅」，原作「傳」，據阮校改。

命，故可同名。既以天乙爲字，何云同名乎？斯又妄矣。❶云「《墨子》引《湯誓》，其辭若此」者，以其《尚書·湯誓》無此文，而《湯誥》有之，又與此小異，唯《墨子》引《湯誓》，其辭與此正同，故言之，所以證此爲湯伐桀告天之文也。❷　注「以其簡在天心故」　正義曰：鄭玄云：「簡閱在天心，言天簡閱其善惡也。」　注「孔曰」至「用之」❸　正義曰：云「親而不賢不忠則誅之，管、蔡是也」者，《金縢》云：「武王既喪，管叔及其羣弟乃流言於國曰：『公將不利於孺子。』周公乃致辟管叔于商，囚蔡叔于郭隣，所謂殺管叔而繫蔡叔也。❹云「仁人，謂箕子、微子。來則用之」者，箕子，紂之諸父。《書·洪範序》云：「以箕子歸，作《洪範》。」《宋世家》云：「微子開者，殷帝乙之首子而帝紂之庶兄。周武王克殷，微子乃持其祭器造於軍門，肉袒面縛，左牽羊，右把茅，膝行而前以告。於是武王乃釋微子，復其位。成王誅武庚，乃命微子代殷之後於宋。」是言雖有管叔、蔡叔爲周親，不如箕子、微子之仁人也。案《周書·泰誓》云：「雖有周親，不如仁人」，是武王往伐紂次於河朔誓衆之辭也。孔傳云：「周，至也。言紂至親雖多，不如周家之少仁人。」此文與彼正同，而孔注與彼異者，❺蓋孔意以彼爲伐紂誓衆之辭，此汎言周家政治之法，欲兩通其義，故不同也。　注「權，秤。量，斗斛」　正義曰：《漢書·律曆志》云：「權者，銖、兩、斤、鈞、石也，所以稱物平施，知輕重也。本起於黄鍾之重，一籥容千二百黍，❻重十二銖，兩之爲兩，二十四銖爲兩，十六兩爲斤，三十斤爲鈞，四鈞爲石，五權謹矣。量者，籥、合、升、斗、斛也，所以量多少也。本起於黄鍾之籥，用度數審其容，以子穀秬黍中者千有二百實其籥，十籥爲合，❼十合爲升，十升爲斗，十斗爲斛，而五量嘉矣。」❽《志》又云：「度者，分、寸、尺、丈、引也，所以度長短也。本起黄鍾之長，以子穀秬黍中者，一黍之廣爲一分，十分爲寸，十寸爲尺，十尺爲丈，十丈爲引，而五度審矣。」而此不言度者，從

❶「又」，阮本誤「文」。
❷「湯」字，阮本無。
❸「曰」，阮本誤「子」。
❹「繫」，阮本作「殺」。
❺「彼」，阮本作「此」。
❻「籥」，阮本作「龠」，下同。
❼「十」，阮本作「合」。
❽「嘉」，阮本誤「加」。

可知也。【釋】說音悦，注同。傳，直專反。

子張問於孔子曰：❶「何如斯可以從政矣？」子曰「尊五美，屏四惡，斯可以從政矣。」孔曰：「屏，除也。」子張曰：「何謂五美？」子曰：「君子惠而不費，勞而不怨，欲而不貪，泰而不驕，威而不猛。」子張曰：「何謂惠而不費？」子曰：「因民之所利而利之，斯不亦惠而不費乎？王曰：「利民在政，無費於財。」【釋】費，芳味反，下同。擇可勞而勞之，❷又誰怨？欲仁而得仁，又焉貪？君子無衆寡，無小大，無敢慢，孔曰：「言君子不以寡小而慢之。」❸【釋】慢，武諫反。斯不亦泰而不驕乎？君子正其衣冠，尊其瞻視，儼然人望而畏之，斯不亦威而不猛乎？」子張曰：「何謂四惡？」子曰：「不教而殺謂之虐，不戒視成謂之暴，馬曰：「不宿戒而責目前成，爲視成。」【釋】儼，魚檢反。慢令致期謂之賊，孔曰：「與民無信而虛刻期。」猶之與人也，出納之吝，❹謂之有司。」孔曰：「謂財物俱當與人，而吝嗇於出納，惜難之，此有司之任耳，非人君之道。」【疏】「子張」至「有司」　正義曰：此章論政之理也。❺「子張問於孔子曰何如斯可以從政矣？子曰尊五美，屏四惡，斯可以從政矣」者，屏，除也。子張問其政，❻孔子答，言當尊五種美事，❼屏除四種惡事，則可也。「子張曰何謂五美」者，未知其目，故復問之。「子曰君子惠而不費，勞而不怨，欲而不貪，泰而不驕，威而不猛」者，此孔子爲述五美之目也。「子張曰何謂惠而不費」者，子張雖聞其目，猶未達其理，故復問之。「子曰因民之所利而利之，斯不亦惠而不費

❶「問」下，正平本有「政」字。
❷「擇」下，正平本有「其」字。
❸「之」，正平本作「也」。
❹「納」，正平本作「内」，注同。
❺「論」下，阮本有「爲」字。
❻「政」下，阮本有「術」字。
❼「言」，阮本作「曰」。「尊」下，阮本有「崇」字。

乎」者，此孔子爲說惠而不費之一美也。❶民因五土，❷所利不同，山者利其禽獸，渚者利其魚鹽，中原利其五穀，人君因其所利，使各居其所安，不易其利，則是惠愛利民在政，且不費於財也。「擇可勞而勞之，又誰怨」者，❸孔子知子張未能盡述，❹故既答惠而不費，不須其問，即爲陳其餘者。此說勞而不怨也。❺「擇可勞而勞之」，謂使民以時，則又誰怨恨哉？「欲仁而得仁，又焉貪」者，❻此說欲而不貪也。言常人之欲，失在於貪財。❼我則欲仁而仁斯至矣，又安得爲貪乎。「君子無衆寡，無小大，無敢慢，斯不亦泰而不驕乎」者，此說泰而不驕也。常人之情，敬衆大而慢寡小，則不以寡小而慢之也，❽此不亦是君子安泰而不驕乎？❾「君子正其衣冠。尊其瞻視，儼然人望而畏之，斯不亦威而不猛乎」者，此說威而不猛也。言君子當正其衣冠，❿尊重其瞻視，端居儼然，人則望而畏之，斯不亦雖有威嚴而不猛厲者乎。「子張曰何謂四惡」者，子張復問四惡之義也。⓫「子曰不教而殺謂之虐」者，此下孔子歷答四惡也。爲政之法，當先施教令於民，猶復丁寧申勑之。⓬教令既治，而民不從，後乃誅也。若未嘗教告而即殺之，謂之殘虐，一惡也。⓭「不戒視成謂之暴」者，謂不宿戒而責目前，⓮謂之卒暴，二惡也。「慢令致期謂之賊」者，謂與民無信，而虛刻期，期而不至則罪罰之，謂之賊害，三惡也。「猶之與人也，出納之吝，謂之有司」者，君與人物，必不得止，故云「猶之與人也」。會應與人物而吝惜於出納，則與主吏典物無異。有司謂主典物人也。猶庫吏之屬，雖有官物而不得容易擅與人，君若與人，又有

❶「說」下，阮本有「其」字。
❷「因」，阮本作「居」。
❸「又」，阮本誤「且」。
❹「述」，阮本作「達」。
❺「怨」下，阮本有「者」字。
❻「者」字，阮本奪。
❼「於」字，阮本無。
❽「則」上，阮本有「君子」二字。
❾「驕」下，阮本有「慢」字。
❿「當」，阮本作「常」。
⓫「復問」，阮本作「未聞」。「也」，阮本作「故復問之」。
⓬「丁」字，阮本奪。
⓭「一惡也」三字，阮本無，下「二惡也」「三惡也」同。
⓮「前」下，阮本有「成」字。

吝惜，則與主吏同也，又非人君之道，是四惡也。❶ 正義曰：此已上五美四惡是子張所問從政矣。《篇序》云：分《堯曰》下章「子張問以爲一篇，有兩《子張》。」一是子張問士見危致命，二是子張問政，故有此兩《子張》序也。❷ 【釋】出，尺遂反，又如字，注同。內如字，又音納，注同，本今作「納」。吝，力忍反，❸舊力慎反。難，乃旦反，又如字。

孔子曰：「不知命，無以爲君子也。孔曰：「命謂窮達之分。」【釋】《魯論》無此章，今從《古》。分，扶問反。不知禮，無以立也。不知言，無以知人也。」馬曰：「聽言則別其是非也。」

【疏】窮者，貧賤也；達者，富貴也，並稟於天命也。❹

正義曰：此章明君子進退合時也。「孔子曰不知命，無以爲君子也」者，孔子非不敢能爲而不爲者，知天命也。若不知天命，妄動干求，非君子也。「不知禮，無以立也」者，禮主恭敬，是立身之本，人若不知禮，無以立其身也。夫禮在國則奉宗廟、列貴賤，於家則父子親、兄弟和、長幼序，「相鼠有躰，人而無禮，胡不遄死」。云「不知言，❺無以知人也」者，若不知言，則不知人情淺深，猶短不能測深。前云「一言以爲智，一言以爲不智」，是可聞其言，則曉微旨也。❻

❶「君與人物」至「是四惡也」八十三字，阮本作「謂財物俱當與人，而人君吝嗇於出納而惜難之，此有司之任耳，非人君之道」。

❷「正義曰」至「兩子張序也」，阮本無。

❸「忍」，元本作「刃」。

❹「疏窮者」云云，阮本全引上述經文「孔子曰」至「無以知人也」。

❺「云」原作前「相鼠有躰」上，據文義移改。

❻「正義曰」至「曉微旨也」一百六十七字，阮本作「正義曰：此章言君子立身知人也。命，謂窮達之分。言天之賦命，窮達有時，當得時而動。若不知天命而妄動，則非君子也。禮者，恭儉莊敬，立身之本。若其不知，則無以立也。聽人之言，當別其是非。若不能別其是非，則無以知人之善惡也」。

論語集注

〔宋〕朱熹 撰
徐德明 校點

目録

校點説明 …… 一
讀論語孟子法 …… 一
論語序説 …… 二
論語卷第一 …… 一
學而第一 …… 一
爲政第二 …… 六
論語卷第二 …… 一三
八佾第三 …… 一三
里仁第四 …… 二〇
論語卷第三 …… 二五
公冶長第五 …… 二五
雍也第六 …… 三二
論語卷第四 …… 四〇
述而第七 …… 四〇
泰伯第八 …… 四八
論語卷第五 …… 五四
子罕第九 …… 五四
鄉黨第十 …… 六〇
論語卷第六 …… 六六
先進第十一 …… 六六
顔淵第十二 …… 七三
論語卷第七 …… 八一
子路第十三 …… 八一
憲問第十四 …… 八七
論語卷第八 …… 九八
衛靈公第十五 …… 九八
季氏第十六 …… 一〇四
論語卷第九 …… 一一〇
陽貨第十七 …… 一一〇
微子第十八 …… 一一六
論語卷第十 …… 一二一
子張第十九 …… 一二一
堯曰第二十 …… 一二五
附録　序跋 …… 一二八

校點説明

朱熹(一一三〇—一二〇〇),字元晦,一字仲晦,號晦菴,别稱紫陽。徽州婺源(今屬江西)人,僑寓建陽(今屬福建)。朱熹發展二程(顥、頤)的學説,集理學之大成,是南宋著名的哲學家、教育家。在古文獻整理上義理與考據兼重。

《四書章句集注》是朱熹最有代表性的著作之一。朱熹祖述二程之説,奉《論語》、《孟子》、《大學》、《中庸》四書爲儒經中的獨立專門,並分别爲之作注,《大學》、《中庸》的注釋稱「章句」,《論語》、《孟子》的注釋因引用二程、程門弟子及他人之説較多,故稱「集注」。後人合稱之爲《四書章句集注》,簡稱《四書集注》。《四書章句集注》是對二程倡導的四書學的一個歷史總結,是程、朱學派四書體系的核心,在朱熹理學思想中佔有重要地位,對後世産生了巨大的影響。

朱熹在其後半生中用了大量心血撰寫和反復修改四書注釋,並以淳熙四年(一一七七)爲界,先後經歷了以《四書集解》和《四書集注》爲代表的兩個不同的四書學的體系。《四書集解》的編撰約始於紹興末年朱熹在同安任上及師事李侗期間。隆興初,朱熹把《論語集解》分定爲《論語要義》和《論語訓蒙口義》。乾道七年(一一七一),他對《論語要義》和《孟子集解》都作了一次全面的修訂,並於次年把修訂後的《論語要義》和《孟子集解》合爲《論孟精義》一書,刻板行世。在此兩年中,朱熹還在原有《大學集解》和《中庸集解》的基礎上,去取諸家之説,修訂成《大學章句》和《中庸章句》初稿。

《四書章句集注》是朱熹著作中刊印次數最多、流行最廣的一種。朱熹生前的刻本已不可見。其身後所刻的宋本現存兩種:一爲當塗郡齋刻本,二十八卷。其中《論語集注》十卷《序説》一卷《孟子集注》十四卷《序説》一卷,刻於宋嘉定十年(一二一七),嘉熙四年(一二四〇)、淳祐八年(一二四八)、十二年(一二五二)遞修;《大學章句》一卷、《中庸章句》一卷刻於淳祐十二年(一二五二）。左右雙欄，半葉八行，行十五字，雙魚尾，魚尾上記字數，下記刻工姓名，經注均爲大字，經文頂格，注文另行低一格。注文中避宋諱玄、弘、殷、恒、貞、讓、桓、慎等字。《大學章句》正文首頁有「瞿紹基藏書之印」、「罟里瞿鏞」、「鐵琴銅劍樓」三印，附葉有淳祐十二年金華馬光祖跋一則。該本爲瞿氏鐵劍樓舊物，現藏國家圖書館（以下簡稱當塗郡齋本）。另一宋刻爲《論語集注》十卷《序説》一卷《孟子集注》十四卷《序説》一卷。左右雙欄，半葉七行，行十二字，雙行夾注小字，行十五字，雙魚尾，小黑口，今亦藏國家圖書館。又臺灣「中央研究院」藏宋刻《大學章句》一卷，行款同上，與國圖藏本同樣鈐有「嫏嬛妙境」、「南陽居士」、「百柳塘主人」等藏書印。刻本原爲鄧邦述群碧樓舊藏，據鄧跋云，有《中庸》半部，已爲他人取去。因此可以确定兩處所藏原爲一刻，唯《中庸章句》不知所歸（以下統稱殘宋本）。此外，還有清康熙中内府仿元刻本（世人多以爲原本爲宋刻本，據陶湘考原本《大學序》後跋文，「至正」被挖改作「淳祐」，元刻本冒充作宋刻本。詳見陶湘《清代殿板書目》。以下簡稱仿元本）。是本行款與當塗郡齋本相同，版式字體幾無二致，唯版心不記字數、刻工。惜元本未見，幸賴仿元本可見其下一等真跡。

現存元刻本有以下幾種：一爲上海圖書館藏三十卷本（多《大學或問》二卷、《中庸或問》二卷，少《論語序説》一卷、《孟子序説》一卷）。左右雙欄，半葉十一行，行二十字，雙行夾注小字，行二十二字，細黑口，三魚尾，有明魏校批、近人袁克文跋（以下簡稱元甲本）。一爲南京圖書館藏二十八卷本（《孟子集注》卷三、四配清咸豐九年抄本）。左右雙欄，半葉七行，行十五字，雙行夾注小字行十五字，雙魚尾，白口，魚尾上有字數，每卷後附《音考》。《中國善本書目》著録有清蔣培澤、高望曾、丁丙跋，現僅見蔣、丁二跋（以下簡稱元乙本）。一爲山東省博物館藏十九卷本，即《大學章句或問》一卷、《中庸章句或問》一卷、《論語集注》十卷、《孟子集注》七卷，元至正二十二年（一三六二）沈氏尚德堂刻本（以下簡稱至正本）。據查校，朱熹晚年編纂的《儀禮經傳通解》多同至正本,且明初刻《四書集注大全》、正統司禮監刻本(以下簡稱司禮監本)均源出於此,影響甚大。

明清兩代,官府、私家、坊肆競刻朱注《四書》,數不勝數,優劣各異,要之皆源出於宋元諸刻,唯清嘉慶間吴縣吴英、吴志忠父子校刻本,用多種舊本及宋、元人疏釋本相校,力求恢復《四書集注》定本原貌,頗有可取之處(以下簡稱吴本)。

經仔細比勘,確知宋當塗郡齋刻本是現存刻印最早、錯誤最少的一個善本,且此本秘藏已久,向無翻刻,故此次校點即以當塗郡齋本爲底本。現存其他宋、元本亦各有優異處,一般不易獲見,故又取殘宋本(包括國家圖書館與臺灣「中央研究院」藏本)、元乙本、元甲本、仿元本一一對校。另擇取源出至正本的明正統司禮監本與清吴志忠校刻本參校。

徐德明

二〇〇四年八月

讀論語孟子法

程子曰：「學者當以《論語》、《孟子》爲本。《論語》、《孟子》既治，則《六經》可不治而明矣。讀書者當觀聖人所以作經之意，與聖人所以用心，聖人之所以至於聖人，而吾之所以未至者，所以未得者。句句而求之，晝誦而味之，中夜而思之，平其心，易其氣，闕其疑，則聖人之意可見矣。」

程子曰：「凡看文字，須先曉其文義，然後可以求其意。未有不曉文義而見意者也。」

程子曰：「學者須將《論語》中諸弟子問處便作自己問，聖人答處便作今日耳聞，自然有得。雖孔、孟復生，不過以此教人。若能於《語》、《孟》中深求玩味，將來涵養成，甚生氣質！」

程子曰：「凡看《語》、《孟》，且須熟讀玩味。須將聖人言語切己，不可只作一場話説。人只看得此二書切己，終身儘多也。」

程子曰：「《論》、《孟》只剩讀着，便自意足。學者須是玩味。若以語言解着，意便不足。」

或問：「且將《論》、《孟》緊要處看，如何？」程子曰：「固是好，但終是不浹洽耳。」

程子曰：「孔子言語句句是自然，孟子言語句句是事實。」

程子曰：「學者先讀《論語》、《孟子》，如尺度權衡相似，以此去量度事物，自然見得長短輕重。」

程子曰：「讀《論語》、《孟子》而不知道，所謂『雖多，亦奚以爲』。」

論語序說

《史記·世家》曰：「孔子名丘，字仲尼。其先宋人。父叔梁紇，母顏氏。以魯襄公二十二年庚戌之歲，十一月庚子，生孔子於魯昌平鄉陬邑。爲兒嬉戲，常陳俎豆，設禮容。及長，爲委吏，料量平；委吏，本作季氏史。《索隱》云：「一本作委吏，與《孟子》合。」今從之。爲司職吏，畜蕃息。職，見《周禮·牛人》，讀爲樴，義與杙同，蓋繫養犧牲之所。此官即《孟子》所謂乘田。適周，問禮於老子。既反，而弟子益進。昭公二十五年甲申，孔子年三十五，而昭公奔齊，魯亂。於是適齊，爲高昭子家臣，以通乎景公。有聞《韶》、問政二事。公欲封以尼谿之田，晏嬰不可，公惑之。有季孟、吾老之語。孔子遂行，反乎魯。定公元年壬辰，孔子年四十三，而季氏强僭，其臣陽虎作亂專政。故孔子不仕，而退修《詩》、《書》、《禮》、《樂》，弟子彌衆。九年庚子，孔子年五十一。公山不狃以費畔季氏，召孔子，欲往，而卒不行。有答子路東周語。定公以孔子爲中都宰，一年，四方則之，遂爲司空，又爲大司寇。十年辛丑，相定公會齊侯于夾谷，齊人歸魯侵地。十二年癸卯，使仲由爲季氏宰，墮三都，收其甲兵。孟氏不肯墮成，圍之不克。十四年乙巳，孔子年五十六，攝行相事，誅少正卯，與聞國政。三月，魯國大治。齊人歸女樂以沮之，季桓子受之。郊又不致膰俎於大夫，孔子行。《魯世家》以此以上皆爲十二年事。適衛，主於子路妻兄顏濁鄒家。《孟子》作顏讎由。適陳，過匡，匡人以爲陽虎而拘之。有顏淵後及文王既没之語。既解，還衛，主蘧伯玉家，見南子。有矢子路及未見好德之語。去，適宋，司馬桓魋欲殺之。有天生德語及微服過宋事。又去，適陳，主司城貞子家。居三歲而反於衛，靈公不能用。有三年有成之語。晉趙氏家臣佛肸以中牟畔，召孔子，孔子欲往，亦不果。有答子路堅白語及荷蕢過門事。將西見趙簡子，至河而反，又主蘧伯玉家。靈公問陳，不對而行，復如陳。據《論語》，則絶糧當在此時。季桓子卒，遺言謂康子必召孔子，其臣止之，康子乃召冉求。《史記》以《論語》歸與之歎爲在此時，又以《孟子》所記歎詞爲主司城貞子時語，疑不然。蓋《語》、《孟》所記，本皆此一時語，而所記有異同耳。孔子如蔡及葉。有葉公問答，子路不對，沮、溺耦耕，荷蓧丈人等事。《史記》云：「於是楚昭王使人聘孔子，孔子將往拜禮，而陳、蔡大夫發徒圍之，故孔子絶糧於陳、蔡之間。」有慍見及告子貢一貫之語。按：是時陳、蔡臣服於楚，若楚王來聘孔子，陳、蔡大夫安敢圍之？且據《論語》，絶糧當在去衛如陳之時。楚昭王將以書社地封孔子，令尹子西不可，乃止。《史記》云「書社地七百里」，恐無此理。時則有接輿之歌。又反乎衛，時靈公已卒，衛君輒欲得孔子爲政。有魯、衛兄弟及答子貢夷齊、子路正名之語。而冉求爲季氏將，與齊戰有功，康子乃召孔子，而孔子歸魯，實哀公之十一年丁巳，而孔子年六十八矣。有對哀公及康子語。然魯終不能用孔子，孔子亦不求仕，乃叙《書傳》、《禮記》，有杞宋、損益、從周等語。删《詩》正《樂》，有語太師及樂正等語。序《易·彖》《繫》《象》《説卦》《文言》。有假我數年之語。弟子蓋三千焉，身通六藝者七十二人。弟子顔回最賢，蚤死，後唯曾參得傳孔子之道。十四年庚申，魯西狩獲麟，有莫我知之歎。孔子作《春秋》。有知我、罪我等語，《論語》請討陳恒事亦在是年。明年辛酉，子路死於衛。十六年壬戌四月己丑，孔子卒，年七十三，葬魯城北泗上。弟子皆服心喪三年而去，唯子貢廬於冢上，凡六年。孔子生鯉，字伯魚，先卒。伯魚生伋，字子思，作《中庸》。」子思學於曾子，而孟子受業子思之門人。

何氏曰：「《魯論語》二十篇。《齊論語》别有《問王》、《知道》，凡二十二篇，其二十篇中章句，頗多於《魯論》。《古論》出孔氏壁中，分《堯曰》下章子張問以爲一篇，有兩《子張》，凡二十一篇，篇次不與《齊》、《魯論》同。」

程子曰：「《論語》之書，成於有子、曾子之門人，故其書獨二子以子稱。」

程子曰：「讀《論語》，有讀了全然無事者，有讀了後其中得一兩句喜者，有讀了後知好之者，有讀了後直有不知手之舞之足之蹈之者。」

程子曰：「今人不會讀書。如讀《論語》，未讀時是此等人，讀了後又只是此等人，便是不曾讀。」

程子曰：「頤自十七八讀《論語》，當時已曉文義。讀之愈久，但覺意味深長。」❶

❶ 「意」，原作「氣」，據司禮監本、吴刻本改。《讀論語孟子法》中亦將「文義」與「意」相對。

論語卷第一

朱熹集注

學而第一

此爲書之首篇，故所記多務本之意，乃入道之門、積德之基、學者之先務也。凡十六章。

子曰：「學而時習之，不亦説乎？說，悦同。○學之爲言效也。人性皆善，而覺有先後，後覺者必效先覺之所爲，乃可以明善而復其初也。習，鳥數飛也。學之不已，如鳥數飛也。悦，喜意也。既學而又時時習之，則所學者熟，而中心喜説，其進自不能已矣。○程子曰：「習，重習也。時復思繹，浹洽於中，則説也。」又曰：「學者，將以行之也。時習之，則所學者在我，故説。」○謝氏曰：「時習者，無時而不習。坐如尸，坐時習也；立如齊，立時習也。」有朋自遠方來，不亦樂乎？樂，音洛。○朋，同類也。自遠方來，則近者可知。○程子曰：「以善及人，而信從者衆，故可樂。」又曰：「悦在心，樂主發散在外。」人不知而不愠，不亦君子乎？」愠，紆問反。○愠，含怒意。君子，成德之名。○尹氏曰：「學在己，知不知在人，何愠之有？」○程子曰：「雖樂於及人，不見是而無悶，乃所謂君子。」愚謂及人而樂者順而易，不知而不愠者逆而難，故惟成德者能之。然德之所以成，亦曰學之正、習之熟、説之深而不已焉耳。○程子曰：「樂由説而後得，非樂不足以語君子。」

有子曰：「其爲人也孝弟，而好犯上者，鮮矣；不好犯上，而好作亂者，未之有也。弟、好，皆去聲。鮮，上聲，下同。○有子，孔子弟子，名若。善事父母爲孝，善事兄長爲弟。犯上，謂干犯在上之人。鮮，少也。作亂，則爲悖逆爭鬭之事矣。此言人能孝弟，則其心和順，少好犯上，必不好作亂也。君子務本，本立而道生。孝弟也者，其爲仁之本與！」與，平聲。○務，專力也。本，猶根也。仁者，愛之理，心之德也。爲仁，猶曰行仁。與者，疑詞，謙退不敢質言也。言君子凡事專用力於根本，根本既立，則其道自生。若上文所謂孝弟，乃是爲仁之本，學者務此，則仁道自此而生也。○程子曰：「孝弟，順德也，故不好犯上，豈復有逆理亂常之事？德有本，本立則其道充大。孝弟行於家，而後仁愛及於物，所謂親親而仁民也。故爲仁以孝弟爲本。論性，則以仁爲孝弟之本。」或問：「孝弟爲仁之本，此是由孝弟可以至仁否？」曰：「非也。謂行仁自孝弟始，孝弟是仁之一事。謂之行仁之本則可，謂是仁之本則不可。蓋仁是性也，孝弟是用也，性中只有箇仁、義、禮、智四者而已，曷嘗有孝弟來？然仁主於愛，愛莫大於愛親，故曰：『孝弟也者，其爲仁之本與！』」

子曰：「巧言令色，鮮矣仁！」巧，❶好。令，善也。好其言，善其色，致飾於外，務以悦人，則人欲肆而本心之德亡矣。聖人詞不迫切，專言鮮，則絶無可知，學者所當深戒也。○程子曰：「知巧言令色之非仁，則知仁矣。」

曾子曰：「吾日三省吾身：爲人謀而不忠乎？與朋友交而不信乎？傳不習乎？」省，悉井反。爲，去聲。傳，平聲。○曾子，孔子弟子，名參，字子輿。盡己之謂忠。以實之謂信。傳謂受之於師，習謂熟之於己。曾子以此三者日省其身，有則改之，無則加勉，其自治誠切如此，可謂得爲學之本矣。而三者之序，則又以忠信爲傳習之本也。○尹氏曰：「曾子守約，故動必求諸身。」○謝氏曰：「諸子之學，皆出於聖人，其後愈遠而愈失其真。獨曾子之學，專用心於内，故傳之無弊，觀於子思、孟子可見矣。惜乎其嘉言善行，不盡傳於世也。其幸存而未泯者，學者其可不盡心乎！」

子曰：「道千乘之國，敬事而信，節用而愛人，使民以時。」道、乘，皆去聲。○道，治也。馬氏云：「八百家出車一乘。」千乘，諸侯之國，其地可出兵車千乘者也。敬者，主一無適之謂。敬事而信者，敬其事而信於民也。時，謂農隙之時。言治國之要，在此五者，亦務本之意也。○程子曰：「此言至淺，然當時諸侯果能此，亦足以治其國矣。聖人言雖至近，上下皆通。此三言者，若推其極，堯舜之治亦不過此。若常人之言近，則淺近而已矣。」○楊氏曰：「上不敬則下慢，不信則下疑，下慢而疑，事不立矣。敬事而信，以身先之也。《易》曰：『節以制度，不傷財，不害民。』蓋侈用則傷財，傷財必至於害民，故愛民必先於節用。然使之不以其時，則力本者不獲自盡，雖有愛人之心，而人不被其澤矣。然此特論其所存而已，未及爲政也。苟無是

❶「巧」上，元甲本有「鮮上聲」三字。

心，則雖有政，不行焉。」○胡氏曰：「凡此數者，又皆以敬爲主。」愚謂五者反復相因，各有次第，讀者宜細推之。

子曰：「弟子入則孝，出則弟，謹而信，泛愛衆，而親仁。行有餘力，則以學文。」弟子之弟，上聲。則弟之弟，去聲。○謹者，行之有常也。信者，言之有實也。泛，廣也。衆，謂衆人。親，近也。仁，謂仁者。餘力，猶言暇日。以，用也。文，謂《詩》、《書》六藝之文。○程子曰：「爲弟子之職，力有餘則學文，不修其職而先文，非爲己之學也。」○尹氏曰：「德行，本也。文藝，末也。窮其本末，知所先後，可以入德矣。」○洪氏曰：「未有餘力而學文，則文滅其質；有餘力而不學文，則質勝而野。」愚謂力行而不學文，則無以考聖賢之成法，識事理之當然，而所行或出於私意，非但失之於野而已。

子夏曰：「賢賢易色，事父母能竭其力，事君能致其身，與朋友交言而有信。雖曰未學，吾必謂之學矣。」子夏，孔子弟子，姓卜，名商。賢人之賢，而易其好色之心，好善有誠也。致，猶委也。委致其身，謂不有其身也。四者皆人倫之大者，而行之必盡其誠，學求如是而已。故子夏言有能如是之人，苟非生質之美，必其務學之至，雖或以爲未嘗爲學，我必謂之已學也。○游氏曰：「三代之學，皆所以明人倫也。能是四者，則於人倫厚矣。學之爲道，何以加此？子夏以文學名，而其言如此，則古人之所謂學者可知矣。故《學而》一篇，大抵皆在於務本。」○吳氏曰：「子夏之言，其意善矣。然詞氣之間，抑揚太過，其流之弊，將或至於廢學。必若上章夫子之言，然後爲無弊也。」

子曰：「君子不重則不威，學則不固。重，厚重。威，威嚴。固，堅固也。輕乎外者，必不能堅乎內，故不厚重則無威嚴，而所學亦不堅固也。主忠信。人不忠信，則事皆無實，爲惡則易，爲善則難，故學者必以是爲主焉。○程子曰：「人道唯在忠信，不誠則無物，且出入無時，莫知其鄉者，人心也。若無忠信，豈復有物乎？」無友不如己者。無，毋通，禁止辭也。友所以輔仁，不如己，則無益而有損。過則勿憚改。」勿，亦禁止之辭。憚，畏難也。自治不勇，則惡日長，故有過則當速改，不可畏難而苟安也。○程子曰：「學問之道無他也，知其不善，則速改以從善而已。」○程子曰：「君子自修之道當如是也。」○游氏曰：「君子之道，以威重爲質，而學以成之。學之道，必以忠信爲主，而以勝己者輔之。然或吝於改過，則終無以入德，而賢者亦未必樂告以善道，故以過勿憚改終焉。」

曾子曰：「慎終追遠，民德歸厚矣。」謹終者，❶喪盡其禮。追遠者，祭盡其誠。民德歸厚，謂下民化之，其德亦歸於厚。蓋終者，人之所易忽也，而能謹之；遠者，人之所易忘也，而能追之，厚之道也。故以此自爲，則己之德厚，下民化之，則其德亦歸於厚也。

子禽問於子貢曰：「夫子至於是邦也，必聞其政。求之與？抑與之與？」之與之與，平聲，下同。○子禽，姓陳，名亢。子貢，姓端木，名賜。皆孔子弟子。或曰：「亢，子貢弟子。」未知孰是。抑，反語辭。子貢曰：「夫子温、良、恭、儉、讓以得之。夫子之求之也，其諸異乎人之求之與？」温，和厚也。良，易直也。恭，莊敬也。儉，節制也。讓，謙遜也。五者，夫子之盛德光輝接於人者也。其諸，語辭也。人，他人也。言夫子未嘗求之，但其德容如是，故時君敬信，自以其政就而問之耳，非若他人必求之而後得也。聖人過化存神之妙，未易窺測，然即此而觀，則其德盛禮恭而不願乎外，亦可見矣。學者所當潛心而勉學也。○謝氏曰：「學者觀於聖人威儀之間，亦可以進德矣。若子貢亦可謂善觀聖人矣，亦可謂善言德行矣。今去聖人千五百年，以此五者想見其形容，尚能使人興起，而況於親炙之者乎？」張敬夫曰：「夫子至是邦必聞其政，而未有能委國而授之以政者。蓋見聖人之儀形而樂告之者，秉彝好德之良心也，而私欲害之，是以終不能用耳。」

子曰：「父在，觀其志；父没，觀其行；三年無改於父之道，可謂孝矣。」行，去聲。○父在，子不得自專，而志則可知。父没，然後其行可見，故觀此足以知其人之善惡。然又必能三年無改於父之道，乃見其孝。不然，則所行雖善，亦不得爲孝矣。○尹氏曰：「如其道，雖終身無改可也。如其非道，何待三年？然則三年無改者，孝子之心有所不忍故也。」○游氏曰：「三年無改，亦謂在所當改而可以未改者耳。」

有子曰：「禮之用，和爲貴。先王之道，斯爲美，小大由之。禮者，天理之節文，人事之儀則也。和者，從容不迫之意。蓋禮之爲體雖嚴，而皆出於自然之理，故其爲用，必從容而不迫，乃爲可貴。先王之道，此其所以爲美，而小事大事無不由之也。有所不行，知和而和，不以禮節之，亦不可行

❶「謹」，吴刻本作「慎」，作「謹」係避諱。

也。」承上文而言，如此而復有所不行者，以其徒知和之爲貴而一於和，不復以禮節之，則亦非復理之本然矣，所以流蕩忘反，而亦不可行也。○程子曰：「禮勝則離，故禮之用和爲貴。先王之道以斯爲美，而小大由之。樂勝則流，故有所不行者，知和而和，不以禮節之，亦不可行。」○范氏曰：「凡禮之體主於敬，而其用則以和爲貴。敬者，禮之所以立也；和者，樂之所由生也。若有子可謂達禮樂之本矣。」愚謂嚴而泰，和而節，此理之自然，禮之全體也。毫釐有差，則失其中正，而各倚於一偏，其不可行均矣。

有子曰：「信近於義，言可復也；恭近於禮，遠恥辱也；因不失其親，亦可宗也。」近、遠，皆去聲。○信，約信也。義者，事之宜也。復，踐言也。恭，致敬也。禮，節文也。因，猶依也。宗，猶主也。言約信而合其宜，則言必可踐矣。致恭而中其節，則能遠恥辱矣。所依者不失其可親之人，則亦可以宗而主之矣。此言人之言行交際，皆當謹之於始而慮其所終。不然，則因仍苟且之間，將有不勝其自失之悔者矣。

子曰：「君子食無求飽，居無求安，敏於事而慎於言，就有道而正焉，可謂好學也已。」好，去聲。○不求安飽者，志有在而不暇及也。敏於事者，勉其所不足。謹於言者，不敢盡其所有餘也。然猶不敢自是，而必就有道之人，以正其是非，則可謂好學矣。凡言道者，皆謂事物當然之理，人之所共由者也。○尹氏曰：「君子之學，能是四者，可謂篤志力行者矣。然不取正於有道，未免有差，如楊墨學仁義而差者也，其流至於無父無君，謂之好學，可乎？」

子貢曰：「貧而無諂，富而無驕，何如？」子曰：「可也。未若貧而樂，富而好禮者也。」樂，音洛。好，去聲。○諂，卑屈也。驕，矜肆也。常人溺於貧富之中，而不知所以自守，故必有二者之病。無諂無驕，則知自守矣，而未能超乎貧富之外也。凡曰「可」者，僅可而有所未盡之辭也。樂則心廣體胖而忘其貧，好禮則安處善，樂循理，亦不自知其富矣。子貢貨殖，蓋先貧後富，而嘗用力於自守者，故以此爲問。而夫子答之如此，蓋許其所已能，而勉其所未至也。子貢曰：「《詩》云：『如切如磋，如琢如磨。』其斯之謂與？」磋，七多反。與，平聲。○《詩》《衛風·淇奧》之篇。言治骨角者，既切之而復磋之；治玉石者，既琢之而復磨之。治之已精，而益求其精也。子貢自以無諂無驕爲至矣，聞夫子之言，又知義理之無窮，雖有得焉，而未可遽自足也，故引是詩以明之。子曰：「賜也，始可與言《詩》已矣！告諸往而知來者。」往者，其所已言者。來者，其所未言者。○愚按：此章問答，其淺深高下，固不待辨説而明矣。然不切則磋無所施，不琢則磨無所措。故學者雖不可安於小成而不求造道之極致，亦不可騖於虛遠而不察切己之實病也。

子曰：「不患人之不己知，患不知人也。」尹氏曰：「君子求在我者，故不患人之不己知。不知人，則是非邪正或不能辨，故以爲患也。」

爲政第二

凡二十四章。

子曰：「爲政以德，譬如北辰，居其所而衆星共之。」共，音拱，亦作拱。○政之爲言正也，所以正人之不正也。德之爲言得也，得於心而不失之謂也。❶北辰，北極，天之樞也。居其所，不動也。共，向也，言衆星四面旋繞而歸向之也。爲政以德，則無爲而天下歸之，其象如此。○程子曰：「爲政以德，然後無爲。」○范氏曰：「爲政以德，則不動而化，不言而信，無爲而成。所守者至簡而能御煩，所處者至静而能制動，所務者至寡而能服衆。」

子曰：「《詩》三百，一言以蔽之，曰思無邪。」《詩》三百十一篇，言三百者，舉大數也。蔽，猶蓋也。思無邪，《魯頌·駉》篇之辭。凡《詩》之言，善者可以感發人之善心，惡者可以懲創人之逸志，其用歸於使人得其情性之正而已。然其言微婉，且或各因一事而發，求其直指全體，則未有若此之明且盡者。故夫子言《詩》三百篇，而惟此一言足以盡蓋其義，其示人之意亦深切矣。○程子曰：「思無邪者，誠也。」○范氏曰：「學者必務知要，知要則能守約，守約則足以盡博矣。經禮三百，曲禮三千，亦可以一言蔽之，❷曰毋不敬。」

子曰：「道之以政，齊之以刑，民免而無恥。道，音導，下同。○道，猶引導，謂先之也。

❶「得於心而不失之謂」，司禮監本作「行道而有得於心」。殘宋本、元甲本、吴刻本無「之謂」二字。

❷「言」下，司禮監本、吴刻本有「以」字。

政，謂法制禁令也。齊，所以一之也。道之而不從者，有刑以一之也。免而無恥，謂苟免刑罰而無所羞愧，蓋雖不敢爲惡，而爲惡之心未嘗亡也。**道之以德，齊之以禮，有恥且格。」**禮，謂制度品節也。格，至也。言躬行以率之，則民固有所觀感而興起矣，而其淺深厚薄之不一者，又有禮以一之，則民恥於不善，而又有以至於善也。一説：格，正也。《書》曰：「格其非心。」○愚謂政者爲治之具，刑者輔治之法，德、禮則所以出治之本，而德又禮之本也。此其相爲終始，雖不可以偏廢，然政、刑能使民遠罪而已，德、禮之效，則有以使民日遷善而不自知。故治民者不可徒恃其末，又當深探其本也。

子曰：「吾十有五而志於學，古者十五而入大學。心之所之謂之志。此所謂學，即大學之道也。志乎此，則念念在此而爲之不厭矣。**三十而立，**有以自立，則守之固而無所事志矣。**四十而不惑，**於事物之所當然，皆無所疑，則知之明而無所事守矣。**五十而知天命，**天命，即天道之流行而賦於物者，乃事物所以當然之故也。知此則知極其精，而不惑又不足言矣。**六十而耳順，**聲入心通，無所違逆，知之之至，不思而得也。**七十而從心所欲，不踰矩。」**從，如字。○從，隨也。矩，法度之器，所以爲方者也。隨其心之所欲，而自不過於法度，安而行之，不勉而中也。○程子曰：「孔子生而知之也，❶言亦由學而至，所以勉進後人也。立，能自立於斯道也。不惑，則無所疑矣。知天命，窮理盡性也。耳順，所聞皆通也。從心所欲，不踰矩，則不勉而中矣。」又曰：「孔子自言其進德之序如此者，聖人未必然，但爲學者立法，使之盈科而後進，成章而後達耳。」○胡氏曰：「聖人之教亦多術，然其要，使人不失其本心而已。欲得此心者，惟志乎聖人所示之學，循其序而進焉。至於一疵不存、萬理明盡之後，則其日用之間，本心瑩然，隨所意欲，莫非至理。蓋心即體，欲即用，體即道，用即義，聲爲律而身爲度矣。」又曰：「聖人言此，一以示學者當優游涵泳，不可躐等而進。二以示學者當日就月將，不可半途而廢也。」愚謂聖人生知安行，固無積累之漸，然其心未嘗自謂已至此也。是其日用之間，必有獨覺其進而人不及知者。故因其近似以自名，欲學者以是爲則而自勉，非心實自聖而姑爲是退託也。後凡言謙詞之屬，意皆放此。

孟懿子問孝。子曰：「無違。」孟懿子，魯大夫仲孫氏，名何忌。無違，謂不背於理。**樊遲**

---

❶「之」，司禮監本作「者」。

御，子告之曰：「孟孫問孝於我，我對曰無違。」樊遲，孔子弟子，名須。御，爲孔子御車也。孟孫，即仲孫也。夫子以懿子未達而不能問，恐其失指，而以從親之令爲孝，故語樊遲以發之。樊遲曰：「何謂也？」子曰：「生，事之以禮；死，葬之以禮，祭之以禮。」生事葬祭，事親之始終具矣。禮，即理之節文也。人之事親，自始至終，一於禮而不苟，其尊親也至矣。是時三家僭禮，故夫子以是警之。然語意渾然，又若不專爲三家發者，所以爲聖人之言也。○胡氏曰：「人之欲孝其親，心雖無窮，而分則有限。得爲而不爲，與不得爲而爲之，均於不孝。所謂以禮者，爲其所得爲者而已矣。」

孟武伯問孝。子曰：「父母唯其疾之憂。」武伯，懿子之子，名彘。言父母愛子之心，無所不至，惟恐其有疾病，常以爲憂也。人子體此，而以父母之心爲心，則凡所以守其身者，自不容於不謹矣，豈不可以爲孝乎？舊説人子能使父母不以其陷於不義爲憂，而獨以其疾爲憂，乃可謂孝。亦通。

子游問孝。子曰：「今之孝者，是謂能養。至於犬馬，皆能有養；不敬，何以別乎？」養，去聲。別，彼列反。○子游，孔子弟子，姓言，名偃。養，謂飲食供奉也。犬馬待人而食，亦若養然。言人畜犬馬，皆能有以養之，若能養其親而敬不至，則與養犬馬者何異？甚言不敬之罪，所以深警之也。○胡氏曰：「世俗事親，能養足矣。狎恩恃愛，而不知其漸流於不敬，則非小失也。子游聖門高弟，未必至此，聖人直恐其愛踰於敬，故以是深警發之也。」

子夏問孝。子曰：「色難。有事，弟子服其勞；有酒食，先生饌，曾是以爲孝乎？」食，音嗣。○色難，謂事親之際，惟色爲難也。食，飯也。先生，父兄也。饌，飲食之也。曾，猶嘗也。蓋孝子之有深愛者必有和氣，有和氣者必有愉色，有愉色者必有婉容。故事親之際，惟色爲難耳，服勞奉養，未足爲孝也。舊説承順父母之色爲難。亦通。○程子曰：「告懿子，告衆人者也。對武伯者，❶以其人多可憂之事。子游能養而或失於敬，子夏能直義而或少溫潤之色。各因其材之高下，與其所失而告之，故不同也。」

子曰：「吾與回言終日，不違如愚。退而省其私，亦足以發。回也不愚。」回，孔

❶「對」，司禮監本、吳刻本作「告」。

子弟子，姓顔，字子淵。不違者，意不相背，有聽受而無問難也。私，謂燕居獨處，非進見請問之時。發，謂發明所言之理。愚聞之師曰：「顔子深潛淳粹，其於聖人體段已具。其聞夫子之言，默識心融，觸處洞然，自有條理。故終日言，但見其不違如愚人而已。及退省其私，則見其日用動静語默之間，皆足以發明夫子之道，坦然由之而無疑，然後知其不愚也。」

子曰：「視其所以，以，爲也。爲善者爲君子，爲惡者爲小人。觀其所由，觀，比視爲詳矣。由，從也。事雖爲善，而意之所從來者有未善焉，則亦不得爲君子矣。或曰：「由，行也。謂所以行其所爲者也。」察其所安。察，則又加詳矣。安，所樂也。所由雖善，而心所樂者不在於是，則亦僞耳，豈能久而不變哉？人焉廋哉？人焉廋哉？」焉，於虔反。廋，所留反。○焉，何也。廋，匿也。重言以深明之。○程子曰：「在己者能知言窮理，則能以此察人如聖人也。」

子曰：「温故而知新，可以爲師矣。」温，尋繹也。故者，舊所聞。新者，今所得。言學能時習舊聞，而每有新得，則所學在我，而其應不窮，故可以爲人師。若夫記問之學，則無得於心，而所知有限，故《學記》譏其「不足以爲人師」，正與此意互相發也。

子曰：「君子不器。」器者，各適其用而不能相通。成德之士，體無不具，故用無不周，非特爲一才一藝而已。

子貢問君子。子曰：「先行其言而後從之。」周氏曰：「先行其言者，行之於未言之前；而後從之者，言之於既行之後。」○范氏曰：「子貢之患，非言之艱而行之艱，故告之以此。」

子曰：「君子周而不比，小人比而不周。」周，❶普徧也。比，偏黨也。皆與人親厚之意，但周公而比私耳。○君子小人所爲不同，如陰陽晝夜，每每相反。然究其所以分，則在公私之際，毫釐之差耳。故聖人於周比、和同、驕泰之屬，常對舉而互言之，欲學者察乎兩間，而審其取舍之幾也。

子曰：「學而不思則罔，思而不學則殆。」不求諸心，故昏而無得。不習其事，故危而不安。○程子曰：「博學、審問、謹思、明辨、篤行五者，❷廢其一，非學也。」

---

❶「周」上，元甲本、司禮監本有「比必二反○」。

❷「謹」，吴刻本作「慎」，作「謹」係避諱。

子曰：「攻乎異端，斯害也已！」范氏曰：「攻，專治也，故治木石金玉之工曰攻。異端，非聖人之道，而別爲一端，如楊墨是也。其率天下至於無父無君，專治而欲精之，爲害甚矣！」〇程子曰：「佛氏之言，比之楊墨，尤爲近理，所以其害爲尤甚。學者當如淫聲美色以遠之，不爾，則駸駸然入於其中矣。」

子曰：「由！誨女知之乎！知之爲知之，不知爲不知，是知也。」女，音汝。〇由，孔子弟子，姓仲，字子路。子路好勇，蓋有强其所不知以爲知者。故夫子告之曰：我教女以知之之道乎！但所知者則以爲知，所不知者則以爲不知。如此，則雖或不能盡知，而無自欺之蔽，亦不害其爲知矣。況由此而求之，又有可知之理乎？

子張學干祿。子張，孔子弟子，姓顓孫，名師。干，求也。祿，仕者之奉也。子曰：「多聞闕疑，慎言其餘，則寡尤；多見闕殆，慎行其餘，則寡悔。言寡尤，行寡悔，祿在其中矣。」行寡之行，去聲。〇呂氏曰：「疑者，所未信。殆者，所未安。」〇程子曰：「尤，罪自外至者也。悔，理自內出者也。」愚謂多聞見者學之博，闕疑殆者擇之精，謹言行者守之約。❶凡言「在其中」者，皆不求而自至之辭。言此以救子張之失而進之也。〇程子曰：「修天爵則人爵至，君子言行能謹，得祿之道也。子張學干祿，故告之以此，使定其心而不爲利祿動，若顏閔則無此問矣。或疑如此亦有不得祿者，孔子蓋曰『耕也餒在其中』，惟理可爲者爲之而已矣。」

哀公問曰：「何爲則民服？」孔子對曰：「舉直錯諸枉，則民服；舉枉錯諸直，則民不服。」哀公，魯君，名蔣。凡君問，皆稱「孔子對曰」者，尊君也。錯，舍置也。諸，衆也。〇程子曰：「舉錯得義，❷則人心服。」〇謝氏曰：「好直而惡枉，天下之至情也。順之則服，逆之則去，必然之理也。然或無道以照之，則以直爲枉、以枉爲直者多矣。是以君子大居敬而貴窮理也。」

季康子問：「使民敬、忠以勸，如之何？」子曰：「臨之以莊則敬，孝慈則忠，舉善而教不能則勸。」季康子，魯大夫季孫氏，名肥。莊，謂容貌端嚴也。臨民以莊，則民敬於己。孝於

❶「謹」，吴刻本作「慎」，作「謹」係避諱。
❷「義」，司禮監本作「宜」。

親，慈於衆，則民忠於己。善者舉之，而不能者教之，則民有所勸而樂於爲善。○張敬夫曰：「此皆在我所當爲，非爲欲使民敬、忠以勸而爲之也。然能如是，則其應蓋有不期而然者矣。」❶

或謂孔子曰：「子奚不爲政？」定公初年，孔子不仕，故或人疑其不爲政也。子曰：「《書》云：『孝乎惟孝，友于兄弟，施于有政。』是亦爲政，奚其爲爲政？」《書》，《周書·君陳》篇。《書》云孝乎者，言《書》之言孝如此也。善兄弟曰友。《書》言君陳能孝於親，友於兄弟，又能推廣此心，以爲一家之政。孔子引之，言如此則是亦爲政矣，何必居位乃爲爲政乎？蓋孔子之不仕，有難以語或人者，故託此以告之，要之至理亦不外是。

子曰：「人而無信，不知其可也。大車無輗，小車無軏，其何以行之哉？」輗，五兮反。軏，音月。○大車，謂平地任載之車。輗，轅端橫木，縛軛以駕牛者。小車，謂田車、兵車、乘車。軏，轅端上曲，鉤衡以駕馬者。車無此二者，則不可以行，人而無信，亦猶是也。

子張問：「十世可知也？」陸氏曰：「也，一作乎。」○王者易姓受命爲一世。子張問自此以後十世之事，可前知乎？子曰：「殷因於夏禮，所損益，可知也；周因於殷禮，所損益，可知也；其或繼周者，雖百世可知也。」馬氏曰：「所因，謂三綱五常。所損益，謂文質三統。」愚按：三綱，謂君爲臣綱，父爲子綱，夫爲妻綱。五常，謂仁、義、禮、智、信。文質，謂夏尚忠，商尚質，周尚文。三統，謂夏正建寅爲人統，商正建丑爲地統，周正建子爲天統。三綱五常，禮之大體，三代相繼，皆因之而不能變。其所損益，不過文章制度小過不及之間，而其已然之跡，今皆可見。則自今以往，或有繼周而王者，雖百世之遠，所因所革，亦不過此，豈但十世而已乎！聖人所以知來者蓋如此，非若後世讖緯術數之學也。○胡氏曰：「子張之問，蓋欲知來，而聖人言其既往者以明之也。夫自修身以至於爲天下，不可一日而無禮。天叙天秩，人所共由，禮之本也。商不能改乎夏，周不能改乎商，所謂天地之常經也。若乃制度文爲，或太過則當損，或不足則當益。益之損之，與時宜之，而所因者不壞，是古今之通義也。因往推來，雖百世之遠，不過如此而已矣。」

❶「期」下，司禮監本、吳刻本有「然」字。

子曰：「非其鬼而祭之，諂也。非其鬼，謂非其所當祭之鬼。諂，求媚也。見義不爲，無勇也。」知而不爲，是無勇也。

論語卷第二

朱熹集注

八佾第三

凡二十六章。通前篇末二章，皆論禮樂之事。

孔子謂季氏：「八佾舞於庭，是可忍也，孰不可忍也？」佾，音逸。○季氏，魯大夫季孫氏也。佾，舞列也，天子八、諸侯六、大夫四、士二。每佾人數，如其佾數。或曰：「每佾八人。」未詳孰是。季氏以大夫而僭用天子之樂，孔子言其此事尚忍爲之，則何事不可忍爲。或曰：「忍，容忍也。」蓋深疾之之辭。○范氏曰：「樂舞之數，自上而下，降殺以兩而已，故兩之間，不可以毫髮僭差也。孔子爲政，先正禮樂，則季氏之罪不容誅矣。」○謝氏曰：「君子於其所不當爲不敢須臾處，不忍故也。而季氏忍此矣，則雖弑父與君，亦何所憚而不爲乎？」

三家者以《雍》徹。子曰：「『相維辟公，天子穆穆』，奚取於三家之堂？」徹，直列反。相，去聲。○三家，魯大夫孟孫、叔孫、季孫之家也。《雍》，《周頌》篇名。徹，祭畢而收其俎也。天子宗廟之祭，則歌《雍》以徹，是時三家僭而用之。相，助也。辟公，諸侯也。穆穆，深遠之意，天子之容也。此《雍》詩之詞，孔子引之，言三家之堂非有此事，亦何取於此義而歌之乎？譏其無知妄作，以取僭竊之罪。○程子曰：「周公之功固大矣，皆臣子之分所當爲，魯安得獨用天子禮樂哉？成王之賜，伯禽之受，皆非也。其因襲之弊，遂使季氏僭八佾，三家僭《雍》徹，故仲尼譏之。」

子曰：「人而不仁，如禮何？人而不仁，如樂何？」游氏曰：「人而不仁，則人心亡矣，其如禮樂何哉？言雖欲用之，而禮樂不爲之用也。」○程子曰：「仁者，天下之正理。失正理，則無序而不和。」○李氏曰：「禮樂待人而後行，苟非其人，則雖玉帛交錯，鐘鼓鏗鏘，亦將如之何哉？然記者序此於八佾、《雍》徹之後，疑其爲僭禮樂者發也。」

林放問禮之本。林放，魯人。見世之爲禮者專事繁文，而疑其本之不在是也，故以爲問。子曰：「大哉問！孔子以時方逐末，而放獨有志於本，故大其問。蓋得其本，則禮之全體無不在其中矣。禮，與其奢也，寧儉；喪，與其易也，寧戚。」易，去聲。○易，治也。孟子曰：「易其田疇。」在喪禮，則節文習熟，而無哀痛慘怛之實者也。戚則一於哀，而文不足耳。禮貴得中，奢、易則過於文，儉、戚則不及而質，二者皆未合禮。❶然凡物之理，必先有質而後有文，則質乃禮之本也。○范氏曰：「夫祭，與其敬不足而禮有餘也，不若禮不足而敬有餘也。喪，與其哀不足而禮有餘也，不若禮不足而哀有餘也。禮失之奢，喪失之易，皆不能反本而隨其末故也。禮奢而備，不若儉而不備之愈也。喪易而文，不若戚而不文之愈也。儉者物之質，戚者心之誠，故爲禮之本。」○楊氏曰：「禮始諸飲食，故汙尊而抔飲，爲之簠簋籩豆罍爵之飾，所以文之也，則其本儉而已。喪不可以徑情而直行，爲之衰麻哭踊之數，所以節之也，則其本戚而已。周衰，世方以文滅質，而林放獨能問禮之本，故夫子大之，而告之以此。」

子曰：「夷狄之有君，不如諸夏之亡也。」吴氏曰：「亡，古無字，通用。」○程子曰：「夷狄且有君長，不如諸夏之僭亂，反無上下之分也。」○尹氏曰：「孔子傷時之亂而歎之也。亡，非實亡也，雖有之，不能盡其道爾。」

季氏旅於泰山。子謂冉有曰：「女弗能救與？」對曰：「不能。」子曰：「嗚呼！曾謂泰山，不如林放乎？」女，音汝。與，平聲。○旅，祭名。泰山，山名，在魯地。禮，諸侯祭封内山川，季氏祭之，僭也。冉有，孔子弟子，名求，時爲季氏宰。救，謂救其陷於僭竊之罪。嗚呼，歎辭。言神不享非禮，欲季氏知其無益而自止，又進林放以厲冉有也。○范氏曰：「冉有從季氏，夫子豈不知其不可告也，然而聖人不輕絶人，盡己之心，安知冉有之不能救、季氏之不可諫也？既不能正，則美林放以明泰山之不可誣，是亦教誨之道也。」

子曰：「君子無所爭，必也射乎！揖讓而升，下而飲，其爭也君子。」飲，去聲。○揖遜而升者，❷《大射》之禮，耦進三揖而後升堂也。下而飲，謂射畢揖降，以俟衆耦皆降，勝者乃揖，不勝者升，取觶立飲也。言君子恭遜不與人爭，惟於射而後有爭。然其爭也，雍容揖遜乃如此，則其爭也君子，而非若小人之爭矣。

❶「禮」，原作「理」，據司禮監本、吴刻本改。

❷「遜」，吴刻本作「讓」，作「遜」係避諱。

子夏問曰：「『巧笑倩兮，美目盼兮，素以爲絢兮』，何謂也？」倩，七練反。盼，普莧反。絢，呼縣反。○此逸《詩》也。倩，好口輔也。盼，目黑白分也。素，粉地，畫之質也。絢，采色，畫之飾也。言人有此倩盼之美質，而又加以華采之飾，如有素地而加采色也。子夏疑其反謂以素爲飾，故問之。子曰：「繪事後素。」繪，胡對反。○繪事，繪畫之事也。後素，後於素也。《考工記》曰：「繪畫之事後素功。」謂先以粉地爲質，而後施五采，猶人有美質，然後可加文飾。曰：「禮後乎？」子曰：「起予者商也！始可與言《詩》已矣。」禮必以忠信爲質，猶繪事必以粉素爲先。起，猶發也。起予，言能起發我之志意。○謝氏曰：「子貢因論學而知《詩》，子夏因論《詩》而知學，故皆可與言《詩》。」○楊氏曰：「『甘受和，白受采，忠信之人，可以學禮。苟無其質，禮不虛行。』此繪事後素之說也。孔子曰繪事後素，而子夏曰禮後乎，可謂能繼其志矣。非得之言意之表者能之乎？商、賜可與言《詩》者以此。若夫玩心於章句之末，則其爲《詩》也固而已矣。所謂起予，則亦相長之義也。」

子曰：「夏禮，吾能言之，杞不足徵也；殷禮，吾能言之，宋不足徵也。文獻不足故也。足，則吾能徵之矣。」杞，夏之後。宋，商之後。❶徵，證也。文，典籍也。獻，賢也。言二代之禮，我能言之，而二國不足取以爲證，以其文獻不足故也。文獻若足，則我能取之以證吾言矣。

子曰：「禘，自既灌而往者，吾不欲觀之矣。」禘，大計反。○趙伯循曰：「禘，王者之大祭也。王者既立始祖之廟，又推始祖所自出之帝，祀之於始祖之廟，而以始祖配之也。成王以周公有大勳勞，賜魯重祭。故得禘於周公之廟，以文王爲所出之帝，而周公配之，然非禮矣。」灌者，方祭之始，用鬱鬯之酒灌地，以降神也。魯之君臣，當此之時，誠意未散，猶有可觀，自此以後，則浸以懈怠而無足觀矣。蓋魯祭非禮，孔子本不欲觀，至此而失禮之中又失禮焉，故發此歎也。○謝氏曰：「夫子嘗曰：『我欲觀夏道，是故之杞，而不足證也；❷我欲觀商道，❸是故之宋，而不足證也。』又曰：『我觀周道，幽、厲傷之，吾舍魯何適矣？』魯之郊禘非禮也，周公其衰矣！』考之杞、宋已如彼，考之當

❶「商」，吴刻本作「殷」，作「商」係避諱。
❷「證」，吴刻本作「徵」，作「證」係避諱。下同。
❸「商」，吴刻本作「殷」，作「商」係避諱。

今又如此，孔子所以深歎也。」

或問禘之說。子曰：「不知也。知其說者之於天下也，其如示諸斯乎！」指其掌。先王報本追遠之意，莫深於禘。非仁孝誠敬之至，不足以與此，非或人之所及也。而不王不禘之法，又魯之所當諱者，故以不知答之。示，與視同。指其掌，弟子記夫子言此而自指其掌，言其明且易也。蓋知禘之說，則理無不明，誠無不格，而治天下不難矣。聖人於此，豈真有所不知也哉？

祭如在，祭神如神在。程子曰：「祭，祭先祖也。祭神，祭外神也。祭先主於孝，祭神主於敬。」愚謂此門人記孔子祭祀之誠意。子曰：「吾不與祭，如不祭。」與，去聲。○又記孔子之言以明之。言己當祭之時，或有故不得與，而使它人攝之，❶則不得致其如在之誠。故雖已祭，而此心缺然，如未嘗祭也。○范氏曰：「君子之祭，七日戒，三日齋，必見所祭者，誠之至也。是故郊則天神格，廟則人鬼享，皆由己以致之也。有其誠則有其神，無其誠則無其神，可不謹乎？吾不與祭，如不祭，誠爲實，禮爲虛也。」

王孫賈問曰：「『與其媚於奧，寧媚於竈』，何謂也？」王孫賈，衛大夫。媚，親順也。室西南隅爲奧。竈者，五祀之一，夏所祭也。凡祭五祀，皆先設主而祭於其所，然後迎尸而祭於奧，略如祭宗廟之儀。如祀竈，則設主於竈陘，祭畢，而更設饌於奧，以迎尸也。故時俗之語，因以奧有常尊，而非祭之主；竈雖卑賤，而當時用事。喻自結於君，不如阿附權臣也。賈，衛之權臣，故以諷孔子。子曰：「不然，獲罪於天，無所禱也。」天，即理也，其尊無對，非奧、竈之可比也。逆理，則獲罪於天矣，豈媚於奧、竈所能禱而免乎？言但當順理，非特不當媚竈，亦不可媚於奧也。○謝氏曰：「聖人之言，遜而不迫。使王孫賈而知此意，不爲無益；使其不知，亦非所以取禍。」

子曰：「周監於二代，郁郁乎文哉！吾從周。」郁，於六反。○監，視也。二代，夏、商也。言其視二代之禮而損益之。郁郁，文盛貌。○尹氏曰：「三代之禮，至周大備，夫子美其文而從之。」

子入大廟，每事問。或曰：「孰謂鄹人之子知禮乎？入大廟，每事問。」子聞之，曰：「是禮也。」大，音泰。鄹，側留反。○大

❶「它」，吴刻本作「他」。

廟，魯周公廟。此蓋孔子始仕之時，入而助祭也。鄹，魯邑名。孔子父叔梁紇嘗爲其邑大夫。孔子自少以知禮聞，故或人因此而譏之。孔子言是禮者，敬謹之至，乃所以爲禮也。○尹氏曰：「禮者，敬而已矣。雖知亦問，謹之至也，其爲敬莫大於此。謂之不知禮者，豈足以知孔子哉？」

子曰：「射不主皮，爲力不同科，古之道也。」爲，去聲。○射不主皮，《鄉射禮》文。爲力不同科，孔子解禮之意如此也。皮，革也。布侯而棲革於其中以爲的，所謂鵠也。科，等也。古者射以觀德，但主於中，而不主於貫革，蓋以人之力有强弱，不同等也。《記》曰：「武王克商，散軍郊射，而貫革之射息。」正謂此也。周衰禮廢，列國兵爭，復尚貫革，故孔子歎之。○楊氏曰：「中可以學而能，力不可以强而至。聖人言古之道，所以正今之失。」

子貢欲去告朔之餼羊。去，起呂反。告，古篤反。餼，許氣反。○告朔之禮：古者天子常以季冬頒來歲十二月之朔於諸侯，諸侯受而藏之祖廟。月朔，則以特羊告廟，請而行之。餼，生牲也。魯自文公始不視朔，而有司猶供此羊，故子貢欲去之。子曰：「賜也，爾愛其羊，我愛其禮。」愛，猶惜也。子貢蓋惜其無實而妄費。然禮雖廢，羊存，猶得以識之而可復焉。若并去其羊，則此禮遂亡矣。孔子所以惜之。○楊氏曰：「告朔，諸侯所以稟命於君親，禮之大者。魯不視朔矣，然羊存則告朔之名未泯，而其實因可舉。此夫子所以惜之也。」

子曰：「事君盡禮，人以爲諂也。」黄氏曰：「孔子於事君之禮，非有所加也，如是而後盡爾。時人不能，反以爲諂，故孔子言之，以明禮之當然也。」○程子曰：「聖人事君盡禮，當時以爲諂。若他人言之，必曰我事君盡禮，小人以爲諂，而孔子之言止於如此。聖人道大德宏，此亦可見。」

定公問：「君使臣，臣事君，如之何？」孔子對曰：「『君使臣以禮，臣事君以忠。』」定公，魯君，名宋。二者皆理之當然，各欲自盡而已。○吕氏曰：「使臣不患其不忠，患禮之不至；事君不患其無禮，患忠之不足。」○尹氏曰：「君臣，以義合者也。故君使臣以禮，則臣事君以忠。」

子曰：「《關雎》，樂而不淫，哀而不傷。」樂，音洛。○《關雎》，《周南・國風》，《詩》之首篇也。淫者，樂之過而失其正者也。傷者，哀之過而害於和者也。《關雎》之詩，言后妃之德，宜配君子。求之未得，則不能無寤寐反側之憂；求而得之，則宜其有琴瑟鐘鼓之樂。蓋其憂雖深而不害於和，其樂雖盛而不失其正，故夫子稱之如此。欲學者玩其辭，審其音，而有以識其性情之正也。

哀公問社於宰我。宰我對曰：「夏后氏以松，殷人以柏，周人以栗，曰使民戰栗。」宰我，孔子弟子，名予。三代之社不同者，古者立社，各樹其土之所宜木以爲主也。戰栗，恐懼貌。宰我又言周所以用栗之意如此。豈以古者戮人於社，故附會其説與？子聞之，曰：「成事不説，遂事不諫，既往不咎。」遂事，謂事雖未成而勢不能已者。孔子以宰我所對，非立社之本意，又啓時君殺伐之心，而其言已出，不可復救，故歷言此以深責之，欲使謹其後也。○尹氏曰：「古者各以所宜木名其社，非取義於木也。宰我不知而妄對，故夫子責之。」

子曰：「管仲之器小哉！」管仲，齊大夫，名夷吾，相威公霸諸侯。❶ 器小，言其不知聖賢大學之道，故局量褊淺、規模卑狹，不能正身脩德以致主於王道。或曰：「管仲儉乎？」曰：「管氏有三歸，官事不攝，焉得儉？」焉，於虔反。○或人蓋疑器小之爲儉。三歸，臺名，事見《説苑》。攝，兼也。家臣不能具官，一人常兼數事，管仲不然，皆言其侈。「然則管仲知禮乎？」曰：「邦君樹塞門，管氏亦樹塞門；邦君爲兩君之好有反坫，管氏亦有反坫，管氏而知禮，孰不知禮？」好，去聲。坫，丁念反。○或人又疑不儉爲知禮。屏，謂之樹。塞，猶蔽也。設屏於門，以蔽内外也。好，謂好會。坫，在兩楹之間，獻酬飲畢，則反爵於其上。此皆諸侯之禮，而管仲僭之，不知禮也。○愚謂孔子譏管仲之器小，其旨深矣。或人不知而疑其儉，故斥其奢以明其非儉。或又疑其知禮，故又斥其僭以明其不知禮。蓋雖不復明言小器之所以然，而其所以小者，於此亦可見矣。故程子曰：「奢而犯禮，其器之小可知。蓋器大，則自知禮而無此失矣。」此言當深味也。○蘇氏曰：「自脩身正家以及於國，則其本深，其及者遠，是謂大器。揚雄所謂『大器猶規矩準繩，先自治而後治人』者是也。管仲三歸、反坫，威公内嬖六人，而霸天下，其本固已淺矣。管仲死，威公薨，天下不復宗齊。」○楊氏曰：夫子大管仲之功而小其器。蓋非王佐之才，雖能合諸侯、正

❶「威」，吴刻本作「桓」，作「威」係避諱。下同。

天下，其器不足稱也。道學不明，而王霸之略混爲一途。故聞管仲之器小，則疑其爲儉，以不儉告之，則又疑其知禮。蓋世方以詭遇爲功，而不知爲之範，則不悟其小，宜矣。」

子語魯大師樂，曰：「樂其可知也：始作，翕如也；從之，純如也，皦如也，繹如也，以成。」語，去聲。大，音泰。從，音縱。○語，告也。大師，樂官名。時音樂廢缺，故孔子教之。翕，合也。從，放也。純，和也。皦，明也。繹，相續不絶也。成，樂之一終也。○謝氏曰：「五音六律不具，不足以爲樂。翕如，❶言其合也。五音合矣，清濁高下，如五味之相濟而後和，故曰純如。合而和矣，欲其無相奪倫，故曰皦如。然豈宮自宮而商自商乎？不相反而相連，如貫珠可也，故曰繹如也，以成。」

儀封人請見，曰：「君子之至於斯也，吾未嘗不得見也。」從者見之。出曰：「二三子，何患於喪乎？天下之無道也久矣，天將以夫子爲木鐸。」請見、見之之見，賢遍反。從、喪，皆去聲。○儀，衛邑。封人，掌封疆之官，蓋賢而隱於下位者也。君子，謂當時賢者。至此皆得見之，自言其平日不見絶於賢者，而求以自通也。見之，謂通使得見。喪，謂失位去國，《禮》曰「喪欲速貧」是也。木鐸，金口木舌，施政教時所振，以警衆者也。言亂極當治，天必將使夫子得位設教，不久失位也。封人一見夫子而遽以是稱之，其所得於觀感之間者深矣。或曰：「木鐸所以徇於道路，言天使夫子失位，周流四方以行其教，如木鐸之徇於道路也。」

子謂《韶》：「盡美矣，又盡善也。」謂《武》：「盡美矣，未盡善也。」《韶》，舜樂。《武》，武王樂。美者，聲容之盛。善者，美之實也。舜紹堯致治，武王伐紂救民，其功一也，故其樂皆盡美。然舜之德，性之也，又以揖遜而有天下；武王之德，反之也，又以征誅而得天下，故其實有不同者。○程子曰：「成湯放桀，惟有慚德，武王亦然，故未盡善。堯、舜、湯、武，其揆一也。征伐非其所欲，所遇之時然爾。」

子曰：「居上不寬，爲禮不敬，臨喪不哀，吾何以觀之哉？」居上主於愛人，故以寬爲本。爲禮以敬爲本，臨喪以哀爲本。既無其本，則以何者而觀其所行之得失哉？

❶「如」，原作「然」，據吴刻本和正文改。

里仁第四

凡二十六章。

子曰：「里仁爲美。擇不處仁，焉得知？」處，上聲。焉，於虔反。知，去聲。○里有仁厚之俗爲美。擇里而不居於是焉，則失其是非之本心，而不得爲知矣。

子曰：「不仁者不可以久處約，不可以長處樂。仁者安仁，知者利仁。」樂，音洛。知，去聲。○約，窮困也。利，猶貪也，蓋深知篤好而必欲得之也。不仁之人，失其本心，久約必濫，久樂必淫。惟仁者則安其仁而無適不然，知者則利於仁而不易所守，蓋雖深淺之不同，然皆非外物所能奪矣。○謝氏曰：「仁者心無内外遠近精粗之間，非有所存而自不亡，非有所理而自不亂，如目視而耳聽，手持而足行也。知者謂之有所見則可，謂之有所得則未可。有所存斯不亡，有所理斯不亂，未能無意也。安仁則一，利仁則二。安仁者非顔、閔以上，去聖人爲不遠，不知此味也。諸子雖有卓越之才，謂之見道不惑則可，然未免於利之也。」

子曰：「唯仁者能好人，能惡人。」好、惡，皆去聲。❶○唯之爲言獨也。蓋無私心，然後好惡當於理，程子所謂得其公正是也。○游氏曰：「好善而惡惡，天下之同情，然人每失其正者，心有所繫而不能自克也。惟仁者無私心，所以能好惡也。」

子曰：「苟志於仁矣，無惡也。」惡，如字。○苟，誠也。志者，心之所之也。其心誠在於仁，則必無爲惡之事矣。○楊氏曰：「苟志於仁，未必無過舉也，然而爲惡則無矣。」

子曰：「富與貴，是人之所欲也，不以其道得之，不處也。貧與賤，是人之所惡也，不以其道得之，不去也。惡，去聲。○不以其道得之，謂不當得而得之。然於富貴則不處，於貧賤則不去，君子之審富貴而安貧賤也如此。君子去仁，惡乎成名？惡，平聲。○言君子所以爲君子，以其仁也。若貪富貴而厭貧賤，則是自離其仁，而無君子之實矣，何所成其名乎？君子無終食之間違仁，造次必於是，顛沛必於是。」造，七到反。

---

❶「皆」，元甲本作「並」。

沛，音貝。○終食者，一飯之頃。造次，急遽苟且之時。顛沛，傾覆流離之際。蓋君子之不去乎仁如此，不但富貴、貧賤取舍之間而已也。○言君子爲仁，自富貴、貧賤取舍之間，以至於終食、造次、顛沛之頃，無時無處而不用其力也。然取舍之分明，然後存養之功密；存養之功密，則其取舍之分益明矣。

子曰：「我未見好仁者、惡不仁者。好仁者，無以尚之；惡不仁者，其爲仁矣，不使不仁者加乎其身。好、惡，皆去聲。❶○夫子自言未見好仁者、惡不仁者。蓋好仁者真知仁之可好，故天下之物無以加之。惡不仁者真知不仁之可惡，故其所以爲仁者，必能絶去不仁之事，而不使少有及於其身。此皆成德之事，故難得而見之也。有能一日用其力於仁矣乎？我未見力不足者。言好仁、惡不仁者雖不可見，然或有人果能一旦奮然用力於仁，則我又未見其力有不足者。蓋爲仁在己，欲之則是，而志之所至，氣必至焉。故仁雖難能，而至之亦易也。蓋有之矣，我未之見也。」蓋，疑詞。❷有之，謂有用力而力不足者。蓋人之氣質不同，故疑亦容或有此昏弱之甚、欲進而不能者，但我偶未之見耳。蓋不敢終以爲易，而又歎人之莫肯用力於仁也。○此章言仁之成德，雖難其人，然學者苟能實用其力，則亦無不可至之理。但用力而不至者，今亦未見其人焉，此夫子所以反覆而歎惜之也。

子曰：「人之過也，各於其黨。觀過，斯知仁矣。」黨，類也。○程子曰：「人之過也，各於其類。君子常失於厚，小人常失於薄；君子過於愛，小人過於忍。」○尹氏曰：「於此觀之，則人之仁不仁可知矣。」○吴氏曰：「後漢吴祐謂『掾以親故，受汚辱之名』，所謂觀過知仁是也。」愚按：此亦但言人雖有過，猶可即此而知其厚薄，非謂必俟其有過，而後賢否可知也。

子曰：「朝聞道，夕死可矣。」道者，事物當然之理。苟得聞之，則生順死安，無復遺恨矣。朝夕，所以甚言其時之近。○程子曰：「言人不可以不知道，苟得聞道，雖死可也。」又曰：「皆實理也，人知而信者爲難。死生亦大矣！非誠有所得，豈以夕死爲可乎？」

子曰：「士志於道，而恥惡衣惡食者，未足與議也。」心欲求道，而以口體之奉不若人

❶「皆」，元甲本、元乙本作「並」。

❷「詞」，吴刻本作「辭」。下同。

爲恥，其識趣之卑陋甚矣，何足與議於道哉？○程子曰：「志於道而心役乎外，何足與議也？」

子曰：「君子之於天下也，無適也，無莫也，義之與比。」適，丁歷反。比，必二反。○適，專主也。《春秋傳》曰「吾誰適從」是也。莫，不肯也。比，從也。○謝氏曰：「適，可也，莫，不可也。無可無不可，苟無道以主之，不幾於猖狂自恣乎？此佛、老之學所以自謂心無所住而能應變，而卒得罪於聖人也。聖人之學不然，於無可無不可之間，有義存焉。然則君子之心，果有所倚乎？」

子曰：「君子懷德，小人懷土；君子懷刑，小人懷惠。」懷，思念也。懷德，謂存其固有之善。懷土，謂溺其所處之安。懷刑，謂畏法。懷惠，謂貪利。君子、小人趣向不同，公私之間而已。○尹氏曰：「樂善惡不善，所以爲君子。苟安務得，所以爲小人。」

子曰：「放於利而行，多怨。」放，上聲。○孔氏曰：「放，依也。多怨，謂多取怨。」○程子曰：「欲利於己，必害於人，故多怨。」

子曰：「能以禮讓爲國乎？何有？不能以禮讓爲國，如禮何？」遜者，❶禮之實也。何有，言不難也。言有禮之實以爲國，則何難之有？不然，則其禮文雖具，亦且無如之何矣，而況於爲國乎？

子曰：「不患無位，患所以立；不患莫己知，求爲可知也。」所以立，謂所以立乎其位者。可知，謂可以見知之實。○程子曰：「君子求其在己者而已矣。」

子曰：「參乎！吾道一以貫之。」曾子曰：「唯。」參，所金反。唯，上聲。○參乎者，呼曾子之名而告之。貫，通也。唯者，應之速而無疑者也。聖人之心，渾然一理，而泛應曲當，用各不同。曾子於其用處，蓋已隨事精察而力行之，但未知其體之一爾。夫子知其真積力久，將有所得，是以呼而告之。曾子果能默契其指，即應之速而無疑也。子出。門人問曰：「何謂也？」曾子曰：「夫子之道，忠恕而已矣。」盡己之謂忠，推己之謂恕。而已矣者，竭盡而無餘之詞也。❷夫子之一理渾然而泛應曲當，譬則天地之至誠無息，而萬物各得其所也。自此之外，

❶「遜」，吴刻本作「讓」字，作「遜」係避諱。
❷「詞」，吴刻本作「辭」。

固無餘法，而亦無待於推矣。曾子有見於此而難言之，故借學者盡己、推己之目以著明之，欲人之易曉也。蓋至誠無息者，道之體也，萬殊之所以一本也；萬物各得其所者，道之用也，一本之所以萬殊也。以此觀之，一以貫之之實可見矣。或曰：「中心爲忠，如心爲恕。」於義亦通。○程子曰：「以己及物，仁也；推己及物，恕也，違道不遠是也。忠恕一以貫之：忠者天道，恕者人道；忠者無妄，恕者所以行乎忠也；忠者體，恕者用，大本達道也。此與違道不遠異者，動以天爾。」又曰：「『維天之命，於穆不已』，忠也；『乾道變化，各正性命』，恕也。」又曰：「聖人教人各因其才，『吾道一以貫之』，惟曾子爲能達此，孔子所以告之也。曾子告門人曰『夫子之道，忠恕而已矣』，亦猶夫子之告曾子也。《中庸》所謂『忠恕違道不遠』，斯乃下學上達之義。」

子曰：「君子喻於義，小人喻於利。」

喻，猶曉也。義者，天理之所宜。利者，人情之所欲。○程子：「君子之於義，猶小人之於利也。唯其深喻，是以篤好。」○楊氏曰：「君子有舍生而取義者。以利言之，則人之所欲無甚於生，所惡無甚於死，孰肯舍生而取義哉？其所喻者義而已，不知利之爲利故也。小人反是。」

子曰：「見賢思齊焉，見不賢而內自省也。」省，悉井反。○思齊者，冀己亦有是善。內自省者，恐己亦有是惡。○胡氏曰：「見人之善惡不同，而無不反諸身者，則不徒羡人而甘自棄，不徒責人而忘自責矣。」

子曰：「事父母幾諫，見志不從，又敬不違，勞而不怨。」此章與《內則》之言相表裏。幾，微也。微諫，所謂「父母有過，下氣怡色，柔聲以諫」也。見志不從，又敬不違，所謂「諫若不入，起敬起孝，悅則復諫」也。勞而不怨，所謂「與其得罪於鄉黨州閭，寧孰諫。父母怒不悅，而撻之流血，不敢疾怨，起敬起孝」也。

子曰：「父母在，不遠遊，遊必有方。」遠遊，則去親遠而爲日久，定省曠而音問疏，不惟己之思親不置，亦恐親之念我不忘也。遊必有方，如已告云之東，即不敢更適西，欲親必知己之所在而無憂，召己則必至而無失也。范氏曰：「子能以父母之心爲心，則孝矣。」

子曰：「三年無改於父之道，可謂孝矣。」胡氏曰：「已見首篇，此蓋復出而逸其半也。」

子曰：「父母之年，不可不知也。一

則以喜，一則以懼。」知，猶記憶也。常知父母之年，則既喜其壽，又懼其衰，而於愛日之誠，自有不能已者。

子曰：「古者言之不出，恥躬之不逮也。」言古者，以見今之不然。逮，及也。行不及言，可恥之甚。古者所以不出其言，爲此故也。○范氏曰：「君子之於言也，不得已而後出之，非言之難，而行之難也。人唯其不行也，是以輕言之。言之如其所行，行之如其所言，則出諸其口必不易矣。」

子曰：「以約失之者鮮矣。」鮮，上聲。○謝氏曰：「不侈然以自放之謂約。」○尹氏曰：「凡事約則鮮失，非止謂儉約也。」

子曰：「君子欲訥於言而敏於行。」行，去聲。○謝氏曰：「放言易，故欲訥，力行難，故欲敏。」○胡氏曰：「自吾道一貫至此十章，疑皆曾子門人所記也。」

子曰：「德不孤，必有鄰。」鄰，猶親也。德不孤立，必以類應。故有德者，必有其類從之，如居之有鄰也。

子游曰：「事君數，斯辱矣；朋友數，斯疏矣。」數，色角反。○程子曰：「數，煩數也。」○胡氏曰：「事君，諫不行，則當去；導友，善不納，則當止。至於煩瀆，則言者輕，聽者厭矣，是以求榮而反辱，求親而反疏也。」○范氏曰：「君臣朋友，皆以義合，故其事同也。」

論語卷第三

朱熹集注

公冶長第五

此篇皆論古今人物賢否得失，蓋格物窮理之一端也。凡二十七章。胡氏以爲疑多子貢之徒所記云。

子謂公冶長，「可妻也。雖在縲絏之中，非其罪也。」以其子妻之。妻，去聲，下同。縲，力追反。絏，息列反。○公冶長，孔子弟子。妻，爲之妻也。縲，黑索也。絏，攣也。古者獄中以黑索拘攣罪人。長之爲人無所考，而夫子稱其可妻，其必有以取之矣。又言其人雖嘗陷於縲絏之中，而非其罪，則固無害於可妻也。夫有罪無罪，在我而已，豈以自外至者爲榮辱哉？

子謂南容，「邦有道，不廢；邦無道，免於刑戮。」以其兄之子妻之。南容，孔子弟子，居南宮，名縚，又名括，❶字子容，謚敬叔，孟懿子之兄也。不廢，言必見用也。以其謹於言行，故能見用於治朝，免禍於亂世也。事又見第十一篇。○或曰：「公冶長之賢不及南容，故聖人以其子妻長，而以兄子妻容，蓋厚於兄而薄於己也。」程子曰：「此以己之私心窺聖人也。凡人避嫌者，皆内不足也。聖人自至公，何避嫌之有？況嫁女必量其才而求配，尤不當有所避也。若孔子之事，則其年之長幼、時之先後皆不可知，唯以爲避嫌則大不可。避嫌之事，賢者且不爲，況聖人乎？」

子謂子賤，「君子哉若人！魯無君子者，斯焉取斯？」焉，於虔反。○子賤，孔子弟子，姓宓，名不齊。上斯斯此人，下斯斯此德。子賤蓋能尊賢取友以成其德者，故夫子既歎其賢，而又言若魯無君子，則此人何所取以成此德乎？因以見魯之多賢也。○蘇氏曰：「稱人之善，必本其父兄師友，厚之至也。」

子貢問曰：「賜也何如？」子曰：「女，器也。」曰：「何器也？」曰：「瑚璉也。」女，音汝。瑚，音胡。璉，力展反。○器者，有用之成材。夏曰瑚，商曰璉，周曰簠簋，皆宗廟盛黍稷之器而飾以玉，器之貴重而華美者也。子貢見孔子以君子許子

❶「括」，元乙本、司禮監本、吴刻本作「适」，音義同。

賤，故以己爲問，而孔子告之以此。然則子貢雖未至於不器，其亦器之貴者歟？

或曰：「雍也仁而不佞。」雍，孔子弟子，姓冉，字仲弓。佞，口才也。仲弓爲人重厚簡默，而時人以佞爲賢，故美其優於德，而病其短於才也。子曰：「焉用佞？禦人以口給，屢憎於人。不知其仁，焉用佞？」焉，於虔反。○禦，當也，猶應答也。給，辦也。❶憎，惡也。言何用佞乎？佞人所以應答人者，但以口取辦而無情實，徒多爲人所憎惡爾。我雖未知仲弓之仁，然其不佞乃所以爲賢，不足以爲病也。再言焉用佞，所以深曉之。○或疑仲弓之賢而夫子不許其仁，何也？曰：「仁道至大，非全體而不息者，不足以當之。如顔子亞聖，猶不能無違於三月之後，況仲弓雖賢，未及顔子，聖人固不得而輕許之也。」

子使漆雕開仕。對曰：「吾斯之未能信。」子説。説，音悦。○漆雕開，孔子弟子，字子若。斯，指此理而言。信，謂真知其如此，而無毫髮之疑也。開自言未能如此，未可以治人，故夫子悦其篤志。○程子曰：「漆雕開已見大意，故夫子説之。」又曰：「古人見道分明，故其言如此。」○謝氏曰：「開之學無可考。然聖人使之仕，必其材可以仕矣。至於心術之微，則一毫不自得，不害其爲未信。此聖人所不能知，而開自知之。其材可以仕，而其器不安於小成，他日所就，其可量乎？夫子所以説之也。」

子曰：「道不行，乘桴浮於海。從我者，其由與？」子路聞之喜。子曰：「由也好勇過我，無所取材。」桴，音孚。從、好，並去聲。與，平聲。材，與裁同，古字借用。○桴，筏也。○程子曰：「浮海之歎，傷天下之無賢君也。子路勇於義，故謂其能從己，皆假設之言耳。子路以爲實然，而喜夫子之與己，故夫子美其勇，而譏其不能裁度事理，以適於義也。」

孟武伯問：「子路仁乎？」子曰：「不知也。」子路之於仁，蓋日月至焉者，或在或亡，不能必其有無，故以不知告之。又問。子曰：「由也，千乘之國，可使治其賦也，不知其仁也。」乘，去聲。○賦，兵也。古者以田賦出兵，故謂兵爲賦，《春秋傳》所謂「悉索敝賦」是也。言子路之才，可

❶「辦」，通「辨」，「辨」又通「辯」。殘宋本、吴刻本作「辨」。下同。

見者如此，仁則不能知也。「求也何如？」子曰：「求也，千室之邑，百乘之家，可使爲之宰也，不知其仁也。」千室，大邑。百乘，卿大夫之家。宰，邑長、家臣之通號。「赤也何如？」子曰：「赤也，束帶立於朝，可使與賓客言也，不知其仁也。」朝，音潮。○赤，孔子弟子，姓公西，字子華。

子謂子貢曰：「女與回也孰愈？」女，音汝，下同。○愈，勝也。對曰：「賜也何敢望回。回也聞一以知十，賜也聞一以知二。」一，數之始。十，數之終。二者，一之對也。顏子明睿所照，即始而見終；子貢推測而知，因此而識彼。「無所不悅，告往知來」，是其驗矣。子曰：「弗如也！吾與女弗如也。」與，許也。○胡氏曰：「子貢方人，夫子既語以不暇，又問其與回孰愈，以觀其自知之如何。聞一知十，上知之資，生知之亞也。聞一知二，中人以上之資，學而知之之才也。子貢平日以己方回，見其不可企及，故喻之如此。夫子以其自知之明，而又不難於自屈，故既然之，又重許之。此其所以終聞性與天道，不特聞一知二而已也。」

宰予晝寢。子曰：「朽木不可雕也，糞土之牆不可杇也，於予與何誅？」朽，許久反。杇，音汙。與，平聲，下同。○晝寢，謂當晝而寐。朽，腐也。雕，刻畫也。杇，鏝也。言其志氣昏惰，教無所施也。與，語辭。誅，責也。言不足責，乃所以深責之。子曰：「始吾於人也，聽其言而信其行；今吾於人也，聽其言而觀其行。於予與改是。」行，去聲。○宰予能言而行不逮，故孔子自言於予之事而改此失，亦以重警之也。○胡氏曰：「『子曰』疑衍文，不然，則非一日之言也。」○范氏曰：「君子之於學，惟日孜孜，斃而後已，惟恐其不及也。宰予晝寢，自棄孰甚焉？故夫子責之。」○胡氏曰：「宰予不能以志帥氣，居然而倦。是宴安之氣勝，儆戒之志惰也。古之聖賢未嘗不以懈惰荒寧爲懼，勤勵不息自强，此孔子所以深責宰予也。聽言觀行，聖人不待是而後能，亦非緣此而盡疑學者。特因此立教，以警羣弟子，使謹於言而敏於行耳。」

子曰：「吾未見剛者。」或對曰：「申棖。」子曰：「棖也欲，焉得剛？」焉，於虔反。○剛，堅强不屈之意，最人所難能者，故夫子歎其未見。申棖，弟子姓名。欲，多嗜欲也。多嗜欲，則不得爲剛矣。○程子曰：「人有欲則無剛，剛則不屈於欲。」○謝氏曰：「剛與欲正相反。能勝物之謂剛，故常伸於萬物之上；爲物揜之謂欲，故常屈於萬物之下。自古有志者少，無志者多，宜夫子之未見也。棖之欲不可知，其爲人得非悻悻自好者乎？故或者疑以爲剛，然不知此其所以爲欲爾。」

子貢曰：「我不欲人之加諸我也，吾亦欲無加諸人。」子曰：「賜也，非爾所及也。」子貢言我所不欲人加於我之事，我亦不欲以此加之於人。此仁者之事，不待勉強，故夫子以爲非子貢所及。○程子曰：「我不欲人之加諸我，吾亦欲無加諸人，仁也。施諸己而不願，亦勿施於人，恕也。恕則子貢或能勉之，仁則非所及矣。」愚謂無者自然而然，勿者禁止之謂，此所以爲仁恕之别。

子貢曰：「夫子之文章，可得而聞也；夫子之言性與天道，不可得而聞也。」文章，德之見乎外者，威儀、文辭皆是也。性者，人所受之天理；天道者，天理自然之本體，其實一理也。言夫子之文章，日見乎外，固學者所共聞；至於性與天道，則夫子罕言之，而學者有不得聞者。蓋聖門教不躐等，子貢至是始得聞之，而歎其美也。○程子曰：「此子貢聞夫子之至論而歎美之言也。」

子路有聞，未之能行，唯恐有聞。前所聞者，既未及行，故恐復有所聞而行之不給也。○范氏曰：「子路聞善，勇於必行，門人自以爲弗及也，故著之。若子路，可謂能用其勇矣。」

子貢問曰：「孔文子何以謂之『文』也？」子曰：「敏而好學，不恥下問，是以謂之『文』也。」好，去聲。○孔文子，衛大夫，名圉。凡人性敏者多不好學，位高者多恥下問。故《謚法》有以「勤學好問」爲「文」者，蓋亦人所難也。孔圉得謚爲「文」，以此而已。○蘇氏曰：「孔文子使太叔疾出其妻而妻之。疾通於初妻之娣，文子怒，將攻之。訪於仲尼，仲尼不對，命駕而行。疾奔宋，文子使疾弟遺室孔姞。其爲人如此而謚曰『文』，此子貢之所以疑而問也。孔子不没其善，言能如此，亦足以爲『文』矣，非經天緯地之『文』也。」

子謂子産，「有君子之道四焉：其行己也恭，其事上也敬，其養民也惠，其使民也義。」子産，鄭大夫公孫僑。恭，謙遜也。敬，謹恪也。惠，愛利也。使民義，如都鄙有章、上下有服、田有封洫、廬井有伍之類。○吴氏曰：「數其事而責之者，其所善者多也，臧文仲不仁者三、不知者三是也。數其事而稱之者，猶有所未至也，子産有君子之道四焉是也。今或以一言蓋一人，一事蓋一時，皆非也。」

子曰：「晏平仲善與人交，久而敬之。」晏平仲，齊大夫，名嬰。○程子曰：「人交久則敬衰，久而能敬，所以爲善。」

子曰：「臧文仲居蔡，山節藻梲，何如其知也？」梲，章悦反。知，去聲。○臧文仲，魯大夫臧孫氏，名辰。居，猶藏也。蔡，大龜也。節，柱頭斗栱也。藻，水草名。梲，梁上短柱也。蓋爲藏龜之室，而刻山於節、畫藻於梲也。當時以文仲爲知，孔子言其不務民義，而諂瀆鬼神如此，安得爲知？《春秋傳》所謂「作虚器」，即此事也。○張子曰：「山節藻梲爲藏龜之室，祀爰居之義，同歸於不知，宜矣。」

子張問曰：「令尹子文三仕爲令尹，無喜色；三已之，無愠色。舊令尹之政，必以告新令尹。何如？」子曰：「忠矣。」曰：「仁矣乎？」曰：「未知，焉得仁？」知，如字。焉，於虔反。○令尹，官名，楚上卿執政者也。子文，姓鬬，名穀於菟。其爲人也，喜怒不形，物我無間，知有其國而不知有其身，其忠盛矣，故子張疑其仁。然其所以三仕三已而告新令尹者，未知其皆出於天理而無人欲之私也，是以夫子但許其忠，而未許其仁也。「崔子弑齊君，陳文子有馬十乘，棄而違之。至於他邦，則曰：『猶吾大夫崔子也。』違之。之一邦，則又曰：『猶吾大夫崔子也。』違之。何如？」子曰：「清矣。」曰：「仁矣乎？」曰：「未知，焉得仁？」乘，去聲。○崔子，齊大夫，名杼。齊君，莊公，名光。陳文子，亦齊大夫，名須無。十乘，四十匹也。違，去也。文子潔身去亂，可謂清矣。然未知其心果見義理之當然，而能脱然無所累乎？抑不得已於利害之私，而猶未免於怨悔也。故孔子特許其清，❶而不許其仁。○愚聞之師曰：「當理而無私心，則仁矣。」今以是而觀二子之事，雖其制行之高若不可及，然皆未有以見其必當於理而真無私心也。子張未識仁體，而悦於苟難，遂以小者信其大者，夫子之不許也宜哉。讀者於此，更以上章不知其仁、後篇仁則吾不知之語并與三仁、夷齊之事觀之，則彼此交盡，而仁之爲義可識矣。今以它書考之，子文之相

❶「孔」，司禮監本、吴刻本作「夫」。

楚，所謀者無非僭王猾夏之事。文子之仕齊，既失正君討賊之義，又不數歲而復反於齊焉，則其不仁亦可見矣。

季文子三思而後行。子聞之，曰：「再，斯可矣。」三，去聲。○季文子，魯大夫，名行父。每事必三思而後行，若使晉而求遭喪之禮以行，亦其一事也。斯，語詞。○程子曰：「爲惡之人，未嘗知有思，有思則爲善矣。然至於再則已審，三則私意起而反惑矣，故夫子譏之。」○愚按：季文子慮事如此，可謂詳審，而宜無過舉矣。而宣公簒立，文子乃不能討，反爲之使齊而納賂焉，豈非程子所謂「私意起而反惑」之驗與？是以君子務窮理而貴果斷，不徒多思之爲尚。

子曰：「甯武子，邦有道則知，邦無道則愚。其知可及也，其愚不可及也。」知，去聲。○甯武子，衛大夫，名俞。按《春秋傳》，武子仕衛，當文公、成公之時。文公有道，而武子無事可見，此其知之可及也。成公無道，至於失國，而武子周旋其間，盡心竭力，不避艱險。凡其所處，皆智巧之士所深避而不肯爲者，而能卒保其身以濟其君，此其愚之不可及也。○程子曰：「邦無道，能沈晦以免患，故曰不可及也。亦有不當愚者，比干是也。」

子在陳，曰：「歸與！歸與！吾黨之小子狂簡，斐然成章，不知所以裁之。」與，平聲。斐，音匪。○此孔子周流四方，道不行而思歸之歎也。吾黨小子，指門人之在魯者。狂簡，志大而略於事也。斐，文貌。成章，言其文理成就，有可觀者。裁，割正也。夫子初心，欲行其道於天下，至是而知其終不用也。於是始欲成就後學，以傳道於來世。又不得中行之士而思其次，以爲狂士志意高遠，猶或可與進於道也。但恐其過中失正，而或陷於異端耳，故欲歸而裁之也。

子曰：「伯夷、叔齊，不念舊惡，怨是用希。」伯夷、叔齊，孤竹君之二子。孟子稱其「不立於惡人之朝，不與惡人言」，「與鄉人立，其冠不正，望望然去之，若將浼焉。」其介如此，宜若無所容矣；然其所惡之人，能改即止，故人亦不甚怨之也。○程子曰：「不念舊惡，此清者之量。」又曰：「二子之心，非夫子孰能知之？」

子曰：「孰謂微生高直？或乞醯焉，乞諸其鄰而與之。」醯，呼西反。○微生姓，高名，魯人，素有直名者。醯，醋也。人來乞時，其家無有，故乞諸鄰家以與之。夫子言此，譏其曲意徇物，掠美市恩，不得爲直也。○程子曰：「微生高所枉雖小，害直爲大。」○范氏曰：「是曰是，非曰非，有謂有，無謂無，曰直。聖人觀人於其一介之取予，而千駟萬鍾從可知焉。故以微事斷之，所以教人不可不謹也。」

子曰：「巧言、令色、足恭，左丘明恥之，丘亦恥之。匿怨而友其人，左丘明恥之，丘亦恥之。」足，將樹反。○足，過也。○程子曰：「左丘明，古之聞人也。」○謝氏曰：「二者之可恥，有甚於穿窬也。左丘明恥之，其所養可知矣。夫子自言丘亦恥之，蓋竊比老彭之意。又以深戒學者，使察乎此而立心以直也。」

顔淵、季路侍。子曰：「盍各言爾志？」盍，音合。○盍，何不也。子路曰：「願車馬、衣輕裘，與朋友共敝之而無憾。」衣，去聲。○衣，服之也。裘，皮服。敝，壞也。憾，恨也。顔淵曰：「願無伐善，無施勞。」伐，誇也。善，謂有能。施，亦張大之意。勞，謂有功，《易》曰「勞而不伐」是也。或曰：「勞，勞事也。勞事非己所欲，故亦不欲施之於人。」亦通。子路曰：「願聞子之志。」子曰：「老者安之，朋友信之，少者懷之。」老者養之以安，朋友與之以信，少者懷之以恩。一説：安之，安我也；信之，信我也；懷之，懷我也。亦通。○程子曰：「夫子安仁，顔淵不違仁，子路求仁。」又曰：「子路、顔淵、孔子之志，皆與物共者也，但有小大之差爾。」又曰：「子路勇於義者，觀其志，豈可以勢利拘之哉？亞於浴沂者也。顔子不自私己，故無伐善；知同於人，故無施勞。其志可謂大矣，然未免出於有意也。至於夫子，則如天地之化工，付與萬物而己不勞焉，此聖人之所爲也。今夫羈靮以御馬而不以制牛，人皆知羈靮之作在乎人，而不知羈靮之生由於馬。聖人之化，亦猶是也。先觀二子之言，後觀聖人之言，分明天地氣象。凡看《論語》，非但欲理會文字，須要識得聖賢氣象。」

子曰：「已矣乎！吾未見能見其過而内自訟者也。」已矣乎者，恐其終不得見而歎之也。内自訟者，口不言而心自咎也。人有過而能自知者鮮矣，知過而能内自訟者爲尤鮮。能内自訟，則其悔悟深切而能改必矣。夫子自恐終不得見而歎之，其警學者深矣。

子曰：「十室之邑，必有忠信如丘者焉，不如丘之好學也。」焉，如字，屬上句。好，去聲。○十室，小邑也。忠信如聖人，生質之美者也。夫子生知，而未嘗不好學，故言此以勉人。言美質易得，至道難聞，學之至則可以爲聖人，不學則不免爲鄉人而已。可不勉哉？

雍也第六

凡二十八章。篇内第十四章以前，大意與前篇同。

子曰：「雍也可使南面。」南面者，人君聽治之位。言仲弓寬洪簡重，有人君之度也。

仲弓問子桑伯子。子曰：「可也簡。」子桑伯子，魯人，胡氏以爲疑即莊周所稱子桑户者是也。仲弓以夫子許己南面，故問伯子如何。可者，僅可而有所未盡之辭。簡者，不煩之謂。仲弓曰：「居敬而行簡，以臨其民，不亦可乎？居簡而行簡，無乃大簡乎？」大，音泰。○言自處以敬，則中有主而自治嚴，如是而行簡以臨民，則事不煩而民不擾，所以爲可。若先自處以簡，則中無主而自治疏矣，而所行又簡，豈不失之大簡，而無法度之可守乎？《家語》記伯子不衣冠而處，夫子譏其欲同人道於牛馬。然則伯子蓋大簡者，而仲弓疑夫子之過許與？子曰：「雍之言然。」仲弓蓋未喻夫子可字之意，而其所言之理，有默契焉者，故夫子然之。○程子曰：「子桑伯子之簡，雖可取而未盡善，故夫子云可也。仲弓因言内主於敬而簡，則爲要直；内存乎簡而簡，則爲疏略，可謂得其旨矣。」又曰：「居敬則心中無物，故所行自簡；居簡則先有心於簡，而多一簡字矣，故曰大簡。」

哀公問：「弟子孰爲好學？」孔子對曰：「有顏回者好學，不遷怒，不貳過。不幸短命死矣！今也則亡，未聞好學者也。」好，去聲。亡，與無同。○遷，移也。貳，復也。怒於甲者，不移於乙；過於前者，不復於後。顏子克己之功至於如此，可謂真好學矣。短命者，顏子三十二而卒也。既云今也則亡，又言未聞好學者，蓋深惜之，又以見真好學者之難得也。○程子曰：「顏子之怒，在物不在己，故不遷。有不善，未嘗不知，知之未嘗復行，不貳過也。」又曰：「喜怒在事，則理之當喜怒者也，不在血氣則不遷。若舜之誅四凶也，可怒在彼，己何與焉？如鑑之照物，妍媸在彼，隨物應之而已，何遷之有？」又曰：「如顏子地位，豈有不善？所謂不善，只是微有差失。

才差失便能知之，才知之便更不萌作。」○張子曰：「慊於己者，不使萌於再。」或曰：「《詩》、《書》、六藝，七十子非不習而通也，而夫子獨稱顏子爲好學。顏子之所好，果何學歟？」○程子曰：「學以至乎聖人之道也。」「學之道奈何？」曰：「天地儲精，得五行之秀者爲人。其本也真而靜。其未發也，五性具焉，曰仁、義、禮、智、信。形既生矣，外物觸其形而動於中矣。其中動而七情出焉，曰喜、怒、哀、懼、愛、惡、欲。情既熾而益蕩，其性鑿矣。故覺者約其情使合於中，正其心，養其性而已。然必先明諸心，知所往，然後力行以求至焉。若顏子之非禮勿視聽言動，不遷怒、貳過者，則其好之篤而學之得其道也。然其未至於聖人者，守之也，非化之也。假之以年，則不日而化矣。今人乃謂聖本生知，非學可至，而所以爲學者不過記誦文辭之間，其亦異乎顏子之學矣。」

子華使於齊，冉子爲其母請粟。子曰：「與之釜。」請益。曰：「與之庾。」冉子與之粟五秉。使、爲，並去聲。○子華，公西赤也。使，爲孔子使也。釜，六斗四升。庾，十六斗。秉，十六斛。子曰：「赤之適齊也，乘肥馬，衣輕裘。吾聞之也，君子周急不繼富。」衣，去聲。○乘肥馬、衣輕裘，言其富也。急，窮迫也。周者，補不足。繼者，續有餘。原思爲之宰，與之粟九百，辭。原思，孔子弟子，名憲。孔子爲魯司寇時，以思爲宰。粟，宰之禄也。九百，不言其量，不可考。子曰：「毋！以與爾鄰里鄉黨乎！」毋，禁止辭。五家爲鄰，二十五家爲里，萬二千五百家爲鄉，五百家爲黨。言常禄不當辭，有餘自可推之以周貧乏，蓋鄰里鄉黨有相周之義。○程子曰：「夫子之使子華，子華之爲夫子使，義也。而冉子乃爲之請。聖人寬容，不欲直拒人，故與之少，所以示不當與也。請益，而與之亦少，所以示不當益也。求未達而自與之多，則已過矣，故夫子非之。蓋赤苟至乏，則夫子必自周之，不待請矣。原思爲宰，則有常禄。思辭其多，故又教以分諸鄰里之貧者，蓋亦莫非義也。」○張子曰：「於斯二者，可見聖人之用財矣。」

子謂仲弓，曰：「犂牛之子騂且角，雖欲勿用，山川其舍諸？」犂，利之反。騂，息營反。舍，上聲。○犂，雜文。騂，赤色。周人尚赤，牲用騂。角，角周正，中犧牲也。用，用以祭也。山川，山川之神也。言人雖不用，神必不舍也。仲弓父賤而行惡，故夫子以此譬之。言父之惡不能廢其子之善，如仲弓之賢，自當見用於世也。然此論仲弓云爾，非與仲弓言也。

○范氏曰：「以瞽瞍爲父而有舜，以鯀爲父而有禹，古之聖賢不係於世類，尚矣。子能改父之過，變惡以爲美，則可謂孝矣。」

子曰：「回也，其心三月不違仁，其餘則日月至焉而已矣。」三月，言其久。仁者，心之德。心不違仁者，無私欲而有其德也。日月至焉者，或日一至焉，或月一至焉，能造其域而不能久也。○程子曰：「三月，天道小變之節，言其久也，過此則聖人矣。不違仁，只是無纖毫私欲。少有私欲，便是不仁。」○尹氏曰：「此顔子於聖人，未達一間者也，若聖人則渾然無間斷矣。」張子曰：「始學之要，當知『三月不違』與『日月至焉』内外賓主之辨。使心意勉勉循循而不能已，過此幾非在我者。」

季康子問：「仲由可使從政也與？」子曰：「由也果，於從政乎何有？」曰：「賜也可使從政也與？」曰：「賜也達，於從政乎何有？」曰：「求也可使從政也與？」曰：「求也藝，於從政乎何有？」與，平聲。○從政，謂爲大夫。果，有決斷。達，通事理。藝，多才能。○程子曰：「季康子問三子之才可以從政乎，夫子答以各有所長。非惟三子，人各有所長。能取其長，皆可用也。」

季氏使閔子騫爲費宰。閔子騫曰：「善爲我辭焉。如有復我者，則吾必在汶上矣。」費，音秘。爲，去聲。汶，音問。○閔子騫，孔子弟子，名損。費，季氏邑。汶，水名，在齊南魯北竟上。閔子不欲臣季氏，令使者善爲己辭，言若再來召我，則當去之齊。○程子曰：「仲尼之門，能不仕大夫之家者，閔子、曾子數人而已。」○謝氏曰：「學者能少知内外之分，皆可以樂道而忘人之勢。況閔子得聖人爲之依歸，彼其視季氏不義之富貴，不啻犬彘。又從而臣之，豈其心哉？在聖人則有不然者，蓋居亂邦、見惡人，在聖人則可；自聖人以下，剛則必取禍，柔則必取辱。閔子豈不能早見而豫待之乎？如由也不得其死，求也爲季氏附益，夫豈其本心哉？蓋既無先見之知，又無克亂之才故也。然則閔子其賢乎！」

伯牛有疾，子問之，自牖執其手，曰：「亡之，命矣夫！斯人也而有斯疾也！斯人也而有斯疾也！」夫，音扶。○伯牛，孔子弟子，姓冉，名耕。有疾，先儒以爲癩也。牖，南牖也。禮，病者居北牖下。君視之，則遷於南牖下，使君得以南面視己。時伯牛家以此禮尊孔子，孔子不敢當，故不入其室，而自牖執其手，蓋與之永訣也。命，謂天命。言此人不應有此疾，而今乃有之，是乃天之所命也。然則非其不能謹疾而有以致之，亦可見矣。○侯氏曰：「伯牛以德行稱，亞於顏、閔。故其將死也，孔子尤痛惜之。」

子曰：「賢哉，回也！一簞食，一瓢飲，在陋巷。人不堪其憂，回也不改其樂。賢哉，回也！」食，音嗣。樂，音洛。○簞，竹器。食，飯也。瓢，瓠也。顏子之貧如此，而處之泰然，不以害其樂，故夫子再言「賢哉回也」以深歎美之。○程子曰：「顏子之樂，非樂簞瓢陋巷也，不以貧窶累其心而改其所樂也，故夫子稱其賢。」又曰：「簞瓢陋巷非可樂，蓋自有其樂爾。『其』字當玩味，自有深意。」又曰：「昔受學於周茂叔，每令尋仲尼、顏子樂處，所樂何事？」愚按：程子之言，引而不發，蓋欲學者深思而自得之。今亦不敢妄爲之說。學者但當從事於博文約禮之誨，以至於欲罷不能而竭其才，則庶乎有以得之矣。

冉求曰：「非不說子之道，力不足也。」子曰：「力不足者，中道而廢。今女畫。」說，音悅。女，音汝。○力不足者，欲進而不能。畫者，能進而不欲。謂之畫者，如畫地以自限也。○胡氏曰：「夫子稱顏回不改其樂，冉求聞之，故有是言。然使求說夫子之道，誠如口之說芻豢，則必將盡力以求之，何患力之不足哉？畫而不進，則日退而已矣，此冉求之所以局於藝也。」

子謂子夏曰：「女爲君子儒，無爲小人儒。」儒，學者之稱。○程子曰：「君子儒爲己，小人儒爲人。」○謝氏曰：「君子、小人之分，義與利之間而已。然所謂利者，豈必殖貨財之謂？以私滅公，適己自便，凡可以害天理者皆利也。子夏文學雖有餘，然意其遠者大者或昧焉，故夫子語之以此。」

子游爲武城宰。子曰：「女得人焉爾乎？」曰：「有澹臺滅明者，行不由徑，非公事，未嘗至於偃之室也。」女，音汝。澹，徒甘反。○武城，魯下邑。澹臺姓，滅明名，字子羽。徑，路之小而捷者。公事，如飲射讀法之類。不由徑，則動必以正，而無見小欲速之意可知。非公事不見邑宰，則其有以自守，而無枉己徇人之私可見矣。○楊氏曰：「爲政以人才爲先，故孔子以得人爲問。如滅明者，觀其二事之小，而其正大之情可見矣。後世有不由徑者，人必以爲迂；不至其室，人必以爲簡。非孔氏之徒，其孰能知而取之？」愚謂持身以滅明爲法，則無苟賤之羞；取人以子游爲法，則無邪媚之惑。

子曰：「孟之反不伐，奔而殿，將入門，策其馬，曰：『非敢後也，馬不進也。』」殿，去聲。○孟之反，魯大夫，名側。○胡氏曰：「反即莊周所稱孟子反者是也。」伐，誇功也。奔，敗走也。軍後曰殿。策，鞭也。戰敗而還，以後爲功。反奔而殿，故以此言自掩其功也。事在哀公十一年。○謝氏曰：「人能操無欲上人之心，則人欲日消，天理日明，而凡可以矜己夸人者，皆無足道矣。然不知學者欲上人之心無時而忘也，若孟之反，可以爲法矣。」

子曰：「不有祝鮀之佞，而有宋朝之美，難乎免於今之世矣！」鮀，徒河反。○祝，宗廟之官。鮀，衛大夫，字子魚，有口才。朝，宋公子，有美色。言衰世好諛悦色，非此難免，蓋傷之也。

子曰：「誰能出不由户？何莫由斯道也？」言人不能出不由户，何故乃不由此道耶？怪而歎之之辭。○洪氏曰：「人知出必由户，而不知行必由道。非道遠人，人自遠爾。」

子曰：「質勝文則野，文勝質則史。文質彬彬，然後君子。」野，野人，言鄙略也。史，掌文書，多聞習事，而誠或不足也。彬彬，猶班班，物相雜而適均之貌。言學者當損有餘，補不足，至於成德，則不期然而然矣。○楊氏曰：「文質不可以相勝。然質之勝文，猶言甘可以受和，❶白可以受采也。文勝而至於滅質，則其本亡矣。雖有文，將安施乎？然則與其史也，寧野。」

子曰：「人之生也直，罔之生也幸而免。」程子曰：「生理本直。罔，不直也，而亦生者，幸而免爾。」

子曰：「知之者不如好之者，好之者不如樂之者。」好，去聲。樂，音洛。○尹氏曰：「知之者，知有此道也。好之者，好而未得也。樂之者，有所得而樂之也。」○張敬夫曰：「譬之五穀，知者知其可食者也，好者食而嗜之者也，樂者嗜之而飽者也。知而不能好，則是知之未至也；好之而未及於樂，則是好之未至也。此古之學者所以自强而不息者與？」

子曰：「中人以上，可以語上也；中人以下，不可以語上也。」以上之上，上聲。語，去聲。○語，告也。言教人者當隨其高下而告語之，

---

❶「言」，殘宋本、元甲本、元乙本、司禮監本、吴刻本作「之」。

則其言易入而無躐等之弊也。○張敬夫曰：「聖人之道，精粗雖無二致，但其施教，則必因其材而篤焉。蓋中人以下之質，驟而語之太高，非惟不能以入，且將妄意躐等，而有不切於身之弊，亦終於下而已矣。故就其所及而語之，是乃所以使之切問近思，而漸進於高遠也。」

樊遲問知。子曰：「務民之義，敬鬼神而遠之，可謂知矣。」問仁。曰：「仁者先難而後獲，可謂仁矣。」知、遠，皆去聲。○民，亦人也。獲，謂得也。專用力於人道之所宜，而不惑於鬼神之不可知，知者之事也。先其事之所難，而後其效之所得，仁者之心也。此必因樊遲之失而告之。○程子曰：「人多信鬼神，惑也。而不信者又不能敬。能敬能遠，可謂知矣。」又曰：「先難，克己也。以所難爲先，而不計所獲，仁也。」吕氏曰：「當務爲急，不求所難；知力行所知，不憚所難爲。」

子曰：「知者樂水，仁者樂山；知者動，仁者静；知者樂，仁者壽。」知，去聲。樂，上二字並五教反，下一字音洛。○樂，喜好也。知者達於事理而周流無滯，有似於水，故樂水。仁者安於義理而厚重不遷，有似於山，故樂山。動静以體言，樂壽以效言也。動而不括故樂，静而有常故壽。○程子曰：「非體仁、知之深者，不能如此形容之。」

子曰：「齊一變，至於魯；魯一變，至於道。」孔子之時，齊俗急功利，喜夸詐，乃霸政之餘習。魯則重禮教，崇信義，猶有先王之遺風焉，但人亡政息，不能無廢墜爾。道，則先王之道也。言二國之政俗有美惡，故其變而之道有難易。○程子曰：「夫子之時，齊强魯弱，孰不以爲齊勝魯也，然魯猶存周公之法制。齊由威公之霸，❶爲從簡尚功之治，太公之遺法變易盡矣，故一變乃能至魯。魯則修舉廢墜而已，一變則至於先王之道也。」愚謂二國之俗，惟夫子爲能變之而不得試。然因其言以考之，則其施爲緩急之序，亦略可見矣。

子曰：「觚不觚，觚哉！觚哉！」觚，音孤。○觚，棱也，或曰酒器，或曰木簡，皆器之有棱者也。不觚者，蓋當時失其制而不爲棱也。觚哉觚哉，言不得爲觚也。○程子曰：「觚而失其形制，則非觚也。舉一器，而天下之物莫不皆然。故君而失其君之道，則爲不君；臣而失其臣之職，則爲虚位。」○范氏曰：「人而不仁則非人，國而不治則不國矣。」

宰我問曰：「仁者，雖告之曰：『井

❶「威」，吴刻本作「桓」，作「威」係避諱。

有仁焉。』其從之也？」子曰：「何爲其然也？君子可逝也，不可陷也；可欺也，不可罔也。」劉聘君曰：「有仁之仁當作人。」今從之。從，謂隨之於井而救之也。宰我信道不篤，而憂爲仁之蹈害，❶故有此問。逝，謂使之往救。陷，謂陷之於井。欺，謂誑之以理之所有。罔，謂昧之以理之所無。蓋身在井上，乃可以救井中之人，若從之於井，則不復能救之矣。此理甚明，人所易曉。仁者雖切於救人而不私其身，然不應如此之愚也。

子曰：「君子博學於文，約之以禮，亦可以弗畔矣夫！」夫，音扶。○約，要也。畔，背也。君子學欲其博，故於文無不考；守欲其要，故其動必以禮。如此，則可以不背於道矣。○程子曰：「博學於文而不約之以禮，必至於汗漫。博學矣，又能守禮而由於規矩，則亦可以不畔道矣。」

子見南子，子路不說。夫子矢之曰：「予所否者，天厭之！天厭之！」說，音悅。否，方九反。○南子，衛靈公之夫人，有淫行。孔子至衛，南子請見，孔子辭謝，不得已而見之。蓋古者仕於其國，有見其小君之禮。而子路以夫子見此淫亂之人爲辱，故不悅。矢，誓也。所，誓辭也，如云「所不與崔、慶者」之類。否，謂不合於禮，不由其道也。厭，棄絶也。聖人道大德全，無可不可。其見惡人，固謂在我有可見之禮，則彼之不善，我何與焉。然此豈子路所能測哉？故重言以誓之，欲其姑信此而深思以得之也。

子曰：「中庸之爲德也，其至矣乎！民鮮久矣。」鮮，上聲。○中者，無過無不及之名［也］❷。庸，平常也。至，極也。鮮，少也。言民少此德，今已久矣。○程子曰：「不偏之謂中，不易之謂庸。中者天下之正道，庸者天下之定理。自世教衰，民不興於行，少有此德久矣。」

子貢曰：「如有博施於民而能濟衆，何如？可謂仁乎？」子曰：「何事於仁，必也聖乎！堯舜其猶病諸！施，去聲。○博，廣也。仁以理言，通乎上下。聖以地言，則造其極之名也。乎者，疑而未定之辭。病，心有所不足也。言此何止於仁，必也聖人能之乎！則雖堯舜之聖，其心猶有所不足於此也。以是求仁，愈難而愈遠矣。夫仁者，己欲立而立人，己欲達而達人。夫，音扶。○

❶「蹈」，司禮監本、吴刻本作「陷」。

❷「也」，原脱，據元乙本、司禮監本、吴刻本補。

以己及人，仁者之心也。於此觀之，可以見天理之周流而無間矣。狀仁之體，莫切於此。能近取譬，可謂仁之方也已。」譬，喻也。方，術也。近取諸身，以己所欲譬之他人，知其所欲亦猶是也。然後推其所欲以及於人，則恕之事而仁之術也。於此勉焉，則有以勝其人欲之私，而全其天理之公矣。○程子曰：「醫書以手足痿痹爲不仁，此言最善名狀。仁者以天地萬物爲一體，莫非己也。認得爲己，何所不至，若不屬己，自與己不相干。如手足之不仁，氣已不貫，皆不屬己。故博施濟衆，乃聖人之功用。仁至難言，故止曰：『己欲立而立人，己欲達而達人，能近取譬，可謂仁之方也已。』欲令如是觀仁，可以得仁之體。」又曰：「《論語》言堯舜其猶病諸者二。夫博施者，豈非聖人之所欲？然必五十乃衣帛，七十乃食肉。聖人之心，非不欲少者亦衣帛食肉也，顧其養有所不贍爾，此病其施之不博也。濟衆者，豈非聖人之所欲？然治不過九州。聖人非不欲四海之外亦兼濟也，顧其治有所不及爾，此病其濟之不衆也。推此以求脩己以安百姓，則爲病可知。苟以吾治已足，則便不是聖人。」○吕氏曰：「子貢有志於仁，徒事高遠，未知其方。孔子教以於己取之，庶近而可入。是乃爲仁之方，雖博施濟衆，亦由此進。」

論語卷第四

朱熹集注

述而第七

此篇多記聖人謙己誨人之辭及其容貌行事之實。凡三十七章。

子曰：「述而不作，信而好古，竊比於我老彭。」好，去聲。○述，傳舊而已。作，則創始也。故作非聖人不能，而述則賢者可及。竊比，尊之之辭。我，親之之辭。老彭，商賢大夫，見《大戴禮》，蓋信古而傳述者也。孔子刪《詩》、《書》，定《禮》、《樂》，贊《周易》，修《春秋》，皆傳先王之舊，而未嘗有所作也，故其自言如此。蓋不唯不敢當作者之聖，而亦不敢顯然自附於古之賢人。蓋其德愈盛而心愈下，不自知其辭之謙也。然當是時，作者略備，夫子蓋集羣聖之大成而折衷之。其事雖述，而功則倍於作矣，此又不可不知也。

子曰：「默而識之，學而不厭，誨人不倦，何有於我哉？」識，音志，又如字。○識，記也。默識，謂不言而存諸心也。一說：識，知也，不言而心解也。前說近是。何有於我，言何者能有於我也。三者已非聖人之極至，而猶不敢當，則謙而又謙之辭也。

子曰：「德之不脩，學之不講，聞義不能徙，不善不能改，是吾憂也。」尹氏曰：「德必脩而後成，學必講而後明，見善能徙，改過不吝，此四者，日新之要也。苟未能之，聖人猶憂，況學者乎？」

子之燕居，申申如也，夭夭如也。燕居，閒暇無事之時。○楊氏曰：「申申，其容舒也。夭夭，其色愉也。」○程子曰：「此弟子善形容聖人處也，爲申申字說不盡，故更著夭夭字。今人燕居之時，不怠惰放肆，必太嚴厲。嚴厲時著此四字不得，怠惰放肆時亦著此四字不得，惟聖人便自有中和之氣。」

子曰：「甚矣吾衰也！久矣吾不復夢見周公！」復，扶又反。○孔子盛時，志欲行周公之道，故夢寐之間，如或見之。至其老而不能行也，則無復是心，而亦無復是夢矣，故因此而自歎其衰之甚也。○程子曰：「孔子盛時，寤寐常存行周公之道。及其老也，則志慮衰而不可以有爲矣。蓋存道者心，無老少之異；而行道者身，老則衰也。」

子曰：「志於道，志者，心之所之之謂。道，則人倫日用之間所當行者是也。知此而心必之焉，則所適者正，而無他歧之惑矣。據於德，據者，❶執守之意。德，則行道而有得於心而不失之謂也。❷得之於心而守之不失，則終始惟一，而有日新之功矣。依於仁，依者，不違之謂。仁，則私欲盡去而心德之全也。功夫至此而無終食之違，則存養之熟，無適而非天理之流行矣。游於藝。」游者，玩物適情之謂。藝，則禮樂之文，射御書數之法，皆至理所寓，而日用之不可闕者也。朝夕游焉，以博其義理之趣，則應務有餘，而心亦無所放矣。○此章言人之爲學當如是也，蓋學莫先於立志。志道，則心存於正而不他；據德，則道得於心而不失；依仁，則德性常用而物欲不行；游藝，則小物不遺而動息有養。學者於此，有以不失其先後之序、輕重之倫焉，則本末兼該，內外交養，日用之間，無少間隙，而涵泳從容，忽不自知其入於聖賢之域矣。

子曰：「自行束脩以上，吾未嘗無誨焉。」脩，脯也。十脡爲束。古者相見，必執贄以爲禮，束脩其至薄者。蓋人之有生，同具此理，故聖人之於人，無不欲其入於善。但不知來學，則無往教之禮，故苟以禮來，則無不有以教之也。

子曰：「不憤不啓，不悱不發，舉一隅不以三隅反，則不復也。」憤，房粉反。悱，芳匪反。復，扶又反。○憤者，心求通而未得之意。悱者，口欲言而未能之貌。啓，謂開其意。發，謂達其辭。物之有四隅者，舉一可知其三。反者，還以相證之義。復，再告也。上章已言聖人誨人不倦之意，因并記此，欲學者勉於用力，以爲受教之地也。○程子曰：「憤、悱，誠意之見於色辭者也。待其誠至而後告之。既告之，又必待其自得，乃復告爾。」又曰：「不待憤、悱而發，則知之不能堅固；待其憤、悱而後發，則沛然矣。」

子食於有喪者之側，未嘗飽也。臨喪哀，不能甘也。子於是日哭，則不歌。哭，謂弔哭。一日之內，餘哀未忘，自不能歌也。○謝氏曰：「學者於此二者，可見聖人情性之正也。能識聖人之情性，然後可以學道。」

❶「據」上，司禮監本有「據音倨○」。

❷「德則行道而有得於心而不失之謂」，殘宋本、元甲本、元乙本、吳刻本作「德者得也得其道於心而不失之謂」，司禮監本作「德則行道而有得於心者」。

子謂顏淵曰：「用之則行，舍之則藏，唯我與爾有是夫！」舍，上聲。夫，音扶。○尹氏曰：「用舍無與於己，行藏安於所遇，命不足道也。顏子幾於聖人，故亦能之。」子路曰：「子行三軍，則誰與？」萬二千五百人爲軍，大國三軍。子路見孔子獨美顏淵，自負其勇，意夫子若行三軍，必與己同。子曰：「暴虎馮河，死而無悔者，吾不與也。必也臨事而懼，好謀而成者也。」馮，皮冰反。好，去聲。○暴虎，徒搏。馮河，徒涉。懼，謂敬其事。成，謂成其謀。言此皆以抑其勇而教之，然行師之要實不外此，子路蓋不知也。○謝氏曰：「聖人於行藏之間，無意無必。其行非貪位，其藏非獨善也。若有欲心，則不用而求行，舍之而不藏矣，是以惟顏子爲可以與於此。子路雖非有欲心者，然未能無固必也，至以行三軍爲問，則其論益卑矣。夫子之言，蓋因其失而救之。夫不謀無成，不懼必敗，小事尚然，而況於行三軍乎？」

子曰：「富而可求也，雖執鞭之士，吾亦爲之。如不可求，從吾所好。」好，去聲。○執鞭，賤者之事。設言富若可求，則雖身爲賤役以求之，亦所不辭。然有命焉，非求之可得也，則安於義理而已矣，何必徒取辱哉？○蘇氏曰：「聖人未嘗有意於求富也，豈問其可不可哉？爲此語者，特以明其決不可求爾。」○楊氏曰：「君子非惡富貴而不求，以其在天，無可求之道也。」

子之所慎：齊，戰，疾。齊，側皆反。○齊之爲言齊也，將祭而齊其思慮之不齊者，以交於神明也。誠之至與不至，神之饗與不饗，皆決於此。戰，則衆之死生、國之存亡繫焉。疾又吾身之所以死生存亡者，皆不可以不謹也。○尹氏曰：「夫子無所不謹，弟子記其大者耳。」

子在齊聞《韶》，三月不知肉味，曰：「不圖爲樂之至於斯也！」《史記》三月上有「學之」二字。不知肉味，蓋心一於是而不及乎他也。曰不意舜之作樂至於如此之美，則有以極其情文之備，而不覺其歎息之深也。蓋非聖人不足以及此。○范氏曰：「《韶》盡美又盡善，樂之無以加此也。故學之三月，不知肉味，而歎美之如此。誠之至，感之深也。」

冉有曰：「夫子爲衛君乎？」子貢曰：「諾。吾將問之。」爲，去聲。○爲，猶助也。衛君，出公輒也。靈公逐其世子蒯聵，公薨，而國人立蒯聵之子輒，於是晉納蒯聵而輒拒之。時孔子居衛，衛人以蒯聵得罪於父，而輒嫡孫當立，故冉有疑而問之。諸，應辭也。入，曰：「伯夷、叔齊何人也？」曰：「古之賢人也。」曰：「怨乎？」曰：「求仁而得仁，又何怨？」出，曰：「夫子不爲也。」伯夷、叔齊，孤竹君之二子。其父將死，遺命立叔齊。父卒，叔齊遜伯夷。伯夷曰：「父命也。」遂逃去。叔齊亦不立而逃之，國人立其中子。其後武王伐紂，夷、齊扣馬而諫。武王滅商，夷、齊恥食周粟，去，隱於首陽山，遂餓而死。怨，猶悔也。君子居是邦，不非其大夫，況其君乎？故子貢不斥衛君，而以夷、齊爲問。夫子告之如此，則其不爲衛君可知矣。蓋伯夷以父命爲尊，叔齊以天倫爲重。其遜國也，皆求所以合乎天理之正，而即乎人心之安。既而各得其志焉，則視棄其國猶敝蹝爾，何怨之有？若衛輒之據國拒父而惟恐失之，其不可同年而語明矣。○程子曰：「伯夷、叔齊遜國而逃，諫伐而餓，終無怨悔，夫子以爲賢，故知其不與輒也。」

子曰：「飯疏食，飲水，曲肱而枕之，樂亦在其中矣。不義而富且貴，於我如浮雲。」飯，符晚反。食，音嗣。枕，去聲。樂，音洛。○飯，食之也。疏食，粗飯也。聖人之心，渾然天理，雖處困極，而樂亦無不在焉。其視不義之富貴，如浮雲之無有，漠然無所動於其中也。○程子曰：「非樂疏食飲水也，雖疏食飲水不能改其樂也。不義之富貴，視之輕如浮雲然。」又曰：「須知所樂者何事。」

子曰：「加我數年，五十以學《易》，可以無大過矣。」劉聘君見元城劉忠定公，自言嘗讀他《論》加作假，五十作卒。蓋加、假聲相近而誤讀，卒與五十字相似而誤分也。愚按：此章之言，《史記》作「假我數年，若是我於《易》則彬彬矣」，「加」正作「假」，而無五十字。蓋是時，孔子年已幾七十矣，五十字誤無疑也。學《易》，則明乎吉凶消長之理，進退存亡之道，故可以無大過。蓋聖人深見《易》道之無窮，而言此以教人，使知其不可不學，而又不可以易而學也。

子所雅言，《詩》、《書》、執禮，皆雅言也。雅，常也。執，守也。《詩》以理情性，《書》以道政事，禮以謹節文，皆切於日用之實，故常言之。禮獨言執者，以人所執守而言，非徒誦說而已也。○程子曰：「孔子雅素之言，止於如此。若性與天道，則有不可得而聞者，要在默而識之也。」○謝氏曰：「此因學《易》之語而類記之。」

葉公問孔子於子路，子路不對。葉，舒涉反。○葉公，楚葉縣尹沈諸梁，字子高，僭稱公也。葉公不知孔子，必有非所問而問者，故子路不對。抑亦以聖人之德，實有未易名言者與？子曰：「女奚不曰，其爲人也，發憤忘食，樂以忘憂，不知老之將至云爾。」未得，❶則發憤而忘食；已得，則樂之而忘憂。以是二者俛焉，日有孳孳，而不知年數之不足，但自言其好學之篤耳。然深味之，則見其全體至極純亦不已之妙，有非聖人不能及者。蓋凡夫子之自言類如此，學者宜致思焉。

子曰：「我非生而知之者，好古，敏以求之者也。」好，去聲。○生而知之者，氣質清明，義理昭著，不待學而知也。敏，速也，謂汲汲也。○尹氏曰：「孔子以生知之聖，每云好學者，非惟勉人也，蓋生而可知者義理爾，若夫禮樂名物、古今事變，亦必待學而後有以驗其實也。」

子不語怪、力、亂、神。怪異、勇力、悖亂之事，非理之正，固聖人所不語。鬼神造化之跡，雖非不正，然非窮理之至，有未易明者，故亦不輕以語人也。○謝氏曰：「聖人語常而不語怪，語德而不語力，語治而不語亂，語人而不語神。」

子曰：「三人行，必有我師焉。擇其善者而從之，其不善者而改之。」三人同行，其一我也。彼二人者，一善一惡，則我從其善而改其惡焉。是二人者，皆我師也。○尹氏曰：「見賢思齊，見不賢而內自省，則善惡皆我之師，進善其有窮乎？」

子曰：「天生德於予，桓魋其如予何？」魋，徒雷反。○威魋，❷宋司馬向魋也。出於威公，故又稱威氏。魋欲害孔子，孔子言天既賦我以如是之德，則威魋其奈我何？言必不能違天害己。

子曰：「二三子以我爲隱乎？吾無隱乎爾。吾無行而不與二三子者，是丘也。」諸弟子以夫子之道高深不可幾及，故疑其有隱，而不知聖人作止語默無非教也，故夫子以此言曉之。與，猶示也。○程子曰：「聖人之道猶天然，門弟子親炙而冀及之，然後知其高且遠也。使誠以爲不可及，則趨向之心不幾於怠乎？故聖人之教，常俯而就之如此，非獨使資質庸下者勉思企及，而才氣高邁者亦不敢躐易而進

❶「未」上，元甲本有「女音汝○」。

❷「威」，吳刻本作「桓」，作「威」係避諱。下同。

也。」○呂氏曰：「聖人體道無隱，與天象昭然，莫非至教。常以示人，而人自不察。」

子以四教：文、行、忠、信。行，去聲。○程子曰：「教人以學文脩行而存忠信也。忠信，本也。」

子曰：「聖人，吾不得而見之矣；得見君子者，斯可矣。」聖人，神明不測之號。君子，才德出衆之名。子曰：「善人，吾不得而見之矣；得見有恒者，斯可矣。恒，胡登反。○「子曰」字，疑衍文。恒，常久之意。○張子曰：「有常者，❶不貳其心。善人者，志於仁而無惡。」亡而爲有，虚而爲盈，約而爲泰，難乎有恒矣。」亡，讀爲無。○三者皆虚夸之事，凡若此者，必不能守其常也。○張敬夫曰：「聖人、君子以學言，善人、有恒者以質言。」愚謂有恒者之與聖人，高下固懸絶矣，然未有不自有恒而能至於聖者也。故章末申言有恒之義，其示人入德之門，可謂深切而著明矣。

子釣而不綱，弋不射宿。射，食亦反。○綱，以大繩屬網，絶流而漁者也。弋，以生絲繫矢而射也。宿，宿鳥。○洪氏曰：「孔子少貧賤，爲養與祭，或不得已而釣弋，如獵較是也。然盡物取之，出其不意，亦不爲也。此可見仁人之本心矣。待物如此，待人可知；小者如此，大者可知。」

子曰：「蓋有不知而作之者，我無是也。多聞擇其善者而從之，多見而識之，知之次也。」識，音志。○不知而作，不知其理而妄作也。孔子自言未嘗妄作，蓋亦謙辭，然亦可見其無所不知也。識，記也。所從不可不擇，記則善惡皆當存之，以備參考。如此者雖未能實知其理，亦可以次於知之者也。

互鄉難與言，童子見，門人惑。見，賢遍反。○互鄉，鄉名。其人習於不善，難與言善。惑者，疑夫子不當見之也。子曰：「與其進也，不與其退也，唯何甚？人潔己以進，與其潔也，不保其往也。」疑此章有錯簡。「人潔」至「往也」十四字，當在「與其進也」之前。潔，修治也。與，許也。往，前日也。言人潔己而來，但許其能自潔耳，固不能保其前日所爲之善惡也；但許其進而來見耳，非許其既

❶「常」，吴刻本作「恒」，作「常」係避諱。

退而爲不善也。蓋不追其既往，不逆其將來，以是心至，斯受之耳。「唯」字上下，疑又有闕文，大抵亦不爲已甚之意。○程子曰：「聖人待物之洪如此。」

子曰：「仁遠乎哉？我欲仁，斯仁至矣。」仁者，心之德，非在外也。放而不求，故有以爲遠者。反而求之，則即此而在矣，夫豈遠哉？○程子曰：「爲仁由己，欲之則至，何遠之有？」

陳司敗問：「昭公知禮乎？」孔子曰：「知禮。」陳，國名。司敗，官名，即司寇也。昭公，魯君，名稠。❶習於威儀之節，當時以爲知禮。故司敗以爲問，而孔子答之如此。孔子退，揖巫馬期而進之，曰：「吾聞君子不黨，君子亦黨乎？君取於吳爲同姓，謂之吳孟子。君而知禮，孰不知禮？」取，七住反。○巫馬，姓；期，字，孔子弟子，名施。司敗揖而進之也。相助匿非曰黨。禮不娶同姓，而魯與吳皆姬姓。謂之吳孟子者，諱之，使若宋女子姓者然。巫馬期以告。子曰：「丘也幸，苟有過，人必知之。」孔子不可自謂諱君之惡，又不可以娶同姓爲知禮，故受以爲過而不辭。○吳氏曰：「魯蓋夫子父母之國。昭公，魯之先君也。司敗又未嘗顯言其事，而遽以知禮爲問，其對之宜如此也。及司敗以爲有黨，而夫子受以爲過，蓋夫子之盛德，無所不可也。然其受以爲過也，亦不正言其所以過，初若不知孟子之事者，可以爲萬世之法矣。」

子與人歌而善，必使反之，而後和之。和，去聲。○反，復也。必使復歌者，欲得其詳而取其善也。而後和之者，喜得其詳而與其善也。此見聖人氣象從容，誠意懇至，而其謙遜審密，不掩人善又如此。蓋一事之微，而衆善之集，有不可勝既者焉，讀者宜詳味之。

子曰：「文，莫吾猶人也。躬行君子，則吾未之有得。」莫，疑辭。猶人，言不能過人，而尚可以及人。未之有得，則全未有得，皆自謙之詞。而足以見言行之難易緩急，欲人之勉其實也。○謝氏曰：「文，雖聖人，無不與人同，故不遜；能躬行君子，斯可以入聖，故不居。猶言君子道者三，我無能焉。」

子曰：「若聖與仁，則吾豈敢？抑爲之不厭，誨人不倦，則可謂云爾已矣。」公西華曰：「正唯弟子不能學也。」此亦夫子之謙辭也。聖者，大而化之。仁，則心德之全而人道

❶「稠」，仿元本、吳刻本作「裯」。

之備也。爲之，謂爲仁聖之道。誨人，亦謂以此教人也。○然不厭不倦，非己有之則不能，所以弟子不能學也。○晁氏曰：「當時有稱夫子聖且仁者，以故夫子辭之。苟辭之而已焉，則無以進天下之材，率天下之善，將使聖與仁爲虛器，而人終莫能至矣。故孔子雖不居仁聖，❶而必以爲之不厭、誨人不倦自處也。」可謂云爾已矣者，無他之辭也。公西華仰而歎之，其亦深知夫子之意矣。

子疾病，子路請禱。子曰：「有諸？」子路對曰：「有之。誄曰：『禱爾於上下神祇。』」子曰：「丘之禱久矣。」誄，力軌反。○禱，謂禱於鬼神。有諸，問有此理否。誄者，哀死而述其行之詞也。❷上下，謂天地。天曰神，地曰祇。禱者，悔過遷善，以祈神之佑也。無其理則不必禱，既曰有之，則聖人未嘗有過，無善可遷。其素行固已合於神明，故曰：「丘之禱久矣。」又《士喪禮》，疾病行禱五祀，蓋臣子迫切之至情，有不能自已者，初不請於病者而後禱也。故孔子之於子路，不直拒之，而但告以無所事禱之意。

子曰：「奢則不孫，儉則固。與其不孫也，寧固。」孫，去聲。○孫，順也。固，陋也。奢、儉俱失中，而奢之害大。○晁氏曰：「不得已而救時之弊也。」

子曰：「君子坦蕩蕩，小人長戚戚。」坦，平也。蕩蕩，寬廣貌。○程子曰：「君子循理，故常舒泰；小人役於物，故多憂戚。」○程子曰：「君子坦蕩蕩，心廣體胖。」

子温而厲，威而不猛，恭而安。厲，嚴肅也。人之德性本無不備，而氣質所賦，鮮有不偏。惟聖人全體渾然，陰陽合德，故其中和之氣見於容貌之間者如此。門人熟察而詳記之，亦可見其用心之密矣。抑非知足以知聖人而善言德行不能記，❸故程子以爲曾子之言。學者所宜反復而玩心也。

❶「孔」，監本、吴刻本作「夫」。
❷「詞」，吴刻本作「辭」。
❸「行」下，司禮監本、吴刻本有「者」字。

泰伯第八

凡二十一章。

子曰：「泰伯，其可謂至德也已矣！三以天下讓，民無得而稱焉。」泰伯，周大王之長子。至德，謂德之至極，無以復加者也。三讓，謂固遜也。無得而稱，其遜隱微，無跡可見也。蓋大王三子：長泰伯，次仲雍，次季歷。大王之時，商道寖衰，而周日彊大。季歷又生子昌，有聖德。大王因有翦商之志，而泰伯不從，大王遂欲傳位季歷以及昌。泰伯知之，即與仲雍逃之荊蠻。於是大王乃立季歷，傳國至昌，而三分天下有其二，是爲文王。文王崩，子發立，遂克商而有天下，是爲武王。夫以泰伯之德，當商、周之際，固足以朝諸侯有天下矣，乃棄不取而又泯其跡焉，則其德之至極爲如何哉！❶蓋其心即夷、齊扣馬之心，而事之難處有甚焉者，宜夫子之歎息而贊美之也。泰伯不從，事見《春秋傳》。

子曰：「恭而無禮則勞，慎而無禮則葸，勇而無禮則亂，直而無禮則絞。葸，絲里反。絞，古卯反。○葸，畏懼貌。絞，急切也。無禮則無節文，故有四者之弊。君子篤於親，則民興於仁，故舊不遺，則民不偷。」君子，謂在上之人也。興，起也。偷，薄也。○張子曰：「人道知所先後，則恭不勞、謹不葸、勇不亂、直不絞，❷民化而德厚矣。」○吴氏曰：「君子以下，當自爲一章，乃曾子之言也。」愚按：此一節與上文不相蒙，而與首篇謹終追遠之意相類，吴說近是。

曾子有疾，召門弟子曰：「啓予足！啓予手！詩云『戰戰兢兢，如臨深淵，如履薄冰。』而今而後，吾知免夫！小子！」夫，音扶。○啓，開也。曾子平日以爲身體受於父母，不敢毁傷，故於此使弟子開其衾而視之。《詩·小旻》之篇。戰戰，恐懼。兢兢，戒謹。臨淵，恐墜；履冰，恐陷也。曾子以其所保之全示門人，而言其所以保之之難如此，至於將死，而後知其得免於毁傷也。小子，門人也。語畢而又呼之，以致反復丁寧之意，其警之也深矣。○程子曰：「君子曰終，小人曰死。君子保其身以没，爲

❶「如何」，司禮監本、吴刻本作「何如」。

❷「謹」，吴刻本作「慎」，作「謹」係避諱。下同。

終其事也，故曾子以全歸爲免矣。」○尹氏曰：「父母全而生之，子全而歸之。曾子臨終而啓手足，爲是故也。非有得於道，能如是乎？」○范氏曰：「身體猶不可虧也，況虧其行以辱其親乎？」

曾子有疾，孟敬子問之。孟敬子，魯大夫仲孫氏，名捷。問之者，問其疾也。曾子言曰：「鳥之將死，其鳴也哀；人之將死，其言也善。言，自言也。鳥畏死，故鳴哀。人窮反本，故言善。此曾子之謙辭，欲敬子知其所言之善而識之也。君子所貴乎道者三：動容貌，斯遠暴慢矣；正顔色，斯近信矣；出辭氣，斯遠鄙倍矣。籩豆之事，則有司存。」遠、近，並去聲。○貴，猶重也。容貌，舉一身而言。暴，粗厲也。慢，放肆也。信，實也。正顔色而近信，則非色莊也。辭，言語。氣，聲氣也。鄙，凡陋也。倍，與背同，謂背理也。籩，竹豆。豆，木豆。言道雖無所不在，然君子所重者，在此三事而已。是皆脩身之要，爲政之本，學者所當操存省察，而不可有造次顛沛之違者也。若夫籩豆之事，器數之末，道之全體固無不該，然其分則有司之守，而非君子之所重矣。○程子曰：「動容貌，舉一身而言也。周旋中禮，暴慢斯遠矣。正顔色則不妄，斯近信矣。出辭氣，正由中出，斯遠鄙倍。三者正身而不外求，故曰籩豆之事則有司存。」○尹氏曰：「養於中則見於外，曾子蓋以脩己爲爲政之本。若乃器用事物之細，則有司存焉。」

曾子曰：「以能問於不能，以多問於寡；有若無，實若虚，犯而不校，昔者吾友嘗從事於斯矣。」校，計校也。友，馬氏以爲顔淵是也。顔子之心，惟知義理之無窮，不見物我之有間，故能如此。○謝氏曰：「不知有餘在我，❶不足在人，不必得爲在己，失爲在人，非幾於無我者不能也。」

曾子曰：「可以託六尺之孤，可以寄百里之命，臨大節而不可奪也，君子人與？君子人也。」與，平聲。○其才可以輔幼君、攝國政，其節至於死生之際而不可奪，可謂君子矣。與，疑詞。❷也，決詞。設爲問答，所以深著其必然也。○程子曰：「節操如是，可謂君子矣。」

曾子曰：「士不可以不弘毅，任重而

❶「我」，司禮監本、吴刻本作「己」。
❷「詞」，吴刻本作「辭」。下同。

道遠。洪，❶寬廣[也]。❷毅，强忍也。非洪不能勝其重，非毅無以致其遠。仁以爲己任，不亦重乎？死而後已，不亦遠乎？」仁者，人心之全德，而必欲以身體而力行之，可謂重矣。一息尚存，此志不容少懈，可謂遠矣。○程子曰：「洪而不毅，則無規矩而難立；毅而不洪，則隘陋而無以居之。」又曰：「洪大剛毅，然後能勝重任而遠到。」

子曰：「興於詩，興，起也。詩本人情，❸有邪有正，其爲言既易知，而吟詠之間，抑揚反復，其感人又易入。故學者之初，所以興起其好善惡惡之心，而不能自已者，必於是而得之。❹立於禮，禮以恭敬辭遜爲本，而有節文度數之詳，可以固人肌膚之會、筋骸之束。故學者之中，所以能卓然自立，而不爲事物之所摇奪者，必於此而得之。成於樂。」樂有五聲十二律，更唱迭和，以爲歌舞八音之節，可以養人之情性，❺而蕩滌其邪穢，消融其查滓。故學者之終，所以至於義精仁熟而自和順於道德者，必於此而得之，是學之成也。○按《内則》，十年學幼儀，十三學樂誦《詩》，二十而後學禮。則此三者，非小學傳授之次，乃大學終身所得之難易、先後、淺深也。○程子曰：「天下之英才不爲少矣，特以道學不明，故不得有所成就。夫古人之詩，如今之歌曲，雖閭里童稚，皆習聞之而知其説，故能興起。今雖老師宿儒，尚不能曉其義，况學者乎？是不得興於詩也。古人自灑掃應對，以至冠昏喪祭，莫不有禮。今皆廢壞，是以人倫不明，治家無法，是不得立於禮也。古人之樂，聲音所以養其耳，采色所以養其目，歌詠所以養其性情，舞蹈所以養其血脉。今皆無之，是不得成於樂也。是以古之成材也易，今之成材也難。」

子曰：「民可使由之，不可使知之。」民可使之由於是理之當然，而不能使之知其所以然也。○程子曰：「聖人設教，非不欲人家喻而户曉也，然不能使之知，但能使之由之爾。若曰聖人不使民知，則是後世朝四暮三之術也，豈聖人之心乎？」

子曰：「好勇疾貧，亂也。人而不仁，疾之已甚，亂也。」好，去聲。○好勇而不安

---

❶「洪」，吴刻本作「弘」，作「洪」係避諱。下同。
❷「也」，原脱，據司禮監本、吴刻本補。
❸「人」，殘宋本、元甲本、元乙本、司禮監本、吴刻本作「性」。
❹「是」，元乙本、司禮監本、吴刻本作「此」。
❺「情性」，元乙本、司禮監本、吴刻本乙倒。

分，則必作亂。惡不仁之人而使之無所容，則必致亂。二者之心，善惡雖殊，然其生亂一也。❶

子曰：「如有周公之才之美，使驕且吝，其餘不足觀也已。」才美，謂智能技藝之美。驕，矜夸。吝，鄙嗇也。○程子曰：「此甚言驕吝之不可也。蓋有周公之德，則自無驕吝；若但有周公之才而驕吝焉，亦不足觀矣。」又曰：「驕，氣盈。吝，氣歉。」愚謂驕吝雖有盈歉之殊，然其勢常相因。蓋驕者吝之枝葉，吝者驕之本根。故嘗驗之天下之人，未有驕而不吝，吝而不驕者也。

子曰：「三年學，不至於穀，不易得也。」易，去聲。○穀，祿也。至，疑當作志。爲學之久而不求祿，如此之人，不易得也。○楊氏曰：「雖子張之賢，猶以干祿爲問，況其下者乎？然則三年學而不至於穀，宜不易得也。」

子曰：「篤信好學，守死善道。好，去聲。○篤，厚而力也。不篤信，則不能好學；然篤信而不好學，則所信或非其正。不守死，則不能以善其道；然守死而不足以善其道，則亦徒死而已。蓋守死者篤信之效，善道者好學之功。危邦不入，亂邦不居。天下有道則見，無道則隱。見，賢遍反。○君子見危授命，則仕危邦者無可去之義，在外則不入可也。亂邦未危，而刑政紀綱紊矣，故潔其身而去之。天下，舉一世而言。無道，則隱其身而不見也。此惟篤信好學、守死善道者能之。邦有道，貧且賤焉，恥也；邦無道，富且貴焉，恥也。」世治而無可行之道，世亂而無能守之節，碌碌庸人，不足以爲士矣，可恥之甚也。○晁氏曰：「有學有守，而去就之義潔，出處之分明，然後爲君子之全德也。」

子曰：「不在其位，不謀其政。」程子曰：「不在其位，則不任其事也。若君大夫問而告者，則有矣。」

子曰：「師摯之始，《關雎》之亂，洋洋乎！盈耳哉。」摯，音至。雎，七余反。○師摯，魯樂師，名摯也。亂，樂之卒章也。《史記》曰：「《關雎》之亂以爲《風》始。」洋洋，美盛意。孔子自衛反魯而正樂，適師摯在官之初，故樂之美盛如此。

子曰：「狂而不直，侗而不愿，悾悾而不信，吾不知之矣。」侗，音通。悾，音空。○

❶「一」上，司禮監本、吴刻本有「則」字。

侗，無知貌。愿，謹厚也。悾悾，無能貌。吾不知之者，甚絶之之辭，亦不屑之教誨也。○蘇氏曰：「天之生物，氣質不齊。其中材以下，有是德則有是病，有是病必有是德，故馬之蹄齧者必善走，其不善者必馴。有是病而無是德，則天下之棄才也。」

子曰：「學如不及，猶恐失之。」言人之爲學，既如有所不及矣，而其心猶竦然，惟恐其或失之，警學者當如是也。○程子曰：「學如不及，猶恐失之，不得放過。才説姑待明日，便不可也。」

子曰：「巍巍乎！舜、禹之有天下也，而不與焉。」與，去聲。○巍巍，高大之貌。不與，猶言不相關，言其不以位爲樂也。

子曰：「大哉堯之爲君也！巍巍乎！唯天爲大，唯堯則之。蕩蕩乎！民無能名焉。唯，猶獨也。則，猶準也。蕩蕩，廣遠之稱也。言物之高大，莫有過於天者，而獨堯之德能與之準。故其德之廣遠，亦如天之不可以言語形容也。巍巍乎其有成功也！煥乎其有文章！」成功，事業也。煥，光明之貌。文章，禮樂法度也。堯之德不可名，其可見者此爾。○尹氏曰：「天道之大，無爲而成。唯堯則之以治天下，故民無得而名焉。所可名者，其功業文章巍然煥然而已。」

舜有臣五人而天下治。治，去聲。○［五人］，❶禹、稷、契、皋陶、伯益。武王曰：「予有亂臣十人。」《書·泰誓》之辭。○馬氏曰：「亂，治也。」十人，謂周公旦、召公奭、太公望、畢公、榮公、太顛、閎夭、散宜生、南宫适，其一人謂文母。劉侍讀以爲子無臣母之義，蓋邑姜也。九人治外，邑姜治内。或曰：「亂本作乿，古治字也。」孔子曰：「才難，不其然乎？唐、虞之際，於斯爲盛。有婦人焉，九人而已。稱孔子者，上係武王君臣之際，記者謹之。才難，蓋古語，而孔子然之也。才者，德之用也。唐、虞，堯、舜有天下之號。際，交會之間。言周室人才之多，惟唐、虞之際，乃盛於此。降自夏、商，皆不能及，然猶但有此數人爾，是才之難得也。三分天下有其二，以服事殷。周之德，其可謂至德也已矣。」《春秋傳》曰：「「文王率商之畔國以事紂。」蓋天下歸文王者六州，荆、梁、雍、豫、徐、揚也。惟青、兖、冀，尚屬紂耳。○范氏曰：「文王之德，足以代商。天與之，人歸之，乃不

❶「五人」，原脱，據司禮監本、仿元本、吴刻本補。

取而服事焉，所以爲至德也。孔子因武王之言而及文王之德，且與泰伯，皆以至德稱之，其指微矣。」或曰：「宜斷三分以下，别以孔子曰起之，而自爲一章。」

子曰：「禹，吾無間然矣。菲飲食，而致孝乎鬼神；惡衣服，而致美乎黻冕；卑宫室，而盡力乎溝洫。禹，吾無間然矣。」間，去聲。菲，音匪。黻，音弗。洫，呼域反。○間，罅隙也，謂指其罅隙而非議之也。菲，薄也。致孝鬼神，謂享祀豐潔。衣服，常服。黻，蔽膝也，以韋爲之。冕，冠也。皆祭服也。溝洫，田間水道，以正疆界、備旱潦者也。或豐或儉，各適其宜，所以無罅隙之可議也，故再言以深美之。○楊氏曰：「薄於自奉，而所勤者民之事，所致飾者宗廟朝廷之禮，所謂有天下而不與也，夫何間然之有？」

論語卷第五

朱熹集注

子罕第九

凡三十章。

子罕言利與命與仁。罕，少也。○程子曰：「計利則害義，命之理微，仁之道大，皆夫子所罕言也。」

達巷黨人曰：「大哉孔子！博學而無所成名。」達巷，黨名。其人姓名不傳。博學無所成名，蓋美其學之博而惜其不成一藝之名也。子聞之，謂門弟子曰：「吾何執？執御乎？執射乎？吾執御矣。」執，專執也。射、御皆一藝，而御爲人僕，所執尤卑。言欲使我何所執以成名乎？然則吾將執御矣。聞人譽己，承之以謙也。○尹氏曰：「聖人道全而德備，不可以偏長目之也。達巷黨人見孔子之大，意其所學者博，而惜其不以一善得名於世，蓋慕聖人而不知者也。故孔子曰，欲使我何所執而得爲名乎？然則吾將執御矣。」

子曰：「麻冕，禮也；今也純，儉。吾從衆。麻冕，緇布冠也。純，絲也。儉，謂省約。緇布冠，以三十升布爲之，升八十縷，則其經二千四百縷矣。細密難成，不如用絲之省約。拜下，禮也；今拜乎上，泰也。雖違衆，吾從下。」臣與君行禮，當拜於堂下。君辭之，乃升成拜。泰，驕慢也。○程子曰：「君子處世，事之無害於義者，從俗可也；害於義，則不可從也。」

子絕四：毋意，毋必，毋固，毋我。絕，無之盡者。毋，《史記》作無，是也。意，私意也。必，期必也。固，執滯也。我，私己也。四者相爲終始，起於意，遂於必，留於固，而成於我也。蓋意、必常在事前，固、我常在事後，至於我又生意，則物欲牽引，循環不窮矣。○程子曰：「此毋字，非禁止之辭。聖人絕此四者，何用禁止？」張子曰：「四者有一焉，則與天地不相似。」○楊氏曰：「非知足以知聖人，詳視而默識之，不足以記此。」

子畏於匡，畏者，有戒心之謂。匡，地名。《史記》云：「陽虎曾暴於匡，夫子貌似陽虎，故匡人圍之。」曰：「文王既没，文不在兹乎？道之顯者謂之文，蓋禮樂制度之謂。不曰道而曰文，亦謙辭也。兹，此也，孔子自謂。天之將喪斯文也，後死者不得與於斯文也；天之未喪斯文也，匡人其如予何？」喪、與，皆去聲。❶ ○馬氏曰：「文王既没，故孔子自謂後死者。言天若欲喪此文，則必不使我得與於此文。今我既得與於此文，則是天未欲喪此文也。天既未欲喪此文，則匡人其奈我何？言必不能違天害己也。」

大宰問於子貢曰：「夫子聖者與？何其多能也？」大，音泰。與，平聲。○孔氏曰：「大宰，官名。或吴或宋，未可知也。」與者，疑辭。大宰蓋以多能爲聖也。子貢曰：「固天縱之將聖，又多能也。」縱，猶肆也，言不爲限量也。將，殆也，謙若不敢知之辭。聖無不通，多能乃其餘事，故言又以兼之。子聞之，曰：「大宰知我乎！吾少也賤，故多能鄙事。君子多乎哉？不多也。」言由少賤故多能，而所能者鄙事爾，非以聖而無不通也。且多能非所以率人，故又言君子不必多能以曉之。牢曰：「子云，『吾不試，故藝』。」牢，孔子弟子，姓琴，字子開，一字子張。試，用也。言由不爲世用，故得以習於藝而通之。○吴氏曰：「弟子記夫子此言之時，子牢因言昔之所聞有如此者，其意相近，故并記之。」

子曰：「吾有知乎哉？無知也。有鄙夫問於我，空空如也，我叩其兩端而竭焉。」叩，音口。○孔子謙言己無知識，但其告人，雖於至愚，不敢不盡耳。叩，發動也。兩端，猶言兩頭。言終始本末上下精粗，無所不盡。○程子曰：「聖人之教人，俯就之若此，猶恐衆人以爲高遠而不親也。聖人之道，必降而自卑，不如此則人不親。賢人之言，則引而自高，不如此則道不尊。觀於孔子、孟子，則可見矣。」尹氏曰：「聖人之言，上下兼盡。即其近，衆人皆可與知；極其至，則雖聖人亦無以加焉，是之謂兩端。如答樊遲之問仁知，兩端竭盡，無餘藴矣。若夫語上而遺下，語理而遺物，則豈聖人之言哉？」

子曰：「鳳鳥不至，河不出圖，吾已

❶「皆」，司禮監本作「並」。

矣夫！」夫，音扶。○鳳，靈鳥，舜時來儀，文王時鳴於岐山。河圖，河中龍馬負圖，伏羲時出，皆聖王之瑞也。已，止也。○張子曰：「鳳至圖出，文明之祥。伏羲、舜、文之瑞不至，則夫子之文章，知其已矣。」

子見齊衰者、冕衣裳者與瞽者，見之，雖少必作；過之，必趨。齊，音咨。衰，七雷反。少，去聲。○齊衰，喪服。冕，冠也。衣，上服。裳，下服。冕而衣裳，貴者之盛服也。瞽，無目者。作，起也。趨，疾行也。或曰：「少，當作坐。」○范氏曰：「聖人之心，哀有喪，尊有爵，矜不成人。其作與趨，蓋有不期然而然者。」○尹氏曰：「此聖人之誠心，內外一者也。」

顏淵喟然歎曰：「仰之彌高，鑽之彌堅。瞻之在前，忽焉在後。喟，苦位反。鑽，祖官反。○喟，歎聲。仰彌高，不可及。鑽彌堅，不可入。在前在後，恍惚不可爲象。此顏淵深知夫子之道無窮盡、無方體，而歎之也。**夫子循循然善誘人，博我以文，約我以禮。**循循，有次序貌。誘，引進也。博文、約禮，教之序也。言夫子道雖高妙，而教人有序也。侯氏曰：「博我以文，致知格物也。約我以禮，克己復禮也。」○程子曰：「此顏子稱聖人最切當處，聖人教人，惟此二事而已。」**欲罷不能，既竭吾才，如有所立卓爾。雖欲從之，末由也已。」**卓，立貌。末，無也。此顏子自言其學之所至也。蓋悦之深而力之盡，所見益親，而又無所用其力也。○吳氏曰：「所謂卓爾，亦在乎日用行事之間，非所謂窈冥昏默者。」○程子曰：「到此地位，功夫尤難，直是峻絶，又大段着力不得。」○楊氏曰：「自可欲之謂善，充而至於大，力行之積也。大而化之，則非力行所及矣，此顏子所以未達一間也。」○程子曰：「此顏子所以爲深知孔子而善學之者也。」○胡氏曰：「無上事而喟然歎，此顏子學既有得，故述其先難之故、後得之由，而歸功於聖人也。高、堅、前、後，語道體也。仰、鑽、瞻、忽，未領其要也。惟夫子循循善誘，先博我以文，使我知古今，達事變；然後約我以禮，使我尊所聞，行所知。如行者之赴家，食者之求飽，是以欲罷而不能，盡心盡力，不少休廢。然後見夫子所立之卓然，雖欲從之，末由也已。是蓋不怠所從，必欲至乎卓立之地也。❶抑斯歎也，其在請事斯語之後，三月不違之時乎？」

子疾病，子路使門人爲臣。夫子時已去

❶「欲」，司禮監本作「求」。

位，無家臣。子路欲以家臣治其喪，其意實尊聖人，而未知所以尊也。病間，曰：「久矣哉，由之行詐也！無臣而爲有臣。吾誰欺？欺天乎？間，如字。○病間，少差也。病時不知，既差乃知其事，故言我之不當有家臣，人皆知之，不可欺也。而爲有臣，則是欺天而已。人而欺天，莫大之罪。引以自歸，其責子路深矣。且予與其死於臣之手也，無寧死於二三子之手乎！且予縱不得大葬，予死於道路乎？」無寧，寧也。大葬，謂君臣禮葬。死於道路，謂棄而不葬。又曉之以不必然之故。○范氏曰：「曾子將死，起而易簀，曰：『吾得正而斃焉，斯已矣。』子路欲尊夫子，而不知無臣之不可爲有臣，是以陷於行詐，罪至欺天。君子之於言動，雖微不可不謹。夫子深懲子路，所以警學者也。」○楊氏曰：「非知至而意誠，則用智自私，不知行其所無事，往往自陷於行詐欺天而莫之知也。其子路之謂乎？」

子貢曰：「有美玉於斯，韞匵而藏諸？求善賈而沽諸？」子曰：「沽之哉！沽之哉！我待賈者也。」韞，紆粉反。匵，徒木反。賈，音嫁。○韞，藏也。匵，匱也。沽，賣也。子貢以孔子有道不仕，故設此二端以問也。孔子言固當賣之，但當待賈，而不當求之耳。○范氏曰：「君子未嘗不欲仕也，又惡不由其道。士之待禮，猶玉之待賈也。若伊尹之耕於野，伯夷、太公之居於海濱，世無成湯、文王，則終焉而已，必不枉道以從人，衒玉而求售也。」

子欲居九夷。東方之夷有九種。欲居之者，亦乘桴浮海之意。或曰：「陋，如之何？」子曰：「君子居之，何陋之有？」君子所居則化，何陋之有？

子曰：「吾自衛反魯，然後樂正，《雅》、《頌》各得其所。」魯哀公十一年冬，孔子自衛反魯。是時周禮在魯，然《詩》、樂亦頗殘缺失次。孔子周流四方，參互考訂，以知其説。晚知道終不行，故歸而正之。

子曰：「出則事公卿，入則事父兄，喪事不敢不勉，不爲酒困，何有於我哉？」説見第七篇，然此則其事愈卑而意愈切矣。

子在川上，曰：「逝者如斯夫！不舍晝夜。」夫，音扶。舍，上聲。○天地之化，往者過，來者續，無一息之停，乃道體之本然也。然其可指而易見者，莫如川流。故於此發以示人，欲學者時時省察，而無毫髮之間斷也。○程子曰：「此道體也。天運而不已，日往則月來，寒往則暑來，水流而不息，物生而不窮，皆與道爲體，運乎晝夜，未嘗已也。是以君子法之，自强不息。及其至也，純亦不已焉。」又曰：「自漢以來，儒者皆不識此義。此見聖人之心，純亦不已也。純亦不已，乃天德也。有天德，便可語王道，其要只在謹獨。」愚按：自此至篇終，皆勉人進學不已之辭。

子曰：「吾未見好德如好色者也。」

好，去聲。○謝氏曰：「好好色，惡惡臭，誠也。好德如好色，斯誠好德矣，然民鮮能之。」○《史記》：「孔子居衛，靈公與夫人同車，使孔子爲次乘，招摇市過之。」孔子醜之，故有是言。

子曰：「譬如爲山，未成一簣，止，吾止也。譬如平地，雖覆一簣，進，吾往也。」

簣，求位反。覆，芳服反。○簣，土籠也。《書》曰：「爲山九仞，功虧一簣。」夫子之言，蓋出於此。言山成而但少一簣，其止者，吾自止耳。平地而方覆一簣，其進者，吾自往耳。蓋學者自强不息，則積少成多；中道而止，則前功盡棄。其止其往，皆在我而不在人也。

子曰：「語之而不惰者，其回也與！」

語，去聲。與，平聲。○惰，懈怠也。○范氏曰：「顏子聞夫子之言，而心解力行，造次顛沛，未嘗違之。如萬物得時雨之潤，發榮滋長，何有於惰？此羣弟子所不及也。」

子謂顏淵，曰：「惜乎！吾見其進也，未見其止也。」

「進」「止」二字，說見上章。顏子既死而孔子惜之，言其方進而未已也。

子曰：「苗而不秀者有矣夫！秀而不實者有矣夫！」

夫，音扶。○穀之始生曰苗，吐華曰秀，成穀曰實。蓋學而不至於成，有如此者，是以君子貴自勉也。

子曰：「後生可畏，焉知來者之不如今也？四十、五十而無聞焉，斯亦不足畏也已。」

焉知之焉，於虔反。○孔子言後生年富力强，足以積學而有待，其勢可畏，安知其將來不如我之今日乎？然或不能自勉，至於老而無聞，則不足畏矣。言此以警人，使及時勉學也。曾子曰：「五十而不以善聞，則不聞矣。」蓋述此意。○尹氏曰：「少而不勉，老而無聞，則亦已矣。自少而進者，安知其不至於極乎？是可畏也。」

子曰：「法語之言，能無從乎？改之爲貴。巽與之言，能無説乎？繹之爲貴。説而不繹，從而不改，吾末如之何也已矣。」法語者，正言之也。巽言者，婉而導之也。繹，尋其緒也。法言人所敬憚，故必從；然不改，則面從而已。巽言無所乖忤，故必説；然不繹，則又不足以知其微意之所在也。○楊氏曰：「法言，若孟子論行王政之類是也。巽言，若其論好貨、好色之類是也。語之而未達，❶拒之而不受，猶之可也。其或喻焉，則尚庶幾其能改、繹矣。從且説矣，而不改、繹焉，則是終不改、繹也已，雖聖人其如之何哉？」

子曰：「主忠信，毋友不如己者，過則勿憚改。」重出而逸其半。

子曰：「三軍可奪帥也，匹夫不可奪志也。」侯氏曰：「三軍之勇在人，匹夫之志在己。故帥可奪而志不可奪，如可奪，則亦不足謂之志矣。」

子曰：「衣敝緼袍，與衣狐貉者立，而不恥者，其由也與？衣，去聲。緼，紆粉反。貉，胡各反。與，平聲。○敝，壞也。緼，枲著也。袍，衣有著者也，蓋衣之賤者。狐貉，以狐貉之皮爲裘，衣之貴者。子路之志如此，則能不以貧富動其心，而可以進於道矣，故夫子稱之。『不忮不求，何用不臧？』」忮，之豉反。○忮，害也。求，貪也。臧，善也。言能不忮不求，則何爲不善乎？此《衛風·雄雉》之篇，❷孔子引之，以美子路也。吕氏曰：「貧與富交，强者必忮，弱者必求。」子路終身誦之。子曰：「是道也，何足以臧？」終身誦之，則自喜其能，而不復求進於道矣，故夫子復言此以警之。○謝氏曰：「恥惡衣惡食，學者之大病。善心不存，蓋由於此。子路之志如此，其過人遠矣。然以衆人而能此，則可以爲善矣。子路之賢，宜不止此，而終身誦之，則非所以進於日新也，故激而進之。」

子曰：「歲寒，然後知松柏之後彫也。」范氏曰：「小人之在治世，或與君子無異。惟臨利害，遇事變，然後君子之所守可見也。」○謝氏曰：「士窮見節義，世亂識忠臣。欲學者必周於德。」

子曰：「知者不惑，仁者不憂，勇者

---

❶「未」，司禮監本作「不」。

❷「篇」，司禮監本、吴刻本作「詩」。

不懼。」明足以燭理，故不惑。理足以勝私，故不憂。氣足以配道義，故不懼。此學之序也。

子曰：「可與共學，未可與適道；可與適道，未可與立；可與立，未可與權。」可與者，言其可與共爲此事也。○程子曰：「可與共學，知所以求之也。可與適道，知所往也。可與立者，篤志固執而不變也。權，稱錘也，所以稱物而知輕重者也。可與權，謂能權輕重，使合義也。○楊氏曰：「知爲己，則可與共學矣。學足以明善，然後可與適道。信道篤，然後可與立。知時措之宜，然後可與權。」○洪氏曰：「《易》九卦，終於《巽》以行權。權者，聖人之大用。未能立而言權，猶人未能立而欲行，鮮不僕矣。」○程子曰：「漢儒以反經合道爲權，故有權變、權術之論，皆非也。權只是經也。自漢以下，無人識權字。」愚按：先儒誤以此章連下文偏其反而爲一章，故有反經合道之說。程子非之，是矣。然以孟子嫂溺，援之以手之義推之，則權與經，亦當有辨。

「唐棣之華，偏其反而。豈不爾思？室是遠而。」棣，大計反。○唐棣，郁李也。偏，《晉書》作翩。然則反亦當與翻同，言華之搖動也。而，語助也。此逸詩也，於六義屬興。上兩句無意義，但以起下兩句之辭耳。其所謂爾，亦不知其何所指也。子曰：「未之思也，夫何遠之有？」夫，音扶。○夫子借其言而反之，蓋前篇仁遠乎哉之意。○程子曰：「聖人未嘗言易以驕人之志，亦未嘗言難以阻人之進。但曰未之思也，夫何遠之有？此言極有涵蓄，意思深遠。」

鄉黨第十

楊氏曰：「聖人之所謂道者，不離乎日用之間也。故夫子之平日，一動一靜，門人皆審視而詳記之。」○尹氏曰：「甚矣，孔門諸子之嗜學也！於聖人之容色言動，無不謹書而備録之，以貽後世。今讀其書，即其事，宛然如聖人之在目也。雖然，聖人豈拘拘而爲之者哉？蓋盛德之至，動容周旋，自中乎禮耳。學者欲潛心於聖人，宜於此求焉。」舊說凡一章，今分爲十七節。

孔子於鄉黨，恂恂如也，似不能言者。恂，相倫反。○恂恂，信實之貌。似不能言者，謙卑遜順，不以賢知先人也。鄉黨，父兄宗族之所在，故孔子居之，其容貌詞氣如此。

其在宗廟朝廷，便便言，唯謹爾。朝，直遥反，下同。便，旁連反。○便便，辯也。宗廟，禮法之所在；朝廷，政事之所出，言不可以不明辯。故必詳問而極言之，但謹而不放爾。○此一節，記孔子在鄉黨、宗廟、朝廷言貌之不同。

朝，與下大夫言，侃侃如也；與上大夫言，誾誾如也。侃，苦旦反。誾，魚巾反。○此君未視朝時也。《王制》：諸侯上大夫卿，下大夫五人。許氏《說文》：「侃侃，剛直也。誾誾，和悦而諍也。」**君在，踧踖如也，與與如也。**踧，子六反。踖，子亦反。與，平聲，或如字。○君在，視朝也。踧踖，恭敬不寧之貌。與與，威儀中適之貌。○張子曰：「與與，不忘向君也。」亦通。○此一節，記孔子在朝廷事上接下之不同也。

君召使擯，色勃如也，足躩如也。擯，必刃反。躩，驅若反。○擯，主國之君所使出接賓者。勃，變色貌。躩，盤辟貌。皆敬君命故也。**揖所與立，左右手，衣前後，襜如也。**襜，赤占反。○所與立，謂同爲擯者也。擯用命數之半，如上公九命，則用五人，以次傳命。揖左人，則左其手；揖右人，則右其手。襜，整貌。**趨進，翼如也。**疾趨而進，張拱端好，如鳥舒翼。**賓退，必復命曰：「賓不顧矣。」**紓君敬也。○此一節，記孔子爲君擯相之容。

入公門，鞠躬如也，如不容。鞠躬，曲身也。公門高大而若不容，敬之至也。**立不中門，行不履閾。**閾，於逼反。○中門，中於門也。謂當棖闑之間，君出入處也。閾，門限也。禮：士大夫出入君門，由闑右，不踐閾。○謝氏曰：「立中門則當尊，行履閾則不恪。」**過位，色勃如也，足躩如也，其言似不足者。**位，君之虚位。謂門屏之間，人君宁立之處，所謂宁也。君雖不在，過之必敬，不敢以虚位而慢之也。言似不足，不敢肆也。**攝齊升堂，鞠躬如也，屏氣似不息者。**齊，音咨。○攝，摳也。齊，衣下縫也。禮：將升堂，兩手摳衣，使去地尺，恐躡之而傾跌失容也。屏，藏也。息，鼻息出入者也。近至尊，氣容肅也。**出，降一等，逞顔色，怡怡如也。没階，趨，翼如也。復其位，踧踖如也。**陸氏曰：「趨下本無進字，俗本有之，誤也。」○等，階之級也。逞，放也。漸遠所尊，舒氣解顔。怡怡，和説也。没階，下盡記孔子在朝之容。階也。趨，走就位也。復位踧踖，敬之餘也。○此一節，記孔子在朝之容。

執圭，鞠躬如也，如不勝。上如揖，下如授。勃如戰色，足蹜蹜，如有循。勝，平聲。蹜，色六反。○圭，諸侯命圭。聘問鄰國，則使大夫執以通信。如不勝，執主器，執輕如不克，敬謹之至也。上如揖，下如授，謂執圭平衡，手與心齊，高不過揖，卑不過授也。戰色，戰而色懼也。蹜蹜，舉足促狹也。如有循，《記》所謂舉前曳踵，言行不離地，如緣物也。享禮，有容色。享，獻也。既聘而享，用圭璧，有庭實。有容色，和也。《儀禮》曰：「發氣滿容。」私覿，愉愉如也。私覿，以私禮見也。愉愉，則又和矣。○此一節，記孔子爲君聘於鄰國之禮也。晁氏曰：「孔子，定公九年仕魯，至十三年適齊，其間絶無朝聘往來之事。疑使擯、執圭兩條，但孔子嘗言其禮當如此爾。」

君子不以紺緅飾。紺，古暗反。緅，側由反。○君子，謂孔子。紺，深青揚赤色，齊服也。緅，絳色。三年之喪，以飾練服也。飾，領緣也。紅紫不以爲褻服。紅紫，間色不正，且近於婦人女子之服也。褻服，私居服也。言此，則不以爲朝祭之服可知。當暑，袗絺綌，必表而出之。袗，單也。葛之精者曰絺，粗者曰綌。表而出之，謂先著裏衣，表絺綌而出之於外，欲其不見體也。《詩》所謂「蒙彼縐絺」是也。緇衣，羔裘；素衣，麑裘；黄衣，狐裘。麑，研奚反。○緇，黑色。羔裘，用黑羊皮。麑，鹿子，色白。狐，色黄。衣以裼裘，欲其相稱。褻裘長，短右袂。長，欲其温。短右袂，所以便作事。必有寢衣，長一身有半。長，去聲。○齊主於敬，不可解衣而寢，又不可著明衣而寢，故别有寢衣，其半蓋以覆足。○程子曰：「此錯簡，當在『齊，必有明衣，布』之下。」愚謂如此則此條與明衣、變食既得以類相從，而褻裘、狐貉亦得以類相從矣。狐貉之厚以居。狐貉，毛深温厚，私居取其適體。去喪，無所不佩。去，上聲。○君子無故，玉不去身。觿礪之屬，亦皆佩也。非帷裳，必殺之。殺，去聲。○朝祭之服，裳用正幅如帷，❶要有襞積，❷而旁無殺縫。其餘若深衣，要半下，齊倍要，則無襞積而有殺縫矣。羔裘玄冠不以弔。喪主素，吉主

❶「裳用」，仿元本乙倒。
❷「積」，元甲本、仿元本作「襀」。

玄。弔必變服，所以哀死。吉月，必朝服而朝。吉月，月朔也。孔子在魯致仕時如此。○此一節，記孔子衣服之制。○蘇氏曰：「此孔氏遺書，雜記曲禮，非特孔子事也。」

齊，必有明衣，布。齊，側皆反。○齊，必沐浴，浴竟，即著明衣，所以明潔其體也，以布爲之。此下脱前章「寢衣」一簡。齊，必變食，居必遷坐。變食，謂不飲酒，不茹葷。遷坐，易常處也。○此一節，記孔子謹齊之事。○楊氏曰：「齊所以交神，故致潔變常以盡敬。」

食不厭精，膾不厭細。食，音嗣。○食，飯也。精，鑿也。牛羊與魚之腥，聶而切之爲膾。食精則能養人，膾粗則能害人。不厭，言以是爲善，非謂必欲如是也。食饐而餲，魚餒而肉敗，不食。色惡，不食。臭惡，不食。失飪，不食。不時，不食。食饐之食，音嗣。饐，於冀反。餲，烏邁反。飪，而甚反。○饐，飯傷熱濕也。餲，味變也。魚爛曰餒。肉腐曰敗。色惡、臭惡，未敗而色、臭變也。飪，烹調生熟之節也。不時，五穀不成，果實未熟之類。此數者皆足以傷人，故不食。割不正，不食。不得其醬，不食。割肉不方正者不食，造次不離於正也。漢陸續之母，切肉未嘗不方，斷葱以寸爲度，蓋其質美，與此暗合也。食肉用醬，各有所宜，不得則不食，惡其不備也。此二者，無害於人，但不以嗜味而苟食耳。肉雖多，不使勝食氣。惟酒無量，不及亂。食，音嗣。量，去聲。○食以穀爲主，故不使肉勝食氣。酒以爲人合歡，故不爲量，但以醉爲節而不及亂耳。○程子曰：「不及亂者，非唯不使亂志，雖血氣亦不可使亂，但浹洽而已可也。」沽酒市脯，不食。沽、市，皆買也。恐不精潔，或傷人也。與不嘗康子之藥同意。不撤薑食。薑，通神明，去穢惡，故不撤。不多食。適可而止，無貪心也。祭於公，不宿肉。祭肉不出三日。出三日，不食之矣。助祭於公，所得胙肉，歸即頒賜。不俟經宿者，不留神惠也。家之祭肉，則不過三日，皆以分賜。蓋過三日，則肉必敗，而人不食之，是褻鬼神之餘也。但比君所賜胙，可少緩耳。食不語，寢不言。答述曰語。自言曰言。○范氏曰：「聖人存心不他，當食而食，當寢而寢，言語非其時也。」○楊氏曰：「肺爲氣主而聲出焉，寢食則氣窒而不通，語言恐傷之也。」亦通。雖疏食菜羹，瓜祭，必齊如也。食，音嗣。○陸氏曰：「《魯論》瓜作必。」○古人飲食，每種各出少許，置之豆間之地，以祭先代始爲飲食之人，不忘本也。齊，嚴敬貌。孔子雖薄物必祭，其祭必敬，聖人之誠也。○此一節，記孔子飲食之節。○謝氏曰：「聖人飲食如此，非極口腹之欲，蓋養氣、體，不以傷生，當如此。然聖人之所不食，窮口腹者或反食之，欲心勝而不暇擇也。」

席不正，不坐。謝氏曰：「聖人心安於正，故於位之不正者，雖小不處。」

鄉人飲酒，杖者出，斯出矣。杖者，老人也。六十杖於鄉，未出不敢先，既出不敢後。鄉人儺，朝服而立於阼階。儺，乃多反。○儺，所以逐疫，《周禮·方相氏》掌之。阼階，東階也。儺雖古禮而近於戲，亦必朝服而臨之者，無所不用其誠敬也。或曰：「恐其驚先祖五祀之神，欲其依己而安也。」○此一節，記孔子居鄉之事。

問人於他邦，再拜而送之。拜送使者，如親見之，敬也。康子饋藥，拜而受之。曰：「丘未達，不敢嘗。」范氏曰：「凡賜食，必嘗以拜。藥未達，則不敢嘗。受而不飲，則虛人之賜，故告之如此。然則可飲而飲，不可飲而不飲，皆在其中矣。」○楊氏曰：「大夫有賜，拜而受之，禮也。未達不敢嘗，謹疾也。必告之，直也。」○此一節，記孔子與人交之誠意。

廄焚。子退朝，曰：「傷人乎？」不問馬。非不愛馬，然恐傷人之意多，故未暇問。蓋貴人賤畜，理當如此。

君賜食，必正席先嘗之；君賜腥，必熟而薦之；君賜生，必畜之。食恐或餕餘，故不以薦。正席先嘗，如對君也。言先嘗，則餘當以頒賜矣。腥，生肉。熟而薦之祖考，榮君賜也。畜之者，仁君之惠，無故不敢殺也。侍食於君，君祭，先飯。飯，扶晚反。○《周禮》：「王日一舉，膳夫授祭品嘗食，王乃食。」故侍食者，君祭，則己不祭而先飯，若爲君嘗食然，不敢當客禮也。疾，君視之，東首，加朝服，拖紳。首，去聲。拖，徒我反。○東首，以受生氣也。病臥不能著衣束帶，又不可以褻服見君，故加朝服於身，又引大帶於上也。君命召，不俟駕行矣。急趨君命，行出而駕車隨之。○此一節，記孔子事君之禮。

入太廟，每事問。重出。

朋友死，無所歸，曰：「於我殯。」朋友以義合，死無所歸，不得不殯。朋友之饋，雖車馬，非祭肉，不拜。朋友有通財之義，故雖車馬之重，不拜。祭肉則拜者，敬其祖考，同於己親也。○此一節，記孔子交朋友之義。

寢不尸，居不容。尸，謂偃卧似死人也。居，居家。容，容儀。范氏曰：「寢不尸，非惡其類於死也。惰慢之氣不設於身體，雖舒布其四體，而亦未嘗肆耳。居不容，非惰也。但不若奉祭祀、見賓客而已。申申、夭夭是也。」見齊衰者，雖狎，必變。見冕者與瞽者，雖褻，必以貌。狎，謂素親狎。褻，謂燕見。貌，謂禮貌。餘見前篇。凶服者，式之。式負版者。式，車前横木。有所敬，則俯而憑之。負版，持邦國圖籍者。式此二者，哀有喪，重民數也。人惟萬物之靈，而王者之所天也，故《周禮》「獻民數於王，王拜受之」。況其下者，敢不敬乎？有盛饌，必變色而作。敬主人之禮，非以其饌也。迅雷風烈，必變。迅，疾也。烈，猛也。必變者，所以敬天之怒。《記》曰：「若有疾風、迅雷、甚雨則必變，雖夜必興，衣服冠而坐。」○此一節，記孔子容貌之變。升車，必正立執綏。綏，挽以上車之索也。○范氏曰：「正立執綏，則心體無不正，而誠意肅恭矣。蓋君子莊敬無所不在，升車則見於此也。」車中，不内顧，不疾言，不親指。内顧，回視也。《禮》曰：「顧不過轂。」三者皆失容，且惑人。○此一節，記孔子升車之容。

色斯舉矣，翔而後集。言鳥見人之顔色不善，則飛去，回翔審視而後下止。人之見幾而作，審擇所處，亦當如此。然此上下，必有闕文矣。曰：「山梁雌雉，時哉！」子路共之，三嗅而作。共，九用反，又居勇反。嗅，許又反。○邢氏曰：「梁，橋也。時哉，言雉之飲啄得其時。子路不達，以爲時物而共具之。孔子不食，三嗅其氣而起。」○晁氏曰：「石經嗅作戛，謂雉鳴也。」劉聘君云：「嗅，當作狊，古闃反。張兩翅也。見《爾雅》。」愚按：如後兩説，則「共」字當爲拱執之義。然此必有闕文，不可强爲之説。姑記所聞，以俟知者。

論語卷第六

朱熹集注

先進第十一

此篇多評弟子賢否，凡二十五章。胡氏曰：「此篇記閔子騫言行者四，而其一直稱閔子，疑閔氏門人所記也。」

子曰：「先進於禮樂，野人也；後進於禮樂，君子也。先進、後進，猶言前輩、後輩。野人，謂郊外之民。君子，謂賢士大夫也。○程子曰：「先進於禮樂，文質得宜，今反謂之質朴，而以爲野人。後進之於禮樂，文過其質，今反謂之彬彬，而以爲君子。蓋周末文勝，故時人之言如此，不自知其過於文也。」如用之，則吾從先進。」用之，謂用禮樂。孔子既述時人之言，又自言其如此，蓋欲損過以就中也。

子曰：「從我於陳、蔡者，皆不及門也。」從，去聲。○孔子嘗厄於陳、蔡之間，弟子多從之者，此時皆不在門。故孔子思之，蓋不忘其相從於患難之中也。

德行：顔淵、閔子騫、冉伯牛、仲弓。言語：宰我、子貢。政事：冉有、季路。文學：子游、子夏。行，去聲。○弟子因孔子之言，記此十人，而并目其所長，分爲四科。孔子教人各因其材，於此可見。○程子曰：「四科乃從夫子於陳、蔡者爾，門人之賢者固不止此。曾子傳道而不與焉，故知十哲世俗論也。」

子曰：「回也非助我者也，於吾言無所不說。」說，音悦。○助我，若子夏之起予，因疑問而有以相長也。顔子於聖人之言，默識心通，無所疑問，故夫子云然。其辭若有憾焉，其實乃深喜之。○胡氏曰：「夫子之於回，豈真以助我望之。蓋聖人之謙德，又以深贊顔氏云爾。」❶

子曰：「孝哉閔子騫！人不間於其父母昆弟之言。」間，去聲。○胡氏曰：「父母兄弟稱其孝友，人皆信之無異詞者，蓋其孝友之實，有以積於

❶「氏」，司禮監本作「子」。

中而著於外，故夫子歎而美之。」

南容三復白圭，孔子以其兄之子妻之。三、妻，並去聲。○《詩・大雅・抑》之篇曰：「白圭之玷，尚可磨也；斯言之玷，不可爲也。」南容一日三復此言，事見《家語》，蓋深有意於謹言也。此邦有道所以不廢，邦無道所以免禍，故孔子以兄子妻之。○范氏曰：「言者行之表，行者言之實，未有易其言而能謹於行者。南容欲謹其言如此，則必能謹其行矣。」

季康子問：「弟子孰爲好學？」孔子對曰：「有顔回者好學，不幸短命死矣！今也則亡。」好，去聲。○范氏曰：「哀公、康子問同而對有詳略者，臣之告君，不可不盡。若康子者，必待其能問乃告之，此教誨之道也。」

顔淵死，顔路請子之車以爲之椁。顔路，淵之父，名無繇。少孔子六歲，孔子始教而受學焉。椁，外棺也。請爲椁，欲賣車以買椁也。子曰：「才不才，亦各言其子也。鯉也死，有棺而無椁。吾不徒行以爲之椁。以吾從大夫之後，不可徒行也。」鯉，孔子之子伯魚也，先夫子卒。❶言鯉之才雖不及顔淵，然己與顔路以父視之，則皆子也。孔子時已致仕，尚從大夫之列，言「後」，謙辭。○胡氏曰：「孔子遇舊館人之喪，嘗脱驂以賻之矣。今乃不許顔路之請，何耶？葬可以無椁，驂可以脱而復求，大夫不可以徒行，命車不可以與人而鬻諸市也。且爲所識窮乏者得我，而勉强以副其意，豈誠心與直道哉？或者以爲君子行禮，視吾之有無而已。夫君子之用財，視義之可否，豈獨視有無而已哉？」

顔淵死。子曰：「噫！天喪予！天喪予！」喪，去聲。○噫，傷痛聲。悼道無傳，若天喪己也。

顔淵死，子哭之慟。從者曰：「子慟矣。」從，去聲。○慟，哀過也。曰：「有慟乎？哀傷之至，不自知也。非夫人之爲慟而誰爲！」夫，音扶。爲，去聲。○夫人，謂顔淵。言其死可惜，哭之宜慟，非他人之比也。○胡氏曰：「痛惜之至，施當其可，皆情性之正也。」

顔淵死，門人欲厚葬之，子曰：「不可。」喪具稱家之有無，貧而厚葬，不循理也，故夫子止

❶「夫」，司禮監本、吴刻本作「孔」。

之。門人厚葬之。蓋顔路聽之。子曰：「回也視予猶父也，予不得視猶子也。非我也，夫二三子也。」歎不得如葬鯉之得宜，以責門人也。

季路問事鬼神。子曰：「未能事人，焉能事鬼？」「敢問死。」曰：「未知生，焉知死？」焉，於虔反。○問事鬼神，蓋求所以奉祭祀之意。而死者人之所必有，不可不知，皆切問也。然非誠敬足以事人，則必不能事神；非原始而知所以生，則必不能反終而知所以死。蓋幽明始終，初無二理，但學之有序，不可躐等，故夫子告之如此。○程子曰：「晝夜者，死生之道也。知生之道，則知死之道。盡事人之道，則盡事鬼之道。死、生，人、鬼，一而二，二而一者也。」或言夫子不告子路，不知此乃所以深告之也。

閔子侍側，誾誾如也；子路，行行如也；冉有、子貢，侃侃如也。子樂。誾、侃，音義見前篇。行，胡浪反。樂，音洛。行行，剛强之貌。子樂者，樂得英材而教育之。「若由也，不得其死然。」尹氏曰：「子路剛强，有不得其死之理，故因以戒之。其後子路卒死於衛孔悝之難。」○洪氏曰：「《漢書》引此句，上有『曰』字。」或云：「上文『樂』字，即『曰』字之誤。」

魯人爲長府。長府，藏名。藏貨財曰府。爲，蓋改作之。閔子騫曰：「仍舊貫，如之何？何必改作？」仍，因也。貫，事也。○王氏曰：「改作勞民傷財，在於得已，則不如仍舊貫之善。」子曰：「夫人不言，言必有中。」夫，音扶。中，去聲。○言不妄發，發必當理，惟有德者能之。

子曰：「由之瑟，奚爲於丘之門？」程子曰：「言其聲之不和，與己不同也。」《家語》云：「子路鼓瑟，有北鄙殺伐之聲。」蓋其氣質剛勇，而不足於中和，故其發於聲者如此。門人不敬子路。子曰：「由也升堂矣，未入於室也。」門人以夫子之言，遂不敬子路，故夫子釋之。升堂入室，喻入道之次第。言子路之學，已造乎正大高明之域，特未深入精微之奥耳，未可以一事之失而遽忽之也。

子貢問：「師與商也孰賢？」子曰：「師也過，商也不及。」子張才高意廣，而好爲苟難，故常過中。子夏篤信謹守，而規模狹隘，故常不及。曰：「然則師愈與？」與，平聲。○愈，猶勝也。

子曰：「過猶不及。」道以中庸爲至。賢智之過，雖若勝於愚不肖之不及，然其失中則一也。○尹氏曰：「中庸之爲德也，其至矣乎！夫過與不及，均也。差之毫釐，繆以千里。故聖人之教，抑其過，引其不及，歸於中道而已。」

季氏富於周公，而求也爲之聚斂而附益之。爲，去聲。○周公以王室至親，有大功，位冢宰，其富宜矣。季氏以諸侯之卿，而富過之，非攘奪其君、刻剥其民，何以得此？冉有爲季氏宰，又爲之急賦稅以益其富。子曰：「非吾徒也。小子鳴鼓而攻之，可也。」非吾徒，絶之也。小子鳴鼓而攻之，使門人聲其罪以責之也。聖人之惡黨惡而害民也如此。然師嚴而友親，故已絶之，而猶使門人正之，又見其愛人之無已也。○范氏曰：「冉有以政事之才，施於季氏，故爲不善至於如此，由其心術不明，不能反求諸身，而以仕爲急故也。」

柴也愚，柴，孔子弟子，姓高，字子羔。愚者，知不足而厚有餘。《家語》記其「足不履影，啓蟄不殺，方長不折。執親之喪，泣血三年，未嘗見齒。避難而行，不徑不竇」。可以見其爲人矣。參也魯，魯，鈍也。○程子曰：「參也竟以魯得之。」又曰：「曾子之學，誠篤而已。聖門學者，聰明才辨，不爲不多，而卒傳其道，乃質魯之人爾。故學以誠實爲貴也。」○尹氏曰：「曾子之才魯，故其學也確，所以能深造乎道也。」師也辟，辟，婢亦反。○辟，便辟也。謂習於容止，少誠實也。由也喭。喭，五旦反。○喭，粗俗也。傳稱喭者，謂俗論也。○楊氏曰：「四者性之偏，語之使知自勵也。」○吴氏曰：「此章之首，脱『子曰』二字。或疑下章『子曰』當在此章之首，而通爲一章。」

子曰：「回也其庶乎，屢空。庶，近也。言近道也。屢空，數至空匱也。不以貧窶動心而求富，故屢至於空匱也。言其近道，又能安貧也。賜不受命，而貨殖焉，億則屢中。」中，去聲。○命，謂天命。貨殖，貨財生殖也。億，意度也。言子貢不如顔子之安貧樂道，然其才識之明，亦能料事而多中也。○程子曰：「子貢之貨殖，非若後人之豐財，但此心未忘耳。然此亦子貢少時事，至聞性與天道，則不爲此矣。」○范氏曰：「屢空者，簞食瓢飲屢絶而不改其樂也。天下之物，豈有可動其中者哉？貧富在天，而子貢以貨殖爲心，則是不能安受天命矣。其言而多中者，億而已，非窮理樂天者也。夫子嘗曰『賜不幸言而中，是使賜多言也』，聖人之不貴言也如是。」

子張問善人之道。子曰：「不踐跡，亦不入於室。」善人，質美而未學者也。○程子曰：「踐跡，如言循途守轍。善人雖不必踐舊跡而自不爲惡，然亦不能入聖人之室也。」○張子曰：「善人欲仁而未志於學者也。欲仁，故雖不踐成法，亦不蹈於惡，有諸己也。由不學，故無自而入聖人之室也。」

子曰：「論篤是與，君子者乎？色莊者乎？」與，如字。○言但以其言論篤實而與之，則未知其爲君子者乎？爲色莊者乎？言不可以言貌取人也。

子路問：「聞斯行諸？」子曰：「有父兄在，如之何其聞斯行之？」冉有問：「聞斯行諸？」子曰：「聞斯行之。」公西華曰：「由也問『聞斯行諸』，子曰『有父兄在』；求也問『聞斯行諸』，子曰『聞斯行之』。赤也惑，敢問。」子曰：「求也退，故進之；由也兼人，故退之。」兼人，謂勝人也。○張敬夫曰：「聞義固當勇爲，然有父兄在，則有不可得而專者。若不稟命而行，則反傷於義矣。子路有聞，未之能行，惟恐有聞，則於所當爲不患其不能爲矣，特患爲之之意或過，而於所當稟命者有闕耳。若冉求之資稟失之弱，不患其不稟命也，患其於所當爲者逡巡畏縮，而爲之不勇耳。聖人一進之，一退之，所以約之於義理之中，而使之無過不及之患也。」

子畏於匡，顏淵後。子曰：「吾以女爲死矣。」曰：「子在，回何敢死？」女，音汝。○後，謂相失在後。何敢死，謂不赴鬬而必死也。○胡氏曰：「先王之制，民生於三，事之如一。惟其所在，則致死焉。況顏淵之於孔子，恩義兼盡，又非他人之爲師弟子者而已耶？❶孔子不幸而遇難，❷回必捐生以赴之矣。捐生以赴之，幸而不死，則必上告天子，下告方伯，請討以復讎，不但已也。夫子而在，則回何爲而不愛其死，以犯匡人之鋒乎？」

季子然問：「仲由、冉求可謂大臣與？」與，平聲。○子然，季氏子弟。自多其家得臣二子，故問之。子曰：「吾以子爲異之問，曾由與求之問。異，非常也。曾，猶乃也。輕二子以抑季

---

❶「耶」，元甲本、元乙本、司禮監本、吳刻本作「即」，屬下句。

❷「孔」，司禮監本、仿元本、吳刻本作「夫」。

然也。所謂大臣者，以道事君，不可則止。以道事君者，不從君之欲。不可則止者，必行己之志。今由與求也，可謂具臣矣。」具臣，謂備臣數而已。曰：「然則從之者與？」與，平聲。○意二子既非大臣，則從季氏之所爲而已。子曰：「弒父與君，亦不從也。」言二子雖不足於大臣之道，然君臣之義則聞之熟矣，弒逆大故，必不從之。蓋深許二子以死難不可奪之節，而又以陰折季氏不臣之心也。○尹氏曰：「季氏專權僭竊，二子仕其家而不能正也，知其不可而不能止也，可謂具臣矣。是時季氏已有無君之心，故自多其得人。意其可使從己也，故曰弒父與君，亦不從也，其庶乎二子可免矣。」

子路使子羔爲費宰。子路爲季氏宰而舉之也。子曰：「賊夫人之子。」夫，音扶，下同。○賊，害也。言子羔質美而未學，遽使治民，適以害之。子路曰：「有民人焉，有社稷焉，何必讀書，然後爲學？」言治民、事神皆所以爲學。子曰：「是故惡夫佞者。」惡，去聲。○治民、事神，固學者事，然必學之已成，然後可仕以行其學。若初未嘗學，而使之即仕以爲學，其不至於慢神而虐民者幾希矣。子路之言，非其本意，但理屈詞窮，而取辦於口以禦人耳。❶故夫子不斥其非，而特惡其佞也。○范氏曰：「古者學而後入政，未聞以政學者也。蓋道之本在於脩身，而後及於治人，其說具於方册。讀而知之，然後能行，何可以不讀書也？子路乃欲使子羔以政爲學，失先後本末之序矣。不知其過而以口給禦人，故夫子惡其佞也。」

子路、曾皙、冉有、公西華侍坐。坐，才臥反。○皙，曾參父，名點。子曰：「以吾一日長乎爾，毋吾以也。長，上聲。○言我雖年少長於女，然女勿以我長而難言。蓋誘之盡言以觀其志，而聖人和氣謙德，於此亦可見矣。居則曰：『不吾知也！』如或知爾，則何以哉？」言女平居，則言人不知我。如或有人知汝，則汝將何以爲用也？子路率爾而對曰：「千乘之國，攝乎大國之間，加之以師旅，因之以饑饉；由也爲之，比及三年，可使有勇，且知方也。」夫子哂之。乘，去聲。饑，音機。饉，音僅。比，必二反，下

❶「辦」，通「辨」，「辨」又通「辯」。吴刻本作「辨」。

同。哂，詩忍反。○率爾，輕遽之貌。攝，管束也。二千五百人爲師，五百人爲旅。因，仍也。穀不熟曰饑，菜不熟曰饉。方，向也，謂向義也。民向義，則能親其上、死其長矣。哂，微笑也。「求！爾何如？」對曰：「方六七十，如五六十，求也爲之，比及三年，可使足民。如其禮樂，以俟君子。」「求，爾何如？」孔子問也，下放此。方六七十里，小國也。如，猶或也。五六十里，則又小矣。足，富足也。俟君子，言非己所能。冉有謙退，又以子路見哂，故其詞益遜。「赤！爾何如？」對曰：「非曰能之，願學焉。宗廟之事，如會同，端章甫，願爲小相焉。」相，去聲。○公西華志於禮樂之事，嫌以君子自居。故將言己志而先爲遜詞，言未能而願學也。❶宗廟之事，謂祭祀。諸侯時見曰會，衆覜曰同。端，元端服。❷章甫，禮冠。相，贊君之禮者。言「小」，亦謙辭。「點！爾何如？」鼓瑟希，鏗爾，舍瑟而作，對曰：「異乎三子者之撰。」子曰：「何傷乎？亦各言其志也。」曰：「莫春者，春服既成，冠者五六人，童子六七人，浴乎沂，風乎舞雩，詠而歸。」夫子喟然歎曰：「吾與點也！」鏗，苦耕反。舍，上聲。撰，士免反。莫、冠，並去聲。沂，魚依反。雩，音於。○四子侍坐，以齒爲序，則點當次對。以方鼓瑟，故孔子先問求、赤而後及點也。希，間歇也。作，起也。撰，具也。❸春服，單袷之衣。浴，盥濯也，今上巳祓除是也。沂，水名，在魯城南，地志以爲有温泉焉，理或然也。風，乘涼也。舞雩，祭天禱雨之處，有壇墠樹木也。詠，歌也。曾點之學，蓋有以見夫人欲盡處，天理流行，隨處充滿，無少欠缺。故其動静之際，從容如此。而其言志，則又不過即其所居之位，樂其日用之常，初無舍己爲人之意。而其胸次悠然，直與天地萬物上下同流，各得其所之妙，隱然自見於言外。視三子規規於事爲之末者，氣象不侔矣，❹所以夫子歎息而深許之。❺而門人記其本末獨加詳焉，蓋亦有以識此矣。三子者出，曾皙後。曾皙曰：「夫三子者之言何如？」子曰：

---

❶「也」，元甲本作「焉」。
❷「元」，吴刻本作「玄」，作「元」係避諱。
❸「也」下，司禮監本有「莫春和煦之時」六字。
❹「氣」上，司禮監本、吴刻本有「其」字。
❺「所以」，司禮監本、吴刻本作「故」。

「亦各言其志也已矣。」夫，音扶。曰：「夫子何哂由也？」點以子路之志，乃所優爲，而夫子哂之，故請其說。曰：「爲國以禮，其言不讓，是故哂之。」夫子蓋許其能，特哂其不遜。「唯求則非邦也與？」「安見方六七十如五六十而非邦也者？」與，平聲，下同。○曾點以冉求亦欲爲國而不見哂，故微問之。而夫子之答無貶詞，蓋亦許之。「唯赤則非邦與？」「宗廟會同，非諸侯而何？赤也爲之小，孰能爲之大？」此亦曾皙問而夫子答也。孰能爲之大，言無能出其右者，亦許之之詞。○程子曰：「古之學者，優柔厭飫，有先後之序。如子路、冉有、公西赤言志如此，夫子許之。亦以此自是實事。後之學者好高，如人游心千里之外，然自身却只在此。」又曰：「孔子與點，蓋與聖人之志同，便是堯舜氣象也。誠異三子者之撰，特行有不掩焉耳，此所謂狂也。子路等所見者小，子路只爲不達爲國以禮道理，是以哂之。若達，却便是這氣象也。」又曰：「三子皆欲得國而治之，故孔子不取。❶曾點，狂者也，未必能爲聖人之事，而能知夫子之志。故曰浴乎沂，風乎舞雩，詠而歸，言樂而得其所也。孔子之志，在於老者安之，朋友信之，少者懷之，使萬物莫不遂其性。曾點知之，故孔子喟然歎曰：『吾與點也。』」又曰：「『曾點、漆雕開，已見大意。』」

顔淵第十二

凡二十四章。

顔淵問仁。子曰：「克己復禮爲仁。一日克己復禮，天下歸仁焉。爲仁由己，而由人乎哉？」仁者，本心之全德。克，勝也。己，謂身之私欲也。復，反也。禮者，天理之節文也。爲仁者，所以全其心之德也。蓋心之全德，莫非天理，而亦不能不壞於人欲。故爲仁者必有以勝私欲而復於禮，則事皆天理，而本心之德復全於我矣。歸，猶與也。又言一日克己復禮，則天下之人皆與其仁，極言其效之甚速而至大也。又言爲仁由己而非他人所能預，又見其機之在

❶「孔」，吴刻本作「夫」。

我而無難也。日日克之，不以爲難，則私欲净盡，天理流行，而仁不可勝用矣。○程子曰：「非禮處便是私意。既是私意，如何得仁？須是克盡己私，皆歸於禮，方始是仁。」又曰：「克己復禮，則事事皆仁，故曰天下歸仁。」○謝氏曰：「克己，須從性偏難克處克將去。」

顏淵曰：「請問其目。」子曰：「非禮勿視，非禮勿聽，非禮勿言，非禮勿動。」顏淵曰：「回雖不敏，請事斯語矣。」目，條件也。顏淵聞夫子之言，則於天理人欲之際，已判然矣，故不復有所疑問，而直請其條目也。非禮者，己之私也。勿者，禁止之辭。是人心之所以爲主，而勝私復禮之機也。私勝，則動容周旋無不中禮，而日用之間莫非天理之流行矣。事，如事事之事。請事斯語，顏子默識其理，又自知其力有以勝之，故直以爲己任而不疑也。○程子曰：「顏淵問克己復禮之目，子曰：『非禮勿視，非禮勿聽，非禮勿言，非禮勿動。』四者，身之用也。由乎中而應乎外，制於外所以養其中也。顏淵事斯語，所以進於聖人。後之學聖人者，宜服膺而勿失也，因箴以自警。其《視箴》曰：『心兮本虛，應物無跡。操之有要，視爲之則。蔽交於前，其中則遷。制之於外，以安其内。克己復禮，久而誠矣。』其《聽箴》曰：『人有秉彝，本乎天性。知誘物化，遂亡其正。卓彼先覺，知止有定。閑邪存誠，非禮勿聽。』其《言箴》曰：『人心之動，因言以宣。發禁躁妄，内斯靜專。矧是樞機，興戎出好。吉凶榮辱，惟其所召。傷易則誕，傷煩則支。己肆物忤，出悖來違。非法不道，欽哉訓辭！』其《動箴》曰：『哲人知幾，誠之於思。志士勵行，守之於爲。順理則裕，從欲惟危。造次克念，戰兢自持。習與性成，聖賢同歸。』」愚按：此章問答，乃傳授心法切要之言。非至明不能察其幾，非至健不能致其決。故惟顏子得聞之，而凡學者亦不可以不勉也。程子之箴，發明親切，學者尤宜深玩。

仲弓問仁。子曰：「出門如見大賓，使民如承大祭。己所不欲，勿施於人。在邦無怨，在家無怨。」仲弓曰：「雍雖不敏，請事斯語矣。」敬以持己，恕以及物，則私意無所容而心德全矣。内外無怨，亦以其效言之，使以自考也。○程子曰：「孔子言仁，只説出門如見大賓，使民如承大祭。看其氣象，便須心廣體胖，動容周旋中禮。惟謹獨，便是守之之法。」或問：「出門、使民之時，如此可也；未出門、使民之時，如之何？」曰：「此儼若思時也，有諸中而後見於外。觀其出門、使民之時，其敬如此，則前乎此者敬可知矣。非因出門、使民，然後有此敬也。」愚按：克己復禮，乾道也；主敬行恕，坤道也。顔、冉之學，其高下淺深，於此可見。然學者誠能從事於敬恕之間而有得焉，亦將無己之可克矣。

司馬牛問仁。司馬牛，孔子弟子，名犂，向魋之弟。子曰：「仁者其言也訒。」訒，音刃。○訒，忍也，難也。仁者心存而不放，故其言若有所忍而不易發，蓋其德之一端也。夫子以牛多言而躁，故告之以此。使其於此而謹之，則所以爲仁之方，不外是矣。曰：「其言也訒，斯謂之仁已乎？」子曰：「爲之難，言之得無訒乎？」牛意仁道至大，不但如夫子之所言，故夫子又告之以此。蓋心常存，故事不苟；事不苟，故其言自有不得而易者，非强閉之而不出也。○楊氏曰：「觀此及下章再問之語，牛之易其言可知。」○程子曰：「雖爲司馬牛多言故及此，然聖人之言，亦止此爲是。」愚謂牛之爲人如此，若不告之以其病之所切，而泛以爲仁之大概語之，則以彼之躁，必不能深思以去其病，而終無自以入德矣。故其告之如此。蓋聖人之言，雖有高下大小之不同，然其切於學者之身，而皆爲入德之要，則又初不異也。讀者其致思焉。

司馬牛問君子。子曰：「君子不憂不懼。」向魋作亂，牛常憂懼，故夫子告之以此。曰：「不憂不懼，斯謂之君子已乎？」子曰：「內省不疚，夫何憂何懼？」夫，音扶。○牛之再問，猶前章之意，故復告之以此。疚，病也。言由其平日所爲無愧於心，故能內省不疚，而自無憂懼，未可遽以爲易而忽之也。○晁氏曰：「不憂不懼，由乎德全而無疵。故無入而不自得，非實有憂懼而强排遣之也。」

司馬牛憂曰：「人皆有兄弟，我獨亡。」牛有兄弟而云然者，憂其爲亂而將死也。子夏曰：「商聞之矣：蓋聞之夫子。死生有命，富貴在天。命稟於有生之初，非今所能移；天莫之爲而爲，非我所能必，但當順受而已。君子敬而無失，與人恭而有禮。四海之內，皆兄弟也。君子何患乎無兄弟也？」既安於命，又當脩其在己者。故又言苟能持己以敬而不間斷，接人以恭而有節文，則天下之人皆愛敬之，如兄弟矣。蓋子夏欲以寬牛之憂，而爲是不得已之辭，❶讀者不以辭害意可也。○胡氏曰：「子夏四海皆兄弟之言，特以廣司馬牛之意，意圓而語滯者也，惟聖人則無此病矣。且子夏知此而以哭

❶「而」，元甲本、司禮監本、吴刻本作「故」。

子喪明，則以蔽於愛而昧於理，是以不能踐其言爾。」

子張問明。子曰：「浸潤之譖，膚受之愬，不行焉，可謂明也已矣。浸潤之譖，膚受之愬，不行焉，可謂遠也已矣。」譖，莊蔭反。愬，蘇路反。○浸潤，如水之浸灌滋潤，漸漬而不驟也。譖，毀人之行也。膚受，謂肌膚所受，利害切身。如《易》所謂「剝牀以膚，切近災」者也。愬，愬己之冤也。毀人者漸漬而不驟，則聽者不覺其入，而信之深矣。愬冤者急迫而切身，則聽者不及致詳，而發之暴矣。二者難察而能察之，則可見其心之明而不蔽於近矣。此亦必因子張之失而告之，故其詞繁而不殺，以致丁寧之意云。○楊氏曰：「驟而語之，與利害不切於身者，不行焉，有不待明者能之也。故浸潤之譖、膚受之愬不行，然後謂之明，而又謂之遠，遠則明之至也。《書》曰：『視遠惟明。』」

子貢問政。子曰：「足食，足兵，民信之矣。」言倉廩實而武備脩，然後教化行，而民信於我，不離叛也。子貢曰：「必不得已而去，於斯三者何先？」曰：「去兵。」去，上聲，下同。○言食足而信孚，則無兵而守固矣。子貢曰：「必不得已而去，於斯二者何先？」曰：「去食。自古皆有死，民無信不立。」民無食必死，然死者人之所必不免。無信，則雖生而無以自立，不若死之爲安。故寧死而不失信於民，使民亦寧死而不失信於我也。○程子曰：「孔門弟子善問，直窮到底，如此章者，非子貢不能問，非聖人不能答也。」愚謂以人情而言，則兵食足而後吾之信可以孚於民。以民德而言，則信本人之所固有，非兵食所得而先也。是以爲政者，當身率其民而以死守之，不以危急而可棄也。

棘子成曰：「君子質而已矣，何以文爲？」棘子成，衛大夫。疾時人文勝，故爲此言。子貢曰：「惜乎！夫子之説，君子也。駟不及舌。言子成之言，乃君子之意。然言出於舌，則駟馬不能追之，又惜其失言也。文猶質也，質猶文也。虎豹之鞟猶犬羊之鞟。」鞟，其郭反。○鞟，皮去毛者也。言文質等耳，不可相無。若必盡去其文而獨存其質，則君子小人無以辨矣。夫棘子成矯當時之弊，固失之過；而子貢矯子成之弊，又無本末輕重之差，胥失之矣。

哀公問於有若曰：「年饑，用不足，

如之何？」稱有若者，君臣之詞。用，謂國用。公意蓋欲加賦以足用也。有若對曰：「盍徹乎？」徹，通也，均也。周制：一夫受田百畝，而與同溝共井之人通力合作，計畝均收。大率民得其九，公取其一，故謂之徹。魯自宣公稅畝，又逐畝什取其一，則爲什而取二矣。故有若請但專行徹法，欲公節用以厚民也。曰：「二，吾猶不足，如之何其徹也？」二，即所謂什二也。公以有若不喻其旨，故言此以示加賦之意。對曰：「百姓足，君孰與不足？百姓不足，君孰與足？」民富則君不至獨貧，民貧則君不能獨富。有若深言君民一體之意，以止公之厚斂，爲人上者所宜深念也。○楊氏曰：「仁政必自經界始。經界正，而後井地均、穀祿平，而軍國之須皆量是以爲出焉。❶故一徹而百度舉矣，上下寧憂不足乎？以二猶不足而教之徹，疑若迂矣。然什一，天下之中正。多則桀，寡則貉，不可改也。後世不究其本而惟末之圖，故征斂無藝，費出無經，而上下困矣。又惡知盍徹之當務而不爲迂乎？」

子張問崇德、辨惑。子曰：「主忠信，徙義，崇德也。主忠信，則本立。徙義，則日新。愛之欲其生，惡之欲其死。既欲其生，又欲其死，是惑也。惡，去聲。○愛惡，人之常情也。然人之生死有命，非可得而欲也。以愛惡而欲其生死，則惑矣。既欲其生，又欲其死，則惑之甚也。『誠不以富，亦祇以異。』」此《詩·小雅·我行其野》之詞也。舊說：夫子引之，以明欲其生死者不能使之生死。如此詩所言，不足以致富而適足以取異也。○程子曰：「此錯簡，當在第十六篇齊景公有馬千駟之上。因此下文亦有齊景公字而誤也。」○楊氏曰：「堂堂乎張也，難與並爲仁矣。則非誠善補過、不蔽於私者，故告之如此。」

齊景公問政於孔子。齊景公，名杵臼。魯昭公末年，孔子適齊。孔子對曰：「君君，臣臣，父父，子子。」此人道之大經，政事之根本也。是時景公失政，而大夫陳氏厚施於國。景公又多內嬖，而不立太子。其君臣父子之間，皆失其道，故夫子告之以此。公曰：「善哉！信如君不君，臣不臣，父不父，子不子，雖有粟，吾得而食諸？」景公善孔子之言而不能用，其後果以繼嗣不定，

❶「須」，司禮監本、吳刻本作「需」。

啓陳氏弒君篡國之禍。○楊氏曰：「君之所以君，臣之所以臣，父之所以父，子之所以子，是必有道矣。景公知善夫子之言，而不知反求其所以然，蓋悅而不繹者，齊之所以卒於亂也。」

子曰：「片言可以折獄者，其由也與？」折，之舌反。與，平聲。○片言，半言。折，斷也。子路忠信明決，故言出而人信服之，不待其辭之畢也。

子路無宿諾。宿，留也，猶宿怨之宿。急於踐言，不留其諾也。記者因夫子之言而記此，以見子路之所以取信於人者，由其養之有素也。○尹氏曰：「小邾射以句繹奔魯，曰：『使季路要我，吾無盟矣。』千乘之國，不信其盟，而信子路之一言，其見信於人可知矣。一言而折獄者，信在言前，人自信之故也。不留諾，所以全其信也。」

子曰：「聽訟，吾猶人也，必也使無訟乎！」范氏曰：「聽訟者，治其末，塞其流也。正其本，清其源，則無訟矣。」○楊氏曰：「子路片言可以折獄，而不知以禮遜爲國，則未能使民無訟者也。故又記孔子之言，以見聖人不以聽訟爲難，而以使民無訟爲貴。」

子張問政。子曰：「居之無倦，行之以忠。」居，謂存諸心。無倦，則始終如一。行，謂發於事。以忠，則表裏如一。○程子曰：「子張少仁。無誠心愛民，則必倦而不盡心，故告之以此。」

子曰：「博學於文，約之以禮，亦可弗畔矣夫！」重出。

子曰：「君子成人之美，不成人之惡。小人反是。」成者，誘掖獎勸以成其事也。君子小人，所存既有厚薄之殊，而其所好又有善惡之異。故其用心不同如此。

季康子問政於孔子。孔子對曰：「政者，正也。子帥以正，孰敢不正？」范氏曰：「未有己不正而正人者。」○胡氏曰：「魯自中葉，政由大夫，家臣效尤，據邑背叛，不正甚矣。故孔子以是告之，欲康子以正自克，而改三家之故。惜乎康子之溺於利欲而不能也。」

季康子患盜，問於孔子。孔子對曰：「苟子之不欲，雖賞之不竊。」言子不貪欲，則雖賞民使之爲盜，民亦知恥而不竊。○胡氏曰：「季氏竊柄，康子奪嫡，民之爲盜，固其所也。盍亦反其本耶？孔子以不欲啓之，其旨深矣。」奪嫡事見《春秋傳》。

季康子問政於孔子，曰：「如殺無道，以就有道，何如？」孔子對曰：「子爲政，焉用殺？子欲善，而民善矣。君子之德風，小人之德草。草上之風，必偃。」焉，於虔反。○爲政者，民所視效，何以殺爲？欲善則民善矣。上，一作尚，加也。偃，僕也。○尹氏曰：「殺之爲言，豈爲人上之語哉？以身教者從，以言教者訟，而況於殺乎？」

子張問：「士何如，斯可謂之達矣？」達者，德孚於人而行無不得之謂。子曰：「何哉，爾所謂達者？」子張務外，夫子蓋已知其發問之意，故反詰之，將以發其病而藥之也。子張對曰：「在邦必聞，在家必聞。」言名譽著聞也。子曰：「是聞也，非達也。聞與達相似而不同，乃誠僞之所以分，學者不可不審也。故夫子既明辨之，下文又詳言之。夫達也者，質直而好義，察言而觀色，慮以下人。在邦必達，在家必達。夫，音扶，下同。好、下，皆去聲。○內主忠信，而所行合宜，審於接物，而卑以自牧，皆自脩於內，不求人知之事。然德脩於己而人信之，則所行自無窒礙矣。夫聞也者，色取仁而行違，居之不疑。在邦必聞，在家必聞。」行，去聲。○善其顔色以取於仁，而行實背之，又自以爲是而無所忌憚。此不務實而專務求名者，故虛譽雖隆而實德則病矣。○程子曰：「學者須是務實，不要近名。有意近名，大本已失，更學何事？爲名而學，則是僞也。今之學者，大抵爲名。爲名與爲利，雖清濁不同，然其利心則一也。」○尹氏曰：「子張之學，病在乎不務實。故孔子告之，皆篤實之事，充乎內而發乎外者也。當時門人親受聖人之教，而差失有如此者，況後世乎？」

樊遲從遊於舞雩之下，曰：「敢問崇德、脩慝、辨惑。」慝，吐得反。○胡氏曰：「慝之字從心從匿，蓋惡之匿於心者。脩者，治而去之。」子曰：「善哉問！善其切於爲己。先事後得，非崇德與？攻其惡，無攻人之惡，非脩慝與？一朝之忿，忘其身，以及其親，非惑與？」與，平聲。○先事後得，猶言先難後獲也。爲所當爲而不計其功，則德日積而不自知矣。專於治己而不責人，則己之惡無所匿矣。知一朝之忿爲甚微，而禍及其親爲甚大，則有以辨惑而懲其忿矣。樊遲粗鄙近利，故告之以此，三者皆所以救其失也。○范氏曰：「先事後得，上義而下利也。人惟有利欲之心，故德不崇。惟不自省己過而知人之過，故慝不脩。感物而易動者莫如忿，忘其身以及其親，惑之甚者也。惑之甚者必起於細微，能辨之於早，則不至於大惑矣。故懲忿所以辨惑也。」

樊遲問仁。子曰：「愛人。」問知。子曰：「知人。」上「知」字，去聲；下如字。❶○愛人，仁之施。知人，知之務。樊遲未達。曾氏曰：「遲之意，蓋以愛欲其周，而知有所擇，故疑二者之相悖爾。」子曰：「舉直錯諸枉，能使枉者直。」舉直錯枉者，知也。使枉者直，則仁矣。如此，則二者不惟不相悖，而反相爲用矣。樊遲退，見子夏，曰：「鄉也吾見於夫子而問『知』，子曰『舉直錯諸枉，能使枉者直』，何謂也？」鄉，去聲。見，賢徧反。○遲以夫子之言，專爲知者之事。又未達所以能使枉者直之理。子夏曰：「富哉言乎！歎其所包者廣，不止言知。舜有天下，選於衆，舉皋陶，不仁者遠矣。湯有天下，選於衆，舉伊尹，不仁者遠矣。」選，息戀反。陶，音遥。遠，如字。○伊尹，湯之相也。不仁者遠，言人皆化而爲仁，不見有不仁者，若其遠去爾，所謂使枉者直也。子夏蓋有以知夫子之兼仁、知而言矣。○程子曰：「聖人之語，因人而變化。雖若有淺近者，而其包含無所不盡，觀於此章可見矣。非若他人之言，語近則遺遠，語遠則不知近也。」○尹氏曰：「學者之問也，不獨欲聞其說，又必欲知其方；不獨欲知其方，又必欲爲其事。如樊遲之問仁、知也，夫子告之盡矣。樊遲未達，故又問焉，而猶未知其何以爲之也。及退而問諸子夏，然後有以知之。使其未喻，則必將復問矣。既問於師，又辯諸友，當時學者之務實也如是。」

子貢問友。子曰：「忠告而善道之，不可則止，無自辱焉。」告，工毒反。道，去聲。○友所以輔仁，故盡其心以告之，善其說以道之。然以義合者也，故不可則止。若以數而見疏，則自辱矣。

曾子曰：「君子以文會友，以友輔仁。」講學以會友，則道益明；取善以輔仁，則德日進。

❶「如」，原作「同」，據吴刻本及他章注文改。

論語卷第七

朱熹集注

子路第十三

凡三十章。

子路問政。子曰：「先之，勞之。」勞，如字。○蘇氏曰：「凡民之行，以身先之，則不令而行。凡民之事，以身勞之，則雖勤不怨。」請益。曰：「無倦。」無，古本作毋。○吳氏曰：「勇者喜於有爲而不能持久，故以此告之。」○程子曰：「子路問政，孔子既告之矣。及請益，則曰無倦而已。未嘗復有所告，姑使之深思也。」

仲弓爲季氏宰，問政。子曰：「先有司，赦小過，舉賢才。」有司，衆職也。宰兼衆職，然事必先之於彼，而後考其成功，則己不勞而事畢舉矣。過，失誤也。大者於事或有所害，不得不懲；小者赦之，則刑不濫而人心悅矣。賢，有德者。才，有能者。舉而用之，則有司皆得其人而政益修矣。曰：「焉知賢才而舉之？」曰：「舉爾所知。爾所不知，人其舍諸？」焉，於虔反。舍，上聲。○仲弓慮無以盡知一時之賢才，故孔子告之以此。○程子曰：「人各親其親，然後不獨親其親。仲弓曰『焉知賢才而舉之』，子曰『舉爾所知，爾所不知，人其舍諸』，便見仲弓與聖人用心之大小。推此義，則一心可以興邦，一心可以喪邦，只在公私之間爾。」○范氏曰：「不先有司，則君行臣職矣；不赦小過，則下無全人矣；不舉賢才，則百職廢矣。失此三者，不可以爲季氏宰，況天下乎？」

子路曰：「衛君待子而爲政，子將奚先？」衛君，謂出公輒也。是時魯哀公之十年，孔子自楚反乎衛。子曰：「必也正名乎！」是時出公不父其父而禰其祖，名實紊矣，故孔子以正名爲先。○謝氏曰：「正名雖爲衛君而言，然爲政之道，皆當以此爲先。」子路曰：「有是哉，子之迂也！奚其正？」迂，謂遠於事情，言非今日之急務也。子曰：「野哉由也！君子於其所不知，蓋闕如也。野，謂鄙俗。責其不能闕疑，而率爾妄對也。名不正，則言不順；言不順，則事不成；楊氏曰：「名不當其實，則言不順，則無以考實而事不成。」事不成，則禮樂不興；禮樂不興，則刑罰不中；刑罰不中，則民無所措手足。中，去聲。○范氏曰：「事得其序之謂禮，物得其和之謂樂。事不成則無序而不和，故禮樂不興。禮樂不興，則施之政事皆失其道，故刑罰不中。」故君子名之必可言也，言之必可行也。君子於其言，無所苟而已矣。」程子曰：「名實相須，一事苟，則其餘皆苟矣。」○胡氏曰：「衛世子蒯聵恥其母南子之淫亂，欲殺之，不果而出奔。靈公欲立公子郢，郢辭。公卒，夫人立之，又辭。乃立蒯聵之子輒，以拒蒯聵。夫蒯聵欲殺母，得罪於父，而輒據國以拒父，皆無父之人也，其不可有國也明矣。夫子爲政，而以正名爲先，必將具其事之本末，告諸天王，請於方伯，命公子郢而立之。則人倫正，天理得，名正言順而事成矣。夫子告之之詳如此，而子路終不喻也。故事輒不去，卒死其難。徒知食焉不避其難之爲義，而不知食輒之食爲非義也。」

樊遲請學稼。子曰：「吾不如老農。」請學爲圃。曰：「吾不如老圃。」種五穀曰稼，種蔬菜曰圃。樊遲出。子曰：「小人哉，樊須也！小人，謂細民，孟子所謂小人之事者也。上好禮，則民莫敢不敬；上好義，則民莫敢不服；上好信，則民莫敢不用情。夫如是，則四方之民襁負其子而至矣，焉用稼？」好，去聲。夫，音扶。襁，居丈反。焉，於虔反。○禮、義、信，大人之事也。好義，則事合宜。情，誠實也。敬、服、用情，蓋各以其類而應也。襁，織縷爲之，以約小兒於背者。○楊氏曰：「樊須遊聖人之門，而問稼圃，志則陋矣，辭而闢之可也。待其出而後言其非，何也？蓋於其問也，自謂農圃之不如，則拒之者至矣。須之學疑不及此，而不能問，不能以三隅反矣，故不復。及其既出，則懼其終不喻也，求老農老圃而學焉，則其失愈遠矣。故復言之，使知前所言者意有在也。」

子曰：「誦《詩》三百，授之以政，不達；使於四方，不能專對；雖多，亦奚以爲？」使，去聲。○專，獨也。《詩》本人情，該物理，可以驗風俗之盛衰，見政治之得失。其言温厚和平，長於風喻。故誦之者，必達於政而能言也。○程子曰：「窮經將以致用也。世之誦《詩》者，果能從政而專對乎？然則其所學者，章句之末耳，此學者之大患也。」

子曰：「其身正，不令而行；其身不正，雖令不從。」

子曰：「魯、衛之政，兄弟也。」魯，周公之後。衛，康叔之後。本兄弟之國，而是時衰亂，政亦相似，故孔子歎之。

子謂衛公子荆，「善居室。始有，曰『苟合矣』。少有，曰『苟完矣』。富有，曰『苟美矣』。」公子荆，衛大夫。苟，聊且粗略之意。合，聚也。完，備也。言其循序而有節，不以欲速盡美累其心。○楊氏曰：「務爲全美，則累物而驕吝之心生。公子荆皆曰苟而已，則不以外物爲心，其欲易足故也。」

子適衛，冉有僕。僕，御車也。子曰：「庶矣哉！」庶，衆也。冉有曰：「既庶矣，又何加焉？」曰：「富之。」庶而不富，則民生不遂，故制田里，薄賦斂以富之。曰：「既富矣，又何加焉？」曰：「教之。」富而不教，則近於禽獸。故必立學校，明禮義以教之。○胡氏曰：「天生斯民，立之司牧，而寄以三事。然自三代之後，能舉此職者，百無一二。漢之文、明，唐之太宗，亦云庶且富矣。西京之教無聞焉。明帝尊師重傅，臨雍拜老，宗戚子弟莫不受學；唐太宗大召名儒，增廣生員，教亦至矣，然而未知所以教也。三代之教，天子公卿躬行於上，言行政事皆可師法。彼二君者，其能然乎？」

子曰：「苟有用我者。期月而已可也，三年有成。」期月，謂周一歲之月也。可者，僅辭，言綱紀布也。有成，治功成也。○尹氏曰：「孔子歎當時莫能用己也，故云然。」愚按《史記》，此蓋爲衛靈公不能用而發。

子曰：「善人爲邦百年，亦可以勝殘去殺矣。誠哉是言也！」勝，平聲。去，上聲。○爲邦百年，言相繼而久也。勝殘，化殘暴之人，使不爲惡也。去殺，謂民化於善，可以不用刑殺也。蓋古有是言，而夫子稱之。○程子曰：「漢自高、惠至於文、景，黎民醇厚，幾致刑措，庶乎其近之矣。」○尹氏曰：「勝殘去殺，不爲惡而已，善人之功如是。若夫聖人，則不待百年，其化亦不止此。」

子曰：「如有王者，必世而後仁。」王者，謂聖人受命而興也。三十年爲一世。仁，謂教化浹也。〇程子曰：「周自文、武至於成王，而後禮樂興，即其效也。」〇或問：「三年、必世，遲速不同，何也？」程子曰：「三年有成，謂法度紀綱有成而化行也。漸民以仁，摩民以義，使之浹於肌膚，淪於骨髓，而禮樂可興，所謂仁也。此非積久，何以能致？」

子曰：「苟正其身矣，於從政乎何有？不能正其身，如正人何？」

冉有退朝。❶子曰：「何晏也？」對曰：「有政。」子曰：「其事也。如有政，雖不吾以，吾其與聞之。」朝，音潮。與，去聲。〇冉有時爲季氏宰。朝，季氏之私朝也。晏，晚也。政，國政。事，家事。以，用也。禮：大夫雖不治事，猶得與聞國政。是時季氏專魯，其於國政，蓋有不與同列議於公朝，而獨與家臣謀於私室者。故夫子爲不知者而言，此必季氏之家事耳。若是國政，我嘗爲大夫，雖不見用，猶當與聞。今既不聞，則是非國政也。語意與魏徵獻陵之對略相似。其所以正名分，抑季氏，而教冉有之意深矣。

定公問：「一言而可以興邦，有諸？」孔子對曰：「言不可以若是其幾也。幾，期也。《詩》曰：「如幾如式。」言一言之間，未可以如此而必期其效。人之言曰：『爲君難，爲臣不易。』易，去聲。〇當時有此言也。如知爲君之難也，不幾乎一言而興邦乎？」因此言而知爲君之難，則必戰戰兢兢，臨深履薄，而無一事之敢忽。然則此言也，豈不可以必期於興邦乎？爲定公言，故不及臣也。曰：「一言而喪邦，有諸？」孔子對曰：「言不可以若是其幾也。人之言曰：『予無樂乎爲君，唯其言而莫予違也。』喪，去聲。下同。樂，音洛。〇言他無所樂，惟樂此耳。如其善而莫之違也，不亦善乎？如不善而莫之違也，不幾乎一言而喪邦乎？」范氏曰：「言不善而莫之違，則忠言不至於耳。君日驕而臣日諂，未有不喪邦者也。」〇謝氏曰：「知爲君之難，則必敬謹以持之。惟其言而莫予違，則讒諂面諛之人至矣。邦未必遽興喪也，而興喪之源分於此。然此非識微之君子，何足以知之？」

葉公問政。音義並見第七篇。子曰：

❶「有」，殘宋本、元甲本、司禮監本、吴刻本作「子」。

「近者說，遠者來。」說，音悅。○被其澤則悅，聞其風則來。然必近者悅，而後遠者來也。

子夏爲莒父宰，問政。子曰：「無欲速，無見小利。欲速則不達，見小利則大事不成。」父，音甫。○莒父，魯邑名。欲事之速成，則急遽無序，而反不達。見小者之爲利，則所就者小，而所失者大矣。○程子曰：「子張問政，子曰：『居之無倦，行之以忠。』子夏問政，子曰：『無欲速，無見小利。』子張常過高而未仁，子夏之病常在近小，故各以切己之事告之。」

葉公語孔子曰：「吾黨有直躬者，其父攘羊，而子證之。」語，去聲。○直躬，直身而行者。有因而盗曰攘。孔子曰：「吾黨之直者異於是：父爲子隱，子爲父隱，直在其中矣。」爲，去聲。○父子相隱，天理人情之至也。故不求爲直，而直在其中。○謝氏曰：「順理爲直。父不爲子隱，子不爲父隱，於理順邪？瞽瞍殺人，舜竊負而逃，遵海濱而處。當是時，愛親之心勝，其於直不直，何暇計哉？」

樊遲問仁。子曰：「居處恭，執事敬，與人忠。雖之夷狄，不可棄也。」恭主容，敬主事。恭見於外，敬主乎中。之夷狄不可棄，勉其固守而勿失也。○程子曰：「此是徹上徹下語。聖人初無二語也，充之則睟面盎背，推而達之則篤恭而天下平矣。」○胡氏曰：「樊遲問仁者三：此最先，先難次之，愛人其最後乎？」

子貢問曰：「何如斯可謂之士矣？」子曰：「行己有恥，使於四方，不辱君命，可謂士矣。」使，去聲。○此其志有所不爲，而其材足以有爲者也。子貢能言，故以使事告之。蓋爲使之難，不獨貴於能言而已。曰：「敢問其次。」曰：「宗族稱孝焉，鄉黨稱弟焉。」弟，去聲。○此本立而材不足者，故爲其次。曰：「敢問其次。」曰：「言必信，行必果，硜硜然小人哉！抑亦可以爲次矣。」行，去聲。硜，苦耕反。○果，必行也。硜，小石之堅確者。小人，言其識量之淺狹也。此其本末皆無足觀，然亦不害其爲自守也，故聖人猶有取焉。下此則市井之人，不復可爲士矣。曰：「今之從政者何如？」子曰：「噫！斗筲之人，何足算也。」筲，所交反。算，亦作筭，悉亂反。

○今之從政者，蓋如魯三家之屬。噫，心不平聲。斗，量名，容十升。筲，竹器，容斗二升。斗筲之人，言鄙細也。算，數也。子貢之問每下，故夫子以是警之。○程子曰：「子貢之意，蓋欲爲皎皎之行，聞於人者。夫子告之，皆篤實自得之事。」

子曰：「不得中行而與之，必也狂狷乎！狂者進取，狷者有所不爲也。」狷，音絹。○行，道也。狂者，志極高而行不掩。狷者，知未及而守有餘。蓋聖人本欲得中道之人而教之，然既不可得，而徒得謹厚之人，則未必能自振拔而有爲也。故不若得此狂狷之人，猶可因其志節，而激厲裁抑之以進於道，非與其終於此而已也。○孟子曰：「孔子豈不欲中道哉？不可必得，故思其次也。如琴張、曾皙、牧皮者，孔子之所謂狂也。其志嘐嘐然，曰：『古之人！古之人！』夷考其行而不掩焉者也。狂者又不可得，欲得不屑不潔之士而與之，是狷也，是又其次也。」

子曰：「南人有言曰：『人而無恒，不可以作巫醫。』善夫！」恒，胡登反。夫，音扶。○南人，南國之人。恒，常久也。巫所以交鬼神，醫所以寄死生，故雖賤役，而尤不可以無常，❶孔子稱其言而善之。「不恒其德，或承之羞。」此《易·恒卦》九三《爻辭》。承，進也。子曰：「不占而已矣。」復加「子曰」，以別《易》文也，其義未詳。○楊氏曰：「君子於《易》苟玩其占，則知無常之取羞矣。其爲無常也，蓋亦不占而已矣。」意亦略通。

子曰：「君子和而不同，小人同而不和。」和者，無乖戾之心。同者，有阿比之意。○尹氏曰：「君子尚義，故有不同。小人尚利，安得而和？」

子貢問曰：「鄉人皆好之，何如？」子曰：「未可也。」「鄉人皆惡之，何如？」子曰：「未可也。不如鄉人之善者好之，其不善者惡之。」好、惡，並去聲。○一鄉之人，宜有公論矣，然其間亦各以類自爲好惡也。故善者好之而惡者不惡，則必其有苟合之行。惡者惡之而善者不好，則必其無可好之實。

子曰：「君子易事而難說也：說之不以道，不說也；及其使人也，器之。小人難事而易說也：說之雖不以道，說也；及其使人也，求備焉。」易，去聲。說，音

❶「尤」，吴刻本作「猶」。

悅。○器之，謂隨其材器而使之也。君子之心公而恕，小人之心私而刻。天理人欲之間，每相反而已矣。

子曰：「君子泰而不驕，小人驕而不泰。」君子循理，故安舒而不矜肆。小人逞欲，故反是。

子曰：「剛、毅、木、訥，近仁。」程子曰：「木者，質樸。訥者，遲鈍。四者，質之近乎仁者也。」○楊氏曰：「剛、毅則不屈於物欲，木、訥則不至於外馳，故近仁。」

子路問曰：「何如斯可謂之士矣？」子曰：「切切、偲偲，怡怡如也，可謂士矣。朋友切切、偲偲，兄弟怡怡。」胡氏曰：「切切，懇到也。偲偲，詳勉也。怡怡，和說也。皆子路所不足，故告之。又恐其混於所施，則兄弟有賊恩之禍，朋友有善柔之損，故又別而言之。」

子曰：「善人教民七年，亦可以即戎矣。」教民者，教之孝悌忠信之行，務農講武之法。即，就也。戎，兵也。民知親其上，死其長，故可以即戎。○程子曰：「七年云者，聖人度其時可矣。如云期月、三年、百年、一世、大國五年、小國七年之類，皆當思其作爲如何乃有益。」

子曰：「以不教民戰，是謂棄之。」以，用也。言用不教之民以戰，必有敗亡之禍，是棄其民也。

憲問第十四

胡氏曰：「此篇疑原憲所記。」凡四十七章。

憲問恥。子曰：「邦有道，穀；邦無道，穀，恥也。」憲，原思名。穀，祿也。邦有道不能有爲，邦無道不能獨善，而但知食祿，皆可恥也。憲之狷介，其於「邦無道，穀」之可恥，固知之矣；至於「邦有道，穀」之可恥，則未必知也。故夫子因其問而並言之，以廣其志，使知所以自勉而進於有爲也。

「克、伐、怨、欲不行焉，可以爲仁矣？」此亦原憲以其所能而問也。克，好勝。伐，自矜。怨，忿恨。欲，貪欲。子曰：「可以爲難矣，仁則吾不知也。」有是四者而能制之，使不得行，可謂難矣。仁則天理渾然，自無四者之累，不行不足以言之也。○程子曰：「人而無克、伐、怨、欲，惟仁者能之。

有之而能制其情，使不行，斯亦難能也。謂之仁則未也。此聖人開示之深，惜乎憲之不能再問也。」或曰：「四者不行，固不得爲仁矣。然亦豈非所謂克己之事，求仁之方乎？」曰：「克去己私以復乎禮，則私欲不留，而天理之本然者得矣。若但制而不行，則是未有拔去病根之意，而容其潛藏隱伏於胸中也。豈克己求仁之謂哉？學者察於二者之間，則其所以求仁之功，益親切而無滲漏矣。」

子曰：「士而懷居，不足以爲士矣。」

居，謂意所便安處也。

子曰：「邦有道，危言危行；邦無道，危行言孫。」行、孫，並去聲。○危，高峻也。孫，卑順也。尹氏曰：「君子之持身不可變也，至於言則有時而不敢盡，以避禍也。然則爲國者使士言孫，豈不殆哉？」

子曰：「有德者必有言，有言者不必有德；仁者必有勇，勇者不必有仁。」有德者，和順積中，英華發外。能言者，或便佞口給而已。仁者，心無私累，見義必爲。勇者，或血氣之强而已。○尹氏曰：「有德者必有言，徒能言者未必有德也。仁者志必勇，徒能勇者未必有仁也。」

南宮适問於孔子曰：「羿善射，奡盪舟，俱不得其死然。禹、稷躬稼，而有天下。」夫子不答。南宮适出，子曰：「君子哉若人！尚德哉若人！」适，古活反。羿，音詣。奡，五報反。盪，土浪反。○南宮适，即南容也。羿，有窮之君，善射，滅夏后相而篡其位。其臣寒浞又殺羿而代之。奡，《春秋傳》作「澆」，浞之子也，力能陸地行舟，後爲夏后少康所誅。禹平水土暨稷播種，身親稼穡之事。禹受舜禪而有天下，稷之後至周武王亦有天下。适之意，蓋以羿、奡比當世之有權力者，而以禹、稷比孔子也。故孔子不答。然适之言如此，可謂君子之人，而有尚德之心矣，不可以不與。故俟其出而贊美之。

子曰：「君子而不仁者有矣，夫未有小人而仁者也。」夫，音扶。○謝氏曰：「君子志於仁矣，然毫忽之間，心不在焉，則未免爲不仁也。」

子曰：「愛之，能勿勞乎？忠焉，能勿誨乎？」蘇氏曰：「愛而勿勞，禽犢之愛也。忠而勿誨，婦寺之忠也。愛而知勞之，則其爲愛也深矣。忠而知誨之，則其爲忠也大矣。」

子曰：「爲命，裨諶草創之，世叔討

論之，行人子羽脩飾之，東里子産潤色之。」裨，婢之反。諶，時林反。○裨諶以下四人，皆鄭大夫。草，略也。創，造也，謂造爲草稿也。世叔，游吉也，《春秋傳》作子太叔。討，尋究也。論，講議也。行人，掌使之官。子羽，公孫揮也。脩飾，謂增損之。東里，地名，子産所居也。潤色，謂加以文采也。鄭國之爲辭命，必更此四賢之手而成，詳審精密，各盡所長。是以應對諸侯，鮮有敗事。孔子言此，蓋善之也。

或問子産。子曰：「惠人也。」子産之政，不專於寬，然其心則一以愛人爲主。故孔子以爲惠人，蓋舉其重而言也。問子西。曰：「彼哉！彼哉！」子西，楚公子申，能遜楚國，立昭王，而改紀其政，亦賢大夫也。然不能革其僭王之號。昭王欲用孔子，又沮止之。其後卒召白公以致禍亂，則其爲人可知矣。彼哉者，外之之詞。問管仲。曰：「人也。奪伯氏駢邑三百，飯疏食，没齒無怨言。」人也，猶言此人也。伯氏，齊大夫。駢邑，地名。齒，年也。蓋威公奪伯氏之邑以與管仲，❶伯氏自知己罪，而心服管仲之功，故窮約以終身而無怨言。荀卿所謂「與之書社三百，而富人莫之敢拒」者，即此事也。○或問：「管仲、子産孰優？」曰：「管仲之德，不勝其才。子産之才，不勝其德。然於聖人之學，則概乎其未有聞也。」

子曰：「貧而無怨難，富而無驕易。」易，去聲。○處貧難，處富易，人之常情。然人當勉其難，而不可忽其易也。

子曰：「孟公綽爲趙、魏老則優，不可以爲滕、薛大夫。」公綽，魯大夫。趙、魏，晉卿之家。老，家臣之長。大家勢重，而無諸侯之事；家老望尊，而無官守之責。優，有餘也。滕、薛，二國名。大夫，任國政者。滕、薛國小政繁，大夫位高責重。然則公綽蓋廉静寡欲，而短於才者也。○楊氏曰：❷「知之弗豫，枉其才而用之，則爲棄人矣。此君子所以患不知人也。言此，則孔子之用人可知矣。」

子路問成人。子曰：「若臧武仲之知，公綽之不欲，卞莊子之勇，冉求之藝，文之以禮樂，亦可以爲成人矣。」知，去聲。○成人，猶言全人。武仲，魯大夫，名紇。莊子，魯卞邑大夫。言兼此四子之長，則知足以窮理，廉足以養心，勇足以力行，藝足以泛應。而又節之以禮，和之以樂，使德成

---

❶「威」，吴刻本作「桓」，作「威」係避諱。

❷「楊」，吴刻本作「胡」。

於内，而文見乎外。則材全德備，渾然不見一善成名之跡；中正和樂，粹然無復偏倚駁雜之蔽，而其爲人也亦成矣。然「亦」之爲言，非其至者，蓋就子路之所可及而語之也。若論其至，則非聖人之盡人道，不足以語此。

曰：「今之成人者何必然？見利思義，見危授命，久要不忘平生之言，亦可以爲成人矣。」復加「曰」字者，既答而復言也。授命，言不愛其生，持以與人也。久要，舊約也。平生，平日也。有是忠信之實，則雖其才知禮樂有所未備，亦可以爲成人之次也。○程子曰：「知之明，信之篤，行之果，天下之達德也。若孔子所謂成人，亦不出此三者。武仲，知也；公綽，仁也；卞莊子，勇也；［冉求，藝也］。❶須是合此四人之能，文之以禮樂，亦可以爲成人矣。然而論其大成，則不止於此。若今之成人，有忠信而不及於禮樂，則又其次者也。」又曰：「臧武仲之知，非正也。若文之以禮樂，則無不正矣。」又曰：「語成人之名，非聖人孰能之？孟子曰：『惟聖人然後可以踐形。』如此方可以稱成人之名。」○胡氏曰：「今之成人以下，乃子路之言。蓋不復聞斯行之之勇，而有終身誦之之固矣。未詳是否？」

子問公叔文子於公明賈曰：「信乎夫子不言、不笑、不取乎？」公叔文子，衛大夫公孫拔也。❷公明，姓；賈，名；亦衛人。文子爲人，其詳不可知，然必廉静之士，故當時以三者稱之。公明賈對曰：「以告者過也。夫子時然後言，人不厭其言；樂然後笑，人不厭其笑；義然後取，人不厭其取。」子曰：「其然，豈其然乎？」厭者，苦其多而惡之之辭。事適其可，則人不厭，而不覺其有是矣。是以稱之或過，而以爲不言、不笑、不取也。然此言也，非禮義充溢於中、得時措之宜者不能。文子雖賢，疑未及此，但君子與人爲善，不欲正言其非也。故曰：「其然，豈其然乎？」蓋疑之也。

子曰：「臧武仲以防求爲後於魯，雖曰不要君，吾不信也。」要，平聲。○防，地名，武仲所封邑也。要，有挾而求也。武仲得罪奔邾，自邾如防，使請立後而避邑，以示若不得請，則將據邑以叛，是

---

❶「冉求藝也」，原脱，據殘宋本、元甲本、司禮監本、吴刻本補。

❷「拔」，原作「枝」，據仿元本、吴刻本、《禮記・檀弓》鄭注改。

要君也。○范氏曰：「要君者無上，罪之大者也。武仲之邑，受之於君。得罪出奔，則立後在君，非己所得專也。而據邑以請，由其好智而不好學也。」○楊氏曰：「武仲卑辭請後，其跡非要君者，而意實要之。夫子之言，亦《春秋》誅意之法也。」

子曰：「晉文公譎而不正，齊桓公正而不譎。」譎，古穴反。○晉文公，名重耳。齊威公，❶名小白。譎，詭也。二公皆諸侯盟主，攘夷狄以尊周室者也。雖其以力假仁，心皆不正，然威公伐楚，仗義執言，不由詭道，猶爲彼善於此。文公則伐衛以致楚，而陰謀以取勝，其譎甚矣。二君他事亦多類此，故夫子言此以發其隱。

子路曰：「桓公殺公子糾，召忽死之，管仲不死。」曰：「未仁乎？」糾，居黝反。召，音邵。○按《春秋傳》，齊襄公無道，鮑叔牙奉公子小白奔莒。及無知弑襄公，管夷吾、召忽奉公子糾奔魯。魯人納之，未克，而小白入，是爲威公。❷使魯殺子糾而請管、召，召忽死之，管仲請囚。鮑叔牙言於威公以爲相。子路疑管仲忘君事讎，忍心害理，不得爲仁也。子曰：「桓公九合諸侯，不以兵車，管仲之力也。如其仁！如其仁！」九，《春秋傳》作糾，督也，古字通用。不以兵車，言不假威力也。如其仁，言誰如其仁者，又再言以深許之。蓋管仲雖未得爲仁人，而其利澤及人，則有仁之功矣。

子貢曰：「管仲非仁者與？桓公殺公子糾，不能死，又相之。」與，平聲。相，去聲。○子貢意不死猶可，相之則已甚矣。子曰：「管仲相桓公，霸諸侯，一匡天下，民到於今受其賜。微管仲，吾其被髮左衽矣。被，皮寄反。衽，而審反。○霸，與伯同，長也。匡，正也。尊周室，攘夷狄，皆所以正天下也。微，無也。衽，衣衿也。被髮左衽，夷狄之俗也。豈若匹夫匹婦之爲諒也，自經於溝瀆而莫之知也。」諒，小信也。經，縊也。莫之知，人不知也。《後漢書》引此文，「莫」字上有「人」字。○程子曰：「威公，❸兄也。子糾，弟也。仲私於所事，輔之以爭國，非義也。威公殺之雖過，而糾之死實當。仲始與之同謀，遂與之同死，可也；知輔之爭爲不義，將自免以圖後功，亦可也。故聖人不責其死而稱其

❶「威」，吴刻本作「桓」，作「威」係避諱。下同。
❷「威」，吴刻本作「桓」，作「威」係避諱。下同。
❸「威」，吴刻本作「桓」，作「威」係避諱。下同。

功。若使威弟而糾兄，管仲所輔者正，威奪其國而殺之，則管仲之與威，不可同世之讎也。若計其後功而與其事威，聖人之言，無乃害義之甚，啓萬世反覆不忠之亂乎？如唐之王珪、魏徵，不死建成之難，而從太宗，可謂害於義矣。後雖有功，何足贖哉？」愚謂管仲有功而無罪，故聖人獨稱其功；王、魏先有罪而後有功，則不以相掩可也。

公叔文子之臣大夫僎，與文子同升諸公。僎，士免反。○臣，家臣。公，公朝。謂薦之與己同進爲公朝之臣也。子聞之曰：「可以爲文矣。」文者，順理而成章之謂。《謚法》亦有所謂「錫民爵位曰文」者。○洪氏曰：「家臣之賤而引之使與己並，有三善焉：知人，一也；忘己，二也；事君，三也。」

子言衛靈公之無道也，康子曰：「夫如是，奚而不喪？」夫，音扶。喪，去聲。○喪，失位也。孔子曰：「仲叔圉治賓客，祝鮀治宗廟，王孫賈治軍旅。夫如是，奚其喪？」仲叔圉，即孔文子也。三人皆衛臣，雖未必賢，而其才可用。靈公用之，又各當其才。○尹氏曰：「衛靈公之無道，宜喪也，而能用此三人，猶足以保其國。而況有道之君，能用天下之賢才者乎？《詩》曰：『無競維人，四方其訓之。』」

子曰：「其言之不怍，則爲之也難。」大言不慚，則無必爲之志，而不自度其能否矣。欲踐其言，豈不難哉？

陳成子弒簡公。成子，齊大夫，名恒。簡公，齊君，名壬。事在《春秋》哀公十四年。孔子沐浴而朝，告於哀公曰：「陳恒弒其君，請討之。」朝，音潮。○是時孔子致事居魯，沐浴齊戒以告君，重其事而不敢忽也。臣弒其君，人倫之大變，天理所不容，人人得誅之，況鄰國乎？故夫子雖已告老，而猶請哀公討之。公曰：「告夫三子！」夫，音扶，下「告夫」同。○三子，三家也。時政在三家，哀公不得自專，故使孔子告之。孔子曰：「以吾從大夫之後，不敢不告也。君曰告夫三子者？」孔子出而自言如此。意謂弒君之賊，法所必討，大夫謀國，義所當告，君乃不能自命三子，而使我告之耶？之三子告，不可。孔子曰：「以吾從大夫之後，不敢不告也。」以君命往告，而三子魯之强臣，素有無君之心，實與陳氏聲勢相倚，故沮其謀。而夫子復以此應之，其所以警之者深矣。○程子曰：「左氏記孔子之言曰：『陳恒弑其君，民之不予者半。以魯之衆，加齊之半，可克也。』此非孔子之言。誠若此言，是以力不以義也。若孔子之志，必將正名其罪，上告天子，下告方伯，而率與國以討之。至於所以勝齊者，孔子之餘事也，豈計魯人之衆寡哉？當是時，天下之亂極矣，因是足以正之，周室其復興乎？魯之君臣，終不從之，可勝惜哉！」○胡氏曰：「《春秋》之法：弑君之賊，人得而討之。仲尼此舉，先發後聞可也。」

子路問事君。子曰：「勿欺也，而犯之。」犯，謂犯顔諫爭。○范氏曰：「犯非子路之所難也，而以不欺爲難。故夫子教以先勿欺而後犯也。」

子曰：「君子上達，小人下達。」君子反天理，❶故日進乎高明；小人徇人欲，故日究乎汙下。

子曰：「古之學者爲己，今之學者爲人。」爲，去聲。○程子曰：「爲己，欲得之於己也。爲人，欲見知於人也。」○程子曰：「古之學者爲己，其終至於成物。今之學者爲人，其終至於喪己。」愚按：聖賢論學者用心得失之際，其説多矣，然未有如此言之切而要者。於此明辨而日省之，則庶乎其不昧於所從矣。

蘧伯玉使人於孔子。使，去聲，下同。○蘧伯玉，衛大夫，名瑗。孔子居衛，嘗主於其家。既而反魯，故伯玉使人來也。孔子與之坐而問焉，曰：「夫子何爲？」對曰：「夫子欲寡其過而未能也。」使者出，子曰：「使乎！使乎！」與之坐，敬其主以及其使也。夫子，指伯玉也。言其但欲寡過而猶未能，則其省身克己，常若不及之意可見矣。使者之言愈自卑約，而其主之賢益彰，亦可謂深知君子之心而善於詞令者矣。故夫子再言「使乎」以重美之。按：莊周稱「伯玉行年五十而知四十九年之非。」又曰：「伯玉行年六十而六十化。」蓋其進德之功，老而不倦。是以踐履篤實，光輝宣著，不惟使者知之，而夫子亦信之也。

子曰：「不在其位，不謀其政。」重出。

曾子曰：「君子思不出其位。」此《艮卦》之《象[辭》也]。❷曾子蓋嘗稱之，記者因上章之語而類記之也。○范氏曰：「物各止其所，而天下之理得矣。故君子所思不出其位，而君臣、上下、大小，皆得其

❶ 「反」，同「返」。殘宋本、元甲本、司禮監本、吴刻本作「循」。

❷ 「辭也」，原脱，據司禮監本、吴刻本補。

職也。」

子曰：「君子恥其言而過其行。」行，去聲。○恥者，不敢盡之意。過者，欲有餘之詞。

子曰：「君子道者三，我無能焉：仁者不憂，知者不惑，勇者不懼。」知，去聲。○自責以勉人也。子貢曰：「夫子自道也。」道，言也。自道，猶云謙辭。○尹氏曰：「成德以仁爲先，進學以知爲先。故夫子之言，其序有不同者以此。」

子貢方人。子曰：「賜也賢乎哉？夫我則不暇。」夫，音扶。○方，比也。乎哉，疑辭。比方人物而較其短長，雖亦窮理之事，然專務爲此，則心馳於外，而所以自治者疏矣。故褒之而疑其詞，復自貶以深抑之。○謝氏曰：「聖人責人，辭不迫切而意已獨至如此。」

子曰：「不患人之不己知，患其不能也。」凡章指同而文不異者，一言而重出也。文小異者，屢言而各出也。此章凡四見，而文皆有異，則聖人於此一事，蓋屢言之，其丁寧之意亦可見矣。

子曰：「不逆詐，不億不信，抑亦先覺者，是賢乎！」逆，未至而迎之也。億，未見而意之也。詐，謂人欺己。不信，謂人疑己。抑，反語辭。言雖不逆不億，而於人之情僞，自然先覺，乃爲賢也。○楊氏曰：「君子一於誠而已，然未有誠而不明者。故雖不逆詐、不億不信，而常先覺也。若夫不逆不億而卒爲小人所罔焉，斯亦不足觀也已。」

微生畝謂孔子曰：「丘何爲是棲棲者與？無乃爲佞乎？」與，平聲。○微生姓，畝名也。畝名呼夫子而辭甚倨，蓋有齒德而隱者。棲棲，依依也。爲佞，言其務爲口給以悦人也。孔子曰：「非敢爲佞也，疾固也。」疾，惡也。固，執一而不通也。聖人之於達尊，禮恭而言直如此，其警之亦深矣。

子曰：「驥不稱其力，稱其德也。」驥，善馬之名。德，謂調良也。○尹氏曰：「驥雖有力，其稱在德。人有才而無德，則亦奚足尚哉？」

或曰：「以德報怨，何如？」或人所稱，今見《老子》書。德，謂恩惠也。子曰：「何以報德？言於其所怨，既以德報之矣，則人之有德於我者，又將何以報之乎？以直報怨，以德報德。」於其所怨者，愛憎取舍，一以至公而無私，所謂直也。於其所德者，則必以德報之，不可忘也。○或人之言，可謂厚矣。然以聖人之言觀之，則見其出於有意之私，而怨德之報皆不得其平也。必如夫子之言，然後二者之報各得其所。然怨有不讎，而德無不報，則又未嘗不厚也。此章之言，明白簡約，而其指意曲折反復，如造化之簡易易知，而微妙無窮，學者所宜詳玩也。

子曰：「莫我知也夫！」夫，音扶。○夫子自歎，以發子貢之問也。子貢曰：「何爲其莫知子也？」子曰：「不怨天，不尤人，下學而上達。知我者其天乎！」不得於天而不怨天，不合於人而不尤人，但知下學而自然上達。此但自言其反己自修，循序漸進耳，無以甚異於人而致其知也。然深味其語意，則見其中自有人不及知而天獨知之之妙。蓋在孔門，惟子貢之智幾足以及此，故特語以發之。惜乎其猶有所未達也！○程子曰：「不怨天，不尤人，在理當如此。」又曰：「下學上達，意在言表。」又曰：「學者須守下學上達之語，乃學之要。蓋凡下學人事，便是上達天理。然習而不察，則亦不能以上達矣。」

公伯寮愬子路於季孫。子服景伯以告，曰：「夫子固有惑志於公伯寮，吾力猶能肆諸市朝。」朝，音潮。○公伯寮，魯人。子服氏，景謚，伯字，魯大夫子服何也。夫子，指季孫。言其有疑於寮之言也。肆，陳尸也。言欲誅寮。子曰：「道之將行也與？命也。道之將廢也與？命也。公伯寮其如命何！」與，平聲。○謝氏曰：「雖寮之愬行，亦命也。其實寮無如之何。」愚謂言此以曉景伯，安子路，而警伯寮耳。聖人於利害之際，則不待決於命而後泰然也。

子曰：「賢者辟世，辟，去聲，下同。○天下無道而隱，若伯夷、太公是也。其次辟地，去亂國，適治邦。其次辟色，禮貌衰而去。其次辟言。」有違言而後去也。○程子曰：「四者雖以大小次第言之，然非有優劣也，所遇不同爾。」

子曰：「作者七人矣。」李氏曰：「作，起也。言起而隱去者，今七人矣。不可知其誰何。必求其人以實之，則鑿矣。」

子路宿於石門。晨門曰：「奚自？」子路曰：「自孔氏。」曰：「是知其不可而爲之者與？」與，平聲。○石門，地名。晨門，掌晨啓門，蓋賢人隱於抱關者也。自，從也，問其何所從來也。胡氏曰：「晨門知世之不可而不爲，故以是譏孔子。然不知聖人之視天下，無不可爲之時也。」

子擊磬於衛，有荷蕢而過孔氏之門者，曰：「有心哉！擊磬乎！」荷，去聲。○磬，樂器。荷，擔也。蕢，草器也。此荷蕢者，亦隱士也。聖人之心未嘗忘天下，此人聞其磬聲而知之，則亦非常人矣。既而曰：「鄙哉！硜硜乎！莫己知也，斯已而已矣。深則厲，淺則揭。」硜，苦耕反。莫己之己，音紀，餘音以。揭，起例反。○硜硜，石聲，亦專確之意。以衣涉水曰厲，攝衣涉水曰揭。此兩句，《衛風·匏有苦葉》之詩也。譏孔子人不知己而不止，不能適淺深之宜。子曰：「果哉！末之難矣。」果哉，歎其果於忘世也。末，無也。聖人心同天地，視天下猶一家，中國猶一人，不能一日忘也。故聞荷蕢之言，而歎其果於忘世。且言人之出處，若但如此，則亦無所難矣。

子張曰：「《書》云：『高宗諒陰，三年不言。』何謂也？」高宗，商王武丁也。諒陰，天子居喪之名，未詳其義。子曰：「何必高宗，古之人皆然。君薨，百官總己以聽於冢宰三年。」言君薨，則諸侯亦然。總己，謂總攝己職。冢宰，大宰也。百官聽於冢宰，故君得以三年不言也。○胡氏曰：「位有貴賤，而生於父母無以異者。故三年之喪，自天子達「於庶人」。❶子張非疑此也，殆以爲人君三年不言，則臣下無所稟令，禍亂或由以起也。孔子告以聽於冢宰，則禍亂非所憂矣。」

子曰：「上好禮，則民易使也。」好、易，皆去聲。○謝氏曰：「禮達而分定，故民易使。」

子路問君子。子曰：「脩己以敬。」曰：「如斯而已乎？」曰：「脩己以安人。」曰：「如斯而已乎？」曰：「脩己以安百姓。脩己以安百姓，堯舜其猶病諸！」脩己以敬，夫子之言至矣盡矣。而子路少之，故再以其充積之盛，自然及物者告之，無他道也。人者，對己而言。百姓，則盡乎人矣。堯舜猶病，言不可以有加於此。以抑子路，使反求諸近也。蓋聖人之心無窮，世雖極治，然豈能必知四海之內，果無一物不得其所哉？故堯舜猶以安百姓爲病。若曰吾治已足，則非所以爲聖人矣。○程子曰：「君子脩己以安百姓，篤恭而天下平。唯上下一於恭敬，則天地自位，萬物自育，氣無不和，而四靈畢至矣。此體信達順之道，聰明睿知皆由是

❶「於庶人」，原脱，據元甲本、司禮監本補。

出，以此事天饗帝。」

原壤夷俟。子曰：「幼而不孫弟，長而無述焉，老而不死，是爲賊！」以杖叩其脛。孫、弟，並去聲。長，上聲。叩，音口。脛，其定反。○原壤，孔子之故人，母死而歌，蓋老氏之流，自放於禮法之外者。夷，蹲踞也。俟，待也。言見孔子來而蹲踞以待之也。述，猶稱也。賊者，害人之名。以其自幼至長，無一善狀，而久生於世，徒足以敗常亂俗，則是賊而已矣。脛，足骨也。孔子既責之，而因以所曳之杖微擊其脛，若使勿蹲踞然。

闕黨童子將命。或問之曰：「益者與？」與，平聲。○闕黨，黨名。童子，未冠者之稱。將命，謂傳賓主之言。或人疑此童子學有進益，故孔子使之傳命以寵異之也。子曰：「吾見其居於位也，見其與先生並行也。非求益者也，欲速成者也。」禮，童子當隅坐隨行。孔子言吾見此童子不循此禮，非能求益，但欲速成爾。故使之給使令之役，觀長少之序，習揖遜之容。蓋所以抑而教之，非寵而異之也。

論語卷第八

朱熹集注

衛靈公第十五

凡四十一章。

衛靈公問陳於孔子。孔子對曰：「俎豆之事，則嘗聞之矣；軍旅之事，未之學也。」明日遂行。陳，去聲。○陳，謂軍師行伍之列。俎豆，禮器。尹氏曰：「衛靈公，無道之君也，復有志於戰伐之事，故答以未學而去之。」在陳絶糧，從者病，莫能興。從，去聲。○孔子去衛適陳。興，起也。子路愠見，曰：「君子亦有窮乎？」子曰：「君子固窮，小人窮斯濫矣。」見，賢徧反。○何氏曰：「濫，溢也。」言君子固有窮時，不若小人窮則放溢爲非。」程子曰：「固窮者，固守其窮。」亦通。○愚謂聖人當行而行，無所顧慮，處困而亨，無所怨悔，於此可見。學者宜深味之。

子曰：「賜也，女以予爲多學而識之者與？」女，音汝。識，音志。與，平聲，下同。○子貢之學，多而能識矣。夫子欲其知所本也，故問以發之。對曰：「然。非與？」方信而忽疑，蓋其積學功至，而亦將有得也。曰：「非也。予一以貫之。」説見第四篇。然彼以行言，而此以知言也。○謝氏曰：「聖人之道大矣，人不能徧觀而盡識，宜其以爲多學而識之也。然聖人豈務博者哉？如天之於衆形，匪物物刻而雕之也。故曰：『予一以貫之。』『德輶如毛，毛猶有倫。上天之載，無聲無臭。』至矣！」尹氏曰：「孔子之於曾子，不待其問而直告之以此，曾子復深喻之曰『唯』。若子貢，則先發其疑而後告之，而子貢終亦不能如曾子之『唯』也。二子所學之淺深，於此可見。」愚按：夫子之於子貢，屢有以發之，而他人不與焉。則顔、曾以下諸子所學之淺深，又可見矣。

子曰：「由！知德者鮮矣。」鮮，上聲。○由，呼子路之名而告之也。德，謂義理之得於己者。非己有之，不能知其意味之實也。○自第一章至此，疑皆一時之言。此章蓋爲愠見發也。

子曰：「無爲而治者，其舜也與？夫何爲哉？恭己正南面而已矣。」與，平聲。夫，音扶。○無爲而治者，聖人德盛而民化，不待其有所作爲也。獨稱舜者，紹堯之後，而又得人以任衆職，故尤不見其有爲之跡也。恭己者，聖人敬德之容。既無所爲，則人之所見如此而已。

子張問行。猶問達之意也。子曰：「言忠信，行篤敬，雖蠻貊之邦行矣；言不忠信，行不篤敬，雖州里行乎哉？行篤、行不之行，去聲。貊，亡百反。○子張意在得行於外，故夫子反於身而言之，猶答干祿問達之意也。篤，厚也。蠻，南蠻。貊，北狄。二千五百家爲州。立，則見其參於前也；在輿，則見其倚於衡也。夫然後行。」參，七南反。夫，音扶。○其者，指忠信、篤敬而言。參，讀如「毋往參焉」之「參」，言與我相參也。衡，軛也。言其於忠信、篤敬念念不忘，隨其所在，常若有見，雖欲頃刻離之而不可得。然後一言一行，自然不離於忠信、篤敬，而蠻貊可行也。子張書諸紳。紳，大帶之垂者。書之，欲其不忘也。○程子曰：「學要鞭辟近裏，著己而已。博學而篤志，切問而近思；言忠信，行篤敬；立則見其參於前，在輿則見其倚於衡；只此是學。❶質美者明得盡，查滓便渾化，却與天地同體。其次惟莊敬以持養之，及其至則一也。」

子曰：「直哉史魚！邦有道，如矢；邦無道，如矢。史，官名。魚，衛大夫，名鰌。如矢，言直也。史魚自以不能進賢退不肖，既死猶以尸諫，故夫子稱其直。事見《家語》。君子哉蘧伯玉！邦有道，則仕；邦無道，則可卷而懷之。」伯玉出處，合於聖人之道，故曰君子。卷，收也。懷，藏也。如於孫林父、甯殖放弑之謀，不對而出，亦其事也。○楊氏曰：「史魚之直，未盡君子之道。若蘧伯玉，然後可免於亂世。若史魚之如矢，則雖欲卷而懷之，有不可得也。」

子曰：「可與言而不與之言，失人；不可與言而與之言，失言。知者不失人，亦不失言。」知，去聲。

子曰：「志士仁人，無求生以害仁，有殺身以成仁。」志士，有志之士。仁人，則成德之

❶「只」，司禮監本作「即」。

人也。理當死而求生，則於其心有不安矣，是害其心之德也。當死而死，則心安而德全矣。○程子曰：「實理得之於心自別。實理者，實見得是，實見得非也。古人有捐軀隕命者，若不實見得，惡能如此？須是實見得生不重於義，生不安於死也。故有殺身以成仁者，只是成就一箇是而已。」

子貢問爲仁。子曰：「工欲善其事，必先利其器。居是邦也，事其大夫之賢者，友其士之仁者。」賢以事言，仁以德言。夫子嘗謂子貢悦不若己者，故以是告之。欲其有所嚴憚切磋以成其德也。○程子曰：「子貢問爲仁，非問仁也，故孔子告之以爲仁之資而已。」

顏淵問爲邦。顏子王佐之才，故問治天下之道。曰爲邦者，謙辭。子曰：「行夏之時，夏時，謂以斗柄初昏建寅之月爲歲首也。天開於子，地闢於丑，人生於寅，故斗柄建此三辰之月，皆可以爲歲首。而三代迭用之，夏以寅爲人正，商以丑爲地正，周以子爲天正也。然時以作事，則歲月自當以人爲紀。故孔子嘗曰「吾得夏時焉」，而説者以爲謂《夏小正》之屬。蓋取其時之正與其令之善，而於此又以告顏子也。乘殷之輅，輅，音路，亦作路。○商輅，木輅也。輅者，大車之名。古者以木爲車而已，至商而有輅之名，蓋始異其制也。周人飾以金玉，則過侈而易敗，不若商輅之樸素渾堅而等威已辨，爲質而得其中也。服周之冕，周冕有五，祭服之冠也。冠上有覆，前後有旒。黄帝以來，蓋已有之，而制度儀等，至周始備。然其爲物小，而加於衆體之上，故雖華而不爲靡，雖費而不及奢。夫子取之，蓋亦以爲文而得其中也。樂則《韶》、《舞》。取其盡善盡美。放鄭聲，遠佞人。鄭聲淫，佞人殆。」遠，去聲。○放，謂禁絶之。鄭聲，鄭國之音。佞人，卑諂辯給之人。殆，危也。○程子曰：「問政多矣，惟顏淵告之以此。蓋三代之制，皆因時損益，及其久也，不能無弊。周衰，聖人不作，故孔子斟酌先王之禮，立萬世常行之道，發此以爲之兆爾。由是求之，則餘皆可考也。」張子曰：「禮樂，治之法也。放鄭聲，遠佞人，法外意也。一日不謹，則法壞矣。虞、夏君臣更相飭戒，意蓋如此。」又曰：「法立而能守，則德可久，業可大。鄭聲佞人，能使人喪其所守，故放遠之。」尹氏曰：「此所謂百王不易之大法。孔子之作《春秋》，蓋此意也。孔、顏雖不得行之於時，然其爲治之法，可得而見矣。」

子曰：「人無遠慮，必有近憂。」蘇氏曰：「人之所履者，容足之外，皆爲無用之地，而不可廢也。故慮不在千里之外，則患在几席之下矣。」

子曰：「已矣乎！吾未見好德如好色者也。」好，去聲。○已矣乎，歎其終不得而見也。

子曰：「臧文仲其竊位者與？知柳下惠之賢，而不與立也。」者與之與，平聲。○竊位，言不稱其位而有愧於心，如盜得而陰據之也。柳下惠，魯大夫展獲，字禽，食邑柳下，謚曰惠。與立，謂與之並立於朝。范氏曰：「臧文仲爲政於魯，若不知賢，是不明也；知而不舉，是蔽賢也。不明之罪小，蔽賢之罪大。故孔子以爲不仁，又以爲竊位。」

子曰：「躬自厚而薄責於人，則遠怨矣。」遠，去聲。○責己厚，故身益脩；責人薄，故人易從。所以人不得而怨之。

子曰：「不曰『如之何，如之何』者，吾末如之何也已矣。」如之何，如之何者，熟思而審處之辭也。不如是而妄行，雖聖人亦無如之何矣。

子曰：「羣居終日，言不及義，好行小慧，難矣哉！」好，去聲。○小慧，私智也。言不及義，則放辟邪侈之心滋。好行小慧，則行險僥倖之機熟。難矣哉者，言其無以入德，而將有患害也。

子曰：「君子義以爲質，禮以行之，孫以出之，信以成之。君子哉！」孫，去聲。○義者制事之本，故以爲質幹。而行之必有節文，出之必以退遜，成之必在誠實，乃君子之道也。○程子曰：「義以爲質，如質幹然；禮行此，孫出此，信成此。此四句只是一事，以義爲本。」又曰：「敬以直內，則義以方外。義以爲質，則禮以行之，孫以出之，信以成之。」

子曰：「君子病無能焉，不病人之不己知也。」

子曰：「君子疾沒世而名不稱焉。」范氏曰：「君子學以爲己，不求人知。然沒世而名不稱焉，則無爲善之實可知矣。」

子曰：「君子求諸己，小人求諸人。」謝氏曰：「君子無不反求諸己，小人反是。此君子小人所以分也。」○楊氏曰：「君子雖不病人之不己知，然亦疾沒世而名不稱也。雖疾沒世而名不稱，然所以求者，亦反諸己而已。小人求諸人，故違道干譽，無所不至。三者文不相蒙，而義實相足，亦記言者之意。」

子曰：「君子矜而不爭，羣而不黨。」莊以持己曰矜。然無乖戾之心，故不爭。和以處衆曰羣。然無阿比之意，故不黨。

子曰：「君子不以言舉人，不以人廢言。」

子貢問曰：「有一言而可以終身行之者乎？」子曰：「其恕乎！己所不欲，勿施於人。」推己及物，其施不窮，故可以終身行之。○尹氏曰：「學貴於知要。子貢之問，可謂知要矣。孔子告以求仁之方也。推而極之，雖聖人之無我，不出乎此。終身行之，不亦宜乎？」

子曰：「吾之於人也，誰毀誰譽？如有所譽者，其有所試矣。譽，平聲。○毀者，稱人之惡而損其真。譽者，揚人之善而過其實。夫子無是也。然或有所譽者，則必嘗有以試之，而知其將然矣。聖人善善之速，而無所苟如此。若其惡惡，則已緩矣。是以雖有以前知其惡，而終無所毀也。斯民也，三代之所以直道而行也。」斯民者，今此之人也。三代，夏、商、周也。直道，無私曲也。言吾之所以無所毀譽者，蓋以此民，即三代之時所以善其善、惡其惡而無所私曲之民。故我今亦不得而枉其是非之實也。○尹氏曰：「孔子之於人也，豈有意於毀譽之哉？其所以譽之者，蓋試而知其美故也。斯民也，三代所以直道而行，豈得容私於其間哉？」

子曰：「吾猶及史之闕文也，有馬者借人乘之。今亡已夫！」夫，音扶。○楊氏曰：「史闕文、馬借人，此二事孔子猶及見之。今亡已夫，悼時之益偷也。」愚謂此必有爲而言。蓋雖細故，而時變之大者可知矣。○胡氏曰：「此章義疑，不可强解。」

子曰：「巧言亂德，小不忍則亂大謀。」巧言，變亂是非，聽之使人喪其所守。小不忍，如婦人之仁、匹夫之勇皆是。

子曰：「衆惡之，必察焉；衆好之，必察焉。」好、惡，並去聲。○楊氏曰：「惟仁者能好惡人。衆好惡之而不察，則或蔽於私矣。」

子曰：「人能弘道，非道弘人。」弘，廓而大之也。人外無道，道外無人。然人心有覺，而道體無爲，故人能大其道，道不能大其人也。○張子曰：「心能盡性，人能洪道也；❶性不知檢其心，非道洪人也。」

子曰：「過而不改，是謂過矣。」過而能

❶「洪」，吴刻本作「弘」，作「洪」係避諱。下同。

改，則復於無過。惟不改，則其過遂成，而將不及改矣。

子曰：「吾嘗終日不食，終夜不寢，以思，句。無益，句。不如學也。」此爲思而不學者言之。蓋勞心以必求，不如遜志而自得也。○李氏曰：「夫子非思而不學者，特垂語以教人爾。」

子曰：「君子謀道不謀食。耕也，餒在其中矣；學也，祿在其中矣。君子憂道不憂貧。」餒，奴罪反。○耕所以謀食，而未必得食。學所以謀道，而祿在其中。然其學也，憂不得乎道而已，非爲憂貧之故，而欲爲是以得祿也。○尹氏曰：「君子治其本而不恤其末，豈以在外者爲憂樂哉？」

子曰：「知及之，仁不能守之，雖得之，必失之。知，去聲。○知足以知此理，而私欲間之，則無以有之於身矣。知及之，仁能守之，不莊以涖之，則民不敬。涖，臨也。謂臨民也。知此理而無私欲以間之，則所知者在我而不失矣。然猶有不莊者，蓋氣習之偏，或有厚於內而不嚴於外者，是以民不見其可畏而慢易之。下句放此。知及之，仁能守之，莊以涖之，動之不以禮，未善也。」動之，動民也。猶曰鼓舞而作興之云爾。禮，謂義理之節文。○愚謂學至於仁，則善有諸己而大本立矣。涖之不莊，動之不以禮，乃其氣禀學問之小疵，然亦非盡善之道也。故夫子歷言之，使知德愈全則責愈備，不可以爲小節而忽之也。

子曰：「君子不可小知，而可大受也；小人不可大受，而可小知也。」此言觀人之法。知，我知之也。受，彼所受也。蓋君子於細事未必可觀，而材德足以任重；小人雖器量淺狹，而未必無一長可取。

子曰：「民之於仁也，甚於水火。水火，吾見蹈而死者矣，未見蹈仁而死者也。」民之於水火，所賴以生，不可一日無。其於仁也亦然。但水火外物，而仁在己。無水火，不過害人之身，而不仁則失其心。是仁有甚於水火，而尤不可以一日無也。❶況水火或有時而殺人，仁則未嘗殺人，亦何憚而不爲哉？○李氏曰：「此夫子勉人爲仁之語。」下章放此。

子曰：「當仁，不讓於師。」當仁，以仁爲己任也。雖師亦無所遜，言當勇往而必爲也。蓋仁

❶「無」下，司禮監本有「者」字。

者，人所自有而自爲之，非有爭也，何遜之有？○程子曰：「爲仁在己，無所與遜。若善名在外，則不可不遜。」

子曰：「君子貞而不諒。」貞，正而固也。諒，則不擇是非而必於信。

子曰：「事君，敬其事而後其食。」後，與後獲之後同。○食，禄也。君子之仕也，有官守者修其職，有言責者盡其忠。皆以敬吾之事而已，不可先有求禄之心也。

子曰：「有教無類。」人性皆善，而其類有善惡之殊者，氣習之染也。故君子有教，則人皆可以❶復於善，而不當復論其類之惡矣。

子曰：「道不同，不相爲謀。」爲，去聲。○不同，如善惡邪正之異。

子曰：「辭達而已矣。」辭，取達意而止，不以富麗爲工。

師冕見，及階，子曰：「階也。」及席，子曰：「席也。」皆坐，子告之曰：「某在斯，某在斯。」見，賢徧反。○師，樂師，瞽者。冕，名。再言某在斯，歷舉在坐之人以詔之。師冕出。子張問曰：「與師言之道與？」與，平聲。○聖門學者，於夫子之一言一動，無不存心省察如此。子曰：「然。固相師之道也。」相，去聲。○相，助也。古者瞽必有相，其道如此。蓋聖人於此，非作意而爲之，但盡其道而已。○尹氏曰：「聖人處己爲人，其心一致，無不盡其誠故也。有志於學者，求聖人之心，於斯亦可見矣。」○范氏曰：「聖人不侮鰥寡，不虐無告，可見於此。推之天下，無一物不得其所矣。」

季氏第十六

洪氏曰：「此篇或以爲《齊論》。」凡十四章。

季氏將伐顓臾。顓，音專。臾，音俞。○顓臾，國名，魯附庸也。冉有、季路見於孔子曰：「季氏將有事於顓臾。」見，賢徧反。○按《左傳》、《史記》，二子仕季氏不同時。此云爾者，疑子路嘗從孔

❶「當仁」至「則人皆可以」，底本原缺頁，據各本補。

子自衛反魯，再仕季氏，不久而復之衛也。孔子曰：「求！無乃爾是過與？與，平聲。○冉求爲季氏聚斂，尤用事。故夫子獨責之。夫顓臾，昔者先王以爲東蒙主，且在邦域之中矣，是社稷之臣也。何以伐爲？」夫，音扶。○東蒙，山名。先王封顓臾於此山之下，使主其祭，在魯地七百里之中。社稷，猶云公家。是時四分魯國，季氏取其二，孟孫、叔孫各有其一。獨附庸之國尚爲公臣，季氏又欲取以自益。故孔子言顓臾乃先王封國，則不可伐；在邦域之中，則不必伐；是社稷之臣，則非季氏所當伐也。此事理之至當，不易之定體，而一言盡其曲折如此，非聖人不能也。冉有曰：「夫子欲之，吾二臣者皆不欲也。」夫子，指季孫。冉有實與謀，以孔子非之，故歸咎於季氏。孔子曰：「求！周任有言曰：『陳力就列，不能者止。』危而不持，顛而不扶，則將焉用彼相矣？任，平聲。焉，於虔反。相，去聲，下同。○周任，古之良史。陳，布也。列，位也。相，瞽者之相也。言二子不欲則當諫，諫而不聽則當去也。且爾言過矣。虎兕出於柙，龜玉毁於櫝中，是誰之過與？」兕，徐履反。柙，户甲反。櫝，音獨。與，平聲。○兕，野牛也。柙，檻也。櫝，匱也。言在柙而逸，在櫝而毁，典守者不得辭其過。明二子居其位而不去，則季氏之惡，己不得不任其責也。冉有曰：「今夫顓臾，固而近於費。今不取，後世必爲子孫憂。」夫，音扶。○固，謂城郭完固。費，季氏之私邑。此則冉求之飾辭，然亦可見其實與季氏之謀矣。孔子曰：「求！君子疾夫舍曰欲之，而必爲之辭。夫，音扶。舍，上聲。○欲之，謂貪其利。丘也聞：有國有家者，不患寡而患不均，不患貧而患不安。蓋均無貧，和無寡，安無傾。寡，謂民少。貧，謂財乏。均，謂各得其分。安，謂上下相安。季氏之欲取顓臾，患寡與貧耳。然是時季氏據國，而魯公無民，則不均矣。君弱臣强，互生嫌隙，則不安矣。均則不患於貧而和，和則不患於寡而安，安則不相疑忌，而無傾覆之患。夫如是，故遠人不服，則脩文德以來之。既來之，則安之。夫，音扶。○内治脩，然後遠人服。有不服，則脩德以來之，亦不當勤兵於遠。今由與求也，相夫子，遠人不服而不能來也，邦分崩離析而不能守也。子路雖不與謀，而素不能輔之以義，亦不得爲無罪，故並責之。遠人，謂顓臾。分崩離析，謂四分公室，家臣屢叛。而謀動干戈於邦內。吾恐季孫之憂，不在顓臾，而在蕭牆之內也。」干，楯也。戈，戟也。蕭牆，屏也。言不均不和，內變將作。其後哀公果欲以越伐魯而去季氏。○謝氏曰：「當是時，三家强，公室弱，冉求又欲伐顓臾以附益之。夫子所以深罪之，爲其瘠魯以肥三家也。」○洪氏曰：「二子仕於季氏，凡季氏所欲爲，必以告於夫子。則因夫子之言而救止者，宜亦多矣。伐顓臾之事，不見於經傳，其以夫子之言而止也與？」

孔子曰：「天下有道，則禮樂征伐自天子出；天下無道，則禮樂征伐自諸侯出。自諸侯出，蓋十世希不失矣；自大夫出，五世希不失矣；陪臣執國命，三世希不失矣。先王之制，諸侯不得變禮樂，專征伐。陪臣，家臣也。逆理愈甚，則其失之愈速。大約世數，不過如此。天下有道，則政不在大夫。言不得專政。天下有道，則庶人不議。」上無失政，則下無私議。非箝其口使不敢言也。○此章通論天下之勢。

孔子曰：「祿之去公室，五世矣；政逮於大夫，四世矣；故夫三桓之子孫，微矣。」夫，音扶。○魯自文公薨，公子遂殺子赤，立宣公，而君失其政。歷成、襄、昭、定，凡五公。逮，及也。自季武子始專國政，歷悼、平、威子，❶凡四世，而爲家臣陽虎所執。三威，三家，皆威公之後。此以前章之說推之，而知其當然。❷○此章專論魯事，疑與前章皆定公時語。○蘇氏曰：「禮樂征伐自諸侯出，宜諸侯之强也。而魯以失政，政逮於大夫，宜大夫之强也，而三威以微。何也？强生於安，安生於上下之分定。今諸侯、大夫皆陵其上，則無以令其下矣。故皆不久而失之也。」

孔子曰：「益者三友，損者三友。友直，友諒，友多聞，益矣。友便辟，友善柔，友便佞，損矣。」便，平聲。辟，婢亦反。○友直，則聞其過。友諒，則進於誠。友多聞，則進於明。便，習熟也。便辟，謂習於威儀而不直。善柔，謂工於媚說而不諒。便佞，謂習於口語，而無聞見之實。三者損益，正相反也。○尹氏曰：「自天子至於庶人，未有不須友以成

---

❶「威」，吴刻本作「桓」，作「威」係避諱。下同。

❷「然」下，司禮監本、吴刻本有「也」字。

者。而其損益有如是者，可不謹哉？」

孔子曰：「益者三樂，損者三樂。樂節禮樂，樂道人之善，樂多賢友，益矣。樂驕樂，樂佚遊，樂宴樂，損矣。」樂，五教反。禮樂之樂，音岳。驕樂、宴樂之樂，音洛。○節，謂辨其制度聲容之節。驕樂，則侈肆而不知節。佚遊，則惰慢而惡聞善。宴樂，則淫溺而狎小人。三者損益，亦相反也。○尹氏曰：「君子之於好樂，可不謹哉？」

孔子曰：「侍於君子有三愆：言未及之而言，謂之躁；言及之而不言，謂之隱；未見顏色而言，謂之瞽。」君子，有德位之通稱。愆，過也。瞽，無目，不能察言觀色。○尹氏曰：「時然後言，則無三者之過矣。」

孔子曰：「君子有三戒：少之時，血氣未定，戒之在色；及其壯也，血氣方剛，戒之在鬬；及其老也，血氣既衰，戒之在得。」血氣，形之所待以生者，血陰而氣陽也。得，貪得也。隨時知戒，以理勝之，則不爲血氣所使也。○范氏曰：「聖人同於人者血氣也，異於人者志氣也。血氣有時而衰，志氣則無時而衰也。少未定、壯而剛、老而衰者，血氣也。戒於色、戒於鬬、戒於得者，志氣也。君子養其志氣，故不爲血氣所動，是以年彌高而德彌邵也。」

孔子曰：「君子有三畏：畏天命，畏大人，畏聖人之言。畏者，嚴憚之意也。天命者，天所賦之正理也。知其可畏，則其戒謹恐懼，自有不能已者。而付畀之重，可以不失矣。大人、聖言，皆天命所當畏。知畏天命，則不得不畏之矣。小人不知天命而不畏也，狎大人，侮聖人之言。」侮，戲玩也。不知天命，故不識義理，而無所忌憚如此。○尹氏曰：「三畏者，脩己之誠當然也。小人不務脩身誠己，則何畏之有？」

孔子曰：「生而知之者，上也；學而知之者，次也；困而學之，又其次也；困而不學，民斯爲下矣。」困，謂有所不通。言人之氣質不同，大約有此四等。○楊氏曰：「生知、學知以至困學，雖其質不同，然及其知之一也。故君子惟學之爲貴。困而不學，然後爲下。」

孔子曰：「君子有九思：視思明，聽思聰，色思溫，貌思恭，言思忠，事思敬，疑思問，忿思難，見得思義。」難，去聲。○視無所蔽，則明無不見。聽無所壅，則聰無不聞。色，見於面者。貌，舉身而言。思問，則疑不蓄。思難，則忿必懲。思義，則得不苟。○程子曰：「九思各專其一。」○謝氏曰：「未至於從容中道，無時而不自省察也，雖有不存焉者，寡矣。此之謂思誠。」

孔子曰：「見善如不及，見不善如探湯。吾見其人矣，吾聞其語矣。探，吐南反。○真知善惡而誠好惡之，顏、曾、閔、冉之徒，蓋能之矣。語，蓋古語也。隱居以求其志，行義以達其道。吾聞其語矣，未見其人也。」求其志，守其所達之道也。達其道，行其所求之志也。蓋惟伊尹、太公之流，可以當之。當時若顏子，亦庶乎此。然隱而未見，又不幸而蚤死，故夫子言然。❶

齊景公有馬千駟，死之日，民無德而稱焉。伯夷、叔齊餓于首陽之下，民到于今稱之。駟，四馬也。首陽，山名。其斯之謂與？與，平聲。○胡氏曰：「程子以爲第十二篇錯簡『誠不以富，亦祇以異』，當在此章之首。今詳文勢，似當在此句之上。言人之所稱，不在於富，而在於異也。」愚謂此說近是，而章首當有『孔子曰』字，蓋闕文耳。大抵此書後十篇多闕誤。

陳亢問於伯魚曰：「子亦有異聞乎？」亢，音剛。○亢以私意窺聖人，疑必陰厚其子。對曰：「未也。嘗獨立，鯉趨而過庭。曰：『學《詩》乎？』對曰：『未也。』『不學《詩》，無以言。』鯉退而學《詩》。事理通達，而心氣和平，故能言。他日又獨立，鯉趨而過庭。曰：『學禮乎？』對曰：『未也。』『不學禮，無以立。』鯉退而學禮。品節詳明，而德性堅定，故能立。聞斯二者。」當獨立之時，所聞不過如此，其無異聞可知。陳亢退而喜曰：「問一得三，聞《詩》，聞禮，又聞君子之遠其子也。」遠，去聲。○尹氏曰：「孔子之教其子，無異於門人，故陳亢以爲遠其子。」

邦君之妻，君稱之曰夫人，夫人自稱曰小童；邦人稱之曰君夫人，稱諸異邦

❶「言」，司禮監本、吳刻本作「云」。

曰寡小君；異邦人稱之，亦曰君夫人。

寡，寡德，謙辭。○吴氏曰：「凡《語》中所載如此類者，不知何謂。或古有之，或夫子嘗言之，不可考也。」

論語卷第九

朱熹集注

陽貨第十七

凡二十六章。

陽貨欲見孔子，孔子不見，歸孔子豚。孔子時其亡也，而往拜之，遇諸塗。歸，如字，一作饋。○陽貨，季氏家臣，名虎。嘗囚季威子而專國政。❶欲令孔子來見己，而孔子不往。貨以禮「大夫有賜於士，不得受於其家，則往拜其門」，故瞯孔子之亡而歸之豚，欲令孔子來拜而見之也。謂孔子曰：「來！予與爾言。」曰：「懷其寶而迷其邦，可謂仁乎？」曰：「不可。」「好從事而亟失時，可謂知乎？」曰：「不可。」「日月逝矣，歲不我與。」孔子曰：「諾。吾將仕矣。」好、亟、知，並去聲。○懷寶迷邦，謂懷藏道德，不救國之迷亂。亟，數也。失時，謂不及事幾之會。將者，且然而未必之辭。貨語皆譏孔子而諷使速仕。孔子固未嘗如此，而亦非不欲仕也，但不仕於貨耳。故直據理答之，不復與辯，若不諭其意者。○陽貨之欲見孔子，雖其善意，然不過欲使助己爲亂耳。故孔子不見者，義也。其往拜者，禮也。必時其亡而往者，欲其稱也。遇諸塗而不避者，不終絕也。隨問而對者，理之直也。對而不辯者，言之孫而亦無所詘也。○楊氏曰：「揚雄謂孔子於陽貨也，敬所不敬，爲詘身以信道。非知孔子者。蓋道外無身，身外無道。身詘矣而可以信道，吾未之信也。」

子曰：「性相近也，習相遠也。」此所謂性，兼氣質而言者也。氣質之性，固有美惡之不同矣。然以其初而言，則皆不甚相遠也。但習於善則善，習於惡則惡，於是始相遠耳。○程子曰：「此言氣質之性，非言性之本也。若言其本，則性即是理，理無不善，孟子

❶「威」，吴刻本作「桓」，作「威」係避諱。

之言性善是也。何相近之有哉？」

子曰：「惟上知與下愚不移。」知，去聲。○此承上章而言。人之氣質相近之中，又有美惡一定，而非習之所能移者。○程子曰：「人性本善，有不可移者，何也？語其性則皆善也，語其才則有下愚之不移。所謂下愚有二焉：自暴，自棄也。人苟以善自治，則無不可移，雖昏愚之至，皆可漸磨而進也。惟自暴者拒之以不信，自棄者絶之以不爲，雖聖人與居，不能化而入也，仲尼之所謂下愚也。然其質非必昏且愚也，往往彊戾而才力有過人者，商辛是也。聖人以其自絶於善，謂之下愚，然考其歸，則誠愚也。」或曰：「此與上章當合爲一，『子曰』二字，蓋衍文耳。」

子之武城，聞弦歌之聲。弦，琴瑟也。時子游爲武城宰，以禮樂爲教，故邑人皆弦歌也。夫子莞爾而笑，曰：「割雞焉用牛刀？」莞，華版反。焉，於虔反。○莞爾，小笑貌，蓋喜之也。因言其治小邑，何必用此大道也。子游對曰：「昔者偃也聞諸夫子曰：『君子學道則愛人，小人學道則易使也。』」易，去聲。○君子、小人，以位言之。子游所稱，蓋夫子之常言。言君子、小人，皆不可以不學。故武城雖小，亦必教以禮樂。子曰：「二三子！偃之言是也。前言戲之耳。」嘉子游之篤信，又以解門人之惑也。○治有大小，而其治之必用禮樂，則其爲道一也。但衆人多不能用，而子游獨行之。故夫子驟聞而深喜之，因反其言以戲之。而子游以正對，故復是其言，而自實其戲也。

公山弗擾以費畔，召，子欲往。弗擾，季氏宰。與陽貨共執威子，❶據邑以叛。子路不說，曰：「末之也已，何必公山氏之之也。」說，音悦。○末，無也。言道既不行，無所往矣，何必公山氏之往乎？」子曰：「夫召我者，而豈徒哉？如有用我者，吾其爲東周乎？」夫，音扶。○豈徒哉，言必用我也。爲東周，言興周道於東方。○程子曰：「聖人以天下無不可有爲之人，亦無不可改過之人，故欲往。然而終不往者，知其必不能改故也。」

子張問仁於孔子。孔子曰：「能行五者於天下，爲仁矣。」請問之。曰：「恭、寬、信、敏、惠。恭則不侮，寬則得衆，信則人任焉，敏則有功，惠則足以使人。」行

❶「威」，吴刻本作「桓」，作「威」係避諱。

是五者，則心存而理得矣。於天下，言無適而不然，猶所謂雖之夷狄不可棄者。五者之目，蓋因子張所不足而言耳。任，倚仗也，又言其效如此。○張敬夫曰：「能行此五者於天下，則其心公平而周徧可知矣。然恭其本與？」李氏曰：「此章與六言、六蔽、五美、四惡之類，皆與前後文體大不相似。」

佛肸召，子欲往。佛，音弼。肸，許密反。○佛肸，晉大夫趙氏之中牟宰也。子路曰：「昔者由也聞諸夫子曰：『親於其身爲不善者，君子不入也。』佛肸以中牟畔，子之往也，如之何？」子路恐佛肸之浼夫子，故問此以止夫子之行。親，猶自也。不入，不入其黨也。子曰：「然。有是言也。不曰堅乎，磨而不磷；不曰白乎，涅而不緇。磷，力刃反。涅，乃結反。○磷，薄也。涅，染皂物。言人之不善，不能浼己。○楊氏曰：「磨不磷，涅不緇，而後無可無不可。堅白不足，而欲自試於磨涅，其不磷緇也者幾希。」吾豈匏瓜也哉？焉能繫而不食？」焉，於虔反。○匏，瓠也。匏瓜繫於一處而不能飲食，人則不如是也。○張敬夫曰：「子路昔者之所聞，君子守身之常法。夫子今日之所言，聖人體道之大權也。然夫子於公山、佛肸之召皆欲往者，以天下無不可變之人，無不可爲之事也。其卒不往者，知其人之終不可變而事之終不可爲耳。一則生物之仁，一則知人之智也。」

子曰：「由也，女聞六言六蔽矣乎？」對曰：「未也。」女，音汝，下同。○蔽，遮掩也。居！吾語女。語，去聲。○禮：君子問更端，則起而對。故孔子諭子路，使還坐而告之。好仁不好學，其蔽也愚；好知不好學，其蔽也蕩；好信不好學，其蔽也賊；好直不好學，其蔽也絞；好勇不好學，其蔽也亂；好剛不好學，其蔽也狂。」好、知，並去聲。○六言皆美德，然徒好之而不學以明其理，則各有所蔽。愚，若可陷可罔之類。蕩，謂窮高極廣而無所止。賊，謂傷害於物。勇者，剛之發。剛者，勇之體。狂，躁率也。○范氏曰：「子路勇於爲善，其失之者，未能好學以明之也，故告之以此。曰勇、曰剛、曰信、曰直，又皆所以救其偏也。」

子曰：「小子！何莫學夫《詩》？夫，音扶。○小子，弟子也。《詩》，可以興，感發志意。可以觀，考見得失。可以羣，和而不流。可以怨。怨而不怒。邇之事父，遠之事君。人倫之道，《詩》無不備，二者舉重而言。多識於鳥獸草木之名。」其緒餘又足以資多識。○學《詩》之法，此章盡之。讀是經者，所宜盡心也。

子謂伯魚曰：「女爲《周南》、《召南》矣乎？人而不爲《周南》、《召南》，其猶正牆面而立也與？」女，音汝。與，平聲。○爲，猶學也。《周南》、《召南》，《詩》首篇名。所言皆脩身齊家之事。正牆面而立，言即其至近之地，而一物無所見，一步不可行。

子曰：「禮云禮云，玉帛云乎哉？樂云樂云，鐘鼓云乎哉？」敬而將之以玉帛，則爲禮；和而發之以鐘鼓，則爲樂。遺其本而專事其末，則豈禮樂之謂哉？○程子曰：「禮只是一箇序，樂只是一箇和。只此兩字，含畜多少義理。天下無一物無禮樂。且如置此兩倚，❶一不正，便是無序。無序便乖，乖便不和。又如賊盗至爲不道，❷然亦有禮樂。蓋必有總屬，必相聽順，乃能爲盗。不然，則叛亂無統，不能一日相聚而爲盗也。禮樂無處無之，學者要須識得。」

子曰：「色厲而内荏，譬諸小人，其猶穿窬之盗也與？」荏，而審反。與，平聲。○厲，威嚴也。荏，柔弱也。小人，細民也。穿，穿壁。窬，踰牆。言其無實盗名，而常畏人知也。

子曰：「鄉原，德之賊也。」鄉者，鄙俗之意。原與願同。《荀子》「原慤」，注「讀作願」是也。鄉原，鄉人之願者也。蓋其同流合汙以媚於世，故在鄉人之中，獨以願稱。夫子以其似德非德，而反亂乎德，故以爲德之賊而深惡之。詳見《孟子》末篇。

子曰：「道聽而塗説，德之棄也。」雖聞善言，不爲己有，是自棄其德也。○王氏曰：「君子多識前言往行以畜其德，道聽塗説，則棄之矣。」

子曰：「鄙夫可與事君也與哉？與，平聲。○鄙夫，庸惡陋劣之稱。其未得之也，患得之；既得之，患失之。何氏曰：「患得之，謂患不能得之。」苟患失之，無所不至矣。」小則吮癰

❶「倚」，殘宋本、元甲本、司禮監本、吴刻本作「椅」，係後起借字。

❷「賊盗」，元甲本、司禮監本、吴刻本乙倒。

舐痔，大則弒父與君，皆生於患失而已。○胡氏曰：「許昌靳裁之有言曰：『士之品大概有三：志於道德者，功名不足以累其心；志於功名者，富貴不足以累其心；志於富貴而已矣，❶則亦無所不至矣。』志於富貴，即孔子所謂鄙夫也。」

子曰：「古者民有三疾，今也或是之亡也。氣失其平則爲疾，故氣稟之偏者亦謂之疾。昔所謂疾，今亦無之，傷俗之益衰也。古之狂也肆，今之狂也蕩；古之矜也廉，今之矜也忿戾；古之愚也直，今之愚也詐而已矣。」狂者，志願太高。肆，謂不拘小節。蕩，則踰大閑矣。矜者，持守太嚴。廉，謂稜角陗厲。忿戾，則至於爭矣。愚者，暗昧不明。直，謂徑行自遂。詐，則挾私妄作矣。○范氏曰：「末世滋僞。豈惟賢者不如古哉？民性之蔽，亦與古人異矣。」

子曰：「巧言令色，鮮矣仁。」重出。

子曰：「惡紫之奪朱也，惡鄭聲之亂雅樂也，惡利口之覆邦家者。」惡，去聲。覆，芳服反。○朱，正色。紫，間色。雅，正也。利口，捷給。覆，傾敗也。○范氏曰：「天下之理，正而勝者常少，不正而勝者常多，聖人所以惡之也。利口之人，以是爲非，以非爲是，以賢爲不肖，以不肖爲賢。人君苟悅而信之，則國家之覆也不難矣。」

子曰：「予欲無言。」學者多以語言觀聖人，❷而不察其天理流行之實，有不待言而著者。是以徒得其言，而不得其所以言，故夫子發此以警之。子貢曰：「子如不言，則小子何述焉？」子貢正以言語觀聖人者，故疑而問之。子曰：「天何言哉？四時行焉，百物生焉，天何言哉？」四時行，百物生，莫非天理發見流行之實，不待言而可見。聖人一動一靜，莫非妙道精義之發，亦天而已，豈待言而顯哉？此亦開示子貢之切，惜乎其終不喻也。○程子曰：「孔子之道，譬如日星之明，猶患門人未能盡曉，故曰予欲無言。若顏子則便默識，其他則未免疑問，故曰小子何述。」又曰：「天何言哉？四時行焉，百物生焉，則可謂至明白矣。」愚按：此與前篇無隱之意相發，學者詳之。

孺悲欲見孔子，孔子辭以疾。將命者

❶「矣」，元甲本、司禮監本、吳刻本作「者」。

❷「語言」，司禮監本、吳刻本及注文作「言語」。

出户，取瑟而歌，使之聞之。孺悲，魯人，嘗學《士喪禮》於孔子。當是時，必有以得罪者，故辭以疾，而又使知其非疾，以警教之也。○程子曰：「此孟子所謂不屑之教誨，所以深教之也。」

宰我問：「三年之喪，期已久矣。期，音基，下同。○期，周年也。君子三年不爲禮，禮必壞；三年不爲樂，樂必崩。恐居喪不習而崩壞也。舊穀既没，新穀既升，鑽燧改火，期可已矣。」鑽，祖官反。○没，盡也。升，登也。燧，取火之木也。改火，春取榆柳之火，夏取棗杏之火，夏季取桑柘之火，秋取柞楢之火，冬取槐檀之火，亦一年而周也。已，止也。言期年則天運一周，時物皆變，喪至此可止也。❶○尹氏曰：「短喪之説，下愚且恥言之。宰我親學聖人之門，而以是爲問者，有所疑於心而不敢强焉爾。」子曰：「食夫稻，衣夫錦，於女安乎？」曰：「安。」夫，音扶，下同。衣，去聲。女，音汝，下同。○禮：父母之喪，既殯，食粥，粗衰。既葬，疏食，水飲，受以成布。期而小祥，始食菜果，練冠縓緣，要絰不除。無食稻、衣錦之理。夫子欲宰我反求諸心，自得其所以不忍者。故問之以此，而宰我不察也。「女安，則爲之！夫君子之居喪，食旨不甘，聞樂不樂，居處不安，故不爲也。今女安，則爲之！」樂，上如字，下音洛。○此夫子之言也。旨，亦甘也。初言女安則爲之，絶之之辭。又發其不忍之端，以警其不察，而再言女安則爲之以深責之。宰我出。子曰：「予之不仁也！子生三年，然後免於父母之懷。夫三年之喪，天下之通喪也。予也有三年之愛於其父母乎？」宰我既出，夫子懼其真以爲可安而遂行之，故深探其本而斥之，言由其不仁，故愛親之薄如此也。懷，抱也。又言君子所以不忍於親，而喪必三年之故。使之聞之，或能反求而終得其本心也。○范氏曰：「喪雖止於三年，然賢者之情則無窮也。特以聖人爲之中制而不敢過，故必俯而就之。非以三年之喪，爲足以報其親也。所謂三年而後免於父母之懷，特以責宰我之無恩，欲其有以跂而及之爾。」

子曰：「飽食終日，無所用心，難矣哉！不有博弈者乎？爲之，猶賢乎已。」

❶「也」，元甲本、仿宋本作「矣」。

博，局戲也。弈，圍棋也。已，止也。○李氏曰：「聖人非教人博弈也，所以甚言無所用心之不可爾。」

子路曰：「君子尚勇乎？」子曰：「君子義以爲上。君子有勇而無義爲亂，小人有勇而無義爲盜。」尚，上之也。君子爲亂，小人爲盜，皆以位而言者也。○尹氏曰：「義以爲尚，則其勇也大矣。子路好勇，故夫子以此救其失也。」○胡氏曰：「疑此子路初見孔子時問答也。」

子貢曰：「君子亦有惡乎？」子曰：「有惡：惡稱人之惡者，惡居下流而訕上者，惡勇而無禮者，惡果敢而窒者。」惡，去聲，下同。惟惡者之惡如字。訕，所諫反。○訕，謗毀也。窒，不通也。稱人惡則無仁厚之意，下訕上則無忠敬之心，勇無禮則爲亂，果而窒則妄作，故夫子惡之。曰：「賜也亦有惡乎？」「惡徼以爲知者，惡不孫以爲勇者，惡訐以爲直者。」徼，古堯反。知，孫，並去聲。訐，居謁反。○惡徼以下，子貢之言也。徼，伺察也。訐，謂攻發人之陰私。○楊氏曰：「仁者無不愛，則君子疑若無惡矣。子貢之有是心也，故問焉以質其是非。」○侯氏曰：「聖賢之所惡如此，所謂唯仁者能惡人也。」

子曰：「唯女子與小人爲難養也，近之則不孫，遠之則怨。」近、孫、遠，並去聲。○此小人，亦謂僕隸下人也。君子之於臣妾，莊以莅之，慈以畜之，則無二者之患矣。

子曰：「年四十而見惡焉，其終也已。」惡，去聲。○四十，成德之時，見惡於人，則止於此而已。勉人及時遷善改過也。○蘇氏曰：「此亦有爲而言，不知其爲誰也。」

微子第十八

此篇多記聖賢之出處。凡十一章。

微子去之，箕子爲之奴，比干諫而死。微、箕，二國名。子，爵也。微子，紂庶兄。箕子、比干，紂諸父。微子見紂無道，去之以存宗祀。箕子、比干皆諫，紂殺比干，囚箕子以爲奴，箕子因佯狂而受辱。孔子曰：「殷有三仁焉。」三人之行不同，而同出於至誠惻怛之意，故不咈乎愛之理，而有以全其心之德也。○楊氏曰：「此三人者，各得其本心，故同謂之仁。」

柳下惠爲士師，三黜。人曰：「子未可以去乎？」曰：「直道而事人，焉往而不三黜？枉道而事人，何必去父母之邦？」三，去聲。焉，於虔反。○士師，獄官。黜，退也。柳下惠三黜不去，而其辭氣雍容如此，可謂和矣。然其不能枉道之意，則有確乎其不可拔者。是則所謂必以其道，而不自失焉者也。○胡氏曰：「此必有孔子斷之之言，而亡之矣。」

齊景公待孔子，曰：「若季氏，則吾不能，以季、孟之間待之。」曰：「吾老矣，不能用也。」孔子行。魯三卿，季氏最貴，孟氏爲下卿。孔子去之，事見《世家》。然此言必非面語孔子，蓋自以告其臣，而孔子聞之爾。○程子曰：「季氏强臣，君待之之禮極隆，然非所以待孔子也。以季、孟之間待之，則禮亦至矣。然復曰『吾老矣，不能用也』，故孔子去之。蓋不繫待之輕重，特以不用而去爾。」

齊人歸女樂，季桓子受之，三日不朝，孔子行。歸，如字，或作饋。朝，音潮。○季威子，❶魯大夫，名斯。按《史記》，「定公十四年，孔子爲魯司寇，攝行相事。齊人懼，歸女樂以沮之。」○尹氏曰：「受女樂而怠於政事如此，其簡賢棄禮，不足與有爲可知矣。夫子所以行也，所謂見幾而作，不俟終日者與？」○范氏曰：「此篇記仁賢之出處，而折中以聖人之行，所以明中庸之道也。」

楚狂接輿歌而過孔子曰：「鳳兮！鳳兮！何德之衰？往者不可諫，來者猶可追。已而！已而！今之從政者殆而！」接輿，楚人，佯狂辟世。夫子時將適楚，故接輿歌而過其車前也。鳳，有道則見，無道則隱。接輿以比孔子，而譏其不能隱爲德衰也。來者可追，言及今尚可隱去。已，止也。而，語助辭。殆，危也。接輿蓋知尊孔子而趨不同者也。

孔子下，欲與之言。趨而辟之，不得與之言。辟，去聲。○孔子下車，蓋欲告之以出處之意。接輿自以爲是，故不欲聞而辟之也。

長沮、桀溺耦而耕，孔子過之，使子路問津焉。沮，七余反。溺，乃歷反。○二人，隱者。

❶「威」，吴刻本作「桓」，作「威」係避諱。

耦，並耕也。時孔子自楚反乎蔡。津，濟渡處。長沮曰：「夫執輿者爲誰？」子路曰：「爲孔丘。」曰：「是魯孔丘與？」曰：「是也。」曰：「是知津矣。」夫，音扶。與，平聲。○執輿，執轡在車也。蓋本子路御而執轡，今下問津，故夫子代之也。知津，言數周流，自知津處。問於桀溺，桀溺曰：「子爲誰？」曰：「爲仲由。」曰：「是魯孔丘之徒與？」對曰：「然。」曰：「滔滔者天下皆是也，而誰以易之？且而與其從辟人之士也，豈若從辟世之士哉？」耰而不輟。徒與之與，平聲。滔，吐刀反。辟，去聲。耰，音憂。○滔滔，流而不反之意。以，猶與也。言天下皆亂，將誰與變易之？而，汝也。辟人，謂孔子。辟世，桀溺自謂。耰，覆種也。亦不告以津處。子路行以告。夫子憮然曰：「鳥獸不可與同羣，吾非斯人之徒與而誰與？天下有道，丘不與易也。」憮，音武。與，如字。○憮然，猶悵然，惜其不喻己意也。言所當與同羣者，斯人而已，豈可絶人逃世以爲潔哉？天下若已平治，則我無用變易之。正爲天下無道，故欲以道易之耳。○程子曰：「聖人不敢有忘天下之心，故其言如此也。」○張子曰：「聖人之仁，不以無道必天下而棄之也。」

子路從而後，遇丈人，以杖荷蓧。子路問曰：「子見夫子乎？」丈人曰：「四體不勤，五穀不分。孰爲夫子？」植其杖而芸。蓧，徒弔反。植，音值。○丈人，亦隱者。蓧，竹器。分，辨也。五穀不分，猶言不辨菽麥爾，責其不事農業而從師遠遊也。植，立之也。芸，去草也。子路拱而立。知其隱者，敬之也。止子路宿，殺雞爲黍而食之，見其二子焉。食，音嗣。見，賢徧反。明日，子路行以告。子曰：「隱者也。」使子路反見之。至，則行矣。孔子使子路反見之，蓋欲告之以君臣之義。而丈人意子路必將復來，故先去之以滅其跡，亦接輿之意也。子路曰：「不仕無義。長幼之節，不可廢也；君臣之義，如之何其廢之？欲潔其身，而亂大倫。君子之仕也，行其義也。道之不行，已知之矣。」長，上聲。○子路述夫子之意如此。蓋丈人之接子路甚倨，而子路益恭，丈人因見其二子焉，則於長幼之節，固知其不可廢矣，故因其所明以曉之。倫，序也。人之大倫有五：父子有親，君臣有義，夫婦有別，長幼有序，朋友有信是也。仕所以行君臣之義，故雖知道之不行而不可廢。然謂之義，則事之可否，身之去就，亦自有不可苟者。是以雖不潔身以亂倫，亦非忘義以徇禄也。福州有國初時寫本，「路」下有「反子」二字，以此爲子路反而夫子言之也。未知是否。○范氏曰：「隱者爲高，故往而不反。仕者爲通，故溺而不止。不與鳥獸同羣，則決性命之情以饕富貴。此二者皆惑也，是以依乎中庸者爲難。惟聖人不廢君臣之義，而必以其正，所以或出或處而終不離於道也。」

逸民：伯夷、叔齊、虞仲、夷逸、朱張、柳下惠、少連。少，去聲，下同。○逸，遺逸。民者，無位之稱。虞仲，即仲雍，與大伯同竄荆蠻者。夷逸、朱張，不見經傳。少連，東夷人。子曰：「不降其志，不辱其身，伯夷、叔齊與！」與，平聲。謂：「柳下惠、少連，降志辱身矣。言中倫，行中慮，其斯而已矣。」中，去聲，下同。○柳下惠，事見上。倫，義理之次第也。慮，思慮也。中慮，言有意義合人心。少連事不可考，然《記》稱其「善居喪，三日不怠，三月不解，期悲哀，三年憂」。則行之中慮，亦可見矣。謂：「虞仲、夷逸，隱居放言，身中清，廢中權。仲雍居吴，斷髮文身，裸以爲飾。隱居獨善，合乎道之清。放言自廢，合乎道之權。我則異於是，無可無不可。」孟子曰：「孔子可以仕則仕，可以止則止，可以久則久，可以速則速。」所謂無可無不可也。○謝氏曰：「七人隱遯不汙則同，其立心造行則異。伯夷、叔齊，天子不得臣，諸侯不得友，蓋已遯世離羣矣，下聖人一等，此其最高與！柳下惠、少連，雖降志而不枉己，雖辱身而不求合，其心有不屑也。故言能中倫，行能中慮。虞仲、夷逸，隱居放言，則言不合先王之法者多矣，然清而不汙也，權而適宜也，與方外之士害義傷教而亂大倫者殊科。是以均謂之逸民。」○尹氏曰：「七人各守其一節，孔子則無可無不可，❶此所以常適其可，而異於逸民之徒也。揚雄曰：「觀乎聖人則見賢人。」是以孟子語夷、惠，亦必孔子斷之。」

大師摯適齊，大，音泰。○大師，魯樂官之長。摯，其名也。亞飯干適楚，三飯繚適蔡，四飯缺適秦。飯，扶晚反。繚，音了。○亞飯以下，以樂侑

❶「孔」上，司禮監本、吴刻本有「而」字。

食之官。干、繚、缺，皆名也。**鼓方叔入于河，**鼓，擊鼓者。方叔，名。河，河內。**播鼗武入于漢，**鼗，徒刀反。○播，搖也。鼗，小鼓。兩旁有耳，持其柄而搖之，則旁耳還自擊。武，名也。漢，漢中。**少師陽、擊磬襄入于海。**少，去聲。○少師，樂官之佐。陽、襄，二人名。襄即孔子所從學琴者。海，海島也。此記賢人之隱遁以附前章，然未必夫子之言也。末章放此。○張子曰：「周衰樂廢，夫子自衛反魯，一嘗治之。其後，伶人賤工識樂之正。及魯益衰，三威僭妄，❶自大師以下，皆知散之四方，踰河蹈海以去亂。聖人俄頃之助，功化如此。如有用我，期月而可，豈虛語哉？」

周公謂魯公曰：「君子不施其親，不使大臣怨乎不以。故舊無大故，則不棄也。無求備於一人。」施，陸氏本作弛，詩紙反。福本同。○魯公，周公子伯禽也。弛，遺棄也。以，用也。大臣非其人則去之，在其位則不可不用。大故，謂惡逆。○李氏曰：「四者皆君子之事，忠厚之至也。」○胡氏曰：「此伯禽受封之國，周公訓戒之辭。魯人傳誦，久而不忘也。其或夫子嘗與門弟子言之歟？」

周有八士：伯達、伯適、仲突、仲忽、叔夜、叔夏、季隨、季騧。騧，烏瓜反。○或曰成王時人，或曰宣王時人。蓋一母四乳而生八子也，然不可考矣。○張子曰：「記善人之多也。」○愚按：此篇孔子於三仁、逸民、師摯、八士，既皆稱贊而品列之；於接輿、沮、溺、丈人，又每有惓惓接引之意。皆衰世之志也，其所感者深矣。在陳之歎，蓋亦如此。三仁則無間然矣，其餘數君子者，亦皆一世之高士。若使得聞聖人之道，以裁其所過而勉其所不及，則其所立，豈止於此而已哉？

❶「威」，吴刻本作「桓」，作「威」係避諱。

論語卷第十

朱熹集注

子張第十九

此篇皆記弟子之言，而子夏爲多，子貢次之。蓋孔門自顏子以下，穎悟莫若子貢；自曾子以下，篤實無若子夏，故特記之詳焉。凡二十五章。

子張：「士見危致命，見得思義，祭思敬，喪思哀，其可已矣。」致命，謂委致其命，猶言授命也。四者立身之大節，一有不至，則餘無足觀。故言士能如此，則庶乎其可矣。

子張曰：「執德不弘，信道不篤，焉能爲有？焉能爲亡？」焉，於虔反。亡，讀作無，下同。○有所得而守之太狹，則德孤；有所聞而信之不篤，則道廢。焉能爲有亡，猶言不足爲輕重。

子夏之門人問交於子張。子張曰：「子夏云何？」對曰：「子夏曰：『可者與之，其不可者拒之。』」子張曰：「異乎吾所聞：君子尊賢而容衆，嘉善而矜不能。我之大賢與，於人何所不容？我之不賢與，人將拒我，如之何其拒人也？」賢與之與，平聲。○子夏之言迫狹，子張譏之是也。但其所言亦有過高之病。❶蓋大賢雖無所不容，然大故亦所當絕；不賢固不可以拒人，然損友亦所當遠。學者不可不察。

子夏曰：「雖小道，必有可觀者焉；致遠恐泥，是以君子不爲也。」泥，去聲。○小道，如農圃醫卜之屬。泥，不通也。○楊氏曰：「百家衆技，猶耳目鼻口，❷皆有所明而不能相通。非無可觀也，致遠則泥矣，故君子不爲也。」

子夏曰：「日知其所亡，月無忘其所能，可謂好學也已矣。」亡，讀作無。好，去聲。○亡，無也。謂己之所未有。○尹氏曰：「好學者日新而不失。」

❶「病」，司禮監本作「弊」。

❷「鼻口」，司禮監本作「口鼻」。

子夏曰：「博學而篤志，切問而近思，仁在其中矣。」四者皆學問思辨之事耳，未及乎力行而爲仁也。然從事於此，則心不外馳，而所存自熟，故曰仁在其中矣。○程子曰：「博學而篤志，切問而近思，何以言仁在其中矣？學者要思得之。了此，便是徹上徹下之道。」又曰：「學不博則不能守約，志不篤則不能力行。切問近思在己者，則仁在其中矣。」又曰：「近思者以類而推。」○蘇氏曰：「博學而志不篤，則大而無成；泛問遠思，則勞而無功。」

子夏曰：「百工居肆以成其事，君子學以致其道。」肆，謂官府造作之處。致，極也。工不居肆，則遷於異物而業不精。君子不學，則奪於外誘而志不篤。○尹氏曰：「學所以致其道也。百工居肆，必務成其事。君子之於學，可不知所務哉？」愚按：二説相須，其義始備。

子夏曰：「小人之過也必文。」文，去聲。○文，飾之也。小人憚於改過，而不憚於自欺，故必文以重其過。

子夏曰：「君子有三變：望之儼然，即之也温，聽其言也厲。」儼然者，貌之莊。温者，色之和。厲者，辭之確。○程子曰：「他人儼然則不温，温則不厲，惟孔子全之。」○謝氏曰：「此非有意於變，蓋並行而不相悖也，如良玉温潤而栗然。」

子夏曰：「君子信而後勞其民；未信，則以爲厲己也。信而後諫；未信，則以爲謗己也。」信，謂誠意惻怛而人信之也。厲，猶病也。事上使下，皆必誠意交孚，而後可以有爲。

子夏曰：「大德不踰閑，小德出入可也。」大德、小德，猶言大節、小節。閑，闌也，所以止物之出入。言人能先立乎其大者，則小節雖或未盡合理，亦無害也。○吴氏曰：「此章之言，不能無弊。學者詳之。」

子游曰：「子夏之門人小子，當灑掃、應對、進退，則可矣。抑末也，本之則無。如之何？」灑，色賣反。掃，素報反。○子游譏子夏弟子，於威儀容節之間則可矣。然此小學之末耳，推其本，如《大學》正心誠意之事，則無有。子夏聞之，曰：「噫！言游過矣！君子之道，孰先傳焉？孰後倦焉？譬諸草木，區以別矣。君子之道，焉可誣也？有始有卒者，其惟聖人乎！」別，彼列反。❶焉，於虔反。○倦，如誨人不倦之倦。區，猶類也。言君子之道，非以其末爲先而傳之，非以其本爲後而倦教。但學者所至，自有淺深，如草木之有大小，其類固有別矣。若不量其淺深，不問其生熟，而概以高且遠者强而語之，則是誣之而已。君子之道，豈可如此？若夫始終本末一以貫之，則惟聖人爲然，豈可責之門人小子乎？○程子曰：「君子教人有序，先傳以小者近者，而後教以大者遠者。非先傳以近小，而後不教以遠大也。」又曰：「灑掃、應對，便是形而上者，理無大小故也。故君子只在慎獨。」又曰：「聖人之道，更無精粗，從灑掃、應對，與精義入神通貫，只一理。雖灑掃、應對，只看所以然如何。」又曰：「凡物有本末，不可分本末爲兩段事。灑掃、應對是其然，必有所以然。」又曰：「自灑掃、應對上，便可到聖人事。」愚按：程子第一條，説此章文意最爲詳盡，其後四條，皆以明精粗本末。其分雖殊，而理則一。學者當循序而漸進，不可厭末而求本。蓋與第一條之意，實相表裏，非謂末即是本，但學其末而本便在此也。

子夏曰：「仕而優則學，學而優則仕。」優，有餘力也。仕與學，理同而事異。故當其事者，必先有以盡其事，而後可及其餘。然仕而學，則所以資其仕者益深；學而仕，則所以驗其學者益廣。

子游曰：「喪致乎哀而止。」致，極其哀，不尚文飾也。○楊氏曰：「喪，與其易[也]寧戚，❷不若禮不足而哀有餘之意。」愚按：「而止」二字，亦微有過於高遠而簡略細微之弊。學者詳之。

子游曰：「吾友張也，爲難能也，然而未仁。」子張行過高，而少誠實惻怛之意。

曾子曰：「堂堂乎張也，難與並爲仁矣。」堂堂，容貌之盛。言其務外自高，不可輔而爲仁，亦不能有以輔人之仁也。○范氏曰：「子張外有餘而內不足，故門人皆不與其爲仁。子曰：『剛、毅、木、訥近仁。』寧外不足而內有餘，庶可以爲仁矣。」

曾子曰：「吾聞諸夫子：人未有自致者也，必也親喪乎！」致，盡其極也。蓋人之真情所不能自已者。○尹氏曰：「親喪固所自盡也，於此不用其誠，惡乎用其誠？」

曾子曰：「吾聞諸夫子：孟莊子之孝也，其他可能也；其不改父之臣與父

---

❶「彼」，吴刻本作「必」。

❷「也」，原脱，據司禮監本、吴刻本補。

之政，是難能也。」孟莊子，魯大夫，名速。其父獻子，名蔑。獻子有賢德，而莊子能用其臣，守其政。故其他孝行雖有可稱，而皆不若此事之爲難。

孟氏使陽膚爲士師，問於曾子。曾子曰：「上失其道，民散久矣。如得其情，則哀矜而勿喜。」陽膚，曾子弟子。民散，謂情義乖離，不相維繫。○謝氏曰：「民之散也，以使之無道，教之無素。故其犯法也，非迫於不得已，則陷於不知也。故得其情，則哀矜而勿喜。」

子貢曰：「紂之不善，不如是之甚也。是以君子惡居下流，天下之惡皆歸焉。」惡居之惡，去聲。○下流，地形卑下之處，衆流之所歸。喻人身有汙賤之實，亦惡名之所聚也。子貢言此，欲人常自警省，不可一置其身於不善之地，非謂紂本無罪，而虚被惡名也。

子貢曰：「君子之過也，如日月之食焉：過也，人皆見之；更也，人皆仰之。」更，平聲。

衛公孫朝問於子貢曰：「仲尼焉學？」朝，音潮。焉，於虔反。○公孫朝，衛大夫。子貢曰：「文武之道，未墜於地，在人。賢者識其大者，不賢者識其小者，莫不有文武之道焉。夫子焉不學？而亦何常師之有？」識，音志。下焉字，於虔反。○文武之道，謂文王、武王之謨訓功烈與凡周之禮樂文章，皆是也。在人，言人有能記之者。識，記也。

叔孫武叔語大夫於朝，曰：「子貢賢於仲尼。」語，去聲。朝，音潮。○武叔，魯大夫，名州仇。子服景伯以告子貢。子貢曰：「譬之宫牆，賜之牆也及肩，窺見室家之好。牆卑室淺。夫子之牆數仞，不得其門而入，不見宗廟之美、百官之富。七尺曰仞。不入其門，則不見其中之所有，言牆高而宫廣也。得其門者或寡矣。夫子之云，不亦宜乎！」此夫子，指武叔。

叔孫武叔毁仲尼。子貢曰：「無以爲也，仲尼不可毁也。他人之賢者，丘陵也，猶可踰也；仲尼，日月也，無得而踰焉。人雖欲自絶，其何傷於日月乎？多見其不知量也！」量，去聲。○無以爲，猶言無用爲此。土高曰丘，大阜曰陵。日月，喻其至高。自絶，謂以謗毀自絶於孔子。多，與秖同，適也。不知量，謂不自知其分量。

陳子禽謂子貢曰：「子爲恭也，仲尼豈賢於子乎？」爲恭，謂爲恭敬推遜其師也。子貢曰：「君子一言以爲知，一言以爲不知，言不可不慎也。知，去聲。○責子禽不謹言。夫子之不可及也，猶天之不可階而升也。階，梯也。大可爲也，化不可爲也，故曰不可階而升。❶夫子之得邦家者，所謂立之斯立，道之斯行，綏之斯來，動之斯和。其生也榮，其死也哀。如之何其可及也？」道，去聲。○立之，謂植其生也。道，引也，謂教之也。行，從也。綏，安也。來，歸附也。動，謂鼓舞之也。和，所謂於變時雍，言其感應之妙，神速如此。榮，謂莫不尊親。哀，則如喪考妣。○程子曰：「此聖人之神化，上下與天地同流者也。」○謝氏曰：「觀子貢稱聖人語，乃知晚年進德，蓋極於高遠也。夫子之得邦家者，其鼓舞羣動，捷於桴鼓影響。人雖見其變化，而莫窺其所以變化也。蓋不離於聖，而有不可知者存焉，❷此殆難以思勉及也。」

堯曰第二十

凡三章。

堯曰：「咨！爾舜！天之曆數在爾躬，允執其中。四海困窮，天禄永終。」此堯命舜，而禪以帝位之辭。咨，嗟歎聲。曆數，帝王相繼之次第，猶歲時氣節之先後也。允，信也。中者，無過不及之名。四海之人困窮，則君禄亦永絶矣，戒之也。舜亦以命禹。舜後遜位於禹，亦以此辭命之。今見於《虞書·大禹謨》，比此加詳。曰：「予小子履，敢用玄牡，敢昭告於皇皇后帝：有罪不敢赦。帝臣不蔽，簡在帝心。朕躬有罪，無以萬方；萬方有罪，罪在朕躬。」此引《商書·湯誥》之辭。蓋湯既放桀而告諸侯也。與《書》文大

❶「升」下，司禮監本有「也」字。

❷「焉」下，司禮監本有「聖而進於不可知之之神矣」十一字。

同小異。「曰」上當有「湯」字。履，蓋湯名。用玄牡，夏尚黑，未變其禮也。簡，閱也。言桀有罪，己不敢赦。而天下賢人，皆上帝之臣，己不敢蔽。簡在帝心，惟帝所命。此述其初請命而伐桀之詞也。又言君有罪，非民所致，民有罪，實君所爲，見其厚於責己、薄於責人之意。此其告諸侯之辭也。

周有大賚，善人是富。賚，來代反。○此以下述武王事。賚，予也。武王克商，大賚於四海。見《周書·武成》篇。此言其所富者，皆善人也。《詩序》云「賚，所以錫予善人」，蓋本於此。

「雖有周親，不如仁人。百姓有過，在予一人。」此《周書·泰誓》之詞。○孔氏曰：「周，至也。」言紂至親雖多，不如周家之多仁人。」

謹權量，審法度，修廢官，四方之政行焉。權，稱錘也。量，斗斛也。法度，禮樂、制度皆是也。

興滅國，繼絶世，舉逸民，天下之民歸心焉。興滅繼絶，謂封黄帝、堯、舜、夏、商之後。舉逸民，謂釋箕子之囚，復商容之位。三者皆人心之所欲也。

所重民：食、喪、祭。《武成》曰：「重民五教，惟食喪祭。」

寬則得衆，信則民任焉，敏則有功，公則説。説，音悦。○此於武王之事無所見，恐或泛言帝王之道也。○楊氏曰：「《論語》之書，皆聖人微言，而其徒傳守之，以明斯道者也。故於終篇，具載堯舜咨命之言，湯武誓師之意，與夫施諸政事者，以明聖學之所傳者，一於是而已，所以著明二十篇之大旨也。《孟子》於終篇，亦歷叙堯、舜、湯、文、孔子相承之次，皆此意也。」

子張問於孔子曰：「何如斯可以從政矣？」子曰：「尊五美，屏四惡，斯可以從政矣。」子張曰：「何謂五美？」子曰：「君子惠而不費，勞而不怨，欲而不貪，泰而不驕，威而不猛。」費，芳味反。子張曰：「何謂惠而不費？」子曰：「因民之所利而利之，斯不亦惠而不費乎？擇可勞而勞之，又誰怨？欲仁而得仁，又焉貪？君子無衆寡，無小大，無敢慢，斯不亦泰而不驕乎？君子正其衣冠，尊其瞻視，儼然人望而畏之，斯不亦威而不猛乎？」焉，於虔反。子張曰：「何謂四惡？」子曰：「不教而殺謂之虐；不戒視成謂之暴；慢令致期謂之賊；猶之與人也，出納之吝，謂之有司。」出，去聲。○虐，謂殘酷不仁。暴，謂卒遽無漸。致期，刻期也。賊者，切害之意。緩於前而急於後，以誤其民，而必刑之，是賊害之也。猶之，猶言均之也，均之以物與人，而於其出納之際，乃或吝而不果，則是有司之事，而非爲政之體。所與雖多，人亦不懷其惠矣。項羽使人，有功當封，刻印刓，忍弗能予，卒以取敗，亦其驗也。○尹氏曰：「告問政者多矣，未有如此之備者也。故記之以繼帝王之治，則夫子之爲政可知也。」

子曰：「不知命，無以爲君子也。程子曰：「知命者，知有命而信之也。人不知命，則見害必避，見利必趨，何以爲君子？」不知禮，無以立也。不知禮，則耳目無所加，手足無所措。不知言，無以知人也。」言之得失，可以知人之邪正。○尹氏曰：「知斯三者，則君子之事備矣。弟子記此以終篇，得無意乎？學者少而讀之，老而不知一言爲可用，不幾於侮聖言者乎？夫子之罪人也，可不念哉？」

附録　序跋

宋當涂郡齋刊四書章句集注題跋　［宋］馬光祖

當涂郡齋舊有文公《語孟集注》，注與本文皆大字，放老眼爲宜，蓋正肅吴公所刊，見謂善本。光祖朅來假守，依仿規制，取《中庸》、《大學章句》併刊之，足成《四書》。《語》、《孟》歲月浸久，間有漫滅，就加整治。是書在天地間無窮達老少皆不可一日廢，熟復玩味，則施之行事，其有不敬且畏哉？淳祐壬子孟秋朔旦，金華馬光祖敬識。

覆宋淳祐本四書識語　［元］佚　名

《四書》家藏人誦，而板行者類多細字，不無訛舛。今得燕山嘉氏所刻宣城舊本於京師，經注字等實便觀讀。於是補其殘闕，置諸泳澤書院，嘉與學者共之。至正丙午秋八月識。❶

四書章句附考序　［清］吴　英

朱子之注《四書》也，畢生心力於斯，臨没前數日，猶有改筆。但其本行世早，而世之得其定本者鮮，此注本所以有異也。又有因傳寫而異者，亦未免焉。定本如《大學》「欲其必自慊」，後爲「欲其一於

❶「至正」，原作「淳祐」，據陶湘《清代殿板書目》改。

善」而定也；《論語》「行道而有得於心」，後爲「得於心而不失」而定也，此類是也。傳寫而異，如《論語》「衛大夫公孫拔」，誤爲「公孫枝」；《孟子》「自武丁至紂凡九世」，誤爲「七世」之類耳。傳寫之誤，固注疏家之常事，若夫注是書而畢生心力於斯，没前有改筆，則朱子之注《四書》也，其用心良苦，其用力獨瘁矣。

夫朱子之意，必欲精之又精，以造乎其極，亦何爲也哉？立志於爲聖賢，在自得躬行，而不在於《注》之有定本也；用以治國平天下，在體諸身，施於政，亦不在於《注》之有定本也；即以講論《四書》經文，亦在於大本大源，而不在於一句一字之間也。然則我子朱子之苦心瘁力於斯者，何爲也哉？蓋以四子之書爲兩間至精之理，爲孔門至精之文。爲之注者，必至當而不可易，乃與斯文爲無所負焉耳，此子朱子之意也。況有非朱子原文，爲傳寫所誤者耶？況不惟注也，經文歷漢以來，授受既遠，亦不免有傳寫之誤者耶！

英自癸卯而後，困於棘闈者二十餘年。此二三十年間，頗亦手不釋卷，而於朱子《注》之異同處，不暇詳也。未嘗不研摩於《朱子文集》及朱門諸子集中語録，然於其自論注處，則置之。未嘗不涉歷於朱子《儀禮經傳通解》、東發《黄氏日抄》，然於其中《學》、《庸》注，則置之。何也？以爲通經致用之學不繫此也。《十三經》經義之未通而求通者，汲汲不暇，而奚暇於此也！

慨自丁卯，英與兒志忠偕入省，未數日，母病信至，與兒偕返，已抱恨終天。自是每聞人言鄉試，則心痛，盡棄所業，而就業名山。忠兒感予心之摧傷，亦不樂習帖括。今歲，忠徧覓借古本《四書》及疏釋

《四書》之書，以求朱子《章句集注》最後改定本及傳寫未誤者，别録一部，而私記《考證》附於後。有疑則折衷於予，然不能多得善本，予懼其折衷之猶未當，命付梓以廣其就正有道之帙。斯役也，固幼學壯行者所不屑爲之之事也。鄉使英於屢躓場屋之年，即得所願，則兒當亦相從於青雲之路，求所謂通經致用之學而學焉，又奚暇爲此學？乃今而英之所遇可謂窮矣，窮況及於家人，非聽兒之不自量而爲此迂遠也。四方諸君子見其書而教正其中之繆譌，尚其哀英之遇，而諒忠之情也夫！

嘉慶辛未重陽日，吴邑吴英序。

四書章句集注定本辨　[清]吴英

辛未夏，兒志忠學輯《四書》朱子《注》之定本，句考之而有所疑，折衷於予。此非易事也，得不盡心焉！定本句有不待辨者，有猶待辨者，有不可不辨者。

不待辨者維何？如《大學·誠意章》「故必謹之於此，以審其幾焉」，爲定本；其初本則曰「慊與不慊，其幾甚微」。如此之類是也。猶待辨者維何？如《大學·聖經章》「欲其必自慊」，此初本，非定本；其定本則曰「欲其一於善」。《論語·爲政章》「行道而有得於心」，此初本，非定本；其定本則曰「得於心而不失也」。如此之類是也。不可不辨者維何？如《中庸》首章「蓋人知己之有性，而不知其出於天；知事之有道，而不知其由於性；知聖人之有教，而不知其因我之所固有者裁之也。故子思於此首發明之，而董子所謂道之大原出於天，亦此意也」。此實非定本；其定本則曰「蓋人之所以爲人，道之所以爲道，聖人之所以爲教，原其所自，無一不本於天而備於我。學者知之，則其於學知所用力，而不能已矣。故子思於此首發明之，讀者所宜深體而默識也」。如此之類是也。

所以一爲不待辨，一爲猶待辨，一爲不可不辨，何哉？吾蘇坊間所行之本，多從永樂《大全》本。相習既久，人情每安於所習，而先入者常爲主。《誠意章》「故必謹之於此，以審其幾焉」，凡所習坊本既與之相合矣，久而安之矣，此固宜不待辨矣。若夫《聖經章》「一於善」句、《爲政章》「得於心」句，二者雖有善本可證，又有朱子及先儒之説，然皆與坊本不合，所以猶待辨也。「蓋人之所以爲人」一段，既與所習熟之坊本不合，爲見聞所駭異，而善本及先儒疏釋本又但從宋本而無所辨説，而又爲小儒之所訾，得毋益甚其駭異？所以不可不辨也。

今試辨之：所以知「人之所以」一段之爲定論者，我朝所橅刻宋淳祐版大字本原自如此，即此可知其爲定本而無疑矣。朱子《儀禮經傳通解》全載《學》、《庸》注，其於此段，亦原自如此。朱子之子敬止跋云：「先公晚歲所親定，爲絶筆之書，未脱稿者八篇。」則歿後而書始出也。歿而始出，則《學》、《庸》注豈非所改定者乎？於此又可知其爲定本而無疑矣。是則此段之爲定本，得斯二者，正可以决然從焉而不必有旁求矣，而況又下及納蘭氏翻刻西山真氏《四書集編》亦如是。《集編》惟《學》、《庸》爲真氏所手定。真氏親受業於朱子，而得其精微者也，則其手定《學庸集編》，安有不從最後定本而遽取未定本以苟且從事者乎？於此又益可知其爲定本而無疑也。格菴趙氏《四書纂疏》亦如是。

趙氏，其父受業於朱子之門人，故以所得於家庭者遡求朱門之源委而作《纂疏》，又豈有不從最後定本者？於此又益可知其爲定本而無疑也。東發黄氏所著《日鈔》，亦全載《學庸注》，而此段亦如是。黄氏亦淵源朱子而深有得者，日鈔皆其著作，而乃載《章句》，豈苟然哉？此其爲定本又益可無疑也。雲峯胡氏《四書通》，此段亦如是。自南宋前明，爲朱子《注》作疏解者多矣，若《四書通》，可謂最善，而《通》於此段亦如是，但惜無辨説，然以他處有辨者推之，此其爲定本又益可無疑也。旁求之，復有如此，何不可决之堅矣。而坊本則皆作「知己之有性」云云，考其緣由，則惟《輯釋》之故；而窮究其源，則自《四書附録》始也。《輯釋》者，元新安倪氏士毅所作也；《附録》者，宋建安祝氏洙所作也。今坊本《四書注》，皆仍明胡氏廣永樂《大全》本。《大全》祗勦襲《輯釋》，《學》、《庸》尤無增減，雖謂永樂《大全》即倪氏之書可耳，其於胡氏又何責焉？故論坊本所從之緣由，不謂《大全》而謂《輯釋》也。倪氏之師，定宇陳氏櫟也。陳氏著《四書發明》，惟主祝氏《附録》而已。倪氏惟師是從，亦惟主《附録》而已。故窮究坊本所從之源，則惟在祝氏之《附録》也。諸儒或多從祝氏者，祗以其父諱穆，字和父，爲朱子母黨，嘗受業於朱子。然跡和父所著《方輿勝覽》一書，則其人近於風華淹雅，未必内專性學者。今祝氏《四書附録》雖未見其全書，而即《輯釋》所載引諸説以觀之，是直不知有定本，已爲《四書通》道之矣。《四書通》曰：「如《爲政章》祝本作『有得於心』，則於改作『得於心而不失』，祝未之見也。」《通》之説有如此，仍倪氏後生不能擇善以從，而因阿其師以及祝氏。

至顛倒是非，即朱子口講指畫之言，而亦弗之信焉，何其無識歟？　而祝本之爲非定本可以決然矣。　然猶可委者，曰「源略遠，派亦分矣」。　乃祝本之爲非定本，更有即出於朱子後嗣之人之言爲祝氏微辨者，即出於信從祝氏之人自呈破綻者。　倪氏《輯釋》引陳氏《四書發明》之言曰：「文公適孫鑑書祝氏《附録》本卷端云：『《四書》元本，則以鑑向得先公晚年絶筆所更定而刊之興國者爲據。』」按此語：曰「元」，宗之也；　曰「則以」、曰「所」、曰「者」，别有指之辭也；　曰「得」，則已失也。　子明題祝本也如是，則是明明謂祝本與子明所得之本不合矣，明明謂祝本非刊之興國之本矣，明明謂祝本非絶筆更定之本矣。　朱子之家猶自失之而覓得之，況祝氏何從得乎？　其不直告以此非定本，必自有故，不可考矣。　然其辭其意則顯然也，而祝氏不達。　陳氏信祝本而載之於《發明》，而倪氏又述之於《輯釋》，皆引之以爲祝本重，亦未達也。　又何其並皆出於鹵莽耶？　而祝本之爲非定本更可以決然矣。　祝本如此，則其相傳以至於《輯釋》，亦如此矣；　《輯釋》如此，則其脱胎於此之《大全》，亦如此矣；　《大全》如此，則從《大全》之坊本，亦如此矣。　總之，不知朱子改筆之所以然爾。

今取此段而細繹之，熟玩之，即其所以必改之旨有可得而窺見者。「人之所以爲人，道之所以爲道」二句，渾括「天命之謂性，率性之謂道」二句，不復分貼，以首節三句原非三平列也。　道從性命而來，性命從天而來。「脩道之謂教」，即道中之事，即天命中之事也。　其不曰「性之所以爲性」者，以經義繫於明吾人之有道，而不繫於明性也。「人之所以爲人，道之所以爲道，聖人之所以爲教」三句，一氣追出「原其所自，無一不本於天而備於我」二句來，方纔略頓，使下文「學者知之，則其於學知所用力而自不能已矣」二句，直騰而上接也。「本於天而備於我」，與此章總注「本原出於天，實體備於己」恰相針對，雖總注多「不可易」、「不可離」兩層，然「不可易」即「出於天」足言之耳，「不可離」即「備於己」足言之耳，非有添出也。即此「無一不本於天而備於我」一句之中，亦已具有「不可易」、「不可離」之意。性、道、教無一非不可易，無一非不可離也。次節經文，特從首節三句中所蘊含之意抽出而顯言之，使首次二節筋絡相聯耳。「學者知之，則其於學知所用力而自不能已矣」，此二句正爲此節經文推原立言之所以然處，正得子思喫緊啓發後學心胸之旨。此節注要義在此，故下文「子思於此首發明之」二句，十分有力。一部《中庸》，其使學者知所用力自不能已之意居其半也。「讀者所宜深體而默識也」，乃是勉勵之辭。改本之精妙如此。若初本「知己之有性」云云，尚覺粗漫而未及精深，況三平列，亦依文而失旨，雖似整齊，而仍於第一句遺「命」字，於第三句遺「道」字，文亦未能盡依。董子所謂「道之大原」云云，爲知言則可矣；若引來證《中庸》此節，則爲偏重「本於天」意，而未及「備於我」意，則是仍未免遺郤親切一邊意矣。定本與未定本相較，雖皆朱子之筆，而盡善與未盡善縣殊。朱子豈徒爲好勞？豈樂人之取其所舍而舍其所取耶？乃《輯釋》反爲引陳氏之言曰：「元本含蓄未盡，至定本則盡發無餘蘊。」是粗淺則得解而以爲盡發，精深則不得解而以爲含蓄，似爲無學。又引史氏之言曰：「『學者知之，則其於學知所用力而自不能已矣』，不過稱讚子思勉勵學者之言，不復有所發明於經。」是以鉤深致遠之言，僅視爲稱讚而勉勵，似爲無見。又引陳氏之言曰：「『知己有性』六句，義理貫通，造語瑩潔，『所以爲人』三句，未見貫通之妙。至『無一不本於天而備於我』，其義方始貫耳。」是討尋章句而僅乃用其批評帖括之筆，似爲無知。此所以繆從祝本，而致令聖經賢傳傳授心法之文，大儒畢生盡心力而爲之以成其至粹者，千百闕其一二，故曰不可不辨也。

「欲其一於善而無自欺也」一句，《四書通》曰：「初本『必自慊』，後改作『一於善』。朱子嘗曰：『只是一箇心，便是誠；纔有兩，便自欺。』愚謂《易》以陽爲君子，陰爲小人，陽一而陰二也。一則誠，二則不誠。改『一於善』，旨哉！」《通》之説如此，則「一於善」爲定本無疑也。「誠其意者」，自修之首，故提善字，以下文「致其知」句方有知爲善以去惡之義，而此節後言「致知」先言「誠意」，不比下節及第六章皆承「致知」來也。「一於」二字，有用其力之意，正與第六章《注》「知爲善以去其惡，則當實用其力」，恰相針對也。若作「必自慊」，則終不如「一於善」之顯豁而縝密也。改本之勝於初本又如此，而《輯釋》顧乃又引陳氏之言曰：「『一於善』，不若『必自慊』對『毋自欺』，只以傳語釋經文，尤爲痛快該備。」夫傳本釋經，何勞挹注？以用傳釋經爲快，不如不注，而但讀傳文矣。聖經三綱領猶必言善，若注自修之首而不提善字，何以反謂該備耶？「得於心而不失也」一句，《四書通》曰：「初改本云：『行道而有得於心。』後改本云：『得於心而不失。』門人胡泳嘗侍坐武夷亭，文公手執扇一柄，謂胡泳曰：『便如此扇，既得之而復失之，如無此扇一般。』所以解『德』字用『不失』字。」《通》之所引如此，則「不失」爲最後定本無疑也。政者，正也；德者，得也。得字承上「爲政」二字來。得於心者，心正也。心正而後身正，身正而後朝廷正，朝廷正而後天下正，所謂「正人之不正」者，此也。不失者，兢兢業業，儆戒無虞，罔失法度也。不失，便是不已無息也。若作「行道」，則上文既言「政之爲言正也，德之爲言得也」，則「得於心」句正宜直接，而於此復加以「行道」二字，豈不贅乎？初本是「行道而有得於身」，次改「身」作「心」而仍未去「行道」二字者，沿古注而未能盡消鎔耳。況不失，則道之行也自在其中而不待言矣。行道，則雖有得於心而未見其必不失也。最後改本之勝於初次二本又如此，而《輯釋》顧乃又引陳氏之言曰：「此必非末後定本，終不如『行道而有得於心』之精當。『得於心而不失』，得於心者何物乎？方解德字，未到持守處，不必遽云不失。『據於德』注『得之於心而守之不失』，道得於心而不失，乃是自『據』字上説來。況上文先云德，則行道而有得於心者也；若遽云不失，則失之急。《大學序》謂『本之躬行心得』，躬行即行道，心得即有得於心，參觀之而祝氏定本爲尤信。」是又皆繆證。夫《大學序》之言躬行也，上有「自王公以下至於庶人之子弟，自天子之元子、衆子，以至公、卿、大夫、元士之適子，與凡民之俊秀」之文，下有「當世之人」之文，故其間不得不言躬行也。若爲政以德，則其所爲者即其所以。所爲所以，非有異時，何得多添「行道」二字於其間乎？「據於德」注之言行道也，經文上有「志於道」之文。「據於德」德字原根道字來，故注德字不得不言行道也。若爲政以德，德字即承政字來，何必增「行道」二字，反似政在行道之外乎？《中庸》説到「不顯惟德」，亦此德字，何得謂方解德字，未到持守處耶？又引史氏之言曰：「定宇謂得於心者何物？此説極是。《大學》釋明德曰：『所得乎天。』便見所得實處。今但曰得於心，而不言所得之實，可乎？況不失爲進德者言，爲政以德是盛德，不失不足以言之。」是又繆議。「不失」二字即得字而足言之也。《爲邦章》注曰：「一日不謹則法壞矣。」故必言不失以足之。豈盛德不可言不失耶？《大學》注謂「人之所得乎天」，以見德非大人所獨有；此節注不言行道，以見聖人之德所性而有，而乃妄以爲罅漏也而議之耶？故曰猶待辨也。

若夫《誠意章》注，坊本與定本合，固不待辨矣。然祝本有諸處不合定本，而獨於最後所改之《誠意章》「故必謹之於此，以審其幾焉」無殊。夫此，以《年譜》考之，是在没前三日所改者也，何以祝本反得與之合耶？陳氏信祝本爲定本，以他本爲未定本，而惟此無殊，陳氏亦自不解。即倪氏從陳氏，而倪氏亦自不解。然此亦易解也。子明之題祝本也，即曰「向得先公晚年絶筆所更定」，則晚年所更必不能縷述，而絶筆所更必爲之述於此，以揚先人之精勤。祝氏得此語，譖爲改正，而秘其因題得改之由。自謂此本今而後人之見之者皆以爲晚年絶筆所更定之本矣，於是但述所云「《四書》元本」以下二十六字，示人謂此最後定本之證也。癋朱子之疾，來問者衆，歿前有改筆，及門必述傳一時，祝氏因得聞而竊改。若其餘諸處，安得盡聞之而改之乎？此所以他處多未定本，此處反得定本也。陳氏既不得其解，易《年譜》以就之。《輯釋》引陳氏之言曰：「『欲其必自慊而無自欺也』一句，惟祝氏《附録》本如此，他本皆作『欲其一於善』。《年譜》謂：『慶元庚申四月辛酉，公改《誠意章句》。甲子，公易簀。』今觀《誠意章》，則祝本與諸本無一字殊，惟此處有『一於善』三字異，是其絶筆改定在此三字也。」倪氏又不得其解，亦疑《年譜》。於《輯釋》摘録《年譜》而附其說於後曰：「砲有晚年改本之說，愚考之《年譜》，無一語及晚年改本之論，似爲可疑。」信如陳氏、倪氏之言，是《年譜》有譌文也。夫惟知信祝本，而於其罅隙可疑之處，不能因疑生悟，而强斷《年譜》之文爲有譌，抑何愚乎！不待辨者，竊更有所解如此，若不可不辨者甚多，不能盡記。

予有健忘之疾，恐盡忘而無以請正於先生朋友也，故姑取其尤要者記焉。忠所學《附考》粗就，因命忠刻此以弁於卷首。

論語注

〔清〕康有爲 撰
王守常 校點

目録

校點説明……一
論語注序……一
論語注卷之一……一
學而第一……一
論語注卷之二……一七
爲政第二……一七
論語注卷之三……三二
八佾第三……三二
論語注卷之四……四八
里仁第四……四八
論語注卷之五……五九
公冶長第五……五九
論語注卷之六……七六
雍也第六……七六
論語注卷之七……九三
述而第七……九三
論語注卷之八……一一四
泰伯第八……一一四
論語注卷之九……一三一
子罕第九……一三一
論語注卷之十……一五三
鄉黨第十……一五三
論語注卷之十一……一六九
先進第十一……一六九
論語注卷之十二……一八六
顔淵第十二……一八六
論語注卷之十三……一九九
子路第十三……一九九
論語注卷之十四……二一六
憲問第十四……二一六
論語注卷之十五……二三八
衛靈公第十五……二三八
論語注卷之十六……二五六
季氏第十六……二五六
論語注卷之十七……二六七

陽貨第十七……二六七
論語注卷之十八……二八五
微子第十八……二八五
論語注卷之十九……二九五
子張第十九……二九五
論語注卷之二十……三〇八
堯曰第二十……三〇八

校點説明

康有爲(一八五八——一九二七),原名祖詒,字廣廈,號長素,又號更生。廣東南海人,人稱南海先生。晚清今文經學著名學者,戊戌變法時改良派首領。事蹟見《康南海自編年譜》、梁啓超《康南海先生傳》、陸乃翔、陸敦騤等《南海先生傳》、張伯楨《南海康先生傳》等。

康有爲著述甚豐,多編入獨撰《萬木草堂叢書》,一九一七年刊行。《論語注》於光緒二十八年(一九〇二)寫就(見自序),後經其弟子王德潛、陳焕章、王覺仁、張伯楨等初校、覆校,收入《萬木草堂叢書》面世。《論語注》有校有注,校勘多從今文《論語》佚文,注解也表現出今文經學傾向及康氏改良思想的特點。一九八四年中華書局出版了樓宇烈先生的《論語注》校點本,首次對《論語注》加了新式標點,極爲精當。

本次校點,以《萬木草堂叢書》本爲底本,參考樓宇烈校點本。對原書中明顯形誤及衍脱之字,徑直校正,不作説明; 對嚴重訛誤之處,則出校説明。對原書中的引文,均用引號標出; 但對所引文字,究竟屬照録原文,還是經過節略,抑或爲康氏概述之辭,未作詳細區别。

本次整理,得益於樓宇烈先生的校點本,書稿又承蒙人民文學出版社陳新先生審閲。謹在此表示衷心感謝。

王守常

二〇〇五年八月於上地佳園

論語注序

《論語》二十篇，記孔門師弟之言行，而曾子後學輯之。鄭玄以爲仲弓、子游、子夏等撰定，則不然。夷考其書，稱諸弟子或字或名，惟曾子稱子，且特叙曾子啓手足事，蓋出於曾子門人弟子後學所纂輯也。夫仲弓、游、夏皆年長於曾子，而曾子最長壽，年九十餘，安有仲弓、游、夏所輯，而子曾子且代曾門記其啓手足耶？夫孔子之後，七十弟子各述所聞以爲教，枝派繁多。以荀子、韓非子所記，儒家大宗有顏氏之儒，有子思之儒，有孟氏之儒，有孫氏之儒，有仲弓之儒，有樂正氏之儒。其他澹臺率弟子三百人渡江，田子方、莊周傳子貢之學，商瞿傳《易》，公孫龍傳堅白，而儒家尚有宓子、景子、世碩、公孫尼子及難墨子之董無心等，皆爲孔門之大宗。自顏子爲孔子具體，子貢傳孔子性與天道，子木傳孔子陰陽，子游傳孔子大同，子思傳孔子中庸，公孫龍傳孔子堅白。子張則高才奇偉，《大戴記·將軍文子篇》孔子以比顏子者，子弓則荀子以比仲尼者。自顏子學説無可考外，今以莊子考子貢之學，以《易》説考子木、商瞿之學，以《禮運》考子游之學，以《中庸》考子思之學，以《春秋》考孟子之學，以正名考公孫龍之學，以荀子考子弓之學，其精深瓌博，窮極人物，本末大小精粗，無乎不在，何其偉也！《論語》既輯自曾門，而曾子之學專主守約。觀其臨没鄭重言君子之道，而乃僅在顏色、容貌、辭氣之粗，及啓手足之時，亦不過戰兢於守身免毁之戒。所輯曾子之言凡十八章，皆約身篤謹之言，與《戴記·

曾子》十篇相符合。宋葉水心以曾子未嘗聞孔子之大道，殆非過也。曾子之學術如此，則其門弟子之宗旨意識可推矣。故於子張學派攻之不遺，其爲一家之學説，而非孔門之全，亦可識矣。夫以孔子之道之大，孔門高弟之學術之深博如此，曾門弟子之宗旨學識狹隘如彼，而乃操採擇輯纂之權，是猶使僬僥量龍伯之體，令鄙人數朝廟之器也。其必謬陋粗略，不得其精盡，而遺其千萬，不待言矣！假顔子、子貢、子木、子張、子思輯之，吾知其博大精深必不止是也。又假仲弓、子游、子夏輯之，吾知其微言大義之亦不止此也。佛典有迦葉、阿難之多聞總持，故精微盡顯，而佛學大光。然龍樹以前只傳小乘，而大乘猶隱。蓋朝夕雅言，率爲中人以下而發，可人人語之，故易傳焉。若性與天道，非常異義，則非其人不語，故其難傳，則諸教一也。曾學既爲當時大宗，《論語》只爲曾門後學輯纂，但傳守約之緒言，少掩聖仁之大道，而孔教未宏矣。故夫《論語》之學實曾學也，不足以盡孔子之學也。蓋當其時，六經之口説猶傳，《論語》不過附傳記之末，不足大彰孔道也。然而孔門之聖師若弟子言論行事，藉以考其大略。司馬遷撰述《仲尼弟子列傳》，其所據引不能外《論語》。凡人道所以修身待人、天下國家之義，擇精語詳，他傳記無能比焉。其流傳自西漢，天下世諷之甚久遠，多孔子雅言，爲六經附庸，亦相輔助焉。不幸而劉歆篡聖，作僞經以奪真經，公、穀《春秋》，焦、京《易》説既亡，而今學遂盡，諸家遂掩滅，太平、大同、陰陽之説皆没於是，孔子之大道掃地盡矣。宋賢復出求道，推求遺經，而大義微言無所得，僅獲《論語》爲孔子言行所在，遂以爲孔學之全，乃大發明之，翼以《大學》、《中庸》、《孟子》號爲四子書，拔在六經之上，立于學官，日以試士。蓋千年來，自學子束髮誦讀，至於天下推施奉行，皆奉《論語》爲孔教大宗正統，以代六經，而曾子守約之儒學，於是極盛矣。聖道不泯，天既誘予小子發明《易》、《春秋》陰陽、靈魂、太平、大同之説，而《論語》本出今學，實多微言，所發大同神明之道，有極精奧者。又，於孔子行事甚詳，想見肫肫之大仁，於人道之則，學道之門，中正無邪，甚周甚備，可爲世世之法。自六經微絶，微而顯，典而則，無有比者；於大道式微之後，得此遺書別擇而發明之，亦足爲宗守焉。其或語上語下，因人施教，有所爲言之，故問孝問仁，人人異告，深知其意而勿泥其詞，是在好學深思者矣。曾子垂教於魯，其傳當以魯爲宗。凡二十篇。漢時常山都尉龔奮、長信少府夏侯勝、丞相韋賢及子玄成、魯扶卿太子太傅夏侯建、前將軍蕭望之并傳之，各自名家。齊《論》者，齊人所傳，多《問王》、《知道》二篇，凡二十二篇，異於魯《論》。昌邑中尉王吉、少府宋畸、琅琊王卿、御史大夫貢禹、尚書令五鹿充宗、膠東庸生並傳之，惟王吉名家。《漢·藝文志》有魯傳二十篇、《傳》十九篇，《魯夏侯説》二十一篇，《魯安昌侯説》二十篇，《魯王駿説》二十一篇，《齊説》二十九篇，説《論語》者止此而已。安昌侯張禹受魯《論》於夏侯建，又從庸生、王吉受齊《論》，擇善而從以教成帝，最後行於漢世。然魯齊之亂，自張禹始矣。劉歆僞《古文論語》託稱出孔子壁中，又爲傳託之孔安國，而馬融傳而注之，云多有兩《子張》篇，分《堯曰》以下子張問政爲《從政》篇，凡二十一篇，篇次不與齊魯同。桓譚《新論》謂文異者四百餘字，然則篇次文字多異，其僞託竄亂當不止此矣。自鄭玄以魯、齊《論》與古《論》合而爲書，擇其善者而從之，則真僞混淆，至今已不可復識。於是曾門之真書亦爲劉歆之僞學所亂，而孔子之道益雜羼矣。晉何晏并採九家，古今雜沓，益無取焉。有宋朱子，後千載而發明之，其爲意至精勤，其誦於學官至久遠，蓋千年以來，實爲曾、朱二聖之範圍焉。惜口説既去，無所憑藉，上蔽於守約之曾學，下蔽於雜僞之劉説，於大同神明仁命之微義，皆未有發焉。昔嘗爲注經，戊戌之難而微矣。避地多暇，不揣愚昧，謬復修之。僻陋在夷，無從博徵，以包、周爲今學，多採録之以存其舊，朱子循文衍説，無須改作者，亦復録之。鄭玄本有今學，其合者亦多節取，後儒雅正精確者，亦皆採焉。其經文以魯《論》爲正，其引證以今學爲主，正僞古之謬，發大同之漸。其諸本文字不同，折衷於石經；其衆石經不同者依漢，無則從唐，或從多數。雖不敢謂盡得其真，然於孔學之大，人道之切，亦庶有小補云爾。孔子生二千四百五十三年，即光緒二十八年，癸卯春三月十七日，康有爲序於哲孟雄國之大吉嶺大吉山館。

論語注序終

門人東莞張伯楨校

論語注卷之一

南海康有爲學

學而第一

《釋文》及皇、邢《疏》本皆有此題。周時用竹簡，凡簡若干以韋束之爲一篇。弟子撰記言行，各自成篇，不出一人之手。此記《論語》二十篇名，第甲乙之次也。此篇於次當第一也。

凡十六章 漢石經及《釋文》舊有此題。皇、邢《疏》無之。趙岐《孟子篇》叙曰：「《論語》四百八十六章」，較陸氏《經典釋文》少四章。然《經典釋文》《先進篇》二十三章，依《集解》宜爲二十四章，《衛靈篇》四十九章，漢石經作二十六章，蓋所據少異。今但依《釋文》以存《集解》之舊。

○子曰：「學而時習之，不亦説乎？有朋自遠方來，不亦樂乎？人不知而不愠，不亦君子乎？」《白虎通·辟雍篇》：「《論語》曰：『朋友自遠方來。』」陸氏《釋文》「有」作「友」。鄭康成注：「同門曰朋，同志曰友」，則魯《論》當作「朋友自遠方來」。《文選》陸機《挽歌》：「友朋自遠方來」，李善注引此爲證。惟後漢《婁壽碑》：「有朋自遠」，與何晏本同。或是齊《論》。以同爲今文，故不改。

馬融曰：「子，孔子也。」《白虎通》曰：「學者，覺也。」文從爻，雜物撰德，有所交效，包内外，兼人己，合知行，而成其覺者也。先覺覺後覺，後覺效先覺，故人物之異全視所覺，知覺之異全視所學。但時勢不同，則所學亦異。時當亂世，則爲亂世學；時當升平太平，則爲升平太平之學。禮時爲大，故學亦必隨時而後適。孔子爲時聖，學之宗師也。時亦兼數義，日知月無忘，則時時爲學，循年而進，無時過而難成，亦是也。習，鳥數飛也，假借爲貫，言熟習也。説，樂之內也。凡學至熟習，則觀止神行，怡然理順，逢源自得。況聖人之學通天人，神明精熟，闔闢往來莫不自在，安得不欣喜懽愛耶？人道賤愚而貴智，所以異於物；輕野而尚文，所以異於蠻。此言修己以自得爲先，不得冥心坐廢；以時爲中，不得守舊泥古。此爲開宗明義第一旨，故上《論》一書以時始以時終，以明孔子之道全達于時。學者不可不察也。朋，羣也。包氏曰：「同門曰朋。」鄭氏曰：「同志曰友。」自，從也。樂，喜也。教學既精，羣黨類聚，仁智及人，信從日遠，修學有效，人生之樂也。惡獨而貴朋，所以合乎羣。合小羣不如合大羣，其學愈高，其用愈遠，聖人則合億萬世界，億萬年載之衆生，咸從其教，盡爲之朋。其朋無盡，其樂亦無盡也。此言及人，聞風皆歸聖人。於己身首言學，於人倫首言朋，蓋萬理有變，而學之與朋，貫萬億世而不易者。太平世後人人有學，人人皆朋，只此二義盡之，故尤尚之也。

愠，怨怒也。君子，人之道德成名者。《易》曰：「不易乎世，不成乎名。」不見是而無悶，樂則行之，憂則違之，確乎其不可拔，斯爲有德之君子也。蓋君子之入于人世，智仁兼修，人己共證，拯捄羣生，天下歸往。然羣生之根性不齊，時世之昏濁或甚，舉世疑謗固亦有之。然君子人貌而天心，燕處超然，雖現身人羣而不隨於事物，遊於物表，和於天倪，在衆如無衆，在身如無身，故無所愠也。聖人之于羣生，如慈母之撫嬰兒，無論笑啼，但有愛憐，全無愠怒，爭席則喜，遇難而安，故無量出入，絶無窒礙也。此極言聖者自得之至，無人己之見存也。

○有子曰：「其爲人也孝弟，而好犯上者鮮矣； 不好犯上，而好作亂者，未之有也。君子務本，本立而道生。 孝弟也者，其爲仁之本與！」《說苑》《後漢書·延篤傳》引作「孔子曰」。「弟」，高麗本、皇本作「悌」。

孝，從老省，從子，子承事父母之謂。 弟，韋束之次第，假以承事兄。 立愛自親始，立敬自長始。 父齒隨行，兄齒雁行，朋友不相踰，習成恭讓，然後出以事君、事長、使衆。 小之則和順積躬，大之則悲憫萬物，必不侵犯人人自由之疆界，而况於長上乎？ 長上壓制太過，或不得已而求伸，謹厚者亦爲之，然猶非所好也，况於稱兵以亂天下乎？ 蓋作亂者爲最不仁之事，非孝弟無以絶其源也。 務，趣也。 本，木根也。 包氏曰：「能事父兄，然後仁道可大成。」董仲舒曰：「仁者不爭。無傷惡之心，無隱忌之志，無嫉妒之氣，無感愁之欲，無險詖之事，無僻違之行，心舒則志平，氣和則欲節。」聖人治其道而以出法，治其志而歸之於仁，仁之美者在於天。 天，仁也。天覆育萬物，既化而生之，又養而成之。人之受命於天也，取仁於天而仁也。 尸子曰：「孔子本仁。」孟子述孔子曰：「道二，仁與不仁。」老子以天地聖人爲不仁。 孔子以天人爲仁，故孔子立教，一切皆以仁爲本。 山川、草木、昆蟲、鳥獸，莫不一統。 太平之世，遠近大小若一； 大同之世，不獨親其親，子其子，老有終，壯有用，幼有長，鰥寡孤獨廢疾皆有養，仁之至也。 然天地者，生之本； 父母者，類之本。 自生之本言之，則乾父坤母，衆生同胞，故孔子以仁體之； 自類之本言之，則父母生養，兄弟同氣，故孔子以孝弟事之。此章爲撥亂世立義。孔子立教在仁，而行之先起孝弟。有子立教之意，以孔子生非平世，躬遭撥亂，人道積惡，自人獸並爭之世，久種亂殺之機，無論何生，觸處迸發，加逢亂世險詖，詐謀百出，機械亂種既深，何能遽致太平大同自由之域？孔子因時施藥，必先導之於和順，而後可殺其險機，又必先自其至親誘其不忍之心，然後可推恩同類，以動其胞與之愛。故撥亂之法，先求小康，而後徐導大同。孝弟者，先導其一家之小康，而徐推於天下之太平，此蓋治教必然之次序也。

有子，孔子弟子，名若，少孔子四十三歲。孔子没後，子夏、子游、子張之賢皆師之，蓋爲孔子傳道之大宗子。自顏子外，得孔子之具體，最似孔子者也。當時惟曾子不從，故別爲一宗。《荀子·非十二子篇》以子思、孟子案飾其言，以爲仲尼、子游爲茲厚於世，則子思、孟子爲子游後學。而子游嘗事有子，故有子實盡聞孔子之大道者。《論語》於七十子皆字之，惟於有子、曾子稱子。蓋孔門之後，儒雖分八，而本始實分二宗。譬之禪家，有子廣大如慧能，曾子謹嚴若神秀也。惜有子早没，故所傳不及曾子之廣。後儒列十哲，擠有子於末，而以子思、孟子出於曾子，實沿王肅僞《家語》之謬，不足據也。

孔子志在《春秋》，以成其體天之仁；行在《孝經》，以成其錫類之孝。故以《春秋》之仁爲經天下之大經，《孝經》之孝爲立天下之大本也。然觀《孝經》言事親者甚少，而言待天下人甚多，蓋「孝子不匱，永錫爾類」，必錫類乃爲大孝。故堯舜仁覆天下，而孟子稱之曰：「堯舜之道，孝弟而已。」誠以孝弟爲行仁之本。立愛自親始，本原既定，推以愛民物，通天人，而大道自生也。蓋爲行仁先後之序焉。孔子之道好生惡殺，故乾曰大生，坤曰廣生，天地之大德曰生。而爭殺作亂，乃亂世最不仁之事，聖人所最恐而憂之者也。孔子好仁而惡不仁，欲胥天下而致於太平之世，而亂種流傳，不能遽致，故發孝弟之道，以絕爭亂之源，而爲仁愛之本。積重既久，保合太和，然後大同之道乃可行也。

○子曰：「巧言令色，鮮矣仁！」

包咸曰：「巧言，好其言語；令色，善其顏色。皆欲令人説之，少能有仁也。」《逸周書·官人篇》：「巧言令色，皆以無爲有者也。」人多惑之以爲慈仁，孔子特明其非也。蓋人之生直，故貴尊其德性，質直好義，自由自立，若以巧詐欺人，則天良斲喪。其生，則性德式微；其死，則魂靈澌滅。同時處人羣則大害，後世傳人種則更傷。其過若小，而播惡無窮。孔子欲行仁道，則不得不惡害仁種之人。蓋亂殺之害，顯在人世，人易知之；巧詐之害，微在心術，人所難知，而其爲害於人世人種則一也。此皆亂世之俗，而爲官人尤甚。誤信惑之，不爲反噬，亦爲所累。孔子生當其時，故先惡之，若太平世則自無此矣。

○曾子曰：「吾日三省吾身，爲人謀而不忠乎？與朋友交而不信乎？專不習乎？」鄭曰：「魯《論》『傳』爲『專』。」

吾，我自稱也。一晝一夜曰日。省，察也。朱氏曰：「曾子，孔子弟子，名參，字子輿。盡己之謂忠，以實之謂信。」《廣雅·釋詁》：「專，業也。」《呂氏春秋》曰：「所專之業不習則隳」，是也。

蓋忠信以立德，專學以成才。戒浮華，去泛騖，專門之學不敢不習也，皆對人而立其誠也。何休曰：「忠信所以進德，所以遠於巧言令色矣。傳，六經之微言大義也。習，温習也。」何休不從古文而亦解作傳。或齊《論》作傳；專，當爲傳之省文。臧氏庸引陸氏《釋文》條例，以爲假借，是也。前惡巧令，此貴忠信，皆撥亂世而反之正，以拯人種之陷溺也。

第一章言學以合羣，然合羣之道必在仁，而久積爭殺不能達仁，則當明孝弟以先之，孝弟者人羣之本也。久積作僞不能致仁，則當主忠信以變之，忠信者人心之本也。此孔子之道而有子、曾子傳之。《論語》特以孝弟忠信繼學與仁，此其開宗明義者也。忠信者，誠也。人道之有忠信，如穀之有種，如水之有源。苟無忠信之心，如剪采爲花，非不美觀，究無真采；如堰水爲陂，非不汪洋，應時枯竭。故一切治教皆以忠信爲基，有忠信乃有治教，無忠信則治教立亡矣。一人忠信之至，則可感天人，貫金石，雖大同之世亦不過講信修睦，人人忠信而已。故人道始於忠信，亦終於忠信。

孔子立教，弟子後學傳之。《論語》爲後學傳孔子之教者，故修學及朋之後，明傳之義。立教雖爲公理，然人能弘道，非道弘人，教能傳習則廣，教不傳習則微。故曾子首以忠信爲本體，即以傳教爲日用，日日省之能傳教否。此曾子所以能爲傳教之大宗，而後學所當師法也。曾子所生爲魯人，近聖人之居，久染大教，其壽九十，言論最多，發明最久，弟子最衆，故與有子分峙，而尤爲孔門最大之宗派。曾子十篇，尚散見於

《大戴禮》中。其學以修身守約爲宗旨，與《論語》各章意義皆同。葉水心謂：「曾子没時亦以動容貌、正顔色、出辭氣，啓手足爲自省，蓋終身力行守約，而未聞孔子大道」，未免太過。然於孔子至仁太平之大道不甚發明，其與有子開口言仁者，大小迥殊矣。蓋有子爲大乘，曾子爲小乘。後學以曾子爲大宗而尊信憑守之，於是孔子之大道不光，未必不因此。蓋顔子、有子不壽而孔道遂隘，而幾失其宗，此天下之大不幸也。

○子曰：「道千乘之國，敬事而信，節用而愛人，使民以時。」

包咸曰：「道，治也。千乘之國者，百里之國也。古者井田，方里爲井，十井出一乘，百里之國適千乘也。爲國者，舉事必敬慎，與民必誠信，節用不奢侈。國以民爲本，故愛養之。作事使民，必以其時，不妨奪農務。」包説是也。馬融以爲井十爲通，通十爲成，成出革車千乘，是地方三百一十六里。此依劉歆僞《周禮》，與今文《詩》：「公車千乘」、《王制》、《孟子》公侯百里制相反，此僞説也。敬，警也。敬信言其體，節愛言其用。《易》曰：「節以制度，不傷財，不害民」，有豫算之謂，非儉嗇以失國體也。此爲據亂世發也。亂世道路未通，分國萬千，如今土司然。君長驕侈詐欺，奴隸其民而虐使之，雖以文王之築臺沼，猶使其民，蓋時世使然。今土司一切征役其民，猶然也。故《春秋》於築臺築城皆譏之，至非時用兵尤所惡。讀杜甫詩：「爺娘妻子走相送，哭聲直上干雲霄」，及《三吏》、《三别》諸詩，可見不敬事而妄使民之禍，至唐世尚如此。故孔子貴卑宫而惡雕牆，尚節儉而惡奢侈，誠惡不愛人而妄使民也。君長奢侈，多一日之征役，則民失一日之農時，況于朝令夕改，民無所信，征役相仍，土木不息，則民之農時盡失，父母妻子凍餒，所關至大矣。故重戒之以敬信節用，而諄複之以愛人使時，又立爲法，使民不過三日，皆撥亂不得已之意。未能太平，僅求小康之義，爲當時藥也。自王安石行雇役法，無復使民，則此言爲舊方矣。然各國仍有使民者，聖人之爲醫甚遠，各因其病而服其藥可也。若夫敬事信民，節用愛人，則凡執政者所當服膺，而無分於天下一國，平世亂世者矣。

千乘之國，蓋古者以農兵立國之法。若平世，則團體日大，無復此國。然平世之大農大工大商，其一廠一場占地數十里，用人數萬，世愈大同，則各業皆爲大公司，其主廠場之地愈大，用人愈多，各成古國之小團體，各自爲治。其執事業既多，人民既衆，度支既廣，興作有時，治之之法亦與古千乘之國無異。興作必當謹慎，號令必當誠信，度支必定豫算，同夥必當親愛。興作必當限時刻，無違其食息，而致其貧病，則無論何世皆能行之。善乎！程子謂：「聖人此言雖淺，然通乎上下也。」故孔子之言圓通無礙，如《大華嚴》，學者無泥守之，而觸類引伸之。孔子不云乎？「舉一隅不以三隅反，則不復也。」泥一隅者，是孔子所不教者矣。

○子曰：「弟子入則孝，出則弟，謹而信，汎愛衆，而親仁。行有餘力，則以學文。」

「汎」，《左傳》引作「氾」。

謹者，行之有格也。信者，言出至誠也。汎，博也。衆，謂衆人。親，近也。仁，謂仁者。餘力，猶言暇日。以，用也。文，道藝也；凡一切學術著之文字者。尹焞曰：「德行本也，文藝末也。窮其本末，知所先後，可以入德矣。」朱子謂：「力行而不學文，則無以考聖賢之成法，識事理之當然，而所行或非。」愚按，此孔子呼弟子而教之。蓋孔子之門人，皆已成人在二十，敦行孝弟，親師取友，博學不教之時，不爲童子言也。若童年，則自六歲學書，十歲就傅，十五入大學，專力學文，不與衆接，亦不責以成人之禮。惟二十之後，責以成人之禮，入事父兄，出取師友，接人任事，皆有責任，不能責肆力於學文矣。然少有暇日，必當爲學，以益智養魂。蓋學者終身爲之，不能以事物間者，始有知識。接物之時，要在熏陶德性，與接爲搆，視其所染，習善則善，習惡則惡，故以親近仁者爲歸。而乾元資始，萬物同體，民皆同胞，只有愛矜，絕無嫉惡。蓋以孝弟發其行仁之始，以汎愛衆極其行仁之終，以謹信肅其行仁之規，以親仁熏其爲仁之習，而後學文以廣其智益。雖仁智雙修，而始終於仁，但以智輔仁，所以養成人之德也。蓋文國重英年，垂教望後生，故鄭重於治國之後。然聖人雖爲弟子告，而婦女亦可行。若語汎愛親仁，則雖童幼者耋豈有異哉！

○子夏曰：「賢賢易色，事父母能竭其力，事君能致其身，與朋友交言而有信。雖曰未學，吾必謂之學矣。」

子夏，孔子弟子，姓卜，名商。少孔子四十四歲，爲魏文侯師，壽百餘歲，講學西河。人疑於孔子，故荀子謂：「有子夏氏之儒。」蓋在有子、曾子之外，爲孔門之大宗矣。竭，負舉也。致，送詣也。

此爲撥亂世明人倫而發。人道始於夫婦，夫婦牉合之久，所貴在德，以賢爲賢。言擇配之始，當以好德易其好色。蓋色衰則愛弛，而夫婦道苦，惟好德乃可久合。《關雎》憂在進賢，不淫其色，哀窈窕、思賢才是也。父母鞠育顧復，其恩罔極，大德宜報，當用勞竭力也。事君就職，不得私愛其身，故食焉不避其難也。交友，約言必信，久要不忘。凡此四倫，人所同具；凡此四行，亦非絶高。視夫「刑于寡妻，永錫爾類」「格君之非，熏德善良」者，硜硜篤守，拘執小節，雖曰未學可矣。蓋學者，窮物理之所以然，審時世所當然，變化無端，惟義所在，誠非拘執一節者所能議也。然生當亂世，不爲惡俗所染，皎然不欺其志，雖出於美質篤行，而學者實亦不過如是也。

○子曰：「君子不重則不威，學則不固。主忠信，毋友不如己者，過則勿憚改。」「無」，宋刊九經本作「毋」。《儀禮·公食大夫禮》，鄭注：「古文『毋』皆作『無』。」故知魯《論》今文作「毋」，今從之。

重，敦厚也。威，威嚴。固，陋也。言重則有法，行重則有德，貌重則有威，好重則有觀。若輕佻不厚重，則無威儀；空疏不學，則固陋也。一切虛僞，無源之水，無根之木，必不能久，故不誠無物，無論行業，學者必以是爲主焉。奉忠信爲君主，而後百義從之，斯斷不爲小人之歸矣。人視所習，莫嚴於師，莫親於友。其居游皆勝己者，不期益而益矣；其居游皆不如己者，不期損而損矣，故夾輔之人當須勝己。周公曰：「不如我者，吾不與處，損我者也；與吾等者，吾不與處，無益我也。」勿，禁止辭。憚，忌難也。人道進德，全在改良，愈改愈進。亦復有過，改之無已，則進而愈上。若憚於改，則安於其失，非止永無進益，甚且積爲罪愆，習爲固然，至惡積而不可解也。故君子小人之上達下達，專視憚改過與否耳。游氏曰：「君子之道，以威重爲質，而學以成之；學之道，必以忠信爲主，而以勝己者輔之。然或吝於改過，則終無以入德。而賢者亦未必樂告以善道，故以過勿憚改終焉。」

○曾子曰：「慎終追遠，民德歸厚矣。」

慎終者，喪禮也。追遠者，祭禮也。死者，人之所患。遠者，人之所忘。孔子上因先聖，制喪禮，則凡招魂藏魄之事，必誠敬而勿使有悔。制祭禮，則凡出祖祧廟之遠，必追享而使人勿忘。《記》曰：「之生而致死之，不仁而不可爲也；之死而致生之，不智而不可爲也。」聖人于鬼神死生之故，知之既深矣。然鳥獸失羣，猶有啁啾之頃，何況至文明之人而置之？故不欺死者之無知，不忘祖宗之已遠，事死如生，事亡如存，厚之至也。所以教民者深矣，故民從其德，念祖思親，雖遠萬里，猶念祠墓，不忘宗國。中國人種族之盛於萬國，殊於大地，蓋孔子立教爲之也。今民之不散，其已然之效矣。

○子禽問於子贛曰：「夫子至於是邦也，必聞其政，求之與？意予之與？」子贛曰：「夫子温、良、恭、儉、讓以得之。夫子之求之也，其諸異乎人之求之與？」漢石經《論語》，「貢」皆作「贛」，「抑」作「意」，「與」作「予」。《説文》：「貢，獻功也。」「贛，賜也。」子贛名賜，當作「贛」，不當作「貢」，《詩》「抑此皇父」，鄭讀作「意」。

子禽，姓陳，名亢。齊陳氏，即《史記·弟子傳》之原亢。《漢書》分爲三人，誤矣。子贛，姓端木，名賜，少孔子三十一歲，皆孔子弟子。温，和也。良，易也。

恭，肅也。儉，節也。讓，謙也。皆禮教也。興於詩，立於禮，成於樂。言夫子未嘗求之，但觀其德容尊行，人親附之，則告語之。蓋時君尊禮，自以其政問之，非若他人必求而後得也。其諸，蓋齊魯語。《公羊》：「其諸君子，樂道堯舜之道與？」人才有界，後世高才鉅學，亦多預聞政事。況聖人出，於人間復出倫類，如泰山之於丘垤，河海之於行潦，所至如覩異人，觀佛所至各國迎拜可知矣。孔子過化存神，既非人所能測，而其禮樂文章之盛，徒屬之才，春秋處士實無其比，所至公卿聞而震驚，就而咨問，乃其好德之良固然。而未有授之以政者，則根器太下，私欲害之。然即此言之，聖人之德盛禮恭，尚可想像焉。謝氏良佐曰：「學者觀於聖人威儀之間，亦可以進德矣；若子贛亦可謂善觀聖人，善言德行矣！今去聖人二千五百年，以此五者想見其形容，尚能使人興起，而況于親炙者乎？」

○子曰：「父在，觀其志；父沒，觀其行；三年無改於父之道，可謂孝矣。」

在，存也。觀，諦視也。在心爲志，發事爲行，此爲觀人於家而言之。父在，子不得專，故觀志；父死，子述其業，故觀行。然雖父沒，在喪三年，哀慕猶若父在，不忍改父之事者，蓋孝子之心矣。至於喪畢，人之業有權限，而志可自由，雖父之尊親，過則改之，無能掩抑之者也。京房《易傳》：「幹父之蠱，有子，考无咎。」子三年不改父道，思慕不皇，亦重見先人之非。師丹曰：「古者諒闇，三年不言，聽於冢宰。三年無改於父之道，就居喪，蓋三年中尚稱子也。」尹氏曰：「如其道，雖終身無改可也；

如其非道，何待三年？然則三年無改者，孝子之心不忍故也。」游氏曰：「三年無改，亦謂在所當改而可以未改者耳。」

○有子曰：「禮之用，和爲貴。先王之道斯爲美，小大由之。有所不行，知和而和，不以禮節之，亦不行也。」何晏《集解》作「不可行」，漢石經無「可」字，今從之。

禮者，天理之節文，人事之儀則也。用，施行也。和，調也。蓋禮之爲體雖嚴，然皆出於人情之自然，故其爲用，必剛柔相調而不乖，乃免禮勝則離而可貴。先王之道，此其所以爲美，而小事大事無不由之也。如此而復有所不行者，以其徒知和之爲貴而一於和，不復以禮節之，則流蕩忘返而亦不能行也。愚謂嚴而泰，和而節，此理之自然，禮之全體也。毫釐有差，則失其中正，而各倚於一偏，其不行均矣。禮勝則離，必和之以樂；樂勝則流，必節之以禮。蓋禮以嚴爲體，而以和爲用；樂以和爲體，而以嚴爲用。二者皆不可偏，庶幾欣喜懽愛，中正無邪也。禮者爲異，樂者爲同；禮爲合敬，樂爲合愛；禮爲别宜，樂爲敦和；禮爲無爭，樂爲無怨；禮爲天地之序，故羣物皆别；樂爲天地之和，故百物皆化。故禮樂並制，而小康之世尚禮，大同之世尚樂。但人道以樂爲歸，聖人創制皆以樂人而已。惟生當據亂，不能不别，宜以去爭。然制禮似嚴，實貴和樂，故無小無大皆樂由之。但物理循環，樂極則哀，故和而不流。禮當大同，但有合愛，仍不能不有節也。有子爲子游之師，當傳大同之道。此章詞雖含蓄，而專明親愛樂人，大同之旨已揭矣。

○有子曰：「信近於義，言可復也。恭近於禮，遠恥辱也。因不失其親，亦可宗也。」

信，約也。義，宜也。復，覆返也。恭，致敬也。因，依也。宗，主也。言約信而合其宜，言乃可返踐矣。致恭而中其節，然後恥辱可遠。所依者不失其可親之人，乃可奉爲宗主。此言人之言行交際，皆當謹之於始而慮其所終。立約致敬雖不能盡合於禮義，而必當近之；交親服事，當考其心術行義。不然，則因仍苟且之間，將有不勝其悔者。蓋妄約，則然諾難踐；太恭，則屈節辱身。若抱柱待水而死，拜虜庭而囚是矣。故大人比義行權，而不必信；守禮，則抗節而愈益榮；所依之人，當擇其行義可親者，否則誤從匪人，將終身爲所賣也。

○子曰：「君子食無求飽，居無求安，敏於事而慎於言，就有道而正焉，可謂好學已矣。」何晏《集解》作「也已」。皇本作「也已矣」。漢石經作「已矣」。石經當是今文，今從之。後仿此。

居爲尻假借，得几而安也。敏，疾也。有道，謂有道術。正，謂問其是非。不求安飽者，志有在而不暇及也。敏於事者，勉其所不足；慎於言者，不敢盡其所有餘也。然猶不敢自是，而必就有道之人以正其是非，則可謂好學矣。尹氏曰：「君子之學，能是四者，可謂篤志力行者矣，然不取正于有道，未免有差。如楊、墨，學仁義而差者也，其流至於無父無君，謂之好學可乎？」不求安飽者，蓋別有神明之樂，則不暇爲體魄之營。安飽固養形所當有事，但不可專務求之，則喪志也。事者難成，故必時敏而後有功；言者易盡，故必慎出而後寡過。大道多歧，行義易偏，自是冥行，愈去愈遠，當問以辨之，必得有道德之士，正定其是非，乃不致誤也。《儒行》曰：「博學以知服。」

○子贛曰：「貧而無諂，富而無驕，何如？」子曰：「可也。未若貧而樂道，富而好禮者也。」子贛曰：「《詩》云：『如切如磋，如琢如磨』，其斯之謂與？」子曰：「賜也，始可與言《詩》已矣，告諸往而知來者。」皇本「子贛」下有「問」字，《集解》本無。《集解》本作「貧而樂」，無「道」字，惟皇本、高麗本、日本足利本、《史記·弟子列傳》、孔安國《注》，皆作「貧而樂道」。唐石經亦有「道」字，但旁注《漢書·王莽傳》與鄭注引無「道」字，蓋古文也。劉氏寶楠不知《漢書》爲劉歆僞撰，以爲今文誤也，今不從。

諂，佞諛也，卑媚之容。馬六尺曰驕，喻高倨之態。此人處貧富所不能免者，若不以貧屈於人，不以富加於人，完人道自立之界而不侵犯人界。子贛不欲人加，亦不加人，蓋倡自由平等之學。又，先貧後富，曾用力焉，此固孔子所許可者；惟以貧賤驕人，富貴下士，雖迴出尋常，然心跡未能忘富貴也。夫神明之自得，固有出夫貧富之外者。若貧而樂道，研精術學，玩心造化，則忘懷于貧；富而好禮者，施以行德，安以處善，若不與其富，處世間而不礙世境。子贛地位甚高，故孔子以此進之，亦天道也。《詩·衛風·淇奥》之篇。切，刲也。琢，治也。磋，平滑之。磨，《釋文》作摩，礱也。《爾雅》：「骨謂之切，象謂之磋，玉謂之琢，石謂之磨。」治之已精，而益求其精，以成寶器。《大學》：「如切如磋道學也，如琢如磨自修也。」蓋《詩》文古訓。已，語終辭。子贛自以無諂無驕爲至矣，聞夫子之言，又知義理之無窮，自修之無盡，故驟悟引《詩》。

往者，已發之蘊；來者，無盡之藏。孔子作經皆寓微言，如《華嚴》之藏，滴水可現大海。故一端之旨，類推引伸，六通四闢而不可窮，如《春秋》之三世，六《易》之卦變，横亘六合而不可盡。既然矣，若《詩》尤善爲喻者，其觸譬無窮，不止四始五際之密寓微旨也。孔子固云：「舉一隅不以三隅反，則不復。」子贛善悟，孔子許以言《詩》。然則，後世之泥一二訓詁文字以求《詩》者，必不足與言《詩》矣；泥一二文字經典以求孔子者，必不足與知孔子矣。

○子曰：「不患人之不己知，患己不知人也。」「患不知人」，《集解》無「己」字。皇本、高麗本、足利本皆有「己」字。《釋文》：「『患不知也』，本或作『患己不知人也』。」今從之。

患，憂也。尹氏曰：「君子求在我者，故不患人之不己知。不知人，則是非邪正或不能辨，故以爲患也。」人不能離人而獨立，無論居游營業，皆與人接搆，若不知人之是非邪正，而誤於交託，則動而必敗，大之喪國，次之亡身，小之亦失業敗名。故人倫之鑒不明，實人道切身之患也。故君子自立在己，而藻鑑在人。雖知人未易，堯舜猶難，然愈難愈當講求其術也。若夫懷才抱德，如川蘊珠，如山藏玉，有車必見其軾，有衣必見其服，何患不知？乃人日求人知，而不求知人，何顛倒其用也！

論語注卷之一終

門人高要陳焕章初校
門人番禺王覺任覆校
門人東莞張伯楨覆校

論語注卷之二

南海康有爲學

爲政第二

凡二十四章

○子曰：「爲政以德，譬如北辰，居其所而衆星拱之。」鄭玄本作「拱」，蔡邕《明堂月令論》引亦作「拱」，《吕氏·始覽》引作「拱」，趙岐《孟子注》皆作「拱」，則今文當作「拱」，而「共」爲古文，今不從。

德，元也，爲至極。北辰，北極也，所不動處。《史記·天官書》：「中宮太極星，其一明者，太一常居也。」《吕覽》：「極星與天俱游，而天樞不移。」《說苑》：「璿璣謂北辰，句陳樞星。」《漢書·天文志》：「北極第五紐星爲天之樞。」梁祖暅之測不動處，在紐星末一度餘。沈括、元郭守敬測極星離不動處三度。言北辰居不動之所，而衆星環旋共拱向之。包氏曰：「德者無爲，猶北辰之不移而衆星拱之。」蓋地生於日而拱日，日與諸恒星，凡一切星云、星團、星氣皆拱北極而環之，是爲一天。此天之外，又有諸天，無量數天而拱一元。《易》曰：「大哉乾元，乃統天」是也。以元統天，則萬物資始，品物流形；以元德爲政，則保合太和，各正性命。所謂乾元用九，見羣龍無首，而天下治。行太平大同之政，人人在宥，萬物熙熙，自立自由，各自正其性命。羣龍共成之，而潛龍可勿用，故不待。如衆星日行，而北極可不動也，德無爲也。升平世則行立憲之政，太平世則行共和之政。天下爲公，尊賢使能，講信修睦，人不獨親其親，子其子，老有終，壯有用，幼有長。貨惡棄地，不必藏於己，力惡不出，不必爲己。人人共之以成大同，故端拱而致太平，如北極不動，而衆星共繞而自團行也。無他，惟天下爲公，故無爲而治也。霸主專制爲治，雖衡書擔石，嚴刑重罰，智取術馭，威壓强制，百出其道，職事愈隳，亂機愈伏。無他，惟自私天下，故欲治無成也。包咸爲今文家説，無爲而治者，舜也。此蓋孔門密藏微言，後學宜知玩索焉。

○子曰：「《詩》三百，一言以蔽之，曰：『思無邪。』」

《詩》三百五篇，舉大數也。《史記》：「三百五篇，孔子皆絃歌之，以求合《韶》、《武》、《雅》、《頌》之音。」漢王吉曰：「以三百五篇作諫書」是也。或言三百十一篇者，以《毛詩》引《南陔》、《白華》、《華黍》、《由庚》、《崇邱》、《由儀》六篇。不知笙詩有聲無詞，安得有篇？此劉歆僞《毛》之謬，不足據也。「思無邪」，《魯頌·駉》篇之辭。思，容也。言心有所念，能容之也。反正爲邪。凡《詩》之言，善者可以感發人之善心，惡者可以懲創人之逸志，其用歸於使人得其情性之正而已。然其言微婉，或各因一事而發，求其直指全體，未有若此之明且盡者。凡《詩》之詞皆入樂章者，所以和同合愛，故論倫無患，欣喜懽愛，然發乎人情，止乎禮義，則又中正無邪。故詠歎淫泆，發揚蹈厲，使耳目鼻口，心知百體，皆由順正，即其風喻，無所不有，然必旁行而不流。故《詩》義無窮，然執要守約，以一言貫之，則「思無邪」

盡之。蓋歌謠之事，起於初民，而尤盛於太平，乃人情之至，風俗之原。惟使之情深而文明，氣盛而化神，淘汰其逸邪，而揚詡其神思，則繼三百篇而作可也。

○子曰：「道之以政，齊之以刑，民免而無恥；道之以德，齊之以禮，有恥且格。」漢《祝睦碑》：「導濟以禮。」皇本兩「道」字并作「導」，《釋文》「道」作「導」，惟漢石經作「道」，今不改。《祝睦碑》：「有恥且恪」，《費汎碑》：「有恥且佫。」《釋文》：「格」字或作「絡」字，當是魯齊之異。

導，引也。政，謂法制禁令也。齊，正也。禮，謂《經禮》、《曲禮》。免而無恥，謂苟免刑罰，而無恥心，雖不敢爲惡，而爲惡根未忘也。包氏曰：「德，謂道德；格，去非心也。」《漢書·貨殖傳》：「道之以德，齊之以禮，故民有恥而且敬。」《緇衣》：「夫民，道之以德，齊之以禮，則民有格心。」何晏曰：「格，正也。」民種未良，民德未公，待法律刑罰以治之。民雖畏法而求免罰，然險詖機詐之心未除，即作弊於法律之內。故政刑者，升平小康之治也。養其善性，和以文明，使民種民俗皆至仁良，日遷善而不知，忠直公溥之風已定，自不屑爲奸慝之事。故德禮者，太平大同之治也。孔子生亂世，雖不得已爲小康之法，而精神所注常在大同，故拳拳於德禮以寓微旨，而於德尤注意。蓋民種自無始來，爭殺機詐之根已深，無論如何政教，只稍加滌濯，不能掃除，非以無量大德改易其種，無能治太平之世也。必使無訟，大畏民志，無爲而治，蕩蕩難名，此乃聖人之意歟？

○子曰：「吾十有五而志乎學，卅而立，卌而不惑，五十而知天命，六十而耳順，七十而從心所欲不踰矩。」漢石經、高麗本「于」作

「乎」，今從之。「三十」、「四十」漢石經作「卅」、「卌」。柳子厚引「七十而縱心」，則以「心」斷句，而以「所欲不踰矩」爲另句。

心之所之謂之志，學即孔子神明聖王之學。後此以立教天下者，但立教成於晚暮，而定志則在十五。蓋神靈之生有自來，故性識早定於童幼。如旭日初出，已自皎然大明，其後之進，不過升至中天，濛氣漸解，而光燿更照耳。雖有增益，非如常人之性識，如聚薪而然之也。不立者，大力凝固，鑄練如鐵而不搖。不惑者，大明終始，燭照如日而不眩。《書》：「天其命哲，命吉凶，命歷年。」蓋人受生於天，有哲命，有禄命。知天命者，窮理盡性以至於命，凡天人、陰陽、鬼神、幽明、死生之故，通微合漠，闡幽洞冥，諸天無窮，知亦無窮也。耳順者，神氣風霆，聞聲皆徹，通於人天也。耳順之文甚異，孔子神人，誠非淺儒所能測。佛之三明五勝，所謂天耳通者，當同之耶？後人風角鳥占，猶極靈驗，此亦耳通之類，況孔子之神耶？從心所欲不踰矩者，義理血氣，湊泊渾融，官止神行，聲律身度，而神明變化，旁行不流也。孔子自言進學自得之序，蓋其遜詞以勉學者。然聖功之次第，與聖學之精深，亦可窺一斑矣。

○孟懿子問孝。子曰：「毋違。」樊遲御，子告之曰：「孟孫問孝於我，我對曰：『毋違。』」樊遲曰：「何謂也？」子曰：「生，事之以禮；死，葬之以禮，祭之以禮。」漢石經作「毋違」，《論衡·問孔篇》亦作「毋違」。《士昏禮》鄭注：「古文『毋』作『無』」，則「毋」，今文也，今從之。

孟懿子，魯大夫仲孫氏，名何忌。違，戾也。毋違，謂不背於理。樊遲，孔子弟子，名須。御，爲孔子御車。孟孫，稱仲孫，省文。葬，從死，在茻中。夫子以懿子未達，而不能問，恐誤以從親之令爲孝，故語樊遲以發之。生事、葬祭，事親之始終具，人道畢矣。禮，天理之節文，人事之儀則也。父母但傳體魄，未必皆賢，故生則幾諫，死則幹蠱。《孝經》特發從父令，未得爲孝之義，故事親始終只能從禮。故大孝在諭義，亂命不可從，而父道可以改。蓋人道只以公理爲歸，雖父母之尊親，不能違公理而亂從之也。

○孟武伯問孝。子曰：「父母，唯其疾之憂。」

武伯，懿子之子仲孫彘。武，謚也。伯，長也。憂，愁也。唯與惟同，獨也。王充《論衡》、高誘皆以人子憂父母之疾爲孝。《孝經》：「孝子之事親也，病則致其憂。」《曲禮》：「父母有疾，冠者不櫛，行不翔，言不惰，琴瑟不御，食肉不至變味，飲酒不至變貌，笑不至矧，怒不至詈，疾止復故。」馬融以父母憂子之疾，是古文家異説，今不從。

○子游問孝。子曰：「今之孝者，是謂能養。至於犬馬，皆能有養。不敬，何以別乎？」漢石經無「乎」字。惟是否有缺不可考，今闕疑。

子游，孔子弟子，姓言，名偃。是，祇也。養，供奉也。包氏曰：「犬以守禦，馬以代勞，皆養人者。」馬周《疏》：「少失父母，犬馬之養，已無所施。」束皙《補亡詩》曰：「養隆敬薄，惟禽之似」是也。然孟子謂：「愛而不敬，獸畜之。」《坊記》：「小人皆能養其親，君子不敬何以辨？」言小人亦能盡力養親，惟狎恩恃愛而敬不至，則與養犬馬者何異？孔子恐人知愛親，而不知敬親，故因子游發之，其詞意警切矣。古注説兩存之。

○子夏問孝。子曰："色難。有事，弟子服其勞；有酒食，先生饌。曾是以爲孝乎？"「饌」，《釋文》：「鄭作『餕』。」《特牲饋食禮·有司徹》鄭注并云：「古文『籑』皆作『餕』。」段氏玉裁謂：「《禮記》餕字，於《禮經》皆今文」，則「餕」是今文也。今闕疑，不改。

包咸曰："色難者，謂承順父母色乃爲難。"服，事也。先生，父兄也。蓋服勞奉養，人子之所宜然，而不足爲難。惟隱候顔色，先意承志，乃能深得懽心。《祭義》："養可能也，敬爲難，敬可能也，安爲難？"《鹽鐵論》："上孝養志，其次養色。"《曲禮》："視於無形，聽於無聲"是也。鄭氏言："和顔悦色爲難。祭法，孝子之有深愛者，必有和氣；有和氣者，必有愉色；有愉色者，必有婉容。"又云："嚴威儼恪，非事親之道"，亦是也。以上四章，問孝雖同，而答之各異。聖人施教如大醫施藥，病既各異，藥亦不同，言各有爲。凡讀聖人之言，必當會此。不然，則由、求異其進退，異其仕隱，爲不可解矣。若泥單詞片義，則豈爲善學者哉？

○子曰："吾與回言終日，不違，如愚。退而省其私，亦足以發。回也，不愚。"皇本「愚」下有「也」字。

回，孔子弟子，姓顔，字子淵。違，難也。不違者，意喻心通，有聽受而無問難也。私，謂退息居學之燕處，非進見請問之時。發，謂發明所言之理。顔子具體而微，實與孔子合德。孔子與言性與天道，非常異義，常人驟聞而必驚者，顔子亦直受而不疑。既已合契同符，復何容審問明辨？相視莫逆，故不違也。以其神會意喻，慹然似非人，故曰如愚也。蓋神聖共處，天人同貫，雖復至言偉論，視作尋常。然以聞一知十，睿知之才，得一端而博貫之，觸其類而引伸之，當同人講習之時，發明師説，辨才無礙，益大光明矣。孔子蓋新得顏子，而心喜傳道有人，故爲反覆之詞，乃其贊歎之至也。

○子曰：「視其所以，觀其所由，察其所安。人焉廋哉？人焉廋哉？」《集解》下廋句有「哉」字，漢石經無「哉」字，與「禮乎？禮」、「微乎？微」同。然或缺脱，今不改。《説文》無「廋」字，蓋古文學。

視，瞻也。以，爲也。爲善者爲君子，爲惡者爲小人。常視曰視，非常曰觀。由，從也。事雖爲善，而意之所從來者有未善焉，則亦不得爲君子矣。察，覆審也。安，所樂也。所由雖善，而心之所樂者不在於是，則亦僞耳，豈能久而不變哉？焉，安也。廋，隱匿也。重言以深明之。聖人最重知人，故發觀人之法。蓋考事行不如考心術，考心術不如觀嗜好。察其事由，窺其意趣，然後人之表裏、顯微、肺肝如見矣。《文王官人篇》作：「考其所爲，視其所由，察其所安，此之謂視中也。」

○子曰：「温故而知新，可以爲師矣。」

凡立教爲師者，學當無窮。温，尋繹也。故，古也。王充曰：「知古不知今，謂之陸沉；知今不知古，謂之盲瞽。」故凡大地數千萬年前之陳跡必盡尋求之，然後可應；世間數千萬年後之新理必日知之，然後可啓來者。且細加尋繹，故中即有新機。聞知既多，新既可能故物。新故互證，其教乃當而不謬，變而益通。孔子蓋恐傳教之人，能守道者，則守舊太拘，而不知時變新理，以盡前民；知變通者，又好新太過，而勇於掃故義，而不知保全舊粹。若是者，以爲治，不能爲長；若傳教，不能爲師。然爲治者尚多能審時，至爲師者，鮮能適變。故孔子美其温故之已能，而戒其知新之不足，其瞻言遠矣！惜後儒違失聖義，知温故而不知知新，至使大教不昌，大地不被其澤。此則後師之責也。

○子曰：「君子不器。」

器，皿也。包咸曰：「器者，各周其用；至於君子，無所不施。」莊子謂：「諸子各明一義，如耳目鼻口不能相通」是也。若孔子，則本末精粗，六通四闢，其運無乎不在，蕩蕩則天而不能名，混混合元而不可測也。故學者之始，患不成一才以爲器；成德之終，貴博學多能而不器。送行者自涯而返，則自此遠矣。

○子贛問君子。子曰：「先行其言，而後從之。」「貢」，漢石經作「贛」。

先行在於未言之前，言在既行之後。凡人，非言之艱，而行之難。

○子曰：「君子周而不比，小人比而不周。」

朱子曰：「周，親密也。比，阿曲也。皆與人黨合之義。但以義合爲周，以利合爲私。」朱子曰：「君子小人，所爲不同，如陰陽晝夜，每每相反。然究其所以分，則在公私之際，毫釐之差耳。故聖人於周比、和同、驕泰之屬，常對舉而互言之，欲學者察乎兩間，而審其取舍之幾也。」

○子曰：「學而不思則罔，思而不學則殆。」

包咸曰：「學不尋思其義，則罔然無所得。」何晏曰：「不學而思，終卒不得，徒使人精神疲殆。」愚嘗見好學而不好深思之人，誦據甚博而不求事理所以然，故絶無心得，卒無所成。故程子曰：「能窮所以然，是第一等學人。」故貴深思之士。然徒思而不學，則冥心力索，至陽明格竹而三日汗下，傅子淵默坐而晚歲顛狂。吾弟子三水潘藻鑑，高志力學，其後閉門冥坐，專力苦思，至病狂而卒。蓋追索過甚，靈性迸走，故至殆也。孔子此義精深周徧，蓋學問思辨，固不可缺一而偏廢者也。

○子曰：「攻乎異端，斯害也已。」

攻，治也，故治木石金玉之工曰攻。端，本也，首也。漢《賢良策問》：「二端，異焉。」《韓詩外傳序》：「異端使不相悖。」袁紹之客，競設異端。《中庸》：「執其兩端，用其中於民。」言執業講德，不可有惑也。或曰，異端者，非六藝之科，聖人之道，而别爲一端，猶外道也。漢范升以左氏爲反異，引此説。從其道將爲大害，若秦以從韓非之老學而亡，晉以清談老、莊而覆邦，梁武帝以好佛而餓死是也。若學者而從異端外道，若陳相之從許行，迷罔失歸，害滋大矣。孫奕曰：「攻，如攻人惡之攻。已，止也。謂攻其異端，使吾道明，則異端之害人者自止。如孟子闢楊、墨，而楊、墨之害止是也。」義亦通。

○子曰：「由！誨女知之乎！知之爲知之，不知爲不知，是知也。」「女」，皇本作「汝」。

由，孔子弟子，姓仲，字子路。夫子語以爲知之道。實知之乎是爲知，不必遜爲不知也；實不知乎則爲不知，不可强爲知也。天下之物理無盡，生有涯而知無涯。人之所知不及其所不知，故堯、舜之智不能徧物，但當擇要而知之，是即爲有知之人。惟學而後知不足。若常人爲學，多强不知以爲知，自通人觀之，適見其無知而已。

○子張學干祿。子曰：「多聞闕疑，慎言其餘，則寡尤；多見闕殆，慎行其餘，則寡悔。言寡尤，行寡悔，祿在其中矣。」

子張，孔子弟子，姓顓孫，名師。干，求也。祿，仕者之俸也。包咸曰：「尤，過也。疑則闕之，其餘不疑，猶慎言之，則少過。」「殆，危也。所見危者，闕而不行，則少悔。」朱子謂：「多聞見者，學之博；闕疑殆者，擇之精；慎言行者，守之約。凡言在其中者，皆不求而自至之辭。」蓋當官臨政，民命所關，非講通掌故而熟知其得失，考觀物理而深得其變通，親歷時地以審其適宜，久閱人事而悉其情僞，其尤悔多矣。然反覆求之而未能深信，展轉試之而未能得安者，尚不敢冒昧而言之行之。必如此而後推施得當，外寡有失而內亦少悔矣。夫以爲政之難，言一事而過説疊生，行一事而悔恨紛起，此固學者所自知者。若無尤無悔，大賢所難。學者至舉措寡尤，中心少悔之時，亦可以從政矣。即不能立即爲政，而才望既崇，徵辟必至也。此勉人急於修學，無急於求仕之意。學者寡過固未易至，施之事爲，動合機宜，絶無中悔者，尤難。著書講學之説，尚有悔而改定之時。爲政如發機然，機一誤發，國事民命繫之，悔何可追？此亦求仕者所讀而汗下者也。

○哀公問曰：「何爲則民服？」孔子對曰：「舉直錯諸枉，則民服；舉枉錯諸直，則民不服。」「錯」，鄭本作「措」，包氏從「錯」，則「措」乃古文。

哀公，魯君，名蔣，定公之子，周敬王二十六年即位。稱孔子對曰者，尊君也。包咸曰：「錯，置也。舉正直之人用之，廢置邪枉之人，則民服其上。」謝氏曰：「好直而惡枉，天下之至情也。順之則服，逆之則去，必然之理也。然或無道以照之，則以直爲枉，以枉爲直者多矣。是以君子大居敬而貴窮理也。」夫國者，合民而爲之，國固民之國也，民服則民心固結而國立，民不服則人心散亂而國危。哀公猶知問民服，蓋得於孔子重民之義多故也。然人君無智愚賢不肖，莫不欲求忠以自衛，舉賢以自佐；而所謂忠者不忠，賢者不賢。人人知盧杞之奸，而唐德宗不覺；人人知司馬光之直，而神宗不知。以空言令其居敬窮理，亦何補實事？且以堯而舉驩兜，知人唯難。故欲民服者，莫若令民自舉錯之。堯之「師錫」，孟子之「國人皆曰」是也。故如何乃能舉直錯枉，惜哀公不能再問，以發孔子之至論也。

○季康子問：「使民敬、忠以勸，如之何？」子曰：「臨之以莊，則敬；孝慈，則忠；舉善而教不能，則勸。」

季康子，魯大夫季孫氏桓子之子，名肥。莊，謂容貌端嚴也。包咸曰：「莊，嚴也。君臨民以嚴，則民敬其上。君能上孝於親，下慈於民，則民忠矣。舉用善人而教不能者，則民勸勉。」蓋游戲無度，則下慢之；仁惠無聞，則下欺之；賢才不舉，學校不修，則修學力行者無所用，則民氣不昌，皆偷懦惰窳矣。《表記》：「威莊而安，孝慈而敬，使民有父之尊，有母之親」，與此同。

○或謂孔子曰：「子奚不爲政？」子曰：「《書》云：『孝于惟孝，友于兄弟，施于有政。』是亦爲政，奚其爲爲政？」《集解》、唐、宋石經作「孝乎」，漢石經、《白虎通》、皇本與《釋文》作「孝于」，與下「友于」、「施于」相應，今從之。僞古文採入《君陳篇》，後儒據《君陳篇》改「于」爲「乎」，故不從。華嶠《後漢書·劉平江革傳》引作「于」，晉夏侯湛《昆弟誥》、潘岳《閒居賦叙》、梁元帝《劉孝綽墓志》、李善注《文選》并引作「孝乎惟孝」。蓋「于」與「乎」通，僞古文《君陳篇》採入亦作「乎」，故唐石經改作「乎」。今以漢石經爲正。皇本「是亦爲政」下有「也」字。

包咸曰：「或人以爲居位乃是爲政。『孝于惟孝』，美大孝之辭。『友于兄弟』，善于兄弟。施，行也。所行有政道，與爲政同。」蓋定公初年，孔子不仕，以昭公不正終，定公不正始，孝友之道缺也。但未便明言，故託於家亦有政，引《書》諷諭之。然人之生世，入則父子兄弟，出則君臣民庶，皆有法度禮義，其爲政實一也。蓋道無小大，自元言之，則天爲小；自天言之，則地爲小；自地言之，則國爲小；自國言之，則家爲小。若内自血輪言之，則身爲大；自身言之，則家爲大。大小無定，視所比例。遊心於無極，則堯、舜事業猶一吷也；反歸于現在，則一身一家當前，莫大修齊秩叙，大費經綸。故喜怒即爲位育，灑掃皆是神明。「出門如見大賓，使民如承大祭。」無小無大，道通於一。故語大，至乾元統天，視天下如敝屣；語小，至現隱顯微，故視微小若載重寶。蓋神聖之識，固與人遠矣。

○子曰：「人而無信，不知其可也。大車無輗，小車無軏，其何以行之哉？」

包咸曰：「大車，牛車。輗，轅端横木，以縛軛。小車，駟馬車，乘車。軏者，轅端上曲鉤衡。」墨子曰：「吾不如爲車輗者巧也，用咫尺之木，而引三十石之任。」蓋車無此二者，則不可以行。人之有信，爲交接之關鍵，猶車之有輗軏。若人無信，則一步不能行也。孔子之爲道，不尚高遠，專爲可行。以道者爲人之道，非鬼神之道，則亦當爲人所同行者也。故道，無論若何，人人可同行，則爲大道；人人不可行，則爲非道。所以尚信者，非不知變詐權術可私得大益也，然爲一人之私利，則爲衆人之大害，不可互行也。且變詐權術，終必自困於行，不可互行者，既非公理，聖人所不言也。

○子張問：「十世可知也？」子曰：「殷因於夏禮，所損益可知也；周因於殷禮，所損益可知也。其或繼周者，雖百世可知也。」《釋文》：「『十世可知也』，一本作『可知乎』。」鄭本作「可知」。《漢書》杜欽對策曰：「殷因於夏，尚質；周因於殷，尚文。」則於夏、殷斷句。

三十年爲一世。損，減也。益，饒也。《春秋》之義，有據亂世，升平世，太平世。子張受此義，故因三世而推問十世，欲知太平世之後如何也。孔子之道有三統三世，此蓋藉三統以明三世，因推三世而及百世也。夏、殷、周者三統遞嬗，各有因革損益，觀三代之變，則百世之變可知也。蓋民俗相承，故後王之起，不能不因於前朝，弊化宜革，故一代之興，不能不損益爲新制。人道進化皆有定位，自族制而爲部落，而成國家，由國家而成大統。由獨人而漸立酋長，由酋長而漸正君臣，由君主而漸爲立憲，由立憲而漸爲共和。由獨人而漸爲夫婦，由夫婦而漸定父子，由父子而兼錫爾類，由錫類而漸爲大同，於是復爲獨人。蓋自據亂進爲升平，升平進爲太平，進化有漸，因革有由，驗之萬國莫不同風。觀嬰兒可以知壯夫及老人，觀萌芽可以知合抱至參天，觀夏、殷、周三統之損益，亦可推百世之變革矣。孔子之爲《春秋》，張爲三世；據亂世則內其國而外諸夏，升平世則內諸夏外夷狄，太平世則遠近大小若一。蓋推進化之理而爲之。孔子生當據亂之世，今者，大地既通，歐美大變，蓋進至升平之世矣。異日，大地大小遠近如一，國土既盡，種類不分，風化齊同，則如一而太平矣。孔子已預知之。然世有三重：有亂世中之升平、太平，有太平中之升平、據亂。故美國之進化，有紅皮土番，中國之文明，亦有苗、猺、獞、黎。一世之中可分三世，三世可推爲九世，九世可推爲八十一世，八十一世可推爲千萬世，爲無量世。太平大同之後，其進化尚多，其分等亦繁，豈止百世哉！其理微妙，其事精深。子張欲知太平世後之事，孔子不欲盡言，但以三世推之，以爲百世可以知也。百世爲三千年，於今近之，故曰百世以俟聖人而不惑。子張少孔子四十八歲，於孔子夢奠之時，年僅二十五，而能爲十世之問，其必聞於《春秋》三世之義，推太平世後之事，及百世之偉論，可謂高懷遠志矣。惜乎記《論語》後學者之不能著也。此爲孔子微言，可與《春秋》三世、《禮運》大同之微旨合觀，而見神聖及運世之遠。後儒泥於據亂之一世，尚未盡夏、殷、周之三統，而欲以斷孔子之大道，此其割地偏安，豈止如東周君蕭詧之云乎？嗟乎！孔子之道，闇而不明，鬱而不發，爲天下裂，豈可言哉！幸微言尚傳，賴修明恢復之。

○子曰：「非其鬼而祭之，諂也。見義不爲，無勇也。」

人神曰鬼。孔子定禮，祭止天祖，其他皆爲淫祀，妄祭以求福，是行諂媚也。蓋上古淫祀之鬼甚多，孔子乃一掃而空之。觀印度淫鬼之多，即知孔子掃除中國淫祀之力矣。勇，熱力也。天下萬事皆生於熱力，造起天地，興立世宙，皆自勇生。若既知義所應爲而不爲，誤天下莫甚焉，故孔子深惡之。若勇而非義，又不得爲勇也。徐侍郎致靖曰：「諂瀆鬼神者，必不能勇於赴義；放棄義務者，必至迷信虛無，其事互爲緣也。」

論語注卷之二終

門人贛縣王德潛初校
門人高要陳焕章覆校
門人番禺王覺任覆校
門人東莞張伯楨覆校

論語注卷之三

南海康有爲學

八佾第三

凡二十六章

○孔子謂季氏，「八佾舞於庭，是可忍也，孰不可忍也？」「佾」，《春秋繁露・三代改制篇》、《漢書・禮樂志》作「溢」，則「溢」、「佾」通也。

謂，説也。忍，耐也。季氏，魯大夫季孫氏也。佾，舞列也。《公羊》、《穀梁》謂：「天子八，諸公六，諸侯四。」《白虎通》、高誘注《淮南》，謂「每佾六人」。《左傳》與馬融、服虔以爲每佾八人。天子八，諸侯六，大夫四，士二，皆僞古文説，今不從。舞者，以固人肌膚之會，筋骸之節也。操體以强身，託之禮樂，宣以功德，動以干戚，飾以羽旄，寫其志而動其容，和順積中而英華發外，雖以天子之尊，朱干玉戚而舞，發揚蹈厲，則爲太公之志。《詩》曰：「僔僔舞我」，乃孔子所傳禮樂之大典，以致人道於壽樂者。宋儒不通此義，乃盡廢之。於是，無以固人肌膚，樂人神志，等於墨氏之非樂，其道大觳矣。故謂孔子之道，割地多矣。此譏季氏之僭，僭諸侯猶可，僭天子不可。言孰不可忍，蓋深疾之辭。後漢荀爽、魏高貴鄉公、文欽、晉元帝、盧諶、庾亮，凡聲罪致討，皆引此文。

○三家者以《雍》徹。子曰：「『相維辟公，天子穆穆』，奚取於三家之堂？」

大夫稱家。三家，魯大夫孟孫、叔孫、季

孫。《雍》，《周頌》篇名。徹，祭畢而收其俎也。天子宗廟之祭，則歌《雍》以徹。是時，三家僭而用之。相，助也。包咸曰：「辟公，謂諸侯及二王之後。穆穆，天子之容貌。《雍》篇歌此者，有諸侯及二王之後來助祭故也。今三家但家臣而已，何取此義而作之於堂耶？」

○子曰：「人而不仁，如禮何？人而不仁，如樂何？」

包咸曰：「言人而不仁，必不能行禮樂。」如，奈也。蓋人者仁也，取仁於天，而仁也以博愛爲本，故爲善之長。有仁而後人道立，有仁而後文爲生。苟人而不仁，則非人道。蓋禮者，仁之節；樂者，仁之和。不仁，則無其本，和節皆無所施。皮之不存，毛將焉附。雖陳筵席尊俎，衣冠揖讓，奏黃鐘大吕，弦歌干戚，而情不深者文不明，氣不盛者化不神，有其體式而無其精神，亦不足爲禮樂也。翟方進曰：「不仁而多材，國之患也。」徐侍郎致靖曰：「以無實之人而行禮樂，塗飾耳目，羊質虎皮，若王莽焉，害尤甚也。故曰禮樂待其人而後行。記者叙此於八佾、《雍》徹之後，疑其爲三家發也。」

○林放問禮之本。子曰：「大哉問！禮，與其奢也，甯儉；喪，與其易也，甯戚。」

林放，魯人，見世之爲禮者，專事繁文，而疑其本之不在是也。孔子以時方逐末，而放獨有志於本，故大其問。奢，張也。喪，亡也。朱子曰：「易，治也。《孟子》曰：『易其田疇。』在喪禮，則節文習熟，而無哀痛慘怛之實者也；戚則一於哀而文不足耳。禮貴得中，奢、易則過於文，儉、戚則不及而質，二者皆未合禮。然凡物之理，必先有質而後有文。」《檀弓》謂：「不若禮不足而哀有餘也」，則質乃禮之本也。楊氏曰：「禮，始諸飲食，故汙尊而抔飲；爲之簠簋、籩豆、罍爵之飾，所以文之也，則其本儉而已。喪，不可以徑情而直行；爲之衰麻、哭踴之數，所以節之也，則其本戚而已。」此答禮本之問，故純取於質。蓋夫子以周末人僞，以文滅質，有爲言之。若時之有變，則觀其會通，以行其典禮。文明既進，則亂世之奢，文明以爲極儉。世愈文明，則尚奢愈甚。若於三代珠盤玉敦之時，而必反之汙尊抔飲生番野蠻之俗，以致人道之退化，非止事不可行，亦大失孔子意矣。天未喪斯，文不在兹。《公羊》稱孔子爲文王，蓋孔子爲文明進化之王，非尚質退化者也。宋儒不通此義，以敝車羸馬爲賢。公孫布被，相率僞儉，蘇軾所謂「儉者陋風，有損國體」。豈惟國體不美，實令人道退化。今中國之文明不進，大損所關，豈細故哉？宋賢因國力壓制，倖入甚薄，其不能不尚儉，勢也。若遂説爲孔法，以爲俗化之定論，以損退文明，此則不可不明辨也。

○子曰：「夷狄之有君，不如諸夏之亡也。」

包氏曰：「諸夏，中國。亡，無也。」此論君主民主進化之理。董子《繁露》曰：「《春秋》無通辭，從變而移。」邲之戰，夷狄反背，中國不得與夷狄爲禮，避楚莊也。邢、衛，魯之同姓也，狄人滅之，《春秋》爲諱，避齊桓也。當其如此也，唯德是親。故夷狄而有德則中國也，中國而不德則夷狄也，并非如孫明復、胡安國之嚴華夷也。蓋孔子之言夷狄、中國，即今野蠻文明之謂。野蠻團體太散，當立君主專制以聚之，據亂世所宜有也。文明世人權昌明，同受治於公法之下，但有公議民主，而無君主。二者之治，皆世界所不可少，互有得失。若亂世野蠻有君主之治法，不如平世文明無君主之治法。《易》曰：「飛龍在天」，有君主之治法也；「見羣龍无首」，無君主之治法也；而孔子云：「乾元用九，天下治也」，固知有君主者不如之。諸夏名因於夏禹，蓋禹平洪水，而始一中國。諸夏音轉作諸華，晉六朝人譯佛書，寫作支那是也。見吾《支那爲諸夏音轉考》。

○季氏旅於泰山。子謂冉有曰：「汝弗能救與？」對曰：「不能。」子曰：「嗚呼！曾謂泰山不如林放乎？」

旅，祭名。泰山，山名，在魯地。禮，諸侯祭封内山川，季氏祭之，僭也。冉有，孔子弟子，名求，當爲季氏宰。救，謂救其陷於僭竊之罪。嗚呼，歎辭。包咸曰：「神不享非禮。林放尚知問禮，泰山之神反不如林放耶？欲誣而祭之。」祭封内山川之制，蓋三代先王舊禮，孔子本欲删之，不能斥魯君，故先斥季氏。《春秋》之義，於亂世絶大夫，升平世斥諸侯，太平世貶天子。如改易天子諸侯山川之祀，此則待之平世也。

○子曰：「君子無所爭。必也射乎！揖讓而升，下而飲。其爭也君子。」

揖讓而升者，大射之禮，耦進三揖三讓，而後升堂也。下而飲，謂射畢揖降，以俟衆耦皆降，勝者乃揖不勝者升，取觶立飲也。勝者袒决，遂執張弓；不勝者襲脱决，拾却左手，右加弛弓於其上而升飲。君子恥之，故平日恭遜不與人爭，惟於射則爭。然其爭也，雍容揖遜乃如此，則其爭也君子，而非若小人之爭矣。修睦爲人利，爭奪爲人患。蓋爭之極，則殺戮從之，若聽其爭，大地人類可絶也。然進化之道，全賴人心之競，乃臻文明；禦侮之道，尤賴人心之競，乃能圖自存。不然，則人道退化，反於野蠻，或不能自存而併於强者。聖人立教雖仁，亦必先存己而後存人，且尤欲鼓舞大衆之共進，故爭之害，聖人預防之，而爭之禮，聖人特設之。物必有兩而後有爭，故禮必分爲兩。黨人必禦侮而後能圖存，故爭心寓於射禮。人必有恥而後能向上，故設勝不勝以致其爭心。爭既不可無，而又不可極，故示之揖讓以爲節。爭之勝者，挾勢凌暴，無所不至，故令飲不勝者以致其慈。禮者，禦侮圖存，尚恥求勝；兩黨迭進，人道之大義，孔子之微意也。孔子制禮十七篇，皆寓無窮之意，但於射禮見之。今凡人道當禦侮圖存之地，皆當用之。今各國皆立議院，一國之禦侮決於是，一國之圖存決於是，萬國之比較文明定於是，兩黨之勝負迭進立於是。以爭，而國治日進而不敢退；以爭，而人才日進而不敢退。如兩軍相當，氣衰則敗。水愈長而堤愈高，交進迭上，無敢退讓，以視從容獨立無磨礪之者，其進退相反亦遠矣。故當仁不讓，於射必爭。仁孰大於爲國民，射孰大於禦國侮？故議院以立兩黨而成治法，真孔子意哉！惟議院砇噪，或致毆爭，此則無揖讓之意。蓋教爭甚難，益服孔子立揖讓之禮也。凡禮，皆立兩黨，則又不止爲射起。即萬國全合太平大同，而兩黨互爭之義施之於政教藝業，皆不可廢者。蓋太極兩儀之理，物不可不定於一，有統一而後能成； 物不可不對爲二，有對爭而後能進。且當據亂世，人之爭心太劇，故以尚讓革之。若當平世，人之亂殺漸少，則以激爭進之。故亂世不可尚爭，惟平世而後尚爭； 小人不可教爭，惟君子然後可爭。此則萬理無定而在，與時消息，如五行之迭王，不能爲主持者也。

○子夏問曰：「『巧笑倩兮，美目盼兮，素以爲絢兮。』何謂也？」子曰：「繪事後素。」曰：「禮後乎？」子曰：「起予者商也！始可與言《詩》已矣。」「繪」，本又作「繢」。《文選·夏侯常侍誄注》引作「繢」。

《詩·衛風·碩人》之篇，今僞《毛詩》闕「素以爲絢」一句。觀子夏問之孔子，必無刪理，魯、齊《詩》原本必不闕也。凡諸經漢後之稱逸詩者，皆僞《毛詩》行後，後儒據僞《毛詩》言之，皆誤也。餘倣此。倩，好口輔也。盼，目黑白分也。素，粉地，畫之質也。絢，采色，畫之飾也。言人有此倩盼之美質，而又加以華采之飾，如有素地而加采色也。子夏疑其反謂以素爲飾，故問之。繪，畫也。後素，後於素也。《考工記》曰：「繪畫之事，後素功。」又曰：「畫繪之事，雜五采。」謂先以粉地爲質，而後施五采。猶人有美質，然後可加文飾。《說文》：「繢，織五采」亦同。包咸曰：「予，我也。」孔子言子夏能發明我意，可與共言《詩》。」「人而不仁，如禮何。」必以仁爲先，而後施禮。《記》曰：「甘受和，白受采。」忠信之人可以學禮。孔子創禮，而再三言禮之本，恐人以文滅質，詐僞日滋也。讀素絢而悟禮後，孔子乃許以言《詩》。然則，泥於章句説《詩》者高叟，必非聖人所許也。此可爲説《詩》之法。

○子曰：「夏禮，吾能言之，杞不足徵也；殷禮，吾能言之，宋不足徵也。文獻不足故也，足則吾能徵之矣。」「獻」或作「儀」。《尚書大傳》於「民獻」作「民儀」。漢《孔宙碑》、《費鳳碑》、《斥彰長田君碑》於「萬邦黎獻」皆作「黎儀」。

杞，夏之後。宋，殷之後。徵，明證也。文，典籍也。獻，賢也。本言二代之禮我能言之，而二國不足取以考證，以其文獻不足故也。文獻若足，則我能考證矣。夏、殷之禮，文獻不足徵如此，而《禮記》所存二代之禮，其多如此，可見皆孔子所託之三統。蓋諸子皆託古，故許行託於神農，墨子託於禹，道家託於黄帝。孔子上稱堯、舜，而下稱周，亦稱二代。蓋聖人改制，無徵不信，故皆託之先王而行之後世也。

○子曰：「禘，自既灌而往者，吾不欲觀之矣。」

禘，追享之名。聖人葬墓安魄，立廟安魂，四時享之，春曰礿，夏曰禘，秋曰嘗，冬曰烝。其大享於太廟，於秋嘗時行之，是爲大嘗；其以太祖配天，而追祀所出太微之帝，於夏禘時行之，是謂大禘。《記》孟獻子曰：「正月日至，可以有事於祖，七月日至，可以有事於上帝。」《祭義》所謂大嘗禘是也。三年喪畢，祔先君而合祭於太廟，所謂祫也。於夏時行之，亦稱吉禘，省文亦稱禘。成王以周公有大勛勞，賜魯重祭，故有禘祭，魯人特行此大禮。而既灌之後，有司不誠敬，故不欲觀。灌者，用鬱鬯之酒灌地，以降神臭陰，達於淵泉是也。《白虎通·考黜篇》：「鬯者，以百草之香鬱金而合釀之。」禘爲大祭，凡九獻。

先奏樂，君以黄目玉瓚灌，爲一獻；夫人灌，爲再獻； 君出視牲視殺，薦血腥於堂，爲三獻、四獻，是爲朝踐； 薦熟于室，爲饋食，是五獻、六獻； 尸食畢，君與夫人酳尸，是七獻、八獻； 賓長酳尸，是九獻。 鄭君曰：「禘禮自血腥始，灌時未薦腥。」然則，孔子自始即不欲觀，或以其僭大禮也。

○或問禘之説。子曰：「不知也。知其説者之於天下也，其如示諸斯乎！」指其掌。「示」，他本引作「寘」。

示，猶視也。 禮三本，天者，生之本也；祖、宗，類之本也。 無天惡生，無祖惡生，故自天而視衆生，萬物皆一體也；自祖而視裔孫，同類皆同氣也。 禘者，以祖配天，祀所出之帝太微。 推天祖之心，則凡天之所生，皆當愛之； 凡祖之所生，皆當親之。 三代皆出於黄帝，中國人多黄帝子孫也。 以黄帝配上帝，則凡黄帝之子孫，皆吾同胞之親也，於禘時念之，則當親之。 大地黄、白、黑、赤、棕人，各種皆自天生，而與吾分支者，皆吾同類之民也，於禘時念之，則當仁民。鳥獸、昆蟲、草木皆天所生，而與吾異形者，皆吾同氣之物也，於禘時念之，則當愛物。 親親民物皆合爲一體，其於治天下如運諸掌乎！ 禘之説大概如此，孔子遜言不知，蓋以魯人失禮，故不欲答之歟！

○祭如在，祭神如神在。 子曰：「吾不與祭，如不祭。」

祭，際也，察也，與天命鬼神相接。 祭，祭先祖也； 祭神，祭外神也。 如在者，事死如生，思其居處，言語飲食，所以致其誠也。 包咸曰：「孔子或出或病而不自親祭，使攝者爲之，不致肅敬於心，與不祭同。」此記孔子祭祀之誠。范氏曰：「君子之祭，七日戒，三日齋，必見所祭者，誠之至也。是故，郊則天神格，廟則人鬼享，皆由己以致之也。有其誠則有其神，無其誠則無其神，可不謹乎？吾不與祭，如不祭，誠爲實，禮爲虛也。」

○王孫賈問曰：「與其媚於奧，甯媚於竈，何謂也？」子曰：「不然，獲罪於天，無所禱也。」

王孫賈，衛大夫。室西南隅爲奧。竈者，五祀之一。凡祭五祀，皆先設主而祭於其所，然後祭於奧。如祀竈，則設主於竈隅，祭畢，而更設饌於奧。故時俗之語，因以奧有常尊，而非祭之主，竈雖卑賤，而當時用事。喻自結於君，不如阿附權臣也。賈，衛之權臣，故以此諷孔子。天爲神之至尊，得罪於賤者，可禱貴者解之，若得罪於天，則無可解。「上帝臨汝，無貳爾心。」若諂媚以求富貴，事奧竈皆不可，非徒喪節，亦失天與之良。日監在茲，實爲獲罪，無可祈禱以免之。聖人奉天而行，舉動皆如對越，所以褫奸雄之魄，不惡而嚴甚矣。

○子曰：「周監於二代，郁郁乎文哉！吾從周。」

監，視也。郁郁，文明貌。孔子改制，取三代之制度而斟酌損益之。如夏時、殷輅、周冕、虞樂，各有所取，然本於周制爲多。非徒時近俗宜，文獻足徵，實以周制上因夏、殷，去短取長，加以美備，最爲文明也。孔子之道，以文明進化爲主，故文明者，尤取之子思所謂「憲章文武」也。《墨子·公孟子》亦曰：「子之古，非古也，周也。吾之古，夏也。」故墨子改制，上法禹爲多，而孔子改制，法周文爲多。故又曰：「文王既没，文不在茲。」《公羊》稱孔子爲文王，法其生不法其死，爲後王之法，人道之始也。此專就著書改制而言。若行事，則國朝自有法，國人安得不從？即夏、殷更文，孔子亦不能從夏、殷而背本朝，以犯國憲也，何待發從周之説哉？故爲著書改制言之至明。

○子入太廟，每事問。或曰：「孰謂鄹人之子知禮乎？入太廟，每事問。」子聞之，曰：「是禮也。」「太廟」漢石經作「太廟」，今從之。「鄹」，《潛夫論》同，《史記》作「陬」，當是通。惟《説文》作「郰」，當是僞古也。

包咸曰：「太廟，周公廟。」此蓋孔子始仕之時，入而助祭也。鄹，魯邑名。孔子父叔梁紇嘗爲其邑大夫，孔子所生地。孔子自少以知禮聞，故或人因此以譏之。孔子言是禮者，敬謹之至，乃所以爲禮也。孔子仕魯，魯祭周公，而助祭也。孔子父叔梁紇爲鄹邑大夫，《國語》稱鄹人。緣古謂大夫守邑者爲某人，故謂孔子爲鄹人之子也。孔子少以知禮聞於魯，故孟僖子使懿子武伯從孔子游。孔子初入廟，於廟中行禮之節序，及禮樂之器，事事問之，以印證所學，蓋慎之至者。或人以孔子素負盛名，而今待問，乃疑本未學。不知宗廟體大，不容少誤，安知無隨時損益更變者？豈可身未親歷而據空文以定實乎？雖知亦問，非徒爲謹，禮實宜然。記此，見孔子有若無，實若虚，不以學問自矜，而行禮至謹，可爲後法也。

○子曰：「射不主皮，爲力不同科，古之道也。」

朱子曰：「射不主皮，《鄉射禮》文。爲力不同科，孔子解禮之意如此也。皮，革也。布侯而棲革於其中，以爲的，所謂鵠也。科，等也。古者射以觀德，但主於中，而不主於貫革，蓋以人之力有强弱，不同等也。《記》曰：『武王克商，散軍郊射，而貫革之射息』，正謂此也。周衰禮廢，列國兵爭，復尚貫革，故孔子歎之。」

○子贛欲去告朔之餼羊。子曰：「賜也！爾愛其羊，我愛其禮。」「爾」《漢書・律歷志》引作「汝」。

告朔之禮，古者天子常以季冬頒來歲十二月之朔政於諸侯，以尊天也。諸侯受而藏之祖廟。月朔朝廟，則以特羊告廟，請而行之。使大夫南面奉天子命，君北面受之，以尊天子敬祖也。餼，生牲也。魯自文公始不視朔，而有司猶供此羊，故子貢欲去之。包咸曰：「羊存，猶以識其禮；羊亡，禮遂廢。」蓋子贛尚核實，計度支而惜糜費，孔子主明義，則欲藉名物而存大禮。惠棟曰：「明堂月令者，虞、夏、商、周四代治天下之大法。」蓋如歐人所謂憲法也。譏廢棄法也。

○子曰：「事君盡禮，人以爲諂也。」

孔子於事君之禮，但奉周制而行耳。時權臣驕傲，不盡臣禮，所以爲諂，故孔子言之。世非太平，當正君臣以肅堂陛，所以絶爭篡之媒也。孔子以大聖出世，若佛氏之令國王膜拜，何施不可，而屈身於倫類，示人以大義，忘己無我，但論生民，其立義四面皆圓，此聖人所以爲大也。季氏新逐昭公，事君傲慢，故孔子規之。觀今孔子所制君臣之禮，答大夫、拜天子、見三公下階，見卿離席，見大夫起席，見士撫席，雖歐洲立憲之君，見臣下尚不如此。學者當知有爲而發，勿執單詞而生疑也。

○定公問：「君使臣，臣事君，如之何？」孔子對曰：「君使臣以禮，臣事君以忠。」

定公，魯君，名宋。君之與臣，雖有尊卑，而同共天職者也，故待如嘉賓，是爲禮。臣之事君，雖爲國而受其恩義者也，故報以赤心，是爲忠。蓋君患暴慢無禮，以奴隸犬馬待其臣；臣患虛僞不忠，以秦、越肥瘠視其君。此即孟子答齊王之意，但孔子之言蘊釀耳。然此可爲君臣之定義。《傳》曰：「王臣公，公臣大夫，大夫臣士，士臣僕，僕臣隸，隸臣輿，輿臣臺。」一家一肆皆有主臣，若不以禮以忠，亦不可行也。

○子曰：「《關雎》，樂而不淫，哀而不傷。」

《關雎》，《周南·國風》，《詩》之首也。宵雅肄三，言《關雎》者，《葛覃》、《卷耳》在焉，猶言《文王》，則《大明》、《緜》在，但舉篇首，以概其餘。蓋升歌笙入閒歌合樂，皆三終爲節。「樂而不淫」，《關雎》、《葛覃》也；「哀而不傷」，《卷耳》也。能樂能哀，盈其欲而不愆其正。淫者，樂之過而失其正；傷者，哀之過而害於和也。欲學者玩其辭，審其音，而有以識性情之正也。此歎美《關雎》之樂，非謂《詩》也。《關雎》爲房中樂，鄉飲酒禮用之。哀窈窕，思賢才，洋洋盈耳，極樂而不淫；寤寐反側，發情止義，思夫在遠，甚哀而不傷。孔子刪《詩》正樂首《關雎》者，以人道始於夫婦。君子相配，然後昭教有方，人種乃定，此太平大同之始基也，故反側鄭重，而後定之，琴瑟鐘鼓以樂之。人道多憾，必有離別，樂極生哀，故房中樂之奏《關雎》，「樂而不淫，哀而不傷」，所以得性情之正，中和之理，爲生民之本，萬福之原也。劉向《列女傳・仁智篇》、《法言・孝至篇》、《史記・十二諸侯年表》、《儒林傳序》、《漢書・杜欽傳》、《後漢書・明帝紀》、《皇后紀》、《馮衍傳》、《楊賜傳》、《張衡傳》皆魯《詩》，同義。《韓詩章句》以佩玉晏朝，《關雎》作諷在康王時。惟《毛詩》以爲文王詩，僞古也，今不從。

○哀公問主於宰我。宰我對曰：「夏后氏以松，殷人以柏，周人以栗，曰，使民戰栗。」「主」鄭本作「主」，《釋文》作「社」，《公羊疏》「主」爲今文，「社」爲僞古文，故今不從「社」。

宰我，孔子弟子，名予。主，孔穎達《疏》引張、包、周、杜氏，皆以爲問廟主。《白虎通》：「祭所以有主者何？言神無所依據，孝子以主繼心焉。《論語》曰：『哀公問主於宰我。』」故知今文從主。何氏休《公羊學》曰：「夏后氏以松，殷人以柏，周人以栗。松，容也，想象其容貌而事之。柏，迫也，親而不遠。栗，猶戰栗，謹敬貌。」三代三統各有所尚，宰我以爲周制使民戰栗，蓋出傅會。若社主用石不用木矣，益證僞古文之謬也。

子聞之曰：「成事不說，遂事不諫，既往不咎。」

包咸曰：「事已成，不可復解說。事已遂，不可復諫止。事已往，不可復追咎。孔子非宰我，故歷言此三者，欲使慎其後。」遂事，謂事雖成，而勢不能已者。以宰我所對非立主之本意，又啓時君殺人之心，而其言已出，不可復救，故深責之。

○子曰：「管仲之器小哉！」

管仲，齊大夫，名夷吾，相桓公，霸諸侯。施伯謂魯侯曰：「管仲大器也。」孔子辯之器小，言其不知聖賢之道，天人之理，正身修德，以致王道。蓋苟能通達天人，則志量高遠，規模廣大，其視霸千里之國，猶烹鮮反掌也，豈以自足；其在己脩然若不與，豈以自侈？而惜管仲局量褊淺，規模卑狹。

或曰：「管仲儉乎？」曰：「管氏有三歸，官事不攝，焉得儉？」「然則管仲知禮乎？」曰：「邦君樹塞門，管氏亦樹塞門。邦君爲兩君之好，有反坫，管氏亦有反坫。管氏而知禮，孰不知禮？」

包咸曰：「三歸，娶三姓女。婦人謂嫁曰歸。」《春秋》諸侯娶三國之女，姪娣從。蓋諸侯不再娶，而有三宮。《白虎通》：「卿大夫一妻二妾」，不備姪娣。《國策》與《韓非子》皆言管仲家有三歸。《晏子》言桓公以管仲恤勞，賞之以三歸。《説苑》：「仲築三歸之臺。」然則，管仲娶三姓女，公賜三宅居之。其時，昏禮築臺迎女，故又曰三歸之臺。蓋管仲受桓公之賞爲之，然仍爲奢僭也。攝，猶兼也。禮，國君事大，官各有人，大夫兼并。今管仲家臣備職，非爲儉。鄭氏玄曰：「反坫，反爵之坫，在兩楹之間。人君别内外，於門樹屏以蔽之。若與鄰國君爲好，會其獻酢之禮，更酌，酌畢則各反爵於坫上。今管仲皆僭爲之，是不知禮。」按，管仲治國之才，成霸之術，以今觀之，自是周公後第一人才，如今德國之俾斯墨矣，故孔子稱其仁。然身則三歸反坫，君則内娶六人，其本未治，而徒騖事功。故君臣一逝，豎刁、開方、易牙即亂，諸公子爭立，霸業遂絶，幾與晉武帝同。此由不以王道爲志，自以功名足以震矜天下，而内行不必檢，所謂器小也。

○子語魯太師樂，曰：「樂其可知也：

始作，翕如也；從之，純如也，皦如也，繹如也，以成。」皇本「知也」下有「已」字，「成」下有「矣」字。

太師，樂官名。翕，變動也。從與縱通。純，不雜也。皦，清別也。繹，抽續條達也。成，正歌備也。升歌及笙各三終，閒歌三終，合樂三終爲一備。始作，金奏肆夏，聞之而變動也；緩之升歌，重人聲之純一也；繼而笙入，有聲無辭，其聲清別而皦如也；已而閒歌，人聲笙聲代作，抽續而條達也。三節皆用《雅》，故曰：「《雅》《頌》得所。」時禮壞樂崩，雖樂官鮮能深明，孔子神明於樂。《世家》引此作哀十一年，自衛反魯正樂，時太師或即師摯耶？

○儀封人請見，曰：「君子之至於斯也，吾未嘗不得見也。」從者見之。出曰：「二三子何患於喪乎？天下之無道也久矣，天將以夫子爲木鐸。」

儀，衛邑。封人，掌封疆之官，蓋賢而隱於下位者也。君子，謂當時賢者至此，皆得見之，自言其平日不見絶於賢者。包咸曰：「從者，弟子隨孔子行者，通使得見。」朱子曰：「喪，謂失位去國。《禮》曰：『喪欲速貧』是也。木鐸，金口木舌。」孔安國曰：「木鐸，施政教時所振也。言天將命孔子制作法度，以號令於天下。」言孔子爲受命之教主，垂制作於萬世也。儀封人一見而知孔子爲教主，亦可謂異識矣。

○子謂《韶》，「盡美矣，又盡善也」。謂《武》，「盡美矣，未盡善也」。

《韶》，舜樂。《武》，武王樂。盡美者，聲容之盛；盡善者，止於至善也。《書》所謂「戛擊鳴球，搏拊琴瑟，以詠；下管鼗鼓，合止柷敔；笙鏞以閒，簫韶九成，」《韶》樂也。《樂記》曰：「先鼓以警戒，三步以見方，再始以著往，復亂以飾歸。」「總干而山立，武王之事，發揚蹈厲，太公之志，《武》亂皆坐周公之治。」「始而北出，再成而滅商，三成而南，四成而南國是疆，五成而分周公左，召公右，六成復綴以崇。天子夾振之而駟伐，分夾而進，久立於綴，」《武》樂也。孔子明人道之公理，貴和親而賤征伐，尊大同而薄小康。舜者，天下爲公，選賢與能，大同之道，民主之法也。武王者，作謀起兵，以正君臣，以立田里，世及爲禮，城郭溝池以爲固，小康之道，君主之法也。樂以象功昭德，孔子於爲邦，曰樂則《韶》舞，乃至聞《韶》三月不知肉味；而於《武》樂，爲國朝先王之樂，反致不滿。此其於大同小康之道，發露至明矣。孔子書不盡言，言不盡意，若此義，亦可窺聖人之意乎？

○子曰：「居上不寬，爲禮不敬，臨喪不哀，吾何以觀之哉？」

居上，主於愛人，故以寬爲本；爲禮，以敬爲本；臨喪，以哀爲本。既無其本，則其餘雖有可取，亦不足觀。此亦歸重禮本之意。孔子以人溺於儀文，故再三言之。

論語注卷之三終

門人贛縣王德潛初校
門人高要陳煥章覆校
門人番禺王覺任覆校
門人東莞張伯楨覆校

論語注卷之四

南海康有爲學

里仁第四

凡二十六章

○子曰：「里仁爲美。擇不處仁，焉得知？」《後漢書·張衡傳》：「匪仁里，其焉宅兮？」李賢注引「擇」作「宅」。王應麟引此以爲古文。劉璠《梁典》：「署宅歸仁里。」但古文爲僞，今不取。

擇，揀選也。里有仁厚之俗爲美，擇里而不居於是焉，則失其是非之本心，而不得爲知矣。故荀子曰：「居必擇鄉，遊必擇士。」此言擇鄰人者仁也。人道以仁爲本，愷悌、慈祥、和平、忠厚、欣喜、懽愛，然後可爲人。然厲志自修，不如與人熏染。入蘭室則香，居鮑肆則臭，故擇人不如擇鄰。鄰里有仁厚之俗，則熏德皆爲善良；若處惡鄰，風俗敗壞，則已必染之而不覺。故里名勝母，曾子不入；邑號朝歌，墨子迴車。若不擇仁里而居惡鄰，其不善自謀，且不爲家人子孫謀，不知甚矣。若大同之世，人心皆仁，風俗盡美，乃不待擇，否則擇鄰里爲熏德之要義。此篇言仁，故孔子首貴擇鄰焉。

○子曰：「不仁者不可以久處約，不可以長處樂。仁者安仁，知者利仁。」

此言處境。約，窮也。久，彌異時也。包咸曰：「惟性仁者，自然體之，故謂安仁。」王氏曰：「知仁爲美，故利而行之。」曾子曰：「仁者樂道，智者利道。」

《中庸》：「或利而行之。」利，貪也，知仁爲有益，而欲得之也。蓋人而不仁，其智昏，不能樂天知命；其性貪，不能節欲修身。久困必至於濫，久樂必至驕淫，惟仁者隨遇而安，無入而不自得。知者知仁之益，因以爲資，慕善而不易所守，雖安行與困勉不同，而皆不爲外境所奪者。夫人不爲外境所轉者，鮮矣！所貴於學者，與常人殊，在轉外境而不爲外境轉也。門人麥孟華，布衣處素，確乎不拔，與以教育總長而不受，可謂仁者歟？

○子曰：「唯仁者能好人，能惡人。」皇本、宋刻石經、九經皆作「唯」，今本作「惟」，不取。

好善而惡惡，人之同情。然人每失其正者，或性有所偏而不能克，或嫌有所隔而不能忘也。惟仁者無忮無私，所以能好惡也。常人之情，好惡任情，毀譽乖方。其才高氣舉者，尤多偏頗，甚至顛倒是非，敗壞風尚。夫真能虛公，尚慮囿於世俗，況未能公正乎？此學者所宜留意也。

○子曰：「苟志於仁矣，無惡。」漢石經無「也」字，《春秋繁露》引同，今從之。

惡，如字。孔氏曰：「苟，誠也。」言誠能志於仁，則其餘終無惡。人道以仁爲主。凡人不必論其品詣之得失也，其心誠在於仁，則必無爲惡之事矣。楊氏曰：「苟志於仁，未必無過舉也，然而爲惡則無矣。」但問其仁不仁，又不必問其能仁。但其志在於仁，則無論其行事開闔遠近，或高畸偏僻，過舉百端，要謂之過，若有心之惡，險詖之事，則必無也。孔子之道，固貴中行，然亦深取狂狷，但必要之於仁，自無大弊。孔子萬理并發，學者學之幾不得其門，惟以志仁爲主，則無大失。此言庶幾入德之門乎？學者宜信受捧持之也。

○子曰：「富與貴，是人之所欲也，不以其道得之，不居也。貧與賤，是人之所惡也，不以其道得之，不去也。君子去仁，惡乎成名？君子無終食之間遠仁，造次必於是，顛沛必於是。」今本作「不處」，《後漢書・陳蕃傳》、《鹽鐵論》、《論衡・問孔》、《刺孟篇》、《呂覽・有度篇》注，皆作「不居」，皆今文學也。今從之。「處」字當是古文。《呂覽》注「居」下無「也」字，高麗本「去」下無「也」字。

「不以其道得之」，謂不當得而得之。常人見富貴則妄取，當貧賤則失節。然君子於富貴則不妄居，於貧賤則不厭去，君子之審富貴而安貧賤也如此。王充疑貧賤不當言得，豈知信而見疑，忠而被謗，致遭斥逐，非不以其道得貧賤乎？若遂諂佞而得富貴，如盧思道、元微之，始以直而去官，繼以媚而致位，是去之也。孔子蓋爲始終易節人說。言君子所以爲君子，以其仁也。若貪富貴而厭貧賤，則是自離其仁，而無君子之實矣，何所成其名乎？名爲孔子大義，所以厲行恥光聲譽，致人道於高尚，而補刑賞所未及者也。故《孝經》曰：「立身行道，揚名于後世，以爲孝之終。」《中庸》言舜，則曰：「必得其名」；言武王，則曰：「不失顯名。」《穀梁》曰：「學成矣，而名譽不彰，友朋之過。」孟子曰：「令聞廣譽施於身，不願人之文繡。」故教曰名教，理曰名理，義曰名義，言曰名言，德曰名德，儒曰名儒，士曰名士，無在而不言名。惟老莊乃戒名，曰：「爲善無近名，爲惡無近刑。」蓋無出而陽柴，立中央之巧也。宋儒言道過高，遂誤採之，以好名爲大戒，遂爲小人羅織君子之計，動輒詆人以好名。於是，人避好名而好利，風俗大壞，皆由於此。夫人必能施而後得惠名，人必不貪而後得廉名，是亦不易矣。孔子固言中心安仁，無所慕而爲善者，天下一人。今乃并其可慕之名而攻之，則人何所慕而爲善，何所畏而不爲惡？不然，則是天下人皆中心安仁者已，此則宋儒太高之過也，故今發明之。終食者，一飯之頃。造次，倉卒急遽之時。顛沛，傾覆流離之際。蓋君子之不去乎仁如此，不但富貴貧賤取舍之間而已也。然取舍之分明，然後存養之功密；存養之功密，則其取舍之分益明矣。明德益明，神明不鑿，抱養純至，故能歷久遠而不壞益光。假使鐵輪頂上旋定慧，圓明終不失也。

○子曰：「我未見好仁，惡不仁者。好仁者，無以尚之；惡不仁者，其爲仁矣，不使不仁者加乎其身。有能一日用其力於仁矣乎？我未見力不足者。蓋有之矣，我未之見也。」漢石經「我未見好仁」下無「者」字，今本有「者」字。皇本「用其力於仁」下有「者」字，「力不足者」下有「也」字，「蓋有之矣」「矣」作「乎」。

人懷陰陽之性，即有好惡之情，但慮好惡誤施耳。夫人道有二，惟仁與不仁盡之；好惡有宜，亦惟好仁惡不仁盡之。好之至者，如嗜好之癖，舉天下之物無足比此者，乃爲真好；惡之至者，如質氣相反，雖絲毫之近不能忍受，乃爲真惡。好仁惡不仁亦如此，然孔子未見其人。蓋人非不空言慕善，空言嫉惡，而察其真心則非也。果能真好真惡，即真知真行。王陽明所謂啞人喫苦瓜，味自不同，固非不食之人所揣望而能知，但使一食便自不同。故孔子又降格而言，不敢望其終身不違仁，但試一日用力於仁。欲仁，仁至，不患力有不逮。蓋仁爲己有，非由外鑠，況志之所至，氣亦赴之，金石可貫，鬼神可動，而況近取諸身，至易至簡乎？深怪天下人之不好仁，並一日之力而不肯用也。又反覆論之曰，天下或有奇氣異體，昏弱病狂，不能爲人道者乎？必如是，則人不能爲仁。然我行偏天下，實未之見，極言其無是理也。孔子警策之切，望人之深，至矣！

○子曰：「人之過也，各於其黨。觀過，斯知仁矣。」

人道尚羣，必親其黨，或誤用之，或救護之，因成汚辱偏私之過。然爲黨受過，失於忠厚，益知其仁也。程子曰：「人之過也，各於其類。君子常失於厚，小人常失於薄；君子過於愛，小人過於忍。」後漢吴祐謂掾孫性，私賦民錢，市衣進父，以親故，受汙辱之名，所謂觀過知仁是也。按，此爲觀人者法，義亦可也。凡義者，過常少；仁者，過常多。惟其仁厚太甚，故或蒙恥救民，或忘己徇物。不逆詐，不億不信，而任用或誤；事不求可，功不求成，而機事或失。此皆過也，然而仁矣。故仁愈高者，其過愈奇。仁人或不求人知，是在觀人者審其過在仁否也。

○子曰：「朝聞道，夕死可也。」今本作「可矣」，漢石經作「可也」。

道者，天人之道。《易》所謂「原始要終，故知死生之説，鬼神之狀，通乎晝夜之道而知」也。蓋生死者，人身體所不免，惟知氣在上，魂無不之，神氣風霆。風霆流形，偶現者陽，復藏者陰。開闔往來，天道本無生死。蓋本未始生，則亦未始死。死生如晝夜，晝夜旋轉，實大明終始，則無晝無夜也。故人能養其神明完粹，常惺不昧，則朝而證悟，夕而怛化可也。孔子此言魂靈死生之道要，一言而了，精深玄微，惜後儒不傳，遂使聞道者少。或者以歸佛氏，而謂孔子不言靈魂，則甚矣後儒之割地也。

○子曰：「士志於道，而恥惡衣惡食者，未足與議也。」

尊神明者，賤口體，足内德者，忘外物。若志於道，而尚以衣食之惡爲恥，識趣凡陋，不足與議道也。蓋學者不患於愚魯，而患於卑鄙；卑鄙之人，必害其志，必無成學者也。

○子曰：「君子之於天下也，無適也，無莫也，義之與比。」「適」，鄭本作「敵」。

適，往也。莫，毋也。義，宜也。比，親附也。言君子於天下之事之人，無所必偏往，無所必禁絶，但於義之合宜者，則親附而從之。蓋非從人也，從公理也，從事宜也。事宜者，其地與人合宜，其時與人合宜，則施之恰當。故君子有犯天下之謗，違天下之論而獨爲之者，義所宜也；有從衆人之後，因世俗之宜而不改者，亦義所宜也。

○子曰：「君子懷德，小人懷土；君子懷刑，小人懷惠。」

懷，思也。土，田宅也。人精神各有所注，注者皆念兹在兹，行事雖同，而心思迥異。養神明者，尊德性，念念在德性；養形魄者，戀居處，念念在田宅。愛身名者，守法紀，舉事皆畏刑；貪財利者，冒明刑，動念但營利。君子，樂善其性，次亦惡不善之加身。小人，上者苟安，甚則苟得。觀此大端，可定人品之區别也。故盛德之至，捨國而讓天下，細民則終身經營田宅。良人受治於法律之下，奸人則作弊於法律之中，豈不遠哉！

○子曰：「放於利而行，多怨。」

放，依也。利者，從刀刈禾，假借爲以力有所取益之謂。《易》曰：「義者，利之和也。」人不能無取，取利而和，則謂之義，不謂之利；取利不和，則謂之利，不謂之義。蓋人己之間有一定之界，取不侵人之界，則謂之和，和則無怨；取而侵人之界，則謂之利，利自多怨。蓋己益則人損矣，損則必怨。故人人皆取於己之界，而不侵人之界，則天下平。而上自霸主，下至豪奸，皆好侵人之界以益己，在己身則爲怨府，而悖入必至悖出；在天下則爲亂源，而爭始必以殺終。此孔子所以重惡之也。

○子曰：「能以禮讓爲國乎？何有？不能以禮讓爲國，如禮何？」《漢書·班超疏》《賈逵薦劉般書》引作「於從政乎何有」。

讓者，不爭，禮之實也。何有者，言以禮讓治國，則國不足治也。此言治國必用禮讓。蓋惡春秋諸國，外飾禮義以詩文明，而日以爭殺爲事，傷天心之和，壞人道之平也。矯積弊者，必大反；過橫湍者，渡上流。孔子生當據亂之世，故特發讓義以捄之。民主首堯、舜，君主首文王，至德稱泰伯，古賢稱伯夷，皆美其讓也。人人能讓，則上者高蹈，中者守界，而天下平矣。後漢讓產讓爵者相望，風俗最美。此孔子之大化也，國病之聖藥也。孔子不甚言國義，蓋聖人言論皆爲天下萬世立公律，不暇爲區區一國計也。包咸曰：「如禮何者，言不能用禮。」爭心未解而空飾禮文，實非文明也。

○子曰：「不患無位，患所以立。不患莫己知，求爲可知也。」

所以立，謂所以立乎其位者。可知，謂可以見知之實。人皆患無官位，無人知，而不求才能學行之實，假令在位被知，亦必覆餗盜名耳。君子方以尸位爲辱，虛聲爲恥，故必先求其在我，而無暇顧乎其外也。若使才能可立，學問可知，而位不見舉，名不見知，是國人之損，朋友之過，己無與焉。且立教著書，輔世長民，傳後行遠，尤大于區區一時之名位，何患焉？

○子曰：「參乎！吾道一以貫之。」曾子曰：「唯。」

參乎者，呼曾子之名而告之。貫，通也。唯者，直曉不問，故曰唯。聖人開示萬法，大小精粗無所不備，或並行而不悖，或相反而相成，然其用雖萬殊，本實一貫。曾子守約之人，恐其拘泥。然真積力久，將近豁然，故特呼而告之。曾子聞即領悟，其體驗有得，蓋亦久矣。

子出，門人問曰：「何謂也？」曾子曰：「夫子之道，忠恕而已矣。」

中心爲忠，如心爲恕。孔子之一，未明何物，故門人多不悟解而問曾子。曾子直捷了當而揭一之義，曰忠恕而已。義似淺近，然孔子之言道，曰仁與不仁，蓋以不忍人之心，行不忍人之政。推至天地位，萬物育，其本亦不過盡己心而爲忠，推己心而爲恕耳。若不忠，則爲忍人之心；不恕，則不推不忍人之政，可以天地閉，萬物滅。故忠恕雖約，而大道已盡，更無餘法。悟者，本身即是；惑者，終身行之而猶違。自入德言之，則視忠恕爲達道不遠之方；自至人視之，則忠恕爲乾道變化，各正性命之理。故忠恕之道，實一本萬殊，兼下學上達者也。

○子曰：「君子喻於義，小人喻於利。」《說文》無「喻」字，則「喻」字必是今文。

喻，明也。義者，天理之所宜；利者，人情之所欲。董子曰：「皇皇求財利，常恐乏匱者，庶人之意也；皇皇求仁義，常恐不能化民者，大夫之意也。」程子曰：「君子之於義，猶小人之於利也。惟其深喻，是以篤好。」楊氏曰：「君子有舍生而取義。以利言之，則人之所欲無甚於生，所惡無甚於死，孰肯舍生而取義哉？其所喻者義而已，不知利之爲利故也。小人反是。」

○子曰：「見賢思齊焉，見不賢而內自省也。」

省，察也。齊者，思與賢者等。內省，恐與不賢者類。蓋凡有所見，皆反之身，不肯自薄，不忘自責，乃爲己之學也。

○子曰：「事父母幾諫，見志不從，又敬不違，勞而不怨。」皇本「敬」下有「而」字。

諫，間也，更也。包咸曰：「幾者，微也。當微諫納善言於父母。見父母志有不從己諫之色，則又當恭敬，不敢違父母意而遂己之諫。」《內則》所謂「父母有過，下氣怡色，柔聲以諫也。」見志不從，又敬不違，所謂諫若不入，起敬起孝，悦則復諫也。勞而不怨，所謂與其得罪於鄉黨州閭，甯熟諫父母，怒不悦而撻之流血，不敢疾怨，起敬起孝也。

○子曰：「父母在，不遠遊，遊必有方。」皇本「不遠遊」上有「子」字。

朱子曰：「遠遊，則去親遠而爲日久，定省曠而音問疏。不惟己之思親不置，亦恐親之念我不忘也。遊必有方，欲親必知己之所在而無憂，召己則必至而無失也。」

○子曰：「三年無改於父之道，可謂孝

矣。」

已見首篇。此蓋重出而逸其半矣，然漢石經有之。蓋弟子各記所聞，或孔子頻言之。董子所謂「書之重，辭之複，不可不察也，其中必有美者焉。」鄭氏曰：「孝子在喪，哀戚思慕，心不忍爲也。」

○子曰：「父母之年，不可不知也。一則以喜，一則以懼。」

常知父母之年，見其壽考則喜，見其衰老則懼。蓋罔極之恩，昊天莫報，孺慕之誠，愛日難釋，以使及時孝養，無致風木興悲也。

○子曰：「古者言之不出，恥躬之不逮也。」皇本作「古之者，言之不妄出也。」當有誤文。

逮，及也。包咸曰：「古人之言不妄出口，爲身行之將不及。」蓋人無躬行之心，則易由言，若言必躬行，自有恥心而不易啓口矣。

○子曰：「以約失之者鮮矣。」《後漢書・王暢傳》引無「者」字，《漢書・外戚傳》引無「矣」字。

鮮，少也。約，即曾子守約之謂。縱橫儻蕩者必多失，《曲禮》所謂「敖不可長，欲不可從，志不可滿，樂不可極。」守約也，失亦少矣。

○子曰：「君子欲訥於言而敏於行。」

包氏曰：「訥，遲鈍也。言欲遲而行欲疾。」謝氏曰：「放言易，故欲訥；力行難，故欲敏。」胡氏曰：「自『吾道一貫』至此十章，疑皆曾子門人所記也。」凡人言易而行難，故聖人因病而藥之。

○子曰：「德不孤，必有鄰。」

鄰，猶黨也。德不孤立，必以類應。故有德者，必有其類從之，如居之有鄰也。同聲相應，同氣相求。明德，電之爲也，無不相吸。故有德者，必有類從，德愈明則黨愈多。至於聖人，則凡有血氣莫不尊親，即風雨晦冥，亦必鷄鳴相應也。

此爲立德者孤立無助言之。

○子游曰：「事君數，斯辱矣；朋友數，斯疏矣。」

數，謂責也。《國策》所謂「數讓責」，《儒行》所謂「可微辨，不可面數。」胡氏曰：「事君，諫不行，則當去；導友，善不納，則當止。至於煩瀆，則言者輕，聽者厭矣。是以求榮而反辱，求親而反疏也。」君臣朋友皆以義合，故其事同。然亦爲交淺者言之。若託孤寄命之君臣或當大事，投分同志之朋友或臨大節，則牽裾斷鞅，切切偲偲，又不得以此論矣。門人隨記聖人之言，皆有爲而發，學者因事宜以施之，不得執一言而泥守之也。《論語》皆仿此。

論語注卷之四終

門人贛縣王德潛初校

門人高要陳焕章覆校

門人番禺王覺任覆校

門人東莞張伯楨覆校

論語注卷之五

南海康有爲學

公冶長第五

此篇皆論古今人物賢否得失，蓋格物窮理之一端也。胡氏以爲，疑多子貢之徒所記云。

凡二十七章

○子謂公冶長，「可妻也。雖在縲紲之中，非其罪也。」以其子妻之。「紲」，陸德明本、宋石經並作「紲」，今本作「絏」，蓋爲避唐太宗諱也。

公冶長，孔子弟子，齊人。妻，爲之妻也。縲，黑索也。紲，攣也。古者獄中以黑索拘攣罪人。長之爲人，夫子稱其可妻，必其才行可取也。嘗陷於獄，世俗多以爲疑。然德行瓌異者，不容於世多矣，既非其罪，何足爲辱？孔子特爲洗冤，且妻以女，所以待異才獲罪，不拘俗諱也。

子謂南容，「邦有道，不廢；邦無道，免於刑戮。」以其兄之子妻之。

南容，孔子弟子，居南宮，名縚，又名适，字子容，謚敬叔。孟僖子之子，僖子使與懿子事孔子者也。嘗隨孔子之周。下篇言其「三復白圭」，又稱其「尚德」。蓋言行甚謹，而好德甚誠，故能處治朝而必用，遭亂世而免禍，保家之主也，故孔子以兄子妻之。公冶長以才高好奇取禍，南宮以言行修謹保家，二子性行不同，孔子皆取之。或曰，公冶長之賢不及南容，故聖人以其子妻長，而以兄子妻容，蓋厚於兄而薄於己也。程子曰：「此以己之私心窺聖人也。凡人避嫌者，皆內不足也，聖人至公，何避嫌之有？况嫁女必量其才而求配，尤不當有所避也。若孔子之事，則其年之長幼，時之先後，皆不可知，惟以爲避嫌，則大不可。避嫌之事，賢者且不爲，况聖人乎？」《漢書·古今人表》以敬叔與南容爲二人，孔子譏敬叔「載寶而朝」，或然歟？

○子謂子賤，「君子哉若人！魯無君子者，斯焉取斯？」

子賤，孔子弟子，姓宓，名不齊，少孔子四十九歲。《漢書·藝文志》有《宓子》十六篇，子賤爲單父宰，父事三人，兄事五人，蓋能尊賢取友，以成其德者。故孔子既歎其賢，而又言若魯無君子，則此人何所取以成此德乎？因以見魯之多賢也。凡人之成德，皆賴賢師良友磨厲熏染之功。故人才愈多者，同時之成就愈衆。若其地鮮才賢，而能無藉自立者寡矣。然雖有才賢，而不知取以自助，若此者又何足算哉？

○子贛問曰：「賜也何如？」子曰：「女，器也？」曰：「何器也？」曰：「瑚璉也。」

包咸曰：「瑚璉，黍稷之器。夏曰瑚，商曰璉，周曰簠簋，皆宗廟之器貴者。」《三禮圖》：瑚受一升，如簋而平下；璉受一升，漆赤中如龜形。《説文》「瑚璉」不從玉。僞古文家以爲從木，不知《説文》爲古文家，而强從之。子贛高才達學，卓然早成，故孔子稱其成器。以其性識精深，故許爲宗廟重器。至於聞性與天道後變化從心，必更有進，其去大道不器必不遠矣。但人才必先求成器，而後進爲不器也。

○或曰：「雍也仁而不佞。」子曰：「焉用佞？禦人以口給，屢憎于人。不知其仁，焉用佞？」

雍，孔子弟子，姓冉，字仲弓。王充《論衡》以爲伯牛子。佞，巧諂高材也。朱子曰：「仲弓爲人，重厚簡默，而時人以佞爲賢，故美其優於德，而病其短於才也。」禦，當也，猶應答也。給，辯也。屢，數也。憎，惡也。言佞人才辯雖高，而本無情實，徒以口辯接人，取惡而已。蓋既無仁心，則雖辯智高巧，亦無取也。諸國并立，極重才辯，惟才辯乃能合衆，故語言皆稱不佞。孔子提倡仁道，而惡智辯之士華而無實，故曰遠佞人，又曰焉用佞。蓋孔子之宗旨，千端萬緒，皆歸本於仁。苟其仁也，雖樸默而深取之；苟非仁也，雖辯智而不重之。張釋之貴東陽侯長者，而不取嗇夫之喋喋，得聖人意也。

○子使漆彫開仕。對曰：「吾斯之未能信。」子說。邢本、《釋文》與《漢書》作「雕」。

漆彫開，孔子弟子，名啓，字子開。《漢書·古今人表》作漆彫啓。凡《論語》敘弟子皆稱字，《史記》作「漆彫開，字子開」，上「開」字當是避景帝諱啓也。《家語》作「字子若」，《泉碑》作「字子修」，皆謬。《漢書·藝文志》有《漆彫子》，《論衡》引《漆彫子》言性有善惡，《韓非子·顯學篇》言有漆彫氏之儒，蓋孔門一大宗也。孔子嘗以其學業大成使之仕宦，當是孔子爲魯司寇時。蓋自天分氣，人己同體，但當成己而後成物，若明德之後而不新民，則於仁道有闕，此聖人合内外之道也。漆彫子以未敢自信，不願遽仕，則其學道極深，立志極大，不安於小成，不欲爲速就，宜乎爲八儒之一大派也，故孔子說之。

○子曰：「道不行，乘桴浮於海。從我

者，其由與？」子路聞之喜。子曰：「由也，好勇過我，無所取材。」皇本「由與」下有「也」字。「材」與「哉」通。《張平子碑》「往才汝諧」。

桴，編竹木爲船也，渡南曰箄，北曰筏。浮海之歎，傷中國之不遇也。子路勇於義，故謂其能從己，皆假設之言耳。子路以爲實然，而喜夫子之與己，故夫子美其勇。鄭氏曰：「無所取材者，無所取於桴材。」按，孔子抱撥亂反正之道，太平大同之理，三世三重之法，横覽中國皆不能行，私居憂歎，欲出海外。是時，大瀛海之説已通，大九洲之地已著。孔子答曾子，發明地圓。故心思海外大地，必有人種至善，可行大同太平之理者，欲擇勇者同開教異域。以子路勇而好仁，故許其同行，子路果喜。可見聖賢傳教救人，不憚艱遠之苦志矣。從行海外，鑿空創開，事本艱難，故孔子極稱其勇。而是時海道未大通，無船筏可出海，欲泛無舟，空深歎慕，此則聖人所無如何，故卒不果行。使當時孔子西浮印度、波斯以至羅馬，東渡日本以開美洲，則大教四流，大同太平之道，當有一地早行之也。傳教救人，宜出海外，後學當以孔子、子路爲法，無憚艱遠矣。

○孟武伯問：「子路仁乎？」子曰：「不知也。」又問。子曰：「由也，千乘之國，可使治其傳也，不知其仁也。」「求也何如？」子曰：「求也，千室之邑，百乘之家，可使爲之宰也，不知其仁也。」「赤也何如？」子曰：「赤也，束帶立於朝，可使與賓客言也，不知其仁也。」《史記·弟子傳》作季康子問。「傳」，今本作「賦」。《釋文》梁武云：魯論作「傳」，今從之。漢《孫根碑》「束鞶立朝」，未知與「帶」孰爲齊魯也。

仁道至大，不可全名，故云不知。古「傳」與「賦」通。古者以田賦出兵，故謂兵爲賦。千室，大邑； 百乘，卿大夫之家。宰，邑長，家臣之通號。赤，孔子弟子，姓公西，字子華。孔門爲經世有用之學，弟子各有經國之才。故楚昭王欲相孔子，而子西畏其弟子之多才。曰：「王之相率，有如子路者乎？」曰：「無有。」可見諸子才名，震動遠國。公西華長於外交。三子各擅專門，而孔子信許之。蓋政治之分科學，悉出孔門也。三子之於仁，蓋已甚深，但仁道至大，孔子猶言豈敢。一息之違，即已非仁，孔子不言三子之非仁，而但言不知，蓋許其深信者，而遜言其未純至者歟？千室區區已立邑，此當今一大鄉而已。立宰古制，比東西尤密。如今吾粤縣、南海、順德數十萬家乃立宰，爲治太疏，不可不鑒改之也。

○子謂子贛曰：「女與回也孰愈？」對曰：「賜也何敢望回？回也聞一以知十，賜也聞一以知二。」

愈，勝也。一，數之始； 十，數之終。二者，一之對也。顔子明睿所照，即始而見終； 子贛推測而知，因此而識彼，無所不悦，告往知來，是其驗矣。道有陰陽，互相對待，故有一必有二； 理包萬有，含藴枝條，故有一必有十。人一身必有二手，二手必有十指，乃天然也。又，數名十，十而百，百而千，以至千萬、億、兆、京、陔、秭、壤、溝、澗、正、載、極，皆以十進。《易》之推數以陰陽，聞一知二之義也；《華嚴》之推理以十，聞一知十之義也，孔子皆已包之。子贛之聰明，有聞一知二之才； 顔子之睿知，有推一爲十之智，皆知來者。但子贛推知正反對待，而顔子析之極精，隨聞一法，皆見其細微條理。蓋析推精微之理，非腦筋極精細者不能也，況於一見而洞照之乎？

子曰：「弗如也。吾與女弗如也。」

包咸曰：「既然子贛不如，復云吾與女俱不如者，蓋欲以慰子贛也。」聖人素知子贛、顔子之才分，而顔子聞一知十，生知之質實爲卓絶，故孔子謂子貢信不如，且自遜言弗如。蓋以顔子睿知命世，少年而資地詣極，孔子自謂少年亦不如之，蓋作述難易之不同也。

○宰予晝寢。子曰：「朽木不可彫也，糞土之牆不可杇也。於予與何誅？」子曰：「始吾於人也，聽其言而信其行；今吾於人也，聽其言而觀其行。於予與改是。」唐、宋石經俱作「彫」，《漢書・董仲舒傳》、《論衡・問孔篇》、《詩・大雅・棫樸正義》，亦俱引作「彫」。

宰我，孔子弟子。晝寢，謂當晝而寐。朽，腐也。雕，刻畫也。杇，鏝也。言其志氣昏惰，教無所施也。與，語辭。誅，責也。言不足責，乃所以深責之。宰予能言，而行不逮，故孔子自言，於予之事而改觀人之法，所以深警羣弟子之謹言敏行也。晝寢小過，而聖人深責如此，可見聖門教規之嚴。《易》貴自强不息，蓋昏沈爲神明之大害，故聖人尤以垂戒也。

○子曰：「吾未見剛者。」或對曰：「申棖。」子曰：「棖也慾，焉得剛？」《説文》無「慾」字，則「慾」字必今文。

剛，鄭氏曰：「强志不撓也。」包咸曰：「申棖，魯人，孔子弟子。」棖，《史記・弟子傳》作堂，漢《王政碑》作棠，漢文翁《禮殿圖》作儻，音皆相通。慾，多嗜慾也，多嗜慾則不得爲剛矣。棖之慾不可知，其爲人得非悻悻自好者乎？故或者疑以爲剛，然不知此其所以爲慾爾。《易》首《乾》，爲剛德，剛健中正，純粹精。蓋天以行健爲至德，人以自强不息爲至德，鼓動萬物皆賴剛强之德，若弱則爲六極矣，故極貴之。申棖蓋素有强直名者，其短在有嗜欲，則雖有剛德而嗜欲既發，則不覺柔屈，不得爲剛矣。蓋能勝物之謂剛，惟不屈於物，故直養浩氣，可塞於天地之間。爲物累之謂慾，物至化物，故掩抑短氣，消沮于方寸之内。無論如何强直之人，一有嗜慾，氣即餒敗，神明消沮。故周子謂聖人可學在無慾。蓋慾者純魄，剛者純魂，二者相反相成而日相爭。若魂純勝者，神明純清，氣自剛大；若魄純勝者，嗜慾純掩，氣已奄奄；其魂魄互勝者，半慾半剛，則爲中人。其魂魄相勝分數之多寡，以爲其慾剛之多寡，即爲人之高下也。

○子贛曰：「我不欲人之加諸我也，吾亦欲無加諸人。」子曰：「賜也，非爾所及也。」

子贛不欲人之加諸我，自立自由也；無加諸人，不侵犯人之自立自由也。人爲天之生，人人直隸于天，人人自立自由。不能自立，爲人所加，是六極之弱而無剛德，天演聽之，人理則不可也。人各有界，若侵犯人之界，是壓人之自立自由，悖天定之公理，尤不可也。子贛嘗聞天道自立自由之學，以完人道之公理，急欲推行於天下。孔子以生當據亂，世尚幼稚，道雖極美，而行之太早，則如幼童無保傅，易滋流弊，須待進化至升平太平，乃能行之。今去此時世甚遠，非子贛所及見也。蓋極贊美子贛所創之學派，而惜未至其時也。子贛蓋聞孔子天道之傳，又深得仁恕之旨，自顔子而外，聞一知二，蓋傳孔子大同之道者。傳之田子方，再傳爲莊周，言「在宥天下」，大發自由之旨，蓋孔子極深之學説也。但以未至其時，故多微言不發，至莊周乃盡發之。故《莊子·天下篇》偏抑諸子，而推孔子爲神明聖王，曰：「古之人其備乎！配神明，醇天地，育萬物，和天下，澤及百姓，明於本數，係於末度，六通四闢，大小精粗，其運無乎不在。」其尊孔子者至矣。雖其倘徉游戲時，亦有罵祖之言，乃由於聞道既深，有小天地玩萬物之志。而謂孔子本末精粗無所不在，則知一切皆孔子之創學。莊子傳子贛微妙之説，遺粗而取精，亦不過孔子耳目鼻口之一體耳。近者，世近升平，自由之義漸明，實子贛爲之祖，而皆孔學之一支一體也。

○子贛曰：「夫子之文章，可得而聞也；夫子之言性與天道，不可得而聞也。」高麗本、《漢書·眭宏》、《夏侯》、《外戚傳》皆引作「不可得而聞已矣」，《史記·世家》作「弗可得聞也已」。

文章，德之見乎外者，六藝也，孔子日以教人。若夫性與天道，則孔子非其人不傳。性者，人受天之神明，即知氣靈魂也。天道者，鬼神死生，晝夜終始，變化之道。今莊子所傳子贛之學，所謂量無窮，時無止，終始無，故物無貴賤，自貴而相賤。因大而大之，萬物莫不大；因小而小之，萬物莫不小；因有而有之，萬物莫不有；因無而無之，萬物莫不無。明天地之理，萬物之情，不開人之天，而開天之天者。子贛驟聞而贊歎形容之。今以莊子傳其一二，尚精美如此。子贛親聞大道，更得其全，其精深微妙，不知如何也。此與《中庸》所稱「聲色化民末也，上天之載無聲無臭至矣」合參之，可想像孔子性與天道之微妙矣。莊子傳子贛性天之學，故其稱孔子曰：「古之人其備乎！配神明，醇天地，育萬物，和天下，澤及百姓，明于本數，係于末度，六通四闢，小大精粗，其運無乎不在。」其明而在數度者，舊法世傳之，史尚多有之。其在於《詩》《書》《禮》《樂》者，鄒魯之士，搢紳先生，多能明之。《詩》以道志，《書》以道事，《禮》以道行，《樂》以道和，《易》以道陰陽，《春秋》以道名分。其數散於天下，而設於中國者，百家之學，時或稱而道之。天下大亂，賢聖人不明，道德不一，天下多得一察焉以自好。譬如耳目鼻口，皆有所明，不能相通。猶百家衆技也，皆有所長，時有所用。雖然不該不徧，一曲之士也。判天地之美，析萬物之理，察古人之全，寡能備於天地之美，稱神明之容。是故内聖外王之道，闇而不明，鬱而不發，天下之人，各爲其所欲焉以自爲方。悲夫！百家往而不反，必不合矣。後世之學者，不幸不見天地之純，古人之大體，道術將爲天下裂。按，莊子所稱「明而在數度者，舊法世傳」，即夫子之文章可得而聞也。若性與天道，則小大精粗，無乎不在。以莊子之肆恣精奇，而抑老、墨諸子爲一曲之士，尊孔子爲神明聖王，稱爲備天地之美，稱神明之容，又悲天下不聞性與天道，不得其天地之純，各執一端，而孔子大道闇而不明，鬱而不發。其尊孔子如此，非有所傳於性與天道，不測孔子之所至，若莊生者豈肯低首服人哉？《易》曰：「書不盡言，言不盡意」，天下之善讀孔子書者，當知六經不足見孔子之全，當推子贛、莊子之言而善觀之也。

○**子路有聞，未之能行，唯恐有聞。**

子路聞善即行，若未及行，則皇皇唯恐

有聞。蓋力行之至，神勇雷霆，精鋭冰雪，聰明之甚。記者摹寫其神志如此，可知懦夫立志矣。韓愈《名箴》：「勿病無聞，病其曄曄。昔者子路唯恐有聞，赫然千載德譽。」愈尊以聞爲聲聞，而恥其過情，義必有本也。

○子贛問曰：「孔文子何以謂之文也？」子曰：「敏而好學，不恥下問，是以謂之文也。」

朱子曰：「孔文子，衛大夫，名圉。凡人，性敏者多不好學，位高者多恥下問，故謚法有以勤學好問爲文者，蓋亦人所難也。孔圉得謚爲文，以此而已。」孔文子使太叔疾出其妻而妻之，疾通於初妻之娣。文子怒，將攻之，訪於仲尼，不對，命駕而行。疾奔宋，文子使疾弟遺室孔姞。其爲人如此，而謚曰文，此子贛之所以疑而問也。孔子不没其善，言能如此亦足以爲文矣，非經天緯地之文也。

○子謂子産，「有君子之道四焉：其行己也恭，其事上也敬，其養民也惠，其使民也義。」

子産，鄭大夫公孫僑。恭，謙遜也。敬，謹恪也。惠，愛利也。使民義，如都鄙有章，上下有服，田有封洫，廬井有伍之類。凡才臣之有政治者，多短於道德。望高，則行己易驕；矜功，則事上或跋扈；多爲國計，則剥民以逞；畏爲罪怨，則立法不行。惟子産免焉，能克己以澤民，合於君子之道也。

○子曰：「晏平仲善與人交，久而敬之。」

晏平仲，齊大夫，名嬰。周生烈曰：「齊大夫，晏姓，平謚，名嬰。」人新交則敬，久則狎昵，嫌疑易生。惟平仲久交能敬，故孔子善之，以爲人道久交之法。

○子曰：「臧文仲居蔡，山節藻梲，何如其知也？」

包咸曰：「臧文仲，魯大夫臧孫辰。文，謚也。居，猶藏也。蔡，國君之守龜，出蔡地，因以爲名焉。長尺有二寸。居蔡，僭也。節者，栭也，刻鏤爲山。梲者，梁上楹，畫爲藻文，言其奢侈。」《禮器》：「家不寶龜。」臧文仲爲藏龜之室，而刻山於欂櫨，畫藻於梲，爲天子之廟飾也。當時以文仲爲知，孔子言其不務民義，而諂瀆鬼神如此，安得爲知？《春秋傳》所謂作虛器，即此事也。蓋愚人最尊鬼神，故太古事鬼神之宫，窮極奢麗。自埃及、波斯、希臘之大廟，莫不皆然。吾遊印度，見諸數千年大廟，峻宇亘雲，雕牆畫藻，户牖洞窗，分寸皆刻，瓌怪驚人。羅馬之教堂，高四十丈；德國之教堂，搆工八百年，皆窮極雕鏤。勞民事神，此亦臧文仲之比，孔子不以爲知也。蓋孔子雖敬鬼神，而以務民義爲主也。

○子張問曰：「令尹子文三仕爲令尹，無喜色；三已之，無愠色。舊令尹之政，必以告新令尹。何如？」子曰：「忠矣。」曰：「仁矣乎？」曰：「未知，焉得仁。」

令尹，官名，楚相也。子文，姓鬬，名穀，字於菟，佐莊王以成霸業。其人喜怒不形，公爾忘私，國爾忘家，其忠盛矣，故子張疑其仁。然其所以三仕三已而告新令尹者，則以辭官出於自請，而非無故而黜，新令尹爲其所舉，而非他黨乘權，其事非難。既非盡出於無私，且日與其君伐人之國，殘民以逞，此仁者所不爲也。昔柳下惠曰：「吾聞伐國不問仁人，問猶不可，况於伐乎？」亂世之人，忠於其國，則誠然，若仁，則關於公理，宜孔子不許其仁也。

「高子弒齊君，陳文子有馬十乘，弃而違之。至於他邦，則曰：『猶吾大夫高子也。』違之。之一邦，則又曰：『猶吾大夫高子也。』違之。何如？」子曰：「清矣。」曰：「仁矣乎？」曰：「未知，焉得仁？」「棄」，唐石經作「弃」，即古「棄」字，今從之。皇本作「違之，之至他邦」。

鄭注：「魯讀崔爲高」，則崔子乃古文也。王充《論衡》曰：「仕官爲吏，亦得高官將相長吏，猶吾大夫高子也。」弒齊君，雖《左傳》以爲崔杼，然古事不可知，左氏乃僞古，固相應不可信，今從魯。宋翔鳳《過庭録》曰：「他國不必皆如崔杼之弒君，當以高子爲是。高國爲齊之世臣，當先討賊而不能。《襄十九年傳》，齊崔杼殺高厚於灑藍，從君於昏也。」蓋歎列邦執政無不從君於昏者。齊君，莊公，名光。陳文子亦齊大夫，名須無。十乘，四十匹也。違，去也。清，潔也。重賄，人所難棄，文子輕之。未幾即已返齊，而未聞討賊之舉，則不過不預亂事而已，未能救君正國，故孔子許其清，而未許其仁。然變亂之際，利害甚大，能如文子之棄官潔身，不預亂事者，吾見亦寡矣。若夫捨身成仁，以救君國，此則孔子之所期望者夫？

○季文子三思而後行。子聞之，曰：「再思可矣。」何本作「再斯」。唐石經作「再思」，《吴志注》諸葛恪引作「再思」，皇本「再思斯可矣」，則「再」下必有「思」字，今從唐石經。

鄭氏曰：「季文子，魯大夫，名行父。」每事必三思而後行，若使晉而求遭喪之禮以行，亦其一事也。程子曰：「爲惡之人，未嘗知有思，有思則爲善矣。然至于再則已審，三則私意起而反惑矣，故夫子譏之。」朱子曰：「季文子慮事如此，可謂詳審而宜無過舉矣。而宣公簒立，文子乃不能討，反爲之使齊而納賂焉，豈非程子所謂私意起而反惑之驗與？是以君子務窮理而貴果斷，不徒多思之爲尚。」

○子曰：「甯武子邦有道則知，邦無道則愚。其知可及也，其愚不可及也。」

甯武子，衛大夫，名俞。按，《國語》武子仕衛，當文公、成公之時。文公有道而武子無事可見，此其知之可及也。成公無道，至於失國，而武子周旋其間，盡心竭力，不避艱險。凡其所處，皆知巧之士所深避而不肯爲者，而能卒保其身，以濟其君，此其愚之不可及也。孔子之道主仁，不貴知巧，而重愚忠，甯武子之愚也，其心術之至仁也。

○子在陳，曰：「歸與！歸與！吾黨之小子狂簡，斐然成章，不知所以裁之。」《史記·世家》「不知」上有「吾」字，皇本「裁之」下有「也」字。

此孔子周流四方，道不行，而思歸之歎也。吾黨小子，指門人之在魯者。狂，假犬之雄猛善發，喻志大言大者。簡，大也。斐，文貌。成章，言其文學成就有可觀者。裁，割正也。夫子周流四方，欲撥亂反正，以實行升平、太平之治。至是在陳，終無所遇，乃歸決，欲成就後學以傳道垂教。追念故國門人，多遠志高才通學，但患過中失正，無人正之，則流入異道，故欲歸而裁之。此道不行而思歸，爲孔子傳教之大事也。《史記》：「孔子居陳三歲，會晉、楚爭强，更伐陳，及吴侵陳，陳常被寇。孔子曰：『歸歟！歸歟！吾黨之小子狂簡』，進取不忘其初。」此蓋今文家敘，在定公卒後，孔子將六十時矣。

○子曰：「伯夷、叔齊不念舊惡，怨是用希。」

伯夷、叔齊，孤竹君之二子。《釋文》引《少陽篇》，姓墨胎，夷名允，字公信；齊名致，字公達。恐後人所附會，孟子稱其不立於惡人之朝，不與惡人言；與鄉人立，其冠不正，望望然去之，其嫉惡如此。然其所惡之人，能改即止，故人亦不甚怨之。蓋夷、齊惡其惡，而非惡其人。如雷霆之發，過而無留，空洞如天，圓照如鏡，人未有怨天恨鏡者也。先祖連州府君曰：「舊惡，宿怨也。言夷、齊不念宿怨。若魏房景伯之待劉簡虎，南齊王廣之之善待皇甫肅，史皆以爲不念舊惡也。」

○子曰：「孰謂微生高直？或乞醯焉，乞諸其鄰而與之。」

微生，姓；高，名，魯人，素有直名者。「尾」與「微」通。《漢書》有尾生高、尾生晦。《國策》「信如尾生高」。《莊子》、《淮南》并載尾生與女子期不來，而抱柱死事，蓋亦諸子之盛名者。醯，醋也。人來乞時，其家無有，故乞諸鄰家以與之。夫是曰是，非曰非，有爲有，無爲無，曰直。委曲應人，有意徇物，不得爲直。觀人於其一介之取予，而千駟萬鍾從可知焉。又有微生畝者，嘗譏孔子之佞，而孔子疾其固。蓋微生亦當時創教巨子，立信直以爲行義者。孔子窺其隱微而斥之，無俾惑衆也。

○子曰：「巧言、令色、足恭，左丘明恥之，丘亦恥之。匿怨而友其人，左丘明恥之，丘亦恥之。」

按，此章爲古文僞《論語》，劉歆所竄入也。《史記·仲尼弟子傳》無左丘明名。《史記》稱左丘失明，厥有《國語》，則左氏名丘，亦非名明也。今《左氏傳》稱陳敬仲五世其昌，稱魏萬諸侯之子孫，必復其始。又，傳文終於韓、趙、魏之滅智伯。孔子没後二十八年，魏氏爲侯，孔子没後七十八年，田和簒齊。和爲敬仲八世孫，在孔子没後九十五年，既非弟子。孔子稱其盛德，而自稱名，當爲孔子前輩，否亦孔子同時人，何得後孔子百年猶在乎？即老壽亦安能爾？其爲劉歆僞古文可斷矣。蓋孔子改制，三世之學，在《春秋》，皆弟子親傳其口説。劉歆僞編《左氏傳》以攻《公》、《穀》，偏爲古證於諸經，因竄丘明名於此，以著左丘好惡與聖人同，以惑後人，以爲攻《公》、《穀》計。豈知左丘作《國語》，而非傳經，又不在七十子之列，其詳見吾所撰《僞經考》。《論語》如此僞文甚多，當分别考之也。非齊、魯之舊，應删附書末僞篇中。

○顔淵、季路侍。子曰：「盍各言爾志？」子路曰：「願車馬衣裘與朋友共，敝之而無憾。」顔淵曰：「願無伐善，無施勞。」子路曰：「願聞子之志。」子曰：「老者安之，朋友信之，少者懷之。」唐石經無「輕」字，後旁注，「本《管子》語」。《北齊書・唐邕傳》引無「輕」字，《釋文》、皇、邢疏無「輕」字。

盍，何不也。裘，皮服。敝，壞也。憾，恨也。伐，誇也。善謂有能，勞謂有功。施，矜詡有德色之意。《孟子》「施施從外來」是也。即《易》曰：「勞而不伐，有功而不德」之義。老者養之以安，朋友與之以信，少者懷之以恩，此明大同之道，乃孔門微言也。《禮運》孔子曰：「大道之行也，與三代之英，丘未之逮，而有志焉。」蓋孔子之志在大同之道，不能行於時，欲與二三子行之。子路願與人同其財物，故以車馬衣裘與人共，「貨惡棄地，不必藏於己」也。顔子願與人同其勞苦，所謂「力惡其不出於身，不必爲己」也。孔子與人如同體、同胞、同氣，所謂「天下爲公，不獨親其親，子其子，老有所終，壯有所用，幼有所長」也，使普天下人各得其欲，各得其所。三者雖有精粗小大，而其志在大同則一也。大同者，孔門之歸宿，雖小康之世，未可盡行，而孔門遠志，則時時行之，故往往於微言見之。蓋人道之爭，先從貨物始，粒餱以愆，豆觴致訟，先自有吝心，則生貪心，合貪吝心，則生鄙心、詐心、險心、殺心，無所不至矣。故大同，必自能捨財物始，先絕貪吝之根，乃可入大同之世也。人心之壞從矜伐始，伐善矜勞，則有驕心、責報心；與己等者，則有妒心、忮心；不報之，則生仇心。妒心、仇心，遂生殺心。故大同必自忘勞始，絕去驕妒責報之根，乃可入大同之世也。人各私其家，老其老而不及人之老，幼其幼而不及人之幼。欺詐其交，則多畛域，彼疆爾界，各不相顧，則智愚强弱，賢不肖，貧富貴賤，苦佚相去日遠，相隔日絕。人道多偏枯，多險詖，無由成公德，合天親，致平等，共進化，故有一夫不得所，傷聖人之心，害大衆之化。故大同必老安、少懷、友信，絕去僅私其家之事，乃可成大同之道也。

○子曰：「已矣乎，吾未見能見其過而內自訟者也。」

包咸曰：「訟，猶責也。言人有過莫能自責。」內自訟者，己不言而心自攻也。人有過而能自知者，鮮矣，知過而能內自訟者，爲尤鮮。能內自訟，則其悔悟深切，而能改必矣。夫子自恐終不得見而歎之，其警學者深矣。先祖連州府君曰：「凡人與人交，爲人所侵犯凌辱者，則與人訟。凡訟，盛氣至怒，必不寬貸者，求必勝而後已，至魂與魄交，內爲魄所侵犯凌辱，則亦應訟於內，以盛氣至怒，必不寬貸，務求勝而後已。然天下人皆外見他人之過，而外與之訟，未嘗自見其過，而內與之訟，內外倒置，輕重失所。已矣乎者，孔子歎其終不得見，蓋訟過爲孔子一大義也。」按，魂者，明德，甚清；魄者，軀體，甚濁。人之有過，魄爲之也。此孔門高義，學者宜參證焉。

○子曰：「十室之邑，必有忠信如丘者焉，不如丘之好學也。」

此爲恃美質而不好學者進也。十室，小邑。忠信，生質之美也。良材美質，隨地皆有，成就與否，則視學與不學。美質好學，則窮極天人，而爲神聖；恃質不學，則浮沉混濁，漸爲鄉人。孔子自言，質之忠信與常人同，而好學異，所以勉後學者至矣。蓋嘗論之，人與物之異，在傳學與不傳學也；聖人與常人之殊，在學之至極與不至也。學之至極，則神明變化，無方無體，至聖而不可知之神，亦自學來耳。

論語注卷之五終

門人贛縣王德潛初校
門人高要陳焕章覆校
門人番禺王覺任覆校
門人東莞張伯楨覆校

論語注卷之六

南海康有爲學

雍也第六

皇《疏》言，古《論》以《雍也》爲第三篇，此僞本不足據。足見古《論》之多變異，而前儒亦有知爲僞本矣。篇内第十四章以前，大意與前篇同。

凡二十八章

○子曰：「雍也可使南面。」仲弓問子桑伯子。子曰：「可也簡。」仲弓曰：「居敬而行簡，以臨其民，不亦可乎？居簡而行簡，無乃大簡乎？」子曰：「雍之言然。」

南面者，人君聽治之位。言仲弓寬洪簡重，有人君之度也。子桑伯子，《説苑》以爲不衣冠而處，《楚辭》所謂桑扈臝行。即莊周所稱子桑户者，與孟子反、琴張爲友。又作雽，蓋亦當時創教巨子，近於自由者。可者，可取而未盡善之辭。簡者，不煩之謂。言自處以敬，則清明在躬；而行簡以臨民，則事不煩而民不擾。若先自處以簡，所行又簡，無法度之可守，不可行也。神明疏放若伯子，蓋近老氏之道。執簡御繁，清静爲治，非不可也，而無敬以直内，則無整齊嚴肅以爲正修齊治之本，此即儒學與老學之異處。仲弓蓋未喻夫子可字之意，而其所言爲至理，故夫子然之。包咸曰：「可使南面者，言任諸侯。」言仲弓之寬洪簡重，才德可以君人。《書》曰：「日嚴祗敬六德，亮采有邦。」孔門論位，但較德。苟有其德，仲弓可南面，孔子可素王；荀無其德，桀、紂可獨夫，從政皆斗筲。言其稱也，荀子稱聖人之不得勢者仲尼、子弓是也。以聖人稱仲弓，蓋荀子尊其本師，亦見仲弓宜得勢，與孔子同尊之至矣。

○哀公問：「弟子孰爲好學？」孔子對曰：「有顔回者好學，不遷怒，不貳過。不幸短命死矣，今也則亡，未聞好學者也。」皇本「問」下有「曰」字。《釋文》：「本或無『亡』字，『則』字連下讀。」按「亡」字義複，或當作「無」，則可通耳。

遷，移也。貳，再也。怒在物而不在己，動以理而不動以氣，故不遷怒；有不善未嘗不知，知之未嘗復行，故不貳過。短命，顔子早卒也。不遷怒，不貳過，皆克己之學。蓋人生而有魄，陽曰魂，魂爲精爽，則神明，魄爲氣質，則粗濁凝滯。故七情之發，卒動於血氣，揚奮纏結，往往過分，如風雨交加，不擇而施，必待氣過而後已。而七情之中，怒之發時，尤難治也。氣質或本於先天，或根於父母，或感於地氣，或成於習俗。既已濁滯，則物欲感而過失易生；拘牽，則改變難而洗滌不易。惟神明極清，存養備至，圓明淨照，不介毫釐，纖垢不侵，光靈常耀。如鏡照物，光明自在，妍媸各付，而本體不動，如日運行，拒力甚大，熱光常發，而掩蝕難侵。凡其神明之發，及其存養之純，雖其天姿之高，亦由好學之篤。七十子并皆高才好學，但顔子新喪，孔子愛惜最深。言今也則亡，蓋哀惜顔子之至，讀者勿以辭害意可也。天下之學甚多，而孔子之稱好學，專就克己言之。佛氏之總旨，在難降伏其心。王陽明稱去山中賊易，去心中賊難。孔子之道，内聖外王，原合表裏精粗而一之。然治世究爲粗跡，若養神明之粹精，乃爲人道太平之根。令人人神明清粹，則人種自善，而一切治法可去。故孔子之重養神明，尤甚也。若顏子之不貳過，則已優入聖域，經累生，積磨礱，浸潤所至，實非一時好學所强能。孔子姑就哀公好學二字答之耳。按，《家語》以顏子三十二歲卒，惟《論語》以顏子卒在伯魚後。伯魚卒時孔子年六十九，則顏子卒時孔子年已七十，故天喪之痛，與天祝道窮並稱，必其時相近。顏子少孔子三十歲，則亦應四十歲也。惟《列子》、《淮南》、《後漢書》郎覬皆以顏子爲年十八，《三國志》孫登亦以顏子年未至三十三，則王肅《家語》亦有自來。豈天命亞聖，以神童逝耶？或以短命，而附會之也。

○子華使於齊，冉子爲其母請粟。子曰：「與之釜。」請益。曰：「與之庾。」冉子與之粟五秉。子曰：「赤之適齊也，乘肥馬，衣輕裘。吾聞之也：君子周急不繼富。」原思爲之宰，與之粟九百，辭。子曰：「毋！以與爾鄰里鄉黨乎！」

子華，公西赤也，孔子弟子。使，爲孔子使也。釜，六斗四升。包咸曰：「庾，十六斗。」《聘禮》記，十六斗曰籔，十籔曰秉。鄭玄注曰：「籔之文作逾。」逾庾通。乘肥馬，衣輕裘，言其富也。急，窮迫也。周者，補不足。繼者，續有餘。肥馬輕裘，孔子言子華富，不必增益，非冉子之多與也。孔子爲魯司寇時，以弟子原憲爲家宰。思，憲字也。粟，宰之禄也。九百，不言其量，不可考，或以爲斗。毋，禁止辭。五家爲鄰，二十五家爲里，萬二千五百家爲鄉，五百家爲黨。言常禄不當辭，有餘自可推之以分鄰里鄉黨。蓋夫子之使子華，子華之爲夫子使，義也。且子華若貧，孔子早有以贍其家，不待冉子之請。孔子知子華之富，而後使之也，而冉子乃爲之請。聖人不欲直拒人，故與之少以將意。冉子未達，而自與之多，幾若孔子之吝矣。原思爲宰，則有常禄，思廉節太過，請辭其多，故又教以分諸鄰里之貧者。蓋義所宜與，又非孔子之好施也。記者見聖人用財有道，或必與，或不與，非吝非施。適當乎義，富者用之不必禄，職所當受，貧者不必辭。人人周急不繼富，則富不更富，貧不至貧，則財產均矣。人人公其財於鄰里鄉黨，而公產行矣。凡此周急公財，皆大同之道，孔子無在而不發揮之也。

○子謂仲弓曰：「犂牛之子騂且角，雖欲勿用，山川其舍諸？」

騂，赤色。周人尚赤，牲用騂角。角，周正中犧牲也。用，用以祭也。山川，山川之神也。言人雖不用，神必不舍也。先師朱九江先生曰：「犂，伯牛名，仲弓父也，孔子合其名字而呼之。王充《論衡·自紀篇》曰：『鯀惡禹聖，叟頑舜神，伯牛寢疾，仲弓潔全，顏路庸固，回傑超倫，孔、墨祖愚，丘、翟聖賢。』蓋漢人相傳如此。劉峻《辨命論》曰：『冉耕歌其芣苢。』耕、犂、牛三者名字同義。蓋伯牛有惡疾也，孔子歎息伯牛之疾，乃美其有賢子以慰之。明仲弓才德潔全，神必見祐，必不因父疾而棄於世也。朱子説，謂仲弓父賤行惡，蓋不考之甚。今據漢儒今文家説以正之，以見仲弓父子爲孔門高弟，兩世德行之科，馨香薦升，無與倫比，不因惡疾而少損也。」

○子曰：「回也，其心三月不違仁，其餘

則日月至焉而已矣。」

三月，言其久也。不違仁，無纖毫佚慮私欲也。少有私欲佚慮，即間斷矣，能常惺惺，神明光炯，純固至矣。此顏子資力純至，假以壽命，存養再熟，即渾然無間，自爲聖人矣。自餘七十子，或至一日，或至一月，不能若顏子之久矣。聖門七十子皆高賢，然神明內功，非持循勉强所能至，在存養至熟，涵游自然。雖欲堅苦力持，然一刻之間，萬念紛起，朋思憧憧，能力持數刻，不違仁已大難，況一日乎？學者試返照內觀，當知七十子之不可及，非獨顏子也。此聖門教弟子專養神明，比較功候之深淺，操存舍亡之生熟。凡馳心於外學粗跡者，玩味此章，知孔子之學爲何學也。《大學》開口言明明德，《中庸》開口言尊德性，可以互證而知所嚮往矣。

〇季康子問：「仲由可使從政也與？」子曰：「由也果，於從政乎何有？」曰：「賜也可使從政也與？」曰：「賜也達，於從政乎何有？」曰：「求也可使從政也與？」曰：「求也藝，於從政乎何有？」皇本「賜也達」、「求也藝」兩「曰」上有「子」字。

從政，謂爲大夫。達，謂通於事物之理。藝，謂多才能。包咸曰：「果，謂果敢決斷。」三子各擅所長，此三長以之立教經邦，無所不可，於區區從一國之政，何足以云？蓋果則勇猛精進，故佛氏最重金剛。至通達事物之理，得其所以然，則大智洞照，觸處皆破，絶無障礙矣。多藝通明，亦扶助大道之器也。

〇季氏使閔子騫爲費宰。閔子騫曰：「善爲我辭焉！如有復我者，則吾必在汶上矣。」《釋文》曰：「一本無『吾』字。」鄭本無「則吾」二字，《史記》同。

閔子騫，孔子弟子，名損，少孔子十五

歲，魯人。費，季氏邑。汶，水名，在齊南魯北境上。季氏以費數叛，慕閔子盛德，欲閔子治之，閔子不欲臣季氏，令使者善爲己辭。言若再來召我，則當去之齊。閔子爲德行高選，樂道忘勢，豈肯仕於權門。惟盛名爲累，辭避頗難。勝之仰藥於王莽，任之佯狂於公孫，剛則取禍，柔則受辱。若誤見縶維，則難於中止，於是子路不得其死，冉有爲季氏附益矣。若閔子先幾之決，而辭避之婉，其過人遠，而高風猶可味焉。吾門人麥孟華孺博，短命死矣。袁世凱欲用爲教育總長，不受，梁啓超屬焉。乃告我曰：「袁世凱與先生電曰：『河汾弟子，拔茅彙進。』使知弟子中亦有不可進之人。」袁兩欲見之，即拂衣出京師。若孟華之風節也，亦庶幾汶上乎？

○伯牛有疾，子問之，自牖執其手，曰：「亡之，命矣夫！斯人也而有斯疾也！斯人也而有斯疾也！」《史記·弟子傳》曰：「命也夫！斯人也而有斯疾！命也夫！」或是別家，或是約言。

伯牛，孔子弟子，姓冉名耕，有惡疾，《淮南子》以爲癩也。居北牖下，君視之則遷於南牖下，使君得以南面視己。時伯牛家以此禮尊孔子，孔子不敢當，故不入其室，而自牖執其手，蓋與永訣也。命，謂天命。言此人不應有此疾，而今乃有之，是乃天之所命也，然則非其不能謹疾，而有以致之，亦可見矣。包咸曰：「牛有惡疾，不欲見人，故孔子從牖執其手也。」伯牛爲德行之高選，蓋愛而痛惜之，與之永訣。命謂天命，莊子所謂「知其無可奈何，而安之若命。」言伯牛有德，不應有惡疾，而竟有之，是天命也。包咸曰：「再言之者，痛惜之甚。」《孝經緯》言三命曰：「善惡報也。」凡善人而遭惡命，惡人而得善命，蓋夙世所造，而今受之，故雖大賢不得免也。

○子曰：「賢哉，回也！一簞食，一瓢飲，在陋巷，人不堪其憂，回也不改其樂。賢哉，回也！」

簞，小筐。食，飯也。瓢，瓠也。顔子之貧如此，而樂道自娱，不以窶空爲憂而改其樂。蓋神明別有所悦，故體魂不足爲累，境遇不能相牽，無入而不自得也。佛氏所謂，地獄天宫皆成佛土，其類此乎？故孔子再歎美之。周子令人尋孔、顔樂處。蓋天人既通，另有建德之國，神明超勝，往來無礙，既不知富之可欣，亦不知貧之可憂，偶游人境，固不足爲累也。

○冉求曰：「非不説子之道，力不足也。」子曰：「力不足者，中道而廢。今女畫。」

朱子曰：「力不足者，欲進而不能；畫，能進而不欲。畫，界也，如畫界以自限也。」如篤於説道，則如好貨好色，竭盡其力而求之，無有止境。今自畫界限，是先有退志，非真説也。冉子性退，故孔子勉而進之。

○子謂子夏曰：「女爲君子儒！無爲小人儒！」

儒爲孔子創教之名。春秋時，諸子皆改制創教，老子之名爲道，與孔子之名爲儒，墨子之名爲墨同。墨子則即以墨爲教名。故教名儒教，行名儒行，從儒之人名儒者，猶從墨之人名墨者。羣書以儒墨並稱者，不可勝數。《韓非子·顯學篇》曰：「世之顯學儒墨也。儒之所至孔丘也，墨之所至墨翟也。自孔子之死也，有子張氏之儒，有子思之儒，有顔氏之儒，有孟氏之儒，有漆雕氏之儒，有仲良氏之儒，有孫氏之儒，有樂正氏之儒。自墨子之死也，有相里氏之墨，有相夫氏之墨，有鄧陵氏之墨。故孔、墨之後，儒分爲八，墨分爲三。」可知儒爲孔子創教至明。《莊子》：「鄭人緩也爲儒，其弟爲墨。」如爲僧爲道之義，此言從教之人亦至明。故墨子《非儒篇》專攻孔子。墨子亦稱堯、舜、禹、湯、文、武者，而儒教爲孔子所創。劉歆欲篡孔子之聖統，假託周公，而滅孔子改制創教之跡，乃列儒於九流，以儒與師並列，稱爲以道得民。自此，儒名若尊，而爲教名反没矣。惟儒中之品詣迥分，有大儒、聖儒、賢儒、名儒、碩儒、魁儒、鉅儒，君子儒也，小儒、纖儒、偷儒，小人儒也。故孔子教子夏以爲君子儒，無爲小人儒。蓋子夏初從教爲儒時，孔子勉而戒之若此。後人不知儒義，乃至從祀孔廟之諸賢，亦僅稱先儒。若僅儒而已，則安知其爲君子小人耶？

○子游爲武城宰。子曰：「女得人焉耳乎？」曰：「有澹臺滅明者，行不由徑，非公事未嘗至於偃之室也。」《正義》：「『耳』，他本作『爾』。」然唐宋石經，宋本九經，岳珂本皆作「耳」，今從之。

武城，魯下邑。澹臺，姓，滅明，名，字子羽，孔子弟子。徑，《祭義》「道而不徑」，蓋小而捷者。公事，如飲射讀法之類。不由徑，動必以正，而無見小欲速之意可知；非公事不見邑宰，則其有以自守，而無枉己徇人之私可見矣。楊氏曰：「爲政以人才爲先，故孔子以得人爲問。」如滅明者，觀其二事之小，而其正大之情可見矣。後世有不由徑者，人必以爲迂，不至其室，人必以爲簡，非孔氏之徒，其孰能知而取之。《史記》以澹臺爲武城人，少孔子二十九歲，狀貌甚惡，欲事孔子，孔子以爲材薄。既已受業，退而修行，行不由徑，非公事不見卿大夫。南游至江，從弟子三百人，設取予去就，名施乎諸侯，蓋孔子南派之大宗。此子游觀子羽於微者。非公事不至，則陳民間利病，而無干謁請託之私，其舉動之正大，風節之高，心術之仁，皆可見矣。世之奔走權門者，既卑鄙之可羞，若絶跡公府以爲高者，並民間關切之利害亦隱情。惜已！自高名節而肯一詣有司，是又爲名之私多，而於愛民之意少，亦非仁人之用心也。爲政在人，得人則利弊可知，是非可悉。孔子首以得人爲問，而子游不以奔走者爲賢。朱子謂：「持身以滅明爲法，可無苟賤之羞；取人以子游爲法，則無邪媚之惑。」

○子曰：「孟之反不伐，奔而殿，將入門，策其馬，曰：『非敢後也，馬不進也。』」

孟子反，魯大夫，名側。反，即莊周所稱孟子反者是也。伐，誇功也。奔，敗走也。殿，鎮也，軍後曰殿。策，鞭也。戰敗而還，以後爲功，反奔而殿，故以此言自揜其功也。事在哀公十一年。謝氏曰：「人能操無欲上人之心，則人欲日消，天理日明，而凡可以矜己誇人者，皆無足道矣。然不知學者，欲上人之心無時而忘也，若孟之反可以爲法矣。」敗軍者爭歸恐後，殿者勇不畏敵，又有保全士卒之功，在人必誇炫其長，孟之反委于馬之不進。勞而不伐，有功而不德，自同於人，可以進大同之道，故孔子深異之。

○子曰：「不有祝鮀之佞，而有宋朝之美，難乎免於今之世矣。」

祝，宗廟之官。鮀，衛大夫，字子魚，有

口才。朝，宋公子，有美色。衰世不尚德，而好諛好色。有此佞美，則人愛悦。且但美而不佞，猶入門見嫉，必美而兼佞，乃可以邀寵免禍。非此難免，蓋深歎之。此蓋見衛靈公後有感之言。

○子曰：「誰能出不由户？何莫由斯道也？」皇本「户」下有「者」字。

孔子創教，自本諸身，徵諸民，因乎人情以爲道，故曰道不可離。蓋爲人道，而異乎鳥獸道，鬼神道也。人行不能不由道，人出不能不由户，極言不能離之意。此孔子之道所以不可易也。

○子曰：「質勝文則野，文勝質則史。文質彬彬，然後君子。」「彬」，《説文》引作「份」，「份」當是古文，今不從。

包咸曰：「野，如野人，言鄙略也。史者，文多而質少。」蓋掌文書，多聞習事，而誠或不足也。彬彬，猶斑斑。包咸曰：「文質相半之貌。」蓋學者或近於質，或近於文，性各有偏，皆當損有餘補不足，令文質各半，以忠信之資，文以禮樂，斯爲中和，則成德矣。此孔子論文質之界。治世既主文，則務宜進於文明三統，成德則宜文質兩雜，當令不忘本質，此孔子意也。

○子曰：「人之生也直，罔之生也幸而免。」皇本無上「之」字。《論衡・幸偶篇》引此，無「而免」二字。幸與直對。似確。

凡物之生，伏從旁折，人生則直立端正。故人之生有忠信之心，是非之辨，故直心乃心性之本。無險詖之心，詐僞之行，誕欺之語，人之神明所賴以純完，魂氣所賴以不滅。人交所以相信，人道所以能存，皆賴於直，康强純固，壽命克完，順受其正，全受全歸，遂之於天生之理也。包咸曰：「誣罔正直之道而亦生者，是幸而免。」蓋直者受福，罔者受禍，天之道也。其誕罔之人，幸逃禍害而得全其生，乃出於僥倖耳。《中庸》：「君子居易以俟命，小人行險以僥倖」，與《論衡》引「罔之生也幸」同義。《晉語》：「德不純而福禄並至謂之幸。」言非分而得，可慶幸也。今東人以福爲幸福，則小人僥倖所得，豈爲福哉？蓋失詞矣。

○子曰：「知之者不如好之者，好之者不如樂之者。」

譬之於味，知者知其可食者也，好者食而嗜之者也，樂者嗜之愛悦者也。知而不能好，則是知之未至；好之而未及於樂，則是好之未深，惟樂者深遠矣。凡人事皆有是三等，學道者亦然。其不知者，既不足以與此。或者通達明澈，知孔子大道之美，可與共學矣。但入慕道德，亦出慕紛華，知之矣，未好之也。其或篤信好學，守死善道，堅苦力索，好之矣，未樂之也。玩味深長，優游自得，怡然理順，忘憂忘年，是樂之者。知之者可欲，之謂善；好之者有諸己，之謂信；樂之者充實，之謂美；充實而有光輝，之謂大也。

○子曰：「中人以上，可以語上也；中人以下，不可以語上也。」

人之材性萬品，略區爲三：自上智下愚外，皆中人也。如是者多，立教者因材而篤，當因中人之材性，而教語之。孔子之道，本神明，貫天地，育萬物，廣大精微，本末精粗，無所不有。即其粗跡，如升平、太平之世，大同之道，亦欲盡人而教告之。然精義妙道，亦惟根性至上之人能聞之，否亦須中人以上乃能領受。苟非其人，則聞之驚駭，輕洩微言，反爲無益。或未至其時而妄行，未至其地而躐等，更滋大害，且爲永戒，雖精義妙道，反因流弊而後不敢行。若以天人之故而告愚人，則誨之諄諄，而聽之藐藐，終日言而無聞。佛與諸大菩薩言，而初學菩薩無聞，可證此也。甚者，驚怪其言，若以鐘鼓享爰居，必至悲憂眩視，不食而死。故聖人非靳於教也，慮流弊也。故人之材性各異，神聖之教科亦各殊。如大醫生藥籠無所不有，亦必因人强弱而施之，惟其不同乃爲適合。此孔子之苦心救世，而無可如何者乎！

○樊遲問知。子曰：「務民之義，敬鬼神而遠之，可謂知矣。」問仁。曰：「仁者先難而後獲，可謂仁矣。」

朱子曰：「民，亦人也。獲，謂得也。專用力於人道之所宜，而不惑於鬼神之不可知，知者之事也。先其事之所難，而後其效之所得，仁者之心也。」古者好事鬼神，孔子乃專務民義，於古之多神教掃除殆盡，故墨子亦攻儒之不明鬼也。中國之不爲印度，不日事鬼而專言人道，皆孔子之大功也。然高談不迷信鬼神者，即拂棄一切，則愚民無所憚而縱惡，孔子又不欲爲之，仍存神道之教，以畏民心，但敬而遠之。包咸曰：「敬鬼神而不黷」，是也。先難者，克己濟衆也。

○子曰：「知者樂水，仁者樂山。知者動，仁者静。知者樂，仁者壽。」

樂，喜好也。知者達於物理事理，而周流無滯，故樂水。仁者安於義理天命，而安固好生，故樂山。智者才智迸發，如機軸轉運，不能自已，故動。仁者神明元定，如明鏡澄澈，粹然無欲，故静。

動而周流自得，故樂。靜而安固有常，故壽。包咸曰：「日進故動。」「性靜者多壽考。」盡天下之美德，不外慈悲、智慧，孔子兩爲形容，學者實宜仁智兼修，不可偏闕也。

○子曰：「齊一變，至於魯；魯一變，至於道。」

《漢書・地理志》：「太公治齊，修道術，尊賢智，賞有功，故至今其士多好經術矜功名，舒緩闊達而足智。其失，夸奢朋黨，言與行繆，虛詐不情。」瀕洙泗之水，其民涉度，幼者扶老，而代其任。其民好學，上禮義，重廉恥。道，則孔子所志之道也。言二國之政俗有美惡，故其變而之道有難易。程子曰：「夫子之時，齊强魯弱，孰不以爲齊勝魯也。然魯猶存周公之法，齊由桓公之霸，爲從簡尚功之治，太公之遺法變易盡矣。」此言治法三世之進化也。包咸曰：「齊、魯有太公、周公之餘化，太公大賢，周公聖人，今其政教雖衰，若能興之，齊可使如魯，魯可使如大道行之時。」蓋齊俗急功利，有霸政餘習，純爲據亂之治。魯差重禮教，有先王遺風，庶近小康。撥亂世雖變，僅至小康、升平，小康、升平能變，則可進至太平、大同矣。《禮運》稱大道之行，與三代之英，丘未之逮。而有志大道者，大同之道也。孔子志之久矣，故望之當世，惟齊、魯二國可次第進化，由據亂而升平，由升平而大同也。孔子期望之殷至矣。

○子曰：「觚不觚，觚哉！觚哉！」

觚，酒器。《韓詩外傳》曰：「一升曰爵，二升曰觚，三升曰觶，四升曰角，五升曰散。」是時觚制，已變觚之形，失觚之實。孔子正名之學，不欲其有名無實，觚哉，觚哉，言不得爲觚也。蓋衰世禮樂，皆有名無實，萬事隳壞，披書按圖則可觀，核實求真則盡失，故即觚一器物以見其餘也。鄙人常習禮，及釋褐，預禮部鹿鳴宴，則簾棚木豆，案傾器乏，馬矢盈地，人無赴宴者，衙役攘之，不勝觚哉之嘆，而憂中國之禮，名存而實已亡也。或説觚，棱也，破觚爲圜，則不觚矣。亦歎有名無實之意，義同。

○**宰我問曰：「仁者，雖告之曰『井有仁焉』，其從之也？」子曰：「何爲其然也？君子可逝也，不可陷也；可欺也，不可罔也。」**皇本「仁」下有「者」字。「其從之也」，「也」皇本作「與」。

「有仁」之「仁」當作「人」，古通。從之，謂隨之於井而救之也。逝，謂使之往救。陷，謂陷之於井。欺，謂誑之以理之所有。罔，謂昧之以理之所無。蓋聖門多爲窮理之學，好談問難以求理極，如《記》之《曾子問》是也。宰我智慧辨才，聞孔子言仁而好之，慮悲憫之窒礙難行，因設難以窮其變。不救人則非仁，救人則喪已，仁者當此，事屬兩難。天下事如此類甚多，是非不易定，從違甚難決。蓋仁者日事悲憫以救衆生，既救人則難於自全，故佛氏有捨身飼鷹虎者。既已爲仁，勢必至此。惟孔子抉天心，握聖權，乃能斷之。孔子以人己同氣，義當救人。然必能救己，而後能救人。若先失己，人安能救？必在井上，乃能救井下之人，若從在井中，同斃何益？仁者雖切於救人，而不私其身，然不如是之愚也，不可陷，不可罔。仁者之先尚有學焉，故曰「好仁不好學，其蔽也愚。」以仁爲主，當以智爲役，若但仁而不學，亦不可行也。佛、耶爲高而難行，孔子貴中而可行。孔子與佛、耶之異在此，學者可留心參之。

○子曰：「君子博學於文，約之以禮，亦可以弗畔矣夫！」《釋文》：「一本無『君子』字。」「畔」，唐石經初刻作「叛」，後磨改「畔」。然「畔」、「叛」通。《後漢書·范升傳》引此作「叛」。

約，要也。畔，違也。君子知欲無方，故於文物無不博，行欲有方，故其言動必范禮，此則可以不背於道矣。理極天人，而束修節行。蓋約禮而不博學，則行弗著，習弗察，無以爲制作推施之本。若博學而不約禮，則放蕩縱肆，大違於時，出乎位而無所不至。惟智周乎八表之外，而躬循乎規矩之中，智欲崇而禮欲卑，斯無背道之患也。此章已見《顔淵篇》，蓋孔子所雅言，而弟子複記之也。

○子見南子，子路不悦。夫子矢之曰：「予所否者，天厭之！天厭之！」

南子，衛靈公之夫人，有淫行。孔子至衛，南子請見，孔子見之。《吕氏春秋》、《淮南子》、《鹽鐵論》皆言孔子見南子爲行道，子路以夫子見此淫亂之人爲辱，故不悦。矢，誓也，所誓辭也。如云：所不與崔慶者之類。否，謂不合於禮，不由其道也。厭，棄絶也。舊俗男女相見，君夫人禮賓，如今泰西儀。自陽侯殺繆侯而娶其夫人，故大饗廢夫人之禮，自是男女别隔。孔子以人權各有自立，大同固可相見，蓋特行之，故見南子。子路習聞小康之制，以爲男女不當見，尤疾淫亂之人，因疑怪孔子。蓋篤守小康者，見大同之舉動無不怪也。舊注以爲疑，亦泥於小康之道，故不能明。蓋聖人蹤跡兼於三世，故上下無常非爲邪，進退無恒非離羣，故曰聖而不可測之謂神。子路、朱子皆未之測，何況餘子？

○子曰：「中庸之爲德也，其至矣乎！

民鮮久矣。」

中者，無過無不及之名。庸，常也。《爾雅・釋詁》：「典彝法則刑範矩庸恒律戛職秩，常也。」故《書》篇多以典範法爲名。至，極也。鮮，少也。孔子立教因乎人道，於長短、大小、廣狹擇乎至中，食味、別聲、被色行乎至庸，當其宜者以爲至德。而諸子紛紛創制，民各有所從，鮮能行此中庸之道，因歎道久不行也。

○子贛曰：「如有博施於民而能濟衆，何如？可謂仁乎？」子曰：「何事於仁！必也聖乎！堯舜其猶病諸！夫仁者，己欲立而立人，己欲達而達人。能近取譬，可謂仁之方也已。」皇本「如有」作「如能」，「衆」下有「者」字。

博，普也。民，人也。衆，物也。病，不足也。博愛之謂仁。蓋仁者日以施人民、濟衆生爲事者。子贛好仁，而以孔子不輕許人，乃窮極其量，欲以施與人民，救濟衆生，廣博普徧，無所不及，庶得爲仁。孔子以仁爲施濟之理，若能博濟衆生，令一夫無失其所，一物皆得其生，則非徒有仁人之心，必有聖人之才，有聖人之道，神而不測，乃可致也。然且萬物並育而相害，博施於民已極難，博濟衆生爲尤難。不殺衆生之義，亂世、升平未能行之，須至人人平等之後，至人物平等之時，太平世之太平，乃能行之。堯舜爲民主之聖，人道太平之時，猶未能行人物平等之道而戒殺放生，故猶病諸也。佛氏雖大仁，欲早行濟衆生之事，而時有未可，卒不能也。印度人見蟻亦不忍踐，而日縱猛獸食人，歲有虎狼之患，未能保民，何能躐等而濟衆生？故太平大同之道，普救生民，乃孔子日欲行之，博濟衆生之義，亦孔子欲行之於太平之後者，而子贛驟欲行之。進化有次第，當據亂之世去此甚遠，實未能一超直至也。推己及人，仁者之心。譬，喻也。方，術也。近取諸身，以己所欲譬之他人，知其所欲亦猶是也，然後推其所欲以及於人，則恕之事而仁之術也。程子曰：「醫書以手足痿痹爲不仁，此言最善名狀。仁者以天地萬物爲一體，莫非己也。認得爲己，何所不至？若不屬己，自與己不相干。如手足之不仁，氣已不貫，由不屬己也。」愚嘗論之，天地萬物同資始於乾元，本爲一氣，及變化而各正性命，但爲異形。如大海之分爲一漚，漚性亦爲海性，一漚之與衆漚，異漚而無異海也。但推行有次，故親親而後仁民，仁民而後愛物。孔子以理則民物無殊，而類則民物有異。其生逢據亂，只能救民，未暇救物，故即身推恩，隨處立達，皆至人而止。此非仁之志，亦仁之一方，而今可行者也。仁者，二人相偶，故就己與人言之。立、達者，孟子所謂「老吾老以及人之老，幼吾幼以及人之幼」，「推諸心加諸彼，故推恩可以保四海，不推恩不足以保妻子也」，「以不忍人之心，行不忍人之政」，皆從己立立人，己達達人出。孟子專言擴充，真得孔子之傳者也。孔子言仁至多，不易體會，此章最明，學者可留意焉。

論語注卷之六終

門人贛縣王德濳初校
門人高要陳煥章覆校
門人番禺王覺任覆校
門人東莞張伯楨覆校

論語注卷之七

南海康有爲學

述而第七

此篇多記聖人謙己誨人之辭，及其容貌行事之實。

凡三十七章 《釋文》舊三十九章，當是六朝分「子路問三軍」爲一章也。盧文弨謂：「朱子本三十八章，而陸氏本四十章，今言三十九章，失於點對也。」

〇子曰：「述而不作，信而好古，竊比於我老彭。」

包咸曰：「老彭，殷賢大夫，好述古事。我若老彭，祖述之耳。」孔子爲殷後，故曰我。《大戴禮·虞戴德》、《呂氏春秋·執一篇》、《世本》、《漢書·古今人表》與包咸，皆以老彭爲一人。惟鄭氏以老爲老聃，分作二人，蓋古文僞說。按，此竄改之僞古文也，雖非全行竄入，則孔子以不作、好古稱老彭，而劉歆增改「竊」字。原文或是「莫比」二字。《春秋緯》曰：「天降」，《演孔圖》中有作圖制法之狀。孔子仰推天命，俯察時變，却觀未來，豫測無窮，故作撥亂之法，載之《春秋》。刪《書》，則民主首堯舜，以明太平。刪《詩》，則君主首文王，以明升平。《禮》以明小康，《樂》以著大同，繫《易》則極陰陽變化，幽明死生，神魂之道。作《春秋》以明三統三世，撥亂升平太平之法。故其言曰：「文王既没，文不在茲？」又曰：「天生德於予。」雖藉四代爲損益，而受命改制，實爲創作新王教主，何嘗以述者自命，以老彭自比乎？劉歆欲篡孔子聖統，必先攻改制之説。故先改《國語》爲左氏《傳》，以奪口説之《公》、《穀》。《公》、《穀》破而微言絶、大義乖。故自晉世《公》、《穀》廢於學官，二家有書無師，於是孔子改制之義遂湮，三世之義幾絶。孔子神聖不著，而中國二千年不蒙升平太平之運，皆劉歆爲之。劉歆既亂羣經，以《論語》爲世所尊信，因散竄一二條以附合其説，惑亂後學，兹罪之大，不可勝誅也。今古文異四百餘字，此即其竄改之跡也，今正之。

○子曰：「默而識之，學而不厭，誨人不倦，何有於我哉？」

默，寂也。識，記也。倦，勞止也。默識，謂不言而存諸心也。性命之本，明德之靈，天人之際，不可以語言文字著也。成性存存，道義之門，神而明之，默而存之，獨證獨悟，靈明自得。既已得之已，則服膺而不厭，教人則無類而不倦。雖然，斯道也，流而不息，合同而化，我雖樂在其中，然實無聲無臭，無證無得，何有於我哉？

○子曰：「德之不脩，學之不講，聞義不能徙，不善不能改，是吾憂也。」皇本每句下有「也」字。

德必熏修而後成，學必講習而後明，見善能徙，而後日進，改過不吝，而後日新。苟未能之，聖人猶憂。此四，學者切近日省之要，不可不留意也。董子曰：「强勉學問，則聞見博而知益明；强勉行道，則德日起而大有功。」其徙愈多，則上達愈上；其改愈切，則磨礲愈瑩。其修、講、徙、改無盡，其憂亦無盡。俛焉日有孳孳，至於知天命、耳順、從心不踰，斃而後已也。學者苟一日不修德講學，鄙欲滋生，他憂將至矣。

○子之燕居，申申如也，夭夭如也。「燕」，鄭本作「宴」，《後漢·仇覽傳》引亦作「宴」，當是齊古文。「申申」或作「伸伸」。

燕居，閒暇無事之時。顔師古曰：「申申，整敕貌。」漢《安世房中樂歌》：「勑身齋戒，施教申申」，蓋約束義。夭夭，舒也。《詩》「舒夭紹兮」。或以申申爲舒，失之矣。此記聖人閒居氣象，備極中和，既不局促，亦不偷肆也。

○子曰：「甚矣吾衰也！久矣吾不復夢見周公。」皇本「公」下有「也」字。《釋文》：「本或無『復』字。」

衰，肌膚消也。按，《論語》一稱周公，但曰才美。周公之盛德，不過類本朝開國之攝政王，孟子僅稱其兼夷狄、驅猛獸耳。孔子包舉百王，民主稱堯舜，君主尊文王，羣經皆不甚稱周公，亦不甚慕周公，況至人無夢乎？劉歆僞經皆託周公，欲以易孔子。故首以僞《周禮》託之周公，因謂《儀禮》亦周公所作。於《易》，則稱爻辭爲周公所作，《爾雅》又謂周公所作，偏徵其文於羣書，以證成之。唐時，乃至尊周公爲先聖，抑孔子爲先師，謬甚矣。此章既無大義，託之孔子夢幻，特以尊周公抑孔子，蓋劉歆竄入之僞古文也。

○子曰：「志於道，

志者，心之所之；道者，身所當行。孔子所定之道是也。學者最患無志，志不立，則天下無可成之事。若既有志，則諸子紛綸，又患惑於他途，而不得見天地之容，神明之美。故必志於孔子内聖外王之道，而後有定向而不隳邪趨也。

據於德，

據者，持守也。德者，人所自得。《中庸》言「聰明睿智，寬裕温柔，發强剛毅，齋莊中正，文理密察」是也。皋陶言九德，《洪範》言三德，此天命性中之明德，神明之靈魂，魄之精亟，當服膺而弗失。聖人所以異於常人，有教人所以異於無教人者，在此。若不據守而失之，則神明損隳，永永沉淪。此則諸教皆同，而孔子尤切也。

依於仁，

依者，如人之有衣也，仁者，人也。二人相偶，心中惻愷，兼愛無私也。吾非斯人之徒與，而誰與？故人之不能離人，猶人之不可離衣也，故念念刻刻皆以悲憫爲事。自親親而仁民，自仁民而愛物，凡身行之道，心存之德，皆以仁爲歸。其量無盡，其時無止，永永依之而已。蓋孔子之道德皆以仁爲主，故歸本於仁也。

遊於藝。」唐石經作「遊」。

有道德仁爲本，則學業才能亦不可缺。近之以應世務，遠之以窮物理，內之以娛情性，外之以張治教。故藝者，亦人道之要也。游者，如魚之在水，涵泳從容於其中，可以得其理趣而暢其生機。此四者皆爲學之要。《論語》記聖人之言，開張萬法，而本末兼該，內外交養，次序有倫，莫若此章。學者於此，雖至聖人不難，否亦不失爲聖人之徒矣。

○子曰：「自行束脩以上，吾未嘗無悔焉。」鄭注：「誨，魯讀爲悔，今從古。」則「誨」是古文，「悔」是今文，今故改從「悔」。然「悔」、「誨」古通，《釋文》引虞氏《易》「慢藏悔盜」。

束，約也。修，治也。束身修行，震无咎者，存乎悔。言戒慎恐懼，內有不足，時覺有悔恥，人以束修，即可無悔，故以未嘗無悔明之。至於寡悔，則不逾矩矣。先師朱九江先生曰：「《列女傳》秋胡婦云：『束髮修身。』《鹽鐵論》桑宏羊曰：『臣結髮束修。』延篤、馬援、杜詩

《傳》並以束修爲年十五，與《漢書・王莽傳》『自初束修』，《伏湛傳》『自行束修，迄無毁玷』，與鄭注同。《馮衍傳》『圭璧其行，束修其心』，《鄭均傳》『束修安貧，恭儉節整』，《漢謁者景君墓表》『惟君束修仁知』，幽州刺史《朱龜碑》『仁義成於束修』，《和帝紀》『束修良吏』，《鄧后紀》『故能束修，不觸羅網』，《劉般傳》『束修有行』，《胡廣傳》『使束修守善，有所勸仰』，《王龔傳》『束修勵節』，義並同，字並與脩通用。若《檀弓》《少儀》《穀梁》所云束修，並以問人，不以爲贄。惟婦贄乃以脯修，學者無之。後儒誤以解此經，則大謬。古無是義也，今正之。」先生從鄭讀，以「誨」與「悔」通。以人之品詣至多，其中行狂狷之英才，聖人固樂教之。其次，則凡束身修行之士來請問者，聖人未嘗不誨之。蓋聖人有教無類，其不屑之教誨者，是亦教誨。然雨露不能蘇已枯之草，巧匠不能雕已朽之木，苟無志向上，雖誨何益？惟必有可施教之地，而後可望其有成也。

○子曰：「不憤不啓，不悱不發。舉一隅而示之，不以三隅反，則不復也。」皇本、高麗本、蜀石經、《文選》李善《西京賦注》「隅」下有「而示之」三字。鄭注説「則舉一隅以語之」，則鄭本亦必有「而示之」三字。《集解》本脱，今補之。皇本「則」下有「吾」字。

憤，懣也，心通而不能達。悱，《方言》：「惄悵也」，口欲言而未宣。啓謂開其意，發謂達其辭。物之有四隅，舉一可知其三。反者，還以相證之義。鄭玄曰：「孔子與人言，必待其心憤憤，口悱悱，乃後啓發爲之説也。如此，則識思之深也。説則舉一隅以語之，其人不思其類，則不復重教之。」愚按，此爲大道之深，微言之意並記。此欲學者勉於用力，以爲受教之地也。程子曰：「憤悱，誠意之見於色辭者也。待其誠意，而後告之，既告之，又必待其自得，乃復告爾。」又曰：「不待憤悱而發，則知之不能堅固，待其憤悱而後發，則沛然矣。」蓋道有盡人可語，强人而告者，若夫天人之際，性命之微，非俟其漸有證悟，不能强告，强告之亦無益，故徐以待之。蓋教亦多術，不得不然者。否則，聖人有教無類，誨人不倦，豈不欲傾囊倒篋，使天下人皆聞道成聖哉？此與中人以下不可語上參觀之。

○子食於有喪者之側，未嘗飽也。子於是日哭，則不歌。《論衡》引「歌」下有「也」字。皇本「日」下有「也」字。《釋文》：「舊別爲章，今宜合前章。」臨喪哀，不能甘也。哭謂弔哭。一日之內，餘哀未忘，自不能歌也。《檀弓》「弔於人，是日不樂」，《曲禮》「哭日不歌」。於此，可見聖人盡性之厚，而處事之宜焉。人道尚仁，必有厚性乃可學道。

○子謂顏淵曰：「用之則行，舍之則藏，唯我與爾有是夫！」子路曰：「子行三軍，則誰與？」子曰：「暴虎馮河，死而無悔者，吾不與也。必也臨事而懼，好謀而成者也。」

尹氏曰：「用舍無與於己，行藏安於所遇，命不足道也。顏子幾於聖人，故亦能之。」萬二千五百人爲軍，大國三軍。子路自負將帥之才勇，以行軍自許，意夫子若行三軍，必與己同。暴虎，徒搏；馮河，徒涉。懼謂敬其事，成謂定其謀。言此，皆以抑其勇而教之。然行師之要，實不外此。驕師僨事，勇將寡謀，皆取敗之道也。無經世之才，則大用之而尸位素餐，覆餗折足。無養魂之道，則進不見用即嗟窮怨上。干進逢時，用之能行，可援天下，舍之能藏，若忘天下。卷舒自在，進退裕如，非有聖人之才，又有聖人之道者不能。孔門諸賢，惟顔子有之，孔子喜之，許其同己。

○子曰：「富而可求也，雖執鞭之士，吾亦爲之。如不可求，從吾所好。」《釋文》「一本無『亦』字，『之』下有『矣』字。」皇本「不可求」下有「者」字。

執鞭，賤者之事。舉世熙熙，皆以求富，辱身賤行，無所不爲，而卒未見得之者也。蓋富貴在天，得之不得有命焉。或夙生積德而得之，非人力所能爲也，而求者紛紛，皆爲富來，其愚甚矣。聖人託詞以明其惑。言富者之有益，吾亦非不欲也，但知其不可求，故不求耳。若使可求，則辱身降志，蒙詬忍尤，躬爲執鞭之賤，亦可屈而爲之。雖然辱身蒙恥，而卒不可得，則不如從吾所好之道，猶得高尚而不屈也。言執鞭亦爲，乃言語之妙爲抑揚，極言富之必不可求，以發愚蔽耳。若志士之不爲執鞭，豈待於辨？況聖人哉！

○子之所慎：齊，戰，疾。經典「齋」、「齊」二文互見，蓋古通。

齋之爲言齊也，將祭而齊其思慮之不齊者，以交於神明也。《祭統》：「齊者不樂，心不苟慮，必依於道；手足不苟動，必依於禮。」《韓詩外傳》：「居處齊則色姝，食飲齊則氣珍，言語齊則信聽，思齊則成，志齊則盈。」誠之至與不至，神之饗與不饗，皆决於此。戰，則衆之死生，國之存亡繫焉；疾，又吾身之所以死生存亡者，皆不可以不謹也。夫子無所不謹，弟子記其大者耳。神聖通於有無、存亡、死生之理，非不知魂氣歸於無。國家不能常存，人道不能長生。而既有鬼神、國家、人身，則因而存之，兢兢致慎。此聖人之善於因也。

○子在齊聞《韶》，三月不知肉味，曰：「不圖爲樂之至於斯也。」皇本「韶」下有「樂」字。《史記》「三月」上有「學之」二字。

圖，計畫也。不知肉味，蓋神注於此，則所忘在彼也。《韶》爲舜樂。蓋天下爲公，太平之治，大同之道，孔子所神往者，故贊歎觀止，曰不圖至斯也。

○冉有曰：「夫子爲衛君乎？」子贛曰：「諾，吾將問之。」入，曰：「伯夷、叔齊何人也？」曰：「古之賢人也。」曰：「怨乎？」曰：「求仁而得仁，又何怨乎？」出，曰：「夫子不爲也。」《釋文》：「一本無『將』字。」皇本「曰古之賢人也」，「曰」上有「子」字。皇本、高麗本、考文引古本、足利本、《左傳》哀三年《正義》、《史記·伯夷列傳·索隱》、《文選·江淹雜體詩注》「又何怨」下有「乎」字，今從之。

爲，猶助也。衛以世子蒯聵殺母，逐之，而立蒯聵之子輒。晉趙鞅納蒯聵於戚。石曼姑受靈公之命輔輒，而圍戚。時孔子居衛，衛人以蒯聵得罪於父，而輒嫡孫，當立，故冉有疑而問之。諾，膺也。伯夷、叔齊，孤竹君之二子。其父將死，遺命立叔齊。父卒，叔齊遜伯夷，伯夷曰：「父命也。」遂逃去，叔齊亦不立而逃之。怨，猶悔也。君子居是邦，不非其大夫，况其君乎？故子贛不斥衛君，而以夷、齊爲問。夫子告之如此，則其不爲衛君可知矣。蓋伯夷以父命爲尊，叔齊以天倫爲重，其遜國也，皆求所以合乎天理之正，而即乎人心之安。既而各得其志焉，則視棄其國猶敝屣爾，何怨之有？若衛輒之據國拒父，而唯恐失之，其與夷、齊相反至矣。《公羊》述孔子口説曰：「不以父命辭王父命，以王父命辭父命，是父之行乎子也；不以家事辭王事，以王事辭家事，是上之行乎下也。」《穀梁》述孔子口説曰：「以輒不受父之命，受之王父也。信父而辭王父，則是不尊王父也。其不受，以尊王父也。」孔子於《春秋》許輒，義可立，二傳同詞。蓋《春秋》爲國嗣立法，則以王父及天子之命爲重，明法律可立輒，國人得拒蒯聵。若輒自爲計，則宜逃而讓之他子，乃即人心之安。蓋《春秋》爲定法律，《論語》爲陳高義。此問衛君，則聖人豈許拒父者？義自不同。或以《論語》折《公》、《穀》，又以《公》、《穀》疑《論語》，皆未知言各有當，義各有爲也。

○子曰：「飯疏食飲水，曲肱而枕之，樂亦在其中矣。不義而富且貴，於我如浮雲。」「疏」，皇本作「蔬」。

飯，食也。疏，粗也。糲食，稷比稻粱爲糲。肱，臂上，象形。聖人無入不自得，雖處困極，而樂亦無不在焉。其視不義之富貴，如浮雲之無有，漠然無所動於其中也。程子曰：「須知所樂者何事。」神聖素位而行，神明超然，別有生天生地，出入無窮之道，故在貧而樂。其視人間世不義之富貴，若太虛浮雲，忽聚忽散，漠然無有也。

○子曰：「加我數年，五十以斆，亦可以無大過矣。」鄭注：「魯讀『易』爲『亦』。」

《漢外黄令高彪碑》：「恬虛守約，五十以斆。」正從魯讀之句讀，則漢人《論語》本無學《易》之説至明，經傳易改，碑文難竄亂也。《説文》：「斆，覺悟也。」蓋爲學孜孜，望有豁然證悟之一時，乃不致終身誤入，而後可以無大過矣。惠棟曰：「君子愛日以學，及時而成，五十以學，斯爲晚矣。然秉燭之明，尚可寡過。此聖人之謙辭，當是對老者勉勵之詞。」《史記》：「孔子晚而善《易》，讀《易》韋編三絶。曰：『假我數年，若是我於《易》則彬彬矣。』」未審是齊《論》否？或亦劉歆所竄。若今本《論語》作「加我數年，五十以學《易》，可以無大過矣。」此爲劉歆古文《論語》竄改。今考《史記·孔子世家》，編此章在自衛反魯，删《詩》、《書》，定《禮》、《樂》之後，作《春秋》之前。朱子以爲，年將七十，此言五十，則與《世家》説無關，足證其爲劉歆竄改傅會之僞。彬彬，美善之至也。蓋《易》之八卦，畫自包犧，六十四卦，重自文王，今文家司馬遷、揚雄皆無異説。故全《易》、《彖》、《象》、《繫辭》、《文言》皆孔子所作，其《説卦》爲河内女子所得，乃後出。《序卦》、《雜卦》爲劉歆所僞附，見吾《僞經考》。蓋孔子以道陰陽，極天人、窮未來之數，發靈魂之變者，其道奥深。孔子方當撰著，極深研幾，恐壽命不永，而是書未成，或雖成而未盡美善，故撰著累易其稿，至於韋編三絶。而發假年之歎，以期《易》之彬彬也。劉歆既以《左傳》篡孔子之《春秋》，又造僞説，謂《彖辭》作於文王，《象辭》作於周公，孔子僅爲十翼。故改曰學《易》，以明《易》非孔子所作，抑以無大過，以明孔子之爲後學。蓋欲篡孔子之《易》，竄改《論語》，傅會《史記》，以證成之。幸有魯讀及《史記》今文猶存，猶得以證其僞亂。俾大聖作《易》之事，如日中天也。

○子所雅言，《詩》、《書》、執禮，皆雅言也。

雅，素也。執，守也。《詩》以理情性，《書》以道政事，禮以道行，切於日用之實，故常言之。禮獨言執者，以人所執守而言，非徒誦説而已也。程子曰：

「孔子雅素之言，止於如此。若性與天道，則有不可得而聞者，要在默而識之也。」蓋《易》與《春秋》爲孔子晚暮所作，《詩》、《書》、《禮》則早年所定，故《易》與《春秋》晚歲擇人而傳，《詩》、《書》、《禮》則早年以教弟子者。然《詩》、《書》、《禮》皆爲撥亂世而作，若天人之精微，則在《易》與《春秋》。孔子之道，本末精粗，無乎不在，若求晚年定論，則以《易》、《春秋》爲至也。其後學，荀子傳《詩》、《書》、《禮》，孟子傳《春秋》，莊子傳《易》，其淺深即由此而分焉。鄭氏曰：「讀先生典法，❶必正言其音，然後義全，故不可有所諱。」後人以爲，讀《詩》、《書》必《爾雅》正音，贊禮亦然，不得用土音鄙倍者。然鄭意正言者，不過不諱耳。

○葉公問孔子於子路，子路不對。子曰：「女奚不曰，其爲人也，發憤忘食，樂以忘憂，不知老之將至云爾。」皇本「至」下有「也」字。《史記・世家》「其爲人也」下，有「學道不倦，誨人不厭」二句。

葉公，楚葉縣尹沈諸梁，字子高，僭稱公也。葉公不知孔子，必有非所問而問者，故子路不對，抑亦以聖人之德，實有未易名言者歟。朱子曰：「未得，則發憤而忘食；已得，則樂之而忘憂，以是二者，俛焉日有孳孳，而不知年數之不足，但自言其好學之篤耳。然深味之，則見其全體至極純亦不已之妙，有非聖人不能及者。蓋凡夫子之自言類如此，學者宜致思焉。」忘食，則不知貧賤；忘憂，則不知苦戚；忘老，則不知死生，非至人安能至此？《孔子世家》以爲齊景公卒之明年，孔子自蔡如葉，葉

❶「典法」二字，原文倒乙。

公問政，孔子年六十三四歲，故云老。

○子曰：「我非生而知之者，好古敏以求之者也。」皇本「敏」下有「而」字。

生而知之者，神靈光明，照耀如日，不待學而知也。敏，勉也，謂汲汲也。尹氏曰：「孔子以生知之聖，每云好學者，非惟勉人也。蓋生而可知者義理爾，若夫禮樂名物，古今事變，亦必待學而後有以驗其實也。」

○子不語怪、力、亂、神。

聖人語常而不語怪，語德而不語力，語治而不語亂，語人而不語神。蓋人道視其熏聞，一入腦根，觸處發現，終身不洗，累生不解。若聞怪力亂神之事，即腦中終身有怪力亂神之影，至於生生世世觸根復發，世無已時。小説家多發怪力亂神之事。小説大行於時，則近者有拳匪之亂。故怪力亂神之事，非理之正，固深害乎人性。即鬼神之跡，雖非不正，然令舉國若狂，以供木石，或方士以光影符術惑人，亦非所宜也。觀今印度奉神之多，牽牛入廟，刻象猴羊猪而事之，民惑於鬼，乃知孔子掃除之功也。蓋怪力亂神者，皆亂世之事，至太平之世，則不獨怪力亂無，即神亦不神也。孔子不語，蓋爲人道預入太平，絶其亂世之性根，因預植太平世之善性也。《漢書·郊祀志》引《論語》説無「力、亂」字，則怪神尤孔子所不道也。

○子曰：「我三人行，必得我師焉。擇其善者而從之，其不善者而改之。」《史記·世家》作「必得」，唐石經、皇本、高麗本、足利本、《釋文》、何《注》、邢《疏》、《穀梁》注並於「三」上有「我」字，「必有」作「必得」，《史記》同，今從之。《集解》本無「我」字，作「必有」，當誤。

三人同行，其一我也，彼二人者一善一惡，而見賢思齊，見不賢而內自省，則善惡皆我之師，教學者以隨地隨人皆可得益也。子產曰：「其所善者，吾則行之，其所惡者，吾則改之，是吾師也。」

○子曰：「天生德於予，桓魋其如予何？」

哀公三年，孔子過宋，與弟子習禮大樹下，宋司馬桓魋欲殺孔子，拔其樹。孔子去，弟子曰速之，故孔子發其言以慰弟子。包氏咸曰：「天生德者，謂授我以聖性，德合天地，吉無不利，故曰其如予何。」孔子自知已受天命，爲改制之新王教主，非賊臣所能害也。

○子曰：「二三子以我爲隱乎？吾無隱乎爾。吾無行而不與二三子者，是丘也。」

包咸曰：「二三子，謂諸弟子。聖人知廣道深，弟子學之不能及，以爲有所隱匿，故解之。言我所爲無不與爾共之者，是丘之心。」蓋聖人動作語默無非至教，視學者之能體會領悟，以爲淺深高下焉。不能體會，則日語以天人之故，而如不聞，能領悟乎？則灑掃無非至道，本無精粗小大之可言也。

○子以四教：文、行、忠、信。

教人以學文、修行、存忠、履信四者，似淺而實人道所不能外者。不語神怪，而獨以四教，此孔子之道所以爲中庸，不可須臾離也。既以行教，更以忠信教者，以行高或出僞爲，惟忠信之人可以學禮，故特立科而注重焉。後儒有文無行，或僞行無恒者，可以警矣。

○子曰：「聖人，吾不得而見之矣；得見君子者，斯可矣。」子曰：「善人，吾不得而見之矣；得見有恒者，斯可矣。亡而爲有，虛而爲盈，約而爲泰，難乎有恒矣。」《後漢紀》引「亡」作「無」。《釋文》：「『亡而爲有』舊爲別章，今宜與前章合。」今皇本正兩章合。

聖人神明不測，君子才德大成，此以學言之。善人者，純善無惡；有恒者，有志不變，此以質言之。「子曰」字，疑衍文。虛，空也。盈，滿也。泰，通也。恒，常久之意。張子曰：「有恒者，不貳其心；善人者，志於仁而無惡。」三者皆虛夸之事，世人多有之，於是有小人而冒爲君子，惡人而僞爲善人，即使一時或有志焉，然既好虛夸，必將僞襲，不能爲有恒矣。蓋深惡虛僞之人，而發歎也。學者自省有此虛僞否！若有虛僞，終身不可與入聖人之門矣。

○子釣而不綱，弋不射宿。

釣，鈎魚也，一竿釣。綱者，以大繩屬網，絶流而漁者也。弋，以生絲繫矢而射也。宿，宿鳥。日本物茂卿《論語徵》曰：「天子諸侯爲祭祀賓客則狩。豈無虞人之供，而躬自爲之？所以敬也。狩之事大，非士所得爲，故爲祭及賓客則釣弋。」愚謂：天地者，生之本，衆生原出於天，皆爲同氣，故萬物一體，本無貴賤，以公理論之，原當戒殺。惟進化有次第，方當據亂世時，禽獸偪人，人尚與禽獸爭爲生存。周公以驅虎豹犀象爲大功，若於時倡戒殺之論，則禽獸偏地，人類先絶矣。孔子去周公不遠，雖復愛物，先當存人。未能保人，安能保禽獸？故歲時制狩蒐之禮，外以祭祀賓客，内以習武禦外，皆亂世不得已之事也。孔子知其不可，而時未能戒殺，故爲之禁限，釣而不綱，弋不射宿，皆於殺物之中，存限制之法。故爲制度，不麛不卵，魚鼈不尺不食，豺祭獸而後獵，獺祭魚而後漁。諸侯無故不殺牛，大夫無故不殺羊，士無故不殺犬豕，庶人無故不殺牲，又因其大小以爲殺之差。蓋進化有漸進，仁民有漸進，愛物亦有漸進，此皆聖人所無可如何，欲驟進而未能者。今已數千年，尚未戒殺，非徒不能不殺物，人道尚相爭相殺，其去衆生平等之世甚遠也。他日大地皆一，人民太平，仁民之化既盡，則當進至愛物。是時，害人之猛獸已盡無後，不須殺戮競爭，惟馴擾之生物，若牛、馬、猴、犬、羊、豕、雞、魚、鳥之類，則柵地以養之，可資力作而供游玩。死則埋之，終其天年。化學日精，別製新品以代肉食，既存仁愛之心，又除血氣之慘。斯時，人物並育而不害，衆生熙熙以登春臺，乃爲太平之太平，大同之大同。孔子生非其時，雖有是心而未能行。佛氏大慈，早行戒殺，然發之過早，未能行也。印人染其風，至不踐蟻，而歲爲虎狼食者萬數。蓋未當其時而早行太平，其失甚矣，此孔子所以告人時中也。

○子曰：「蓋有不知而作之者，我無是也。多聞，擇其善者而從之；多見，而識之，知之次也。」識，音志。

包咸曰：「時人有穿鑿妄作篇籍者，故云然。」按，春秋時，諸子紛紛創教制作，如荀子所識：墨子蔽於用而不知文，宋子蔽於欲而不知得，慎子蔽於法而不知賢，申子蔽於勢而不知知，惠子蔽於辭而不知實，皆所謂不知而作者也。孔子同時，如子桑伯子蔽於簡而不知繁，原壤蔽於放而不知禮，棘子成蔽於質而不知文，楚狂、沮溺、丈人蔽於隱而不知義，微生畝蔽於固而不知行，皆所謂不知而作。凡後世之異端外道，皆類似。此莊子所謂，如耳目鼻口，僅明一義，不能相通者也。孔子仁智不蔽，故無是。其創教，本末精粗，六通四闢，故學術足爲創教之先王也。不知而作，攻創教者之妄也。此言上知之士。其從教之士，亦不擇其善否而妄從之，其愚益甚。當偏考諸教，多聞多見，合大地之知識，參稽互證，比較長短，擇其至善者而後從，教其未善者，但記之可也。如此，則不爲人所愚惑，雖非創教之上智，亦爲知之次也。

○互鄉難與言。童子見，門人惑。子曰：「人絜己以進，與其絜也，不保其往也。與其進也，不與其退也，唯何甚？」「潔」，唐宋石經作「絜」，今從之。《説文》無「潔」字。《鄉飲酒義》鄭注：「絜，清也。」朱子曰：「此章疑有錯簡。『人絜己以進，與其絜也，不保其往也』十四字，當在『與其進也，不與其退也，唯何甚』之前。」雖古無據，然於文最順，亦從之，並注於此，以存舊文。

互鄉，鄉名，其人習於不善。惑者，疑夫子不當見之也。絜，清治也。與，許也。往，前日也。顧歡曰：「往，謂前日之行。」夫人之爲行，或有始無終，或先迷後得，教誨之道，絜則與之，往日之行，非我所保。蓋不追其既往，不逆其將來，以是心至，斯受之耳。大匠不畏枉木，良醫不畏重疾，聖人兼懷萬物，容衆而矜不能。有教無類，欲普天下惡俗而悉化之，此所以爲大教主也。

○子曰：「仁遠乎哉？我欲仁，斯仁至矣。」

仁者，人也。受仁於天，而仁爲性之德愛之理，即己即仁，非有二也。近莫近於此矣，故欲立立人，欲達達人，反求諸身，當前即是。而學者望而未見，或諉爲遠，永無至仁之地，實無欲仁之心耳。孔子斯言，直捷指點，俾天下人皆成仁人，可謂大慈導引，能近取譬矣。學者其可負之乎？包曰：「仁道不遠，行之即是。」

○陳司敗問昭公知禮乎，孔子曰：「知禮。」孔子退，揖巫馬期而進之，曰：「吾聞君子不黨，君子亦黨乎？君取於吴，爲同姓，謂之吴孟子。君而知禮，孰不知禮？」巫馬期以告。子曰：「丘也幸，苟有過，人必知之。」皇本「進之」爲「進也」，「取」作「娶」。

陳，國名。司敗，官名，即陳楚之司寇也。昭公，魯君，名稠，習於威儀之節，當時以爲知禮，故司敗以爲問，而孔子答之如此。巫馬，姓，字期，孔子弟子，《傳》名施，字子旗。《吕氏春秋》、《漢書·古今人表》作旗，旗、期古通，楚令尹。子期亦作子旗。司敗揖而進之也。相助匿非曰黨。禮不娶同姓，而魯與吴皆姬姓，謂之吴孟子者，諱之，使若宋女子姓者。然孔子不可自謂諱君之惡，又不可以娶同姓爲知禮，故代君受過。蓋諱國惡禮也，又不明言其故，所謂「萬方有罪，在予一人。」聖人之道大而德宏如此。《春秋》於昭公十年冬娶吴孟子之事，諱而不書，削冬字以誌之，於哀公十二年但書孟子卒，亦不著爲夫人，以著不娶同姓之義。《傳》曰：「男女同姓，其生不繁。」日本皇族及王朝公卿，皆娶同姓，至今二千五百年，皇族不過二十人。其伯爵日野秀逸，八百年之世爵也，告吾曰：「吾國千年之世，公卿凡二十家，其人數少則十餘，多無過六十者，皆以娶同姓，故人丁不繁。不若中國用孔子制，必娶異姓，故人數四萬萬，繁衍甲於大地。今亦漸知不可，多有娶異姓者矣。」歐人醫院所考，姊妹爲婚，多盲啞不具體。摩西之約，英法之律，亦知禁娶姊妹爲妻，而曾祖以外之親不禁，故人數僅半中國。若南洋、非洲諸蠻夷，兄弟姊妹相婚，則其族類多絶矣。生理學之理，桃李梅梨之屬，以異種合者，其産必繁碩味美；雞羊牛馬之種，以異種合者，必碩大蕃滋。蓋一地同種之物，含氣無多，取而合之，發生自寡，故自取其種，不若合別種之生意尤多。故娶異姓，不如娶異鄉，娶異鄉，不如娶異邑異郡，娶異邑異郡，不如娶異國異種。今地球大通，諸種多合，但當汰惡種而合良種耳。若男女異姓，則必不可改者，故繫女以姓，實明此旨。今歐人婦從夫姓，既失自立之義，又乖異姓爲婚之旨。故中國之異姓爲婚，而人類冠于大地，此孔子之大功，而不可易之要義也。

○**子與人歌而善，必使反之，而後和之。**

聲比於樂曰歌。反，復也。必使復歌者，欲得其詳，而取其善也。而後和之者，喜得其詳，而樂其善也。此見聖人樂取人善，樂與人同。聖人氣象太和，誠意懇至，而謙遜審密，不掩人善。蓋一事之微，而與人之雅，樂人之善，感人之心如此。按，天地之大德曰生，故人道以樂生爲主。凡聖人之治教，雖克己節欲之苦，皆以爲樂而已。樂莫著於樂，蓋聲音之動，暢於四支，而適於魂靈。故天下古今之樂，皆託於音，而五聲八音，尤以人聲爲貴，故曰絲不如竹，竹不如肉。後世以絲度調，古人以竹度調，而皆不如肉聲之歌爲美。故歌者，樂之祖，樂之著也。歌文從可可，蓋必依永而後諧聲。故孔子尚之，《詩》三百五篇，皆以爲歌，求合於《韶》、《濩》、《象》、《箾》之音。古音不可考，乃能上如抗，下如隊，曲如折，止如槀木，纍纍如貫珠，而廉肉節奏之聲浪，乃能觸人耳而暢人魂。但貴得於中聲，不至噍殺、煩促、淫佚、靡哀爲凶聲、過聲。斯人道之美，不可廢也。古音既廢，而中聲猶可推求，蓋大不過宫，細不過羽，得之。今泰西好歌，雖非中聲，然甚高壯，夏聲必大也，明世崑曲，亦庶幾焉。墨子非樂，不合人心，天下不堪，離於天下，其去王也遠矣。宋賢執禮甚嚴，尊古太甚，以古音既不可考，乃並歌而廢之，付之於優伶狎客，莊士所不爲。遂令中國廢歌，失人道養生之宜，悖聖人樂生之道，日尊孔子而暗從墨氏，致人道大觳，天下不堪，此程朱之過也。今當考中聲而復歌道，以樂人生矣。

○子曰：「文莫，吾猶人也。躬行君子，則吾未之有得。」

文莫，讀若黽勉。莫亦勉也，古音通，蓋燕齊語也。孔子謙言，勉强行道，已猶不後於人，若躬行而爲君子，則有志未逮，雖勉强而未有得也。猶言事父事兄未能，皆聖人之遜詞，所以勉學者於躬行也。

○子曰：「若聖與仁，則吾豈敢？抑爲之不厭，誨人不倦，則可謂云爾已矣。」公西華曰：「誠唯弟子不能學也。」鄭注：「魯讀『正』爲『誠』，今從古。」則「正」乃古文，今改從魯。

此亦夫子之謙辭也。聖者，神明人道之變化；仁者，元德博愛，人道之備也。爲之，謂爲仁聖之道。誨人，亦謂以此教人也。然不厭不倦，非己有之則不能，所以弟子不能學也。可謂云爾已矣者，無他之辭也。公西華聞而歎之，其亦深知夫子之意矣。

○子疾病，子路請禱。子曰：「有諸？」子路對曰：「有之。誄曰：『禱爾于上下神祇。』」子曰：「丘之禱久矣。」鄭本無「病」字。

包咸曰：「禱，禱請於鬼神。」有諸，周生烈曰：「言有此禱請於鬼神之事？」誄者，累也，累功德以求福。上下，謂天地。天曰神，地曰祇。禱者，悔過遷善，以祈神之赦罪賜福也。夫人苟有罪，則豈一禱所能赦罪？亦豈神祇所能赦罪？人苟無功德，亦豈禱所能邀福？亦豈神祇所能錫福？若有功德而無罪過，則暗合神明，雖不禱而禱已久矣，何事於禱？此爲世人日行惡而日禱神赦罪之無益，不如日行仁而不禱之爲得也。故以道治天下者，其鬼不神，其神不傷人。故禱者，據亂世之事，而非太平世之事也。

○子曰：「奢則不孫，儉則固。與其不孫也，寧固。」「孫」，即「遜」。

孫，順也。固，陋也。孔子尚文，制禮從文。若奢、儉，俱失中，而奢之害大。孔子生當據亂酋長之世，時君大夫以奢相尚，築臺鑿池皆役小民，雖以文王之靈臺、靈沼號稱「子來」，可謂德及民矣，然猶不免役民。其餘暴虐之長，則妄用民力，苟違民時，民生日困，無一非民膏民脂。孔子惡之，惡僭不遜也。若華美而合於體，爲文而非奢，孔子所尚矣。後世已用雇役。爲天下合計，則財者泉也，以流轉爲道。若尚儉，則財泉滯而不流，器用窳而不精，智慧窒而不開，人生苦而不樂，官府壞而不飾，民氣偷而不振，國家痿而不强。孔子尚文，非尚儉也，尚儉則爲墨學矣。後儒不善讀此章。誤以孔子惡奢爲惡文，於是文美之物皆惡之。歷史所美，皆貴儉德，中國文物遂等野蠻，則誤解經義之禍也。且聖人之言，爲救世之藥，參朮之與大黃，相反而各適所用。孔子言各有爲，但以救時。孔子爲聖之時，若當平世，必言與其儉也甯奢。故曰：「言不盡意。」又曰：「神而明之，存乎其人。」故貴好學深思，心知其意也。

○子曰：「君子坦湯湯，小人長戚戚。」鄭注：「魯讀『坦蕩』爲『坦湯』，今從古。」則「蕩」乃古文，今改從魯。「湯」「蕩」古通。

坦，平也。湯，寬廣也。《詩》：「子之湯兮。」長戚戚，多憂懼。君子樂天知命，無入不自得，故履險如夷，見大心泰。小人多欲營私，日爲物役，故患得患失，疐後跋前。其所以爲憂樂，則知命不知命盡之，遂爲君子小人之别也。

○子温而厲，威而不猛，恭而安。《釋文》：「一本作『子曰』。」皇本作「君子」，又「威而不猛」無「而」字，似誤。

厲，嚴整也。凡人生氣質，各有所偏，毗柔毗剛，鮮得中和。毗柔者，温和而失於不肅；毗剛者，威嚴而失於太暴。若勉强恭恪，則又失於拘束而不安適。惟聖人全體渾然，陰陽合德，故其中和之氣見於容貌之間者如此。門人熟察而詳記之，亦可見其用心之密矣。抑非知足以知聖人，而善言德行者，不能記。學者所宜反復而玩心也。

論語注卷之七終

門人贛縣王德濬初校
門人番禺王覺任覆校
門人高要陳焕章覆校
門人東莞張伯楨覆校

論語注卷之八

南海康有爲學

泰伯第八

凡二十三章

○子曰：「泰伯，其可謂至德也已矣。三以天下讓，民無德而稱焉。」「德」，《集解》引王肅云：「無得而稱。」近世從之。《後漢書·丁鴻傳》、《延篤傳》及鄭《志》引此作「德」，《釋文》：「本亦作『德』。」則各本皆從「德」，今從之。

至德，爲德之至極，無以復加也。無德而稱，其遜隱微，無跡可見也。蓋太王三子，長泰伯，次仲雍，次季歷。季歷生子昌，是爲文王，有聖德。太王有翦商之志，而泰伯不從，太王遂欲傳位季歷，以及昌，泰伯知之。太王有疾，泰伯即託採藥，偕仲雍逃之荆蠻。於是，太王乃立季歷，傳國至昌，至武王，而有天下。《論衡》謂：「太王薨，泰伯還，王季辟主，泰伯再讓，王季不聽，三讓曰：『吾之吴越，吴越之俗，斷髮文身，吾刑餘之人，不可爲宗廟社稷之主。』季歷乃受。」《韓詩外傳》與王充合。鄭注採藥不返，太王殁，季歷爲喪主，一讓也；季歷赴之，不來奔喪，二讓也；免喪之後，遂斷髮文身，三讓也，與《史記》合。然泰伯避位，未必復返，則從鄭説爲宜。使唐之建成、元吉知此，安有推刃之禍。於太王爲養志；採藥而不奔喪，於王季爲避跡；嗣立而非内禪，於商朝爲純臣。斷髮文身，不啻採薇叩馬矣。不獨泰伯至德，即仲雍亦至德。此如夷、齊同稱，而單文多稱伯夷也。其後諸樊、餘祭競欲讓於季札，亦至德之餘風所激歟？

○子曰：「恭而無禮則勞，慎而無禮則葸，勇而無禮則亂，直而無禮則絞。」「葸」，《説文》無之，當是今文。字或謂當作「諰」，《荀子·議兵篇》：「諰諰然懼天下之一合而軋己也。」《漢·刑法志》引作「鰓」。

葸，畏懼貌。絞，急刺也。無禮則無節文，故有四者之弊。恭、慎、勇、直，皆生質之美德。然德則空虛無薄，其施於人道之宜，尚有太過不及之患，必有禮以節之，然後可行。此聖人所由制禮，而君子所貴隆禮由禮也。不然，則恭者見犬豕而拜之，慎者一事不敢爲，勇者動輒稱戈作亂，直者絞刺人短，反不可行矣。

○君子篤於親，則民興於仁；故舊不遺，則民不偷。此當另爲一章，脱「子曰」二字。

篤，本作竺，厚也。包咸曰：「興，起也。君能厚於親屬，不遺忘其故舊，行之美者，則民皆化之，起爲仁厚之行，不偷薄。」蓋風俗之厚薄，化起於在上，而推恩之次第，先驗於親舊。其所厚者薄，而所薄者厚，未之有；其在上者厚，而在下者薄，亦無之也。

○曾子有疾，召門弟子曰：「啓予足！啓予手！《詩》云：『戰戰兢兢，如臨深淵，如履薄冰。』而今而後，吾知免夫！小子！」《説文》：「启，開也。」「啓，教也。」二字不同，今通作啓。《説文》：「跢，讀如《論語》『跢予之足』。」「跢」，當是古《論》，今不從。「兢兢」，本或作「矜矜」。

鄭氏玄曰：「啓，開也。曾子以爲受身體於父母，不敢毁傷，故使弟子開衾而視之。」父母全而生之，亦當全而歸之。詩，《小旻》之篇。戰戰，恐懼。兢兢，戒謹。臨淵，恐墜。履冰，恐陷也。言此詩者，喻己常戒慎，恐有所毁傷。周氏生烈曰：「乃今日後，我自知免於患難矣。」言其保之之難如此，至於將死而後知其得免於毀傷也。《史記》：「孔子以曾子能孝，故作《孝經》以授之。」曾子終身蓋以孝謹自守者，今《大戴禮·曾子》十篇，率皆守身之言，其宗旨在此，其力行亦在此。孔子以凡物非父不生，非母不生，非天不生，三合然後生全，而受者當全而歸之。故云：身體髮膚受之父母，不敢毀傷。少有毀傷，則無以對所生。論傳體之義，自爲完全，非全身無以極其重。曾子終身戒謹，僅能全不敢毀傷之義。然此義也，不過孝之始而已。蓋人之生也，有神魂體魄。專重神魂者，以身爲傳舍，不愛其身，若佛、耶、回皆是也。專重魄者，載魄抱一，以求長生，若老學、道家是也。專重體者，戰兢守身，啓手啓足，若曾子是也。三者各有所偏，孔子則性命交修，魂魄並養，合乎人道，備極完粹。然一傳而爲曾子，即已偏於體魄如此。夫形體者，血氣所爲，經三十日而血氣一變。其舊者，隨汗溺而盡銷；其新者，亦經歲月而頻化。人生自少而壯，自壯而老，形色血氣不知變化百千矣，保無可保，免無可免。且父母之指爪洟唾，皆父母之體也，其生已棄之，若其骨肉腐敗，益無可保。若埃及之木乃伊，以奇藥全之，可數千年，終亦必毀。故愛體魄者，不過推愛之義。如愛召伯者，保其甘棠；愛丈人者，愛其屋烏；愛父母者，愛其遺體；敬佛者，重及佛骨云爾。孔子兼備萬法，無所不在。不又云：殺身以成仁，見危授命，戰陳無勇非孝乎？不又云：體魄則降，知氣在上，若魂氣則無不之乎？不稱比干諫死爲仁乎？

曾子兢兢於保身，至於垂没，自是教之一義，然亦偏矣。若後儒説，以曾子爲孔子正傳，以爲孔子大道之宗，則大謬也。

○曾子有疾，孟敬子問之。曾子言曰：「鳥之將死，其鳴也哀；人之將死，其言也善。君子所貴乎道者三：動容貌，斯遠暴慢矣；正顔色，斯近信矣；出辭氣，斯遠鄙倍矣。籩豆之事，則有司存。」

孟敬子，魯大夫仲孫氏，名捷。問之者，問其疾也。鳥畏死，故鳴哀；人窮反本，故言善。此曾子之謙辭。包咸曰：「欲戒敬子，言我將死，言善可用。」暴，粗厲也。慢，放肆也。信，實也。正，齊莊也。辭，言語；氣，聲氣也。鄙，野也。倍，與背同，謂背理也。籩，竹籩；豆，木豆，禮器也。言道之本末甚多，而容貌、顔色、辭氣爲本，當自己修之，而籩豆器數爲末，可付諸有司也。《禮·冠義》所謂：「禮義之始，在於正容體，齊顔色，順辭令。」《表記》：「是故，君子貌足畏也，色足憚也，言足信也。」曾子得之，然將死時不待問而發論，以爲道之所貴者，乃僅在容貌不暴慢，顔色宜莊正，辭氣勿鄙倍三者。此皆外身修飾之事，無一性命之微言，皆初學持循之功，無一自得之受用。即使言出有爲，或爲孟敬子而發，則後世士夫能飾容色辭氣，而心術險詖，行詣卑污者多矣。即能此，亦與色莊論篤者何異？何足貴乎？鄙人始讀，見謂將死言善，君子所貴，鄭重出之如此，以爲必有精義，不意膚末若是，宜葉水心以曾子爲未嘗聞道也。今《曾子》十篇，皆兢兢守身之言，與此兩章意義相合，必非誣説。蓋曾子之真實心地，刻苦工夫，自爲篤信好學者，然其所得品詣在善信之間，於佛法中爲神秀，與明儒康齋、近人倭仁相類，終日省身寡過而已。其於充實光輝尚遠，何况大化乎？惜其親炙神明聖王，而不得聞配神明育萬物六通四闢之道，性天陰陽之理，三世大同之法，非斯人而誰與？舉老少而安懷，但知《孝經》守身，僅聞孔子萬法之一端而已。蓋曾子少孔子四十六歲，當孔子夢奠之年，僅二十七歲，當顔子没時，僅十五歲。故從游陳、蔡皆不及與，受業未知何年。要其天資既魯，侍教不久，所得不深，此誠無可如何者也。乃同學諸賢各傳教異國，或爲卿相大夫，自顔子、伯牛、子路、宰我早卒，子貢居衛，子張居楚，子夏居西河，子游居吴，澹臺游楚。其居洙泗之故鄉，因聖人之遺教，收吾黨之狂簡，嗣闕里之遺音，終身講學，老壽九十者，惟有曾子，故弟子最多，在孔門靈光巋然，最爲耆宿。後生之從儒教者，慕其盛名，以爲孔子大宗，自皆歸之。齊、魯之間，學者率出其門，故後學獨稱曾子。《論語》於顔子尚名之，而於曾子稱子。曾子之德望如此，天下聞曾子之教者，誤以爲孔子之道即如是。於是，孔子之大道闇没而不彰，陋隘而不廣，此孔教之不幸也。子思之學出於子游，荀子之言最可信據。王肅不知考，僞《家語》以爲子思學於曾子，程朱誤信之，又附會爲子思、孟子之正傳，以《大學》爲曾子之書，與《中庸》、《論語》、《孟子》名爲四子。於是，曾子上列顔、思爲四配，爲孔道之正宗，而天下學者益尊之。於是，中國之言孔學者，僅在守身，而孔子重仁之大道，一切皆割棄，甚至朱子見《禮運》之大同且疑之矣。此則後儒輕説妄尊之罪，而於曾子無與也。以闕學術之大，不得不明正之。

○曾子曰：「以能問於不能，以多問於寡，有若無，實若虛，犯而不校。昔者吾友嘗從事於斯矣。」

包氏咸曰：「校，報也。言見侵犯不報。」人性各有長短，故各有能不能。知也無涯，學益不足，故項槖可問，芻蕘可詢，皆有補於學問。至於侵犯不校，則大度如天，至慈如父母。聖人視天下皆孩之，孩兒之犯，何所校報？蓋至人忘己，大道無我，誕登於岸，虛與世游，更何有以一得自矜，小技驕人，睚眦必報者哉？馬融謂，友爲顏子。然顏子没時，曾子十五歲，未必及同學也。或追稱之歟？抑孔門之高賢多矣，何必顏子而後有是哉？

○曾子曰：「可以託六尺之孤，可以寄百里之命，臨大節而不可奪也。君子人與？君子人也。」陸德明：「本作『君子也』，無『人』字。」

鄭氏曰：「六尺，十五歲以下。」其才可以輔幼君、攝國政，其節至於死生之際而不可奪，可謂君子矣。與，疑辭也。後決辭設爲問答，所以深著其必然也。後世若諸葛亮當之矣。攝政王多爾衮、張居正亦庶幾焉，則寄萬里之國命矣。

○曾子曰：「士不可以不弘毅，任重而道遠。仁以爲己任，不亦重乎？死而後已，不亦遠乎？」

包氏曰：「弘，大也。毅，强而能斷也。」非弘不能勝其重，非毅無以致其遠。仁者，人心之全德，而必欲以身體而力行之，可謂重矣；一息尚存此志不容少懈，可謂遠矣。程子曰：「弘而不毅，則無規矩而難立；毅而不弘，則隘陋而無以居之。」又曰：「弘大剛毅，然後能勝重任而遠到。」仁者公德，博愛無私，萬物一體者。人者仁也，故人人皆有仁之責任，人人皆當相愛相救，爲人一日，即當盡一日之責，無可辭避。孔子曰：「鳥獸不可與同羣，吾非斯人之徒與？而誰與？」若卸人之責任，中道退懈，是不爲仁，即不得爲人也矣。子贛曰：「大哉死乎！君子息焉！」昔嘗編《論語》孔門諸子學案，曾子之言皆守身謹約之説，惟此章最有力，真孔子之學也。其得成就爲孔學大派，皆弘毅之功，力肩孔道，仁爲己任也，易簀不昧，死而後已也。曾子蓋能行而後言者，雖守約亦可法矣。

○子曰：「興於詩，立於禮，成於樂。」

包氏曰：「興，起也。言修身當先學詩；禮者，所以立身；樂所以成性。」詩本性情，詠歎淫泆，易於感人，興起人心，或發揚蹈厲，或温厚纏綿，必在於詩。立必有節文度數，人雖有良才美質，必有禮以行之，乃知所立，故必在執禮。《大戴禮·衛將軍文子篇》：「吾聞夫子之施教也，先以《詩》。世道者孝弟，説之以義而視諸體，成之以文德。」體者，禮也；文德，樂也。樂有五聲十二律，音聲之暢，觸感魂靈，干羽之綴，發強形體，蕩滌煩縟，涵養中和，流而不息，合同而化，欣喜懽愛，中正無邪，以調理性情，和順道德，必在學樂。六經皆孔子所作以爲教，而《易》、《春秋》作於晚暮，故早歲但以《詩》、《書》、《禮》、《樂》教人，而《詩》、《禮》、《樂》三者尤要。程子曰：「古人之詩，如今之歌曲，雖閭里童稚，皆習聞之而知其説，故能興起。今雖老師宿儒，尚不能曉其義，況學者乎？ 是不得興於詩也。 古人自灑掃應對，以至冠昏喪祭，莫不有禮，今皆廢壞，是以人倫不明，治家無法，是不得立於禮也。 古人之樂，聲音所以養其耳，采色所以養其目，歌詠所以養其性情，舞蹈所以養其血脉，今皆無之，是不得成於樂也。 是以古之成材也易，今之成材也難。」愚觀泰西學校，必有詩、禮、樂三者，以爲學級，人人童而習之。 其詩歌，皆有愛國愛種，興起其仁心； 其禮，自飲食、起居、賓客、軍國之禮皆熟習，而有以固其肌膚之會，筋骸之節，以應人接事； 其樂，則凡歌詞、琴曲、跳舞，歲時皆習熟，而有以陶暢其性靈，舞蹈其手足，故人多成材。 一切科學皆爲專門，惟詩、禮、樂爲普通之學，無人不習。 孔子之道乃大行於歐美，而反失於故國也。 今學者更當光復故物，以求成材矣。

○子曰：「民可使由之，不可使知之。」

鄭曰：「民，冥也，其見人道遠。 由，從也，言王者設教，務使人從之。 若皆知其本末，則愚者或輕而不行。」程子曰：「聖人設教，非不欲人家喻而户曉也，然不能使之知，但能使之由之爾。 若曰聖人不使民知，則是後世朝四暮三之術也，豈聖人之心乎？」《韓詩外傳》：「《詩》曰：『俾民不迷。』昔之君子，道其百姓不使迷，是以威厲而刑厝不用也。 故形其仁義，謹其教道，使民目晰焉而見之，使民耳晰焉而聞之，使民心晰焉而知之，則道不迷而民志不惑矣。《詩》曰：『示我顯德行。』故道義不易，民不由也； 禮樂不明，民不見也。《詩》曰：『周道如砥，其直如矢』，言其易也。『君子所履，小人所視』，言其明也。」孔子之欲明民至矣。然中人以下不可語上。《禮·緇衣》曰：「夫民閉於人而有鄙心。」董子曰：「民者，瞑也。民之號，取之瞑也。」孟子曰：「行之而不著焉，習矣而不察焉，終身由之而不知其道者，衆也。」如以神道設教，則民以畏服，若明言鬼神無靈，大破迷信，則民無所忌憚，惟有縱欲作惡而已。故可使民重祭祀，而鬼神之有無生死，不必使人人知之。凡此皆至易明者。孔子曰：「道之不明也，我知之矣。智者過之，愚者不及。」深憂長歎，欲人人明道。若不使民知，何須憂道不明，而痛歎之乎？愚民之術，乃老子之法，孔學所深惡者。聖人偏開萬法，不能執一語以疑之。且《論語》六經多古文竄亂，今文家無引之，或爲劉歆傾孔子僞竄之言，當削附僞古文中。

○子曰：「好勇疾貧，亂也。人而不仁，疾之已甚，亂也。」

好勇而不安分，則必作亂惡。不仁之人而使之無所容，則必致亂。二者之心，善惡雖殊，然其生亂則一也。包氏咸曰：「好勇之人而患疾己貧賤者，必將爲亂。疾惡太甚，亦使其爲亂。」按，陳涉之輟耕隴上，石勒之倚嘯東門，好勇疾貧之亂也。楊國忠之激怒安禄山，李訓之欲誅仇士良，皆甚疾不仁之亂也。二者雖殊，然足以致亂，其罪均也。

○子曰：「如有周公之才之美，使驕且吝，其餘不足觀也已。」皇本，「使」上有「設」字，「已」下有「矣」字。「吝」，本亦作「悋」。

《周書·寤敬篇》：「不驕不悋，時乃無敵。」《韓詩外傳》：「周公踐天子之位七年，布衣之士所贄而師者十人，所友見者十二人，窮巷白屋所先見者四十九人。誠伯禽曰：「德行寬裕，守之以恭者，榮；土地廣大，守之以儉者，安；禄位尊盛，守之以卑者，貴；人衆兵强，守之以畏者，勝；聰明睿智，守之以愚者，善；博聞强記，守之以淺者，智。」此周公之法，故借以反言之。周公多才多藝，如創制指南車之類，故稱才美。驕，矜誇也。吝，鄙嗇也。矜誇鄙吝，常人視爲小過，而孔子最所深惡。以其自私而背於公德，反於大同，令人道退化，人羣不合，故以爲大惡。雖有周公之才美，不能贖之，以雖才美而不能公之於人，智而不仁。反是而思，恭遜爲行己之門，施捨爲待人之門，苟能二德，雖無才，亦孔子所許矣。一部《論語》稱周公只有此章，但稱才美，未歎至德。然則，後世以周公爲先聖，至降抑孔子爲先師者，足見劉歆作僞之惑矣。

○子曰：「三年學，不至於穀，不易得也。」

鄭氏曰：「穀，禄也。」《隸釋·漢孔彪碑》：「龍德而學，不至於穀，浮游塵埃之外，皭焉氾而不俗。」爲學之久而不求禄，如此之人不易得也。蓋學者之大患在志於利禄，一有此心，即終身務外欲速，其志趣卑污，德心不廣，舉念皆温飽，縈情皆富貴，成就抑可知矣。而人情多爲禄而學，此聖人所由歎也。朱子謂「至」當作「志」。《荀子·正論》：「其至意至闇也。」又曰：「是王者之至也。」楊倞注並云：「至」當爲「志」。疑古「至」「志」通也。

○子曰：「篤信好學，守死善道，危邦不入，亂邦不居。」

篤，固也，信之至極之謂。好學者，必以

信之篤爲始，不篤信則非真好，無以爲入道之門。善其道者，必死守之爲終，不死守則不能善，無以爲衛道之極，此孔子教後學從教傳教之法。蓋萬法皆起於篤信，不信則一切無可學；萬事莫堅於死守，不死則一切無可守。故佛之教人必在起信，而從之堅；耶之教人必以死守道，而道大行。惜儒者之徒不能奉行，所謂信道不篤，焉能爲有無也。危者，勢將亡；亂者，政已亂。國若此者，入此居此皆無益，必不能救，徒喪其軀，此梁鴻所以五噫，管甯所爲遠避也。此似智者之事，人所易爲，不知在危亂之邦者，懷土爲安，罕能遠去，然因此或身污僞命，家人盡喪，上無關於教，中無益於國。志士雖以死善道，然去就不知，夭其天年，若龔生之徒死，亦不可也。若鄙夫懷禄，貪於亡國之富貴者，近如拳匪之變，京師死者如麻，既非維新以救國，亦不能爭廢立以殉君，敗名喪身，軀若雞狗，是自作孽也。

○天下有道則見，無道則隱。邦有道，貧且賤焉，耻也；邦無道，富且貴焉，耻也。

《潛夫論》引此，「邦」作「國」。云：「衰世之士，志彌潔者身彌賤，佞彌巧者官彌尊。」見者樂則行之，隱者憂則違之，不易乎世，不成乎名也。若邦有道，則披巖剔幹，登明選公，然而貧賤，必無可用之才也。若邦無道，則政以賄成，官由諂得，然而富貴，必無能守之節也。無才無節，皆志士之所耻。若以救國救民爲志者，孔子所謂「天下有道，某不與易」，顔子所謂「治國去之，亂國救之」。醫門多疾，庶幾有瘳，此則以入地獄救人之心，而非關富貴貧賤之事。是又聖人大仁之地位，而非中士所能，學者自審其才德地位，擇而行之。孔子蓋多開藥方，以待學者之服焉。

○子曰：「不在其位，不謀其政。」皇本「政」下有「也」字。

孔氏曰：「欲各專一於其職。」蓋司法者不問行政，行政者不得問立法，任兵農者不謀禮樂，司禮樂者不問錢穀，所以戒侵官越職也。若夫議論政事，則國者民衆之國也。鄉校之議，風詩之作，乃聖人所特設，固宜公議之者。

○子曰：「師摯之始，《關雎》之亂，洋洋乎盈耳哉！」

師摯，魯樂師，太師摯也。始，樂之始；亂，樂之終。《樂記》曰：「始奏以文，復亂以武。」又曰：「再始以著往，復亂以飭歸。」蓋樂一成有四節：有升歌，有笙奏，有閒歌，有合樂。升歌爲始，合樂爲亂。禮燕及大射，皆太師升歌。摯爲太師，是以云「師摯之始」也。合樂，《周南·關雎》、《葛覃》、《卷耳》，《召南·鵲巢》、《采蘩》、《采蘋》，凡六篇。而謂之「《關雎》之亂」者，舉上以該下，猶之言文王之三，《鹿鳴》之三云爾。升歌言人，合樂言詩，互相備也。洋洋盈耳，總歎之也。自始至終，咸得其條理，而後聲之美盛可見。言始亂，則笙閒在其中矣。孔子反魯正樂，其效如此。蓋尚同合愛，莫尚於樂，人道起化，莫先於夫婦。故正樂編詩，先自《關雎》，志和音雅，以爲生民之始，萬福之原。夫先於婦，男下於女，矯亂世之弊，崇平等之教，平權和合，故洋洋美盛也。

○子曰：「狂而不直，侗而不愿，悾悾而信，吾不知之矣。」《廣雅》：「悾悾，誠也。」《子罕篇》：「空空如也。」「悾」、「空」古通。《呂氏春秋》：「空空乎，其不爲巧故也。」又與「款」通。

侗，無知貌也。《莊子·山木》：「侗乎

其無識。」《書》：「在後之侗。」即「僮」之叚借。愿，謹也。包咸曰：「悾悾，慤也。」狂、侗、悾皆質之愚者，然愚人多直愿而信，亦可節取。若夫託狂以行奸，極愚而妄詐，以其資質之下，加以心術之奸，是真無如何也。吾不知之者，蓋深絶之而不敢加一詞之謂。

○子曰：「學如不及，猶恐失之。」

皇《疏》：「繆協稱中正，曰：『學自外來，非夫内足，恒不懈惰，乃得其用。』」言人之爲學，當如追亡救火，常患不逮。以若是之時，敏猶恐不能證悟，不能據守，旋得旋失之，若夫優游暇豫，作輟怠緩，其必不能得，可見矣。此警厲學者之詞。

○子曰：「巍巍乎，舜禹之有天下也而不與焉！」

巍巍，高大之貌。不與，猶不相關。蓋至人之游於世間，但以救人爲事，不避貧賤勞苦，亦忘其富貴尊榮。故舜之鼓琴，二女袗衣，猶若固有。禹之櫛疾風，冒甚雨，肌無肉，脛無毛，卑宫室，惡衣服，等於監門，若不知勞。蓋行其救人之素志，則一物不得所，若己饑溺之。然天下雖大，自至人視之，猶一吷也。苟無此夙志大識，則一命之榮，震動其心，死生其命矣，況天下乎？此實爲立憲君主之法，雖有天下，而實公天下，故不與。舜恭己垂裳，南面無爲，禹之勞爲公僕，而不敢有君天下之心，借舜禹以明之，孔子之微言也。

○子曰：「大哉堯之爲君也！巍巍乎！唯天爲大，唯堯則之。蕩蕩乎民無能名焉，巍巍乎其有成功也，焕乎其有文章！」

《説文》有「奂」，無「焕」字。近人多據《説文》以攻《論語》今本，然今《論語》多魯《論》今文，若《説文》純乎古文，不足據也。

唯，猶獨也。則，猶準也。包氏曰：「蕩蕩，廣遠之稱。言其布德廣遠，民無能識其名焉。」蓋莫大於天，而堯與天準，則蒼蒼無正色，遠而無終極，故無可形容也。成功，事業也。焕，光明也。文章，禮樂法度。堯之德不可名，所可名者其功業、文章，巍然焕然，亦其粗跡，蓋歎美之至也。孔子志在大同，天下爲公之世，故最尊堯舜。然神人無功，至人無名，雖有非常之功業文章，亦不過游化示現之粗跡，於其至德無與也。其示現之跡，或以君而創民主之事，或以民而爲教主之業，廣大高明，血氣尊親，然聲色之化民，末也。上天之載，無聲無臭，微妙廣運，無所不在，爲太平世之民主可也，爲亂世之君主可也，爲選用舜、禹、皋陶、益可也，兼容共工、驩兜可也。龍蛇雜沓，蘭艾並生，此天所以爲大也，來爲中國之聖人可也，來爲此地之教主可也。立法各不同，魂身各不同，去爲他地之教主可也；魂氣無不之，神明無不在，在此地爲君主可也，在他地爲教主可也。聖而不可測之謂神，此天之所以爲大，而民所以不能名者。故謂之堯者，偶託焉爾。

○舜有臣五人而天下治。武王曰：「予有亂十人。」今本「亂」下有「臣」字。《釋文》：「『予有亂十人』，本或作『亂臣十人』，非。」唐石經於《尚書》、《論語》及《左傳》皆無「臣」字。東晉僞古文亦無「臣」字。今本皆有「臣」字，乃後人據晉《太誓》後添，今削之。孔子曰：「才難，不其然乎？唐、虞之際，於斯爲盛。有婦人焉，九人而已。」

五人，禹、稷、契、皋陶、伯益。亂，治也。馬鄭以十人謂：周公旦、召公奭、太公望、畢公、榮公、太顛、閎夭、散宜生、南宫适，其一人謂文母。然武王得天下已八十餘，太姒必不在，必爲邑姜也。九人治外，邑姜治内。《北史·齊后妃傳論》：「武明追蹤周亂，」即指神武妻婁氏，則隋唐人亦以爲邑姜矣。陶潛《羣輔録》有毛公，無榮公。衛恒古文以婦人作殷人，韓愈指爲膠鬲。近人任啓運指漢石經作殷人，則漢石經久無《泰伯篇》，恐誤記也。稱孔子者，上係武王君臣之際，記者謹之。才難，蓋古語，而孔子然之也。才者，德之用也。唐、虞、堯、舜有天下之號。際，交會之閒。言周室人才之多，惟唐、虞之際乃盛於此，降自夏、商皆不能及，然猶但有此數人爾，是才之難也。夫人才有由人作者，有由天生者。文明盛，學校備，胎教先，水地和，殺亂之根絶，仁智之業積，則人種良而人才多。若文明之化未盛，學校之法未備，胎教不先，産地犖确，舉世爭殺，夙習愚頑，則人種不良而人才難得。其間有神靈聰敏馴齊者，若瘠地之産木，瘻樹之結實，雖有嘉穀碩果，然而無多，但有一二，即稱嘉瑞也。孔子生當亂世，故歎息才難若此。《詩》曰：「遐不作人。」故欲才之易，全在作人而已。

參分天下有其二，以服事殷。周之德，其可謂至德也已矣。《釋文》作「參」，皇本亦作「參」。《後漢書·伏湛傳》、《文選·典引注》引亦作「參」，今本作「三」非是。皇本無「之」字。

包氏咸曰：「殷紂淫亂，文王爲西伯而有聖德，天下歸周者參分有二，而猶以服事殷，故謂之至德。」《周書·程典解》：「維三月既生魄，文王合六州之衆，奉勤於商。」鄭《詩譜》謂：雍、梁、荆、豫、徐、楊也。蓋古者，諸夏諸國並立，其服事天子不過臣貢，如今高麗、安南、琉球、暹羅而已。遼、金興，則高麗貢於遼、金，而不貢於宋；吐蕃强，則大理、南詔、林邑貢於吐蕃，而不貢於唐；北魏興，則諸涼貢於魏，而不貢於晉。又如晉、楚爭霸，諸侯皆有朝貢，非如今內地之莫不臣也。周初千八百國，蓋歸文王者已千國，所謂「大邦畏其力，小邦懷其德也」。故武王孟津之會，不期而會者八百國，此皆久臣貢於周者，文王若欲伐商如反掌耳。然天與人歸而不取，故孔子以爲至德。孔子於《書》，首堯、舜，於《詩》，四始首文王，皆明天下爲公之義。孔子之不取天下，亦所謂至德也。孟子述之，故稱堯、舜、文王最多。此篇首泰伯，終文王，《論語》稱至德只此二人。蓋孔子明公天下，尚辭讓，而惡爭奪之微旨也。章首當有「孔子曰」三字，與上文別爲一章。

○子曰：「禹，吾無閒然矣。菲飲食而致孝乎鬼神，惡衣服而致美乎黻冕，卑宮室而盡力乎溝洫。禹，吾無閒然矣。」《史記·夏本紀》作「卑宮室。致費於溝減。」《史記》爲今文，則「盡力」或是古文。然《論》有齊、魯，姑闕之。

閒，罅隙也，文從月入門，謂指其罅隙而非議之也。菲，薄也。致孝鬼神，謂享祀豐潔。衣服，常服。黻，《説文》：「市韠也。」上古衣皮，知蔽前而已，故市以象之。祭服不忘本，天子朱市，諸侯赤市，大夫葱，衡士韎韐。篆文改從韋，從犮，經典假從黻，又爲芾，爲紱。《列子》作「美紱」。冕，上廣一尺，下廣二尺，長三尺。冕，冠也。夏曰收，殷曰冔，周曰冕，皆同，皆祭服也。溝洫，田閒水道，以正疆界，備旱潦者也。包咸曰：「方里爲井，井閒有溝，溝廣深四尺。十里爲成，成閒有洫，洫廣深八尺。」禹奉身極儉樸，而飾於宗廟朝廷者極文明。不役民力以奉己，故築宮極卑，惟竭己力以濟民，故於水利極精。豐儉與人反，而適得其宜，安樂於己少，而適得其公。約己而豐施，劬躬而勤民，不以人君自侈縱，故有天下而不與；不以尚儉失文明，故巍乎有成功，焕乎有文章，所爲無可議也。然中國宫室卑污頗原於此，其有峻宇雕牆者，則後儒引以爲戒，此未通古今之故也。古者築城郭臺池皆役民力，即文王亦所不免。秦始皇築長城萬里，築阿房三百里，皆役夫數十萬，死者如麻。漢武之築建章，千門萬户，金人承露盤高五十丈。北齊高洋之築鄴臺，高二十六丈，隋煬之築西苑二百里，率皆役民爲之。若使聖人再獎借之，則暴君民賊，專制窮奢，何所不至。奢者人情，何待於勸進哉？若後世已用雇役，而君主已行立憲，則國體所關，文明所在，以工代施，愈能峻宇雕牆，愈益窮民，愈壯國體。孔子若生當今日，必不獎借之。《繁露·三代改制質文篇》，孔子爲明堂，已立三統之制。其地統曰：其屋卑污方。其天統曰：其屋高嚴侈員，則何嘗必以卑宫爲是乎？卑宫但據亂世之一統耳，文明世則改之。孔子聖之時者也，故《易》曰：「觀其會通，以行其典禮。」蓋惡人之泥於一端而生流弊也。孔子萬法並陳，故曰：「知時觀變」矣。

論語注卷之八終

門人贛縣王德潛初校
門人番禺王覺任覆校
門人高要陳焕章覆校
門人東莞張伯楨覆校

論語注卷之九

南海康有爲學

子罕第九

凡二十九章《釋文》云："皇本三十章。"謂合"不忮不求"與上"衣敝緼袍"爲一章也。朱子從之，亦以爲三十章。《注疏》、古本三十一章，當是析"不忮不求"以下爲一章，然不如合之爲宜，故仍以爲三十章。

○子罕言，利與？命與仁，達。舊本以"達"字屬下章，非。

罕，希也。上"與"，即歟，助辭。達，通也。利者，義之和；命者，天之命。記者總括孔子生平言論，最少言者莫如利，最通達多言者莫如命與仁。蓋命利仁三者，皆人受於天以生，無須臾而能離者也。然利者，人所同好，若再增長附益之，則教猱升木，相習成風，恐因自利而生貪奪，反以害人道矣。故於繫《易》，言利爲義和，美利天下，而它經寡言之，防流弊也。蓋命則天賦於人，貧富壽夭，貴賤窮通，各有定分，雖有定命、變命、遭命之不同，而莫非命也。人能知命，則自能順受其正以樂天，自不暇竭詐謀險詖以害人。故命者，人道自得之至理也。人不能離羣獨處，無在不與人交，無處不與人偶。與人交偶，相親相愛，則人道成；相惡相殺，則人道息。故仁者，人道交偶之極則也。孔子嘉惠天下人，以知命令其自得，以敦仁令其處人。蓋聖人言論雖多，通達考之，命與仁二者爲最也。孔子言論最多，幾無可尋其宗旨之要，此章括論，最爲得要。舊本，「達」字錯寫與「巷黨」相連，遂若本章之稱孔子罕言命仁。然考之《論語》，孔子言命仁至多：曰「五十而知天命」，曰「死生有命」，曰「賜不受命」，曰「道之將行也與，命也；道之將廢也與，命也。公伯寮其如命何」，其卒章更大聲疾呼，曰「不知命無以爲君子」。《易》言：「樂天知命，故不憂」，「窮理盡性以至於命」。子思述之曰：「居易俟命」，「大德必受命」。孟子述之曰：「得之不得曰有命」，「莫非命也，順受其正，知命者不立巖牆之下」，「得之有命」，「性也，有命」。莊子述之曰：「父母豈欲我如是哉？天地豈欲我如是哉？然而至此者命也夫。」楊子述之爲《力命篇》，《孝經緯》述三命曰：「善惡報也。」此爲孔子大義，以令人安處，善樂循理，足以自得，安分無求，常教人者，徵羣經傳難以悉數。墨子，攻孔子者也，特著《非命篇》以攻儒。其《非儒篇》曰：「强執有命以説議曰：壽夭貧富，安危治亂，固有天命，不可損益。窮達賞罰，幸否有極，人之知力不能爲焉。羣吏信之則怠於分職，庶人信之則怠於從事。不治則亂，農事緩則貧，貧且亂，而儒者以爲道教，是賤天下之人者也。」又曰：「立命緩貧而高浩居，是若人氣鼸鼠藏，而羝羊視賁彘起。君子笑之，怒曰：散人。」《公孟篇》攻儒亦曰：「貧富壽夭，齰然在天，不可損益。」又曰：「君子必學。子墨子曰：教人學而託有命，是猶命人葆而去其冠也。』」「子墨子謂程子曰：『儒之道足以喪天下四政焉，以命爲有，貧富壽夭，治亂安危有極矣，不可損益也。爲上者行之必不聽治矣，爲下者行之必不從事矣，此足以喪天下。』程子曰：『甚矣，先生之毁儒也！』」儒墨相反相攻，而墨子之攻孔子，以命爲儒者四義之一，則命爲孔子特立第一大義至明矣。若仁，則尤爲孔子專特之義，無往而非言仁者，即《論語》言仁，已四十二章。若以爲罕言，則孔子所多言者爲何也？其説益不可通矣。《禮記・曾子問篇》稱孔子與老聃助祭於巷黨。蓋巷黨爲魯地，而「達」字屬此章至明。《論語》之闕脱，程、朱所考者已多，以寫官脱寫，遂至孔子命仁兩義，千載爲之不明。仁之義尚不可掩，命之義則宋賢怵於此章之義，遂永没，孔子之大道遂割裂，今特疏通證明於此。

〇巷黨人曰：「大哉孔子！博學而無所成名。」舊本作「達巷」，誤。

巷黨，魯地。《禮記・曾子問》，孔子與老聃助祭於巷黨是也。舊本作達巷，脱上章之末字而連寫之，今改正。巷黨之人見孔子四通六闢，無所不通，因美其大，而惜其博而不專，無一專門擅長之名。皇甫謐《高士傳》以巷黨人爲項橐，《國策》、《淮南子》、《論衡》以項橐爲孔子師，《史記・世家》以爲巷黨童子當是項橐也。

子聞之，謂門弟子曰：「吾何執？執御乎？執射乎？吾執御矣。」

執，專執也。射御皆一藝，而御爲人僕，所執尤卑。言欲使我何所執以成名乎？然則吾將執御矣。荀子曰：「天下之爲弓多矣，而垂獨稱焉者，垂之爲弓，一也。天下之爲樂多矣，而夔獨稱焉者，夔之爲樂，一也。天下未有兩而成者也。」行岐道者不至，世愈文明，則分業愈多，博涉則必淺嘗，專門乃能精詣。至專精之至，傳之子孫，思之思之，鬼神通之，乃能制器利用，利物前民。惟神聖之才，天資敏絶，乃能多能多藝，無所不通，然不可以教人。巷黨人知專精之義，而以律聖人，孔子欲厲專精之業，而因以自承，亦欲執一藝以爲專門。蓋恐天下不能學己，誤於博學而一無所成也。

○子曰：「麻冕，禮也；今也純，儉，吾從衆。拜下，禮也；今拜乎上，泰也，雖違衆，吾從下。」

麻冕，緇布冠也。純，絲也。儉，謂省約。緇布冠以三十升布爲之，升八十縷，則其經二千四百縷矣，細密難成，不如用絲之省約。臣與君行禮，當拜於堂下，君辭之乃升，成拜。按，《聘禮·公食大夫禮》，外臣亦然，不止本國之臣也。泰，慢也。明事之易簡進化者，可從衆；事之慢泰違禮者，不可從衆。衆有得失，當擇之也。孔子之禮：天子見三公下階，見卿離席，見大夫興席，見士撫席。君臣對拜，已極平等之至，幾過於今歐洲君臣矣。但須下階待君辭乃升，以爲恭讓，乃少示君臣之敬耳。孔子鑒於時弊而言之，後世既非席地，可無拜禮，則古今不同，可無議矣。

○子絶四：毋意，毋必，毋固，毋我。

意，所也。必，適也。固，執也。我，己也。印度古教有所教、方教、執教、我教，即意、必、固、我也。孔子之道虚齋，故無所住而絶跡；孔子之道時中，故無適莫而比義；孔子之道渾圓，故無可無不可而適宜。至於我性我質，其凝執尤大。一執於我，即背於公德，失於圓理。如耳目鼻口之各明一義，而不能相通，不能兼懷萬理。凡諸教之意、必、固、我皆大，惟孔子無此四者。所以超絶象外而無不包，深入世中而無所滯也。「意」，或作「億」，測教也。莊氏存與曰：「智毋億，先覺也；義毋必，義之與比也；體毋固，時中也；仁毋我，與人爲善也。」亦可通。但非所以論聖而不可測之神耳。

○子畏於匡，曰：「文王既没，文不在兹乎？天之將喪斯文也，後死者不得與於斯文也；天之未喪斯文也，匡人其如予何？」

畏者，有戒心之謂。匡，地名。《史記》云：陽虎曾暴於匡，夫子貌似陽虎，故匡人圍之。包氏咸曰：「匡人誤圍夫子以爲陽虎，陽虎曾暴於匡。夫子弟子顏剋，時又與虎俱行，後剋爲夫子御，至于匡，匡人相與共識剋。又夫子容貌與虎相似，故匡人以兵圍之。」文者，文明之道統也。春秋繼周文王，有文明之道，文王隱没五百年，文明之道統大集於孔子。後死者，孔子自謂也。言天若絶文明之統，則孔子自謂不得爲文明之教主；天若未絶文明之統，則我爲文明之教主，匡人必不能違天相害。《春秋》之始元年春王正月，《公羊傳》曰：「王者孰謂？謂文王也。」何休述口説曰：「文王者，法其生，不法其死，與後王共之，人道之始也。」王愆期曰：「文王，孔子也。蓋至孔子而肇制文明之法，垂之後世，乃爲人道之始，爲文明之王。」蓋孔子未生以前，亂世野蠻，不足爲人道也。蓋人道進化以文明爲率，而孔子之道尤尚文明。《公羊》先師口説，與《論語》合符，既皆爲今文家之傳，又爲孔子親言，至可信也。蓋孔子上受天命，爲文明之教主，文明之法王，自命如此，並不謙遜矣。劉歆以僞亂篡統，一切歸之周公，幾若孔子爲一好學美質之賢士大夫，述而不作，比於老彭，觀此可證其謬。

○太宰問於子贛曰：「夫子聖者與？何其多能也？」子贛曰：「固天縱之將聖，又多能也。」子聞之，曰：「太宰知我乎？吾少也賤，故多能鄙事。君子多乎哉？不多也。」牢曰：「子云：『吾不試，故藝。』」皇本「太宰知我」下有「者」字。《釋文》「牢曰」另爲一章。

太宰，官名，鄭氏謂吴太宰嚭，見《説苑·善説篇》。與者，疑辭。將，大也。《詩》：「我受命溥將，有娀方將。」是也。《論衡》：「將，且也。」太宰蓋以多能爲聖。縱，猶肆也，言無限也。言天縱肆其大聖之德，又兼多能，乃其餘事也。聖而無不通也，其多能非所以率人，故又言君子不必多能以曉之。牢，孔子弟子，鄭氏以爲子牢，《家語》以爲琴牢，衛人，字子開，一字子張，而《莊子》、《孟子》、《左傳》作琴張，同。《古今人表》有琴牢。王氏念孫據鄭氏、疑僞《家語》，以琴張爲另一人，未審然否。試，用也。言不爲世用，故得以習於藝而多通之。人之成就，固有以退爲進者，若令孔子生爲季、孟、定、哀，終身當國，不過使魯强盛，或朝諸侯有天下，如堯、舜而已，安能爲百世教主乎？觀子聞之言而益信也。包氏咸曰：「少小貧賤，常自執事，故多能爲鄙人之事，君子固不當多能。」言人宜懷道，若才藝則專一已足。蓋生知不可以律人，即多能不能以率衆，故孔子遜言以謝。亦欲使人專爲其所能爲，無務博而無成，致如鼯鼠有五技而窮也。

○子曰：「吾有知乎哉？無知也。有鄙夫問於我，空空如也。我叩其兩端而竭焉。」皇本「鄙夫」下有「來」字。孔注：「有鄙夫來問於我」，則必亦有「來」字。

空空，鄭作「悾悾」，誠慤也。《大戴禮·王言篇》：「商慤、女憧、婦空空。」《呂氏春秋》：「空空乎其不爲巧故也。」叩，訁口也，發動也。端，物初生之題。焦氏循《補疏》曰：「蓋凡事皆有兩端。楊朱爲我，無君也，乃曾子居武城，寇至則去； 墨子兼愛，無父也，乃禹手足胼胝，至於偏枯。 一旌善也，行之則詐僞之風起，不行又無以使民知勸； 一伸枉也，行之則刁訐之俗甚，不行又無以使民知懲； 一理財也，行之則頭會箕斂之流出，不行則度支或不足； 一議兵也，行之則生事無功之説進，不行則國威將不振。凡若是皆兩端也，而皆有宜，得所宜則爲中。孔子叩之，叩此也； 竭也，竭此也； 舜執之，執此也。」如答樊遲之問仁知，兩端竭盡無餘蘊矣。 若夫語上而遺下，語理而遺物，則豈聖人之言哉！ 有若無，實若虛，至極則相反。 物從無而生有，理從有而歸無，非有非無，亦有亦無。 聲色之以化民末也，有知乎哉？ 上天之載，無聲無臭，至矣無知也！ 故如天之空渾，如鏡之空明，物來順應，因而附之。 真空則一物不著，至誠則鄙夫必盡，大智則兩端并竭。 兩端者，有無、陰陽、上下、精粗、終始、本末。 凡物必有對待，故兩端盡之。 蓋語上而不遺下，語理而不遺物，語精而不遺粗，語本而不遺末，四照玲瓏，八面完滿，此孔子所以爲神聖也。

○子曰：「鳳鳥不至，河不出圖，吾已矣

夫！」《史記·孔子世家》作：「河不出圖，雒不出書，吾已矣夫！」《史記》必是今文，未知此是魯《論》，抑齊《論》耳。

鳳，靈鳥，雄曰鳳，雌曰凰，舜時來儀。河圖，河中龍馬負圖，伏羲時出，八卦是也。已，止也。《易·繫辭》：「河出圖，洛出書，聖人則之。」《禮·禮運》：❶「河出馬圖。」《書·顧命》有「河圖」，《漢書·五行志》及《論衡》皆以爲伏羲氏時，河水出圖，則之而書八卦。《國語》：「周之興，鸑鷟鳴於岐山。」《墨子·非攻篇》：「天命文王，伐殷有國，泰顛來賓，河出録圖。」《論衡·問孔篇》引此曰：「夫子自傷不王也。已王，致太平，太平則鳳凰至，河出圖矣。」董仲舒《對策》引此曰：「自悲可致此物，而身卑賤不得致也。」《易坤鑿度》：「仲尼偶筮，其命得《旅》，泣曰：『天也，命也，鳳鳥不至，河無圖至。』」與董、王説同《論語素王受命讖》。大聖不虛生，必有所制法垂教，而天瑞又必應之。其後麟至，鳥銜書爲《演孔圖》，遂作《春秋》，蓋作三世法於來者焉。

○子見齊衰者、絻衣裳者與瞽者，見之，雖少，必作；過之，必趨。「冕」，鄭本作「弁」。鄭云：「魯讀『弁』爲『絻』。」《説文》：「『冕』或作『絻』。」何晏本依包咸作「冕」，或齊讀，今不從。「少」，《史記》引作「童子」。

齊衰，衰之緝者，蓋輕於斬衰之喪。冕，冠也。衣，上服；裳，下服。冕而衣裳，大夫以上之盛服也。瞽，無目者。作，起也。趨，疾行也。或曰，「少」當作「坐」。包氏咸曰：「冕者，冠也，大夫之服。瞽，盲也。作，起也。趨，疾行也。此夫子哀有喪，尊在位，恤不成人。」蓋孔子因人道之宜，順人情之安，

❶「禮運」，原誤作「禮器」。

所謂人倫之至也。後之教主，言人格者，無以尚諸。

○顏淵喟然歎曰：「仰之彌高，鑽之彌堅，瞻之在前，忽焉在後。《隸續·嚴發碑》：「鑴堅仰高」，則「鑴」當是齊魯《論》之一文。

喟，歎聲。鑽，所以穿也。堅，剛也。仰彌高，不可及；鑽彌堅，不可入；在前在後，恍惚不可爲象。此顏子深知夫子之道，無窮盡，無方體，而歎之也。古今爲孔子贊者多矣：宰我則稱賢於堯舜，子贛則稱百王莫違，子思則稱發育萬物，峻極於天，莊子則稱配神明，醇天地，育萬物，六通四闢，小大精粗，其運無乎不在，顏子則稱仰彌高，鑽彌堅，瞻之在前，忽焉在後。五子皆善言德行者，然雖極力鋪寫，終不若顏子之形容矣。次則莊子，次則子思，次則子贛，次則宰我。若顏子之所形容，所謂聖而不可測之謂神。今者於《春秋》得元統三世，讀《禮運》知小康大同，讀《易》而知流變靈魂，死生陰陽。二千年鑽仰未得者，今又新出，尚不知孔子更有幾許無窮無盡新理，爲我所鑽仰未得之者耶？以聞一知十，親炙既久之聖，尚鑽仰不得，前後恍惚，而謂數千年之後，於書不盡言，言不盡意之餘，吸啜糟糠，而得其精英，斷其定案，其可盡得乎？天生大聖，以莊子、顏子之聰明不可測知，吾亦只得曰不可測知而已。

夫子循循然善誘人，博我以文，約我以禮，欲罷不能。既竭吾才，如有所立卓爾。雖欲從之，末由也已。」「循循」，鄭注及《後漢·趙壹傳》注引作「恂恂」。蔡邕《姜伯淮碑》、《後漢·郭泰傳論》、《李膺傳》注、《吳志·步騭傳》、《宋書·禮志》載晉《袁瓌疏》、《南史·王琳傳》、《魏書·高允傳》、《賈思伯傳》、《隋書·煬帝紀》、《孟子》、《明堂章指》並與鄭同。「末由」，《史記·世家》引作「蔑繇」。

循循，恭順有序貌。誘，歆羡導進也。言夫子道雖高妙，而教人有序。博文，致知格物也。約禮，克己復禮。卓，特立超絶也。末，無也。此顏子自言其學之所至也。凡學道者，相引彌深，相望不遠，自有欲罷不能之境。至於步趨俱及，心力並盡，忽而臨深崖望大海，蹤跡既絶，行地皆無，劃然豁然，躊躇四顧，化人當前，卓爾高蹈，凌空步虛，中天迴顧，可見而不可及，可望而不可到，欲從末由，自崖而返，顏子自此遠矣。所謂大可爲也化之之聖，聖而不可測之神，則不可爲此。顏子學道之深，親見化人之境，而自言之。然則，孔子之爲化人神人，顏子實言之矣。

○子疾病，子路使門人爲臣。病間，曰：「久矣哉，由之行詐也！無臣而爲有臣。吾誰欺？欺天乎！且予與其死於臣之手也，無甯死於二三子之手乎！且予縱不得大葬，予死道路乎？」

包曰：「疾甚曰病。」孔子嘗爲大夫，可有家臣，時已去位，子路欲以家臣治其喪，其意實尊聖人，而未知所以尊也。病間，少差也。病時不知，既差乃知其事。言我不當有家臣，人皆知之，不可欺也，而爲有臣，則是欺天而已。引以自罪，其責子路深矣。無甯，甯也。大葬，謂君臣禮葬。死於道路，謂棄而不葬。孔子貴天爵而不貴人爵，爲教王而不爲人王，故言不欲死於臣手，而欲死於二三子之手。孔子重魂而輕魄，但免棄而不葬，而不貴大葬，雖辭立臣，而大義實在此。

○子贛曰：「有美玉於斯，韞匵而藏諸？求善賈而賈諸？」子曰：「賈之哉！賈之哉！我待賈者也。」「匵」本又作「櫝」。漢石經

「沽」作「賈」，今不從「沽」，從石經作「賈」。《白虎通・商賈篇》、《後漢書・張衡傳注》注、《逸民傳》注、《文選・琴賦》注並引作「價」。

韞，藏也。匵，匱也。沽，賣也。包氏咸曰：「沽之哉，不衒賣之辭。我居而待賈。」賈，與價通。子贛以孔子有道不仕，故設此二端以問也。君子未嘗不欲仕也，又惡不由其道。士之待禮，猶玉之待賈，必不枉道以從人，衒玉而求售也。

○子欲居九夷。或曰：「陋，如之何？」子曰：「君子居之，何陋之有？」

皇《疏》：「東有九夷：一立菟，二樂浪，三高麗，四滿飾，五鳧更，六索家，七東屠，八倭人，九天鄙。」《後漢書・東夷傳》：「夷有九種，畎夷、千夷、方夷、黄夷、白夷、赤夷、玄夷、風夷、陽夷。」欲居之者，亦乘桴浮海之意。所過者化，所存者神也。萬物一體，天下一家，太平之世，遠近大小，若一。其始夷夏之分，不過文明野蠻之別。故《春秋》之義，晉伐鮮虞則夷之，楚子入陳則中國之，不以地別，但以德別。若經聖化，則野蠻進而文明矣。孔子日思以道易天下，既不得於中國，則欲闢殖民之新地，傳教諸夷。聖人但欲開化救人，無所擇也。

○子曰：「吾自衛反魯，然後樂正，《雅》《頌》各得其所。」皇本「反」下有「於」字。

魯哀公十一年冬，孔子年六十九，自衛反魯，見道不行，決不再出，乃始撰定六經，以垂教後世，而先修《詩》《樂》。蓋必先正樂，《雅》《頌》乃得所。又，周流四方，徧考古今之樂，然後能定中聲。如今者，亦必徧游歐美，盡聆樂音，乃能正樂也。《經史問答》云：「正《詩》乃正樂中事。蓋正樂之條目多：有正其僭者，如宮縣不應用於諸侯，曲縣不應請於大夫，舞佾歌《雍》皆是也。有正其有司之失傳者，如《大武》之聲淫及商是也。有正其節奏之紊者，如翕純皦繹之條理是也。有正其聲而黜之者，如鄭、衛、齊、宋四聲，以及北鄙殺伐之響是也。有正其容者，如《大武》之致左憲右是也。有正其器者，如歌《韶》必以首山之竹，龍門之桐是也。有正其名者，如《大武》之樂，據冷州鳩語別有四名，疑其不可爲據是也。」包氏慎言：「《敏甫文鈔》云：《論語》，《雅》、《頌》以音言，非以《詩》言也。樂正而律與度協，聲與律諧，鄭、衛不得而亂之，故曰得所。《詩》有六義：曰風、曰賦、曰比、曰興、曰雅、曰頌。而其被之於樂，則《雅》中有《頌》，《頌》中有《雅》，《風》中亦有《雅》、《頌》。《詩》之《風》、《雅》、《頌》以體別，樂之《風》、《雅》、《頌》以律同。本之性情，稽之度數，協之音律，其中和平者，則俱曰《雅》、《頌》焉云爾。」揚雄《法言》曰：「或問：五聲十二律也，或《雅》或鄭，何也？曰：中正爲《雅》，多哇爲鄭。請問本？曰：黃鐘以生之，確乎鄭、衛不能入也。」由是言之，樂有樂之《雅》、《頌》，《詩》有詩之《雅》、《頌》，二者固不可比而同也。《七月》，《豳風》也，而籥章吹以養老息物，則曰《雅》，吹以寒暑，則曰《頌》。一詩而可《雅》可《頌》。《豳風》然，知十五國亦皆然也。《大戴禮・投壺》云：「凡《雅》二十六篇，《鹿鳴》、《貍首》、《鵲巢》、《采蘩》、《采蘋》、《白駒》、《伐檀》、《騶虞》八篇可歌。」《鵲巢》、《采蘩》、《采蘋》、《伐檀》、《騶虞》，此五篇皆《風》也，而名之爲《雅》者，其音雅也。《投壺》又云：「八篇廢，不可歌，七篇《商》，《齊》可歌。」《商》，《頌》也；《齊》，《風》也，而皆曰《雅》。由是言之，《雅》、《頌》者通名也。漢杜夔傳雅樂四曲，有《鹿鳴》、《伐檀》、《騶虞》、《文王》。墨子謂《騶虞》爲文王之樂，與《武》、《勺》並稱，則《風》詩之在樂，可名《雅》而又可名《頌》矣。《淮南·泰族訓》曰：「《雅》、《頌》之聲皆發於辭，本於情，故君臣以睦，父子以親。故《韶》《夏》之樂也，聲乎金石，潤乎草木。」然則，《韶》、《夏》亦云《雅》、《頌》，豈第二《雅》三《頌》之謂哉？又曰：「言不合乎先王者，則不可以爲道，音不調乎《雅》、《頌》者，不可以爲樂。」然則，《雅》、《頌》自有《雅》、《頌》之律。性情正，音律調，雖《風》亦曰《雅》、《頌》；性情不正，音律不調，即《雅》、《頌》亦不得爲《雅》、《頌》。後世非無《雅》、《頌》之詩，而不能與《雅》、《頌》並稱者，情乖而律不調也。太史公《樂書》曰：「凡作樂者，所以節樂。君子以謙退爲禮，減損爲樂，其如此也。以爲州異國殊，情習不同，故博采風俗，協比聲律，以補短移化，助流政教。天子躬於明堂臨觀，而萬民咸滌蕩邪穢，斟酌飽滿，以飾厥情。故云：《雅》、《頌》之音理而民正。」夫州異國殊，風也；天子博采，而協比以音律，則俱曰《雅》、《頌》。樂之《雅》、《頌》，其果以《詩》分乎，不以《詩》分乎？《樂書》又言：「天子諸侯聽鐘聲未嘗離於庭，卿大夫聽琴瑟之音未嘗離於前，所以養仁義防淫佚也。夫淫佚生於無禮，故聖人使耳聞《雅》、《頌》之音，目視威儀之禮。」由是言之，樂之《雅》、《頌》猶禮之威儀。威儀以養身，《雅》、《頌》以養心。聲應相保，細大不踰，使人聽之而志意得廣，心氣和平者，皆《雅》、《頌》也。以《詩》之《雅》、《頌》爲樂之《雅》、《頌》，則經傳多格而不通矣。《樂記》曰：「故人不能無樂，樂不能無形，形而不爲道，不能無亂，故制《雅》、《頌》之聲以道之。」《周南》、《召南》莫非先王所制，則莫非《雅》、《頌》也。非先王所制，而本之性情，稽之度數，協之聲律，不悖於先王者，聖人有取焉。《史記·孔子世家》言：❶「《詩》三百五篇，孔子皆絃歌之，以求合乎《韶》、《武》、《雅》、《頌》之音。」三百篇之於《雅》、《頌》，不必盡合也，其合乎《雅》、《頌》者，即謂之《雅》、《頌》。故《伐檀》也，《齊》也，亦曰《雅》。《大戴》所言，杜夔所傳，豈盡謬哉？《漢書·禮樂志》云：「周衰，王官失業，《雅》、《頌》相錯，孔子論而定之，故曰『吾自衛反魯，然後樂正，《雅》、《頌》各得其所。』」班氏所謂《雅》、《頌》相錯者，謂聲律之錯，非謂篇章錯亂也。所謂孔子論而定之者，謂定其聲律，非謂整齊其篇次也。子曰：「師摯之始，《關雎》之亂，洋洋乎盈耳哉！」《關雎》編次非有所錯，然洋洋之盛，必待孔子正樂之後。蓋自新聲既起，律音以乖，先王《雅》、《頌》皆因之以亂，詩則是也，聲則非也，故曰惡鄭聲之亂雅樂也。《淮南》曰：「先王之制法也，因民之所欲而爲之節文者也。因其好色而制婚姻之禮，故男女有別；因其好音而正《雅》、《頌》之聲，故風不流。」《關雎》、《葛覃》、《卷耳》正所謂節而不使流者也。然使以鄭聲絃之歌之，則樂者淫，哀者傷矣。明乎此，而《雅》、《頌》之不係乎詩可知，

❶「孔子世家」，原誤作「儒林傳」。

「得所」之非整理其篇章亦可知。按，古詩三千餘篇，孔子刪之定之，既取其義之合於人道者，又協其聲使合《韶》、《武》、《箾》、《濩》之音，蓋皆孔子修正或新製。晉荀勗、梁武帝、隋萬寶常之八十四調，猶存遺製，耶律德光破東京得唐之雅樂，而宋人不復見之，於是孔子之樂亡矣。吾嘗以周儢傂尺製十二笛，度八十四調，則笛孔相距甚遠，乃知古人手指甚長，今不能復之矣。今歐美之琴凡七調，高下長短，清濁皆備，其絃八十五，其中半音三十五，得八十四調之意歟？何其闇合也。

○子曰：「出則事公卿，入則事父兄，喪事不敢不勉，不爲酒困，何有於我哉？」

困，亂也，說見第七篇，然此則事愈卑而意愈切矣。天既生人，則有人之任，不可逃；我受天之命而爲人，則當盡人之道，不可棄。若欲逃棄人道之外，別求高妙清浄，是即有我之至，其違天愈甚，去道愈遠。孔子以天游之身，魂氣無不之，神明無不在，偶受人身，來則安之，順受其正。出爲我之公卿，我則事之，入爲我之父兄，我則事之。死喪之威，人所同有也，我則匍匐救之而不畏避。酒食之樂，人所娛生也，我亦醉飽同之，但不至亂。凡人間世之道，纖悉皆盡，無異常人。但終身應物，皆順體魄之自然，因物付物，而神明超然，寂然不動。故終日行而未嘗行，終日言而未嘗言，何有於我也。在衆無衆，在身無身，萬化而不厭，千變而不捨，深入而不癡，故灑掃即爲神功，人事皆爲道境。絕無奇特，即以絕無奇特爲彼岸；不離人道，即以不離人道爲極功。無大無小，無精無粗，自得安居者即爲聖人，不自得安居者即爲鄉人。此蓋化人之妙用，而孔子自道之也。不然，聖人雖謙，何至不能爲鄉人所能哉？儒者自命爲衛道，而宋人最長於割地。凡高妙者，皆付之於釋、道，乃至安身立命，超然自得者，亦付之於佛。則孔子之道只有克己寡欲，劬躬勞身而已。是墨子之道，所以敗也。宋賢言道之極，即入於墨，非孔子之道也。

○子在川上曰：「逝者如斯夫！不舍晝夜。」

天運而不已，水流而不息，物生而不窮，運乎晝夜未嘗已也，往過來續無一息也。是以君子法之，自强不息，及其至也，純亦不已焉。

○子曰：「吾未見好德如好色者也。」

《史記》：「孔子居衛，靈公與夫人同車，使孔子爲次乘，招摇市過之。」孔子醜之，故有是言。蓋好德者魂靈也，好色者光魄也。受光而見色，色與目宜者，目則好之。電自相吸，魂不能主，則從之矣。故漢哀帝之好董賢，斷袖而讓以天下；齊高緯之於馮小憐，亡國而更獵一圍，好之至則有如此。然易其目色，則愛好頓無，皆魄爲之也。七十子之事孔子，心悦誠服，終身從之，則魂靈爲之。故魂清自主者好德，魄濁用事者好色，而常人無學，魄常勝魂，故好德不如好色。

○子曰：「譬如爲山，未成一簣，止，吾止也。譬如平地，雖覆一簣，進，吾往也。」

包咸曰：「簣，土籠也。」此勉人爲學，當强毅以期有成。苟能自强不息，則積少成多，爲士可至聖人；苟廢於半塗，則前功盡廢，惟聖罔念作狂。其止其往，其成其敗，皆在人之强力堅志，而不在多少。蓋孔子爲成德者勉其極功，爲初學者厲其鋭志也。

○子曰：「語之而不惰者，其回也歟！」

《説文》作「惰」，則「惰」是今文。

何晏曰：「顔淵解，故語之而不惰；餘人不解，故有惰語之時。」蓋學者之性資有高下，學力有深淺，聞根有鈍利，故同一義語，而有領受不領受者。佛與諸大弟子語，而新學無聞，正與此同。故孔子有「中人以上可語上，中人以下不可語上」之義。孔門多高弟子，而孔子所心心印可者惟顔子一人，其與語之精義妙道，必羣弟子所不能知者。惜顔子早没，而孔子神化大道遂不可聞，此則大教之遺恨也。

○子謂顔淵曰：「惜乎！吾見其進也，未見其止也。」

包氏咸曰：「孔子謂顔淵進益未止，痛惜之甚。」皇《疏》謂，顔子死後，孔子有此歎也。若孔子見顔子已止，則顔子之才詣已定矣。惟尚當方進之時，則以聖人之才爲聖人之道，日新未已，爲聖人而已矣。然而短命，不能至聖而不可測之神，則此才爲古今最可惜者也。此篇多美顔子，蓋顔子爲聖門第一高才，及門無及之者。傳道失人，關係至大，故孔子痛之，至謂「天喪」也。

○子曰：「苗而不秀者有矣夫！秀而不實者有矣夫！」

穀之始生曰苗，吐華曰秀，成穀曰實，喻學者之等級如此。未學譬之苗，達才譬之秀，成德譬之實。學者之有此，或阨於壽命，或懈於中途。故學者如牛毛，成者如麟角，聖人之所以激厲後生至矣。漢沛相《范君墓碑》、禰衡《顔子碑》：「以惜顔子茂而不實也。」牟融

《理惑論》、《梁書・徐勉傳》、李軌《法言注》、《世説新語》同，則舊説有此。

○子曰：「後生可畏，焉知來者之不如今也！四十、五十而無聞焉，斯亦不足畏也已。」皇本「可畏」下有「也」字，「已」下有「矣」字。

此勉學者。後生，少年也。年少者氣盛體强，年富志鋭，盛德大業無所不可爲，無所不可成，其勢無比，不止可嘉，而實可畏。來日方多，安知不如我今日？蓋是時，孔子有聖人之望，天下所共尊，學者以爲不可幾及也。孔子誘之曰：後生何必慕我？乃可過我而令吾畏之者也。時哉，時哉！宜日就月將，惜陰黽勉。若四五十而名譽不聞，則雖發憤爲學，精力已衰，志氣已惰，即有所成，亦爲小就，不足畏矣。曾子曰：「三十、四十之間而無藝，即無藝矣；五十而不以善聞，則不聞矣。」語意正同。蓋學業成否全在少年，故孔子望之深，警之切如此。當孔子夢奠時，子夏、子游、子張、曾子皆二十餘歲，顔幸、冉孺、曹卹、伯虔、公孫龍僅二十，後生少年之成就者亦多，可見孔子陶鑄之盛也。

○子曰：「法語之言，能無從乎？改之爲貴。巽與之言，能無説乎？繹之爲貴。説而不繹，從而不改，吾末如之何也已矣。」

法語者，正義言之也。巽言者，孫順導之也。繹，尋引其理也。法言，人所敬憚，故必從，然不改，則面從而已。巽言，無所乖忤，故必説，然不繹，則又不足以知其微意之所在也。語之而不達，拒之而不受，其或喻焉，則尚庶幾其能改繹矣。從且説矣，而不改繹焉，則是別有肺腹，雖聖人其如之何哉。

○子曰：「主忠信，毋友不如己者，過則

勿憚改。」重出而逸其半，或弟子頻聞，故重録之。

○子曰：「三軍可奪帥也，匹夫不可奪志也。」

帥者，將帥。四丈爲匹。匹夫者，《書·堯典》疏：「士大夫已上有妾媵，庶人無妾媵，惟夫妻相匹。」孔氏曰：「三軍雖衆，人心不一，則其將帥可奪而取之，匹夫雖微，苟守其志，不可得而奪也。」三軍之勇在人，匹夫之志在己。在人則可奪，在己不可奪。如可奪，則亦不足謂之志矣。立志，爲學者第一事，志不立，則天下無可爲者。

○子曰：「衣敝緼袍，與衣狐貉者立，而不恥者，其由也與？『不忮不求，何用不臧？』」子路終身誦之。子曰：「是道也，何足以臧。」《釋文》：「『敝』或作『弊』。」皇本、《説文》衣部作「弊」，則「敝」是今文。《注疏》本三十章，《釋文》云三十一章，則古本多一章，正分「不忮不求」以下。

敝，壞也。緼，舊亂絮也。衣狐貉，以狐貉之皮爲裘。董子《繁露》謂：「百工商賈不敢服狐貉」，則貴人禦寒之服。子路當寒時無裘，棉袍已敝，一寒至此，而復與狐裘者並立，相形瑟縮，而浩氣自充，無所愧恥。子路之志如此，則能不以饑寒易其慮，不以貧富動其心，可以進於道矣，故夫子稱之。忮，很也，忌也。求，貪也。臧，善也。此《衛風·雄雉》之詩，孔子引之以美子路。蓋貧與富交，强者必忮，弱者必求。然求爲人情之常，忮乃心術之大害。志士去求尚易，去忮爲難，終身誦之，則自喜其能，而不復求進於道矣，故夫子復警之。蓋不恥惡衣惡食者，入道之基，而非成德之詣。德貴日新，道在上達，若遽以自喜，則止而不復進矣。孔子始善之，而末云不善，其鞭辟陶鎔學者，真善誘之妙用矣。

○子曰：「歲寒，然後知松柏之後彫也。」

何晏曰：「大寒之歲，衆木皆死，然後知松柏不彫傷。平歲則衆木亦有不死者，故須歲寒而後別之。喻凡人處治世，亦能自修整，與君子同，在濁世，然後知君子之正不苟容。至臨利害，遇事變，然後君子之所守乃見也。」蓋不經盤根錯節，不足以別利器；不經變故患難，不足以識忠良。《詩》不云乎，「風雨如晦，雞鳴不已。」

○子曰：「知者不惑，仁者不憂，勇者不懼。」

明足以燭理，故不惑；理足以勝私，故不憂；氣足以配道義，故不懼，此學之序也。人之生世，與接爲搆，日以心鬬。萬物之事理錯雜於前，而不知所從，則日在惑中；身家國天下苦惱相纏，而不能逃去，則日在憂中；身世言行危難相觸，而不能勝之，則日在懼中。惑則如盲人瞎馬，夜行臨池；憂則如在火坑懸崖，漏舟敗屋；懼則如見毒蛇猛虎，大火怨賊。此人道之至苦，而日望聖人拯之也。聖人先救惑者以窮理明物之知，則幽室皆見光明；施憂者以樂天知命之仁，則地獄皆成樂土；施懼者以浩氣剛大之勇，則風雷亦能弗迷。故知、仁、勇爲三達德，學者度世之妙方，不可不信受者也。

○子曰：「可與共學，未可與適道；可與適道，未可與立；可與立，未可與權。」

《玉篇》：「權，稱錘也。」《孟子》：「權然後知輕重。」蓋轉移而後得其平，變置無常而後得其正，謂之權。可與共學者，有志者也。然有志而智識昧者，未可與適道。可與適道者，識明能擇善者也。然力弱不堅，未可與立。擇善而固執，知類通達，强立不反，可與立矣。至於可與立，則篤信好學，守死善道者矣。然時措有宜，變通盡利，其以行權，固有反經而合道者。神而明之，存乎其人，必如此乃足見事理之變，濟時勢之窮。孔子之《春秋》有據亂、升平、太平三世，《禮運》有大同、小康，《易》有潛龍、見龍、飛龍、羣龍無首，歸魂、游魂。若執一而不知時中，則爲拘儒、小儒而害大道矣。故孔子之道，主於時，歸於權。其未可與立者，信道不篤；其未可與權者，執德不弘，皆未足與議也，程子攻《公羊》權義，此程子所以終身僅爲可與立之人歟？己所不知，削孔子之大義，令聖人之大義日亡，此則宋儒之割地偏安也。

「唐棣之華，偏其反而。豈不爾思？室是遠而。」子曰：「未之思也，夫何遠之有？」《釋文》：「『偏』本亦作『翩』，『未』或作『末』者，非。」皇本「有」下多「哉」字。

「唐棣之華」爲齊、魯、韓之詩，劉歆僞《毛詩》無之。諸儒動指爲逸詩，豈知凡經孔門所引，安有佚詩耶？何晏曰：「唐棣，移也，華反而後合。賦此詩者，以言權道反而後至於大順。」思其人而不得見者，其室遠也，以言思權而不得見者，其道遠也。唐棣亦作常，亦通作棠，諸書紛如。郝懿行《義疏》引牟願相説：「唐棣，即今小桃白，其樹高七八尺，其華初開反背，終乃合并。」得之目驗，足爲翩反之證。而，語助辭。何晏曰：「夫思者，當思其反。反是不思，所以爲遠；能思其反，何遠之有？言權可知，惟不知思耳。思之有次序，斯可知矣。」蓋權反於經，而後合於道。道固甚多，東西之相反而相通，南極北極相反而相成。故問孝則人人異，告進退則由、求反異。既曰「天下有道則見，無道則隱」，而又曰「天下有道，丘不與易」。既曰「身體髮膚不敢毀傷」，而又曰「殺身成仁」。既曰「大夫無遂事」，而又曰「大夫出竟，有可以安社稷、利國家者，專之可也」。天有陰陽，故教有經權。常變，開闔，公私，仁義，文質皆有二者，故三統不同，三世互異，大同與小康相反，太平與亂世相反。能思其反，乃爲合道，若從常道，反不合道矣。故循常習故之人，不知深思天理人事之變，則不能行權。若於人事能思之，於物理思之，於時變思之，既思其正，而又思其反，正反既具，真道乃見。故六經終於《易》，以變爲義，是篇終於權，以思其反爲義。孔子慮後人拘守一隅，特著是義，以教人無泥常而知權，當深思而知反。何晏所傳當爲先師微言，而今幸存者也。蓋天以變爲運，人以變爲體。人全體兩月而盡變，安有可永遠守常者？故日日守常，即日日思反，相反相成乃可行也。或以爲慕道之人亦欲來學，但苦室遠未能，豈知志士千里負笈，棄家事師，苟有志焉，萬里異國，奔走相從，謂之遠者，實未思耳。於義亦通。

論語注卷之九終

門人贛縣王德潛初校
門人高要陳焕章覆校
門人番禺王覺任覆校
門人東莞張伯楨覆校

論語注卷之十

南海康有爲學

鄉黨第十

尹焞曰：「甚矣，孔門諸子之嗜學也，於聖人之色言動，無不謹書而備録之，以貽後世。今讀其書，即其事，宛然如聖人之在目也。雖然，聖人豈拘拘而爲之者哉？蓋盛德之至，動容周旋自中乎禮耳。學者欲潛心於聖人，宜於此求焉。」此篇因朱氏爲多，朱氏亦因於古注者也，故不復引出。

凡一章十七節《釋文》作一章，而其間事義各以類從。皇、邢《疏》別爲科段，分二十二節。朱子分爲十七節，今從朱子。

○孔子於鄉黨，逡逡如也，似不能言者。其在宗廟朝廷，便便言，唯謹爾。《史記》、《漢書》、《潛夫論》同作「恂恂」，《隸釋·祝睦碑》：「鄉黨逡逡，朝廷便便」，與《索隱》同。《劉脩碑》：「其於鄉黨，遜遜如也。」疑「逡逡」爲魯《論》，「遜遜」爲齊《論》，「恂恂」爲古《論》。漢碑足據，若《史記》寫本，易爲後人竄改也。

逡逡，温恭退讓之貌。似不能言者，謙卑遜順，不以賢知先人也。鄉黨，父兄宗族之所在，故孔子居之，其容貌辭氣如此。便便，辯也。宗，尊也；廟，貌也，象先人之尊貌也。宗廟，禮法之所在。君之治朝三：有外朝、治朝、燕朝。朝廷，政事之所出，言不可以不明辯，故必詳問而極言之，但謹而不放爾。以視人之驕於鄉里而訥於朝廷，何相反也。此記孔子在鄉黨、宗廟、朝廷言貌之不同。

○朝，與下大夫言，侃侃如也；與上大夫言，誾誾如也。君在，踧踖如也，與與如也。漢碑《唐扶頌》：「衎衎誾誾。」《後漢書·袁安傳》：「誾誾衎衎。」漢人引多如此，疑是今文。《論語》無「衎衎」字，而用「侃侃」，或是古文，或是齊《論》也。「與與」，《漢書》作「懙懙」。《史記·世家》及《聘禮注》皆先上大夫，後下大夫，當是今文。今各《論語》本先下大夫，後上大夫。

此君未視朝時也。上大夫，卿也。侃侃，和樂也。誾誾，和悅而諍也。馬融曰：「君在，視朝也。」踧踖，敬畏也。與與，行步安舒。此一節記孔子在朝廷，事上接下之不同也。

○君召使儐，色勃如也，足躩如也。揖所與立，左右手，衣前後，襜如也。趨進，翼如也。賓退，必復命曰：「賓不顧矣。」「擯」，《史記·世家》作「儐」，《漢書》作「賓」，《叔孫通傳》「大行設九賓」，今從《史記》。皇本「左右」下有「其」字。

儐，導也。君朝用交儐，臣聘用旅儐。後鄭謂：旅讀爲鴻臚之臚，然又謂旅儐不傳辭。此誤混於先鄭，故倒之。皆傳辭，以重其禮也。有大賓，君使出接也。勃，變也，矜莊貌。躩，盤辟貌。皆敬君命故也。所與立，謂同爲儐者也。揖左人，則左其手；揖右人，則右其手，一俛一仰。襜，動而整貌。趨，有徐趨，疾趨。張拱端好，如鳥舒翼，紓君敬也。賈子《容經》：「趨以微磬之容，飄然翼然，肩狀右流，足如射箭。」此一節記孔子爲君擯相之容。惟孔子爲魯司寇時，無列邦君臣來聘事，或以大夫，微而不書，或即夾谷相禮之事也。

○入公門，鞠窮如也，如不容。《釋文》於下文「執圭鞠躬如也」引作「窮」。

諸侯之門有三：庫門、雉門、路門，其容十八尺。公門高大，而若不容，敬之至也。鞠躬，鄭氏曰：「自歛歛之貌也。」劉氏寶楠《論語正義》曰：「《聘禮》記注引此下文『執圭鞠躬如也』，《釋文》『躬』作『窮』。《廣雅·釋訓》：『匔匔，謹敬也。』王氏念孫《疏證》引此文說之云：『踧踖、鞠躬皆雙聲以形容之，故皆言如。』《史記・韓長孺傳贊》：『斯鞠躬君子也。』太史公《自序》：『務在鞠躬君子長者。』《漢書・馮奉世傳贊》：『鞠躬履方』，顔師古注云：『鞠躬，謹敬貌。』皆當讀爲鞠窮。段氏玉裁《說文注》說略同。段又引《魯世家》：『匔匔如畏然。』徐廣云：『見《三蒼》，謹敬貌也，音穹窮。』則鞠躬者，匔匔之假借。孫氏志祖《讀書脞録》：『蓋鞠躬與踧踖一例，若作曲身解，則當云躬鞠如也，方與色勃如也，足躩如也，句法合矣。』」盧文弨《龍城札記》曰：「鞠躬，《鄉黨篇》凡三見，舊以曲斂其身解之。夫信爲曲身，何必言如？案，《廣雅》：『匑匔，謹敬也。』曹宪：『匑音邱六反；匔音邱弓反。』《儀禮》《禮記》康成注引：『孔子之執圭，鞠窮如也。』

曹氏之音與鄭注合，是鞠躬當讀爲鞠窮，乃形容畏謹之狀，故可言如，不當因躬字，而即訓爲身。今匑匔二字，《廣雅》皆譌寫，賴有曹氏之音，猶可考其本字。即《儀禮注》今亦多作鞠躬，亦賴有陸氏《釋文》、張淳《辨誤》尚皆作鞠窮。陸氏載劉氏音弓，則非劉氏皆讀如窮本字可知矣。張云：「《爾雅》『鞠，究窮也』，鞠窮蓋複語，非若踧踖之謂乎？鞠窮、踧踖皆雙聲，正相類。《說文》惟匑字，訓曲脊，不云匑躬，亦不引《論語》。若鞠字實義，蹋鞠也，推窮也，養也，告也，盈也，並未有曲也一訓。至《史記・魯世家》：『匔匔如畏然』，徐廣音爲窮窮，字少異而義未嘗不相近也。《論語》此三句之下，一則曰如不容，一則曰氣似不息，一則曰如不勝。使上文是曲身，亦不用如此覆解。或云：攝齊升堂，鞠躬豈非曲身乎？曰：言攝齊，則曲身自見，正不必復贅言曲身。且曲身乃實事，而云曲身如，更無此文法。」《讀書脞録》、《拜經日記》大略相同，而此較詳。《論語古訓》、《吾亦廬稿》又引《三蒼》「匑匔，敬畏貌」爲證。《羣經義證》引《魯世家》注：「匔，見《三蒼》，音窮。或《論語》本作匔，轉脱作躬。案，包氏『攝齊升堂』節注：『鞠躬者，敬慎之至』是也。」此皆乾嘉諸先生考證，至精碻，故今從之，寫作「鞠窮」，而曲身之誤説可廢矣。

立不中門，行不履閾。

門謂雉庫，待朝而立也。古門制，兩邊立長木曰棖，中立木曰闑，在兩扇門中。主由闑東，賓由闑西，東西各有中。《曲禮疏》云：「棖闑之間，尊者所行。」不中門者，近闑也。賈《疏》謂「門有二闑」，誤。閾，門限也，亦作閫，又作梱、作柣、作榍。禮：士大夫出入君門，由闑右，不踐閾。踐，履也。立中門則當尊行，履閾則不敬，非自高則不浄也。

過位，色勃如也，足躩如也，其言似不足者。

包咸曰：「過君之空位。」謂治朝，君揖羣臣處在路門外，庫門内之平地，無堂陛，或以爲庭中當碑南。鄭謂：「入門右，君揖之位。」然凡君空位皆然也。色勃如，足躩如，事彌至，容彌盛，君雖不在，過之必敬，不敢以虛位而慢之也。言似不足，不敢肆也。

攝齊升堂，鞠窮如也，屏氣似不息者。

攝，摳也。齊，衣下縫也。《禮器》：「諸侯之堂七尺。」七級拾級，聚足連步以上。言前足升一等，後足從之，相隨不相過，此升階之法。有急越等則栗階，栗階不過二等，左右足各一發而升也。禮，將升堂，兩手摳衣使去地尺，恐躡之而傾跌失容也。屏，藏除也。息，鼻息出入也。近至尊，氣容肅不息，有吸無呼也。

出，降一等，逞顏色，怡怡如也。没階，趨進，翼如也。復其位，踧踖如也。《釋文》「一本作『没階趨進』，誤。」朱《注》從之。然《史記·孔子世家》、《儀禮·聘禮注》、《曲禮正義》、《儀禮·士相見禮疏》、《説文》，其引此文皆有「進」字，唐石經亦有「進」字。故今不以爲誤。

等，階之級也。逞，放也。漸遠所尊，舒氣解顔。怡怡，和悦也。没階，下盡階也。趨進，趨前之謂也，走就位也。復位治朝，外門右北面之位，或以爲庭中之位，皆可。踧踖，敬之餘也。此一節記孔子在朝之容。

執圭，鞠窮如也，如不勝。上如揖，趨如授。勃如戰色，足蹜蹜如有循。魯讀「下」爲「趨」。

包咸曰：「爲君使聘問鄰國，執持君之圭。鞠窮者，敬慎之至。」禮，執主器，執輕如不克。上如揖，趨如授，「如」古通「而」，乃言揖授之實狀。上文形容，此非形容詞矣。《聘禮》：「賓入門三揖，揖必上其手」，故曰「上如揖」。升西楹西，東面致命，三退負序，進授玉於中堂與東楹之間，故曰「趨如授」。戰色，戰而色懼也。蹜蹜，舉足促狹也。如有循，《記》所謂「舉前曳踵」，言行不離地，如緣物也。「圈豚行」，「君與尸行接武」，謂蹈半跡得三尺。「大夫繼武」，跡相及也，「士中武」，跡閒容跡也，形容揖授之敬也。鄭玄注《聘禮》記：「上介執圭，如重授賓」，即如不勝之謂；「賓入門皇」，即勃如戰色之謂；「升堂讓，將授志趨」，即足蹜蹜如有循之謂，全引

《論語》此文。且「將授志趨」可證「趨授」而非「下授」矣。志趨，即徐趨。

享禮，有容色。

鄭玄曰：「享，獻也。既聘而享，用圭璧，有庭實。」《聘禮》：「既受圭，賓降出。儐者出請，賓裼奉束帛加璧，享庭實，入設。賓入門左，揖讓如初升致命」是也。禮者，主人以醴禮賓也。《聘禮》：「既聘乃享」，「既享乃禮」，凡二事。

私覿，愉愉如也。

鄭氏曰：「覿，見也。既享，乃以私禮見。愉愉，顔色和。」《聘禮》：「賓覿奉束錦，總乘馬入門右北面，奠幣再拜稽首。出，儐者坐取幣。出，有司牽馬以從。儐者請受，賓禮辭聽命，馬入設，賓奉幣入門左，公揖讓如初升。公再拜，賓退振幣進授，士受馬。賓降階東拜送，君辭；拜也，君降一等，辭。栗階升，再拜稽首，降出。」此私覿禮也。此一節記孔子爲君聘於鄰國之禮。孔子定公九年仕魯，至十三年適齊，其間無朝聘往來之事。或有之，而史略之也。

○君子不以紺緅飾，《説文》無「緅」字，當是今文。孔《注》古文必作「縓」。

君子謂孔子。《爾雅》：「紺緅者，赤黑之間也。」按，一染謂之縓，再染謂之赬，三染謂之纁，四染謂之紺，五染謂之緅，六染謂之玄，七染謂之緇。纁，淺絳也。鄭曰：「玄纁所以爲祭服，紺緅木染，不可爲衣飾。」《説文》：「紺，深青而揚赤色。」無「緅」，有「纔」字，云：「帛爵頭色。一曰微黑色，如紺纔淺也。」則「纔」亦「緅」字也。飾，領袖緣也。鄭以爲淺紅紫色，姦不以爲飾。

紅紫不以爲褻服。

紅，赤白合色； 紫，青赤合色，皆間色。褻服，私居服也。言此，則不以爲朝祭之服可知。古者，衣正色，裳間色，故士纁裳雜裳可也。此但言衣，若裳則可也。朝祭服，春秋尚黑也。《記》稱，朝服以紫，自齊桓公始，則當時且以爲朝服矣。至唐世，以紫爲三品以上服，紅爲五品以上服。此亦三統之殊，尚黑尚赤不同也。

當暑，袗絺綌，必表而出之。「袗」，《玉藻》作「振」。皇本無「之」字。

袗，單也。葛之精者曰絺，粗者曰綌。《玉藻》《曲禮》：「袗絺綌不入公門」，戒不敬也。表，文從毛衣。古之衣裳必以毛爲表，假借爲外也。表而出之，謂先著裏衣，表絺綌而出之於外，欲其不見體也。《詩》所謂「蒙彼縐絺」是也，當是深衣，燕居服也。古者，服絺綌與服裘同，皆先著親身之衣，冬加裘，夏加絺綌，春秋加袷褶。又，其上加裼衣，後史所謂中衣近之。裼衣上加正服，此《聘禮疏》說。裼者，開正服之前衿，袒其左袖而露其裼衣，以正服之左袖插諸前衿之右，若掩其正服，則襲也。凡裼衣必與裘葛同色，裘葛必與正服同色。

緇衣，羔裘； 素衣，麑裘； 黃衣，狐裘。

緇，黑色，羔裘用黑羊皮。麑，鹿子，色白。狐色黃。衣，裼衣也。以帛衣裼裘，欲色相稱。

褻裘長，短右袂。「褻裘」，古文作「絬衣」，則「褻裘」是今文。

褻裘，私居之服也，長欲其溫。若禮服，升降上下，不能太長也。短右袂，所以便作事。古者，袂制二尺二寸，加緣寸半，爲二尺三寸半，反詘及肘，尺二寸。短者，不反詘及肘也。

必有寢衣，長一身有半。

《説文》：「被，寢衣。」鄭：「今小卧被，其半蓋以覆足。」今日本寢衣，有袖而長過身半，猶有是焉。《求古録》謂：「當在當暑節下。常人當暑寢，多不用被，易感疾，孔子爲用小被，以防風寒也。」

狐貉之厚以居。

狐貉毛深温厚，私居取其適體。或謂「居」與「坐」通。《論語》「居，吾語女」。《孝經》：「坐，吾語女。」《孟子》：「坐，吾明語子。」《玉藻》：「居恒當户，寢恒東首。」「居」與「寢」對，亦謂「坐」也。焦贛《易林》：「狐貉載剥，徙温厚蓐」，即用此。《詩》所謂「文茵」，蓋坐褥宜温厚也。

去喪，無所不佩。

君子無故，玉不去身，凡帶必有佩玉，唯喪否。《間傳》「中月而禫，禫而牀。」無不佩。

非帷裳，必殺之。

朝祭之服，裳用正幅如帷，要有襞積而旁無殺縫。其餘若深衣，要半下齊，倍要則無襞積而有殺縫矣。

羔裘玄冠不以弔。

喪主素，吉主玄。弔必變服，所以哀死。

吉月，必朝服而朝。

吉月，月朔也。朝服，皮弁服。孔子在魯致仕時如此。此一節記孔子衣服之制。

○齊，必有明衣，布。

齊必沐浴，浴竟即著明衣，所以明潔其體也，以布爲之。《既夕禮》記：❶「明衣裳用幕布，袂屬幅長下膝。有前後

❶「既夕禮」，原誤作「士喪禮」。

裳，不辟長及縠。縓綼緆，緇純。」此襲尸之制，生人明衣當亦相仿也。

齊，必變食，居必遷坐。

變食，謂不飲酒不茹葷。遷坐，易常處也。此一節記孔子謹齊之事。致潔變常，以盡敬交神也。

○食不厭精，膾不厭細。

食，飯也。精，鑿也。《九章》：「粟五十，糲米三十，粺二十七，鑿二十四，侍御二十一」，愈精則愈少。牛與羊魚之腥，聶而切之爲膾。食精則能養人，膾粗則能害人。不厭，言以是爲善，非謂必如是也。太古火化未盡，多食生肉。今日本人猶全食魚膾，法、瑞、丹、那人初入饌亦然。

食饐而餲，魚餒而肉敗，不食。色惡，不食。臭惡，不食。失飪，不食。不時，不食。

饐，飯傷熱溼也。溼，味變也。魚爛曰餒，肉腐曰敗。色惡，臭惡，未敗而色臭變也。飪，烹調生熟之節也。不時，五穀不成，果食未熟之類。此數者皆足以傷人，故不食。鄭玄曰：「不時者，非朝夕日中時」，非其時則不食，亦可。又如，春宜羔豚膳膏薌，夏宜腒鱐膳膏臊，秋宜犢麛膳膏腥，冬宜鮮羽膳膏羶，食之時也。

不得其醬，不食。舊本「不得其醬，不食」上有「割不正，不食」，當是錯簡。今依《史記》、《新序》、《韓詩》改移在「席不正，不坐」之下。

食肉用醬，各有所宜，不得則不食，惡其不備也。

肉雖多，不使勝食氣。惟酒無量，不及亂。《說文》引「氣」作「既」，當是古文。今不從。

量，升斗石也。食以穀爲主，故不使肉勝食氣。酒以爲人合歡，故不爲量。所謂一斗亦醉，一石亦醉，但以醉爲節而不及亂耳。

沽酒市脯不食。「沽」當是「酤」之假借。

沽、市，皆買也。恐不精潔，或傷人也，與不嘗康子之藥同意。

不撤薑食，

薑是和品，通神明去穢惡，故不撤。

不多食。

適可而止，養生之道，宜少饑不宜飽也。

祭於公，不宿肉。祭肉不出三日，出三日，不食之矣。

周生烈曰：「助祭於君，所得牲體，歸則以頒賜，不留神惠也。」蓋不俟經宿。家之祭肉，則不過三日皆以分賜。蓋過三日，則肉必敗而人不食之，是褻鬼神之餘也，但比君所賜胙可少緩耳。

食不語，寢不言。

肺爲氣主，喉有氣管而聲出焉。寢食則氣窒而不通，言語恐傷之也。

雖疏食菜羹，必祭，必齊如也。魯《論》「瓜祭」作「必祭」。今文也，今從之。陸德明曰：「今本『瓜祭』非齊《論》即古《論》也。」

羹，五味和羹。《内則》有雉羹、脯羹、雞羹、兔羹、鶉羹。古人飲食，每種各出少許，置之豆間之地，以祭先代始爲飲食之人，不忘本也。今印度祭猶如此。齊，嚴敬貌。孔子雖薄物必祭，其祭必敬，聖人之誠也。此一節記孔子飲食之節。聖人養生之慎如此，蓋天與父母三合而生身，必當敬謹之，非爲徇口體之欲也。

○席不正，不坐。割不正，不食。《史記·世家》、《墨子·非儒篇》、《新序·節士篇》、《韓詩外傳》九、《說文》引「割不正，不食」在「席不正，不坐」之下，五書同可證。今本在「不時，不食」下，當是錯簡，今改正。

君子貴大居正，正本而末應，正内而外應，正一身以正萬民。聖人撥亂世而反之正，造次無不歸於正。蓋習養神明，令其魂魄熟習，然後種性堅定。故坐席與割肉之小，亦必得其正也。漢陸績之母，切肉未嘗不方，斷葱以寸爲度，蓋其賢與聖人合也。

○**鄉人飲酒，杖者出，斯出矣。**

杖，持也。孔子以六尺之杖，六十杖於鄉。未出，不敢先；既出，不敢後。聖人之恭鄉黨而敬老也。鄉人飲酒，饗也，從鄉從食。或賓興習射尚賢，或蜡祭尚齒，此主敬老也。

鄉人儺，朝服而立於阼階。魯讀「儺」爲「獻」，則「儺」是古《論》，今不從。

《禮記·郊特牲》「鄉人禓」注：「禓，或爲獻，或爲儺。」惠氏棟曰：「『獻』讀爲『莎』，又讀爲『義』，『義』音『莪』，聲近『儺』。《世本》：『微作禓五祀』，注：微者，殷之八世孫也。禓者，强死鬼也。謂時儺索室，驅逐疫强死鬼也。」《郊特牲》以孔子朝服立於阼爲存室神，恐其驚先祖，欲其依己而安也。朝服，大夫之祭服，用祭服以致其敬。阼階，東階也。此一節記孔子居鄉之事。

○**問人於他邦，再拜而送之。**

問，訊也。拜送使者，如親見之敬也。

康子饋藥，拜而受之。曰：「丘未達，不敢嘗。」《釋文》：「一本無『而』『之』二字。」

大夫有賜，拜而受之，禮也，空首奇拜也。達，曉也。未達，不敢嘗，謹疾也。必告之，直也。

○**廄焚。子退朝，曰：「傷人乎？」不問馬。**

廄，勼也，馬舍也，牛馬之所聚也。焚，燒也。退朝，自君之朝來歸也。《鹽鐵論》：「問人不問馬，賤畜而重人也。」蓋未至極平之世，只能愛人類，非不愛馬，恐傷人之意多也。

○君賜食，必正席先嘗之。君賜腥，必熟而薦之。君賜牲，必畜之。「生」魯讀作「牲」。

正席先嘗，如對君也。既嘗之，乃以頒賜。腥，生肉。熟而薦之祖考，榮君賜也。畜之者，仁君之惠，無故不敢殺也。賜食，《聘禮》之「飪」也； 賜腥，《聘禮》之「腥」也； 賜牲，《聘禮》之「餼」也。

侍食於君，君祭，先飯。

侍食者，君祭則已不祭而先飯，若代膳夫爲君嘗食然。忠敬之至，亦不敢當客禮也。

疾，君視之，東首，加朝服，扡紳。唐石經、《釋文》作「扡」，皇本作「拖」。

東首，向日以受生氣也。《玉藻》：「君子居恒當户，寢恒東首。」君入室，倚西面東，故必東首以面君也。病卧不能著衣束帶，又不可以褻服見君，故加朝服於身，又引大帶於上也。平時玄端深衣。包咸曰：「夫子疾處南牖之下，東首，不敢不衣朝服見君。」朝服大帶用絲垂曰紳，深衣用革帶垂曰厲。《玉藻》：「紳長制，士三尺，有司二尺有五寸。」

君命召，不俟駕行矣。

鄭玄曰：「急趨君命，行出而駕車隨之。」《玉藻》曰：「凡君召以三節，二節以走，一節以趨。在官不俟屨，在外不俟車。」此三節記孔子事君之禮。

○入太廟，每事問。重出，蓋弟子類記行事於此也。

○朋友死，無所歸，曰：「於我殯。」朋友之饋，雖車馬，非祭肉，不拜。

朋友有通財之義，故雖車馬之重，不拜。祭肉則拜者，敬其祖考，同於己親也。自父子夫婦兄弟以形合，此外以魂合者皆朋友也。其人最多，其行最賢，其助最重，其得最深，其義最切。生則通財以養，死則斂尸以收之，孔子之於朋友，其厚如此。鄭志問：「朋友死，無所歸，於我殯。若此者，當迎彼還已館，皆當停柩於何所？」答曰：「朋友無所歸，故呼而殯之，不謂已殯迎之也。館而殯之者，殯之而已，不於西階也。云呼而殯之者，此釋經『曰』字，其殯資皆出自夫子。就其所在殯之，不迎於家也。若館而殯之，不於西階，則但殯之於館也。」此一節記孔子交朋友之義。

○**寢不尸，居不容。**

皇《疏》言人卧法云：「眠當欹而小屈足，尸謂偃卧布展四體手足如死人。」居，家居。室家之敬難久，故不爲容儀也。古者謂威儀爲容，《漢·藝文志》所謂「徐生善爲容」，今賈子《容經》是也。閒居申申，天天無事修飾，但惰慢之氣不設於身體耳。

見齊衰者，雖狎，必變。見絻者與瞽者，雖褻，必以貌。皇本「見」上有「子」字。「冕」，鄭玄本作「弁」，魯讀作「絻」，今從之。

狎謂素親狎，褻謂燕見，貌謂禮貌。見喪則哀，見貴則敬，見廢疾則憐。

凶服者式之，式負版者。

凶服，送死之衣物。式，車前横木軾也，有所敬則俯而憑之。版，《中庸》所謂「方策」。《聘禮》記「百名以上書於策，不及百名書於方。」策，古者邦國、土地、人民、户口、車服、禮器，皆有圖，丹書之以爲信，謂之丹圖。如民約則書於户口圖，地約則書於土地圖。負版，持邦國圖籍者。人爲萬物之靈，而王者之所天也。聖人重民，哀死而慶其生，故式之。

有盛饌，必變色而作。

敬主人之親饋，非以其饌也。作，起也。《曲禮》曰：「主人親饋，則拜而食；

主人不親饋，則不拜而食。」

迅雷風烈必變。

迅，疾也。烈，猛也。必變者，所以敬天之怒，不敢戲豫。《記》曰：「若有疾風迅雷甚雨則必變，雖夜必興，衣服冠而坐。」此一節記孔子容貌之變。

○升車，必正立，執綏。

綏，挽以上車之索也。《曲禮》：「僕展軨，效駕，奮衣由右上。」則乘者必由左升。周生烈曰：「正立執綏，所以爲安」，亦莊敬之容，無在不然也。古車無坐，故若此。今車有坐，尤便人，則正坐可也。

車中内顧，不疾言，不親指。魯讀「車中内顧」，無「不」字，今從之。皇本、《釋文》本作「輿中」。

古文作「車中不内顧」。《東京賦》：「車中内顧」，薛綜注：「内顧，謂不外視臣下之私也。」今《文選》本仍有「不」字，後人誤增改。《禮》曰：「顧不過轂。」包咸曰：「前視不過衡軛，傍視不過輢轂」，亦足證内顧之禮。包氏正解内顧之禮，無「不」字，真魯讀也。疾言恐驚衆，親指恐惑人，故不爲。崔駰《車右銘》：「箴闕旅賁，内顧自勑。」《車後銘》云：「望衡顧轂，允慎兹容。」《風俗通・過譽》云：「升車必正立，執綏内顧。不掩不備，不見人短。」尤魯讀之意，最明。今各本增「不」字，皆後人誤寫也。

○色斯舉矣，翔而後集。

馬氏曰：「見顔色不善，則去之。」周生烈曰：「迴翔審觀，而後下止。」朱子曰：「人之見幾而作，審擇所處，亦當如此。」然此上下必有闕文矣。王氏引之《經傳釋詞》：「色斯者，狀鳥舉之疾也。色斯猶色然，驚飛貌也。」《吕氏春秋・審應篇》：「蓋聞君子猶鳥也，駭則舉。」哀六年《公羊傳》曰：「諸大夫見之皆色然而駭」，何注曰：「色然，驚駭貌」，義與此相近也。漢人多以「色斯」二字連讀。《論衡・定賢篇》：「大賢之涉世也，翔而有集，色斯而舉。」議郎《元賓碑》：「翻翥色斯竹」，邑侯相《張壽碑》：「君常懷色舉，遂用高逝堂」，邑令《費鳳碑》：「色斯輕翔，翻然高禣」，《費鳳别碑》：「功成事就，色斯高舉。」

曰：「山梁雌雉，時哉時哉！」

「曰」上當有「子」字。梁，山澗中橋也。孔子歎雌雉之或舉或集，皆能見幾審時，故稱曰「時哉時哉」。孔子爲時中之聖，溥博淵泉而時出之，隨時處中，無可不可。故《易》曰：「隨時之義大矣哉！」又曰：「先天而天弗違，後天而奉天時」，以見義理無定，當時爲宜。孔子生當亂世之時，則行撥亂小康之義；若生平世之時，則行太平大同之義，易地皆然。禮時爲大，記者以《論語》兼陳萬法，恐後世惑於所從，故於終篇標舉時義，以明孔子之道在時，學者審時而行可也。此孔門微言，託雌雉以明之。上《論》始以時，終以時，下《論》終以命，以言人有時命，雖聖人不能違也。如《春秋》始於文王，終於堯舜，記者有深旨，不可不察也。

子路共之，三戛而作。皇本、《釋文》「共」作「供」，《藝文類聚・鳥部上》、《太平御覽・羽族部》作「拱」，《吕氏春秋・審己篇》「故子路揜而復釋之。」《爾雅》：「拱，執也」，故雉驚顧而起。《爾雅》：「鳥曰臭」，動走之名。《正字集注》引漢石經作「戛」，唐石經作「嗅」，今從「戛」。

戛，雉長鳴也。子路以手拱執之，雉即長鳴而高飛。扶摇九萬里，負青雲摩蒼天，而羅者猶陳於藪澤。以喻聖德之因於時，亦猶文雉，非人所能知也。孔子可以仕則仕，可以止則止，可以久則久，可以速則速，聖之時者也。

論語注卷之十終

門人贛縣王德潛初校
門人高要陳焕章覆校
門人番禺王覺任覆校
門人東莞張伯楨覆校

論語注卷之十一

南海康有爲學

先進第十一

此篇多記弟子言行。

凡二十五章《釋文》凡二十三章。皇、邢本分「德行」別爲章，故爲二十四章。朱子加分「回也論篤」別爲章，故爲二十五章。

○子曰：「先進於禮樂，野人也；後進於禮樂，君子也。

包咸曰：「先進、後進，謂士先後輩。」《論語述何》曰：「先進謂先及門，如子路諸人，志於撥亂世者，於禮樂尚粗略也。」後進謂子游、公西華諸人，志在致太平者，於禮樂甚彬彬也。」《大戴禮·衛將軍文子篇》：「吾聞夫子之施教也。」盧辯注引此，則先進後進謂弟子也。

如用之，則吾從先進。」

時未至於太平，則只能用撥亂之禮樂，故曰從先進。今略近升平，然亦未可用太平之禮樂也。

○子曰：「從我於陳、蔡者，皆不及門也。」

德行：顏淵、閔子騫、冉伯牛、仲弓。政事：冉有、季路。言語：宰我、子贛。文學：子斿、子夏。皇本別爲一章，今依鄭本合爲一章。《史記》、《鹽鐵論·殊能篇》皆次「政事」於「言語」前，當是魯《論》，今從之。

自定公十四年，孔子去魯後，過衛、宋、鄭，而居陳凡三歲，年六十矣。中間再適衛而遷居於蔡，又三歲。至吴侵陳，楚昭王救陳，乃聘孔子，而遭陳、蔡大夫之忌，見圍。子贛至楚，楚昭王起兵迎孔子，乃解。是時孔子年六十三。蓋孔子去魯十四年，而居陳、蔡六歲，爲日至久。當時雖累思歸而不果，弟子之高才者多從之，皆名震於諸侯。故子西告楚昭王，曰：「王之使使諸侯，有如子贛者乎？」曰：「無有。」「王之輔相，有如顔回者乎？」曰：「無有。」「王之將率，有如子路者乎？」曰：「無有。」「王之官尹，有如宰予者乎？」曰：「無有。」時新脱陳、蔡之難，可知十哲皆從。十哲各有所長，孔子分以四科。蓋三千、七十之中，妙選高才從行以備致用，故震動時流如此。此十哲者，相得至深，相從已久，故孔子思之甚。至此之發歎，不審何時，蓋適十哲不在，故思之而記其所長也。《史記》叙厄陳、蔡只有子路、子贛、顔回，蓋簡文也。孔門高選自有子、曾子、子張外，幾全在此。曾子、子張年太少，未及從。在陳、蔡時，子斿年十八，子夏年十九，皆未弱冠，而巍然爲孔門文學之選，可謂異絶矣。科學分於孔子，以人之才性難兼衆長，宜因姿性所近而爲之，故教者宜補人性之所短。德行、政事、文學，後人皆知重之，至言語立科，則後世不知。豈知言語之動人最深，蓋春秋戰國尚游説辯才，孔門立此科，俾人習演説也。觀董子詞辯而《公羊》立，江公口訥而《穀梁》敗，即論經學亦重語言矣。漢晉六朝尚有立主客以辯難者，宋人不知此義，乃盡掃之，於是中國言語之科乃没。今宜從四科之義而補之。

○子曰：「回也非助我者也，於吾言無所不説。」

助我，若子夏之「起予」，因疑問而有以相長也。顔子於聖人契合無間，相視莫逆，合爲一體，孔子深喜之，故爲憾之之詞。若稱子游之絃歌，而戲云「焉用也」。孔子改制，門内諸賢未達，亦多疑問。如宰我之問三年喪，子路之迂正名，惟顔子與聖合一，聲入心通，無所疑難，孔子乃告以非常異義。三世大同，歸魂游魂之説，及今無可考之異論，顔子亦聞而默契，相説以解，故孔子喜極，而爲怪憾之辭。

○子曰：「孝哉閔子騫！人不閒於其父母昆弟之言。」

人多有高行美才而父母昆弟之間不滿者，蓋骨肉至近，隱微易見故也。至父母昆弟稱其孝，鄉黨友朋稱其孝，内外皆同，無有間異，斯爲至孝矣。閔子爲德行之上才，孔子獨稱其孝。惜《孝經》不傳於閔子，應更有精義過於曾子也。《後漢書·范升傳》：「升奏記王邑曰：『升聞子以人不間於其父母爲孝，臣以下不非其上爲忠。』」注引此言：「間，非也。言化其父母兄弟，人無非之者。」舜之烝乂，不格姦也。惟《論衡·知實篇》引此言：「虞舜大聖，隱藏骨肉之過，宜愈子騫。瞽叟與象，使舜治廩浚井，意欲殺舜。」「何故使父與弟，得成殺己之惡，使人間非父弟萬世不滅？」是漢世説此文，謂人不非其父母昆弟爲孝。《説苑》稱：「閔子感其父，不出其後母。」《韓詩外傳》稱：「母悔改之，後至均平，遂成慈母。」蓋諭親於道尤爲大孝之難者。

○南容三復「白圭之玷」，孔子以其兄之子妻之。《史記·弟子列傳》、《大戴禮》引此「白圭」下有「之玷」二字，當是魯《論》，今從之。《集解》本無「之玷」二字，當是古文，今不從。

《詩·大雅·抑》之篇曰：「白圭之玷，尚可磨也；斯言之玷，不可爲也。」南容一日三復此詩，蓋深有意於謹言。蓋謹言者必能慎行，此邦有道所以不廢，邦無道所以免禍，故孔子以兄子妻之。三者，多之詞。

○季康子問：「弟子孰爲好學？」孔子對曰：「有顔回者好學，不幸短命死矣，今也則亡。」「亡」古通「無」，《釋文》無「季」字，鄭、皇、邢本皆有「季」字，今從之。皇本末有「未聞好學者」。

此與答哀公問同，但有詳略。蓋顔子爲孔子第一得意弟子，餘無高才足稱聖意者，故云無。蓋自顔子後而孔子大道幾不盡傳者矣。雖子贛之達，孔子亦等於無。觀此三章，而信傳道人才之難也。答哀公詳而此略者，《大戴禮·虞戴德》曰：「丘於君唯無言，言必盡。」於他人則否，以季康子爲人臣，故略也。

○顔淵死，顔路請子之車以爲之椁。高麗本、足利本無「以爲之椁」四字。子曰：「才不才，亦各言其子也。鯉也死，有棺而無椁。吾不徒行以爲之椁。以吾從大夫之後，不可徒行也。」

顔路，淵之父，名無繇，少孔子六歲，孔子始教而受學焉。椁，外棺也。請爲椁，欲賣以買槨也。鯉，孔子之子伯魚也，先孔子卒。言鯉之才雖不及顔淵，然已與顔路以父視之則皆子也。孔子時已致仕，尚從大夫之例。孔子之愛顔子，慟爲「天喪」，其哀之殆過顔路焉。然不爲之竭力以營椁者，喪事當稱有無，愛徒不過如子。且孔顔所以相得者，在神明不在體魄，故不必强徇顔路而厚葬也。

○顔淵死，子曰：「噫！天喪予！天喪予！」

包咸曰：「噫，痛傷之聲。」悼道無傳，若天喪己。《公羊傳》末引之，以著大同之道不得其傳也。

○顏淵死，子哭之慟。從者曰：「子慟矣！」曰：「有慟乎？非夫人之爲慟而誰爲？」《説文》無「慟」字。漢北海相《景君碑》、執金吾丞《武榮碑》、北軍中候《郭仲奇碑》、《李翊夫人碑》「悲⿰忄重」字皆作「⿰忄重」。又案，皇本「曰有慟乎」，「曰」上有「子」字。又「誰爲」下有「慟」字。《論衡・問孔篇》引此文「從者」作「門人」，「非夫人之爲慟而誰爲」作「吾非斯人之慟而誰爲」。

慟，哀過也。夫人謂顏淵。言痛惜極，非他人比，施當其可，性情之至。

○顏淵死，門人欲厚葬之。子曰：「不可」。門人厚葬之。子曰：「回也視予猶父也，予不得視猶子。」曰：「非我也，夫二三子也。」舊本「猶子」下作「也」字，唐石經初刻「也」作「曰」。

歎不得如葬鯉之得宜，以責門人也。門人蓋孔門之同人，記此以見門人之厚，孔子之裁其宜。喪事既貴稱有無，而聖人之可尊在魂。魂無不之，如體魄之藏，非所重也。不用椁，不厚葬，可見孔門葬義。君子愛人以德，有不可已者受之，其可已者，則不必爲也。

○季路問事鬼神。子曰：「未能事人，焉能事鬼神？」曰：「敢問死。」曰：「未知生，焉知死？」《集注》本「焉能事鬼」下無「神曰」二字。唐石經及《匡謬正俗》、皇、邢本，「敢問」上有「曰」字，今從之。《鹽鐵論・鄒章》引「鬼」下有「神」字，當是魯《論》，今從之。

鄭氏曰：「聖人之精氣謂之神，賢智之精氣謂之鬼。」《易》曰：「原始反終，故知死生之説。精氣爲物，游魂爲變，故知鬼神之情狀。」又曰：「通乎晝夜之道而知。」原始反終，通乎晝夜，言輪迴也。死於此者復生於彼，人死爲鬼，復生爲人，皆輪迴爲之。若能知生所自來，即知死所歸去；若能盡人事，即能盡鬼事。孔子發輪迴游變之理至精，語至玄妙超脱，或言孔子不言死後者，大愚也。盡人之事者，順受其正，素位自得，則魂魄不壞，即能輪迴無礙無盡。盡鬼之事者，修精氣鍊魂魄，存元神保靈魂也。若棄人事而專爲此，則拘守保任，先有滯礙，不能輪迴矣。蓋萬千輪迴無時可免，以爲人故只盡人事，即身超度，自證自悟，而後可從事魂靈。知生者能知生所自來，即已聞道不死，故朝聞道夕死可也。孔子之道無不有，死生鬼神，《易》理至詳，而後人以佛言即避去，必大割孔地而後止，千古大愚無有如此，今附正之。

○閔子侍側，誾誾如也；子路，行行如也；冉子、子贛，侃侃如也。子樂。皇本「閔子」下有「騫」字。今本作「冉有」，惟唐石經作「冉子」，今從之。「若由也，不得其死然」。皇本「若」上有「曰」字。《文選·幽通賦》、《座右銘》兩注並引作「子曰」。《淮南子·精神訓》注引作「孔子曰」，孫弈《示兒編》謂：「子樂」必當作「子曰」，蓋知由不得其死，何樂之有？惟鄭注已有之。

鄭氏曰：「樂各盡其性。行行，剛强之貌。」各盡其性者，以盡人之性也。子路剛强，有不得其死之理，故因以戒之。其後子路卒死於衛孔悝之難。

○魯人爲長府。閔子騫曰：「仁舊貫，如之何？何必改作？」子曰：「夫人不言，言必有中。」「仁」古文作「仍」。鄭氏曰：「魯讀『仍』爲『仁』，今從古。」故知古文爲「仍」。此從魯讀。

《廣雅》：「府，聚也」，凡財賄、兵器、文書皆藏之。爲，蓋改作之。漢元帝詔：「惟德薄不足以充入舊貫之居。其令諸宮館希幸御者勿繕治。」應劭曰：「舊貫，常居也。」郎顗引同。長府，宮館也。揚雄《將作大匠箴》曰：「或作長府。」而閔子不仁，用魯《論》。言改作勞民，是不仁也，若仁，則依舊慣之常居。蓋古者役民而用之，非用雇役。孔門最惡虐民，故閔子譏之，而孔子稱之。昭二十五年：「公居長府，九月伐季氏。」此改長府，未知昭公自改大之，藉以多藏甲兵？抑季氏逐昭公後，慮後君再據以攻之而改小之？在昭公改之，則爲不量力而妄行；在季氏改之，則更有無君之惡。閔子微諷之，婉而中。言不妄發，發必當理，惟有德者能之。

○子曰：「由之瑟，奚爲於丘之門？」

瑟，閑也，所以徽忿窒欲，正人之德也。二十七弦。《説苑·修文篇》：「子路鼓瑟，有北鄙之聲。孔子聞之，曰：『信矣，由之不才也。』冉有侍，孔子曰：『求，爾奚不謂由：夫先王之制音也，奏中聲爲中節，流入於南，不歸於北。南者，生育之鄉；北者，殺伐之域。故君子執中以爲本，務生以爲基，故其音温和而居中，以象生育之氣。憂哀悲痛之感不加乎心，暴厲淫荒之動不在乎體。夫然者乃治存之風，安樂之爲也。彼小人則不然，執末以論本，務剛以爲基，故其音湫厲而微末，以象殺伐之氣。和節中正之感不加乎心，温儼莊恭之動不存乎體。夫殺者乃亂亡之風，奔北之爲也。』」

門人不敬子路。子曰：「由也升堂矣，未入於室也。」

升堂入室，喻入道之次第。言子路之學已造乎正大高明之域，特未深入精微之奥耳，未可以一時之失而遽忽之也。

○子贛問：「師與商也孰賢？」子曰：「師也過，商也不及。」曰：「然則師愈與？」子曰：「過猶不及。」皇本「問」下有「曰」字，「賢」下有「乎」字，「過猶不及」下有「也」字。

子張才高意廣，故常過中；子夏篤信謹守，故常不及。愈，勝也。《仲尼燕居》云：「子曰：『師爾過，而商也不及。』子贛越席而對曰：『敢問將何以爲此中者也？』子曰：『禮乎，禮。夫禮所以制中也。道以中庸爲至，賢智者過雖若勝於愚不肖之不及，然其失中則一也。中庸之爲德也，其至矣乎！差之毫釐，繆以千里，故聖人之教，抑其過，引其不及，歸於中道而已。』」此問或在子張初年。《大戴·將軍文子篇》：孔子徧論及門，而以子張與顔子並，則是時非子夏所及矣。蓋才高志廣之人，其成就終於遠大也，學者勿僅讀《論語》而泥之。

○季氏富於周公，而求也爲之聚斂而附益之。 皇本「而附益之」，「之」作「也」。

聚，會也。斂，收也。周公以王室至親有大功，位冢宰，其富宜矣。季氏以諸侯之卿而富過之，非攘奪其君，刻剥其民，何以得此？冉有爲季氏宰，又爲之加賦稅以益其富。哀十二年：「春王正月，用田賦。」魯語載此事，仲尼私於冉有曰：「汝不聞乎？先王制土，籍田以力，而砥其遠邇；賦里以入，而量其有無；任力以夫，而議其老幼。於是乎有鰥寡孤疾，有軍旅之出則徵之，無則已。其歲收，田一井出稯禾、秉芻、缶米，不是過也，先王以爲足。若子季孫欲其法也，則有周公之籍矣，苟欲犯法，則苟而賦，又何訪焉？」

子曰：「非吾徒也。小子鳴鼓而攻之，可也。」 皇本「鳴鼓」下無「而」字。《論衡·順鼓篇》引此，并無「而」字。

非吾徒，絶之也，小子鳴鼓而攻之，使門人聲其罪以責之也。孔子之愛弟子如子，至於黨惡害民，則絶之不少恕。然師嚴而友親，故已絶之而又使門人正之，又見其愛人之無已也。魯有季氏，世卿專政，禄去公室，攘奪刻剥，而有用田賦之事，是亦卑勝尊、賤傷貴不義之至者與。季氏不能聽，冉有不能救，厥罪惟均，故鳴鼓而攻。若深疾冉有，實正季氏之惡。

○**柴也愚，**

柴，孔子弟子，姓高，字子羔。愚者，知不足而厚有餘。其執親之喪，泣血三年，未嘗見齒；避難而行，不徑不竇。此亦愚者之過，然益見其仁矣。

參也魯，

魯，鈍也。曾子之質魯，故守約有餘而擴充不足，雖至死，尚謹容貌顏色詞氣之間，宜其成就之小。於孔子大同之道，東周之爲，斯人之與，皆無所受也。但真積力久，堅毅誠篤，加以老壽，故爲大師耳。孔子本以爲魯，蓋限於天資之無如何者。宋賢規模狹隘，操守方嚴，與曾子近，然以一貫之言，尊爲傳道而力尊之，則誤矣。

師也僻，皇本「辟」作「僻」。今各本依馬融注作爲邪辟之「辟」，誤。

矯僻岸異，好高苟難，少失中也。

由也喭。

喭，粗也。四者皆性之偏短，語之使知自勵也。首節脱「子曰」二字。

○**子曰：「回也其庶乎，屢空。**《釋文》「子曰回也」或分爲别章，今不用。《説文》無「屢」字，當是今文。

庶，庶幾也。屢，其數至多。空，匱。《易林》曰：「衡門屢空。」《漢書·鮑宣傳》：「衣敝屢空。」言簞食瓢飲屢絶，而不改其樂。蓋窮理盡性以至於命，神明有以自得，故能安貧樂道，忘乎外境。言顏子忘天下，忘外物，且能忘身，庶於至人也。

賜不受命，而貨殖焉，億則屢中。」皇本「億」作「憶」。漢《陳度碑》作「意」。

命，謂天命。皇《疏》：「江熙曰：『不受濁世之榮禄。』」貨殖，貨財生殖也。億，意度也。《論衡・知實篇》：「子貢善居積，意貴賤之期，數得其時。」《率性篇》：「賜不受天之富命所加」，則天命也。言子贛不如顔子之安貧樂道，然其才識之明，亦能料事而多中也。孔子立命爲大義，以人之富貴貧賤皆有命在，故爲陶猗之子，黄白坐擁；黔婁之兒，儋石不可得。命宜富者不求亦富，命當貧者求之亦貧，故舉世滔滔皆爲求富，而富終不可得。其才智明達，工於殖貨者，人以爲才能所致，不知亦其命所固有也。鄙人孤生，未嘗貨殖，而未嘗無財，又時遭大難，而未嘗中絶。累驗於人，無有錯反。人之顛倒於財富中，而欲以力求之者，亦愚而不知命也。《孝經緯》曰：「善惡，報也，命有造之者。」今之貧富，乃其受報。故人宜早積功德，以造將來之命，若日營瑣瑣之務，而荒累世之功，則非智者也。孔子故因顔子、子贛二人以明之。以顔子之才明，假而殖貨，豈止億中？然命終短夭，則亦不能富也。

○子張問善人之道。子曰：「不踐跡，亦不入於室。」《釋文》：「本亦作『跡』，或作『蹟』。」

跡，步處踐跡，如言循塗守轍。善人雖不必踐舊跡，而自不爲惡，然亦不能入聖人之室也。後世若黄憲、高允、元德秀之類，其善人乎？

○子曰：「論篤是與，君子者乎？色莊者乎？」《集解》合前章爲一，惟意義似當別爲章。

但以言論之篤厚取人，則未知其爲君子者乎？爲色莊者乎？言不可以言貌取人也。

○子路問：「聞斯行諸？」子曰：「有父兄在，如之何其聞斯行之？」冉有問：「聞斯行諸？」子曰：「聞斯行之。」公西華曰：「由也問『聞斯行諸』，子曰『有父兄在』；求也問『聞斯行諸』，子曰『聞斯行之』。赤也惑，敢問。」子曰：「求也退，故進之；由也兼人，故退之。」

兼人，謂勝人也。有父兄在，服從之義也。聞斯行之，自由之義也。孔子兩義並存，各視其人而藥之，亦各視其時而施之。非其時非其人而妄行自由不可，非其時非其人而妄行服從亦不可也。教者如大醫，務在因人相時，審病發藥而已。若有一定之義，則爲守單方之庸醫，必致誤殺人矣。《論語》萬德並陳，義多相反，所謂道並行而不悖，權實並施，或有爲言之。讀者以此推之，以意逆志，得聖人之意志可也。如泥單辭片義，則由、求當日已不可解，况數千年後乎？今之疑難者執違衆拜下，民不使知，庶民不議之片言單義以攻聖，亦可以釋然矣。

○子畏於匡，顏淵後。子曰：「吾以女爲死矣。」曰：「子在，回何敢死？」

《檀弓》：「死而不弔者三。」畏，厭溺。《吕氏春秋·勸學篇》：「曾點使曾參，過期而不至。人皆見曾點曰：『無乃畏耶？』曾點曰：『彼雖畏，我存夫安敢畏？』」與此同義。後，謂相失在後。何敢死，謂不赴鬭而必死也。《史記》：「孔子自去魯後，自衛適陳，過匡，顏刻爲僕，以其策指之曰：『昔吾入此，由彼缺也。』匡人聞之，以爲魯之陽虎。陽虎嘗暴匡人，匡人於是止孔子。孔子狀類陽虎，拘焉。」顏子言夫子在，已無敢致死，如夫子爲賊所害，則必挺身而報仇致死也。蓋顔子與孔子恩義莫親，其必以死報矣，故孔子愛之而慮之。觀「子在，回何敢死」，孔門師弟義同生死，後之人亦可聞風興起矣。

○季子然問：「仲由、冉求可謂大臣與？」

子然，季氏子弟。《論語摘輔象》曰：「子然公順多略。」知季子然亦弟子之一。自多其家得臣二子，故問之。

子曰：「吾以子爲異之問，曾由與求之問。

異，非常也。曾，猶乃也。輕二子以抑季子然也。

所謂大臣者，以道事君，不可則止。

《公羊》莊二十四年曹羈下《傳》：「三諫不從遂去之，君子以爲得君臣之義。」《曲禮》：「爲人臣之禮，不顯諫，三諫而不從，則逃之。」此孔子所立事君之大義。蓋仕以行道，道不行則去，不可戀棧也。以道事君者，不從君之欲，不可則止者，必行己之志。蓋君之與臣，同爲國家代理民事者也，但分有尊卑，而義非奴隸，自行其道，非以從君。

今由與求也，可謂具臣矣。」

具臣，謂備臣數而已。《漢書》翟方進所謂「爲具臣以全身。」蓋二子雖非黨惡，然不能直伸己志以折僭賊也。

曰：「然則從之者與？」

子曰：「弒父與君，亦不從也。」

言二子雖不足於大臣之道，然大義則聞之熟矣。弒逆大，故必不從之。是時季氏有無君之心，欲使二子從己。故深許二子以死難不可奪之節，而又以陰折季氏不臣之心也。弒逆爲非常之大變，驟觀之則常人似亦不從。不知凡有弒逆之事，賊勢皆可熏天，如有違抗，身可立死，而家可立族，不觀於孔融、方孝孺乎？若荀彧、劉穆之之徒，其始從曹操、劉裕之時，豈遂欲弑父與君哉？漸漬順從，勢遂至此。觀於華歆之牽伏后，乃知弑逆不從是大難事，則孔子之所以信二賢者至矣。

○子路使子羔爲費宰。《史記・弟子傳》作「費郈宰」。《論衡》作「郈宰」。

子路爲季氏宰，而舉之也。當在定十二年隳郈隳費之後，選才賢而定之。

子曰：「賊夫人之子。」

賊，害也，言子羔質美而學未成，遽使治民，適以害之。

子路曰：「有民人焉，有社稷焉，何必讀書，然後爲學？」《論衡・問孔篇》引作「有社稷焉，有民人焉」，或爲今文本，未知孰是。

人，謂有司，如「女得人焉耳乎」之「人」。《白虎通》：「人非土不立，非穀不食，故封土立社稷，爲五穀之長，故歲再祭之，春求秋報。」社稷合言，共爲一壇，古經傳皆同。王莽分立官社官稷，後世遂社稷分壇，謬矣。言治民事以爲學，得之閱歷較求之書册所得尤深也。

子曰：「是故惡夫佞者。」

佞者，以口辯折人，顛倒是非也。《左傳》：子產曰：「今吾子愛人以政，猶未能操刀而使割也，其傷實多。僑聞學而後入政，未聞以政學者也。」蓋治民之法，雖貴於閱歷，先本於讀書。必於政治之學講求已深，然後可出而任政，若未嘗考古今之治法，但資目前之閱歷，則必爲俗吏，甚且害民。孔子惡其顛倒本末，故斥爲佞也。《韓詩外傳》：哀公問於子夏曰：「必學而後安國保民乎？」子夏曰：「不學而能安國保民，未之聞也。」記者述之，以明學優乃仕爲定義也。孔子答哀公以不遷怒不貳過爲好學，不及讀書，此以讀書爲學，不及德性。蓋答義各有所因，記者筆述太簡，非有所遺也。子思言尊德性而道問學，合斯二者其義最備。考孔門之學，當以爲主焉。其有專主德性而不主讀書，專主讀書而不知德性者，皆非孔門之全義也。

○子路、曾晳、冉有、公西華侍坐。

晳，曾參父，《史記》作曾蒧，字點，《漢書》作字子晳。子路少孔子九歲，冉有少二十九歲，公西華少四十二歲。

子曰：「以吾一日長乎爾，毋吾以也。鄭本作「吾已」。《說文》：「已，以也。」《檀弓》：「般爾以人之母嘗巧，則豈不得以。」蓋「以」「已」古通用。

言我雖年少長於汝，然汝勿以我長而退讓不言。欲盡言以觀其志。聖人和氣謙德，於此亦可見矣。

居則曰：『不吾知也！』如或知爾，則何以哉？」

言汝平居則言人不知我，如或有人知汝，則汝將何以爲用也。

子路率爾而對曰：「千乘之國，攝乎大國之間，加之以師旅，因之以饑饉；由也爲之，比及三年，可使有勇，且知方也。」夫子哂之。「率爾」皇本作「卒爾」，「卒」「率」通用。「饑」，鄭本作「飢」。飢，餓也。《爾雅》：「穀不熟爲饑，」則「飢」非也。《釋文》：「『矧』本又作『哂』」，則陸見本作「矧」。《說文》無「哂」字，則「哂」是今文。

卒爾，輕遽之貌。攝，迫也。二千五百人爲師，五百人爲旅。因，仍也。《穀梁》襄二十四年《傳》云：❶「一穀不升謂之嗛，二穀不升謂之饑，三穀不升謂之饉，四穀不升謂之康，五穀不升謂之大饑。」又謂之大侵。方，義方。民向義方，則能親其上，死其長矣。《司馬法》

❶ 襄二十四年，原誤作「十四年」，脱「二」字。

云：「古之教民，必立貴賤之倫，經使不相陵，德義不相踰，材技不相掩，勇力不相犯，故力同而意和也。」哂，大笑也。「哂」與「矧」同。《曲禮》：「笑不至矧。」鄭注：「齒本曰矧，大笑則見。」

「求，爾何如？」對曰：「方六七十，如五六十，求也爲之，比及三年，可使足民。如其禮樂，以俟君子。」皇本「民」下有「也」字。

「求，爾何如？」孔子問也。下放此。方六七十里，小國也。如，與也，與《鄉飲酒禮》「公如大夫入」同義，下「如會同」之義同。五六十里，則又小矣。足，富足也。俟君子，言非己所能。冉有謙退，又以子路見哂，故其詞益遜。

「赤，爾何如？」對曰：「非曰能之，願學焉。宗廟之事，如會同，端章甫，願爲小相焉。」

公西華志於禮制外交之事，嫌以君子自居，故將言己志而先爲遜詞，言未能而願學也。宗廟之事，謂祭祀、朝聘、諸侯會盟，皆會同也。端，玄端服，章甫，禮冠。相，贊君之禮者，言小，亦謙辭。《繁露·竹林篇》：❶「齊頃公即位九年，未嘗一與會同之事。」知會同之難也。

「點，爾何如？」鼓瑟希，鏗爾，舍瑟而作，對曰：「異乎三子者之撰。」子曰：「何傷乎？亦各言其志也。」曰：「莫春者，春服既成，冠者五六人，童子六七人，浴乎沂，風乎舞雩，詠而歸。」夫子喟然歎曰：「吾與點也。」《說文》無「希」字，「鏗」字。「撰」字，鄭作「僎」，詮也，亦古文，則「希」、「鏗」、「撰」爲今文。《釋文》：「一本『亦各言其志』无『也』字，『莫』作『暮』。」「歸」，鄭作「饋」，謂魯讀「饋」爲「歸」。《史記·弟子傳》同，今從之。

❶「竹林篇」，原誤作「玉杯篇」。

四子侍坐，以齒爲序，則點當次對，以方鼓瑟，故夫子先問求、赤，而後及點也。希，疏也。鏗爾，舍瑟之聲。作，起也。撰，詮也。莫春，和煦之時；春服，單袷之衣。浴，盥濯也，今上巳祓除是也。《韓詩》曰：「鄭國之俗，三月上巳，之溱洧兩水之上，招魂續魄，秉蘭草祓除不祥。」《水經注》、《續漢·禮儀志》：「是月上巳，官民皆潔於東流水上，曰洗濯祓除，去宿垢爲大絜。」是西漢始於宮闈，東京則沿爲民俗。古祓禳，皆除惡之祭。女巫之祓除，即女祝之禬禳。沂水出魯城東南，尼丘山北，對稷門，亦曰雩門。隔水有雩壇，壇高三丈，曾點所欲風舞處。雩，祭天禱雨之處，有壇墠樹木也。詠，歌也。曾點之學，入皆自得，到處受用，不願乎外，即事已高，隨時行樂，與物偕春，故其動靜之際從容如此。其志則又不過，即其所居之位，樂其日用之常，而其胸次悠然，直與天地萬物上下同流，各得其所之妙。而樂行憂違，用行舍藏，老安少懷，自有與聖人相印合者，故夫子歎息而深許之。而門人記其本末，獨加詳焉，蓋亦有以識此矣。

三子者出，曾晳後。曾晳曰：「夫三子者之言何如？」子曰：「亦各言其志也已矣。」

曰：「夫子何哂由也？」皇本「夫子」作「吾子」。

點以子路之志乃所優爲，而夫子哂之，故請其說。

曰：「爲國以禮，其言不讓，是故哂之。」皇本「曰」上有「子」字。

《曲禮》曰：「侍於君子，不顧讓而對，非禮也。」夫子蓋許其能，特哂其不遜。

「唯求則非邦也與？」「安見方六七十如五

六十而非邦也者？」

「唯赤則非邦也與？」「宗廟會同，非諸侯而何？赤也爲之小，孰能爲之大？」《釋文》：「本無『與』字。『宗廟會同』本或作『宗廟之事如會同』。『非諸侯而何』一本作『非諸侯如之何』。」皇本「小」「大」下皆有「相」字。

皇、邢《疏》謂，此皆夫子所答，言無能出其右者，亦許之之詞。言冉有、公西之才皆優於爲邦，冉有之於民政，公西之於外交，與子路之爲將帥，皆可信也。聖門高才多從事政治學，人人欲得邦，孔子亦皆許之。惟孔子則本末精粗，四通六闢，其運無乎不在。既玩心高明，不止規規於事功之末；而又周流行道，不肯捨乎形質之粗。闔闢自如，卷舒無盡，不將不迎，不繫不捨，此所以爲大聖歟！

論語注卷之十一終

門人臨桂王權中初校
門人番禺王覺任覆校
門人高要陳煥章覆校
門人東莞張伯楨覆校

論語注卷之十二

南海康有爲學

顏淵第十二

凡二十四章《釋文》云：「『子路無宿諾』，或分此爲別章。」

○顏淵問仁。子曰：「克己復禮爲仁。一日克己復禮，天下歸仁焉。爲仁由己，而由人乎哉？」

仁者，天性之元德；禮者，人道之節文。克，勝也。復，反也。夫人者仁也，所以行仁之路，釋回增美，以致中和，禮也。性無善惡，而生有氣質，既有毗陰毗陽之偏，即有過中失和之害，甚者縱欲任氣，其害仁甚矣。惟勝其氣質之偏，節其嗜欲之過，斯保合太和，還其元德。苟得一日爲仁，天下猶將感動。蓋斯須不和樂，斯須之惡電氣應感於千萬里，然則斯須之能克復，斯須之佳電氣亦感應於千萬里，如今電話然，至捷也。然事有偏衰，固爲仁之礙，而己之勇斷，實爲仁之本。故君子惟重以責己，而與人無預也。

顏淵曰：「請問其目。」子曰：「非禮勿視，非禮勿聽，非禮勿言，非禮勿動。」顏淵曰：「回雖不敏，請事斯語矣。」

禮者，孔子所制以配天地、育萬物，事爲制，曲爲防，大小精粗，適如其地位分界，以爲人身之則，諸教所未及，而孔子獨美備者也。勿者，禁止之詞。視、聽、言、動則皆魄之爲也，由禮則順，失禮則乖。櫽括其外，以涵養其中，習與性成，從容中道，則爲聖賢也。夫備魂魄而爲人，魂虛而魄實，魂清而魄濁，魂弱而魄强，以其濁魄强實，必專横用事，與其六鑿交外，則必物誘陷溺，此人道所以凶也。故非發强剛毅，清明澹泊，無以力制物欲，無以變化氣質。故佛氏難在降伏其心，神秀巨子時勤拂拭。凡諸教主無不同，以制魄養魂爲要，乃至於顏子，至善之姿，猶須從事。若中下之人，質性麤惡，嗜欲繁多，若聽自由，則縱欲妄行，必至滅人道以爲禽獸，不止國土淪亡已也。

○仲弓問仁。子曰：「出門如見大賓，使民如承大祭。己所不欲，勿施於人。在邦無怨，在家無怨。」

仲弓曰：「雍雖不敏，請事斯語矣。」

出門，包起居而言，使民，約臣妾而言。而行嚴敬如對大賓、大祭，無有幾微疏慢者矣。視人如己，萬物一體，故己之所欲，以施於人，與民同樂也。然人情私己而輕人，故所欲與聚易，所惡勿施難，是以孔子重戒於不欲勿施也。修己以敬，與人以恕，更以內外無怨，驗其敬恕之效否。蓋愷悌慈祥，欣喜驩愛，斯爲仁人也。朱子謂：「克己復禮，乾道也；主敬行恕，坤道也。可視顏、冉之高下淺深焉。」

○司馬牛問仁。子曰：「仁者，其言也訒。」曰：「其言也訒，斯謂之仁已乎？」

子曰：「爲之難，言之得無訒乎？」

孔安國曰：「訒，難也。」牛，宋人，弟子司馬犂。恥躬不逮，故言不易出。蓋木訥近仁，巧言鮮仁。朱子謂：「牛多言而躁，故使於此謹之。」聖人之言雖有高下大小之不同，然其切於學者之身，而指其入德之要，求仁之方，實不外是。

近人以孔子言仁處處異義，以名學疑之，豈知大醫王因病發藥之苦心乎？

○司馬牛問君子。子曰：「君子不憂不懼。」曰：「不憂不懼，斯謂之君子已乎？」子曰：「内省不疚，夫何憂何懼？」

孔安國曰：「牛兄桓魋將爲亂，牛自宋來學，常憂懼，故孔子解之。」包氏曰：「疚，病也。内省無罪惡，無可憂懼。」孟子謂：「行有不慊則餒，内省不疚則順受其正，樂天知命，故不憂；氣至剛大，直塞天地，故不懼。」人之生也，與憂俱來；性之弱也，與物多懼。故孔子言仁者不憂獨立，不懼入極樂而得大雄，得大無畏，故無入不自得。此學者安身立命之方，宜受用之。

○司馬牛憂曰：「人皆有兄弟，我獨亡。」子夏曰：「商聞之矣：死生有命，富貴在天。君子敬而無失，與人恭而有禮，四海之内皆爲兄弟也。君子何患乎無兄弟也？」皇本「皆」下有「爲」字。阮氏元《校勘記》、《鹽鐵論·和親章》、《文選·蘇子卿古詩注》引此皆有「爲」字。

鄭玄曰：「牛兄桓魋行惡，死喪無日，我獨爲無兄弟也。」包氏曰：「君子疏惡而友賢，九州之人皆可以禮親也。」聞者，聞之孔子也。孔子立命之大義，以死生富貴非人力能爲，蓋有天命。既順受其正命，而又盡其在己，持敬而無間斷，致恭而有節文。天下之人，本皆天生，同此天性，自同爲兄弟也。此固子夏安慰司馬牛之言，而實孔子乾父坤母，萬物同體之義。大同之義，亦出是也。

○子張問明。子曰：「浸潤之譖，膚受之愬，不行焉，可謂明也已矣。浸潤之譖，膚受之愬，不行焉，可謂遠也已矣。」

浸，漬也，積也。潤，益也。膚受，謂利

害切身，入皮膚以至骨髓。愬，愬己之寃。毁人者，如水之浸灌，漸漬而不驟，則聽者不覺其入，而信之深矣。愬寃者，如病之創痛而切身，則聽者爲所感動，而發之暴矣。二者難察而易行，若不爲所深入則至明，不爲其近蔽則至遠。凡人於左右近習之力，佞人奸詭之謀，雖有智者，無不惑矣。由其能用浸潤之譖，膚受之愬故也。於是，忠賢見疑，正直被斥。聽言者不可不慎諸。

○子贛問政。子曰：「足食，足兵，民信之矣。」子贛曰：「必不得已而去，於斯三者何先？」曰：「去兵。」子贛曰：「必不得已而去，於斯二者何先？」曰：「去食。自古皆有死，民無信不立。」

兵，械也，亦假作士卒。言富國且强兵，然後教化以行，有勇知方，上下以信相孚，國乃能自立也。子贛窮理之哲，乃爲窮變之問。去兵者，食足信孚，則可制梃以撻堅甲利兵。賈誼言：「鉏耰棘矜不敵於鉤戟長鎩，然斬木爲兵遂滅强秦也。」皇侃引李充曰：「朝聞道夕死，孔子之所貴；捨生取義，孟軻之所尚。自古有不亡之道，而無有不死之人，故有殺身非喪己，苟存非不亡己也。」箕鄭對晉文公之問救饑，曰：「信於君心，信於民，信於令，信於事。」荀子謂：「出死要節，所以養生。」故至守土垂絶之時，百吏死職，士卒死列。故張巡以死守一城而障唐室，王蠋以布衣死節而存齊國，文天祥於宋亡後，待死以存節義之正氣。以視僥幸偷生，假於保全生靈，若馮道歷相十主者，必爲孔子所絶也。

○革子成曰：「君子質而已矣，何以文爲？」《漢書·古今人表》、《蜀志·秦宓傳》引作「革子成」。《詩》「匪棘其欲」，《禮記》引作「匪革」。《拜經日記》謂《古論語》作「棘」，今《論語》作「革」。從今文，故不作「棘」。

革子成，衛大夫，蓋亦老子、晏子之流，以崇質尚儉爲宗。孔子改制尚文，故曰：「文王既没，文不在兹。」又曰：「天之未喪斯文。」《公羊》開宗明義：「王者孰謂？謂文王。」何休謂：「法其生，不法其死，人道之始。」革子成蓋攻孔者，故曰：「何以文爲。」

子贛曰：「惜乎，夫子之説君子也，駟不及舌。文猶質也，質猶文也。虎豹之鞹，猶犬羊之鞹。」

孔氏曰：「皮去毛曰鞹。」子贛傳孔子之文統者，乃難子成。以爲去僞保質，固異於小人之浮華鮮實，而不失君子之意。然言出難改，將受天下之攻難，駟馬不能追也。文家質家，相須爲用，不可相無。若必盡去其文，但存其質，則留虎豹之皮，而無炳蔚之文，亦與犬羊之皮等耳。夫人情莫不重虎豹，爲其毛文之炳蔚也。聖人緣人情而節文之，以垂教耳，若悖乎人情，逆乎物理，令人重犬羊之皮，而輕虎豹之皮，豈能行哉？

○哀公問於有若曰：「年饑，用不足，如之何？」有若對曰：「盍徹乎？」

朱子曰：「稱有若者，君臣之辭。用，謂國用。公意蓋欲加賦以足用也。」鄭氏曰：「盍，何不也。什一而税謂之徹，徹，通也。」《公羊傳》發孔子之大義曰：「什一者，天下之中正也。多乎什一，大桀小桀，少乎什一，大貉小貉。」《穀梁》曰：「古者什一而藉。」蓋井田什一，皆孔子所創之仁政也。孟子告滕文公行仁政曰：「請野九一而助，國中什一使自賦。」惟助爲有公田，方里而井，井九百畝，其中爲公田，八家皆私百畝，同養公田，此助稅爲九之一也。若無井田處，則稅通收十之一爲徹。此助徹之異，而徹制最便爲易行也。貢亦什一，其所異者，貢則校數歲之中以爲常，後世稅法是也；徹則量所入而收之。今歐美制量田所入而稅近之，但非十一耳。井田之助制最美，然難於行。蓋有子舉孔子之所創十一之仁政，勸哀公行之也。若僞《周禮》：「園廛二十而一，遠郊二十而三，甸稍縣都皆無過十二，惟其漆林之征二十而五」，皆劉歆據漢時之僞制，非孔子仁政意也。朱子「通力合作，計畝均收」，古無此說。

曰：「二吾猶不足，如之何其徹也？」

魯自宣公稅畝，已行十二之稅，至哀公時，用猶不足，斷無復返於稅什一之理。哀公深怪有子政策之迂而相反。

對曰：「百姓足，君孰與不足？百姓不足，君孰與足？」《鹽鐵論》引「不足」下有「乎」字。《漢書·谷永傳》引「與」作「予」。《後漢書·楊震傳》引「孰」作「誰」。

荀子曰：「下貧則上貧，下富則上富，故田野縣鄙者，財之本也；垣窌倉廩者，財之末也。百姓時和，事業得叙者，貨之源也。故明主必謹養其和，節其流，開其源，而時斟酌焉。潢然使天下必有餘，而上不憂不足，如是則上下俱富。若橫征苛歛，令民無以爲生，則君亦與之俱危。」漢靈善作家而黃巾起，明萬歷務礦稅而闖賊興，可不戒乎？

○子張問崇德辨惑。子曰：「主忠信，徙義，崇德也。

包氏曰：「徙義，見義則徙意而從之。」按，「聞義不能徙」，「徙」高麗本作「從」，則「徙」當亦作「從」。蓋立心不以己爲主，而以忠信爲主；行事不以己意爲從，而惟義是從。作「徙」亦可。蓋宅居無定，惟義是宅，其義同也。克己以尊德，忘身而殉道。

愛之欲其生，惡之欲其死。既欲其生，又欲其死，是惑也。

包氏曰：「愛惡當有常，一欲生之，一欲死之，是心惑也。」人性多偏，而愛惡爲甚。毁譽易亂其真，好憎又殊所尚？甚至同爲一人，加膝墮淵，逾時變異，是爲瞀亂有惑疾也。《後漢書》：「應仲遠爲太山太守，舉一孝廉，旬日之間而殺之。」舉之若是，則殺之非也；若殺之是，則舉之非也。仲遠之惑甚矣，故當辨此。

『誠不以富，亦祇以異。』「誠」《毛詩》作「成」。「誠」是魯《論》。

此《詩・小雅・我行其野》之辭。程子謂：「此錯簡，當在第十六篇：『齊景公有馬千駟』之上，因下文亦有齊景公而誤也。」

○齊景公問政於孔子。孔子對曰：「君君，臣臣，父父，子子。」公曰：「善哉！信如君不君，臣不臣，父不父，子不子，雖有粟，吾豈得而食諸？」「吾得而食諸」，阮氏《校勘記》：皇本、高麗本「吾」下有「豈」字。《史記・孔子世家》及《漢書・武五子傳》作「吾豈」，與皇本同。今從之。

人道綱紀，政事之本。據亂世以之定分，而各得其所安，上有禮而下輸忠，老能慈而幼能孝，則可以爲治。否則，君驕横而臣抗逆，父寡恩而子悍悖，則國亂而家散矣。《禮運》小康之義，以正君臣，以篤父子是也。二千年間可以爲鑒。時齊家國皆亂，故夫子以此告之。若夫天下爲公，選賢與能，人人不獨親其親，不獨子其子，此須待大同之世。苟未至其時不易，妄行則致大亂生大禍。

○子曰：「片言可以制獄者，其由也

與？」「折」，魯讀爲「制」，則「折」當是古文。《吕刑》「制以刑」，《墨子・尚同》中篇引作「折」。「制」、「折」當是古通，而古文改之，今不從。

《釋詁》：「制，折也」，即斷獄。朱子曰：「片言，半言。」「子路忠信明决，故言出而人信服之。」孔氏曰：「片，偏也。聽訟必須兩辭以定是非，偏信一言以折獄者，惟子路可也。」愚按，天下獄情至變僞，雖有聖者，不能不聽兩造之詞，子路雖賢，無是理也。

子路無宿諾。

何氏曰：「宿，豫也。」子路篤信，恐臨時多故，故不豫諾。然諾不苟也。小邾射以句繹奔魯。曰：「使季路要我，吾無盟矣。」季康子使冉有謂曰：「千乘之國，不信其盟，而信子之言，子何辱焉？」對曰：「魯有事於小邾，不敢問，故死城下可也。彼不臣而濟其言，是義之也，由弗能。」其不易許諾，即無宿諾之證。

○子曰：「聽訟，吾猶人也，必也使無訟乎？」

猶人，包氏咸曰：「與人等也。」《潛夫論》曰：「上聖不務治民事，而務治民心。」「導之以德，齊之以禮」。「民親愛，則無相害傷之意；動思義，則無奸邪之心」。「非法律之所使，非威刑之所强，此乃教化之所致」。孔子自以明决斷獄不足貴，必使無爭訟，乃可尚也。

○子張問政。子曰：「居之無倦，行之以忠。」

居，謂身心所安宅，無倦，則始終如一。行，謂志事所推施，以忠，謂表裏無二。

○子曰：「博學於文，約之以禮，亦可以弗畔矣夫！」

此章重出。蓋弟子各記所聞，分見各篇不及删者。然亦可見博文約禮爲聖門恒言。言之不已而頻言之，益以證孔門學者之宗旨也。

○子曰：「君子成人之美，不成人之惡，小人反是。」

朱子曰：「成者，誘掖獎勸，以成其事也。君子小人，所存既有厚薄之不同，而其所好又有善惡之異，故其用心不同如此。」按，《穀梁》隱元年：「《春秋》成人之美，不成人之惡。」《説苑・君道篇》：「哀公曰：『善哉！君子成人之善，不成人之惡。微孔子，吾焉得聞斯言哉！』」則此義爲《春秋》大義。聖人上以告君，下以教學者，忠厚之至言也。

○季康子問政於孔子。孔子對曰：「政者，正也。子帥以正，孰敢不正？」「帥」，趙岐《孟子注》、《史記・平津侯主父列傳贊》引作「率以正」，皇本作「而正」。

季康子，魯上卿。《公羊》隱元年：「王正月，《春秋》之義大居正。」何君注：「正一身以正朝廷，正朝廷以正百官，正百官以正萬民。」董仲舒曰：「正本而末應，正内而外應。蓋履端於始，無一不正，而後化行俗淳也。」《大戴禮・哀公問篇》：「公曰：『敢問何謂爲政？』孔子對曰：『政者，正也。君爲正，則百姓從政矣。君之所爲，百姓之所從也，君所不爲，百姓何從？』」又，《王言篇》：「上者，民之表也，表正則何物不正？故君先立於仁，則大夫忠，而士信民敦，工樸商慤，女憧婦悾悾。」孟子所謂：「一正君而國定。」上行下效，風從草偃，孔子之大義也。

○季康子患盜，問於孔子。孔子對曰：「苟子之不欲，雖賞之不竊。」

盜，私利物也。盜自中出，曰竊。《説苑》：「周天子使毛伯求金於諸侯，《春秋》譏之。故天子好利，則諸侯貪；諸侯貪，則大夫鄙；大夫鄙，則庶人盜。上之變下，猶風之靡草也。」然則，民之竊盜，正由上之多欲。康子奪嫡竊政，故夫子以不欲警之。雖賞不竊，其言至矣。

○季康子問政於孔子，曰：「如殺無道，以就有道，何如？」孔子對曰：「子爲政，焉用殺？子欲善而民善矣。君子之德風，小人之德草。草上之風，必偃。」

爲政者，民所視效，何以殺爲？欲善，則民善矣。「上」一作「尚」，加也。偃，仆也。尹氏曰：「殺之爲言，豈爲人上之語哉？以身教者從，以言教者訟，而況於殺乎？」多殺以止姦，蓋酷吏嚴刑之法，如郅都、趙廣漢之流是也。不於風俗教化上轉移之，則愈殺而愈熾。所謂「民不畏死，奈何以死治之也。」且爲民上者，撫民如子，豈可言殺哉？上者，民之所效，欲善民善，觀感所化，有如影響。民有恥心，樹之風聲，莫不革面嚮化也。

○子張問：「士何如斯可謂之達矣？」

子曰：「何哉爾所謂達者？」

夫子蓋已知其發問之意，欲別其誤而正之也。

子張對曰：「在邦必聞，在家必聞。」

子曰：「是聞也，非達也。

言名譽著聞也。聞與達相似而不同，乃誠僞之所以別，學者不可不審也，故夫子明辨之。下文又詳言之。

夫達也者，質直而好義，察言而觀色，慮以下人。在邦必達，在家必達。夫聞也者，色取仁而行違，居之不疑。在邦必聞，在家必聞。」

以質直爲根本，則無狡僞之思；以好

義爲行本，則無絞切之過，此立身之法。以察言觀色接物，則不與人忤；知深慮下人處事，則不爲人忌，此處世之方。蓋方正而不識人情，好上人，必招謗阻，行事難達。惟質直將内，義以方外，謹審言色，深長思慮，卑以自牧，則行無不達矣。若外取於仁，則可以市譽；内行陰背之，則可以欺人。務外徇人，非君子自修内省之道。而聞譽既得，幾以爲大賢君子，積久自是，遂以爲古賢亦如此，更無疑讓，所謂舜禹之事，吾知之矣。狡僞若此，雖能得時名，終未有不隕落者也。聖人教人處世達事之方，至爲精切，而又非希世，學者不可不留意也。

○樊遲從遊於舞雩之下，曰：「敢問崇德，脩慝，辨惑。」

包咸曰：「舞雩之處有壇墠樹木，故下可遊焉。」慝，惡也，文從匿，從心。蓋人所不知而己獨知，隱於心而伏其根者，脩治而去之。蓋明惡易見而隱惡難除，非真有爲己之心，惡不忍仁之志，不能除此心賊也，故夫子善其切問。

子曰：「善哉問！

善其切於爲己。

先事後得，非崇德與？攻其惡，無攻人之惡，非脩慝與？一朝之忿，忘其身，以及其親，非惑與？」

范氏曰：「先事後得，上義而下利也。人惟有欲利之心，故德不崇。惟不自省己過，而知人之過，故慝不脩。感物而易動者，莫如忿，忿之後則忘其身以及其親，惑之甚者也。惑之甚者，必起於細微，能辨之於早，則不至於大惑矣。故懲忿所以辨惑也。」正其誼不謀其利，明其道不計其功；日日訟過懺罪，懲忿治怒，皆學者自脩之要。孔子或因樊遲之病而告之，然人情無不未事計得，好攻人惡，而妄肆己忿，則普天下人之藥石也。

○樊遲問仁。子曰：「愛人。」問知。子曰：「知人。」

仁者無不愛，而愛同類之人爲先；知者無不知，而知善惡之人爲當務之急。蓋博愛之謂仁。孔子言仁萬殊，而此以愛人言仁，實爲仁之本義也。

樊遲未達。

曾氏曰：「遲之意，蓋以愛欲其周，而知有所擇，故疑二者之相悖爾。」

子曰：「舉直錯諸枉，能使枉者直。」

舉直錯枉者，知也；使枉者直，則仁矣。如此，則二者不惟不相悖，而反相爲用矣。

樊遲退，見子夏曰：「鄉也吾見於夫子而問知，子曰：『舉直錯諸枉，能使枉者直』，何謂也？」

遲以夫子之言，專爲知者之事，又未達所以能使枉者直之理。

子夏曰：「富哉言乎！」

歎其所包者廣，不止言知。

舜有天下，選於衆，舉皋陶，不仁者遠矣。湯有天下，選於衆，舉伊尹，不仁者遠矣。」

伊尹，湯之相也。不仁者遠，言人皆化而爲仁，不見有不仁者，若至其遠去爾。所謂使枉者直也。子夏蓋有以知夫子之兼仁知而言矣。聖人言近而指遠，一動而仁智兼該，非淺識所易領會，非淺學所易窺測矣。且動須化枉爲直，令舉天下無惡人，舉天下皆仁人。此皆大同之義，而聖人悲憫博愛之至也。

○子贛問友。子曰：「忠告而善道之，不可則止，毋自辱焉。」

友，五倫之一，人道之至切，隨處皆然，而不可須臾離者也。故有所是非，則盡其心以告之，有所規諫，善其説以道之。然以義合者也，故不可則止。若以數而見疏，則自辱矣。

○曾子曰：「君子以文會友，以友輔仁。」

講學以會友，則友多而皆出於正；取善以資仁，則德進而夾輔以長。孔子謂子賤，「魯無君子，斯焉取斯。」蓋嚴師誘導之功，不如多賢友夾輔之力。人情孤獨則懶惰，易觀摩則奮厲生。置諸衆正友之中，則寡失德；置諸多聞人之中，則不寡陋。故輔仁之功，取友爲大。但會之之始，勿以宴樂佚游進，則易得益友矣。

論語注卷之十二終

門人番禺王覺任初校
門人高要陳煥章覆校
門人東莞張伯楨覆校

論語注卷之十三

南海康有爲學

子路第十三

凡三十章

○子路問政。子曰：「先之勞之。」請益。曰：「毋倦。」《釋文》：「本『無』作『毋』。」唐石經作「無」，惟今文「無」皆作「毋」，「無」則爲古文。陸氏尚見今文本，石經在陸氏後，誤從古文，故今不從石經。

《大戴禮·子張問入官篇》：「君子欲政之速行也，莫若以身先之也。」蘇氏曰：「凡民之行，以身先之，則不令而行；凡民之事，以身勞之，則雖勤不怨。」君子所以能服人心者，實則先勞，如以貴自處於後，自居於逸，則人怨矣。能先勞，則吏願服勤，民願盡死。但先勞患不能持久，若其無倦，必有成功矣。孔子雖無並耕之愚，而其爲公之意，則時時露於言表，先勞亦其公之至也。

○仲弓爲季氏宰，問政。子曰：「先有司，赦小過，舉賢才。」

有司，衆吏之職也。宰兼衆職，以身先之，與告子路同。躬行者，政之始，聖人於此尤諄諄也。過，失誤也。大者於事或有所害，不得不懲，小者赦之，則刑不濫而人心悦矣。賢，有德者；才，有能者，舉而用之，則有司皆得其人，而政益修矣。

曰：「焉知賢才而舉之？」曰：「舉爾所知。爾所不知，人其舍諸？」

仲弓慮無以盡知一時之賢才，孔子則以

賢才人所共用，但自舉所知，人亦各舉所知，不必盡私之己也。孔子之言，處處皆以大同爲本，此即貨惡其棄於地，不必藏於己之意。蓋有天下爲公之心，則觸處皆是也。

○子路曰：「衛君待子而爲政，子將奚先？」

衛君，謂出公輒也。是時魯哀公之十年，孔子自楚反乎衛。《史記·孔子世家》：「是時，衛君輒父不得立，在外，諸侯數以爲讓，而孔子弟子多仕於衛，衛君欲得孔子爲政。」子路曰衛君待子而爲政，此是今文口説，至可信據。

子曰：「必也正名乎！」

《太史公自序》曰：「南子惡蒯聵，故子父易名。」謂不以蒯聵爲世子，而輒繼立也。名之顛倒，未有甚於此者，故孔子以正名爲先。鄭氏以爲正書字，則謬甚。《春秋公羊傳》以王父命拒父命，乃有爲之言，非爲石曼姑帥師拒蒯聵而發。惲氏敬《先賢仲子廟立石文》曰：「衛出公未嘗拒父也。衛靈公生於魯昭公二年，其卒年四十七，而蒯聵爲其子，出公爲其子之子。蒯聵先有姊衛姬。度出公之即位也，内外十歲耳。二年，蒯聵入戚，三年春圍戚，衛之臣石曼姑等爲之，非出公也。」夏氏炘《衛出公輒論》曰：「蒯聵有殺母之罪，斯時南子在堂，其不使之入明矣。輒不得自專也。及輒漸長，而君位之定已久，勢不可爲矣。」考蒯聵於靈公四十二年入居于戚，及至出公十四年，始與渾良夫謀入，凡在戚者十五年。此十五年中，絶無動静，則輒之以國養可知。孔子於輒之六年，自楚至衛，輒年可十七八歲，有欲用孔子之意，故子路曰衛君待子而爲政。孔子以父居於外，子居於内，名之不正莫甚於此，故有正名之論。而子路意，輒定位已久，且以國養父，未爲不可，故以子言爲迂。其後，孔子去衛，而果有孔悝之難。甚矣！聖人之大居正，爲萬世人倫之至也。孟子曰：「孔子於衛孝公有公養之仕。」先儒謂孝公即出公輒。孔子在衛凡六七年，輒能盡其公養，則此六七年中，必有不忍其父之心。孔子以爲尚可以爲善，而欲進之以正名，惜乎優柔不斷，終不能用孔子耳。設也，輒果稱兵拒父，而孔子猶至衛，且處之六七年，何以爲孔子？

子路曰：「有是哉，子之迂也！奚其正？」「迂」，鄭本作「於」。「奚」，《史記》作「何」。

包氏曰：「迂，遠也。」謂遠於事情，言其難行也。鄭作「於」，云：「狂也」，或是魯讀。《檀弓》「於則於」，《莊子》「其覺於於」，《文王世子》「於其身，以善其君」，亦與迂闊義近。

子曰：「野哉，由也！君子於其所不知，蓋闕如也。

《荀子·大略篇》：「言之信者，在乎區蓋之間。」《漢書·儒林傳》：「疑者丘蓋不言」，「丘」「區」，「闕」聲之轉，皆闕疑之意。野，謂鄙僿，率爾妄對也。包氏曰：「君子於其所不知，當闕而勿據。」

名不正，則言不順；言不順，則事不成；事不成，則禮樂不興；禮樂不興，則刑罰不中；刑罰不中，則民無所錯手足。《釋文》：「本又作『措』。」《漢書》「朝錯」，晉灼音「錯」爲厝置之「厝」。《說文》引作「厝」，《考工記》作「措」，注：「故書『措』作『厝』。」則「措」或是古文。

鄭司農云：「中者，刑罰之中。」《後漢》梁統《疏》引「中」作「衷」是也。蓋名定而實辨，道行而志通，然後言順而事成，故尚正名。《荀子・正名篇》曰：「後王之成名，刑名從商，爵名從周，文名從《禮》，散名之加於萬物者，則從諸夏之成俗。曲期遠方異俗之鄉，則因之而爲通。」後王者，孔子也。蓋今中國一切名號，皆孔子所正也。

故君子名之必可言也，言之必可行也。君子於其言，無所苟而已矣。」《史記》作「爲之必可名」。

所名之事，必可得而明言；所言之事，必可得而遵行。否則，民疑惑而多辨訟，以生大奸。故事不成，奸僞并起，安能起禮樂以致中和移風俗？上不中和，下壞風俗，則刑罰益亂。上無道揆，下無法守，則民無所措，而政不能行矣。

○樊遲請學稼。子曰：「吾不如老農。」請學爲圃。曰：「吾不如老圃。」皇本「圃」下有「子」字。

種五穀曰稼，種蔬菜曰圃。學各有專門，老農老圃皆專門爲種植之學，有心得，有閱歷，有傳方，其益於世甚大。雖以聖人之智，而專門之學必當問之專門技師也。

樊遲出。子曰：「小人哉，樊須也！

小人，謂細民。孟子所謂「小人之事」者也。

上好禮，則民莫敢不敬；上好義，則民莫敢不服；上好信，則民莫敢不用情。夫如是，則四方之民襁負其子而至矣，焉用稼？」陸本作「繈」。石經文字以「繈」爲非。

禮、義、信，大人之事也。好義，則事合宜，情誠實也。敬服用情，蓋各以其類而應也。襁，織縷爲之，以約小兒於背者。包氏曰：「禮義與信，足以成德，何用學稼以教民乎？負者以器，曰襁。」孔子甚稱老農老圃，此但因樊遲潔身忘世，故欲其學道化民。蓋聖人胞與爲心，斯人是與。樊遲以士人來學，理當進之，故言若能從大人之事，則不必爲細民之事。然此爲孔子爲樊遲一人之言，舉世之人安得盡爲大人學者？若學農林專門，豈不甚善。且又兼禮義信，則爲伊尹、諸葛之躬耕，豈非孔子所深許乎？讀者無泥於辭可也。

○子曰：「誦《詩》三百，授之以政，不達；使於四方，不能專對；雖多，亦奚以爲？」

《墨子·公孟篇》：「誦《詩》三百，弦《詩》三百，歌《詩》三百，舞《詩》三百。」但言誦者，以得其意恉也。專，獨也。《詩》，言國政，著風俗，本人情，該物理，長於風諭，故誦之者必達於政而能言也。古詩三千，孔子删之，得十五國，三百五篇，每篇皆有詩説，於政事尤精博，孔門學者皆受之。蓋詩出輶軒之採，如今日之報。孔子選十五國之報精者，加以改制口説，以爲功課書。故通其學者皆爲政治家、言語家之才。此必有爲而言。

○子曰：「其身正，不令而行；其身不正，雖令不從。」《後漢書·第五倫傳》引作「雖令不行」。

令，教令也。以身教者從，以言教者訟。蓋觀感之化，不待反脣，皆從意而不從令也，故在反身而已。

○子曰：「魯、衛之政，兄弟也。」皇本無「也」字。

包氏曰：「魯，周公之封；衛，康叔之封。周公、康叔既爲兄弟，其國之政亦如兄弟。」魯、衛皆多君子亦同。惟《史記》以此爲衛出公、魯哀公發。蓋衛父子不正，魯則君臣不正，是時衰亂，政亦相似，故孔子歎之。

○子謂衛公子荆，「善居室。始有，曰：

『苟合矣。』少有，曰：『苟完矣。』富有，曰：『苟美矣。』」

公子荆，衛大夫。苟，誠也。合，言已合於禮也。完，器物備也。言其觸境而安，寡欲知足，不以外物自累也。吾所至印度舍衛、摩竭提、勒撓諸都會，印王之宫室皆峻宇雕牆，奇偉精絶，當時之虐用其民可想。蓋土司酋長，無不縱欲虐民，故孔子稱公子荆以諷之。若在雇役之世，則不以此論。魯哀公子亦名公子荆，故加衛字以異之。

○子適衛，冉子僕。子曰：「庶矣哉！」冉子曰：「既庶矣，又何加焉？」曰：「富之。」「既富矣，又何加焉？」曰：「教之。」皇本、《春秋繁露·仁義法篇》、《論衡·問孔篇》、《風俗通義·十反卷》並作「冉子」，今從之。通行本作「冉有」。

僕，給事者，亦御也。庶，衆也。庶而不富，則民生不遂；富而不教，則民德不育。富以養其生，教以善其性，二者備矣。夫教化廢，則推中人而墜於小人之域；教化行，則引中人而納於君子之塗。然饑寒切膚，不顧廉恥，孔子雖重教化，而以富民爲先。管子所謂治國之道，必先富民。此與宋儒徒陳高義，但言餓死事小，失節事大者，亦異矣。宋後之治法，薄爲俸禄，而責吏之廉；未嘗養民，而期俗之善。遠爲期而責不至，重爲任而責不勝；弱者爲僞，而强者爲亂。蓋未富而言教，悖乎公理，紊乎行序也。此爲孔子三至衛，在魯哀公元年，孔子年五十九歲。

○子曰：「苟有用我者，期月而已可也，三年有成。」《史記·世家》引「期月而已」，無「可也」。

期，復其時，言周年也。孔子改制仁政，以撥亂反正，若行之一年，則規模可立，三年則治教大成。此孔子在衛，靈公不用之，而發歎也。自信自任，而言之如此，確有把握可守，確有條理可行，所謂樂則行，則行在。此聖人不妄自任，其次序期限可玩也。愚嘗誦之，然用我必三年乃可，十年有成，益歎聖人之神化也。聖人日以天下緯畫於中如此，固非兢兢守身守約之儒所能窺矣。

○子曰："「善人爲邦百年，亦可以勝殘去殺矣。誠哉是言也！」《史記》引無「矣」字，《刑法志》引無「亦」字。

爲邦百年，言相繼而久也。勝殘，化殘暴之人，使不爲惡也。謂民化於善，可以不用刑殺也。蓋古有是言，而夫子稱之。美國開國百年，刑殺大減，近之矣。

○子曰："「如有王者，必世而後仁。」《史記・孝文帝紀贊》、《論衡・宣漢篇》引「而後」並作「然後」，疑漢時本有作「然後」者。

世有三：曰亂世，曰升平世，曰太平世。必撥亂世，反之正，升於平世，而後能仁。蓋太平世行大同之政，乃爲大仁，小康之世猶未也。天下歸往謂之王，蓋教主也。

○子曰："「苟正其身矣，於從政乎何有？不能正其身，如正人何？」

苟，誠也。言從政者當先正身，正一身以正百官，正百官以正萬民。一正而無不正，不正而無能正也。

○冉子退朝。子曰："「何晏也？」對曰："「有政。」子曰："「其事也。如有政，雖不吾以，吾其與聞之。」

馬氏曰："「政者，有所改更匡正。事者，凡行常事。」蓋上所施行，經國治民，曰政；下奉令承旨，作而行之，謂之事。言國有改更匡正之議，孔子爲元老，必與議焉。言議政立法，必經元老也。若奉行故事，而非改更成案，則不得謂之政。此明議政與行事之别，而議政必合大夫共議之，不如行事之聽行事官獨斷也。今歐人有行政官、事務官之別，出此。

○定公問：「一言而可以興邦，有諸？」孔子對曰：「言不可以若是其幾也。

幾，近也。《詩》曰：「如幾如式。」言一言之問，未可以如此而必期其效。

人之言曰：『爲君難，爲臣不易。』

當時有此言也。

如知爲君之難也，不幾乎一言而興邦乎？」皇本「如知爲君難也」，無「之」字。

知水載舟亦以覆舟，民可近不可下，敬天命畏民苦，兢兢業業，愛民保國，盡君之責任，則一言而邦可興。爲定公言，故不及臣也。

曰：「一言而喪邦，有諸？」孔子對曰：「言不可以若是其幾也。人之言曰：『予無樂乎爲君，唯其言而莫予違也。』如其善而莫之違也，不亦善乎？如不善而莫之違也，不幾乎一言而喪邦乎？」《申鑒·雜事篇》、《晉書·潘尼傳》引「邦」並作「國」，當是避漢諱。

違，背也。禍莫大於壓力專制，患莫大於予智自雄。不善不違，則奴隸之臣滿前，讒諂之人日至，過失不聞，禍患不知。隋煬之驕侈喪邦由此，即苻堅之英，慢諫興兵，亦以喪邦。此非聖人之危言，乃切驗之公理也。《周語》：「天子聽政，使公卿至於列士獻詩，瞽獻典，史獻書，師箴，瞍賦，矇誦，百工諫，庶人傳語，近臣盡規，親戚補察，瞽史教誨，耆艾脩之，而後王斟酌焉，是以事行而不悖。」後世給事貼黃裂麻，猶有此意。蓋爲君，冀人諫諍，不嫌有違也。

○葉公問政。子曰：「近者説，遠者來。」今本作「近者悦，遠者來」。《韓非子·難篇》作「政在悦近而來遠。」《史記·世家》作「來遠附邇」。《漢·武帝紀》作「徠遠」。

説，樂也。來，歸也。《墨子・耕柱篇》引作「遠者近之，舊者新之」，當是齊《論》原本。蓋民患於隔遠而不通，則疾苦不知，情形不悉，如血氣滯塞則爲疾。故不善爲政者，堂上遠於萬里；善爲政者，萬里縮若咫尺。若今之鐵路、電線、汽船，縮地如掌，呼吸可通，交輸進益，所謂遠者近之也。器莫若舊，政莫若新。蓋舊則塞滯，新則疏通；舊則腐壞，新則鮮明；舊則頽敗，新則整飭；舊則散漫，新則團結；舊則窳落，新則發揚；舊則形式徒存，人心不樂，新則精神振作，人情共趨。伊尹曰：「用其新，去其陳，病乃不存。」故去病全在去舊更新。《康誥》、《大學》所貴，作新民也，且宜日新又新。蓋方以爲新，未幾即舊，故務在新之。惜此微言久經淪落。中國之俗，向患於遠而不近，舊而不新。失此靈藥，致成痼疾，可以爲鑒也。

○子夏爲莒父宰，問政。子曰：「毋欲速，毋見小利。欲速，則不達；見小利，則大事不成。」《釋文》：「『毋欲』音『無』，今本作『無』。」皇本上作「毋」，下作「無」，當誤。「毋」是今文，從之。

莒係以父，魯人語音，如亢父、單父、梁父，魯邑名。欲事之速成，則急遽無序，而反不達。見小者之爲利，則所就者小，而所失者大矣。故《大戴記》曰：「好見小利妨於政。」《呂覽》曰：「不去小利，則大利不得。」學者之患，皆在見小、欲速，由志趣不遠，規模不大，而成就因之。所見愈遠，經營愈大者，爲萬世久遠之規，爲普天成仁之事，則其達成愈難，而皆視其所欲所見以决之。愚生平最服膺斯義，亦願與天下學者共服之。愈體驗，愈覺其親切也。

○葉公語孔子曰：「吾黨有直躬者，其父攘羊，而子證之。」

孔曰：「直躬，直身而行。」周曰：「有因而盜曰攘。」鄭氏注：「『躬』作『弓』，人名」，當是齊《論》。高誘《淮南・氾論訓注》云：「直躬，楚葉縣人也。」「躬」蓋名其人，必素以直稱，猶狂接輿、盜跖之比。《隸續》：「陳實，字仲躬。」蓋「弓」、「躬」通。

孔子曰：「吾黨之直者異於是，父爲子隱，子爲父隱，直在其中矣。」

證者，施於平人。恩之大者，愛之至深，其有過惡，則爲隱諱。《檀弓》：「事親有隱而無犯。」《公羊》：「故《春秋》於内大惡諱，内小惡不諱。」父子，恩之至深，尤當隱諱，此天理人情之至，故義無定，在隨時處中。於人，則證之爲直；於父，則隱之爲直。《公羊》文十五年：「齊人來歸子叔姬，閔之也。父母之於子，雖有罪，猶若其不欲服罪然。」何休注引此文，説之云：「所以崇父子之親」，是也。《鹽鐵論・周秦篇》：「父母之於子，雖有罪猶匿之。豈不欲服罪？子爲父隱，父爲子隱，未聞父子之相坐也。」漢宣詔曰：「自今，子首匿父母，妻匿夫，孫匿大父母，皆勿坐。其父母匿子，夫匿妻，大父母匿孫，殊死，皆上請。」足知漢法，凡子匿父母等，雖殊死，皆勿坐；父母匿子等，殊死以下，皆不上請，蓋皆許其匿可知。皇《疏》云：「今王法則許期親以上得相爲隱，不問其罪」，是也。《白虎通・諫諍篇》：「君不爲臣隱，父獨爲子隱何？以爲父子一體，榮恥相及。」明父子天屬得相隱，與君臣異也。今律，大功以上得相容隱，告父祖者入十惡，用孔子此義。葉公惡儒教多諱，故以此諷，而適以見其野蠻而已。英屬加拏大有女淫犬，而父揚之報中，是亦直躬之類，未被孔子之教故也。蓋一公無私，乃至淺義，愛無差等之教也。禮曰：「子不私其父，則不成爲子。」此孔子因人情而特立之精義，所以與異教殊也。

○樊遲問仁。子曰：「居處恭，執事敬，與人忠。雖之夷狄，不可棄也。」

包曰：「雖之夷狄無禮義之處，猶不可棄去而不行。」居處恭，則衾影無愧，帝天或臨，見賓承祭，小大不慢。執事敬，則顧諟常惺，精謹不失。與人忠，則信厚慈惠，人皆愛戴。此行己接物之公理也。公理既備，則不徒在禮義文明之邦人皆尊信，即在夷狄野蠻之國，而公理不可廢，亦必不見棄也。仁本爲公理，人能盡公理者，無在而不可行焉矣。

○子贛問曰：「何如斯可謂之士矣？」子曰：「行己有恥，使於四方，不辱君命，可謂士矣。」

《曾子·制言篇》：「有恥之士，富而不以道則恥之，貧而不以道則恥之。」此其志有所不爲，而其才足以有爲者也。子贛能言，故以使事告之。蓋爲使之難，不獨貴於能言而已。

曰：「敢問其次。」曰：「宗族稱孝焉，鄉黨稱弟焉。」

《白虎通》：「宗，尊也。」大宗能率小宗，小宗能率羣弟，通其有無，所以紀理族人也。族者，湊也，聚也，謂恩愛相流湊也。上湊高祖，下湊玄孫。一家有吉，百家聚之，合而爲親，生相親愛，死相哀痛，有會聚之道，故謂之族稱譽也。此本立而才不足者，故爲其次。

曰：「敢問其次。」曰：「言必信，行必

果，硜硜然小人哉！抑亦可以爲次矣。」《孟子》「悻悻然見於其面」，趙歧注引《論語》此文，並作「悻悻」，當是齊《論》。孫奭《音義》：「『悻悻』，字或作『悭悭』。」《莊子·至樂篇》作「譪譪乎如將不得已」。《漢書·楊敞傳》作「脛脛者未必全」。《爾雅·釋詁》作「堅固也」，益通。

果，必行也。《史記·樂書》：「石聲硜。」小人，言其識量之淺狹也。此言行無失，鄉黨自好之士，亦不害其爲自守也。故聖人猶有取焉。下此，則市井之人，不復可爲士矣。

曰：「今之從政者何如？」子曰：「噫！斗筲之人，何足算也？」

噫，鄙薄之聲。斗，量名，容十升。筲，飯筲也，容五升。斗筲之人，言聚斂持禄也，猶今諺言飯桶也。算，數也。孔子以有耻有才爲士行。蓋人而無耻則無所不爲，而無才則無所可用。有耻則進而愈上，能使則倜儻權變，尤才之上者，故非孝弟信果之人所能比也。

○子曰：「不得中行而與之，必也狂狷乎！狂者進取，狷者有所不爲也。」《説文》無「狷」字，《孟子》作「獧」。

中行，依中庸而行。包曰：「狂者進取於善道，狷者守節無爲。欲得此二人者，以時多進退，取其恒一。」蓋狂者志極高而行不掩，狷者知未及而守有餘。蓋聖人本欲得中道之人而教之，然既不可得，則隱怪之流失之乖僻，必至入於奇衺，而與道背馳；謹厚之人則守約退懦，而不能振拔流俗，以任大道。惟有狂狷之人，猶能激勵裁成之以任道也。蓋學道，貴中行之資，剛柔兼備；而任道，則非志高氣上者不能，雖有小偏，終有大成。顧允成謂：「當從狂狷起，從中行歇，若遽學中行，恐爲鄉願。」然哉！

○子曰：「南人有言曰：『人而無恒，不

可以作巫醫。』善矣！《禮記・緇衣》作「人而無恒，不可以作卜筮」，意同。

南人，南國之人，猶《詩》言東西人也。恒，常也。巫所以交鬼神，醫所以治疾病，非久於其道，則不能精，故《記》曰：「醫不三世，不服其藥」，欲其久也。太古重巫醫，故巫醫之權最大，埃及、猶太、印度、波斯皆然。猶太先知即巫也，耶氏則兼巫醫而爲大教主矣。蓋巫言魂而通靈，醫言體則近於人，其關係最重，故孔子重之，欲其有恒而致精也。二三其德，則無可成之事，故執德者亦在有恒而已。巫醫皆以士爲之，世有傳授，故精其術，非無恒之人所能爲也。《楚語》：「古者民神不雜，民之精爽不攜貳者，而又能齊肅衷正，其智能上下比義，其聖能光遠宣朗，其明能光照之，其聰能聽徹之，如是則明神降之。在男曰覡，在女曰巫，是使制神之處位次主，而爲之牲器時服。」楊泉《物理論》：「夫醫者，非仁愛不可託，非聰明達理不可任，非廉潔淳良不可信。古之用醫，必選名姓之後。」又云：「其德能仁恕博愛，其智能宣暢曲解，知天地神祇之次，明性命吉凶之數，處虛實之分，定順逆之理，原疾量藥，貫微達幽。」觀此，則巫醫皆抱道懷德，學徹天人，故必以有恒之人爲之。

『不恒其德，或承之羞。』

此《易・恒卦》九三爻辭。鄭氏曰：「或，常也。」皇《疏》：「言羞辱常承之也。」《易・象傳》曰：「不恒其德，無所容也。」蓋不恒則去就無常，朝夕殊異，勢必反覆，親好皆化仇敵，歸向亦皆疑畏，投身無容，則羞辱從之。蓋深惡反覆子，而大聲疾呼之也。

子曰：「不占而已矣。」

鄭氏玄曰：「《易》所以占吉凶，無恒之人，《易》所不占。」《書》所謂「事煩則亂，事神則難」。《詩》所謂「我龜既厭，不我告猶」。

○子曰：「君子和而不同，小人同而不和。」

《鄭語》史伯曰：「夫和實生物，同則不繼。先王以土與金、木、水、火雜，以成百物。是以和五味以調口，和六律以聽耳。聘后於異姓，求財於有方，擇臣取諫工，而講以多物。聲一無聽，物一無文，味一無果，物一不講。」《左傳》晏子曰：「和如羹焉，水火、醯醢、鹽梅以烹魚肉，燀之以薪。君臣亦然，君所謂可，而有否焉，臣獻其否，以成其可。君所謂否，而有可焉，臣獻其可，以去其否。是以政成而不干，民無爭心。先王之濟五味、和五聲也，以平其心，成其政也。聲亦如味，一氣、二體、三類、四物、五聲、六律、七音、八風、九歌，以相成也；清濁、小大、短長、疾徐、哀樂、剛柔、遲速、高下、出入、周疏，以相濟也。君子聽之，以平其心，心平德和。今據不然，君所謂可，據亦曰可，君所謂否，據亦曰否，若以水濟水，誰能食之？若琴瑟之專壹，誰能聽之？同之不可也如是。」蓋君子之待人也，有公心愛物，故和；其行己也，獨立不懼，各行其是，故不同。小人之待人也，媚世易合，故同；其行己也，爭利相忮，不肯少讓，故不和。

○子贛問曰：「鄉人皆好之，何如？」子曰：「未可也。」「鄉人皆惡之，何如？」子曰：「未可也。不如鄉人之善者好之，其不善者惡之。」

此爲採鄉評合公論言之。風俗未美，則鄉論亦不可據。鄉人皆好，或爲閹然媚世之願人；　鄉人皆惡，或有獨行苦心之異士。故不如善人好之，則無同流合汚之害；　不善人惡之，則益見其嫉惡禁邪之風。聖人之論人，不採諸衆譽，而並察諸衆毁，蓋不爲惡人之所毁，亦必無可信者也。後世僅知採衆好，則所得皆媚世合汚之人，所由不入於堯舜之道也。若行議會之選舉，先選一次舉鄉望之善者，乃由衆善者複選之，庶幾得人。然若不善人多，而善人少，則好惡必失其真矣。

○子曰：「君子易事而難説也。説之不以道，不説也；及其使人也，器之。小人難事而易説也。説之雖不以道，説也；及其使人也，求備焉。」

器，謂隨其材器而使之也。曾子曰：「夫子見人之一善，而忘其百非。」故君子之心，正而恕；　小人之心，邪而刻。正，故佞媚不能親入，而與人不求備；邪，故讒諂賄賂得而入之，而疑責人則甚苛。夫至左右皆讒諛賄賂之人爲蔽，則雖有奇才奥學，亦必敗壞，而爲小人之歸而已。

○子曰：「君子泰而不驕，小人驕而不泰。」

此就人之得意志時言之。泰，安坦也。驕，放肆也。見大心廣，無入而不自得，故泰。雖從容安舒，然無衆寡、無小大、無敢慢，出門如見賓，使民如承祭，故不驕。行無忌憚，而陰畏鬼神，內愧魂魄，李林甫之終夜移床，蕭老公之賣身贖罪，何曾一日泰乎？

○子曰：「剛、毅、木、訥近仁。」

剛者無欲，毅者果敢，木者樸行，訥者謹言。四者皆能力行，與巧言令色相反者，故近仁。蓋聖人愛質重之人，而惡浮華佻僞如此，蓋華者不實也。《漢書》稱周勃木强敦厚，尹齊木强少文。惟厚重質樸者，乃可任道。

○子路問曰：「何如斯可謂之士矣？」子曰：「切切偲偲，怡怡如也，可謂士矣。朋友切切偲偲，兄弟怡怡如也。」皇本、高麗本、《文選·求通親親表注》、《初學記》十七、《藝文類聚》二十一、《太平御覽》四百十六，引此文並有「如也」二字。今從之。《大戴禮》作「兄弟憘憘」，《説文》無「憘」字，當是今文。

鄭曰：「切切，勸競也」，有相摩按義。《祭義》作「漆漆」。偲偲，强勉也。怡怡，和悦也。皆子路所不足，故告之。又恐其混於所施，則兄弟有賊恩之禍，朋友有善柔之損，故又別而言之。家庭尚恩，與父子不責善義同。

○子曰：「善人教民七年，亦可以即戎矣。」

即，就也。戎，兵也。教民者，教之以孝弟忠信之行，忠君愛國之心，水陸戰陣之法。必教七年，然後可戰，則教練身體手足，膽略之事，課程甚繁可知。今七年之章程不可覩考，然孔子之所治者亦至精慎矣。今德國治兵至精，亦不過三年。孔子之章程比之加倍，後之治國者亦可推述矣。

○子曰：「以不教民戰，是謂棄之。」

以，用也。言用不教之民以戰，必有敗亡之禍，是棄其民也。蓋兵必練身體，練手足，練耳目，練技能，練膽氣，練心思，練志行，學義信禮，而後可用。又必視敵兵比較，而後可戰。否則必喪師而棄民。

論語注卷之十三終

門人番禺王覺任初校
門人高要陳焕章覆校
門人東莞張伯楨覆校

論語注卷之十四

南海康有爲學

憲問第十四

凡四十五章《釋文》凡四十四章，朱子析作四十七章。《正義》曰：「憲不稱氏，疑此篇即憲所記。」

○憲問恥。子曰：「邦有道穀，邦無道穀，恥也。」《史記》引此「憲」作「子思」，「邦」作「國」。又，下引「子思曰克伐怨欲」爲一章。

憲，原思名。穀，禄也。言有道之國，可仕而食其禄，若無道之國，覥顔朝列，則爲可恥。此與「天下有道，丘不與易」相反。蓋以救時爲心者，則可就無道之國；以立節爲志者，則不宜立無道之邦。義之淺深異也。道大者宜學聖人，否則當知此恥矣。

子思曰：「克伐怨欲不行焉，可以爲仁矣！」子曰：「可以爲難矣，仁則吾不知也。」今本無「子思曰」，此從《史記・弟子傳》。以《史記》爲今文，必魯《論》也，且有「子思曰」，乃是合一章。《吳志・鍾離牧傳注》引此作「原憲之問於孔子曰」，「矣」作「乎」，「子曰」作「孔子曰」。

子思，憲字。此亦原憲以其所能而問也。克，好勝；伐，自矜；怨，忿忌；欲，貪欲。四者在人，如大火奇毒，爲害甚大，禁制不易，若能降伏，可以爲難。若仁，則爲元德，有惻怛之心，博愛之理，天地一體，萬物同氣，能制其魄者。僅能克己自守，尚未有益於人，故未及能仁也，故孔子云「不知」。蓋以尊德性行仁爲學者，日事擴充，不必防檢，而其道日大，蓋魂自清而魄自禁也。以遏惡欲守義爲學者，日事防制，雖極力勉强，而其道日隘。學者根資不同，皆可入道，而行仁者遠矣。孟子：「好貨好色與百姓同，使有積倉而無怨曠」，得孔子「己立立人，己達達人」之義。故知苦心潔身之士，絶己之欲，而不能濟世，非孔子所貴也。

○子曰：「士而懷居，不足以爲士矣。」

《傳》曰：「懷與安，實敗名。」士當志大道，尊德性，則神明天游，别有至樂，下視人世宫室，皆土壤腥膻也。若仍懷居，則必溺於體魄，而無所得於神明。夫士之所貴者，養神明也，常人之所以賤者，事體魄也。溺於體魄者，衹爲凡民，而不得爲士矣。

○子曰：「邦有道，危言危行；邦無道，危行言孫。」

危，高厲也。孫，卑順也。厲行不隨俗，順言以遠害。《繁露》曰：「義不訕上，智不危身。」《荀子》：「迫脅於亂時，窮居於暴國，而無所避之，則崇其美，揚其善，違其惡，隱其敗，言其所長，不稱其所短。」《春秋》於定、哀多微辭。君子固有殺身成仁之時，而亦有明哲保身之義。風雨如晦，獨善其身，行無所變。苟無救於世，而投身於凶燼，以言賈禍，亦智者所不爲，故言孫也。聖人之道甚多，要權其時地、輕重、大小各有當也，學者宜盡心焉。

○子曰：「有德者必有言，有言者不必有德，仁者必有勇，勇者不必有仁。」

有德者，躬行心得之餘，雖木訥而言，必有中。有言者，挾才辯文詞之美，雖醞釀而行，未必相符。能言者，或便佞口給而已。仁者心無私累，故能見義必爲；勇者動於血氣，未必合於公理。

明有德有仁之能兼有言有勇也。《荀子・非相篇》：「法先王，順禮義，黨學者，然而不好言，不樂言，則必非誠士也。故君子之於言也，志好之，心安之，樂言之，故君子必辨。」又曰：「故仁言大矣。起於上所以道於下，正令是也；起於下所以忠於上，謀救是也。故君子之行仁也無厭。」又，《性惡篇》：「仁之所在無貧窮，仁之所亡無富貴，天下知之，則欲與天下同苦之，天下不知之，則傀然獨立天地之間而不畏，是上勇也。」則二文並足發明。世人多尚言勇，而迂德仁，故以此曉之。

○南宮适問於孔子曰：「羿善射，奡盪舟，俱不得其死然。禹稷躬稼而有天下。」夫子不答。南宮适出，子曰：「君子哉若人！尚德哉若人！」《史記・弟子傳》作「南宮括」。《説文》「羿」作「芎」，當是古文《論語》，今不從。陸德明於《書》「無若丹朱傲」作「奡」，下文有「傲虐」，是作不應有兩「傲」字，則「奡」是人名，即此也。

南宮适，即南容也。按，馬作南宮綰，謚敬叔，即仲孫閲也。《説文》：「羿爲帝嚳射師。」《天問》稱堯時十日並出，射九日而落之。《孟子》稱逢蒙殺之者。《説文》引《虞書》「若丹朱、奡」，《論語》「奡盪舟」，陸德明述之同即此。《管子》曰：「若敖之在堯，」《書》稱罔水行舟是也。」或疑爲奡即象傲，如鮌稱檮杌，與丹朱爲二人，則盪舟無據，益滋訟耳。若僞《左傳》有羿簒夏，浞簒羿，而浞子澆滅斟尋，靡復夏事，皆劉歆據《竹書》、《天問》僞竄入之。一發之於襄四年，再證之於哀元年。按，《史記・夏本紀》云：「仲康崩，子相立，相崩，子少康立。」若有一朝中亡之事，史遷豈有不知？譬如王莽簒漢，而作史者但書平帝崩，光武立，雖極空疏，必無此理。

《孟子》稱羿爲逢蒙殺，非浞也。諸傳注之説，因此紛亂，皆不足信據也。禹盡力溝洫，故亦稱躬稼。太古尚力，故适稱羿奡有力者終死，禹稷有德者終王。不於其身，必於其子孫。适以孔子盛德無位，借以重孔子者，故孔子不答。而适識見如此其遠，故稱其君子，美其尚德。孔子卒爲教主，天下歸之，真有天下，果如适言。蓋德與力，自古分疆，而有力者終不如有德。嬴政、亞力山大、成吉斯、拿破侖之聲靈，必不如孔子及佛與耶蘇也，此爲萬古德力之判案也。

○子曰：「君子而不仁者有矣夫，未有小人而仁者也。」

此合人心術、行事言之。君子心術固純於仁者，然行事或偶失而爲不仁，亦有之。若小人，心術既不仁，則行事即有善行，必不得爲仁矣。故觀人者，不當論一二行事，而當別其人也。

○子曰：「愛之，能勿勞乎？忠焉，能勿誨乎？」

勞，勉也，勑也。愛之至者，欲其成就，則勸勉之，如慈父之教子，督責備至。忠之至者，欲其無過，則誨諫之，如忠臣之諫君，謇諤勤拳。此乃人情之至，非爲立義也。

○子曰：「爲命，裨諶草創之，世叔討論之，行人子羽脩飾之，東里子産潤色之。」

《漢書·人表》作「卑湛」。《潛夫論》、《風俗通》有「卑氏」。「創」，《釋文》作「刱」。

命者，辭令，此言外交之約章文辭也。外交關係最重，一字之失，貽累國民，無由改悔。故必選合羣賢，或外交專門之家，或博學能謀之士，或老於政治之才，斟酌損益，然後詳審精密，鮮有敗事也。裨諶以下四人皆鄭大夫。草，略也；創，造也，謂造爲草藁也。世叔，游吉也，《國語》作子太叔，「世」、「太」字通，故太室稱世室，太子稱世子。討，尋究也；論，講議也。行人，外交官。子羽，公孫揮。修，謂增損之；飾，謂節制之。東里，地名，子産所居也。潤色，謂加以文采也。鄭國之爲辭命，必更此四賢之手而成，孔子善之，故稱以爲外交之法。

○或問子産。子曰：「惠人也。」

子産之政不專於寬，然其心則一以愛人爲主，故孔子以爲惠人。蓋舉其重而言也。子産爲政尚猛，而孔子稱爲遺愛，稱爲衆母。蓋服田疇、教子弟一切猛舉，皆以愛人，謚爲惠人，孔子真知子産者。

問子西。曰：「彼哉！彼哉！」

子西，楚公子申，能遜。楚國立昭王，而改紀其政，亦賢大夫也。然昭王欲用孔子，乃沮止之，其後卒召白公，以喪身禍國。所謂自以爲是，不可入堯、舜之道，故但言「彼哉」，而不贊一辭。或曰，鄭子西，公孫夏也，然人無可稱，恐非也。

問管仲。曰：「人也。奪伯氏駢邑三百，飯疏食，没齒無怨言。」

人也，猶言是可謂之人物也。不關當時之治亂，不足謂之人；不繫一世之安危，不足謂之人，所謂焉能爲有，焉能爲無者也。若舉世變動，舉世注仰，功名不朽，可謂之人，與下章成人相類，惟管仲可當之。伯氏，齊大夫，名偃。駢邑，地名，即郱紀，地爲襄公所遷者，今山東青州府臨朐縣。齒，年也。蓋桓公奪伯氏之邑以與管仲，伯氏自知己罪而心服管仲之功，故窮約以終身而無怨言。荀卿所謂：「與之書社三百，而富人莫之敢拒者」，即此事也。諸葛廢廖立、李平，及諸葛死而思葛，皆以功德服人之心。管仲真有存中國之功，令文明世不陷於野蠻，故雖奪人邑，而人不怨。言功業高深，可爲一世之偉人也。孔子極重事功，累稱管仲，極詞贊歎。孟子則爲行教起見。宋儒不知，而輕鄙功利，致人才苶爾，中國不振，皆由於此。

○子曰：「貧而無怨難，富而無驕易。」

處貧難，處富易，事境之常。蓋處貧非樂天知命不能，而處富則但知足好禮，已可也。但人當勉其難，而無忽其易。

○子曰：「孟公綽爲趙魏老則優，不可以爲滕薛大夫。」

公綽，魯大夫，孔子嘗稱「公綽之不欲」是也。趙、魏，晉卿之家。老，家臣之長。大家勢重，而無諸侯之事；家老望尊，而無官守之責。優，有餘也。滕、薛，二國名。大夫，任國政者。滕薛國小政繁，大夫位高責重。然則，公綽蓋廉静寡欲，而短於才者也。人之才性，各有短長當否，當其才則見效，違其性則失職，此借公綽以論用人之宜也。當列國競爭之世，爲弱小衝要之官，内治外交艱難繁劇，非有專門應變之才，不易勝任，若以廉謹之人當之，安得不覆餗？故子産之强鄭，實難於管仲之霸齊；嘉窩之立意，難於俾士麥之霸德也。

○子路問成人。子曰：「若臧武仲之知，公綽之不欲，卞莊子之勇，冉求之藝，文之以禮樂，亦可以爲成人矣。」周生烈《注》：「卞」亦作「弁」。《漢書·東方朔傳》作「弁嚴子」，是。**曰：「今之成人者何必然？見利思義，見危授命，久要不忘平生之言，亦可以爲成人矣。」**《文選》曹植《責躬詩注》、沈約《别范安成詩注》引此，「曰」上有「子」字。《文選·鸚鵡賦》李注引「久要」上有「君子」二字。阮籍《詠懷詩》顏注引「要」作

「約」。

成人，猶言全人。武仲，魯大夫，名紇。莊子，魯卞邑大夫。《韓詩外傳》、《新序》有莊子勇事，《史記・陳軫傳》卞莊子有刺虎事，《後漢書・班固崔駰傳》同。言兼此四子之長，則知足以窮理，澹足以養魂，勇足以强身，藝足以泛應。而又節之以禮，和之以樂，使德成於內，而文見乎外，則才全德備，渾然不見一善。成名之跡，中正和樂，粹然無復偏倚駁雜之蔽，其爲全人亦成矣。蓋天之生人，與人魂魄、形體、才力、聰明，實有令人人皆才全德備之質。特世方幼稚，教化未至，故人皆偏憾，不稱天性，未成爲全人。若當太平之世，教化既備，治具畢張，人種淘汰，胎教修明，人之智慧、淡泊、勇力、藝能、禮樂，皆人人完備，而後爲天生之成人也。見利思義則廉節，見危授命則忠烈，久要不忘則誠信，此皆子路所長。而言必信，行必果，實士之末者，然生當亂世，治具未備，科學未張，有此獨行，亦可爲成人之行矣。蓋亂世人之資格，與太平世人之資格迥遠，聖人不得不因時世而節取之。若成人之實，則非令普天下人皆備智慧、澹泊、勇力、藝能、禮樂，非治教之至也。

○子問公叔文子於公明賈，曰：「信乎，夫子不言、不笑、不取乎？」「明」，古讀如「羊」，即《禮記・雜記》之「公羊賈」。故公明高即公羊高。

公叔文子，衛大夫公孫拔也。公明姓，賈名。文子爲人，其詳不可知，然必廉靜之士，故當時以三者稱之。

公明賈對曰：「以告者過也。夫子時然後言，人不厭其言；樂然後笑，人不厭其笑；義然後取，人不厭其取。」子曰：「其然？豈其然乎？」皇本「其言」、「其笑」、「其取」下俱有「也」字。《論衡・儒增篇》同。《知實篇》引

「後」皆作「后」。《儒增篇》、《知實篇》並作「豈其然乎？豈其然乎？」

朱子曰：「厭者，苦其多而惡之之辭。事適其可，則人不厭，而不覺其有是矣。是以稱之或過，而以爲不言、不笑、不取也。然此言也，非禮義充溢於中，得時措之宜者不能。文子雖賢，疑未及此，但君子與人爲善，不欲正言其非也，故曰：『其然？豈其然乎？』蓋疑之也。」

○子曰：「臧武仲以防求爲後於魯，雖曰不要君，吾不信也。」

防，地名，武仲封邑也。以者，不當以也。後，《禮》：「爲人後者，爲之子」，立嗣也。要，有挾而求也。武仲得罪奔邾，自邾如防，使臧爲以大蔡納請曰：「紇非能害也，知不足也。非敢私請，苟守先祀，無廢二勳，敢不辟邑？」乃立臧爲，致防而奔齊。其辭甚卑，人不知其要君，孔子發其以邑爲要，蓋誅意也。此爲據亂立法。

○子曰：「晉文公譎而不正，齊桓公正而不譎。」《漢書·鄒陽傳》引作「法而不譎」，或是魯《論》。

晉文公，名重耳。齊桓公，名小白。譎，權詐也。漢《孫根碑》：「蔡足譎權。」二主爲春秋霸主，英名震於當時，孔子因論其短長也。晉文挾天子以令諸侯，伐衛以致楚，處處用術，故孔子惡其譎而不正。齊桓以衣冠會，而不以兵車會，問楚罪而拜王命，葵丘五禁，皆得公理，故孔子美其正而不譎也。

○子路曰：「桓公殺公子糾，召忽死之，管仲不死。」曰：「未仁乎？」

子糾，桓公兄。齊襄公無道，鮑叔牙奉公子小白奔莒。及無知弑襄公，管夷吾、召忽奉公子糾奔魯。桓公先入而立，使魯殺子糾，而請管、召。召忽死之，管仲請囚，鮑叔牙言於桓公以爲相。子路疑管仲失節事讐，忍心害理，不得爲仁也。

子曰：「桓公九合諸侯，不以兵車，管仲之力也。如其仁，如其仁。」

桓公葵丘以前皆衣裳之會，葵丘之後爲兵車之會。《吕氏春秋》：「柯之盟，莊公與曹劌皆懷劍劫盟。夫九合之而合，一匡之而匡，皆從此生矣。」《新序》：「九合諸侯，一匡天下，功次三王，爲五伯長，本信起乎柯之盟也。」九合自柯，之後則兩鄄、兩幽、檉、貫、陽穀、首戴、甯母也。不以兵車，言不假威力也。如，乃也。又，再言以深許之。蓋仁莫大於博愛，禍莫大於兵戎，天下止兵，列國君民皆同樂生，功莫大焉，故孔子再三歎美其仁。孟子之卑管仲，乃爲傳孔教言之，有爲而言也。宋賢不善讀之，乃鄙薄事功，攻擊管仲，至宋朝不保，夷於金元，左衽者數百年，生民塗炭，則大失孔子之教旨矣。專重内而失外，而令人誚儒術之迂也。豈知孔子之道，内外本末並舉，而無所偏遺哉！

○子贛曰：「管仲非仁者與？桓公殺公子糾，不能死，又相之。」

子贛意，不死猶可，相之則已甚矣。

子曰：「管仲相桓公，霸諸侯，一匡天下，民到於今受其賜。微管仲，吾其被髮左衽矣。

霸者，有天下之别名，但未一統，革命廢王。如希臘之代蘭得，日本之大將軍耳。法之拿破侖似之，即德之該撒受封教皇，亦爲霸耳。觀魯朝貢於晉，而不朝貢於周可見。蓋封建之世有此體，後世無之。今普爲德聯邦盟主，禮與聯邦平等，而稱該撒，真春秋之制也。匡，正也。微，無也。被髮，編髮被之體後。左衽，襟向左，夷狄之俗也。夷狄不得亂中國，諸侯不相尋兵伐，保華夏之族，存文明之化，功德至大，孔子自以爲受其賜。蓋保種族教化之功，莫尚焉。後世若五胡不亂華，金元不入中國，文明之程度必不止此。當時若有夷吾，民亦至今受其賜也。文明教化乃公共進化所關，一亂則不可復。若劉石之陷洛陽，隋之破金陵，金之入汴，匈奴之入羅馬，突厥之入君士坦丁，均於文明有損，實爲天下之公罪，有捍禦之者，亦爲天下之公功。微管之言，稱許之至，亦保愛種族文明之至。宋賢妄攻管仲，宜至於中原陸沈也。

豈若匹夫匹婦之爲諒也，自經於溝瀆而莫之知也？」《後漢書》引此，「莫」上有「人」字。

庶民一夫一妻而無妾，故曰匹夫匹婦。諒，小信也。經，縊也。莫之知，人不知也。《中論》：「召忽伏節死難，人臣之美義也，仲尼比爲匹夫匹婦之爲諒矣。」指召忽言之。蓋身名小，種族之文野大，以管仲較之召忽，則召忽行果節烈，僅同匹夫匹婦之自縊而已。蓋孔子之道貴仁，有可以救人者則許之，至於保救天下之文明，則仁大莫京。孔子自稱堯舜文王外，未有若管仲者，子路子贛泥於尋常之小節而責管仲，孔子乃爲比較其功罪是非，而此義乃明。蓋施仁大於守義，救人大於殉死。宋儒乃尚不知此義，動以死節責人，而不以施仁望天下。立義隘陋，反乎公理，悖乎聖義，而世俗習而不知其非，宜仁義之日微，而中國之不振。然有管仲之才之功，則可不死，否則背君事仇，貪生失義，又遠不若召忽之爲諒也。

○公叔文子之臣大夫僎與文子同升諸公。《漢書·古今人表》作「大夫選」。《釋文》「又作『撰』」。子聞之曰：「可以爲文矣。」

臣，家臣。大夫僎，家大夫也。《檀弓》：「陳子車死於衛，其妻與其家大夫謀以殉葬」是也。公，公朝，謂薦之與己同進爲公朝之臣也。文者，順理而成章之謂，謚法亦有所謂錫民爵位曰文者。洪氏曰：「家臣之賤，而引之使與己並，有三善焉：知人一也，忘己二也，事君三也。」亂世古俗，崇世胄，別人等，以貴治賤，不以賢治不肖。孔子惡世爵而尚平等，尊公理而重賢才，故《春秋》譏世卿，而《王制》立貢士。天下爲公，選賢與能，文明之道也，故曰「可以爲文」。舉人才，忘勢分，平等級，故孔子美之。

○子言衛靈公之無道也，康子曰：「夫如是，奚而不喪？」皇本作「子曰」。《後漢書·明帝紀注》亦作「曰」字。《釋文》：「『子曰』一作『子言』。」唐石經、邢《疏》作「子言」。皇本「無道」下有「久」字。孔子曰：「仲叔圉治賓客，祝鮀治宗廟，王孫賈治軍旅。夫如是，奚其喪？」

喪，失位也。仲叔圉即孔文子也。三人皆衛才臣。賓客無違，軍旅能整，二者乃保國之要務。若能治賓客，而軍旅不修，則弱國不能言公法；若能治軍旅，而賓客多失，則一國亦不能敵衆强；若兵勢能强，外交能講，雖無内治，亦足自保。古者民愚，以神道設教，故巫覡之權甚大，國民蓋聽令焉，故宗廟鄭重，爲内治之要。此言任職得人，雖無道，可以保國，若更有道，其何敵焉？

○子曰：「其言之不怍，則爲之也難。」皇本作「其爲之難」。

怍，慙也。凡爲一事，必深計長慮，思終

防變，故朝受命而夕飲冰，至於内熱。事成則有陰陽之患，事不成則有人事之患，其難其慎如此，故倡言大難。若大言不慙，則其敢言之始，已未計及條理曲折，則難望其成功也。

○陳成子弒簡公。《釋文》：「『弒』本又作『殺』。」，皇本作「殺」。

成子，齊大夫，名恒。簡公，齊君，名壬。事在《春秋》哀公十四年。

孔子沐浴而朝，告於哀公曰：「陳恒弒其君，請討之。」

是時孔子致仕，居魯。沐浴齊戒以告君，重其事而不敢忽也。臣弒其君，人倫之大變，天理所不容，鄰國自得干預其内事，討其賊臣，故夫子雖已告老，而猶請哀公討之。《國語》曰：「陳恒弒其君，民之不與者半。」以魯之衆，加齊之半，可克也。蓋孔子既明大義，又審事勢，非同迂儒但陳高義而已。

公曰：「告夫二三子！」今本無「二」字，皇本、高麗本皆有「二」字。下「告夫三子者」，「之三子告」，並同。唐石經則惟此句有「二」字，而下二句無之。《釋文》：「『之三子告』本或作『二三子告』，非也。」則《釋文》亦見別本，但不取之。今從唐石經。

三子，三家也。時政在三家，哀公不得自專，故使孔子告之。

孔子曰：「以吾從大夫之後，不敢不告也。君曰『告夫三子』者！」

孔子出而自言。謂弒君之賊，法所必討，大夫謀國，義所當告，君乃無權，而待命三家，可爲歎恨也。

之三子告，不可。孔子曰：「以吾從大夫之後，不敢不告也。」皇本無「也」字。

朱子曰：「以君命往告，而三子魯之强臣，素有無君之心，實與陳氏聲勢相倚，故沮其謀。而夫子復以此應之，其所以警之者深矣。」魯事如此，孔子亦知事必不行，但不可不言，以明大義也。

○子路問事君。子曰：「勿欺也，而犯之。」皇本「也」作「之」。

君尊而威，故事君者皆外爲容悦而内懷欺詐。勿欺則盡忠，犯顔則直節。《易》曰：「王臣蹇蹇，匪躬之故。」

○子曰：「君子上達，小人下達。」

君子尊魂神，由清明而進至於窮理盡性以合天。小人用體魄，由昏濁而日汚，下至於縱欲作孽而速戾。然「罔念作狂，克念作聖」，其終相去若天淵，其始相去一間耳，可不慎哉！

○子曰：「古之學者爲己，今之學者爲人。」

程子曰：「爲己，欲得之於己也；爲人，欲見知於人也。」爲己者，其終至於爲人；爲人者，其終至於喪己。

○蘧伯玉使人於孔子。

蘧伯玉，衛大夫，名瑗。孔子居衛，嘗主於其家。

孔子與之坐而問焉，曰：「夫子何爲？」對曰：「夫子欲寡其過而未能也。」使者出。子曰：「使乎！使乎！」

朱子曰：「與之坐，敬其主以及其使也。夫子，指伯玉也。言其但欲寡過而猶未能，則其省身克己，常若不及之意可見矣。使者之言愈自卑約，而其主之賢益彰，亦可謂深知君子之心，而善於辭令者矣。故夫子再言『使乎』，以重美之。」按，莊周稱伯玉，行年五十而知四十九年之非。又曰，伯玉行年六十而六十化。蓋其進德之功，老而不倦，是以踐履篤實，光輝宣著。不惟使者知之，而夫子亦信之也。」

○子曰：「不在其位，不謀其政。」重出。惟與下「不出其位」義同，故舊本與下合爲一章，以明素位不願外之意，則正不妨重出。所謂言之重，詞之複，其中必有美者存焉。

○曾子曰：「君子思不出其位。」

此《艮卦》之《象辭》也，曾子蓋嘗稱之。位者，職守之名，各有權限，不能出權限之外。故政如農功，日夜思之，思其始而究其終，責任所在，務以盡職，則所思者亦以不越職爲宜。如兵官專司兵事，農官專司農事，不得及它，乃能致精也。若士人無位，則天地之大，萬物之夥，皆宜窮極其理。故好學深思，無所不思，思用其極。程子曰：「能思所以然，是天下第一等學人。」蓋學人與有位正相反也，學者慎勿誤會。

○子曰：「君子恥其言而過其行。」皇本「而」作「之」，「行」下有「也」字。

言大而夸，行有不逮，君子恥之。蓋言易而行難，故常欲言行相顧也。

○子曰：「君子道者三，我無能焉：仁者不憂，知者不惑，勇者不懼。」子贛曰：「夫子自道也。」

自責以勉人也。道，言也。自道，猶云謙辭。人之生世，憂患、迷惑、恐懼，乃共苦者。極樂、大明、無畏，乃神明之至，人道之極。得此，則原始反終，游魂爲變，歷百千萬億世而無阻無害，得其道者爲君子。孔子自謙未能，而子贛以爲自道。蓋孔子深得極樂之道，隨入何地，皆懽喜自得，而永解苦惱者也；備極大明，隨入黑暗，皆光明四照，而永無迷失者也；浩氣獨立，隨入危險，皆安定從容，而絶無畏懼者也。故仁智勇三者，乃度世之寶筏也。孔子之言道如此，學者宜亟求之，勿以爲佛氏之所同，而割人道之鴻寶，以自沈淪也。

○子贛方人。子曰：「賜也賢乎哉？夫我則不暇。」皇本作「賜也賢乎我夫哉？我則不暇」。「方人」鄭本作「謗人」。盧文弨考證爲古《論》，謂「方」與「謗」通。

方，比也。乎哉，疑辭。比方人物而較其短長，雖亦窮理之事，然專務爲此，則心馳於外，而所以自治者疏矣。孔子蓋欲子贛之反求諸己也。言汝身豈皆賢乎？我則自治之不暇也。聖人事事務内，蓋以明明德爲本，所以與俗學異歟！鄭作「謗」，《左傳》「庶人謗」，蓋言過失之事實爲謗，後世展轉易義，以謗同誣，故不用。或古《論》之異義也。

○子曰：「不患人之不己知，患其不能也。」皇本作「患己無能也」。

此章凡四見，而文皆有異。聖人於此一義蓋屢言之，故記者亦並載之。其丁寧反覆，欲學者求己而不求人，求能而不求知者至矣。學者其可負聖人之諄諄乎？

○子曰：「不逆詐，不億不信，抑亦先覺者，是賢乎！」

逆，未至而迎之也。億，未見而意之也。人情固多詐多不信，入世既深，閱歷既久，則若舉世皆惡人，而處處先用其逆億矣。此誠亂世之風也。君子以誠待人，不欲逆億，惟有詐與不信來者，皆先覺之。蓋自誠而明，有如此，是乃爲賢者。

○微生畝謂孔子曰：「丘何爲是栖栖者與？無乃爲佞乎？」鄭作「丘何是」，《釋文》作「丘何」。本或無「與」字。

孔子曰：「非敢爲佞也，疾固也。」皇本「曰」上有「對」字。

微生，姓，畝，名也。《漢書·古今人表》作尾生晦，師古曰：「即微生畝也。」畝名呼夫子，蓋耆老之隱倫，亦創教者。栖栖，皇皇也。佞，悦也。譏孔子奔走，欲爲佞以希世。疾，惡也。固，沈淪石隱也。孔子以道濟天下，拯救生民，故東西南北，席不暇暖，哀饑溺之猶己，思匹夫之納隍。「天下有道，丘不與易」，其悲憫之仁如此。彼僅知潔身自愛者，塞斷仁心，豈不可疾哉？數十年羈旅之苦，車馬之塵，萬世當思此大聖至仁之苦心也。

○**子曰：「驥不稱其力，稱其德也。」**

驥，善馬之名。德，謂調良也。驥雖有力，其稱在德，譬人有才而無德，則亦不足稱也。智伯有五才，而卒以亡其國，故德爲貴。此明尚德之義。

○**或曰：「以德報怨，何如？」**

報，復也。或人，老氏之徒也。老子曰：「大小多少，報怨以德。」老子之道，皆不因天理，加高深以行之。佛氏、耶氏亦然。然老子以天地聖人皆不仁，百姓萬物皆芻狗，寃親平等，故德怨可平等。但使有以取人，則以德報怨可也，以怨報德亦可也。故但節取以德報怨一言，似加常人一等，安知其不含忍，而以術取人，其後報之尤烈也。且彼云「大小多少，報怨以德」，則大怨亦報以德，人殺其父，彼亦孝事之如父，於人心安乎？於公理可行乎？諸子創教，其大謬多類此。中國大害皆在老子，其詳見吾《難老》一書。

子曰：「何以報德？

言於其所怨既以德報之矣，則人之有德於我者，又將何以報之乎？若報怨以德，報德以德，則人施德者且怨其甚，則無人以德施人，是不可行也。寃親平等之高論非不能言，無如無以報德一語可詰倒。

以直報怨，以德報德。」

《表記》曰：「以德報怨，則寬身之仁也；以怨報德，則刑戮之民也。」又曰：「以德報德，則民有所勸；以怨報怨，則民有所懲。」孔子亦未嘗不美以德報怨者爲寬仁，然不可立爲中道而責之人人。蓋無以勸人，將無以德施人，其害必至母不養子，而人道可絶。於其所怨者，愛憎取捨，一以至公而無私，所謂直也。於其所德者，則必以德報之，不可忘。蓋施報者，天人之公理，孔子之大義。父母之恩至隆，亦不過爲報德而已。故《詩》曰：「欲報之德，昊天罔極。」又曰：「無言不酧，無德不報。」彼以此來，我以此往，視其大小多少，而因以報之，理之至公，所謂直也。孔子之道不遠人，因人情之至，順人理之公，令人人可行而已，非有鑿而深之，加而高之，此所以爲中庸大道，而天下古今所共行也。孔子非不能爲高言也，藉有高深，亦不過一二人能行之，而非人能共行，亦必不能爲大道，孔子即不言之矣。耶氏過仁，亦以德報怨，或以此尊之，然實不能行，則未知孔子中直之爲人道也。

○子曰：「莫我知也夫！」

夫子自歎，以發子贛之問也。

子贛曰：「何爲其莫知子也？」子曰：「不怨天，不尤人，下學而上達。如我者其天乎！」

不得於天而不怨天，不合於人而不尤人，下學人事而上達天命。蓋巍巍蕩蕩，民無能名，即勉强稱之，亦寡能稱天地之美，神明之容。神聖與天合德，故惟天知之也。至今泥小康之制而説，以孔子爲小康；泥形體之説而説，以孔子不言神魂。蓋數千年尚無知聖者，宜孔子之發歎也。

○公伯寮愬子路於季孫。子服景伯以告，曰：「夫子固有惑志於公伯寮，吾力猶能肆諸市朝。」

公伯寮亦門弟子，字子周。《廣韻》以爲魯大夫。子服，氏；景，謚；伯，字，孟氏之族，魯大夫子服何也。夫子，指季孫，言其信伯寮之讒，而恚子路也。肆，陳尸也，言欲誅寮。

子曰：「道之將行也與，命也；道之將廢也與，命也。公伯寮其如命何！」

孔子立命，故《易》道之至，則窮理盡性，以至於命，得之不得曰有命，道之行與廢亦有命。蓋自虞舜起匹夫而爲聖帝，微子生王子而遭亡，殷太公八十漁釣而成大業，顔子之三十陋巷而遂夭死，皆非人力所能爲也，有天命在。助我者命使之，攻我者命致之，故知命則不怨天不尤人矣。孔子之待伯寮，孟子之待臧倉，皆歸之天命。學者信得命過，自能樂則行之，憂則違之，日日可栖皇以救人，亦時時可優游以卒歲，此所以爲聖人也。

○子曰：「賢者辟世，

天地閉，賢人隱，遯世沈冥，與世長絶者也。

其次辟地，

去亂國，適治邦。

其次辟色，

禮貌衰而去。

其次辟言。」

有違言而後去也。四辟者，各視其遇，淺深大小雖殊，而時命大謬，則大隱中隱，各行其當也。

子曰：「作者七人矣。」

包氏咸曰：「作，爲也。爲之者凡七人，謂長沮、桀溺、丈人、石門、荷蕢、儀封人、楚狂接輿。」鄭康成云：「伯夷、叔齊、虞仲辟世，荷蓧、長沮、桀溺辟地，柳下惠、少連辟色，荷蕢、楚狂接輿辟言。」黄瓊、應劭、王弼則以逸民當之，皆出古文家附會。包氏爲今文先師，故從焉。

○子路宿於石門。晨門曰：「奚自？」子路曰：「自孔氏。」曰：「是知其不可而爲之者與？」

石門，地名。晨門，掌晨啓門，蓋賢人隱於抱關者也。自，從也。問其何所從來也。晨門知世之不可而不爲者。孔子斯人，是與萬物一體，饑溺猶己，悲憫爲懷，慈父操藥以待子病，其色憔然，明知昏濁之世，而後來救之，故云：「天下有道，丘不與易」，仁人之心不忍若是，恝此所以爲聖人也。知不可而爲，晨門乃真知聖人者，不然齊景、衛靈公之昏庸，佛肸、公山之反畔，陳蔡之微弱衰亂。此庸人之所譏，聖人豈不深知？而戀戀徘徊，其愚何爲若是哉？

○子擊磬於衛，有荷蕢而過孔氏之門者，曰：「有心哉，擊磬乎！」「荷」《釋文》作「何」，《漢書·古今人表》作「何蕢」。「孔氏」皇本作「孔子」。

磬，樂器。荷，擔也。蕢，草器也。此荷蕢者，亦隱士也。聖人之心未嘗忘天下，此人聞其磬聲而知之，則亦非常人矣。

既而曰：「鄙哉，硜硜乎！莫己知也，斯已而已矣。深則厲，淺則揭。」

硜硜，石聲。包氏咸曰：「以衣涉水曰厲。揭，揭衣也。言隨世以行，己若過水，必以濟，知其不可，則當不爲。」此《衛風·匏有苦葉》之詩，譏孔子人不知己而不止，不能適淺深之宜。

子曰：「果哉！末之難矣。」

與「惈」同，决也。果哉，歎其果於忘世也。末，無也。聖人心同天地，視天下猶一家，中國猶一人，不能一日忘也，故聞荷蕢之言，而歎其果於忘世。且言人之出處，若但如此，則亦無所難矣。惟有不忍之心，即有不能已於斯人之與，去之不可，行之不能，所以爲難。聖人終其身於栖皇，道不行而不悔。蓋生生世世，無盡無窮，救人濟世，亦無盡無窮。故《易·既濟》之後，終於《未濟》。聖人時時亦未濟，處處不厭亦不捨，所以爲孔子也。

○子張曰：「《書》云：『高宗梁闇，三年不言。』何謂也？」伏生《大傳·説命篇》三引皆作「梁闇」。伏生傳今文，故從之。今本作「諒陰」，《無逸》作「亮陰」，《吕氏春秋》作「諒闇」，《公羊》何休注、《漢書·五行志》作「涼」。「亮」、「涼」、「諒」，皆「梁」音，通。「陰」與「闇」通，即今「庵」也。

高宗，商王武丁也。《書·無逸篇》：「梁闇，天子居喪之廬名。有梁，而以草被之者。」

子曰：「何必高宗，古之人皆然。君薨，百官總己以聽於冢宰三年。」

言君薨則諸侯亦然。總己，謂總攝己職。冢宰，太宰也。百官聽於冢宰，故君得以三年不言也。三年之喪，蓋孔子創制，自天子至於庶民，無貴賤如一，以子生三年乃免於父母之懷，所以報也。古無定制，《禮》稱「至親以期斷」，周或以期乎？其詳見宰我問三年章。古者惟殷高宗嘗行三年喪，此如宋文帝、周武帝、宋孝宗、國朝聖祖仁皇帝乃一賢主，特行之，故孔子録以爲後法。居喪專於哀慕，故不言。子張疑王者日有萬機，不言則叢脞委積，故疑而問之。孔子創立三年喪，故託之古制，故謂古人皆然。國制明備，憲法修明，人君端拱無爲，冢宰奉行成法，其有大事大政，則集衆於庭而議之，國民已治已安矣。

《書》曰：「納於大麓」，即聽於冢宰也。《後漢》：「大喪以太傅録尚書事」，即此制。蓋立憲之國，人君終身端拱，而公舉冢宰聽政，猶可也。

○子曰：「上好禮，則民易使也。」

禮典法律，章程明備，則名分權限有定，各盡其國民天然之責任。故當兵致死，民且踴躍願爲之，所謂易使也。

○子路問君子。子曰：「脩己以敬。」曰：「如斯而已乎？」曰：「脩己以安人。」曰：「如斯而已乎？」曰：「脩己以安百姓。脩己以安百姓，堯舜其猶病諸？」

修己以敬者，常惺惺之謂。明德常明，大明終始，子之言至矣，其亦無所不舉矣。子路勇者，以爲未足，告以安人。蓋普天下之對待，不過人與己而已，內則修己，外則安人，已爲無盡之功。子路至勇，猶以爲未足，告以安百姓。姓者，種族也。百姓，猶云萬種，如今之白、黃、黑、棕各種族人也。不分種族，皆與安平，此堯舜猶病不能，極言其難也。安人，小康之治也；安百姓，大同之治也。而必始於修己以敬，自明其明德，而後明明德於天下也。爲治無論如何，務在安之，而已安之，必養其欲，適其性，因其情。束縛壓制，則不能安，自由自立，而後能安。聖人所以爲聖，日思所以安人者而已。

○原壤夷俟。子曰：「幼而不孫弟，長而無述焉，老而不死，是爲賊。」以杖叩其脛。

原壤，孔子之故人。夷，踞也。俟，待也。夷俟疊韻，與鞠躬之爲雙聲通。見孔子，兩足箕踞以待之也。述，猶稱也。賊者，害人之名。脛，脚骨也。孔子既責之，而因以所曳之杖，微擊其脛，若使勿蹲踞。然孔子德盛禮恭，而原壤敢於夷俟，此如子桑伯子不衣冠而見孔子，蓋亦有道之士，而放於禮教者，母死而歌，其别自立教。可見孔子惡其敗常亂俗，故名之爲賊而杖之。蓋雖諒其本心無他，而亦深惡其敗壞名教矣。希臘之芝諾内士，裸身處桶，其亦原壤之流者歟？

〇闕黨童子將命。或問之曰：「益者與？」《漢書·古今人表》作「厥黨」，當是古文家所改。

闕黨，黨名，即闕里。《荀子·儒效篇》：「孔子居於闕黨，闕黨之子弟，罔不分，有親者取多。」童子，未冠者之稱。將命，謂傳賓主之言。或人疑此童子學有進益，故孔子使之傳命以寵異之也。

子曰：「吾見其居於位也，見其與先生並行也。非求益者也，欲速成者也。」

禮，成人乃有位，童子隅坐無位。父齒隨行，兄齒雁行，當差在後。童子違禮求進，但欲速成，故使之給使令之役，觀長少之序，習揖遜之容。蓋所以抑而教之，非寵而異之也。

論語注卷之十四終

門人番禺王覺任初校
門人高要陳焕章覆校
門人東莞張伯楨覆校

論語注卷之十五

南海康有爲學

衛靈公第十五

凡四十章《釋文》凡四十三章，邢本四十二章，朱子四十一章。

○衛靈公問陳於孔子。孔子對曰：「俎豆之事，則嘗聞之矣；軍旅之事，未之學也。」明日遂行。《釋文》作「陣」，蓋晉時俗體，今不從。

陳，謂行軍之陣列。俎豆，禮器；兵陣，凶器。殺人之事，不得已而用之，治國當先以禮樂厚民。靈公無道，無志於化民，而志於殺人，既見孔子，不問禮而問兵，又仰視蜚鴻，色不在孔子，此孔子所以立行。所謂「見幾而作，色斯舉矣。」亦辟色辟言也。

在陳絶粻，從者病，莫能興。陳鱣《古訓》謂，古《論》作「糧」。鄭所注魯《論》作「粻」。今本作「糧」，蓋古《論》也，故改從「粻」。皇本作「粮」。

鄭：「粻，糧也。」《史記》：「楚昭王聘孔子，陳蔡大夫忌之，發徒役圍孔子於野，不得行，絶糧。」在哀六年。興，起也。《荀子·宥坐篇》：「孔子南適楚，厄於陳蔡之間，七日不火，食藜羹，不糂，弟子皆有饑色。」《吕氏春秋》、《莊子》、《韓詩外傳》、《説苑》並同。

子路愠見曰：「君子亦有窮乎？」子曰：「君子固窮，小人窮斯濫矣。」

何晏曰：「濫，溢也。言君子固有窮時，不若小人窮則放濫爲非。」《荀子·宥坐篇》：「夫子告子路曰：『君子之學，非爲通也，爲窮而不憂，困而意不衰也。』❶」《易》於《困卦》「象澤无水，困君子以致命遂志。」《史記》稱：「孔子講誦絃歌不衰，子路愠見，子贛色作。孔子知弟子有愠心，乃召子路而問曰：『《詩》曰：匪兕匪虎，率彼曠野。吾道非耶？吾何爲於此？』子路曰：『意者，吾未仁耶？人之不我信也。意者，吾未知耶？人之不我行也。』孔子曰：『有是乎？由，譬使仁者而必信，安有伯夷、叔齊？使智者而必行，安有王子比干？』子路出，子贛入見。孔子曰：『賜，《詩》云：匪兕匪虎，率彼曠野。吾道非耶？吾何爲於此？』子贛曰：『夫子之道至大也，故天下莫能容夫子，夫子蓋少貶焉。』孔子曰：『賜，良農能稼，而不能爲穡；良工能巧，而不能爲順；君子能修其道，綱而紀之，統而理之，而不能爲容。今爾不修爾道，而求爲容，賜，而志不遠矣。』子贛出，顔回入見。孔子曰：『回，《詩》云：匪兕匪虎，率彼曠野。吾道非耶？吾何爲於此？』顔回曰：『夫子之道至大，故天下莫能容。雖然，夫子推而行之，不容何病？不容，然後見君子。夫道之不修也，是吾醜也；夫道既已大修而不用，是有國者之醜也。不容何病？不容然後見君子。』孔子欣然而笑曰：『有是哉！顔氏之子。使爾多財，吾爲爾宰。』於是使子贛至楚。楚昭王興師迎孔子，然後得免。」告子贛「一貫」，亦絶糧色見之時。聖人履險如夷，從容絃歌，講學不輟，蓋神明別有天游，視人間之窮通，皆如幻人之變化，浮云之來往，

❶ 末二句，《荀子·宥坐篇》原文爲「爲窮而不困，憂而意不衰也」。

自無所動其心，宜其行所無事也。

子曰：「賜也，女以予爲多學而識之者與？」依《史記》應合上爲一章。

《史記·世家》亦絶糧時所語。子贛之學，多而能識矣，夫子欲其知所本也，故問以發之。

對曰：「然，非與？」

方信而忽疑。蓋其積學功至，而亦將有得也。

曰：「非也，予一以貫之。」

物理萬殊，非極博無以窮其變；本原無二，非合一無以致其通。若未多識而遽言得一，則空腹高心，無以爲貫通之地。若徒多識而不知一貫，則散錢滿屋，亦無以爲收拾之方。孔子之道，推本於元，顯於仁智，而後發育萬物，峻極於天，四通六闢，相反相成，無所不在，所謂一以貫之。告曾子之一貫，就其道言，告子贛之一貫，就其學言。

○子曰：「由，知德者鮮矣。」

世人皆昏於利欲，其有賢知，不馳於外，則騖於遠，故求知德之人甚少。其有篤行之士，則行之不著，習矣不察，終身由之，而不知其道。若子路亦長於行，而短於知者，故呼而告之。

○子曰：「無爲而治者，其舜也與？夫何爲哉？恭己正南面而已矣。」《漢書·王子侯表》引作「共己」，蓋「共」與「恭」通。

舜任官得人，故無爲而治。蓋民主之治，有憲法之定章，有議院之公議，行政之官，悉由師錫，公舉得人，故但恭己，無爲而可治。若不恭己，則恣用君權，撓犯憲法，亦不能治也。故無爲之治，君無責任，而要在恭己矣。此明君主立憲，及民主責任政府之法，今歐人行之，爲孔子預言之大義也。

○子張問行。

猶問達之意也。《史記·弟子傳》以子張從在陳蔡間，因問行。

子曰：「言忠信，行篤敬，雖蠻貊之邦，行矣。言不忠信，行不篤敬，雖州里，行乎哉？

篤，厚也。蠻，南蠻。貊，北狄，古謂豸種也。二千五百家爲州。《説苑·敬慎篇》：「顔回將西遊，問於孔子。曰：『何以爲身？』孔子曰：『恭敬忠信，可以爲身。恭則免於衆，敬則人愛之，忠則人與之，信則人恃之。人所愛，人所恃，必免於患矣。』」道行之而成。凡可行者謂之道，不可行者謂之非道。故天下之言道甚多，不必辨其道與非道，但問其可行與不可行。子張問行，可謂切問。孔子之言道，只有忠信篤敬。從之，則蠻貊可行；背之，則州里不可行。無他謬巧，無他高奇，而切於人事，不可須臾離，故曰「道不遠人」，遠人不可以爲道也。故孔子之道，人格也，公理也，不可去者也。

立則見其參於前也，在輿則見其倚於衡也，夫然後行。」皇本「參」下有「然」字，「行」下有「也」字。

參直於前也。包咸曰：「衡，軛也。言思念忠信篤敬，則常想見，參然在目前，在輿則若倚車軛。」蓋念茲在茲，造次不離於忠信篤敬，則於人間世無不可行。孔子之立人道，而鞭辟切近，可謂至矣。

子張書諸紳。

紳，大帶之垂者，書之欲其不忘也。子張雖才高，而於忠信篤敬之訓，信受持循如此，可見爲學之切矣。蓋忠信篤敬，偶言之則極易，終身行之則極難，而稍涉苟且欺詐，刻薄怠慢，即一步不可行矣。故孔子之道，至易至簡，而至難至苦，因人爲道，而無能背者。如天下有能離忠信篤敬而能行者，則孔子之道息矣；非然者，則範圍曲成，無能過者也，何必神道設教，矜奇怪以誘民哉？

○子曰：「直哉史魚！邦有道，如矢；邦無道，如矢。

史官名魚，衛大夫，名鰌。如矢，言直也。史魚自以不能進賢退不肖，既死猶以尸諫，故夫子稱其直。

君子哉蘧伯玉！邦有道，則仕，邦無道，則可卷而懷也。」唐石經、《後漢書·周黄徐姜申屠傳序》「懷之」作「懷也」，今本作「懷之」，從石經。

伯玉出處合於道，故曰君子。卷，收也。懷，藏也。謂不仕而韜光養晦，憂則違之也。如於孫林父、甯殖放弑之謀，不對而出，亦其事也。聖人之道，闔闢甚多，德備陰陽。後賢之德陋小，僅知一節之美，若有此類者，必稱史魚之直，比干之死，而譏蘧伯玉之巧容，微子之失節矣。所謂一曲之士，不足以知神明之容，天地之美也，安能涵蓋天下哉！

○子曰：「可與言而不與言，失人；不可與言而與之言，失言。知者不失人，亦不失言。」今本「不與」下有「之」字。皇本、唐石經、宋十行本、岳珂本、《考文》引古本、足利本、高麗本「不與」下無「之」字，《後漢·安帝紀》引亦無「之」字。

言與不言皆無所失，此必窮理甚深，閲世甚熟，知人甚哲，而後能也。然此爲事機關係，言之失人，則失機，失言，則僨事，故不可不擇人而言。若爲明道傳教，則强聒不捨，雖不得宜，亦無害也。

○子曰：「志士仁人，無求生以害人，有殺身以成仁。」「仁」，唐石經作「害人」。《文選》曹植《贈徐幹詩注》、《太平御覽》四百十九亦引作「害人」，今從之。然「人」與「仁」通。

志士，守義之士。仁人，愛人之人也。

《公羊》：「殺人以自生，亡人以自存，君子不爲」，無求生以害人也。然人與仁通。仁者，近之爲父母之難，遠之爲君國之急，大之爲種族教宗文明之所繫，小之爲職守節義之所關，見危授命則仁成，隱忍偷生則仁喪。且魂氣無不之，知氣在上，神明雄毅，在天爲神，僅去形體，如削爪髮，又何傷乎！若貪生忘義，苟存視息，則魂靈䩄然，先就澌滅。哀莫大於心死，而身死次之。蓋身死者，魂未嘗死也，若魂死，則無不死矣。

○子贛問爲仁。子曰：「工欲善其事，必先厲其器。居是邦也，事其大夫之賢者，友其士之仁者。」《漢書·梅福傳》作「厲其器」。今本「厲」作「利」。惠棟《九經古義》以「利」爲古《論》。馮登府《異文考証》以「厲」爲魯《論》。今皇本「仁者」下有「也」字。

賢以事言，仁以德言。言利器可以助用，故機器既出，世界一變。益友可以輔德，故仁賢熏染，德性日新。雖有良工，無利器，則拙苦而難成；雖有志士，無君子，則孤陋而焉取。此專以外物助成內德，益知親師取友之要，而風俗教化之切也。夫子嘗謂子贛悅不若己者，故以是告之，欲其有所嚴憚，切磋以成其德也。

○顔子問爲邦。

顔子日以道濟爲懷者，故問治道。

子曰：「行夏之時，

夏時，謂以斗柄初昏，建寅之月，爲歲首也。夏禹所定，《夏小正》所載是也。天開於子，地闢於丑，人生於寅，故斗柄建此三辰之月，皆可以爲歲首。天時周轉，其道本圓，無月不可爲正。中國在大地赤道之北，啓蟄生長在冬至之後，順時授民，夏時最宜。周建子，以十一月爲正月，殷建丑，以十二月爲正月。孔子並立三正，以待後王之變通，而以夏時便民，故取之，今猶行之。歐美以冬至後十日改歲，則建子矣。俄及回歷則建丑矣。今大地文明之國，仍無不從孔子之三正者。若印度，則與中國同行夏時矣。其餘，秦以十月，則久不行。波斯以八月，則亦微弱。馬達加斯加以九月，緬甸以四月，皆亡矣。益見大聖之大智無外也。今諸經所稱，自《春秋》外，皆夏時也，蓋孔子改制所定歷法。

乘殷之輅，《釋文》：「『輅』本亦作『路』。」

輅，車軨前横木。車名通作路。殷輅，木輅，《傳》所謂「大輅越席，昭其儉也。」孔子以身所乘車，宜爲木車。若有虞氏鸞車，則有鈴；周乘路，則有玉，不若木車易製而通行也。

服周之冕，

包曰：「冕，禮冠。周之禮，文而備，取其黈纊塞耳，不任視聽。《春秋繁露·三代改制質文篇》，首服有四：有嚴員者，有卑退者，有員轉者，有習而垂旒者。周乃卑退垂旒者，蓋亦三統之一。但冕文美，故首服宜之，孔子欲先行於當時也。此三者，皆禮也。禮取别異，故法三代。禮不止此，每代舉小康之制一，所以通三統也。

樂則《韶》《舞》。

虞舜之樂，戛擊鳴球，搏附琴瑟，以詠；下管鼗鼓，合止；柷敔笙鏞，以間，《簫韶》九成是也。蓋揖讓之和，文明之至，天下爲公，最得中和，樂之至也。蓋樂主合同，故孔子於六代之樂，獨取民主大同之制。董子稱：「《春秋》應天作新王之事，時正黑統，王魯尚黑，絀夏親周，故宋樂宜親《韶》《武》。」又云：

「《春秋》作新王之事，變周之制。」又曰：「有非力之所能致而自致者，西狩獲麟，受命之符是也。然後託於《春秋》正不正之間，而明改制之義，務解天下所患，而欲以上通五帝，下極三王，以通百王之道。」《公羊》所謂：「制《春秋》之義，以俟後聖也。」世積久而弊生，凡志士通人，莫不有改制之意。孔子以大聖，損益百王，折其中，以推行於後世，尤爲責無可辭，仁不能已。顔子有用行舍藏之學，故孔子改制時，與之商定。樂制，宜用某朝，某物，宜用某王，雖皆出於前代，實已定於新聖。六經皆孔子改制所託，此爲商定改制明據。自劉歆篡聖，多作僞經，以攻孔子。以孔子爲述而非作，從周而非改制。於是，孔子微言絶，大義乖矣。《論語》今文爲多，幸有此微言可爲証據，學者可以善推之矣。

放鄭聲，遠佞人。鄭聲淫，佞人殆。」

《樂記》：「鄭音好濫淫志。」蓋鄭國之音淫靡，足以惑志；佞人，傾辨之士，足以傾邦。遠色去讒，然後可以貴德也。《白虎通》：「佞人當誅，爲其亂善行，傾覆國政。」故孔子誅少正卯。若罪未成，則當遠之。春秋《鄭》聲，如今法蘭西處於歐中，最爲靡靡者。惑於鄭聲，則思淫；惑於佞人，則當危殆，下篇所謂「惡鄭聲之亂雅樂，利口之覆邦家」。淫之害小，殆則禍大。

○**子曰：「人無遠慮，必有近憂。」**皇本「人」下有「而」字。

蘇氏曰：「人之所履者，容足之外，皆爲無用之地，而不可廢也。故慮不在千里之外，則患在几席之下矣。」人之生也，有身則有患，有家則有累，有國則有害，而又非斯人無所與，故愛惡相攻而吉凶生，情欲相感而利害生。故與憂俱來，出入以懼者也。是故，君子思患而預防之。然猶變生不測，禍來無方，若無長計遠慮之思，而漫爲猖狂妄行之事，則憂患即在目睫矣。此爲愚人無遠慮者戒。

○子曰：「已矣乎！吾未見好德如好色者也。」皇本無「乎」字。

已矣乎，歎其終不得而見之也。此義屢發，蓋常人魄用事者多，魂用事者少。色之感目，有電相吸攝，故好之最甚。哀帝乃欲讓位於董賢，高緯乃甘一獵以亡國。故人情之好，未有好色之甚者，雖有好德者，終不如之也。

○子曰：「臧文仲其竊位者與！知柳下惠之賢而不與立也。」

竊位，如盜得之也。柳下惠，魯大夫，展獲，字禽，食邑柳下，謚曰惠。與立，謂與之並立於朝。臧氏世爲司寇，文仲爲政時，柳下惠正爲士師。《傳》稱展禽譏文仲祀爰居，文仲曰：「是吾過也。季子之言不可不法也。」是知柳下之賢。知賢不舉，是蔽賢，出於忮才。忮才出於固位，故孔子惡之以爲竊位。

○子曰：「躬自厚而薄責於人，則遠怨矣。」《春秋繁露·仁義法篇》引「人」作「外」。《論語述何》曰：「《春秋》詳内小惡，略外小惡之義。」

責己厚，故身益修；責人薄，故人易從。責己厚，則人信其公；責人薄，則人服其寬。有公與寬，人被責亦不怨之。

○子曰：「不曰『如之何，如之何』者，吾未如之何也已矣。」

所謂臨事而懼，好謀而成也。蓋人之生也，與憂俱來，處世之艱，動生禍變。故作爲者多憂患，出入以度，外内知懼，生於憂患，而後死於安樂。若輕躁妄行，動必得咎，雖聖人至仁愛人，亦無能救之也。

○子曰：「羣居終日，言不及義，好行小惠，難矣哉！」《釋文》：「『慧』，音『惠』。」魯讀「慧」爲「惠」。皇本作「惠」，此依魯《論》改，不知鄭君定讀已作「慧」也。《考文》引古本作「惠」。今本作「慧」乃古文，今從魯《論》作「惠」。

「惠」通「慧」。《晉語》：「巧文辯惠則賢。」《後漢書・孔融傳》：「將不早惠乎？」注：「惠」作「慧」。《列子》：「秦人逢氏有子，少而惠」，皆與「慧」義同。小惠，巧辯也。言不及義，則放辟邪侈之心滋；好行小惠，則行險僥倖之機熟。難矣哉者，言其無以入德，而將有患害也。今世無教，滔滔皆是，雖有志士欲救正之，而畏其利口之指摘，險詐之相傾，此其風俗之可憂，人種之貽害甚矣。

○子曰：「義以爲質，禮以行之，孫以出之，信以成之。君子哉！」鄭注無「君子」字。❶《釋文》：「本或無『君子』二字。」《孝經・三才章疏》引此文亦無「君子」二字。今本有「君子」字，則下文何用「君子哉」？必衍文也。

朱子曰：「義者，制事之本，故以爲質幹。而行之必有節文，出之必以退遜，成之必在誠實，乃君子之道也。」此爲君子行事之法，行一事之始終本末如此。若不言事而言心，則立心之大本在仁也。至於行事，則必以義爲質，而後能隨時得宜。無禮，則不文而寡滋味；不孫，則人忌之而阻力生；不信，則不堅而隳壞矣。故義、禮、孫、信，闕一不可。

○子曰：「君子病無能焉，不病人之不己知也。」

❶ 「無君子字」，指本章開頭處。

人心思耳目之不足，病廢也；心思耳目之無能，亦病廢也，故君子以無能爲病。專門以致精，多才以爲富，日求諸己，而不急求人知，不見是而無悶，不以爲病焉。此君子所以與無實而求名者異也。

○子曰：「君子疾没世而名不稱焉。」

没世，猶没身也。名者，身之代數也。有是身乃有是名，有其實乃有其華。然身不過數十年，名可以千萬載；身者必死之物，名者不朽之事；身者血肉無知之軀，名者光明無極之榮，則代數反較真數而尤重焉。有身之時，人尚有待，無名猶可，至没世之後，草木同腐，魂魄並逝，則顧念生前，奄忽隨化，未有不以榮名爲寶者。名在，則其人如在，雖隔億萬里，億萬年，而丰采如生。車服爲之流連，居游爲之慨慕，輯其年譜，考其起居，薦其馨香，頌其功德，稱其姓號，愛其草木，其光榮過於有身時萬萬，故没世無稱，君子以爲疾也。名蓋孔子大義，重之如此，宋賢固篤於務實者，而惑於道家之攻名，至使天下以名爲不肖，人乃不好名而好利，於是風俗大壞，此則背孔子之義矣。

○子曰：「君子求諸己，小人求諸人。」

《中論·貴驗篇》：「子思曰：『事，自名也；聲，自呼也；貌，自眩也；物，自處也；人，自官也，無非自己者。』」君子力學自修，凡才能職業，無事不求諸己。小人鶩外干譽，凡營結請託，無事不求諸人。欲知君子小人之分，則觀其所求而已。君子亦有求，但求諸己，則無求人也。人與己孰親？不求己而求人，此小人之愚也。

○子曰：「君子矜而不爭，羣而不黨。」

矜，棱廉。羣，合衆也。人各受天之才智聰明，宜各獨立以上承天，若不能自立而隨人，則所執下。人不能不與人交接和會，故宜合羣，以大同人，若不能得衆而失人，則其勢孤。但自立而不犯人，則無所爭，合羣而不偏比，則無所黨。矜與爭，羣與黨相似，但犯人之自由，則不公，有所偏黨，則合羣反不大耳。孔子固非以黨爲不可也，不又曰「吾黨之小子」乎？

○子曰：「君子不以言舉人，不以人廢言。」

包曰：「有言者不必有德。」人固有能言不能行者，又有言甚清而行甚濁者，採其言可也。若遂用其人，則恐僨事矣。言有合於道，有益於時，則芻蕘可採，陽虎可引，不必問其人也。若因人而棄之，則虛失良策矣。此爲聽言者法。蓋言自言，人自人，本不相關也。

○子贛問曰：「有一言可以終身行之者乎？」子曰：「其恕乎！己所不欲，勿施於人。」皇本「行」下無「之」字，「人」下有「也」字。

天下之人物雖多，事理雖繁，而對待者祇人與己。有所行者，應人接物，亦不外人與己交而已，己，人也；人，亦人也。此心同，此理同，性情或異，嗜好或殊，既同爲人，當不相遠，故道本諸身，欲徵諸己。己所欲者，與人同之；己所不欲者，則勿施於人。推己及人，如心而出。反諸至近，而可行諸至遠。蓋萬物同原，人己一體，至淺之理，而爲極善之方。萬理無逾於恕者，人道可以終身行之，四海通之，萬世從之者也。夫子不言己之所欲推以與人，而言不欲勿施者，蓋順以推恩，己所易爲，逆施所不欲，人所難受，不受則不能行。爲仁言，則欲立立人爲先；爲行計，則不欲勿施爲要。道本相同，而義各有宜也。

○子曰：「吾之於人也，誰毁誰譽？如有所譽者，其有所試矣。《魏志·胡質傳》引無「也」、「者」、「矣」字。《漢·藝文志》、《谷永傳》、《薛宣傳》引無「者」、「矣」字。

包曰：「所譽者，輒試以事不虚譽而已。」朱子曰：「毁者，稱人之惡而損其真；譽者，揚人之善而過其實，夫子無是也。然或有所譽者，則必嘗有以試之，而知其將然矣。聖人善善之速，而無所苟如此。若其惡惡，則已緩矣。是以雖有以前知其惡，而終無所毁也。」

斯民也，三代之所以直道而行也。」《漢書·景帝紀贊》引「民」下無「也」字，「所」下無「以」字。《論衡·率性篇》、《非韓篇》引「三代」下無「之」字。

斯民者，言今之人種也。三代，夏、商、周也。直道之風，自古相傳，美化流行，故人種良善，吾更不敢顛倒是非，以損人種。蓋人之生也，直宜共養此直心直道，以培良種，人種良，則太平自易致也。劉氏逢禄《述何》曰：「《春秋》不虚美，不隱惡，褒貶予奪，悉本三代之法。」

○子曰：「吾猶及史之闕文也。有馬者借人乘之，今亡矣夫！」皇本「今」下有「則」字。朱子《集注》本「矣」誤作「已」。

史闕文者，不敢用己私意穿鑿附會之也。馬借人者，貨惡其棄於地，不必藏於己也。蓋舊俗淳厚，猶有無我大同之意。孔子歎當時俗薄，史必穿鑿，馬必自私。蓋有我太多，則可小康，而日遠於大同矣。許慎《説文敘》云：「詭更正文，鄉壁虚造不可知之書，以耀於世。」

○子曰：「巧言亂德。小不忍，則亂大謀。」

巧言，辭之極能，變亂是非，使人大惑而説從。小不忍，如婦人之仁。匹夫之勇，一時小動，而大謀因此而移，遂至喪國亡家。如劉備不能忍吴殺關羽而伐吴，幾以亡蜀；曹彬不能忍白重進之進兵而討遼，遂覆全師，則匹夫之勇也。若苻堅之放慕容垂、姚萇而召亂，則婦人之仁矣。若以狙詐爲忍，則又非聖人之用心。《漢書·李尋傳》「執乾剛之德，勉强大誼，絶小不忍」是也。

○子曰：「衆惡之，必察焉；衆好之，必察焉。」《潛夫論》、宋葛洪《涉史隨筆》、王氏《論語辨惑》、司馬温公《論選舉狀》、《議貢舉狀》、王臨川《答段縫書》均引「衆好」句，在「衆惡」前。《風俗通義·正失篇》、羅隱《兩同書·真僞章》「好」作「善」，亦「衆善」句在前。即王氏《傳》亦然。唐石經以「衆惡」在上，故從之。

王肅曰：「或衆阿黨比周，或其人特立不羣，故好惡不可察也。」梁劉孝綽謂：「孤特，則積毁所歸；比周，則積譽斯信。」蓋道高則召毁，媚世則得名，輿論似公，未可爲憑，不可漫聽而附和之，必察之乃得其真。蓋庸耳俗目，本無卓識，以同己爲賢，以異己爲不肖，獨行高世之士必見疑怪，故貴於深求而察識之。孟子於匡章，察之於衆惡；孔子之於臧文仲、少正卯，察之於衆好者。

○子曰：「人能弘道，非道弘人。」皇本「弘人」下有「也」字。

弘，廓而大之也。《漢書·平當傳》説「衰微之學，興廢在人」引此。❶蓋人心有覺，而道體無爲，故人能大其道，道不能大其人也。張子曰：「心能盡性，人能弘道也。性不知檢其心，非道弘人也。」凡教，亦爲人傳而光大之，否則教雖美善，亦不能自大也。觀耶與佛而可不鑒哉！

❶ 句中引文，出自《漢書·禮樂志》，非《平當傳》。

○子曰：「過而不改，是謂過矣。」

過而能改，則太空無雲，復其見天地之心矣。唯不改，則長存渣穢，其過遂成，而將不及改矣。

○子曰：「吾嘗終日不食，終夜不寢，以思，無益，不如學也。」

賈子《新書》：「學聖王之道者，譬其如日；靜思而獨居，譬其若火，可以小見，而不可以大知。」此爲思而不學者言之。蓋勞心以必求，不如學古而有獲也。然思學不可偏廢，孔子不云「學而不思則罔」乎？不學無以入，不思無以出，始則以學爲先，終則以思爲貴。《洪範》曰：「思曰睿，睿作聖。」故思爲最重。此有爲之言，讀者勿泥也。

○子曰：「君子謀道不謀食。耕也，餒在其中矣；學也，祿在其中矣。君子憂道不憂貧。」《潛夫論・讚學篇》引此與上「吾嘗終日不食」爲一章。當時篇簡相連，未分別也。

耕，《說文》：「以牛犂田也。」餒，饑也。耕所以謀食，而未必得食；學所以謀道，而祿在其中。然學也者，明其道正其誼，而非爲謀利也。故憂道之不明，憂道之不行，而未嘗以貧爲憂。常人戚戚憂貧，故皇皇謀利，而未見利之可得；君子皇皇謀仁義，未嘗謀利，而富貴乃爲君子所有。此勸人擇術，務其上者可，不求其下；得其本者可，不恤其末也。樊遲請學稼，沮溺、丈人、荷蕢皆隱於耕，蓋士不易得祿，故皆躬耕而廢學，故孔子戒之。今之人士多營農商而廢學，亦孔子所戒也。

○子曰：「知及之，仁不能守之；雖得之，必失之。

知足以知大理，而私欲間之，則無以有之於身矣。蓋有大智慧能創之，而行不能赴者，亦不能成也。

知及之，仁能守之，不莊以涖之，則民不敬。

涖，臨也，謂臨民也。知大理而無私以間之，則知慧德行皆相赴，而大業可成。然或游戲人間，玩世不恭，若子桑伯子之不衣冠而處，原壤之登木而歌，不莊以涖之，則民慢而不敬。如賣漿者之與楊朱爭席，則道不尊矣。

知及之，仁能守之，莊以涖之，動之不以禮，未善也。」

動之，動民也。《禮》謂：「威儀、文章、智仁，爲行政立教之道。」莊、禮爲行政立教之方，有内而無外，有本而無末，道終不完。故孔子之道本末精粗，其運無所不在，此所以育萬物而爲神明聖王也。佛亦有八萬四千威儀，乃成大教。蓋動民必在外貌，故有智仁之妙，盡美矣，無威儀文章以動人，終未盡善也。包氏以爲爲在位者言。

〇子曰：「君子不可小知而可大受也，小人不可大受而可小知也。」

此言觀人之法。知，我知之也；受，彼可受也。蓋君子於世事，未必過人，而材德足以任重；小人雖器量淺狹，而未必無一長可取。龐士元之絀於爲令，而展於治蜀；黄霸之以太守著循聲，而爲相無治效是也。騏驥捕鼠不如狸，而可以一日千里；棟梁厠齒不如籤，而可爲清廟明堂。材器大小各有其分，用人者宜因材器使，勿以小節輕量人才，亦勿以一能誤爲大器。

〇子曰：「民之於仁也，甚於水火。水火，吾見蹈而死者矣，未見蹈仁而死者也。」

蹈，踐也。水火，民所賴以生，不可一日

無也，於仁亦然。但水火在外，仁則在己。無水火不過害人之身，而不仁則失其心。蓋人者仁也，不仁則非人矣，故尤甚於水火，而不可須臾離，造次顛沛去者也。況用水火者，少誤或至殺人；用仁，則己愛人，人亦愛己，益莫大焉。此生生之公理，無有死者，則人何不爲仁哉？蓋勉人之急於仁也。

○子曰：「當仁不讓於師。」

當，田相值也。禮尚辭讓，獨至於爲仁之事，則宜以爲己任，勇往當之，無所辭讓。即至於師，亦不必讓，師不爲，則己爲之，不必避長者也。師止於是，己可過之，不必待長者也。乃至博施濟衆，有益人道之教治、藝樂者，皆可自由而爲之，雖過於師可也。蓋仁者人也，師之所以教者仁而已，上達造極，乃人道之進化，師意所期望也。

○子曰：「君子貞而不諒。」

貞，正也。諒，直也。不擇是非而必於信，言君子守正言，不必信，惟義所在。鄉曲尚氣之人亦重然諾，而多不出於正，故孔子屢言「信近於義」，「豈若匹夫匹婦之爲諒」及「貞而不諒」，所以防之。

○子曰：「事君，敬其事而後其食。」《郡齋讀書志》載蜀石經作「敬其事而後食其禄」，是後人依注妄增。

朱子曰：「後，與後獲之後同。食，禄也。君子之仕也，有官守者修其職，有言責者盡其忠，皆以敬吾之事而已，不可先有求禄之心也。」

○子曰：「有教無類。」

聖人以濟人爲事，故立教也。欲人人皆明其明德，人人皆得爲聖人，故無論種類之高下智愚而皆教之，無所別擇，收之爲徒，視之猶子，此聖教所以爲大也。子張，魯之大駔，而教之爲士焉；互鄉之童子，而與其進。醫門多疾病，大匠多曲木，人雖有類，是在教者陶鑄爲一，至於無類也。類從犬，無類者，雖衆生亦兼化之也。

○子曰：「道不同，不相爲謀。」

不同，如教派殊異，趣嚮殊科。如老學養生，而教以殺身成仁；釋氏出家，而謀其娶妻傳後，皆相反太遠，不能爲謀。聖人蕩蕩如天，九流並湊，各擇其長，吹萬不同，聽其自己。

○子曰：「辭達而已矣。」

辭取達於事物之理，彼我之意，不可艱深，亦不尚佞給也。然辭達亦不容易，非積理極深，閱事極多者，不能深透，乃可謂達，簡練不足當之。孔子言鄭入陳，非文辭不爲功。慎辭哉！勿輕視也。

○師冕見，及階，子曰：「階也。」及席，子曰：「席也。」皆坐，子告之曰：「某在斯，某在斯。」顔師古注《漢書·人表》作「師免」，則唐初本「冕」或作「免」。

師，樂師，瞽者，冕名。再言某在斯，歷舉在坐之人以詔之。

師冕出。子張問曰：「與師言之道與？」

聖門學者，於夫子之一言一動，無不存心省察如此。

子曰：「然！固相師之道也。」

相，助也。古者瞽必有相，其道如此。聖人矜無告而哀困窮，非作意而爲之，自然盡其道而已。

論語注卷之十五終

門人贛縣王德潛初校
門人高要陳煥章覆校
門人番禺王覺任覆校
門人東莞張伯楨覆校

論語注卷之十六

南海康有爲學

季氏第十六 此篇或以爲齊《論》。

凡十四章

○季氏將伐顓臾。

顓臾，國名，臣屬魯爲附庸。季氏貪其土地，欲滅而取之。

冉有、季路見於孔子曰：「季氏將有事於顓臾。」

柳下惠所謂伐國不問仁人，問猶不可，況見於行事乎？孔子素惡伐人國，二子爲季氏宰，知之，故告孔子。

孔子曰：「求！無乃爾是過與？

冉求爲季氏聚斂，尤用事，故夫子獨責之。

夫顓臾，昔者先王以爲東蒙主，且在邦域之中矣，是社稷之臣也，何以伐爲？」《釋文》「『邦』或作『封』。」皇本作「何以爲伐也」。

《詩》：「錫之山川，土田附庸。」魯附庸甚多，自向爲莒入宿，被宋遷魯，又滅項，取須句，取邿，取鄟，取鄫，取下，皆附庸也，惟顓臾在耳。東蒙，山名。先王封顓臾於此山之下，使主其祭，在魯地七百里之中。社稷，猶云公家。是時四分魯國，季氏取其二，孟孫、叔孫取其一，獨附庸之國尚爲公臣，季氏又欲取以自益。故孔子言顓臾乃先王封國，則不可伐；在邦域之中，則不必伐；是社稷之臣，則非季氏所當伐也。此事理之至當不易之定體。

冉有曰：「夫子欲之，吾二臣者皆不欲也。」

夫子，指季氏。當時冉有或與聞之，而不强諫。

孔子曰：「求！周任有言曰：『陳力就列，不能者止。』危而不持，顛而不扶，則將焉用彼相矣？「焉用」，《漢書·王嘉傳》引作「安用」。

周任，古之良史。陳，布也。列，位也。言當陳布才力，度己所任，而後就位。相，瞽者之相也。言二子不欲則當諫，諫而不聽則當去也。包咸曰：「輔相人者，當持危扶顛，若不能，何用相爲？」此言爲相必受責任，失職則去也。

且爾言過矣！虎兕出於柙，龜玉毁於櫝中，是誰之過與？」皇本「出」下、「毁」下無「於」字。《釋文》：「『柙』本又作『匣』。」《漢書·文三王傳》引亦作「匣」。「櫝」，《魏志》引作「匵」。

兕，如野牛也，一角，重千斤。柙，檻也。櫝，匵也。言在柙而逸，在櫝而毁，典守者不得辭其過。明冉子居其位而不去，則季氏之惡，己不得不任其責也。

冉有曰：「今夫顓臾，固而近於費。今不取，後世必爲子孫憂。」《釋文》：「本無『後世』」，引或本有之。《後漢書·臧宮傳注》引亦無「後世」字。

固，謂城郭完固。費，季氏之私邑。子路正直，未聞一言，冉有徇於季氏，故孔子獨責之。三呼求，責之深矣。其後卒不聞伐顓臾之事，蓋冉有藉於孔子之責，力諫季氏而不爲歟？

孔子曰：「求！君子疾夫舍曰欲之而必爲之辭。皇本「而必」下有「更」字。

欲之，謂貪其利。

丘也聞有國有家者，不患寡而患不均，不患貧而患不安。蓋均無貧，和無寡，安無傾。

寡，謂民少；貧，謂財乏；均，謂各得

其分； 安，謂上下相安。季氏之欲取顓臾，爲寡與貧耳。然是時，季氏據國，而魯公無民，則不均矣。君弱臣强，互生嫌隙，則不安矣。均則不患於貧而和，和則不患於寡而安，安則不相疑忌而無傾覆之患。此言近雖爲季氏發，然太平大同之治亦不過均而已。均則無貧，今各國人羣會黨宗旨不出於此，豈非至言乎！

夫如是，故遠人不服，則脩文德以來之。既來之，則安之。「來之」，趙岐《孟子章指》引作「懷之」。

内治修，然後遠人服。有不服，則修德以來之，亦不當勤兵於遠。《周語》：「有不祭則修意，有不祀則修言，有不享則修文，有不貢則修名，有不王則修德。」

今由與求也，相夫子，遠人不服，而不能來也； 邦分崩離析，而不能守也；

子路雖不與謀，而素不能輔之以義，亦不得謂無罪，故並責之。遠人，謂顓臾。分崩離析，謂四分公室，家臣屢叛。

而謀動干戈於邦内。吾恐季孫之憂，不在於顓臾，而在於蕭蘠之内也。」「邦内」，鄭本作「封内」。「顓臾」上，《釋文》、唐石經、高麗本有「於」字。《隸釋》載漢石經殘字及宋本「蕭牆」上有「於」字。今本無兩「於」字，盍、毛、包、周無「於」字，世行本依四家。「牆」，漢石經作「蘠」，四家寫本或誤，仍以石經可信據。

干，楯也； 戈，戟也。鄭氏曰：「蕭，肅也。蘠，屏也。」言不均不和，内變將作。其後陽虎、公山内叛，果禍發蕭蘠，如孔子言。

○孔子曰：「天下有道，則禮樂征伐自天子出； 天下無道，則禮樂征伐自諸侯出。自諸侯出，蓋十世希不失矣； 自大夫出，五世希不失矣； 陪臣執國命，三世希不失矣。

政出天子，此撥亂制也。《王制》：「諸侯不得變禮樂，專征伐。」陪臣，家臣也。逆理愈甚，則失之愈速，大約世數不過如此。蓋生人之始爲獨人，漸以聚族而爲族長之世，又以力爭長而爲酋長之世，道路漸通，制作漸備，則合諸酋長而爲統一之世。孔子生當撥亂，族長互爭，酋長互爭，而民殆矣。觀春秋戰國，無歲不戰，民苦於兵，暴骨如莽，故非抑族長去酋長而統一之，不能安民。上古族長，春秋之大夫也；中古酋長，春秋之諸侯也。故春秋誅大夫刺諸侯，而務一統於天子。凡物散，則必歸之於一乃無患。故孟子曰「定於一」。漢唐之後，中國一統，封内晏然，民多老死不見兵革。此孔子抑諸侯大夫陪臣，而統之以天子之功，所以撥亂世一定之序也。自平王東遷，周王守府，諸侯力政，霸者專征。故晉文之後，至襄、靈、成、景、厲、悼、平、昭、頃、定十世，而霸權失於吴。十一世至出公，而見逐於韓、趙、魏、智氏，所謂十世希不失。由此推之，一統之君言專制，百世希不失。蓋由亂世而至升平，則君主或爲民主矣。大地各國略近，三千年皆大變，亦自然之數也。故孔子言繼周百世可知，言百世之後如夏、商、周君主之治也。

天下有道，則政在大夫。今本有「不」字，衍，據舊本改定。

政在大夫，蓋君主立憲。有道，謂升平也。君主不負責任，故大夫任其政。

天下有道，則庶人議。」今本有「不」字，衍，據舊本改定。

大同，天下爲公，則政由國民公議。蓋太平制，有道之至也。此章明三世之義，與《春秋》合。惟時各有宜，不能誤用，誤則生害；當其宜，皆爲有道也。

《洪範》稱「謀及庶人，庶人從，謂之大同。」《傳》稱「士傳言」，與夫建鞀設鐸，皆欲庶人之議。若如今本「庶人不議」，則專制防民口之厲王爲有道耶？與羣經義相反，固知爲衍文之誤也，或後人妄增。

○孔子曰：「禄之去公室五世矣，政逮於大夫四世矣，故夫三桓之子孫微矣。」

鄭氏玄曰：「言此之時，魯定公之初。魯自東門襄仲殺文公之子赤而立宣公，於是政在大夫，爵禄不從君出，至定公爲五世矣。」按，自季文子始專國政，歷武、平至桓子凡四世，而爲家臣陽虎所執。三桓，仲孫、叔孫、季孫。蓋至定、哀時，陪臣執政，而三桓並微也。下凌上替，互相師學，義既不安，勢不能久。故曹操篡漢，而司馬旋踵而攘之，桓玄、劉裕、蕭道成即逐其後，皆理勢之自然也，愈變而祚愈短也。

○孔子曰：「益者三友，損者三友。友直，友諒，友多聞，益矣。友便辟，友善柔，友便佞，損矣。」高麗本經注作「便僻」。《後漢書·爰延傳注》、《太平御覽·交友部》同。

友直則聞其過，友諒則進於誠，友多聞則進於明。便，圓熟也。便辟，謂巧避人之所忌以求容而不直。《後漢書·佞幸傳贊》：「咎在親便嬖，所任非仁賢」是也。善柔，謂工於媚悦而不諒。便佞，謂習於口辯而無學。三者損益，正相反也。尹氏曰：「自天子以至於庶人，未有不須友以成者，而其損益有如是者，可不謹哉！」

○孔子曰：「益者三樂，損者三樂。樂節禮樂，樂道人之善，樂多賢友，益矣。樂驕樂，樂佚游，樂宴樂，損矣。」皇本「佚」作「逸」。「宴」與「燕」通。

節，謂制度聲容之節。處位不端，受業

不敬，言語不序，聲音不中律，進退節度無禮，升降揖讓無容，周旋俯仰視瞻無儀，安顧咳唾趨行不得色，不比順，不節於禮樂也。驕樂則侈肆，佚游則惰慢，宴樂則淫溺，所謂宴安酖毒，三者損益亦相反也。節禮樂，謂以禮樂之中和自節其身也。道人善，則獎勵誘勸而爲善者多，則己亦熏陶進德而不自知。多賢友，則夾輔染化而日進。果能樂三益，則自爲君子人矣。若樂驕樂、佚游、宴樂，則身心日放侈，不見其損而日損矣。驕樂、佚游、宴樂乃人情所共樂者，不受以節而偏樂之，則上損德心，下損精神。

○孔子曰：「侍於君子有三愆：言未及之而言謂之傲，言及之而不言謂之隱，未見顏色而言謂之瞽。」「躁」，魯讀作「傲」。《鹽鐵論·孝養篇》：「言不及而言者傲也，」可証魯讀。知「躁」是僞古文改，今不從。「言及之而不言」，皇本無「不言」。

君子，有德位之通稱。愆，過也。傲，不讓也。瞽，盲也。日與羣小，則不見其過，近於君子，則易形其愆。知愆，則可改之而德進矣。故人必久事君子，而後寡過，自能察言觀色，時而後言。

○孔子曰：「君子有三戒：少之時，血氣未定，戒之在色；及其壯也，血氣方剛，戒之在鬭；及其老也，血氣既衰，戒之在得。」

此言持戒之事：戒淫、戒忿、戒貪。三者皆人所不免，有體魄即有斯欲，雖君子亦不能外焉。以人爲血氣所成，無血氣則不能爲人，有血氣即爲所動，血氣愈盛，制之愈難。惟魂極清明，存養有素，視如大火怨賊，毒蛇猛虎，極意克制，乃能不爲血氣所用，而克全戒行也。而血氣用事又有三時：自三十以前，血氣充陽於下，其患好淫，其戒宜在色。

自五十以前，血氣騰滿於上，其患好忿，其戒宜在鬭。自五十以後，氣血衰敗，老病侵尋，無向上之心，有慮後之意，其患好貪，其戒宜在得。色、鬭、得三好，爲人所共有，少壯老之戒，時各有宜，當其時，尤宜兢兢持戒也。淫、忿、貪三者，雖粗而極難脱去。孔子諄諄教學者以持戒，稍不自持，終身隳壞，不可不謹守焉。

○孔子曰：「君子有三畏：畏天命，畏大人，畏聖人之言。

畏天命者，「上帝臨汝，無貳爾心」也。大人，教主。《易》：「大人與天地合德，與四時合序，先天而天弗違，後天而奉天時。」非聖人爲教主者而何？亦有作君上有位。《禮運》：「大人世及以爲禮。」《士相見禮》：「與大人言，言事君。」《左傳》閔子馬曰：「夫必多有是説，而後及其大人。」《穀梁》曰：「人之於天也，以道受命，不若於道者，天絶之也。」故天子不能奉天之命，則廢而稱公，王者之後是也。《繁露·郊語篇》引此文云：「以此見天之不可不畏敬，猶主上之不可不謹事。不謹事主，其禍來至顯；不畏敬天，其殃來至闇。闇者不見其端，若自然也。由是觀之，天殃與上罰所以别者，闇與顯耳。孔子同之，俱言可畏也。」又曰：「天地神明之心，與人事成敗之真，惟聖人能見之。聖人者，見人之所不見者也，故聖人之言亦可畏也。」又曰：「魯宣違聖人之言，變古易常，而灾立至。」❶亦以禍福言。

小人不知天命而不畏也，狎大人，侮聖人

❶ 以上引文，出自《春秋繁露·順命篇》，而非《郊語篇》。

之言。」

侮，戲也。大人者，受天命而爲君師。聖言者，代天命以宣意。君子以畏天之故，故從天而畏之；小人不知畏天命，故狎大人而遭刑，戲侮聖人言，以違大道。

○孔子曰：「生而知之者上也，學而知之者次也，困而學之，又其次也；困而不學，民斯爲下矣。」

困，謂困苦也。人之資質有此四等。生而知之者，晶光如日，照耀洞然，蓋夙根久遠，歷世不忘者也。學而知者，灼爍如電，光芒相觸，蓋夙慧亦深，觸發如舊者也。困而學之者，然燈爲明，亦復能照，蓋夙根輕微，資今培養者也。困而不學，如頑石闇鈍，絶無夙根，故與學不入，癡愚闇昧，爲民中之下者。然生資者天也，好學者人也。好學，則困知與生知成功如一。蓋同有明德，皆可證聖，惟不學，則永永墮落，無從超拔矣。孔子雖言此，而意在勤學也。

○孔子曰：「君子有九思，視思明，聽思聰，色思温，貌思恭，言思忠，事思敬，疑思問，忿思難，見得思義。」

視明則無所蔽，聽聰則無所壅。色見於面者，忌冷而貴温。貌舉身而言，忌慢而貴恭。忠則言精切而竭盡。敬則事詳審而不敗。問則疑不蓄。思難則忿必懲。思義則得不苟。九者，蓋皆人事之要，日用之常，以此日省，可謂近思。孔子示人檢身思慮之法至爲詳明，爲人格中不可少闕者，施之四海而凖者也。

○孔子曰：「見善如不及，見不善如探湯。吾見其人矣，吾聞其語矣。

探，摸取也。真知善惡而誠好惡之，如子路之勇可當之矣。

隱居以求其志，行義以達其道。吾聞其語矣，未見其人也。」

志者，救天下之志。道者，濟天下之道。若伊尹之耕莘，則樂堯舜之道，以天下自任，其隱居所求如此。相湯而行堯舜之道，則伐夏救民，其行義所達如彼。孔子時未見其人，蓋撥亂反正，春秋時惟孔子耳，餘無其人。

○齊景公有馬千駟，死之日，民無德而稱焉，伯夷、叔齊餓於首陽之下，民到於今稱之。其斯之謂與？皇本「德」作「得」。

鄭氏曰：「首陽山在河中蒲阪城南。」朱子以爲：「第十二篇錯簡『誠不以富，亦祇以異』，似當在此句之上。言人之所稱，不在於富，而在於異。而章首當有孔子曰字，蓋闕文耳。大抵此書後十篇多闕誤。」駟，四馬也。千駟，凡四千匹，富之至也。首陽，山名。伯夷、叔齊不食周粟，採薇於首陽山而食之，至於餓死，窮之至也。而千秋之後，夷、齊與日月同光，齊景與草木同腐。君主之貴，不如餓死，固知人之所貴，在德而不在富貴也。孔子大聲疾呼，其誘世覺民，發聾警瞶，可爲至矣。

○陳亢問於伯魚曰：「子亦有異聞乎？」

亢以私意窺聖人，疑必陰厚其子。

對曰：「未也，嘗獨立，鯉趨而過庭。曰：『學詩乎？』對曰：『未也。』『不學詩，無以言。』鯉退而學詩。他日，又獨立，鯉趨而過庭。曰：『學禮乎？』對曰：『未也。』『不學禮，無以立。』鯉退而學禮。聞斯二者。」皇本「不學詩」上有「曰」字，「言」下有「也」字，「二者」下有「矣」字。

言行爲人道之大，日用之切，而《詩》以理性，《禮》以道行，爲言行之法。《詩》備列國風俗，政治之故，又多鳥獸草木之名，觸物造端，比興諷諭，情深而文明，辭曲而意達，其感人也深，故學之者能言。《禮》備君臣上下，父子兄弟，夫婦朋友，班朝治軍，涖官行法之文，進退應對，周旋揖讓趨翔之節，義理燦著，品式詳明，其修己也敬，故學之者能立。六經皆孔子所作，而《詩》《禮》作自早年，故教伯魚以此，教門人以此，蓋至切要矣。當獨立之時，所聞不過如此，其無異聞可知。

陳亢退而喜曰：「問一得三，聞詩，聞禮，又聞君子之遠其子也。」

父子者，傳形者也。師弟者，傳魂者也。立教者，教魂而非教魄。魄則子爲獨親，魂則賢爲相得，故傳道者以才爲主，而不在形。子而才也，則子思爲傳道之宗子；其不才也，則丹朱、商均亦不在見知之列。但一人之傳魄，必不及天下之英才，故傳道以徒爲多，而教者則子與徒同，本無陰厚其子之心，更無故遠其子之意，陳亢之私測皆非也。佛子羅云、阿難皆爲徒，而傳道者則在文殊、普賢。孔子以伯魚爲子，而傳道者則在顔子，而子思亦預焉，其義一也。

○邦君之妻，君稱之曰夫人，夫人自稱曰小童。邦人稱之曰君夫人，稱諸異邦曰寡小君，異邦人稱之亦曰君夫人。皇本「亦曰君夫人」下有「也」字。

此詳邦君之妻稱謂。妻，齊也。言夫婦平等，無尊卑也。春秋時，嫡妾之禮不正，多以妾爲夫人。故《左傳》記魯文公二妃，齊桓三夫人。鄭文公有夫人芊氏、姜氏，宋平公納其御步馬者，稱君夫人。君稱之曰夫人，尊夫人，别嫡庶也。小童者，謙未成人也。《論語》記義，不記《曲禮》，以《記》文錯簡在此，而寫者誤附焉。今亦降寫，附録於此，而明非《論語》焉。

論語注卷之十六終

門人贛縣王德潛初校
門人高要陳焕章覆校
門人番禺王覺任覆校
門人東莞張伯楨覆校

論語注卷之十七

南海康有爲學

陽貨第十七

凡二十五章　漢石經凡二十六章，何氏《集解》二十四章，朱子《集注》復爲二十六章。洪氏頤煊《讀書叢録》謂：「漢石經分『子曰唯上知與下愚不移』、『子謂伯魚曰』各自爲一章，故云廿六。」邢本「古者民有三疾」章下有「子曰巧言令色，鮮矣仁」。《注》王曰：「巧言無實，令色無質。」唐石經亦有此章，係旁注。《御覽》三百八十八引《論語·陽貨》曰：「巧言令色，鮮矣仁。」疑古傳本有二，有者非後人所增，無者亦非後人所删也。皇本、《考文》引古本、足利本、高麗本皆無此章，則從《集解》所據本也。王注亦見《學而篇》皇《疏》。

○陽貨欲見孔子，孔子不見，歸孔子豚。孔子時其亡也，而往拜之。遇諸塗。「饋」，魯讀作「歸」。「塗」，《論衡·知實篇》引作「涂」。《釋文》：「『塗』當作『途』。」

陽貨，季氏家臣，名虎。貨，虎一聲之轉。嘗囚季桓子而專國政，欲令孔子來見己，而孔子不往。貨以禮「大夫有賜於士，不得受於其家，則往拜其門」，故瞰孔子之亡，而歸之豚，欲令孔子來拜而見之。塗，道也。不期而會曰遇。

謂孔子曰：「來！予與爾言。」曰：「懷其寶而迷其邦，可謂仁乎？」曰：「不可。好從事而亟失時，可謂知乎？」曰：「不可。日月逝矣，歲不我與。」孔子曰：「諾，吾將仕矣。」

皇《疏》：「寶，猶道也。」懷寶迷邦，謂懷藏道德不救國之迷亂。亟，數也。失時，謂不及事幾之會。將者，且然而未必之辭。貨諷使速仕，欲孔子求己也。

二曰，皆陽貨自言，下孔子曰，乃是孔子言。孔子非不欲仕也，但不仕於貨耳。不見者，義也； 而往拜者，禮也。必時其亡而往者，稱也； 遇諸塗而不避者，不終絶也。蘇氏軾曰：「道逢陽虎呼與言，心知其非口唯諾。」以遜辭免，蓋待權奸之法。

○子曰：「性相近也，習相遠也。」子曰：「唯上知與下愚不移。」此論性章，應合爲一章。朱子以下「子曰」爲衍文，是也。「知」，《漢書・古今人表》引作「智」。

《孝經緯》：「性者，生之質也，」兼魂魄而言之。受於天生，而不關於治教者。物皆有性，各從其類。若人之與人，同此形體，即同此覺識。內之同，有惻隱、羞惡、是非之心，外之同，有食味、被色、別聲之欲。所受之天氣地勢，所傳之父精母血各有不同，萬難合一，而大體相近，故可本身作則，推以及物，以爲治化。若不相近，則仁恕忠信篤敬亦不能推矣。孟子亦言：「同類者相似。」故天生之事如此。若人與人相去之遠，至於有治亂之大變，聖狂之懸絶，則全視所習而已。習有本於家庭，習有由於師友，習有因於風俗，習有生於國土。或一人一時之習，或數千萬里數千萬年之習，熏染既成，相去遂遠，乃至居行好尚亦復是非懸反者。故印度之人不踐螻蟻，而焚其先骸及寡妻，歐西之人愛夫妻而離父母。墨子謂：「輆沐之國，長子生則解而食之，謂之宜弟。大父死，負其大母而棄之，謂之鬼妻。」今非洲黑人亦有然者。風俗如此，嗜好亦然。故近朱則赤，近墨則黑。蓬生麻中，不扶自直，蘭浸滫中，小人不服。居鮑肆而臭，入芝室而香，故善惡皆視其習而已。若上智，則魂魄俱清明純固，故不爲惡習所移。下愚，則魂魄俱濁，闇癡頑固，故不爲善習所移。推所以然，上智之夙根深厚，熏脩已久，故德性堅定；下愚則人形粗異，絶未熏聞，故性質頑固。所以成爲上智下愚者，亦由於夙習使然，故天下之化莫大於習。聖人立教，務在進化，因人之性，日習之於善道，而變其舊染之惡習，變之又變，至於惡習盡去，善習大明。至於太平大同之世，則人人皆成上智，而無下愚矣。於是，習不相遠矣，而人道止於至善矣。後人言性甚多，世碩以爲性有善有惡，人之善性養而致之，則善長；惡性養而致之，則惡長。宓子賤、漆雕開、公孫尼子之徒皆言性有善有惡，孟子則言性善，荀子則言性惡，告子則言性無善無不善，楊子則言善惡混，皆泥於善惡而言之。孔子則不言善惡，但言遠近。蓋善惡者，教主之所立，而非天生之事也。甚矣！聖人之言之精渾而無病也。言性者聚訟紛如，亦折衷於孔子可矣。

○子之武城，聞弦歌之聲。

弦，琴瑟也。時子游爲武城宰，以樂爲教，故邑人皆弦歌也。

夫子莞爾而笑，曰：「割雞焉用牛刀？」

「莞」，《釋文》作「莧」，惟唐石經作「莞」，皇、邢本同。《廣雅・釋詁》：「莧，笑也。」疑「莧」字小變。

莞爾，笑貌。王逸曰：「笑離齗也」，張衡《東京賦》注：「舒張面目之貌也」，蓋喜之至。反言治小邑何必用大道。

子游對曰：「昔者偃也聞諸夫子曰：『君子學道則愛人，小人學道則易使也。』」

君子小人以位言之，道謂樂之道也。樂之爲道，流而不息，合同而化。欣喜懽愛，中正無邪，敦和無怨，合愛尚同，百物皆化。故君子學之則同而愛人，小人學之則和而易使。孔子禮樂並制，而歸本於樂。蓋人道以樂爲主，無論如何立法，皆歸於使人樂而已。故小康之制尚禮，大同之世尚樂，令普天下人人皆敦和無怨，合愛尚同，百物皆化，《禮運》以爲大道之行也。子斿嘗聞大同，其治武城先以爲治，故孔子喜極，美其以大道治小也。子思、孟子皆出於子斿，故多能言大同之道。孔門自顔子、有子、子贛以外，應以子斿爲大宗矣。

子曰：「二三子，偃之言是也。前言戲之耳。」

戲，謔也。嘉子斿，又以解門人之惑。

○公山弗擾以費畔，召，子欲往。「弗擾」，皇本「弗」作「不」。《左傳》、《史記》及《漢書·古今人表》皆作「不狃」。

《史記》：定公九年公山不狃欲廢三桓之適，更立其庶孽，以費畔季氏，使人召孔子，孔子循道彌久，温温無所試，莫能已用。曰：「蓋周文武起豐鎬而王，今費雖小，儻庶幾乎？」欲往，然亦卒不行。若夫定十二年，仲由爲季氏宰，墮費，不狃及叔孫輒率費人襲魯，夫子命申句須、樂頎伐之，而後北敗於姑蔑，不狃及輒遂奔齊，與九年之欲强公室相反。

子路不説，曰：「末之也，已，何必公山氏之之也？」《論衡》引作「末如也已」，無「不説」二字。

末，無也。言無所之則止，何必公山氏之往乎？

子曰：「夫召我者，而豈徒哉？如有用我者，吾其爲東周乎？」皇本「用」上有「復」字。

豈徒哉，言必用我也。爲東周，言費小亦可王，將爲東方之周也。亂臣不可從乃是常義，孔子豈不知之？但爲救民來，故曰：「天下有道，丘不與易。」苟可藉手，皆可與升平太平，大同小康之治。蓋化人之來，道濟天下，豈問爲何人哉？所謂聖達節，賢守節，下失節。子路乃守節之人，故不説；孔子爲達節之聖，故無可無不可。不然，則愛名惜己，不知救民，孔子亦賢者而已，固知常義不足以窺聖人也。其卒不往者，殆公山早敗，或誠意不足耳。

○子張問仁於孔子。孔子曰：「能行五者於天下爲仁矣。」請問之。曰：「恭，寬，信，敏，惠。恭則不侮，寬則得衆，信則人任焉，敏則有功，惠則足以使人。」

仁者，從二人，爲人偶，故其道皆與人交涉爲多。恭、寬、信、敏、惠皆與人交之至道也。行之天下，言此可以治天下也。蓋慢人者，人亦慢之，嚴則人怨，欺則人疑，懦爲事賊，無恩則人不懷，皆與人交所忌。故有爲於天下者，未有不行恭、寬、信、敏、惠者。

○佛肸召，子欲往。皇本作「胇肸」，《古今人表》作「茀肹」。

佛肸，晉趙氏之中牟宰，以中牟畔趙。

子路曰：「昔者由也聞諸夫子曰：『親於其身爲不善者，君子不入也。』佛肸以中牟畔，子之往也，如之何？」

子路守節疾惡，恐佛肸之浼夫子，故問此以止夫子之行。親，猶自也。不入，不入其黨也。

子曰：「然，有是言也。不曰堅乎，磨而不磷，不曰白乎，涅而不緇。《史記》、《論衡》引無「然」字。《論衡》又無「言」字。皇侃本「不曰堅乎」句上有「曰」字。「緇」，《史記》、《新語》、《論衡》、《文選・座右銘注》皆作「淄」。漢《州輔碑》「摩而不鄰」，漢《費鳳碑》作「湼而不滓」，廷尉《仲定碑》、校尉《熊君碑》、《史記・屈賈列傳》、《後漢書・隗囂傳》皆作「泥而不滓」。「磨」、「摩」，「鄰」、「磷」，「湼」、「泥」、「涅」，皆古通也。

磷，薄也。涅，礬石，可染皁，楚人謂之涅石。孔氏曰：「至堅者磨之而不薄，至白者染之於涅而不黑。喻君子雖在濁亂，濁亂不能污。」蓋磨不磷，涅不緇，而後無可無不可。若堅白不足，而欲自試於磨、涅，其不磷、緇也幾希。

吾豈匏瓜也哉？焉能繫而不食？」

匏，瓠也，《詩》：「匏有苦葉。」故可繫於一處而不可食。吾自東西南北，不能如不食之物，繫滯一處也。張敬夫曰：「子路昔者之所聞，君子守身之常法，夫子今日之所言，聖人體道之大權也。然夫子於公山、佛肸之召，皆欲往者，以天下無不可變之人，無不可爲之事也。其卒不往者，知其人之終不可變，而事之終不可爲耳。一則與物之仁，一則知人之智也。」佛肸、公山之召，孔子皆欲往，救時之急，拯溺之仁，行其心之安，而絶無人間名義之絆，非聖人孰能爲此？子路勇於守義，故見南子，赴公山、佛肸之召，皆不悦而力諫。子路之守節，孔子之達權，子路之守身，孔子之行仁，賢聖之大小、廣狹、經權，皆可見矣。然必堅白之至，乃可不畏磷緇。若皎日顯現，黑暗皆明，如蓮華出水，污泥難染，皓皓自由，無所不可。若堅白不足，則不堪磨染，觸輒損污，則宜仍守不善不入之戒，無謬託於聖人也。能爲鳩摩羅什之吞針，則可破戒，不能吞針，則不可破戒。聖道甚大，不設一義，學者宜自量焉。

○子曰：「由也！女聞六言六蔽矣乎？」對曰：「未也。」 皇本「由」下無「也」字。

蔽，遮掩也。

「居！吾語女。 皇本「居」上有「曰」字。

《禮》，君子問更端，則起而對。故孔子諭子路，使還坐而告之。

好仁不好學，其蔽也愚；好知不好學，其蔽也蕩；好信不好學，其蔽也賊；好直不好學，其蔽也絞；好勇不好學，其蔽也

亂；好剛不好學，其蔽也狂。」

六言皆美德，然不學以明其理，則各有所蔽。愚，若可陷可罔之類。蕩，謂窮高極廣而放佚。賊，謂傷害於物。勇者，剛之發；剛者，勇之體。狂，躁率也。范氏曰：「子路勇於爲善，其失之者，未能好學以明之也，故告之以此。曰勇，曰剛，曰信，曰直，又皆所以救其偏也。」事各有宜，物各有節，若偏過則生害。故有美質者，必當講學窮理，以求時中。若質美而不學，即爲其質所蔽。若有仁質者，博愛必甚，無學以裁之，則可陷可罔，愚而無益。有知質者，則求智必甚，無學以節之，則高遠放蕩，若莊、列與佛及九十六道。有信質者，然諾必重，無學以裁之，則如尾生抱橋待死，徒以自戕。有直質者，不能委曲，無學以量之，則如直躬證父攘羊，至於絞剌。有勇質者，果敢向前，無學以調之，則血氣張僨，必至作亂，若刺客游俠，輕身徇人，冒於文網而犯公議。有剛質者，不屑佞柔，無學以和之，則披猖觸犯，必至狂妄。子路近於仁，信、直、勇、剛，故多舉其質之近者而戒之。此與《書》之《皐陶》九德，《洪範》三德，可參玩。而此則斷之以學，尤爲有所下手。《書》之教胄子曰：「簡而無傲，剛而無虐。」亦歸之於學，庶幾近焉。

○子曰：「小子何莫學夫詩？

小子，弟子也。

詩，可以興，

感發志意。

可以觀，

考見得失。

可以羣，

而不流。

可以怨。

怨而不怒。

邇之事父，遠之事君，

人倫之道，詩無不備，二者舉重而言。

多識於鳥獸草木之名。」

其緒餘，又足以資多識，知物性，考醫藥，備養生。蓋博物之學，孔子所重，學詩之法，此章盡之。讀是經者，所宜盡心也。

○子謂伯魚曰：「女爲《周南》、《召南》矣乎？人而不爲《周南》、《召南》，其猶正牆面而立也與？」皇本「召」作「邵」。

爲，猶學也。《周南》、《召南》，《詩》首篇名，所言皆男女之事最多。蓋人道相處，道至切近莫如男女也。脩身齊家，起化夫婦，終化天下。正牆面而立，言至極，其餘益無可爲也。

○子曰：「禮云禮云，玉帛云乎哉？樂云樂云，鍾鼓云乎哉？」唐石經作「鍾」。「鍾」與「鐘」二文古通。

因天秩天叙之宜，而將以恭敬，飾以節文，禮之本也。因人心物理之樂，而致中蹈和，合同尚愛，樂之本也。若玉帛鐘鼓，人皆以爲禮樂者，則禮樂之器數云爾，不足以當禮樂也。《漢書·禮樂志》引此，曰：「樂以治内而爲同，禮以脩外而爲異。同則和親，異則畏敬。畏敬之意難見，則著之於享獻辭受，登降跪拜。和親之説難形，則發之於詩歌詠言，鐘石筦絃。蓋嘉其敬意，而不及其財賄；美其歡心，而不流其聲音。」

○子曰：「色厲而内荏，譬諸小人，其猶穿窬之盜也與？」《釋文》：「『穿踰』，本又作『窬』。」鄭本作「竇」。《玉篇》引《禮記》及《左傳》並作「圭窬」，則「窬」與「竇」通用。

厲，威嚴也。荏，弱佞也。穿，牙在穴中，通也。窬，門邊小竇。外爲莊嚴之容，而内懷巧佞之心，陽爲君子，而陰實小人。以高世而媚世，舉動畏卻，有若穿窬之盜。或説：穿，穿壁；窬，踰牆。言其無實盜名，而常畏人知也。記君子不以色親人，情疏而貌親，在小人則穿窬之盜也。

○子曰：「鄉原，德之賊也。」

原與愿同，善也。孟子曰：「閹然媚於世者，是鄉愿也。」萬章曰：「一鄉皆稱愿人焉。孔子以爲德之賊，何哉？」孟子曰：「非之，無非；刺之，無刺。同乎流俗，合乎污世，居之似忠信，行之似廉潔，衆皆悦之，自以爲是，而不可與入堯舜之道。」夫忠信，廉潔，無可非刺，豈非孔子所宜深美者哉？乃以爲德賊，蓋其氣象託於老成，行誼託於謹厚，寡過獨善，安分守己，緘默委靡，隨波逐流，以志士爲妄人矯激。其持論不白不黑，務爲模稜；其於世不痛不癢，務在自全。胡廣中庸，馮道長樂，既竊美譽，以亡人國，故深惡之，爲德賊也。

○子曰：「道聽而塗説，德之棄也。」

多識言行皆以畜德，故貴默而識之。若東塗西抹，但以譁衆，則雖有所聞，亦非己有。在才爲棄才，在德爲棄德矣。

○子曰：「鄙夫可與事君也與哉？《釋文》：「或作『無哉』。」《後漢書·李法傳》引「也與」作「乎」。

鄙夫，庸惡陋劣之稱。

其未得之也，患得之；既得之，患失之。

何晏曰：「患得之，謂患不能得之。」

苟患失之，無所不至矣。」

小則吮癰舐痔，大則弑父與君，皆生於患失而已。《鹽鐵論》曰：「君子疾鄙夫之不可與事君，患其聽從而無所不至也。」聽從者，無所匡正，但知保其禄位，故必至邪媚諂佞，無所不爲也。甚至才達之士，明知亡國之舉動，亦貪一時之利而媚逢獻策焉，故孔子疾之。蘄裁之曰：「士之品，大槩有三：　志於道德者，功名不足以累其心；　志於功名者，富貴不足以累其心；　志於富貴者，無所不至矣。　志於富貴，即孔子所謂鄙夫也。」

○子曰：「古者民有三疾，今也或是之亡也。

朱子曰：「氣失其平則爲疾，故氣禀之偏者，亦謂之疾。昔所謂疾，今亦亡之，傷俗之益衰也。」

古之狂也肆，今之狂也蕩；　古之矜也貶，今之矜也忿戾；　古之愚也直，今之愚也詐而已矣。」「廉」，魯讀作「貶」。

狂者，高志大言，而行不掩。肆，謂極意敢言，不拘小節，蕩則踰大閑矣。矜即狷也，不屑不潔者。貶與砭通。貶砭與廉通，謂稜角峭厲。忿戾則悖怒咈爭矣。愚謂闇癡不明，直謂質實无妄，詐則詭譎誕妄矣。此歎風俗之衰。文敝之餘，則人多矯詐。

○子曰：「巧言令色，鮮矣仁。」重出。古本、足利本無此章，唐石經先無而後添注。

○子曰：「惡紫之奪朱也，惡鄭聲之亂雅樂也，惡利口之覆邦家者。」皇本「者」作「也」。

朱，赤心木。凡染絳，一入謂之縓，再入謂之赬，三入謂之纁，四入謂之朱，正色也。以黑加赤爲紫，春秋時好服之。朱，正色；紫，間色。包咸曰：「鄭聲，淫聲之哀者，惡其亂雅樂。」魏文侯所謂，聽古樂則惟恐卧，聽鄭聲則惟恐倦。其易感人如此，故惡其奪正也。利口辨才之人，能變易玄黃，顛倒是非。所謂析言破律，亂名改作，言僞而辨，記醜而博，順非而澤，爲其足以疑衆惑民，而瀆亂至道。上若何晏、王弼，下若江充、息夫躬之流，豈非傾邦家者耶？此皆惡似是而非者。

○子曰：「予欲無言。」

聲色之化民，末也。精神之運，明德之照，寂然不動，感而遂通。故尸居而龍見，淵默而雷聲，未嘗言也，無不言也。神聖雖徧發萬理，徧陳萬行，而必歸之於無聲無臭，乃爲至德。蓋有言即有跡，人不解其所以言之，故反將滯於其跡而誤泥矣。故言者，化物之不得已也，若大教之本，則在無言。

子贛曰：「子如不言，則小子何述焉？」

子贛以垂教必須言語，故疑而問之。

子曰：「天何言哉？四時行焉，百物生焉，天何言哉？」「天」，魯讀「天」爲「夫」，或寫誤。

有變通輪迴之妙體，有發育萬物之精神，絶無語言，自然行生，此天之造化也。神聖則亦有變通輪迴之妙體，亦有發育萬物之精神，不待語言，但見化生，此神聖之造化也。孔子肖之。蓋六經論記雖多言，大同小康雖有多法，而皆化民之末，聖人仍是無言而已。

○孺悲欲見孔子，孔子辭以疾。將命者出户，取瑟而歌，使之聞之。

孺悲，魯人，嘗學喪禮於孔子。當是時，必有以得罪者，故辭以疾，而又使知其非疾，以警教之。此孟子所謂「不屑之教誨，所以深教之也。」或未受學之先，別有故乎？

○宰我問：「三年之喪，期已久矣。《史記・弟子傳》引作「不已久乎」。

期，周年也。

君子三年不爲禮，禮必壞；三年不爲樂，樂必崩。

恐居喪不習，而崩壞也。

舊穀既没，新穀既升，鑽燧改火，期可已矣。」

没，盡也。升，登也。燧，取火之木也。改火，古者春取榆柳之火，夏取棗杏之火，季夏取桑柘之火，秋取柞楢之火，冬取槐檀之火，亦一年而周也。已，止也。言期年，則運一周時物皆變，喪至此可止也。

子曰：「食夫稻，衣夫錦，於女安乎？」曰：「安。」「女安，則爲之！夫君子之居喪，食旨不甘，聞樂不樂，居處不安，故不爲也。今女安，則爲之！」皇本「稻」下、「錦」下有「也」字。「曰安」下有「曰」字。

北方難得稻，故貴之。錦，采衣也。旨，美也。言三年之喪，非强爲之，本於人心之不安。若汝安，則汝爲之，反辭以動其不忍之心也。

宰我出。子曰：「予之不仁也！子生三年，然後免於父母之懷。夫三年之喪，天下之通喪也，予也有三年之愛於其父母乎？」漢石經無「乎」字，或缺。

古者，喪期無數記，至親以期斷，則周時或期也。今歐、美、日本父母皆期喪。三年之喪，蓋孔子改制所加隆也。故宰我以爲舊制期已可矣，不必加隆，乃與孔子商略之詞，孔子乃發明必須三年之意。人義莫尚於報，天生魂而不能成之，父傳種，母懷妊，未極其勞，惟既生之後，撫育顧復，備極劬勞，必歷三年，而後子能言能行，少能自立，而後免於父母之懷。此三年中，子不能自爲人，飲食衣服，卧起便溺，皆父母代之，然後成立，得享人身之樂。雖其後，愛育腹我之恩，昊天罔極，終身無以報之。然送死有已，復生有節，惟初生三年之恩，非父母不得成人，則必當如其期以報之也。且喪之爲義，自盡其哀思耳，非有所報也。今是大鳥獸之失羣匹，猶必躑躅鳴號，越月踰旬而後能已，況於人性之靈，而父母之恩哉？故其哀思之切，發於不忍之良，而於境物之美，自有不安之意。故夫飲食音樂，衣服宫室之美，皆平日所安者，至是於心不安，三年中皆變而不爲焉，蓋本人情以制禮，非勉强爲之也。羣經皆言三年喪制，而未發其理，此爲三年喪所以然之理論，其義至明。自此，孔門推行三年喪制於天下，至晉武帝乃爲定制。後儒不知孔子改制，以爲三年之喪承自上古，定自周世。則何以滕文公欲爲三年喪，而父兄百官皆不欲，以爲滕魯先君莫行之？是自伯禽至於魯悼公、叔繡至於滕定公，皆未嘗行也。今人假極不肖，心無哀思，而以國家法律所在，亦必强服三年之喪制，而不敢非難。安有以一王大典定律，而舉世千年，諸侯大夫無一服者，且以爲非？即宰我之賢，亦以爲疑而宜減者，蓋古無定制，故孔子加爲三年喪，墨子得減爲三月喪也。墨子亦曰稱堯舜禹湯文武者，若三年喪爲先王之制，墨子必不敢攻。今《墨子·非儒篇》：「其禮曰，喪父母三年期，妻後子三年。若以尊卑爲歲月數，則是尊其妻子與父母同。逆孰大焉。」《節葬篇》曰：「使面目陷曝，顔色黧黑，耳目不聰明，手足不勁强。敗男女之交，則不可爲衆，失衣食之財，則不可爲富，君子無以聽治，小人無以從事。」《公孟篇》曰：「公孟子謂子墨子曰：『子以三年之喪爲非，子之三月之喪亦非也。』子墨子曰：『子以三年之喪非三月之喪，是猶裸謂撅者不恭也。』」言皆非先王之制，不能相非。則三年之喪，爲孔子改制至明。三年者，實二年。《記・三年問》曰：「三年之喪，二十五月而畢。」又曰：「焉使倍之，❶故再期也。」蓋再期二十四月而大祥，祥而鼓素琴，喪已解矣。中月而禫，於是月之中行禫祭而服畢。鄭玄説，以中月爲中隔一月，故爲二十七月，今用之則誤也。唐王玄感誤解以爲三十六月，益大謬也。三年之喪，專爲父母者，其及他者，則從服也。漢時未定三年喪制，故人各自由。翟方進則爲三十六日服，王修則爲六年服，趙宣則爲二十餘年服，皆過於厚薄者也。至晉武帝定制後，乃至今二千年爲通制。

○子曰：「飽食終日，無所用心，難矣哉！不有博弈者乎？爲之，猶賢乎已。」

《荀子・大略篇》：「六貳之博」，楊倞注：「六貳之博，即六博也。」王逸注《楚辭》云：「投六箸，行六棋，故曰六博。今之博局，亦二六相對也。」《西京雜記》：「許博昌善陸博。法用六箸，以竹爲之，長六分，或用三箸。」《列子・説符》釋文引《六博經》云：「博，二人相對坐向局。局分爲十二道，兩頭當中，名爲水。用棋十二枚，法六白六黑，又用魚二枚，置於水中。其擲采以瓊爲之，二名牽魚，每一牽魚獲二籌，翻一魚獲三籌。若已牽兩魚而不勝者，名曰被翻雙魚。彼家獲六籌爲大勝也。」弈者，《説文》云：「弈，圍棋也。」《文選・博弈論》注引邯鄲淳《藝經》曰：「棋局縱橫各十七道，合二百八十九道，白黑棋子各一百五十枚。」焦氏循《孟子正

❶「焉」字，原誤作「正與」二字。

義》：「博，蓋即今之雙陸；弈，爲圍棋。以其局同用板平承於下，則皆謂之枰；以其同行於枰，皆謂之棋。上高而鋭，如箭，亦如箸。今雙陸，其俗謂之鎚，尚可考見其狀，故有箭箸之名。今雙陸，枰上亦有水門，其法古今有不同。如弈，古用二百八十九道，今則用三百六十一道，亦其例也。蓋弈但行棋，博以擲采而後行棋。後人不行棋而專擲采，遂稱擲采爲博，博與弈益遠矣。」《説文》：「博，局戲也。」用已盛行久矣。已，止也。心之精神謂之聖，用之事事物物，皆能緣入，用之道德，則行日起而有功；用之學問，則聞見博而知益明；用之技藝，則可以養生而進道；用之物理，則窮化而知新。此天特與人者，愈用而愈明，愈用而愈鋭，有欲罷不能者。若不用，則如涸泉枯井，如茅塞之，或且逸欲横生矣。雖用之博弈，廢日玩時，而智慧日生，尚勝於絶不用心者。聖人非教人博弈，乃極言不用心者之日入愚癡，爲大不可耳。

○子路曰：「君子尚勇乎？」子曰：「君子義以爲上，君子有勇而無義爲亂，小人有勇而無義爲盜。」《史記·弟子傳》引無「君子」字。《漢書·地理志》引「無義」爲「亡義」，「爲」上有「則」字。

尚，上之也。君子爲亂，小人爲盜，皆以位而言者也。義以爲尚，則爲大勇也，所謂浩然之氣，至大至剛，配義與道也。《禮·聘義》云：「有行之謂有義，有義之謂勇敢。故所貴於勇敢者，貴其能以立義也；所貴於立義者，貴其有行也；所貴於有行者，貴其行禮也。故所貴於勇敢者，貴其敢行禮義也。故勇敢强有力者，天下無事，則用之於禮義；天下有事，則用之於戰勝。用之於戰勝則無敵，用之於禮義則順治。外無敵，内順治，此之謂盛德。故聖王之貴勇敢强有力，而不用於禮義戰勝，而用之於爭鬭，則謂之亂人。刑罰行於國，所誅者亂人也。」又《荀子·榮辱篇》：「爲事利，爭貨財，無辭讓，果敢而振，猛貪而戾，恈恈然惟利之見，是賈盜之勇。」二文並可證此章之義。《史記》：「子路好勇力，志伉直，冠雄雞，佩豭豚，陵暴孔子。孔子設禮稍誘子路，子路後儒服委贄，因門人請爲弟子。」而問勇，夫子答之如此，所以深折其舊日自矜之質，而進以大道之義也。可窺聖人陶鑄之法。

○子贛曰：「君子有惡乎？」皇本「子貢」下有「問」字。今本「君子」下有「亦」字，漢石經無，今從石經。

聖人博愛，故子贛疑而問有惡否。

子曰：「有。惡稱人之惡者，惡居下而訕上者，惡勇而無禮者，惡果敢而窒者。」今本作「有惡」，漢石經無「惡」字。又今本作「居下流」，漢石經與《鹽鐵論》、《漢書·朱雲傳》無之，今皆從漢石經。《白六帖》與《四輩經》、《比丘尼經音義》引亦無「流」字。「窒」，魯《論》作「室」，韓勑《修孔廟後碑》亦以「室」爲「窒」。

室與窒通。《漢書·功臣表》有清簡侯窒中同，《史記》作「室」。訕，謗毁也。皇侃曰：「惡爲人臣下而毁謗其君上。」《少儀》：「爲人臣下者，有諫而無訕。」窒，犯戾也。稱人惡，則谿刻無仁厚之意；下訕上，則悖逆無忠敬之心；勇無禮，則犯上作亂；果敢而窒，則膽大妄爲。是四者，無忠敬之心，皆孔子之所惡也。勇無禮，則爲亂，果而窒，則妄作，故夫子惡之。

曰：「賜也亦有惡乎？」「惡徼以爲知者，

惡不孫以爲勇者，惡訐以爲直者。」皇本「乎」作「也」。「徼」，鄭本作「絞」，《中論》：「絞急以爲智」，用此。

「惡徼」以下，子贛之言也。徼，抄也，謂抄人之見，以爲己有。訐，謂攻發人之陰私。蓋知爲知之，不知爲不知，是爲智。自反而不縮，雖褐寬博，吾不凌焉，是爲勇。直道而行，乃爲直。三者，皆非真知勇直，故子贛惡之。聖賢之所惡若此，學者亦可自省爲聖賢所惡否也？凡聖賢之所惡，皆所謂惡不仁者也。

○子曰：「唯竪子與小人爲難養也，近之則不孫，遠之則怨。」「女子」，本又作「竪子」，今從之。皇本「怨」上有「有」字。《後漢書・爰延傳》引「唯」作「惟」，下無「也」字，「孫」作「遜」，《魏志》黄初三年令亦作「遜」。

竪子，謂僕隸之類； 小人，謂人之無學術行義者，兼才臣昵友而言。竪子、小人多有才而令人親愛者，然遠近皆難，故不易養，惟當謹之於始，善擇其人。先勿太寵之而假其權，後勿過絶之而薄其恩。若始誤近之過甚，則後難處之矣。

○子曰：「年卌而見惡焉，其終也已。」漢石經作「年卌見惡焉」，今本作「四十」，意同，不如從漢石經。《説文》無「卌」字，足証爲今文。漢《孔和碑》：「選年卌以上。」《雍勸闕碑》云：「年卌五」。《釋文》引鄭《注》《孝經》云：「卌强而仕。」

卌，四十也。成德之時，見惡於人，則止於此。四十無聞，則不足畏。此則見惡，不止無聞。《曾子・立事篇》：「三十、四十之間而無藝，即無藝矣； 五十而不以善聞，則無聞矣。」蓋四十成德之時，而無德可稱，且爲所惡，則氣質不改，止於其地也。勉人及時遷善改過也。孔子極重少年，而極怪垂暮無成者。年已過則不可得，日月逝於上，體貌衰於下，此志士之大痛也，可不勉哉！

論語注卷之十七終

門人番禺王覺任初校
門人高要陳焕章覆校
門人東莞張伯楨覆校

論語注卷之十八

南海康有爲學

微子第十八 此篇多記聖賢之出處。

凡十一章《集解》作十四章，疑「四」爲「一」之誤。

○微子去之，箕子爲之奴，比干諫而死。

微、箕，二國名，子，爵也。微子名啓，箕子名胥餘，與比干皆紂諸父。《史記》、《吕氏春秋》以微子爲紂兄。微子見紂無道，去之，以存宗祀。箕子、比干皆諫，紂殺比干，囚箕子以爲奴，箕子因佯狂而受辱。

孔子曰：「殷有三仁焉。」

夏侯元曰：「微子，仕之窮也；箕子、比干，忠之窮也。」故或盡材而止，或盡心而留，皆其極也。三人之行不同，而同出於至誠惻怛之意，以撥亂救民，得其本心，故孔子同許其仁。在後世視之，則微子奔周爲客，箕子陳疇武王，皆不忠矣，而孔子以與比干同稱，未嘗責微、箕之死節。蓋孔子立君臣，不過同以治民。若君爲社稷死則死之，爲民亡則亡之，若君無道而死亡，則非其私暱，誰敢任之？宋賢不明此義，若一君之亡，當胥天下之民而爲之死者，則無義甚矣。非孔子道也。

○柳下惠爲士師，三黜。人曰：「子未可以去乎？」曰：「直道而事人，焉往而不三黜？枉道而事人，何必去父母之邦？」

《荀子》：「展禽三絀」，「絀」即「黜」字。「子未可以去乎」，《新序·雜事篇》、《後漢書·崔駰傳注》引作「可以去矣」。「邦」，漢石經作「國」，《風俗通》同，或避漢諱耶？

士師，理官。黜，退也。柳下惠三黜不去，而油油與故國偕，蓋其深悉時風，遺佚而不怨，阨窮而不憫，可謂和矣。然其不能枉道之意，則有確乎其不可拔者，是所謂必以其道而不自失焉者也。直道則必黜，枉道不可行，悠悠千古，竟不出是。但君子終不肯枉道求容耳。

○齊景公待孔子曰：「若季氏，則吾不能；以季、孟之間待之。」曰：「吾老矣，不能用也。」孔子行。「待」，《史記》作「止」。

魯三卿，季氏最貴，孟氏爲下卿。孔子在齊，景公問政，孔子曰：「政在節財。」景公說，將欲以尼谿田封孔子。晏嬰進曰：「夫儒者，滑稽而不可軌法。倨傲自順，不可以爲下。崇喪遂哀，破產厚葬，不可以爲俗，游說乞貸，不可以爲國。自大賢之息，周室既衰，禮樂缺有間，今孔子盛容飾繁，登降之禮，趨翔之節，累世不能殫其學，窮年不能究其禮，若欲用之以移齊俗，非所以先細民也。」後景公敬見孔子，不問其禮。異日，景公止孔子曰：「奉子以季氏，吾不能，以季、孟之間待之。」齊大夫欲害孔子，孔子聞之。景公曰：「吾老矣，不能用也。」孔子遂行，反乎魯。時景公年已六十，故云老。孔子蓋一厄於晏嬰之異道，再厄於諸大夫之妒讒。景公未嘗不知慕聖，虛己大用，而卒不能。蓋古聖賢之被用，多厄於左右親貴之間慝，人主非有獨斷之聰，排讒之勇，罕有能終者。故先主之於諸葛，苻堅之於王猛，德威廉之於俾思麥，所以獨有千古也。

○齊人歸女樂，季桓子受之，三日不朝，孔子行。「歸」，鄭作「饋」，《漢書·禮樂志》、《文選·鄒陽上書注》並引作「饋」，當是用鄭注。「歸」、「饋」通。《後漢書・蔡邕傳》：「齊人歸魯，孔子斯征」，則「歸」是今文，「饋」是古文。

季桓子，魯大夫，名斯。《史記》：「定公十四年，孔子年五十六，由大司寇攝行相事三月。粥羔豚者弗飾賈，男女行者別於塗，塗不拾遺；四方之客至乎邑者，不求有司，皆予之以歸。齊人聞而懼，曰：『孔子爲政必霸，霸則吾地近焉，我之爲先並矣。盍致地焉？』犁鉏曰：『請先嘗沮之。沮之而不可則致地，庸遲乎？』於是選齊國中女子好者八十人，皆衣文衣而舞《康樂》，文馬三十駟，遺魯君。陳女樂文馬於魯城南高門外。季桓子微服往觀再三，將受，乃語魯君爲周道游，往觀終日，怠於政事。子路曰：『夫子可以行矣。』孔子曰：『魯今且郊，如致膰乎大夫，則吾猶可以止。』桓子卒受齊女樂，三日不聽政。郊，又不致膰俎於大夫。孔子遂行，宿乎屯。而師己送，曰：『夫子則非罪。』孔子曰：『吾歌可夫？』歌曰：『彼婦之口，可以出走；彼婦之謁，可以死敗。蓋優哉游哉，維以卒歲！』師己反，以實告，桓子喟然歎曰：『夫子罪我以羣婢故也夫。』孔子遂適衛。」此記强鄰間賢，而魯君相好色不好德，致大聖辭官。蓋君相有倦心，則色斯舉矣。此見孔子見幾之速，辭官之勇。而去官即去國，免於羈留。古政綱之寬如此，而士人之去就如彼。

○楚狂接輿歌而過孔子曰：「鳳兮鳳兮！何而德之衰也？往者不可諫也，來者猶可追也。期斯已矣，今之從政者殆。」

《集解》作「已而已而，今之從政者殆而」，不知爲古文歟，爲齊《論》歟？魯《論》作「期斯已矣，今之從政者殆」，今從魯《論》。漢石經作「何而德之衰也」，與《莊子》合，唐石經及皇本作「何德之衰也」。又：「諫」、「追」下，漢石經及皇本、高麗本皆有「也」字，今本無之。《莊子·逍遥游篇》稱接輿，《應帝王》稱肩吾見狂接輿。《荀子·堯問》、《史記》皆稱接輿。《秦策》稱接輿漆身而爲厲，被髮而陽狂。《楚辭》稱接輿髡首。《韓詩外傳》稱楚狂接輿躬耕。《高士傳》以爲陸通，似謬。惟接輿是隱士姓名。孔子將適楚，楚之狂士接輿歌而過前。蓋隱士宗旨不同，欲以感切孔子者也。鳳有道則見，無道則隱，接輿以比孔子，而譏其不能隱，爲德衰也。來者可追，言及今尚可隱去。期，時也。殆，危也。言出處之道，惟其時而已。今之從政者殆，言亂世危邦之貴要有禍患也。《憲問篇》曰：「斯已而已矣」，《陽貨篇》曰：「期可已矣」，下章曰：「其斯而已矣」，語勢相類。《莊子·人間世》載接輿詞曰：「已乎已乎，臨人以德；殆乎殆乎，畫地而趨。」蓋古人引文多以意，古文之「已而已而」，即從此出。

孔子下，欲與之言。趨而辟之，不得與之言。「辟」，皇本作「避」，「不得與之言」下有「也」字。

孔子下車，蓋知爲異人，欲告之以救世之義，楚狂自有旨趣，故不欲聞而辟之，此亦大隱之至。特發歌以致諷，不可謂不勤拳；急趨辟而不言，不可謂不淡泊。隱士之高遠奇僻，及聖人之優容接引，皆可見焉。

○長沮、桀溺耦而耕，孔子過之，使子路問津焉。

《史記·世家》叙此於去葉反蔡之時，爲哀六年，孔子年六十四也。鄭氏玄曰：「長沮、桀溺，隱者也。耜，廣五寸，二耜爲耦。」蓋播種於畝中。津，濟渡處。長，身高者；桀，身短者；沮、溺，亦記者名其隱淪之意。凡楚狂、丈人、荷蕢、晨門，及沮、溺，皆大隱無名，此略以其身體行義記之。

長沮曰：「夫執車者爲誰子？」子路曰：「爲孔丘。」曰：「是魯孔丘與？」曰：「是」。「是知津矣。」「輿」，漢石經作「車」，「誰」下有「子」字，「是」下無「也」字「曰」字，與今本殊，今從之。皇本「誰」下有「子」字，「曰是」上有「對」字。

執車，執轡在車也。蓋本子路御而執轡，今下問津，故夫子代之也。知津，譏孔子數周流，自知津處。

問於桀溺。桀溺曰：「子爲誰？」曰：「爲仲由。」曰：「是魯孔丘之徒與？」對曰：「然」。曰：「滔滔者天下皆是也，而誰以易之？且而與其從辟人之士也，豈若從辟世之士哉？」耰不輟。《釋文》：「『孔子之徒』，一本作『子』，是。今作『孔丘之徒與』。」《世家》作「子孔丘之徒與」，又「滔滔」，《釋文》引鄭本作「悠悠」，《世家》正作「悠悠」。漢班固《幽通賦》：「溺招路以從己兮，安慆慆而不萉。」「滔滔」是魯《論》。漢石經作「避世」，今依之。漢石經作「耰不輟」，今本作「櫌而不輟」，當是齊古《論》，今從石經。

時孔子周流，名聞天下，故隱士亦知之。滔滔，流而不反之意。以，猶與也。言天下皆亂，將誰與變易之。而，汝也。辟人，謂孔子。辟世，桀溺自謂。耰，覆種也。輟，止也。亦不告以津處。以孔子所如不合，故曰辟人。沮、溺與楚狂見孔子亦不顧，若不生於人間世者，故曰辟世。

子路以告。子憮然曰：「鳥獸不可與同羣，吾非斯人之徒與而誰與？天下有道，丘不與易也。」今本「子路行以告。夫子憮然」。漢石經無「行」字、「夫」字，《史記・世家》亦無「行」字，今從漢石經。皇本「羣」下有「也」字。

憮然，猶悵然，惜其不諭己救世之意也。既生人身，則與人爲羣，當安而懷之。坐視其饑溺，則心有不忍，必當撥易其亂世，進置之大同，退亦欲置之小康。

天生我德，即當以斯人爲責任，一夫不獲，若己納隍，若世已太平，斯人盡安盡樂，則無所事聖人，聖人亦從衆而嬉耳。蓋聖人之來斯世，明知亂世昏濁而來救之，非以其福樂而來享之也。故治世去之，亂世就之，特入地獄而救衆生，斯所以爲大聖大仁歟！惻隱之心，悲憫之懷，周流之苦，不厭不捨，至今如見之也。

○子路從而後，遇丈人，以杖荷蓧。子路問曰：「子見夫子乎？」丈人曰：「四體不勤，五穀不分，孰爲夫子？」置其杖而耘。《釋文》：「『蓧』，本又作『條』，又作『莜』。」皇本作「篠」。今本「植其杖而芸」，「植」，漢石經作「置」，「芸」作「耘」。《説文》：「植或作櫂」，則古通也。「耘」、「芸」、「耘」俱通，當是隸省。

包咸曰：「丈人，老人也。篠，竹器。」四體，四肢，股肱也。五穀不分，猶言不辨菽麥爾，責其不事農業，而從師遠游也。置，措之地也。耘，除草也。《食貨志》：「苗生三葉以上，稍耨壠草，因隤其土，以附苗根。比成壠盡而根深。」故耘不獨除草，且可茂苗也。

子路拱而立。

賈子《新書·容經》：「固頤正視，平肩正背，臂如抱鼓，足間二寸，端面攝纓，端股整足，體不摇肘曰經立；因以微磬曰共立。」《玉藻》：「臣侍於君垂拱。」子路拱立，蓋知其隱者，加敬之也。

止子路宿，殺雞爲黍而食之，見其二子焉。

黍，禾之黏者。

明日，子路行以告。子曰：「隱者也。」使子路反見之。至，則行矣。

孔子使子路反見之，蓋欲告之以行道救世之義。而丈人意子路必將復來，故先去之，以滅其跡。亦楚狂之意也。

子路曰：「不仕無義。長幼之節，不可廢

也；君臣之禮，如之何其廢之也？欲絜其身，而亂大倫。君子之仕也，行其義也。道之不行，已知之矣。」今本作「君臣之義」，「廢之」下無「也」字，今從漢石經。

子路或留告其子也。包曰：「倫，道理也。」君臣之義，皆在救民，但有尊卑耳，雖有污君，吾亦盡其救民之心。蓋人分氣於天，凡人類皆同胞，義當救之。君子之栖栖周流，皇皇從仕，以行其救民之義，發其不忍之心也。如親戚有疾，雖知不愈，仍必奔走求藥以救之。道之不行，久已知之，所謂知其不可而爲之也。蓋當時齊景、衛靈之昏，陳、蔡之弱，權臣世家之妒，中知以下知必不見用，豈孔子之聖而不知之哉？然仍數十年周流栖栖，不厭不倦。甚矣！孔子之仁也。孔子豈不知潔身遠避之爲樂哉？而不忍之心既不能恝，救民之天職又不敢廢也。此數章皆見孔子周流之苦，救民之切。明知亂世而特來，明知不行而不舍，累遭譏諷而接引不倦。與欲就佛肸、公山數章合讀，孔子之爲至仁，萬世下猶當感動也。

○逸民：伯夷、叔齊、虞仲、夷佚、朱張、柳下惠、少連。「夷逸」，漢石經作「夷佚」，今從之。

逸者，節行超逸也；民者，無位之稱；逸民，有德而隱處者。虞仲，即仲雍，與泰伯同竄荆蠻者，雖後爲君，而隱之時亦民也。《尸子》：「夷逸，夷詭諸之裔。或勸其仕，曰：『吾譬則牛，甯服軛以耕於野，不忍被繡入廟而爲犧。』」《禮·雜記》：「孔子曰：少連、大連善居喪，三日不怠，三月不解。期悲哀，三年憂，東夷之子也。」朱張則傳記皆佚。王弼注謂：「朱張，字仲弓，荀卿以比孔子。」然朱張在孔子前，仲弓在孔子後，恐非仲弓，不足信據。包咸曰：「此七人，皆逸民之賢者。」

子曰：「不降其志，不辱其身，伯夷、叔齊與！」

天子不得臣，諸侯不得官，直己行道，不事亂人，故曰不降志辱身。

謂：「柳下惠、少連，降志辱身矣，言中倫，行中慮，其斯以乎。」今本「其斯而已矣」，漢石經作「其斯以乎」，今從之。

柳下惠、少連食禄亂朝，道不能行，故爲降志辱身。倫，理也。慮，意料也。謂言論合理，謀慮必得也。

謂：「虞仲、夷佚，隱居放言，身中清，發中權。《世家》引「身」作「行」。今本作「廢中權」。《釋文》：「『廢』，馬云『棄也』，鄭作『發』。」馬融只傳古文。臧庸《拜經日記》謂：「魯《論》作『發』，馬誤。」按，鄭並傳齊魯《論》，則「廢」是古文，「發」是齊魯，故《後漢書·隗囂傳》：「方望曰：『動有功，發中權。』」蓋魯《論》，故今從鄭。

仲雍居吴，斷髮文身，裸以爲飾。皇《疏》引江熙曰：「超然出於埃塵之表，身中清也；晦明以遠害，發動中權也。」此作發之正義。放言，如莊生曳尾，寓言之比也。法之盧騷亦其類也。仲、佚之放言，必有奇瑋絶特之論，故孔子稱之，惜後世不傳。

我則異於是，無可無不可。」

鄭曰：「不爲夷、齊之清，不爲惠、連之屈。」《法言》謂：「李仲元不夷不惠，可否之間。」孟子曰：「孔子可以仕則仕，可以止則止，可以久則久，可以速則速」，所謂無可無不可。七子皆周時創教之人，故各立特行，造作論説，有名於時。孔子雖尊稱之，而無一從之。蓋孔子兼備萬法，其運無乎不在，與時變通而得其中。聲色之以化民，皆末；無聲無臭，乃爲天載。如五色之珠，説青道黄，人各有見，而皆不得其真相者也。所謂聖而不可測之謂神，孔子哉！

○大師摯適齊，

大師，殷紂時樂官之長，摯，其名也。

亞飯干適楚，三飯繚適蔡，四飯缺適秦，

包曰：「三飯、四飯，樂章名，各異師，繚、缺皆名也。」

鼓方叔入于河，「于」，今本作「於」，皇本作「于」。

包曰：「鼓，擊鼓者。方叔，名。入，謂居其河内。」

播鼗武入于漢，

播，摇也。鼗，小鼓。兩旁有耳，持其柄而摇之，則旁耳還自擊。武，名也。漢，漢中。

少師陽、擊磬襄入于海。「于」，今本作「於」，漢石經作「于」。以上皇本及唐石經考之，則「于河」、「于漢」亦應作「于」。

少師，樂官之佐。陽、襄，二人名。海，海島也。董仲舒《對策》曰：「至于殷紂，逆天暴物，殺戮賢知，殘賊百姓。伯夷、太公皆當世賢者，隱處而不爲臣；守職之人，皆奔走逃亡，入于河海。」《漢書·古今人表》列大師摯於殷末周前，《禮樂志》稱：「殷紂斷棄先祖之樂，乃作淫聲，用變亂正聲，以悦婦人。樂官師瞽，抱其器而奔散，或適諸侯，或入河海。」皆以爲紂時。《史記·周本紀》：「太師疵，少師彊，抱其樂器而奔周。」疵、彊即摯、陽音轉。孔《傳》因魯有師摯，以爲魯哀公時，鄭以爲周平王時，益誤矣。此數章皆雜記殷周時事，足勸戒者。

○周公謂魯公曰：「君子不施其親，不使大臣怨乎不以。故舊無大故，則不棄也。無求備於人。」《釋文》：「『不弛』，本今作『施』。」漢石經作「施」。「施」、「弛」二字古通。《周官·遂人注》：「施讀爲弛」，可證。《魏志·杜恕傳》引「不」作「無」，「乎」作「呼」。《牧敦銘》：「王乎，内史乎」，即「呼」也。

《漢・宣六王傳》「棄」上有「可」字，「無」作「毋」，唐石經及今本「棄」上無「可」字，今從之。

魯公，周公子伯禽也。《坊記》鄭注：「弛，棄忘也。」以，用也。備，盡也。大臣非其人則去之，在其位則不可不用。大故，謂惡逆。君子雖遷於高位，不可以忘其朋友。士有百行，功過相除，不可求備。四者，皆忠厚之事，魯以仁厚開基，故傳其遺訓也。

○周有八士：伯達、伯适、仲突、仲忽、叔夜、叔夏、季隨、季騧。

包咸曰：「周時，四乳生八子，皆爲顯仕，故記之爾。」蓋記周之盛世，人種之良善，而多以爲太平祥也。八士皆依韻命名，鄭玄以爲成王時人，劉向、馬融以爲宣王時人，非也。《春秋繁露・郊語篇》引「惟此文王」《傳》曰：❶「周國子多賢，蕃殖至于駢孕男者四，四産而得八男，皆君子俊雄也，此天之所以興周國也。」《古今人表》列八士於成叔、霍叔前，皆以爲文王時人。《逸周書・和寤篇》：「王乃勵翼于尹氏八士。」❷十亂之南宫适即伯适。《逸周書・克殷篇》：「命南宫忽振鹿臺之財，巨橋之粟。令南宫、伯達、史佚遷九鼎三巫。」皆尹氏之别以宫名者。❸《薛氏鐘鼎款識》載《叔夜鼎銘》云：「叔夜鑄其鑵鼎，以征以行，用鬻用鬻，用蘄眉壽無疆。」

論語注卷之十八終

門人高要陳焕章初校
門人番禺王覺任覆校
門人東莞張伯楨覆校

❶ 「郊語」，實爲「郊祭」，「語」字誤。
❷ 「勵」，《逸周書》實作「厲」。
❸ 「宫」，疑爲「官」字之誤。

論語注卷之十九

南海康有爲學

子張第十九

此篇皆記弟子之言，而子夏爲多，子貢次之。蓋孔門自顏子以下，穎悟莫若子貢，自曾子以下，篤實無若子夏，故特記之詳焉。

凡二十五章

○子張曰：「士見危致命，見得思義，祭思敬，喪思哀，其可已矣。」

見危致命者，臨難無苟免；見得思義者，臨財無苟得，二者見其義。祭思敬，則不忘遠；喪思哀，則能恤死，二者見其仁。仁且義，可以爲士。蓋命者，人所難捨；財者，人所共貪；遠者，人所易忘；死者，人所易背。所貴乎士，爲其節行，死猶不惜，財猶不貪，則其尋常之小節愈可信；遠猶不忘，死猶能恤，則其生而近者之不遺益可見。致命不言思者，死生之際，惟義是蹈，多思反游移生惑，故獨不言思也。

○子張曰：「執德不弘，信道不篤，焉能爲有？焉能爲亡？」

執德不弘，則狹小拘泥，而不能變通盡利，因應隨時；信道不篤，則游移遷變，而無定力負荷，守死力爭。凡一世中所關係之人，一教中所擔荷之士，皆賴弘德以應變，篤信以護持。苟其不然，則其人無足重輕，有亦不見多，無之亦不見少也。如孟、荀、董子者，可謂執德弘，信道篤，故關於儒教甚重。子張此言，真爲治世傳教之要。無志者不足論，若以道自命之人，深宜自察也。苟子、韓非皆有子張氏之儒,《大戴記·衛將軍文子篇》孔子稱子張與顔子,並合《論語》所記。觀之問仁,問明,問行,問遠,問十世,尊賢容衆,嘉善矜不能,真所謂德弘信篤者,迥非曾子、子夏所能及。後人誤尊曾子,遂抑子張,是目迷白黑,顛倒高下,此孔道所以不明也。

○子夏之門人問交於子張。子張曰:「子夏云何?」對曰:「子夏曰:『可者與之,其不可者距之。』」子張曰:「異乎吾所聞:君子尊賢而容衆,嘉善而矜不能。我之大賢與,於人何所不容?我之不賢與,人將距我,如之何其距人也?」《釋文》:「『距』,本作『拒』。」漢石經作「距」,今從之。邢《疏》、《集注》本皆作「拒」。漢石經「可者」下「者距」上,凡闕四字,疑漢本無其字。

朱子曰:「子夏之言迫狹,子張譏之是也。」蓋子夏固守約者,以之爲門人小子,慎其初交,無比匪人,無親損友,亦未嘗不宜也。子張之説乃深得聖道,宏獎風流,賢則尊之,善則嘉之,又推施仁恕,衆則容之,不能則矜之,有萬物一體之量,有因物付物之懷。竊窺孔子之待人,正爾如此,則子張之所得可知也。朱子以爲過高,妄議子張,則是妄議孔子也。蓋朱子亦守約之人,於此未有得者。舜於四罪流放,孔子稱爲君哉;堯則並容共、驩,孔子稱其天大。太邱道廣,固勝於李膺門高。且百姓有過,皆在於己,方當自責,復何不容?雖位各有當,時各有宜,而同類不收,自隘其道,豈斯人吾與之意乎?

○子夏曰:「雖小道,必有可觀者焉;致遠恐泥,是以君子不爲也。」「不」,《漢書·藝文志》引作「弗」。

鄭曰:「小道,如今諸子書也。」泥,滯陷不通也。皆有所明,而不能相通,非無可觀，致遠則泥矣，故君子不爲也。」

百家衆技，凡有立於世者，其中各有精妙，有可觀覽，凡人自可學之以致用。但若欲經世立教，致之遠大，則如耳目鼻口，皆有所明而不能相通，不如孔子之大道。故君子擇焉，志乎大道，則不暇爲小道也。此子夏專爲學孔子大道發之，乃爲傳教之高言。而天下之人甚多，安得盡爲傳教者？但各執一技，求精致用。近世若哥白尼之天文學，斯密亞丹之資生學，奈端之重學，富蘭克令之電學，華忒之機器，皆轉移世宙，利物前民，致遠甚矣。言各有爲，學者勿泥於言，而不通其意也。

○子夏曰：「日知其所亡，月無忘其所能，可謂好學也已矣。」「亡」讀作「無」，古通。

學在温故知新，不知新則守舊而不進，不温故則有得而亦忘，二者合爲之，則日就月將，緝熙光明矣。此指進德修業之功，分課日月，至爲明切，後世亦不能更出新義，學者終其身以爲課程可也。

○子夏曰：「博學而篤志，切問而近思，仁在其中矣。」《後漢書·章帝紀》正經義誤引作孔子語。

孔門教人，以求仁爲事。但空言博愛無私，從何下手？故必自道問學，尊德性先之。此皆學問思辨之事，未及乎力行而爲仁。然存養既熟，不求仁而仁在其中矣。蓋仁者人也，爲仁由己，己立立人，己達達人，故道雖極乎高遠，而行先於切近。有篤志者，精神凝結，其問思自不汎濫。然人言動之習慣，雖極尋常，而其精理，則息息皆與玄天相通，與萬物相關。既相關通矣，則思問之亦爲切近，雖屈原問天，王陽明思竹，亦未爲過也。

○子夏曰：「百工居肆以成其事，君子學以致其道。」

致，極也。肆，謂工人造作之處。學，謂學校。凡藝業，必合羣講習而後精，蓋相觀而善之謂摩，耳濡目染，故不肅而成，不勞而能。《管子》所謂：「羣萃州處，工與工處，商與商處，農與農處，士與士處，四民不雜，而後業成。」工必居肆乃成事，君子亦必居學校乃致道也。苟閉門獨學，則無講習漸摩之益，則必孤陋而寡聞，勤苦而難成。今歐美百業必出於學校，蓋深得之矣。

○子夏曰：「小人之過也必文。」皇本「必」下衍「則」字。

文，飾之也。小人魂昏魄重，卑污詭曲，外託無過，而不肯改過，故不憚自欺，必從而文飾之。若君子，通達光明，知人固有過，則不妨認，既認爲過，則亦可勇猛精進而改之矣。若文，則包藏粉飾，既無知過之誠，遂絶改過之望，所以終於小人歟！

○子夏曰：「君子有三變：望之儼然，即之也温，聽其言也厲。」「儼」，《釋文》：「本或作『嚴』。」皇本作「嚴」，邢本作「儼」。

儼然者，貌之莊。温者，色之和。厲者，辭之正。他人儼然，則不温，則不厲，惟孔子全之。如良玉温潤而栗，所謂氣備四時也。色温則可親，言厲則無私，其與「巧言令色」之「鮮仁」相反歟！

○子夏曰：「君子信而後勞其民；未信，則以爲厲己也。信而後諫；未信，則以爲謗己也。」鄭「厲」讀爲「賴」，《釋文》同。「厲」、「賴」通。

信，謂誠意惻怛而人信之也。厲，猶病也。事上使下，皆必誠意交孚，而後可以有爲。蓋同言而信，信在言前，在人而不在言，在平日之積行積交，而不在一時一事。故君子有所舉動於人，務積其見信之本而已。否則，怨謗之來，宜自反也。

○子夏曰：「大德不踰閑，小德出入可也。」《春秋繁露・玉英篇》引「不」作「無」，《説苑・尊賢篇》引作「毋」。

大德、小德，猶言大節、小節。閑，闌也，所以止物之出入。《易》言「閑有家」是也。大德，事關國家身名，一敗則終身瓦裂，故一毫不可苟假。若小德，則飲食起居之際，獵較猶可，申夭不妨，故云出入可也。子夏雖守約，而執德猶弘，若程子之諫折枝，必至使人作僞而後已，爲人道所難，則必盡反乎大道。宋賢之刻，豈未知小德出入之義耶？

○子斿曰：「子夏之門人小子，當灑掃應對進退，則可矣，抑末也。本之則無，如之何？」子游，漢石經作「斿」。《釋文》：「洒掃」正作「灑」，《毛詩》、《晉語》、《周禮》皆作「洒埽」，鄭謂古文《論語》作「洒」，則「洒」「埽」皆古文，「灑」爲魯《論》，則「掃」亦爲魯《論》。

灑，汎也。子游譏子夏弟子，於威儀容節之間則可矣，然此小學之末耳，推其本，如性天之事，則無有。

子夏聞之曰：「噫！言斿過矣！君子之道，孰先傳焉？孰後倦焉？譬諸草木，區以別矣。君子之道，焉可憮也？有始有卒者，其唯聖人乎！」《釋文》：「區，羌于反。」「誣」，《漢書・薛宣傳》引作「憮」，《論語發微》謂爲魯《論》。馬以「誣」爲「欺」，是僞古《論》。漢石經「卒」作「卒」，「惟」作「唯」。

君子之道，大本之道也。倦，如「誨人不倦」之「倦」。區，猶類也。憮，蘇林曰：「兼也，同也。」言君子之道，非特有所先而傳之，非特有所後而倦教，但學者所至，自有淺深，如草木之有大小，其類固有別矣。若不量其淺深，不問其生熟，而概以高且遠者，兼同而强語之，君子之道豈可如此？若夫始終本末，一以貫之，則惟聖人爲然，豈可責之門人小子乎？即《大學》所謂：「物有本末，事有終始，知所先後，則近道矣。」《荀子·非十二子》篇：「嗛然終日不言，此子夏氏之賤儒。」則子夏學派如此。故壽至百歲，道行西河，而後學不聞大成，得無太守約所致耶？朱子譏張横渠關學無傳，謂其道似木札子，得無類是？子游後學有子思、孟子，爲孔道大宗，發明天命性道，直指本心，豈非所謂得其本者耶？以此較之，則子游之譏子夏，未爲過也。但小子則應從事於淺近，若名物象數、誦詩學樂之類。宋賢則欲小子皆從事於身心性命，是又過矣，則子夏之論爲篤也。

○子夏曰：「仕而優則學，學而優則仕。」

優，有餘力也。仕與學，理同而事異，故當其事者，必先有以盡其事，而後可及其餘。然仕而學，則所以資其仕者益深，學而仕，則所以驗其學者益廣。然若方仕而專事讀書，則必曠職；叢脞不學而遽干禄，則必覆餗刑凶。

○子斿曰：「喪致乎哀而止。」

哀爲喪禮之本，制禮者定其宫室服食之節，不過推致其哀思，稱情以立文耳，即「喪，與其易也，寧戚」，不若禮不足而哀有餘之意。然毁不滅性，故有禮以節之。若徒尚哀，則阮籍之斗酒嘔血爲得矣。朱子以爲有弊，誠然。子游蓋爲忘哀者有爲言之也。

○子斿曰：「吾友張也爲難能也，然而未仁。」

包曰：「言子張容儀之難及也。」孔子没後，同門中子張年少而才行最高，子游推其難能，但仁則未知。孔子所未許，子路、冉有者也，子游亦未許子張。記《論語》者爲曾子之徒，與子張宗旨大異，乃誤傳其有所短也。

○曾子曰：「堂堂乎張也，難與並爲仁矣。」

類叙攻子張之意。鄭氏玄曰：「子張容儀盛。」《後漢書·伏湛傳》杜詩上疏曰：「湛容貌堂堂，國之光暉。」子張善爲容，《漢舊儀》爲此頌貌威儀事，有徐氏、張氏。《列子·仲尼篇》：「師之莊，賢于丘也。」又曰：「師能莊而不能同。」恐其矜己或絶物，則難並爲仁也。曾子守約，與子張相反，故不滿之。人之性，金剛水柔，寬嚴異尚，嗜甘忌辛，趣向殊科，宗旨不同則相攻。上章祗以爲未仁，尚無定論，難與爲仁，則過矣。《大戴禮·衛將軍文子》篇歷論諸子，而孔子謂子張不弊百姓，以其仁爲大。又言其業功不伐，貴位不善，不侮可侮，不佚可佚，所謂尊賢容衆，嘉善矜不能，仁孰大焉。孔子許子張，幾比於顔子，可爲定論。論人當折衷於孔子。記《論語》者當爲曾子後學，而非子張之徒，故記本師之言，猶荀子之非思孟耳，未可爲據。朱子誤尊曾子過甚，於是不考，而輕子張爲行過高而少誠實惻怛之意，則大誤矣。

○曾子曰：「吾聞諸子：人未有自致也者，必也親喪乎！」今本「子」上有「夫」字，「致」下爲「者也」。漢石經無「夫」字，「致」下爲「也者」，今從漢石經。

致，盡其極也。蓋人之真情，所不能自已者。尹氏曰：「親喪固所自盡也，于此不用其誠，惡乎用其誠？」

○曾子曰：「吾聞諸夫子：孟莊子之孝也，其他可能也；其不改父之臣與父之政，是難能也。」皇本「難」下無「能」字。

孟莊子，魯大夫，名速，其父獻子，名蔑。獻子有賢德，而莊子能用其臣，守其政，故其他孝行，雖有可稱，而皆不若此事之爲難。莊子卒，去獻子四年，自盟向伐邾外無事，蓋守父道故也。然亦有獻子之賢父則可，否則幹蠱乃爲孝矣。爲政以益民爲主，若其益民，則蕭規曹隨，千古以爲美，何待父也？若其非也，則禹之治水，盡易鯀道，及其用，人乃爲孝耳。大孝以喻親，於道爲義。曾子篤於孝，故其論如此，讀者善擇之可也。

○孟氏使陽膚爲士師，問於曾子。曾子曰：「上失其道，民散久矣。如得其情，則哀矜而勿喜。」

陽膚，曾子弟子。民散，謂民心散渙，思背其上。情，實也。上未嘗養之教之，則民之犯罪，迫於不得已，或出於無知，非其天性然也。士師審訊，雖得情，宜哀矜其本出無辜，而勿喜也。《鹽鐵論・後刑章》引此説之曰：「夫不傷民之不治，而伐己之能得奸，猶弋者觀鳥獸挂罻羅而喜也。」孔子謂：「不教而殺謂之虐。」士師不當以得情爲喜。曾子此言，有萬物一體之意，與大禹之泣罪同矣。

○子贛曰：「紂之不善，不如是其甚也。是以君子惡居下流，天下之惡皆歸焉。」「子貢」，漢石經作「贛」，下凡「貢」字仿此。皇本「善」下有「也」字。今本「不如是之甚」，漢石經作「不如是其甚」，今從石經。《論衡》引作孔子語，當是誤記。「如」作「若」。

《列子・楊朱篇》：「天下之美，歸之舜、禹、周、孔；天下之惡，歸之桀、紂。」《漢書・敘傳》：「班伯以侍中起眡事，時乘輿幄坐張畫屏風，畫紂醉踞妲己，作長夜之樂。上因顧指畫而問伯：『紂爲無道至於是虖？』伯對曰：『《書》云：迺用婦人之言，何有踞肆於朝，所謂衆惡歸之，不如是之甚者也。』」

《楊敞傳》惲書曰：「下流之人，衆毀所歸。」《後漢書・竇憲傳論》：「憲率羌胡邊雜之師，一舉而空朔庭，列其功庸，兼茂於前多矣，而後世莫稱者，章末釁以降其實也。是以下流，君子所甚惡焉。」諸文皆以天下之惡爲惡名也。皇《疏》引蔡謨曰：「聖人之化，由羣賢之輔，闇主之亂，由衆惡之黨。是以有君無臣，宋襄以敗，衛靈無道，天奚其喪！言一紂之不善，其亂不得如是之甚。身居下流，天下惡人皆歸之，是故亡也。」此以天下之惡爲惡人，其說亦通。《左》昭七年《傳》：楚芋尹無宇曰：「昔武王數紂之罪，以告諸侯曰：『紂爲天下逋逃主，萃淵藪』。」杜注：「天下逋逃，悉以紂爲淵藪，集而歸之。」《孟子・滕文公篇》言紂臣有飛廉，《墨子・非樂》有費中、惡來、崇侯。下流，地形卑下之處，衆流之所歸，喻人身有汙賤之實，亦惡名之所聚也。子贛言此，欲人常自警省，不可一置其身於不善之地，非謂紂本無罪，而虛被惡名也。

○子贛曰：「君子之過也，如日月之食焉：過也，人皆見之；更也，人皆仰之。」皇本「食焉」作「蝕也」。

更，改也。君子光明磊落，絶無隱匿，即有過舉，與人共見，未嘗掩飾，旋即改去，不留纖污，明德復明，完全無缺，故如日月之食，此與「小人之過必文」互對，學者亦可參矣。

○衛公孫朝問於子贛曰：「仲尼焉學？」《論衡》引作子禽問，當是因下章而誤記。

《孝經》疏云：「劉瓛述張禹之義，以爲仲者中也，尼者和也。孔子有中和之德，故曰仲尼。」《禮記・檀弓》「魯哀公誄孔子」，注：「尼父因其字以爲之謚。」疏云：「尼則謚也。」翟氏《四書考異》曰：「中和之説，稍近穿鑿。魯哀公事，則甚信而可徵。《論語》惟此以下四章稱仲尼，章末且有其死也哀之文，必孔子既卒後語。合《中庸》、《孝經》之稱謂觀之，則尼誠孔子謚矣。今人藉口《孝經》、《中庸》謂弟子子孫皆可呼其祖父之字，殆未深考」公孫朝，衛大夫。春秋時，魯有成大夫公孫朝，見昭廿六年《傳》；楚武城尹公孫朝，見哀十七年《傳》；鄭子産兄公孫朝，見《列子·楊朱篇》，及此凡四人。故《論語》稱衛以别之，與公子荆書法同。鶩孔子之聖，欲知孔子所從學也。

子贛曰：「文武之道，未隧於地，在人。賢者志其大者，不賢者志其小者。莫不有文武之道焉。夫子焉不學？而亦何常師之有？」「墜」，漢石經作「隧」，「識」作「志」。《漢書·楚元王傳》並作「志」。《楚辭·九歌》：「矢交隧兮士爭先」，《王莽傳》「不隧如髮」，漢《西狄頌》「數有顛覆霣隧之患」，蓋「隧」「墜」古通。《論語古義》曰：「《述而》云『多見而識之』，《白虎通》引作『志』。鄭注《周禮·保章氏》云：『志』古通『識』，賈《疏》：『古之文字少，志意之志，與記識之識同。』」《説文》無「志」字。徐鉉於《心部》補之，云：「志，意也。從心之聲。」段注謂：「志所以不録者，古文有『志』無『識』，小篆乃有『識』字。《保章》注：『志，古文識。』識，記也。《哀公問》注：『志，讀爲識。』識，知也。今之『識』字，志韻與職韻分二解，而古不分二音，則二解亦相通。古文作『志』，則志者記也，知也。許《心部》無『志』者，蓋以其即古文『識』，而『識』下失載也。」《晉書·禮志》引「而亦」作「夫」。《文選·閒居賦注》引《論語》：「叔孫武叔曰：『吾亦何常師之有。』」當是誤憶。

文武之道，謂文王、武王之典章政事也。在人，言士大夫之文獻者，有賢不賢也。不賢，謂次賢也。老聃、萇弘，賢者之志其大，孔子就而問禮；師襄、師摯，不賢者之志其小，孔子就而問樂。以及項槖可師，童謡可識，皆所謂「焉不學」、

「無常師」也。《吕氏春秋》謂：「孔子學於孟蘇、夔靖叔」，或亦孔子所問學。但生知之神聖，博採古今中外之長，無在非師，亦無一師可服。實言孔子爲創教之聖，無不師學，實非關師學云爾。孔子所採於古制，周道爲多，子思稱「憲章文武」。故墨子攻孔子曰：「子之古，非古也，法周未法夏也。」蓋墨子稱三代而法夏，孔子稱三代而法周，故子贛答公孫朝亦舉周道也。

○叔孫武叔語大夫於朝曰：「子贛賢於仲尼。」

武叔，魯大夫，名州仇。

子服景伯以告子贛。子贛曰：「辟諸宫蘠，賜之蘠也及肩，窺見室家之好。夫子之蘠數仞，不得其門而入，不見宗廟之美，百官之富。今本「譬之宫牆」，漢石經「譬」作「辟」，「之」作「諸」，「牆」作「蘠」。皇本作「譬諸」，句末有「也」字。漢石經「蘠」下至「窺見」上，缺二字。今本間三字，疑漢本無「也」字。「窺」，《釋文》、皇本、宋石經作「闚」，今從漢石經。

包咸曰：「七尺曰仞」，此今文説也，古文作八尺，則與尋同。應劭作五尺六寸，《小爾雅》作四尺，皆謬。不入其門，則不見其中之所有，言牆高宫廣也。

得其門者或寡矣。夫子之云，不亦宜乎！」

包咸曰：「夫子謂武叔。」莊子稱孔子爲神明聖王，四通六闢，其運無乎不在。孟子稱孔子，聖而不可測之爲神。凡道愈深遠，人愈難見，道稍淺者近人，人則易窺。人情皆據所見以論人，以武叔而論孔子，如以三尺僬僥而窺龍伯大人，豈能見哉？今以粗跡所傳，若《春秋》之太平，《禮運》之大同，《易》之羣龍無首，朱子尚疑之，况其餘乎？數千年推測六經，人人自以爲是，而二千年未知平世大同之道，歸魂游魂之説。愚今推知之矣，安知不又有出於愚所知之外者乎？口説不傳尚如此，口説若傳更不知若何。《易》曰：「書不盡言，言不盡意。」書者，六經也，不足以盡口説；言者，口説也，不足以盡聖意。今愚見所懷大小、精粗、長短之識，諸星、諸天、諸元、諸血輪之論，尚不能暴於人間，而況孔子之聖意乎？見其粗者或遺其精，見其末者或遺其本。自顔子具體外，聖門諸子亦不過得片鱗隻甲，何況後人？故二千年來，得見孔子之道者寡矣。以爲孔子專言形體，而不知其言靈魂；以爲孔子專言人世，而不知其多言天神。其他德行、政事、言語、文學之科，獨人立國，天下合羣之義，莫不詳委該備，所謂宗廟之美，百官之富，非子贛親聞性與天道，何得尊歎之如此？後人據所見以妄議神靈者，如五色之珠，見青見黄皆不是。如天之大，蒼蒼無正色，杳杳無終極，若言是笠是弓，贊之攻之，總皆謬見而已。子贛得孔子之一體，而世大震驚。蓋聖道愈深則愈闇，然而人益不能測也。

○叔孫武叔毁仲尼。子贛曰：「無以爲也！仲尼不可毁也。他人之賢者，丘陵也，猶可踰也；仲尼，日月也，無得而踰焉。人雖欲自絶，其何傷於日月乎？多見其不知量也。」《風俗通·山澤》卷引無「者」字。皇本「日月」上有「如」字。《後漢書·孔融傳》、《列女傳》二注引此同皇本，「絶」下有「也」字。

毁，非也。無以爲，猶言無用爲此。土高曰丘，大阜曰陵。日月，喻其至高明。不知量，謂不自知其分量。以孔子之神聖，在當時亦遭毁殺。蓋道大如天，非民所名，而小大精粗不容，必相攻擊。但攻人者，必相等乃能攻，世之賢知與人比較，如平地之於丘陵。若神聖化生救人，其與人如天壤之隔。盲者攻日月無明，於日月何損？只益見其盲而已。孔子之如日月，惟子贛乃知之，後世之妄議日月者，亦猶武叔乎？

○陳子禽謂子贛曰：「子爲恭也，仲尼豈賢於子乎？」

爲恭，謂爲恭敬推孫其師也。

子贛曰：「君子一言以爲知，一言以爲不知，言不可不慎也。夫子之不可及也，猶天之不可階而升也。

階，梯也。大可爲也，化不可爲也，神不可測也，故曰不可階而升也。

夫子之得邦家者，所謂立之斯立，道之斯行，綏之斯來，動之斯和。其生也榮，其死也哀，如之何其可及也？」《漢書·董仲舒傳》引「來」作「徠」。

立之，謂植其生也。道，引也，謂教之也。行，從也。綏，安也。來，歸附也。動，謂鼓舞之也。和，所謂「於變時雍」，言其感應之妙，神速如此。榮謂莫不尊親，哀則如喪考妣。此聖人之神化上下，與天地同流者。子贛言夫子之得邦家，其能易世安民如此。然孔子未嘗得邦家，但垂教耳，亦復不立斯立，不道斯行，不綏斯來，不動斯和，固不藉國家之力。人以爲子贛好贊美孔子，愚則以爲子贛之知孔子者，尚粗淺而不得其萬一也。所謂天不可階，其信然乎！

論語注卷之十九終

門人高要陳煥章初校
門人番禺王覺任覆校
門人東莞張伯楨覆校

論語注卷之二十

南海康有爲學

堯曰第二十

凡三章 魯《論》本二章，其末一章齊《論》也。翟氏灝《考異》：「古《論語》分此一篇爲二，則《堯曰》凡一章，《子張》凡二章」。按《子張》一章，《論語》無此文體。只似《記》中之《孔子三朝記》，疑爲劉歆於他書採入爲古《論語》者，末章知命説，當是齊《論》。

○堯曰：「咨爾舜！天之歷數在爾躬，允執其中。四海困窮，天禄永終。」

此堯命舜而禪以帝位之辭。咨，嗟歎聲。歷數者，考定星歷，建立五行，有天地神祇物類之官。躬，身也。《洪範》：「王省惟歲」，故董子引此謂：「察身以知天。」在，察也。鄭謂：「曆數，爲帝王受命之符瑞。」允，信也。困，極也。永，長也。中者，無過不及。允執厥中者，中庸之德，中和之理，用其中於民。中國政術、學術尊奉之，此爲公理之極，放之四海萬國而準者也。四海之人困窮，則君禄亦永絶矣，戒之也。故以富民厚生爲政之要矣。民窮則亂生，君位即不保也。《易·歸妹·象傳》：「君子以永終知敝。」班彪《王命論》：「福祚流於子孫，天禄其永終矣。」《雋不疑、匡衡傳》、漢武《立子齊王閎策》，皆以永終爲吉語，則困窮爲儆語，永終爲勉語耶。王肅僞古文採之入《大禹謨》。

舜亦以命禹。

曰：「予小子履，敢用玄牡，敢告于皇皇

后帝：有罪不敢赦。帝臣不蔽，簡在帝心。朕躬有罪，毋以萬方；萬方有罪，在朕躬。」劉氏恭冕《正義》謂：「曰」上當有「湯」字。今本「無以萬方」，漢石經作「毋」。今本「罪在朕躬」，漢石經無「罪」字，皇本同。

《墨子・兼愛》下：「夫兼相愛，交相利」，「不惟禹誓爲然，雖湯説亦猶是也。湯曰：『惟予小子履，敢用玄牡，告于上天后，曰：今天大旱，即當朕身履。未知得罪于上下，有善不敢蔽，有罪不敢赦，簡在帝心。萬方有罪，即當朕身；朕身有罪，無及萬方。』」《吕氏春秋・順民篇》亦云：「湯克夏，而天大旱，湯以身禱於桑林，曰：『余一人有罪，無及萬夫；萬夫有罪，在余一人。』」然則，此語爲因旱禱雨之辭，王肅僞古文《書》採入《湯誥》，以爲湯伐桀祭天而告諸侯之辭。惟《周語》内史過引湯誓詞與此同。湯説，湯誓，當是孔、墨異名，而所引書詞同，當是湯真文矣。《白虎通》引此，亦以爲伐桀祭天辭。履蓋湯名。用玄牡，夏尚黑，未變其禮也。簡，閱也。以，與也。墨子言，「有善不敢蔽」，則帝臣善臣也。包曰：「順天奉法，有罪者不敢擅赦。」言桀雖爲君，而虐其民。君者，養民者也。桀暴，賊仁者謂之賊，賊義者謂之殘，殘賊之人謂之匹夫。順天奉法，己不敢赦；而天下賢人，皆上帝之臣，己不敢蔽。簡在帝心，惟帝所命。君有罪，非民所致；民有罪，實君所爲。賢者治世，自引過以寬民；不賢之君，諉罪於臣，臣諉罪於民，於是民視上如仇讐，而大亂作。《傳》曰：「禹湯罪己，其興也勃焉；桀紂罪人，其亡也忽焉。」

周有大賚，善人是富。

此以下述武王事。賚，予也，所謂散鹿

臺之財，發鉅橋之粟。此言其所富者皆善人也。《詩・周頌・賚》序云：「賚，大封於廟也。賚，予也。言所以錫予善人也。」

「雖有周親，不如仁人。周，至也。孔氏曰：「親而不賢不忠則誅之，管、蔡是也。仁人謂箕子、微子，來則用之。」

百姓有過，在予一人。」此爲王肅僞古文《尚書》採入《泰誓》。惟《墨子・兼愛》中：「昔者，武王將事泰山隧。傳曰：泰山有道，曾孫周王有事，大事既獲，仁人尚作，以祇商夏，蠻夷醜貉。雖有周親，不若仁人。萬方有過，維予一人。」宋氏翔鳳説：「周親四語，蓋封諸侯之辭也。武王封大公於齊，在泰山之陰，故將事泰山，而稱仁人。尚，爲封大公之辭也。」《説苑・貴德篇》：「武王克殷，問周公曰：『將奈其士衆何？』周公曰：『使各宅其宅，田其田，無變舊親，惟仁是親。百姓有過，在予一人。』」湯武皆以天下人之罪過爲己罪過，其爲民伐賊之武，代民受罪之仁，真可爲後世法也。蓋萬物一體，原無畛域，滴水有毒，一池不食。故萬方百姓方有罪過，皆己之罪，人人知此，則見人之罪失，哀矜自責矣，豈復有攻訐人者哉？耶氏之爲民贖罪，亦得此義而爲教主也。

孔子曰：「謹權量，審法度，脩廢官，四方之政行焉。何休昭三十二年注引此有「孔子曰」，《漢書・律歷志》引此亦云：「孔子陳後王之法曰。」則「謹權量」下爲孔子語。何休爲今文家，則魯《論》必有「孔子曰」，今據補。皇本「焉」作「矣」。

權所以稱輕重，銖、兩、斤、鈞、石爲五權。量所以量多少，龠、合、升、斗、斛爲五量。四方各異，必宜謹，即同律度量衡之義。易制而用之謂之法，法度者，法律制度也。法律者，國人皆受治焉；制度者，國所以立。而時有因革，少有偏誤，其害多矣，當以時時審察之，若有不適，即當立改。治國之得失，視乎官制。各地異宜，其舊用官制之已廢者，亦多有益於今，宜修補之。權量不一，法度不審，廢官不修，雖有政令，具文不行。故必謹權量，使萬國一同；審法度，使時變適宜；修廢官，使事皆舉，而後政乃行於四方也。

興滅國，繼絶世，舉逸民，天下之人歸心焉。《後漢書・逸民傳論注》、《文選・兩都賦序》、《爲諸孫置守冢人表》兩注、顏師古《漢書・外戚侯表注》引皆有「子曰」。《逸民傳論》與《外戚侯表注》「天下之民」爲「天下之人」。

禮天子不滅國，諸侯不滅姓。其身有罪宜廢者，選其親而賢者立之。世謂大夫所謂仕者世禄，但不世位耳。仁者不絶人之種，故繼之；逸民天之精英，人之才賢，故舉之。順乎民心，故皆歸也。

所重：民、食、喪、祭。

孔氏曰：「重民，國之本也；重食，民之命也；重喪，所以盡哀；重祭，所以致敬。」蓋民爲貴寶，食者養生之具，喪祭送死之禮。《洪範》：「一曰食，二曰貨。」富而後教，故民食爲先。喪祭，則「慎終追遠，民德歸厚」。養生送死無憾，王道之始也。

寬則得衆，敏則有功，公則説。」漢石經無「信則民任焉」句。皇本、足利本、高麗本亦無。皇本「説」上有「民」字。翟灝《考異》云：「按四語與上文絶不蒙，與前論仁章文，惟『公』『説』二字殊。疑子張問仁一章，原在古《論》《子張篇》首，而此爲脱亂不盡之文。古書簡盡則止，不以章節分簡，故雖大半脱去，猶得餘其少半，連絡于下章也。下章子張問政，孔子約數以示，俟張請目，然後詳晰言之，與問仁章文勢畫一，顯見其録自一手。又二十篇中，唯此二章以子答弟子之言加用孔字。蓋古分『堯曰』『子張問』以下別爲一篇，與前《季氏篇》爲別一記者所録，稱孔子是其大例。故知命章首，舊本亦有『孔』字。今以問仁章亂入《陽貨》之篇，既嫌其體例不符，而公山、佛肸連類並載之間，横隔以此，亦頗不倫。」

寬則民情愛戴而爭歸附，敏則率作興事而多成功，公則與民同之，大衆説服。論帝王之德，心有此三得乃成。若天下爲公，惟堯、舜有之，惟大同之世行之，尤孔子所注意矣。《孟子》於終篇述堯、舜、湯、文，《論語》終篇亦論堯、舜、湯、武，一以見民主公天下之善，一以見革命誅民賊之功，皆孔門之微言，託於終篇以寓大義者也。信則民聽任之，亦爲政之大義，但魯《論》無此，故闕之。

○子張問於孔子曰：「何如斯可以從政矣？」子曰：「遵五美，迸四惡，斯可以從政矣。」皇本「問」下有「政」字。「尊」或作「遵」。漢《平都相蔣君碑》：「遵五迸四」，《後漢·祭遵傳》：「遵美屏惡。」《隸釋》以爲魯《論》。《大學》：「迸諸四夷」，《釋文》引皇云：「迸，猶屏也。」《説文》無「迸」字，必今文。

迸，除也。

子張曰：「何謂五美？」子曰：「君子惠而不費，勞而不怨，欲而不貪，泰而不驕，威而不猛。」

子張曰：「何謂惠而不費？」子曰：「因民之所利而利之，斯不亦惠而不費乎？擇可勞而勞之，又誰怨？欲仁而得仁，又焉貪？君子無衆寡，無小大，無敢慢，斯不亦泰而不驕乎？君子正其衣冠，尊其瞻視，儼然人望而畏之，斯不亦威而不猛乎？」《皇疏》兩述經文「因民」下無「之」字。《易·益卦注》、《周官·旅師疏》、《文選·洞簫賦注》引皆無「之」字，疑後人誤寫衍。皇本「擇」下有「其」字。

民利於土産，山者，利其鳥獸材木；渚者，利其魚鹽，皆聽而不易之。民利於佚樂，則食味别聲被色而歌舞之。民利於自由，則言論思想聽其自由。民利於公同，則合民之所有，而爲之立公路、公學、公囿、公養疾、公養老，皆不費於國而民大得。所因者，國家全不干預。爲政者，但代民經理而已。孔子此言，盡爲政之法矣。爲國事而自行保護，爲公衆而自享利益，雖人人爲兵，亦不敢怨。凡有仁政，皆立舉行，仁聲仁聞，洋溢天地，得所欲矣，而未嘗貪。小大衆寡，皆天所生，人人平等，不須嚴衛，故「出門如見大賓，使民如承大祭。」《書・無逸》所謂：「至于小大，無時或怨」，故泰而不驕；禮儀嚴肅，故威而不猛。皇《疏》：「君子正其衣冠者，衣無撥，冠無免。」《中論・法象篇》：「法象者，莫先乎正容貌，慎威儀。是故，先王之制禮也，爲冕服采章以旌之，爲佩玉鳴璜以聲之，欲其尊也，欲其莊也，焉可懈慢也？夫容貌者，人之符表也。符表正，故情性治；情性治，故仁義存；仁義存，故盛德著；盛德著，故可以爲法象。」今美國利民之道，仁民之制，勞民之方，平等之制，皆行孔子之政。言簡而該，以此繼帝王之道，可爲平世民政之法也。

子張曰：「何謂四惡？」子曰：「不教而殺謂之虐，不戒視成謂之暴，慢令致期謂之賊，猶之與人也，出内之吝謂之有司。」

「納」皇本、釋文、唐石經皆作「内」。

虐，從虎爪，謂殘酷不仁。戒，警告也。暴，謂卒遽。不戒，不宿戒而責立成。慢令致期，謂與民無信而虛刻期。猶之，謂均之也。貪而不施謂之吝，謂財物必當與人，而於出納之際吝嗇惜難之也。治民者，必先教以禮義，令人人皆服於禮律，其有犯法者乃是故犯，可以加刑；若未施教而刑之，孟子所謂罔民也。法定，必預期施行之年月，而後行之，令民預戒預習，皆刻期必信，否則謂之暴賊。當與不與，雖與不感。有司守常職者則可，若爲政者，則當有非常不測之恩惠，乃可得人心。孔子此論政體，備極詳細，尤野蠻世之弊，文明世宜所掃除也。

○孔子曰：「不知命，無以爲君子也；

《釋文》引鄭《注》：「魯《論》無此章。然《韓詩外傳》六引：「子曰：不知命，無以爲君子」，則必齊《論》也。今所別擇，古文之僞耳。若《韓詩》爲今文，則同爲孔學之真，宜保持焉，故仍舊。《釋文》本、皇、邢本、唐宋石經皆作「孔子曰」，惟《集注》本無「孔」字，當是誤脱，今補之。《韓詩外傳》六引此無「也」字。

命者，人受於天者也。人生富貴貧賤，壽夭窮通，皆有定命，非人力所能爲。窮理盡性，以至於命，知而樂之，無入而不自得，則爲君子。不知命，則戚戚怨尤，作奸犯科，逆天背理，而終無所得，枉作小人而已。此孔子所立之義，最爲直捷易簡。凡人苟能知命，則安處善，樂循理，必不爲小人之歸，其於行道，思過半矣。學者信得命及，則於生死大事自能超脱，窮通境遇無所繫累。既無所爲，惟有盡力以行仁，雖爲聖人可也，何有君子乎？此入道之門，樂天之法，一超直至，掃除無累，孔子度人之神方也。故《論語》終篇，大聲疾呼在此，其所以援救天下生人，至切矣！

不知禮，無以立也；

不知禮，則耳目無所加，手足無所措。

不知言，無以知人也。」

言之得失，可以知人得失邪正。《繫辭》謂：「將叛者其辭慙，中心疑者其辭枝，吉人之辭寡，躁人之辭多，誣善之人其辭游，失其守者其辭屈。」孟子知言，謂：「詖辭知其所蔽，淫辭知其所陷，邪辭知其所離，遁辭知其所窮。」有身不知所立，則一身不能得所；與人交不能知人，則終身受其大害。二者，人道之至切。知命爲本，復須知禮知言，乃能處人間世而無礙。《論語》徧陳萬法，而於終篇丁甯斯三者，學者不可不留意焉。

論語注卷之二十終

門人高要陳焕章初校
門人番禺王覺任覆校
門人東莞張伯楨覆校

鳴謝

《儒藏》精華編惠蒙善助，共襄斯文；謹列如左，用伸謝忱。

本　煥法師　叁拾萬元
歐陽旭先生　兩萬元
苑天舒先生　兩萬元
李繼興先生　壹萬元

北京大學儒藏編纂中心
二〇〇五年八月

圖書在版編目(CIP)數據

儒藏. 四書類. 論語屬/北京大學《儒藏》編纂與研究中心編. —北京:北京大學出版社,2005. 9

ISBN 978-7-301-09679-8

Ⅰ. ①儒…　Ⅱ. ①北…　Ⅲ. ①儒家　Ⅳ. ①B222

中國版本圖書館 CIP 數據核字(2005)第 104109 號

書　　　名:儒藏(四書類論語屬)
著作責任者:北京大學《儒藏》編纂與研究中心　編
責 任 編 輯:馬辛民　陳大鈞　謝丹雲　金春梅　李　莉
標 準 書 號:ISBN 978-7-301-09679-8/G・1632
出 版 發 行:北京大學出版社
地　　　址:北京市海淀區成府路 205 號　100871
網　　　址:http://www. pup. cn　　新浪官方微博:@北京大學出版社
電 子 信 箱:zpup@pup. cn
電　　　話:郵購部 62752015　發行部 62750672　編輯部 62756449
　　　　　　出版部 62754962
排　版　者:北京華倫圖文製作中心 北京啟文博雅文化傳播公司
印　刷　者:北京中科印刷有限公司
經　銷　者:新華書店
　　　　　　787 毫米×1092 毫米　16 開本　79.75 印張　800 千字
　　　　　　2005 年 8 月第 1 版　2013 年 9 月第 3 次印刷
定　　　價:500.00 元

儒藏